现代政治经济学系列教材

U1004920

现代政治经济学

（完整版·第三版）

程恩富　冯金华　马　艳　主　编
何玉长　张银杰　副主编

上海财经大学出版社

图书在版编目(CIP)数据

现代政治经济学:完整版/程恩富,冯金华,马艳主编.—3版.—上海:上海财经大学出版社,2021.1

(现代政治经济学系列教材)

ISBN 978-7-5642-3496-6/F·3496

Ⅰ.①现… Ⅱ.①程… ②冯… ③马… Ⅲ.①政治经济学-高等学校-教材 Ⅳ.①F0

中国版本图书馆CIP数据核字(2020)第043217号

责任编辑:刘光本
责编电邮:lgb55@126.com
责编电话:021－65904890
封面设计:张克瑶

现代政治经济学

(完整版·第三版)

程恩富 冯金华 马 艳 主 编
何玉长 张银杰 副主编

上海财经大学出版社出版发行
(上海市中山北一路369号 邮编200083)
网 址:http://www.sufep.com
电子邮箱:webmaster@sufep.com
全国新华书店经销
上海新文印刷厂有限公司印刷装订
2021年1月第3版 2021年1月第1次印刷

787mm×1092mm 1/16 37.5印张 913千字
印数:6 001－8 000 定价:128.00元

前　言

中华人民共和国成立以来，我国的政治经济学总体上以马克思主义为思想指导，以中外经济发展为实践源泉，取得了经济学说发展史上的重大成果，并对高绩效的中国经济发展做出了巨大贡献，体现出中华民族的伟大智慧，为全世界的经济学发展提供了具有“中国学派”特色的系统经济理论。

然而，政治经济学在具体演进中的创新、改良与若干不良倾向是并存的。传统的和现有的某些政治经济学理论模式存在如下缺陷：第一，在规范分析层面，单纯进行社会主义与资本主义的范畴和规律对比，缺乏研究深度。第二，在实证描述层面，没有继承马克思经济学高度重视数学方法的优良传统，缺乏定量分析。第三，在政策研究层面，一味地“唯上”和“跟风”，缺乏反思意识。第四，在学科重构层面，以社会主义市场经济学取代社会主义理论经济学，缺乏本质揭示。第五，在方法变革层面，简单照搬西方经济学的范畴和理论，缺乏创新精神。

针对上述弊端，本书在体系、内容和方法上做了下列探索和创新：

1. 体系新。本书是综合阐述资本主义和社会主义市场经济的马克思主义政治经济学：依据马克思《资本论》体系和政治经济学六分册体系（设想分册研究资本、土地所有制、雇佣劳动、国家、对外贸易和世界市场）的精神，在学术界首创“五过程体系”。除了导论和尾论之外，第一编分析直接生产过程，第二编分析流通过程，第三编分析生产的总过程，第四编分析国家经济过程，第五编分析国际经济过程。

2. 方法新。本书摈弃将政治经济学分为资本主义和社会主义两部分叙述的方法，或者将有交叉联系的经济制度、经济运行和经济发展分割为几部分，并在各部分中再分章叙述资本主义和社会主义的方法，而首创在每章内部均按照“范畴一般与范畴特殊分析法”来阐述。例如，在国家垄断经济一章，先讲国家垄断经济一般，再讲国家资本主义垄断，接着讲社会主义条件下的国家垄断；在工资一节，先讲工资的一般含义，再讲资本主义工资的本质，接着讲社会主义工资的本质；在市场经济部分，先讲市场经济共性，再分别讲市场经济的资本主义和社会主义特性。此外，除了主要运用历史唯物主义和唯物辩证法之外，还采用了数学方法、新制度经济学方法、博弈分析方法和投入产出分析方法等。与现存政治经济学教材相比，本书科学地运用数学分析方法是最多的。

3. 观点新。本书积极吸收国内外政治经济学关于资本主义和社会主义的最新研究成果，有扬有弃地借鉴当代西方经济学的某些理论，强调原理的科学性、稳定性和预见性，坚持“不唯书、不唯上、不唯风”的精神，主张“思想应当解放而不僵化，学风应当严谨而不风化”。例如，关于财富、电子货币、通货紧缩、企业形态、劳资关系、中国反贫困、中国资本积累、网络经济、资本筹集、增长模型、投入产出、市场规则、交易费用、经济周期、金融工具、金融风险、不完全信息、科学发展、节约型社会、新型工业化道路、循环经济、经济和谐、人文指数、行政垄断、博弈模型、提高自主创新能力、国家经济安全、比较利益陷阱和国际和谐社会等理论和词汇的引进与分析，体现了新的理论探索精神；关于研究对象与范围、经济学性质、工资的本质、社会资本的内涵、公平与效率、按生产要素分配、阶级与阶层、国有经济功能、国家调节作用、自主知识产权优势、经济全球化、国家经济安全对策、经济制度及其演变等问题的阐述，体现了新颖独到的研究。

4. 专栏新。受篇幅的限制，本书侧重于经济学原理的分析，而没有进行大量的经验实证描述(这部分内容主要放到与本书配套的《现代政治经济学案例》和《现代政治经济学教参》等书中去)，但新编了内容新颖或典型的资料专栏。

本书合乎21世纪改革和发展之需要，适合各类大专院校和党校的经济与管理类专业本科或专科使用，也适合各类干部教育和职业培训使用。本套初级和基础性的现代政治经济学新编系列教材分为详略不同的三个版本：《现代政治经济学新编》(简明版)35万字、《现代政治经济学新编》(通用版)60万字、《现代政治经济学》(完整版)90万字，可供选择。我们正在编写这套教材的中高级本，即适合硕士研究生使用的《中级现代政治经济学》、博士研究生使用的《高级现代政治经济学》。《高级现代政治经济学》的数学运用程度相当于《现代西方经济学》，而理论含量和创新度将超过它。

应当说明：本书是在上海财经大学出版社2000年出版、2005年再版的《现代政治经济学》教材基础上重新扩编的。20年以来，《现代政治经济学》先后被暨南大学、福州大学、内蒙古财经学院等一批重点高校和社科院作为财经类、管理类专业课程的指定教材或参考教材，其中包括上海电视大学金融学专升本考试指定教材等。

越南教育部在中国众多政治经济学教科书中最终选择了《现代政治经济学》，翻译出版了越文版，并作为越南教师和研究生的指定参考教材。

《现代政治经济学》教材及其政治经济学教学创新已获5次荣誉：

(1)在2002年被评为华东地区大学出版社第五届优秀教材二等奖。

(2)包括《现代政治经济学》教材在内的政治经济学教学改革，2001年获得上海市优秀教学成果奖。

(3)以《现代政治经济学》教材为内容的政治经济学多媒体课件，2005年获得上海市优秀教学成果一等奖。

(4)以《现代政治经济学》教材为基础的政治经济学课程，2004年被评为上海市精品课程。

(5)以《现代政治经济学》教材为基础的政治经济学课程，2005年被教育部评为国家精品课程。

在中外经济学发展史上，这部首次以彻底打通传统政治经济学资本主义部分与社会主义部分的"全贯通"教材及其政治经济学教学改革，受到学界的高度关注与赞扬。教育部委托中国人民大学主办的《教学与研究》曾发表复旦大学著名经济学家洪远朋教授撰写的书评，中国社科院经济研究所主办的《经济学动态》曾发表上海金融学院经济系主任周肇光教授的荐文，《光明日报》曾发表中国社科院经济研究所毛立言研究员的书评，均推崇首创的"五过程体系"，认为基本内容和方法具有时代性、新颖性、稳定性。上海大学经济系主任董有德教授曾在《经济经纬》发表了题为《现代政治经济学案例简评》的书评，对《现代政治经济学案例》予以了高度评价。

为了进一步提高教学效果，我们已配套开发了多媒体课件，制作了教学光盘，出版了《现代政治经济学案例》《现代政治经济学习题集》(含教学要点)(均由上海财经大学出版社出版)。此外，还建立了题库、音像资料库和网络课程平台等(在上海财经大学网上可阅)。

《现代政治经济学》是由上海财经大学马克思主义研究院和经济学院集体合作的结晶。程恩富提出编写大纲，最后统稿和定稿，撰写前言和导论，合写第十八章；何玉长撰写第三章，参与统稿；张银杰撰写第六章、第八章，合写第十五章，参与统稿；马艳撰写第十三章，合写第十五章，参与统稿；沈志义撰写第一章；孙林撰写第二章；严国海撰写第四章；漆光瑛撰写第五章；王小文撰写第七章；申海波撰写第九章；张莹玉撰写第十章；包亚钧撰写第十一章；齐新宇撰写第十二章；张冬梅撰写第十四章；钱连源撰写第十五章；蒋道红撰写第十六章；叶正茂撰写第十七章；朱富强合写第十八章；李石泉撰写尾论。

《现代政治经济学》(完整版)在《现代政治经济学》的基础上，由冯金华撰写了第一章第三节、第三章第三节第一小节、第四章第四节、第七章第五节、第十章第一节第八小节、第十六章第三节，以及全书的“定义”“小辞典”“辨析”“阅读材料”“例”“讨论”“关键术语”。全书由程恩富、冯金华和马艳共同设计和主编。陈波、陆夏参加了完整版第三版的部分修改工作。

对于关心与支持此书编写的许多著名经济学教授和同行，包括所引用文献的作者，一并表示谢意！

由于编写时间较紧，加上有的理论创新和阐述存在歧见，因而欢迎同行和读者批评指正。联系地址是：北京建国门内大街5号，中国社会科学院马克思主义研究院；邮编：100872；邮箱：65344718@vip.163.com。

程恩富

2021年1月于中国社会科学院马克思主义研究院

目　录

第一编　直接生产过程

第二编 流通过程

第三编　生产的总过程

第四编 国家经济过程

第五编　国际经济过程

导论

政治经济学述要

学习目的与要求

马克思主义包括三个组成部分：马克思主义哲学、政治经济学和科学社会主义。导论要说明的是政治经济学的产生与发展，阐明其研究对象、任务、方法、性质和意义。通过导论的学习，初步了解马克思主义政治经济学的基本原理，领悟马克思主义政治经济学在整个马克思主义理论体系中的重要地位，认识马克思主义政治经济学是工人阶级政党领导革命和建设，制定纲领、路线、方针和政策的主要依据。

第一节　政治经济学的产生与发展

一、经济的含义

在中国古书《周易》中，已出现"经"和"济"二字，在隋代王通的《文中子·礼乐篇》中，曾有"经济之道"的说法。杜甫《上水遣怀》诗："古来经济才，何事独罕有。"《宋史·王安石传论》："以文章节行高一世，而尤以道德经济为己任。"简言之，中国古书中的"经济"一词的原义是"经国济民"或"经邦济世"，意指治理国家和拯救贫民。

在西方国家，古希腊思想家色诺芬所著的《经济论》最先使用"经济"一词，意指家庭管理，即奴隶主家庭的生产和生活等方面的管理。

从 19 世纪下半期开始，日本使用中国古籍中的"经济"一词来翻译英语词汇 economy，而我国在 20 世纪初又从日本引进富有现代含义的"经济"一词。经济的含义，一是指经济活动，包括生产、分配、交换或消费等活动；二是指一个国家国民经济的总称，或国民经济的各部门，如农业经济、工业经济等；三是指社会生产关系的总和或经济基础；四是指节约。

二、经济思想的产生

人类经济活动的产生和发展，促使各种经济思想的形成和演化。

在中国，“食”和“货”这两个概念，最早出现在《尚书》中的《洪范》篇。食是指农业生产，货主要是指农家副业布帛的生产与货币。在古代社会，农业和农家手工业是最重要的生产部门，因而作为当时新兴地主阶级治国大法的《洪范》把“食”与“货”列为“八政”之第一位和第二位。以后，各个封建朝代的思想家丰富和发展了食货经济思想和政策。

在中国古代和近代经济思想史上，管仲、孔子、商鞅、桑弘羊、王安石、洪秀全、康有为、孙中山等，均有着内涵丰富的经济思想，在全世界经济思想宝库中占有极其重要的地位。

例　管子的经济增长思想

早在两千多年以前，管子就提出了他关于农业社会经济增长的朴素模型。例如，他说：“彼民非谷不食，谷非地不生，地非民不动，民非作力，毋以致财。夫才之所生，生于用力，力之所生，生于劳身。”[①]意思是说：人民不种粮食没有饭吃，粮食不靠土地不能生长，土地没有人民不能耕种，人民不花力气就得不到财富。财富的产生是出于使用劳力，劳力的产生是出于劳动者的身体。由此可见，管子已经清楚地认识到，整个经济的产出(这里是粮食)取决于土地和劳动两个生产要素，且随土地和劳动的增加而增加。[②] 此外，管子还明确提出了他独特的关于土地边际报酬递减的思想。他的论证是：土地具有级差性，可分为优等地、中等地和劣等地三个等级；土地的耕种秩序是先优等地，再中等地，最后劣等地；按照这样的耕种秩序，把同样数量的劳动投入不同的土地，就会出现土地的边际报酬递减的情况。[③]

例　范蠡、计然的价格调节思想

处于春秋战国之际的范蠡和计然对于政府运用价格政策来调节经济的运行具有非常深入的分析。他们的基本思想是：粮食的价格应当适度，既不能过高，也不能过低。政府的责任是把粮食的价格限制在适度的范围之内。在适度范围之内，允许价格自由波动；一旦价格超过适度范围，则政府就应该采取干预行动来进行调节，使其回到适度范围内来。调节的方法则是政府出面买卖粮食。

例如，在他们有名的“计然之术”中就包括如下的论述：“夫粜，二十病农，九十病末，末病则财不出，农病则草不辟矣。上不过八十，下不减三十，则农末俱利。平粜齐物，关市不乏，治国之道也。”[④]意思是说：就粮食的买卖而言，如果谷价太低(例如低到二十)，农业就会受到损害，如果谷价太高(例如高到九十)则工商业又会受到损害。工商业受到损害会使国家的经济发生困难，农业受到损害会挫伤农民从事农业生产的积极性。因此，如果将粮食的价格局限于高不过八十和低不下三十的范围之内，那就对农业和工商业都有好处。那么，如何来实现这种价格呢？那就是实行“平粜”的政策：在谷价过高时以低于市场的价格出卖粮食，在谷价过低时以高于市场的价格收购粮食。这样一来，市场上的货物便不会缺乏。这是“治国之道”。[⑤]

---

① 《管子·八观》。参见郭沫若：《管子集校》，科学出版社 1955 年版。
② 参见曹旭华：《经济思想史论集》，浙江大学出版社 1995 年版，第 83 页。
③ 这里的译文根据赵守正：《白话管子》，岳麓书社 1993 年版，第 57 页。
④ 司马迁：《史记·货殖列传》，中州古籍出版社 1994 年版，第 983 页。
⑤ 这里的译文参考了胡寄窗：《中国经济思想史》(上)，上海人民出版社 1962 年版，第 185 页。

例　儒家的"大同""小康"论

"大同"和"小康"是儒家提出的程度不同的两种理想社会。其中,"大同"社会具有如下特点:生产资料公有,没有阶级,没有剥削,人人努力劳动生产,人与人之间平等互助。因此,它曾被誉为中国古代的"社会主义"思想。儒家的"大同"思想与古希腊柏拉图的"理想国"大致在同一时期提出,但是,前者否定了剥削,而后者仍然建立在奴隶占有制基础之上。

"小康"的要求低于"大同"。"小康"社会建立在私有制的基础之上,但要求"以礼治天下"。所谓"礼",是儒家提出的一套行为准则——他们认为,私有制确实会导致阴谋、掠夺和战争,但如果大家都能遵守儒家的行为准则,则还是可以相安无事地生活在私有制度之下。①

儒家关于"大同"和"小康"的完整论述见于《礼记·礼运》:

"大道之行也,天下为公,选贤与能,讲信修睦。故人不独亲其亲,不独子其子,使老者有所终,壮者有所用,幼者有所长,鳏、寡、孤、独、废疾者皆有所养。男有分,女有归。货恶其弃于地也,不必藏于己;力恶其不出于身也,不必为己。是故谋闭而不兴、盗窃乱贼而不作,故外户而不闭。是谓大同。

今大道既隐,天下为家。各亲其亲,各子其子,货力为己。大人世及以为礼,城郭沟池以为固,礼义以为纪,以正君臣,以笃父子,以睦兄弟,以和夫妇,以设制度,以立田里,以贤勇知,以功为己。故谋用是作,而兵由此起。禹、汤、文、武、成王、周公由此其选也。此六君子者未有不谨于礼者也。以著其义,以考其信,著有过。刑仁讲让,示民有常。如有不由此者,在势者去,众以为殃。是为小康。"

在西方,古希腊色诺芬于公元前387—前371年间写成的《经济论》,以记录苏格拉底与他人对话的形式,阐述了收入与支出、财富及其管理、农业及其管理、分工等问题。《雅典的收入》是他探讨雅典国家财政的论著,具体分析了奴隶制国家应如何管理经济。后来,亚里士多德发展了色诺芬的经济思想,将家庭管理置于奴隶制国家管理的范围,并在《政治论》名著中,把经济论当作广义政治论的一个组成部分。他区分了"家庭管理"与"货殖"这两种生财方式,并在有关"货殖"的论述中,提出了关于商品交换中的等价原则和价值形态等天才的见解。

此外,神学泰斗阿奎那在《神学大全》一书中,借助上帝的力量,抨击"低进高出"的商人和"放债取利"者,反映了当时有关商业、借贷和教会的经济思想。但在欧洲漫长的中世纪,受封建统治和经院哲学的约束,经济思想较为贫乏。

三、政治经济学的形成与演变

政治经济学作为一门独立的科学,是随着资本主义生产方式的产生和发展逐步形成的。至14、15世纪,商业特别是海外贸易迅速发展,使重商主义经济思想出现。重商主义是资产阶级最初的经济学说。它以流通为对象,主要研究商业和海外贸易,对于推动资本主义原始积累起了重大作用。在经济学说史上,最早使用"政治经济学"一词的,便是法国重商主义的

① 这里对"大同"和"小康"的解说参考了胡寄窗:《中国经济思想史》(上),上海人民出版社1962年版,第110—114页。

代表安徒万·德·蒙克莱田(1575—1622)。1615年,他发表了《献给国王和王后的政治经济学》一书。该书已超出家庭经济的研究范围,论述了工场手工业、商业、航海业和整个国家的经济理论和经济政策。重商主义是对资本主义生产方式的最早的理论探讨,但它只限于流通领域。而真正的近代经济科学,却是当理论研究从流通过程转向生产过程的时候才开始的。

定义　经济、经济学和政治经济学

经济:在现代用语中,经济的含义包括:一是指经济活动,如生产、消费、交换和分配等;二是指国民经济,或国民经济的各部门,如农业经济、工业经济等;三是指社会生产关系的总和或经济基础;四是指节约。

经济学:研究物质资料的生产、交换、分配和消费等经济关系和经济活动规律及其应用的科学总称。包括政治经济学和各个部门及各个领域的经济学。

政治经济学:经济学的一个分支。政治经济学研究人类社会中支配物质生活资料的生产和交换的规律。政治经济学是其他各个经济科学的理论基础(因而有时也简称经济学)。

到了17世纪中叶,资本主义开始进入工场手工业时期,标志着资本主义生产方式逐渐形成。在商业领域积累起来的大量资本纷纷投入生产领域。产业资本取代商业资本成为主要的资本形式。与此相适应,重商主义也让位于资产阶级古典政治经济学。首先把研究对象从流通领域转向生产领域的,是重农主义者。法国重农学派的布阿吉尔贝尔(1646—1714)和弗朗斯瓦·魁奈(1694—1774),都只把研究范围局限于农业生产领域,认为只有农业部门,是唯一创造财富的生产部门。虽然,重农学派在政治经济学的研究上取得了巨大成就,提出了劳动创造价值和其他一些重要的经济观点,但由于其研究领域的局限和缺乏较完整的理论体系,因而真正独立的政治经济学仍未确立。

对资本主义生产方式首次进行全面考察,把经济研究扩展到整个生产领域,并建立起较完整的理论体系,从而使政治经济学真正开始成为一门独立学科的,是英国的亚当·斯密(1723—1790)。亚当·斯密的时代,英国正处于从工场手工业向机器大工业的过渡时期。经济发展要求进一步排除财富增长过程中人为的障碍,从理论上清算封建残余影响和重商主义的消极作用。斯密花10年时间完成的《国民财富的性质和原因的研究》一书,适应了这个要求,成为划时代的经济学著作。这是人类第一部系统论述资本主义生产方式的著作。他把研究范围扩展到了全部的生产部门和商业部门,强调了在国民财富增长中工业的主导作用,论证了资本主义经济自由和单纯追逐个人利益的合理性。

英国的大卫·李嘉图(1772—1823)是新兴资产阶级的经济学家,他以劳动价值论为研究的基础和出发点,把古典政治经济学推到了理论顶峰。但随着资本主义的发展,资本主义生产方式的内部矛盾不断外化和激化。至19世纪30年代,资产阶级政治经济学不断偏离古典政治经济学的原有基础,抛开其科学因素,继承并发展其中的庸俗成分,着重于经济生活的现象描述和制度辩护,法国的萨伊、英国的马尔萨斯和詹姆斯·穆勒等的经济思想为其代表。在历史上,还出现过小资产阶级政治经济学,如法国的西斯蒙第等的经济思想,以及诸如英国的罗伯特·欧文等具有进步性的空想社会主义经济思想。它们抨击资本主义制度的弊端和不公,否定资本主义制度的永恒性,但并未建立起科学的政治经济学体系和方法。

马克思在批判资产阶级庸俗经济理论及吸收古典经济学和空想社会主义合理成分的基

础上，于19世纪40年代开始创立工人阶级的科学的政治经济学。这是因为，资本主义生产方式已在西欧的一些主要国家居统治地位，该生产方式所固有的内在矛盾也充分显露出来，阶级矛盾日趋尖锐，而无产阶级作为一个自觉的阶级出现在政治舞台上，要求自己的思想家对资本主义制度和无产阶级的斗争出路做出理论说明。马克思正是从政治经济学的研究对象、研究方法开始，以劳动价值论、剩余价值论为基础，实现其全部范畴和理论体系的全面变革，完成政治经济学革命的。马克思主义政治经济学科学体系的最终建立，以马克思的伟大著作《资本论》的完成为标志。《资本论》第一卷于1867年问世，第二、第三卷于马克思逝世后由恩格斯整理出版，第四卷由考茨基整理以《剩余价值学说史》为书名出版。恩格斯把《资本论》称为工人阶级的圣经，认为自地球上有资本家和工人以来，没有一本书像《资本论》那样，对于工人具有如此重要的意义。资本和劳动的关系，是资本主义社会体系所赖以旋转的轴心，这种关系在这里第一次做了科学的说明。

阅读材料　马克思·政治经济学

我在巴黎开始研究政治经济学，后来因基佐先生下令驱逐移居布鲁塞尔，在那里继续进行研究。我所得到的，并且一经得到就用于指导我的研究工作的总的结果，可以简要地表述如下：人们在自己生活的社会生产中发生一定的、必然的、不以他们的意志为转移的关系，即同他们的物质生产力的一定发展阶段相适合的生产关系。这些生产关系的总和构成社会的经济结构，即有法律的和政治的上层建筑竖立其上并有一定的社会意识与之相适应的现实基础。物质生活的生产方式制约着整个社会生活、政治生活和精神生活的过程。不是人们的意识决定人们的存在，相反，是人们的社会存在决定人们的意识。社会的物质生产力发展到一定阶段，便同它们一直在其中运动的现存生产关系或财产关系(这只是生产关系的法律用语)发生矛盾。于是这些关系便由生产力的发展形式变成生产力的桎梏。那时社会革命的时代就到来了。随着经济基础的变更，全部庞大的上层建筑也或慢或快地发生变革。在考察这些变革时，必须时刻把下面两者区别开来：一种是生产的经济条件方面所发生的物质的、可以用自然科学的精确性指明的变革，一种是人们借以意识到这个冲突并力求把它克服的那些法律的、政治的、宗教的、艺术的或哲学的，简言之，意识形态的形式。我们判断一个人不能以他对自己的看法为根据，同样，我们判断这样一个变革时代也不能以它的意识为根据；相反，这个意识必须从物质生活的矛盾中，从社会生产力和生产关系之间的现存冲突中去解释。无论哪一个社会形态，在它所能容纳的全部生产力发挥出来以前，是决不会灭亡的；而新的更高的生产关系，在它的物质存在条件在旧社会的胎胞里成熟以前，是决不会出现的。所以人类始终只提出自己能够解决的任务，因为只要仔细考察就可以发现，任务本身，只有在解决它的物质条件已经存在或者至少是在形成过程中的时候，才会产生。大体说来，亚细亚的、古代的、封建的和现代资产阶级的生产方式可以看作是经济的社会形态演进的几个时代。资产阶级的生产关系是社会生产过程的最后一个对抗形式，这里所说的对抗，不是指个人的对抗，而是指从个人的社会生活条件中生长出来的对抗；但是，在资产阶级社会的胎胞里发展的生产力，同时又创造着解决这种对抗的物质条件。因此，人类社会的史前时期就以这种社会形态而告终。

资料来源：《马克思恩格斯选集》第2卷，人民出版社1972年版，第82—83页。

自马克思之后，资产阶级政治经济学在英国的马歇尔和凯恩斯，以及美国的萨缪尔森和斯蒂格利茨等人那里，得到进一步的发展，并演变为新老凯恩斯主义和新自由主义经济学两大资产阶级主流经济思潮；而工人阶级政治经济学在中外其他马克思主义经典作家和学者那里，也不断得到继承、发展和创新。

定义　古典经济学和庸俗经济学

古典经济学：在马克思主义的政治经济学中，古典经济学又称为资产阶级古典政治经济学，产生于17世纪中叶，完成于19世纪初的英国和法国。其著名代表有斯密、李嘉图、魁奈等。古典经济学对资本主义生产关系的内部联系做了研究，具有一定的科学性。

庸俗经济学：在马克思主义的政治经济学中，庸俗经济学又称为资产阶级庸俗政治经济学，产生于18世纪末、19世纪初的法国和英国。其著名代表有萨伊、马尔萨斯、西尼尔等。庸俗经济学是一种为资本主义制度作辩护的经济理论。

本书是一本主要阐述资本主义和社会主义市场经济的现代马克思主义政治经济学或理论经济学教科书。

第二节　政治经济学的研究对象与范围

一、社会生产是生产力和生产关系的统一

人类要能够生存和发展，必须有衣、食、住等生活资料。这些生活资料只能靠人们自己的生产活动来创造。一个社会如果离开了生产活动，也就失去了基本生活保障，人们便无法生存，更谈不上从事政治、教育、科学、文化、艺术等其他社会活动。可见，人类的生产活动是最基本的实践活动，是决定其他一切社会活动的东西。物质资料的生产是人类社会生存和发展的基础。

在物质资料的生产过程中，人们首先要与自然界发生关系。物质资料的生产过程，就是人们利用自然、改造自然，使其适合人们需要的过程。人们运用生产资料，创造社会物质和精神财富的能力，叫作生产力。生产力是推动社会生产发展的决定因素。发展生产力，必须遵循自然规律，以保护生态环境为前提。生产力越高，社会生产发展水平也就越高，从而创造的社会财富也就越丰富。生产力发展水平的高低，直接与劳动者的劳动经验和劳动技能的状况、生产工具的完善程度、自然物质的优劣有关。因此，生产力包括劳动者、劳动对象和劳动资料三个实体性要素，而科学技术渗透在各个实体性要素之中。

具有劳动经验和劳动技能的劳动者是生产力的第一个因素，劳动者是生产力构成要素中最重要的决定性因素。任何先进的生产工具都需要劳动者来制造和使用。如果没有劳动者来操作，任何先进的工具都将变成一堆废铁。生产力的三个要素中，劳动者是生产过程中人的因素，劳动者的劳动称为生产劳动。劳动对象和劳动资料是生产过程中物的因素，它们又称为生产资料。生产力中的这三个实体性要素，都与一定的科学技术水平紧密联系着。劳动者的科学技术知识越丰富，劳动技能就越高。科学技术越发展，生产工具就越先进，劳动对象的数量和质量也会相应提升。目前，世界科学技术革命正在蓬勃发展，成为提高生产力的重要源泉，可以说是第一生产力。不过，科学技术是通过影响生产力的三个实体性要素

来影响生产力的发展的。所以,它本身并不成为生产力一个独立的实体性要素。

劳动对象是人们在生产过程中将劳动加于其上的东西,是被劳动直接加工改造的对象。木工把木材做成人们需要的桌子、椅子时,木材就是木工劳动加工、改造的对象。劳动对象可以分为两类:一类是没有经过人类劳动加工过的自然物质,如天然水域中的鱼类,是捕鱼者的劳动对象;原始森林中自然生长的树木,是伐木者的劳动对象。另一类是经过人类劳动加工过的物质,如机器制造厂用的钢材,是炼钢工人的劳动产品;纺纱厂用的棉花,是农民劳动的生产物。这种经过人类劳动加工过的劳动对象,又称为原料。一切原料都是劳动对象,但劳动对象并不都是原料。随着科学技术的发展,逐渐发现了自然物质的许多新的有用属性,并创造出许多新的材料,加上海底资源的利用、深层矿产的开采,从而扩大了劳动对象的范围和种类,提高了劳动对象的数量和品质,这对劳动生产力的发展产生了重大影响。

劳动资料也称劳动手段,是人们在劳动过程中用以改变或影响劳动对象的一切物质资料和物质条件。劳动者利用某些物质资料来改变和影响劳动对象,使其变成适合人们需要的产品。劳动资料中最重要的是生产工具,它相当于人的器官的延长和扩大。从原始人使用的石块、木棒,到今天的智能化机器体系,生产工具或劳动工具发生了根本的变化。生产工具的发展状况,是社会生产力发展水平的物质标志。除了生产工具以外,劳动资料还包括除劳动对象以外的一切物质条件,如生产用建筑物、道路、灯光照明等。没有它们,劳动过程就不能正常进行。在现代社会,信息和数据也是劳动过程中的重要因素。

在物质资料的生产过程中,人们不仅同自然界发生关系,人们彼此之间也要发生关系。由于单个的人无法与自然力量抗衡,因而个人的生产实际上是不存在的。物质资料的生产总是社会的生产。在生产过程中,人们只有结成一定的关系共同活动和互相交换活动,才能与自然界发生联系。人们在生产过程中结成的各种经济关系,叫作生产关系。由于生产活动是最基本的实践活动,因而生产关系是人们最基本的社会关系。生产关系包括三个方面:生产资料的所有制形式;人们在直接生产过程和交换过程中所处的地位和关系;产品的分配关系。其中,生产资料所有制是整个生产关系的基础,它决定着生产关系中的其他方面。

生产力和生产关系的统一,构成物质资料的生产方式。生产力是生产方式的物质内容,生产关系是生产方式的社会形式。在生产力和生产关系的矛盾统一体中,生产力是矛盾的主要方面。生产力是最革命、最活跃的因素,社会生产方式的发展和变化,一般总是先从生产力的发展变化开始的。生产力的发展,使旧的生产关系与它不相适应,要求建立新的生产关系,从而引起生产关系的相应变化。从根本上说,有什么样的生产力,就会有什么样的生产关系与它相适应。历史上每一种新的生产关系的出现,归根到底,都是生产力发展的结果。

不过,生产关系不是消极和被动的因素。它一旦形成,便会积极地反作用于生产力。同生产力相适应的生产关系,会促进生产力的发展;同生产力不相适应的落后的或者超前的生产关系,会阻碍生产力的发展。但是,生产关系不能过分长久地处于与生产力发展不相适应的状态,迟早要被能适应生产力性质的新的生产关系所代替。生产关系一定要适应生产力,这是人类社会发展的客观规律。

新的生产关系代替旧的生产关系的过程,在不同的社会条件下是不同的。在存在阶级对抗的社会里,这一过程表现为强烈的阶级斗争。这是因为,代表腐朽的陈旧的生产关系的剥削阶级,为了维护自身的阶级利益,总是拼命反对生产关系的变革,维护旧的生产关系。

这时，代表新的生产关系的阶级就会通过阶级斗争和社会革命，摧毁腐朽的生产关系，建立适合生产力发展的新的生产关系，从而为生产力的进一步发展开辟道路。所以，在阶级社会里，阶级斗争是社会进步和经济发展的动力之一。

定义　生产力、生产关系和生产方式

生产力：人们运用生产资料，创造社会物质和精神财富的能力。生产力是推动社会生产发展的决定因素。

生产关系：人们在生产过程中结成的各种经济关系。包括生产资料的所有制形式以及产品的分配关系等。其中，生产资料所有制是生产关系的基础。

生产方式：生产力和生产关系的统一，构成物质资料的生产方式。其中，生产力是生产方式的物质内容，生产关系是生产方式的社会形式。

生产关系和生产力的矛盾，是推动人类社会发展的基本动力。经济基础和上层建筑的矛盾，是制约社会生产方式发展的重要因素。生产关系实际上是人们的物质利益关系。生产关系的总和构成社会的经济基础，在这个经济基础之上，建立起来的政治法律制度以及与它相适应的政治、法律、哲学、宗教、文艺等意识形态，统称为上层建筑。经济基础决定上层建筑。有什么样的经济基础，就要求建立什么样的上层建筑为它服务。经济基础的发展变化，要求改变旧的上层建筑，建立与经济基础相适应的新的上层建筑。但是，上层建筑对经济基础也有反作用。与一定的经济基础相适应的上层建筑，会对这种经济基础起保护和发展的作用。当经济基础已发生变化，原来的上层建筑不适应已经变化了的经济基础时，它就会阻碍经济基础的发展，甚至还会动员一切力量来破坏经济基础的变革。不过，经济基础的发展最终会摧毁旧的上层建筑，建立起与经济基础相适应的新的上层建筑。

定义　经济基础和上层建筑

经济基础：生产关系的总和构成社会的经济基础。经济基础决定上层建筑。有什么样的经济基础，就要求建立什么样的上层建筑为它服务。

上层建筑：在经济基础之上建立起来的政治法律制度以及与它相适应的政治、法律、哲学、宗教、文艺等意识形态，统称为上层建筑。上层建筑决定于经济基础，但对经济基础也有反作用。

政治经济学是研究生产关系的一门科学。但是，它不是孤立地、静止地研究物质和文化领域的生产关系，而是既要联系生产力，又要联系上层建筑，来揭示生产关系发展和变化的规律性。由于在人类社会发展的不同历史阶段上，生产关系具有不同的性质和运动规律，所以，政治经济学本质上是一门历史的科学。

有些论著认为，马克思主义经济学研究的是生产关系，而西方经济学研究的是社会稀缺资源的配置。显而易见，这种一般性的对象表述经常被人误解。其实，前者并非不研究社会资源的配置，后者也并非不研究各种利益集团和阶级的关系（西方新旧制度主义和新制度经济学还突出了此项研究）。马克思经济学和西方新古典经济学的区别不在于要不要研究资源配置，而在于怎样研究资源配置，即以何种方法来研究资源配置问题。具体来说，马克思经济学所研究的资源配置与西方经济学有重要区别。其一，马克思经济学认为经济学是一门社会科学，它研究的起点与终点都是人，认为社会生产和再生产，不仅是物质资料的生产和再生产过程，而且是特定经济关系和经济制度的生产和再生产过程；认为社会资源的配置，不仅包含计划或市场的配置方式，而且是公有或私有的配置方式。西方主流经济学所研究的资源配置，是将资本主义生产关系作为研究的假设前提或无摩擦的和谐物，而重点研究人与物的关系或人与人的表象关系（科斯、诺思等新制度经济学也反对主流经济学狭窄的研究对象和思路，事实上是“复活”了马克思和古典经济学的分析视角）。其二，马克思经济学始终站在历史的高度，认为资源配置和经济运行的方式是不断发展和变化的，并不是一个与社会制度无关的自然现象，其在不同的经济关系下具有独特的社会内容和运动形式。西方主流经济学显然缺乏这种历史高度和辩证思维。

当代马克思主义政治经济学，应当以物质和文化生产力的发展为出发点，重点研究资本主义社会和社会主义社会的经济关系和经济制度，并涵盖资源配置、经济运行、经济行为、经济发展和人的福利等基本层面的内容。它主要应阐释的是制度层面而非技术层面，是理论层面而非政策和应用层面。

二、社会生产和再生产的总过程

无论是物质生产，还是文化生产和服务生产，其总过程，是由生产、分配、交换、消费四个环节组成的有机整体。生产是起点，消费是终点。分配和交换是连接生产与消费的中间环节。生产、分配、交换、消费互相制约、互相依赖，构成生产总过程的矛盾运动。因此，我们还必须从社会生产和再生产总过程的各个环节，来说明生产关系内在的一般关系。

生产是指人们直接征服和改造自然，并创造物质财富的过程。消费分为生产性消费和个人消费。生产性消费是指生产过程中生产工具、原料、燃料等各种物质资料和活劳动消耗，其本身就是生产过程，不属于我们要讨论的消费范围。个人消费是指人们为了满足物质和文化的需要，而对各种物质资料和服务的消耗。通常说的消费，就是指这种个人消费。生产决定消费，这表现在：第一，生产为消费提供对象。如果没有生产创造出来的各种物质资料，就不会有人们的各种消费活动。生产的物质资料的数量和种类，决定了消费的水平和结构。第二，生产决定消费的方式。生产出什么样的消费用品，就会形成什么样的消费方式。第三，生产的性质决定了消费的性质。资本主义生产不同于社会主义生产，因而资本主义消费也不同于社会主义消费。当然，消费对生产并不完全是被动的、消极的，它会反作用于生产。首先，消费使生产得到最终实现。生产出来的产品，如果不进入消费，它就不是现实的产品。所以，只有当产品进入消费，生产行为才算最后完成。其次，消费为生产提供目的和动力。如果没有消费，生产也就失去了意义，人们就不会去从事各种生产活动。

分配包括生产资料的分配、劳动力的分配和消费品的分配。生产资料和劳动力的分配是说明这些生产要素归谁所有和如何配置的问题，是进行物质生产的前提，因而本身也属于生产范畴。消费品的分配是确定个人对消费品占有的份额。这里讲的分配主要是指个人消费品的分配。生产决定分配。首先，被分配的产品只是生产的成果，因而生产的发展水平决定了可分配的产品的数量。其次，生产的社会性质决定了分配的社会形式，如资本主义生产就决定了有利于资本家阶级的分配形式。分配对生产也有反作用。与生产相适应的分配制度，会推动生产的发展；反之，则会阻碍生产的发展。

交换包括劳动活动的交换和劳动产品的交换。广义地说，只要有劳动分工，就必然有交换发生。如原始社会存在按性别和年龄的自然分工，有的人制造工具，有的人打猎，有的人从事采集、料理家务等，每个人为满足自己的多种需要，就必须相互交换自己的活动。狭义地说，交换是指在等价基础上进行的商品交换。通常说的交换就是指这种交换。生产决定交换，是指生产过程中，社会劳动分工的程度，决定了交换的范围和规模。分工越细，交换范围越广，交换规模也就越大。交换对生产也有反作用。交换越发展，社会劳动分工就进一步深化。例如，商品交换的发展，有利于促进自然经济向商品经济的转化，有利于传统农业向现代化大农业的转化。

总之，作为政治经济学研究的生产关系，并不只是直接生产过程中的关系，而且还包括分配关系、交换关系和消费关系。也就是说，政治经济学要从社会生产总过程的各个环节，全面考察人们的生产、分配、交换、消费的各种经济关系及其表现形式。其中，也包括从个人及其家庭、企业、国家和国际等各个层面来考察和分析经济关系。

第三节　政治经济学的任务

一、经济规律的内涵与特点

一切科学的任务均在于揭示事物的客观规律性。区别只在于研究对象的不同，应揭示的规律性也各异。政治经济学作为一门以生产关系为研究对象的理论经济科学，揭示生产关系及其实现和发展的运动规律，是它的根本任务。本书的主要任务，在于揭示商品经济，尤其是资本主义和社会主义市场经济的一般规律与特殊规律。这将促进一国内部和国际社会的资源配置、科学发展、财富增长、经济和谐以及人的全面和自由发展。经济规律是经济现象和经济过程内在的、本质的和必然的联系。政治经济学的使命，就是要揭示人类历史不同社会形态纷繁复杂的经济生活中的这种本质联系，以及其实现方式和运动发展的必然趋势。

如同其他规律一样，经济规律也是客观的，是不以人的意志为转移的。它在一定的经济条件下产生并发生作用。不管人们承认与否、认识与否，它始终按照自己的要求起着作用。一旦经济条件变化了，它也就随之发生变化甚至消失，不再发生作用。它的客观性质还在于：人们不能违背它，也不能制定或任意改造它。任何人，违背了或是企图臆造任何经济规律，都会受到无情的惩罚。不过，人们在经济规律面前也并非无能为力。人们能够发现、认识和掌握它，并学会正确地利用它。应当既深刻认识经济规律的客观性，又充分重视人们的主观能动性。

与自然规律相比，经济规律有两个主要特点：其一，大多数经济规律都不是长久不变的。它只在一定的历史阶段发生作用，随经济条件的变更而变化。其二，经济规律的作用，必须通过人的经济行为和经济活动而得到发挥，并直接涉及人们的物质利益。因而，人们在利用经济规律时，经常会受到认识能力和利益关系的限制，从而使经济规律的作用受到干扰。

各种形态的社会经济，都是一个大系统。在这个大系统中，同时存在着众多的经济规律。它们不是孤立分散地发生作用的，而是相互联系、相互制约，构成一个复杂的经济规律系统。在这个系统中，又存在多个不同的子系统。政治经济学并不能包揽全部经济规律的研究任务，而只侧重于涉及生产关系基本层面的经济规律的揭示。这是因为，还有消费经济学、产业经济学和国际贸易与国际金融等具体经济学科的存在。

二、经济规律的一种分类

经济规律可以有多种划分方法。按经济规律形成的条件和作用范围的不同，可大致分为三类：

1. 一切社会形态共有的普遍经济规律

这是在任何社会中都普遍起作用的经济规律，如生产关系一定要适合生产力性质的规律，劳动生产率不断提高的规律，消费需求上升的规律，等等。这类经济规律，表现人类所有社会形态经济发展过程中最一般的共同的本质联系。它们作为不同社会经济形态规律系统中的构成部分，在作用的形式上，由于受到不同的规律系统的制约而表现出差别。

2. 若干社会形态共有的经济规律

这是在具有某种相同经济条件的几种社会形态中共同起作用的经济规律，如商品经济的价值规律、价格规律、供求规律、竞争规律、货币流通规律，等等。这类规律，表现几个社会形态经济运行过程中共同的内在联系，但其具体效应的发挥，还是会出现差异的。

3. 某一特定社会形态中占支配地位的特有经济规律

这是只在一个特定社会形态中起支配作用的经济规律，如资本主义社会中的私人剩余价值规律，社会主义社会中的按劳分配规律。这类规律，表现特定社会形态经济发展过程中特殊的本质联系。

政治经济学是理论经济科学，本质上又是一门历史科学。它不仅研究某一特定社会形态的生产关系，而且研究人类不同社会形态的生产关系及其运动规律。不同社会经济形态，以自己特有的经济规律相区别，又以共有的经济规律相联系。广义的政治经济学，既要根据生产关系发展的不同历史阶段，揭示出各个社会和发展时期（如资本主义的自由竞争时期和垄断竞争时期，社会主义的计划经济时期和市场经济时期）特有的经济规律，又要以此为基础，揭示出几个社会共有的，以及一切社会共有的最普遍的经济规律。但这又要以专门研究某一社会生产关系及其发展规律的狭义政治经济学为基础。

第四节 政治经济学的方法

一、历史唯物主义方法

生产关系适合生产力性质这个规律，是马克思和恩格斯的伟大科学发现。这一发现使人们科学地认识了人类社会发展的客观过程。在马克思和恩格斯以前，许多资产阶级学者把人类社会的变化不是看作由客观规律支配的客观过程，而是由人的理性、道德、良心等心理因素决定的，他们完全用人的意识来解释社会现象。因此，他们是历史唯心主义者。马克思和恩格斯把复杂的社会现象归结为经济关系，即生产关系，而生产关系的变化又归结为生产力的发展变化。所以，马克思和恩格斯没有借助于道德、良心等意识来说明社会的变化，而是从客观的生产力水平出发，揭示了社会发展的客观规律。

马克思主义注重从生产力、上层建筑同生产关系的作用与反作用的内在联系中，阐明生产关系变化机制及其发展规律，注重对经济权利、经济制度及其历史变迁的研究。这种具有历史纵深感的经济学分析方法，同资产阶级政治经济学将资本主义生产关系和经济制度视为一般和永恒范畴的历史唯心论方法，有天壤之别。

二、唯物辩证法

唯物辩证法是内容与形式、本质与现象等范畴，以及对立统一、量变与质变、否定之否定等规律的方法论总称。其中，政治经济学的研究尤其强调下列方法：

第一，矛盾分析法。万事万物无时不在发展变化，事物内部固有的矛盾，是事物发展变化的根据。社会经济形态也同样如此。政治经济学要研究生产关系及其运动规律，揭示人类社会经济形态的发展变化，就必须结合运用静态分析和动态分析，从研究和揭示不同社会生产关系的内在矛盾及其运动入手。马克思所创立的政治经济学，正是从剖析资本主义社会的经济细胞——商品入手，层层深入而揭示出现代社会的一切矛盾或一切矛盾的胚芽，并由此论证了资本主义必将由社会主义所取代的客观历史趋势。马克思经济学的代表作《资本论》，其实就是关于资本主义社会经济发展和经济运动的矛盾学说。

定义　辩证唯物主义和历史唯物主义

辩证唯物主义：马克思主义哲学的重要组成部分，由马克思和恩格斯在19世纪中叶创立。辩证唯物主义是关于自然界、人类社会和思维发展的最一般规律的科学。其基本观点包括：世界是物质的；意识是物质高度发展的产物，是对物质的反映；世界是普遍联系和运动发展的；对立统一规律是宇宙的最根本的规律。

历史唯物主义：马克思主义哲学的重要组成部分，由马克思和恩格斯在19世纪中叶创立。历史唯物主义是关于人类社会发展一般规律的科学。其基本观点包括：社会存在决定社会意识；社会发展是一个自然历史过程；生产关系和生产力、上层建筑和经济基础之间的矛盾是推动一切社会发展的基本矛盾。

第二，科学抽象法。科学抽象在认识中有重要作用。任何科学，如要揭示事物的本质，都必须经过科学的抽象过程。对政治经济学尤其如此。这是因为，分析经济问题，既不能用显微镜，也不能用化学试剂，两者都必须用抽象力来代替。这里说的“抽象力”，指的就是人们运用头脑对所研究对象的抽象思维能力。它要求抓住事物的内在同质性，舍弃非本质差异；抓住现象中反复出现的普遍形式或一般形式，舍弃偶然因素。运用这种能力进行科学抽象的过程，也就是毛泽东所说的从感性认识上升到理性认识的过程，即将丰富的材料加以去粗取精、去伪存真、由此及彼、由表及里，以便形成概念和理论的系统的过程。科学抽象需要正确运用“假说”等具体的分析方法。

第三，历史与逻辑相一致的分析方法。历史从哪里开始，思维过程也应从哪里开始，但历史经常出现跳跃或曲折，这就必须运用逻辑的方法。它可以摆脱直观的历史形式和起扰乱作用的偶然性，进行逻辑推理。不过，这又不能是脱离历史过程的纯粹抽象推理。它必须结合历史由低级到高级的发展，通过思维推理，以概括的理论形式，从简单概念到复杂概念，重现历史的真实。因此，这种逻辑的研究方法与历史的研究方法是有机统一的。

第四，定性与定量相结合的方法。质与量是相互依存的统一体，任何事物都包括质与量两个方面。政治经济学的研究对象也是如此。要能充分揭示人类社会经济运行过程和经济关系的内在本质和运动规律，客观描述其表现形式和各种变量之间的关系，必须同时从质和量两个方面进行考察，把定性分析同定量分析结合起来。当年，马克思是大量运用数学来研究全面经济关系和经济运行的典范，远远超过了一切资产阶级政治经济学家。现在，必须继承马克思的学术传统，科学地改造和借鉴当代西方经济学的数量分析方法，纠正传统政治经济学社会主义部分运用定量分析不足和现代西方主流经济学运用定量分析过度的弊端。所谓定量分析的方法，就是运用数学和统计，揭示经济现象和经济过程中反映规律性的数量联系，揭示经济关系及其发展变化中反映质的数量规定和界限的方法。这是深刻认识和具体运用数量联系日趋复杂的经济社会化和国际化及现代市场经济的运行规律的重要前提。

除此之外，在政治经济学的研究中，还需要运用综合方法、归纳方法、演绎方法以及规范方法和实证方法等认识手段，适当借鉴系统论、伦理学和心理学等的某些方法和范畴。所有这些，共同构成马克思主义政治经济学的方法论体系。马克思正是彻底批判了资产阶级经济学家的唯心论和形而上学，出色地运用了这些方法论，才成功地创建了工人阶级的政治经济学。当代马克思主义政治经济学也要贯彻和发展这一科学的方法论体系。

第五节　政治经济学的性质和意义

一、政治经济学的实践性和实用性、阶级性和人文性

实践的观点，即认为理论依赖于实践，理论来源于实践，反过来为实践服务，又由实践检验的观点，是辩证唯物论的认识论的首要的和基本的观点。马克思主义政治经济学就是建立在这种认识论的基础上的。实践性和实用性是政治经济学的一个重要特性。政治经济学在本质上也可说是一门实践和实用的科学。

一切从当前的经济事实出发，而不是从已有的结论、观念或意愿出发，占有浩瀚的文献资料，以资本主义生产方式的典型——英国，作为解剖和阐述的例证，这就是马克思所创立的工人阶级政治经济学的客观基础。马克思花了几十年的工夫，几乎阅读了以往所有的政治经济学著作、有关的经济史料、重要文献、调查报告和政府文件等。他在政治经济学领域完成的革命，既是对前人优秀成果的批判地继承，又是对资产阶级社会经济生活实践的科学总结和反思，是两个来源的有机结合，是人类历史实践经验和理论智慧的结晶。

马克思主义政治经济学的科学性，就是建立在它的阶级性和实践性的坚实基础上的。过去，马克思、恩格斯出于无产阶级革命斗争的需要，运用无产阶级的立场、观点和方法，坚持实践第一的原则，创立了有高度科学性的马克思主义政治经济学。现在，面对知识经济、经济全球化和市场经济所发生的巨大变迁，面临革命和建设的双重任务，我们更要坚定地继续运用工人阶级的立场、观点和方法，继续坚持实践第一的原则，进一步丰富和发展马克思主义政治经济学，捍卫它的科学性，任何“左”的或右的经济思潮，均会使理论脱离和背弃当代经济实践，都将严重损害它的科学性，使之失去原有的活力和价值。应当“不唯书、不唯上、不唯风”，只唯实。

政治经济学的阶级性，是由它所研究的对象决定的。作为政治经济学研究对象的生产关系，本质上就是人们的物质利益关系。在阶级社会或阶级世界里，生产关系及其经济利益必然表现为阶级利益的对立和差别。揭示生产关系的本质、矛盾和运动规律，直接涉及不同阶级的切身利益。所以，代表不同阶级利益的经济学家从不同的立场和观点出发，对社会经济现象和经济关系，有不同的认识和解释。他们为自己的阶级创立的经济理论，是各个不同阶级的经济利益在理论上的表现。由于政治经济学所研究的材料的这种特殊性，在阶级社会里从不存在超阶级的政治经济学。迄今历史上出现过的，都是代表一定阶级利益的政治经济学，如资产阶级政治经济学、小资产阶级政治经济学和工人阶级政治经济学。

资产阶级的古典政治经济学，尽管代表资产阶级利益，但还能够对资本主义生产关系的内部联系进行某些客观分析和揭示，具有一定的科学因素。而其阶级局限性，妨碍着它们正视和彻底揭露资本主义生产关系的本质和矛盾。近代和现代庸俗学派在很多方面抛弃了古典政治经济学中的科学成分，带有辩护的性质。总体上看，现代西方经济学存在或多或少的资产阶级局限性，但其中包含的关于经济运行规律、运行方式的揭示和经济管理的具体知识，关于经济过程和经济机制的某些分析方法，包括数量分析和动态分析的运用等方面，反映了社会化大生产和市场经济的普遍规律，是可资借鉴的。小资产阶级政治经济学，虽然激烈抨击资本主义制度，但不认识其本质和矛盾根源，并把小私有制理想化，也是反科学的。

当今世界，经济生活充满着矛盾。处于不同群体、集团、阶层、阶级、民族和国家中的人们，具有不同的经济利益。不同的经济学家对于同一经济问题往往有相反的解释，并得出不尽一致的思想结论和政策主张。这除了认识方面的原因以外，主要是因为经济学所研究的材料具有特殊性，它直接涉及不同社会群体、集团、阶层、阶级和国家的权益。经济学家在研究、解释和试图解决经济问题时，往往自觉或不自觉地站在特定利益集团的立场上，代表和维护特定集团的权益，接受和反映特定利益集团的意识形态，采取符合特定利益集团的价值判断。这些就决定了经济学在性质上必然不同于没有社会性和人文性的自然科学，也决定了在阶级社会中不存在为各对立阶级共同接受的统一的理论经济学范式。换句话说，在世界上还存在对立阶级的情形下，政治经济学的一个客观内容（自然还有其他内容）就是表现为阶级性。而马克思主义经济学所说的阶级性，首先主要是指经济方面的含义，其次才是指由这种经济含义所决定或派生的政治含义和意识含义。

不少经济学家不太愿意承认西方经济学的阶级性，并在研究中极力回避这一点，声称自己的理论是超阶级的，是为各阶层或各阶级的共同利益服务的。但也有些西方经济学家是公开承认这一客观事实的，如凯恩斯、诺贝尔经济学奖获得者索洛等。

马克思主义政治经济学是工人阶级政治经济学，它是为工人阶级的利益和人类解放事业服务的。工人阶级是先进生产力和先进文化的代表，不受私有制狭隘利益的束缚，同人类社会发展的方向一致。工人阶级的这种地位，决定了它具有革命的彻底性，并最迫切需要认识、揭示和运用社会发展的客观经济规律，为革命和建设服务。所以，在基本理论层面上，只有代表工人阶级的政治经济学，才能达到阶级性和科学性的统一。不强调科学性而奢谈阶级性，或不承认阶级性而空谈科学性，都是片面的。

政治经济学是一门社会科学。也就是说，它不仅是一种科学，而且与自然科学有本质差别，即具有鲜明的“人文”特征。人文性是一切社会科学的基本内涵和标志。

政治经济学的人文性，除了表现为某种阶级性之外，也可以表现为一定的国度性。例如，19 世纪出于经济发达的英国的经济学——以亚当·斯密为代表，同出于赶超阶段的德国的经济学——以李斯特为代表，两者差异就很大；20 世纪出于资本主义美国的经济学，同出于社会主义苏联的经济学，两者差异就更大；西方发展经济学、比较经济学和过渡经济学的形成，也绝非偶然，均具有国度性。目前，受国别和发展阶段的经济实践限制，我们所能阐明的政治经济学的社会主义理论，也只能在高度重视各个国家经济学原理的共同性、市场经济的共同性和社会主义的共同性的基础之上，反映我国初级阶段社会主义的市场经济的独特性，因而政治经济学必然具有国度性、阶段性和历史性。承认国度性并不否定共同性，两者是可以整合在一起的。那种以为西方经济学基本理论是适合一切国家的普遍真理，各国只有具体应用的观点，显然是错误的。人类只有先逐步建立关于各个不同社会形态和不同国家的多种"狭义政治经济学"，最终才能整合成一种恩格斯所说的"广义政治经济学"。

理论经济学人文性的另一种内涵，便是以人为本，表现为对人类的终极关怀。日本著名经济学家山本二三丸教授在《人本经济学》一书中抨击了"以食利致富为目的的经济学"，指出："要想配得上称之为科学的经济学，就必须对各种经济法则，特别是在资本主义社会所贯彻实行着的各项经济法则，进行正确的系统性研究。与此同时，还必须致力于探明这个社会是怎样形成和发展的，以及它必然为下一个更高级的历史性社会所取代这一发展规律……也只有这种科学的经济学，才能在这个被货币牵着鼻子走的、人们生活在比动物世界还要恶劣的弱肉强食的社会中，真正把握关于人与社会的正确思想，才能得出真正的科学的结论，即只有劳动力的承担者，才能成为建构真正的人类社会的主体。"①借用学术界公认的"高雅文艺"和"通俗文艺"的说法，政治经济学属于经济科学中的"高雅学科"。其人文性应大大高于一般的应用经济学，才能代表一国经济思维的主要成就。诚然，强调政治经济学的人文性、反异化和人本主义，同强调其强国富民的功利性是可以统一的。

二、政治经济学的意义

政治经济学的重大意义，是由它在马克思主义体系中的重要理论地位，以及在工人阶级革命和建设事业中的重要指导作用所决定的。政治经济学的学术价值和现实意义表现为：

第一，社会经济革命的指导思想。政治经济学的创立，在人类历史上第一次无可辩驳地证明了社会发展的自然历史过程和社会主义取代资本主义的客观必然性，使社会主义从空想变成科学。这就为无产阶级提供了进行社会经济变革和社会主义革命的有力的理论武器。只有学习它，才能坚定信念和信心，才能正确认识和对待资本主义，正确认识和对待社会主义，才能不受任何错误思潮的干扰，坚持社会主义和共产主义的大方向。

第二，社会经济建设的理论依据。政治经济学的创立，为执政的工人阶级政党进行社会主义经济建设和科学发展奠定了理论基础，并提供了制定经济纲领、路线、方针和政策的理论根据。马克思主义及其经济学是我国立国之本，中国特色的社会主义经济理论是马克思主义同中国实际相结合的产物，是我国改革、开放和发展各项经济工作的指导思想。只有学习马克思主义政治经济学，尤其是中国特色社会主义政治经济学，才能提高从事各项经济建设和促进经济发展的自觉性，减少盲目性。

第三，人类知识结构的基础学科。马克思主义政治经济学是运用科学的世界观和方法

---

① 山本二三丸：《人本经济学——经济学应有的科学状态》（前言），东方出版社 1995 年版。

论的典范。这是因为,政治经济学的创立,最深刻、最详细地证明和运用了辩证唯物主义和历史唯物主义的立场、观点和方法。只有很好地学习它,才能树立正确的世界观,掌握科学的方法论,从而提高在经济以及政治、文化等领域观察和分析问题、处理和解决矛盾的能力。

政治经济学是财经类和商学专业课共同的理论基础。不少财经专业课只是政治经济学的分支。学好政治经济学,有助于学好各种财经专业课和整个经济科学。同时,在整个人文科学和社会科学的知识体系中,马克思主义政治经济学具有“皇冠”美称、理论先进性和基础性,也是通识教育和文理相通的关节点。

本章小结

本章主要说明经济的含义和政治经济学的产生与演变,阐明其研究对象与范围、任务、方法、性质,以及学习和研究的重要性。

经济有多种含义。经济思想伴随着经济实践而发展。马克思主义政治经济学的创立和发展,是人类经济学说史上的科学标志,是先进文化的代表。

社会生产是政治经济学研究的主要出发点,它是生产力和生产关系的统一。生产力包括劳动者、劳动对象和劳动资料三个实体性要素,科技因素渗透在各实体性要素之中。生产关系包括三个方面:生产资料的所有制形式;人们在直接生产过程和交换过程中所处的地位和关系;产品的分配关系。

政治经济学是研究生产关系的一门科学,既要联系生产力,又要联系上层建筑,以及从微观、宏观和国际等不同层面,来揭示生产关系发展和变化的规律性。其研究范围比研究对象广泛。

社会生产的总过程,是由生产、分配、交换、消费四个环节组成的有机整体。生产是起点,消费是终点。分配和交换是连接生产与消费的中间环节。

揭示生产关系及其实现和发展的运动规律,是政治经济学的根本任务。经济规律是经济现象和经济过程内在的、本质的和必然的联系。

历史唯物主义和唯物辩证法是马克思主义政治经济学的基本方法。

马克思主义政治经济学的科学性,是建立在它的实践性实用性、阶级性和人文性之坚实基础上的。

政治经济学具有重大意义。它是社会经济革命的指导思想,是社会经济建设的理论依据,是人类知识结构的基础学科。

关键术语

经济　政治经济学　古典经济学　重商主义　重农学派　亚当·斯密
大卫·李嘉图　庸俗经济学　《资本论》　生产力　生产关系　生产方式
经济基础　上层建筑　生产　消费　分配　交换　经济规律
历史唯物主义　辩证唯物主义

参考资料

1. 马克思、恩格斯:《马克思恩格斯全集》第23卷“序言”,人民出版社1972年版。

2. 吴易风:《当前经济理论界的意见分歧》,中国经济出版社 2000 年版。

3. 程恩富:《重建中国经济学:超越马克思与西方经济学》,《学术月刊》2000 年第 2 期。

4. 程恩富等:《重建中国经济学的若干问题》,《财经研究》1999 年第 7 期。

5. 程恩富:《中国特色社会主义政治经济学八个重大原则》,济南出版社 2017 年版。

思考题

1. 马克思主义政治经济学的研究对象有什么特点? 如何把握生产力与生产关系的矛盾运动和演变规律?

2. 有人说,经济活动都是有人参与的,因而没有什么经济规律。请对此做出评论,并说明经济规律与自然规律的异同点。

3. 政治经济学的实践性和实用性、阶级性和人文性能否统一? 怎样统一?

4. 怎样认识政治经济学的人文精神与数理表达、经济现象与经济本质、历史与逻辑等方法之间的关系?

5. 有一种说法:不学政治经济学,也能学好应用经济学和部门经济学。对此,你有何看法?

第一编

直接生产过程

第一章

商　品

学习目的与要求

通过本章学习，详细了解什么是商品，正确理解商品的二因素和劳动的二重性及其相互关系，掌握价值的质和量的规定性，以及商品价值量的变化规律。理解商品经济的基本矛盾和不同类型商品经济的共同点和区别，掌握商品经济的一般规定性和运动规律，学会运用马克思的劳动价值理论分析和解决问题。

第一节　商品的价值

一、商品的二因素

商品是用来交换的劳动产品。任何商品都是一种能满足人们某种需要的产品；同时，它又是一种能用来交换的产品。商品具有使用价值和价值二因素。

商品能满足人们某种需要的属性，就是商品的使用价值。由于商品的自然属性不同，商品的使用价值也就不同。又由于同一商品有多方面的自然属性，商品的使用价值是多种多样的。随着劳动生产力的提高、科学技术的进步、生产经验的积累，同一种商品的多种使用价值会越来越多地被人们发现。同样，就整个社会来讲，人们在同自然界做斗争的过程中，商品的数量及满足需要的自然属性会不断丰富和发展。当然，随着社会历史的发展，对商品数量和自然属性的衡量尺度也会发生变化。

商品的使用价值构成一切社会财富的物质或精神内容，是人类社会生存和发展的必要条件。由于商品的使用价值是由商品的自然属性所决定，因此，它本身并不反映社会生产关系。而财富是指能满足人的某种需要的资源，包括商品财富与产品财富、劳动财富与非劳动财富、物质财富与精神财富、有形财富与无形财富等等。使用价值或财富本身,就其性能、用途、被满足程度等方面,不属于政治经济学研究范围。政治经济学是把使用价值当作商品的一个因素,从使用价值和交换价值以至价值的联系中来研究使用价值。

商品使用价值的最大特点,就是商品不是直接供该商品的生产者自身消费的使用价值,而是为他人消费的使用价值。也就是说,因其商品的自然属性而用于交换的使用价值。它是商品交换价值的物质承担者,所以商品的使用价值是社会使用价值。这在商品经济的所有社会形态中都是相同的。

具有使用价值的物品一旦进入交换就具有交换价值。交换价值首先表现为一种使用价值同另一种使用价值相交换的量的关系或比例。例如,1 只绵羊与 20 尺布相交换,20 尺布就是 1 只绵羊的交换价值。在市场上,一种商品可以同其他许多商品相交换形成不同的交换比例,具有不同的交换价值。而且,各种商品相交换的比例,还会因地因时不同而不断变化,但在同一地区、同一时间大致相同。

为什么 1 只羊的交换价值是 20 尺布,或者说,商品交换价值是如何决定的?交换价值不可能是由它们的使用价值决定的。因为羊和布作为两种不同的使用价值,不可能在质上等同从而在量上加以比较。要得出正确的答案必须撇开使用价值属性,另辟蹊径。而一旦将商品的使用价值属性撇开,它就只剩下一个属性,即人类劳动产品这个属性。而我们在撇开商品的特殊使用价值的同时,也就撇开了生产特殊使用价值的劳动的特殊形式。这样,就从生产各种使用价值的形式各异的劳动中抽象出作为人的脑力和体力支出的一般人类劳动。凝结在商品中的这种无差别的一般劳动,其质相同而量可以比较,它构成商品的价值。两种使用价值不同的商品所以能够按一定比例交换,原因就在于交换双方的价值是相等的。显然,价值由人们劳动所创造。商品生产中需要投入各种要素,生产过程中的价值形成就包含了耗费其中的全部劳动。因此,劳动不仅是价值的源泉,而且决定着商品交换的比例。马克思说:“我们实际上也是从商品的交换价值或交换关系出发,才探索到隐藏在其中的商品价值。”[①]不同的商品之间能相互以一定的数量比例进行交换,本质上还是劳动价值论的科学揭示,即商品价值是交换价值的基础和内容,交换价值是价值的表现形式。马克思关于劳动创造价值的理论是马克思主义政治经济学的基石,并且是剩余价值学说的理论基础。

阅读材料　亚里士多德的困惑

如果我们回顾一下一位伟大的研究家……这位研究家最早分析了许多思维形式、社会形式和自然形式,也最早分析了价值形式。他就是亚里士多德。

首先,亚里士多德清楚地指出,商品的货币形式不过是简单价值形式——一种商品的价值通过另一种商品来表现——的进一步发展的形态,因为他说:

“5 张床=1 间屋

无异于:

5 张床= 若干货币。”

其次,他看到:包含着这个价值表现的价值关系本身,要求屋必须在质上与床等同,这两种感觉上不同的物,如果没有这种本质上的等同性,就不能作为可通约的量而互相发生关系。他说:“没有等同性,就不能交换,没有可通约性,就不能等同。”但是他到此就停下来了,

① 《马克思恩格斯全集》第 23 卷,人民出版社 1972 年版,第 61 页。

没有对价值形式做进一步分析。"实际上,这样不同种的物是不能通约的",就是说,它们不可能在质上等同。这种等同只能是某种和物的真实性质相异的东西,因而只能是"应付实际需要的手段"。

可见,亚里士多德自己告诉了我们,是什么东西阻碍他做进一步的分析,这就是缺乏价值概念。这种等同的东西,也就是屋在床的价值表现中对床来说所代表的共同的实体是什么呢?亚里士多德说,这种东西"实际上是不可能存在的"。为什么呢?只要屋代表床和屋两者中真正等同的东西,对床来说屋就代表一种等同的东西。这就是人类劳动。

但是,亚里士多德不能从价值形式本身看出,在商品价值形式中,一切劳动都表现为等同的人类劳动,因而是同等意义的劳动,这是因为希腊社会是建立在奴隶劳动的基础上的,因而是以人们之间以及他们的劳动力之间的不平等为自然基础的。价值表现的秘密,即一切劳动由于而且只是由于都是一般人类劳动而具有的等同性和同等意义,只有在人类平等概念已经成为国民的牢固的成见的时候,才能揭示出来。而这只有在这样的社会里才有可能,在那里,商品形式成为劳动产品的一般形式,从而人们彼此作为商品所有者的关系成为占统治地位的社会关系。亚里士多德在商品的价值表现中发现了等同关系,正是在这里闪耀出他的天才的光辉。只是他所处的社会的历史限制,使他不能发现这种等同关系"实际上"是什么。

资料来源:马克思:《资本论》第1卷,人民出版社1975年版,第73—75页。

劳动表现为价值,人们以价值来交换商品,实际上就是交换劳动。所以,商品的价值体现人们交换劳动的生产关系,这就是价值的实质。价值不是劳动产品所固有的自然属性,而是商品特有的社会属性,是一个历史范畴。

定义　价值·劳动价值论

商品的价值是凝结在商品中的一般的、无差别的人类劳动或抽象的人类劳动。它反映了商品生产者之间交换产品的社会关系。价值通过商品交换的量的比例即交换价值表现出来。

有些资产阶级经济学家否认劳动价值论,认为决定商品交换价值的,是商品的效用。也就是说,商品的效用越多,商品交换的价值越大;商品效用越少,该商品交换的价值就越小。该理论尽管表面上看是注重了商品的使用价值,实质上是一种典型的"效用决定论"。事实上,某商品的效用是相对的,不同对象、不同要求、不同地区,甚至不同时间的表现是不同的。如果以所谓的"效用"来决定商品的交换价值,那就永远无法对某一商品进行定价,并完成其交换。同时,不同类的商品的使用价值不存在质的联系。因此,以"效用"来决定商品的交换价值是毫无意义的。

还有一些资产阶级经济学家则认为商品的交换价值是由市场的供求决定的。这种"供求决定论"试图表明:市场需求紧缺时,就是说供不应求,商品的交换价值就高;市场供应充足,甚至积压时,也就是供过于求,商品的交换价值就低。这实际上是一种一定时期内的表面现象,并非反映商品交换的实质。供求关系对一种商品来讲,可能会影响到该商品的买卖情况。但对于不同商品的交换,就不能以一种商品自身的供求状况来决定,并影响到另一种商品的供求和交换。况且,如果由"供求"来决定商品的交换价值,那就更无法解释商品在供求一致时的价值决定。

小辞典　其他的价值论

效用价值论：商品的交换价值由商品的效用决定。

供求价值论：商品的交换价值由市场的供求决定。

知识价值论：在信息社会里，价值的增长不是通过劳动，而是通过知识实现的。

要素价值论：生产商品的所有要素投入都是价值的源泉。

近年来，随着科学技术的迅速发展，理论界关于劳动价值理论仍有些争论。主要代表有两种。其一是“知识价值论”。对信息社会颇有研究的奈斯比特在《大趋势》中说：在信息社会里，价值的增长不是通过劳动，而是通过知识实现的。“劳动价值论”诞生于工业经济的初期，必将被新的“知识价值论”所取代。事实上由于劳动者对知识（劳动积累的经验）掌握程度同其劳动复杂程度成正比，因而，知识能通过提高劳动复杂程度而对价值生产起着相当重要的作用。可见，该理论只能是对“劳动价值论”的丰富而已。其二是“要素价值论”。该理论把价值的源泉归纳于商品生产的所有要素投入。这是西方某些学者试图对“劳动价值论”进行“改造”。马克思在对商品生产和价值生产的论述中清晰地指出：物化劳动转移旧价值和活劳动创造新价值。了解价值的概念和内涵，就不难看出“要素价值论”的失误之处。

无论如何，人类以劳动创造价值是不容置疑的。商品交换以价值为基础，体现交换劳动的关系，这就是价值的实质。这也是马克思劳动价值论的核心之所在。

从现象形态看，商品是使用价值和交换价值二因素的统一；从本质内涵看，商品是使用价值和价值二因素的统一。进一步分析可知：商品是使用价值和价值的矛盾统一体。

其统一性表现为使用价值和价值的相互依存、相互作用。使用价值反映商品的自然属性，是商品交换的物质或精神承担者；价值反映商品的社会属性，是商品交换价值的基础。任何一件商品，必须首先是有用的，并将其自然属性体现为满足人们的某种需求。其次是必须凝结为无差别的一般劳动，并将其社会属性体现于价值以供交换。

辨析　使用价值、交换价值、价值

使用价值是商品满足人们某种需要的效用。交换价值是一种商品同另一种商品相交换的量的关系或比例。价值是凝结在商品中的抽象劳动。

其矛盾性表现为使用价值和价值的相互排斥、相互对立。首先，商品生产者生产的直接动机是实现价值，而使用价值只是价值的物质或精神承担者。其次，商品交换是以使用价值和价值两者的分离而实现，即买卖结束，卖方实现价值，买方实现使用价值，各自在分离中得以充分体现。最后，商品交换必须在市场中进行，交换价值的高低以及供求关系的变化等，往往使交换发生困难，以致双方的使用价值和价值都难以实现。这在以私有制为基础的社会里更为明显。随着商品生产和商品交换的发展，商品内部两因素的矛盾日益深化并成为交换双方的矛盾聚焦点。

讨论　财富和价值

问题：人们常常说：“劳动是财富之父，土地是财富之母。”既然如此，为什么又说，只有劳动才是创造价值的源泉呢？

回答：这里讲的财富是指使用价值而不是价值。就使用价值即财富来说，劳动不是它的唯一源泉。实际上，除了劳动之外，参与创造财富的还有资本等等。但是，如果局限于讨论价值，则劳动就是唯一的源泉。当然，说劳动是创造价值的唯一源泉，并不意味着劳动在创造价值的过程中不需要其他生产要素的帮助。恰恰相反，如果没有其他生产要素的帮助，光靠劳动，也不可能创造出价值。尽管如此，创造价值的仍然只是劳动，而不是其他的生产要素。换句话说，劳动以外的其他生产要素是价值的必要条件而非充分条件。

二、劳动的二重性

商品作为用来交换的劳动产品，其两因素是由体现在商品中的劳动的性质所决定的。生产商品的劳动具有二重性：劳动既是具体劳动，又是抽象劳动。

就现象形态上看，生产商品的劳动是各种不同形式的劳动，不同形式的劳动又是由它的目的、对象、方法和结果决定的。以制造某有用物为目的（即反映某商品的自然属性），在特定形式下进行的各自不同的劳动，称为具体劳动。由于具体劳动是以劳动产品的有用性为目的，所以也被叫作“有用劳动”。具体劳动创造商品的使用价值。

具体劳动的对象、操作方法及结果的差别，形成了社会分工。因此具体劳动尽管是一种以具体形态出现的劳动，它仍属于社会劳动的一部分。随着社会生产力的提高和人们需要的扩展，具体劳动会不断变化、丰富、发展。

具体劳动反映的是人和自然的关系。马克思指出：“劳动作为以某种形式占有自然物的有目的的活动，是人类生存的自然条件，是同一切社会形式无关的、人和自然之间的物质变换的条件。”①由于它是人类生存所必需，因此，具体劳动是人类社会存在和发展的必然条件。同样，具体劳动是人们改造自然界、创造有用物的过程，所以具体劳动若离开与自然物质的结合，也就无法创造出使用价值来。

抽象劳动则表现为一种非具体形式的人类劳动。生产商品的劳动，从形式上看是具体的，但从其劳动的内容和过程来看，都是人类劳动力的消耗，即无差别的人类劳动，这种无差别的一般的人类劳动就是抽象劳动。抽象劳动创造商品的价值。

由于交换劳动产品，不仅是产品量的比较，更是产品质的比较，即要进行劳动量的比较。于是，异质的不同形式的具体劳动在漫长的交换过程中，逐步还原为同质的无差别的人类劳动，也就是抽象劳动。这样，凝结在商品中的抽象劳动被表现为商品的价值，并成为商品交换的共同基础。

辨析　具体劳动和抽象劳动

具体劳动是生产目的、操作方式、劳动对象、劳动手段和生产结果都各不相同的劳动。具体劳动创造使用价值。抽象劳动是撇开各种具体形态的一般的无差别的人类劳动。抽象劳动形成价值。

商品生产是为了交换劳动，而劳动交换又是借助于劳动产品进行的，因而抽象劳动不能简单看作纯粹的劳动力消耗，而体现了商品经济的社会关系。正如马克思说：“生产交换价值的劳动则相反，它是劳动的一种特殊的社会形式。以裁缝的劳动为例，就它作为一种特殊的生产活动的物质规定性来说，它生产衣服，但不生产衣服的交换价值。它生产后者时不是作为裁缝劳动，而是作为抽象一般劳动，而抽象一般劳动属于一种社会关系，这种关系不是

---

① 《马克思恩格斯全集》第13卷，人民出版社1962年版，第25页。

由裁缝缝出来的。”[①]

生产商品的具体劳动和抽象劳动，两者是统一的。它们是生产商品的同一劳动过程的两个方面，而不是独立存在的两种劳动或两次劳动，不论在时间上还是空间上，两者都是不可分割的。生产商品的劳动不管其劳动的具体形式如何，都同时表现为一种抽象劳动的支出，这就是劳动二重性在劳动过程中表现出的统一点。又因为商品生产者总要以一种具体劳动形式来投入抽象劳动，因此在劳动二重性的统一点上，商品生产者不仅生产了商品的使用价值，而且创造了商品的价值。

生产商品的具体劳动和抽象劳动，两者又是对立的。生产者只是把具体劳动看成是生产目的的必要手段，他从事的具体劳动只是为了能在交换中转化为抽象劳动，使劳动过程中的抽象劳动的支出得到实现和补偿。因此，以抽象劳动为目的，具体劳动就成为实现抽象劳动的必要前提。而一旦交换成功，买卖双方就各得其所。卖方得到抽象劳动形成的价值，买方得到各种具体劳动创造的使用价值。于是，具体劳动就与抽象劳动相分离。

由于具体劳动创造商品的使用价值，抽象劳动形成商品的价值，因而在劳动生产率发生变化时，同一单位时间里实现的使用价值和价值就会形成对立运动。同样，若生产者的具体劳动不符合社会劳动的要求，就会导致抽象劳动的消耗超出社会平均水平，而使具体劳动不能转化或实现较少的抽象劳动。这些都是具体劳动和抽象劳动相矛盾的表现。

劳动二重性学说是理解马克思主义政治经济学的枢纽，是彻底揭示资本主义内在矛盾及其规律的一个基点。在马克思以前，资产阶级古典经济学家从威廉·配第到大卫·李嘉图等人，也曾经提出过劳动创造商品价值的观点。但他们所说的劳动是笼统的劳动，是概念性的劳动。因此，并不知道是什么劳动创造价值，怎样形成价值。所以，他们的劳动创造价值的理论是很不全面和不彻底的。只有马克思运用劳动二重性的学说并证明了的劳动价值论，才科学地“第一次确定了什么样的劳动形成价值，为什么形成价值以及怎样形成价值”[②]。马克思的劳动二重性学说也为剩余价值论奠定了基础。运用劳动二重性学说，马克思深刻地描述了剩余价值的来源和本质，揭露了资本家剥削雇佣工人的秘密，最终解决了剩余价值论的核心问题。

三、商品经济及其基本矛盾

商品是一定历史条件下劳动产品所采取的社会形式。最初的商品交换出现在原始公社的交界处，主要是相互交换偶有剩余的劳动产品。“但是物一旦对外成为商品，由于反作用，它们在共同体内部也成为商品。”[③]这告诉我们：商品首先是个别共同体之间由于劳动产品的差异、群体生活对某物品的需求，及本群体某劳动产品存在一定剩余（或因为迫切需要某物品而不得已“剩余”）的基础上产生。这种产品向商品的转化，完全是为了得到自己需要的，并赖以生存的其他劳动群体所生产的产品。但是，一旦共同体之间的商品交换形成了，由于劳动能力的提高和劳动过程的细分，产品也便在共同体内部演变成商品。并且，商品的内涵逐步丰富，外延也逐步扩大。随着社会生产力的发展、第二次社会大分工的出现、私有制的产生，才逐步有了商品生产。即不是为自己使用其产品的有用性而生产，而是为了交换

---

① 《马克思恩格斯全集》第 13 卷，人民出版社 1962 年版，第 25 页。
② 《马克思恩格斯全集》第 24 卷，人民出版社 1972 年版，第 22 页。
③ 《马克思恩格斯全集》第 23 卷，人民出版社 1972 年版，第 106 页。

其产品的有用性而生产。商品交换经常起来,终于使市场也随之形成和发展。

商品经济是以商品交换为特征或以出卖为目的而进行生产的经济形式。商品生产和商品交换统称为商品经济。商品经济最明显的特点就是:直接为交换而生产,生产借助交换而进行。在这里,劳动产品转化为商品,劳动者的劳动也因商品交换而被承认为社会总劳动的组成部分。

商品经济是和自然经济相对应的生产形式。自然经济是一种自给自足的经济,生产的目的是为了直接满足生产者和经济主体自身的需要。显然,自然经济是与社会生产力低下、社会分工不发达相适应的经济形式。“在自然经济下,社会是由许多单一的经济单位(家长制的农民家庭、原始村社、封建领地)组成的,每个这样的单位从事各种经济工作,从采掘各种原料开始,直到最后把这些原料制成消费品。”[①]也就是说,人们的劳动不必通过交换而成为社会总劳动的一部分。从原始公社末期到奴隶社会及封建社会这一漫长历史过程中,自然经济始终占据着统治地位。尽管后来生产有了或多或少的剩余,但由于自给自足的经济本质,使其生产仍然处于规模狭小、生产分散、因循守旧、停滞不前的境地,这也是资本主义经济形态前社会生产力发展相对缓慢的一个重要原因。商品经济却克服了自然经济的局限性,以强大的生命力推动着社会生产力的发展。

商品经济产生需要两个条件。其一是社会分工。社会分工一方面使生产走向专业化,出现专门生产某种产品的生产者;另一方面在各劳动者劳动产品单一化的同时,人们的需要日趋多样化。为满足生活上和生产上的各种需要,他们不仅要有各种各样的生活资料,还要有品种繁多的生产资料,所以不同产品的生产者需要互通有无,交换其产品。但是仅仅存在社会分工,还不会有商品经济,如“在古代印度公社中就有社会分工,但产品并不成为商品”[②]。近代工厂内的劳动分工,一般也不要求通过商品交换来实现其劳动协作。其二是商品属于不同的所有者,即商品由不同的所有者或利益主体支配。于是,由社会分工形成的人们之间的经济联系,通过商品关系建立了起来,产品转化为商品,劳动交换采取了商品交换的形式,人们的社会关系由商品生产关系联系了起来。商品经济是社会经济发展到一定阶段的产物。商品经济在封建社会甚至奴隶社会末期就已出现,但不占主导地位。这种以生产资料个人所有,以个体劳动为基础,以换取自己需要的使用价值为目的的商品经济叫作简单商品经济。

商品二因素的矛盾来自劳动二重性的矛盾。在私有制为基础的商品经济中,它反映了私人劳动和社会劳动的矛盾。

人类生产本质上是社会生产,劳动的社会性是人类劳动的一个根本特征,只是在不同的社会形态下,表现出不同的特点。在私有制为基础的商品生产条件下,生产商品的劳动,直接表现为私人劳动,劳动的社会性是通过交换以价值形式表现出来的。

商品生产以社会分工为前提。在自发形成的社会分工中,每个生产者相互依存,他们既为满足他人的需要而生产,又都依赖他人的供给而生存。他们的劳动是社会总劳动的一个组成部分,具有社会劳动的性质。但是,在私有制条件下,生产什么、生产多少以及怎样进行生产,是生产资料所有者的私事,劳动的私人性是直接的,一目了然的。而这种私人劳动所具有的社会劳动的性质,又不能在生产过程中直接得到表现和承认。

---

① 《列宁选集》第1卷,人民出版社1972年版,第161页。

② 《马克思恩格斯全集》第23卷,人民出版社1972年版,第55页。

辨析　私人劳动和社会劳动

在商品生产条件下，一方面，由于商品生产者独立进行生产并拥有自己的生产结果，故其生产具有私人的性质——它被称为私人劳动；另一方面，由于社会分工，商品生产者又是相互联系和相互依赖的，因而，其生产又具有社会的性质——它被称为社会劳动。

私人劳动要被承认为社会劳动，只能在流通过程中通过把产品当作商品来交换这种间接途径而实现，这就是私人劳动（直接的）和社会劳动（间接的）的矛盾。解决矛盾的条件是商品交换。交换商品不仅以具体劳动形成不同的使用价值为前提，还以劳动量的比较为基础，这就要将具体劳动转化为抽象的人类劳动，于是，凝结在商品中的抽象劳动，才表现为商品的价值。可见，劳动二重性以及商品自身的二因素，追根寻源，都来自私人劳动和社会劳动的矛盾，都是生产商品的私人劳动所具有的这种间接社会劳动的特性所决定的。

在私有制条件下，各自分散的商品生产者的经营带有盲目性，但是，私人劳动作为社会劳动的性质，却要求它所生产的商品在使用价值的质和量两方面都符合社会的需要。私人劳动的盲目性又和社会劳动的比例性相冲突。每当商品在市场上卖不出去时，人们只看到由于商品的使用价值不符合社会的需要，致使价值不能实现，是使用价值和价值的矛盾。其实，商品无用，既是具体劳动无用的表现，也是私人劳动盲目性的结果。

总之，商品二因素和劳动二重性，根源于生产商品的私人劳动和社会劳动的矛盾。因此，私人劳动和社会劳动的矛盾是私有制商品生产的基本矛盾，它决定着商品生产的其他矛盾，决定着商品生产者的命运。

在社会主义商品经济中，以社会主义公有制和多层次联合劳动为基础，生产者的劳动以不完全的直接劳动为表现形式，整个社会的最终目的是为了满足社会全体成员的需要。由于以生产资料的公有制为主体，私人劳动和社会劳动的矛盾因而转化为个别劳动和社会劳动的矛盾，即公有制企业生产的局部性与整体性的矛盾。当然，这一对矛盾同样成为商品二因素和劳动二重性的根源，同样决定着商品生产者的命运。

四、商品拜物教与自私经济人假说

拜物教就是对物的偶像崇拜。在以私有制为基础的商品生产条件下，商品生产者之间的关系表现为物与物即商品与商品的关系。商品本来是商品生产者生产出来的，但在商品关系中，它却成了支配商品生产者命运的力量。如果商品生产者的商品销路好，能卖好价钱，他的生产就能发展，甚至发财致富；如果他的商品卖不出去，或卖不到好价钱，就会赔本甚至破产。人们对这种现象不理解，以为商品有一种神秘的力量在支配自己，因而像崇拜偶像一样崇拜商品，这种情形就叫作商品拜物教。马克思说：商品形式和商品价值关系，这只是人们自己的一定的社会关系，但它在人们面前采取了物与物的关系的虚幻形式。因此，要找一个比喻，我们就得逃到宗教世界的幻境中去。在那里，人脑的产物表现为赋有生命的、彼此发生关系并同人发生关系的独立存在的东西。在商品世界里，人手的产物也是这样。我把这叫作拜物教。”①

小辞典　拜物教

拜物教：把某些特定物体（如石头、树木、弓箭等）当作是具有意志的而加以崇拜的宗教。

---

① 《马克思恩格斯全集》第23卷，人民出版社1972年版，第89页。

商品拜物教：认为商品有一种神秘的力量在支配自己，因而崇拜商品。

货币拜物教：认为货币万能，因而崇拜货币。

货币出现以后，商品必须以货币作为媒介来进行交换。这时，商品生产者之间的联系就通过货币来实现。本来是商品生产者互相交换其劳动，现在表现出来的却是某种商品卖多少钱。用钱——货币可以购买一切商品，货币具有无限效力。过去，是商品支配人，现在变成了货币支配人，人们崇拜货币，追逐货币，产生了货币拜物教。马克思说："货币拜物教的谜就是商品拜物教的谜，只不过是变得明显了，耀眼了。"[①]

商品的神秘性质，不是由商品的使用价值发生的。作为使用价值，它能够满足人们某种需要，是商品的自然属性，没有什么神秘的地方。

商品的神秘性，也不是来源于形成商品价值的内容——劳动。因为，其一，从抽象劳动来看，尽管多种具体劳动是千差万别的，但是任何劳动都是人类的脑髓、神经、肌肉等的支出，没有什么神秘之处；其二，从劳动量看，一切劳动都是用时间来计算，这也没什么神秘的地方；其三，从劳动具有社会性来看，只要存在社会分工，不同产品的生产者之间，就要互相依赖，彼此为对方工作，谁也离不开谁，这也没有什么神秘的地方。

商品的神秘性究竟是从哪里产生的呢？马克思指出：显然是从这种形式本身来的，即产生于商品形式本身。因为，第一，商品生产者无差别的人类劳动，表现为劳动产品都具有价值，而价值又表现为劳动产品的物质属性，似乎劳动产品本身天然就具有价值；第二，生产劳动产品花费的劳动时间，采取了劳动产品具有价值量的形式；第三，商品生产者之间相互交换劳动的社会关系，采取了商品之间，即物与物之间联系的形式。正是在这种条件下，物与物之间的关系才能把人和人之间的社会关系掩盖起来，从而产生了商品拜物教。

归根到底，商品拜物教来源于生产商品所特有的间接劳动的性质，即生产商品的劳动直接表现为私人劳动或个别劳动，但由于社会分工，各种私人劳动或个别劳动又是社会总劳动的组成部分，是社会劳动。由于私人劳动或个别劳动的社会性质不能直接表现出来，只有通过商品交换才能间接表现出来，即通过相互交换他们所生产的商品才能表现出来，这样就使本来是商品生产者之间的劳动联系，现在却表现为物与物之间的交换关系。人与人的关系被物的外壳掩盖起来，物决定着人的命运。这样，人和物的关系颠倒了，产生了商品拜物教。

商品拜物教或货币拜物教就客观而言，它是商品经济的产物，或确切地讲是商品经济条件下社会生产关系借以表现的特定形式。虽然马克思揭示了商品拜物教的性质及秘密，但科学的揭示不能消除商品拜物教产生的经济基础。在现实社会中，只要存在商品经济就不能消除生产关系被物化的这种经济现象或性质，就会存在商品拜物教或货币拜物教。就主观而言，拜物教又是人脑的产物，或人的观念的产物。

在社会主义经济中，由于仍然存在商品生产和商品交换，各个商品生产者都是为了交换而进行生产，人们的劳动产品只有通过交换才能实现价值和价值增值[②]，每个商品生产者的劳动特殊性只有通过商品交换才能表现出来，从而商品之间相互交换的关系掩盖了人们之间的社会关系。作为商品生产者的劳动就具有了二重的社会性质：一方面，它的社会有用性决定了商品生产者必须生产对社会有用的劳动产品，从而使自己的劳动成为社会劳动的一

① 《马克思恩格斯全集》第23卷，人民出版社1972年版，第111页。

② 在本书中，我们用"增值"代替过去常常使用的"增殖"。

部分;另一方面,它的社会同一性即作为劳动力的耗费或抽象劳动,使完全不同的劳动能够相等,特别在市场经济中,价值量的变动和价值规律的客观作用,产生了人不能支配物,反而被物所支配的幻觉。在市场经济中,由于商品市场价格的波动,它使一些人发财致富,又使另一些人亏损破产,人们只能受市场支配,无法决定自己的命运。马克思说:“价值量不以交换者的意志、设想和活动为转移而不断地变动着。在交换者看来,他们本身的社会运动具有物的运动形式。不是他们控制这一运动,而是他们受这一运动控制。”①另外,我们的社会主义国家是从旧社会脱胎而来,各方面还带着旧社会的痕迹,特别是资本主义社会的金钱支配一切,有了货币就有了一切的货币拜物教思想还有现实的社会基础,作为资产阶级的个人主义、利己主义、享乐主义,一味追求金钱、追求物质享受的意识还有市场,这一切均会导致社会主义现有条件下人们产生拜物教思想。

同时,在社会主义市场经济体制下,由于人们对经济利益的追求,不仅商品拜物教,而且亚当·斯密提出的经济人思想也有其存在的空间。换言之,商品拜物教与经济人(自私人)是相互联系、相互作用,可以共存的客观经济现象。

自私经济人假说认为人都是利己的,这就是人的本性。因此,追求个人利益是人们从事经济活动的唯一动力。每一个人在追求个人私利最大时又离不开其他利己主义者的帮助,这种帮助不可能是无代价的,唯一合理的形式就是通过交换。交换是由人的本性产生的。个人利益的总和构成了社会利益,人人追求个人私利可以实现社会利益的增长。在现实生活中,人们追求个人私利有成功,也有失败。这种不以个人意志为转移的现实又加剧了拜物教思想。在商品经济条件下,商品拜物教、货币拜物教的存在,又会促使人们将自己的一切活动目的归于追求个人的经济利益。

自私经济人假说较贴近私有制及其市场经济的现实,但至少在各种公有制及其市场经济中,人的经济行为不仅有利己性,也有利他性,因而自私经济人的假说是片面的理论。

第二节 商品的价值量

一、价值量的决定

马克思的劳动价值论告诉我们,商品的价值是劳动创造的,价值不过是人们交换劳动所借以进行量的比较的社会尺度,所以商品价值量是由生产商品所耗费的劳动量决定的。劳动量又怎么来衡量呢?各生产者在不同劳动条件下进行不同劳动产品的生产,难做统一衡量。通过比较发现劳动量有一个天然的尺度——“劳动时间”,也就是说用劳动所耗费的时间来度量。但是,由于生产的劳动条件差异,即使生产同样的商品所耗费的个别劳动时间也不会相同。单个企业生产某种商品的劳动时间就是个别劳动时间。显然,商品的价值不能由个别劳动时间决定。因为一方面价值质的规定性制约价值量的规定;另一方面,形成商品价值的劳动,是凝结在商品中的无差别的人类劳动,即抽象劳动;再则,作为交换基础的价值,体现的是商品生产者相互交换劳动的社会关系。因此,价值量的决定必须遵循一个客观

① 《马克思恩格斯全集》第23卷,人民出版社1972年版,第91页。

的标准，即只能由生产该商品所耗费的社会必要劳动时间来决定。

定义　价值量·社会必要劳动时间

社会必要劳动时间是在现有的社会正常的生产条件下，在社会平均的劳动熟练程度和劳动强度下，制造某种使用价值所需要的劳动时间。商品的价值量由生产商品的社会必要劳动时间决定，并随社会必要劳动时间的变化而变化。

社会必要劳动时间，“是在现有的社会正常的生产条件下，在社会平均的劳动熟练程度和劳动强度下，制造某种使用价值所需要的劳动时间。”[①]显然，马克思所描述的决定价值量的社会标准是商品生产者共同的社会行为的结果，而不能由任何一个商品生产者所耗费的个别劳动时间来决定。由于是生产者的共同社会行为，因此标准必须有一定的范围。主要包含三个因素：生产条件、劳动熟练程度、劳动强度。生产条件是物的方面，如劳动资料、劳动对象、劳动设施等；劳动熟练程度是人的方面，如技能、经验等；而劳动强度则是人与物的结合方面。进一步注意到这三个因素具有一定的设定，即生产条件是“现有的社会正常的”，劳动熟练程度和劳动强度是“社会平均的”。这样，衡量劳动量天然尺度的劳动时间，就显得相当客观和十分公正。

辨析　社会必要劳动时间和个别劳动时间

社会必要劳动时间是在现有的社会正常的生产条件下，在社会平均的劳动熟练程度和劳动强度下制造某种商品所需要的劳动时间。个别劳动时间是个别商品生产者生产某种商品所需要的劳动时间。

据此，商品生产者就以社会必要劳动时间来同个别劳动时间相比较。生产商品所耗费的个别劳动时间与社会必要劳动时间的比例，将直接影响到商品价值实现和经营的成败。因此，积极改善劳动条件，努力提高操作水平，合理分配劳动，就成为商品生产者降低个别劳动时间，实现更多商品价值的基本途径。

例　社会必要劳动时间和个别劳动时间

设某行业只有A、B两个生产者。A的1个小时可以生产3个单位的产品，B的1个小时可以生产1个单位的产品。于是，由A、B两个生产者组成的整个行业的情况是：2个小时生产了3＋1＝4个单位的产品。商品的价值量（即社会必要劳动时间）为2（小时）/(3＋1)单位＝1/2。其中，A的1个小时创造的价值为3×(1/2)＝3/2，B的1个小时创造的价值为1×(1/2)＝1/2。A与B的2个小时创造的价值总量为(3/2)＋(1/2)＝2。A生产一单位产品的个别劳动时间为1/3，B生产一单位产品的个别劳动时间为1/1。

商品价值是交换价值的基础，商品价值又是以使用价值为物质前提。因此，商品价值量又与同类商品质量的优劣有关。也就是说，高于标准质量的商品，社会必要劳动时间的含量多，其价值就高；低于标准质量的商品，社会必要劳动时间的含量相应就少，其价值也就低。正如马克思指出的那样：“每种商品的价值都是由提供标准质量的该种商品所需要的劳动时间决定的。”[②]

---

① 《马克思恩格斯全集》第23卷，人民出版社1972年版，第52页。
② 《马克思恩格斯全集》第23卷，人民出版社1972年版，第196页。

讨论　劳动价值论的基本假定和基本公式

设某一行业在生产过程中使用的全部社会必要的活劳动量(简称“劳动”)为 L,生产资料的数量(简称“资本”)为 K,生产的产量为 Q。这里,“资本”一词指的是“物质资本”,包括原材料和生产工具(如机器、设备和厂房等等)。由于生产过程中的消耗,生产资料的价值或部分价值会转移到产品中去。一般来说,原材料是完全消耗掉的,其价值会全部转移;生产工具则只是部分地消耗掉,其价值只是部分地转移。[①] 转移价值的数量通常随产量的增加而增加。为简单起见,假定它们成正比。[②] 于是,该行业所生产的全部产品的价值总量(用 Z 表示[③])可以写为:

$$Z=L+cQ \qquad (c>0) \tag{1}$$

其中,L 代表生产过程中新创造的价值部分,cQ 代表从所消耗的生产资料中转移过来的价值部分。(1)式是劳动价值理论的基本假定。根据该假定,一个行业所生产的全部商品的价值总量等于该行业使用的全部社会必要活劳动量加消耗掉的生产资料价值。[④]

如果在(1)式的等号两边同时除以该行业的商品总量,则可以得到表示单位商品价值(简称“价值”,用 z 表示)的公式:

$$z=\frac{Z}{Q}=\frac{L+cQ}{Q}=\frac{L}{Q}+c \tag{2}$$

(2)式是劳动价值理论关于价值决定的基本公式。它表示:每一商品中包含的价值量也由两个部分组成,即平均的新价值量 L/Q 和平均的转移价值量 $c(=cQ/Q)$。

进一步来看,由于在(2)式中,c 为常数,故它的存在和大小只影响价值函数的位置高低,而不会影响价值函数的形状(如倾斜方向和凹凸方向等),从而不会影响基本的分析结果。为方便起见,我们可以忽略掉这一部分。实际上,即使 c 不是常数,而是 Q 或 L 的函数,它也不会影响商品中新创造的价值部分。因此,当我们着重分析价值与劳动之间的关系时,仍然可以对它略而不论。这样,(2)式就可以简化为:

$$z=\frac{L}{Q} \tag{3}$$

讨论　新葡萄酒和陈葡萄酒

在经济学说史中,出现过许多反对劳动价值论的似是而非的“论据”。所谓的“新葡萄酒和陈葡萄酒问题”就是一个典型的例子。

问题:生产新葡萄酒和陈葡萄酒所耗费的劳动时间是相同的,然而,陈葡萄酒却比新葡萄酒贵得多。这是为什么呢?

詹姆斯·穆勒的庸俗解释:在陈葡萄酒的生产中,“用手直接去做的劳动”虽然已经结束,但是,生产新葡萄酒时所耗费的全部资本仍然“劳动”着,因此,葡萄酒贮藏于地窖中的整个时间,它的价值也仍然增长。(参见詹姆斯·穆勒 1821 年《政治经济学纲要》)

---

① 对生产过程中生产资料价值转移的更加详细的讨论请参看第三章第二节。

② 考虑非线性的转移价值会使讨论变得更加复杂,但不会改变基本的结果。

③ 代表价值(value)的最“自然”的符号当然是“v”。但是,从马克思的《资本论》开始,在马克思主义的政治经济学文献中,v 总是被用来表示“可变资本”。这已经成为“惯例”。因此,为了避免混淆,我们这里用大写的 Z 代表总的价值量,用小写的 z 代表单位商品的价值量。

④ 在“纯粹”地讨论价值本身的决定和变化时,我们假定市场的供求总是相等的,因而,所有商品中的价值都能够得到实现。

劳动价值论的科学解释:根据劳动价值论对这个问题进行科学的解释需要用到本书第八章中的原理。这里只把要点简述如下。陈葡萄酒比新葡萄酒贵,并不是由于它们的价值不同,而是由于它们的生产价格不同。陈葡萄酒和新葡萄酒的生产中所耗费的劳动时间是相等的,因而价值相同,但是,陈葡萄酒的生产时间却比新葡萄酒的生产时间要长,投入的不变资本更大,因而生产价格也高。

二、简单劳动和复杂劳动

从人类劳动史来看,由于劳动要素的差异,其生产劳动的程度是不尽相同的,最主要的是劳动的繁简程度。如制造钟表的劳动就比织布的劳动复杂得多,艺术创作的劳动又较制造钟表的劳动相对复杂。因为商品价值量由社会必要劳动时间决定,所以分析商品价值量的决定因素时,就要将生产劳动区分为简单劳动和复杂劳动。

简单劳动是指因工艺、技术要求简单,不需要经过专门训练就能从事的劳动。这是一种简单劳动力的支出,也就是任何一个劳动者普遍具有的劳动力的耗费。一般来说,它是以体力支出为主要内容的劳动。简单劳动的规定性不是固定不变的,不同历史时期有其不同的规定。先进生产力或先进地区的简单劳动要比落后生产力或落后地区的简单劳动复杂一些。当然,随着社会科技的发展,相对复杂的劳动又会变得相对简单,原来意义上的复杂劳动变成新的意义上的简单劳动。在市场经济条件下,创造商品价值的抽象劳动是简单劳动。对劳动者的劳动量计量,要以简单劳动为单位,将复杂劳动折算为倍加的简单劳动。这样,就可以按同一尺度衡量劳动的差别,使得复杂程度不同的劳动,都可以用同一的简单劳动按照一定的比例进行比较。

复杂劳动指需要经过专门培养与训练才能从事的劳动。复杂劳动包含着较多的技能和知识的运用,因此,这是一种具有一定技能和知识的复杂劳动力的支出。复杂劳动和简单劳动在同一时间内所创造的价值是不相等的,复杂劳动"是自乘的或不如说多倍的简单劳动,因此,少量的复杂劳动等于多量的简单劳动"①。这是因为:复杂劳动的劳动力"比普通劳动力需要较高的教育费用,它的生产要花费较多的劳动时间,因此它具有较高的价值。既然这种劳动力的价值较高,它也就表现为较高级的劳动,也就在同样长的时间内物化为较多的价值"②。于是,为交换,为实现价值,各种复杂程度不同的劳动必须转化成同一的简单劳动,以此作为劳动的共同的计量单位,来决定商品的价值量。

辨析　简单劳动和复杂劳动

简单劳动是在一定的社会条件下,不需要经过任何专门训练的、一般劳动者都能胜任的劳动。复杂劳动是经过专门训练、具有一定技术专长的劳动。在同样的时间内,与简单劳动相比,复杂劳动创造的价值更多。

讨论　简单劳动和复杂劳动

在前面表示劳动价值论基本假定

$$Z = L + cQ \qquad (c > 0) \tag{1}$$

① 《马克思恩格斯全集》第23卷,人民出版社1972年版,第58页。

② 《马克思恩格斯全集》第23卷,人民出版社1972年版,第223页。

的公式中，隐含着一个重要的前提条件，即所有行业的劳动都是同质的。如果考虑到不同行业的劳动具有不同的复杂程度，而不同复杂程度的劳动在价值的创造上具有不同的“效率”，则我们可以把(1)式改写为：

$$Z=kL+cQ \qquad (c>0,k\geqslant 1) \tag{4}$$

其中，k 是表示劳动复杂程度的系数：$k=1$ 表示简单劳动，$k>1$ 表示复杂劳动，k 越大，表示劳动的复杂程度越高。

如果在上式的等号两边同时除以该行业的商品总量，则可以得到不同劳动复杂程度条件下表示单位商品价值的公式：

$$z=\frac{Z}{Q}=\frac{kL+cQ}{Q}=\frac{kL}{Q}+c \tag{5}$$

忽略其中的不变资本 c 之后，它简化为：

$$z=\frac{kL}{Q} \tag{6}$$

三、价值量的变化规律

商品价值量是由生产商品的社会必要劳动时间决定的，商品价值量随社会必要劳动时间的变化而变化。从根本上讲，社会必要劳动时间的变化反映的是社会劳动生产力的变化，因此，研究商品价值量的变化规律，必须首先要研究劳动生产力与商品价值量的关系。

劳动生产力，是人类认识、利用和改造自然界以获得物质资料的能力，是生产方式的主要物质内容。劳动生产力不完全等同于劳动生产率。劳动生产力是具体劳动运用劳动手段加工劳动对象以生产使用价值的能力，也就是劳动生产的能力。劳动生产率则是用使用价值的量标志劳动生产力发挥作用的结果，也就是劳动生产的效率。劳动生产率也可以不是劳动力作用的结果，而是劳动强度作用的结果。在后一种情况下，劳动生产力与劳动生产率就不可以通用，并且劳动生产率的变化不会引起单位商品价值量反比例的变化。劳动生产率可以有两种表示形式：单位时间内生产的产品数量，或生产单位产品所消耗的必要劳动时间。影响劳动生产力高低的因素是多种多样的，一般归纳为以下几种：社会科学技术发展和应用状况；生产技术装备的规模和效能状况；劳动者的文化知识水平和操作状况；生产的自然条件和组织状况；原材料、能源等质量和供应状况等。以上各因素都将对劳动生产力产生一定的影响，从而影响所生产的商品的价值量。并且，各因素对劳动生产力的影响，在各不同行业、不同产业及不同部门是不同的。越是复杂的劳动或产品，其受影响的因素就越多。但不管怎么样，科学技术发展水平及其在生产中的应用程度永远是影响劳动生产力的决定因素。

社会科学技术的发展带来了劳动生产力的变化，劳动生产力的变化必然引起商品价值量的变化。劳动生产力越高，同一劳动在单位时间内生产的商品越多，或用于生产单个产品的社会必要劳动时间越少，其价值量也越小；反之亦然。“可见，商品的价值量与体现在商品中的劳动的量成正比，与这一劳动的生产力成反比。”[①]这也就是说，随着劳动生产力的提高，单位时间生产的商品数量增加，生产单位商品的社会必要劳动时间将随之减少，但是，同一劳动时间里创造的价值总量是不变的。在商品生产和商品交换条件下，如果个别劳动时

---

① 《马克思恩格斯全集》第23卷，人民出版社1972年版，第53—54页。

间少于社会必要劳动时间,商品生产者就处于较为有利的地位,就能实现较多的商品价值;反之,则处于不利甚至破产的地位。商品价值量的变化规律,使商品生产者就社会必要劳动时间展开激烈的竞争,从而有效地促进社会技术进步。这也使我们看到,随着科学技术的发展,劳动生产力将不断提高,单位使用价值包含的价值量日益减少将成为必然趋势。但是,劳动的日益复杂性,又会使社会总价值增大。

例　劳动生产力、社会必要劳动时间和商品价值量

仍然考虑整个行业只有A、B两个生产者的情况。设一开始时,A 1小时生产3单位产品,B 1小时生产1单位产品,即整个行业用2小时生产了4单位产品。商品价值量为1/2。A 1小时创造的价值为3/2,B 1小时创造的价值为1/2。A与B的2个小时创造的价值总量为2。A生产一单位产品的个别劳动时间为1/3,B生产一单位产品的个别劳动时间为1/1。

现在假定A和B的劳动生产力均提高1倍,即A的1个小时可以生产6个单位产品,B的1个小时可以生产2个单位产品。由A和B两个生产者组成的整个行业的情况是:2个小时生产了6+2=8个单位的产品。商品的价值量(即社会必要劳动时间)为2(小时)/(6+2)单位=1/4。与原来相比,劳动生产力提高1倍之后,商品价值量下降了50%。

第三节　价值函数

在上一节的最后,我们讨论了价值量的变化规律。所得到的基本结论是:商品的价值量与体现在商品中的社会必要劳动量成正比,与这一劳动的生产力成反比。然而,商品价值量的实际变化却要比上述基本结论中所概括的更加丰富,也更加复杂。本节将通过引入价值函数的概念,进一步分析商品价值量在短期和长期中的变化规律,特别是要详细讨论劳动变化、资本变化、劳动和资本同时变化、劳动和资本同时和同比例变化以及生产函数变化等对价值量的影响。

在下面的分析中,我们将以简化的价值决定基本公式

$$z=\frac{L}{Q} \tag{3}$$

为基础,通过引入短期和长期的生产函数,推导短期和长期价值函数,并由此讨论商品价值量在短期和长期中的变化规律。

一、短期价值函数及变化规律

假定在短期中,除了劳动要素可变之外,所有其他的投入要素均保持不变。在这种情况下,短期生产函数可以写为如下的“一元”形式:

$$Q=Q(L) \tag{7}$$

将其代入简化的关于价值量决定的基本公式(3),即得到相应的短期价值函数:

$$z=\frac{L}{Q(L)} \tag{8}$$

(8)式的短期价值函数从两个方面揭示了价值 z 在短期中的变化规律:第一,当短期生产函数 $Q(L)$ 给定时,z 随劳动量 L 的变化而变化。更具体地说,L 通过“直接”和“间接”两种方式影响 z——所谓“直接”方式,就是不通过任何“中介”而直接发挥作用。这体现在(8)式的

分子上；所谓“间接”方式，就是通过短期生产函数首先影响 Q，然后再通过 Q 来影响 z，这体现在(8)式的分母上。第二，当劳动量 L 给定时，z 随短期生产函数 $Q(L)$（亦即劳动生产力）的变化而变化。

由(8)式显而易见，短期价值函数 $z(L)$ 的性质完全取决于短期生产函数 $Q(L)$ 的性质。换句话说，在短期中，价值量随劳动量的变化而变化的具体情况完全取决于短期生产函数的具体情况。下面讨论几个典型的例子。

1. 固定不变的价值函数

最简单的短期生产函数是所谓的“正比例函数”。它可以表示为：

$$Q=aL \qquad (a>0)$$

正比例的短期生产函数意味着，产量随劳动量的增加而成正比增加（比例系数等于 a），且当劳动量为零时，产量为零。其几何表示参见图 1－1(a)。在这种情况下，相应的短期价值函数也最为简单——它是某个大于零的“常数”。这是因为：

$$z=\frac{L}{Q(L)}=\frac{L}{aL}=\frac{1}{a} \quad (a>0) \tag{9}$$

由于 a 大于零，$1/a$ 从而 z 也大于零。由此可见，当短期生产函数为正比例函数时，短期价值函数为某个大于零的常数，该常数恰好等于短期生产函数的比例系数的倒数。从几何上看，这一短期价值函数是一条位于 $1/a$ 上的水平线。参见图 1－1(b)。需要说明的是，在(9)式和图 1－1(b)中，如果 $L=0$，则根据劳动价值论有 $z=0$，即劳动量为零时，价值亦为零。因此，价值函数曲线包括原点，但不包括纵轴上的点$(0,1/a)$。

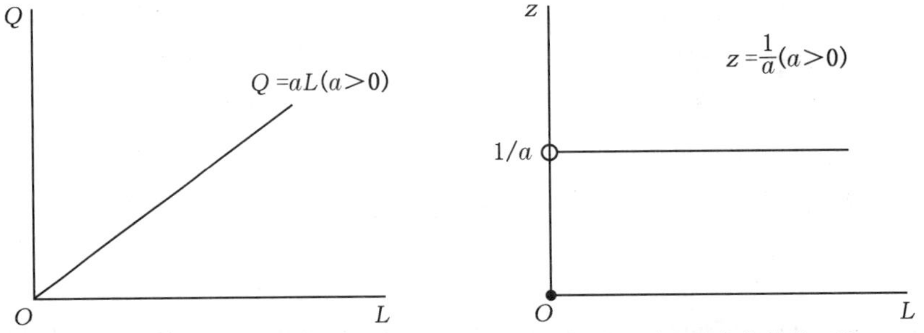

(a) 正比例的生产函数　　(b) 固定不变的价值函数

图 1－1　正比例的生产函数与固定不变的价值函数

2. 单调上升的价值函数

在正比例生产函数的假定条件下，产量与劳动量之间的关系总是成比例的，或者换个说法，劳动的边际报酬（产出）总是不变的。这里，所谓“劳动的边际报酬”是指，在假定其他情况不变的条件下，增加一单位劳动所增加的产出数量，亦即产出增量与劳动增量的比率。然而，在现实的生产过程中，劳动的边际报酬常常会出现递减的现象。这就是所谓的“边际报酬递减规律”——在其他因素保持不变的条件下，连续不断地增加劳动的数量，则在经过一定点之后，劳动的边际报酬终将递减。根据这一“规律”，使边际报酬开始递减的那个“点”一定存在，尽管它的具体位置可前可后。当短期生产函数的劳动边际报酬不再是不变的时候，相应的短期价值函数也将不再是一个“常数”，而成为一个真正意义上的“函数”：它将随劳动量的变化而变化。

例如，考虑如下形式的短期生产函数：

$$Q=L^{a} \quad (0<a<1)$$

该函数意味着：随着劳动量的增加，产量也将增加，不过是以递减的速度增加，此外，当劳动量为零时，产量为零。其几何形状如图 1－2(a)所示。容易看到，对于这一生产函数，劳动的边际报酬从一开始时就递减——在劳动量还为零时，劳动的边际报酬即已经递减。

此时，相应的短期价值函数为：

$$z=\frac{L}{Q(L)}=\frac{L}{L^{a}}=L^{1-a} \quad (0<a<1) \tag{10}$$

由于 $0<a<1$，故 $0<1-a<1$。于是，在这种情况下，价值函数具有与生产函数完全相同的形状，也是经过原点、以递减的速度上升。参见图 1－2(b)。特别是，如果令 $a=1/2$，则亦有 $1-a=1/2$。此时，价值函数与生产函数完全相同，即有 $z(L)=Q(L)=L^{1/2}$。

经常出现的一个误解是，有些人总是倾向于把商品中所包含的价值量看成为“固定不变”的。例如，他们认为，如果某个人生产一个杯子花费了 1 个小时的劳动时间，则这个杯子的价值就等于 1 个小时。这个价值已经“凝固”在该杯子之中，因而不会变化。其实不然。这是因为，决定该杯子的价值量的是生产它的“社会必要劳动时间”，而生产它的社会必要劳动时间通常会随着生产杯子的劳动量的变化而变化（当然更会随着生产杯子的劳动生产力的变化而变化）。即使在该杯子中，“物化”了的劳动量已经不再能够变化，但生产它的社会必要劳动时间还是可以变化。从上面的讨论中可以看到，只有当生产函数为最简单的“正比例函数”时，商品的价值量才具有“固定不变”的性质。除此之外，商品的价值量均会随生产该种商品的劳动量的变化而变化。

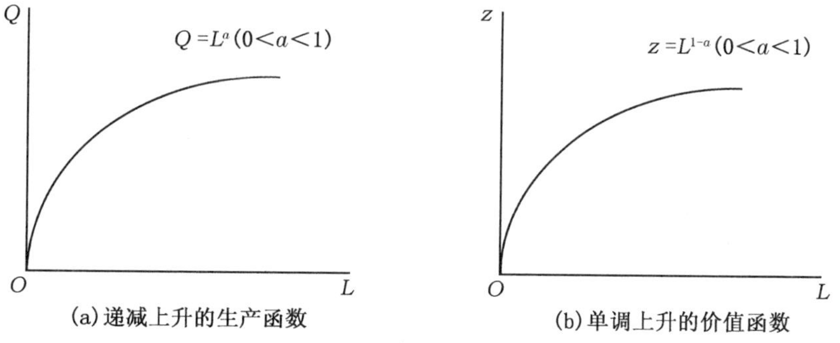

图 1－2 递减上升的生产函数与单调上升的价值函数

3. U 形价值函数

在图 1－2 给出的生产函数中，劳动的边际报酬具有如下两个特点：第一，它一开始就递减；第二，它始终都大于零。然而，更加一般的情况是：一方面，劳动的边际报酬在开始递减之前，通常有一个递增的阶段；另一方面，当劳动增加到一定程度之后，其边际报酬会下降到零甚至负数。换句话说，一个典型的生产函数通常包括三个阶段，即首先是递增上升，然后是递减上升，最后是下降。

例如，考虑如下形式的生产函数：

$$Q=-0.000\,004L^3+0.004L^2+0.25L$$

它的几何表示参见图1—3(a)。在该图中,生产函数曲线具有S形状:它从原点开始,先递增上升——当$0\leqslant L<L_2$时——这是“边际报酬递增”的第一阶段;然后递减上升——当$L_2\leqslant L<L_1$时——这是“边际报酬递减”(但仍然大于0)的第二阶段;最后下降——当$L\geqslant L_1$时,这是被称为“非经济区域”的第三阶段。其中,L_1和L_2分别是使生产函数的一阶导数和二阶导数等于零的劳动量。若令

$$Q'(L)=-0.000\,012L^2+0.008L+0.25=0$$

$$Q''(L)=-0.000\,024L+0.008=0$$

即可解得:

$$L_1=\frac{0.008+\sqrt{0.000\,076}}{0.000\,024},L_2=\frac{1\,000}{3}$$

根据前面的讨论已知:当生产函数以不变的速度上升或劳动的边际报酬不变时,相应的价值函数不变;当生产函数以递减的速度上升或劳动的边际报酬递减时,相应的价值函数单调上升。于是,通过类推不难想到:当生产函数以递增的速度上升或劳动的边际报酬递增时,相应的价值函数将单调下降。

由此可见,如果给定的生产函数先递增上升然后递减上升,则相应的价值函数必然是先下降然后上升(注意:在生产函数下降的第三阶段,劳动的边际报酬仍然是递减的,故价值函数仍然继续上升)。例如,对于上面给定的S形生产函数,相应的价值函数为:

$$z=\frac{L}{Q(L)}=\frac{1}{-0.000\,004L^2+0.004L+0.25} \tag{11}$$

价值函数的变化规律可参见图1—3(b):当$L\to0$时,$z\to4$(如果$L=0$,则自然有$z=0$);从4开始,z先随L的增加而下降;当L增加到L_0时,它达到最小;然后,随L的增加而一直上升。其中,L_0是使价值函数的一阶导数等于零的劳动量。若令

$$z'(L)=\frac{-(-0.000\,008L+0.004)}{(-0.000\,004L^2+0.004L+0.25)^2}=0$$

即可解得$L_0=500$。

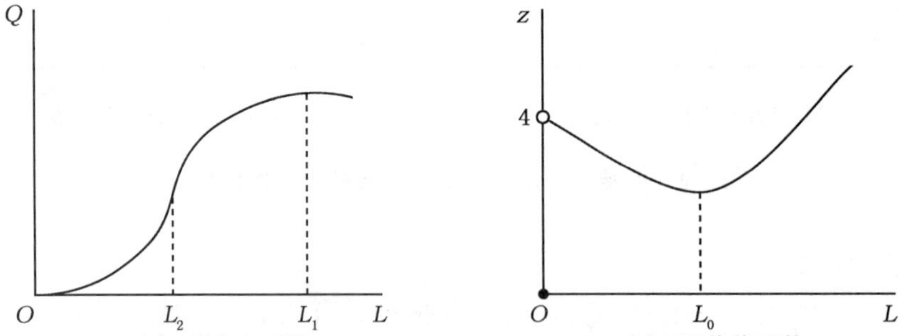

(a)S形生产函数

(b)U形价值函数

图1—3 S形生产函数与U形价值函数

由此可见,当生产函数同时包括递增上升和递减上升两个阶段时,或者说,当劳动的边际报酬同时具有递增和递减两个阶段时,相应的价值函数的变化将不再为单调的,而是包括

了先下降后上升两个部分。

4. 一般价值函数

在上面推导U形价值函数曲线的过程中，我们根据的是一个具体的生产函数。然而，价值函数的U形特点并不依赖于某个具体的生产函数。实际上，它是“一般”生产函数的必然结果——一般生产函数的共同性质是：劳动的边际报酬先递增上升然后递减上升。因此，U形曲线也可以看成是一般价值函数的共同特点。

借助图1—4不难说明上述结论。图1—4(a)和图1—3(a)相似：生产函数曲线从原点开始，在$0\leqslant L<L_2$的范围内递增上升，在$L_2\leqslant L<L_1$的范围内递减上升，在$L\geqslant L_1$的范围内下降，但需要注意的是，它不再依赖于某个具体的生产函数，而是所谓一般生产函数的代表。

现在根据图1—4(a)的一般生产函数曲线来推导相应的一般价值函数曲线。首先来看一般价值函数的“左端点”(与纵轴的交点)。由于根据劳动价值论，当$L=0$时，$z=0$，故一般价值函数曲线包括原点。另一方面，由于当$L\to 0$时，$Q(L)\to 0$，故价值函数$z=L/Q(L)$在$L\to 0$时是$\frac{0}{0}$型的“不定式”。由洛比达法则可知：

$$z(0+)=\lim_{L\to 0+}\frac{L}{Q(L)}=\frac{1}{Q'(0)}$$

这里，我们假定$Q'(0)>0$，即在“原点”处，短期生产函数是“上升”的。于是，短期价值函数在$L\to 0$时的极限值$z(0+)=1/Q'(0)>0$。

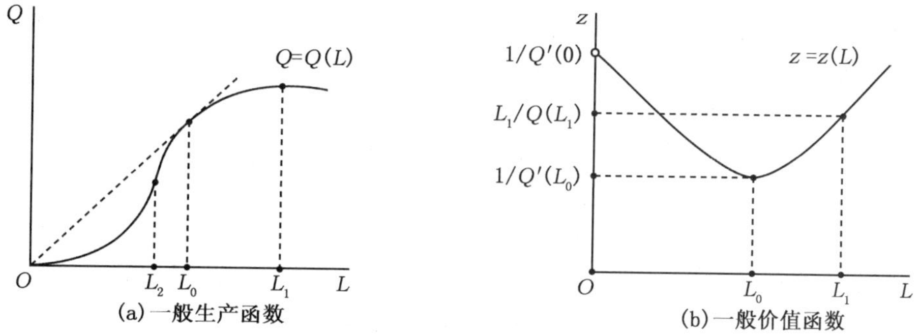

图1—4　一般化生产函数与价值函数

从左端点开始，价值函数的变化规律是先下降后上升。为了说明这一点，我们来看价值函数$z=L/Q(L)$对劳动L的一阶导数：

$$\frac{dz}{dL}=\frac{Q-L\cdot dQ/dL}{Q^2}=\frac{L}{Q^2}\left(\frac{Q}{L}-\frac{dQ}{dL}\right) \tag{12}$$

这里，Q/L为平均产出，dQ/dL为边际产出。

由(12)式显而易见，dz/dL的符号从而z随L变化而变化的方向完全取决于平均产出Q/L和边际产出dQ/dL的相对大小：当平均产出小于、等于和大于边际产出时，价值随劳动的增加而下降、不变和上升。

从几何上看，在生产函数曲线上的任意一点处，平均产出等于该点到原点的“连线”的斜率，边际产出等于该点的“切线”的斜率。在图1—4(a)中显而易见，当$L<L_0$时，平均产出

总小于边际产出，故 z 是下降的；当 $L>L_0$ 时，平均产出总大于边际产出，故 z 是上升的；最后，当 $L=L_0$ 时，平均产出恰好等于边际产出。于是，z 达到最小值。由此可见，当短期生产函数如图 1—4(a)所示时，随着劳动的增加，价值将先下降然后上升。换句话说，短期价值函数 $z=z(L)$ 是一条 U 形曲线。

(12)式还可以换另外一种方式来表达，即

$$\frac{\mathrm{d}z}{\mathrm{d}L}=\frac{Q-L\cdot\mathrm{d}Q/\mathrm{d}L}{Q^2}=\frac{\left(1-\dfrac{\mathrm{d}Q/Q}{\mathrm{d}L/L}\right)}{Q}=\frac{(1-\eta)}{Q}$$

这里，$\eta=(\mathrm{d}Q/Q)/(\mathrm{d}L/L)$ 是劳动的产出弹性。由上式显而易见，当劳动的产出弹性大于、等于和小于 1 时，$\mathrm{d}z/\mathrm{d}L$ 小于、等于和大于 0。于是，价值量的变化也可以看成是取决于劳动的产出弹性的大小。如果劳动的产出弹性大于 1，则商品的价值随劳动的增加而下降；反之，如果劳动的产出弹性小于 1，则价值随劳动的增加而上升，最后，如果劳动的产出弹性等于 1，价值不随劳动的变化而变化。

以上是用平均产出和边际产出的相对大小(或劳动的产出弹性的绝对大小)来说明短期价值函数的变化规律。进一步来看，由平均产出等于边际产出，即 $Q/L=\mathrm{d}Q/\mathrm{d}L$，可以解得 $L=Q/Q'$。设满足该式的劳动量为 L_0，则 L_0 为短期价值函数的临界点(即是使短期价值函数的一阶导数等于 0 的点)。容易看出，在 L_0 处，短期价值函数取得极小值——这是因为，当 $L=Q/Q'$ 时，有 $Q'>0$ 和 $Q''<0$，从而

$$\frac{\mathrm{d}^2z}{\mathrm{d}L^2}=\frac{-LQQ''-2QQ'+2LQ'^2}{Q^3}=-\frac{Q''}{QQ'}>0$$

这样，在短期中，价值随劳动的变化而变化的规律又可以表述为：当 L 小于、等于和大于 Q/Q' 时，价值随劳动的增加而下降、不变和增加。

将临界点 $L=Q/Q'$ 代入短期价值函数(8)式可求得极小值(用 z_{min} 表示)为：

$$z_{min}=\frac{L_0}{Q(L_0)}=\frac{Q(L_0)/Q'(L_0)}{Q(L_0)}=\frac{1}{Q'(L_0)}$$

这里，$Q'(L_0)$ 是生产函数 $Q(L)$ 在短期价值函数 $z(L)$ 的临界点 L_0 处的一阶导数值。

至于短期生产函数第二阶段和第三阶段的分界点(或经济区域和非经济区域的分界点)，反映在短期价值函数中并没有什么特殊的地方。例如，当 $L=L_1$ 时，由于 $Q'(L)=0$，故有

$$\frac{\mathrm{d}z}{\mathrm{d}L}=\frac{Q-LQ'}{Q^2}=\frac{1}{Q}>0$$

由此可知，当 L 等于(以及大于)L_1 时，短期价值函数是继续上升的。将上式代入短期价值函数(8)式后得

$$z=L\cdot\frac{\mathrm{d}z}{\mathrm{d}L}$$

这就是短期价值函数在生产函数临界点 L_1 处的值。该值也可以按照短期价值函数(8)式表示为 $z=L_1/Q(L_1)$。其中，$Q(L_1)$ 是 Q 的极大值。

上述短期中价值随劳动变化而变化的规律可以总结如下：

在短期价值函数 $z=z(L)$ 的左边界处，当 $L=0$ 时，$z=0$，而当 $L\to0$ 时，$z\to1/Q'(0)$；从左边界开始，随着 L 的增加，z 先是趋于下降，当 L 增加到 $L_0=Q/Q'$ 时，z 下降到极小值

$1/Q'(L_0)$，然后，再随着 L 的增加而上升；特别是，当 L 增加到等于和大于 L_1（即使生产函数达到极大的临界点）之后，短期价值函数仍然继续上升。因此，短期价值函数包括原点和一条从某个大于 0 的值开始、先下降然后上升的 U 形曲线。

5. 劳动生产力变化的影响

在第二节中，我们曾经得到过一个重要的结论：在其他因素不变时，劳动生产力的提高会导致商品价值量的下降。现在，借助于价值函数或价值函数曲线，我们可以进一步来讨论这个问题。

首先，为了能够明确地分析劳动生产力或技术变化的影响，我们把生产函数(7)式改写为如下形式：

$$Q=Af(L)$$

这里，$A(>0)$是一个反映劳动生产力提高或技术进步的参数。如果在某一时期内，A 增加了，则表示在该时期内，劳动生产力有了提高。它意味着，对于每一个任意给定的劳动量 $L(>0)$，产品的数量与以前相比都有所增加。因此，劳动生产力的提高，就是生产函数曲线的上升。

相应的，短期价值函数(8)式现在变为：

$$z=\frac{L}{Af(L)}$$

由于

$$\frac{dz}{dA}=-\frac{L}{A^2f(L)}<0$$

故在短期中，随着劳动生产力的提高（或生产函数曲线的上升），商品的价值量将趋于下降。

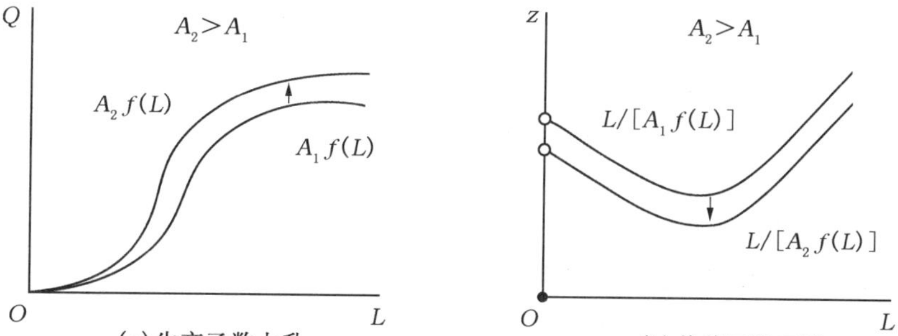

(a) 生产函数上升　　(b) 价值函数下降

图 1—5　劳动生产力变化的影响

图 1—5 是对上述讨论的形象说明。设一开始时，生产函数曲线为图 1—5(a)中的 $A_1f(L)$。现在，由于劳动生产力的提高，它上升到 $A_2f(L)$。随着生产函数曲线的移动，价值函数曲线发生了方向正好相反的移动。例如，在图 1—5(b)中，一开始时的即相应于生产函数 $A_1f(L)$的价值函数曲线为 $L/[A_1f(L)]$。在劳动生产力提高之后，它下降到 $L/[A_2f(L)]$。换句话说，$L/[A_2f(L)]$是相应于生产函数曲线 $A_2f(L)$的价值函数曲线。

二、长期价值函数及变化规律

1. 长期生产函数和长期价值函数

上一小节是根据短期生产函数来讨论商品价值量与劳动量的关系。在短期中，只有一种投入要素——它被假定为劳动——可变。此时，尽管其他的投入要素如资本等也在生产中发挥着作用，但由于它们在短期中被假定为固定不变，故可以在短期生产函数中被“省略”掉。现在，我们要把这些在短期中被省略掉的投入要素明显地引进来，研究价值量在“长期”中的变化规律。在长期中，不仅可以像短期一样，讨论价值与劳动和劳动生产力的关系，而且可以讨论它与其他投入要素如资本及“资本生产力”[①]的关系。根据劳动价值理论，这些要素并不创造价值，但是，它们却会影响所生产的商品的数量，通过影响商品的数量，再影响商品的价值。

长期生产函数总是“多元”的——尽管多元的生产函数并不一定代表长期。最简单的多元生产函数当然是形如

$$Q=Q(L,K) \tag{13}$$

的二元生产函数。[②] 与过去一样，这里的 L 代表劳动，K 代表资本。也可以把 K 看成是不同于劳动的其他任何一种投入要素。为了保证该生产函数在经济上有意义，现在不仅需要假定劳动的边际产出大于 0，而且还需要假定资本的边际产出也大于 0。用符号表示就是：$\partial Q/\partial L>0$、$\partial Q/\partial K>0$。换句话说，在劳动和资本的边际产出中，只要有一个小于 0，生产就处于非经济区域。为明确起见，下面的讨论都局限在经济区域之内。

将(13)式的长期生产函数代入简化的价值决定基本公式(3)，即得到相应的长期价值函数：

$$z=\frac{L}{Q(L,K)} \tag{14}$$

根据长期价值函数，可以讨论劳动变化、资本变化、劳动和资本同时变化、劳动和资本同时和同比例变化以及长期生产函数变化等对价值量的影响。

2. 劳动变化对商品价值量的影响

首先来看长期中价值与劳动的关系。为此，我们来求 z 对 L 的偏导数：

$$\frac{\partial z}{\partial L}=\frac{Q-L\cdot\partial Q/\partial L}{Q^2}=\frac{L}{Q^2}\left(\frac{Q}{L}-\frac{\partial Q}{\partial L}\right)$$

除了生产函数是长期(从而多元)的以及使用的是偏导数的符号之外，上式与短期中的相应公式(12)完全一致。因此，和短期一样，在长期中，z 随 L 变化而变化的情况也取决于劳动的平均产出和边际产出的相对大小。如果我们像以前一样假定，在长期中，劳动的边际产出总是先递增然后递减，则随着劳动的增加，劳动的平均产出就总是先小于、然后大于相应的边际产出。在这种情况下，随着劳动的增加，商品的价值量就总是先下降、后上升。

3. 资本变化对商品价值量的影响

在长期价值函数中，资本变化对商品价值量的影响取决于 z 对 K 的偏导数：

---

① 这里使用“资本生产力”这个术语只是表示资本在创造使用价值中的作用，并非意味着资本也创造价值。

② 讨论二元生产函数所得的结论可以直接推广到更多元的情况中去。

$$\frac{\partial z}{\partial K}=-\frac{L\cdot\partial Q/\partial K}{Q^2}$$

由于在经济区域内 $\partial Q/\partial K$ 总大于零，故 $\partial z/\partial K$ 总小于零。这意味着，假定其他条件不变，当资本的边际产出大于零从而生产处于经济区域内时，商品的价值总是随资本的增加而下降。实际上，这个结论不仅对资本成立，而且也对除劳动之外的所有其他要素成立——只要这些要素的边际产出总大于零。

进一步来看，和劳动的边际产出一样，对于一个典型的长期生产函数来说，资本的边际产出也具有“先递增、后递减”的特点。在这种情况下，z 随 K 变化而变化的规律可以更加具体地表示为：假定其他条件不变，商品的价值量随资本的增加先递增下降、然后递减下降（见图 1—6）。

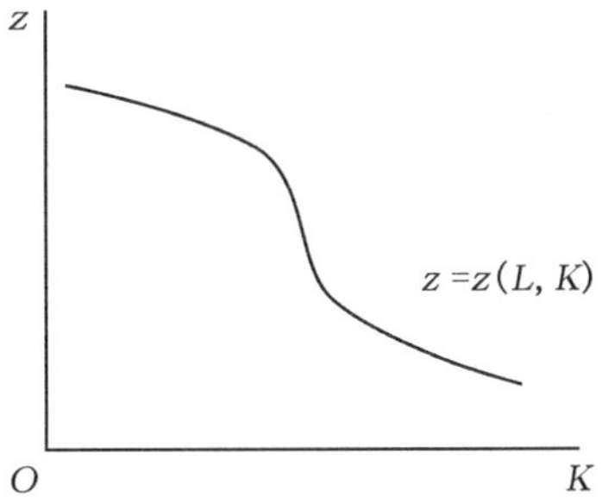

图 1—6　资本变化对价值的影响

也可以换一个方式来说明资本变化对价值的影响。在长期价值函数 $z=z(L,K)$ 中，如果把资本固定在某一个数量上，例如让 $K=K_0$，则长期价值函数就成为一个短期价值函数。它可以表示为 $z=z(L,K_0)$。这个短期价值函数当然也随 L 的增加而先下降后上升，即是一条 U 形曲线。如果把资本固定在另外一个数量上，例如让 $K=K_1>K_0$，则长期价值函数就成为另外一个短期价值函数：$z=z(L,K_1)$。它同样是一条随 L 增加而先下降后上升的 U 形曲线。

为了说明这两条短期价值曲线的位置高低，需要补充一个相对宽松的条件：

$$\frac{\partial^2 Q}{\partial L\partial K}\geqslant 0$$

其中，“>”成立意味着劳动和资本是“相互补充”的，即资本（或劳动）数量的增加会提高劳动（或资本）的边际产出；“=”成立意味着劳动和资本是“相互独立”的，即资本（或劳动）数量的变化不会影响劳动（或资本）的边际产出。① 根据这一条件容易证明：当 $L>0$ 时，$z(L,K_1)<z(L,K_0)$；而当 $L=0$ 时，$z(L,K_1)\leqslant z(L,K_0)$。前一个结果是因为，在 $L>0$ 时，随着资本从 K_0 增加到 K_1，商品的价值量总是下降的；后一个结果则可由洛比达法则得到：

$$z(0+,K_1)=\frac{1}{\partial Q(0,K_1)/\partial L}\leqslant\frac{1}{\partial Q(0,K_0)/\partial L}=z(0+,K_0)$$

在上式中，如果劳动和资本是相互补充的，则小于号成立，即 $z(0+,K_1)<z(0+,K_0)$；如果劳动和资本是相互独立的，则等号成立，即 $z(0+,K_1)=z(0+,K_0)$。于是，资本变化对价值量的影响可以用短期价值曲线的“移动”来说明：资本增加导致短期价值曲线向下移动；反之亦然。图 1—7 给出的是当劳动和资本互补时短期价值曲线由于资本增加而变动的一种情况。

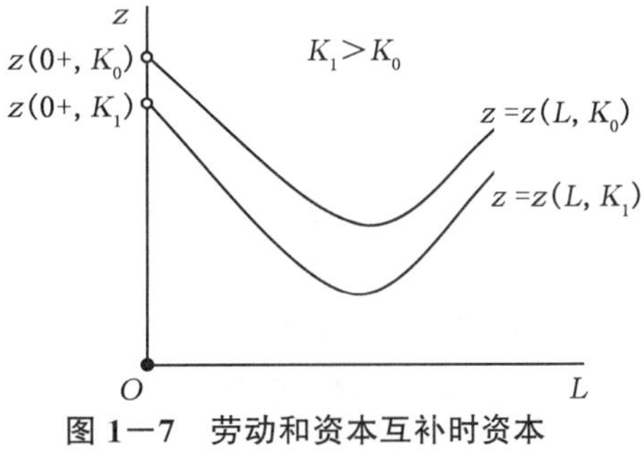

图 1—7　劳动和资本互补时资本变化对价值的影响

4. 劳动和资本同时变化对商品价值量的影响

① 从纯粹的技术角度上讲，很难设想劳动和资本之间是相互“拆台”的关系——劳动数量的增加导致资本的边际产出下降，或者，资本数量的增加导致劳动的边际产出下降。

根据前面的分析知道：在假定资本不变而单独考察劳动变化的影响时，长期价值函数是先下降后上升——在劳动的平均产出小于边际产出时下降，在劳动的平均产出大于边际产出时上升；另一方面，在假定劳动不变而单独考察资本变化的影响时，长期价值函数则始终下降。因此，如果在让劳动变化的同时让资本也变化，并在此基础上考察价值的变化，则可以得到如下的结论：劳动和资本的同时增加在劳动的平均产出小于边际产出时会进一步加强长期价值函数原有的下降趋势，在劳动的平均产出等于边际产出时则使原来保持不变的长期价值函数转而下降，在劳动的平均产出大于边际产出时将减弱或抵消长期价值函数原有的上升趋势。

上述结果可以借助"全微分"的概念进行更加严格的讨论。长期价值函数(14)式的全微分为：

$$\begin{aligned}dz &= \frac{\partial z}{\partial L}dL + \frac{\partial z}{\partial K}dK \\ &= \frac{Q - L \cdot \partial Q/\partial L}{Q^2}dL + \frac{-L \cdot \partial Q/\partial K}{Q^2}dK \\ &= \frac{L}{Q^2}\left[\left(\frac{Q}{L} - \frac{\partial Q}{\partial L}\right) \cdot dL - \frac{\partial Q}{\partial K}dK\right]\end{aligned}$$

这里，dz 表示由于 L 和 K 同时变化而引起的 z 的变化；第一及第二个等号右边的两项分别是劳动变化 dL 和资本变化 dK 对 z 的影响；dz 的符号(亦即 z 的变化方向)则可通过比较最后一个等号右边括号中的两项的符号和相对大小来判断：当 $Q/L < \partial Q/\partial L$ 时，由于 dL 和 dK 对 z 的影响都是负的，故此时长期价值函数将随劳动和资本的同时增加而下降；当 $Q/L = \partial Q/\partial L$ 时，由于 dL 对 z 的影响等于 0，而 dK 对 z 的影响小于 0，故此时长期价值函数随劳动和资本的同时增加仍然下降；最后，当 $Q/L > \partial Q/\partial L$ 时，由于 dL 和 dK 对 z 的影响正好相反——前者为正、后者为负——故此时长期价值函数的变化方向取决于两种影响的相对大小：当劳动增加的影响大于资本增加的影响时，长期价值函数上升，否则下降。由此可见，在劳动和资本同时变化的情况下，长期价值函数的变化不仅取决于劳动的平均产出 Q/L 和边际产出 $\partial Q/\partial L$，而且取决于资本的边际产出，不仅取决于劳动和资本的边际产出，而且取决于劳动和资本的变动量 dL 和 dK。

5. 规模变化对商品价值量的影响

在劳动和资本的同时变化中，有一种特殊情况尤其值得讨论。这就是劳动和资本的同时和同比例变化，或者说，"规模"变化。在生产规模发生变化的情况下，商品的价值会如何变化呢？这里，我们就"齐次"生产函数的情况作一说明。

设长期生产函数是"r 次齐次"的，即满足

$$Q(tL, tK) = t^r Q(L, K) \quad (t > 0)$$

它意味着，当劳动和资本的数量均扩大到原来的 t 倍时，产出的数量将扩大到原来的 t^r 倍。r 的大小决定了规模报酬的性质。r 大于、等于和小于 1 分别表示规模报酬递增、不变和递减。

当长期生产函数具有上述性质时，相应的长期价值函数可以写为：

$$z(tL, tK) = \frac{tL}{Q(tL, tK)}$$

$$=\frac{tL}{t^rQ(L,K)}$$

$$=t^{1-r}\cdot\frac{L}{Q(L,K)}=t^{1-r}z(L,K)$$

由此可见，如果长期生产函数的规模报酬是递增的，即 $r>1$，则长期价值函数随生产规模的扩大而下降；反之，如果长期生产函数的规模报酬是递减的，即 $r<1$，则长期价值函数随生产规模的扩大而上升；最后，如果长期生产函数的规模报酬是不变的，即 $r=1$，则长期价值函数不随生产规模的变化而变化。

典型的长期生产函数在规模报酬方面通常是“先递增、再不变、最后递减”。因此，典型的长期价值函数的特点应当是：它随生产规模的扩大先下降，再不变，最后上升。

6. 生产函数变化对商品价值量的影响

如前所说，在短期的一元生产函数场合，随着生产函数的增加，或者，劳动生产力的提高，商品的价值量将下降。这个“反方向变化”的性质在长期的多元生产函数场合同样存在。为了说明这一点，我们把长期生产函数(13)式改写为：

$$Q=Af(L,K)$$

和以前一样，$A(>0)$是表示技术进步的指标。相应的，长期价值函数(14)式可写为：

$$z=\frac{L}{Af(L,K)}$$

于是有：

$$\frac{\partial z}{\partial A}=-\frac{L}{A^2f(L,K)}<0$$

这样，我们可以更加正式地把长期价值函数与生产函数之间的“反方向变化”的关系表述为：

如果假定长期生产函数上升——即当劳动和资本的数量均不变时，产品数量由于技术水平的提高而增加——则单位商品的价值量将下降。

本章小结

商品是用于交换的劳动产品。它有使用价值和价值二个因素。使用价值是用来满足人们某种需要的属性，反映商品的自然属性。财富是指能满足人的某种需要的资源。价值是人类一般劳动的凝结，反映商品的社会属性。

商品的二因素是由生产商品的劳动二重性决定。劳动的二重性是具体劳动和抽象劳动，具体劳动是劳动的自然属性，抽象劳动是劳动的社会属性。具体劳动生产使用价值，抽象劳动形成价值。劳动二重性学说是理解马克思主义政治经济学的枢纽。

商品的价值是抽象劳动的凝结。商品价值量的大小由生产商品的社会必要劳动时间的多少来决定。在计算商品价值量时，要以简单劳动为尺度，复杂劳动要折合为简单劳动。商品价值量与体现在商品中的劳动量成正比，与生产商品的劳动生产率成反比。

商品经济是和自然经济相对应的生产形式。商品经济产生的前提是社会分工，必要条件是商品属于不同的所有者。在以私有制为基础的商品经济中，劳动二重性反映了私人劳动和社会劳动的矛盾。

关键术语

商品　使用价值　交换价值　价值　劳动价值论　社会必要劳动时间
个别劳动时间　劳动生产力　具体劳动和抽象劳动　简单劳动和复杂劳动
私人劳动和社会劳动　商品拜物教和货币拜物教　自然经济
商品经济和简单商品经济

参考资料

1.《马克思恩格斯全集》第23卷,第1篇,人民出版社1972年版。
2.程恩富、汪桂进:《价值、财富与分配"新四说"》,《经济经纬》2003年第5期。
3.吴宣恭:《物化劳动不能创造价值和剩余价值》,《经济评论》1998年第3期。

思考题

1.为什么在不同所有制下会有不同类型的商品经济出现?

2.商品能够通过买卖同其他商品相交换的属性,是商品的交换价值。决定商品交换的比例,是商品的价值。那么,商品的"效用"、市场的"供求"是否也能决定商品的交换价值呢?

3.如何理解商品二因素的矛盾来自劳动二重性的矛盾,归根到底来源于私人劳动和社会劳动的矛盾?

4.商品的价值是劳动创造的,劳动是价值的唯一源泉,因而商品的价值量是由生产商品所耗费的劳动量决定的。但为什么不能由任何一个商品生产者所耗费的个别劳动时间来决定呢?

5.根据马克思的观点,"商品的价值量与体现在商品中的劳动的量成正比,与这一劳动的生产力成反比。"那么,随着社会劳动生产力的提高,商品价值量的变化将呈怎样的态势?

第二章

货　币

学习目的与要求

通过本章的学习，掌握价值形式的演变及货币的产生和发展概况，了解货币的职能和货币流通规律，认识价值规律是商品经济的基本规律。学习这一章要正确理解货币的本质，把握货币的各种职能及其相互关系，了解货币流通规律及通货膨胀与通货紧缩的概念，掌握价值规律的基本内容及其表现形式，认清价值规律在不同性质商品经济中的作用。

第一节　价值形式的演变与货币的起源

一、简单的价值形式

商品既然具有使用价值和价值二个因素，因而它也就相应地具有两种表现形式——使用价值的表现形式和价值的表现形式。使用价值的表现形式就是商品的自然体本身，是人们可以直接感触到的。价值的表现形式则不然，它体现着商品的社会属性，是看不见、摸不着的，从每个孤立的物品上无法表现出来。例如，一张桌子，把它翻来转去，即使把它砸碎也找不到它的价值。既然价值体现商品的社会属性，那么商品的价值就只有在商品与商品的社会关系即商品交换中才能表现出来。所谓商品的价值形式，就是价值的表现形式，也就是交换价值。因此，我们必须在交换关系中来研究商品价值形式的发展。商品价值形式的发展和商品交换的不同阶段相适应，经历了四个发展阶段：简单的价值形式、扩大的价值形式、一般的价值形式和货币形式。

简单的价值形式是和简单的、偶然的物物交换相适应的。人类最初的商品交换产生于原始社会后期，当时人们还不是专门为交换而生产，只是将自己消费以后偶然剩下的东西拿来进行以物易物的交换。因此，交换带有偶然的性质。与这种偶然的交换相适应，产生了简单的价值形式，即一种商品的价值偶然地表现在另一种商品上。例如，一只绵羊和两把斧子

相交换,一只绵羊的价值表现在两把斧子上,用等式来表示就是:

1 只绵羊=2 把斧子

(1 只绵羊价值 2 把斧子)

从形式上看,这种价值形式很简单,其实它包含的内容并不简单。正如马克思指出的:"一切价值形式的秘密都隐藏在这个简单的价值形式中。"[①]分析了简单的价值形式的内容,实际上也就分析了一切价值形式的共同内容。因此,有必要对这种价值形式进行比较详细的分析。

在"1 只绵羊=2 把斧子"的简单价值形式中,绵羊和斧子这两种不同的商品处于不同的地位,起着完全不同的作用。绵羊起着主动作用,它要表现自己的价值。绵羊的价值不是由本身表现出来的,而是通过与斧子发生交换关系相对地表现出来的。在这里,绵羊是价值被表现的商品,处于相对价值形式的地位上。斧子起着被动作用,它不表现自己的价值,而是充当其他商品价值的表现材料,处于等价形式的地位上。处于等价形式地位上的商品称为等价物。

相对价值形式和等价形式处于同一价值形式的两极,它们是对立统一的关系:既相互依赖、互为条件,又相互排斥、相互对立。两者的统一表现在:一种商品处于相对价值形式上,是以另一种商品处于等价形式上为条件的;一种商品处于等价形式上,同样以另一种商品处于相对价值形式上为条件,缺少任何一方都不成其为价值形式。两者的对立表现在:在同一价值关系表现中,一个商品不能既处于相对价值形式上,同时又处于等价形式上,因为任何商品都不能用自己来表现自己的价值,也不会自己同自己相交换。需要指出的是,在简单的价值形式中,相对价值形式和等价形式的对立很不固定,如上例中,假如斧子处于主动地位,它要绵羊来表现它的价值,等式就颠倒过来成为"2 把斧子=1 只绵羊"。马克思指出:"一个商品究竟是处于相对价值形式,还是处于与之对立的等价形式,完全取决于它当时在价值表现中所处的地位,就是说,取决于它是价值被表现的商品,还是表现价值的商品。"[②]

下面分别考察相对价值形式和等价形式。

先考察相对价值形式。一个商品的价值,只有通过和另一个商品发生交换关系才能表现出来。在上例中,绵羊是通过与斧子的交换而证明自身有价值的。作为相对价值形式的绵羊,它的价值之所以能被斧子这种不同的商品表现出来,是由于它们具有共同的质,即它们都凝结着人类抽象劳动,都有价值。如果没有这种共同的质,它们就不能发生交换关系。所以,这种关系是一种价值关系。

从量的方面来看,处于相对价值形式的商品的价值量大小及其变化取决于两个因素:一是处于相对价值形式上的商品本身价值量的大小及其变化,二是处于等价形式的商品本身价值量的大小及其变化。可见,这只是一种相对的价值量,即价值量的相对表现,而不是其绝对的表现。

辨析　价值(量)和相对价值(量)

某商品的价值是凝结在该商品中的一般的、无差别的人类劳动,其大小由生产该商品的社会必要劳动时间决定,与其他商品的价值量无关。

① 《马克思恩格斯全集》第 23 卷,人民出版社 1972 年版,第 62 页。
② 《马克思恩格斯全集》第 23 卷,人民出版社 1972 年版,第 63 页。

某商品的相对价值是该商品的价值的相对表现，即通过另外一个商品而表现出来的价值，其大小不仅取决于该商品本身的价值量，而且也取决于另外那个商品的价值量。

商品相对价值量的变动可以概括为以下四种不同的情况：

(1)如果处于等价形式的商品 B(斧子)的价值不变，则商品 A(绵羊)的相对价值与它自身的价值成正比例变动。如上例中，假定斧子价值不变，绵羊价值增加一倍，那么 1 只绵羊 =4 把斧子，绵羊的相对价值量增加一倍。

(2)如果处于相对价值形式的商品 A(绵羊)的价值不变，而商品 B(斧子)的价值发生变动，则商品 A 的相对价值与商品 B 的价值成反比例变动。在上例中，假定绵羊价值不变，斧子价值增加一倍，那么 1 只绵羊 =1 把斧子，绵羊的相对价值量减少 50%。

(3)如果处于相对价值形式的商品 A(绵羊)的价值与处于等价形式的商品 B(斧子)的价值按相同方向和相同比例发生变动，则商品 A(绵羊)的相对价值不变。在上例中，假定绵羊价值增加一倍，斧子价值也增加一倍，那么仍然是 1 只绵羊 =2 把斧子，绵羊的相对价值量不变。

(4)如果处于相对价值形式的商品 A(绵羊)的价值与处于等价形式的商品 B(斧子)的价值按同一方向不同比例，或按相反的方向发生变动，则对商品 A 的相对价值的影响可以根据上述三种情况推知。

例　相对价值(量)及其变化

设绵羊的价值为 6，斧子的价值为 3，则我们有“1 只绵羊 =2 把斧子”。在这个公式中，绵羊通过斧子表现出来的相对价值为 6/3=2。

上述数字例子可以用更加一般的符号表示如下。设商品 a 的价值为 z_a，商品 b 的价值为 z_b，商品 a 通过商品 b 表现出来的相对价值(或交换价值)为 $p_{a,b}$，则有如下关系：$z_a = p_{a,b} \cdot z_b$。换句话说，商品 a 的相对价值等于商品 a 的价值与商品 b 的价值的比率，即：

$$P_{a,b} = \frac{z_a}{z_b}$$

它与商品 a 自身的价值成正比，与商品 b 的价值成反比。例如，设一开始时 $z_a=6$、$z_b=3$，我们有 $p_{a,b}=6/3=2$；如果现在保持 $z_b=3$ 不变，而让 z_a 上升到 9，则 $p_{a,b}$ 将从 2 上升到 $9/3=3$；另一方面，如果保持 $z_a=6$ 不变，而让 z_b 从 3 上升到 6，则 $P_{a,b}$ 将从 2 下降到 $6/6=1$。

最后，如果让 z_a 和 z_b 同时和同比例变化，例如都变化 k 倍($k \neq 0$)，则相对价值将保持不变，即有：

$$P_{a,b} = \frac{z_a}{z_b} = \frac{kz_a}{kz_b}$$

以上分析表明，一个商品的价值量的变化，往往不能明确地、完全地在相对价值量上如实反映出来。商品价值量的变化与这个商品的相对价值的变化可能一致，也可能不一致。

接着再来考察等价形式。

“一个商品的等价形式就是它能与另一个商品直接交换的形式。”[①]例如，斧子直接用来交换绵羊，它被当作表现绵羊的价值材料，成为等价物，又称为价值镜，即反映处于相对价值形式上商品的一面镜子。处于等价形式的商品之所以能表现别种商品的价值，是因为它自己就是作为价值体存在的，其本身就具有价值，因而能够直接同别种商品相交换。

等价形式具有三个特征：

第一，使用价值成为价值的表现形式。处于等价形式的商品是用它的使用价值作为其他商品价值的表现形式。例如，处于等价形式上的斧子，原来是一种使用价值，但是，在简单的价值形式中，斧子的使用价值不是作为斧子来用，而是作为绵羊的价值表现材料，它不仅把绵羊的价值表现为看得见、摸得着的斧子，而且还把它们之间量的关系也表现出来了。在等价形式中，等价物“似乎天然具有等价形式，天然具有能与其他商品直接交换的属性……从这里就产生了等价形式的谜的性质”。[②] 这种“谜”的性质在等价形式发展为货币时，便成为“货币之谜”。因此，在简单的价值形式中，已经包含了其最后完成形式的秘密。通过对简单的价值形式的分析，特别是对等价形式的分析，我们就能揭开这个“谜”。这就是，等价物所具有的能够直接同其他商品相交换的属性，并非它自身所固有的天然属性，而是来自它在商品交换中所处的地位。例如，处于等价形式的商品斧子，它的使用价值所以能表现绵羊的价值，是因为它处在和绵羊的价值关系中。在这里，绵羊要通过它来表现自身的价值。离开了这种价值关系，斧子就是一种一般使用价值的东西，就不能表现绵羊的价值，从而也失去了迷人的性质。

第二，具体劳动成为抽象劳动的表现形式。处于等价形式的商品，本来也是具体劳动的生产物，但由于它处于等价形式的地位，成为表现其他商品价值的材料，因此生产这种等价物的具体劳动也就成为抽象劳动的存在形式。例如，斧子作为使用价值，是具体劳动的产物，但是，它在表现绵羊价值的过程中，却用来证明绵羊和自己一样，都是抽象人类劳动的产物。这样，生产斧子的具体劳动，就成了生产绵羊的抽象人类劳动的表现形式。

第三，私人劳动成为直接社会形式的劳动。在以私有制为基础的商品经济中，生产各种商品的劳动都是私人劳动；同时由于它们都是社会分工体系中的一部分，每个商品生产者的私人劳动都构成社会总劳动的一部分，因此私人劳动又具有社会性。但是，生产商品的劳动的社会性，只有当这种商品能够用于和其他商品相交换时，才会得到社会的承认。处于等价形式上的商品，本来是私人劳动的产物，但在成为能够直接和其他商品相交换的等价物时，它所包含的私人劳动，也就成为直接社会形式的劳动。

简单的价值形式使商品的内在矛盾，即使用价值和价值的对立，变成了两个商品的外部对立。处于相对价值形式的商品只是直接当作使用价值，它的价值要通过另一个商品表现出来；处于等价形式的商品只是当作价值，它的使用价值变成了表现另一个商品的价值的材料。这样，商品内部的矛盾，便外溢为一般商品同等价物商品的外部对立了。

简单的价值形式和简单的偶然的商品交换相适应。在当时，它促进了商品交换的发展。但是，在简单的价值形式中，处于相对价值形式的商品的价值表现是不充分的。价值只是同它本身的使用价值区别开来，表现在一种商品上，还没有充分表现价值是一般人类劳动的凝

---

① 《马克思恩格斯全集》第 23 卷，人民出版社 1972 年版，第 70 页。
② 《马克思恩格斯全集》第 23 卷，人民出版社 1972 年版，第 72 页。

结这一本质。与此相适应，处于等价形式的商品只是个别的等价物，只能表现一种商品的价值。随着商品交换种类和范围的扩大，价值的表现就必然由简单的价值形式逐步过渡到扩大的价值形式。

小辞典　价值形式、相对价值形式和等价形式

价值形式：价值的表现形式，即交换价值。一种商品的价值只有在与其他商品的交换中才能表现出来。

相对价值形式：在价值的表现形式中，其价值被表现的商品，处于相对价值形式的地位上。

等价形式：在价值的表现形式中，充当其他商品价值的表现材料的商品，处于等价形式的地位上。

二、扩大的价值形式

随着社会生产力的发展，原始社会末期出现了第一次社会大分工，畜牧业从农业中分离出来。分工使社会生产力获得进一步发展，剩余产品不断增加，商品交换也逐渐经常化。随着商品交换的发展，一种商品已经不是偶然地而是经常地和许多商品相交换。这样，简单的价值形式就发展为扩大的价值形式。某一种商品的价值表现在其他一系列商品上的价值形式，叫作扩大的价值形式。用等式表示就是：

$$1\text{只绵羊}\begin{cases}=2\text{把斧子}\\=80\text{斤粮食}\\=60\text{尺布}\\=5\text{张兽皮}\\=\text{一定量其他商品}\end{cases}$$

在扩大的价值形式中，处于相对价值形式的商品的价值已经不是偶然地表现在另一种商品上，而是经常地表现在一系列的其他商品上，每一种其他商品体都成为反映它的价值镜。这时，作为等价物的已经不是一种商品，而是许多种不同的商品了。扩大的价值形式表明，商品的价值同它借以表现的使用价值的特殊形式是没有关系的。一种商品之所以能够同一系列使用价值不同的商品发生等价交换，只是因为它们都是人类劳动的产物。价值实体是物化在商品中的一般人类劳动这一本质，在扩大的价值形式中得到了更清楚的证明。

例如，在上面的等式中，绵羊已经不是和某一种具体劳动创造的商品相等，而是和各种具体劳动创造的各种不同的商品相等。这表明，绵羊和很多不同的商品都有共同的东西，这就是绵羊的价值作为无差别的人类劳动的凝结，与其他一系列商品的劳动是同质的，没有差别的，这使绵羊的价值第一次表现为无差别的一般人类劳动。在数量上，由于交换已是经常的事情，价值量基本稳定，各种商品的交换比例更接近于它们所包含的劳动量的比例。也就是说，商品交换的比例越来越由社会必要劳动时间规定了。

扩大的价值形式和简单的价值形式相比，商品价值的表现更加充分，因而促进了商品交换的发展。但是，由于扩大的价值形式仍然是直接的物物交换阶段上的价值形式，是简单的价值形式的扩大，它仍有缺点和局限性：从相对价值形式来看，每一种商品的价值表现，都是一个不同于别的商品的价值表现形式的无限系列；从等价形式来看，每一种商品又都可以与其他许多商品并列成为特殊的等价物。这表明，生产各种商品的一般人类劳动，还不能获得共同的统一表现形式，商品世界中还没有一个社会公认的共同的等价物。因此，在扩大的价值形式中，商品的相对价值仍然不能获得最终的完全的表现。

随着交换的进一步发展，扩大的价值形式的缺点愈益明显，从而使交换经常发生困难。例如，绵羊的所有者需要粮食，有粮食的人却需要布；如果布的所有者需要绵羊，则绵羊的所有者须先用绵羊去换布，再用布去换粮食，几经周折，才能换得自己所需要的商品。如果布的所有者不需要绵羊，那么交换的困难就会更大。这种情况表明，随着社会分工和商品交换的发展，商品使用价值和价值的矛盾进一步加深，扩大的价值形式日益显示出它的局限性，需要向更完全的价值形式发展。

三、一般价值形式

一般价值形式是适应解决扩大的价值形式的矛盾而产生的。在长期交换过程中，商品所有者逐渐认识到，如果先将自己的商品换成市场上大家都愿意要的商品，然后用这种商品去换回自己所需要的商品，交换就比较容易实现。这样，在商品所有者自发活动的基础上，便逐渐从商品世界中分离出某种商品来作为交换的媒介，一切商品的价值都由这种商品来表现，这样的价值形式就是一般价值形式。用等式表示就是：

$$\left.\begin{array}{r}2\text{ 把斧子}=\\80\text{ 斤粮食}=\\60\text{ 尺布}=\\5\text{ 张兽皮}=\\\text{一定量其他商品}=\end{array}\right\}1\text{ 只绵羊}$$

这个价值表现形式之所以叫作一般价值形式，是因为在这个价值形式中，一切商品的价值都表现在某种特殊商品（如绵羊）上，这种从商品世界中分离出来充当其他商品的统一的价值表现材料的特殊商品，叫作一般等价物。

从等式看，一般价值形式似乎只是扩大的价值形式的颠倒。但是这一颠倒却反映了价值形式发展过程中的一次质的飞跃。这是因为：(1)在扩大的价值形式中，处在相对价值形式上的商品（如绵羊）的价值表现在许多商品上；而在一般价值形式中，尽管许许多多商品的使用价值千差万别，但是它们的价值表现却是一样的，一切商品的价值都是通过作为一般等价物的商品（如绵羊）表现出来的。(2)在扩大的价值形式中，每种商品的价值都有自己的表现系列；而在一般价值形式中，一切商品的价值都统一表现在一种商品上，这样，一切商品的价值作为无差别的人类劳动凝结的性质，便完全地、充分地表现出来了。(3)在扩大的价值形式中，一种商品究竟是处于相对价值形式还是处于等价形式，是不固定的；而在一般价值形式中，作为一般等价物的商品，成了一切商品价值的表现材料，除了一般等价物以外，其他一切商品都丧失了作为等价物的资格，商品究竟是处在相对价值形式上还是处在等价形式上，已不再是可以逆转的了。总之，在一般价值形式中，价值表现是简单的、统一的，所以是一般的。在这里，物物交换便发展成了以一般等价物为媒介的商品流通。

一般价值形式的产生，克服了扩大的价值形式的缺点和局限性，在很大程度上促进了商品交换的发展。但是，充当一般等价物的商品并不是固定不变的。在历史上，不同的民族，在不同的时间和地区，曾经使用各种不同的商品充当过一般等价物的材料。例如，古希腊、古罗马曾用牲畜来做一般等价物；非洲各民族的交换曾广泛使用贝壳和象牙作为媒介；中国古代曾用农具、帛、贝、铜、玉等来充当一般等价物。

一般等价物的不固定、不统一，对交换的发展是一大障碍，特别是第二次社会大分工（即手工业从农业中分离出来）以后，由于出现了为交换而进行的生产——商品生产，使商品交换量增加，范围扩大，这一障碍更加明显。交换的发展要求等价物在时间上具有稳定性，在地区上具有统一性。随着商品交换的发展，等价物终于逐步固定到了某种商品上，从而一般价值形式就过渡到了货币形式。

四、货币形式及其发展

货币形式是价值形式发展的完成阶段。在这一阶段，一切商品的价值都统一由货币来表现，货币成为价值和财富的化身。

货币是商品交换发展的产物。当某种商品从商品世界中分离出来，并固定地独占了一般等价物的地位时，这种特殊商品就成了货币，这种价值形式就是货币价值形式。用等式表示就是：

$$\left.\begin{array}{r}2\text{ 把斧子}=\\80\text{ 斤粮食}=\\60\text{ 尺布}=\\5\text{ 张兽皮}=\\\text{一定量其他商品}=\end{array}\right\}1\text{ 克黄金}$$

货币价值形式和一般价值形式相比，并没有发生本质上的变化。它们之间的区别仅在于：在一般价值形式下，在不同时间、不同地区、不同民族，作为一般等价物的商品还不固定、不统一；而在货币价值形式下，作为一般等价物的商品则在相当长的时期内稳定在一种商品上。

辨析　等价物、一般等价物、货币

所谓“等价物”，是在价值形式中，处于等价形式地位、表现其他商品价值、充当其他商品的交换媒介的商品；所谓“一般等价物”，是在价值形式中，处于等价形式地位、表现其他一切商品价值、充当其他一切商品的交换媒介的商品；所谓“货币”，是固定地充当一般等价物的商品。

货币的出现，使整个商品世界分成了两极：一极是各种各样的商品，它们都有特殊的使用价值，要求转化为价值；另一极是货币，它直接以价值的化身出现，可以代表任何一种商品的价值。这样，由于货币的出现，就使商品内部使用价值和价值的对立统一关系，发展为商品与货币的对立统一关系。一切商品都必须转化为货币，它的价值才能得以实现。货币的出现解决了商品物物交换的困难，使得商品交换能以最高效率和最低成本进行，从而极大地促进了商品交换的发展。

货币形式初看起来具有很大的神秘性：一切商品的价值都由货币来表现，货币可以同一切商品直接交换，谁拥有货币就意味着谁占有了价值，占有了相应的社会财富，这似乎是难以理解的。马克思通过对价值形式发展过程所进行的创造性的科学分析，揭示出货币形式是从简单的价值形式、扩大的价值形式和一般价值形式发展过来的，货币的本质在于它是固定地充当一般等价物的特殊商品。货币之所以能起一般等价物的作用，是因为它本身也是商品，具有使用价值和价值；但它又不是普通商品，而是唯一专门充当一切商品的一般等价物的特殊商品。

小辞典　各种各样的价值形式

简单的价值形式：一种商品的价值偶然地表现在另一种商品上。

扩大的价值形式：一种商品的价值表现在其他一系列商品上。

一般价值形式：一切商品的价值都表现在某种特殊的商品上。这种特殊的商品被叫作“一般等价物”。

货币形式：一切商品的价值都表现在某种固定的特殊商品上。这种固定的特殊商品（例如黄金）就是所谓的“货币”。

货币作为一种人们能够共同接受的价值体化物，在不同的时期有着不同的表现形式。在漫长的岁月中，货币的形态经历着由低级向高级的不断演变过程。

1. 实物货币阶段

实物货币又称为商品货币，它是货币形态发展的最原始形式。实物货币的特点是，它作为货币用途的价值与作为非货币用途的价值相等，即实物货币是以货币商品本身的价值为基础的。也就是说，货币商品本身所包含的社会必要劳动时间，既决定了货币商品的价值，又决定了实物货币的价值。

在人类历史上，各种商品，如米、布、木材、贝壳、家畜等，都曾在不同时期内扮演过货币的角色。中国古代最早的货币是贝。我国以贝作为货币有着较长的历史，其上限大约在公元前二千年。贝币以朋为单位，一般十贝为一朋。《诗·小雅·菁菁者莪》中有“既见君子，锡（赐）我百朋”的诗句。商周的铜器铭文和甲骨文都有关于用贝作赏赐的记载，墓葬发掘的陪葬品中则有大量可推断是用作货币的贝。“贝”作为一种实物货币，在我国货币史上有着深远的影响，从我国的文字中也可以看出贝作为货币长期存在的事实，很多与财富有联系的字其偏旁都从“贝”，如贷、财、贮、贸、货、贫、赐等。

但是，这些实物货币存在着不少缺点。如有些实物货币体积太大，不便携带；有的质地不均匀，不易分割；有的质量很不稳定，不易保存等。所以，随着商品交换的进一步发展，实物货币必然逐渐被金属货币所代替。

2. 贵金属货币阶段

铁器的出现，引起了第二次社会大分工，即手工业和农业的分离。由于冶炼技术的提高，使金属作为商品参加到交换的行列中去，于是导致了实物货币向金属货币的过渡。起初有用铁等贱金属作为货币的。但随着商品交换日益突破地域的限制，货币材料逐渐固定到贵金属（金或银）身上。

金银等贵金属原来也是普通的商品，只是随着商品交换的发展，由于它适合做货币的材料，才自发地从商品中分离出来，固定地充当一般等价物，从而成为货币。贵金属能够排斥其他曾经充当过一般等价物的商品，独占一般等价物的地位，是因为它有着适宜充当一般等价物的自然属性：(1)贵金属体积小，价值大，便于携带；(2)质地坚固，不易损坏和变质，宜于长期保存；(3)质地均匀，便于分割或熔合成不同重量的条块，适于表现各种商品的不同价值。因此，货币材料最终落到贵金属身上，绝非偶然。马克思说："金银天然不是货币，但货币天然是金银。"①这表明，金银的自然属性最适宜充当货币材料，但金银之所以成为货币却并不是由它的这些天然属性决定的，而是一定的社会经济生活条件所造成的。

金属货币最初是以实物货币的形式出现的，没有固定的形状和重量，使用很不方便。因为每笔交易都需要称重量，鉴定成色，有时还要按交易额的大小把金属块进行分割。随着商品交换的发展，人们把货币金属铸成具有一定形状、一定重量，并具有一定成色的金属铸币，以便于流通。铸币的出现是货币发展史上一个巨大的进展，它奠定了货币制度的基础。一般说来，铸币是由国家的印记证明其重量和成色的金属块。所谓"国家的印记"，包括形状、花纹、文字等。最初各国的铸币有各种各样的形式，但后来都逐步过渡到圆形，这是因为圆形最便于携带且不易磨损。

中国最早的金属货币是铜和金。商代的墓葬中曾出土有铜铸的贝。周代以后，中国一直是铜流通的天下，直到 20 世纪 30 年代还有铜圆的流通。黄金，在商代的遗址中即有所发现，但主要是作为饰物。到战国时期，在古籍中已有很多用黄金论价、估价、馈赠、赏赐之类的记载。但东汉以后，黄金的数量急剧减少。白银，在西汉的著述中已经出现，但直到宋代才逐渐成为货币材料，此后在与铜并行流通中，银一直是作为主币的币材。白银在中国的流通，到 20 世纪 30 年代才终止。

中国最早的金属铸币是铜铸币，在周代已开始出现，主要有三种形制：一是"布"，乃铲形农具的缩影，流通于周、三晋、郑、卫等地；二是"刀"，为刀的缩影，主要流通在齐国及其势力所影响的范围；三是铜贝，在南方楚国流通，通常称之为"蚁鼻钱"。秦统一中国以后，用铜铸圆形方孔的秦"半两"钱统一了中国的铸币流通。西汉武帝时建立了"五铢"钱制度：钱面铸有五铢字样，说明重量，一铢等于 1/24 两。这种五铢钱，自汉至隋流行了 700 余年。唐朝建立后，在整顿币制的过程中，铸"开元通宝"钱，代替了五铢钱，以后各代铸的钱大多称"通宝"，只是"开元"二字换成当时的年号。这种形制一直延续到清代。金银铸币在中国出现较晚，自宋代开始大量流通的白银，一直是以"两"为单位的称量货币，通常称为"银两"。广泛流通银圆是从鸦片战争之际开始的，其中流通最多的是墨西哥的鹰洋。出于流通方便，晚清以后中国也开始铸造自己的银圆。

铸造重量轻、成色低的铸币是古代货币流通中经常出现的事情。汉初，曾允许私人铸钱，私人铸的"半两钱"，最轻的尚不及半两的 1/10。铸造劣质货币也是统治者解决财政困难、搜刮民财的措施之一。当劣币出现于流通之中时，人们则会把足值货币收存起来，这就是劣币驱逐良币律。

3. 代用货币阶段(铸币和纸币阶段)

在金属货币流通条件下，由于金银的采掘跟不上商品生产和流通发展的需要，就逐渐产生了代用货币，用以代替金属货币，实现商品交易，从而在一定程度上克服流通中对金银需要量日益增加的矛盾。代用货币的基本特征是作为货币的物品本身的价值低于它所代表的货币价值，它的形态有国家铸造的不足值的铸币、政府或银行发行的纸币等。这种代用货币所代表的是金属货币，也就是说，代用货币尽管在市面上流通，从形式上发挥着交换媒介的作用，但是它却有十足的贵金属准备，而且也可以自由地向发行单位兑换金属货币。

---

① 《马克思恩格斯全集》第 23 卷，人民出版社 1972 年版，第 107 页。

代用货币产生的可能性在于，货币作为交换的媒介，只是交换的手段，而不是交换的目的。对于交易者来说，他们关心的并不是货币本身有无价值，而是它能否起媒介作用。正如马克思所说，货币处在流通领域中，“只是转瞬即逝的要素。它马上又会被别的商品代替。因此，在货币不断转手的过程中，单有货币的象征存在就够了”。[①] 这就产生了由价值符号或代用货币代替真实货币的可能性。而代用货币比较完善的形式是纸币。纸币的优点是：(1)成本低。印刷纸币所花费的成本远比铸造金属货币的成本要低得多。纸币本身的价值是微乎其微的，但却可以代表任意数量的金属货币。(2)便于携带和运输。(3)可以避免金属货币流通中所产生的问题。如在金银复本位制度下，由金和银两种铸币同时充当价值尺度，如果金属货币的法定价值和实际价值发生偏差，人们往往把实际价值较高的货币收藏、熔化或输出国外，流通中剩下的则是实际价值较低的金属货币，造成劣币驱逐良币的现象。

中国是世界上最早使用纸币的国家。早在10世纪末的北宋年间，就已出现用纸印制的货币——“交子”。此后，像南宋的“关子”“会子”，金代的“交钞”等，都是较早的纸币形式。元代则在全国范围实行纸币流通的制度，其中具有代表性的是“中统元宝交钞”，开始时曾一度可以兑现，但很快停止。其后，明代曾发行“大明宝钞”，清代则有“大清宝钞”等，都是典型的纸币。

4. 信用货币阶段

信用货币是以信用作为保证，通过信用程序发行的货币。信用货币是代用货币进一步发展的产物，而且也是目前世界上几乎所有国家采用的货币形态。信用货币的出现是金属货币制度崩溃的结果。20世纪30年代的世界性经济危机和金融危机，使各国相继放弃了金本位制，实行不兑现的纸币流通制度，这就使信用货币应运而生。信用货币的基本特征是：(1)信用货币本身的价值低于它所代表的货币价值。(2)信用货币完全割断了与贵金属的联系，其发行主要不是以黄金做准备的，国家也不予承诺兑现金属货币。尽管事实上采用信用货币制度的国家都具有一定数量的黄金、外汇和有价证券等资产作为发行纸币和银行券的准备，但已不必严格遵守保持十足准备的要求，这些资产往往可以移作他用。(3)信用货币的基本保证是国家的信誉和银行的信誉。

信用货币的主要形式是银行券。银行券最早出现于17世纪，它是由银行发行的用以代替商业票据的银行票据。银行券是为了解决商业票据流通的局限性和银行现金不能满足商业票据持有人贴现需求的矛盾而产生的，它主要是通过银行贴现商业票据而发行到流通中去的。典型的银行券，持票人可以随时持券向发行银行兑取黄金，所以它可以代替金属货币在流通中发挥作用。

银行券和纸币本身都没有价值，这一点两者是相同的。银行券和纸币的区别在于：(1)纸币是从货币作为流通媒介的职能中产生的；而银行券则产生于信用关系，是在货币作为支付手段职能的基础上产生的。(2)纸币是由政府发行、依靠国家权力强制流通的；而银行券则是由银行通过短期商业票据贴现方式发行的。(3)纸币不能兑现，而银行券可以兑现。(4)纸币如超量发行就会贬值，而银行券不会贬值。但是银行券不贬值需要一定的条件：一是银行券的发行量要以银行贴现的商业票据为依据；二是银行券必须能随时兑换贵金属货币，即银行券要有信用和黄金双重保证。

---

① 《马克思恩格斯全集》第23卷，人民出版社1972年版，第148—149页。

20世纪30年代世界性经济危机之后，资本主义各国相继放弃金本位制，银行券停止兑换黄金，从而出现了银行券纸币化现象。在当代社会经济中，由于各国银行券已经不再兑现金属货币，同时各国的货币已经完全通过银行的信贷程序发行出去，因此银行券和纸币已基本成为同一概念，成为现代货币。

现代货币不仅包括流通中的现实货币，还包括银行存款。因为银行存款也是银行部门通过信用程序创造出来的。银行存款中最主要的形态是活期存款，也称存款货币。人们普遍认为，只要银行信誉良好，结算体系畅通，存款货币与流通中的通货一样，都是具有相同流动性的交换媒介。

现代货币可以根据其流动性大小来划分货币供应量层次。一种主张认为，货币的范围包括通货和银行体系的活期存款，这是就狭义货币供应量 M_1，即：

$$M_1 = \text{现金} + \text{所有金融机构的活期存款}$$

也有经济学家认为，各种金融机构的定期存款、储蓄存款以及其他一些短期流动资产，是潜在的购买力，很容易变成现金，具有不同程度的流动性，因而主张以流动性为标准，确定广义的货币层次，从而提出了广义的货币供应量标准 M_2、M_3、M_4 等，即：

$$M_2 = M_1 + \text{商业银行的定期存款和储蓄存款}$$

$$M_3 = M_2 + \text{其他金融机构的定期存款和储蓄存款}$$

$$M_4 = M_3 + \text{其他短期流动性资产（如国库券、公司短期债券、人寿保险公司保单、承兑票据等）}$$

电子货币是信用货币的一种新形式。随着现代信用制度和电子技术的发展，货币形式的发展从有形到无形，逐步产生了电子货币。电子货币的主要形式为信用卡，它储藏了持卡人的姓名、银行账号等信息，放入电子计算机系统的终端机后，银行就自动记账、转账或换取现金。电子货币是一种纯粹观念性的货币，它不需要任何物质性的货币材料。贮存于银行电子计算机中的存款货币，使一切交易活动的结转账都通过银行计算机网络完成，既迅速又方便，可以节省银行处理大量票据的费用。

电子货币现已成为资本主义国家货币流通的主要形式，在经济生活中发挥着越来越大的作用。随着银行信用卡的迅速发展，将在相当广的范围内取代现金。当然，货币的主要功能仍然存在，变化的只是货币的形式而已。

小辞典　各种各样的货币

实物货币：指非金属的商品货币。

金属货币：以金属（如金、银）作为材料的货币。

代用货币：用其他物品（如不足值的铸币和纸币）作为货币，代替足值的金属货币。

信用货币：以信用作为保证，通过信用程序发行的货币。

电子货币：如信用卡。它贮存于银行的电子计算机中，而无须任何物质性的材料。

第二节　货币的职能与货币流通规律

一、货币的职能

货币的职能是指货币的社会经济作用，它是货币本质的具体表现形式。货币的职能随着商品生产和商品交换的发展而发展。在发达的商品经济中，货币具有价值尺度、流通手段、贮藏手段、支付手段和世界货币五种职能。

1. 价值尺度

货币的第一个职能是充当商品的价值尺度。

货币在表现其他商品的价值，并衡量商品价值量的大小时，便执行价值尺度的职能。货币之所以能够充当价值尺度职能，是因为货币本身也是商品，具有价值。货币和其他商品一样，都凝结了一般人类劳动，它们在质上是相同的，在量上是可以互相比较的。这样，一切其他商品都可以用作为一般等价物的货币商品去衡量，表现自己的价值，这个一般等价物的货币商品便成了衡量其他一切商品共同的价值尺度。

商品价值量的大小，是由凝结在该商品中的社会必要劳动时间来决定的。所以社会必要劳动时间是衡量商品价值的内在尺度。但是，商品的价值量不能用劳动时间直接表现出来，必须借助于货币外化出来，即通过在交换过程中等于多少货币间接地表现出来。因此，货币作为价值尺度也就是商品价值的外在尺度，它是商品内在的价值即社会必要劳动时间的必然表现。

讨论　价值尺度的相对性

货币的最重要的职能是充当商品的价值尺度。然而，需要注意的是，货币这把衡量商品价值的尺子本身却不是固定不变的。这是因为，货币本身的价值量会变化。例如，它会由于生产货币的劳动生产力的变化而变化。不过，只要我们总是拿同一把尺子(尽管该尺子本身会伸缩)去衡量不同商品的价值，则这些不同商品的价值的相对大小就仍然是一目了然的。换句话说，在货币这把尺子的衡量下，价值大的商品其价格也大；反之亦然。

货币在执行价值尺度职能时，商品的价值形式就转化为价格形式。价格是商品价值的货币表现。但是“货币在执行价值尺度的职能时，只是想象的或观念的货币”。[①] 例如，1块手表值2克黄金，只是把手表的价值观念地表现在黄金上，在这里，并不需要有现实的货币，只需要用想象的或观念的货币就可以了。因为货币执行价值尺度的职能，只是把商品价值的大小表现出来，并不是实现商品的价值。

定义　价值形式和价格(价格形式或货币形式)

一种商品的“价值形式”是指该商品在其他商品上的价值表现。

商品的“价格”(“价格形式”或“货币形式”)是价值形式的一种，指商品在货币(如黄金)上的价值表现。说得更加严格一点，价格是指商品(如绵羊)在已经执行货币商品职能的商品(如黄金)上的简单的相对的价值表现。例如，绵羊的价格可以表示为：

1只绵羊＝2盎司黄金

简言之，商品的价格就是商品价值的货币表现。需要注意的是，由于有不同的货币(如不同的金属货币或纸币)，商品价值的货币表现也会有所不同。

讨论　劳动价值论与价格

设生产1件衣服所花费的社会必要劳动时间为4，生产1单位货币(假定货币的单位是

① 《马克思恩格斯全集》第23卷，人民出版社1972年版，第114页。

“元”)所花费的社会必要劳动时间为2。根据劳动价值理论,可以进行如下推理:

1件衣服的价值=2个单位的货币的价值→

1件衣服=2个单位的货币→

1件衣服=2元钱

最后一个等式表示的就是衣服的价格。由推理过程显而易见,它是衣服的价值的货币表现。

例 价格的决定及变化

在前面的例子中,我们分析过相对价值的决定和变化。按照同样的方法,我们也可以来讨论价格的决定及变化。

仍然以绵羊和黄金为例。设绵羊的价值为6,每盎司黄金的价值为3。于是有“1只绵羊=2盎司黄金”。在这个公式中,绵羊通过黄金表现出来的价格(亦即相对价值)为6/3=2(盎司)。

上述数字例子亦可以用一般的符号表示如下。设某商品的价值为z_a,每盎司黄金的价值为z_m。如果有如下关系“$z_a=p_a \cdot z_m$”,则我们称p_a为该商品(通过黄金表现出来)的价格。换句话说,商品的价格等于商品的价值与黄金的价值的比率,即:

$$p_a=\frac{z_a}{z_m} \tag{1}$$

它与商品自身的价值成正比,与黄金的价值成反比。当商品的价值和黄金的价值同时和同比例变化时,商品的价格保持不变。

上述关于商品价格与商品价值及黄金价值之间的关系可用图2—1(a)来说明。图中,横轴表示商品的价值,纵轴表示商品的价格,商品价格与商品价值的关系如图中由原点出发、向右上方倾斜的直线所示。直线的倾斜程度则取决于黄金的价值。标明$z_m=1$、$z_m>1$和$z_m<1$的三条直线分别是当黄金价值等于、大于和小于1时商品价格与商品价值之间的关系。

也可以换一个方式来看商品价格、商品价值和货币价值三者之间的关系。根据第一章第三节中的讨论可知,当劳动的边际报酬先递增上升然后递减上升时,商品的价值曲线是一条U形曲线。因此,在假定其他情况不变时,商品的价格曲线也应当是一条U形曲线,而且,商品的价格曲线与价值曲线还应当平行,两者之间的距离则取决于黄金的价值。当黄金价值等于1时,商品的价格曲线与价值曲线恰好重合;当黄金价值大于(小于)1时,商品的价格曲线位于价值曲线之下(之上)。

参见图2—1(b)。横轴L_a代表生产商品a所消耗的全部社会必要劳动,纵轴z_a和p_a代表相应的商品a的价值和价格。中间的U形实线为商品a的价值曲线。当黄金价值恰好等于1时,它也是商品a的价格曲线。实线上方(下方)的U形虚线代表当黄金价值小于(大于)1时商品a的价格曲线。

如果把上面的(1)式更加具体地写为:

$$p_a=\frac{z_a}{z_m}=\frac{L_a}{Q_a}\cdot\frac{Q_m}{L_m} \tag{2}$$

则可看到,商品a的价格p_a与四个因素有关。首先是投入在商品a的生产上的劳动量L_a——它随L_a的增加而增加(这里需要注意,我们一直假定供求相等,因此,L_a的增加意

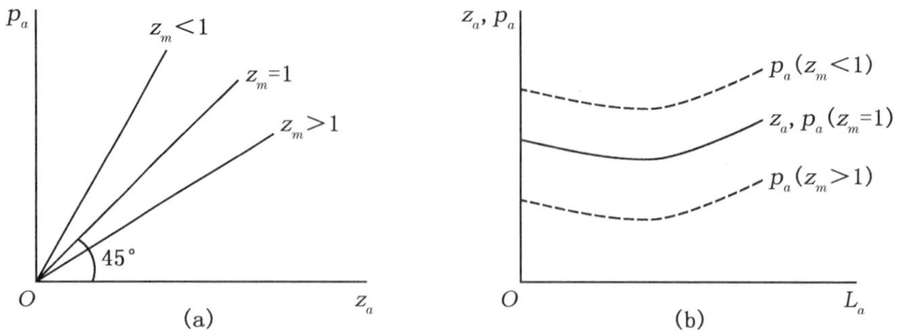

图 2—1 商品价格、商品价值与货币价值

味着对商品 a 的需求的增加)；其次是 a 的产量 Q_a——它随着 Q_a 的增加而减少(在 L_a 给定时，Q_a 的增加表示在 a 上的劳动生产力的提高，故这意味着，a 的价格随 a 上的劳动生产力的提高而下降)；再次是投入在货币 m 的生产上的劳动量 L_m——它随 L_m 的增加而减少(再次提醒注意，L_m 的增加意味着对货币 m 的需求的增加)；最后是 m 的数量 Q_m——它随 Q_m 的增加而增加(在 L_m 给定时，Q_m 的增加表示在 m 上的劳动生产力的增加，故这意味着，a 的价格随 m 上的劳动生产力的提高而上升)。

讨论　价值、交换价值和价格：总结

(1)a 商品的价值 z_a

a 商品的价值 z_a 等于生产 a 商品的劳动总量 L_a 与 a 的商品总量 Q_a 之比，即：

$$z_a=\frac{L_a}{Q_a}$$

(2)a 商品(相对于 b 商品)的交换价值(或相对价值)$p_{a,b}$

设生产 b 商品的劳动总量为 L_b，b 的商品总量为 Q_b，则 b 商品的价值为：

$$z_b=\frac{L_b}{Q_b}$$

于是，a 商品(相对于 b 商品)的交换价值 $p_{a,b}$ 可表示为：

$$p_{a,b}=\frac{z_a}{z_b}=\frac{L_a/Q_a}{L_b/Q_b}$$

(3)a 商品(相对于金属货币 m)的价格 p_a

在上面关于交换价值的公式中，用金属货币 m 代替商品 b 即得关于商品 a 的价格 p_a 的表达式：

$$p_a=\frac{z_a}{z_m}=\frac{L_a/Q_a}{L_m/Q_m}$$

货币执行价值尺度的职能，不仅要表现价值，而且要表现一定数量的价值。为了衡量和计算各种商品的不同的价值量，必须首先给货币本身确定一个计量单位，即在技术上有必要用某一种固定的金量作为货币单位，这个货币单位又可分成若干等分，这种被确定的货币单位及其等分叫作价格标准。不同国家有不同的货币单位，因而有不同的价格标准。例如，英国的英镑、便士，美国的美元、分，法国的法郎、生丁，德国的马克、芬尼，中国的元、角、分，等等。

价格标准不是货币的一个独立职能，它是由货币执行价值尺度的职能派生出来的。两者有着密切的关系：货币执行价值尺度的职能是通过价格标准来实现的，价格标准是为了货币执行价值尺度职能而做出的技术规定。但是两者也有很大的区别：第一，价值尺度用来衡量各种不同商品的价值；价格标准则代表一定的金属重量，用来衡量货币本身的数量。第二，作为价值尺度，货币金属本身的价值，会随着劳动生产率的变动而变动；作为价格标准，它是货币单位所包含的金属重量，与劳动生产率的变动无关。第三，价值尺度是在商品经济发展中自发产生的，并不依存于国家权力；而价格标准则通常是由国家法律规定的。

辨析　价值尺度和价格标准

价值尺度是指货币所具有的表现商品价值、衡量商品价值大小的一种职能。货币之所以具有价值尺度的职能，是因为货币本身也是商品，具有价值。由于货币的价值会随生产货币的劳动生产力的变化而变化，故货币这把价值尺度亦会随劳动生产力的变化而变化。另一方面，价格标准是关于货币的计量单位以及划分这一计量单位的规定，用于衡量货币本身的数量。它与劳动生产力的变化无关。

2. 流通手段

货币的第二个职能是流通手段，即充当商品交换的媒介。

货币产生之后，商品交换从物物交换转化为以货币为媒介的交换，这一交换把一个统一的商品交换过程分解为两个过程：一是出卖的过程，二是购买的过程。这种以货币为媒介的商品交换就是商品流通，它由商品变为货币（W—G）和由货币变为商品（G—W）两个过程组成。W—G 即卖的过程，是商品的第一形态变化，这一阶段很重要，实现也比较困难。这是因为，如果商品卖不出去，不能使原来的商品形态转化为货币形态，则商品的使用价值和价值都不能实现，商品生产者就有可能破产。因此马克思指出，这“是商品的惊险的跳跃。这个跳跃如果不成功，摔坏的不是商品，但一定是商品所有者”。[①] G—W 即买的阶段，是商品的第二形态变化，这一阶段一般是比较容易实现的。因为货币是一切商品的一般等价物，如果商品充足，有货币就可以买到商品。

货币充当流通手段，打破了商品直接交换在时间上和空间上的限制，促进了商品交换的发展。但是，买和卖的分离也包含着危机的可能性。这是因为交换过程在时间上和空间上分开了。商品所有者在一地卖出商品以后，可以到另一地去购买，也可以在出卖商品以后，不马上购买，这样就有可能使一些人的商品卖不出去，造成生产的相对过剩。所以在以货币为媒介的商品流通中，已经包含着发生商品相对过剩危机的可能性。

货币作为流通手段，在商品流通过程中，不断地被当作购买手段，实现商品的价格。商品经过一定流通过程后，必然要退出流通领域而进入消费领域。但货币作为流通手段，却始终留在流通领域中，不断地从购买者手中转移到出卖者手中。货币这种不断的转手就构成货币流通。货币流通是以商品流通为基础的，它是商品流通的表现。

在商品流通中，货币充当交换的媒介不能是观念上的，而必须是现实的货币，这是因为商品生产者的目的是为了交换，为了把自己手中的商品换成货币，使自己的劳动得到社会的

① 《马克思恩格斯全集》第 23 卷，人民出版社 1972 年版，第 124 页。

承认，所以商品生产者出卖商品所获得的货币必须是现实的货币。但是作为流通手段的货币，并不用于贮藏，而是要用以购买其他商品。在这里，货币在商品交换过程中处于不断流动的状态，就一个商品生产者来说，货币在他手中只是一个转瞬即逝的要素，它马上又要被别的商品所代替。所以从货币扮演流通手段职能的角度看，现实流通中的货币是可以由包括纸币在内的价值符号替代的。

辨析　物物交换、商品流通和货币流通

物物交换是直接的商品与商品的交换。在物物交换中，商品的“买”和“卖”是统一的。商品流通是以货币为媒介的商品交换。它分解为卖和买两个过程。前者是把商品变为货币，后者是把货币变为商品。货币流通是商品流通中货币作为商品交换的媒介不断地从一个商品所有者手里转到另一个商品所有者手里的运动。

3. 贮藏手段

当货币退出流通领域以后，被人们保存、收藏起来时，货币就执行贮藏手段的职能。

货币之所以能够执行贮藏手段，乃是因为货币是一般等价物，是社会财富的一般代表，人们贮藏货币就意味着可以随时将其转变为现实的商品。作为贮藏的货币，它必须既是现实货币，又是足值货币。严格地说，只有金属货币才能执行贮藏手段的职能，纸币是不能执行贮藏手段的。

货币作为贮藏手段的职能是随着商品生产和商品流通的发展而不断发展的。最初，人们只是把满足自己需要以后多余的部分产品拿去交换，换取货币后暂时不购买商品就把它贮藏起来。随着商品生产的发展，贮藏一定数量的货币也是顺利进行再生产的必要条件，因为商品生产者生产和销售商品需要一定的时间，为了在出售商品以前能够购买生产资料和生活资料，使生产不致中断，商品生产者手中必须贮藏有货币。此外，在求金欲的驱使下，人们也会在出卖商品以后不再购买，而把货币作为绝对的社会财富贮藏起来。

在金属货币流通的条件下，贮藏货币具有自发地调节货币流通的特殊作用。当流通领域所需要的货币量增加时，货币供不应求，货币就会升值，从而刺激货币从贮藏中流出，加入流通领域成为流通手段；而当流通中所需要的货币量减少时，货币供过于求，货币就会贬值，有一部分货币就会自动退出流通领域成为贮藏货币。这样，贮藏货币就像蓄水池一样，能够自发地调节流通中的货币量，使之与流通中的客观需要量相适应。由于贮藏货币的这种特殊作用，在足值的金属货币流通条件下，一般不会发生货币过多的现象。

4. 支付手段

在以延期付款形式买卖商品的情况下，货币在用于清偿债务时，就执行支付手段的职能。

货币作为支付手段的职能产生于赊卖赊买的商品交换中，是与商业信用联系在一起的。由于一些商品生产过程的季节性和地域性差异，在客观上要求商品的出售与商品价值的实现在时间上分离，这样就产生了赊销和赊购。这时，卖者成为债权人，买者成为债务人，买卖双方约定一定时期，到期由买者向卖者支付货款。因此，商业信用是货币支付手段职能产生的前提条件。

在货币当作支付手段的条件下，买者和卖者的关系已经不是简单的买卖关系，而是一种债权债务关系。首先，等价的商品和货币就不再在买卖过程的两极上同时出现了。这时，货币首先是当作价值尺度，计量所卖商品的价格。其次，货币是作为观念上的购买手段，使商品从卖者手中转移到买者手中，但货币并没有同时从买者手中转移到卖者手中。只是到了约定的付款日期，货币才被用来清偿债务，从买者手里转到卖者手里。

货币作为支付手段，最初只是在商品生产者之间用于清偿债务。当商品生产达到一定水平时，货币支付手段的作用就超越了这个范围，扩大到商品流通领域之外，如缴纳地租、税金、支付工资及其他劳动报酬、财政、信贷收支，等等。

货币的支付手段职能的出现对流通中货币需要量产生了一定影响。由于在清偿债务时可以不用现实的货币，从而使流通中的货币需要量也相应减少。货币作为支付手段，一方面解决了现金交易中买者暂时不能支付货币的矛盾，从而促进了商品经济的发展；另一方面又进一步加深了商品经济的矛盾，使许多商品生产者和交换者之间形成错综复杂的债权和债务关系，如果其中有债务人不能如期清偿债务，就会引起连锁反应，有的人就会在经营上发生困难甚至破产。可见，货币执行支付手段的职能时，使它在作为流通手段时所蕴藏的危机进一步发展了。

5. 世界货币

随着国际贸易的产生和发展，货币也超越国界，在世界市场上发挥一般等价物的作用，于是货币就具有了世界货币的职能。

货币在执行世界货币职能时，必须摆脱国家的烙印，还原其作为金银的本来面目。这是因为铸币和纸币的制造和发行，都是由一定的国家政权认可的，超出本国的范围便失去其法定的意义，一般不可充当世界货币。按照马克思的观点："货币一越出国内流通领域，便失去了在这一领域内获得的价格标准、铸币、辅币和价值符号等地方形式，又恢复原来的贵金属块的形式。"[①]当然，在现代西方社会，由于新的国际货币体系的建立，有一些国家的货币（如美元、欧元、日元等），尤其是美元，可以在一定的条件下代替贵金属跨越国界执行世界货币的职能。更为引人注目的是，国际货币基金组织在 1969 年还创造了"特别提款权"（Special Drawing Right）这一记账形式（又称"纸黄金"）来充当国际间的支付手段。

世界货币的职能主要表现在三个方面：(1)作为国际间支付手段，用来支付国际收支差额。各国之间政治、经济、文化联系引起的相互之间的货币支付，有时采取债务相互抵消以后，只支付差额的做法。这时，货币就作为国际间的一般支付手段。(2)作为国际的一般购买手段，主要是一国单方向另一国购买商品，货币商品直接同另一国的一般商品相交换。(3)充当国际间财富转移的手段。货币作为社会财富的代表，可由一国转移到另一国，如资本的转移、对外援助、战争赔款等。

小辞典　各种各样的货币职能

价值尺度：表现商品的价值、衡量商品价值量的大小。

流通手段：充当商品交换的媒介。

贮藏手段：可被保存，充当财富的代表。

支付手段：用于清偿债务。

世界货币：在世界市场上作为一般等价物。

---

① 《马克思恩格斯全集》第 23 卷，人民出版社 1972 年版，第 163 页。

货币的五种职能是有机地联系着的，它们共同体现货币作为一般等价物的本质。在货币的五个职能中，价值尺度和流通手段是最基本的职能。因为一般等价物必须具有能够表现与一切商品相交换的能力的基本特征。当货币表现一切商品的价值时，就发挥了价值尺度职能。而当货币与一切商品相交换时，则具有流通手段职能。因此，价值尺度与流通手段是货币的基本职能，两者互相联系、不可分割。马克思指出："一种商品变成货币，首先是作为价值尺度和流通手段的统一，换句话说，价值尺度和流通手段的统一是货币。"①

由于货币具有价值尺度和流通手段职能，才使人们产生了贮藏货币的动机；也只有当一种商品成为货币之后，它才成为价值的独立体现物，从而它才会因流通的中断而转入贮藏。但贮藏手段同时又是潜在的流通手段，一旦流通需要，它又会重新进入流通。因此，贮藏手段职能是与货币的价值尺度和流通手段职能紧密联系的。

支付手段职能的出现又是以前三种职能的发展为前提的。在进行信用买卖或以货币偿还债务时，货币发挥着支付手段职能。但在信用交易的条件下，货币在发挥支付手段职能以前，首先在发挥价值尺度职能。因为信用交易的契约只有在议定商品价格以后才能成立。同时，支付手段职能的产生也是基于流通手段和贮藏手段职能的发展。这是因为：(1)以货币买卖商品的形式必然是先行于以信用买卖商品的形式；(2)货币的贮藏导致了债权债务关系的发展。正是由于贮藏手段职能的发展，使人们发现货币不仅可以作为剩余产品和流通手段准备金被贮藏起来，而且可以用来偿还债务。

世界货币职能是最后发展起来的一个职能。显然，它是以前面四种职能的发展为前提的。如果货币不是在世界各国国内已经发挥了价值尺度、流通手段、贮藏手段和支付手段的职能，它就绝不能成为国际间一般支付手段、国际间一般购买手段和财富的一般转移手段。

由此可见，货币的各种职能都是货币本质的具体体现，是货币的一般等价物作用在商品经济发展过程中不同方面的表现。只有了解货币各个职能和它们之间的相互关系，才能深刻了解货币的本质，并进而了解商品生产者之间错综复杂的经济关系。

二、货币流通规律

货币流通规律是指决定在一定时期内商品流通中所需要货币量的规律。

货币流通是由商品流通引起并表现商品流通，货币流通的规模和速度也是由商品流通的规模和速度决定的。因此，在一定时期内，商品流通中所需要的货币量首先取决于流通中商品的数量。但货币流通又与商品流通有所不同，商品从生产过程进入流通过程后，经过交换就退出流通领域进入消费领域，而货币却一直停留在流通领域中，不断地为商品流通作中介。这样，流通中所需要的货币量就取决于下列因素：(1)待流通的商品数量；(2)商品价格水平；(3)货币流通速度。其中前两项即商品价格与商品数量的乘积就是商品价格总额。在一定时期，流通中所需要的货币量与商品价格总额成正比，与同一单位货币流通速度成反比，这就是金属货币流通规律。这种关系可用公式表示为：

$$\text{流通中所需要的货币量}=\frac{\text{商品价格总额}}{\text{同一单位货币的平均流通速度(次数)}}$$

如果以 M 代表执行流通手段职能的货币量，以 P 代表商品价格水平，以 Q 代表流通中

① 《马克思恩格斯全集》第13卷，人民出版社1962年版，第113页。

商品数量，以 V 代表货币流通速度，则货币流通规律的数学表达式为：

$$M=\frac{PQ}{V}$$

这个公式表明了货币需要量的决定因素，即流通的商品量、价格水平和货币流通速度，同时也表达了这三个因素的变动与货币需要量变动的关系。这些关系就是：

第一，货币需要量与商品数量、价格水平，进而与商品价格总额成正比。马克思认为，货币作为流通手段的运动，实际上只是商品本身形式的运动。也就是说，只有当参加交换的商品要实现其价值时，才会有货币的运动。因此，商品价格总额是决定货币需要量的最基本因素。货币需要量与商品价格总额成正比例关系，商品价格总额越大，需要的货币量越多；反之，就越少。当价格水平一定时，商品价格总额取决于商品数量，商品数量越多，商品价格总额越大，需要的货币量越多；反之，就越少。因而，货币需要量与商品数量、价格水平成正比例关系。

第二，货币需要量与货币流通速度成反比。货币流通速度是单位货币一定时期内在商品交易者之间的转手次数。在商品交易过程中，商品被出卖以后，就退出流通领域，进入消费领域；而货币则不退出流通领域，仍在买者与卖者之间不停地转手运动，为实现商品的价值服务。这样，在一定时期内，单位货币可以实现多倍的商品价值。这也就是说，货币流通速度可以在某种程度上代替货币的数量。在商品价格总额一定的条件下，货币的流通次数减少，需要的货币量就会增加。货币需要量与货币流通速度成反比例关系。

讨论　货币流通规律的推导

前面曾经把货币流通规律表述为：

$$M=\frac{PQ}{V}$$

其中，M 代表一定时期内商品流通中所需要的货币数量，P 代表商品的价格水平，Q 代表商品的数量，V 代表货币流通速度，即单位货币在一定时期内的平均流通次数。

现在要根据劳动价值理论更加严格地推导这个公式。

第一，按照劳动价值理论，在一定的时期内，参与流通的货币价值总量与商品价值总量应当相等——在等价交换的条件下，买者得到的全部商品价值应当恰好等于他们付出的全部货币价值，同样，卖者得到的全部货币价值应当恰好等于他们付出的全部商品价值。

第二，在一定的时期内，参与流通的货币会转手多次。这当然是司空见惯的。同样，参与流通的商品也可能会转手多次。例如，通常所说的“倒买倒卖”就是指这种情况。尽管不同的货币或商品转手的次数并不相同，但并不妨碍我们计算一个“平均”的转手次数。我们称这个平均的转手次数为“流通次数”或“流通速度”。于是，在一定时期内，参与流通的全部货币价值总量就等于货币数量(即全部货币的价值量)与单位货币流通次数的乘积，参与流通的全部商品价值总量则等于商品数量、商品价值和单位商品平均流通次数的乘积。

第三，一般而论，单位货币的流通次数要比单位商品的流通次数大很多——无论如何，商品最终总会退出流通领域，但货币却会有一部分始终处于流通当中。为简单起见，我们不妨假定单位商品的流通次数为一，即不考虑“倒买倒卖”之类的现象。这样，参与流通的全部商品价值总量就等于商品数量与商品价值的乘积。

第四，我们进一步假定，在所讨论的时期内，货币的价值保持不变，从而，商品的价格与商品的价值具有确定的关系。于是，参与流通的全部商品价值总量就可以表示为全部商品的价格总量——商品数量与商品价格的乘积。

从步骤一到步骤四的推理可以简单地表示如下：

流通中的全部货币价值总量＝流通中的全部商品价值总量→

货币数量×货币平均流通次数＝商品数量×商品价值×商品平均流通次数→

货币数量×货币平均流通次数＝商品数量×商品价值→

货币数量×货币平均流通次数＝商品数量×商品价格

第五，在上面最后一个等式的两边同时除以货币平均流通次数，即得到货币流通规律的表达式为：

$$\text{货币数量}=\frac{\text{商品数量}\times\text{商品价格}}{\text{货币的平均流通次数}}$$

当货币的支付手段职能产生后，特别是信用关系发展后，大量的商品买卖采用赊销的办法，一些债权债务关系，可以延期支付或通过银行互相冲账，从而引起货币需要量的变化。因此，上述公式要做适当调整，即在商品价格总额中减去赊销商品的价格总额(即延期支付的总额)和债权债务相互抵消的商品价格总额，再加上过去销售而到期必须支付的商品价格总额，这才是在这一时期内真正需要用货币作为媒介来完成商品交换的总额。这样原来的货币流通量的公式应该扩充为：

$$\text{流通中所需货币量}=\frac{\begin{matrix}\text{全部商品}\\\text{价格总额}\end{matrix}-\begin{matrix}\text{赊销商品}\\\text{价格总额}\end{matrix}+\begin{matrix}\text{到期的}\\\text{支付总额}\end{matrix}-\begin{matrix}\text{相互抵消的}\\\text{支付总额}\end{matrix}}{\text{同一单位货币的平均流通速度(次数)}}$$

以上货币流通量的规律是指金属货币的流通规律。这一规律适用于一切存在商品生产和货币流通的社会。在现实的交换过程中，商品流通的数量和价格总额处于不断的变化之中，同一单位货币的平均流通速度也是一个经常变动的量，因此，货币的实际需要量是一个经常变动的量。但是，在金属货币流通的情况下，由于货币本身具有价值，能够执行贮藏手段的职能，因而可以自发地调节流通中的货币量，使之与客观需要量相适应。

讨论　货币数量论

在货币流通规律的公式为：

$$M=\frac{PQ}{V}$$

中，解出商品的价格 P 则可得：

$$P=\frac{VM}{Q}$$

根据“著名”的货币数量理论，货币流通速度 V 是稳定的，而商品数量 Q 则由充分就业量决定，即等于充分就业产量。于是，上式可进一步写为：

$$P=\frac{V}{Q}\cdot M=kM \quad (k\equiv V/Q\ \text{为常数})$$

据此，货币数量论的结论是：商品的价格 P 完全由货币的数量 M 决定，并随货币数量的变化而同比例变化。

货币数量论对商品价格的解释是否正确呢？为什么？

三、纸币流通规律与通货膨胀和通货紧缩

纸币流通规律是指流通中纸币总量所代表的价值量决定于货币需要量的规律。它是货币流通规律在纸币流通条件下的特殊表现形式。

纸币是由金属货币衍化而来的,它是由国家发行并强制使用的价值符号。纸币本身没有价值,纸币所以能够流通,是由于国家的强力支持。由于纸币是金属货币的符号,它代替金属货币执行流通手段的职能。无论发行多少纸币,它只能代表商品流通中所需要的金属货币量。因此纸币流通规律是以金属货币流通规律为基础的。纸币发行量应根据金属货币流通规律决定的货币需要量来确定。

讨论　货币流通规律和纸币流通规律

(金属)货币流通规律讨论的问题是:在一定时期内,商品流通所需要的金属货币量是多少?答案是:它等于流通中的商品价格总量与金属货币流通速度的比率。纸币流通规律讨论的问题是:在一定时期内,参与流通的纸币总量所代表的价值量是多少?答案是:它等于商品流通中金属货币的需要量。换句话说,无论纸币的数量有多少,它所代表的价值量都等于商品流通中所需要的金属货币量。根据纸币流通规律,纸币的发行应当限于它所代表的实际流通的金属货币数量。

如果设纸币总量为 $\overline{M}$,$\overline{M}$ 所代表的价值量为 $Z_{\overline{M}}$,流通中所需要的金属货币(价值)量为 Z_0,则上面所说的纸币流通规律就可以简单地表示为:

$$Z_{\overline{M}} \equiv Z_0$$

它意味着,纸币所代表的价值量始终等于流通中的金属货币量。

纸币流通规律还可以用图形来表示。参见图 2—2。图中,横轴 $\overline{M}$ 为流通中的纸币总量,纵轴 $Z_{\overline{M}}$ 为纸币总量所代表的价值量。两者之间的关系由图中的水平线所示。这是因为,根据纸币流通规律,无论纸币总量是多少,它所代表的价值量都是固定的,即都等于流通中所需要的金属货币量。因此,纸币总量所代表的价值量与纸币总量无关,是一"常数"。水平线 $Z_{\overline{M}}=Z_0$ 的高度取决于流通中所需要的金属货币量的大小,因而,取决于流通中的商品价格总量和金属货币的流通速度。图中假定了流通中所需要的金属货币量为 Z_0。如果商品价格总量或者金属货币流通速度有了变化,则流通中所需要的金属货币量也会变化,从而,图中的水平线将会由原来的 $Z_{\overline{M}}=Z_0$ 上移或者下移。

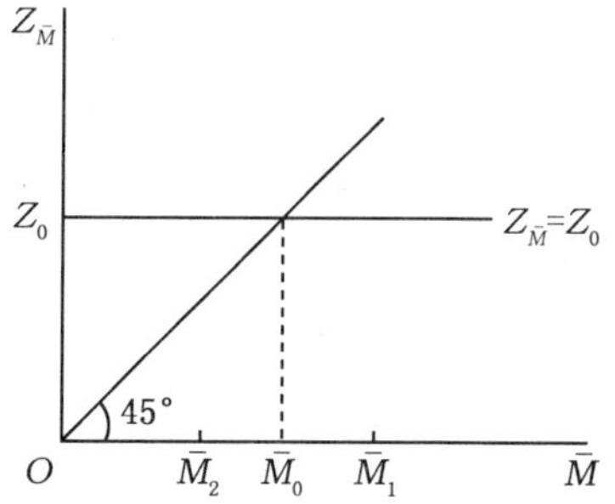

图 2—2　纸币流通规律

水平线 $Z_{\overline{M}}=Z_0$ 与 45°线的交点所决定的纸币数量 $\overline{M}_0$ 可称为"恰当"的纸币数量——当纸币总量等于 $\overline{M}_0$ 时,它恰好等于流通中所需要的金属货币量。这正是前面所说的纸币流通规律的要求。任何大于 $\overline{M}_0$(例如 $\overline{M}_1$)或者小于 $\overline{M}_0$(例如 $\overline{M}_2$)的纸币数量都是不恰当的——与纸币流通规律的要求相比,前者过多,后者太少。

马克思对纸币流通规律进行了概括:"纸币流通的特殊规律只能从纸币是金的代表这种关系中产生。这一规律简单说来就是:纸币的发行限于它象征地代表的金(或银)的实际流

通的数量。”①

这一规律表明,纸币的发行量必须以商品流通中所需要的具有内在价值的金属货币数量为限度。如果纸币发行量相当于商品流通中所需要的金属货币量,那么纸币的购买力就会同它所代表的金属货币的购买力相等。例如,商品流通需要10亿元金币,国家发行10亿元的纸币代替金币流通,这样,总额10亿元纸币代表10亿元金币的价值,每1元纸币的购买力同1元金币的购买力相等。如果纸币发行量超过上述限度,较大的纸币总额仍只能代表流通中所需要的金币的价值,每张纸币所代表的金币量就会相应减少,造成纸币贬值。假如上例中,国家发行20亿元的纸币投入流通,则每1元纸币只能代表0.5元金币,从而价格为1元金币的商品,需要用2元纸币才能买到,即物价上涨1倍。

因此,纸币流通与金属货币流通不同。在金属货币流通条件下,流通所需要的货币数量是由商品价格总额决定的,过多的金属货币会被流通所排斥,变成贮藏手段退出流通,从而使货币量得到自发的调节。而在纸币为唯一流通手段的条件下,商品价格水平会随纸币数量的增减而涨跌,这是由于纸币本身没有价值,不能像金属货币那样贮藏起来,如果纸币的发行量超过了商品流通中所需要的金属货币量,单位纸币所代表的金属货币量就会减少,纸币就会贬值,物价就要上涨。同时,纸币持有者则会千方百计地抛出纸币,以免进一步贬值。这样,纸币不但不会像金币那样自动退出流通领域,反而会把所发行的纸币更大量地吸引到流通中去。

纸币发行量超过商品流通所需金属货币量所引起的货币贬值、物价上涨的现象,叫作通货膨胀。

通货膨胀是纸币流通条件下的特有现象。在金属货币流通条件下,由于金银本身具有价值,过多的金币或银币会自发地退出流通,被贮藏起来,使流通中货币量与需要量相适应,因此,没有因货币过多而使物价上涨的现象。在纸币流通条件下,如果纸币发行过多,只能靠降低单位纸币所代表的价值量来与客观需要相适应,这就必然使物价上涨。所以,马克思说:“流通的纸币的价值则完全决定于它自身的量。”②纸币数量超过流通中的客观需要,每个单位纸币所代表的价值量就必然减少。

通货膨胀在一定时期内可以增加一部分需求,从而刺激生产,出现经济的虚假繁荣。因此,第二次世界大战以后,许多资本主义国家把它作为反危机、刺激经济发展的一种手段。但通过增发货币所增加的需求,不是真实的需求,没有相应的物资供应作保证,因此,它不能根本解决生产和有支付能力需求之间的矛盾。

在私有制社会里,通货膨胀还是剥削阶级及其国家掠夺社会财富的重要手段。例如,旧中国国民党政府在其统治的最后12年间(1937—1949),任意滥发纸币,纸币的发行量增加了1 400多亿倍,物价上涨了36万多亿倍,通过通货膨胀从广大人民手中掠夺的财富估计在150亿银圆以上。这种恶性通货膨胀最终导致了国民经济的崩溃。

讨论　纸币贬值和通货膨胀

根据纸币流通规律,容易说明纸币贬值或通货膨胀现象。由前面的讨论知道,纸币流通

---

① 《马克思恩格斯全集》第23卷,人民出版社1972年版,第147页。
② 《马克思恩格斯全集》第13卷,人民出版社1962年版,第109页。

规律可表示为：

$$Z_{\bar{M}} \equiv Z_0$$

两边同时除以纸币总量 $\bar{M}$ 后有：

$$z_{\bar{M}} = \frac{Z_{\bar{M}}}{\bar{M}} = \frac{Z_0}{\bar{M}}$$

这里，$z_{\bar{M}} = Z_{\bar{M}}/\bar{M}$ 是单位纸币所代表的价值量。它表示，在流通中所需要的金属货币数量 Z_0 给定的条件下，单位纸币代表的价值量 $z_{\bar{M}}$ 与纸币数量 $\bar{M}$ 成反比。两者的关系表现在图形上正好是一条"双曲线"。参见图 2—3。

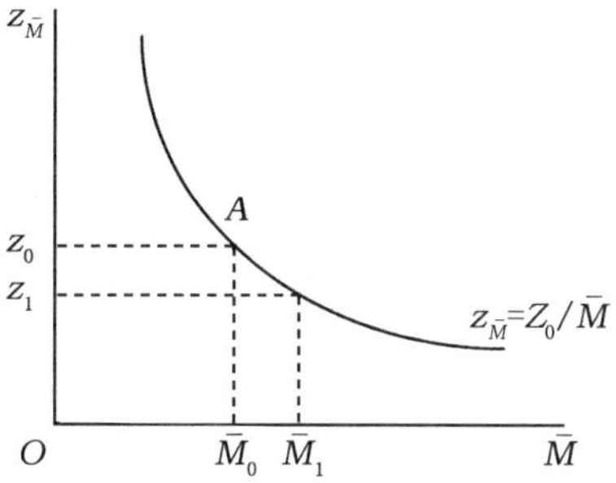

图 2—3 纸币贬值和通货膨胀

双曲线与 45°线的交点 A 是纸币流通的"临界点"：与 A 相应的纸币数量 $\bar{M}_0$ 如前所说是"恰当"的纸币数量，与 A 相应的单位纸币所代表的价值量 z_0 也恰好等于单位金属货币的价值量。如果纸币数量超过 $\bar{M}_0$，例如为 $\bar{M}_1$，则根据单位纸币价值曲线 $z_{\bar{M}} = Z_0/\bar{M}$，单位纸币所代表的价值量将下降，例如下降到 z_1——这就是所谓的"纸币贬值"。纸币贬值意味着同样的商品价值量在纸币上的表现即纸币价格的上升。这就引出了关于纸币贬值的另外一个说法——也许是更加流行的说法：通货膨胀。

需要说明的是，当我们谈到纸币贬值或者通货膨胀的时候，我们指的总是纸币数量超过 $\bar{M}_0$ 所引起的单位纸币价值量的下降。尽管在小于 $\bar{M}_0$ 的范围内，纸币数量的增加同样也会引起单位纸币价值的下降，但通常并不把这种情况称为纸币贬值或通货膨胀。

在社会主义制度下，如果国民经济比例失调，财政发生大量赤字，银行贷款失控，也可能导致通货膨胀。在传统的高度集中计划经济体制下，由于存在着严格的计划价格管制，流通中的货币量过多并不直接反映于物价的上涨上，而可能首先反映于货币流通速度的减慢、商品脱销或供应紧张等方面。这是因为，在价格受限制的条件下，流通中的货币量增加过多，平均每一个货币单位的周转次数就必然减少；而流通中过多的货币追求价格不变的商品，必然导致商品供不应求乃至脱销。如果把物价总水平明显地、持续地上涨称为公开性通货膨胀，则可以把市场上商品脱销或供应紧张等所反映的通货膨胀称为隐蔽性通货膨胀。在苏联及东欧各国、在中国都曾出现过隐蔽性通货膨胀。在社会主义社会由计划经济向市场经济过渡的改革过程中，由于双重体制并存，通货膨胀则具有公开与隐蔽的双重特点。中国自经济体制改革以来，也遇到了令人困扰的通货膨胀问题，特别是 1988 年通货膨胀率竟接近 20%。严重的通货膨胀将危及国民经济的正常运行，甚至引发社会动荡。因此，如何制止或控制通货膨胀，将成为社会主义社会中一个重要的经济理论课题。

纸币发行量少于商品流通所需金属货币量所引起的货币升值、物价下跌的现象，叫作通货紧缩。它表现为一般物价水平的持续下跌，即物价出现负增长。所谓一般物价水平，是指具有普遍代表意义的价格水平，即包括商品和劳务等价格水平。单一商品或某一部门商品价格下降并不构成通货紧缩。所谓持续下跌，是指一般物价持续下跌。关于持续下跌的期限，由于不同的经济环境下通货紧缩具有不同的特征，有的国家物价持续下跌 5 年以上，有的国家物价持续下跌仅几个月。一般认为，一般物价持续下降半年以上的现象称之为通货紧缩迹象。但以下两种价格下降不构成通货紧缩:(1)由于生产效率和竞争成本优势,产品到达最终消费者的流通成本更低,致使产品价格趋于下降。加上更多的企业将生产过程转入低工资成本的国家,消费者对产品支付的价格更低。(2)尽管产品的价格与以前一样,但是企业通过增加产品数量并提高产品质量,相对价格有所下降。这也不是经济学意义上的通货紧缩。

通货紧缩的原因是多种多样的。从世界各国发生的通货紧缩来看,它可能与货币政策有关,也可能与生产能力过剩、有效需求不足、政府支出缩减和放松管制等因素有关。

通货紧缩对经济发展可能产生的危害是严重的。持续的通货紧缩会使消费者推迟购买,以等待更低价格的出现,这会使企业产品销售遇到困难,发展生产信心大减。产品供给过剩的矛盾会迫使企业削减生产,压缩存货,从而形成开工不足,导致就业减少。这样,消费者的货币收入也会相应减少,并出现消费需求不足的情况。更为严重的是,通货紧缩还会引发银行业危机,大大提高实际利率水平,引发企业破产的浪潮,以至于使局部的债务链条中断从而导致整个信用体系的紊乱甚至崩溃,最终导致经济衰退或萧条。

因此,通货紧缩和通货膨胀一样,都可能给经济发展带来灾难性的后果。要保持国民经济的持续、快速、健康发展,既要防止通货膨胀,又要防范通货紧缩。

讨论　商品的金属货币价格和纸币价格

前面讨论的货币和货币流通规律指的都是"足值"的金属货币,如黄金等。与此相应,所谓"商品的价格",也都是指商品价值在金属货币上的表现。

在这种情况下,商品价格的概念和大小是完全确定的:它等于商品自身的价值和金属货币的价值的比率。特别是,如果不考虑金属货币价值的变化,商品的价格就完全取决于商品自身的价值。

但是,一旦引入纸币之后,问题就开始变得复杂起来。现在,商品的价值可以有两个不同的表现形式:一个与以前一样是它在金属货币上的表现,另一个则是它在纸币上的表现。前者是"实在"的,而后者则是"虚幻"的——因为纸币本身并没有价值。那么,没有价值的纸币如何能够表现商品的价值呢?

为了回答这个问题,我们首先明确区分两个不同的价格概念。我们把商品价值在金属货币上的表现叫作商品的黄金价格,而把商品价值在纸币上的表现叫作商品的纸币价格。流通中需要的金属货币数量仍然用 M 表示,流通中的纸币量仍然用 $\overline{M}$ 表示。设纸币量与金属货币量的比率为 κ,即有:

$$\kappa=\frac{\overline{M}}{M}$$

或者

$$\overline{M}=\kappa M$$

这里,κ 代表纸币相对于金属货币的"膨胀系数":$\kappa=1$ 意味着纸币量与金属货币量恰好相等,即没有膨胀;$\kappa>(<)1$ 意味着纸币膨胀(紧缩),即纸币量大于(小于)金属货币量。

如果我们在关于货币流通规律的公式

$$M=\frac{PQ}{V}$$

中,用纸币量 $\overline{M}$ 取代金属货币量 M,并相应地把商品的黄金价格 P 改为纸币价格 $\overline{P}$,金属货币的流通速度V改为纸币的流通速度$\overline{V}$则可得到：

$$\overline{M}=\frac{\overline{P}Q}{\overline{V}}$$

解出其中的商品的纸币价格后有：

$$\overline{P}=\frac{\overline{M}\overline{V}}{Q}$$

这就是商品的纸币价格的决定公式。由该公式可以看到，与商品的黄金价格不同，商品的纸币价格与纸币的数量以及纸币的流通速度成正比，与商品的数量成反比。

进一步来看，由于$\overline{M}=\kappa M$，故上式又可以表示为（假设纸币和金属货币的流通速度相同）：

$$\overline{P}=\frac{\kappa MV}{Q}=\kappa P$$

由此可见，商品的纸币价格与金属货币价格成正比，其比例系数恰好为纸币（相对于金属货币）的膨胀系数。当$\kappa=1$时，纸币价格与金属价格恰好相等；当$\kappa>1$时，纸币价格高于金属货币价格，意味着通货膨胀；当$\kappa<1$时，纸币价格低于金属货币价格，意味着通货紧缩。

讨论　纸币价格和金属货币价格的关系：另一种推导

前面我们从商品"总量"的角度说明了纸币价格与金属货币价格的关系。现在，我们要从"单个"商品的角度来说明同样的关系。

设商品a的价值为z_a。它有两个价格：一个以金属货币的数量来表示，一个以纸币的数量来表示。设这两个价格分别为p和$\overline{p}$。于是有：

$$z_a=p\cdot z_m,\ z_a=\overline{p}\cdot z_{\overline{m}}$$

这里，$z_{\overline{m}}$表示纸币的"价值"，即单位纸币所代表的价值。上述两个等式意味着：

$$p\cdot z_m=\overline{p}\cdot z_{\overline{m}}$$

或者

$$\overline{p}=p\cdot\frac{z_m}{z_{\overline{m}}}$$

与前面一样，上式同样表示，商品的纸币价格与金属货币价格成正比，区别在于比例系数：在前面的讨论中，比例系数κ是纸币数量与金属货币数量之比；这里的比例系数$z_m/z_{\overline{m}}$则为金属货币的价值与纸币（代表）的价值之比。

第三节　商品经济的基本规律

一、价值规律的基本内容

在商品经济的运行中，存在着许多客观经济规律，如价值规律、供求规律、竞争规律、货币流通规律等，这些规律相互联系、相互影响，推动着商品经济的运动和发展。但是，在这许多的经济规律中，起着最主要作用的是价值规律。价值规律不仅贯穿商品生产和商品交换的始终，体现在社会再生产的生产、交换、分配和消费的各个领域，而且制约着商品经济的其他规律和矛盾运动，支配着每一经济主体的行为和命运，调节着商品经济的全部运行过程，决定着商品经济的整个发展。不论在什么社会形态中，凡是有商品生产和商品交换存在的地方，价值规律就存在并发生作用。因此，价值规律正是商品生产的基本规律。价值规律在市场经济规律体系中起着基础性规律的作用，其他规律都要在它的基础上发挥作用。

价值规律的基本内容是：商品的价值量决定于生产商品的社会必要劳动时间，商品必须按照价值量相等的原则进行交换。这表明，价值规律既是价值如何决定的规律，也是价值如何实现的规律。

定义　价值规律

价值规律是商品生产和商品交换的基本规律。根据这一规律，商品的价值量由生产商品的社会必要劳动时间决定；不同商品之间的交换按照价值量相等的原则进行。

先看商品价值如何决定的问题。我们知道，商品是用来交换的劳动产品。不同的商品生产者，由于主客观条件的差别，生产同一种商品所耗费的个别劳动时间是千差万别的。不等的个别劳动时间形成不等量的个别价值。但是，商品是用来满足社会需要的产品，社会对于使用价值相同的商品，只承认同一的价值。单位商品的价值不是决定于生产该商品的个别劳动时间，而是决定于社会必要劳动时间，即在现有的社会正常的生产条件下，在社会平均的劳动熟练程度和劳动强度下，制造某种使用价值所需要的劳动时间。社会必要劳动时间形成商品的社会价值，商品的交换是依据社会价值进行的。例如，假定生产某种商品的企业有优等条件、中等条件和劣等条件三类情况，它们生产同一种单位商品的个别劳动时间分别为 2 小时、3 小时、4 小时，如果其中中等条件的企业代表社会正常的生产条件，具有社会平均的劳动熟练程度和劳动强度，因而它生产单位商品耗费的 3 小时劳动，就是生产同种单位商品的社会必要劳动时间，它决定该种商品的社会价值量。以此为标准，劣等条件企业生产同种商品的个别劳动时间为 4 小时，超过社会必要劳动时间 1 小时，超过的部分就不能为社会所承认，从而不能形成社会价值；而优等条件企业生产同种商品的个别劳动时间仅 2 小时，低于社会必要劳动时间 1 小时，但是社会承认这 2 小时形成 3 小时的社会价值，即同样的劳动时间形成更大的社会价值。

以上所说的“第一种含义”的社会必要劳动时间，是指同一部门内部生产同种商品的社会必要劳动时间，形成该种商品的社会价值，是部门内部的竞争和比较的结果。然而，商品交换是在不同种类的商品之间进行的，从而形成了不同部门之间的竞争和劳动比较。这就涉及价值如何实现的规律问题。为此，马克思提出了“第二种含义”的社会必要劳动时间的概念，即“价值不是由某个生产者个人生产一定量商品或某个商品所必要的劳动时间决定，而是由社会必要的劳动时间，由当时社会平均生产条件下生产市场上这种商品的社会必需总量所必要的劳动时间决定”[①]。这就是说，商品按照社会价值进行交换，就必须使社会生产这种商品所耗费的劳动总量时间符合社会总劳动时间按比例分配给这种商品的必要劳动时间，即生产某种商品所耗费的劳动时间在社会总劳动时间中所占比例符合社会需要，同社会分配给这种商品的劳动时间比例相适应。它表现为市场上该种商品的总供给量和需求量大体一致。“只有当全部产品是按必要的比例进行生产时，它们才能卖出去。社会劳动时间

① 《马克思恩格斯全集》第 25 卷，人民出版社 1974 年版，第 722 页。

可分别用在各个特殊生产领域的份额的这个数量界限，不过是整个价值规律进一步发展的表现。"[①]如果生产某种商品所使用的劳动时间多于社会按比例分配到该类商品上的必要劳动时间，那么即使这种商品的每一单位商品都符合第一种含义的社会必要劳动时间规定，也还会有一部分价值得不到实现；反之，该种商品中每一单位商品实现的价值就会高于其自身的实际价值。

讨论 第二种含义的社会必要劳动时间

第二种含义的社会必要劳动时间[简称社会必要劳动时间(2)]是第一种含义的社会必要劳动时间[简称社会必要劳动时间(1)]的"自然而然"的延伸和发展。实际上，在社会必要劳动时间(1)的基础上，如果再假定供求一致和等价交换，就可以"推导"出社会必要劳动时间(2)。[②]

例如，考虑一个只生产 x 和 y 两种商品的社会。两种商品的价值分别为 z_x 和 z_y，即：

$$z_x=\frac{L_x}{Q_x}, z_y=\frac{L_y}{Q_y}$$

其中，L_x 和 L_y 是生产 x 和 y 时使用的劳动量，Q_x 和 Q_y 是 x 和 y 的产量。

设 x 商品的价值是 y 商品价值的 k 倍($k>0$)，则有 $z_x=kz_y$，或者：

$$\frac{L_x}{Q_x}=k\frac{L_y}{Q_y}$$

上式可以变换为：

$$\frac{L_x}{L_y}=k\frac{Q_x}{Q_y}$$

在假定 x 和 y 商品的供求保持一致(这也是等价交换所必需的)的条件下，可以进一步得到：

$$\frac{L_x}{L_y}=k\frac{D_x}{D_y}$$

这里，D_x 和 D_y 分别代表社会对 x 和 y 商品的需求量。

上式等号右边的 D_x/D_y 是社会对 x 和 y 商品的需求比例，左边的 L_x/L_y 是社会生产 x 和 y 商品的劳动比例。整个式子意味着：社会生产 x 和 y 商品的劳动比例应当与社会对 x 和 y 商品的需求比例保持一致——或者更加确切地说，应当与社会对 x 和 y 商品的需求比例成正比。这就是社会必要劳动时间(2)的含义。

例如，假定社会有甲、乙、丙三个生产部门，在某一时期，社会对其产品需要量以及投入的社会必要劳动量分别为：甲部门 50 件，共 150 小时；乙部门 100 件，共 200 小时；丙部门 150 件，共 300 小时。但实际上，甲部门生产了 60 件，耗费了 180 小时；乙部门生产了 100 件，耗费了 200 小时；丙部门生产了 120 件，耗费了 240 小时。这样，乙部门生产的商品数量与社会对该部门商品的需求量相适应，所耗费的社会必要劳动量与社会需要这种商品的必要劳动量相一致，于是，该部门单位商品的社会价值及其总价值便得到完全实现。与此不同的是，甲部门生产商品的劳动总量超过社会需要这种商品的必要劳动量 30 小时，对该类商

① 《马克思恩格斯全集》第 25 卷，人民出版社 1974 年版，第 717 页。
② 在第八章第二节中，有关于社会必要劳动时间(2)的进一步说明。

品的供给超过需求10件，于是有两种可能，或者该部门的商品有10件积压卖不出去，或者该部门的商品只能按低于其价值去进行交换，即由3小时降为2.5小时来实现。丙部门生产商品的劳动总量小于社会需要这种商品的必要劳动量60小时，在市场上表现为供不应求，该部门的商品将高于其社会价值，由2小时上升为2.5小时来实现。这种商品价值实现的规律性，支配着商品生产者积极生产市场上供不应求的商品，缩减生产市场上供过于求的商品。

总之，"第一种含义"的社会必要劳动时间，是决定单位商品价值量的内在尺度；而"第二种含义"的社会必要劳动时间，则是决定商品价值量实现的数量界限。这就是整个价值规律在价值决定和价值实现上的内在规定性。

二、价值规律的表现形式

在货币出现以后，商品价值的货币表现就是价格。商品以价值为基础进行等价交换，就是要求价格符合价值。价格水平的高低首先取决于商品价值量的大小，价格水平的变动也首先取决于商品价值量的变化。可见，商品价值是价格的内容和客观基础，而价格则是价值的表现形式。

当然，这绝不是说，每一次的商品交换都必须是价格和价值完全一致。实际上，商品价格和价值相一致是一种偶然现象，不一致才是经常现象。这是因为，商品的价格虽然以价值为基础，但还有其他因素影响价格的变动，其中主要是供求关系。当某些商品供不应求时，由于购买者之间展开了激烈的竞争，价格就会涨到价值以上；当某种商品供过于求时，售卖者之间的竞争会加剧，价格会跌到价值以下。由于供求关系的变化，价格时而高于价值，时而低于价值，价格围绕价值上下波动。

讨论　价格的变化规律

在这一部分的讨论中，我们假定供求始终保持一致，也就是说，我们在不考虑供求因素影响的条件下，讨论商品价格与价值之间的"纯粹"关系。

设某商品的价格为 p，价值为 z，货币的价值为 z_m。[①] 于是有：

$$p=\frac{z}{z_m}$$

等号两边同时对时间 t 求一阶导数(假定所有的变量均是时间的函数)得：

$$\begin{aligned}\frac{\mathrm{d}p}{\mathrm{d}t}&=\frac{z_m\cdot \mathrm{d}z/\mathrm{d}t-z\cdot \mathrm{d}z_m/\mathrm{d}t}{z_m^2}\\&=\frac{1}{z_m}\left(\frac{\mathrm{d}z}{\mathrm{d}t}-\frac{z}{z_m}\cdot\frac{\mathrm{d}z_m}{\mathrm{d}t}\right)\\&=\frac{1}{z_m}\left(\frac{\mathrm{d}z}{\mathrm{d}t}-p\cdot\frac{\mathrm{d}z_m}{\mathrm{d}t}\right)\qquad(3)\end{aligned}$$

由(3)式可知，商品价格 p 的变化取决于商品价值变化率 $\mathrm{d}z/\mathrm{d}t$ 和货币价值变化率 $\mathrm{d}z_m/\mathrm{d}t$ 的符号和大小。具体分析如下。

首先，商品价值的变化率和货币价值的变化率都等于零，即：

---

① 这里的货币均指金属货币，如黄金。

$$\frac{dz}{dt}=0,\frac{dz_m}{dt}=0$$

此时显然有 $dp/dt=0$,即价格保持在原来的水平上不变。换句话说,如果商品的价值和货币的价值均不变化,则商品的价格也不会变化。

其次,商品价值的变化率和货币价值的变化率有一个等于零。这又可以分为两种情况来讨论。

第一,商品价值变化率等于零、货币价值变化率不等于零,即:

$$\frac{dz}{dt}=0,\frac{dz_m}{dt}\neq 0$$

此时,(3)式简化为:

$$\frac{dp}{dt}=-\frac{dz_m/dt}{z_m}\cdot p$$

如果货币价值的变化率 dz_m/dt 大于零,则 dp/dt 就小于零,从而 p 将下降;反之,如果 dz_m/dt 小于零,则 dp/dt 就大于零,从而 p 将上升。换句话说,在商品价值保持不变时,商品价格随货币价值的上升而下降,反之亦然。

第二,商品价值变化率不等于零、货币价值变化率等于零,即:

$$\frac{dz}{dt}\neq 0,\frac{dz_m}{dt}=0$$

此时,(3)式简化为:

$$\frac{dp}{dt}=\frac{1}{z_m}\cdot\frac{dz}{dt}$$

如果商品价值的变化率 dz/dt 大于零,则 dp/dt 就大于零,从而 p 将上升;反之,如果 dz/dt 小于零,则 dp/dt 就小于零,从而 p 将下降。换句话说,在货币价值保持不变时,商品价格随商品价值的上升而上升;反之亦然。

最后,商品价值的变化率和货币价值的变化率都不等于零。在这种情况下,我们首先把(3)式改写为:

$$\frac{dp}{dt}=\frac{dz_m/dt}{z_m}\left(\frac{dz/dt}{dz_m/dt}-p\right) \tag{4}$$

然后分如下四种情况来讨论。需要提醒注意的是,(4)式右边括号中的第一项是商品价值变化率与货币价值变化率的比率。下面将会看到,这个价值的变化率之比在某些情况下起着“均衡价格”的作用。

第一,商品价值的变化率和货币价值的变化率都大于零,即:

$$\frac{dz}{dt}>0,\frac{dz_m}{dt}>0$$

此时,如果

$$\frac{dz/dt}{dz_m/dt}>(=,<)p$$

则 $dp/dt>(=,<)0$,从而 p 上升(不变,下降)。换句话说,在这种情况下,商品的价格总是趋向于商品价值变化率与货币价值变化率之比(注意,不是趋向于商品的价值):如果价格过低,低于商品价值变化率与货币价值变化率之比,它就上升;反之,如果价格过高,高于商品

价值变化率与货币价值变化率之比，它就下降；最后，如果价格不高不低，恰好等于商品价值变化率与货币价值变化率之比，它就保持不变。容易看到，商品和货币的价值变化率之比在这里起着非常重要的作用：它实际上成了一个稳定的均衡价格——每当实际价格偏离这一水平时，它就会自动地向该水平恢复。

参见图2—4。图中假定了商品和货币的价值变化率之比为一常数（几何表示为一水平线）。当价格高于该常数时，它就下降（几何表示是位于水平线之上的向右下方倾斜的曲线）；当价格低于该常数时，它就上升（几何表示是位于水平线之下向右上方倾斜的曲线）。

第二，商品价值的变化率和货币价值的变化率都小于零，即：

$$\frac{\mathrm{d}z}{\mathrm{d}t}<0,\frac{\mathrm{d}z_m}{\mathrm{d}t}<0$$

此时，(4)式可改写为：

$$\frac{\mathrm{d}p}{\mathrm{d}t}=\frac{|\mathrm{d}z_m/\mathrm{d}t|}{z_m}\left(p-\left|\frac{\mathrm{d}z/\mathrm{d}t}{\mathrm{d}z_m/\mathrm{d}t}\right|\right)$$

如果

$$p>(=,<)\left|\frac{\mathrm{d}z/\mathrm{d}t}{\mathrm{d}z_m/\mathrm{d}t}\right|$$

则 $\mathrm{d}p/\mathrm{d}t>(=,<)0$，从而 p 上升（不变，下降）。换句话说，在这种情况下，商品价格的变化总是背离商品价值变化率与货币价值变化率之比：如果价格过高，高于商品价值变化率与货币价值变化率之比，它就进一步上升；反之，如果价格过低，低于商品价值变化率与货币价值变化率之比，它就进一步下降。只有在价格恰好等于商品价值变化率与货币价值变化率之比时，价格才保持在这个水平上不变。因此，如果像前面一样把商品价值变化率与货币价值变化率之比看成是价格的均衡水平，则在这种情况下，该均衡水平就是所谓“不稳定”的——只要价格稍微偏离该均衡水平，它就会一直偏离下去。

参见图2—5。当价格高于商品和货币的价值变化率之比时，它就上升——如位于水平线之上向右上方倾斜的曲线；当价格低于商品和货币的价值变化率之比时，它就下降——如位于水平线之下的向右下方倾斜的曲线。

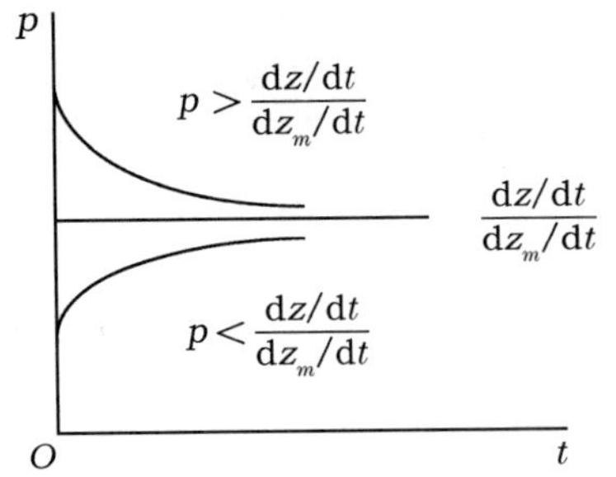

图2—4 商品和货币的价值变化率都大于零

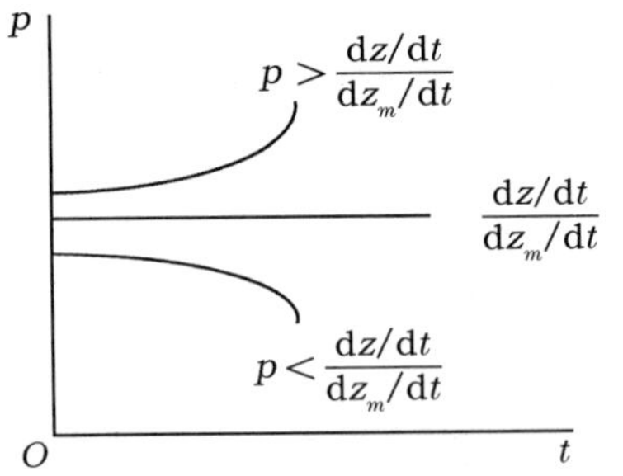

图2—5 商品和货币的价值变化率都小于零

第三，商品价值的变化率大于零、货币价值的变化率小于零，即：

$$\frac{\mathrm{d}z}{\mathrm{d}t}>0,\frac{\mathrm{d}z_m}{\mathrm{d}t}<0$$

此时,(4)式可改写为:

$$\frac{\mathrm{d}p}{\mathrm{d}t}=\frac{|\mathrm{d}z_m/\mathrm{d}t|}{z_m}\left(\left|\frac{\mathrm{d}z/\mathrm{d}t}{\mathrm{d}z_m/\mathrm{d}t}\right|+p\right)$$

在这种情况下,$\mathrm{d}p/\mathrm{d}t$ 总大于零,从而,p 一直上升。换句话说,在商品价值上升和货币价值下降时,商品价格总是上升的。此时,商品和货币的价值变化率之比不再具有均衡价格的作用——无论它与商品价格谁高谁低,价格都是在不断地上升。参见图 2—6。

第四,商品价值的变化率小于零、货币价值的变化率大于零,即:

$$\frac{\mathrm{d}z}{\mathrm{d}t}<0,\frac{\mathrm{d}z_m}{\mathrm{d}t}>0$$

此时,(4)式可改写为:

$$\frac{\mathrm{d}p}{\mathrm{d}t}=-\frac{|\mathrm{d}z_m/\mathrm{d}t|}{z_m}\left(\left|\frac{\mathrm{d}z/\mathrm{d}t}{\mathrm{d}z_m/\mathrm{d}t}\right|+p\right)$$

在这种情况下,$\mathrm{d}p/\mathrm{d}t$ 总小于零,从而,p 一直下降。换句话说,在商品价值下降和货币价值上升时,商品价格总是下降的。此时,商品和货币的价值变化率之比也不再具有均衡价格的作用——无论它与商品价格谁高谁低,价格都是在不断地下降。参见图 2—7。

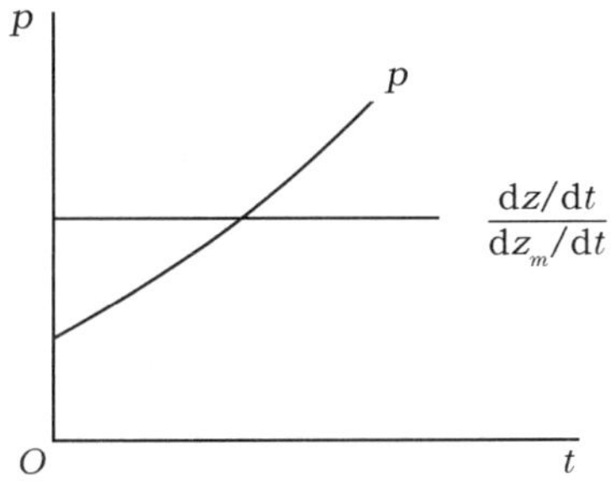

图 2—6 商品价值变化率大于零、货币价值变化率小于零

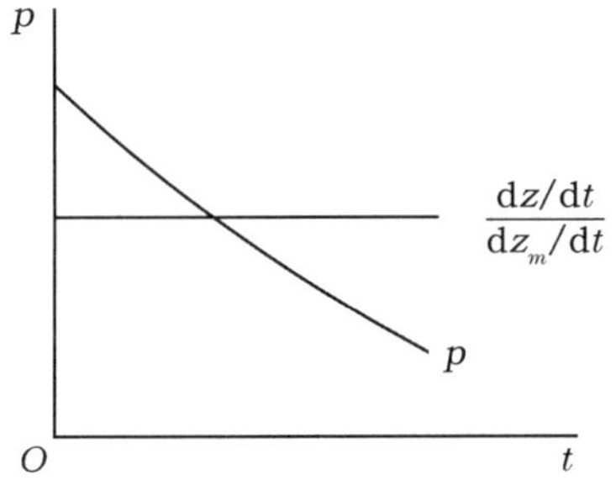

图 2—7 商品价值变化率小于零、货币价值变化率大于零

那么,这种价格经常背离价值的情况,是否说明价值规律不起作用或价值规律遭到破坏了呢?当然不是。首先,商品的价格是以价值为基础的,它的涨落,总是围绕着价值这个中心进行的,变动的幅度一般不会离开价值太远。例如,不管自行车如何供不应求,价格飞涨,它总不会涨到等于一辆汽车的价格;电风扇不管怎样供过于求,价格猛跌,它无论如何也不会跌到和一把纸扇相等的价格。其次,从短暂的、个别的交换过程看,价格经常背离价值,但价高者所得,正是价低者所失,就整个社会来说,总价格与总价值仍基本一致。如果从较长时期来看,商品的价值高于或低于价值,都是不能持久的。同一种商品价格的上涨与下跌是经常反复出现的,商品价格上涨超过价值的部分,与价格下跌低于价值的部分,可以相互抵消,它的价格总额和价值总额还是一致的。这是因为,各种商品的价格不仅受供求关系的影响,而且也反过来影响供求,从而使价格和价值趋于一致。如果商品供不应求,购买者争相抢购,使价格上涨到价值以上,生产这种商品成了十分有利可图的事情,原有生产者为了多得利润,便竭力扩大生产,其他商品生产者也转而生产这种商品,从而使该种商品的供应大大增加,与此同时,由于这种商品价格高于价值,购买者感到不合算,尽量少购或购买代用品,从而减少了需求,其结果使这种商品供求平衡,甚至变成供过于求。反之,那些供过于求

的商品，由于售卖困难，价格下跌，生产者减少生产或转产，减少了供给，而购买者感到合算，愿意购买，增加了需求，由供过于求变成了供不应求的商品。由于供求关系的变化，引起价格相应发生变化，使价格和价值趋于一致。由此可见，价格围绕价值上下波动的情况，不仅不违背价值规律，相反，它恰恰是私有制下价值规律在价值实现中的表现形式。这是因为，在以私有制为基础的商品经济中，竞争和生产无政府状态规律起作用，每个商品生产者盲目进行生产，他并不确切知道社会上和自己生产同类商品的究竟有多少人，能生产出多少商品，也不知道市场对这种商品需求有多少。因而，商品的供给和需求很难一致。当供不应求时，价格上涨；供过于求时，价格下跌。正是由于价格由价值决定并受供求关系影响，使其始终围绕价值上下波动，从而成为价值规律在价值实现中的表现形式。

三、价值规律的作用

价值规律是商品经济运行的最基础、最一般的规律。事实上，在一切存在商品生产和商品交换的经济形态中，价值规律都必然存在并顽强地发生作用。价值规律的一般作用表现为：

第一，价值规律调节生产资料和劳动力在各个部门之间的分配。在社会分工的条件下，社会生产的各部门、各企业之间存在着密切的关系，商品生产者之间彼此需要对方的商品，而且需要的量也是按比例的。分工越细，联系越密切，相互间的依赖性越大，这在客观上要求按比例分配生产资料和劳动力，以保证生产和再生产的顺利进行。价值规律作为调节商品生产的内在规律，是通过商品生产者之间的竞争来强制地贯彻它的作用的。在市场经济条件下，商品生产者要根据商品价格的上涨和下跌来了解社会需要什么、需要多少和不需要什么，并据此来安排自己的生产。当商品供过于求时，价格下跌；供不应求时，价格上涨。商品的供求状况就是这样通过价格的涨落表现出来，因此，市场价格的涨落便成为商品生产者了解市场供求状况的晴雨表。恩格斯说，商品生产者“只有通过产品的跌价和涨价才亲眼看到社会需要什么、需要多少和不需要什么”①。市场价格不仅是晴雨表，而且也是调节器。因为价格涨落直接涉及商品生产者的经济利益，通过赔和赚，指挥着商品生产者展开激烈的竞争，竞争的实质是各个生产者竭力争取生产市场上有利可图的商品。当某种商品的价格上涨到价值以上时，表明这种商品的供给不能满足需要，生产这种商品特别有利可图，它必然会吸引许多商品生产者生产这种商品；反之，价格低于价值，生产这种商品不仅无利可图，甚至亏本，而且会使许多生产者放弃这种商品的生产而把生产资料和劳动力从这个部门转移出去。价值规律就是这样自发地调节着商品生产者的活动，调节着生产资料和劳动力在不同部门之间的分配。

第二，价值规律刺激商品生产者改进生产技术，改善经营管理，提高劳动生产率，从而促进社会生产力的发展。价值规律调节社会生产的作用，是通过不同生产部门的商品生产者之间的竞争来实现的。而它刺激商品生产技术和经营管理改进的作用，则是通过同一生产部门的不同生产者之间的竞争来实现的。按照价值规律的要求，商品的价值量不是由生产商品的个别劳动时间决定，而是由社会必要劳动时间决定，商品生产者按照社会必要劳动时间决定的价值量出卖商品。这样就出现了三种情况：第一种是个别劳动时间等于社会必要

---

① 《马克思恩格斯全集》第21卷，人民出版社1965年版，第215页。

劳动时间,他的劳动耗费能够得到补偿;第二种是个别劳动时间低于社会必要劳动时间,按社会必要劳动时间出售商品,他不仅可以补偿自己的劳动耗费,而且可以获得较多利润;第三种是个别劳动时间高于社会必要劳动时间,按照社会必要劳动时间出卖,就会亏本,长此下去就会破产。商品生产者的个别劳动时间之所以不同,原因是他们的技术装备不同,劳动强度、熟练程度不同,经营管理水平不同,因而劳动生产率不同。在这些条件中,最主要的是技术装备水平,而且这个条件的作用越来越大。一切商品生产者,为了获得更多的盈利,在竞争中击败对手而不致被对手击败,就要努力改进生产技术,提高劳动生产率,从而促进了技术和整个社会生产力的发展。

第三,价值规律调节商品生产经营者的利益分配。在商品生产条件下,存在着个别劳动时间和社会必要劳动时间的矛盾,这一矛盾使商品生产者在生产、流通和竞争中所处的地位不同,从而获得的经济利益不同。生产相同商品的生产者,由于主、客观条件不同,生产商品的个别劳动时间有很大差别,但是,在同一个市场上,只能按着由社会必要劳动时间决定的价值量出卖,这样,生产条件好的商品生产者就能获得较多利润,生产条件差的商品生产者就会亏本。由于生产条件不同,流通条件也就不同。在市场上,由于受各种因素的影响,价格经常涨落不定,生产条件好的商品生产者由于底子厚,回旋余地大,有条件在价格最高时大量投放商品,价格最低时大量买进原料,从贵卖贱买中获得好处;而条件差的商品生产者,回旋余地小,往往不得不贱价出卖商品,高价购进原料,吃贱卖贵买的亏。另外,由于商品生产者所处的生产条件和流通条件不同,因而在竞争中也处于不同的地位。生产条件好的商品生产者,个别劳动耗费少,成本低,在商品供过于求时,他有条件按稍低于社会必要劳动时间的价格出售商品,占领市场,资金周转快,盈利多;而条件差的商品生产者,个别劳动耗费多,成本高,按社会必要劳动时间出售商品已难以补偿自己的劳动耗费,更没有力量降价出售,结果是生意萧条,资金周转慢,在竞争中处于极不利的地位。总之,生产条件好的商品生产者,盈利多,可以进一步采用新技术,扩大生产规模,从而获得更多利润,处于良性循环之中;而生产条件差的生产者则相反,处于恶性循环之中。长此以往,必然发生贫富两极分化。

定义　价值规律的作用

1.调节生产资料和劳动力在各个部门之间的分配;
2.刺激商品生产者提高劳动生产率;
3.调节商品生产经营者的利益分配。

价值规律在资本主义经济中的作用特点表现为:

第一,在资本主义经济条件下,一方面,由于以生产资料私有制为基础,整个社会生产处于盲目的无政府状态,社会生产和社会需求之间的脱节是不可避免的。另一方面,由于在私有制条件下,价值规律的调节作用主要是自发而不是自觉的,是事后而不是事前的,从而往往难以避免人、财、物的巨大浪费,还会引起经济的大幅波动。

第二,在资本主义私有制商品经济中,价值规律在刺激商品生产者改进生产技术、促进生产发展的同时,也包含着不利于生产技术进步的消极因素。这是因为,在资本主义私有制条件下,商品生产者生产的目的是为了个人私利,采用新技术装备往往会废弃旧的技术装备,如果更新设备带来的盈利低于废弃旧设备的损失,他们就不会采用新技术。同时,那些首先采用先进技术,获得更多盈利的商品生产者,为了巩固自己在竞争中的优势地位,总是竭力保守技术秘密，阻碍新技术的推广。此外，在竞争和生产无政府状态下，生产技术的发展是极不平衡的。所有这些都表明，价值规律的自发作用，有阻碍技术和生产发展的一面。

第三，在资本主义私有制经济条件下，商品生产者的分化是不可避免的。在资本主义经济条件下，价值规律不断地促使资本家阶层发生两极分化：一部分获得超额利润的资本家可以加速资本积累，扩大生产规模，占领更大的市场；一部分得不到平均利润的资本家处境困难，甚至破产倒闭。

价值规律在社会主义经济中的作用特点表现为：

第一，由于社会主义经济是建立在生产资料公有制基础上的，它受国民经济有计划按比例等多种经济规律的支配，价值规律不再是唯一的调节者。

第二，在社会主义制度下，价值规律主要是作为一种被人们自觉利用的力量发生作用的。在社会主义制度条件下，生产资料公有制在所有制结构中占主体地位，可以通过对国民收入的初次分配和再分配，来削弱价值规律的消极影响，避免两极分化。

本章小结

货币是商品生产和商品交换矛盾的产物。商品价值形式的发展依次经历了简单的价值形式、扩大的价值形式、一般价值形式和货币形式。货币是价值表现的最完备形式，它是在长期商品交换发展过程中产生出来的。货币的本质是固定地充当一般等价物的商品。货币具有五种职能，其中最基本的职能是价值尺度和流通手段，其他三种职能是贮藏手段、支付手段、世界货币。货币的流通规律是：在一定时期内，流通中所需要的货币量与商品价格总额成正比，与同一单位货币流通速度成反比。纸币流通规律是货币流通规律在纸币流通条件下的特殊表现形式，纸币的发行限于它象征地代表的金(或银)的实际流通的数量。在纸币流通的情况下，如果纸币的发行量与商品流通中所需金属货币量不一致，就会引起通货膨胀或通货紧缩现象，危害经济的正常运行。

价值规律是商品经济的基本规律，商品经济的运行受价值规律的制约。价值规律的基本内容是：商品的价值量决定于生产商品的社会必要劳动时间；商品必须按照价值量相等的原则进行交换。商品价格由价值决定并受供求关系的影响自发地围绕着价值上下波动，这正是价值规律的表现形式。无论在以私有制为基础的商品经济中，还是在以公有制为基础的商品经济中，价值规律都必然存在并发生作用。但是在不同社会制度下，价值规律作用的范围、程度和形式都有所不同。

关键术语

价值形式　相对价值形式　等价形式　简单价值形式
扩大价值形式　一般价值形式　货币价值形式　一般等价物　货币和货币供应量　价格　价值尺度和价格标准　流通手段　贮藏手段和支付手段
世界货币　商品流通和货币流通　货币流通规律　通货膨胀和通货紧缩
一般物价水平　价值规律

参考资料

1.《马克思恩格斯全集》第23卷，第1篇，人民出版社1972年版。

2. 托马斯·梅耶等：《货币、银行与经济》(中译本)，上海三联书店、上海人民出版社1994年版。

3. 李拉亚：《通货膨胀机理与预期》，中国人民大学出版社1991年版。

4. 钱小安：《通货紧缩论》，商务印书馆2000年版。

思考题

1. 马克思说："金银天然不是货币，但货币天然是金银。"你是怎样理解这句话的？

2. 在一个经济社会中，有三个人分别生产了大米、小麦、马铃薯，如果大米生产者只喜爱小麦，小麦生产者只喜爱马铃薯，而马铃薯生产者只偏爱大米，在一个物物交换的经济中，这三个人之间会发生贸易吗？如果将货币引入，这三个人将获得怎样的利益？

3. 早在16世纪初，意大利航海家哥伦布就曾惊叹道："'金'真是一个奇妙的东西！谁有了它，谁就成为他想要的一切东西的主人。"金钱真是万能的吗？货币究竟有哪些职能？它们所反映的货币的本质是什么？

4. 假如某一时期社会上的商品价格总额为10亿元，那么是否需要投入10亿元货币用于流通？为什么？如果用纸币作为流通中的货币符号，那么纸币的发行应遵循什么样的规律？

5."既然政府的决策者并不认为通货膨胀是好的，那么他们的政策不可能是通货膨胀的根源。"这一表述是否正确？为什么？

6. 有人认为，通货紧缩不会像通货膨胀那样对经济运行产生很大的破坏力，而且通货紧缩的基本特征是价格下跌，这会给消费者带来好处，因为他们可以以更低廉的价格获得所需要的商品。你对此如何评价？

7. 恩格斯说过："只有通过竞争的波动从而通过商品价格的波动，商品生产的价值规律才能得到贯彻，社会必要劳动时间决定商品价值这一点才能成为现实。"①这句话说明了什么？你认为在不同的社会经济条件下，价值规律的作用有何不同？

---

① 《马克思恩格斯全集》第21卷，人民出版社1965年版，第215页。

第三章

资本和剩余价值

学习目的与要求

通过本章的学习，掌握货币转化为资本的条件与途径，认识劳动力和人力资本的内涵；了解资本和剩余价值的一般性质及在不同所有制下的特性，以及剩余价值生产的基本方法和新特点；从生产力和生产关系两个方面理解企业制度的演进和现代企业制度的规定性；了解工资的一般概念及在不同所有制下的经济关系实质，认识工资的各种具体形式。

第一节　货币转化为资本

一、资本总公式及其矛盾

资本、剩余价值等均可作为市场经济的一般范畴来运用，其特殊形态可表现为私人资本和公有资本、私人剩余价值和公有剩余价值等。按照从简单到复杂的分析方法，下面先阐述货币与资本的关系。

货币是资本的最初表现形式。从历史上看，资本主义以前的商人资本和高利贷资本都是采取货币形式。但货币本身不是资本。货币在一般商品流通中起媒介作用，其流通公式是："商品—货币—商品"，即 $W—G—W$，其运动的目的是实现不同商品的交换。作为资本的货币，其流通公式是：货币—商品—更多的货币，即 $G—W—G'$。

资本流通的目的是要经过流通取回更多的货币。这个增值了的部分，马克思称之为剩余价值，货币只有作为带来剩余价值的价值时，才成为资本。资本就是能带来剩余价值的价值。

辨析　货币和资本

货币是资本的最初表现形式。无论是商人资本、产业资本，还是生息资本，一开始都是采取货币形式。但货币本身不是资本。货币只有作为可以带来剩余价值的价值时，才成为资本。

辨析 商品流通和资本流通

商品流通(或简单商品流通)的公式是：从商品开始，首先是商品转化为货币，然后再是货币转化为商品，即 $W—G—W$，其目的是“为买而卖”。

资本流通的公式是：从货币开始，首先是货币转化为商品，然后再是商品转化为货币，即 $G—W—G$，其目的是“为卖而买”。在该公式中，出现在开始和结束处的都是同质的货币，因此，要使整个的资本流通过程有意义，它们必须在量上有所不同——在终极处出现的货币量必须大于在始极处出现的货币量。换句话说，资本流通的公式可以更加明确地写成：$G—W—G'$。这里，$G'=G+\Delta G$，即等于原预付货币额加上一个增值额。正是这种增值运动使货币转化为资本。

货币流通与资本流通的区别在于：

第一，循环形式不同。它们的循环次序相反。$W—G—W$，以卖开始，以买结束，运动的起点与终点都是商品，货币是整个过程的媒介；$G—W—G$，以买开始，以卖结束，运动的起点与终点都是货币，商品是这个过程的媒介。

第二，运动目的不同。商品流通的最终目的是满足消费需要，追求的是使用价值；资本流通的目的是交换价值本身，是为了增值。在商品流通中，两极都是商品，它们的价值量相等，但使用价值不同，所以不同使用价值的交换是这一运动的内容。而在资本的流通中，两极都是货币，它们没有质上的不同，只有量的差异。经过资本流通，最后从流通中取回的货币多于起初投入的货币。这一过程的完整形式是 $G—W—G'$。其中 $G'=G+\Delta G$，即等于原预付资本额 G 加上一个增值额 ΔG。马克思把这个增值额 ΔG 叫作“剩余价值”。

第三，价值所处的地位不同。在 $W—G—W$ 中，使用价值是实际运动的主体。商品价值在流通中所采取的独立形式，即货币形式，只是交换的媒介，运动一结束，货币就退出流通领域。相反，在 $G—W—G$ 中，价值是运动的主体。商品和货币仅仅是资本价值在其运动中的不同存在形式：货币是它的一般存在形式，商品是它的特殊存在形式。价值在这一运动中不断地从一种形式转化为另一种形式，但永远不会消失，并在运动中实现了增值。因此，货币是每个价值增值过程的起点和终点。但是货币只是价值在运动中采取的一种形式，它还必须采取商品形式。货币不采取商品形式，就不能成为资本。

$G—W—G'$是资本的总公式。它不只是商品资本所特有的运动形式，也适用于产业资本和生息资本。从运动形式看，产业资本也是从货币开始的。由货币转化为商品，然后通过商品的出卖，再转化为更多货币。虽然产业资本在流通以外，还有一个生产过程，但这并不会改变资本在流通领域中的运动形式。同样，生息资本的运动公式 $G—G'$，也只是 $G—W—G'$公式的简化。其中被简略的中介，是在借入资本的职能投资者那里发生的过程。所以，$G—W—G'$是直接在流通领域内表现出来的资本总公式，又叫资本的一般公式。

定义 资本的总公式

所谓“资本的总公式”(或资本的一般公式)，指的是资本直接在流通领域内表现出来的运动形式，即 $G—W—G'$。首先，它直接就是商业资本(或商人资本)的运动形式——该形式由买和卖两个流通阶段组成。其次，它可以通过在买和卖两个流通阶段之间补充生产阶段而扩展成为产业资本的运动形式：$G—W\cdots P\cdots W'—G'$。这里的 $W\cdots P\cdots W'$ 代表产业资本的生产过程，W 和 W' 分别是生产过程开始和结束时的商品。最后，它可以通过省略掉流通的中介而简练成为借贷资本(或生息资本)的运动形式：$G—G'$。

按照价值规律的要求，商品交换按等价的原则进行。流通只会引起商品价值的形态变化，并不会改变商品的价值量。即使在流通中存在贱买贵卖、互相欺诈等不等价交换的现象，但社会价值总量并不会增加，整个商品生产经营者不能靠欺诈发财致富。

在任何商品经济社会里，不等价交换只能改变社会财富在不同商品生产经营者之间的分配。然而，在上述资本流通公式中，资本不仅保存了自身价值，而且带来了剩余价值，这显然同价值规律相违背。“资本不能从流通中产生，又不能不从流通中产生。它必须既在流通中又不在流通中产生。”①这就是资本总公式的矛盾。这个矛盾表明，剩余价值不能在流通中产生，又不能不在流通中产生，它的产生必须以流通为媒介。马克思说：“货币所有者变为资本家，‘必须在流通领域中，又必须不在流通领域中。这就是问题的条件’。”②

讨论　总公式的矛盾

资本的总公式 $G—W—G'$ 包含着明显的矛盾。一方面，按照该公式，资本的价值在运动结束时要增值，即从 G 增加到 G'，另一方面，资本的总公式可以分解为买($G—W$)和卖($W—G$)两个阶段，但是，无论是买还是卖，只要局限于流通领域，价值就不可能增值，也就是说，总的结果只能是 $G—W—G$，而不可能是 $G—W—G'$。买或卖如果是等价的，自然无法使价值增值；如果是不等价的，则改变的只能是价值的分配，而非价值的总量。

资本总公式的矛盾如何解决呢？解决了这个矛盾，也就揭示了剩余价值产生的秘密。在流通领域中既然等价交换是前提，显然，剩余价值便不能从作为资本的货币本身产生；它也不能在上述公式的第二阶段(商品出卖阶段)产生。因此，价值变化只能发生在资本总公式的第一阶段所购买的商品上。但不能发生在这种商品的价值上，只能从这种商品的使用价值上，即从它的使用上产生。也就是说，要获得剩余价值，货币所有者就必须在市场上买到一种特殊的商品，它有一种特殊的使用价值，即具有成为价值源泉的特殊属性，它的使用能够创造出价值，并且能够创造出比自身更大的价值。这种特殊商品就是劳动力。劳动力的买和卖是货币转化为资本的前提。

讨论　流通与价值的增值和资本的产生

流通过程是价值增值和资本产生的必要但非充分的条件。说流通过程是价值增值的必要条件，是因为离开了流通过程，价值就无法增值。在流通之外，商品所有者只同他自己的商品发生关系。他能够通过自己的劳动创造价值，但却不能够创造出会自行增值的价值。说流通过程不是价值增值的充分条件，是因为纯粹的交换——等价的或非等价的——都无法增大价值的总量。因此，价值的增值和资本的产生“必须在流通领域中，又必须不在流通领域中”。

① 《马克思恩格斯全集》第23卷，人民出版社1972年版，第188页。
② 《马克思恩格斯全集》第23卷，人民出版社1972年版，第189页。

阅读材料　交换的好处:价值还是使用价值?

就使用价值来看,交换双方显然都能得到好处。双方都是让渡对自己没有使用价值的商品,而得到自己需要使用的商品。但好处可能不只是这一点。卖葡萄酒买谷物的 A,在同样的劳动时间内,大概会比种植谷物的 B 酿出更多的葡萄酒,而种植谷物的 B,在同样的劳动时间内,大概会比酿酒的 A 生产出更多的谷物。可见,与两人不进行交换而各自都不得不为自己生产葡萄酒和谷物相比,用同样的交换价值,A 能得到更多的谷物,B 能得到更多的葡萄酒。就交换价值来看,情况就不同了。

……

如果抽象地来考察,就是说,把不是从简单商品流通的内在规律中产生的情况撇开,那么,在这种流通中发生的,除了一种使用价值被另一种使用价值代替以外,只是商品的形态变化,即商品的单纯形式变换。同一价值,即同量的物化社会劳动,在同一个商品所有者手里,起初表现为他的商品的形式,然后是该商品转化成的货币的形式,最后是由这一货币再转化成的商品的形式。这种形式变换并不包含价值量的改变……因此,就使用价值来看,交换双方都能得到利益,但在交换价值上,双方都不能得到利益……诚然,商品可以按照和自己的价值相偏离的价格出售,但这种偏离是一种违反商品交换规律的现象。商品交换就其纯粹形态来说是等价物的交换,因此,不是增大价值的手段。

因此,那些试图把商品流通说成是剩余价值的源泉的人,其实大多是弄混了,是把使用价值和交换价值混淆了。

资料来源:马克思:《资本论》第 1 卷,人民出版社 1975 年版,第 179—181 页。

二、劳动力的买和卖

劳动力成为商品是解决资本总公式矛盾的条件,也是货币转化为资本的关键。劳动力是指人的劳动能力,是人的体力和脑力的总和。劳动力存在于活的人体中,健康的人到了一定的年龄就具有了劳动力。人的劳动力是社会生产的永恒条件,但只有在一定社会条件下,劳动力才会成为商品。

劳动力要成为商品,劳动者必须在双重意义上是自由的人。第一,劳动者有完全的人身自由,能够自由地出卖自己的劳动力。劳动力所有者要维持自己在劳动力市场的平等身份,就始终把劳动力只出卖一定时间。如果他一次卖完,就等于卖身为奴了。第二,劳动者除了自己的劳动力以外,既没有生产资料,又没有生活资料,除了出卖自己的劳动力外,别无生路。前者意味着劳动者不存在人身依附,后者意味着劳动者没有生产资料,自由得一无所有。马克思认为,只有在资本主义私有制条件下,劳动力才同时具备这两个条件。

劳动力作为一种特殊的商品,也具有价值与使用价值。

劳动力的价值和其他商品的价值一样,也是由生产和再生产这种商品的社会必要劳动时间决定的。劳动力的生产和再生产,就是劳动者维持他本人及其家庭物质文化生活的过程。具体而言,劳动力的价值包括三部分:一是为维持劳动者自身生存所需要的生活资料的价值,以满足生产和再生产劳动力的基本生活需要。二是维持劳动者家属所必需的生活资料的价值,用以延续后代,保持劳动力源源不断地供应。三是劳动者的教育或训练费用。这是劳动者为适应机器大工业和科学技术的发展,提高劳动力的质量所必需的一定的教育和训练费用。总的来说,"劳动力的价值,是由生产、发展、维持和延续劳动力所必需的生活资料的价值来决定的"①。

维持劳动力所需的各种生活资料的价值的性质不同,消耗和补充的时间也不同。有的是每天消耗,有的是一周内或一季内消耗。但不管这些支出的总和怎样分配,都必须由每天的平均收入来负担。假定平均每天所需要的生活资料的价值量为6小时社会必要劳动,那么6小时社会必要劳动就是再生产劳动力的价值。这是劳动力价值的最低限度。如果劳动力价值降低到这个限度以下,劳动力就只能在萎缩的状态下维持。

例　劳动力(日)价值的计算

设生产和再生产劳动力所需要的商品的价值量每天为 A、每周为 B、每季为 C、每年为 D、每2年为 E,则平均而言,每天生产或再生产出的劳动力价值(称为劳动力的日价值,用 W 表示)就是:

$$W=\frac{365A+52B+4C+D+E/2}{365\text{ 天}}$$

劳动力价值的决定,又和其他商品价值的决定有不同的特点,它还包含一个历史和道德的因素。由于各国的自然环境条件不同,历史形成的经济和文化发展程度不同,劳动阶级的形成条件和特点不同,因而生活习惯和要求也不同,这就使得各国生产和再生产劳动力所必需的生活资料在范围、类别以及质量上都存在很大的差别。同样,同一国家的不同发展时期,所需要的生活资料的物质内容,也会发生较大的变化。资本主义早期劳动力只是维持基本生存的需要,当今劳动力却要满足生存、发展和精神生活的需要。

正如商品的价值与劳动生产力成反比一样,科学技术的进步和社会生产力的提高,会同时从相反方向引起劳动力价值量的变动。一方面,它使劳动力价值所包含的物质内容,即使用价值的范围、数量和质量在日益扩大和提高,而成为促使劳动力价值提高的因素;另一方面,它又同时使这些使用价值的价值量日益下降,而成为促使劳动力价值降低的因素。这两种因素交错作用,形成方向相反的趋势,使劳动力的价值量的变动呈现可升可降的多种情况。

劳动力商品最大特点在于使用价值的特殊性。劳动力的使用价值就是劳动本身。劳动创造价值,而且创造出超过自身以上的价值,超过的部分就是剩余价值。也正是这一特点,才促使投资者到市场上寻找这一特殊商品。

小辞典　劳动力、劳动力商品、劳动力商品的价值和使用价值

劳动力:活的人体中存在的体力和智力的总和。又称劳动能力。

劳动力商品:作为买卖对象的劳动力。

劳动力商品的价值:再生产劳动力商品所必需的生活资料的价值。简称劳动力价值。

劳动力商品的使用价值:劳动力的使用,或劳动。简称劳动力的使用价值。

辨析　劳动和劳动力

劳动不同于劳动力。劳动是劳动力的使用或消耗。劳动创造价值,但本身却没有价值。否则就会陷入同义反复的谬误:劳动的价值等于生产劳动中使用的劳动!实际上,有价值的

---

① 《马克思恩格斯选集》第23卷,人民出版社1972年版,第181页。

是劳动力，而非劳动。劳动者拥有并作为商品出卖的也是劳动力而非劳动。劳动是在劳动者出卖劳动力之后才发生的事情。

三、公有制经济与劳动力商品

对于在社会主义市场经济条件下，劳动力是否是商品问题，有不同的观点。有的论著依据马克思的论述，认为劳动力成为商品是与资本主义私有制相联系的，而公有制社会劳动者成为社会生产资料的主人，不具有劳动力商品的条件。

其实，应该看到在社会主义条件下，仍然需要市场来配置劳动力资源。只要存在商品生产和交换，就需要市场来配置生产要素，而劳动力则是主要的生产要素。劳动力之所以具有商品属性，是因为在社会主义公有制条件下，劳动者具有双重身份：一方面，劳动者作为公有生产资料的共同所有者，并通过市场型按劳分配等来体现；另一方面，由于公有资产不能量化到个人，劳动者只能通过劳动合同的形式，与企业发生劳动交易关系，劳动者在一定期限内将自己的劳动力的支配权转让给企业。这说明在相当大的程度上劳动力具有商品的属性。

否定社会主义条件下劳动力的商品性是基于社会主义不存在市场经济。在社会主义市场经济条件下，承认劳动力的商品性(不是说人是商品)，有利于合理配置人力资源，促进个人效率和社会效率的提高。劳动力的市场流通，合同制、聘用制的实行，人才交流中心、劳动力市场的形成，表明我国已经在实践中承认了劳动力是商品。另外，从逻辑上说，只有劳动力成为商品，货币才能转化为资本(私人资本、集体资本或国有资本等)。

第二节 剩余价值的源泉与资本的属性

一、劳动过程与价值增值过程

价值增值在资本主义社会和社会主义社会都表现为剩余价值的生产过程。私人剩余价值的生产过程就是资本主义的生产过程，而公有剩余价值的生产过程就是社会主义的生产过程。市场经济的生产过程是劳动过程与价值增值过程的统一。

劳动过程是劳动者借助于劳动工具，作用于劳动对象，生产出具有某种使用价值的有目的的活动过程。它包括人类劳动本身、劳动对象和劳动资料三要素的有机结合。资本主义的劳动过程同样具有劳动过程的一般性质。但资本主义劳动过程，作为资本家消费劳动力的过程，体现了以下两个特点：第一，工人在资本家监督下为资本家劳动；第二，劳动产品归资本家所有，而与直接生产者无关。这说明资本主义制度的劳动是强制性的。而在公有制经济条件下，劳动者的身份、地位和产品的分配原则发生了根本性的变化。劳动者成了生产资料的共同所有者，实现了劳动者“不再通过受雇于剥削者”而进入劳动过程，使劳动者成为共同占有生产资料和凭借自己的劳动取得报酬的主人。

社会生产过程又是价值增值过程。分析价值增值过程须先考察价值形成过程。假设某纱厂，纺纱工人劳动日的日价值是 3 元，劳动 6 小时便能生产出棉纱。又假定工人劳动 6 小时需消耗棉花 10 千克，价值 10 元，消耗纱锭等其他生产资料价值 2 元。投资者共垫付了

15 元。

$$预付资本:(10+2)c+3v=15(元)$$

6 小时劳动过程结束时,工人运用纱锭等通过“纺”的具体劳动,将 10 千克棉花纺出棉纱。棉花和纱锭等生产资料的价值(共 12 元)随之转移到新产品中。纺纱工人的劳动,作为抽象劳动的支出,形成了 3 元新价值,也同时加到棉纱中。10 千克棉纱的价值,总共为 15 元。

$$产品价值:(10+2)c+3v=15(元)$$

这样,产品的价值等于预付资本的价值,没有增值。这只是价值形成过程,货币没有转化为资本。

为了使预付资本发生价值增值,就要加强对劳动力的使用,在生产技术条件和劳动强度既定的条件下,主要便是延长工人的劳动时间。对投资者来说,他既然支付了劳动力的日价值,那么,劳动力的 1 天的使用全归他。因此,投资者可以要工人劳动更长时间。假定投资者要工人 1 天劳动 12 小时,生产资料的消耗与劳动时间同比例增加,则投资者垫付资本增为 27 元(其中 20 千克棉花 20 元,纱锭等 4 元,劳动力日价值仍为 3 元)。生产结果,产品价值共计 30 元。纺纱工人 12 小时共转移生产资料旧价值 24 元,创造新价值 6 元。其中 3 元(耗费 6 小时)补偿劳动力价值,尚余 3 元(另 6 小时创造)被投资者占有。产品按价值出卖后,投资者收回了原预付价值 27 元,净赚 3 元。

$$预付资本:(20+4)c+3v=27(元)$$

$$产品价值:(20+4)c+3v+3m=30(元)$$

$$剩余价值:30-27=3(元)$$

这 3 元就是剩余价值。预付的价值生了“金蛋”,货币转化为资本了。

辨析　劳动过程和价值形成(增值)过程

可以从生产过程中不同生产资料的作用上看出劳动过程和价值形成(增值)过程的区别。例如,生产资料中的机器,是全部进入劳动过程,但却只是部分地进入价值形成(增值)过程;另一方面,生产资料中的原料,能够全部进入价值形成(增值)过程,但只是部分进入劳动过程。

可见,当把工人的劳动时间延长到补偿劳动力价值所需要的时间以上时,价值形成过程就同时成为价值增值过程。可以说,价值增值过程就是超过补偿劳动力价值所需劳动时间而延长了的价值形成过程。在价值增值过程中,工人的劳动时间分为两部分,其中一部分是再生产劳动力价值的时间,叫作必要劳动时间;另一部分是为私人、集体或国家生产剩余价值的时间,叫作剩余劳动时间。工人的剩余劳动是剩余价值的源泉。剩余价值是由工人创造的超过劳动力价值的价值,体现了投资者与工人的某种经济关系。

通过对价值增值过程的分析,可以看到,商品生产的性质不同,生产过程的内容和本质也不同。作为劳动过程和价值形成过程的统一,是小商品生产过程;作为劳动过程和私人剩余价值生产过程的统一,是资本主义生产过程;作为劳动过程和公有剩余价值生产过程的统一,是社会主义生产过程。

定义　资本·剩余价值

资本是能够带来剩余价值的价值。

剩余价值是劳动者创造的价值中超过其劳动力价值的部分。

例　剩余价值量

假定某一企业雇用 n 个劳动者，劳动了 k 天，其中，每个劳动者劳动一天创造的价值为 ω，每个劳动力的日价值为 w。在劳动过程开始时，生产资料的价值为 c，在劳动过程结束时，生产资料正好全部消耗完毕。现在要求该企业在整个劳动过程以及平均每一天中所得到的剩余价值。

由题意可知，企业在整个劳动过程中预付的资本等于全部劳动力价值加上生产资料价值，即 $k\times n\times w+c$；在劳动过程结束时得到的产品价值等于全部新创造的价值加上转移价值，即 $k\times n\times \omega+c$。

企业在整个劳动过程中得到的全部剩余价值（用 m 来表示）等于产品价值减去预付资本，即：

$$m=(k\times n\times \omega+c)-(k\times n\times w+c)=kn(\omega-w)$$

它随劳动过程的长度 k、劳动者的数量 n 和每个劳动者每天创造的价值 ω 的增加而增加，随每个劳动力的日价值 w 的增加而减少。

另一方面，企业平均每天得到的剩余价值为：

$$\frac{m}{k}=\frac{kn(\omega-w)}{k}=n(\omega-w)$$

它随劳动者的数量 n 和每个劳动者每天创造的价值 ω 的增加而增加，随每个劳动力的日价值 w 的增加而减少。

从上述两个公式中可以看到，剩余价值存在的一个必要条件是 $\omega>w$，即劳动者每天创造的价值大于劳动力的日价值。

此外还可看到，无论是根据整个劳动过程来计算，还是根据每一天来计算，剩余价值的大小都与转移价值的大小无关。

例　价值形成过程和价值增值过程

为简单起见，这里考虑一个劳动者劳动一天的情况。设该劳动者一天劳动 l 小时，创造的价值为 ω，劳动力的日价值为 w。在这些假定下，价值形成过程和价值增值过程可用图3—1的矩形图来说明。其中，“横轴”表示劳动时间和劳动过程，“纵轴”表示价值（产品价值和劳动力价值），曲线 $O-\omega$ 为产品价值曲线，$w-w$ 为劳动力价值曲线。曲线 $O-\omega$ 向右上方倾斜。这是因为，单个劳动者的劳动时间越长，所创造的价值量也越大。$w-w$ 曲线为水平线。这是因为，单个劳动者劳动时间的长短不影响劳动力的价值。$O-\omega$ 曲线和 $w-w$ 曲线的交点为 A。与点 A 对应的劳动时间为 l_0。在 l_0 的左边，产品价值曲线低于劳动力价值曲线；在 l_0 的右边，产品价值曲线高于劳动力价值曲线。这意味着，如果一天的劳动时间小于 l_0，则新创造的价值就小于劳动力的价值。此时，不存在剩余价值。因此，与这一劳动过程相应的只是纯粹的价值形成过程。另一方面，如果一天的劳动时间大于 l_0，则新创造的价值就大于劳动力价

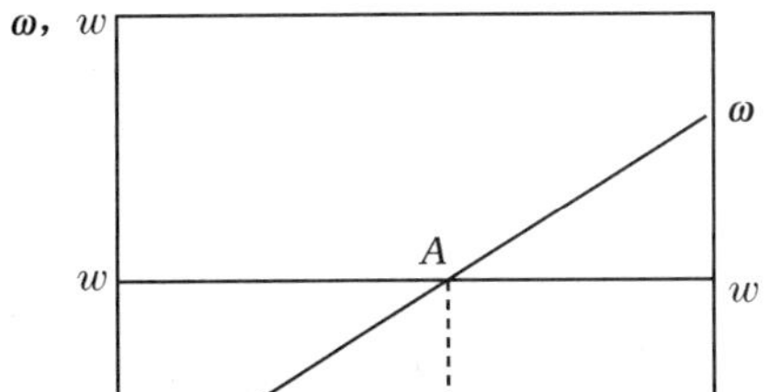

图3—1　价值形成过程和价值增值过程

值。此时，存在着剩余价值。因此，与这一劳动过程相应的就是价值增值过程。

例　价值形成和增值过程：简单劳动与复杂劳动

现在来看简单劳动和复杂劳动的价值形成过程和价值增值过程。仍然假定一个劳动者一天劳动 l 小时，创造的价值为 ω，劳动力的日价值为 w。参见图 3—2。其中，两条虚线 $O-\omega$ 和 $w-w$ 分别代表简单劳动情况下的产品价值曲线和劳动力价值曲线。它们的交点决定的劳动时间为 l_0。于是，当劳动时间小于 l_0 时，劳动过程为价值形成过程，否则为价值增值过程。两条实线 $O-\omega'$ 和 $w'-w'$ 分别代表复杂劳动情况下的产品价值曲线和劳动力价值曲线。由于复杂劳动创造的价值大于简单劳动创造的价值，故 $O-\omega'$ 曲线位于 $O-\omega$ 曲线之上；又由于复杂劳动的劳动力价值大于简单劳动的劳动力价值，故 $w'-w'$ 曲线也位于 $w-w$ 之上。$O-\omega'$ 曲线和 $w'-w'$ 曲线的交点决定的单纯价值形成过程和价值增值过程的分界点为 l'_0。于是，当复杂劳动的劳动时间小于 l'_0 时，劳动过程为价值形成过程，否则为价值增值过程。l'_0 即可能大于、也可能小于或等于 l_0。这取决于相对简单劳动而言，复杂劳动创造的价值和复杂劳动的劳动力价值谁上升得更快一些。如果复杂劳动创造的价值上升得更快，从而，$O-\omega'$ 曲线上升的程度更大，则 l'_0 就可能小于 l_0（见图 3—2）。这意味着，与简单劳动相比，复杂劳动的价值形成过程“缩短”了——这是通常会出现的情况。反之，则价值形成过程就会“延长”。

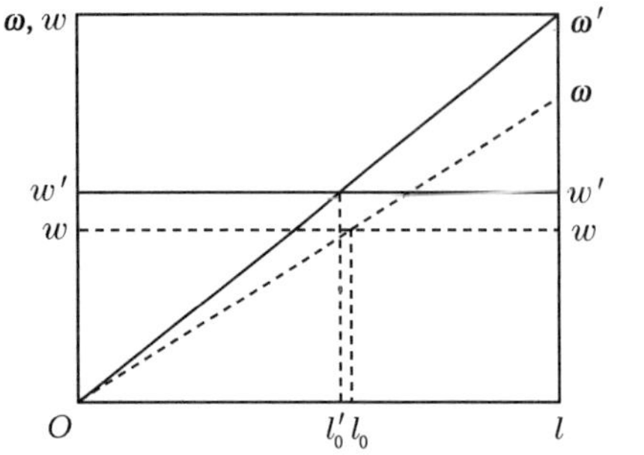

图 3—2　复杂劳动的价值形成和增值过程

二、总体劳动者创造价值和剩余价值

劳动创造价值，剩余劳动是剩余价值的源泉。这里所指的劳动是生产劳动。只有生产劳动才是价值和剩余价值的源泉。从一般劳动过程来理解，生产劳动和非生产劳动的区别，只在于是否直接、间接同创造物质产品有关。马克思认为，从劳动过程本身来看，只有以产品（即物质产品，因为这里只涉及物质财富）为结果的劳动才是生产的。因此，这里所指生产劳动是劳动者为创造物质财富而付出的劳动，包括物质生产领域中的劳动，作为生产过程在流通领域中继续的那部分劳动（如包装、保管以及货物运输等）。所有与创造物质财富无关的劳动，都是非生产劳动。

这种意义的生产劳动，其外延是随着社会生产力和劳动分工的发展而扩大的。马克思指出：“随着劳动过程本身的协作性质的发展，生产劳动和它的承担者即生产工人的概念也就必然扩大。为了从事生产劳动，现在不一定要亲自动手；只要成为主体工人的一个器官，完成他所属的某一种职能就够了。上面从物质生产性质本身得出的关于生产劳动的最初的定义，对于作为整体来看的主体工人始终是正确的。”[①]由此，判断一个人所从事的活动是否为生产劳动，只要看这种活动是否属于生产物质产品的总体劳动的一部分。如属于生产过程中必要的信息收集加工、预测决策、指挥监督和技术、财务、质量、营销等管理活动，以及直接服务和作用于生产过程的科学研究活动，也都成为创造价值和剩余价值的生产劳动。正如马克思所说，在创造社会产品的“总体工人”中，有的人多用手工作，有的人多用脑工作，有

① 《马克思恩格斯全集》第 23 卷，人民出版社 1972 年版，第 556 页。

的人做管理者、工程师、工艺师等等的工作，有的人做监督者的工作，有的人做直接手工劳动者的工作或做十分简单的粗工，于是劳动能力的越来越多的职能被列在生产劳动的直接概念下。

从商品生产过程考察，又可以做出这样的规定：生产劳动就是一切加入商品生产的劳动，不管这个劳动是体力劳动还是非体力劳动（科学方面的劳动）。这是适用于商品经济的一般生产劳动概念。但是，这种一般意义上的生产劳动，只揭示了它的物质规定性，并不能反映不同社会形态下生产劳动的特殊性质。因此，还必须从生产关系的角度考察不同社会中生产劳动的特殊规定，即生产劳动的社会规定性。

从生产关系的角度考察资本主义条件下的生产劳动，它和非生产劳动的区分，只在于是否为资本家生产或带来剩余价值，对资本家来说，只有生产或带来剩余价值的劳动，才是生产劳动。马克思说："从资本主义生产过程的观点出发，则要加上更贴近的规定：生产劳动是直接增值资本的劳动或直接生产剩余价值的劳动。"[①]马克思又说："生产劳动可以说实际是直接同作为资本的货币交换的劳动。"[②]而不是直接同收入交换的劳动。这反映劳动只是从属于资本，是直接为资本充当带来剩余价值的手段。这表明，生产劳动的社会规定性同它的物质规定性相脱离。如一个自行卖唱的歌女是非生产劳动者。但是，同一个歌女，被剧院老板雇用，老板为了赚钱而让她去唱歌，她就是生产劳动者，因为她生产资本。不过，这种情况只是对个别资本家是如此。从物质规定性看是非生产劳动，一经为资本家用作增值资本的手段，便成了"生产品"，成了资本主义生产劳动。但对整个社会来说，作为生产劳动，就要求其社会规定性和物质规定性达到统一，即必须是为整个社会生产剩余价值的劳动，或者说是为了整个社会创造有物质承担者的剩余价值的劳动，才是生产的。"为老板赚钱"的歌女，对这个社会并不带来剩余价值，只是社会既有剩余价值的转移而已，所以，对整个社会来说还是"非生产的"，是属于非生产劳动。

在资本主义制度下，这两种含义的生产劳动概念（反映其物质规定性的生产劳动概念和反映其社会规定性的生产劳动概念），前者有扩大的趋势。后者则是一方面概念变得狭小，一些生产性劳动（如个体农民、手工业者的劳动）只因其不是资本增值的因素而被排除在生产劳动之外；另一方面概念又在扩大，一些非生产性劳动（如赌场、妓院等雇佣人员的劳动）只因其是资本增值的手段，而被纳入生产劳动之内。有些经济学家认为任何劳动都是生产劳动，人们的一切活动，包括资产阶级的剥削活动和奢侈消费活动，都是生产劳动。对此，马克思给予了深刻的批判。他说："如果这样来谈问题，那就会得出结论说：吃粮食的人和生产粮食的人一样，也是生产的。"[③]并指出，这对于资本主义社会来说也是错误的。

在公有制经济条件下，我们同样可以从物质规定性和社会规定性两方面考察生产劳动，把劳动分为生产性劳动和非生产性劳动两部分，把全社会劳动者分为生产劳动者和非生产劳动者。如从公有制市场活动这一社会规定性来看，可以把一切为公有资本提供公有剩余价值或公有利润的活动视为社会主义性质的生产劳动。

---

① 《马克思恩格斯全集》第 49 卷，人民出版社 1982 年版，第 99 页。
② 《马克思恩格斯全集》第 26 卷(Ⅰ)，人民出版社 1972 年版，第 427 页。
③ 《马克思恩格斯全集》第 26 卷(Ⅰ)，人民出版社 1972 年版，第 179 页。

三、不变资本与可变资本

马克思主义经济学从劳动二重性出发，揭示了劳动过程中人的因素和物的因素在产品价值形成中起着不同的作用。工人消耗了一定量的劳动，一方面把劳动加到劳动对象上，创造了新价值；另一方面把生产资料的旧价值转移到新产品上而被保存下来。这种转移也是通过劳动实现的。工人并不是在同一时刻内劳动两次：一次为自己的劳动创造新价值，另一次转移或保存旧价值。工人在同一时刻内从事劳动引起两种结果，只是由他的劳动本身的二重性所决定的，即抽象劳动创造新价值，具体劳动转移和保存旧价值。

在生产劳动过程中，工人把消费掉的生产资料转移到新产品中去，是通过具体形式的劳动同生产资料接触而实现的。而每一个工人的劳动，如果撇开他们的具体的特殊形式，剩下的就是抽象的一般人类劳动力的支出。马克思举例概括说："纺纱工人的劳动，就它的抽象的一般属性来说，作为人类劳动力的耗费，把新价值加到棉花和纱锭的价值上；而就它的具体的特殊的有用的属性来说，作为纺纱的过程，把这些生产资料的价值转移到产品上，从而把这些价值保存在产品中由此产生了劳动在同一时间内所得出的结果的二重性。"[①]可以说，新价值的加进，是由于同质的抽象劳动的单纯的量的追加；生产资料的旧价值在产品中的保存，是由于异质的具体劳动所追加的结果。

辨析　劳动的二重作用：价值创造和价值保存

劳动具有二重性，即抽象劳动和具体劳动。劳动的二重性导致了同一劳动在生产过程中的二重作用，即抽象劳动创造新价值，具体劳动转移和保存旧价值。同一劳动所具有的创造价值和保存价值这两个属性在本质上是不同的。这一点在劳动生产率发生变化时表现得非常明显。下面举例说明。

设一开始时，某一工人劳动 10 个小时创造的价值为 100 元，转移的生产资料价值也为 100 元。现在假定劳动生产率提高一倍。在这种情况下，该工人 10 小时创造的价值仍然为 100 元，但转移的生产资料价值通常将增加，例如，可能增加到 $2\times100=200$(元)。

由此可见，劳动生产率的变化尽管不会影响同一劳动创造的新价值，但却会影响它转移和保存的旧价值。

在资本主义和社会主义商品生产中，资本可分为不同组成部分，即用来购买生产资料的资本和用来购买劳动力的资本。两者在价值增值中的作用是不同的。购买生产资料的资本，在生产过程中，只变换了它的物质存在形式，转移原有的旧价值，并不改变自身的价值量，称之为不变资本(C)。购买劳动力的那部分资本则不同，它以工资的形式支付给工人，由工人在生产过程以外用于个人消费，再在生产过程中重新创造出来。因而这部分资本的价值不能转移到新产品中去。在生产中实际发挥作用的，是它所购买的劳动力。劳动力的使用能够增加价值，即创造包含补充可变资本和剩余价值的价值。由于这部分资本的价值会发生增值，称之为可变资本(V)。

定义　不变资本和可变资本

不变资本是用于购买生产资料的资本。在生产过程中，这部分资本不会改变其自身的

---

① 《马克思恩格斯全集》第 23 卷，人民出版社 1972 年版，第 226—227 页。

价值，只是把原有的价值转移和保存到产品中去，即在产品中得到“再现”。

可变资本是用于购买劳动力的资本。在生产过程中，这部分资本转化成为实际使用的劳动力。劳动力的使用能够创造更多的超过劳动力价值的价值。这意味着，可变资本一方面会在产品的价值中被“再生产”，即被劳动重新创造出来，另一方面会带来一个剩余价值，即超过其自身价值的价值。

根据资本这两部分在价值增值中的不同作用，把资本区分为不变资本和可变资本，是马克思的伟大功绩。这一理论对揭露私人剩余价值的来源以及资本家对工人的剥削程度具有重要意义。它揭示了剩余价值是由可变资本带来的，剩余价值的真正源泉来自工人的剩余劳动。不变资本作为活劳动的吸收器，固然也是价值增值的一个必要条件，但它本身不能带来剩余价值。

马克思的不变资本和可变资本的原理，不会因为生产过程全面自动化（无人车间）和机器人的出现而有所改变。第一，自动化机器体系再先进，也仍然是机器。固然自动化机器体系与过去的机器体系相比有重大变化，除了原有的发动机、传动装置、工作机三个组成部分外，又增加了一个以电子计算机为主的自动化控制系统，但也只不过是一种更先进、更高效率的机器。它在生产中仍然作为劳动资料发挥作用，是创造使用价值的手段，在价值增值过程中，属于不变资本。不论生产资料如何先进，在生产过程中只能将它的原有价值按照磨损程度，逐步转移到新产品中去，并不能增加任何新价值。第二，价值是一般人类劳动的凝结，劳动是商品价值的唯一源泉，自动化的机器虽然代替了人的一部分劳动，但是不可能完全取代人的劳动，也不能改变劳动者在生产中的主体地位。机器再先进，总要由人来安装、调试、操纵和维修。即使是机器人，还得由人去设计程序和调节。机器人的制造和控制正是凝结了人的活劳动，而且是更为复杂的活劳动。离开人的活劳动，机器人也同样是一堆废铁。第三，个别企业首先采用自动化的机器体系，或采用比其他企业自动化程度更高的机器体系，可以大幅度提高劳动生产率，减少雇佣工人数，并获得更多的剩余价值。这是因为该企业的个别价值低于社会价值，而又按社会价值出卖其商品，从而获得超额剩余价值，当然也是因为工人使用自动化机器的劳动作为一种复杂劳动，凝结了更多的价值。

辨析　不变资本的“不变”与“可变”

在不变资本的定义中，“不变”的意思是说，用于购买生产资料的那部分资本，在生产过程中只是把自己的价值“再现”于产品之中，而不会改变原有的价值。但是，不变资本的概念并不排斥它的组成部分发生价值变动的可能性。例如，在棉纱的生产过程中，作为原料的棉花的价值会因为生产棉花（注意：不是生产棉纱）的劳动生产力的变化而变化，因而，它转移到产品（即棉纱）中去的那部分价值也会发生变化。但是，在这种情况下，棉花价值从而其转移价值的变化是发生在棉纱的生产过程之外，而不是发生在棉纱的生产过程之中。棉花转移的价值仍然不会因为棉纱的生产过程而发生任何的变化。

因此，生产资料的价值变动，虽然会使已经进入生产过程的生产资料受到影响，但不会改变生产资料作为不变资本的性质。

辨析　可变资本的“可变”与“不变”

在可变资本的定义中，“可变”的意思是说，用于购买劳动力的那部分资本，在生产过程中通过劳动力的使用生产了一个超过其自身价值的价值。但是，新价值大于原来的可变资本价值这一点，只是由于劳动创造的价值大于相应的劳动力价值，而并不意味着可变资本的价值本身是可变的。恰好相反：可变资本的价值本身没有变化——它等于劳动力价值，而劳动力的价值并不会因为它的使用所创造的价值比自己的价值更大一些就发生变化。

四、资本的特征与属性

按照马克思的观点，私人资本是带来私人剩余价值的价值，是资本主义制度的特殊产物。在以往的政治经济学教科书中，社会主义部分见不到资本的概念，是以资金、资产，甚至资本金等概念取代。随着社会主义市场经济体制的改革进程的深入，人们越来越感到不承认资本概念，会在市场经济生活中遇到许多障碍。如在合资企业中，外方投资称资本，中方出资叫资金。在财务账上，资金、资本也无从区分。由此，近年来，提出公有制条件下资本的属性问题，并将资本这一概念宽泛化。中共"十五大"报告正式提出了"公有资本"的概念，这是党的文献上第一次正式使用这个概念(资本与剩余价值是两个密切相关的对应性概念，本书将剩余价值与资本均作宽泛化解释，实现逻辑一致)。

以马克思主义经济学为指导，结合我国社会主义市场经济体制改革的实际，有必要全面、客观地认识资本的属性。

资本是历史的产物，具体说是商品经济社会的产物，是人类发展史上多种不同的社会形态所共有的。但资本与不同社会经济制度结合在一起，表现为不同的社会属性，这体现了资本的特殊性质。如在资本主义社会，资本是与生产资料私人所有结合在一起的，其性质就是能带来私人剩余价值的价值，体现了资本对雇佣工人的剥削关系。私人资本及其带来的剩余价值属于资本家所有。因此，马克思说："资本也是一种社会生产关系。这是资产阶级的生产关系，是资产阶级社会的生产关系。"①

在社会主义公有制条件下，与生产资料公有制结合起来的资本，是由国家或集体所有，表现为集体资本和国家资本，是由公有企业占用的能带来增值的价值。它是为社会主义经济服务的，体现了社会主义的生产关系，反映着国家、企业与劳动者之间的利益关系。资本增量中的一部分作为利税上缴国家，其余部分转化为垫支资本，构成劳动者的整体利益、长远利益的源泉。

在市场经济社会，资本可以转化成各种生产要素，在由市场配置生产要素的条件下，从资本的价值运动形式看，资本具有一般共同属性。

一是垫支性。企业要进行生产经营活动，必须要有一定量的资本，资本积累到一定规模才能用于生产投资，不管这笔资本是自我积累的，还是贷款来的。企业用于购买生产要素的资本是一种垫支或预付资本，在运动中要保持原有价值并如数流回企业。

二是运动性。资本是一种运动着的价值。它只有经过生产和流通领域，经过购买生产要素、将生产要素结合起来投入生产、将产品出售等阶段，持续不断地进行资本循环和周转，在运动中保存自己并使之增值。可以说，运动是资本的本性之一。

三是增值性。资本在运动中不仅要保值，而且要增值或是资本扩大。产业资本运动公式为 G—W…P…W′—G′，商业资本的运动公式为 G—W—G′，借贷资本的运动公式为 G—G′。它们的目的都是为了增值。所以，资本运动是一种增量运动。增值是资本的基本

① 《马克思恩格斯选集》第1卷，人民出版社1972年版，第363页。

职能，私有资本要增值，公有资本也要增值，即带来剩余价值。公有制条件下的资本要求增值，不仅是商品经济运动的客观要求，而且是社会主义本质所赋予的。只有公有资本增值，才能增加公有财富，积累公有资本，从而扩大公有再生产并较快改善人民生活。

第三节　剩余价值的生产方法

一、产品的价值构成

首先很明显，商品的全部价值可以分为两个部分：一部分是生产该产品的劳动新创造的价值，设这部分新价值为 ω；另一部分是在生产该产品的过程中，从生产资料上转移过来的价值，设这部分转移价值为 c。于是，整个商品的价值可以表示为：

$$z=c+\omega \tag{1}$$

另一方面，企业为生产该产品预付的资本也可以分为两个部分，即相当于劳动力价值的可变资本 v 和相当于生产资料价值的不变资本 c。于是，企业为生产商品所预付的全部资本 C 可表示为：

$$C=c+v$$

企业从产品生产中得到的剩余价值等于产品价值减去预付资本价值，即：

$$m=z-C=(c+\omega)-(c+v)=\omega-v$$

将上式改写为

$$\omega=v+m$$

并代入(1)式得：

$$z=c+v+m$$

由此可见，产品的价值最终可以分解为三个部分，即不变资本 c、可变资本 v 和剩余价值 m。

二、剩余价值率与剩余价值量

剩余价值只是可变资本发生价值变动的结果，因此人们通常用剩余价值与可变资本对比，来反映实际使用的可变资本的增值程度，即工人创造剩余价值的能力。剩余价值与可变资本之间的比率就是剩余价值率，剩余价值率通常用 m' 来表示，则：

$$m'=\frac{m}{v}$$

价值是劳动的凝结，是物化的社会劳动。与工人创造的价值分为 v 和 m 两部分相联系，工人的工作日也可分为两部分。一部分是再生产劳动力价值的必要劳动时间，在这部分时间内耗费的劳动称为必要劳动；另一部分是工人为投资者创造剩余价值的剩余劳动时间，在这部分时间内耗费的劳动叫剩余劳动。工人剩余劳动的凝结，或者说物化的剩余劳动，便是剩余价值的实体。所以，剩余价值率的公式也可以表示为：

$$\text{剩余价值率}=\frac{\text{剩余劳动时间}}{\text{必要劳动时间}}=\frac{\text{剩余劳动}}{\text{必要劳动}}\times 100\%$$

上述两个公式是同一关系的两种不同表示形式。前一公式以物化劳动的形式表示资本增值程度，它表示在雇佣工人所创造的价值中，资本家和工人各自占有的份额，后一公式则以活劳动的形式表示剥削程度。

定义　剩余价值率

剩余价值率反映劳动创造剩余价值的能力，或者说，反映可变资本的增值率。它可以有如下各种等价的表示：

剩余价值率＝剩余价值/可变资本

剩余价值率＝剩余劳动/必要劳动

剩余价值率＝剩余产品/必要产品

剩余价值率与剩余价值量之间有密切联系。剩余价值量取决于两个因素：剩余价值率和可变资本总量。如果以 M 代表剩余价值总量，V 代表可变资本总量，则：

$$M=m'V$$

可见，投资者可以通过两个途径增加剩余价值总量：一是扩大生产规模，增加可变资本总量，使用更多的工人；二是提高剩余价值率，即每个工人提供更多的剩余价值。

讨论　剩余价值量

在上述关于剩余价值量的决定公式

$$M=m'V$$

中，剩余价值率 $m'=m/v$。于是有：

$$M=\frac{m}{v}\cdot V$$

其中，m 是平均每个雇佣劳动者的剩余价值，可称为平均剩余价值，反映劳动创造剩余价值的效率；v 等于平均劳动力价值。于是，剩余价值量可看成是由三个因素决定：平均剩余价值 m、可变资本 V 和平均劳动力价值 v。它随 m 和 V 的增加而增加，随 v 的增加而减少。

还可以换一个方式来看上面的公式。上式可以写为：

$$M=m\cdot\frac{V}{v}=mL$$

其中，V/v 表示总的可变资本 V 除以劳动力价值 v，恰好就是全部可变资本 V 所能够雇佣的劳动量 L。于是，剩余价值量又可以看成是平均剩余价值与劳动量的乘积：平均剩余价值越大(即劳动创造剩余价值的效率越大)，或者，所雇佣的劳动量越大，剩余价值量就越大。

讨论　剩余价值量与资本构成

剩余价值量的决定公式

$$M=m'V$$

似乎与人们的感觉经验有“矛盾”。

例如，我们把总资本分为不变资本 C 和可变资本 V 两个部分，并称两者之比为资本构成(用 θ 表示)，即有：

$$\theta=\frac{C}{V}$$

将其改写为：

$$V=\frac{C}{\theta}$$

并代入上述的剩余价值量决定公式可得：

$$M=\frac{1}{\theta}\cdot m'\cdot C$$

它意味着，如果假定其他因素不变，则剩余价值量与资本构成成反比。换句话说，资本构成越高的部门，获得的剩余价值量越低；反之亦然。

然而，人们在现实中却没有观察到这样的结果。这是怎么一回事呢？这个问题将在第八章中给出令人信服的回答。

从对剩余价值量的分析中可以看出，工人人数是决定剩余价值量的一个重要因素，而雇用一定数量的工人，这就要求货币所有者手中有一定量最低限额的可变资本和相应的不变资本。可变资本的最低限额能够保证工人所生产的剩余价值量足以使投资者基本脱离生产劳动。如果没有这个最低限额的资本，雇工不多，他就还要直接参加生产劳动，他也就只能成为一个介于资本家和工人之间的"小业主"。所以，货币转化为资本有一个数量界限，是一个从量变到质变的过程。而货币转化为资本的数量界限，也就是小业主转化为资本家的资本数量界限。

讨论　货币转化为资本的数量要求：最低雇佣量

从剩余价值量的公式

$$M=m'V$$

中可以看到，货币转化为资本存在着一些重要的数量界限。这些界限包括：货币所有者拥有足够的货币数量，雇用足够的工人，购买到足够的生产资料，生产出足够的剩余价值——只有这样，它才能够使自己完全摆脱劳动、仅仅只依靠所获得的剩余价值而生存和发展下去。

我们先来看货币转化为资本所要求的最低的工人雇佣量。在上面决定剩余价值量的公式两边除以平均可变资本即劳动力价值可得：

$$\frac{M}{v}=m'\frac{V}{v}$$

其中，等号右边的 V/v 是可变资本总量除以劳动力价值，它是在劳动力价值等于 v 的条件下用可变资本总量 V 所能够雇佣到的工人数量。如用 L 表示雇佣的工人数量，则上式就成为：

$$\frac{M}{v}=m'L$$

或者

$$L=\frac{1}{m'}\cdot\frac{M}{v}$$

如果把式中的 M 看成是货币转化为资本所必需的最低剩余价值量，则由它决定的 L 就是为获得该最低剩余价值量所必须雇佣的最低工人数量。该式意味着，必须雇佣的最低工人数量 L 与必需的剩余价值量 M 成正比，与剩余价值率 m' 和平均可变资本 v 成反比。

为明确起见，我们这里假定剩余价值率 $m'=50\%$。于是，上式可以进一步具体化为：

$$L=\frac{1}{50\%}\cdot\frac{M}{v}=2\times\frac{M}{v}$$

在这个式子中，平均可变资本 v 在数值上等于劳动力价值，因而代表了一个普通工人的生活水平。如果一个货币所有者希望自己用不着劳动而完全依靠剩余价值过上与普通工人一样的生活，则他要获得的剩余价值量就必须等于劳动力价值，即 $M=v$。在这种情况下，他必须雇佣的工人人数就是：

$$L=2\times\frac{M}{v}=2\times\frac{v}{v}=2$$

即必须雇佣 2 个工人。

想当资本家的货币所有者当然不会满足于像普通工人那样生活。比如说，他要求自己的生活至少比普通工人的生活好上一倍。这要求他获得的剩余价值量要等于两个工人的劳动力价值，即 $M=2v$。于是，它必须雇佣的工人人数为：

$$L=2\times\frac{M}{v}=2\times\frac{2v}{v}=4$$

即必须雇佣 4 个工人。

作为一个资本家，仅仅是生活比普通工人更好一些是远远不够的——他还必须进行资本积累，即他获得的剩余价值不能全部用于消费，而必须拿出一部分用于生产。假定他把所获得的剩余价值的一半再转化为资本，同时维持自己比普通工人高一倍的生活水平，则在这种情况下，全部的剩余价值量就应当等于 4 倍的劳动力价值，即 $M=4v$：其中，一半（即相当于 2 倍的劳动力价值的剩余价值）用于资本积累，另一半用于生活消费。于是，他必须雇用的工人人数为：

$$L=2\times\frac{M}{v}=2\times\frac{4v}{v}=8$$

即必须雇用 8 个工人。

讨论　货币转化为资本的数量要求：可变资本的最低限额

如果我们假定资本家在雇用工人时总是先预付可变资本给工人[①]，则可以很容易地从货币转化为资本的最低雇用量条件得到最低可变资本条件。

首先，在雇用量公式

$$L=\frac{1}{m'}\cdot\frac{M}{v}$$

的两边同时乘以平均可变资本 v 得到：

$$vL=\frac{M}{m'}$$

等式左边的 vL（平均可变资本与雇用工人人数的乘积）就是可变资本总量 V，故上式亦可写为：

$$V=\frac{M}{m'}$$ [②]

与前相同，我们把式中的 M 看成是货币转化为资本所必需的最低剩余价值量。于是，

---

① 实际情况往往正好相反：资本家总是在工人工作了一段时间（如一周或一月）之后才付给工人工资。

② 这一公式可更加简单地由决定剩余价值量的公式 $M=m'V$ 而直接得到。

由它(以及剩余价值率 m')决定的 V 就是为获得该最低剩余价值量所必需的最低可变资本总量(注意:可变资本总量 V 不同于平均可变资本 v)。该式意味着,必需的可变资本量与必需的剩余价值量成正比,与剩余价值率成反比。如果仍然和前面一样假定剩余价值率为50%,则上式具体化为:

$$V=\frac{M}{50\%}=2M$$

换句话说,必需的可变资本总量2倍于必需的剩余价值量。

在这种情况下,一个货币所有者想通过把他的货币转化为资本而过上不用亲自劳动的生活,他至少需要多少可变资本呢?

如果他要过得像普通工人一样好(或一样不好),则这意味着 $M=v$,从而

$$V=2M=2v$$

于是,他的可变资本总量必须等于2倍的劳动力价值。

如果他要求自己的生活比普通工人的生活好上一倍,则这意味着 $M=2v$,从而

$$V=2M=2\times(2v)=4v$$

于是,他的可变资本总量必须等于4倍的劳动力价值。

如果他要求自己的生活比普通工人好一倍,同时能够把剩余价值的一半再转化为资本,则这意味着 $M=4v$,从而

$$V=2M=2\times(4v)=8v$$

于是,他的可变资本总量必须等于8倍的劳动力价值。

在上面的例子中,我们假定了剩余价值率是不变的(如总是等于50%)。如果剩余价值率可变,则所需要的最低可变资本总量也会变化。特别是,随着剩余价值率的提高,最低可变资本总量会相应地下降。例如,假定剩余价值率从50%提高到100%,则最低可变资本总量就等于:

$$V=\frac{M}{m'}=\frac{M}{100\%}=M$$

于是,与普通工人过一样生活的资本家的最低可变资本总量只需与劳动力价值相同;希望比普通工人生活好一倍的最低可变资本总量只需比劳动力价值多1倍;希望生活好一倍且有一半剩余价值用于积累的最低可变资本总量只需是劳动力价值的4倍。

讨论　货币转化为资本的数量要求:总资本的最低限额

现在来看货币转化为资本所要求的总资本最低限额。仍然假定货币所有者的目标是维持2倍于普通工人的生活水平,并把剩余价值的一半用于积累。根据前面的讨论已知,为达到这一标准,最低的可变资本总量至少应当是劳动力价值的8倍。然而,这还仅仅只是对可变资本总量的要求。为了生产出足够的剩余价值,货币所有者除了需要购买劳动力之外,还必须按一定的比例购买生产资料。在不同的部门中,用于购买生产资料的不变资本和用于购买劳动力的可变资本的比例当然会千差万别。即使是在同一部门,随着总资本数量的变化,这一比例常常也会发生变化。但无论如何,在某个特定部门的特定企业中,对某个可变资本总量来说,总有一个不变资本总量是“最优”的。我们用 C 来表示这个最优的不变资本总量,并称

$$\theta=\frac{C}{V}$$

为资本构成。[1] 于是,相应于最低可变资本总量的最低不变资本总量为:

$$C=\theta\cdot V$$

如果用 K 表示最低的总资本数量,则有:

$$K=C+V=\theta V+V=(1+\theta)V=\frac{1}{m'}(1+\theta)M$$

由此可见,最低总资本取决于三个因素:最低剩余价值量 M、资本构成 θ 和剩余价值率 m'。它随 M 和 θ 的增加而提高、随 m' 的增加而下降。

例如,设剩余价值率 $m'=50\%$、资本构成 $\theta=4$,则最低总资本为:

$$K=\frac{1}{m'}(1+\theta)M=\frac{1}{50\%}(1+4)M=10M$$

于是,当 $M=v$ 时有:

$$K=10M=10v$$

即当资本家要像普通工人一样生活时,总资本量必须 10 倍于劳动力价值;当 $m=2v$ 时有:

$$K=10M=10\times(2v)=20v$$

即当资本家要生活得比普通工人好一倍时,总资本量必须 20 倍于劳动力价值;当 $M=4v$ 时有:

$$K=10M=10\times(4v)=40v$$

即当资本家的生活比普通工人好一倍且有一半的剩余价值用于积累时,总资本量必须 40 倍于劳动力价值。

需要注意的是,在以上的讨论中,我们没有考虑产品的生产和销售周期,或者说,我们实际上是假定产品的生产和销售周期只有一天:产品在一天当中生产出来并被卖掉。如果产品的生产和销售周期不止一天,则所要求的最低资本数量还会增加。以可变资本为例。如果产品的生产和销售周期为 1 个月,则只有在这 30 天之后,资本家才可以从产品的销售中拿回自己预付的可变资本价值以及剩余价值,另一方面,他在这一个月中的每一天都必须购买劳动力。如果雇用一个工人一天的花费是 v,则雇用一个工人一个月的花费就是 $30v$。

例　剩余价值率的计算

首先,从全部的产品价值中减去属于生产资料转移的价值部分,即不变资本价值,得到价值产品(价值产品是产品价值中由劳动新创造的那部分价值);然后,从价值产品中减去劳动力的价值,即可变资本价值,得到剩余价值;最后,用剩余价值除以可变资本价值,得到剩余价值率。

讨论　西尼耳的"最后一小时"

1836 年的一个早晨,以经济学识和文体优美著称的英国经济学家纳骚·威·西尼耳被工厂主从牛津大学召到曼彻斯特,要他从"学术"的角度提出反对工厂法和 10 小时工作日的理由。于是,经过一番"研究",西尼耳"发现":工厂主的利润是在当时的 11.5 小时工作日中的最后一小时创造出来的。因此,如果把工作日缩短到 10 个小时,工厂主的利润就会消失,

---

① 第四章和第六章有关于资本构成的详细讨论。

工厂就会倒闭，而工人也会失去工作。

下面是西尼耳的“论证”（西尼耳本人的论证含糊不清。这里在不失其原意的情况下作了改写，并为计算的方便起见假定一个工作日为 11 小时）：

设一个工人一天劳动 11 个小时，生产的产品价值为 110 元，其中，100 元是工厂主购买生产资料和劳动力的预付资本。于是，工人在前 10 个小时中生产的产品价值为：

$$\frac{10}{11}\times110=100(\text{元})$$

恰好等于工厂主预付的资本价值。换句话说，工厂主的全部利润都来自工人劳动的最后一小时，即第 11 个小时。在最后这一个小时中，生产出来的产品价值即利润为：

$$\frac{1}{11}\times110=10(\text{元})$$

这就是西尼耳的最后一小时“理论”！

你能根据劳动价值论和剩余价值论指出西尼耳的最后一小时的错误所在吗？

三、绝对剩余价值生产

剩余价值生产的基本方法有两种，一是绝对剩余价值生产，二是相对剩余价值生产。

在必要劳动时间不变的条件下，由于劳动日的绝对延长而生产的剩余价值，叫作绝对剩余价值。这种生产方法就是绝对剩余价值生产。

参见图 3—3。假定劳动日长度为 12 小时，其中 6 小时为必要劳动时间，6 小时为剩余劳动时间，剩余价值率为 100%。如果资本家把劳动日延长到 15 小时，必要劳动时间不变，仍然是 6 小时，剩余劳动时间就从 6 小时增加到 9 小时，增加的 3 小时所生产的剩余价值就是绝对剩余价值。

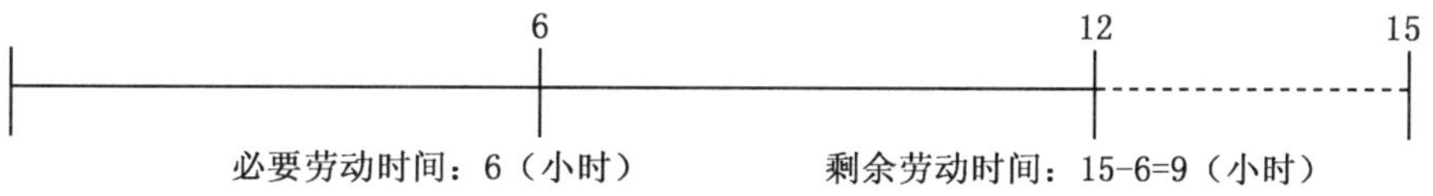

图 3—3　绝对剩余价值

企业之所以能够采取延长劳动日的方法来增加剩余价值的生产，是因为劳动日的长度是一个可变量。但是，它只能在一定限度内变动。它的最高限度取决于：(1)生理界限。一个人每天总要有吃饭、睡觉等非劳动时间，这是生理因素决定的，没有这种需要，就不会有劳动力的恢复。(2)道德界限。工人必须有时间满足精神方面的需要，如读书、看报、抚育子女和参加必要的社会活动等。这种需要的范围与数量，由经济和文化发展的一般状况决定。但是，工作日的生理界限和道德界限都有很大的伸缩性，在必要劳动时间以上延长劳动日的可能性还是很大的。

在资本主义社会，工人阶级为了维护自身的生存权利，为缩短劳动日而同资产阶级进行了长期的顽强斗争。第一次世界大战后，资本主义国家才先后实行了 8 小时工作日制。第二次世界大战后，只有在少数发达资本主义国家，其第一职业的名义工作日才得到缩短。至 20 世纪 80 年代初，工人每周实际劳动时间，日本为 41.6 小时，英国为 37.4 小时，美国为

36.7 小时，法国为 34.4 小时，联邦德国为 33.4 小时。① 劳动日缩短的原因，一方面，是工人阶级持续斗争的结果。在不减少收入的条件下，缩短劳动时间，已成为资本主义国家工人阶级在现阶段的主要社会经济要求之一。另一方面，也反映了现代科技革命带来的新变化。一是劳动生产率大幅度提高，工人为再生产劳动力价值所需要的必要劳动时间不断减少，即使缩短劳动时间，资本家仍可获得更多的剩余价值。二是由于生产自动化的推广，工人的劳动强度增加，特别是脑力、眼力的高度集中使用，劳动消耗量大，缩短劳动时间也是弥补劳动消耗、保证劳动力正常发挥，以榨取更多剩余价值的需要。三是由于自动化排挤工人，失业问题日益严重，缩短劳动日，相应增加就业人数，已成为资本家调和阶级矛盾的需要。四是由于技术的急速发展，需要工人不断补充科学技术知识。缩短劳动日也是适应现代化的需要，为工人提供更多学习的时间。总之，当代发达资本主义国家缩短工人的劳动时间，不仅有了可能，而且有利于维持资本统治。这并不意味着剥削程度的减轻，也并不等于绝对剩余价值生产就完全失去了现实意义。因为不发达与发达的资本主义国家仍在相当广泛的范围内存在类似的状况。

在社会主义社会，延长劳动时间，也有利于增加产品数量，满足人们的物质文化生活需要。但是延长劳动时间与社会主义要求不相容。社会主义为了有利于劳动者体力和智力的全面发展，必须在生产力和效率提高的基础上，不断地主动缩短劳动时间和减轻劳动强度。中国劳动力丰富，为了更多的人就业，也有必要不断缩短劳动时间。目前，中国虽身为发展中国家，却基本达到了发达国家的劳动日长度。

四、相对剩余价值生产

用延长劳动日的办法获取剩余价值，总是有限度的。因为不仅劳动日本身有一个客观界限，而且由于工人的反对，也使劳动日的延长受到限制。在工作日长度不变的条件下，投资者要获取更多的剩余价值，只有缩短必要劳动时间，相应延长剩余劳动时间，即改变劳动日中必要劳动时间和剩余劳动时间的比例。

参见图 3—4。假定劳动日长度为 12 小时，其中 6 小时为必要劳动时间，6 小时为剩余劳动时间，剩余价值率就是 100%。如果劳动日长度不变，而把必要劳动时间缩短为 4 小时，则剩余价值相应延长为 8 小时，增加那 2 小时时间生产的剩余价值就是相对剩余价值。

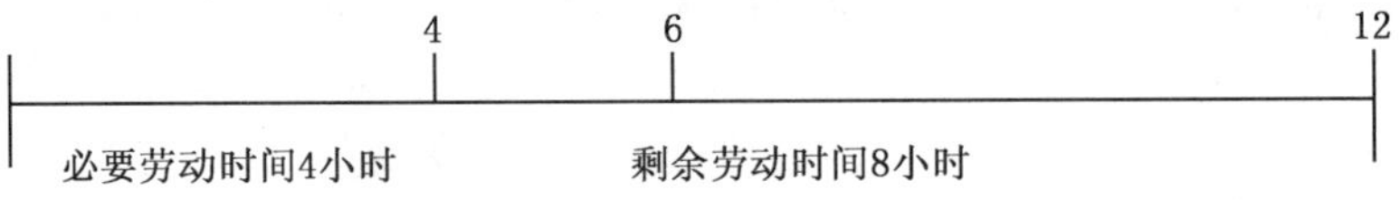

图 3—4　相对剩余价值

这种在劳动日长度不变的条件下，由于必要劳动时间缩短，剩余劳动时间相应延长而产生的剩余价值，叫作相对剩余价值。这种生产方法就是相对剩余价值生产。

相对剩余价值生产的关键在于缩短必要劳动时间。如何缩短必要劳动时间呢？这里排除投资者把工人的工资压低到劳动力价值以下的那种手段，在等价原则的基础上来说明问题。这样，为缩短必要劳动时间，必须降低劳动力的价值。降低劳动力的价值，就是降低再

---

① 日本《经济》杂志，1981 年 7 月。

生产劳动力所必需的生活资料的价值，只有在这些生活资料的价值普遍降低了，劳动力价值才能降低。要降低这些生活资料的价值，必须提高有关生产部门——包括同生产生活资料直接、间接有关的生产资料部门——的劳动生产率，使生产这些生活资料的社会必要劳动时间减少。可见，缩短必要劳动时间，实现相对剩余价值的生产，是整个社会劳动生产率提高的结果。

不过，在现实经济生活中，这个过程是从个别企业提高劳动生产率开始的。个别企业采用新技术、提高劳动生产率的直接动机，就是追求超额剩余价值。然而，个别企业纷纷追逐超额剩余价值的结果，必然促使社会劳动生产率的普遍提高和劳动力价值的降低，从而所有的企业都能获得相对剩余价值。所以，相对剩余价值的生产是作为各个企业自发竞争和追求超额剩余价值的结果而实现的。

超额剩余价值是商品个别价值低于社会价值的差额。例如，假定纺织部门生产布的平均劳动生产率为：每个工人 1 天 12 小时生产 12 尺布，耗费生产资料价值 12 元，12 小时劳动生产创造的新价值也是 12 元，12 尺布的价值共计 24 元。每尺布的社会价值是 2 元。如果有一个纺织厂首先改进生产技术，企业劳动生产力提高了 1 倍，工人在 12 小时内可以生产 24 尺布。24 尺布耗费的生产资料价值是 24 元，12 小时劳动创造的新价值仍是 12 元，24 尺布的总价值便是 36 元，每尺布的个别价值下降到 1.5 元。但这个纺织厂的资本家仍可按每尺布 2 元的社会价值出卖他的布。这样，他便可从每尺布中获得 0.5 元的超额剩余价值。即使在需要降低出售价格的情况下，只要每尺布的价格在 1.5 元以上，仍可获得超额剩余价值。

超额剩余价值是个别价值低于社会价值的差额，它同样也是由本企业工人创造的。它是由缩短工人必要劳动时间、相应延长剩余劳动时间而产生的，因而实质上也是相对剩余价值，是相对剩余价值的特殊表现形式。

辨析　绝对、相对和超额剩余价值

绝对剩余价值：通过延长工作日使剩余劳动时间增加而生产的剩余价值。

相对剩余价值：在工作日长度不变的条件下，通过缩短必要劳动时间从而相应延长剩余劳动时间所生产的剩余价值。

超额剩余价值：单个企业通过提高劳动生产率使自己商品的个别价值低于社会价值但仍按社会价值出售从而得到的剩余价值。

如按前例，织布工人每小时创造 1 元新价值，一般必须用 6 小时才能生产出劳动力价值的等价(6 元)。现在这个纺织厂的劳动生产率提高了 1 倍，每个织布工人 12 小时能生产 24 尺布，价值 48 元，除去生产资料的转移价值 24 元，实现了 24 元新价值，平均每小时 2 元，高出平均水平 1 倍。但是投资者付给工人的劳动日价值仍是 6 元，工人只要用 3 小时就能生产出劳动力价值的等价。这样，该厂工人必要劳动时间减少为 3 小时，剩余劳动时间相应延长到 9 小时，剩余价值率由原来的 100%提高到 300%。

讨论　完全竞争企业的超额剩余价值

现在我们来讨论一类特殊的企业——完全竞争企业——的超额剩余价值。由第一章第三节的讨论可知，和所有其他企业一样，完全竞争企业生产的产品的价值(社会价值)可以表示为：

$$z=\frac{L}{Q(L)}$$

这里，L 和 Q 分别是完全竞争企业所在的整个行业的社会必要劳动量和产量。由于对完全竞争企业来说，产品的价值或社会价值不会因为它的行为而改变，故 z 是一个参数。

另一方面，完全竞争企业的“个别价值”(用 z_i 表示)则等于它使用的全部劳动量(用 l 表示)除以它的全部产量(用 q 表示)，即：

$$z_i=\frac{l}{q(l)}$$

由于超额剩余价值(用 m_a 表示)是个别价值低于社会价值的差额，故它可表示为：

$$m_a=q(z-z_i)=q\left(z-\frac{l}{q}\right)=zq(l)-l$$

由此可知，完全竞争企业的超额剩余价值取决于三个因素，即产品的(社会)价值 z、企业的生产函数 $q(l)$——它反映了企业的相对劳动生产力①——以及企业的劳动量 l。显而易见的是，m_a 随 z 和 $q(l)$ 的增加而增加。换句话说，在其他条件不变时，产品的社会价值越大、企业的相对劳动生产力越大，则企业的超额剩余价值越大。但是，m_a 随 l 的变化而变化的具体情况则要视 $q(l)$ 的性质和 l 的大小而定。例如，我们来求超额剩余价值函数 m_a 对 l 的导数：

$$\frac{\mathrm{d}m_a}{\mathrm{d}l}=z\frac{\mathrm{d}q}{\mathrm{d}l}-1$$

上式在 $\mathrm{d}q/\mathrm{d}l>(<)1/z$ 时大于(小于)零，即 m_a 随 l 的增加而增加(减少)。由于生产函数通常具有边际报酬递减的特点，故一般而言，当 l 较小(大)时，$\mathrm{d}q/\mathrm{d}l$ 较大(小)，可能大于(小于)$1/z$。于是有结论：当 l 在较低水平上增长时，完全竞争企业的超额剩余价值可能增加，反之则可能减少。

个别企业获得超额剩余价值是暂时的。因为经过激烈的竞争，迫使其他投资者也采用新技术。而当新技术普遍采用后，部门平均劳动生产率提高了，这种商品的社会价值随之下降，个别先进企业的超额剩余价值也就会消失。不过，超额剩余价值在这个企业消失，又会在另一个企业产生。因而从整个社会看，它的存在仍是持续不断的。而且，正是这种此起彼伏追逐和实现超额剩余价值的经济过程，导致了社会劳动生产率的普遍提高，从而使工人必需生活资料趋于便宜，劳动力价值日益降低，相对剩余价值不断增加。“因此，提高劳动生产力来使商品便宜，并通过商品便宜来使工人本身便宜，是资本的内在的冲动和经常的趋势。②”

讨论　绝对、相对和超额剩余价值：单个企业

从单个企业的角度来看，其剩余价值有三个来源，即绝对剩余价值、相对剩余价值和超额剩余价值。这三个来源可以用一个简单的公式来表示。

首先，单个企业的剩余价值率可以表示为它获得的剩余价值和付出的可变资本的比率，即：

---

① 这里，“相对”的含义是，在整个行业中，企业的劳动生产力的相对高低。

② 《马克思恩格斯全集》第23卷，人民出版社1972年版，第355页。

$$m'=\frac{m}{v}$$

其次，单个企业的剩余价值率也可以表示为它雇佣的工人的剩余劳动和必要劳动的比例，即：

$$m'=\frac{l_s}{l_n}$$

这里，l_s 和 l_n 分别代表该企业的工人的剩余劳动和必要劳动。

于是有：

$$\frac{m}{v}=\frac{l_s}{l_n}$$

或者

$$m=v\cdot\frac{l_s}{l_n} \tag{2}$$

进一步来看，剩余劳动等于总劳动或工作日长度（用 l 表示）减去必要劳动，即 $l_s=l-l_n$，而必要劳动则是劳动力价值的函数——在企业的劳动生产力不变的条件下，随着劳动力价值（它取决于整个社会的或至少是整个生活资料生产部门的劳动生产力）的增加，企业的必要劳动亦会相应增加。为简单起见，这里假定企业的必要劳动与劳动力价值成正比，即：

$$l_n=av \qquad (a>0)$$

其中，系数 $a(=l_n/v)$ 的大小反映了企业的相对（相对于整个部门或相对于整个社会的）劳动效率。a 越小，企业的相对劳动效率越高——它只要花费较少的劳动就能够弥补劳动力的价值；反之，a 越大，企业的相对劳动效率越低——它必须花费较多的劳动才能够弥补劳动力的价值。

将以上关系代入(2)式可得：

$$m=v\cdot\frac{l_s}{l_n}=v\cdot\frac{l-l_n}{l_n}=v\cdot\left(\frac{l}{l_n}-1\right)=v\cdot\left(\frac{l}{av}-1\right)=\frac{l}{a}-v \tag{3}$$

由此可知，单个企业的剩余价值 m 取决于三个因素：工作日长度 l、劳动力价值 v 和反映相对劳动效率的参数 a。显而易见：m 随 l 的上升而增加——这是所谓的绝对剩余价值生产，随 v 的下降而增加——这是所谓的相对剩余价值生产，最后，随 a 的下降而增加——这是所谓的超额剩余价值的生产。①

在(3)式中令表示相对劳动效率的系数 $a=1$ 则有：

$$m=l-v$$

此时，剩余价值只取决于两个因素：或者是 l 增加，即工作日延长，这是绝对剩余价值的生产；或者是 v 减少，即劳动力价值下降，这是相对剩余价值的生产。换句话说，对于 $a=1$ 的企业来说，不存在超额剩余价值。由于这个原因，我们可以把 $a=1$ 的企业看成是所谓的“标准”企业——它的劳动生产力等于整个部门的（或整个社会的）平均劳动生产力。于是，标准企业的超额剩余价值为零。按照这个约定，我们称 $a<1$ 的企业是劳动生产力相对较高的企业，称 $a>1$ 的企业是劳动生产力相对较低的企业。于是，我们可以说，劳动生产力

---

① 导致剩余价值量变化的原因，尽管对单个企业而言有三个，但从整个社会的角度来看却只有两个，即工作日长度的变化和劳动力价值的变化。换句话说，整个社会的剩余价值量与单个企业的相对劳动效率并无关系。

相对较高的企业的超额剩余价值大于零，劳动生产力相对较低的企业的超额剩余价值小于零。

需要注意的是，对于一般的单个企业来说，尽管导致其剩余价值量提高的因素有三个，但它能够主动加以应用的却只有两个，即改变工作日的长度和提高相对的劳动效率；劳动力的价值则不受单个企业的影响。换句话说，对于单个的企业，劳动力价值是不变的"参数"。

实际上，在现代社会中，不仅劳动力价值是单个企业无法改变的，而且工作日长度通常也是单个企业无法改变的——至少理论上是如此。这是因为，在现代社会中，一个国家的工作日长度往往是由法律规定的，尽管单个企业可以通过"加班加点"来变相地延长工作日，但毕竟只是"例外"而非"常态"。

如果用 $\bar{v}$ 表示劳动力价值参数，用 $\bar{l}$ 表示法律规定的工作日长度，则(3)式就可以表示为：

$$m=\frac{\bar{l}}{a}-\bar{v} \tag{4}$$

它表示，在工作日长度与劳动力价值均给定的条件下，单个企业的剩余价值与其相对劳动生产力同方向变化(与 a 反方向变化)。

对于标准企业来说，由于 $a=1$，(4)式简化为：

$$\bar{m}=\bar{l}-\bar{v} \tag{5}$$

这里，$\bar{m}$ 是标准企业的剩余价值。由于工作日长度和劳动力价值是既定的，故标准企业的剩余价值亦是既定的。

(4)式表示一般企业的剩余价值，其中包括了超额剩余价值；(5)式表示标准企业的剩余价值，其中不存在超额剩余价值。因此，我们可以用(4)式减去(5)式的方法来得到关于一般企业的超额剩余价值的表达式：

$$m-\bar{m}=\left(\frac{\bar{l}}{a}-\bar{v}\right)-(\bar{l}-\bar{v})=\frac{\bar{l}}{a}-\bar{l}=\bar{l}\left(\frac{1}{a}-1\right) \tag{6}$$

可见，超额剩余价值随工作日长度 $\bar{l}$ 的增加而增加；在 $\bar{l}$ 给定时，它随相对劳动生产力的增加即 a 的下降而增加。

以上讨论[特别是(4)式和(5)式]可以用图3—5来总结。图中，横轴 a 表示单个企业的相对劳动生产力(注意：这里是 a 越小，即越靠近原点，相对劳动生产力越大)，纵轴表示该企业的剩余价值。图中的曲线为企业的剩余价值曲线。剩余价值曲线向右下方倾斜。它表示：随着 a 的减少(即相对劳动生产力的提高)，剩余价值增加(实际是其中的超额剩余价值增加)；反之亦然。设一开始时，单个企业的剩余价值曲线为实线 $m(a;\bar{l},\bar{v})$[见(4)式]。此时，如果 $a=1$，则 $m=\bar{m}$。这是标准企业的剩余价值——它只包括绝对剩余价值和相对剩余价值，而超额剩余价值等于零。当劳动力价值下降或工作日延长时，单个企业的剩余价值曲线向右上方向移动。例如，当劳动力价值下降到 $\bar{v}_1$ 时，剩余价值曲线右移到虚线 $m(a;\bar{l},\bar{v}_1)$处。它意味着，对于任意反映的相对劳动生产力的参数 a(以及给定工作日长度 $\bar{l}$)，剩余价值都增加。特别是，在这种情况下，$a=1$ 的标准企业的剩余价值上升到 $\bar{m}_1$。

在图3—5中，单个企业的剩余价值的三个组成部分(绝对剩余价值、相对剩余价值和超额剩余价值)的变化被分为两种情况，即沿着剩余价值曲线的运动和剩余价值曲线本身的移动。其中，超额剩余价值的变化表现为沿着既定的剩余价值曲线的运动——例如，沿着曲线

$m(a;\bar{l},\bar{v})$从点 A 到点 B 的运动；绝对剩余价值和相对剩余价值的变化表现为剩余价值曲线本身的移动，例如，从实线 $m(a;\bar{l},\bar{v})$移动到虚线 $m(a;\bar{l},\bar{v}_1)$（或者更具体一点，当 $a=1$ 时，从点 A 移动到点 C）。如果曲线的这种移动（或者，当 $a=1$ 时，从点 A 到点 C 的移动）是由于工作日长度 $\bar{l}$ 的延长所引起，则它表示的是绝对剩余价值的变化；反之，如果曲线的这种移动是由于劳动力价值 $\bar{v}$ 的下降所引起，则它表示的是相对剩余价值的变化。

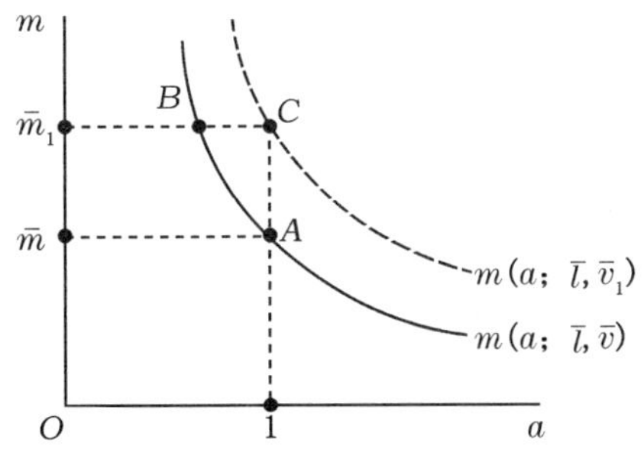

图 3—5 单个企业的相对劳动生产力和剩余价值

最后，图中从实线 $m(a;\bar{l},\bar{v})$上点 B 到虚线 $m(a;\bar{l},\bar{v}_1)$上点 C 的运动表现了绝对和相对剩余价值与超额剩余价值之间的相互替代关系。从横轴上看，从点 B 到点 C 的运动表现了 a 的增加：从小于 1 增加到等于 1。这意味着相对劳动生产力的下降，从而，超额剩余价值的下降（这里是超额剩余价值下降到 0）。如果不存在起抵消作用的其他变化（从而不存在曲线本身的移动），则结果就是剩余价值 m 下降：从 $\bar{m}_1$ 下降到 $\bar{m}$。但是，现在由于曲线从 $m(a;\bar{L},\bar{v})$右移到 $m(a;\bar{l},\bar{v}_1)$——这或者是由于工作日的延长或者是由于劳动力价值的下降——剩余价值 m 可以维持在原来 $\bar{m}_1$ 的水平上不下降。由此可见，从点 B 到点 C 的运动反映的是：绝对或相对剩余价值的增加正好抵消掉超额剩余价值的减少，从而保证了剩余价值总量不变。

讨论　相对剩余价值和超额剩余价值

与绝对剩余价值不同，相对剩余价值和超额剩余价值都与劳动生产力有关，即随劳动生产力的提高而提高，随劳动生产力的降低而降低。两者的区别是：相对剩余价值与“一般”劳动生产力有关——一般的（或社会的或平均的）劳动生产力的变化导致劳动力价值的变化，从而导致相对剩余价值的变化；超额剩余价值则与“个别”劳动生产力有关——个别的（或企业的）劳动生产力的变化导致产品的个别价值与社会价值之间的差别变化，从而再导致超额剩余价值的变化。

讨论　这种说法对吗？

下述推理是否正确？请说明理由。

由 $m'=m/v$ 和 $m'=l_s/l_n=(l-l_n)/l_n$ 可得 $m/v=(l/l_n-1)$，亦即：

$$m=v\cdot\left(\frac{l}{l_n}-1\right)$$

于是，m 与 l 同方向变化、与 l_n 反方向变化、与 v 同方向变化。

生产剩余价值的两种方法既有联系，又有区别：

第一，绝对剩余价值的生产构成资本主义和社会主义的一般基础，并且是相对剩余价值生产的起点。投资者必须使工人的劳动超出必要劳动，才有可能获得剩余劳动和剩余价值。把工作日延长到必要劳动以上的生产，就是绝对剩余价值的生产。没有它，就没有资本主义和社会主义的生产，所以，它构成资本主义和社会主义生产的基础。相对剩余价值的生产也是以工作日延长到必要劳动以上为前提。没有这个前提，就没有相对剩余价值的生产，所以，绝对剩余价值的生产是相对剩余价值生产的起点。

第二，绝对剩余价值的生产只同工作日的长度有关，相对剩余价值的生产使劳动的技术过程和社会组织发生根本的革命。把工作日延长，使之超出工人只生产自己劳动力价值的等价物的那个点，并由投资者占有这部分剩余劳动，这就是绝对剩余价值的生产。所以，绝对剩余价值的生产，从量上说关键的问题是工作日长度，工作日越延长，绝对剩余价值就越多。在工作日不变的条件下，通过缩短必要劳动时间、相应延长剩余劳动时间而生产的剩余价值，则是相对剩余价值。要缩短必要劳动时间，延长剩余劳动时间，必须降低劳动力的价值。要降低劳动力的价值，则必须提高社会劳动生产力。所以相对剩余价值的生产，关键在于使劳动的技术过程和社会组织发生根本的革命。

在资本主义制度下，绝对剩余价值的生产只使劳动者形式上隶属于资本，相对剩余价值的生产则使劳动者实际上隶属于资本。在以绝对剩余价值生产为主的资本主义发展的初期，劳动者被资本家雇用，在资本家的直接指挥下从事劳动，但仍然以手工劳动为基础，还没有发生剩余价值生产方法上的革命，工人还有离开资本家而独立谋生的可能。所以，这一时期，劳动者还是形式上隶属于资本。当资本主义发展到机器大工业时期，相对剩余价值的生产使劳动的技术过程和社会组织发生了革命，工人在生产中失去了任何独立性，成为机器的附属物。他一旦离开工厂，其劳动力就不能被使用，因而也就无法生存。这就使得劳动者从形式上隶属于资本发展到实际上隶属于资本。

资本主义早期经常使用绝对剩余价值生产，在资本主义发展到一定时期后，更多地使用相对剩余价值生产，但这并不排斥资本家同时使用绝对剩余价值生产的办法。事实上，两种方法是经常互相结合、互相补充的。

在社会主义制度下，投资者为了扩大生产规模，也要不断地追求尽可能多的剩余价值。由社会主义性质决定，社会主义主要是依靠提高劳动生产率，生产更多的相对剩余价值来满足扩大生产和人民生活水平不断提高的需要。

五、当代剩余价值生产的新特点

第二次世界大战后，以原子能、电子计算机、合成材料和高新技术等为主要标志的新科技革命，完全不同于以前的科技革命。其最大区别在于：过去的科技革命是以机器代替手工劳动为特点；而这次科技革命，是以机器操纵机器、机器部分代替人脑的劳动为特点。这就是说，它已不局限于人的手足的延伸和体力的扩大，而发展到了人的智力的延伸，使人们可以从一部分脑力劳动中解放出来。新科技革命对发达资本主义国家生产力的发展产生了巨大影响。一方面，它使社会的物质技术基础发生了巨大变化。机器体系通过电脑装置实现了自动化运转，生产工艺变革极大地缩短了生产的工艺流程。人工合成材料的不断涌现，使劳动对象发生革命性的变化，拓宽了社会物质生产领域。另一方面，它促使生产力的主体因素——劳动者发生了巨大变化。劳动者对现代生产的关键性作用和意义，已经不在于所耗体力的多少和所掌握手工技艺是否熟练，而在于知识、智力水平的高低和创造性能力的强弱。因而，专家和工程技术人员占全部职工的比重不断上升，劳动力素质普遍提高。新的科技革命所引起的生产力诸因素的巨大变化，有力地促进了各国劳动生产率的增长。

新科技革命还引起了各国经济结构的重大变化。其一，整个社会生产的重心从物质生产部门向非物质生产部门转移，在国民生产总值中农业和工业的比值下降，服务业等第三产业的比重上升。如2017年美国三大产业占GDP的比重分别为1%、17%和82%。其二，社会物质生产的重心持续从农业、采掘业、能源业向制造业、建筑业转移。其三，在工业内部，传统工业发展相对缓慢，而一些尖端技术的新兴工业迅速发展。其四，在就业结构上，第一产业和第二产业就业人数比值不断下降，第三产业就业人数比重不断增加，如2017年美国三大产业就业人数占比分别为1.7%、18.9%和79.4%。

新科技革命对资本主义生产方式引起的巨大变化，使剩余价值生产呈现出新的特点。

一是提供剩余价值的部门大为扩展。在第一次世界大战前的相当长时期中，提供剩余价值的主要是物质生产和物质交换部门。在当代，第一和第二产业即传统的剩余价值生产部门的产值在国民经济中的比重大大下降，而第三产业的比重大大上升，其中包括从直接物质生产过程中独立出来的产品开发、生产决策、市场分析、信息获取、设备维修、售后服务等部门，都成为提供剩余价值的部门。

二是提供剩余价值的主体有所变化。过去，第一产业和第二产业的工人是提供剩余价值的主体，而当代已从体力劳动者为主逐渐向脑力劳动者为主转化。

三是提供剩余价值的手段更文明。早期的泰罗制、福特制等通过加强劳动强度来提供更多剩余价值的方式已淡化，逐渐被文明的“行为管理”所取代。它强调对人的行为的激发与引导，重视对企业职工高级需要的满足，以调动持久的动力。现在，从表面上看，劳动者的劳动条件大为改善，繁重的体力劳动明显减少，而劳动者的脑力支出、紧张和专注程度却可能提高了。

六、剩余价值规律

在市场经济条件下，无论是资本主义社会，还是社会主义社会，投资者生产的直接目的都是追求剩余价值，达到这个目的的手段也都是扩大和增加对剩余劳动的占有，这就是剩余价值规律的基本内容。剩余价值规律是价值规律在社会生产目的和特征上的延伸与表现，是一个社会的客观目的性规律或特征性规律。

定义　剩余价值规律

在发达的市场经济条件下，投资者进行生产的目的是追求剩余价值的最大化，达到这一目的的手段是尽可能地增加对劳动者的剩余劳动的占有。

首先，剩余价值规律表明资本主义和社会主义的生产实质。生产和追求最大限度的剩余价值，是资本主义和社会主义生产的直接目的，这是市场经济的客观要求。

其次，剩余价值规律决定着社会资本运行的各个环节。剩余价值的生产过程是资本主义和社会主义生产和再生产过程的基础和核心。流通过程则是为剩余价值生产准备条件，并使剩余价值得到实现的过程。分配过程主要表现为剩余价值在社会各利益主体之间的分配过程。消费过程是剩余价值生产的要素，即劳动力的再生产过程，同时也是投资者消费剩余价值和维持生活的过程。

最后，剩余价值规律决定着资本主义和社会主义市场经济矛盾发展的全过程。剩余价值是社会存在的基础和发展的动力。追逐剩余价值的目的与手段之间的矛盾决定着社会内在矛盾及其发展过程。

剩余价值理论是马克思主义经济理论的基石。马克思对资本主义生产过程的剖析，揭示了私人剩余价值的来源和资本主义生产的实质，这就解决了剩余价值理论的核心问题。

这是马克思的伟大发现。由于这一发现，才完成了政治经济学的革命，建立了科学的马克思主义政治经济学。马克思在批判的基础上建立起来的剩余价值学说，是理解全部资本主义经济关系的一把钥匙，并且为无产阶级指明了争取彻底解放的道路。对此，恩格斯评价说："这个问题的解决是马克思著作的划时代的功绩。它使社会主义者早先像资产阶级经济学者一样在深沉的黑暗中摸索的经济领域，得到了明亮的阳光的照耀。科学的社会主义就是从此开始，以此为中心发展起来的。"①

剩余价值规律不是资本主义特有，而是市场经济发展的一般规律，在资本主义社会和社会主义社会都存在并发生作用。

第四节 相对剩余价值的生产与企业制度的演进

一、相对剩余价值生产的三个阶段

从历史上看，生产相对剩余价值的方法，是循着简单协作、工场手工业和机器大工业的发展顺序进行的。

1. 简单协作

许多劳动者在同一个生产过程、在同一投资者指挥监督下有组织地共同协作劳动，这样的劳动形式叫简单协作。它在历史上和逻辑上都是生产发展的初级阶段。简单协作除了直接获得平均社会劳动和节省生产资料以外，还有以下优越性：第一，协作作为社会化劳动的一种形式，不仅提高了个人生产力，而且创造了大大超过许多单个人劳动能力机械总和的集体力。第二，协作由于是许多人在一起劳动，发生社会接触，会引起劳动者的竞争心和精神振奋，从而提高每个人的工作效率。第三，协作使许多人的同种作业具有联系性和多面性。既可以组织流水作业，又可以组织全面作业，从多方面对劳动对象同时进行加工。第四，协作可以集中力量在短促的时间内完成紧急的任务，这在农业方面尤为突出。第五，协作既能在很大的空间同时进行劳动，如修筑公路、开凿运河，又能在较小的空间投入大量的劳动，如修建大型建筑物、集约耕作等，从而节约生产费用。

2. 工场手工业

生产力发展的内在规律，决定了简单协作逐步发展到以分工为基础的工场手工业阶段。工场手工业是以分工为基础的协作，是生产过程的某种特殊形式。大约发生在欧洲16世纪末叶至18世纪末叶。

工场手工业是以两种方式产生的。一种是混成的工场手工业，即投资者把不同行业的独立手工业者联合在一个工场里，实行分工协作，共同生产一种产品。另一种是有机的工场手工业，即投资者把同行的许多手工业者组织在一个工场里，实行分工，在互相衔接的不同工序上进行某种操作，共同完成一种产品。工场手工业工人劳动的专门化和工具的专门化引起劳动生产力的提高。这为相对剩余价值生产创造了条件。其历史局限性在于：工场手工业的分工，一方面靠牺牲工人的整个劳动能力，使其非常片面的专长发展成为技艺；另一

---

① 《马克思恩格斯选集》第3卷，人民出版社1972年版，第243页。

方面是从事简单工作的工人毫无专长。工人简单地分为熟练工和非熟练工，使劳动力的价值降低了，这就扩大了剩余劳动的领域，增加了相对剩余价值的生产。

工场手工业仍以手工劳动为基础，所以使生产力的发展受到限制。这是因为，工场手工业本身的狭隘的技术基础发展到一定程度，就和它自身创造出来的生产需要发生矛盾。工场手工业的分工，使生产劳动工具专门化，在这个基础上逐渐出现了生产复杂的机械装置的工场。于是，工场手工业就开始向机器大工业阶段过渡。

3. 机器大工业

机器大工业代替工场手工业，在英国，是18—19世纪经过工业革命完成的。一切发达的机器都是由发动机、传动机、工具机或工作机三个本质上不同的部分组成。其中，工具机是具有决定意义的部分，它是18世纪工业革命的起点。马克思认为："作为工业革命起点的机器，是用一个机构代替只使用一个工具的工人，这个机构用许多同样的或同种的工具一起作业，由一个单一的动力来推动，而不管这个动力具有什么形式。"[①]机器协作是许多台同种的工具机集合在一个工厂里，由同一个动力机产生动力，通过传统装置把它们带动起来，生产同样的产品。这是简单协作在机器生产上的再现。例如，许多台织布机集合起来织布，便组成织布工厂；许多台缝纫机集合起来缝纫，便组成缝纫工厂。机器体系是几种不同的而又互相补充的工具机集合起来，劳动对象通过各个阶段上的不同机器的不同操作，最后制成产品。机器大工业是在企业追逐相对剩余价值的目的下发展起来的。在资本主义条件下，资本家使用机器，并不是为了减轻雇佣工人的劳动负担，而是为了缩短必要劳动时间，延长剩余劳动时间，以榨取更多的剩余价值。机器成了私人资本剥削雇佣劳动的工具。

4. 人工智能生产

人工智能是信息工业时代生产力高度发展的产物。人工智能(Artificial Intelligence，AI)是指研究、开发用于模拟、延伸和扩展人的智能的理论、方法、技术及应用系统的一门技术科学。以1956年约翰·麦卡锡在影响深远的"达特茅斯夏季会议"上提出"人工智能"概念为正式开端，人工智能发展已历60余年。人工智能通常划分为弱人工智能、强人工智能及超人工智能三个发展阶段。弱人工智能主要是指自动化的机器人，擅长单个方面的人工智能，如战胜世界围棋冠军的人工智能 lphaGo。马丁·福特在《机器人时代》中指出，弱人工智能表现为能搬箱子或做汉堡的机器人。强人工智能是指能达到人类水平的人工智能，如能够进行思考、计划和解决问题等操作。超人工智能是指在几乎所有领域都超出最聪明的人类大脑的智能，包括科学创新、通识和社交技能等。从技术上来看，人工智能大致可以分成三类，即感知智能、认知智能和创造性智能。目前，对于后两者人类还处于探索阶段，但在感知智能方面近几年取得了突破性进展，主要应用于医疗、金融、教育、公共交通、安防等行业。作为一种新兴科学技术，人工智能对国民经济的作用毋庸置疑，但更重要的是人工智能技术应用于国民经济，带来了产业结构的深刻变化，直接催生了智能经济，形成了从宏观到微观各领域的智能化新需求，催生了各种新技术、新产品、新产业、新业态以及新模式，促进了社会生产力的整体跃升。从本质上看，人工智能仍然属于生产力范畴，是对生产力各要素的人工智能技术渗透。人工智能的主体是智能劳动者，即掌握人工智能专门技能的智

① 《马克思恩格斯全集》第23卷，人民出版社1972年版，第413页。

能型劳动者，其客体包括人工智能技术和各种软硬件设备，即智能型劳动工具或劳动资料以及人工智能技术和工具作用于其上的劳动对象。从价值创造来看，智能劳动是科技含量更高的劳动，这就决定了劳动产品价值中要体现人工智能技术转化的价值，在同等劳动时间智能劳动具有更高的价值。但是，由于智能劳动所需工具和设备成本高，智能劳动产品价值中包含的不变资本部分会大大上升；又由于人工智能工具设备对人力的替代，可变资本部分从而大大下降，随着企业边际生产成本的下降以及资本循环的加速，总体生产效率提高，剩余价值将趋于增长。这实际上加剧了对劳动力的剥削。另外，人工智能崛起的根本动力来自资本逻辑利用和占有科学技术的牟利以及市场竞争的需要。它在资本主义信息生产力领域强化了以移动互联网、手机APP、自媒体媒介等为依托的各类虚拟平台，通过各类平台公司形成了对劳动者的新型控制从而获取更多的剩余价值，并由于类似智能无人工厂的打造，使越来越多的雇佣劳动者可能在未来沦为长期失业的“过剩人口”。因此，人工智能生产本质上将导致资本主义发展的阶段性部分质变，最终加剧资本主义的基本矛盾。

阅读材料　机器的使用

如果只把机器看作使产品便宜的手段，那么使用机器的界限就在于：生产机器所费的劳动要少于使用机器所代替的劳动。可是对资本来说，这个界限表现得更为狭窄。由于资本支付的不是所使用的劳动，而是所使用的劳动力的价值，因此，对资本说来，只有在机器的价值和它所代替的劳动力的价值之间存在差额的情况下，才会使用机器。由于工作日中必要劳动和剩余劳动的比例，在不同的国家是不同的，而且在同一国家不同的时期，或者在同一时期不同的生产部门，也是不同的；其次，由于工人的实际工资有时降到他的劳动力价值以下，有时升到他的劳动力价值以上，因此，机器的价格和它所要代替的劳动力的价格之间的差额，可能有很大的变动，即使生产机器所必需的劳动量和机器所代替的劳动总量之间的差额保持不变。但是，对资本家本身来说，只有前一种差额才决定商品的生产费用，并通过竞争的强制规律对他发生影响。因此，现在英国发明的机器只能在北美使用，正像16世纪和17世纪德国发明的机器只能在荷兰使用，18世纪法国的某些发明只能在英国使用一样。

马克思：《资本论》第1卷，人民出版社1975年版，第430—431页。

机器大工业把巨大的自然力和自然科学并入生产过程，大大地提高了劳动生产力。从单个产品来看，机器生产的产品比手工生产的产品要便宜。这是因为：一是机器的价值虽然大，但它定期转移到产品上去的价值不大。由于机器耐磨损，每次转移到产品上去的价值要比手工工具的价值更小。二是许多工人共同地使用生产资料（如建筑物等），比单个工人使用分散的生产资料要节约，因而会降低生产费用。

小辞典　简单协作、工场手工业和机器大工业

简单协作：许多劳动者在同一生产过程中，或在不同的但互相联系的生产过程中，有计划地一起协同劳动。

工场手工业：以手工技术和劳动分工为基础的协作。工场手工业有两种形式。一是混成的工场手工业——把从事不同劳动的手工业者组织在一个工场里实行分工协作共同生产一种产品。二是有机的工场手工业——把从事同类劳动的手工业者组织在一个工场里实行分工协作共同生产一种产品。

机器大工业：广泛使用机器代替手工劳动，使用机器的分工、协作和自动化体系代替单纯的劳动分工和协作的大工业。机器大工业与工场手工业的一个重要区别是，它要求以自然力来代替人力，以自觉应用自然科学来代替从经验中得出的成规。

简单协作、工场手工业和机器大工业是生产力发展所必然经历的三个阶段，也是相对剩余价值生产的三个阶段。在不同的社会，由于生产关系的区别，使它们表现出不同的性质和特点。

在资本主义社会，简单协作的特点在于：一是以私有制为基础，以雇佣劳动为前提；二是协作是在资本家的指挥和管理下进行的；三是协作所创造的新生产力成为资本内在的生产力。简单协作成为相对剩余价值的生产方法。

工场手工业的资本主义性质在于：使社会的生活资料和生产资料越来越多地转化为资本，劳动者成为私人资本的附属物，发展了脑力劳动与体力劳动的对立，工场手工业成为生产相对剩余价值的特殊方法。劳动工具的专门化和分工的进一步发展使企业组织的发展具有了新特点：一是企业内部分工的有机结合；二是企业组织的变化服从于资本的意志，为资本家创造了更多的获取利润的条件；三是建立了统一指挥、严格纪律和合理分工的内部等级制。

在资本主义制度下，机器成为资本的存在形式，成为生产更多剩余价值的手段，并给工人的命运带来许多消极影响。

(1)扩大了剥削的范围，使用大量女工甚至童工，使工人家庭成员也隶属于资本，并使劳动力价值有所下降。

(2)机器运转速度快，提高了劳动强度。

(3)机器排挤工人，扩大了失业队伍。

(4)工人隶属于资本的程度加深，从形式上隶属于资本变成实际上隶属于资本。

在社会主义社会初级阶段，简单协作、工场手工业和大机器工业作为三种生产方式，继续存在并发生作用。不管是公有制还是私有制，各个投资者和企业根据其生产力发展状况的要求，采取不同的生产方式，以取得较高的经济效益，但三种生产方式的优劣点也会表现出来。

二、企业制度的演进

在一定产权制度的基础上，建立起企业的组织形式和企业管理制度，便构成企业制度的整体。企业制度随着商品经济的发展不断演进，经历了单业主制、合伙制和公司制三种形式。

单业主制企业制度的载体是小规模的企业组织。在这一企业中，出资人是企业财产的唯一所有者，也就是企业主，同时又是企业经营者。企业主按照自己的意志经营企业，并获得全部经营收益。这种企业经营规模小、经营灵活、激励和约束直接。马克思所分析的资本主义简单协作和工场手工业时期的企业组织实际上就是单业主制。因为，工人是在同一时间、同一空间、同一资本家指挥下劳动。业主制的缺陷是：资本来源有限，企业发展受限制；企业主要对企业的全部债务承担无限责任，经营风险大；企业的存在与解散完全取决于企业主，企业的存续时间极短。因此，业主制难以适应社会化大生产条件下市场经济的发展和企业规模不断扩大的要求。

合伙制是一种由两个或两个以上的人共同投资，并分享收益、共同监督和管理的企业制度。与单个业主制企业相比，合伙制企业有其优势：合伙企业的资本由合伙人共同筹集，扩大了资本来源；合伙人共同对企业承担无限责任，可以分散投资风险；合伙人共同管理企业，有助于提高决策水平。但是，合伙人在经营决策上也容易产生意见分歧，合伙人中可能会出现偷懒和道德风险。合伙制企业是依据合伙人之间的协议建立起来的，当一位伙伴退出或死亡，或接纳新成员，都必须通过谈判建立新的伙伴关系。在经营中，合伙人对企业债务承担无限和连带责任。所有合伙人都是老板，都有权代表企业进行经营活动，如果一人决策失误，所有合伙人受累。一切决策要经合伙人同意，这也增加了经营成本，降低了效率。因此，合伙制一般适应于小规模的经营，以小企业居多，不适合社会化大生产的需要。

单业主制和合伙制企业都是自然人企业，企业具有法律地位，可以独立存在，合法经营，但不具法人资格。企业法人资格有两个基本要求：一是企业法人的财产独立，由企业法人独立支配；二是企业法人的财产必须达到国家规定的最低限额以上。只有公司制才具有法人资格，是现代企业制度的基本形式。

合作制企业是劳动群众自愿组合、共同出资，使用共同占有的生产资料进行合作劳动的经济形式。

股份合作制是股份经济和合作经济相互融合、渗透而形成的一种新的组织形式和企业制度。其基本特征在于：第一，股份合作制实行全员入股，即由劳动者全体入股形成企业运行所需的大部分资本，强调投资入股是成为企业成员的重要前提。这既吸收了股份制的筹资方式，又保持了合作制中股东参与劳动的特征。第二，民主决策和管理。股份合作制企业内部职工拥有参与决策和管理的权利，在实际操作中，民主决策与管理通过股东大会或职工大会来实施。第三，按股分红与按劳分红相结合。按股分红，即股份合作制企业税后利润在弥补上年度亏损，提取法定公积金、公益金，支付优先股红利后，在企业股东（职工）之间进行分配。按劳分红是根据职工的劳动贡献分配红利，按股分红是按照股东所持有的股份分配红利。按劳分红与按股分红的比例由股东（职工）大会决定。

合作制与股份合作制有一定的渊源，同时也存在差别。从财产来源看，两者都是由职工共同出资组建的，但合作制不吸收本企业职工以外的个人、法人的投资，资本来源单一。股份合作制的资本来源较广，除职工投资外，还可以由国家、集体和其他法人投资，还允许部分职工暂时不入股；而合作制企业则要求职工全员入股，不允许非股东职工的存在。从管理机制来看，均设立股东会、董事会、监事会、经理人的治理结构，实行法人治理结构的管理机制。区别在于：合作制企业实行一人一票的表决制度，股份合作制实行一人一票和一股一票相结合的方式，兼顾资本所有者的利益。从分配机制来看，两者都实行按劳分配为主的分配方式。合作制企业职工投入的资本也可获得一定数量的利息，股份合作制企业职工按投入的资本参与分红，按资分红的比例是不确定的，由职工股东大会决定，职工收入的差别除反映劳动量的差别外，还反映了个人股份的差别。从风险承担来看，合作制企业虽然也是由职工共同出资组建，但职工离开企业可以退股，不必承担资本损失的风险；股份合作制的企业职工不能退股，只能在企业内部转让，因而要承担一定的资本风险。

公司制是随着大规模资本联合、协作生产而产生的一种新型的企业制度。依不同的标准，从不同的角度可以对公司做不同的分类。公司的分类有法律上的分类，也有理论、学理上的分类，同时在不同国家也有不同的分类。依据股东对公司承担责任形式的不同，可分为无限公司、有限公司、股份有限公司与两合公司四类。

（1）无限公司（unlimited company）是无限责任公司的简称，它是由两个以上的股东组成的、全体股东对公司的债务负连带无限责任的公司。

（2）有限公司（limited company）亦称有限责任公司，是由两个以上的股东出资组成，每个股东以其认缴的出资额对公司债务承担有限责任，而公司以其全部资产对其债务承担责任的公司。

(3)股份有限公司(stock corporation 或 company limited by shares)又称股份公司,是指由一定人数以上的股东组成,公司全部资产分为等额股份,股东以其所认购的股份对公司承担有限责任,公司以其全部资产对其债务承担责任的公司。

(4)两合公司(limited partnership),是指由无限责任股东与有限责任股东共同组成,无限责任股东对公司债务负连带无限责任,有限责任股东对公司债务仅以其出资额为限承担有限责任的公司。两合公司是大陆法国家公司法中规定的公司形式。在英美法国家,一般视其为有限合伙,以有限合伙法来进行规范。此外,还有一种特殊的两合公司,即股份两合公司,它是两合公司的一种特殊形式。普通的两合公司兼有无限公司和有限公司的特点,而股份两合公司则兼有无限公司和股份有限公司的特点。

当代的经济活动日益复杂,使得无限公司及两合公司、股份两合公司股东的投资风险更加突出,采用这三种公司形式的国家已经不多,目前各国普遍采用的公司形式是有限公司和股份有限公司。所以现代公司制企业的典型形式是有限责任公司和股份有限公司。上市股份有限公司也称公众公司,是指公开上市募集股份并可对股权进行交易的股份有限公司。

公司制比业主制和合伙制更为优越。其特点是公司的资本来源广泛,使大规模生产成为可能;出资人对公司承担有限责任,投资风险相对降低;公司拥有独立的法人财产权,保证了企业决策的独立性、连续性和完整性;所有权与经营权分离,为科学管理奠定了基础。现代公司是社会化程度很高的企业,是企业制度的一种创新,它的出现极大地促进了生产力的发展,公司制就是一种现代企业制度。

股份公司是在资本主义机器大工业基础上发展起来的,是资本的一种组织形式。由于生产力的提高,资本主义市场的扩大,铁路公路等水陆运输的发展,电力的加速扩大等,单个资本企业无法满足为进行有效生产所必需的企业资本的最低限额,企业资本的社会化就产生了。再加上信用制度及通讯业的发展,股份企业制度由此产生了。

小辞典 各种各样的企业形式

业主制:出资人是企业财产的唯一所有者,同时又是企业的经营者。企业主按照自己的意志经营企业,并获得全部经营收益。

合伙制:两个或两个以上的人共同投资,并分享利益、共同监督和管理的企业制度。

公司制:包括有限责任公司和股份有限公司。前者指不通过公开募集股份,也不发行股票,而由为数不多的股东集中组成的公司,股东以其出资额为限对公司承担责任,公司以其全部资产对公司债务承担责任。股份有限公司又称股份公司,其全部资本分为等额股份,由发起人认购公司应发行的全部股份;或由发起人认购一部分股份,其余部分由社会公开募集。

合作制:劳动群众自愿组合、共同出资,使用共同占有的生产资料进行合作劳动的经济形式。

股份合作制:股份经济和合作经济相互融合、渗透而形成的一种新的组织形式和企业制度。

近代意义的股份公司最早产生于16世纪的英国。但是国际贸易的发展和重商主义政策的影响,使英国出现了一批以发展海外贸易和掠夺殖民地为目的的合股贸易公司。从16世纪到17世纪末,英国出现了大约100家具有现代意义的股份公司。一般认为,1600年英国女王特许成立的东印度公司是最早意义的现代股份公司。到17世纪上半叶,英国已经确立公司是独立法人的民法观点，并开始把公司与自然人的业主企业和合伙企业区别开来。17世纪下半叶，英国产生了稳定的合股公司组织，股本变成长期投资的资本，获得独立化形态。股权只能转让不能退股，股票交易也产生了。但是股份公司的大发展是在19世纪中叶以后。1855年英国颁发《股份公司法》，在法律上确认了股份公司的有限责任制度和明确的独立法人实体地位。同时，股份公司在美国、德国等国也迅速发展起来。此时，现代意义的股份公司制度确立了起来。股份公司是一种资本组织形式，本身并不表明所有制的性质。各种不同的所有制都可以采用，并赋予新的内容和所有制性质。在企业混合所有制中，若是公有资本控股，则该股份制企业明显具有公有制性质。我国不少行业由政府授权形成国有独资的有限责任公司，有些以大型国有企业为核心建立起国有控股公司，在现代企业制度改革中出现了包括多元投资主体在内的国有参股公司等。国有企业实行股份制改造，有利于政企分开，转换企业经营机制。

三、企业管理及其性质

与企业制度的演进相伴随的是企业管理的日益成熟。企业管理最初是在资本主义企业中产生和发展起来的。资本主义企业管理经历了三个发展阶段。一是传统管理阶段（18世纪后期至20世纪初），亦称经验管理阶段。二是科学管理阶段（20世纪初至20世纪40年代），突破了按传统的经验管理，管理有了科学理论，并把科学方法和实验方法应用于企业管理。科学管理的最初创始人是美国的泰罗。他提出了定额管理、标准化管理等理论。三是现代管理阶段（第二次世界大战之后），现代管理学派林立，最主要的是管理科学学派和行为科学学派。管理科学学派着眼于研究企业内生产力的合理组织问题，同时将现代科学技术最新成果如系统论、控制论、信息论以及电子计算机等用作管理的方法和手段。行为科学学派强调从社会学、心理学的角度，从人的行为、动机及其相互关系和社会环境等方面研究企业经营管理中如何调动人的积极性，并把人们有效地组织起来的问题。现代管理理论尽管有不同学派，但都在不同程度上对当代资本主义企业完善管理制度起着指导和影响作用。

企业管理具有二重性。马克思说："资本主义的管理就其内容来说是二重的——因为它所管理的生产过程本身具有二重性：一方面是制造产品的社会劳动过程，另一方面是资本的价值增值过程。"①资本主义企业管理的二重性和二重基本职能是：既具有合理组织生产力的自然属性，即一般管理职能；又具有实现资本所有权的社会属性，即资本主义管理的特殊职能。在现实经济生活中，管理的这二重属性和二重基本职能往往交织在一起，表现为同一管理活动的两个方面。正如列宁所说："泰罗制也同资本主义其他一切进步的东西一样，有两个方面，一方面是资产阶级的最巧妙的残酷手段，另一方面是一系列的最丰富的科学成就。"②这句话适用于全部资本主义企业管理。其中属于合理组织生产力，包含"一系列的最丰富的科学成就"的方面，是人类进步的共同财富。

---

① 《马克思恩格斯全集》第23卷，人民出版社1972年版，第368—369页。
② 《列宁选集》第3卷，人民出版社1972年版，第511页。

第五节 工资的本质和形式

一、工资的一般现象与本质

工资是企业成本的重要组成部分。工资形式给人以假象,似乎是工人进行劳动,投资者根据劳动付给的报酬,多劳多得,工资的本质就是劳动的价值和价格。实际上,工资是劳动的价值或价格,只是一种虚幻的外观或现象。若把经济现象当作经济本质,则是一种不正确的说法。这是因为:

第一,如果劳动是商品,价值量就无法计算。我们知道,商品价值是耗费在商品生产上的抽象劳动的凝结,商品的价值量是用它所包含的劳动量来计量的。如果说劳动是商品,它有价值,那么,试问12小时劳动的价值是多少呢?回答只能是12小时劳动的价值是12小时的劳动。这种劳动的价值由劳动来决定的说法,是毫无意义的同语反复。

第二,劳动不是独立存在的实体,不能作为商品出卖。假如劳动能够作为商品在市场上出卖,它必须在出卖前就已经存在。但是,当工人以卖者的身份走进资本家的工厂时,劳动过程还没有开始。当劳动过程开始时,劳动已不再属于工人,也就不能再被工人出卖了。在出卖以前能够独立存在的劳动,只有物化劳动,即以劳动产品形式存在的劳动,而如果出卖的是这个东西,那么,他出卖的就是商品而不是劳动了。

第三,把劳动看作商品,不是违反价值规律,就是违背剩余价值规律。假定劳动是商品,资本家用货币(物化劳动)同作为商品的活劳动直接交换,只能发生两种情况:一是如果要获得剩余价值,只能实行不等价交换,这就违反了价值规律的要求;二是等价交换,这就不能获得剩余价值,就否定了剩余价值规律的存在。

其实,劳动不是商品,劳动力才是商品,劳动者出卖的是劳动力,而不是劳动。因此,工资不过是劳动力价值(或价格)的转化形式。马克思指出:“工资不是它表面上呈现的那种东西,不是劳动的价值或价格,而只是劳动力的价值或价格的掩蔽形式。”①劳动力的价值或价格,表现为劳动的价值或价格,是由工资的特点及其支付形式本身产生的。这是因为:(1)工人的劳动能力存在于活的人体内,使用前看不见,人们看到的只是生产过程中一定时间的劳动,因此工人出卖的虽然是一定时间的劳动力,但看起来好像是一定时间的劳动,于是工资就好像是劳动的价格。(2)在劳动力的买卖上,货币是充当支付手段,因为资本家通常在工人劳动以后才支付工资。这使人们误认为它不是对劳动力而是对劳动的支付。(3)在工资形式的实际运动中,也显示出许多现象,似乎企业支付给工人的不是劳动力的价值,而是劳动的价值或价格。例如,工人为企业劳动的时间越长,或生产产品件数越多,得到的工资也越多;劳动的强度不同,劳动熟练程度不同,得到的工资也不相同。(4)劳动对工人来说,是作为谋生的手段,所以工人出卖劳动力所得的工资,往往也看作是他的劳动换来的。

总之,工资的本质是劳动力价值或价格,而不是劳动的价值或价格。马克思在将劳动和劳动力加以区分的基础上,创造了科学的工资理论。

---

① 《马克思恩格斯选集》第3卷,人民出版社1972年版,第17页。

二、资本主义和社会主义的工资

资本主义私有制经济的工资是劳动力价值或价格的转化形式，体现资本家对工人的剥削关系。社会主义公有制经济的工资的本质是劳动力的价值，是按劳分配的结果和实现形式，反映着劳动平等和报酬平等的经济关系。

社会主义公有制经济的工资是社会主义市场型按劳分配的结果和实现形式，是公有制企业按照劳动者提供的劳动量分配给劳动者消费品或代表一定数量消费品的货币。其实质是按劳分配制度下归劳动者用于个人生活需要的必要劳动的转化形态。在我国现阶段，全民所有制企业和城镇集体所有制企业劳动报酬的基本形式是货币工资。

在社会主义公有制条件下，劳动者在一定的工作日中，其劳动时间也可分为必要劳动时间与剩余劳动时间。必要劳动时间生产的必要劳动产品作为劳动者工资部分，剩余劳动时间生产的剩余产品为社会提供共同需要，但这部分公共产品最终还是劳动者共同受益，尽管单个劳动者的受益程度不同。

三、工资的形式及其变动

工资的形式主要有两种：计时工资和计件工资。计时工资是按照劳动时间支付工资的形式。如按日、按周、按月、按年计算的日工资、周工资、月工资、年工资（年薪）等。从现象看，它表现为活劳动的报酬；实质是劳动力的日价值、周价值、月价值、年价值的转化形式。计时工资是基本的工资形式。

计件工资是按照标准质量的劳动成果的数量（如合格产品件数）支付工资的形式。这种工资形式同计时工资并无本质区别。它表面上是物化劳动的报酬，实质上是一定劳动时间劳动力价值或价格的转化。因为实行计件工资时，每件产品的工资单价，就是根据日计时工资额和平均日产量计算出来的。可见，计件工资只是变相的计时工资。

一般来说，计件工资是更有利于降低工资成本、刺激工人提高劳动生产率的形式。因为计件工资把工人收入同劳动成果直接挂钩，工人劳动的数量、质量和强度，都由工资形式本身来控制，这就使工资成为从物质利益上刺激工人更紧张、更有效劳动的重要手段。于是，计件工资在资本主义社会和社会主义社会都被广泛地利用。

讨论　计时工资和计件工资

计时工资是工人从每小时的劳动中得到的工资，它等于日工资与日劳动小时（或者，周工资与周劳动小时、月工资与月劳动小时等等）的比率。例如：

$$计时工资=\frac{日工资}{日劳动小时}\left(=\frac{周工资}{周劳动小时}=\frac{月工资}{月劳动小时}\right)$$

从上式可以看到，计时工资是与日、周和月劳动小时等等成反比的。因此，即使日工资（或周工资、月工资）不变，但如果每日（或每周、每月）的劳动时间延长了，计时工资（也就是劳动价格）还是会下降；即使日工资（或周工资、月工资）上涨，但如果每日（或每周、每月）的劳动时间同比例延长，计时工资还是会不变；只有在日工资（或周工资、月工资）的上涨幅度超过相应的劳动时间的延长时，计时工资才会增加。

计件工资是工人从每一件产品中得到的工资，它等于日工资与日产品数量（或者，周工资与周产品数量、月工资与月产品数量等等）的比率。例如：

$$计件工资=\frac{日工资}{日产品数量}\left(=\frac{周工资}{周产品数量}=\frac{月工资}{月产品数量}\right)$$

根据计时工资和计件工资的公式分别可得：

$$日工资=日劳动小时\times计时工资$$

$$日工资=日产品数量\times计件工资$$

于是有：

$$日劳动小时\times计时工资=日产品数量\times计件工资$$

亦即：

$$计时工资=\frac{日产品数量}{日劳动小时}\times计件工资$$

这就是计时工资和计件工资的关系。

工资采取货币形式，就必然存在名义工资和实际工资的问题。名义工资是劳动者实际得到的一定数量的货币工资。实际工资是指用这些货币工资所能买到的消费资料的数量。实际工资的高低反映着人们的实际生活水平。在市场经济条件下，商品价格与价值是否一致，市场上商品供给与需求是否平衡，货币供应量与商品流通需要量是否相适应等，都会使劳动者的实际工资与名义工资之间产生差异。

讨论　名义工资和实际工资

名义工资是劳动者实际得到的一定数量的货币工资。实际工资是用这些货币工资所能够购买到的生活资料数量，它等于名义工资除以物价水平（消费价格指数），可用公式表示为：

$$w=\frac{W}{P}$$

这里，w 和 W 分别代表实际的和名义的工资，P 为物价水平。可见，实际工资与名义工资成正比、与物价水平成反比。

上式两边取对数后得：

$$\ln w=\ln W-\ln P$$

再对时间 t 求导（把实际工资、名义工资和物价水平均看成是时间的函数）：

$$\frac{\mathrm{d}w/\mathrm{d}t}{w}=\frac{\mathrm{d}W/\mathrm{d}t}{W}-\frac{\mathrm{d}P/\mathrm{d}t}{P}$$

这里，等式左边是实际工资的增长率，等式右边前后两项分别是名义工资增长率和物价水平增长率（或通货膨胀）。因此，实际工资增长率等于名义工资增长率减去通货膨胀。由这一公式可以看到，名义工资的增长不等于实际工资的增长。只有当名义工资增长率大于通货膨胀率时，才有实际工资的增长；反之，如果名义工资增长率小于通货膨胀率，则实际工资将下降。最后，当名义工资和物价水平同比例和同方向变化时，实际工资保持不变。

在资本主义发展过程中，工资水平的变动趋势是，总的来说，名义工资呈上升趋势，实际工资也呈曲折上升趋势。这是因为：一是社会生产力的发展，工人必要生活资料的范围、种类和数量扩大，从而引起实际工资的增长；二是工人阶级长期为争取提高工资的斗争。当然，也存在实际工资下降的因素：一是由于科技的发展，新机器和生产技术在生产中的应用，排挤了大量工人，劳动力供过于求严重。二是周期性经济危机的爆发，大量工人失业，在业工人的实际工资被迫下降。三是通货膨胀，货币贬值，物价上涨。四是捐税加重。第二次世界大战后，总的趋势是，实际工资有所上升，但这并不意味着工人受剥削程度的减轻。因为，在工人的劳动生产率增长快于实际工资增长的情况下，工人创造的财富有更大的部分被资本家所占有。在通货膨胀的情况下，名义工资高于实际工资，资本家实际加大了对工人的剥削程度。在社会主义条件下，为了不损害劳动者个人利益，就要建立起货币工资与物价水平的变动关系，名义工资随物价水平的变动而同方向变动，以确保货币工资增长幅度大于生活资料价格上涨幅度，主动使名义工资和实际工资均逐年有所提升。

四、劳动力价值或价格的其他转化形式

劳动力价值或价格的转化形式，除工资外，还采取其他形式，如奖金、津贴等。

奖金是劳动力价值的一种转化形式。它实质是对劳动者超额劳动支付的价值。奖金的特点是比较及时地反映劳动者提供的劳动量的变化，具有较大的灵活性。在计时工资的情况下，劳动者的工资级别较稳定，而劳动者提供的劳动量却是经常变化的。因此，计时工资的固定工资等级不能及时和准确地反映出劳动者实际提供的劳动量的变化。在计件工资情况下，对劳动者在技术革新、节约、物质消耗、安全生产等方面提供的超额劳动也不能准确地反映，甚至没有反映。因此，要利用奖金这一形式，以补充计时工资和计件工资的不足，调动劳动者的积极性。

津贴也是劳动力价值的一种转化形式。它是对特殊条件下工作的劳动者的额外劳动和对某种艰苦劳动的补偿。如对高空作业、地下作业、高温作业、野外作业的劳动者，要给予一定的补充报酬。其特点是灵活地支付报酬，有利于劳动者的调配和管理。同时，津贴对劳动者额外劳动的补充，有利于保护劳动者的身体健康，调动劳动者的积极性。

联产承包计酬是农村集体经济的主要分配形式，也是随着我国农村经济体制改革而出现的一种劳动报酬形式。十一届三中全会后，我国农村集体经济由人民公社生产资料三级所有、队为基础的集中经营体制转变为集体统一经营与家庭分散经营相结合，家庭经营为主的联产承包责任制。劳动报酬采取联产计酬制。在坚持土地等主要生产资料归集体所有的基础上，土地的经营权承包给农户。集体主要承担多种形式的社会化服务，农户拥有生产经营的自主权，除了按承包合同规定上缴国家税收和集体提留外，剩余利益全部归农户所得，即“交够国家的，留足集体的，剩下都是自己的”。这种分配形式，使农民的收入完全与其投资和经营付出的劳动挂钩，分配关系明确、合理。联产计酬的形式是以劳动的物化形态作为分配的依据，把农业的劳动报酬形式与农业劳动的成果直接联系起来，符合农业劳动的特点，较好地贯彻了按劳分配原则，较好地处理了国家、集体、个人之间的物质利益关系，克服了平均主义，促进了农业生产力的提高。

本章小结

作为资本的货币，其流通公式是：G—W—G′。其目的是要经过流通取回更多的货币。这个增值了的部分，马克思称之为剩余价值。货币只有作为带来剩余价值的价值时，才成为资本。货币转化为资本的条件是劳动力成为商品。剩余价值是工人创造的超过劳动者自身价值以上的那部分价值。这些都是资本和剩余价值的一般内涵。

私人资本就是能带来由私人占有的剩余价值的价值。公有资本就是能带来由集体或国家

占有的公有剩余价值的价值。资本和剩余价值与不同社会制度结合具有不同性质和属性。

简单商品生产是劳动过程与价值形成过程的统一。资本主义和社会主义的商品生产过程是劳动过程与价值增值过程或剩余价值生产过程的统一。但两种经济制度下劳动过程和价值增值过程的特点与内涵有差异。

剩余价值来源于可变资本的增值,不变资本只发生价值转移而不发生价值增值。绝对剩余价值生产和相对剩余价值生产是价值增值的基本方法。剩余价值规律是资本主义和社会主义的客观目的性或特征性规律,是价值规律的一种表现和延伸。

相对剩余价值生产经过了简单协作、工场手工业和机器大工业三个阶段。在市场经济的发展进程中,企业制度经过了业主制、合伙制和公司制的演进过程。企业管理在资本主义制度下具有二重性。

工资的现象形态是劳动的价值或价格,其一般本质是劳动力的价值或价格。在不同的所有制下,工资反映着不同的经济关系。工资的形式主要有计时工资和计件工资。奖金和津贴是劳动报酬的辅助形式。名义工资与实际工资的变动可能出现多种情况。

关键术语

剩余价值　资本　资本总公式　总公式的矛盾　劳动力商品　劳动力价值　价值形成过程和价值增值过程　必要劳动和必要劳动时间　剩余劳动和剩余劳动时间　不变资本和可变资本　剩余价值率　绝对剩余价值　相对剩余价值　超额剩余价值　剩余价值规律　简单协作　工场手工业和机器大工业　业主制　合伙制和公司制　工资　名义工资和实际工资

参考资料

1.《马克思恩格斯全集》第23卷,第2—6篇,人民出版社1972年版。

2.马克思:《剩余价值理论》第3册,人民出版社1975年版。

3.何自力:《法人资本所有制与公司治理》,南开大学出版社1997年版。

4.何玉长、宗素娟:《人工智能、智能经济与智能劳动价值——基于马克思劳动价值论的思考》,《毛泽东邓小平理论研究》2017年第10期。

5.蒋红群:《人工智能崛起与当代资本主义生产方式新变化》,《马克思主义研究》2020年第3期。

思考题

1.马克思说:货币所有者变为资本家,"必须在流通领域中,又必须不在流通领域中。这就是问题的条件。"试问:货币转化为资本究竟是怎样实现的?

2.如何理解"资本是带来剩余价值的价值"? 正确认识资本的特殊性与一般性。

3.为什么说资本主义和社会主义的生产过程是劳动过程与价值增值过程的统一?

4.正确理解相对剩余价值生产与绝对剩余价值生产的关系,以及相对剩余价值与超额剩余价值的联系与区别。

5.如何评价各类企业制度的演进? 怎样正确理解公司制的类型与特征?

6.正确认识不同社会制度下工资的性质与形式,正确认识名义工资与实际工资的关系。

第四章

资本积累

学习目的与要求

通过本章的学习，了解再生产都是物质资料的再生产、资本价值的再生产和经济关系的再生产三者的统一；认识扩大再生产的源泉，以及决定资本积累量的因素；理解资本有机构成的内涵与相对过剩人口的成因；了解资本积累的一般规律和不同的历史作用，以及国内外反贫困问题。

第一节　简单再生产

一、生产资料的再生产

人类社会为了自身的生存和发展，任何时候都不能停止消费，因而也就不能停止生产，社会生产总是连续不断地进行的。这种不断重复、不断更新的生产过程，就是再生产。再生产按其规模可以分为简单再生产和扩大再生产两种类型。简单再生产就是按照原有的生产规模不断重复进行的再生产。扩大再生产，就是按照扩大的生产规模不断更新的再生产。简单再生产是扩大再生产的基础和出发点，因此，分析再生产，必须先分析简单再生产。

定义　再生产、简单再生产和扩大再生产

再生产：不断重复、不断更新的生产过程。

简单再生产：按照原有的生产规模不断重复进行的再生产。

扩大再生产：按照扩大的生产规模不断更新的再生产。

简单再生产不仅是物质资料的再生产和资本价值的再生产，而且是经济关系的再生产。

物质资料的生产和再生产是人类社会存在和发展的基础。任何社会为了满足其社会成员生产和生活的需要，都必须要有各种各样的物质资料，为此就要进行物质资料的生产。所谓物质资料的生产，就是人们以一定的方式结合起来，根据自己设想的目的，运用劳动资料去加工劳动对象，改变劳动对象的性质、形状或地理位置，使被加工成的产品能满足人们生产和生活需要的社会经济活动。物质资料的生产是人类最基本的实践活动，同时也是再生产的基础和条件。由于每一次生产过程都会生产出一定的物质资料，同时也要消耗掉一定的物质资料，因此只有从生产出来的物质资料中拿出一部分再转化为新的生产要素，包括劳动资料、原料和辅助材料等，生产才能连续不断地进行。正因为存在着物质资料的生产和再生产，人类才能生存，社会才能持续和发展。所以，社会再生产就其内容来讲，首先应当是物质资料的再生产。

另一方面，生产具有何种形式，再生产也就具有何种形式。在资本主义社会，物质资料再生产是资本主义再生产的手段，因为物质生产的劳动过程仅仅表现为价值增值过程的手段，目的是把预付价值作为资本即作为自行增值的价值再生产出来。在这里，如同生产的条件采取资本形式一样，再生产的条件也是采取资本的形式，不变资本（生产资料）是再生产的客观条件，可变资本（劳动力）是再生产的主观条件。在社会主义社会，物质资料再生产同样是社会主义再生产的手段，这是由社会主义生产和再生产的目的所规定的。社会主义生产和再生产固然也要追求价值增值，但根本目的是不断满足人民群众日益增长的物质和文化生活的需要，而要实现这一目的，只有大力发展生产力和不断扩大再生产。社会主义再生产的条件同样采取不变资本（生产资料）和可变资本（劳动力）的形式，但与资本主义不同，这种再生产以有利于劳动者的方式进行。

二、资本价值的再生产

简单再生产虽然只是生产过程按同一规模的反复，但这种反复的持续，可以使人们消除作为孤立的生产过程所具有的表象，看到不同社会生产过程的一些重要的特征。

第一，从简单再生产过程来看，可变资本的价值是由工人创造的。任何一个生产过程都需要预先垫付可变资本，如果把资本主义生产当作一个孤立的过程来看，资本家支付给工人的工资，好像是靠掏自己腰包里的货币垫付的。但是，从生产过程的连续性来考察，工人在这一时期得到的工资，正是他在前一时期劳动创造的产品价值的一部分，资本家只是用工人自己创造的价值来购买工人的劳动力。从社会主义公有制企业的生产过程来看，无论是孤立的一次生产过程，还是连续性的生产过程，则都表现为工人靠自己的劳动，通过按劳分配，既创造了可变资本，养活了自己，同时，又为国家和企业创造了税利，提供了再生产的资金积累。

第二，全部资本的价值都是由工人创造的剩余价值转化来的。如果从一个孤立的生产过程来看，好像企业的全部资本都是资本家自己的财产，是由其“辛勤劳动”积累起来的。如果从再生产过程来看，就会发现，不管资本家最初的资本从何处而来，经过若干再生产周期后，原有的资本就会被他消费掉。资本家的资本之所以继续存在，是由工人创造的剩余价值积累起来的。假如，资本家预付资本为 1 万元，每年能生产剩余价值 2 000 元，全部用于资本家的个人消费。经过 5 年，资本家共消费了 1 万元，相当于他原先的全部预付资本。但是，他现在手里仍有 1 万元资本，显然，那只是代表工人在 5 年里所创造的剩余价值总额，是资本化的剩余价值。可见，资本家的全部资本都是由工人劳动创造的。

讨论　剩余价值替换全部预付资本的周期:简单再生产

假定某一企业开始生产时拥有的总资本为 C,其中,用于不变资本的部分为 c,用于可变资本的部分为 v,资本构成(即不变资本与可变资本的比率)为 θ,剩余价值率为 m'。试问:在简单再生产条件下,劳动创造出企业预付的全部可变资本和全部总资本(简称"资本更新")的时间是多少?

设资本全部更新的时间为 n 年。为方便起见,假定简单再生产的周期为一年。就是说,从企业预付资本购买生产资料和劳动力开始,到生产和销售出产品为止,恰好为一年的时间,并且,在这一年中,全部生产资料的价值恰好折旧完毕,需要从头更新。于是,在第一年结束时,企业得到的剩余价值等于剩余价值率与预付可变资本的乘积,即 $m'v$,在 n 年结束时,得到的全部剩余价值(包括从第一年到第 n 年的全部剩余价值)为 $nm'v$。令它等于企业一开始时预付的全部可变资本:

$$nm'v=v$$

解之即得:

$$n=\frac{v}{m'v}=\frac{1}{m'}$$

于是,全部可变资本更新的时间等于剩余价值率的倒数。例如,设剩余价值率为 50%,则可变资本更新的时间为:

$$n=\frac{1}{50\%}=2(\text{年})$$

换句话说,企业的可变资本在 2 年之后将完全由剩余价值构成。

另一方面,为了求得全部总资本的更新时间,可以令:

$$nm'v=c+v$$

解之即得:

$$n=\frac{c+v}{m'v}=\frac{\theta v+v}{m'v}=\frac{\theta+1}{m'}$$

于是,全部总资本的更新时间等于资本构成加 1 再除以剩余价值率。例如,设剩余价值率为 50%,资本构成为 4,则全部资本更新的时间为:

$$n=\frac{4+1}{50\%}=10(\text{年})$$

换句话说,企业的全部资本在 10 年之后将完全由剩余价值构成。

在社会主义公有制经济条件下,工人在必要劳动时间内创造的价值除了转化为可变资本以外,在剩余劳动时间内创造的剩余价值转化为上缴国家的税利和企业留存的基金,其中一部分用于再生产的原始资本投入,因此社会主义公有制经济的全部资本从一开始就表现为是由工人阶级创造的剩余价值转化来的。

总之,从一般的简单再生产过程看,工人不仅创造了剩余价值,而且创造了可变资本;不仅创造了可变资本,而且创造了全部资本。

讨论 资本构成和资本份额

在企业的资本构成和不同资本在总资本中所占的份额(简称“资本份额”)之间存在着一个简单的关系。例如,设企业的总资本为C,其中,不变资本为c,可变资本为v,不变资本与可变资本的比率即资本构成为θ,即有:

$$\frac{c}{v}=\theta$$

由该式可得:

$$\frac{C-v}{v}=\theta \rightarrow$$

$$\frac{C}{v}-1=\theta \rightarrow$$

$$\frac{C}{v}=1+\theta \rightarrow$$

$$\frac{v}{C}=\frac{1}{1+\theta}$$

由此可见,可变资本占总资本的份额等于1加资本构成的倒数。

不变资本份额则可按如下方法推导:

$$\frac{c}{C}=1-\frac{v}{C}=1-\frac{1}{1+\theta}=\frac{\theta}{1+\theta}$$

换句话说,不变资本占总资本的份额等于资本构成除以1加资本构成。

三、经济关系的再生产

再生产不仅是物质资料的再生产和资本价值的再生产,而且是经济关系的再生产,是三者的统一。

人们从事物质资料的生产,总是在一定的社会形式下,或结成一定的社会经济关系来进行的。社会经济关系就是人们在物质资料生产和再生产过程中结成的相互关系。它是人们各种社会关系中最基本的关系。不论生产的社会形式如何,劳动者和生产资料始终是物质生产的基本要素。凡是要进行生产,必须使两者结合起来。实行这种结合的特殊方式和方法,使人类社会区分为不同的经济形态,从而使社会经济关系具有不同的性质。

在资本主义制度下,生产资料属于资本家所有,劳动者除了自己的劳动力以外一无所有。劳动者要同生产资料相结合来进行生产,只能通过劳动力的买卖,把劳动力作为资本的一个要素提供给资本家,并为其生产剩余价值才得以实现。而资本家为了榨取更多的剩余价值,总是力图把劳动者的个人消费限制在劳动力再生产所必需的限度内,劳动者的个人消费不过是为资本家再生产出可供重新剥削的劳动力。因此,劳动力的再生产是资本主义再生产必不可少的一个环节。

资本主义再生产是建立在雇佣劳动基础上的,一方面它不断地再生产出劳动者和生产资料的分离;另一方面它又不断地再生产出剥削劳动者的条件和雇佣劳动关系。所以,资本主义生产和再生产过程,不仅仅是生产私有剩余价值,而且还生产和再生产资本主义经济关系的本身:一方面是资本家,另一方面是雇佣劳动者。

社会主义经济制度的建立,使广大劳动群众成了生产资料的主人。他们既是生产资料的所有者，又是社会主义企业的劳动者，劳动者与生产资料不再相互分离，而是在社会主义公有制的基础上实现了一定程度上的直接结合。劳动者既为社会的公共利益劳动，又为自己的利益劳动。劳动得越多，他们得到的也就越多，生活就越富足，社会就越发展。虽然，劳动力的再生产是社会主义再生产顺利进行的必要条件，然而，劳动者的体力和智力只有在社会主义的条件下才能得到较自由和较全面充分的发展。因此，社会主义的再生产体现着劳动者在再生产过程中摆脱了剥削和贫困地位，走向共同富裕的经济关系。

定义　物质资料、资本价值和经济关系的再生产

物质资料再生产：物质资料生产过程的不断更新。

资本价值再生产：不变资本、可变资本和剩余价值的再生产。

经济关系再生产：生产关系的再生产。例如，资本主义经济关系的再生产表现为一方面再生产出雇佣工人，另一方面再生产出资本家，从而再生产出雇佣工人与资本家的关系。

第二节　扩大再生产

一、扩大再生产的源泉

再生产的主要形式和特征是扩大再生产。扩大再生产就是企业把积累的剩余价值转化为新的资本，用来购买追加的生产资料和劳动力，使生产在扩大的规模上重复进行。分析扩大再生产，不仅可以进一步了解再生产的实质，而且也有利于更深刻地认识资本积累作为一种客观经济规律所具有的普遍意义。

扩大再生产是指投资者把剩余价值不是全部用于个人消费，而是把其中一部分剩余价值作为新的资本，追加投入生产过程，使生产在扩大的规模上重复进行。把剩余价值再转化为资本，或者说，剩余价值的资本化，叫作资本积累。

定义　资本积累

剩余价值的资本化，即由剩余价值到再生产追加资本的转化，叫作资本积累。

剩余价值是资本积累的源泉，而资本积累又是扩大再生产的源泉。例如，假定某资本家有 2 万元资本，其中 1.6 万元是不变资本，4 000 元是可变资本，剩余价值率为 100%。这样，在生产过程结束以后，资本家获得的剩余价值是 4 000 元。如果资本家把 4 000 元全部用作个人消费，那么，生产仍维持在 2 万元资本的规模上进行。如果资本家把 2 000 元用作个人消费，另外 2 000 元作为积累转化为资本，那么，资本总额就会增加到 2.2 万元。随着资本的增长，资本家便可以去扩大生产规模。所以，资本积累是扩大再生产的前提。

讨论　可变资本的积累

设某一企业开始生产时拥有的总资本为 C，其中，用于不变资本的部分为 c，用于可变资本的部分为 v。如果剩余价值率为 m'，剩余积累率（即剩余价值中用于积累的部分占全部剩余价值的比率）为 g，不变资本与可变资本的比率（即资本构成）为 θ，试讨论可变资本的增长情况。

我们用$v(1)$、$v(2)$、…、$v(n)$表示第一轮、第二轮、…、第n轮生产过程开始时的可变资本数量。

首先，由题意可知：$v(1)=v$。

其次，在第一轮生产过程结束时，剩余价值为$m'v(1)=m'v$。根据题意，其中，用于积累的部分为$gm'v$，积累的剩余价值中分配给可变资本的部分为：

$$\frac{1}{1+\theta}gm'v$$

于是，在第二轮生产过程开始时，可变资本的数量增加到：

$$v+\frac{1}{1+\theta}gm'v=v\cdot\left(1+\frac{1}{1+\theta}gm'\right)$$

即有：

$$v(2)=v\cdot\left(1+\frac{1}{1+\theta}gm'\right)$$

再次，在第二轮生产过程结束时，剩余价值为：

$$m'v(2)=m'v\left(1+\frac{1}{1+\theta}gm'\right)$$

其中，用于积累的部分为：

$$gm'v\left(1+\frac{1}{1+\theta}gm'\right)$$

积累的剩余价值中分配给可变资本的部分为：

$$\frac{1}{1+\theta}gm'v\left(1+\frac{1}{1+\theta}gm'\right)$$

于是，在第三轮生产过程开始时，可变资本的数量增加到：

$$v\left(1+\frac{1}{1+\theta}gm'\right)+\frac{1}{1+\theta}gm'v\left(1+\frac{1}{1+\theta}gm'\right)=v\left(1+\frac{1}{1+\theta}gm'\right)^2$$

即：

$$v(3)=v\cdot\left(1+\frac{1}{1+\theta}gm'\right)^2$$

于是可知，第n轮生产过程开始时的可变资本数量应为：

$$v(n)=v\cdot\left(1+\frac{1}{1+\theta}gm'\right)^{n-1}$$

如果设初始的可变资本$v=1$，剩余价值率为$m'=50\%$，剩余积累率$g=50\%$，资本构成$\theta=4$，则在第十轮生产过程开始时有：

$$v(10)=\left(1+\frac{1}{1+4}\times 50\%\times 50\%\right)^{10-1}\approx 1.55$$

讨论　不变资本的积累

与前相同，假定开始时的不变资本为c，可变资本为v，剩余价值率为m'，剩余积累率为g，资本构成为θ，试讨论不变资本的增长情况。

我们用$c(n)$表示第n轮生产过程开始时的不变资本数量。根据前面的讨论我们知道，

$$v(n)=v\cdot\left(1+\frac{1}{1+\theta}gm'\right)^{n-1}$$

又由于资本构成为θ，即$v=c/\theta$，故应当有：

$$\frac{c(n)}{\theta}=\frac{c}{\theta}\cdot\left(1+\frac{1}{1+\theta}gm'\right)^{n-1}$$

亦即：

$$c(n)=c\cdot\left(1+\frac{1}{1+\theta}gm'\right)^{n-1}$$

如果与上面一样设初始的不变资本$c=4$，剩余价值率为$m'=50\%$，剩余积累率$g=50\%$，资本构成$\theta=4$，则在第十轮生产过程开始时有：

$$c(10)=4\left(1+\frac{1}{1+4}\times50\%\times50\%\right)^{10-1}\approx4\times1.55=6.2$$

讨论　总资本的积累

根据前面的假定和讨论，在第n轮生产过程开始的时候，可变资本和不变资本的数量分别为：

$$v(n)=v\cdot\left(1+\frac{1}{1+\theta}gm'\right)^{n-1},c(n)=c\cdot\left(1+\frac{1}{1+\theta}gm'\right)^{n-1}$$

其中，v和c是初始的(即第一轮生产过程开始时的)可变资本和不变资本。

于是，在第n轮生产过程开始的时候，总资本的数量应为：

$$\begin{aligned}C(n)&=c(n)+v(n)\\&=c\cdot\left(1+\frac{1}{1+\theta}gm'\right)^{n-1}+v\cdot\left(1+\frac{1}{1+\theta}gm'\right)^{n-1}\\&=(c+v)\cdot\left(1+\frac{1}{1+\theta}gm'\right)^{n-1}\\&=C\cdot\left(1+\frac{1}{1+\theta}gm'\right)^{n-1}\end{aligned}$$

例如，设初始的总资本$C=5$(其中不变资本$c=4$，可变资本$v=1$)，剩余价值率为$m'=50\%$，剩余积累率$g=50\%$，资本构成$\theta=4$，则在第十轮生产过程开始时有：

$$C(10)=5\cdot\left(1+\frac{1}{1+4}\times50\%\times50\%\right)^{10-1}\approx7.76$$

在上面的公式中，如果$g=0$，即剩余价值不用于积累，或者，$m'=0$，即没有剩余价值，则一定有$C(n)=C$。于是，扩大再生产退化为简单再生产。不过，在这两种情况下，简单再生产的含义是截然不同的：剩余价值率为零意味着“客观”的简单再生产——劳动生产力过于低下，不足以生产出剩余产品，从而无法进行扩大再生产；剩余积累率为零(但剩余价值率不为零)则可以看成是一种“主观”的简单再生产——客观上有可能进行扩大再生产，因为有剩余价值存在，但主观上却没有进行扩大再生产，因为全部的剩余价值都被用于资本家阶级的消费。

讨论　积累的剩余价值

现在来讨论：从第一轮到第n轮的扩大再生产所得到的全部剩余价值。我们用$m(1)$、$m(2)$、…、$m(n)$分别表示在第一轮、第二轮、…、第n轮生产过程中所得到的剩余价值。根据前面的假定和讨论可知：

$$m(1)=m'v(1)=m'v$$

$$m(2)=m'v(2)=m'v\cdot\left(1+\frac{1}{1+\theta}gm'\right)$$

$$m(3)=m'v(3)=m'v\cdot\left(1+\frac{1}{1+\theta}gm'\right)^2$$

$$\cdots$$

$$m(n)=m'v(n)=m'v\cdot\left(1+\frac{1}{1+\theta}gm'\right)^{n-1}$$

于是,从第一轮到第 n 轮扩大再生产得到的全部剩余价值为:

$$\begin{aligned}
m(1,2,\cdots,n)&=m(1)+m(2)+\cdots+m(n)\\
&=m'v(1)+m'v(2)+\cdots+m'v(n)\\
&=m'v+m'v\left(1+\frac{1}{1+\theta}gm'\right)+\cdots+m'v\left(1+\frac{1}{1+\theta}gm'\right)^{n-1}\\
&=m'v\left[1+\left(1+\frac{1}{1+\theta}gm'\right)+\cdots+\left(1+\frac{1}{1+\theta}gm'\right)^{n-1}\right]\\
&=m'v\cdot\frac{1-\left(1+\frac{1}{1+\theta}gm'\right)^n}{1-\left(1+\frac{1}{1+\theta}gm'\right)}\\
&=m'v\,\frac{\left(1+\frac{1}{1+\theta}gm'\right)^n-1}{\frac{1}{1+\theta}gm'}\\
&=v\cdot\frac{\left(1+\frac{1}{1+\theta}gm'\right)^n-1}{\frac{1}{1+\theta}g}
\end{aligned}$$

例如,设初始的可变资本 $v=1$,剩余价值率为 $m'=50\%$,剩余积累率 $g=50\%$,资本构成 $\theta=4$,则从第一轮到第十轮扩大再生产总共得到的剩余价值为:

$$m(1,2,\cdots,10)=\frac{\left(1+\frac{1}{1+4}\times50\%\times50\%\right)^{10}-1}{\frac{1}{1+4}\times50\%}\approx6.29$$

讨论　剩余价值替换全部预付资本的周期:扩大再生产

前面讨论简单再生产的时候,我们曾经说明,在假定简单再生产的周期为一年、剩余价值率为 m' 的条件下,剩余价值替换全部预付可变资本的周期[用 $n_s(v)$ 表示]为:

$$n_s(v)=\frac{1}{m'}$$

替换全部预付总资本的周期[用 $n_s(c+v)$ 表示]为:

$$n_s(c+v)=\frac{1+\theta}{m'}$$

这里的 θ 代表资本构成。特别是,当设剩余价值率为 50%、资本构成为 4 时,剩余价值替换全部预付可变资本和总资本的周期分别为 2 年和 10 年。

容易想到，在扩大再生产的条件下，剩余价值替换全部预付可变资本和总资本的时间应当要比简单再生产时短一些。是不是如此呢？我们现在具体地讨论一下。

仍然假定再生产的周期为一年。根据前面的讨论，从第一年到第 n 年扩大再生产得到的全部剩余价值为：

$$m(1,2,\cdots,n)=v\cdot\frac{\left(1+\frac{1}{1+\theta}gm'\right)^n-1}{\frac{1}{1+\theta}g}$$

令它等于初始的预付可变资本得：

$$v\cdot\frac{\left(1+\frac{1}{1+\theta}gm'\right)^n-1}{\frac{1}{1+\theta}g}=v$$

或者

$$\left(1+\frac{1}{1+\theta}gm'\right)^n=\frac{1+\theta+g}{1+\theta}$$

两边取对数有：

$$n_e(v)=\frac{\ln\left(\frac{1+\theta+g}{1+\theta}\right)}{\ln\left(1+\frac{1}{1+\theta}gm'\right)}=\frac{\ln\left(\frac{1+\theta+g}{1+\theta}\right)}{\ln\left(\frac{1+\theta+gm'}{1+\theta}\right)}$$

这里，$n_e(v)$表示扩大再生产条件下剩余价值替换全部预付可变资本的周期。

把预付可变资本在扩大再生产条件下的更新周期 $n_e(v)$与简单再生产条件下的更新周期 $n_s(v)=1/m'$做一比较即可发现：当 $m'<1$ 时，总有 $n_e(v)<n_s(v)$，即当剩余价值率小于 100%时，预付可变资本更新所需要的时间在扩大再生产条件下总要比在简单再生产条件下更短一些。例如，像从前一样设剩余价值率为 50%、剩余积累率为 50%、资本构成为 4，则在扩大再生产条件下剩余价值替换全部预付可变资本的周期为：

$$n_e(v)=\frac{\ln\left(\frac{1+4+50\%}{1+4}\right)}{\ln\left(\frac{1+4+50\%\times50\%}{1+4}\right)}=\frac{\ln(1.1)}{\ln(1.05)}\approx1.953\,47(\text{年})$$

低于简单再生产条件下的 $n_s(v)=1/m'=1/50\%=2$(年)。

这里需要注意的是，如果 $m'=1$，则有 $n_e(v)=n_s(v)$，即当剩余价值率等于 100%时，预付可变资本更新所需要的时间在扩大再生产条件下和在简单再生产条件下将完全一样——它们都只需要一个生产周期即可；如果 $m'>1$，则反而有 $n_e(v)>n_s(v)$，即当剩余价值率大于 100%时，预付可变资本的更新在扩大再生产条件下所需要的时间反而要比简单再生产条件下更“长”一些。

再令全部剩余价值等于初始的预付总资本，即：

$$v \cdot \frac{\left(1+\frac{1}{1+\theta}gm'\right)^n-1}{\frac{1}{1+\theta}g}=C$$

则有：

$$v \cdot \frac{\left(1+\frac{1}{1+\theta}gm'\right)^n-1}{\frac{1}{1+\theta}g}=c+v \rightarrow$$

$$v \cdot \frac{\left(1+\frac{1}{1+\theta}gm'\right)^n-1}{\frac{1}{1+\theta}g}=v\theta+v \rightarrow$$

$$\frac{\left(1+\frac{1}{1+\theta}gm'\right)^n-1}{\frac{1}{1+\theta}g}=1+\theta \rightarrow$$

$$\left(1+\frac{1}{1+\theta}gm'\right)^n=1+g \rightarrow$$

$$n_e(c+v)=\frac{\ln(1+g)}{\ln\left(\frac{1+\theta+gm'}{1+\theta}\right)}$$

这里的 $n_e(c+v)$ 表示扩大再生产条件下剩余价值替换全部预付总资本的周期。

把预付总资本在扩大再生产条件下的更新周期 $n_e(c+v)$ 与简单再生产条件下的更新周期 $n_s(c+v)=(1+\theta)/m'$ 做一比较即可发现，只要 $m'<1+\theta$，即只要剩余价值率没有高到用一个周期内生产的剩余价值即足以更新全部的预付总资本时，就总有 $n_e(c+v)<n_s(c+v)$，即预付总资本更新所需要的时间在扩大再生产条件下就总要比在简单再生产条件下更短一些。例如，像从前一样设剩余价值率为 50%、剩余积累率为 50%、资本构成为 4，则在扩大再生产条件下剩余价值替换全部预付可变资本的周期为：

$$n_e(c+v)=\frac{\ln(1+50\%)}{\ln\left(\frac{1+4+50\%\times 50\%}{1+4}\right)}=\frac{\ln(1.5)}{\ln(1.05)}\approx 8.310\ 39(\text{年})$$

低于简单再生产条件下的 $n_s(c+v)=(1+\theta)/m'=5/50\%=10(\text{年})$。

当然，如果 $m'=1+\theta$，则有 $n_e(c+v)=n_s(c+v)$，即当一个周期内生产的剩余价值恰好等于全部预付总资本时，总资本更新所需要的时间在扩大再生产条件下和在简单再生产条件下将完全一样；如果 $m'>1+\theta$，则反而有 $n_e(v)>n_s(v)$。

讨论　资本增长率

如前相同，假定再生产的周期为一年：在这一年中，企业从预付资本购买生产资料和劳动力开始，到生产和销售出产品为止，全部生产资料的价值恰好折旧完毕，并从头更新。设某一年中的全部预付资本为 $C=c+v$，剩余价值率为 m'，剩余积累率为 g，试求该年的资本增长率。

根据定义，某一年的资本增长率 G_C 应等于该年获得的剩余价值中用于积累的部分除以该年的全部预付资本。由于一年的剩余价值为 $m'v$，剩余价值中转化为资本的部分为 $gm'v$，于是，该年的资本增长率应为：

$$G_C=\frac{gm'v}{C}=\frac{gm'v}{c+v}=\frac{gm'v}{\theta v+v}=\frac{gm'}{1+\theta}$$

由此可见，资本增长率与剩余价值率和剩余积累率的乘积成正比，与1加资本构成成反比。

例如，设 $m'=50\%$、$g=50\%$、$\theta=4$，则有：

$$G_C=\frac{gm'}{1+\theta}=\frac{50\%\times 50\%}{1+4}=5\%$$

这里需要说明的是，在上面的推导中，我们假定了剩余价值率 m' 和资本构成 θ 均是给定的且相互独立，但在实际上，两者之间一般存在有密切的联系。例如，资本有机构成的提高会提高劳动生产力，劳动生产力的提高会降低劳动力价值，劳动力价值的降低（在其他因素不变时）会提高剩余价值率。如果把资本构成变化对剩余价值率的影响考虑进来，则资本增长率的公式可以改写为：

$$G_C=\frac{gm'(\theta)}{1+\theta}\quad\left(\frac{\mathrm{d}m'}{\mathrm{d}\theta}>0\right)$$

其中，$m'(\theta)$ 表示剩余价值率 m' 是资本构成 θ 的函数，$\mathrm{d}m'/\mathrm{d}\theta>0$ 表示剩余价值率随资本构成的提高而提高。

此外，资本构成也不是不变的。更加可能的情况是：如果资本的规模较大，则资本的构成也可能较高。这意味着，资本构成可能又是资本增长的一个复杂的函数。

讨论　可变资本增长率

可变资本的增长率 G_v 等于剩余价值中转化为可变资本的部分除以原有的可变资本。剩余价值为 $m'v$，其中，转化为资本的部分为 $gm'v$，再其中，转化为可变资本的部分为 $gm'v/(1+\theta)$。于是有：

$$G_v=\frac{\frac{1}{1+\theta}gm'v}{v}=\frac{gm'}{1+\theta}$$

可见，可变资本的增长率与总资本的增长率完全一致。①

同样道理，不变资本的增长率为：

$$G_c=\frac{\frac{\theta}{1+\theta}gm'v}{c}=\frac{\frac{\theta}{1+\theta}gm'v}{\theta v}=\frac{gm'}{1+\theta}$$

这里，第一个等号后面的分子是剩余价值中转化为不变资本的部分。

总之，在资本构成不变时，总资本、可变资本和不变资本均按同一比率增长。

可见，在资本主义扩大再生产过程中，资本家不断利用无偿占有的剩余价值，扩大资本的规模，扩大对工人的剥削，以继续榨取更多的剩余价值，这就是私人资本积累的实质。

社会主义再生产的基本特点也是扩大再生产，因为只有扩大再生产，才能使人民日益增长的物质文化需要不断得到满足，才能使社会主义国家的综合国力不断得到增强。要扩大

---

① 当然，无须多说，在资本构成可变时，可变资本与总资本的增长率将不再相同。

社会主义的再生产,同样离不开资本积累,离不开剩余价值的创造。在社会主义的条件下,这种资本积累在公有制企业是通过税后利润中提取企业基金的形式实现的;在国家是通过国民收入中确定积累基金的比率来达到的。虽然资本积累的途径基本相同,但社会主义的资本积累在性质和目的上与资本主义是不同的。

二、商品生产所有权规律的转变

资本积累是由剩余价值转化来的,而资本家能无偿占有工人创造的剩余价值,是由商品生产所有权规律转化来的。所谓“商品生产所有权规律”,就是按等价原则实行商品交换的商品经济规律。它要求商品交换以承认交换双方对商品的所有权为前提,只有让渡自己的商品才能占有别人的商品,同时,商品交换必须遵循等价原则,任何人不得无偿占有别人的劳动,因而商品所有权是建立在自己劳动的基础上的。然而,在私人资本积累的情况下,使商品生产所有权规律转变为资本主义占有规律,也就是商品生产的等价交换规律转变为资本主义的剩余价值规律。

资本主义占有规律的特点是以等价交换的形式掩盖无偿占有工人剩余劳动的内容。在资本积累中,劳动力按等价原则进行交换只是形式上、表面上的。因为资本家用来购买劳动力的资本,是由他无偿占有的剩余价值转化而来的,表面上是等价交换,实际上资本家没有付出任何等价物;同时,购买劳动力的这部分资本不仅要由工人劳动创造的新价值予以补偿,而且还为资本家带来新的剩余价值。因此,等价交换形式掩盖下的实质内容是资本家无偿占有他人劳动产品的权利。正如马克思指出:“劳动力的不断买卖是形式。其内容则是,资本家用他总是不付等价物而占有的别人的已经物化的劳动的一部分,来不断再换取更大量的别人的活劳动。”①按照资本主义占有规律,“所有权对于资本家来说,表现为占有别人无酬劳动或产品的权利,而对于工人来说,则表现为不能占有自己的产品”②。

商品生产所有权规律转变为资本主义占有规律,好像是破坏了商品等价交换规律,实际上资本主义占有规律恰恰是在商品生产所有权规律的基础上形成的,而且正是对价值规律应用的结果。因为价值规律要求买卖双方彼此出让的商品的交换价值相等,而使用价值各不相同。资本家用货币与劳动力交换,是等价物的交换。工人所出卖的是劳动力,并且已经按照等价交换规律得到了其交换价值。资本家正是依靠等价交换的原则购买到劳动力这一特殊商品,才能够把这已归他占有的工人劳动同另外也归他占有的生产资料相结合,通过生产过程转化为一种新产品。而这种新产品,依据商品生产所有权规律,在法律上也归资本家所有。这样,资本家就实现了其对工人剩余劳动的占有。可见,资本家获得剩余价值是在购买劳动力以后发生的生产过程,并不是在市场上用不等价交换而欺骗劳动力所有者。他在生产过程中消费劳动力而获得剩余价值,是劳动力具有创造价值和剩余价值这种特殊使用价值的结果。由于消费劳动力是在交换结束后才开始的,因而交换价值同消费无关。当资本家把获得的剩余价值再转化为资本购买生产要素时,事情和原来一样,仍是等价物交换。所以,问题的关键是商品经济内在矛盾的发展使劳动力成为商品。劳动力一旦变成商品,雇佣劳动成为商品生产的基础,简单商品生产就发展成为资本主义生产,商品生产所有权规律

---

① 《马克思恩格斯全集》第23卷,人民出版社1972年版,第640页。
② 《马克思恩格斯全集》第23卷,人民出版社1972年版,第640页。

也必然转变为资本主义占有规律。

在社会主义条件下，商品生产所有权规律转变为公有制联合起来的劳动者共同占有规律。劳动力成为商品并非资本主义社会特有的现象。在社会主义社会，劳动力作为商品是劳动者的人身自由和劳动力归劳动者自己所有的客观经济表现。虽然从表面上看，具有人身自由的劳动者，在社会主义条件下和在资本主义条件下，确实没有什么不同。但是，由于他们所处的社会经济环境发生了本质上的变化，因而商品生产所有权规律的转变也就根本不同。

在社会主义生产资料公有制的基础上，生产资料是联合起来的劳动者共同所有的公共财产，生产资料的占有和使用者是代表劳动者不同层次社会利益的国家、社会组织和企业，劳动者个人并不是生产资料的直接占有者。在这种情况下，劳动者个人与生产资料的结合，是作为劳动力的所有者，同代表劳动者不同层次利益的国家、社会组织、企业之间的结合，因此，这种结合是在共同利益一致基础上的自由、平等的结合。在劳动力商品交换中，劳动者个人与国家、企业之间形成的是等价、自由、平等互利的商品交换关系。在生产中，使劳动者个人与生产资料结合起来，共同进行商品生产，形成以共同经济利益为目的的价值增值关系。可见，商品生产所有权的规律，在社会主义公有制商品经济条件下，也必然会转化为社会主义联合劳动者共同占有的规律。

三、资本积累量的决定因素

无论在资本主义经济还是在社会主义经济中，由于剩余价值规律和竞争规律的作用，资本积累都具有客观必然性。既然资本积累的源泉来自剩余价值，那么，在剩余价值分割为积累基金和消费基金的比例不变的条件下，资本积累量和剩余价值量的变化是一致的。决定剩余价值量的因素也就是决定资本积累量的因素。影响或决定资本积累量的基本因素是：

第一，剩余价值率的高低。在其他条件不变的情况下，如果剩余价值率越高，那么同量的可变资本获得的剩余价值量就越多，资本积累的数量也就越多。

第二，劳动生产率的高低。在其他条件不变的情况下，如果劳动生产率提高了，单位商品的价值就会下降，这会从以下几个方面影响资本积累的数量。首先，由于劳动生产率的提高，生活资料的价值降低，劳动力商品的价值也降低，从而导致剩余价值率的提高和剩余价值量的增加，扩大资本积累量。其次，当劳动生产率提高时，由于劳动力和生活资料价值的降低，同样数量的资本，便可以购买更多的生产资料和劳动力，于是就可以生产出更多的剩余价值，从而可以增加更多的资本积累量。再次，随着劳动生产率的提高和商品价值的降低，同量剩余价值便表现为更多的商品，这样可以在不减少甚至增加剩余价值中用于个人消费的情况下，增加资本积累量。最后，在劳动生产率提高的条件下，当更新原有的生产资料时，可由效率更高和价格更低廉的生产资料代替原有的生产资料，企业因此可以获得超额剩余价值或相对剩余价值，从而有利于增加资本积累量。

第三，所用资本和所费资本的差额的大小。所用资本是指投入生产中的全部资本，所费资本是指在生产中实际耗费掉的资本。在生产过程中，所使用的厂房、机器、设备等劳动资料按实物形态，其使用价值不是一次全部地被消耗掉，而是经过多次使用，逐渐地被消耗掉的，价值也是一部分一部分地转移到新产品中去的。这样就形成了所用资本和所费资本之间的差额。这个差额的大小,取决于劳动资料的质量和数量:在所用资本一定的条件下,劳动资料的质量越好,越经久耐用,所费资本就越少,从而所用资本和所费资本的差额就越大;劳动资料的数量越多,上述差额的总量则随之增加,所用资本和所费资本的差额越大,一部分劳动资料就会如同空气、阳光等自然力一样为生产提供无偿的服务,产品价值中用以补偿资本耗费的部分就越小,其结果必然引起产品价值的下降。这对个别企业来说,可以得到超额剩余价值;对一般的企业来说,可以得到相对剩余价值,从而使资本积累量增大。

第四,预付资本的多少。在其他条件不变的情况下,预付资本量越大,可变资本量就越大,可以使用的劳动者数量就越多,剩余价值量也就越多,从而资本积累量就越大。

第三节 资本有机构成与相对过剩人口

一、相对过剩人口的形成

在社会经济的发展过程中,资本积累会促进资本有机构成的提高,形成相对过剩人口。同时,资本有机构成的高低,与企业规模的大小又有很密切的联系。个别资本通过资本积聚和资本集中所达到的资本数量越大,从而企业规模越大,就越有条件采用新技术,不断提高资本有机构成。

资本的构成可以从两个方面来理解。从物质形态上看,资本是由一定量的生产资料和劳动力构成的,两者之间存在一定的比例。这种比例取决于各生产部门的特点和技术水平,取决于各企业技术装备的先进程度。一般地说,生产技术水平越进步,一个劳动力所能推动的生产资料的数量就越多;反之,则越少。这种反映生产技术水平的生产资料和劳动力之间的比例,叫作资本的技术构成。从价值形态上看,由于生产资料的价值表现为不变资本,劳动力的价值表现为可变资本,因而,资本又是由一定数量的不变资本和可变资本构成的,它们之间的比例叫作资本的价值构成。

资本的技术构成和资本的价值构成之间存在着密切的联系。在生产正常有序进行过程中,资本的价值构成反映资本的技术构成的变化,但这种反映不是同比例的,而只能是近似的。因为生产资料各部门劳动生产率和工人所需生活资料的各部门劳动生产率会发生不等的变化,各种生产资料的价值和劳动力价值的变化并不总是等比例的,所以,资本价值构成的变化同资本技术构成的变化不会完全相同,但它大体上总是反映了资本技术构成的变化的。这种由资本技术构成决定而又反映技术构成变化的资本价值构成,叫作资本有机构成,可用公式 $c:v$ 表示。资本的有机构成以资本的技术构成为基础,资本的技术构成决定资本的有机构成。

定义　资本的构成

资本构成:资本各部分的比例。通常指资本的有机构成。

资本的技术构成:反映生产技术水平的生产资料和劳动力的比例。

资本的价值构成:不变资本和可变资本的比例。

资本的有机构成:由资本技术构成决定又反映技术构成变化的资本价值构成。

讨论　单个资本的构成和社会总资本的构成

设整个社会包括 n 个资本。其中，第 $i(i=1,\cdots,n)$ 个资本的不变部分和可变部分分别为 c_i 和 v_i。于是，单个资本 i 的构成可表示为 c_i/v_i。从单个资本的构成推导社会总资本的构成有两种不同的方法。第一种方法是：先把所有单个资本的不变部分相加，再把所有单个资本的可变部分相加，最后用前者除以后者。用公式表示即为 $\sum c_i/\sum v_i$。第二种方法是：先用每一单个资本的构成乘以其可变资本占社会总可变资本的比重，再把它们相加求和。用公式表示即为 $\sum a_i(c_i/v_i)$。这里，a_i 表示第 i 个可变资本占社会可变总资本的比率。

在资本积累过程中，如果资本有机构成不变，则可变资本会与总资本按同一比例增长，对劳动力的需求因此会增加，按照供求规律，这将会引起工资水平的提高，对劳动者是有利的。但是，由于资本追求超额剩余价值的内在动力和迫于竞争的外在压力，任何企业必然会不断改进技术装备，提高劳动生产率，结果在全部资本中，不变资本所占比重增大，可变资本所占比重相对缩小，从而导致资本有机构成的提高。可见，资本有机构成的不断提高，是资本主义和社会主义经济发展的必然趋势，也是资本积累的必然结果。

讨论　劳动生产力和资本有机构成

劳动生产力的提高将导致资本有机构成的提高。理由如下。

首先，劳动生产力的提高导致资本技术构成的提高。这是因为，根据定义，劳动生产力的水平表现为一个工人在一定时间内使之转化为产品的生产资料的相对量，劳动生产力的提高表现为劳动的量比它所推动的生产资料的量相对减少。

其次，资本技术构成的提高又反映在资本价值构成的提高上，即在总资本中，可变资本部分比不变资本部分相对减少，或者说，不变资本部分比可变资本部分相对增加。这种由技术构成决定又反映技术构成变化的价值构成的提高就是资本有机构成的提高。

资本的有机构成可以表示为：

$$\theta=\frac{c}{v}=\frac{z_k \cdot k}{z_l \cdot l}$$

这里，k 和 l 分别表示生产资料和劳动力的数量，z_k 和 z_l 分别表示生产资料和劳动力的价值。假定劳动力的数量 l 给定，则劳动生产力的提高将导致生产资料数量 k 的增加。但是，劳动生产力变化对生产资料价值和劳动力价值的影响到底如何则要视具体情况而定。下面分三种情况来讨论。

首先考虑单个企业。为明确起见，我们假定所考虑的企业是完全竞争的。对于完全竞争企业来说，生产资料价值 z_k 和劳动力价值 z_l 都是既定的参数，不会因为它的劳动生产力的变化而变化。劳动生产力提高的唯一影响是生产资料数量 k 的增加——同量的劳动力 l 现在可以推动更多的生产资料。这当然意味着资本有机构成的提高。

其次考虑一个行业。如果该行业不是生产生活资料的行业，则它的劳动生产力的提高也不会影响生产资料价值 z_k 和劳动力价值 z_l——不影响生产资料的价值是因为这些生产资料在作为生产资料进入该行业的生产过程之前，其价值已经由生产它们的社会必要劳动时间决定了（假定该行业不生产自己所用的生产资料）；不影响劳动力的价值是因为该行业并非生产生活资料的行业，因而与劳动力价值的决定没有直接关系（尽管也许有某些间接关系，不过，为了简单起见，我们假定这些间接的联系不存在)。于是，生产非生活资料行业的劳动生产力的提高也是增加该行业的生产资料数量，因而，和前面讨论的单个企业的情况一样，结果也是资本有机构成的提高。

另一方面，如果所讨论的企业是生产生活资料的，则它的劳动生产力的提高除了增加生产资料的数量之外，还会降低劳动力价值(假定该行业生产的产品在决定劳动力价值上具有较大的影响)。在这种情况下，资本有机构成将由于双重的原因而提高：一是分子 k 的增加，二是分母 z_l 的下降。两者在同一方向上影响资本的有机构成。

最后考虑整个社会。整个社会的劳动生产力的提高对资本有机构成的影响既有类似也有不同于前面讨论过的生产生活资料行业的情况：类似的地方是它也导致生产资料数量的增加和劳动力价值的降低——这两点都导致资本有机构成的提高；不同的地方是它还会导致生产资料价值 z_k 的下降(因为生产这些生产资料的劳动生产力也提高了)——这一点是导致资本有机构成下降的。因此，最终的结果到底如何，要看两种不同性质的影响谁大谁小。

讨论　劳动需求和劳动需求增长率

资本对劳动的需求不是取决于总资本的大小，而是取决于其中的可变资本的大小，更加严格地说，是取决于可变资本与劳动力价值的比率。如果用 L_d 代表劳动需求，用 v 代表可变资本(总量)，用 w 代表劳动力价值(它等于“平均”可变资本)，则我们可以把劳动需求函数表示为：

$$L_d=\frac{v}{w} \tag{1}$$

换句话说，劳动需求与可变资本成正比，与劳动力价值成反比。在实际经济中，由于劳动力价值总是通过劳动的价格或工资的形式来表现的，故我们也可以把(1)式中的 w 看成是工资水平。在一般情况下，我们总假定工资和劳动力价值保持一致。如果两者不等，劳动市场就会出现调整。对于这种调整，我们以后再加说明。

图 4—1 是劳动需求函数的几何表示。图中，纵轴 w 为劳动力价值，横轴 L_d 为劳动需求，曲线 v_1 和 v_2 是反映劳动需求与劳动力价值之间关系的劳动需求曲线。劳动需求曲线的位置取决于可变资本总量的大小：它随可变资本的增加而向右上方向移动。例如，设一开始时，可变资本量为 v_1，与此相应的劳动需求曲线就是图中标明 v_1 的曲线；当可变资本总量增加到 v_2 时，与此相应的劳动需求曲线则为图中标明 v_2 的曲线。由于可变资本总量 v_2 大于 v_1，故劳动需求曲线 v_2 位于 v_1 的右上方。

(1)式也可以改写成“增长率”的形式。方法是：首先对等式两边的变量取对数得：

$$\ln L_d=\ln v-\ln w$$

然后再对时间求导数(把这些变量看成是时间的函数)得：

$$\frac{\mathrm{d}L_d/\mathrm{d}t}{L_d}=\frac{\mathrm{d}v/\mathrm{d}t}{v}-\frac{\mathrm{d}w/\mathrm{d}t}{w}$$

或者

$$G_L=G_v-G_w \tag{2}$$

换句话说，劳动需求的增长率 G_L 等于可变资本的增长率 G_v 减去劳动力价值(或工资)的增长率 G_w。因此，要使对劳动的需求增加，可变资本的增长率必须大于劳动力价值的增长率。

进一步来看，根据前面的讨论可知，可变资本的增长率为：

$$G_v=\frac{gm'}{1+\theta}$$

代入(2)式后有：

$$G_L=\frac{gm'}{1+\theta}-G_w \tag{3}$$

这意味着，劳动需求的增长率随剩余价值率和剩余积累率的增加而上升，随资本构成和劳动力价值(或工资)增长率的提高而下降。

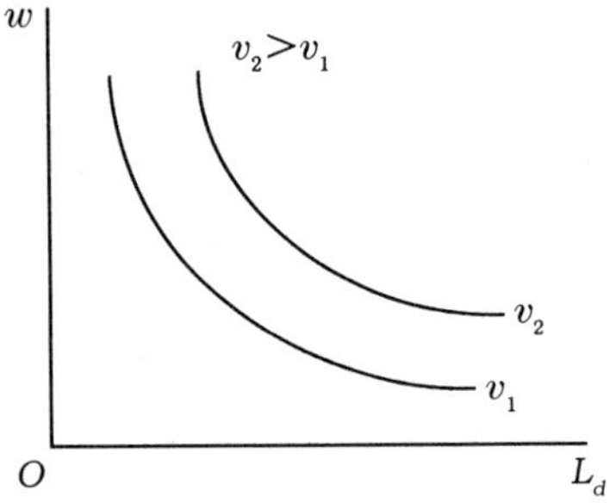

图4—1　劳动需求曲线

例如，设剩余价值率 $m'=50\%$，剩余积累率 $g=50\%$，资本构成 $\theta=4$，劳动力价值增长率 $G_w=3\%$，则有：

$$G_L=\frac{50\%\times50\%}{1+4}-3\%=2\%$$

即劳动需求增长率为(每年)2%。

如果假定劳动力价值保持不变，则 $G_w=0$。于是，公式(2)和(3)简化为：

$$G_L=G_v=\frac{gm'}{1+\theta}$$

这意味着，在劳动力价值给定的情况下，劳动需求与可变资本同比率增长。

讨论　劳动需求增长率与资本的临界构成

以上我们说明了：劳动需求的增长率等于可变资本的增长率减去劳动力价值的增长率。如果假定资本构成不变，则可变资本的增长率就等于总资本的增长率。因此，我们也可以说，劳动需求的增长率等于总资本的增长率减去劳动力价值的增长率。一般来说，总资本的增长要快于劳动力价值的增长，从而，可变资本的增长要快于劳动力价值的增长，即 $G_v>G_w$。这意味着 $G_L>0$。换句话说，在总资本的增长超过劳动力价值的增长且资本构成保持不变的条件下，对劳动的需求总是不断增加的。如果不考虑其他因素的影响，劳动需求的增加对劳动者自然是有利的。

但是，上述两个条件(总资本增长超过劳动力价值增长和资本构成不变)并非总是能够满足的。一旦我们放弃资本构成不变的假定，而考虑更加现实的情况，即资本构成通常随资本积累和技术进步而提高，则对劳动需求的增长就会放慢、停滞，甚至下降。为此，我们来计算使劳动需求的增长出现停滞的资本构成条件(在下面的讨论中，我们假定剩余价值率不随资本积累和有机构成的变化而变化)。

在(3)式中，令 $G_L=0$ 可得：

$$\frac{gm'}{1+\theta}-G_w=0$$

解出其中的资本构成(称为“临界资本构成”并用 θ^* 表示)则有：

$$\theta^*=\frac{gm'}{G_w}-1 \tag{4}$$

于是，当资本构成大于、等于和小于临界构成时，对劳动需求的增长率小于、等于和大于零。

例如，设剩余价值率 $m'=50\%$(且不随资本积累和有机构成的变化而变化)，剩余积累率 $g=50\%$，劳动力价值增长率 $G_w=3\%$，则：

$$\theta^*=\frac{50\%\times50\%}{3\%}-1=\frac{22}{3}$$

换句话说，在$m'=50\%$、$g=50\%$、$G_w=3\%$的条件下，如果资本构成$\theta>22/3$，则对劳动的需求会随资本的增加而下降。

由(4)式显而易见，临界构成θ^*与劳动力价值的增长率G_w反方向变化。特别是，当$G_w\to 0$时，$\theta^*\to+\infty$，于是总有$\theta<\theta^*$，即实际资本构成总小于临界资本构成，从而总有$G_L>0$，即劳动需求会随资本的增长而增长；另一方面，当$G_w\to gm'$时，$\theta^*\to 0$，于是总有$\theta>\theta^*$，即实际资本构成总大于临界资本构成，从而总有$G_L<0$，即劳动需求会随资本的增加而下降。在中间情况下，即当劳动力价值的增长率G_w既不等于零，也不等于gm'时，存在一个确定的大于零的临界构成θ^*，当实际的资本构成大于该临界构成时，劳动需求的增长率为负，反之，当实际的资本构成小于该临界构成时，劳动需求的增长率为正。最后，当实际的资本构成恰好等于该临界构成时，劳动需求的增长率为零——对劳动的需求在资本总量变化时既不增加，也不减少。

讨论　劳动需求增长率与资本构成

我们前面证明了：在剩余价值率、剩余积累率和劳动力价值增长率给定的条件下，存在一个所谓的"临界资本构成"，当实际的资本构成高于临界资本构成时，资本积累不仅不能增加对劳动的需求，反而还会导致劳动需求的下降。

这就带来一个问题：即使一开始时，实际的资本构成低于临界的资本构成，但如果随着资本的积累，资本构成会不断地提高，则总有一天，实际的资本构成会超过临界的资本构成，从而，资本积累的结果将导致资本对劳动的需求的下降。

在这种情况下，如果要避免劳动需求下降的结果，就必须提高临界的资本构成，即降低劳动力价值的增长率，或者，提高剩余价值率和剩余积累率。于是，资本积累最终到底是提高还是降低对劳动的需求，取决于它所导致的实际资本构成的提高和临界资本构成的提高谁快谁慢：如果实际资本构成的提高快于临界资本构成的提高，则对劳动的需求最终将会下降——不管资本积累的速度有多快、规模有多大。

讨论　资本积累和相对人口过剩

如果伴随资本的积累，资本的实际构成最终会超过它的临界构成，则它将导致所谓的"相对过剩人口"——资本对劳动的需求小于工人的劳动供给。相对过剩人口的出现有多种情况：首先，尽管实际的资本构成低于临界的资本构成，从而，对劳动的需求随资本的积累而增加，但是，劳动的供给却增加得更快；其次，实际的资本构成等于临界的资本构成，从而，劳动需求不再增长，但劳动供给仍在增长——即使只有微小的增长；最后，实际的资本构成高于临界的资本构成，从而，对劳动的需求随资本的积累而下降，此时，即使劳动供给也下降，但只要它下降的程度小于劳动需求的下降，相对过剩人口就仍然会出现。

由此可见，相对过剩人口既可以出现在劳动供给增长时，也可以出现在劳动供给不增长时，甚至还可以出现在劳动供给下降时。这里的关键不是劳动供给本身的绝对变化，而是它的相对变化——相对于劳动需求的变化；而劳动需求的变化又与资本的构成有关——但也不是取决于资本构成的绝对水平，而是取决于它的相对水平：资本构成相对于临界资本构成的高低。最后，临界资本构成又取决于剩余价值率、剩余积累率和劳动力价值的增长率。在两种情况下，实际的资本构成不可能超过临界的资本构成。一是劳动力价值的增长率趋向于零，二是剩余价值率或剩余积累率趋向于无穷大。在这两种情况下，临界资本构成都将趋向于无穷大，从而，实际的资本构成(它总为一个确定的数)将不可能大于临界的资本构成。然而，这两种情况都是不大可能的。首先，从历史的发展角度来看，劳动力的价值有不断上升的趋势。这一点从工人生活水平的不断上升的趋势就可以得到证明。因此，劳动力价值的增长率不可能趋向于无穷小。其次，剩余价值率和剩余积累率也不可能趋向于无穷大。剩余积累率(积累的剩余价值占全部剩余价值的比率)不可能超过100%。剩余价值率无限增大依赖于必要劳动时间的无限缩短，或者说，依赖于劳动力价值的无限缩小——这又与刚才所说的劳动力价值增长率的趋势相矛盾。而且，正如马克思曾经说过的，如果劳动力价值缩小到零，则工人也就没有必要再出卖自己的劳动力了。

假定其他条件不变，资本有机构成的不断提高，必然造成资本主义社会的相对人口过剩，给无产阶级的命运带来严重的影响。虽然资本有机构成随着资本积累而不断提高，可变资本的绝对量有可能会增加，但它在总资本中所占的比重却会下降。因为资本对劳动力的需求不是取决于总资本的大小，而是取决于可变资本量的大小。原有资本在提高有机构成的基础上更新，造成对劳动力需求的绝对减少，追加资本有机构成的提高，会造成资本对劳动力的需求相对减少；新式机器代替旧式机器则不仅造成资本对劳动力需求的相对减少，而且还会造成“机器排挤工人”。

讨论　可变资本的绝对量和相对量

可变资本的相对量与绝对量之间存在着密切的关系。实际上可以证明：在假定其他因素(特别是不变资本的数量)不变的条件下，可变资本绝对量的增加意味着可变资本相对量的增加；反之，可变资本相对量的增加也意味着可变资本绝对量的增加。

例如，我们用 a 表示可变资本的相对量，即：

$$a=\frac{v}{c+v} \tag{5}$$

等号右边的分子分母同时除以 v 得：

$$a=\frac{1}{c/v+1}$$

于是有：

$$v\uparrow\rightarrow\frac{c}{v}\downarrow\rightarrow\frac{1}{c/v+1}\uparrow\rightarrow a\uparrow$$

这意味着，可变资本的相对量随绝对量的增加而增加。

另一方面，由(5)式解出 v 可得：

$$v=\frac{a}{1-a}c=\frac{c}{1/a-1}$$

于是有：

$$a\uparrow\rightarrow\frac{1}{a}\downarrow\rightarrow\frac{c}{1/a-1}\uparrow\rightarrow v\uparrow$$

这意味着，可变资本的绝对量随相对量的增加而增加。①

以上讨论也可以换一种方式进行。例如，我们用 Δa 和 Δv 分别表示可变资本相对量的

① 再次提醒注意，这个结论的成立要依赖于不变资本 c 不变的假定。

变化和绝对量的变化。于是有：

$$a+\Delta a=\frac{v+\Delta v}{c+v+\Delta v} \tag{6}$$

(6)式减(5)式得：

$$\Delta a=\frac{\Delta v\cdot c}{(c+v+\Delta v)(c+v)} \tag{7}$$

根据(7)式可知：

首先，如果 $\Delta v>0$，则 $\Delta a>0$。换句话说，当可变资本的绝对量增加时，可变资本的相对量也将增加。

其次，如果 $\Delta a>0$，则

$$\frac{\Delta v\cdot c}{(c+v+\Delta v)(c+v)}>0$$

这意味着：或者，分子分母同时大于零，即 $\Delta v>0$、$c+v+\Delta v>0$——这总是成立的；或者，分子分母同时小于零，即 $\Delta v<0$、$c+v+\Delta v<0$，后者等价于 $-\Delta v>c+v$——但这显然是不可能的，因为可变资本的减少最多只能等于现有的可变资本数量，不可能超过现有的总资本。于是有结论：当 $\Delta a>0$ 时，不可能有 $\Delta v<0$(或 $\Delta v=0$①)，而只能有 $\Delta v>0$，即当可变资本的相对量增加时，可变资本的绝对量也将增加。

讨论　资本构成、总资本和可变资本

在资本有机构成不断提高的条件下，随着总资本的增加，可变资本的相对量(可变资本占总资本的比率)不断下降，但绝对量却并非如此：它既可能下降，也可能上升。到底如何变化，取决于总资本增加和有机构成提高的“相对速度”。这是因为，根据资本构成的定义有：

$$\theta=\frac{c}{v}$$

或者

$$v\theta=c$$

两边加上可变资本后有：

$$v\theta+v=c+v=C$$

解出其中的可变资本即得：

$$v=\frac{C}{1+\theta} \tag{8}$$

它意味着：

$$G_v=G_C-G_{1+\theta}$$

即可变资本的增长率等于总资本的增长率减去 1 加资本构成(即 $1+\theta$)的增长率。如果 $G_C>G_{1+\theta}$，即总资本增长率大于 1 加资本构成的增长率，则 $G_v>0$，即可变资本的增长率大于零。

由此可见，在资本有机构成 θ 不断提高，从而 $1+\theta$ 不断提高的条件下，如果总资本的增长超过有机构成的提高，则可变资本的绝对数量仍然会增加，尽管其相对数量总是下降的。

---

① 如果 $\Delta v=0$，则根据(7)式亦有 $\Delta a=0$。

反之,如果总资本的增长低于有机构成的提高,则可变资本的绝对量将与它的相对量同时下降。最后,如果总资本的增长等于有机构成的提高,则可变资本的绝对量保持不变——相对量仍然下降。[①]

例如,[②]设一开始时,总资本 $C=6\ 000$,资本有机构成 $\theta=1$,然后让有机构成从 1 增加到 4,总资本从 6 000 增加到 18 000。试问:可变资本的绝对量是增加还是减少?为回答这个问题,我们来看总资本的增长率与 1 加有机构成的增长率。首先,总资本的增长率等于 $(18\ 000-6\ 000)/6\ 000=2$,即总资本增长了 200%;其次,由于有机构成从 1 增加到 4,故 1 加有机构成即 $1+\theta$ 从 2 增加到 5,增加了 $(5-2)/2=1.5$,即 $1+\theta$ 增加了 150%。由于 200%>150%,即总资本的增长率大于 1 加有机构成的增长率,故可变资本的绝对量是增加的。

实际上,我们可以根据(8)式具体计算出可变资本的增加额。令 v_0 和 v_i 分别代表一开始时和变化以后的可变资本量,则根据题意可知:

$$v_0=\frac{6\ 000}{1+1}=3\ 000$$

$$v_1=\frac{18\ 000}{1+4}=3\ 600$$

于是,可变资本的增加额为 3 600−3 000=600。

但是,如果我们假定总资本不是从 6 000 增加到 18 000,而是只增加到 12 000,则由于总资本的增长率仅为 $(12\ 000-6\ 000)/6\ 000=100\%$,小于 1 加有机构成的增长率 150%,可变资本的绝对量将随总资本的增加而下降。下降额可计算如下:

$$v_0=\frac{6\ 000}{1+1}=3\ 000$$

$$v_1=\frac{12\ 000}{1+4}=2\ 400$$

$$v_1-v_0=2\ 400-3\ 000=-600$$

资本对劳动力的需求是相对,有时甚至是绝对地减少了,但是,劳动力的供给却在资本积累的进程中增加了。这是因为:(1)由于采用新机器,使操作简单化了,不用很强的体力就可担任,资本家有可能雇用妇女和儿童进工厂工作,这就使劳动力的供给大大增加;(2)竞争以及资本的积累和集中,使得城乡小生产者,甚至中小资本家破产,变为出卖劳动力谋生的雇佣劳动者。既然在资本积累过程中劳动力对资本的供给在绝对地增加,而资本对劳动力的需求却相对地有时甚至绝对地减少,那么,不可避免地就会产生失业人口,即相对过剩人口。

所谓相对人口过剩,就是指劳动力的供给超过了资本对它的需要。就是说,这些人口相对于资本的需要表现为过剩,是"多余"的劳动人口。在资本主义制度下,劳动者作为雇佣工人,只是生产剩余价值的工具。工人被资本所吸收或排除,完全取决于资本增值的需要。资本积累所造成的失业人口,不是社会财富不能养活这些人口,也不是社会生产力的发展绝对不需要他们,而是由于对这些劳动力的使用不能给资本带来平均的剩余价值。所以,相对人

① 这一段中所说的有机构成提高实际上是指 1 加有机构成(即 $1+\theta$)的提高。
② 这个例子取自马克思:《资本论》第 1 卷,人民出版社 1975 年版,第 684 页。

口过剩,实质上是超过资本增值的平均需要而形成的相对多余的劳动人口。

定义 相对人口过剩

劳动力的供给超过了资本增值对它的需要。

相对人口过剩是由资本积累造成的,而资本积累本来是工人创造的剩余价值转化为资本的结果,资本有机构成的提高也是以工人创造出日益先进的技术装备为条件的,可是,工人在创造资本积累和先进技术装备的同时,也使自己变成了相对过剩人口,这就是资本主义生产方式所特有的人口规律。

相对过剩人口不仅是资本积累的必然产物,而且是资本主义生产方式存在和发展的必要条件之一。首先,相对过剩人口可起到劳动力"蓄水池"的作用,以适应资本主义再生产周期性发展的需要。相对过剩人口形成一支可供支配的产业后备军,绝对地隶属于资本。因为资本主义再生产总是经历着从危机到高涨再到危机的周期循环。当危机时,生产缩减,大批工厂倒闭,大量工人被抛进失业大军;当生产走向高涨时,生产急剧扩大,需要追加大量工人,人口自然增长不能满足这种需要,失业人口的存在则可以及时提供所需要的劳动力,满足变化中的资本增值的需要。所以,经常存在大批失业人口,就好像劳动力的"蓄水池",可以随时调节和满足再生产周期不同阶段资本对劳动力的需要。其次,相对过剩人口的存在,有利于加强对在业工人的剥削。在劳动力供过于求的情况下,资本家不仅可以从市场上购买到更廉价的劳动力,而且可以利用产业后备军来威胁在业工人,迫使他们遵守资本主义的劳动纪律和接受资本家的苛刻的条件。所以,资本主义制度本身绝不可能消灭失业,资本家也不愿意消灭失业。

讨论 相对过剩人口的产生

让我们从尚不存在相对过剩人口的劳动市场均衡开始。在这种情况下,相对过剩人口的产生可以看成是由于劳动需求增长率相对落后于劳动供给增长率的结果。具体来说,可以分成如下三种情况。

第一,劳动需求下降时的相对过剩人口。如果实际的资本构成超过了临界的资本构成,则伴随资本积累的增长,劳动需求的增长率就为负数,从而,劳动需求会下降。当劳动需求下降时,如果劳动供给增加,或者不变,或者,即使下降,但下降的程度小于劳动需求的下降,则都会导致相对过剩人口的产生。

第二,劳动需求不变时的相对过剩人口。如果实际的资本构成等于临界的资本构成,则伴随资本积累的增长,劳动需求的增长率就等于零,从而劳动需求会不变。当劳动需求不变时,如果劳动供给仍在增加,则将导致相对过剩人口的产生。

第三,劳动需求增加时的相对过剩人口。如果实际的资本构成小于临界的资本构成,则伴随资本积累的增长,劳动需求的增长率就大于零,从而,劳动需求会增加。当劳动需求增加时,如果劳动供给也在增加,且增加的程度大于劳动需求的增加,仍然会导致相对过剩人口的产生。

在资本主义社会,相对过剩人口有三种基本形式:第一种是流动的过剩人口。这是指在城市里那些时而失业,时而找到工作的失业工人。在这里,过剩人口处于流动的形式。第二种是潜在的过剩人口。这是指农业中的过剩人口。由于农业资本有机构成的提高,对农业工人的需求会日益减少,虽然从表面上来看,这些过剩人口还常常保留少量的生产资料和土地,好像没有失业,但实际上已经过剩了。他们潜伏在农村,等待有利时机,随时准备流向城市。他们是补充城市雇佣劳动队伍的源泉。第三种是停滞的过剩人口。这是指那些没有固定职业,只能揽点零活在家里劳动的人。这些人虽然形式上还是现役劳动军的一部分,但是就业极不规则,经常处于失业和半失业状态,其特点是劳动时间最长,劳动条件最恶劣而工资最低,生活状况低于工人阶级的平均正常水平。

小辞典　相对过剩人口的形式

流动的过剩人口:城市里那些时而失业,时而找到工作的失业工人。

潜在的过剩人口:农业中的过剩人口。他们潜伏在农村,随时准备流向城市。

停滞的过剩人口:没有固定职业,只能揽点零活在家里劳动的人。

上述相对过剩人口的三种形式,并不是所有国家在任何时期都同样普遍地存在。由于各国的具体情况不同或经济发展的阶段不同,相对过剩人口的形式也不完全相同。例如,有的国家已经实现了农业现代化,农业人口向工业转移已基本完成,就可能不存在潜在的过剩人口。还要看到,在相对过剩人口的最低层,是属于赤贫需要社会救济的人们。他们由三部分人组成:第一部分是丧失劳动能力或劳动能力低下的人;第二部分是孤儿和需要救济的贫民及其子女;第三部分是流浪者或没有正当职业的人。此外,在资本主义现实经济中,还存在着其他两类的失业人口:一类是因资本主义经济周期变化而发生的失业,称为周期性失业人口,另一类是由于新的科学技术在生产中的应用而不能适应要求的失业,称为结构性失业人口。

失业并不是资本主义经济中特有的现象。在社会主义市场经济条件下,相对人口过剩规律也会发生作用。首先,生产社会化水平的提高,社会分工的进一步深化,会使产业结构不断调整和优化,从而导致资源重新配置。从传统过时的产业中游离出来的劳动者如果不能及时适应新兴产业发展的需要,必然会失业。其次,现代科学技术不断应用于生产和流通过程,机械化、自动化程度的提高,客观上也会导致对劳动者需求相对地甚至绝对地下降。再次,在市场竞争中,一些企业因经营不善会发生亏损或破产,从而会引致一些劳动者失业。最后,现代市场经济的发展不可能是直线式的,而是处于有规则的周期性波动之中,这种经济波动必然导致对劳动力需求的波动,对劳动者来说,失业和就业会交替出现。另外,如果就业是由劳动力市场调节的,那么企业和劳动者之间的双向选择就不可能随时随地使每个寻找工作的人都得到工作机会。诸如此类的因素还有不少。总之,这些因素在资本主义经济和社会主义经济中都会发生作用。但是,必须认识到的是,在整个资本主义生产方式条件下,相对过剩人口即失业表现为私人资本对劳动力的排挤和压迫,失业是服从于私人资本增值的需要,而在公有制经济范围内,这种排挤和压迫的性质丧失了,但其他形式的失业并不会消失。

结合我国的特殊情况,现阶段我国产生失业更有一些现实的原因。我国人口过多,由于人口增长过快导致劳动年龄人口规模过大;城镇就业不仅有新增劳动年龄人口的压力,还有农业剩余劳动力的压力;就业规模的扩大受到国家积累能力的限制;开拓新的生产领域,不但受自然资源、资金、技术等限制,还要受劳动者择业意愿的限制;在新的经济体制转换中,企业也必然要释放出一些冗余人员,使隐性失业显性化;等等。这些情况都使我国在现阶段难以避免失业问题。

现在各国政府都把充分就业、降低失业率、保持较高稳定的就业水平作为政府宏观调控的一个主要目标，社会主义国家自然更应如此。社会主义制度为劳动者的充分就业创造了条件，劳动者的就业不再像资本主义社会那样受到社会制度的障碍，充分就业获得了制度的保障。但是，如何在存在巨大的劳动人口规模而经济发展还不可能过快的条件下实现充分就业，则是一个需要通过改革和发展逐步解决的问题。实现充分就业，减少失业的途径是多方面的。

第一，加快经济发展，是扩大就业、减少失业的根本途径。由于一定时期内社会就业量的大小取决于劳动力总需求，而劳动力总需求在根本上又取决于经济发展水平，因此，经济发展水平越高，对劳动力的需求就越大，从而社会就业率也就越高。也可以通过产业结构的调整和优化，创造新的就业岗位。我国目前的产业结构中第三产业相当落后，这同我国的实际需要是不相适应的。此外，在结构调整和技术进步的过程中，也不能排斥采用劳动密集型技术和发展一部分劳动密集型产业，因为这也便于在经济增长的进程中保留必要的就业岗位，使我国丰富的劳动力资源得到充分的利用。

第二，大力发展教育事业，特别是职业教育和继续教育，建立和完善劳动力的再就业机制。我国广大劳动者原来的科学文化技术素质较低，在产业结构的变动过程中，适应能力较差，因此大力发展教育和岗位培训，不仅有助于我国劳动力资源的充分利用，而且对提高整个民族的科学文化素质也十分有益。同时，要建立健全劳动力的再就业机制，除了提供各种就业前培训以外，还要加强职业介绍、职业咨询，建立相应的市场性机构，为劳动力供求双方提供灵敏的信息和高效率的就业服务，并且要为进入市场的劳动力广开就业门路。

第三，严格实行计划生育，控制人口增长，以降低劳动力供给增长的速度。我国是一个人口大国，虽然通过 20 多年的计划生育，少生了大约 3 亿人，但近年来每年新增人口仍达 1 100 多万。显然，如果不严格实行计划生育，控制人口增长、降低失业率的任务将很难完成。

二、资本的积聚和集中及其现代特点

相对人口过剩是在资本积累过程中，伴随着资本有机构成的提高而形成的。资本有机构成的提高，又是建立在企业规模不断扩大或个别资本不断增大的基础上的。个别资本的增大，是通过资本积聚和资本集中这两种形式实现的。

资本积聚是指个别资本依靠自己的资本积累，即通过剩余价值的资本化来增大资本的总量。资本积累是资本积聚的基础，资本积聚又是资本积累的直接结果。资本积累越多，资本积聚的规模就越大，个别资本总额就越大。不过资本积聚受到以下两个限制：第一，资本积聚是以资本积累为基础的，因此，社会生产资料在个别资本那里的积聚，要受到剩余价值总量和社会财富增长总量的限制；第二，资本积聚受到社会资本分散程度的限制。社会资本是由许多相互独立的个别资本组成的，个别资本的数量越多，资本积聚就越分散，个别资本的增长就相对越慢，从而限制了资本积累的速度。加上个别资本的分立和分解等因素，原资本中还会裂变出新资本来，又会限制个别资本量的增加。积聚的这些局限性阻碍了个别资本的增大速度。突破这种限制的形式是资本集中。事实上，在现代市场经济条件下，个别资本迅速增大，往往是采取资本集中这条途径。

资本集中是指个别资本通过结合而形成较大的资本。它既可以通过大资本兼并中小资本来实现,也可以由原来分散的中小资本联合起来成为新的更大的资本。竞争和信用是资本集中最强有力的杠杆。在竞争的情况下,大资本比小资本拥有更优越的条件,大资本可以采用先进的生产技术和科学的劳动组织,可以广泛实现合理分工和专业化生产,可以提高设备的利用率和采用效率更高的大型设备,因而在竞争中易于淘汰小资本。这样,个别资本不得不通过兼并和联合的方式来扩大资本规模,以避免在竞争中处于劣势的地位。同时,由于大资本具有采用先进技术和组织规模生产的优势,它可以比小资本获得更多剩余价值,因而也促使个别资本利用兼并或联合的方式扩大资本规模,以获取更多的剩余价值。另外,信用制度的发展,也大大加速了资本集中的进程,特别是通过银行信用,一方面利用贷款来加强大资本的竞争能力,帮助他们在激烈的竞争中打垮或兼并中小资本,另一方面又促使一些分散的中小资本联合起来,组织规模巨大的股份公司,实现资本的集中。

资本积聚与资本集中既有区别又有联系。它们的区别是:第一,资本积聚是以资本积累为基础的,因此,随着个别资本的积聚,社会资本总额也会增大起来;而资本集中只是原有资本的重新分配和重新组合,所以它不会增大社会资本总额。第二,资本积聚的增长要受到社会财富(包括追加的生产资料和消费资料)的绝对增长速度、剩余价值数量及其分为消费基金和积累基金的比例等条件的限制,因此资本增大的速度比较缓慢;而资本集中则不受这些条件的限制,所以它可以在较短的时间内迅速集中大量的资本。

资本积聚和资本集中的联系表现在:一方面,资本积聚的增长,必然加速资本集中的进展。因为随着资本积聚的不断进行,个别资本的规模日益增大,它们可利用自己雄厚的经济实力,打败众多的中小资本,从而加快资本集中的速度;另一方面,资本集中的速度加快了,又会反过来促进资本积聚的发展。因为集中起来的资本越大,越有有利条件获得更大量的剩余价值或超额剩余价值,从而增加资本积累的规模,加快资本的积聚。

辨析　资本积累、资本集聚和资本集中

资本积累:剩余价值转化为资本。

资本集聚:个别资本依靠资本积累来增大资本总量。

资本集中:个别资本通过结合而形成较大的资本。

资本积聚或资本积累是资本主义自由竞争时期个别资本增大的主要途径。随着资本主义从自由竞争进入垄断阶段,资本集中作为个别资本增大的主要方式应运而生了。虽然在不同国家、不同历史时期,这种集中的产生和发展都有深刻的社会、经济、政治等原因,而且对于不同企业来说,原因也各不相同,但是总的来说,这种资本集中以并购为主要特征,而且一般也起源于企业的原始动机,即企业追求高额利润的动机和迫于竞争压力的动机。

所谓"并购"是指一家企业利用购买另一家企业的资产或股份的方式,来实现对另一家企业的控制或两家企业相互联合的行为。从不同的角度划分,并购可以有不同的方式和方法。

从并购的方式划分,并购有:(1)出资购买资产;(2)出资购买股票;(3)股票购买资产;(4)以股票购买股票等。

从并购的对象划分,并购有:(1)横向并购;(2)纵向并购;(3)混合并购。

从并购的方法划分,并购有:(1)友好收购;(2)恶意收购;(3)杠杆收购。

从并购的结果划分，并购有：(1)收购；(2)向前并购；(3)三角并购；(4)反三角并购。从并购依赖的机制划分，并购有：(1)依赖市场型并购；(2)依赖政府型并购。从并购行为的具体手段划分，并购有：(1)购买式并购；(2)承担债务式并购(又称接受式并购)；(3)吸收股份式并购；(4)控股式并购。从收购股份是否受法律规范强制划分，并购有：(1)强制并购；(2)自由并购。

企业并购重组最早出现在英国。而从近现代西方国家并购发展的历史来看，美国的企业并购最具有代表性。迄今为止，西方资本主义世界共经历了五次重要的并购重组浪潮。

第一次企业并购重组的浪潮发生在19世纪末至20世纪初，目的是为了形成大企业，以取得行业的垄断地位和规模经济效益。以美国为例，在该时期，其经历了2 864次兼并，结果使美国的经济集中度大大提高。著名的大型托拉斯组织如美孚石油公司、美国钢铁公司、美国烟草公司、美国橡胶公司、杜邦公司等，它们的产生都是企业兼并所致。这一时期并购重组最主要的特征是侧重于国内某一生产领域的横向兼并为主，并得到了银行和经纪人的配合。

第二次企业并购的浪潮发生在20世纪20年代。这一时期美国有近12 000家企业被兼并，涉及公用事业、银行、制造业和采矿业等，其中有1 060家银行进行了并购。这一次并购浪潮不仅在数量上超过第一次，而且并购形式也呈多样化，特别是纵向并购被公认为是一大特色。

第三次企业并购浪潮出现于20世纪50年代中期，并于60年代后期形成高潮 。如美国仅1967—1969年就完成并购10 858起；资产在1 000万美元以上的大公司并购，1960年有51家，1965年增加为62家，1968年达173家。这一次并购浪潮的特点表现在：并购形式朝着混合并购为主的方向发展，出现了许多“大鱼吃大鱼”型的并购，银行业的并购加剧。

第四次企业并购的浪潮起自20世纪70年代中期至80年代中后期。如1985年，加拿大企业并购数为1975年的2.7倍；联邦德国企业并购数为1973年的1.6倍；荷兰企业并购数为1981年的1.1倍；1986年英国企业并购数是1982年的1.5倍；同年美国企业兼并数是1975年的10倍。这次并购浪潮不仅规模大大超过以前，而且并购形式趋向多样化，对横向、纵向和混合三种并购形式综合利用，力求扬长避短，以发挥最大优势，从整体上调整资产存量，优化资源配置。此外，企业并购从国内发展到国外也是这次浪潮的重要特点。80年代以来，发达国家的资本输出结构发生了重大变化，除在海外直接投资外，还将部分资本用于收购其他国家的企业，以实现对该国企业的控制，这些企业一般包括新技术企业、矿物原料企业以及市场前景良好的企业等。

第五次企业并购浪潮自1995年以来，在西方国家中愈演愈烈，并成为某些国家特别是美国经济持续发展的重要原因之一。以这次并购情况来看，第三产业已成为新一轮并购的重点，其中重中之重是金融服务业和信息通信等高科技产业以及娱乐业。如1995年上半年，仅美国金融服务业就有469次兼并交易。另据统计，1998年全球跨国界的和国内企业的并购总额超过2万亿美元，超出1997年16 000亿美元的水平。其中跨国界并购约占15%，也比1997年有所提高。发生在欧盟和美国间的并购数量最多，金额也最大。1998年美国企业并购价值占其GDP的20%，占全球并购总额的62.5%，创历史最高纪录。这次并购浪潮的显著特点是着眼于国内外市场的竞争，以合并或兼并的方式彻底改变企业组织，削减成本，提高企业竞争力。同时，这次并购浪潮的特点还表现在，并购者不仅仅是企业走投无路所为，而是居安思危力图长久发展之举。这一次企业并购浪潮与全球股票市场强劲走势也相关，目前企业对并购较有信心，也比较容易得到贷款，这次浪潮还将继续下去。

企业并购作为资本集中的主要方式，有利于企业的迅速发展，有利于资源的优化配置，也有利于产业结构的调整优化。因此，对我国社会主义经济的发展同样具有重要的积极作用。

我国从1949年10月到1956年底，是从新民主主义经济形态向社会主义经济形态的转变时期，此后，从1957年到1978年是我国实行高度集中的计划经济时期。这两个阶段的企业并购以资产流动与产权重组为主，相应地表现出不同的特点：前一阶段主要是对民族工商业进行社会主义的改造；后一阶段则主要表现为对工商企业进行关、停、并、转。党的十一届三中全会后，我国的企业并购作为经济体制改革的产物，获得了迅速的发展。

1984—1987年期间是我国企业产权转让活动的起步阶段。在这一阶段，同一行业、同一地市的企业并购破土而出。从并购的特点来看，可分为“武汉模式”和“保定模式”。“武汉模式”采取自下而上的做法，即由企业在双方自愿自主的基础上充分协商达成协议，报双方主管部门批准。“保定模式”则在政府的直接参与下，采取自上而下的做法，即由政府依据产业政策，以国有资产所有者代表的身份进行干预、引导和牵线搭桥，实现企业的并购。显然，前者强调的是自愿互利的原则，后者则注重调整产业结构。这两种模式对我国尚处于起步阶段的企业兼并具有探索和创新的积极意义。

1988—1992年是我国企业产权交易活动逐步由少数城市向全国推进的发展阶段。在这一阶段，企业兼并主要采取了四种形式：(1)承担债务式；(2)购买式；(3)控股式；(4)无偿划转式。其中，第一种得到普遍推广，第四种占一定比例，第二、第三种为数较少。同时，这一阶段的企业兼并出现了一些显著的特点，如在兼并的数量上，由一对一的单个兼并向一对多的复合兼并方向发展；在兼并的范围上，由本地区、本行业内的企业之间并购向跨地区、跨行业的并购方向发展；在并购的目标上，由单纯消灭企业亏损向自觉优化产业结构方向发展，等等。1988年9月，国家国有资产管理局正式组建，国有企业产权转让的管理开始形成专职化和规范化。1989年以后，《关于企业兼并的暂行办法》和《关于出售国有小型企业产权的暂行办法》等相继出台，它们都标志着企业兼并在我国已逐渐进入市场化、法制化的轨道。

1992年以后，随着社会主义市场经济的发展，我国企业兼并的浪潮以更强劲的势头席卷全国。这一时期的并购以企业产权交易为主要特点，大体上可以分为两个阶段，即股票市场发育及产权交易市场形成阶段和上市公司收购兼并阶段。1990年11月26日上海证券交易所成立，12月1日深圳证券交易所成立，这意味着我国的产权转让活动开始具备现代市场经济的色彩。除股票交易市场外，以国有资产管理部门为主组建的产权交易市场也获得了迅速发展。

以产业整合为目的的战略性并购将走向前台。中国目前处于经济转型时期，也是企业并购重组大规模发生的时期，从国外企业并购的发展历程来看，大规模的企业兼并重组都发生在经济急剧转型时期，兼并重组是企业进入新行业、新市场的首选方式，也是进行产业结构转型的重要手段，通过产业整合为目的的战略性购并，企业间的资源得到整合，快速建立起新的组织，收购瓶颈资源，占有核心技术，且成本相对较低。中国在世界范围内已成为领导和驱动企业兼并收购的“领头羊”。

第四节 资本的有机构成和最优构成

本节借用现代经济学的等成本曲线和扩张线等分析工具讨论马克思的资本有机构成理论。首先从数学上明确定义资本有机构成的概念，分析有机构成与技术构成、价值构成之间的数量关系；然后根据剩余价值最大化的原则研究完全竞争企业的最优资本构成，最后说明最优资本构成的变化规律。

一、资本构成

考虑某个典型的完全竞争企业。[①] 该企业拥有的初始资本数量为 C。在生产过程中，C 被一分为二：一部分作为可变资本，用于购买劳动力；另一部分作为不变资本，用于购买机器、设备、原材料等生产资料。用 l 和 k 分别表示劳动力和生产资料的数量，w 和 r 分别表示它们的价值。企业的成本方程可以写为：

$$C=v+c=wl+rk \tag{9}$$

其中，$v=wl$ 为可变资本，$c=rk$ 为不变资本。

成本方程包含“物质”和“价值”两方面的结构。从物质方面看，它代表了当资本总量给定时所有可能的劳动力和生产资料的组合 (l,k)；从价值方面看，它代表了当资本总量给定时所有可能的可变资本和不变资本的组合 $(v,c)=(wl,rk)$。

根据要素组合和资本组合，容易得到资本构成的两个相应概念，即资本的“技术构成”和“价值构成”。所谓技术构成，“是由所使用的生产资料量和为使用这些生产资料而必需的劳动量之间的比率来决定的。”[②]用公式表示为：

$$\theta_t=k/l$$

换句话说，资本的技术构成 θ_t 等于要素组合 (l,k) 中后一元素与前一元素的比率。

另一方面，所谓价值构成，“是由资本分为不变资本和可变资本的比率，或者说，分为生产资料的价值和劳动力的价值即工资总额的比率来决定的。”[③]用公式表示为：

$$\theta_z=\frac{c}{v}=\frac{rk}{wl}=\frac{r}{w}\theta_t$$

换句话说，资本的价值构成 θ_z 等于资本组合 (wl,rk) 中后一元素与前一元素的比率。

按上述方法定义的资本价值构成实际上是“名义”的——因为它包含的是“现行”的劳动力价值和生产资料价值，并随现行的价值比率 r/w 的变化而变化。为了能够在价值构成的变化中消除价值比率的影响，从而准确地反映出技术构成的变化，我们选择某一时期作为“基期”，并以基期的价值比率与任一时期的技术构成的乘积来计算相应时期的价值构成。这样得到的价值构成显然是“实际”的——因为它“由资本技术构成决定并且反映技术构成变化”。[④] 马克思把它叫作“资本的有机构成”。

---

① 这里，我们以典型企业的资本构成作为整个行业的资本构成的代表。
② 马克思：《资本论》第1卷，人民出版社1975年版，第672页。
③ 马克思：《资本论》第1卷，人民出版社1975年版，第672页。
④ 马克思：《资本论》第1卷，人民出版社1975年版，第672页。

设基期的劳动力价值和生产资料价值分别为 w_0 和 r_0。于是，资本有机构成（用 θ 表示）的公式可以写成：

$$\theta=\frac{r_0k}{w_0l}=\frac{r_0}{w_0}\theta_t$$

它在形式上与价值构成的公式完全相同。唯一的区别是：在有机构成（或实际价值构成）的公式中，劳动力价值和生产资料价值是基期的、“不变”的，而在（名义）价值构成的公式中，它们却是现行的、“可变”的。

资本有机构成和价值构成之间的关系则可以推导如下：

$$\theta=\frac{r_0}{w_0}\theta_t=\frac{r}{w}\theta_t\ \frac{r_0/w_0}{r/w}=\theta_z\Big/\frac{r/w}{r_0/w_0}$$

其中，最后一个等式后面的分母是现行价值比率 r/w 除以基期价值比率 r_0/w_0，可称之为“价值比率指数”。于是，资本有机构成等于价值构成与价值比率指数的商。当现行价值比率大于（等于、小于）基期价值比率时，价值比率指数大于（等于、小于）1，有机构成小于（等于、大于）价值构成。特别是，基期的有机构成总是等于基期的价值构成。以后我们在讲到资本的构成时，如果没有特别的说明，总是指资本的有机构成，并略去表示基期劳动力价值和生产资料价值的下标“0”。

现在根据成本(9)式来推导资本有机构成的几何表示。首先，成本方程可以写为：

$$k=\frac{C}{r}-\frac{w}{r}l$$

在资本总量 C、劳动力价值 w 和生产资料价值 r 均给定的条件下，它是生产资料 k 与劳动力 l 之间的一个“线性”函数。其形状如图 4－2 中向右下方倾斜的“等成本曲线”所示。等成本曲线上的任何一点都代表一个可能的要素组合。整个的等成本曲线则是所有可能的要素组合的“集合”。等成本曲线的斜率等于劳动力价值与生产资料价值的比率的相反数，即 $-w/r$；纵截距 $\bar{k}(=C/r)$ 是当全部资本均用于购买生产资料时所能够得到的生产资料数量；横截距 $\bar{l}(=C/w)$ 是当全部资本均用于购买劳动力时所能够得到的劳动力数量。

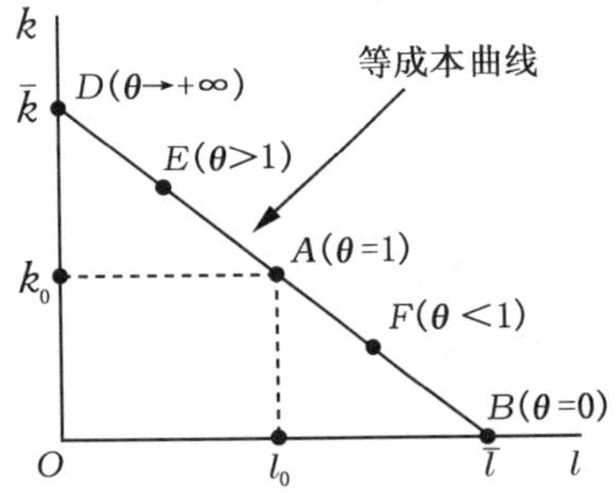

图 4—2 等成本曲线和资本有机构成

其次，由成本方程可推导如下：

$$\theta=\frac{rk}{wl}=\frac{C-wl}{wl}=\frac{C/w-l}{l}=\frac{\bar{l}-l}{l}$$

这里，$l(0\leqslant l\leqslant\bar{l})$ 是实际购买的劳动力数量。上式表示，资本有机构成等于最大劳动量减去实际劳动量再比上实际劳动量。例如，在图 4－2 中的等成本曲线上任取一点 A。点 A 所对应的要素组合为 (l_0,k_0)。该点处的资本有机构成为：

$$\theta_A=\frac{rk_0}{wl_0}=\frac{\bar{l}-l_0}{l_0}$$

显而易见，在资本总量 C 给定的条件下，资本有机构成与实际劳动量反方向变化。特别是，当 $l\to 0$ 时，$\theta\to+\infty$，而当 $l\to\bar{l}$ 时，$\theta\to 0$。

最后，从图中容易看到：

$$\theta=\frac{\bar{l}-l_0}{l_0}=\frac{BA}{DA}$$

换句话说，等成本曲线上任意一点处的资本有机构成等于该点以下部分与以上部分的比率。

根据上述关于资本有机构成的几何表示，容易对其做出相应的分类。例如，在图 4—2 中的等成本曲线上，标出了 A、B、D、E、F 五个点。它们代表五种不同的要素组合。其中，点 A 位于等成本曲线的“中点”，故它的有机构成等于 1。在中点右下方的点，如点 F，有机构成小于 1。小于 1 的极端例子是点 B——此时，有机构成等于 0。在中点的左上方，如点 E，有机构成大于 1。大于 1 的极端例子是点 D——此时，有机构成为无穷大。

二、最优资本构成

根据上一小节的讨论可知，对应于等成本曲线上的每一点，都有一个确定的有机构成；对应于整个的等成本曲线，则有无穷多个不同的有机构成。那么，在这些不同的有机构成中，哪一个是“最优”的——即能够使得企业的剩余价值达到最大？

为了回答这个问题，需要了解企业的生产函数和收益函数。设企业的生产函数为 $q=q(l,k)$。这里假定：(1)$\partial q/\partial l>0$、$\partial q/\partial k>0$，即劳动力和生产资料的边际产出均大于 0；(2)$\partial^2 q/\partial l^2<0$、$\partial^2 q/\partial k^2<0$，即劳动力和生产资料的边际产出都递减；(3)$\partial^2 q/\partial k\partial l=\partial^2 q/\partial l\partial k\geqslant 0$，即交叉偏导数非负。它意味着：劳动力（或生产资料）的边际产出不随生产资料（或劳动力）的增加而减少。

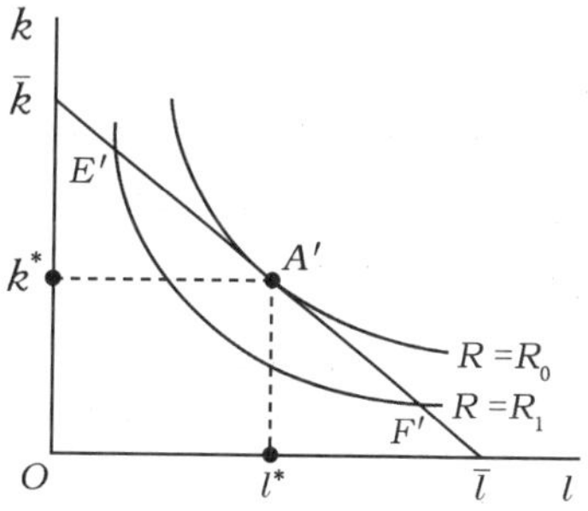

图 4—3　最优要素组合和最优资本构成

由于假定企业是完全竞争的，故产品价值（用 z 表示）为固定不变的参数。于是，收益函数可以表示成 $R=zq(l,k)$。令收益等于某个固定的值 R_0 则有：

$$zq(l,k)=R_0 \tag{10}$$

它确定了生产资料 k 与劳动力 l 之间的一个函数关系：$k=k(l)$。该关系的几何表示可参见图 4—3 中的等收益曲线 $R=R_0$。当然，等收益曲线不止 $R=R_0$ 这一条。如果令收益等于另一个固定的值 R_1，则可以得到另一条等收益曲线 $R=R_1$。实际上，由于收益可以取无穷多的值，等收益曲线也有无穷多条。

根据生产函数的性质可知，等收益曲线具有如下两个特点。第一，它向右下方倾斜。例如，将 $k=k(l)$ 代入(10)式得到如下恒等式：

$$zq(l,k(l))\equiv R_0$$

两边对 l 求导有：

$$z\left(\frac{\partial q}{\partial l}+\frac{\partial q}{\partial k}\cdot\frac{\mathrm{d}k}{\mathrm{d}l}\right)=0$$

解之即得：

$$\frac{\mathrm{d}k}{\mathrm{d}l}=-\frac{\partial q/\partial l}{\partial q/\partial k}<0$$

第二，它向原点凸出。这是因为：

$$\frac{\mathrm{d}^2k}{\mathrm{d}l^2}=\frac{\left(\frac{\partial^2 q}{\partial l^2}+\frac{\partial^2 q}{\partial k\partial l}\cdot\frac{\mathrm{d}k}{\mathrm{d}l}\right)\frac{\partial q}{\partial k}-\left(\frac{\partial^2 q}{\partial l\partial k}+\frac{\partial^2 q}{\partial k^2}\cdot\frac{\mathrm{d}k}{\mathrm{d}l}\right)\frac{\partial q}{\partial l}}{(\partial q/\partial k)^2}$$

$$=\frac{-\left(\frac{\partial q}{\partial k}\right)^2\frac{\partial^2 q}{\partial l^2}+2\frac{\partial^2 q}{\partial k\partial l}\cdot\frac{\partial q}{\partial l}\cdot\frac{\partial q}{\partial k}-\left(\frac{\partial q}{\partial l}\right)^2\frac{\partial^2 q}{\partial k^2}}{(\partial q/\partial k)^3}>0$$

把等收益曲线与等成本曲线合在一起,即可确定最优的要素组合和最优的资本有机构成。例如,在图4—3中的等成本曲线上,任何一点只有两种可能:或者是等成本曲线与等收益曲线的切点,如点A';或者是等成本曲线与等收益曲线的交点,如点F'和点E'。容易证明,只有切点A'才可能是剩余最大化的,交点F'和E'则不是。这是因为,在交点F'或E'上,企业总可以通过改变要素组合——即沿着等成本曲线移动——来增加收益。例如,在交点$F'(E')$上,沿着等成本曲线向左上方(右下方)移动可以达到更高的等收益曲线,得到更大的收益。由于此时成本是固定的,故更大的收益代表了更大的剩余价值。这就证明,任何一个要素组合,如果处在等成本曲线和等收益曲线的交点上,则剩余价值就没有达到最大。反过来,如果某一要素组合恰好位于等成本曲线与等收益曲线的切点(如点A'),则剩余价值已经达到最大。这是因为,在这种情况下,任何调整都不可能再增加剩余价值。例如,从点A'出发,沿着等成本曲线向右下方移动,会移到类似点F'的位置,向左上方移动,会移到类似点E'的位置——它们都位于较低的等收益曲线上,因而代表着较小的收益和剩余价值。

由此得到结论:在资本数量C、劳动力价值w和生产资料价值r均给定的条件下,等成本曲线与等收益曲线的切点A'是剩余最大化的均衡点;由均衡点决定的要素组合(l^*,k^*)为最优要素组合(l^*和k^*为最优的劳动力和生产资料数量);在最优要素组合中,后一元素与前一元素之比k^*/l^*为最优的技术构成;最优技术构成与相应的价值比率的乘积rk^*/wl^*为最优的资本有机构成(简称"最优资本构成")。如果用θ^*表示最优资本构成则有:

$$\theta^*=\frac{rk^*}{wl^*}$$

三、最优资本构成的变化

在前面的讨论中,我们一直假定资本数量、劳动力和生产资料的价值是给定的。这些假定意味着给定了成本方程和相应的等成本曲线。等成本曲线和等收益曲线合在一起则决定了最优的要素组合和最优的资本构成。

现在考虑资本数量可变的情况——单个资本因为积累或者更加一般的集中而增大。我们的问题是:随着资本数量的增加,最优的要素组合从而最优的资本构成会发生什么样的变化。①

首先容易看到,资本数量增加将导致等成本曲线向外平移。这是因为,资本的增加仅仅只是提高等成本曲线的纵截距,而不会影响它的斜率。随着等成本曲线向外平移,它与等收益曲线的切点从而最优的要素组合和最优的资本构成也相应变化。例如,在图4—4中,设

① 类似的,也可以讨论劳动力价值和生产资料价值变化对资本最优构成的影响。

一开始时资本数量为 C_1，等成本曲线为 $C=C_1$，它与等收益曲线 $R=R_1$ 在点 A' 处相切，相应的，最优要素组合为 (l_1^*, k_1^*)，最优资本构成为 rk_1^*/wl_1^*；当资本数量增加到 C_2 时，等成本曲线向外平移到 $C=C_2$，它与等收益曲线 $R=R_2$ 在点 A'' 处相切，相应的，最优要素组合为 (l_2^*, k_2^*)，最优资本构成为 rk_2^*/wl_2^*。

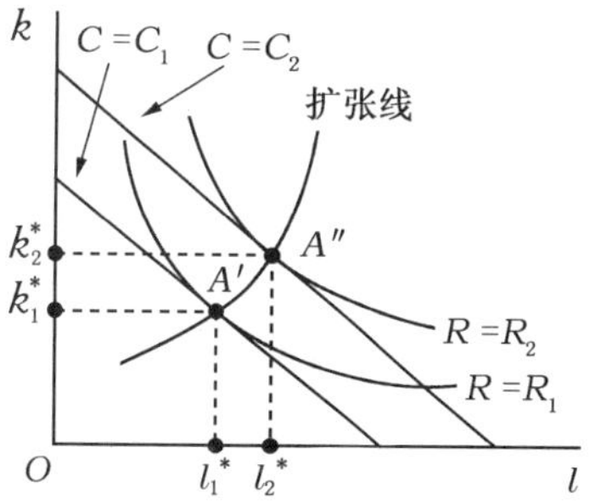

图 4—4 扩张线和最优资本构成的变化

重复以上过程，可以得到其他等成本曲线和等收益曲线的切点。将所有这些切点连接起来，即得到所谓的"扩张线"。扩张线是最优要素组合的轨迹，反映了最优要素组合随资本数量变化而变化的情况。由于最优要素组合决定了最优资本构成，故扩张线也反映了最优资本构成随资本数量变化而变化的情况。

由此可见：给定一个资本数量 C，就有一个最优的要素组合 (l^*, k^*)，换句话说，最优要素组合是资本数量的函数，可以把它表示为 $[l^*(C), k^*(C)]$，另一方面，给定一个最优要素组合 $[l^*(C), k^*(C)]$，又有一个最优的资本构成 θ^*，换句话说，最优资本构成是最优要素组合的函数，从而是资本数量的复合函数。这个复合函数可以表示为：

$$\theta^* = \theta^*(C) = \frac{rk^*(C)}{wl^*(C)}$$

最优资本构成函数的倾斜方向，即最优资本构成随资本积累的变化规律取决于 θ^* 对 C 的一阶导数：

$$\frac{\mathrm{d}\theta^*}{\mathrm{d}C} = \frac{r}{w} \cdot \frac{\frac{\mathrm{d}k^*}{\mathrm{d}C}l^* - \frac{\mathrm{d}l^*}{\mathrm{d}C}k^*}{[l^*(C)]^2} = \frac{rl^*k^*}{w[l^*(C)]^2} \cdot \left(\frac{\mathrm{d}k^*/\mathrm{d}C}{k^*} - \frac{\mathrm{d}l^*/\mathrm{d}C}{l^*}\right)$$

当

$$\frac{\mathrm{d}k^*/\mathrm{d}C}{k^*} > (=, <) \frac{\mathrm{d}l^*/\mathrm{d}C}{l^*}$$

时，有 $\mathrm{d}\theta^*/\mathrm{d}C > (=, <) 0$。换句话说，如果随着资本的积累，最优生产资料的增长率大于（等于、小于）最优劳动力的增长率，最优资本构成将提高（不变、下降）。

也可以借助扩张线来说明最优资本构成的变化情况。设扩张线方程为 $k^* = k^*(l^*)$。将其代入最优资本构成的表达式得：

$$\theta^* = \frac{rk^*(l^*(C))}{wl^*(C)}$$

于是有：

$$\frac{\mathrm{d}\theta^*}{\mathrm{d}C} = \frac{r}{w} \cdot \frac{\frac{\mathrm{d}k^*}{\mathrm{d}l^*} \cdot \frac{\mathrm{d}l^*}{\mathrm{d}C}l^* - \frac{\mathrm{d}l^*}{\mathrm{d}C}k^*}{[l^*(C)]^2} = \frac{r\frac{\mathrm{d}l^*}{\mathrm{d}C}l^*}{w[l^*(C)]^2}\left(\frac{\mathrm{d}k^*}{\mathrm{d}l^*} - \frac{k^*}{l^*}\right)$$

由于在所给的假定条件下，扩张线总向右上方倾斜，从而，$\mathrm{d}l^*/\mathrm{d}C > 0$，故当 $\mathrm{d}k^*/\mathrm{d}l^* > (=, <) k^*/l^*$ 时，$\mathrm{d}\theta^*/\mathrm{d}C > (=, <) 0$。换句话说，当扩张线递增（不变、递减）上升时，最优资本构成随资本积累而提高（不变、降低）。于是，最优资本构成的变化完全取决于扩张线的形状。由于扩张线的形状又取决于生产函数的性质，故又可以说，最优资本构成的变化完全取决于生产函数的性质。

第五节 资本积累的一般规律与历史趋势

一、资本积累的一般规律及其当代效应

马克思关于相对过剩人口的理论和资本的积聚与集中的理论，是以对资本积累的一般规律的深刻揭示为基础的。资本积累的一般规律，进一步剖析了资本主义经济关系的实质，从理论上有力地论证了在资本积累过程中资本主义必然灭亡、社会主义必然胜利的历史趋势。

资本积累的增长，必然伴随资本的积聚和集中，必然促使资本有机构成的提高，而资本有机构成的不断提高，使得社会财富越来越集中在少数资本家手里；同时，无产阶级的队伍也在不断扩大，产业后备军日趋庞大，无产阶级遭受的劳动折磨及其贫困状况也就越加严重。马克思正是从资本积累对无产阶级命运的影响所做的详尽考察中，发现了资本主义积累的一般规律。他指出："社会的财富即执行职能的资本越大，它的增长的规模和能力越大，从而无产阶级的绝对数量和他们的劳动生产力越大，产业后备军也就越大。可供支配的劳动力同资本的膨胀力一样，是由同一些原因发展起来的。因此产业后备军的相对量和财富的力量一同增长。但是同现役劳动军相比，这种后备军越大，常备的过剩人口也就越多，他们的贫困同他们所受的劳动折磨成反比。最后，工人阶级中贫苦阶层和产业后备军越大，官方认为需要救济的贫民也就越多。这就是资本主义积累的绝对的、一般的规律。"①这就是说，资本主义的积累包含两极相反的积累：一极是财富作为资本在资本家手里的积累；另一极则是创造这些财富的无产阶级的贫困的积累。这就是资本主义积累一般规律的基本内容。它的实质是，资本主义制度必然造成社会阶级的两极分化。

定义　资本主义积累的一般规律

资本主义积累包含着两种截然相反而又相互联系的积累：在一极上，是财富作为资本在资本家手里的积累；在另一极上，是创造这些财富的无产阶级的贫困的积累。

马克思所阐明的资本主义积累的一般规律，深刻地揭示了在资本积累的过程中，资本家阶级的财富积累和无产阶级的贫困积累之间的内在本质的联系及其发展变化的客观必然性。它反映了资本积累的增长对无产阶级命运所产生的严重影响。说明了资本主义生产关系的对抗性质，是无产阶级反对资产阶级剥削和进行社会主义革命的经济根源。

无产阶级贫困的规律，与资本主义特有的其他经济规律一样，是建立在资本主义制度的基础上的。只要资本主义制度存在，这个规律是不会改变的。但是在不同的资本主义国家和不同的历史时期，它的表现形式是不相同的。当代资本主义国家，特别是发达资本主义国家无产阶级的状况，确实得到了一定的改善，但是这并没有使他们摆脱被剥削的地位，没有摆脱贫困的厄运。当代无产阶级的贫困仍然可以分为相对贫困和绝对贫困两种表现形式。

无产阶级的相对贫困，是指无产阶级的工资收入在国民收入中所占的比重日益下降，即

① 《马克思恩格斯全集》第23卷，人民出版社1972年版，第707页。

在无产阶级新创造的价值中，无产阶级的工资所占的比重越来越小，工人同资本家之间的贫富差别越来越大。例如，美国制造业工人的工资，占该部门所创造的国民收入的比重，1947年为50%，1954年为47.4%，1963年为43.3 %，1970年为42.8%，1972年为41.8%，下降的趋势是明显的。但是，无产阶级相对贫困，并不是说工人的实际生活水平不会提高。随着劳动生产力的发展，工人的生活资料会有所增加，但工人实际生活水平提高的程度，仍然远远落后于资产阶级享受增加的程度和社会生产力发展的水平。

再以美国制造业利润增长和工人工资增长(指数)相比较：1960年为100∶100，1963年为126.9∶100，1965年为169.1∶119.9，1969年为211.3∶114.3。这说明工人所得到的工资在新创造的价值中所占的比重在下降，而资本家占有的剩余价值的比重在不断增加。另据英国《卫报》1991年11月30日载文披露，1979—1989年，占美国1%的高收入家庭的收入增加了将近75%，而占20%的低收入家庭的收入则下降了34.4%。根据美国国会预算办公室的报告，2013年美国初次分配中，最低20%家庭平均收入是8 300美元，占全部收入的2.2%；中下20%家庭平均收入是3.26万美元，占全部收入的7.2%；中等20%家庭平均收入是5.86万美元，占全部收入的12.8%；中上20%家庭平均收入是9.49万美元，占全部收入的20.8%；最高20%家庭平均收入是25.99万美元，其中，最富81%—90%家庭平均收入是14.03%万美元，最富91%—95%家庭平均收入是19.53万美元，最富96%—99%家庭收入占全部收入的32.15万美元，最富1%家庭平均收入则高达157.08万美元，最富81%—99%家庭收入占全部收入的41.5%，最富1%家庭收入占全部收入的17.2%，也就是说，最富20%家庭获取了2013年全部收入的58.7%①可见，无产阶级的相对贫困表明，社会财富和收入的分配极不平等，鸿沟越来越深。

无产阶级的绝对贫困，是指在资本主义制度下无产阶级经济生活状况的绝对恶化。它在每个资本主义国家表现不同，但有时在不少国家表现明显。无产阶级绝对贫困的主要表现有以下几个方面：

第一，失业人口的大量增加。这是无产阶级绝对贫困的主要或集中表现形式。当前，资本主义各国都不同程度地受到高失业率的困扰。2019年8月1日，美国的失业率达3.70%，相较于2019年7月1日的3.70%保持不变。1982年12月1日美国失业率达到历史最高值，为10.80%，而历史最低值出现于1953年6月1日，为2.50%。根据欧盟统计局的数据，2017年12月欧盟约有1 796万失业人口，其中欧元区1 413.7万人。与2017年11月相比，欧盟和欧元区失业人口数量分别减少16.5万和13.4万。成员国中，失业率最低的是捷克(2.3%)、马耳他和德国(均为3.6%)。失业率的最高是希腊和西班牙。2017年几个欧洲大国里面，英国整体失业率为4.4%，德国整体失业率为3.8%，法国整体失业率为9.4%，意大利整体失业率为11.2%，西班牙整体失业率为17.2%。2018年10月，欧盟28个成员国失业率为6.7%，同比下降0.7%，达到自2000年1月以来的最低水平。大批工人在失业期间失去工作，断绝或减少了收入来源，陷入贫困，成为需要救济的贫民。虽然不少国家实行“失业救济”，失业工人最低限度的生活仍很难得到保障，如美国的失业救济金，往往只有工人正常收入的1/3左右。

① 数据来源：美国国会预算办公室CBO’s June 2016 report，The Distribution of Household Income and Federal Taxes，2013. www.cbo.gov/publication/51361

第二，实际工资下降。这是因为资本主义国家往往采取通货膨胀的政策，造成物价、房租、医药费用等不断上涨，而货币工资并未相应提高，特别是在经济危机爆发时，大批工人失业、工资被压低的情况下，都不可避免引起工人的实际工资下降。例如，1981 年几个主要资本主义国家物价上涨率分别是：美国 10.2%，法国 13.4%，意大利 19.6%。价格剧涨，工资不涨或增长缓慢，工人的实际工资就下降。连美国政府也不得不承认，在通货膨胀严重的 1974 年和 1975 年，美国工人的名义工资虽然分别上升了 8.7%和 6.8%，但实际工资却分别下降了 3.1% 和 0.2%。进入 20 世纪 90 年代后，各主要资本主义国家的通胀率普遍出现了下降的趋势，以 1996—1999 年年均通胀率为例，美国是 2.23%，德国是 1.18%，法国是 1.11%，英国是 2.76%，意大利是 2.19%，加拿大是 1.30%。虽然在这些国家通胀率是下降了，但由于失业率远高于通胀率，特别是工人的货币工资变动不大，所以工人实际工资下降的趋势并没有得到根本的改变。当然也应该承认，这种下降的趋势确实得到了很大的缓和。

第三，大量的工人生活在“贫困线”以下。所谓“贫困线”，就是国家官方规定维持最低生活需要的收入标准。据美国政治和经济联合中心发表的一份报告说，按家庭收入不到全国中等收入的 40%列为贫困的标准来计算，20 世纪 80 年代中期美国家庭的贫困率约为 13.6%，加拿大为 8.9%，英国为 7%，法国为 6.1%。1996 年美国政府所规定的“贫困线”是，四口之家的年收入低于 16 036 美元。而这一年美国生活在贫困线以下的人口高达 3 650 万，占该年美国人口总数的 13.7%。美国人口普查局 2011 年 9 月 13 日发布《美国 2010 年的收入、贫困和医疗保险情况》。报告显示，2010 年美国贫困率为 15.1%，其中，黑人的贫困率为 27.4%，拉丁裔为 26.6%，亚裔为 12.1%，白人为 9.9%。贫困人口达到 4 620 万人，为 52 年来最高；收入在贫困线一半以下的“深度贫困”人口为 2 050 万人，为 36 年来最高。根据美国人口普查局公布的数据，2016 年有 12.7%的美国家庭生活在贫困标准线之下，美国的贫困人口为 4 060 万。由于资本积累的扩大，处于贫困线以下无产阶级的绝对数量在增加，需要救济的贫民在增多，这无疑也是绝对贫困化的一种表现。

除发达资本主义国家贫富悬殊日益严重、贫困人口呈上升趋势以外，发展中国家的贫困问题也十分严重和突出。贫困已成为世界范围内普遍存在的问题。根据世界银行《1989 年世界发展报告》中的数据，人口在 100 万以上的 98 个发展中国家(或地区)中，有 15 个国家 1987 年的人均年国民生产总值只有 130—250 美元，有 19 个国家在 1965—1987 年长达 22 年的时期中，人均年国民生产总值不仅没有增加，反而下降了 0.3%—4.0%。《1990 年世界发展报告》进一步指出：“80 年代是穷人被遗弃的 10 年。”在这 10 年中，世界经济获得了长足的发展，全世界的人均收入也有了大幅度的提高，但是绝对贫困人口的总数不但没有减少，反而增加到了前所未有的规模——10 亿人！又据联合国统计，1995 年全世界有 13 亿贫困人口，比 5 年前增加了 3 亿，现在正以每年 2 500 万人的速度增长；有 10 多亿人不能获得生存所必需的营养、医疗、安全饮水等基本生活保障条件；每年约有 1 800 万人因饥饿、营养不良及与贫困有关的其他原因而死亡。第三世界的贫困问题尤为严重，在南亚居住着占世界 1/3 人口，贫困人口却占了一半。非洲 6.3 亿人口中，约有 1/2 挣扎在饥饿线上。拉美地区有约 2 亿人口生活在贫困线以下，占该地区人口总数的 1/3 以上。世界上最不发达国家已从 1974 年的 29 个增加到 2003 年的 49 个，其中 28 个国家每人每天生存支出不足 1 美元。

贫困虽然是一个普遍存在的问题，其在各国的表现也大同小异，但是，应该看到，形成贫困的原因在各国却有很大的差异，这主要是由于各国社会政治制度和经济技术基础以及自然环境等因素的不同造成的。拿发达的资本主义国家来说，如前所述，失业所导致的贫困，是由于资本积累的不断增长，从而引起资本有机构成的提高，必然造成资本对劳动力的需求日益相对地、有时甚至绝对地减少，由此形成相对过剩人口即失业大军的存在；与此同时，随着资本积累的增长，又必然造成劳动力对资本的供应不断增加，从而使相对过剩人口与日俱增。可见，在资本主义社会，无产阶级用自己的劳动创造出大量的社会财富，这些财富被资产阶级无偿占有，反过来给无产阶级带来恶劣的后果，形成了贫富两极分化，无产阶级的贫困正是资本主义制度造成的必然结果。虽然各国资产阶级政府都把充分就业、降低失业率、保持较高的稳定的就业水平作为政府宏观调控的一个目标，但是任何一个资本主义国家都十分清楚，失业人口的存在，对资本主义生产方式的存在和发展有重大的作用，所以，不可能也不会真正愿意消灭失业人口。它们经常宣扬的“实现充分就业”，“消灭失业”等等口号，只不过是一种不能兑现的空谈而已。第三世界国家贫困问题的产生则是由诸多原因造成的。从历史上看，这些国家绝大多数都是资本主义列强的殖民地、半殖民地或附属国，长期遭受了外国资本主义的掠夺、奴役和剥削，经济十分落后。不少国家即使民族独立后，仍受到垄断资本主义国家以经济渗透的办法继续控制和掠夺。在新殖民主义的政策下，广大发展中国家至今仍不能摆脱垄断资本主义国家的盘剥。据统计，1982 年发展中国家所欠外债高达 6 200 亿美元，到 1995 年扩大到 2 万亿美元以上。其中，非洲各国所欠外债 1970 年只有 132 亿美元，到 1980 年增加到 1 054 亿美元，到 1990 年高达 2 179 亿美元，相当于非洲各国当年国内生产总值的 50%。巨额债务导致各发展中国家资本短缺，财政危机频仍，经济得不到发展，人民生活艰难。

中国贫困人口的产生既有历史原因又有政治原因。同第三世界大多数发展中国家一样，中国长期遭受外国资本主义列强的侵略、剥削和奴役，经济异常落后，广大人民群众过着十分贫困的生活。1949 年中华人民共和国成立后，虽然社会主义的经济基础十分薄弱，但是广大人民群众的社会经济地位发生了翻天覆地的变化，逐步走上摆脱贫困的道路。改革开放四十余年来，我国贫困人口数量从 1978 年末的 7.7 亿人下降到 2017 年末的 3 046 万人，累计减贫 7.4 亿人，年均减贫人口规模接近 1 900 万人，贫困发生率也从 97.5%下降到 3.1%，对全球减贫的贡献率超七成。据对全国 31 个省(自治区、直辖市)16 万户居民家庭的抽样调查，按现行国家农村贫困标准测算，2017 年末全国农村贫困人口 3 046 万人，比上年末减少 1 289 万人；贫困发生率为 3.1%，比上年末下降 1.4 个百分点。分三大区域看，2017 年东、中、西部地区农村贫困人口全面减少。东部地区农村贫困人口为 300 万人，比上年减少 190 万人；中部地区农村贫困人口为 1 112 万人，比上年减少 482 万人；西部地区农村贫困人口 1 634 万人，比上年减少 617 万人。党的十八大以来，全国农村贫困人口累计减少 6 853 万人。截至 2017 年末，全国农村贫困人口从 2012 年末的 9 899 万人减少至 3 046 万人，累计减少 6 853 万人；贫困发生率从 2012 年末的 10.2%下降至 3.1%，累计下降 7.1%个百分点。贫困地区农村居民年均收入实际增长 10.4%。2013—2017 年，贫困地区农村居民人均可支配收入年均名义增长 12.4%，扣除价格因素，年均实际增长 10.4%，实际增速比全国农村平均水平高 2.5 个百分点。2017 年贫困地区农村居民人均可支配收入是全国农村平均水平的 69.8%，比 2012 年提高 7.7 个百分点，与全国农村平均水平的差距进一步缩小。

在全球绝对贫困人口总数增加的大背景下，中国在 70 年时间内接近于消除了贫困人口，这证实了社会主义制度的确具有反贫困的巨大能量和优势。

二、原始资本的积累

任何一个生产方式的建立，在经济上都离不开两个最基本的生产要素：劳动者和生产资料。而这两个基本要素在生产过程中实行结合的特殊方式和方法，使人类社会区分为不同的经济制度。封建社会代替奴隶社会，资本主义社会代替封建社会，这是一种私有制代替另一种私有制。而社会主义社会代替资本主义社会，则是生产资料的社会主义公有制代替资本主义的私有制，在所有制的性质上发生了根本的变革。由此，使得资本主义经济制度和社会主义经济制度建立的途径不同，也就是说，资本主义的原始资本积累和社会主义的原始资本积累具有不同的特征。

劳动者和生产资料是生产过程的两个基本要素，但是对资本主义生产来说，劳动者必须具有人身自由而又失去生产资料，生产资料和生活资料必须集中在资本家手里。要能够有条件既雇用大批工人，又购买大量生产资料和生活资料，从而组织较大规模的资本主义生产，就必须有大量货币财富，在少数人手中积累，因而大批雇佣劳动者队伍的形成和少数人拥有大量货币财富就成为资本主义生产方式建立的两个基本条件。

在资本主义经济制度建立以前，小商品生产者的分化虽然不断地准备着这两个条件，但是，仅仅依靠小商品经济的机制向资本主义过渡，那是一个渐进的缓慢的过程。15 世纪的地理大发现，使世界市场急剧扩大，对资本主义经济的发展产生强大刺激作用。新兴资产阶级在强烈的致富欲望推动下，采取暴力手段来加速这两个条件的形成，这就是资本的原始积累过程。它是发生在资本主义生产方式确立之前的原始资本的形成过程，有别于在资本主义生产方式确立以后进行的资本积累，所以叫资本的原始积累。

定义　资本的原始积累

发生在资本主义生产方式完全确立之前、通过暴力手段迫使生产者和生产资料相分离、把生产资料和财富集中到资本家手里的历史过程。

资本原始积累是生产者和生产资料相分离的过程，它的实质是资产阶级用暴力手段剥夺生产者，强迫生产者与生产资料相分离，并使生产资料和货币财富迅速集中在自己手中的过程。剥夺广大农民是资本原始积累全部过程的基础，因为资本主义发展所需要的雇佣劳动大量来自失去土地的农民。在历史上对农民进行暴力剥夺的典型是英国的“圈地运动”。15 世纪 70 年代，由于毛纺业急剧发展，英国羊毛价格上升，养羊业变得极为有利可图。贵族地主竞相把耕地改为牧场，还不能满足追逐利润的欲望，于是用暴力手段强占农民的土地，捣毁农民的住宅，把强占的土地大片围圈起来，建立大牧羊场。大批被剥夺土地的农民流离失所，沦为乞丐和流浪者。这个暴力的运动，当时被人称为“羊吃人”。同时，统治阶级还颁布了许多血腥的法律，用残酷刑罚使他们进工厂做工。为了加速货币财富的积累，新兴资产阶级还采用暴力手段，在海外发动侵略战争劫掠殖民地；在国内发行国债、实行重税、保护关税制度等，聚敛大量财富。所有这些方法，都是依靠国家权力，来促进封建生产方式向资本主义生产方式的转化。

资本主义国家都经历了资本原始积累过程。尽管各个国家的具体方式不同,但其实质都是一样的,都是用暴力剥夺的手段为资本主义生产方式的建立创造经济条件。在这个过程中,大量的雇佣劳动者队伍被创造出来了,大量的原始资本积累起来了。所以,马克思说:“这种剥夺的历史是用血和火的文字载入人类编年史的。”①

近代中国虽然没有经历过一个独立的资本主义发展阶段,但是在外国资本主义的经济侵略下,同样经历了一个资本原始积累的过程。所不同的是,中国的资本原始积累是外国侵略者用战争的暴力强迫中国的农民和手工业者同生产资料相分离,把中国的财富劫往国外的过程。1840 年英国用炮舰轰开了中国的大门,随后对中国疯狂地进行了商品的输出,但是遭到了中国传统的以耕织结合为特征的自然经济的顽强抵抗。为了占领中国市场,掠取高额的利润,西方列强不断发动侵略战争,不断扩大对中国的商品输出,特别是以十分低廉的价格在中国市场倾销洋纱洋布,终于使中国的自然经济结构逐步解体了。耕织的分离和自然经济的破坏,给中国资本主义的发展造成了商品市场,而大量农民和手工业者的破产,又给资本主义造成了劳动力的市场。

另一方面,伴随着外国商品进口贸易而发迹的中国买办、商人及官僚地主等,又聚敛了可观的货币财富。因此,中国资本主义产生条件的具备,主要不是中国资本主义萌芽的自然发展过程,而是外国资本主义入侵的结果。外国资本主义侵略的目的是从中国掠夺大量的财富,但是在客观上又引致了中国资本主义产生的资本原始积累过程。

可见,中国近代的资本原始积累过程,在实质上同一般的原始资本积累过程并没有什么不同,只是在具体方式和手段上有差异而已。

近代中国是一个半殖民地半封建性质的社会。经济十分落后,虽然随着近代生产力的产生,资本主义经济也有了一定的发展,但是在帝国主义、封建主义和官僚垄断资本主义的压迫和剥削下,中国原始资本积累和生产力发展都十分缓慢。

无产阶级革命的目标是要建立社会主义的经济制度,而社会主义经济制度的建立同样需要原始资本积累。但经济制度性质决定,既不能在国内搞剥削,也不能在国外搞掠夺,资本主义的一套资本原始积累的方法不适合社会主义。社会主义的原始积累资本必须符合无产阶级所代表的广大人民群众的利益和国际主义精神。

我国社会主义的原始资本积累,是指 1956 年社会主义经济制度建立以前的初始资本的形成过程。这一过程大体上包括三个方面的内容:

第一,无产阶级运用政权的力量逐步消灭和改造了生产资料私有制,建立了社会主义的国有资本和集体资本,从而建立了社会主义的经济制度。无产阶级国家政权建立后,面临着两种性质的私有制:资本主义私有制和农业、手工业中的个体私有制,这两种私有制转变为公有制的途径是不同的。对于资本主义私有制,要通过“剥夺剥夺者”的办法转变为社会主义公有制。但是,这种剥夺应根据资本的大小及其在经济中的地位和作用,并根据大、中、小资本对待无产阶级革命所持的态度,采取不同的剥夺办法。在中国社会主义原始资本积累的过程中,对大资本即官僚垄断资本,采取的是无偿没收的办法,因为官僚垄断资本依附于帝国主义并和封建主义相勾结,垄断了旧中国的经济命脉,严重阻碍了中国生产力的发展,是反动统治的经济基础。无偿没收的工作在新中国建立之后就立即着手进行了。到 1949

① 《马克思恩格斯全集》第 23 卷,人民出版社 1972 年版,第 783 页。

年底，共没收了官僚资本工矿企业 2 858 家。此外，官僚垄断资本所控制的铁路、银行、邮电、轮船、航空等企业，也全部无条件收归为国有。1951 年 1 月政府对于战犯、汉奸、官僚资本家及反革命分子的财产也进行了没收。同月，政府又发布了“企业中公股公产清理办法”，对隐匿在一般私营企业中的官僚资本股份，进行了广泛的清理工作。至此，没收官僚垄断资本工作宣告完成，被没收的官僚资本、企业和财产，就成为社会主义国有资本的主要来源。据统计，到 1949 年底，由于没收了官僚资本，社会主义国有工业资本，在全国大型工业总产值中所占比重为 41.3%(在全国工业总产值中占 26.2%)。国有资本已经拥有全国电力产量的 58%，原煤产量的 68%，生铁产量的 92%，钢产量的 97%，水电产量的 68%，棉纱产量的 49%。[①] 国有资本还掌握了全国的铁路和大部分的现代交通运输事业。

在中国社会主义原始资本的积累过程中，对中小资本即民族资本，采取的是和平赎买的方法。一方面，由于我国经济比较落后，民族资本主义工商业在国民经济中占较大比重，在恢复国民经济中是一支不可忽视的力量，对国计民生具有积极的作用。据统计，1949 年底，私营工业生产总值占全国工业总产值的 63%，私营商业销售额占全国批发额的 76%，占零售额的 83%。另一方面，民族资本主义工商业，作为资本主义性质的经济，又存在着不利于社会主义国计民生的消极作用。因此，根据民族资本的地位、特点和作用，政府对民族资本制定和实施了利用、限制和改造的政策，即利用它的积极作用，限制它的消极作用，并通过由初级到高级的国家资本主义形式对资本主义工商业实行社会主义改造，把它改造成为社会主义国有经济。我国对民族资本赎买所付给的赎买金，在全行业公私合营以前，采取的是利润分配形式，使资本家获得一部分利润；在全行业公私合营以后，资本家按照其在企业中股金的数额，每年得 5%的定息。我国对民族资本的“和平赎买”在 1956 年底基本完成，这一年，资本主义工业的总产值在全部工业总产值中已不到 0.04%。被赎买的民族资本因此成为社会主义国有资本形成的重要来源。

我国无产阶级取得政权后，社会主义原始资本积累过程中的另一个重要方面，就是必须把广泛存在的农业和手工业个体私有制改变为社会主义公有制。我国对农民个体经济的改造，是通过从互助组、初级社到高级社这样三个互相衔接、逐步前进的形式和步骤实现的。到 1956 年底，全国建立的合作社有 76 万个，其中高级社有 54 万个，入社的农户占全国农户总数的 96.3%，其中参加高级社的农户数占全国农户总数的 87.7%。高级农业生产合作社的建立，标志着社会主义集体资本的形成。对城镇个体手工业的改造是从流通领域入手，建立供销合作组织，然后进一步进入生产领域，建立生产合作社，从而形成集体资本的。据统计，到 1956 年，合作化手工业从业人员增长到 603.9 万人，占全部手工业从业人员的 71.7%；同年底，在全国 332 万私营商业人员中(绝大部分为小商小贩)已经改造的有 282.4 万人，占全部同类人员的 85.1%。

第二，中国社会主义原始资本的积累，得到了苏联等社会主义国家的援助。我国国民经济恢复工作完成后，国家的经济力量仍然十分薄弱，财力、物力仍然很有限，在这种情况下，开展经济建设工作必须有重点地进行。当时经济建设以发展重工业为中心，并以苏联援助建设的 156 项重大项目为重点，主要是煤炭、电力、机械、冶金、石油和化工等，轻工业方面则较少。到 1957 年，这些项目有 135 个已经施工建设，有 68 个已经全部建成和部分建成投入

---

① 《我国的国民经济建设和人民生活》，中国统计出版社 1958 年版，第 7—8 页。

生产。罗马尼亚、德意志民主共和国等国家帮助我国建设的68个工程项目，到1957年，有64个已经施工建设，有27个已经建成投入生产。这些社会主义国家的援助，在当时帝国主义国家普遍对中国敌视的条件下，对于中国社会主义原始资本的积累发挥了巨大作用。

第三，中国社会主义原始资本积累的过程中，还有一个重要来源就是国家的基本建设投资。由于没收官僚资本和逐步改造民族资本，这些企业成为生产和扩大再生产的重要物质基础，同时也为国家提供了大量税利，成为新建企业财力、物力和技术力量的重要来源。1956年前，我国国民收入积累率大体上保持在20%—25%之间，基本建设投资在国家财政支出中占35%—45%，基建投资中几乎一半是用于工业建设。在工业基本建设投资额中，重工业的投资又占了绝大部分，轻工业则较少。这些投资主要是用于企业的新建、改建和扩建等项目，特别是新建几乎占了投资的一半。由于国家重视基建投资，较快地开始改变旧中国工业落后的面貌，为进入社会主义全面经济建设阶段提供了有利的物质基础。综观中国社会主义原始资本的积累过程，不难发现，没收官僚资本和改造民族资本是社会主义原始资本积累的基本来源；在此基础上，国家的基建投资是新增的资本来源，而一些社会主义国家援助则是补充的来源。

三、资本积累的不同历史作用

资产阶级革命的胜利，使社会生产力获得了前所未有的发展，也为技术革命开辟了广阔的道路。从18世纪中叶开始，由英国掀起的产业革命迅速遍及了欧美各国，其特征是在工业生产中，以蒸汽机为代表的机器体系代替了手工工具，机器生产代替了手工劳动，因此，这次产业革命的实质是生产技术的革命，此后，资本主义开始了工业化的过程。产业革命和由此导致的机器大工业生产，是资本主义经济发展的转折点，它为资本主义制度的建立奠定了强大的物质基础。从此，资本主义生产方式才彻底战胜封建制度和小商品生产，成为占统治地位的生产方式。

随着社会生产力的不断提高和现代市场经济的不断发展，生产资料也迅速集中起来，社会分工和生产专业化也日益深化，使得生产规模越来越大，产量越来越高。资产阶级为了不断扩大商品的销路和寻求廉价的资源，奔走于全世界，把自己的触角延伸到世界各个角落，于是，不仅分散的地方市场逐步汇合于统一的国内市场，而且打破了民族和地域界限，形成了世界市场。

所有这一切，都极大地提高了生产社会化的程度，并且使社会生产力水平获得了空前迅猛的发展。资本主义生产方式确立以后，它一方面把分散的孤立的规模狭小的个体生产，转变为社会化的大生产；另一方面又把以自己劳动为基础的个体私有制，转变为以剥削雇佣劳动为基础的资本主义私有制。这样，就形成了生产的社会化和生产资料资本主义私人占有之间的矛盾，这个矛盾就是资本主义的基本矛盾。

资本主义生产的高度社会化，客观上要求生产资料和产品归社会共同占有。但在资本积累过程中，由于竞争的加剧，生产资料和劳动产品却越来越集中于少数资本家手中。这表明，随着资本主义的发展，资本主义的基本矛盾更加尖锐了，这也反映了生产资料的私有制已经越来越成为生产力发展的严重障碍。

资本积累不仅为资本主义制度的灭亡准备了客观的物质条件，即社会化的大生产，而且也为资本主义制度的灭亡准备了掘墓人，即无产阶级。无产阶级没有任何生产资料，是社会化大生产中的劳动者,因而最富有革命的组织性和纪律性。在资本积累过程中,无产阶级队伍不断壮大,在同资产阶级的斗争中,他们的阶级觉悟不断提高,最后必将完成消灭资本主义制度的历史使命。正如马克思对资本积累趋势所说的:"资本的垄断成了与这种垄断一起并在这种垄断之下繁盛起来的生产方式的桎梏。生产资料的集中和劳动的社会化,达到了同它们的资本主义外壳不能相容的地步。这个外壳就要炸毁了,资本主义私有制的丧钟就要响了。剥夺者就要被剥夺了。"①这种资本主义积累的历史趋势,是不以人的意志为转移的客观规律。

定义　资本主义积累的历史趋势

剥夺者被剥夺、资本主义制度被社会主义制度所代替的必然性。

中国社会主义原始资本积累过程,已经实践了"剥夺者被剥夺"的真理。如前所述,中华人民共和国建立后,代表广大劳动者利益的无产阶级国家政权,在把资本主义私有制转变为社会主义公有制的过程中,实行的就是剥夺的原则。只是由于官僚垄断资本和民族资本这两大类资本主义在国民经济中的地位和作用不同,两大类资本家对待无产阶级革命的态度不同,因而采取了不同的剥夺方式。对官僚垄断资本,实行的是无偿没收的方式,而对民族资本实行的则是和平赎买的方式。通过"剥夺剥夺者",社会主义原始资本得到了积累,为社会主义经济制度的建立提供了物质条件。

社会主义的积累与资本主义的积累不同之处就在于:它是要消灭剥削、消除两极分化、实现劳动人民的共同富裕。而要做到这些,生产资料公有制和按劳分配是根本的保证。社会主义积累的不断进行,将使国家拥有比资本主义发展更快和更高的劳动生产力,劳动者的生活更丰裕。

社会主义积累的历史趋势是建立共产主义社会。共产主义是人类历史上最进步、最美好 、最合理的社会制度。而要实现这一制度 ,必须要以社会主义资本积累和扩大再生产为前提。生产力的不断发展,不仅为共产主义社会创造出物质技术基础,而且要求社会主义生产关系进一步完善和变革,使社会主义的生产关系逐步成长为共产主义的生产关系。不过,这是一个较长的历史时期。

本章小结

连续不断、周而复始的社会生产过程,即为社会的再生产。按生产规模再生产可分为简单再生产和扩大再生产。社会再生产是物质资料的再生产、资本价值的再生产和生产关系的再生产的统一。

再生产的主要形式和特征是扩大再生产。要扩大生产规模,必须有追加资本,进行资本积累,资本积累就是剩余价值的资本化。在资本主义条件下,资本家无偿占有工人创造的剩余价值,是由商品生产所有权规律转变来的,它发展为资本主义的占有规律。在社会主义条件下,商品生产所有权规律转变为社会主义联合劳动者共同占有的规律。

资本积累是一种客观经济规律,具有客观必然性。其中,剩余价值规律或利润规律的作用是资本积累的内在动力,竞争规律的作用则是资本积累的外在压力。

---

① 《马克思恩格斯全集》第 23 卷,人民出版社 1972 年版,第 831—832 页。

由资本的技术构成决定，并反映技术构成变化的资本价值构成，即为资本的有机构成。在扩大再生产和资本积累中，资本有机构成不断提高，从而形成相对人口过剩。资本有机构成的提高和个别资本扩大相联系。个别资本扩大有两种形式：资本积聚和资本集中。当代资本主义国家的资本集中经历了五次并购的浪潮。社会主义中国的企业也在并购和重组。

资本积累的一般规律，表现为随着资本积累的进行，一方面是资本家手中社会财富的大量积累，另一方面是创造财富的劳动者贫困的积累。无产阶级的相对贫困和绝对贫困是客观存在的。一般意义上的贫困是世界范围普遍存在的问题，中国作为社会主义国家解决贫困问题取得了明显的成效。

资本积累具有不同的历史作用。

关键术语

简单再生产　扩大再生产　资本积累　资本主义占有规律　资本技术构成　资本价值构成　资本有机构成　相对过剩人口　资本积聚　资本集中　资本主义积累的一般规律　无产阶级的贫困化　资本的原始积累　资本主义积累的历史趋势

参考资料

1.《马克思恩格斯全集》第 23 卷，第 7 篇，人民出版社 1972 年版。
2. 陶大镛主编：《现代资本主义论》，江苏人民出版社 1996 年版。
3. 菲迪南德·伦德伯格：《富豪和超级富豪》，商务印书馆 1993 年版。

思考题

1. 为什么说再生产是物质资料的再生产、资本价值的再生产和生产关系再生产的统一？

2. 在资本主义和社会主义不同的条件下，商品生产的所有权规律是怎样转变的？

3. 试举 1—2 个实例，具体解释决定资本积累的因素及其变化。

4. 资本积累、资本积聚和资本集中的相互关系是怎样的？

5. 目前流行一种观点，说各国都要反贫困，不能只讲资本主义社会有无产阶级的贫困问题。那么，怎样正确认识一般意义上的生活贫困与马克思所说的阶级贫困呢？

6. 有人认为，马克思关于资本主义必然被社会主义替代的学说是一种主观想象。对此，请运用马克思的资本积累理论来解析之。

·第二编·

流通过程

第五章

资本循环和周转

学习目的与要求

通过本章的学习，从生产过程和流通过程统一的角度了解单个产业资本的循环与周转，认识个别资本再生产的形式和条件，认清资本主义和社会主义企业微观运行的共同机制和规律；通过分析资本的循环，掌握资本运动的连续性及连续运动的条件；通过分析资本的周转，掌握提高资本周转速度的方法与意义。

第一节　资本循环

一、资本循环的三个阶段

在市场经济条件下，每个企业都必须把资本不断地投入到经营活动中，通过购买生产要素，进行生产，然后将产品销售，最终收回投入的货币并取得其增值。现实企业经济活动的这个过程，就是资本的循环过程。资本循环的目的是要实现价值增值，产业资本是典型的能发生价值增值的资本。所谓"产业资本"，是指投放在工业、农业、建筑业等物质资料生产部门的资本。本章分析个别资本的运动，就是指这部分资本的运动。其运行机制和状况在资本主义和社会主义经济条件下都大致相同。

产业资本的循环要经过三个阶段，即购买、生产和销售阶段。资本在这三个阶段中要相继地采取货币资本、生产资本和商品资本三种职能形式，每种形式完成一定的职能，最后达到实现资本价值的增值。

定义　产业资本和产业资本循环

产业资本：投放在工业、农业、建筑业等物质资料生产部门的资本。

产业资本循环：产业资本依次经过购买、生产和出卖三个阶段，相继采取货币资本、生产资本和商品资本三种职能形式，最后实现资本增值的运动过程。

资本循环的第一阶段，是资本的购买阶段，也就是资本家或企业经营者以购买者的身份在市场上出现，用货币去购买生产资料和劳动力的阶段。这个阶段可以用公式表示，即：

$$G-W<\begin{matrix}A\\P_m\end{matrix}$$

其中，G 代表货币，W 代表商品，A 代表劳动力，P_m 代表生产资料。

资本的购买阶段从形式上看，和一般商品的流通过程的购买阶段没有什么区别，因为，都是用货币去购买商品，都是发生了从货币到商品的价值形式的变化。但是，从物质内容上看，它又根本不同于一般的商品流通过程。因为，资本家用货币购买到的不是一般的用作生活消费的商品，而是从事一定种类生产所需要的生产资料和劳动力。生产资料和劳动力既是生产的要素，又是具有生产剩余价值能力的资本。生产资料是生产剩余价值的物质条件，劳动力是生产剩余价值的源泉。所以，这个阶段，是资本运动的第一个阶段。

处在这个阶段上的货币，它既执行货币的职能，又执行资本的职能。作为一般的货币，它执行货币的购买手段和支付手段，去购买生产资料和支付劳动者的工资。作为货币形式的资本，它执行资本的职能，即为生产剩余价值做准备。货币能够作为资本，是因为它购买到了劳动力这个商品，即 $G—A$，而劳动力这种特殊商品的使用价值是剩余价值的唯一源泉。货币资本是资本运动的第一个职能形式。这个阶段对货币资本职能的要求是，要能够买到生产资料和劳动力，而且，生产资料和劳动力在质上要能够相适应，在数量上要符合一定的比例，这种数量上的比例关系，是由一定数量的劳动者所提供的剩余劳动量来决定的。如果购买的生产资料过少，就会出现停工待料；反之，购买的生产资料过多，就会出现物资积压，这都不利于提高企业经济效益。

在这个阶段，资本的数量不变，而资本的形式发生变化，由一定数量的货币资本转化为一定数量的生产资料和劳动力。当购买阶段完成，货币资本的职能执行完毕，资本的运动就进入到第二个阶段。

资本循环的第二个阶段，是资本的生产阶段，也就是资本家或企业经营者作为生产者，将购买来的生产资料和劳动力作为生产的要素结合起来，实现生产价值和资本增值。在资本主义社会表现为生产剩余价值的阶段，在社会主义社会表现为创造剩余产品阶段。这个阶段可用公式表示，即：

$$G-W<\begin{matrix}A\\p_m\end{matrix}\cdots P\cdots W'$$

其中，P 代表生产过程，虚线代表流通过程中断，W'代表生产过程结束后生产出的商品。

生产阶段是资本循环的一个特定阶段，这是由生产资料和劳动力结合的特殊性质所决定的。在资本主义社会，通过资本家购买劳动力和生产资料，并使劳动力和生产资料强制结合。这种特殊的结合方式，使进入生产过程的劳动力属于资本家，并为资本家提供活劳动而生产剩余价值。生产资料是作为活劳动的吸收器，生产剩余价值的物质条件。因此，生产资料和劳动力在生产过程中是作为不变资本和可变资本发挥作用的，它们成了资本价值的又一种存在形式，即生产资本。资本主义的剩余价值就是在这一阶段生产出来的。这样，生产阶段就与一般的直接生产过程有本质区别。撇开资本主义生产剩余价值的性质，社会主义仍然是在价值生产过程中实现资本增值。

在这个阶段，生产资料和劳动力既发挥一般生产要素的作用，又发挥生产资本的作用。这是因为，生产资料和劳动力是任何社会形态进行物质财富生产所不可缺少的生产要素，凡是要进行生产，两者必须结合起来使用。和货币一样，它们本身天然就不是资本，但是，在生产资料和劳动者分离的资本主义社会的历史条件下，劳动力是作为商品卖给了生产资料的所有者——资本家。在资本主义社会，生产资料和劳动者是在资本家的手中实现了强制结合，资本雇佣劳动，两者结合的方式与方法取决于资本家的意志。所以，只有在资本主义生产关系条件下，由生产资料和劳动力的特殊的结合方式，才使生产资料和劳动力成为资本——生产资本的存在形式。生产资料和劳动力的结合，不仅生产了新产品，转移了旧价值，而且，创造了包含价值增值的新价值。这里，还应该指出，生产资料和劳动力作为资本的存在形式是有区别的。生产资料在它作为资本家所有时，即使在生产过程之外，也还是他的资本存在形式。而劳动力只有在生产过程内，才是资本家的资本的存在形式。在社会主义社会，生产资料公有制的性质决定了生产资料是劳动者自己的，这就决定了生产资料和劳动力采取直接结合的形式。劳动者是生产过程的主人，劳动者的劳动是为自己，为公有资本实现价值增值而从事生产劳动。

在这个阶段，资本是采取生产资本的形式。执行生产资本的职能，生产剩余价值。资本循环过程中的生产阶段，是起决定性作用的阶段。生产资本执行职能的结果，生产出了商品，这种商品是包含了剩余价值的商品。通过这个阶段，资本不仅发生了形式的变化，由生产资本变成商品资本，而且发生了价值量上的变化，发生了价值的增值。当这个资本形式的转化完成后，资本循环也就相应地进入了第三个阶段。

资本循环的第三个阶段，是资本的销售阶段，也就是资本家或企业经营者作为销售者，重新出现在市场上，把生产阶段生产出来的商品卖出，取得比预付资本价值还要多的货币的阶段。在这一阶段，执行的是商品资本的职能。用公式表示，即：

$$W'-G'$$

其中，W'代表商品资本，G'代表货币资本。这个公式也可以写成：

$$W'\left\{\begin{matrix}W\\w\end{matrix}\right.-G'\left\{\begin{matrix}G\\g\end{matrix}\right.$$

其中，W'和G'代表资本价值，w 和 g 代表剩余价值。

这个阶段从形式上看，它与一般商品流通的销售阶段没有区别，都是把商品变成货币，商品从卖者手中转到买者手中，价值形式由商品变为货币，而价值量没有变化。但是，从性质上说，它与一般的商品流通的销售阶段不同。因为，这里所销售的商品，在价值量上，包含了预付资本价值和剩余价值，它是资本主义生产过程的结果。这个阶段不仅是商品价值形式的变化，也是资本的形式变化，是资本价值、剩余价值的实现过程。所以，这个阶段是资本循环的一个特定阶段。

马克思说，商品转化为货币，是商品的“惊险的跳跃”，一旦不成功，摔坏的不是商品，而是商品所有者。同样，商品资本能否转化为货币资本，资本能否顺利地通过销售阶段，也是“惊险的跳跃”。因为，商品能不能卖出，以及卖出价是多少，都关系到预付资本价值能否收回，剩余价值能否实现，关系到资本循环能否正常进行，关系到企业的命运。如果商品停滞在市场上，不能卖出，预付资本价值和剩余价值就不能实现，再生产就会因此而停止。而且，商品销售速度的快慢，也在不同程度上影响再生产的规模，或是再生产的规模扩大，或是再生产的规模缩小。所以，资本循环的销售阶段很重要，它关系到这一次资本循环的终结，又关系到下一次资本循环的开始。

这个阶段资本的职能形式是商品资本。商品资本的职能是售出商品，实现商品中包含的资本价值和剩余价值。资本的销售阶段结束，资本的价值形式回到了资本运动的起点，回到了资本的最初形式——货币资本。然而，这时的货币资本 G' 与资本运动起点的货币资本 G 有区别。G' 是商品资本实现的结果，它包含着预付资本价值和剩余价值。它不但在数量上比预付资本大，而且，它还表示这样一种质的关系，即它不仅保存了预付资本，同时，它又是一个已经带来增值的价值。当资本顺利地通过销售阶段，意味着第一个循环过程的结束，第二个循环过程的开始。

以上我们分析了资本循环的三个阶段，现在综合地考察资本的总循环。所谓资本循环，就是产业资本依次地经过购买、生产和销售三个阶段，相应采取货币资本、生产资本和商品资本三种职能形式，使价值得到增值，最后又回到原来出发点的运动过程。资本循环可以用公式表示为：

$$G-W<\begin{matrix}A\\P_m\end{matrix}\cdots P\cdots W'-G'$$

资本循环的总过程包含了两个过程：一是流通过程（购买阶段和销售阶段），另一是生产过程。资本循环是这两个过程的统一，也是三个阶段的统一。在资本循环的过程中，生产过程是起决定作用的过程，但是，流通过程也不可缺少，它为剩余价值或资本增值的生产准备条件，它使剩余价值或资本增值实现。同时，资本运动如果在第一个阶段停下来，货币资本变为储藏货币，生产资料和劳动力不能购买，也就不能进行生产。资本第二阶段停下来，生产要素不能发挥作用，也就不能生产出商品，实现价值增值。资本运动如果在第三个阶段停下来，商品销售不出而积压起来，预付资本、剩余价值或资本增值就不能实现，资本循环也就不能进行再生产，也就不能开始第二个循环。因此，资本循环的两个过程和资本循环的三个阶段是互相依存、紧密联系、缺一不可的。

在资本循环中，分别采取货币资本、生产资本和商品资本三种形式。这三种形式，不是三种独立的资本，而是同一产业资本在循环中采取的三种职能形式，产业资本必须依次采取这三种形式，资本运动的过程才是循环的过程，资本循环才能正常进行。

二、产业资本循环的三种形态

在资本循环过程中，一方面，要求资本形式不停顿地从一个阶段转入另一个阶段，而另一方面，又要求资本形式在各个循环阶段中在一定的时间内稳定下来，以完成相应的职能 。所以，在每一个阶段中，产业资本都被限定在一定的形式上：货币资本、生产资本、商品资本。从一定的时间看，每种资本形式都可以成为资本循环的起点，而且会经过三个阶段，回到原来出发点的形式。因此，产业资本的循环有三种形式，即货币资本的循环、生产资本的循环和商品资本的循环。

辨析 货币资本的循环、生产资本的循环和商品资本的循环

货币资本的循环：以货币资本为出发点和回归点的产业资本运动；产业资本循环的一般形式。

生产资本的循环：以生产资本为出发点和回归点的产业资本运动；产业资本循环的形式之一。

商品资本的循环：以商品资本为出发点和回归点的产业资本运动。产业资本循环的形式之一。

货币资本的循环，就是以货币资本为出发点和回归点的资本运动，即：

$$G-W\cdots P\cdots W'-G'$$

货币资本循环的起点和终点都是货币，只不过是终点的 G' 其数量比起点的 G 大。所以，货币资本的循环的特点最清楚地表达了资本主义生产的动机和目的是获取剩余价值。也正由于货币资本的循环最明白地表明了产业资本的动机和目的是资本价值的增值，所以，货币资本循环是产业资本循环的一般形式。但是，货币资本循环也有片面性。因为，货币资本的循环要顺次经过购买阶段、生产阶段和销售阶段，这里，生产阶段仅表现为两个流通阶段的中介，它在资本运动中的作用被掩盖了。这就是说，它突出的是流通阶段，强调这个过程的货币形式，强调 G' 必须大于 G。所以，如果孤立地考察货币资本的循环，就会产生假象：剩余价值似乎是从流通过程中产生的，是从货币本身产生的。

生产资本的循环，就是以生产资本为出发点和终点的资本运动，即：

$$P\cdots W'—G'\cdot G—W\cdots P$$

生产资本循环的特点是，它揭示了剩余价值的真正来源，纠正了货币资本循环产生的假象——货币自身能够增值，因为，生产资本的循环顺次经过了生产阶段、销售阶段、购买阶段和再生产阶段，起点和终点都是生产，生产占主导地位。同时，G' 是新的起点而不是终点，所以，生产资本在一次循环中已经表明是再生产。但是，生产资本循环也有片面性。因为，在生产资本循环中，货币资本只表现为转瞬即逝的暂时形式，而 $P\cdots P$，它的起点和终点都是生产资本，这只表明再生产规模的大小，并不能表示再生产的目的是价值增值。所以，它造成了假象，似乎资本主义生产的目的是为生产而生产，是为了更多更好地生产而生产。商品资本的循环，就是以商品资本为出发点和终点的资本运动，即：

$$W'—G'—W\cdots P\cdots W'$$

这个循环经过销售、购买和生产三个阶段，而循环的开始，是生产过程的结果——包含了剩余价值，即已在商品形式上增大了的资本价值，即 W'。商品资本的循环不仅包含了资本价值的循环，而且包含了剩余价值或资本增值的循环。在资本主义社会，剩余价值分为两部分：一是追加资本，一是资本家的个人消费。因此，包括生产消费和个人消费的全部商品的消费，是商品资本循环正常进行的条件。商品资本的循环表明了剩余价值实现条件的重要性，表明了生产与消费的内在联系，从而克服了货币资本循环和生产资本循环的片面性：似乎资本主义生产可以不受限制地发展。但是，由于商品资本循环是以总流通过程为起点，这样，商品的实现和消费居于首位，生产仅是流通的条件，生产过程服从流通过程。因此，这个循环会造成一种假象，似乎资本主义生产的目的是满足社会需要，而不是剩余价值。

总之，产业资本循环的三种形式各有自己的特点，都从一个侧面反映了资本的运动，都有各自的片面性。所以，必须把三种形式统一起来考察，才能全面地认识产业资本运动的实质和全过程。产业资本的现实循环，不仅是流通过程和生产过程的统一，而且是它的所有三个循环的统一。作为三种循环形式的统一的产业资本循环，可以表示为：

$$G—W\cdots P\cdots W'—G'\cdot G—W\cdots P\cdots W'—G'\cdot G—W\cdots P\cdots$$

其中，$G—W\cdots P\cdots W'—G'$为货币资本循环，$P\cdots W'—G'\cdot G—W\cdots P$为生产资本循环，$W'—G'\cdot G—W\cdots P\cdots W'$为商品资本循环。

三、产业资本正常循环的条件

连续性是社会化大生产的特征，投入企业的资本循环也必须是连续性的。那么，怎样才能实现和保持产业资本循环的连续性呢？这就必须具备两个条件：一是产业资本循环在空间上的并存性，二是产业资本循环在时间上的继起性。

第一，产业资本循环在空间上的并存性，是指产业资本的三种形式要按一定比例在空间上并存，也就是将资本分为三部分，同时存在于货币资本、生产资本和商品资本形式上，一部分货币资本用于购进生产资料和劳动力，一部分作为生产资本投入生产过程，还有一部分作为商品资本以商品的形式在出售。如果全部资本只存在生产资本一种形式上，那么，流通过程就会中断；反之，如果全部资本存在货币资本和商品资本上，生产过程也会中断。

第二，产业资本循环在时间上的继起性，是指产业资本的各个部分要依次经过三个阶段的运动，在时间上继起。也就是说，当一部分资本在进行货币资本的循环，处于从货币资本到生产资本的转化阶段；另一部分资本必须在进行生产资本的循环，并且处在生产资本转化为商品资本的阶段；第三部分资本也必须同时进行商品资本的循环，并且处于商品资本到货币资本的转化阶段。如果没有这种继起性，资本在循环过程中的任何一个阶段发生停顿都会使整个循环中断。

在产业资本运动的过程中，资本循环的并存性和继起性是互为前提且互相依存的。资本每一部分的相继进行，是由各部分的并存即资本的分割所决定的，而并存只不过是相继进行的结果。资本循环在空间上的并存性和在时间上的继起性，是总循环能够顺利进行的必要条件。当然，在现实的资本主义经济发展中，由于资本主义经济呈现周期性的特点，资本循环会因危机的爆发、经常性商品销售的困难或劳资矛盾等等原因而经常发生中断。

四、流通时间

资本的广义流通时间是指资本循环一次所需要的全部时间，它由两部分组成：一是资本的生产时间，一是资本的流通时间(狭义)。如表5—1所示。

表5—1　　资本的广义流通时间

流通时间(狭义)	生产时间		流通时间(狭义)
购买时间	劳动期间	非劳动期间	出售时间
		原材料储备、停工、自然力作用	
$G—W$	$W\cdots P\cdots W'$		$W'—G'$

资本的生产时间是指资本在生产领域里停留的时间。由于在生产领域里，资本是采取

了生产资本的职能形式,生产资本的物质内容是劳动力和生产资料。因此,根据劳动力和生产资料的结合状况,资本的生产时间又分为劳动时间和非劳动时间。劳动时间就是生产一种产品所经过的劳动过程的全部时间,这段时间是劳动力和生产资料结合在一起、生产资本正处于发挥职能的时间,也只有这段时间是创造价值和增值资本价值的。非劳动时间是生产资料虽然处于生产领域,但是它没有和劳动力结合起来的时间。非劳动时间有:(1)备料时间,即为了生产过程能够连续地进行,原料、材料和燃料的必要储备时间;(2)停工时间,即夜间休息或正常检修设备而停工的时间;(3)自然力作用的时间,即产品在它的生产过程中所经历的物理的、化学的或生物的作用的时间。例如,化工产品的化学反应时间,农牧产品的自然生长时间。在非劳动时间里,生产资料都不和劳动力结合,生产资料都不吸收劳动,也就不吸收剩余劳动。所以,生产时间和劳动时间的差距愈小,生产资本的效率就愈大,为了提高资本的价值增值能力,应该尽可能地缩短非劳动时间,以增加劳动时间。

辨析　劳动时间和非劳动时间

劳动时间:资本的生产时间的一部分。在这一部分中,劳动力和生产资料结合在一起进行生产,创造价值和进行价值增值。

非劳动时间:资本的生产时间的一部分。在这一部分中,生产资料虽然处于生产领域,但没有与劳动力结合。在非劳动时间中,由于没有劳动力的使用,故没有新价值的创造,但可以有旧价值的转移。

资本的狭义流通时间是指资本在流通领域里停留的时间。由于在流通领域里,资本是采取了货币资本和商品资本的职能形式,因此,资本的狭义流通时间包括了两个部分:(1)购买时间,即 $G—W$,货币资本购买生产资料和劳动力的时间;(2)出售时间,即 $W—G$,商品出售的时间,也就是商品资本转化为货币资本的时间。出售时间的长短取决于市场需求状况,企业距离市场的远近,交通运输和通信条件以及产品价格的变化等。另外,它还受商品本身的自然性质的制约。购买时间的长短取决于市场供给状况、生产资料供应地点的距离以及交通运输条件等。由于货币是一般等价物,它能够同一切商品直接交换,在正常情况下,购买时间比较容易实现。

出售时间是流通时间中最困难的部分,一般它占有的时间也较长。出售时间又关系到剩余价值的实现,因而它比购买时间更为重要。同时,商品的出售时间一般都有一定的限度,就是它不能超出商品使用价值的保存期,这给商品的出售带来更大的困难。流通时间和生产时间是互相排斥的,因为资本在流通领域里执行的是货币资本和商品资本的职能,它既不生产商品,也不生产剩余价值。资本的各个组成部分在流通领域里持续的时间越长,资本在生产领域里不断执行职能的部分就越小。所以,缩短流通时间,能提高资本的生产效率。

20 世纪 90 年代,网络经济的兴起和迅速发展,产生了新的贸易方式——电子商务。电子商务就是互联网商务。客户待在室内,只需在网上填个单子,在网上点击一下,商品和服务就可以送货上门。互联网使人们跨越了时间和空间,网上的信息量大,可比性强,人们能够在最短的时间内获得全世界任何地方的信息。电子商务快捷的交易方式能够极大地缩短流通时间,它体现了互联网经济高速、高效和低成本的特点。

第二节 资本周转

一、资本周转时间和周转次数

资本要实现价值增值的目的，必须一次循环接一次循环地进行下去。资本的循环，不是当作孤立的行为，而是当作周而复始、连续不断的周期性的过程来考察时，叫作资本的周转。资本循环与资本周转有密切的联系，都是个别资本的运动。资本周转虽然是以资本循环为基础的，但它们有不同的考察重点和目的。资本循环是分析产业资本运动的阶段和职能形式、作用，以及资本循环的条件。而资本周转则是研究资本循环周期的时间和运动的速度，以及对资本增值的影响。

定义　资本周转、周转时间和周转次数

资本周转：周而复始、连续不断的资本循环过程。

周转时间：资本循环一次所需要的时间；等于生产时间与流通时间之和。

周转次数：在一定时间（通常为一年）内，资本循环的次数。

辨析　周转时间和周转次数

周转时间与周转次数成反比，与（计算的）时间长度成正比，即：

$$周转时间=\frac{时间长度}{周转次数}$$

资本周转的快慢直接影响资本的效益，资本周转速度可以用周转时间的长短和周转次数的多少来表示。资本周转时间就是指资本一次周转（循环）所持续的时间，资本周转要通过生产领域和流通领域，资本在生产领域停留的时间是它的生产时间，资本在流通领域停留的时间是它的流通时间。所以，资本周转时间，等于生产时间和流通时间之和。

在不同的生产部门，由于生产条件和流通条件不同，它们的周转时间也不同。为了便于衡量和比较各个部门的资本周转速度，需要一个共同的计量时间单位，“年”通常就是这个共同的计量单位。资本周转次数就是在一定时间内，通常是指一年内，资本价值循环的次数。以各部门资本周转一次的时间除“年”，就算出各部门资本一年内周转的次数。如用U代表“年”，u代表某部门资本周转一次所需要的时间，n代表周转次数，那么，资本周转次数的公式为：

$$n=U/u$$

例如，某资本周转一次的时间为3个月，一年周转的次数就是4次，即：

$$n=12/3=4$$

在运用资本周转次数的公式时，要使U与u采取同一时间单位，例如，$u=13$周，则$U=52$周，$n=52/13=4$，年周转次数为4次。又如，$u=18$个月，$U=12$个月，$n=12/18=2/3$，年周转次数为2/3次。

可见，周转速度和周转次数成正比，和周转一次的时间成反比。资本周转次数越多，周转一次的时间越短，周转速度就越快；反之，周转次数越少，周转一次的时间越长，周转速度就越慢。在市场经济条件下，企业要增值其资本价值，就应该千方百计地缩短资本的周转时间，增加资本的周转次数，以加快资本的周转速度。

辨析　周转速度与周转时间、周转次数

周转速度和周转次数成正比，和周转一次的时间成反比。

二、固定资本和流动资本

资本周转速度受多种因素的影响，其中，生产资本的构成是主要因素。依据资本的周转方式的不同，生产资本可划分为固定资本和流动资本。

固定资本是指投在厂房、机器设备和工具等劳动资料形式上的生产资本，这部分资本，在物质形式上全部参加生产过程，并且在较长时间内，在多次生产过程中发挥作用；其价值按照它们在生产过程中的消耗程度，一部分一部分地转移到新产品中去，直到它的实物形式报废，价值才全部转移掉。所以，固定资本的特点是：一次预付，分次转移，分次回收，最后通过实物形式的更新而完成周转。

流动资本是指投在原料、燃料、辅助材料等劳动对象上的和购买劳动力的生产资本。投在劳动对象如原料、燃料和辅助材料上的资本，经过一次生产过程，它们的物质形式全部被消费，其价值也一次全部转移到新产品中去，并在产品销售后，以货币形式全部被收回。用于购买劳动力的资本，它的价值虽然不转移到产品中去，但是，它是由劳动者在生产过程中再生产出来，并一次全部加入新产品的价值中，随着产品的销售而全部在货币形式上被收回，它的周转方式与流动资本的物质部分相同，因此，它属于流动资本。

定义　固定资本和流动资本

固定资本：投在厂房、机器设备和工具等劳动资料上的生产资本。

流动资本：投在原料、燃料、辅助材料等劳动对象上的和购买劳动力的生产资本。

马克思按资本在剩余价值生产过程中作用的不同，把它分为不变资本和可变资本，目的在于揭示剩余价值的真正源泉。他又按资本各部分价值周转方式的不同，把它分为固定资本和流动资本，目的在于揭示资本周转速度对剩余价值生产的影响。生产资本的这两种划分的根据和意义不同，所以，不能混淆。这两种划分的区别和联系，可用表 5－2 表示。

表 5－2　　生产资本两种划分方法的区别和联系

<table>
<tr><th>按在剩余价值生产中的作用划分</th><th>生产资本的各部分</th><th>按价值周转方式划分</th></tr>
<tr><td rowspan="2">不变资本</td><td>厂房和其他建筑物、机器、设备、工具</td><td>固定资本</td></tr>
<tr><td>原料、燃料、辅助材料</td><td rowspan="2">流动资本</td></tr>
<tr><td>可变资本</td><td>工资</td></tr>
</table>

固定资本的周转速度是和固定资本的磨损程度成正比例的，固定资本物质存在的时间越长，越耐用，磨损越慢，则资本价值固定在原使用形式上的时间也越长，周转的速度也越慢。

固定资本的磨损分为物质磨损和精神磨损两种。物质磨损（又称有形磨损）就是指固定资本物质要素受到损失。这种物质上的损失，主要是由固定资本在生产过程中因使用而引起的，另外，因自然力的作用而引起，如机床会生锈 。精神磨损（又称无形磨损）就是指固定资本在价值上受到的损失。这种损失的发生是因为科学技术的进步，或是因为技术改造，生产同样机器的社会必要的劳动时间减少了，因而使原有机器设备的价值下跌，发生贬值；或是因为出现了效率更高的新机器，使得效率低的旧机器贬值。

固定资本发生磨损就需要进行价值补偿和物质替换。固定资本的各种物质组成部分，都有一定的平均寿命，在寿命终结时，需要在物质上进行替换，这就是固定资本的物质更新。由于固定资本的价值是根据它的平均使用寿命，按照它逐年的损耗程度转移到新产品中去，因而，固定资本的价值补偿过程，就是按照它平均损耗的程度把转移的价值从销售商品的收入中提取出来，以折旧基金的形式加以积累，逐步进行补偿，这就是折旧。按照固定资本的损耗程度，逐年以一定的比例提取的资本价值，就是固定资本的折旧费或折旧基金。折旧费等于固定资本的原始价值除以实际使用年限所提取的补偿金额。

固定资本的实际使用年限是指包含精神磨损在内的实际寿命，而不仅是它的自然寿命。每年提取折旧费占固定资本总价值的比率，就是折旧率。其计算公式是：

$$\text{折旧费}=\frac{\text{固定资本的原始价值}}{\text{固定资本平均使用年限}}$$

$$\text{折旧率}=\frac{\text{折旧费}}{\text{固定资本的原始价值}}$$

或者

$$\text{折旧率}=\frac{1}{\text{固定资本平均使用年限}}$$

即折旧率与固定资本的实际使用年限成反比。

固定资本的物质替换可分两种形式：一种是一次性地进行物质替换，这就是在固定资本的实际寿命结束时，企业用折旧基金购买新的固定资产，这时，价值补偿采取基本折旧基金的形式。另一种是一部分一部分地进行物质替换，这就是对固定资产的某些损坏部分进行大修理，这时，价值补偿采取大修理折旧基金的形式。由于大修理的性质是固定资本的局部更新，它增加了固定资本的原始价值，所以，在大修理中耗费的物化劳动和活劳动，是由折旧费来支出。对于固定资本的物质设备的日常维护，是由工人无偿地在劳动过程中进行的，不列入用折旧费进行替换的范围内。

三、预付资本总周转

预付资本总周转是指资本不同组成部分的平均周转，这是因为固定资本和流动资本的周转速度不同以及它们所占的比重不同，所以，计算预付资本总周转要计算它的不同部分的平均周转。预付资本总周转是以预付资本价值在一年内的周转次数来表示。它的计算公式是：

$$\text{预付资本总周转速度}=\frac{\text{一年内固定资本周转总值}+\text{一年内流动资本周转总值}}{\text{预付资本总值}}$$

预付资本包括了固定资本和流动资本，而固定资本还包括了厂房、机器设备、工具等各个构成部分。所以，公式中的固定资本周转总值，是指固定资本不同部分的平均周转。例如，某企业的全部预付资本为 100 万元，其中，厂房价值为 20 万元，平均可用 20 年；机器设备等价值为 50 万元，平均可用 10 年；工具价值为 10 万元，平均可用 5 年；流动资本为 20 万元，一年周转 6 次。全部预付资本的总周转可用表 5—3 来说明。

表 5—3

预付资本的总周转

生产资本的各要素	价值(元)	固定资本年周转次数	年周转价值总额(元)
固定资本	800 000	1/10	80 000
其中:厂房	200 000	1/20	10 000
机器设备	500 000	1/10	50 000
工具	100 000	1/5	20 000
流动资本	200 000	6	1 200 000
预付总资本	1 000 000	1.28	1 280 000

从表 5—3 可以看出:

$$\text{预付资本的总周转速度}=\frac{80\ 000+1\ 200\ 000}{1\ 000\ 000}=1.28(\text{次})$$

预付资本总周转速度受两方面的制约:一个是预付资本中固定资本和流动资本的比例,一个是固定资本和流动资本各自的周转速度。当前一个因素为既定时,预付资本总周转速度就取决于固定资本和流动资本各自的周转速度。它们的周转速度快,预付资本总周转速度也快;反之,预付总资本的周转速度就慢。当后一个因素为既定时,预付资本总周转速度就取决于固定资本和流动资本的比例。因为固定资本的周转速度总是慢于流动资本,固定资本周转一次,流动资本可周转多次,所以,预付资本总周转速度与固定资本的比重成反比,与流动资本的比重成正比。

随着社会化大生产与科学技术的发展,一方面,使技术装备水平提高,固定资本的价值量在预付资本中所占的比重日益加大,从而使预付资本的周转速度减慢;另一方面,又为资本周转时间的缩短提供了先进的物质手段,而这又使预付资本周转速度加快。

四、资本周转速度提高的意义和途径

提高资本周转速度对资本价值的增值有很大影响,而资本价值的增值,无论是对资本主义企业,还是对市场经济条件下的社会主义企业,都至关重要。

提高资本周转速度能够节省预付资本的数量,尤其是节省预付流动资本的数量。例如,某企业每月需要支付流动资本 2 万元,流动资本一年周转一次,那么,一年内流动资本共需预付 24 万元。如果周转速度加快,流动资本一年周转四次,一年内只需预付流动资本 6 万元,一年就可节省 18 万元。所以,资本周转速度越快,维持同样生产规模所需要的预付流动资本就越少。对于固定资本来说,提高资本周转速度,既可以避免损失,又可以提高固定资本的利用率,有助于加快固定资本的更新,从而促进企业的技术革新。总之,加速资本周转,能够节省预付总资本,这就是说,预付同量的总资本可以进行更大规模的经营,或是经营同等规模的生产可预付较少量的资本。

提高资本周转速度可缩短资本的回收期,这一方面可缩小因利息而形成的资本的未来值和现值的差额,另一方面又可避免或减轻因精神磨损而造成的固定资本的贬值损失,这在技术革命迅速发展、设备更新速度加快的情况下,更为重要。提高资本周转速度,有利于提高年剩余价值率和企业的盈利水平。提高预付可变资本周转速度,可以直接增加年剩余价值量和提高年剩余价值率。

年剩余价值量，是剩余价值量与周转次数的乘积，或者，是剩余价值率、预付可变资本量及其周转次数的乘积。年剩余价值率是年剩余价值量和预付可变资本的比率。以 M 代表年剩余价值量，M' 代表年剩余价值率，则其计算公式为：

$$M = m \cdot n = m' \cdot v \cdot n$$

$$M' = M/v = m' \cdot v \cdot n/v = m' \cdot n$$

定义　年剩余价值和年剩余价值率

年剩余价值：剩余价值与周转次数的乘积；或者，剩余价值率、预付可变资本量及其周转次数的乘积。

年剩余价值率：年剩余价值量和预付可变资本的比率。

例如，有甲、乙两个企业，它们的预付可变资本都是 20 000 元，剩余价值率都是 100%，甲企业可变资本一年周转 10 次，而乙企业可变资本一年只周转 5 次。因此：

甲企业：

M＝20 000×100%×10＝200 000(元)

M'＝200 000÷20 000＝1 000%

乙企业：

M＝20 000×100%×5＝100 000(元)

M'＝100 000÷20 000＝500%

由此可见，在剩余价值率为一定时，可变资本的周转速度是和年剩余价值量及年剩余价值率成正比的 。上例中的两个企业，乙企业可变资本周转速度比甲企业慢 1 倍，年剩余价值量和年剩余价值率都低 1 倍。为什么可变资本的周转速度决定了年剩余价值量和年剩余价值率？因为，可变资本分为预付的可变资本和实际使用的可变资本，预付的可变资本周转得越快，实际发挥作用的可变资本就越多，从而年剩余价值量和年剩余价值率也越高。

辨析　剩余价值和年剩余价值

由于剩余价值等于剩余价值率乘以预付可变资本，即

$$m = m'v$$

年剩余价值等于剩余价值率乘以预付可变资本再乘以可变资本的周转次数，即

$$M = m'vn$$

于是有：

$$M = m \cdot n$$

即年剩余价值等于剩余价值乘以可变资本的周转次数。当可变资本的周转次数大于 1 时，年剩余价值大于剩余价值；反之，如果可变资本的周转次数小于或等于 1，则年剩余价值就小于或等于剩余价值。由于一般而言，可变资本的周转次数是大于 1 的，故年剩余价值通常总大于剩余价值。

在这里，年剩余价值率(M')和剩余价值率(m')是有区别的。第一，剩余价值率是一定时期内剩余价值和实际可变资本的比率，它表示资本主义企业的资本剥削雇佣劳动的程度。年剩余价值率是年剩余价值量和预付可变资本的比率，它表示一年内预付可变资本的增值

程度。第二，年剩余价值率(M')是大于剩余价值率(m')的，只有在预付可变资本年周转次数为一次时，预付可变资本的数量等于实际发挥作用的可变资本的数量，年剩余价值率(M')才等于剩余价值率(m')。

辨析　剩余价值率和年剩余价值率

由于剩余价值率等于剩余价值除以可变资本，即

$$m'=\frac{m}{v}$$

年剩余价值率等于年剩余价值除以预付可变资本，即

$$M'=\frac{M}{v}=\frac{m\cdot n}{v}$$

于是有：

$$M'=m'\cdot n$$

即年剩余价值率等于剩余价值率乘以可变资本的周转次数。当可变资本的周转次数大于1时，年剩余价值率大于剩余价值率；反之，如果可变资本的周转次数小于或等于1，则年剩余价值率就小于或等于剩余价值率。由于一般而言，可变资本的周转次数是大于1的，故年剩余价值率通常总大于剩余价值率。

在资本规模和固定资本、流动资本的比例相同的条件下，年剩余价值率越高，年利润率也越高。年利润率是年剩余价值量和全部周转资本量的比率。在例中，假定甲、乙两个企业的预付资本各为10万元，甲企业的年利润率＝20万元/10万元＝200%，乙企业的年利润率＝10万元/10万元＝100%。年剩余价值率和年利润率也不同，年剩余价值率是反映一年内预付可变资本的增值程度，而年利润率是反映一年内全部周转资本的增值程度，反映资本的效率。

讨论　从剩余价值率到年剩余价值率

在

$$剩余价值率=\frac{剩余价值}{可变资本}$$

的公式中，有两个问题需要进一步说明。

第一，等式右边的分子是实际生产的剩余价值量、分母是实际使用的(它不一定等于预付的)可变资本量。因此，如果要更加明确一点，我们可以把决定剩余价值率的公式写成：

$$剩余价值率=\frac{实际生产的剩余价值}{实际使用的可变资本}$$

第二，在上述公式中，没有具体地说明所涉及的“时间”。例如，分子中的剩余价值是在什么时间内生产的？分母中的可变资本是在什么时间中使用的？但是，由于剩余价值率是一个“比率”的概念，故无论所涉及的时间如何，只要它们在分子和分母中的长度一致，则按该公式计算所得到的结果就一定相同。于是，我们也可以在公式中明确地引入时间概念，例如，我们假定分子分母中都以“年”为单位：

$$剩余价值率=\frac{一年中生产的剩余价值}{一年中使用的可变资本}$$

一旦我们在剩余价值率的公式中引入时间概念，一个重要的问题就出现了：在一年当中，实际使用的可变资本和预付可变资本常常并不一致。预付的可变资本通常是针对“资本周转”而言的，是指在一次周转中预付的可变资本；一年中实际使用的可变资本则等于预付可变资本乘以可变资本在一年中的周转次数。因此，除非可变资本在一年中恰好周转一次，否则，实际使用的可变资本就不会等于预付的可变资本。于是，剩余价值率的公式又可以改写为：

$$剩余价值率=\frac{年剩余价值}{预付可变资本\times 可变资本的周转次数}$$

用符号表示即为：

$$m'=\frac{M}{vn}$$

这里需注意的是，分母中的 v 代表预付可变资本，vn 代表（一年中）实际使用的可变资本。只有当可变资本（在一年中）的周转次数 $n=1$ 时，预付的可变资本才等于实际使用的可变资本；而在其他情况下，例如 $n>(<)1$ 时，实际使用的可变资本将大于（小于）预付可变资本。

上式可以改写为：

$$m'n=\frac{M}{v}$$

等号右边恰好就是“年剩余价值率”的定义。于是有：

$$M'=\frac{M}{v}=m'n$$

换句话说，年剩余价值率等于年剩余价值除以预付可变资本，或者，等于剩余价值率乘以可变资本的（年）周转次数。

讨论　从剩余价值率到年剩余价值量

由于剩余价值率可以等价地表示为如下两种形式：

$$m'=\frac{m}{v}\cdot m'=\frac{M}{vn}$$

于是有：

$$M=m'vn$$

或者

$$M=mn$$

换句话说，年剩余价值量等于剩余价值率、预付可变资本和可变资本周转次数的乘积，或者，等于剩余价值与可变资本周转次数的乘积。

讨论　年剩余价值率的变化

根据年剩余价值率的决定公式：

$$M'=\frac{m\cdot n}{v}$$

可以得到如下结论：

首先，当剩余价值率 $m/v=m'$ 给定时，年剩余价值率 M' 随可变资本周转次数 n 的提高而增加。例如，设资本Ⅰ和资本Ⅱ的剩余价值率均为 50%、可变资本的周转次数分别为 10

和 5,则它们的年剩余价值率分别为：

$$M'_1=50\%\times10=500\%,M'_2=50\%\times5=250\%$$

在这种情况下,两个资本的年剩余价值率之比等于它们的可变资本周转次数之比。

其次,当预付可变资本和可变资本周转次数给定时,年剩余价值率 M' 随剩余价值 m 的增加而增加。v 和 n 给定意味着实际使用的可变资本 vn 给定。在实际使用的可变资本给定时,剩余价值 m 上升意味着剩余价值率 m' 上升,故我们又可以说,年剩余价值率 M' 随剩余价值率 m' 的增加而增加。这个结论从公式

$$M'=\frac{m\cdot n}{v}=m'n$$

中可以看得更加清楚。例如,设资本Ⅰ和资本Ⅱ的剩余价值率分别为 100%和 50%、可变资本的周转次数均为 10,则它们的年剩余价值率分别为：

$$M'_1=100\%\times10=1\ 000\%,M'_2=50\%\times10=500\%$$

在这种情况下,两个资本的年剩余价值率之比等于它们的剩余价值率之比。

最后,当剩余价值 m 和可变资本周转次数 n 给定时,年剩余价值率 M' 随预付可变资本 v 的减少而增加。m 和 n 给定意味着年剩余价值 $M=mn$ 给定。当年剩余价值给定时,预付可变资本越小,年剩余价值率就越高。这个结论从公式

$$M'=\frac{m\cdot n}{v}=\frac{M}{v}$$

中可以看得更加清楚。例如,设资本Ⅰ和资本Ⅱ的剩余价值均为 10 000、可变资本的周转次数均为 10、预付可变资本分别为 100 和 50,则它们的年剩余价值率分别为：

$$M'_1=10\ 000\times10/100=1\ 000,M'_2=10\ 000\times10/50=2\ 000$$

在这种情况下,两个资本的年剩余价值率之比等于它们的预付可变资本之比的倒数。

提高资本周转速度不仅增加剩余价值量或资本增值量,而且加速资本或剩余价值的流通。剩余价值的流通,一方面是指剩余价值的实现。资本周转速度越快,剩余价值的实现也越快;资本周转速度越慢,剩余价值的实现也越慢。剩余价值的流通,另一方面是指实现了的剩余价值,也就是说它的货币形式,怎样转化为生产资本和资本家的个人消费。在现代信用制度发展的条件下,剩余价值实现快的企业,可以将一年内实现了的剩余价值存入银行获取利息,也可以将实现了的剩余价值或增值资本进行投资,扩大再生产,获取利润。相反,周期长、剩余价值或增值资本实现慢的企业,却要从银行借款,支付银行利息。因此,加快资本周转速度,有利于加速实现剩余价值,从而也就有利于获得更多的剩余价值,有利于资本积累和扩大再生产的加速进行。

由于提高资本周转速度对实现剩余价值或资本增值至关重要,所以,企业总是采取多种措施,加快资本的周转速度。资本周转速度的快慢,首先取决于周转时间的长短。要提高资本的周转速度,就要缩短周转时间。资本周转时间包括生产时间和流通时间。在生产时间中,又有劳动时间和非劳动时间。影响劳动时间长短的因素有:一是生产过程和产品的性质,生产过程和产品的性质比较复杂的,劳动时间就比较长。例如,服装业和造船业,前者生产一套服装只需几小时,而制造一艘轮船就需要一年或数年。二是生产技术水平的高低,在同一部门,生产一定量产品,生产技术水平高的企业,劳动时间就短。因此,缩短劳动时间的主要手段,是重视科学技术的运用,采用最新的科学技术的成果,以提高企业的生产技术水

平，提高劳动生产率。影响非劳动时间长短的因素有：自然力的影响；储备期的长短；停工时间的长短。缩短非劳动时间的手段有：一是采用新技术和新工艺，尽可能缩短劳动对象受自然力作用的时间；二是保持必要的生产储备，改善供货渠道，以减少生产资料的储备时间；三是合理地安排工作班次，加强设备日常检修保养，以减少必要的生产中断的时间。总之，缩短生产时间的关键，是科学技术的进步和它在生产中的应用，这既能缩短劳动时间，又能缩短非劳动时间。在流通时间中，又分购买时间和出售时间。影响流通时间长短的因素有：商品的需求状况；生产企业距离市场的远近；交通运输及信息条件。企业生产出适销对路的产品，合理地组织供销活动，发明和运用现代化的交通运输工具，采用现代信息手段，这些都会缩短流通时间。

资本周转速度的快慢，还取决于固定资本和流动资本的构成及其周转速度。对一个企业来说，固定资本与流动资本的构成在一定时期内是一定的，要提高资本周转速度，就是要加快固定资本与流动资本各自的周转速度。由于流动资本周转的特点是，其价值是全部一次地转移到新产品中去，通过商品的流通转化为货币，并由货币再转化为原料等生产要素。流动资本周转一次所需时间是由生产时间和流通时间两个部分构成的。所以，上面分析的缩短周转时间的途径，也是加速流动资本周转的途径。

由于固定资本的周转速度是和它的磨损程度成正比，因此，要加速固定资本的周转，一是要提高机器设备的利用率，如实行轮班制。二是要制定合理的折旧率。折旧率和固定资本的实际使用年限成反比，折旧率越高，固定资本的实际使用年限越短。如折旧率偏低，会使企业缺少折旧基金，以致机器设备多年不能更新，这既降低了劳动生产率，又减缓了固定资本的周转速度。如加速折旧，机器设备的自然使用年限大于其实际使用年限，折旧费提取完的机器设备是作为一种没有代价的自然力在使用，也就是说，资本家不支付固定资本，可继续使用工人来生产剩余价值。现代资本主义企业往往采取"快速折旧"法，以避免精神磨损的损失，加快固定资本的周转速度。当然，折旧率不能定得过高，提高折旧率会产生两方面的影响：一方面，它会加快固定资本的周转速度，从而有可能使利润总量增加；另一方面，它会增大生产成本，削弱产品在市场上的竞争力，从而有可能使利润总量减少。因此，企业要制定最佳的折旧率，既能加速固定资本周转，又确保一定的利润。

五、资本的筹集和运用

任何企业无论是其创办时期还是其发展时期，都需要筹集资本，以应付生产和经营的需要。因此，企业为了生产和经营而筹集所需的资本，就是资本的筹集。这些资本从哪里来？它们是通过各种渠道而筹集来的。企业筹集资本的途径主要有以下几个方面：

第一，通过企业的自有资本来筹集。这部分自有资本是来源于企业的生产经营而产生的资本及其积累，也就是说，通过企业生产的产品销售，取得利润，将其一部分转化为资本，进行资本积聚。

第二，通过信用资本来筹集。这部分资本或是从银行的贷款获得，或是从企业直接向社会发行债券而获得。随着现代信用制度的发展，信用资本占企业总资本的比重在不断提高。

第三，通过直接融资来筹集。这部分资本或是通过企业以发行股票的方式来获得，或是通过国家投资而获得。这可以通过上市的形式，向社会发行股票；还可以向本企业职工发行内部股。发行股票是一种成本比较低又比较迅速的集资方式，它有利于企业的长期利益。

国家投资是企业资本的一个重要部分，特别是一些属于公共工程、重点建设项目和社会福利性的企业，国家投资是企业资本筹集的重要来源。

第四，在经济对外开放的条件下，可以通过吸引国外资本来筹集。企业可通过与外搞合资经营或合作经营的形式来吸引外资，以筹集资本；企业可通过国际贷款、在国外发行债券等形式来吸引外资，以筹集资本；企业还可通过补偿贸易、出口信贷等形式来筹集外资。

企业从以上几个方面筹集的资本是要付出代价的，这个代价就是企业资本有偿使用的费用。企业使用的资本中来源于银行贷款或是其他方式借贷，使用这部分资本是要支付利息的，利息就是借入资本的代价。企业使用的资本中来源于以入股的形式的社会集资，使用这部分资本是要支付红利及股息的。另外，企业还要为社会集资支付一定的管理费用和集资工作中的其他费用，这些就是社会集资的代价。企业使用的资本中来源于国家投资的，使用这部分资本一般是要支付固定资本占用费和流动资本占用费，这些就是使用国家投资的代价。同样，企业使用的资本中来源于国外资本的，使用这部分资本也是要有代价的，它或是利息，或是股息、红利，或是利润的扣除。企业使用的资本中即使是来源于自有资本的，使用这部分资本，从机会成本的意义上说，也是要支付代价的。因为，企业如果不把这部分资本投入企业的经营活动，而是把它存放在银行或购买债券和股票，它就可以获得利息、股息和红利。由于投资于企业的经营活动而放弃的利息、股息和红利，就是企业投资的机会成本，也就是企业使用自有资本的代价。所以，企业所使用的资本无论是以哪种形式筹集来的，都是要支付代价的，这就要求企业用好资本，要求企业通过比较资本筹集的代价和资本运用的收入，做出筹资和用资的科学决策。

企业资本的运用，就是将筹集到的资本运用到企业的生产经营活动中去。企业资本运用的主要内容就是企业投资。企业投资分为两个方面：一是固定资产投资，一是流动资产投资。固定资产投资包括生产性固定资产投资（购置直接用于生产过程的或直接为生产服务的固定资产）与非生产性固定资产投资（购置非生产性固定资产如职工住房、文体器材等）。流动资产投资包括生产领域内的流动资产投资（购置生产需要的原料、燃料、辅助材料和招聘工人等）以及流通领域内的流动资产投资（对进入流通领域内的制成品的投资和企业以货币形式持有的资本等）。

企业投资决策取决于企业行为的利润最大化原则，也就是说，企业对投资项目、形式、期限、投向和投资额的选择，必须对现期利润与预期的长期利润作综合的决策。现代企业在投资决策上需要注意以下几个问题：

(1)企业投资项目的选择，既要考虑到企业所在行业的成熟程度，又要考虑到产品的生命周期。企业所在行业的成熟程度不同，直接影响企业的长期利润水平和投资效益。企业所在行业的成熟程度分为新兴行业、成长行业、成熟行业和衰退行业，企业要根据所在行业的成熟程度的变化，选择不同的投资形式。例如，行业处于成熟行业，企业就应该进行内涵式投资，以提高产品质量，促进产品更新换代；而行业处于衰退行业，企业就应当少投资或抽出投资，以收缩生产规模。

产品的生命周期分为新生期、成长期、成熟期和消亡期，产品在不同的生命周期阶段上，其成本、价格、生产规模是不同的，企业要根据产品的生命周期的变化，选择不同的投资形式，以提高企业的利润率。新生期是产品刚转入商业性开发阶段，成本高、规模小，企业应进行试探性的投资；成长期的产品市场需求扩展，成本下降，企业应进行外延性的投资；成熟期的产品市场需求稳定，外延和内涵并举、以内涵的投资为主。消亡期的产品市场需求萎缩，企业应抽出资本。

(2)企业投资要考虑投资的机会成本，在实施投资前，要以利润最大化的经营目标，对投资项目进行优选。企业应估算项目投产后引起的现金流入和流出。现金流入是指出售项目所生产的产品所得的货币收入，现金流出是指除了项目折旧费以外的生产经营成本。现金流入和现金流出的差额为净现金流量。假定企业估算出某投资项目每年带来的现金流入为 B，每年引起的现金流出为 C，那么，该项目在其寿命期 n 年内可能带来的现金流入总量为：

$$\sum B_t = B_0 + B_1 + \cdots + B_n$$

可能引起的现金流出总量为：

$$\sum C_t = C_0 + C_1 + \cdots + C_n$$

该项目在其寿命期内可以产生的净现金流量为：

$$\sum_{t=0}^{n} B_t - \sum_{t=0}^{n} C_t$$

用全部净现金流量减去项目投资所得的余额，就是该项目在其寿命期内可能带来的利润总量。如果利润总量大于零，项目就是有盈利能力，可以考虑投资。但是，企业仅仅预测项目有盈利能力还不够，还需要考虑投资的机会成本。因为，企业可能同时面临多种投资机会，每一种投资机会都能带来一定的收入。当企业把资本投入一种产品生产并由此而获得一定收入时，它就同时放弃了生产另一种产品并获得一定收入的机会。因此，机会成本就是投资收益的一种比较，它等于企业利用一定量资本获得收入而同时放弃的另一种收入。所以，企业进行投资决策时，要使投资收益大于机会成本，以获得最大的投资收益。

假定企业投资于某个项目的资金为 I，如将其存入银行，利息率为 r，那么，按复利计算，在与项目寿命期相同的时间里，I 会增值为 $I(1+r)$。现在企业将 I 投资于项目，就放弃了获得数额为 $I(1+r)$ 与 I 之间差额的利息的机会，这笔利息就是企业投资的机会成本。如果预期的项目全部净现金流量的贴现值或净现值是 R，它的计算公式为：

$$R = \sum_{t=0}^{n} \frac{B_t - C_t}{(1+r)^t}$$

如 $R>0$，表明资金投入某项目比存入银行更有利，那么，企业就可以做出投资某项目可行的结论。如 $R<0$，表明资金投入某项目是不利的。当企业有许多有盈利的项目符合 $R>0$ 条件时，企业应选择其中净现值最大的项目，因为它能带来最大利润。

(3)企业投资要考虑投资的风险性。投资的风险性，是指企业的投资结果可能会与企业的预期结果相差很大。投资是企业的长期经济行为，在投资决策中，预期起了很大作用，即企业要对未来的市场供求、价格和利率做出预测，决定是否投资。而预期是根据现期的情况做出的，现期的市场供求、价格和利率的变动趋势，可能是一种短期的波动，它对未来长期发展趋势来说，准确性不大。所以，在市场经济中投资的风险是客观存在的，企业在进行投资决策时，必须了解投资的风险程度和投资经受风险的能力，也就是要对企业自身的经营能力和外部的不确定因素进行预测和分析。为了保证盈利和分散风险，企业的投资方向可以多元化，即对不同行业进行投资。

最后应说明：资本循环和资本周转涉及供应链、价值链和产业链。供应链是从生产和流通的角度来说的，涉及的是产品或服务提供给最终用户的上下游的经营活动，可能增值也可能不增值。比如一个电子企业要办实业，就必然向电子厂商购买原材料，然后经过加工做成产品，把产品卖给消费者（客户），这样电子原材料实业、电子实业、消费者三者之间就组成一条供应链，这个链条是以实业企业为核心，其产品构成了流通。

价值链是从企业自身生产价值生成机制来说的一个概念。价值链是企业在设计、生产、销售、发送和辅助其产品的过程中进行各种活动的集合体。所有这些活动可以用一个价值链来体现。企业的价值创造是通过一系列活动构成的，基本活动包括内部后勤、生产作业、外部后勤、市场和销售、服务等；辅助活动包括采购、技术开发、人力资源管理和企业基础设施等。这些互不相同又相互关联的生产经营活动构成一个创造价值的动态过程，即价值链。由此可见，价值链体现的是企业通过自身经营的各种活动创造价值的过程。最核心的基本活动是生产和销售，辅助活动的核心是企业管理与企业文化。产业链是从经济或产业布局角度讲的一个概念。

产业链的范围大于供应链，产业链本质上是一个具有某种内在联系的企业群落，是较宏观的概念，体现为三链相互连贯的一个产业过程。

本章小结

个别产业资本的运动表现为资本循环和资本周转。剩余价值的生产或资本增值是在这种运动中产生的，资本循环和周转体现着特定的生产关系，而且是一个不停息的运动过程。资本的运动过程是一个从起点开始又回到起点的循环运动过程。产业资本连续进行的现实循环运动过程不仅是购买、生产和销售三个阶段的统一，是流通和生产两个过程的统一，而且，它还是三种循环形式的统一。为此，就必须保持资本运动的并存性和继起性。资本的运动只有具备这两个互相联系的条件，才能实现资本运动总过程的连续性，才能保持生产的连续性。资本只有在连续不断的运动中，实现其价值增值的目的。

资本的循环当作周期性的过程来考察时，就是资本的周转。资本周转速度和资本周转时间成反比，和资本周转次数成正比。预付资本中固定资本和流动资本的比例以及固定资本和流动资本的各自的周转速度，影响预付资本总周转速度。生产时间和流通时间的长短，也影响预付资本总周转速度。资本的周转对资本价值增值有很大影响。资本周转速度影响预付资本的数量，尤其是流动资本的数量。资本周转速度影响年剩余价值量和年剩余价值率。企业资本的筹集来源于多方面，并要进行科学的筹资决策，用好资本。

本章阐述的基本理论，既适合于资本主义企业的经济运行，也适合于社会主义企业的经济运行。

关键术语

资本循环　　产业资本和产业资本的循环　　货币资本和货币资本的循环
生产资本和生产资本的循环　　商品资本和商品资本的循环　　流通时间和生产时间
劳动时间和非劳动时间　　资本周转　　周转时间　　周转次数
固定资本和流动资本　　折旧　　折旧费和折旧率　　年剩余价值（量）
年剩余价值率　　机会成本　　净现值

参考资料

1.《马克思恩格斯全集》第 24 卷，第 1—2 篇，人民出版社 1972 年版。

2. 胡世祯：《可变资本的周转对年剩余价值率的影响》，《当代经济研究》2001 年第 9 期。

3. 李玲娥：《马克思社会资本再生产和流通理论的系统论》，《当代经济研究》1999 年第 3 期。

思考题

1. 某企业有机器设备 90 000 元，平均使用年限 15 年；厂房建筑物 30 000 元，平均使用年限 15 年；其他工具 60 000 元，平均使用年限 6 年。该企业生产周期为 3 个月。一个生产周期中，消耗原材料 30 000 元，燃料 15 000 元，辅助材料 10 000 元。该企业雇用工人 200 人，每人每月平均工资 50 元，一个生产周期支付一次。求该企业年预付资本的周转速度是多少？

2. 产业资本循环要经过哪些阶段？与这些阶段相适应的资本的职能形式有哪些？它们的职能是什么？产业资本循环要保持连续性的基本条件是什么？

3. 生产资本有哪两种划分？这些划分有什么意义？

4. 影响资本周转速度的因素有哪些？怎样加快资本的周转速度？加快资本的周转对资本价值增值有什么样的影响？

5. 企业筹集资本的途径有哪些？企业怎样做好投资决策？

6. 为什么说本章阐述的理论揭示了资本主义企业和社会主义企业的共同运行机制与规律？

第六章

社会总资本再生产和流通

学习目的与要求

通过本章的学习，了解社会资本运动的出发点是社会总产品，社会总产品的实现是社会总资本再生产的核心问题；理解简单再生产和扩大再生产条件下社会总资本实现的条件；掌握不同部门优先增长的原理和再生产条件下单位投入产出分析方法；认识社会总资本的运动规律所体现的对产业结构和国民经济各种比例关系的一般要求。

第一节　社会总产品的实现

一、社会总资本

要研究社会总资本再生产的实现问题，首先要了解社会总资本。在商品经济条件下，生产资料被各个不同的独立的生产经营单位所占有和使用，每个生产经营单位的资本在再生产过程中独立地发挥作用。这种各自独立发挥资本职能的资本就是个别资本，或单个资本。从经营决策上说，每个单个资本都是独立的经济实体，生产什么、生产多少、怎样生产完全由单个的生产经营单位独自说了算，而且在经济上由各个独立的生产经营单位实行自负盈亏。因此，从这些单个资本自身的运行来看，它们似乎是互不相干的。

但是，实际上所有的单个资本都是不可能真正孤立存在、运行和发挥作用的，而是相互联系、相互依存的。这是因为，在以社会分工为基础的社会化大生产和市场经济条件下，所有生产经营单位都互为市场，互相提供需求和供给。正是通过市场，每个企业才能获得生产和经营上所必需的各种资源、服务和信息，同时，每个企业又只有通过市场才能向社会上其他企业提供各种产品、服务和信息，实现商品的价值。例如，纺织业资本的运动表现为生产经营者在市场上购买纺织机和劳动力，为生产做好准备；纺织工人使用纺织机生产出布匹；生产经营者在市场上出售布匹，以实现产品的价值，同时获取剩余价值。在以社会分工为基础的社会化大生产和发达的市场经济条件下，任何一个生产经营单位都不可能离开整个市场环境而孤立存在和发展。各个独立的企业和资本必然通过市场发生相互联系和相互制约的关系。这些由相互联系、相互依存的所有单个资本所组成的总和就是社会资本，即社会总资本。

定义　社会总资本

社会总资本是整个社会中相互联系的所有个别资本的总和。全部个别资本及其相互之间的联系构成社会的总资本。

既然社会资本运动是互相交错、互为条件的个别资本运动的总和，那么，社会资本运动与个别资本运动之间必然有许多共同点。首先，从运动的内容看，两者都包含着生产剩余价值或资本增值的生产消费；其次，从运动的形式看，两者都依次采取货币资本、生产资本、商品资本三种职能形式，并各自完成着自己的循环；从运动的过程看，两者都要经过购买、生产、销售三个阶段，都是生产过程和流通过程的统一；从运动的目的看，两者都是为了价值增值。又由于社会资本运动比个别资本运动复杂得多，使社会资本运动包含着许多个别资本运动所没有的内容和特点。

首先，社会资本运动不仅包括生产消费，还包括个人消费；个别资本运动却只包括生产消费，不包括工人和投资者的个人消费。尽管在任何社会，每一个企业的工人和投资者都要进行个人消费，但这种个人消费是在单个资本运动以外进行的，而不构成单个资本运动的内容。单个资本运动只是以它们的存在和正常进行为条件。社会资本运动则与此不同，因为从社会资本的运动角度来看，资本家和工人的个人消费是社会总资本运动的一部分，因为资本家和工人购买一般消费品的过程，也就是生产这些商品的资本家出卖商品的过程。所以，在社会资本的运动中要包括工人和资本家的个人消费。

其次，社会资本运动不仅包括资本流通，还包括一般商品流通和剩余价值的流通，个别资本运动只包括资本流通，不包括一般商品流通和剩余价值流通。资本流通是为了价值而进行的流通，商品流通是为了使用价值而进行的流通。投资者和工人购买个人消费品，完全表现为一般的商品流通过程，在个别资本运动中是不包括的，它是在个别资本运动以外进行的。在社会资本运动中，其购买个人消费品的过程，则是生产消费品的投资者的商品资本向货币资本的转化过程，它是社会资本运动的一个重要组成部分。所以，社会总资本运动不仅包括资本流通，而且包括媒介个人消费的一般商品流通。还需要指出的是，社会总资本运动不仅包括资本流通，而且包括剩余价值的流通。剩余价值的流通，一般来说可以分为两部分，一部分作为追加资本加入资本流通，另一部分作为收入用于个人消费，加入一般商品流通。

再次，社会资本运动不仅考察价值补偿，还考察实物补偿或替换，而个别资本运动只考察价值补偿，不考察实物补偿或替换。在研究个别资本运动时，我们通常假定企业能够在市场上购买到所需要的生产资料和劳动力，劳动力能够购买到所需要的消费资料，而且能够顺利出售所生产的商品，也就是对实物补偿不做研究。但是，在研究社会资本运动时，不仅要研究价值补偿，还要研究实物补偿。因为，社会资本已经包括了全部个别资本，它所需要的生产资料和消费资料，必须从它本身的产品中得到补偿。而且，社会总产品的实物补偿是社会资本再生产顺利进行的一个重要内容。

辨析 社会总资本运动和个别资本运动的区别

首先，社会资本运动不仅包括生产消费，而且包括工人和投资者的个人消费；个别资本运动只包括生产消费，不包括个人消费。

其次，社会资本运动不仅包括资本流通，而且包括一般商品流通和剩余价值的流通；个别资本运动只包括资本流通，不包括一般商品流通和剩余价值流通。

最后，社会资本运动不仅考察价值补偿，而且考察实物补偿；个别资本运动只考察价值补偿，不考察实物补偿。

在社会资本再生产过程中，社会总产品的实现是关键环节。如果社会总产品得不到实现，那么社会资本的再生产过程就将受到破坏，社会资本运动就将会中断。社会总产品也可以看作是社会总商品资本。在研究社会资本的运动时，应该以社会总商品资本作为研究的出发点，即通过分析社会总商品资本的运动来分析和揭示社会资本运动的本质和特点。

社会总资本的运行是一个错综复杂的过程，考察这个过程必须从社会总产品，即社会总商品资本出发。研究社会总资本再生产运动，不仅要考察社会总资本运动的形式，而且要进一步探讨社会总资本运动的实现条件，揭示社会总资本运动的内容和内在规律性。而只有通过对社会总资本运动的系统研究和分析才能从中找出社会总资本运行的规律性。

社会总产品(社会总商品资本)是社会各个物质生产部门在一年内所生产出来的全部物质资料的总和。它既是生产过程的结果，又是再生产过程的条件，也是整个社会存在和发展的物质基础。社会总产品中既包括了用于生产消费的生产资料，又包括了用于个人生活的消费资料。因此，只有以社会总产品为出发点研究社会总资本运动，才能体现社会总资本运动的特点和内容。而从社会总产品，即从社会总商品资本出发研究社会总资本的运动和社会总产品的实现问题，又必然要求以商品资本循环公式作为考察社会资本运动的直接对象。

定义 社会总产品

亦可称为社会总商品资本。它是社会在一定时间内(通常为一年)生产的全部物质资料的总和，既包括用于生产消费的生产资料，又包括用于个人生活的消费资料。

商品资本循环公式是：

$$W'-G'\left[\begin{array}{l} G-W<\begin{array}{l}A\\P_m\end{array}\cdots P\cdots W' \\ \quad g-w \end{array}\right.$$

上述公式表明，社会资本的运动从总商品资本(W')开始。在总商品资本中，一部分商品价值(W)用于补偿投资者垫付的资本价值，另一部分商品价值(w)成为投资者占有的剩余价值。总商品资本在流通过程中实现以后，转化为总货币资本(G')。总货币资本有一部分(G)被投资者用于购买生产资料(P_m)和劳动力(A)，变为总生产资本(P)。经过生产过程(P)以后，又生产出新的商品，总生产资本变为总商品资本(W')，从而完成了商品资本循环。另一部分货币资本(g)则被投资者用于购买消费品(w)进行个人消费。劳动者出卖劳动力得到劳动力价值(A)也用于购买消费品进行个人消费。在总商品资本循环中，如果在总商品资本(W')实现以后，投资者仅把资本价值补偿的部分(W)用于购买生产资料和劳动力投入生产过程，那么社会总资本只是把自己简单再生产出来，社会总资本的规模没有扩大。但是，如果在总商品资本实现以后，投资者不仅把资本价值补偿的部分(W)，而且把剩余价值部分(w)用于购买生产资料和劳动力投入生产过程,那么,社会资本不但把自己再生产出来,而且社会总资本的规模也扩大了。因此,总商品资本的运动揭示了社会资本运动的本质和特点。

二、社会总资本运动的核心问题

从社会总产品出发考察社会总资本运动,其核心问题是社会总产品是如何实现的,以及它们又是如何补偿的。社会资本的再生产运动过程,也就是社会总产品不断实现以及它的各组成部分不断得到补偿的过程。社会总产品的补偿包括价值补偿和实物补偿两个相互联系的方面。所谓"价值补偿",就是指社会总产品各个组成部分的价值如何通过商品的出售以货币形式回流,用于补偿在生产中预付的不变资本和可变资本,并且还要取得剩余价值。所谓"实物补偿",就是指社会总产品各个组成部分转化为货币以后,如何再进一步转化为所需要的物质产品。其中,相当于不变资本价值的部分,如何重新取得所需要的生产资料;相当于可变资本价值的部分以及投资者用于个人消费的剩余价值部分,如何重新取得所需要的生活资料。当然,如果是扩大再生产而不仅是简单再生产,那么,投资者一方面会减少用于个人消费的剩余价值以及生活资料,另一方面又会增加用于追加的不变资本价值以及生产资料,还会增加用于追加雇佣工人的可变资本以及消费资料。因而,在扩大再生产过程中,不仅有价值和实物的补偿,而且还有价值和物质的追加,但这并不改变社会资本再生产问题的实质。

那么,为什么社会总产品的实现问题是社会资本再生产的核心问题呢?首先,社会总产品的价值补偿是社会资本运动正常进行的前提,只有预付的不变资本和可变资本价值都得到补偿,同时获得剩余价值或资本增值,才能重新购买再生产所需要的生产资料和劳动力,社会再生产才能重新进行。如果社会总产品不能全部销售出去,生产这些产品所消耗的资本价值就不能全部得到补偿,已经生产出来的剩余价值或资本增值就不能全部实现,这样社会再生产就无法正常进行。其次,社会总产品的实物补偿是社会资本运动正常进行的关键。社会资本再生产运动要正常进行,最起码的条件就是要保证上一个生产过程中所消耗的生产资料和消费资料能够得到补偿和替换,否则,社会再生产过程就会发生中断或者萎缩。由于社会总产品各个部分的更替和补偿过程,同时就是社会总产品的实现过程,并以此为前提,因此,社会总产品的补偿即实现问题,就是社会资本再生产的核心问题。研究社会资本的再生产和流通,核心问题就是要说明生产社会总产品时所消耗的生产资料和消费资料能否从社会总产品中得到补偿,这种补偿是如何进行的以及在什么条件下才能顺利实现这种补偿,其中,社会总产品的实现条件,更是这个核心问题的核心。

既然社会总产品的实现问题是社会资本再生产的核心问题,那么,为了揭示社会资本再生产的过程和规律,就必须对社会总产品的构成以及与此相对应的社会生产的类别进行分析。由于社会总产品的补偿或实现包括实物和价值两个方面,因此我们就必须从使用价值和价值这两个方面来分析社会总产品和社会生产。

首先,从社会总产品的构成上看,社会总产品的构成分为实物构成和价值构成两个方面。建立在社会化大生产基础上的发达的商品经济社会里,个别资本成千上万,它们的产品纷繁众多,要探讨各个个别资本在具体实物形态上的补偿和替换是十分困难的。为了简单起见和便于分析问题,必须对社会总产品进行科学的抽象和归类。马克思按照社会总产品的最终用途，把社会总产品从实物形式上或使用价值上分为生产资料和消费资料两大类。虽然，社会总产品中也有一些产品，如玉米，既能用于生产消费（作为种子），又能用于生活消费；又有一些产品，如坦克、大炮等，既不能用于生产消费，又不能用于生活消费。但从大数定律上看，社会总产品，不是用于生产消费，就是用于生活消费。个别的例外现象，并不能改变事物的本质。因此，把社会总产品分为生产资料和生活资料两大类是反映社会总产品的客观实际的。其中，生产资料用于补偿生产中已经消耗的生产资料以及用于扩大再生产的追加生产资料，消费资料则用于满足投资者和工人的个人生活需要。从价值方面来看，社会总产品包括了不变资本价值（c）、可变资本价值（v）和剩余价值（m）三个组成部分，即 $c+v+m$。其中，不变资本价值（c）是旧价值的转移，用于补偿生产中消耗的生产资料价值，可变资本价值（v）和剩余价值（m）或资本增值是工人活劳动所创造的新价值，前者用于补偿生产中已消耗的预付可变资本价值，后者用于投资者的个人消费以及扩大再生产的资本积累。

定义　社会总产品的构成

可以从实物和价值两个方面来看社会总产品的构成。从实物形式上看，社会总产品可分为生产资料和消费资料两大类。从价值方面来看，社会总产品可分为不变资本、可变资本和剩余价值三个部分。

其次，从社会生产上看，社会生产分为两大部类。由于社会总产品从实物构成上看，分为生产资料和消费资料两大类，与此相适应，社会生产分为两大部类，即生产生产资料的第一部类（用符号“Ⅰ”表示），生产消费资料的第二部类（用符号“Ⅱ”表示）。

定义　社会总产品的补偿（实现）

所谓“社会总产品的补偿（或实现）问题”是指在社会总产品的生产过程中消耗掉的生产资料和消费资料如何从社会总产品中得到补偿。社会总产品的补偿包括价值补偿和实物补偿两个方面。价值补偿是指社会总产品各个组成部分的价值如何通过商品的出售而转化为货币，从而补偿预付的不变资本和可变资本，并取得剩余价值。实物补偿是指社会总产品各个组成部分转化为货币以后，如何再进一步转化为所需要的物质产品。

根据以上的划分，研究社会资本运动的再生产过程，就可以简化为对生产生产资料的部门和生产消费资料的部门的资本运动中的价值补偿和实物补偿过程的分析。关于社会总产品的实物构成和价值构成以及社会生产划分为两大部类的原理，是马克思研究社会资本再生产运动的两个基本原理，它是进一步分析社会资本再生产运动的理论前提。正是因为根据社会总产品的实物或使用价值的构成把社会生产分为生产生产资料和生产消费资料两大部类，才指明了社会总产品实现的基本途径，即两大部类内部以及两大部类之间的交换；也正因为把社会总产品的价值分为三个组成部分，才有可能依据它们各自的性质和用途去发现它们实现的途径和补偿的来源。同时，这两个方面的划分还指明了社会总产品实物替换和价值补偿的相互联系及其制约关系。

马克思正是以商品两因素和劳动二重性理论为基础，依靠上述两个基本前提，科学地解决了资产阶级经济学在再生产问题上长期未能解决的问题，为最终揭示社会资本再生产和流通规律奠定了坚实的理论基础。

三、两大部类与产业结构的划分

马克思把国民经济中的各个物质生产部门划分为两大部类，即生产资料生产的第Ⅰ部类和消费资料生产的第Ⅱ部类，并在此基础上建立了产业结构和社会再生产理论。马克思主要研究的是国民经济中各个物质生产部门之间的组合、构成及它们在社会生产总体中所占的比重。他揭示了各个物质生产部门在社会再生产过程中价值形式的实现和实物形式的补偿之间必须建立的内在联系，从而建立起社会再生产过程能够顺利进行的必要条件。马克思的两大部类理论通常也被称为狭义的产业结构理论。

与马克思的产业结构理论相对应的，是西方的产业类型划分理论，即三次产业的划分理论。这一理论是在20世纪30年代由英国经济学家阿伦·G.费希尔和柯林·克拉克提出的。三次产业类型划分理论，是将社会上的所有部门按照经济活动的先后顺序或层次分为三次产业：第一次产业的属性是取自于自然，包括农业（种植业）、畜牧业、林业、狩猎业和采矿业等；第二次产业则是加工取自于自然的生产物，包括制造业、建筑业、煤气、电力、供水等工业部门；第三次产业则是繁衍于有形物质生产活动之上的无形财富的生产部门，包括商业、运输业、公用事业、金融保险业、信息业等。虽然，目前各国对三次产业的分类的标准并不完全一致，但三次产业的划分是当前各国划分产业结构普遍采用的方法。这种划分是以西方的社会经济增长理论为依据的。这种划分能够全面地反映包括非物质生产部门在内的整个国民经济各部门、各方面发展状况及其相互关系。同时，根据这种划分而计算的国民生产总值指标不同于马克思根据两大部类理论计算出来的国民收入指标。国民生产总值是从宏观上综合考察各国国民经济发展的一个重要指标，它有利于各国进行国际间的对比。三次产业的划分对于我们全面认识和研究国民经济各部门之间的关系和发展趋势，重视发展那些在国民经济中日益显示其重要作用的非物质生产部门，有着积极作用。

两种不同的产业类型划分理论，从不同的侧面反映了产业结构的内容，它们各有利弊，不能相互取代。我们要扬长避短，对它们综合地进行分析和运用。

除了上述两种典型的产业结构划分理论外，目前还有几种具体的划分方法：一个是按照市场机制作用程度的不同，把全部产业分为竞争性行业和非竞争性行业。非竞争性行业包括提供公共物品的行业和基础产业、基础设施等准公共物品的行业。提供公共物品的行业主要是指国防、法制、自然灾害防御等一系列领域，这些领域通常私人不愿意投入，而由政府来承担。基础产业包括煤炭、石油、电力等能源工业和钢铁、有色金属、化工、石油化工等原材料工业。基础设施包括公路、铁路、机场、港口、水利设施、邮政、电信等。竞争性行业是指供求完全由市场机制发挥作用的产业，除提供公共物品的行业、基础产业和基础设施以外的绝大多数产业都属于竞争性行业。还有一种划分是按照产业的成长阶段与竞争力分为幼稚产业、传统产业、支柱产业。幼稚产业通常是指发展时间不长，还没有成熟，需要政府扶植的产业。传统产业指曾经在国民经济发展中起重要作用，将逐步弱化，或需要用新技术加以改造，或被新兴产业所部分取代的产业。支柱产业是指支撑一个国家国民经济规模和增长的主要经济生产部门，是在国民经济中占较大比重，向前、向后和旁侧关联效应较大的产业，其感应度系数、影响力系数、最终需求诱发系数都比较高。从发达国家的经济发展历史轨迹来看，支柱产业随着科学技术和经济发展水平的自然演变时序是，农业—轻纺工业—重基础工业—重加工工业—高新技术产业。世界经济发展史表明，经济发展是由支柱产业带动的，经济发展的过程就是支柱产业不断更替，并将经济不断推向更高阶段的过程。

一般来说，一个国家产业结构是否合理直接制约着这个国家的经济发展。而衡量一个国家产业结构是否合理的主要标准是：第一，看各产业之间和产业内部是否平衡发展，是否存在制约经济发展的瓶颈产业，也就是看产业结构是否同社会需求相适应，各个部门之间在生产上是否相互衔接、紧密配合，以实现国民经济的协调发展。第二，看产业结构是否有利于资源配置的优化，也就是看社会资源是否在各个部门之间得到合理的分配和使用，以取得较高的经济效益。第三，看科学技术是否得到充分的推广和应用，产业结构是否实现了高度化。

按照上述标准衡量我国现有的产业结构，我国产业结构存在的主要问题是：农业相对落后，不适应工业和其他行业的发展；基础产业和基础设施相对落后，加工工业生产过剩；产业技术素质低，技术水平和管理水平落后；产业组织缺乏专业化基础上的集中度和分散度，"大而全"、"小而全"，高耗、低效，规模经济效益差，缺乏创造能力、竞争能力；产业之间缺乏生产要素的灵活流动机制，不仅存量资产难以流动，增量资产的流动也受到阻碍；第三产业发展滞后，不能适应经济发展和人民生活需要。

根据目前我国产业结构存在的问题，我国产业结构的调整重点应是：第一，把农业放在首位，全面振兴农村经济，着力提高农业质量，稳步增加产量。农业本身是一个幼稚产业，承担着市场和自然双层风险，而我国现在农业基础又十分薄弱，农业技术落后，劳动生产率低。因此，我们要高度重视农业的发展，合理地调整农业内部结构。第二，继续发展第二产业，积极调整工业结构。要加快交通、通信、能源、重要原材料及水利等基础设施建设，振兴机械电子、石油化工、汽车制造和建筑等国民经济支柱产业，把提高传统产业同发展高新技术产业互相结合起来，处理好劳动密集型产业、资本密集型产业和技术密集型产业的关系。第三，加快第三产业的发展。

第二节　社会总资本正常运行的条件

一、社会资本简单再生产的实现条件

社会总资本的再生产是一个十分复杂的运动过程，为了保证社会总资本运动正常运行需要具备许多条件。由于再生产有两种类型，一个是生产过程在原有基础上进行的简单再生产，一个是生产过程比原有规模更大的扩大再生产，因此，有必要分别考察简单再生产和扩大再生产的实现条件。

社会资本的简单再生产是指社会资本在规模保持不变的条件下的不断重复的生产过程。由于这里是以总商品资本的运动来分析社会资本的运动，社会资本的简单再生产也是指商品生产过程在规模不变的前提下更新和重复。规模变不变可以从投入和产出两个方面来考察。从投入上看，就是社会投入的资本量，也就是生产资料数量和劳动力的数量。从产出上看，就是社会产品的产量和产值。在一般情况下，两者通常是一致的。

社会资本再生产的实现过程是一个十分复杂的问题，为了便于揭示实现社会资本再生产运动的规律性，需要做出如下假定：(1)所考察的社会只存在投资者和工人这两个集团，从

而不存在剩余价值在其他集团中的分配问题;(2)不变资本价值的周转时间是一年,因此,在一年的生产过程中,不变资本的价值被全部转移到新产品中去;(3)市场供求平衡,全部商品都按价值出卖,不考虑商品的价格与价值不一致的问题;(4)全部社会产品都在一国范围内得到补偿和实现,没有对外经济关系;(5)剩余价值率为100%。如果修改这些假定条件中的任何一个,那么,问题就会变得更加复杂,但是,问题的实质并不因此而发生改变。

一般来说,社会总资本的再生产是扩大再生产,但我们考察社会资本再生产的实现问题必须从简单再生产开始,并且以它为重点。这主要是因为:从实际再生产运动上看,简单再生产是扩大再生产的基础和出发点,也是扩大再生产的重要组成部分和实现扩大再生产的物质基础。扩大再生产无非就是规模比原来更大的再生产,也就是说,扩大再生产是在简单再生产的基础上,把简单再生产加以扩充和提高的结果。在扩大再生产条件下,简单再生产是扩大再生产的一个重要组成部分,是进行扩大再生产所必需的一个阶段。为了使扩大再生产得以顺利进行,第一步必须先达到原有的生产规模,必须首先保证简单再生产,然后以此为出发点,进行扩大再生产。从理论的角度上看,考察社会资本再生产的实现问题的主要困难存在于简单再生产中,因为解决再生产的实现问题的关键,不在于说明与扩大再生产直接相关的资本积累是如何实现的,而在于揭示社会总产品实现的基本途径和规律。从简单再生产出发,把简单再生产条件下的社会总产品实现和补偿问题解决了,扩大再生产的实现问题也就比较容易解决了。从方法上看,从简单再生产到扩大再生产,符合从简单到复杂,从抽象到具体的逻辑分析方法和认识问题的规律。

为了分析社会资本简单再生产过程和实现条件,马克思从社会总产品的价值构成和社会生产两大部类的原理开始,并且为了说明上的便利,设计了一个具体的典型例证,制定了简单再生产的如下公式和模型:

$$\text{Ⅰ}\ 4\,000c+1\,000v+1\,000m=6\,000$$
$$\text{Ⅱ}\ 2\,000c+500v+500m=3\,000$$

在这个公式中,两大部类的产品价值总额,即社会年总产品价值为9 000(6 000+3 000)货币单位,第一部类产品价值为6 000,其中不变资本价值为4 000,可变资本价值为1 000,剩余价值为1 000,第一部类全部产品从实物上看都表现为生产资料;第二部类产品价值为3 000,其中不变资本价值为2 000,可变资本价值为500,剩余价值为500,第二部类全部产品从实物上看都表现为消费资料。

讨论　社会总产品价值与国民收入

根据马克思的社会总产品构成理论(社会总产品从实物上分为生产资料和消费资料两大部类,从价值上分为不变资本、可变资本和剩余价值三个部分),(年)社会总产品的价值总额(即社会总产品价值)等于第Ⅰ部类和第Ⅱ部类的不变资本、可变资本与剩余价值的总和,即:

$$\text{社会总产品价值}=\text{Ⅰ}(c+v+m)+\text{Ⅱ}(c+v+m)$$

其中,不变资本即Ⅰc+Ⅱc部分是从生产社会总产品所消耗的生产资料价值中转移过来的。在社会总产品价值中扣除掉所有的转移价值之后,剩下来的就是由这一年中的劳动所创造的新价值。这些新价值的总和称为“国民收入”。[1]换句话说，国民收入等于社会总产品价值减去第Ⅰ部类和第Ⅱ部类的不变资本，或者，等于第Ⅰ部类和第Ⅱ部类的可变资本和剩余价值，即：

$$国民收入=社会总产品价值-(\text{Ⅰ}c+\text{Ⅱ}c)$$

或者

$$国民收入=\text{Ⅰ}(v+m)+\text{Ⅱ}(v+m)$$

例如，在上面给出的关于简单再生产模型的例子中，国民收入等于3 000，即：

$$国民收入=\text{Ⅰ}(1\ 000v+1\ 000m)+\text{Ⅱ}(500v+500m)=3\ 000$$

在商品经济条件下，一切物质产品都表现为商品，因而社会总产品的实现都是通过市场交换来进行的。社会总产品的各个组成部分实现价值补偿和实物补偿的过程，也就是社会资本再生产的实现过程，这个过程主要包括以下三个方面的交换关系和交换过程。

第一，第一部类内部各部门和各企业之间的交换。第一部类中的产品4 000c，在实物上是由各种制造生产资料的生产资料所构成，在价值上则代表本部类已经消耗掉的不变资本价值。为了维持简单再生产的正常进行，生产中消耗了的4 000c必须用新生产出来的制造生产资料的生产资料来补偿和替换，而这4 000c在实物形态上就是新生产出来的制造生产资料的生产资料。因此，这部分产品在价值和实物上的实现和替换可以在第一部类内部实现，即主要通过第一部类内部各部门、各企业之间的产品交换而得到实现，另有少数生产资料因可直接留归本企业内部使用而不需要同其他企业进行交换。

第二，第二部类内部各部门、各企业之间的交换。第二部类的产品500v和500m，在实物上由各种消费资料所构成，在价值上代表本部类工人和投资者用于个人消费的可变资本价值和剩余价值。为了维持简单再生产的进行，工人和投资者在个人生活消费中所消耗掉的消费资料同样必须用消费资料来补偿，而第二部类中的500v+500m在实物形态上就是各种各样的消费资料。因此，这部分产品在价值和实物上的实现和补偿也可以在第二部类内部实现，即通过第二部类的工人和投资者购买本部类的各种生活资料而得到实现。其中，500v都必须通过市场交换来实现并得到补偿，而500m的一部分则有可能不通过市场交换来实现补偿。如生产面包的投资者并不需要通过市场去购买自己所消费的面包，但这部分在其消费品中所占的比例是极小的。

第三，两大部类之间的交换。第一部类中的产品1 000v和1 000m在价值上代表本部类的可变资本价值和剩余价值，用于第一部类的工人和投资者的个人消费，但这些产品在实物形态上却是制造消费资料的生产资料，它们不能直接进入个人消费过程，因而无法直接用它们来补偿第一部类已经消耗掉的消费资料，而必须和第二部类的消费资料进行交换。第二部类的产品2 000c在价值上代表第二部类已经消耗掉的不变资本价值，但它在实物形态上却是消费资料，也因而无法直接用来替换第二部类所需要的制造消费资料的生产资料，从而也无法在第二部类内部来实现和补偿，而必须和第一部类的生产资料进行交换。因此，两大部类都有部分产品需要交换。在上述公式中，第一部类中价值1 000v+1 000m的生产资料，与第二部类中价值2 000的消费资料正好价值相等，所以，通过它们之间的交换，第一部

① 注意，马克思的国民收入概念不同于现在西方通行的国民收入概念。关于这一点，请参看第十二章第一节中的说明。

类把 2 000 的制造消费资料的生产资料卖给第二部类的投资者，同时，从第二类的投资者那里购买自己所需要的消费资料；在同一过程中，第二部类的投资者把价值 2 000 的消费资料卖给了第一部类的投资者和工人，并从第一部类投资者那里买进自己所需要的制造消费资料的生产资料。

在两个部类的交换中，不仅有两大部类的投资者之间的交换，而且还有第一部类工人和第二部类投资者之间的交换。而且事实上，全部交换正是从第一部类工人同第二部类投资者之间的交换开始的。具体来说，第一部类的工人先用投资者预付的相当于 1 000v 的货币工资与第二部类投资者的价值 1 000c 的消费资料相交换，通过这个交换，工人得到消费资料，第二部类的投资者得到货币，然后他再用这部分货币去购买第一部类的价值额相同的制造消费资料的生产资料，使第一部类 1 000v＋1 000m 中价值 1 000 的生产资料得到实现，第一部类的投资者进一步用这些货币去购买第二部类的消费资料，从而使第二部类剩下的价值 1 000 的消费资料得到实现，第二部类的投资者再用这部分货币去购买所需要的制造消费资料的生产资料，从而使第一部类 1 000v＋1 000m 中剩下的价值 1 000 的生产资料得到实现。通过上述交换过程，第一部类的投资者和工人都得到了消费资料，第二部类的投资者得到了生产消费资料所必需的生产资料。上述三大交换过程可以用图 6－1 表示。

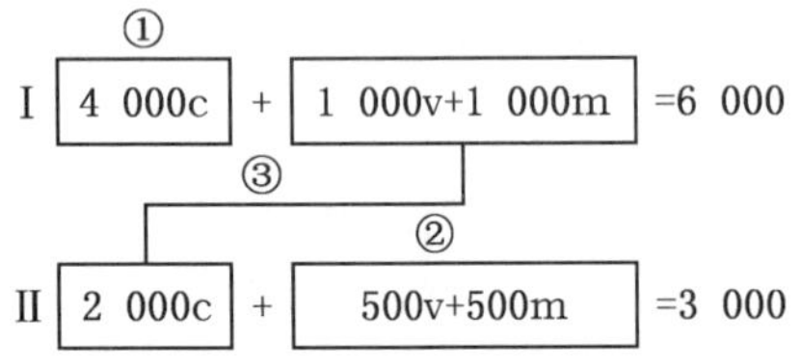

图 6－1　简单再生产交换过程示例

通过以上三个方面的交换关系和交换过程，社会总产品的各部分不仅在价值上得到了实现和补偿，而且在实物上也得到了替换，这样，简单再生产就可以继续进行了。需要明确的是，上述三方面的交换关系绝对不是一次完成的，而是在一年中经过各个部门、各个企业的投资者以及工人的无数次交换逐步完成的，社会资本再生产过程本身就是这种复杂的商品流通和资本流通的过程。

上述的分析说明，社会资本简单再生产的实现必须具备一定的基本条件，即两大部类的生产之间必须保持一定的比例关系。具体来说，就是第一部类的可变资本价值和剩余价值之和，必须等于第二部类的不变资本价值。用公式表示为：

$$\text{I}(v+m)=\text{II}c$$

这个条件表明，在社会资本简单再生产条件下，社会生产两大部类之间存在着互为条件、相互依存、相互制约的内在联系，即第一部类提供给第二部类的生产资料和第二部类对生产资料的需求之间，第二部类提供给第一部类的消费资料和第一部类对消费资料的需求之间，在使用价值和价值两方面都必须保持一定的比例关系（不仅是一种数量关系，而且也是一种结构关系）。所以，$\text{I}(v+m)=\text{II}c$ 是社会资本简单再生产得以实现的基本条件。如果 $\text{I}(v+m)<\text{II}c$，第二部类所生产的消费资料不能得到完全实现，出现了生产过剩，同时第二部类所消耗的不变资本在价值和实物上（生产资料）也不能得到充分的补偿和替换。同样，如果 $\text{I}(v+m)>\text{II}c$，第一部类所生产的一部分生产资料就不能实现，出现了生产过剩，同时第一部类所消耗的生活资料也得不到充分补偿。在这两种情况下，再生产条件就都遭到了破坏，从而使社会总产品的实现都遇到困难。

讨论　国民收入、最终产品和中间产品

我们知道，在马克思的再生产理论中，国民收入（一年当中新创造的价值部分）等于两大部类的可变资本和剩余价值，即：

$$国民收入=\text{Ⅰ}(v+m)+\text{Ⅱ}(v+m)$$

然而，根据简单再生产的条件，第一部类的可变资本加剩余价值必须等于第二部类的不变资本，即：

$$\text{Ⅰ}(v+m)=\text{Ⅱ}c$$

于是有：

$$国民收入=\text{Ⅰ}(v+m)+\text{Ⅱ}(v+m)=\text{Ⅱ}c+\text{Ⅱ}(v+m)=\text{Ⅱ}(c+v+m)$$

这里，最后一个等号后面的Ⅱ$(c+v+m)$是第二部类生产的全部消费资料的价值。这些消费资料的共同特点是：它们不再进入生产过程，而是直接进入消费过程。我们通常把那些直接进入消费过程的产品称为“最终产品”，即：①

$$最终产品=\text{Ⅱ}(c+v+m)$$

于是，国民收入与最终产品的价值总量恰好相等，即有：

$$国民收入=最终产品$$

根据我们的假定，整个社会的生产只分为两大部类：除了消费资料生产，就是生产资料生产。这些生产资料的共同特点是：它们还要再次进入生产过程，并在生产过程中被消耗掉。我们通常把那些需要再次进入生产过程并在生产过程中被消耗掉的产品称为“中间产品”。于是，在我们的例子中有：

$$中间产品=\text{Ⅰ}c+\text{Ⅱ}c=\text{Ⅰ}c+\text{Ⅰ}(v+m)=\text{Ⅰ}(c+v+m)$$

从Ⅰ$(v+m)=$Ⅱc 这个基本实现条件中可以引申出另外两个实现条件。一个条件用等式表示就是：

$$\text{Ⅰ}(c+v+m)=\text{Ⅰ}c+\text{Ⅱ}c$$

这个等式是在表示第一个条件的等式两边同时加上Ⅰc 得到的，它反映第一部类的生产与两大部类对生产资料需求之间的内在联系，即第一部类生产的生产资料的价值总和，必须等于两大部类所消耗的不变资本价值的总和，同时第一部类所生产的生产资料在使用价值上还必须与两大部类对于生产资料的需求相符合。如果满足不了这个条件，社会资本简单再生产就不可能顺利进行。这个公式表示了生产资料生产与生产资料需求之间的内在关系。

另一个条件用等式表示为：

$$\text{Ⅱ}(c+v+m)=\text{Ⅰ}(v+m)+\text{Ⅱ}(v+m)$$

这个等式是在表示第一个条件的等式两边同时加上Ⅱ$(v+m)$而得到的。它反映第二部类的生产与两大部类的工人和投资者对消费资料需求的内在联系，即第二部类生产的消费资料价值总和，必须等于两大部类的可变资本价值和剩余价值的总和，同时第二部类所生产的消费资料在使用价值上还必须与两大部类对于消费资料的需求相符合。如果满足不了这个条件，社会资本简单再生产同样不可能顺利进行。这个公式表示了消费资料生产与消

① 需要说明的是，最终产品还包括一些虽然进入了生产过程但却并未在生产过程中被消耗掉的生产资料。但是，由于我们这里假定所有的生产资料均在一次生产过程中被消耗完毕，故最终产品只包括消费资料。

费资料需求之间的内在关系。

定义　简单再生产的条件

基本条件：第一部类的可变资本加剩余价值等于第二部类的不变资本，即：

$$\text{Ⅰ}(v+m)=\text{Ⅱ}c$$

派生条件(1)：第一部类生产的生产资料价值等于两大部类消耗的不变资本，即：

$$\text{Ⅰ}(c+v+m)=\text{Ⅰ}c+\text{Ⅱ}c$$

派生条件(2)：第二部类生产的消费资料价值等于两大部类的可变资本和剩余价值，即：

$$\text{Ⅱ}(c+v+m)=\text{Ⅰ}(v+m)+\text{Ⅱ}(v+m)$$

上述三个公式，体现了社会资本简单再生产过程中，两大部类之间以及两大部类内部都应遵循的基本比例关系。这些基本的比例关系从不同侧面反映了社会资本简单再生产的规律性，即社会生产与社会消费之间、社会生产两大部类之间、生产资料生产与生产消费之间、消费资料生产与生活消费之间、供给与需求之间，在使用价值和价值两方面都必须保持一定的比例关系，只有这样，社会生产和社会生活才能得以正常进行。这正是马克思再生产理论所揭示的基本内容。

讨论　简单再生产的调整过程

前面给出的说明简单再生产如何实现的数字例子是：

$$\text{Ⅰ}\ 4\,000c+1\,000v+1\,000m=6\,000$$

$$\text{Ⅱ}\ 2\,000c+500v+500m=3\,000$$

它假定了简单再生产的基本条件 $\text{Ⅰ}(v+m)=\text{Ⅱ}c$ 在一开始时就是满足的，即有：

$$\text{Ⅰ}(1\,000v+1\,000m)=\text{Ⅱ}(2\,000c)$$

在这种情况下，简单再生产的过程从一开始的时候(即从“第一年”起)就可以顺利地进行下去。

现在我们来看当简单再生产的基本条件一开始不满足时社会生产是如何进行调整的。不满足有两种情况：$\text{Ⅰ}(v+m)<\text{Ⅱ}c$，或者，$\text{Ⅰ}(v+m)>\text{Ⅱ}c$。

先来看 $\text{Ⅰ}(v+m)<\text{Ⅱ}c$ 的情况。例如，考虑下面的数字例子(与以前一样，假定剩余价值率为 100%、资本有机构成等于 4 且保持不变)：

$$\text{Ⅰ}\ 3\,600c+900v+900m=5\,400$$

$$\text{Ⅱ}\ 2\,000c+500v+500m=3\,000$$

这里，$\text{Ⅰ}(900v+900m)<\text{Ⅱ}(2\,000c)$，差额为 200。换句话说，按照简单再生产的基本条件来衡量，第二部类“多”生产了价值为 200 的消费资料。

在这种情况下，“恢复”简单再生产的基本条件的唯一方法是：第二部类“暂时”缩小自己的生产规模——首先，将不变资本部分减少 200，以恢复简单再生产的基本条件 $\text{Ⅰ}(v+m)=\text{Ⅱ}c$；其次，将可变资本部分减少 50，以保持资本有机构成仍然等于 4。总起来说，第二部类必须使自己的生产规模减少 200+50=250。这个价值等于 250 的消费资料将被完全用于投资者的个人消费。于是，上述的数字例子可以重新组合为：

$$\text{Ⅰ}\ 3\,600c+900v+900m=5\,400$$

$$\text{Ⅱ}\ (2\,000-200)c+(500-50)v+(500+250)m=3\,000$$

由于现在有 $\text{Ⅰ}(900v+900m)=\text{Ⅱ}(2\,000-200)c$，故简单再生产的基本条件得到满足。按

照简单再生产基本条件的要求进行交换之后，第二年的生产结果为：

$$\text{Ⅰ}\ 3\,600c+900v+900m=5\,400$$
$$\text{Ⅱ}\ 1\,800c+450v+450m=2\,700$$

与第一年相比，第一部类生产的生产资料价值没有变化，仍然等于5 400，第二部类生产的消费资料价值则从原来的3 000减少到2 700，减少了300。因此，从第一年到第二年的调整导致了第二部类的生产规模在第二年有所缩小。但是，从第二年开始，简单再生产的基本条件已经满足。这是因为，在第二年的生产结果中有：

$$\text{Ⅰ}(900v+900m)=\text{Ⅱ}\,1\,800c$$

于是，从第二年开始，简单再生产的过程可以继续进行下去了。

也许有人会问：在Ⅰ$(v+m)<$Ⅱc 的情况下，我们是否能够通过暂时缩小第一部类（而非第二部类）的生产规模的办法来恢复简单再生产呢？回答是不能。例如，我们让第一部类的不变资本减少200、可变资本减少50，从而，投资者的个人消费增加250。结果，上述的数字例子重新组合为：

$$\text{Ⅰ}\ (3\,600-200)c+(900-50)v+(900+250)m=5\,400$$
$$\text{Ⅱ}\ 2\,000c+500v+500m=3\,000$$

表面上看，简单再生产的基本条件已经满足：

$$\text{Ⅰ}(900-50)v+(900+250)m=\text{Ⅱ}\,2\,000c$$

但是，在按照该条件进行交换之后，第二年的生产结果是：

$$\text{Ⅰ}\ 3\,400c+850v+850m=5\,100$$
$$\text{Ⅱ}\ 2\,000c+500v+500m=3\,000$$

这里，Ⅰ$(850v+850m)<$Ⅱ$2\,000c$，简单再生产的基本条件再次被破坏，而且，与第一年相比，破坏的程度还有所扩大。可见，在Ⅰ$(v+m)<$Ⅱc 的情况下，我们无法通过缩小第一部类的生产规模来恢复简单再生产的均衡。①

再来看Ⅰ$(v+m)>$Ⅱc 的情况。例如，考虑下面的数字例子（同样假定剩余价值率为100%、资本有机构成等于4）：

$$\text{Ⅰ}\ 4\,400c+1\,100v+1\,100m=6\,600$$
$$\text{Ⅱ}\ 2\,000c+500v+500m=3\,000$$

这里，Ⅰ$(1\,100v+1\,100m)>$Ⅱ$(2\,000c)$，差额为200。换句话说，按照简单再生产的基本条件来衡量，第一部类“多”生产了价值为200的生产资料。

在这种情况下，“恢复”简单再生产的基本条件的唯一方法是：通过第二部类的帮助——第二部类增加对第一部类产品的购买——来“消化”这些多出来的生产资料。② 为此，第二部类必须把价值量为200的剩余价值用来增加对第一部类生产资料的购买；另一方面，为了保证资本有机构成仍然等于4，第二部类还必须把价值量为50的剩余价值用来增加对劳动力的购买。总起来说，第二部类必须拿出200＋50＝250的剩余价值用于积累。这意味着，用于投资者自己消费的剩余价值只剩下500－250＝250。于是，上述的数字例子就可以重

① 如果是扩大第一部类的生产规模，则第一年的社会总产品都无法得到实现。

② 注意，在这种情况下，我们无法通过第一部类自己来“消化”这部分“多余”的生产资料。例如，不能通过第一部类把自己的剩余价值的一部分用于积累来恢复简单再生产。实际上，如果第一部类把自己的剩余价值的一部分用于积累，则结果将是“永久”性的扩大再生产。

新组合为：

$$\text{Ⅰ}\ 4\,400c+1\,100v+1\,100m=6\,600$$
$$\text{Ⅱ}\ (2\,000+200)c+(500+50)v+250m=3\,000$$

由于现在有Ⅰ$(1\,100v+1\,100m)=$Ⅱ$(2\,000+200)c$，故简单再生产的基本条件得到满足。按照简单再生产基本条件的要求进行交换之后，第二年的生产结果为：

$$\text{Ⅰ}\ 4\,400c+1\,100v+1\,100m=6\,600$$
$$\text{Ⅱ}\ 2\,200c+550v+550m=3\,300$$

与第一年相比，第一部类生产的生产资料价值没有变化，仍然等于6 600，第二部类生产的消费资料价值则从原来的3 000增加到3 300，增加了300。因此，从第一年到第二年的调整导致了第二部类的生产规模在第二年有所扩大。但是，从第二年开始，简单再生产的基本条件已经满足。这是因为，在第二年的生产结果中有：

$$\text{Ⅰ}(1\,100v+1\,100m)=\text{Ⅱ}\,2\,200c$$

于是，从第二年开始，简单再生产的过程可以继续进行下去了。

同样会有人问：在Ⅰ$(v+m)>$Ⅱc的情况下，我们是否能够通过暂时扩大第一部类（而非第二部类）的生产规模的办法来恢复简单再生产呢？回答还是不能。例如，我们让第一部类的不变资本扩大200、可变资本扩大50，从而，投资者的个人消费减少250。结果，上述的数字例子重新组合为：

$$\text{Ⅰ}\ (4\,400+200)c+(1\,100+50)v+(1\,100-250)m=6\,600$$
$$\text{Ⅱ}\ 2\,000c+500v+500m=3\,000$$

表面上看，简单再生产的基本条件也已经满足：

$$\text{Ⅰ}(1\,100+50)v+(1\,100-250)m=\text{Ⅱ}\,2\,000c$$

但是，在按照该条件进行交换之后，第二年的生产结果是：

$$\text{Ⅰ}\ 4\,600c+1\,150v+1\,150m=6\,900$$
$$\text{Ⅱ}\ 2\,000c+500v+500m=3\,000$$

这里，Ⅰ$(1\,150v+1\,150m)>$Ⅱ$2\,000c$，简单再生产的基本条件再次被破坏，而且，与第一年相比，破坏的程度还有所扩大。可见，在Ⅰ$(v+m)>$Ⅱc的情况下，我们无法通过扩大第一部类的生产规模来恢复简单再生产的均衡。[①]

这里需要注意的是，与Ⅰ$(v+m)<$Ⅱc的情况不同，在Ⅰ$(v+m)>$Ⅱc的情况下，要能够从第二年起就恢复简单再生产，还必须满足一个重要的假定，即在一开始（即第一年）时，第二部类的剩余价值就必须足够大——大到能够购买第一部类多生产的生产资料，并按照既定的资本有机构成，追加自己的可变资本。用符号表示就是：

$$\text{Ⅱ}m\geqslant[\text{Ⅰ}(v+m)-\text{Ⅱ}c]+\frac{1}{\theta}\times[\text{Ⅰ}(v+m)-\text{Ⅱ}c]=\frac{1+\theta}{\theta}[\text{Ⅰ}(v+m)-\text{Ⅱ}c]$$

这里，θ代表资本的有机构成。上式可称为简单再生产的恢复条件。当简单再生产的恢复条件满足时，只需要一年时间的短暂调整，即可恢复简单再生产。在我们上面给出的数字例子中，这个条件显然是满足的：

$$\text{Ⅱ}\,500m>\frac{5}{4}\times[\text{Ⅰ}(1\,100v+1\,100m)-\text{Ⅱ}\,2\,000c]=250$$

① 如果是缩小第一部类的生产规模，则第一年的社会总产品都无法得到实现。

因此，调整过程只用了一年。一年之后，整个社会即恢复为简单再生产。

但是，如果在一开始时，简单再生产的恢复条件未能得到满足，即：

$$\text{Ⅱ}m<\frac{1+\theta}{\theta}\times[\text{Ⅰ}(v+m)-\text{Ⅱ}c]$$

则第二部类的调整过程就需要延续到第二年、第三年……随着一年又一年的调整（即第二部类的扩大再生产），一方面，第二部类生产的剩余价值会增加，另一方面，第一部类多生产的生产资料价值会减少。于是，简单再生产的恢复条件最终总会满足。假定经过 n 年的调整之后，简单再生产的恢复条件被满足，则从第 $n+1$ 年开始，即开始恢复简单再生产。在这种情况下，为了恢复简单再生产，第二部类的"暂时"的扩大再生产不是只有一年，而是要长达 n 年。

综上所述，当简单再生产的基本条件一开始时未能得到满足时，通过调整第二部类的生产规模，可以使该条件重新得到满足，并在调整结束之后，使经济恢复简单再生产。更具体地说，如果一开始时是第一部类的可变资本加剩余价值小于第二部类的不变资本，则调整类型是缩小第二部类的生产规模；反之，如果一开始时是第一部类的可变资本加剩余价值大于第二部类的不变资本，则调整类型是扩大第二部类的生产规模。无论如何，调整都必须发生在第二部类。如果调整发生在第一部类，则结果是生产规模的持续变化：在前一场合，规模将持续扩大，在后一场合，规模将持续缩小。

这里还有一个问题需要说明，这就是在以上考察社会资本简单再生产条件下的社会总产品的实现条件时，为了从本质上进行分析，曾假定不变资本在一个生产周期中全部消费掉，它的价值在一年内全部转移到新产品中去，并且从当年的社会总产品实现中全部得到补偿。但是，实际情况并不是如此，不变资本中有相当一部分是固定资本，而固定资本并不是一年内全部消耗、全部转移和全部补偿的。所以，在考察社会总产品的实现条件之后，还必须特别考察固定资本的补偿问题。

固定资本补偿的最明显特点，是它的价值补偿和实物补偿（或替换）不是同时进行的。固定资本的价值，是按固定资本的平均损耗程度逐渐转移到新产品中去，在产品售出之后得到补偿，并以折旧基金形式积累起来。因而固定资本在实物形态上的使用期限尚未结束，它的价值没有全部转移完以前，其实物形式仍然在生产中发挥作用，并不需要进行物质补偿，以新的劳动资料加以替换。

固定资本补偿的这个特点，影响着社会总产品的实现。那么，固定资本如何进行补偿，社会资本简单再生产的实现才不会遭到破坏呢？这就是：全社会一年间在实物形式上更新的固定资本总额，应当等于当年在货币形式上积累的折旧基金总额。如果不具备这个条件，即使具备了社会总产品实现的基本条件，社会总产品也不能完全得到实现，社会资本简单再生产也不可能顺利进行。

二、社会总资本扩大再生产的实现条件

社会总资本的扩大再生产是指社会总资本在规模不断扩大的条件下的运动过程，即生产过程在规模不断扩大的状态下更新和重复。

我们知道，扩大再生产有两种形式，一个是内涵的扩大再生产，一个是外延的扩大再生产。在这里考察的扩大再生产是以技术不变为特征的外延的扩大再生产，因此，要以资本积

累为前提。资本积累的源泉是剩余价值。进行资本积累，首先要把剩余价值变成货币贮藏起来，即进行货币资本的积累。当货币积累达到一定数量时，再用于购买扩大再生产所需要的生产要素，即转化为现实的积累。投资者要能把货币资本转化为现实的积累，就要把资本积累所形成的追加资本分为两部分，一部分作为追加的不变资本，用于购买追加的生产资料，另一部分作为追加的可变资本，用于购买追加的劳动力。由于市场经济社会存在的产业后备军提供了现成的追加劳动力，因此，主要问题在于社会总产品能否为扩大再生产的进行提供追加的生产资料和追加劳动力所需要的追加消费资料。

扩大再生产所追加的生产资料都是由第一部类生产的，因此，第一部类的年产品除了满足两大部类简单再生产对生产资料的需要外，还必须有一个余额，用以满足两大部类扩大再生产对追加生产资料的需要。用公式表示就是：

$$\text{Ⅰ}(c+v+m)>\text{Ⅰ}c+\text{Ⅱ}c$$

简化后即为：

$$\text{Ⅰ}(v+m)>\text{Ⅱ}c$$

这个公式表明，第一部类向第二部类提供的生产资料，除了满足第二部类简单再生产对生产资料的需求外，还必须有一个剩余，以满足两大部类扩大再生产对追加生产资料的需要，这就是社会资本扩大再生产的第一个基本前提条件。

同样道理，第二部类的年产品，除了满足两大部类简单再生产过程中工人和投资者对消费资料的需要外，也必须有一个余额，用以满足两大部类扩大再生产对追加消费资料的需要。如果用 m/x 表示剩余价值中投资者用于个人消费的部分，用 $m-m/x$ 表示剩余价值中供积累用的部分。上述要求用公式表示为：

$$\text{Ⅱ}(c+v+m)>\text{Ⅰ}(v+m/x)+\text{Ⅱ}(v+m/x)$$

简化后为：

$$\text{Ⅱ}(c+m-m/x)>\text{Ⅰ}(v+m/x)$$

这个公式表明，第二部类向第一部类提供的消费资料，除了满足第一部类简单再生产时工人和投资者的个人消费需要外，还必须有一个余额，用以满足两大部类扩大再生产追加工人对追加消费资料的需要，这就是社会资本扩大再生产的另一个基本前提条件。

只有同时满足以上两个基本前提条件，资本积累才有可能转化为实际的扩大再生产。

通过资本积累，使简单再生产转化为扩大再生产，就必须使社会总产品和社会生产结构按照扩大再生产的上述两个前提条件进行调整和重新组合，以便使社会总产品的各组成部分全部得到实现。根据这个要求，马克思设计和制定了适合于扩大再生产的如下公式：

$$\text{Ⅰ}\,4\,000c+1\,000v+1\,000m=6\,000$$
$$\text{Ⅱ}\,1\,500c+750v+750m=3\,000$$

在这个公式中，$\text{Ⅰ}(1\,000v+1\,000m)>\text{Ⅱ}\,1\,500c$，符合 $\text{Ⅰ}(v+m)>\text{Ⅱ}c$ 这个扩大再生产的基本前提条件，具备了进行资本积累和扩大再生产的可能。在资本积累过程中，社会总产品必须提供追加的生产资料和消费资料，这样，社会总产品 9 000 就必须按扩大再生产的要求重新加以调整和组合。

假定第一部类的投资者的积累率是 50%，投资者把剩余价值 1 000 中的一半 500 用于积累，即 $500(m-m/x)$，另一半 500 用于个人消费，即 $500m/x$，同时假定积累的 $500(m-$

m/x)的资本按照原有的资本有机构成($c:v=4:1$)进行追加,那么就有追加不变资本 $400\Delta c$ 和追加可变资本 $100\Delta c$。这样,第一部类的年产品价值按照扩大再生产的需要重新组合成如下几个部分:

$$\text{Ⅰ}(4\ 000c+400\Delta c)+(1\ 000v+100\Delta v)+500m=6\ 000$$

即:

$$\text{Ⅰ}4\ 400c+1\ 100v+500m=6\ 000$$

其中,$4\ 400c$ 代表用于维持和扩大第一部类再生产的生产资料价值,它的实物形态是制造生产资料的生产资料,因而这部分产品可以在第一部类内部通过各部门、各企业之间的交换得到实现和替换。$1\ 100v$ 和 $500m$ 在价值上代表第一部类工人和投资者用于个人消费的价值,而它们的实物形态都是制造消费资料的生产资料,因而这部分产品只有通过与第二部类的消费资料进行交换才能得到实现和替换,同时使第二部类消耗掉的生产资料得到替换和补偿。

由于第二部类需要在实物上替换的不变资本价值只有 $1\ 500c$,比第一部类需要与之交换的 $1\ 100v+500m$ 少 100 个单位,因此,第二部类投资者有必要从剩余价值 $750m$ 中提取 100,追加不变资本。为了分析问题的方便,假设第二部类追加资本的有机构成同原有资本的有机构成相同,即 $c:v=2:1$,那么,还必须从剩余价值中提取 50 作为追加的可变资本。这样,第二部类的年产品按照扩大再生产的需要重新组合为:

$$\text{Ⅱ}(1\ 500c+100\Delta c)+(750v+50\Delta v)+600m=3\ 000$$

即

$$\text{Ⅱ}1\ 600c+800v+600m=3\ 000$$

其中,$800v$ 和 $600m$ 代表第二部类工人和投资者个人消费的消费资料价值,它们的实物形态就是消费资料,因而这部分产品可在第二部类内部通过各部门、各企业之间的交换得到实现和替换。

$1\ 600c$ 在价值上代表第二部类已经消耗的和追加的生产资料价值,但它在实物上是消费资料,因而这部分产品只有与第一部类的生产资料进行交换才能得到实现和替换。

社会总产品经过资本积累进行重新组合,就为社会资本扩大再生产的进行和实现创造了条件。综上所述可以看出,这一过程也包括三个方面的交换行为。可以用图 6—2 表示。

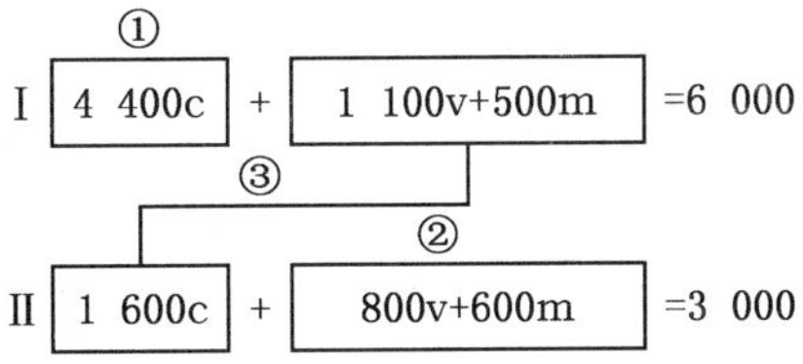

图 6—2　扩大再生产交换过程示例

通过上述三方面的交换过程,社会总产品全部都得到实现和补偿,并为社会资本扩大再生产的继续进行创造了条件。在下个年度的扩大再生产过程中,如果剩余价值率仍为 100%,那么,两大部类生产的年总产品的价值构成为:

$$\text{Ⅰ}4\ 400c+1\ 100v+1\ 100m=6\ 600$$

$$\text{Ⅱ}1\ 600c+800v+800m=3\ 200$$

因此,社会总资本的投入由上一年的 7 250 单位扩大到 7 900 单位,社会年总产品的总价值由上一年的 9 000 单位扩大为 9 800 单位,实现了社会资本的扩大再生产。根据上述方法,以后各年社会资本扩大再生产的实现过程可以做类似的分析。

上述分析表明,社会资本扩大再生产的实现必须具备一定的基本条件,即两大部类之间必须保持一定的比例关系,具体来说就是第一部类原有的可变资本价值,加上追加的可变资本价值，再加上本部类投资者用于个人消费的剩余价值，这三者之和必须等于第二部类投资者原有的不变资本价值和追加的不变资本价值之和。用公式表示为：

$$\text{Ⅰ}(v+\Delta v+m/x)=\text{Ⅱ}(c+\Delta c)$$

这个公式表明，在社会资本扩大再生产条件下，社会生产两大部类之间存在着互为条件、相互依存的内在联系，即第一部类提供给第二部类的生产资料同第二部类对生产资料的需求之间、第二部类提供给第一部类的消费资料同第一部类对消费资料的需求之间必须保持一定的比例关系。否则，社会资本扩大再生产就不能顺利地实现。这种关系同样也必须从使用价值和价值两个方面来加以理解。

从社会总资本扩大再生产的基本实现条件中，同样可以引申出另外两个实现条件：一个条件是，第一部类全部产品的价值，必须等于两大部类原有的不变资本价值和追加的不变资本价值之和。用公式表示是：

$$\text{Ⅰ}(c+v+m)=\text{Ⅰ}(c+\Delta c)+\text{Ⅱ}(c+\Delta c)$$

这个条件表明，在社会总资本扩大再生产情况下，第一部类所生产的全部生产资料和两大部类对生产资料的需要之间，必须保持平衡关系。

另一个条件是，第二部类全部产品的价值，必须等于两大部类原有的可变资本价值、追加的可变资本价值以及投资者用于个人消费的剩余价值之和。用公式表示是：

$$\text{Ⅱ}(c+v+m)=\text{Ⅰ}(v+\Delta v+m/x)+\text{Ⅱ}(v+\Delta v+m/x)$$

这个条件表明，在社会总资本扩大再生产情况下，第二部类所生产的全部消费资料，与两大部类的工人和投资者对消费资料的需要之间，必须保持平衡关系。

辨析　扩大再生产的前提条件和实现条件

扩大再生产的前提条件有两个。(1)第一部类的可变资本和剩余价值大于第二部类的不变资本；(2)第二部类的原有不变资本加上新增不变资本大于第一部类的可变资本加上用于投资者的个人消费。

扩大再生产的实现条件有三个。(1)扩大再生产的基本实现条件是：第一部类的原有可变资本加新增可变资本再加用于投资者的个人消费等于第二部类的原有不变资本加新增不变资本。(2)扩大再生产的派生实现条件之一是：第一部类的全部产品价值等于两大部类的原有不变资本加新增不变资本。(3)扩大再生产的派生实现条件之二是：第二部类的全部产品价值等于两大部类原有可变资本加上新增可变资本再加上用于投资者的个人消费。

上述三个公式，体现了社会总资本扩大再生产条件下两大部类之间以及它们内部应遵循的基本比例关系。这些基本比例关系从不同侧面反映了社会总资本扩大再生产是相互依存、互为条件、相互制约的，第一部类的积累和扩大再生产的规模决定着第二部类的积累规模和积累率；同时，第二部类的积累和扩大再生产对第一部类的扩大再生产也有制约关系。

讨论　从简单再生产到扩大再生产

在前面给出的说明扩大再生产的数字例子

$$\text{Ⅰ}\ 4\,000c+1\,000v+1\,000m=6\,000$$

$$\text{Ⅱ}\ 1\,500c+750v+750m=3\,000$$

中，扩大再生产的基本前提条件 $\text{Ⅰ}(v+m)>\text{Ⅱ}c$ 一开始就是满足的，即：

$$\text{Ⅰ}(1\,000v+1\,000m)>\text{Ⅱ}(1\,500c)$$

在这种情况下，扩大再生产的过程从一开始的时候（即从“第一年”起）就可以顺利地进行下去。

现在我们来看当扩大再生产的基本条件一开始不满足时社会生产是如何进行调整从而使得该条件被满足的。不满足有两种情况：Ⅰ$(v+m)<$Ⅱc，或者，Ⅰ$(v+m)=$Ⅱc。为明确起见，我们这里假定一开始时是Ⅰ$(v+m)=$Ⅱc——恰好满足简单再生产的基本条件。换句话说，我们这里要讨论的是：整个社会的经济如何从简单再生产发展成为扩大再生产，或者说，如何从Ⅰ$(v+m)=$Ⅱc 发展成为Ⅰ$(v+m)>$Ⅱc。

例如，考虑下面的数字例子（与以前一样，假定剩余价值率为100%、第一和第二部类的资本有机构成分别为4和2）：

$$\text{Ⅰ}\ 4\,000c+1\,000v+1\,000m=6\,000$$

$$\text{Ⅱ}\ 2\,000c+1\,000v+1\,000m=4\,000$$

这里，Ⅰ$(1\,000v+1\,000m)=$Ⅱ$(2\,000c)$，简单再生产的基本条件已经满足。如果按照该条件进行交换，则第二年的生产就将重复第一年的情况。

为了使经济摆脱简单再生产的轨道，必须在交换之前，先做一些调整，以便创造出扩大再生产的条件。方法之一是第二部类进行如下调整：首先，将不变资本部分减少500，从而，使得扩大再生产的基本条件得以满足，即：

$$\text{Ⅰ}(1\,000v+1\,000m)>\text{Ⅱ}(2\,000-500)c=\text{Ⅱ}(1\,500c)$$

其次，将可变资本部分减少250——因为第二部类的资本有机构成等于2。不变资本的减少加上可变资本的减少一共是$500+250=750$——它使得第二部类投资者的消费从原来（简单再生产时）的1 000增加到$1\,000+750=1\,750$。于是，上面给出的数字例子可以重新组合为：

$$\text{Ⅰ}\ 4\,000c+1\,000v+1\,000m=6\,000$$

$$\text{Ⅱ}\ (2\,000-500)c+(1\,000-250)v+(1\,000+750)m=4\,000$$

亦即：

$$\text{Ⅰ}\ 4\,000c+1\,000v+1\,000m=6\,000$$

$$\text{Ⅱ}\ 1\,500c+750v+1\,750m=4\,000$$

它与我们一开始假定的满足扩大再生产基本条件的数字例子基本一致——除了Ⅱm 的大小有所不同之外。于是，我们可以按照前面所说的同样方法来讨论它的扩大再生产的实现。①

讨论 第二部类单独积累

前面我们讨论扩大再生产的时候，假定了两大部类总是同时积累。现在要问：如果只有某一部类进行积累，结果会如何？首先来看第二部类单独积累时的情况。

设一开始时的社会总产品构成为：

$$\text{Ⅰ}\ 4\,000c+1\,000v+1\,000m=6\,000$$

$$\text{Ⅱ}\ 1\,600c+800v+800m=3\,200$$

由于Ⅰ$(1\,000v+1\,000m)>$Ⅱ$(1\,600c)$，故扩大再生产的基本条件已经满足。如果只有第二部类单独积累，则在维持资本有机构成不变的条件下，为了使社会总产品能够全部得到实

---

① 需要说明的是，为了从简单再生产过渡到扩大再生产，开始几年的生产规模常常会有所缩小。

现，第二部类必须增加不变资本 400、可变资本 200。这意味着，它用于投资者个人消费的剩余价值将减少 400＋200＝600。于是，上述的数字例子变为：

$$\text{I}\ 4\,000c+1\,000v+1\,000m=6\,000$$
$$\text{II}\ (1\,600+400)c+(800+200)v+(800-600)m=3\,200$$

亦即：

$$\text{I}\ 4\,000c+1\,000v+1\,000m=6\,000$$
$$\text{II}\ 2\,000c+1\,000v+200m=3\,200$$

交换之后，第二年的生产结果为：

$$\text{I}\ 4\,000c+1\,000v+1\,000m=6\,000$$
$$\text{II}\ 2\,000c+1\,000v+1\,000m=4\,000$$

与第一年相比，第二部类的生产有所扩大。但是，这种扩大是暂时的——因为第二年的社会总产品构成不再满足扩大再生产的条件，即 $\text{I}(1\,000v+1\,000m)\not>\text{II}(2\,000c)$。

讨论　第一部类单独积累

设一开始时的社会总产品构成为：

$$\text{I}\ 4\,000c+1\,000v+1\,000m=6\,000$$
$$\text{II}\ 1\,500c+750v+750m=3\,000$$

如果只有第一部类单独积累，则在维持资本有机构成不变的条件下，为了使社会总产品能够全部得到实现，第一部类必须增加不变资本 500、可变资本 125。这意味着，它用于投资者个人消费的剩余价值将减少 500＋125＝625。于是，上述的数字例子变为：

$$\text{I}\ (4\,000+500)c+(1\,000+125)v+(1\,000-500-125)m=6\,000$$
$$\text{II}\ 1\,500c+750v+750m=3\,000$$

亦即：

$$\text{I}\ 4\,500c+1\,125v+375m=6\,000$$
$$\text{II}\ 1\,500c+750v+750m=3\,000$$

交换之后，第二年的生产结果为：

$$\text{I}\ 4\,500c+1\,125v+1\,125m=6\,750$$
$$\text{II}\ 1\,500c+750v+750m=3\,000$$

与第一年相比，第一部类的生产有所扩大。

但是，与第二部类单独积累的情况不同，在第一部类单独积累时，第二年的社会总产品构成仍然满足扩大再生产的基本条件，即有：

$$\text{I}(1\,125v+1\,125m)>\text{II}(1\,500c)$$

于是，扩大再生产的过程在第二年以后仍然可以继续进行下去。

由此可见，在满足扩大再生产的基本条件且保持剩余价值率和资本有机构成不变时，两大部类单独积累的结果截然不同：在第一部类单独积累时，扩大再生产是可持续的，而在第二部类单独积累时，扩大再生产是暂时的——从第一年到第二年是扩大的，从第二年以后，恢复为简单再生产。

讨论　扩大再生产条件下两大部类的均衡增长

设社会总产品的构成为：

$$w_1=c_1+v_1+m_1$$
$$w_2=c_2+v_2+m_2$$

第一部类和第二部类的剩余价值率、剩余积累率、资本有机构成分别为 m'_1 和 m'_2、g_1 和 g_2、θ_1 和 θ_2。于是，在考虑资本积累之后，社会总产品构成重新组合为：

$$w_1=\left(c_1+\frac{\theta_1}{1+\theta_1}g_1m_1\right)+\left(v_1+\frac{1}{1+\theta_1}g_1m_1\right)+(1-g_1)m_1$$
$$w_2=\left(c_2+\frac{\theta_2}{1+\theta_2}g_2m_2\right)+\left(v_2+\frac{1}{1+\theta_2}g_2m_2\right)+(1-g_2)m_2$$

社会总产品在扩大再生产时的实现条件为：

$$\left(v_1+\frac{1}{1+\theta_1}g_1m_1\right)+(1-g_1)m_1=c_2+\frac{\theta_2}{1+\theta_2}g_2m_2$$

由于 $v_i=m_i/m'_i$、$c_i=\theta_iv_i=\theta_im_i/m'_i$，上式可以写为：

$$\left(\frac{m_1}{m'_1}+\frac{1}{1+\theta_1}g_1m_1\right)+(1-g_1)m_1=\frac{m_2}{m'_2}\theta_2+\frac{\theta_2}{1+\theta_2}g_2m_2$$

或者

$$\left(\frac{1}{m'_1}+\frac{1}{1+\theta_1}g_1+1-g_1\right)m_1=\left(\frac{\theta_2}{m'_2}+\frac{\theta_2}{1+\theta_2}g_2\right)m_2$$

于是，如果两大部类的剩余价值率、剩余积累率和资本有机构成保持不变，则在扩大再生产的过程中，它们的剩余价值量必须同比率增长：

$$m_1=am_2$$

其中，比率系数

$$a=\frac{\theta_2/m'_2+\theta_2g_2/(1+\theta_2)}{1/m'_1+g_1/(1+\theta_1)+1-g_1}$$

换句话说，两大部类的剩余价值的增长率必须相等。

两大部类的可变资本的关系为：

$$m'_1v_1=am'_2v_2$$

亦即：

$$v_1=a\,\frac{m'_2}{m'_1}v_2$$

由此可见，两大部类的可变资本的增长率也必须相等。

不变资本的关系为：

$$\frac{c_1}{\theta_1}=a\,\frac{m'_2}{m'_1}\frac{c_2}{\theta_2}$$

亦即：

$$c_1=a\,\frac{m'_2}{m'_1}\frac{\theta_1}{\theta_2}c_2$$

于是，两大部类的不变资本的增长率还必须相等。

现在来看两大部类的总资本的关系。首先容易看到，由于假定资本的有机构成不变，故在每一部类中，不变资本和可变资本的增长率一定相同。其次，由于在每一部类中，不变资本和可变资本的增长率相同，故总资本的增长率也将等于不变资本或可变资本的增长率。

最后，由于每一部类的总资本增长率等于其不变资本或可变资本的增长率，又由于不同部类的不变资本增长率相同（可变资本的增长率也相同），故不同部类的总资本增长率也相同。

由于两大部类的不变资本增长率相同、可变资本增长率相同、剩余价值增长率也相同，故它们的产品价值增长率也相同。

三、生产资料生产的优先增长

上面对社会总资本扩大再生产的分析，是在撇开技术进步的因素，假定资本有机构成不变的情况下进行的。但是，在伴随着技术进步的经济增长过程中，社会总资本中不变资本的比重将逐步增大。这意味着，假定其他条件不变，不变资本将以快于可变资本的速度增长，即生产资料的生产会呈现出优先增长的趋势。因为，只有这样，才能使社会总产品的各个组成部分在价值上和物质上得到补偿。而且，从第一部类内部来看，要使生产资料生产的优先增长得到保证，就要求第一部类中为本部类制造生产资料的生产的增长，快于为第二部类制造生产资料的生产的增长。

在追加资本有机构成提高的情况下，生产资料的增长就非常明显。举例说明如下：

第一年 $\quad$ Ⅰ $4\,000c+1\,000v+1\,000m=6\,000$

Ⅱ $1\,500c+750v+750m=3\,000$

第二年追加资本的有机构成增加到Ⅰ9∶1，Ⅱ5∶1，重新组合为：

$$\text{Ⅰ}\ 4\,000c+450\Delta c+1\,000v+50\Delta v+500m=6\,000$$

$$\text{Ⅱ}\ 1\,500c+50\Delta c+750v+10\Delta v+690m=3\,000$$

如果剩余价值率仍为100%，则第二年生产结果为：

$$\text{Ⅰ}\ 4\,450c+1\,050v+1\,000m=6\,500$$

$$\text{Ⅱ}\ 1\,550c+760v+760m=3\,070$$

以上情况可见，第一部类增长9.15%，其中制造生产资料的生产资料部门Ⅰc增长11.25%，第二部类增长3.33%。

讨论　不变资本（相对可变资本）优先增长

我们知道，资本的有机构成可表示为：

$$\frac{c(t)}{v(t)}=\theta(t)$$

它可写成：

$$c(t)=v(t)\theta(t)$$

于是有：

$$G_c=G_v+G_\theta$$

即不变资本的增长率等于可变资本的增长率加上资本有机构成的增长率。如果假定资本有机构成是不断提高的，即 $d\theta/dt>0$，从而 $G_\theta>0$，则有结论：$G_c>G_v$，即不变资本的增长率大于可变资本的增长率。

讨论　生产资料（相对消费资料）优先增长的条件

不变资本的增长率大于可变资本的增长率并不意味着生产资料的增长率一定大于消费资料的增长率。这是因为，尽管不变资本的增长率可以看成就是生产资料的增长率，但可变资本的增长率却不等于消费资料的增长率——在消费资料中，除了可变资本部分外，还有用于投资者个人消费的剩余价值部分。

不过，如果假定剩余价值率不变，则由不变资本的优先增长可以证明生产资料的优先增长。例如，设消费资料的价值$=v+m=v+vm'=(1+m')v$。由于$1+m'$是常数，故消费资料即$v+m$的增长率就等于可变资本v的增长率。由于不变资本增长率大于可变资本增长率，故生产资料增长率大于消费资料增长率。

实际上，为了说明生产资料的增长和消费资料的增长谁快谁慢，我们可以来比较两大部类的产值的增长率——第一部类的产值是生产资料的价值、第二部类的产值是消费资料的价值。如果第一部类的产值增长率大于第二部类的产值增长率，则即可得到结论：生产资料的增长率大于消费资料的增长率。这也就是所谓的"生产资料生产优先增长"。

生产资料的更快增长是有机构成提高条件下，社会资本扩大再生产的客观要求，也是消费资料增长的条件。生产资料生产优先增长，并不意味着生产资料生产可以脱离消费资料生产孤立地、片面地增长，更不意味着生产资料生产比消费资料生产增长得越快越好。生产资料生产增长离不开消费资料生产对生产资料生产的需要，生产资料生产增长要受消费资料生产增长的制约。这是因为：第一部类扩大再生产所追加的劳动力对消费资料的需求，要依靠第二部类生产增长来提供；第一部类为第二部类制造生产资料的生产，其产品的数量、品种、规模直接决定于第二部类生产的发展；第一部类为本部类制造生产资料的生产，最终也受第二部类生产发展的制约。所以，生产资料生产优先增长，必须以消费资料生产相应增长为条件。当然，在某些特别情况下，如当生产资料生产增长相对过猛或过快，消费资料严重短缺时，也许会出现第二部类生产增长速度超过第一部类生产增长速度。但这毕竟是短期内可能出现的现象，由此绝不能否定生产资料生产优先增长的规律性。

讨论　有机构成提高和部门优先增长：反例1

需要说明的是，尽管在很多情况下，资本有机构成的提高确实会导致生产资料生产的优先增长，但却并非一定如此。这里给出一个反例。为简单起见，我们假定两大部类一开始时的情况完全一样，如：

$$\text{Ⅰ}\ 1\,000c+1\,000v+1\,000m=3\,000$$
$$\text{Ⅱ}\ 1\,000c+1\,000v+1\,000m=3\,000$$

特别是，两大部类资本的初始有机构成均为$1:1$。

先来看第一部类的积累。设第一部类的剩余积累率为50%、新增资本的有机构成为$4:1$（它大于原来资本的有机构成$1:1$）。在这种情况下，第一部类的产出构成应重新组合为：

$$\text{Ⅰ}\ (1\,000+400)c+(1\,000+100)v+500m^{\circ}=3\,000$$

这里，m°表示用于投资者个人消费的剩余价值。

再来看第二部类的积累。由于第一部类现在要与第二部类交换的部分为$(1\,000+100)v+500m^{\circ}=1\,600$，故为了保证社会总产品的顺利实现，第二部类的不变资本亦必须增加到1 600，即必须新增不变资本600。如果再设第二部类新增资本的有机构成为$3:1$（它也大于原来资本的有机构成$1:1$），则第二部类还必须新增可变资本200。于是，第二部类的产品构成应重新组合为：

$$\text{Ⅱ}\ (1\ 000+600)c+(1\ 000+200)v+200m^{\circ}=3\ 000$$

将两大部类考虑积累之后的结果综合在一起,即得:

$$\text{Ⅰ}\ 1\ 400c+1\ 100v+500m^{\circ}=3\ 000$$

$$\text{Ⅱ}\ 1\ 600c+1\ 200v+200m^{\circ}=3\ 000$$

交换之后进行扩大再生产,则第二年的社会总产品为(假定两大部类的剩余价值率均为100%):

$$\text{Ⅰ}\ 1\ 400c+1\ 100v+1\ 100m=3\ 600$$

$$\text{Ⅱ}\ 1\ 600c+1\ 200v+1\ 200m=4\ 000$$

于是显而易见,第二部类的总产值增长率(简称第二部类增长率)大于第一部类的总产值增长率(简称第一部类增长率),亦即消费资料生产的增长率大于生产资料生产的增长率。具体数字如下:第一部类的增长率(用 G_1 表示)为:

$$G_1=\frac{3\ 600-3\ 000}{3\ 000}=0.20$$

第二部类的增长率(用 G_2 表示)为:

$$G_2=\frac{4\ 000-3\ 000}{3\ 000}\approx 0.33$$

于是有结论:尽管两大部类的资本有机构成都在提高(因为两大部类的新增资本的有机构成都大于原来资本的有机构成),且第一部类新增资本的有机构成大于第二部类新增资本的有机构成,但第一部类的增长率却仍然会小于第二部类的增长率。由此可见,资本有机构成的提高并不一定意味着生产资料的优先增长。

讨论　有机构成提高和部门优先增长:反例 2

在前面的反例 1 中,我们假定两大部类一开始时的情况完全相同。其实,同样的反例也存在于更加一般的情况之中。比如,我们现在设两大部类一开始时的情况为:

$$\text{Ⅰ}\ 4\ 000c+2\ 000v+2\ 000m=8\ 000$$

$$\text{Ⅱ}\ 2\ 000c+2\ 000v+2\ 000m=6\ 000$$

这里,两大部类资本的初始有机构成分别为 2 : 1 和 1 : 1。再假定第一部类的剩余积累率为 50%,新增资本的有机构成为 3 : 1,第二部类的新增资本有机构成为 2 : 1,两大部类的剩余价值率均为 100%。

在这种情况下,第一部类的产出构成重新组合为:

$$\text{Ⅰ}\ (4\ 000+750)c+(2\ 000+250)v+1\ 000m^{\circ}=8\ 000$$

由于第一部类现在与第二部类交换的部分为 $(2\ 000+250)v+1\ 000m^{\circ}=3\ 250$,故第二部类必须新增不变资本 1 250,新增可变资本 625。于是,第二部类的产品构成重新组合为:

$$\text{Ⅱ}\ (2\ 000+1\ 250)c+(2\ 000+625)v+125m^{\circ}=6\ 000$$

将两大部类考虑积累之后的结果综合在一起,即得:

$$\text{Ⅰ}\ 4\ 750c+2\ 250v+1\ 000m^{\circ}=8\ 000$$

$$\text{Ⅱ}\ 3\ 250c+2\ 625v+125m^{\circ}=6\ 000$$

交换之后进行扩大再生产,则第二年的社会总产品为:

$$\text{Ⅰ}\ 4\ 750c+2\ 250v+2\ 250m=9\ 250$$

$$\text{Ⅱ}\ 3\ 250c+2\ 625v+2\ 625m=8\ 500$$

第一部类的增长率为：

$$G_1=\frac{9\ 250-8\ 000}{8\ 000}=0.156\ 25$$

第二部类的增长率为：

$$G_2=\frac{8\ 500-6\ 000}{6\ 000}\approx 0.416\ 67$$

于是又一次有：在两大部类的资本有机构成都提高且第一部类新增资本的有机构成大于第二部类新增资本的有机构成时，第一部类的总产值增长率小于第二部类的总产值增长率。

讨论 有机构成提高和部门优先增长：一般化

这里，我们根据马克思的再生产理论，首先推导保证社会总产品完全实现的均衡交换积累率，然后给出保证两大部类同比例增长的均衡增长积累率，最后把均衡交换积累率和均衡增长积累率结合起来，确定同时保证社会总产品完全实现和两大部类同比例增长的均衡积累率，并根据均衡积累率，说明任何一个部类优先增长的条件，特别要说明，无论资本有机构成是否提高，每一部类的增长都有可能快于或慢于另一部类。

1. 均衡交换

(1)均衡交换方程

假定初始时的社会总产品构成为：

$$w_1=c_1+v_1+m_1$$
$$w_2=c_2+v_2+m_2$$

这里，w 为社会总产品的价值，c、v 和 m 分别为不变资本、可变资本和剩余价值，下标"1"和"2"则代表第一部类和第二部类。

首先，设第一部类的剩余积累率为 g_1。[①] 于是，在第一部类的剩余价值 m_1 中，用于积累的部分为 g_1m_1，用于投资者个人消费的部分为 $(1-g_1)m_1$。再设新增资本中，不变资本的比例和可变资本的比例分别为 θ_1 和 $(1-\theta_1)$。于是，该部类的新增不变资本和新增可变资本分别为：

$$\Delta c_1=\theta_1 g_1 m_1,\Delta v_1=(1-\theta_1)g_1m_1$$

相应的产出构成可以重新组合为：

$$\begin{aligned}w_1&=(c_1+\Delta c_1)+(v_1+\Delta v_1)+(m_1-\Delta c_1-\Delta v_1)\\&=(c_1+\theta_1 g_1m_1)+[v_1+(1-\theta_1)g_1m_1]+(1-g_1)m_1\end{aligned}$$

这里，等号右边的最后两项是第一部类准备用于和第二部类相交换的部分。

其次，设第二部类的剩余积累率为 g_2。于是，在第二部类的剩余价值 m_2 中，用于积累的部分为 g_2m_2，用于投资者个人消费的部分为 $(1-g_2)m_2$。再设新增资本中，不变资本的比例和可变资本的比例分别为 θ_2 和 $(1-\theta_2)$。于是，该部类的新增不变资本和新增可变资本分别为：

$$\Delta c_2=\theta_2 g_2 m_2,\Delta v_2=(1-\theta_2)g_2m_2$$

相应的产出构成可以重新组合为：

① 这里所说的剩余积累率（简称积累率）是指剩余价值中用于积累的部分与剩余价值的比率。

$$w_2=(c_2+\Delta c_2)+(v_2+\Delta v_2)+(m_2-\Delta c_2-\Delta v_2)$$
$$=(c_2+\theta_2 g_2 m_2)+(v_2+(1-\theta_2)g_2 m_2)+(1-g_2)m_2$$

这里,等号右边的第一项是第二部类准备用于和第一部类相交换的部分。①

为了保证社会总产品的完全实现,第二部类准备用于和第一部类相交换的部分必须等于第一部类准备用于和第二部类相交换的部分,即必须有:

$$c_2+\theta_2 g_2 m_2=[v_1+(1-\theta_1)g_1 m_1]+(1-g_1)m_1$$

它意味着:

$$g_2=\frac{v_1+m_1-c_2}{m_2\theta_2}-\frac{m_1\theta_1}{m_2\theta_2}g_1 \qquad (1)$$

(1)式是用两大部类的积累率(g_1,g_2)和新增不变资本比例(θ_1,θ_2)表示的社会总产品的实现条件,或者说,是为社会总产品的完全实现,g_1、g_2、θ_1 和 θ_2 必须满足的关系。如果把新增不变资本比例(θ_1,θ_2)看成"参数",则(1)式就是以两大部类的积累率(g_1,g_2)表示的社会总产品的实现条件——为了保证社会总产品的完全实现,g_1 和 g_2 必须满足由该式所确定的关系。为方便起见,我们称(1)式为"均衡交换方程",称由(1)式决定的积累率组合(g_1,g_2)为"均衡交换积累率"。这里,所谓的"均衡交换积累率",是指那些恰好使得社会总产品完全实现的两大部类的积累率组合。这些积累率组合保证了两大部类之间的"供给"与"需求"恰好相等。

需要指出的是,由(1)式表示的社会总产品的实现条件是非常一般化的——它不仅适用于扩大再生产,而且也适用于简单再生产。例如,在(1)式中令 $g_1=g_2=0$,即让两大部类的积累率均为零,立刻得到简单再生产的社会总产品实现条件 $v_1+m_1-c_2=0$ 或 $v_1+m_1=c_2$。

(2)均衡交换曲线

现在来看均衡交换方程的特点。参见图6—3。图中,横轴代表第一部类的积累率 g_1,纵轴代表第二部类的积累率 g_2。l 为均衡交换曲线——均衡交换方程的几何表示。由均衡交换曲线 l[或(1)式]可以得到如下几个重要的结论:

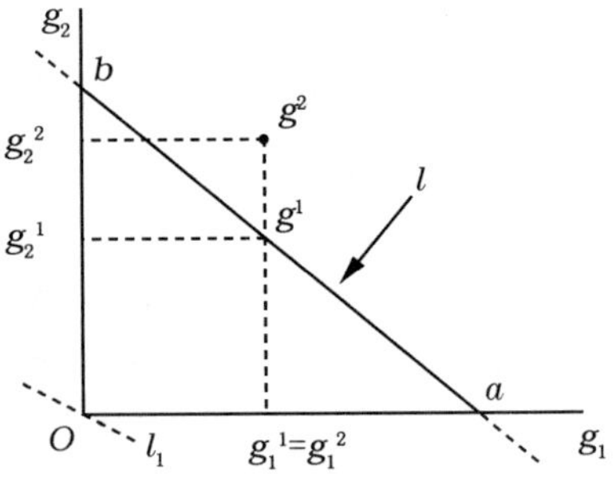

图6—3 均衡交换曲线

第一,在 l 上,任何一点(如 g^1)都代表一对均衡交换积累率的组合(如 g_1^1 和 g_2^1),在该组合上,社会总产品恰好得到完全实现;反之,不在 l 上的任何一点(如 g^2),都代表一对不具有均衡交换性质的积累率组合(如 g_1^2 和 g_2^2),在该组合上,社会总产品不能得到完全实现。

第二,l 向右下方倾斜。这表明:两大部类的均衡交换积累率的变化方向正好相反。一个部类的均衡交换积累率的提高意味着另一部类的均衡交换积累率的降低;反之亦然。

第三,如果持续地提高某一部类的均衡交换积累率,另一部类的均衡交换积累率最终将下降到零,即达到横截距 a 或纵截距 b。在点 a 处,第二部类的均衡交换积累率为零;在点 b 处,第一部类的均衡交换积累率为零。

① 按照上述符号,两大部类的新增资本有机构成可以表示为:

$$\frac{\Delta c_1}{\Delta v_1}=\frac{\theta_1}{1-\theta_1},\frac{\Delta c_2}{\Delta v_2}=\frac{\theta_2}{1-\theta_2}$$

第四，在 l 的横截距点 a 处，如果第一部类的均衡交换积累率进一步提高，将导致第二部类的均衡交换积累率降低到负数；在 l 的纵截距点 b 处，如果第二部类的均衡交换积累率进一步提高，将导致第一部类的均衡交换积累率降低到负数。负的均衡交换积累率意味着生产规模的缩小。因此，当一个部类的均衡交换积累率过高时，该部类的规模扩大的再生产就会导致另一部类的规模缩小的再生产。

(3)均衡交换曲线的变动

利用均衡交换(1)式，容易讨论不变资本、可变资本、剩余价值以及新增不变资本比率(从而新增资本有机构成)等对均衡交换曲线 l 的影响。具体结果如下：

第一，c_2 的变化。c_2 的变化只影响 l 的截距，不影响它的斜率。[①] 特别是，随着 c_2 的增加，l 的截距将下降。这意味着，在给定第一部类积累率时，第二部类的不变资本越大，为保证社会总产品的实现，第二部类的积累率必须越小。

第二，θ_1 的变化。θ_1 的变化只影响 l 的斜率，不影响它的截距。具体来说，随着 θ_1 的增加，l 的斜率增加。这意味着，随着第一部类新增不变资本比率的提高，均衡交换曲线将变得越来越陡峭；反之亦然。当 $\theta_1=0$ 时，l 的斜率等于零，均衡交换曲线成为一条水平线。因为 $\theta_1=0$，意味着 $\Delta c_1=0$。在这种情况下，m_1 只在新增的可变资本和投资者的个人消费之间进行分配。无论 s_1 如何变化，第一部类与第二部类相交换的部分总是一个常数。这意味着，Δc_2 从而 s_2 必须是一个常数。

第三，m_1 的变化。m_1 的变化既影响 l 的截距，也影响它的斜率。随着 m_1 的增加，l 的截距和斜率都将增加。换句话说，第一部类剩余价值的增加将使均衡交换曲线变得越来越高和越来越陡峭。一个极端情况是：当 $m_1=0$ 时，均衡交换方程变为一条水平线：

$$s_2=\frac{v_1-c_2}{m_2\theta_2}$$

在这种情况下，无论第一部类的积累率是多少，为了保证社会总产品得到完全实现，第二部类的积累率都将保持不变。因为当第一部类的剩余价值为零时，它的任何水平的积累率都不可能导致真正的积累，即新增资本都等于零。此时，第一部类与第二部类相交换的部分是一个常数，不因它的积累率的变化而变化，从而第二部类的积累率也必须是一个常数，不因第一部类积累率的变化而变化。

第四，v_1 的变化。和 m_1 变化的结果一样，v_1 的变化也是既影响 l 的截距也影响它的斜率——在剩余价值率不变的情况下，v_1 的增加会使 m_1 也增加，从而使得 l 的截距和斜率都发生变化。

第五，m_2 和 θ_2 的变化。m_2 和 θ_2 的影响完全相同。随着 m_2 或 θ_2 的增加，l 的截距和斜率都将减少。因此，第二部类的剩余价值或新增不变资本比率的增加将使均衡交换曲线变得越来越低和越来越平缓。当 $m_2=0$ 或 $\theta_2=0$ 时，l 的截距和斜率都趋向于无穷大——均衡交换曲线变成一条垂直线。在这种情况下，无论第二部类的积累率是多少，为了保证社会总产品得到完全实现，第一部类的积累率都将保持不变。

在对均衡交换曲线的影响中，有一个因素即“$v_1+m_1-c_2$”，具有特别重要的意义。$v_1+m_1-c_2$ 越大，l 的截距就越大；反之，截距就越小。当 $v_1+m_1-c_2=0$(即社会总产品的

---

① 这里所说的斜率均是指斜率的绝对值。

初始构成恰好满足简单再生产的实现条件)时,l 将经过原点(见图 6—3 中的虚线 $l_1$①)。在这种情况下,任何一个部类的任何规模扩大的再生产都将导致另一部类的规模缩小的再生产。②

2. 均衡增长

(1)均衡增长方程

我们已经知道,在均衡交换曲线上,任何一点都代表了两大部类的一对均衡交换积累率。当两大部类均根据均衡交换曲线进行积累时,可以保证社会总产品的全部实现。现在的问题是:在两大部类这样积累时,它们各自的总产值的增长率将会如何?是第一部类的增长率大呢,还是第二部类的增长率大?或者,两大部类的增长率恰好相同?

为了回答这个问题,我们先来讨论:如果不考虑社会总产品的实现,而只要求两大部类同比例增长,它们的积累率组合应当满足什么样的条件?

设用 Δw_1 和 Δw_2 代表第一和第二部类的总产值增量,$G_1=\Delta w_1/w_1$ 和 $G_2=\Delta w_2/w_2$ 代表它们的总产值增长率。两大部类同比例增长意味着:

$$\frac{\Delta w_1}{w_1}=\frac{\Delta w_2}{w_2}$$

现在来推导满足这一均衡增长所需要的条件。

首先来看第一部类的总产值增量 Δw_1。由于在一开始时,第一部类的总产值为:

$$w_1=c_1+v_1+m_1$$

而在扩大再生产之后,总产值增加到:

$$w_1^*=(c_1+\Delta c_1)+(v_1+\Delta v_1)+(v_1+\Delta v_1)m'_1$$

其中,m'_1 表示第一部类的剩余价值率,故总产值的增量应为:

$$\begin{aligned}\Delta w_1=w_1^*-w_1&=(c_1+\Delta c_1)+(v_1+\Delta v_1)+(v_1+\Delta v_1)m'_1\\&\quad-[(c_1+\Delta c_1)+(v_1+\Delta v_1)+(m_1-\Delta c_1-\Delta v_1)]\\&=(v_1+\Delta v_1)m'_1-(m_1-\Delta c_1-\Delta v_1)\\&=\Delta v_1 m'_1+\Delta c_1+\Delta v_1\\&=(1-\theta_1)g_1m_1m'_1+g_1m_1\\&=[1+(1-\theta_1)m'_1]g_1m_1\end{aligned}$$

于是有第一部类的增长率:

$$G_1=\frac{\Delta w_1}{w_1}=\frac{m_1}{w_1}[1+(1-\theta_1)m'_1]g_1$$

同理可知第二部类的增长率为:

$$G_2=\frac{\Delta w_2}{w_2}=\frac{m_2}{w_2}[1+(1-\theta_2)m'_2]g_2$$

这里,m'_2 代表第二部类的剩余价值率。

由此可见,两大部类均衡增长的条件为:

---

① 注意,l_1 的斜率可能与 l 不同。例如,当 $v_1+m_1-c_2$ 引起时,均衡交换曲线不仅截距会变化,而且斜率也会变化。

② c_2 的情形也是很有意思的,它意味着均衡交换曲线位于原点的左下方。此时,为了保证社会总产品的完全实现,有可能要求两大部类的积累率均为负数。例如,位于第三象限的均衡交换曲线部分代表的就是这种情况。

$$\frac{m_1}{w_1}[1+(1-\theta_1)m'_1]g_1=\frac{m_2}{w_2}[1+(1-\theta_2)m'_2]g_2$$

从中解出 g_2，即得：

$$g_2=\frac{m_1}{m_2}\frac{w_2}{w_1}\frac{1+(1-\theta_1)m'_1}{1+(1-\theta_2)m'_2}g_1 \qquad (2)$$

(2)式是用两大部类的积累率(g_1，g_2)和新增不变资本比例(θ_1，θ_2)表示的两大部类均衡增长的条件，或者说，是为了两大部类的均衡增长，g_1、g_2、θ_1 和 θ_2 必须满足的关系。如前一样，如果把新增不变资本比例(θ_1，θ_2)看成"参数"，则(2)式就是以两大部类的积累率(g_1，g_2)来表示的两大部类的均衡增长条件——为了保证两大部类的均衡增长，g_1 和 g_2 必须满足由该式所确定的关系。我们称(2)式为"均衡增长方程"，称由(2)式决定的积累率组合(g_1，g_2)为"均衡增长积累率"。这里，所谓的"均衡增长积累率"，是指那些恰好使得两大部类的增长率相同的积累率组合。

需要指出的是，这里的"均衡增长积累率"不同于前面的"均衡交换积累率"：前者是保证两大部类均衡增长的积累率组合，后者是保证两大部类之间均衡交换(即社会总产品完全实现)的积累率组合。

(2)均衡增长曲线及变动

由(2)式显而易见，为了保证两大部类的均衡增长，它们的积累率必须成"正比"。参见图6—4。图中，过原点、向右上方倾斜的直线 l' 是所谓的"均衡增长曲线"——均衡增长方程的几何表示。

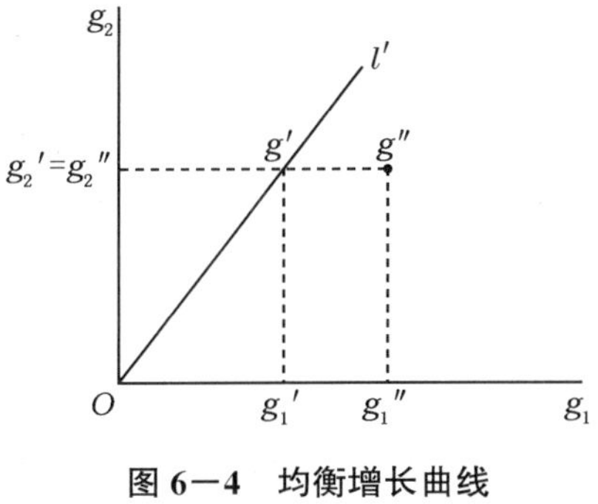

图6—4 均衡增长曲线

在图6—4中，均衡增长曲线 l' 将整个 g_1-g_2 平面分为三个部分，即曲线本身、曲线右下方区域和曲线左上方区域。三个区域代表了两大部类增长率的三种不同情况。首先，我们已经知道，在均衡增长曲线 l' 上，任何一点如 $g'=(g'_1,g'_2)$，代表的是使两大部类同比例增长的积累率组合。其次，容易看出，在均衡增长曲线的右下方区域，第一部类的增长率要快于第二部类的增长率。以该区域中的点 g'' 为例。为了判断点 g'' 所代表的两大部类的增长情况，我们把它与均衡增长曲线上的点 g' 相比。一方面，和点 g' 处相比，在点 g'' 处，第二部类的积累率相同，即 $g''_2=g'_2$，这意味着，在点 g'' 处，第二部类的增长率与点 g' 处相同；另一方面，和点 g' 处相比，在点 g'' 处，第一部类的积累率更大，即 $g''_1>g'_1$，这意味着，在点 g'' 处，第一部类的增长率大于点 g' 处。于是有结论：在点 $g''=(g''_1,g''_2)$ 处，以及在均衡增长曲线 l' 的右下方区域的其他点处，第一部类的增长率大于第二部类的增长率。同理可知，在均衡增长曲线 l' 的左上方区域，第一部类的增长率小于第二部类的增长率。

利用均衡增长(2)式，容易讨论剩余价值量、剩余价值率以及新增不变资本比率(从而新增资本有机构成)等对均衡增长曲线 l' 的影响。具体结果如下：

第一，m 的变化。l' 的斜率与 m_1/m_2 的变化方向相同。换句话说，第一部类(相对第二部类)的剩余价值量越大，均衡增长曲线就越陡峭。这意味着，当第二部类的积累率给定时，为了保证两大部类的平衡增长，第一部类的积累率可以较小；反之亦然。[①]

第二，w 的变化。如果假定 w 的变化由 c 引起，则 l' 的斜率与 w_2/w_1 的变化方向相同。它的含义是：如果第二部类（相对第一部类）的规模越大，则当第一部类的积累率给定时，为了保证两大部类的平衡增长，第二部类的积累率就必须越大；或者说，当第二部类的积累率给定时，第一部类的积累率可以较小。

第三，θ 的变化。l' 的斜率与 θ_1 的变化方向相反、与 θ_2 的变化方向相同。这意味着，在保证两大部类平衡增长的条件下，当第一部类的新增不变资本比率增大时，第一部类的积累率必须增大（或者，第二部类的积累率必须缩小），反之，当第二部类的新增不变资本比率增大时，第一部类的积累率必须缩小（或者，第二部类的积累率必须增大）。

第四，m' 的变化。[②] l' 的斜率与 m'_1 的变化方向相同，与 m'_2 的变化方向相反。这意味着，第一部类的剩余价值率越大，均衡增长曲线就越陡峭，从而，为保证两大部类平衡增长的第一部类积累率必须越小（或者，第二部类的积累率可以较大）；反之，第二部类的剩余价值率越大，均衡增长曲线就越平缓，从而，为保证两大部类平衡增长的第一部类积累率必须越大（或者，第二部类的积累率可以较小）。

在某些特殊情况下，均衡增长曲线可能变得水平或垂直，且与横轴或纵轴重合。前者如第一部类的剩余价值为零（但第二部类的剩余价值不为零），后者如第二部类的剩余价值为零（但第一部类的剩余价值不为零）。[③] 例如，当 $m_1=0(m_2\neq 0)$ 时，均衡增长方程的斜率为零，从而，均衡增长曲线与横轴重合。与横轴重合的均衡增长曲线的含义是：在第一部类的剩余价值等于零的情况下，为了保证两大部类的均衡增长，无论第一部类的积累率是多少，第二部类的积累率都必须为零。这是因为，当第一部类的剩余价值为零时，它的任何水平的积累率都不可能导致真正的积累，从而，也不可能导致真正的增长，即增长率等于零。此时，为了保证均衡增长，第二部类的增长率也必须等于零，而由于第二部类的剩余价值不等于零，故为了保证它的增长率为零，其积累率必须等于零。

3. 均衡积累和增长类型

(1) 均衡积累

均衡交换方程(1)（或图 6—3 中的均衡交换曲线 l）代表的是保证两大部类均衡交换（即社会总产品完全实现）的积累率组合；均衡增长(2)式（或图 6—4 中的均衡增长曲线 l'）代表的是保证两大部类均衡增长（即增长率相等）的积累率组合。为了得到同时保证两大部类均衡交换和均衡增长的积累率组合，我们把均衡交换(1)式和均衡增长(2)式联立为如下的方程组：

$$\begin{cases} g_2=\dfrac{v_1+m_1-c_2}{m_2\theta_2}-\dfrac{m_1\theta_1}{m_2\theta_2}g_1 \\ g_2=\dfrac{m_1}{m_2}\dfrac{w_2}{w_1}\dfrac{1+(1-\theta_1)m'_1}{1+(1-\theta_2)m'_2}g_1 \end{cases} \tag{3}$$

并求解同时满足这两个方程的第一部类积累率（用 g_1^* 表示）和第二部类积累率（用 g_2^* 表

① 注意，m 的变化也会引起 w 的变化；尽管如此，这里的结论仍然不变。

② m' 的变化也会引起 m 的变化。

③ 除了 m 之外，其他因素（如剩余价值率 m' 或新增可变资本比例 $1-\theta$）的极端值也会导致水平或垂直的均衡增长曲线。

示)。

首先由(3)式可得：

$$\frac{v_1+m_1-c_2}{m_2\theta_2}-\frac{m_1\theta_1}{m_2\theta_2}g_1^*=\frac{m_1}{m_2}\frac{w_2}{w_1}\frac{1+(1-\theta_1)m'_1}{1+(1-\theta_2)m'_2}g_1^*$$

它意味着：

$$g_1^*=\frac{(v_1+m_1-c_2)[1+(1-\theta_2)m'_2]}{w_2\theta_2[1+(1-\theta_1)m'_1]+w_1\theta_1[1+(1-\theta_2)m'_2]}\frac{w_1}{m_1} \tag{4}$$

再将 g_1^* 代入(3)式的第二式，得到：

$$g_2^*=\frac{(v_1+m_1-c_2)[1+(1-\theta_1)m'_1]}{w_2\theta_2[1+(1-\theta_1)m'_1]+w_1\theta_1[1+(1-\theta_2)m'_2]}\frac{w_2}{m_2} \tag{5}$$

由(4)式和(5)式决定的积累率组合(g_1^*, g_2^*)同时具有“均衡交换”和“均衡增长”的性质：一方面，它们满足均衡交换方程，故可以保证社会总产品的完全实现，另一方面，它们又满足均衡增长方程，故可以保证两大部类的增长率相同。由于这个原因，我们可以合理地称(g_1^*, g_2^*)为“均衡积累率”。

若用 g_1^* 除 g_2^*，可得均衡积累率的关系：

$$\frac{g_2^*}{g_1^*}=\frac{w_2}{w_1}\frac{m_1}{m_2}\frac{1+(1-\theta_1)m'_1}{1+(1-\theta_2)m'_2}$$

或者

$$g_2^*=\frac{w_2}{w_1}\frac{m_1}{m_2}\frac{1+(1-\theta_1)m'_1}{1+(1-\theta_2)m'_2}g_1^*$$

恰好满足均衡增长(2)式。

从几何上看，求解均衡积累率(g_1^*, g_2^*)的过程相当于确定均衡交换曲线 l 和均衡增长曲线 l' 的交点。为此，我们把图 6—3 和图 6—4 合并在一起形成图 6—5。由于一般而言，均衡交换曲线总向右下方倾斜，均衡增长曲线总向右上方倾斜，故 l 和 l' 必然(在第一象限)相交。交点即为同时保证均衡交换和均衡增长的积累率组合 $g^*=(g_1^*, g_2^*)$。

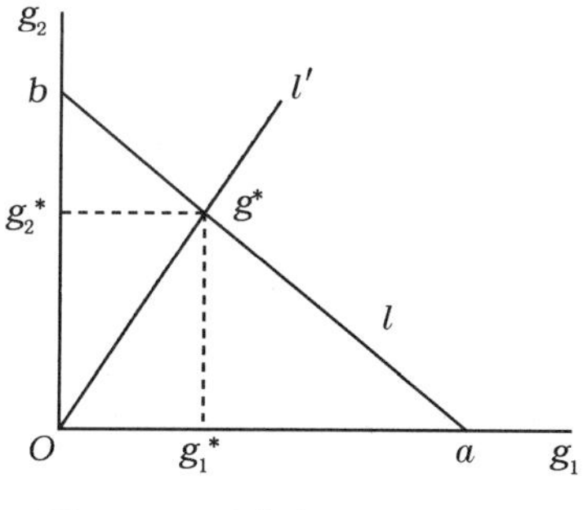

图 6—5　均衡积累和增长类型

也可以换一个方式求解均衡积累率(g_1^*, g_2^*)。由两大部类的增长率公式

$$G_1=\frac{\Delta w_1}{w_1}=\frac{m_1}{w_1}[1+(1-\theta_1)m'_1]g_1, G_2=\frac{\Delta w_2}{w_2}$$

$$=\frac{m_2}{w_2}[1+(1-\theta_2)m'_2]g_2$$

可以解得：

$$g_1=\frac{w_1}{m_1[1+(1-\theta_1)m'_1]}G_1, g_2=\frac{w_2}{m_2[1+(1-\theta_2)m'_2]}G_2 \tag{6}$$

将它们代入均衡交换(1)式，可得：

$$\frac{w_2}{m_2[1+(1-\theta_2)m'_2]}G_2=\frac{v_1+m_1-c_2}{m_2\theta_2}-\frac{m_1\theta_1}{m_2\theta_2}\frac{w_1}{m_1[1+(1-\theta_1)m'_1]}G_1$$

或者

$$G_2=\frac{1+(1-\theta_2)m'_2}{w_2\theta_2}\left(v_1+m_1-c_2-\frac{w_1\theta_1}{1+(1-\theta_1)m'_1}G_1\right) \tag{7}$$

这可以看成是以两大部类增长率表示的均衡交换方程。它揭示了在保证社会总产品完全实现的条件下两大部类增长率之间的关系。在其中令 $G_1=G_2=G'$，解出两大部类的均衡增长率：

$$G^*=\frac{(v_1+m_1-c_2)[1+(1-\theta_1)m'_1][1+(1-\theta_2)m'_2]}{w_2\theta_2[1+(1-\theta_1)m'_1]+w_1\theta_1[1+(1-\theta_2)m'_2]}$$

再将这一均衡增长率 G^* 代回到(6)式，即可得到所要求的结果。

(2)增长类型

在图6—5中，均衡交换曲线 l 现在被一分为三：点 g^*、g^* 右下方的线段 ag^* 和 g^* 左上方的线段 bg^*（这里假定线段 bg^* 和 ag^* 不包括点 g^*）。三个部分的共同之处在于，它们都是均衡交换积累率（注意不是均衡积累率）的组合，即都能保证社会总产品的完全实现；区别之处则是：它们代表了两大部类极为不同的相对增长率。

根据前面对均衡增长曲线 l' 的讨论容易得到如下结论：

首先，点 g^* 代表了使两大部类恰好均衡增长的积累率组合。这是因为，点 g^* 同时也处在均衡增长曲线 l' 上。因此，当两大部类的积累率等于 $g^*=(g_1^*,g_2^*)$ 时，它们的增长率便相同。此时，不存在所谓的"优先增长"问题。

其次，在线段 ag^* 上（不包括点 g^*），任何一点都代表了使第一部类增长快于第二部类的积累率组合。这是因为，线段 ag^* 上的任何一点都位于均衡增长曲线 l' 的右下方——根据前面的讨论可知，l' 的右下方是第一部类增长相对较快的区域。因此，当两大部类的积累率组合位于线段 ag^* 上时，将出现所谓的"生产资料生产的优先增长"。

最后，在线段 bg^* 上（不包括点 g^*），任何一点都代表了使第二部类增长快于第一部类的积累率组合。这是因为，线段 bg^* 上的任何一点都位于均衡增长曲线 l' 的左上方——根据前面的讨论可知，l' 的左上方是第二部类增长相对较快的区域。因此，当两大部类的积累率组合位于线段 bg^* 上时，将出现"消费资料生产的优先增长"。

当然，随着两大部类新增不变资本比例（从而资本有机构成）等的变化，均衡交换曲线 l 和均衡增长曲线 l' 也会变化。l 和 l' 的变化又会导致交点 g^* 的变化。如果点 g^* 变化到 l 的纵截距处（如点 b），则消费资料生产优先增长的区域消失。此时，l 上的所有点（除点 b 外）都代表生产资料生产的优先增长；另一方面，如果点 g^* 变化到 l 的横截距处（如点 a），则生产资料生产优先增长的区域消失。此时，l 上的所有点（除点 a 外）都代表消费资料生产的优先增长。

那么，在什么情况下，g^* 会出现在均衡交换曲线 l 的纵截距或横截距处呢？出现在纵截距处意味着 $g_1^*=0$，出现在横截距处意味着 $g_2^*=0$。因此，进一步要问的问题就是：在什么情况下会有 $g_1^*=0$ 或 $g_2^*=0$？

根据决定 g_1^* 和 g_2^* 的(4)式和(5)式容易看到，使 $g_1^*=0$ 的情况共有四种：第一，$v_1+m_1-c_2=0$；第二，$w_1=0$；第三，$w_2\rightarrow\infty$；第四，$m'_1\rightarrow\infty$。使 $g_2^*=0$ 的情况也共有四种：第一，$v_1+m_1-c_2=0$；第二，$w_2=0$；第三，$m'_2\rightarrow\infty$；第四，$m_2\rightarrow\infty$。其中，除了第一种情况即 $v_1+m_1-c_2=0$ 之外，所有其他情况实际上都不可能，因而没有必要考虑。如前所说，$v_1+m_1-c_2=0$ 意味着初始的社会总产品构成恰好满足简单再生产的实现条件。此时，任

何一个部类的规模扩大的再生产都将导致另一部类的规模缩小的再生产，或者说，任何一个部类的增长都可能快于(慢于、等于)另一个部类——究竟如何取决于对两大部类的均衡交换积累率的选择：如果选择 $g_1>0$，则第一部类的增长就快于第二部类(实际上，此时第二部类为负增长)；如果选择 $g_2>0$，则第二部类的增长就快于第一部类(实际上，此时第一部类为负增长)；最后，如果选择 $g_1=0$(此时亦有 $g_2=0$)，则两大部类的增长就一样快。

由此可得结论：无论两大部类的新增不变资本比例(从而资本有机构成)如何变化，也无论 $v_1+m_1-c_2$ 或其他因素如何变化，总是同时存在有三种不同类型的均衡交换积累率组合：其中的一些组合导致第一部类优先增长，另一些组合导致第二部类优先增长，最后，还有一种组合，即均衡积累率组合(g_1^*，g_2^*)，导致两大部类的均衡增长。

最后顺便指出，在判断两大部类增长的相对快慢时，也可以更加简单地直接依据某一部类的实际积累率相对于该部类的均衡积累率的大小，而不是依据对两大部类的实际积累率组合与它们的均衡积累率组合的比较。例如，在保证社会总产品完全实现的条件下，如果第一部类的积累率大于相应的均衡积累率 g_1^*(或者同样的，第二部类的积累率小于相应的均衡积累率 g_2^*)，则即可断定，此时有第一部类的增长率大于第二部类的增长率——因为这两种情况都意味着两大部类的积累率组合位于均衡交换曲线 l 上的 ag^* 部分。

第三节 经济增长及其模型

一、经济增长与制约因素

经济增长是社会扩大再生产理论的一个重要内容。经济增长主要是指产出的增加，即在一定时期内社会的产品、产值和劳务总量的增长。它通常用国民收入、社会总产值、国内生产总值或国民生产总值，以及它们的人均值在某个时期的增长率来表示。

经济增长与经济发展是有联系的，但又是不完全相同的两个范畴。经济发展要以经济增长为基础，此外还包括劳动生产率的提高、经济结构的优化、技术进步、生态平衡、文教卫生事业的发展和人民生活水平的提高等质的变化。因此，经济发展的含义与经济增长相比更加宽泛。经济增长只限于单纯的数量增加，而经济发展不仅包含数量的增长，而且还包括国民经济素质的提高、经济结构的优化以及经济和生态环境的改善等。

辨析　经济增长和经济发展

经济增长主要是指产出的增加，即在一定时期内社会的产品、产值和劳务总量的增长。经济发展则是以经济增长为基础，还包括劳动生产率的提高、经济结构的优化、技术进步、生态平衡、文教卫生事业的发展和人民生活水平的提高等质的变化。

影响和制约经济增长的因素有许多，可以从不同的角度来分析。首先，从供给的角度看，是生产要素的投入和要素生产率的增长。生产要素主要包括劳动、资本、土地和技术。但由于许多自然资源、劳动和物质资本较为充裕的国家和地区经济增长并不比贫乏的国家高，因此，实践并没有为此提供充分证明说明它们是影响经济增长的主要因素。其次，从需求方面看，消费、投资和净出口的扩大是影响经济增长的因素。从世界经济发展来看，经济增长单纯受资源供给约束，不受需求影响的时代已经过去。再次，制度或体制因素。产权制度、市场制度、分配制度等都是影响经济增长的制度因素。传统的西方经济理论一般都抽象掉制度因素，即将制度作为“外生变量”，而只考察一国经济如何通过物质生产要素的投入变化或生产率的变化实现经济增长。然而，把制度因素排斥在外，并不能真实地描述经济增长的绩效。制度或体制之所以能推动或阻碍经济增长，是因为它的变化既具有改变收入分配，又改变经济中使用资源效率的潜在可能性。

为了促进经济不断的、平稳的发展，国家除了要对国民经济进行宏观调控外，还要积极地寻找新的经济增长点。第一，从与发达国家经济史比较中看新的经济增长点。现代化先行者为后者提供了现代化演进方向和演进轨迹。我们正在向发达国家迈进，正在经历发达国家曾经历过的发展阶段，因此，曾经在发达国家中起过支柱作用的产业，可能也会在我国经济发展中起支柱作用。第二，从世界市场分工体系变化规律看新的经济增长点。新的经济增长点不仅要看它在国内经济结构演变中是否合理，也要看它在世界经济结构中起什么作用。在国际大流通中，还会面临新的分工，形成结构调整中的一种外力推动。第三，从现有部门中寻找经济增长点。就我国而言，传统产业不是淘汰的问题，而是升级的问题。产业升级中会出现新的经济增长点，也可能形成新的经济增长面。第四，从知识经济发展方向看新的经济增长点。如具有高技术含量的服务业、信息产业。

二、经济增长模型

经济增长模型能够全面地反映经济增长的基本理论问题。因此我们在研究经济增长理论时，不能不对经济增长的典型模型进行介绍。

1. 马克思的经济增长模型

马克思在《资本论》第 2 卷中分析了社会资本扩大再生产公式，并做出连续五年的实例演算，实际上马克思建立了一个经济增长模型。

我们把马克思在《资本论》第 2 卷中关于扩大再生产的第一例，整理如表 6—1。

表 6—1　　扩大再生产实例

年份		社会产品构成					资本有机构成 c/v	剩余价值率 $m'(m/v)$	积累率① $S'(S/m)$	经济增长率② $\frac{\Delta v+\Delta m}{v+m}$
		不变变资本 c	可变资本 v	剩余价值 m	净资产 $v+m$	总资产 $c+v+m$				
第Ⅰ部类	开端式	4 000	1 000	1 000	2 000	6 000	4∶1	1∶1	50%	—
	第 1 年末	4 400	1 100	1 100	2 200	6 600	4∶1	1∶1	50%	10%
	第 2 年末	4 840	1 210	1 210	2 420	7 260	4∶1	1∶1	50%	10%
	第 3 年末	5 324	1 331	1 331	2 662	7 986	4∶1	1∶1	50%	10%
	第 4 年末	5 856	1 461	1 464	2 928	8 784	4∶1	1∶1	50%	10%
	第 5 年末	6 442	1 610	1 610	3 220	9 662	4∶1	1∶1	50%	10%

年份		社会产品构成					资本有机构成 c/v	剩余价值率 $m'(m/v)$	积累率① $S'(S/m)$	经济增长率② $\frac{\Delta v+\Delta m}{v+m}$
		不变资本 c	可变资本 v	剩余价值 m	净资产 $v+m$	总资产 $c+v+m$				
第Ⅱ部类	开端式	1 500	750	750	1 500	3 000	2∶1	1∶1	20%	—
	第1年末	1 600	800	800	1 600	3 200	2∶1	1∶1	30%	7%
	第2年末	1 760	880	880	1 760	3 520	2∶1	1∶1	30%	10%
	第3年末	1 936	968	968	1 936	3 872	2∶1	1∶1	30%	10%
	第4年末	2 129	1 065	1 065	2 130	4 259	2∶1	1∶1	30%	10%
	第5年末	2 342	1 172	1 172	2 344	4 686	2∶1	1∶1	30%	10%

注：①假定储蓄 S 全部转化为资本积累，S'（即 S/m）代表储蓄率，也就是积累率。

②这里的经济增长率是按照产值计算的。如果改按总产值计算，由于资本有机构成 c/v 假定不变，其结果将仍然一样。

马克思的经济增长模型，把社会生产划分为两部类。在第Ⅰ部类中，c/v 为 4∶1，m'为 1∶1，S'为 50%，并且各年保持不变。按此计算，各年经济增长也始终保持在 10%的速度不变。在第Ⅱ部类中，c/v 为 2∶1，m'为 1∶1，它们在各年中都保持不变；但 S'略有不同，为了保证两大部类在相互交换中能维持平衡关系，即遵守Ⅰ$(v+\Delta v+m/x)=$Ⅱ$(c+\Delta c)$这一实现条件，开端式中的 m 只有 20%用于积累，其他各年是 30%。按此计算，第Ⅱ部类的经济增长率在第一年只有 7%，其他各年则能保持在 10%的速度不变。

马克思的经济增长模型，可以用一个简单代数公式来表示：

$$\text{经济增长率}=\frac{\Delta v+\Delta m}{v+m}=\frac{m'S'}{c/v+1}$$

这是因为：m/v 已假定不变，所以

$$\frac{\Delta v}{v}=\frac{\Delta m}{m}$$

依据“等比”原则：

$$\frac{\Delta v+\Delta m}{v+m}=\frac{\Delta v}{v} \tag{8}$$

积累应等于资本追加量：

$$vm'S'=\Delta c+\Delta v \tag{9}$$

对(9)式两端同除以 Δv：

$$\frac{v}{\Delta v}m'S'=\frac{\Delta c}{\Delta v}+1$$

移项，并取用它的倒数：

$$\frac{\Delta v}{v}=\frac{m'S'}{(\Delta c+1)/\Delta v} \tag{10}$$

c/v 已假定不变，所以：

$$\frac{\Delta c}{\Delta v}=\frac{c}{v} \tag{11}$$

将(11)式引入(10)式,并同(8)式联结起来,即得:

$$\frac{\Delta v+\Delta m}{v+m}=\frac{\Delta v}{v}=\frac{m'S'}{c/v+1}$$

马克思的经济增长模型表明,经济增长取决于资本有机构成(c/v)、剩余价值率(m')和积累率(S')三个因素。通过这三个因素,就可以计算出相应的经济增长速度。

讨论　马克思经济增长模型的又一种推导

设社会总产品的价值构成为:

$$w=c+v+m$$

则在假定剩余积累率 g、剩余价值率 m' 和资本有机构成 θ 均保持不变的条件下,总产值的增长率为:

$$G_w=\frac{\Delta w}{w}=\frac{gm'}{1+\theta}$$

证明如下。

首先来看可变资本的增长率。由于剩余积累率为 g,故用于积累的剩余价值即新增资本为 gm;又由于资本的有机构成为 θ,故新增资本中用于可变的部分(用 Δv 表示)为:

$$\Delta v=\frac{1}{1+\theta}gm$$

于是,可变资本的增长率为:

$$G_v=\frac{\Delta v}{v}=\frac{1}{1+\theta}\cdot\frac{gm}{v}=\frac{gm'}{1+\theta}$$

其次来看不变资本的增长率。由资本有机构成的定义可知:

$$c=\theta v$$

因为 θ 是常数,故不变资本与可变资本同比例增长,即不变资本增长率亦为:

$$G_c=\frac{\Delta c}{c}=\frac{gm'}{1+\theta}$$

最后来看剩余价值的增长率。在剩余价值率不变的情况下,显然有:

$$\frac{m}{v}=m'=\frac{\Delta m}{\Delta v}$$

亦即:

$$\frac{\Delta m}{m}=\frac{\Delta v}{v}=\frac{gm'}{1+\theta}$$

这意味着,剩余价值的增长率也与可变资本相同。

由于在社会总产品的价值构成中,不变资本和剩余价值的增长率都与可变资本相同,故社会总产值的增长率亦与可变资本相同,即有:

$$G_w=\frac{\Delta w}{w}=\frac{gm'}{1+\theta}$$

马克思的增长模型是建立在社会再生产理论基础上的。马克思的经济增长模型,具有高度的理论概括性和科学性。它根据劳动价值论把资本分为不变资本和可变资本,如果其他条件不变,资本有机构成提高,那么,其结果只能对经济增长起抑制作用。另一方面,如果剩余价值率上升，它意味着资本的效果系数已有提高；如果积累率上升，表明有更多的投资用于扩大再生产。剩余价值率和积累率的提高都是促进经济增长的重要因素。

马克思的经济增长模型，不是以分析一个经济增长总量为满足，它把社会生产分为两大部类，先让一个部类确定积累率，再让另一个部类按照扩大再生产实现条件的要求，决定一个相应的积累率。所以马克思的经济增长模型以社会再生产的一整套理论为基础，它的含义比一个简单的计算公式所能说明的问题要丰富得多。

2. 哈罗德—多马增长模型

哈罗德和多马在古典经济增长模型的基础上，吸收了凯恩斯的收入理论，发展了经济增长理论。哈罗德—多马模型强调了经济增长的原动力是投资，而且投资是起双重作用的，既创造了需求，也创造了生产能力。在假定资本和劳动处于固定的技术关系的前提下，通过资本—产出比率把产出与全部实际资本联系起来，从而证明了经济增长与储蓄率和资本—产出比率有关。让我们看一下哈罗德—多马模型。

设 Y 为收入或产出，$S=$储蓄，$I=$投资；那么 $S'=S/Y$ 为储蓄率，$v=I/\Delta Y$ 为投资率，$g=\Delta Y/Y$ 为增长率。由于假定 v 固定，且 $S=I$，所以，

$$\frac{\Delta Y}{Y}=\frac{\Delta Y}{I}\cdot\frac{S}{Y}$$

或

$$g=\frac{S'}{v}$$

这一模型除了排除了结构对于经济增长的作用以外，还有两个缺陷：第一，这个模型依赖于资本的价值理论，在公式中，经济增长与劳动无关，只有当资本—产出比率不变时，劳动因素才能进入其分析过程。第二，技术进步没有直接进入模型。虽然技术进步会影响资本—产出比率，但是在模型中，资本—产出比率实际上被看作一个理论已知数。

3. 新古典经济增长模型

R. 索洛对哈罗德—多马模型进行了修改，提出了新古典经济增长模型。他采用总量生产函数，即：

$$Q=F(K,L,t)$$

其中，Q 代表国民经济总产出，K 和 L 分别代表资本总投入和劳动总投入，t 代表时间。

在这里，既然引入了时间因素，而在不同时期，社会生产技术水平是不同的，生产中使用的技术手段发生了变化，意味着已经考虑到技术进步因素。显然，新古典经济增长模型大大前进了一步。该模型的实际运用，清楚地显示了技术进步因素对于经济增长的巨大作用。在以后，肯德里克、丹尼森等人把更多的要素纳入经济增长分析，把全要素生产率分解为更细的项目，如生产要素质量的变化、知识的进展、资源配置的改善和经济规模等。

4. 罗默的经济增长模型

罗默的分析，首先假定经济运行存在一个 $u(C_1,C_2)$ 的效用函数，C_1 与 C_2 分别表示时期 1 与时期 2 所消费的同一产品；同时假定这个效用函数是二阶可微、严格拟凹的。在第一时期中，假定消费者最初拥有一定量的产品；在第二时期中，消费品的生产是知识存量 K、物质资本及劳动等投入品 X 的函数。现在消费与将来会产生更多消费品的知识之间可以替代。那么，经济运行中的产生函数为：

$$Q=F(K_i,K,X_i)$$

其中，K 代表社会既定的知识总水平，K_i，X_i 分别代表各企业知识投入与物质资本、劳动投入品。

在引入人力资本这一变量对经济增长的分析中，罗默强调知识积累是经济增长的原动力，是经济长期增长的保证，从而使古典理论的生产函数在理论上更趋合理。

第四节　社会总资本再生产的投入与产出分析

一、简单再生产条件下的投入产出分析

马克思的社会资本再生产理论把产品价值划分为不变资本、可变资本、剩余价值三个部分，把社会生产部门划分为生产资料生产和消费资料生产两个生产部类，揭示了维持社会资本再生产所必须具备的条件。但是，要把社会资本再生产理论应用于现实经济，还需要更加具体地分析各个生产部门的产品在实物和价值上的相互依赖关系，投入产出分析为此提供了可能。

投入产出分析是对国民经济各个部门投入与产出之间的关系进行分析的一种方法。国民经济是由许多生产部门构成的，这些部门既在生产着产品，又在消耗着包括本部门产品在内的各种产品。因此，各个生产部门的生产和消耗之间存在着密切的联系。国民经济要维持简单再生产，各个生产部门生产和消耗的比例关系必须维持。国民经济要扩大再生产，各个生产部门的生产和消耗也必须按照一定的比例关系进行调整。

为了简单起见，假定某国经济由三个部门构成：部门 A 是农业，年产量是 100 吨农产品；部门 B 是制造业，年产量为 50 匹布；部门 C 是居民，提供 300 工作日的劳动。但是，这三个部门要进行生产，不但要消耗本部门的产品，而且还要消耗其他部门的产品。具体情况如表 6－2 所示。

表 6－2　　按实物计算的投入产出表

投入/产出	部门 A:农业	部门 B:制造业	部门 C:居民	总产量
部门 A:农业	25	20	55	100(吨)
部门 B:制造业	14	6	30	50(匹)
部门 C:居民	80	180	40	300(工作日)

由表 6－2 可知：农业部门所生产的 100 吨农产品中，25 吨农产品为本部门消耗，20 吨农产品为制造业消耗，55 吨农产品为居民消耗。其他部门生产的产品照此类推。农业部门要生产 100 吨农产品，需要消耗 25 吨本部门生产的农产品，14 匹制造业生产的布，80 个工作日居民的劳动。其他部门生产的消耗照此类推。按实物计算的投入产出表在实物上表示每一个生产部门的投入产出关系和各个生产部门投入产出的相互依赖关系。

在表 6－2 的基础上，如果引入各种产品的价格，如每吨农产品的价格为 20 元，每匹布的价格为 50 元，每个工作日的劳动的计时工资是 10 元，那么表 6－2 所表示的按实物计算

的投入产出表可以转换为表 6—3 的按价格计算的投入产出表，表 6—3 的内容与表 6—2 相应。

表 6—3　　按价格计算的投入产出表

投入/产出	部门 A:农业	部门 B:制造业	部门 C:居民	总产量(元)
部门 A:农业	500	400	1 100	2 000
部门 B:制造业	700	300	1 500	2 500
部门 C:居民	800	1 800	400	3 000
总投入(元)	2 000	2 500	3 000	7 500

另外，从表 6—2 可以看到，每个生产部门要生产出本部门的产品，都要消耗本部门和其他部门的产品，如果 $a_{ij}(i,j=1,2,3)$ 表示第 j 个部门平均每生产一个单位产品所需要消耗的第 i 个部门的产品数量，那么 a_{ij} 称为第 j 个部门对 i 个部门的产品的消耗系数或投入系数。根据表 6—2 的数据，a_{11} 表示农业部门生产 1 单位农产品所需要消耗农业部门的产品数量，即 25/100＝0.25；a_{21} 表示农业部门生产 1 单位农产品所需要消耗制造业部门的产品数量，即 14/100＝0.14；a_{31} 表示农业部门生产 1 单位农产品所需要消耗居民的劳动数量，即 80/100＝0.80；其余照此类推。这样，可以得到表 6—4 所表示的实物投入系数表。利用同样的方法，还可以得出表 6—4 中括号表示的价值投入系数。

表 6—4　　投入系数表

投入/产出	部门 A:农业	部门 B:制造业	部门 C:居民
部门 A:农业	0.25(0.25)	0.40(0.16)	0.183(0.367)
部门 B:制造业	0.14(0.35)	0.12(0.12)	0.1(0.5)
部门 C:居民	0.80(0.40)	3.6(0.72)	0.137(0.133)

如果用 $x_{ij}(i,j=1,2,3)$ 表示第 j 个部门生产中消耗第 i 个部门的产品，用 $y_i(i=1,2,3)$ 表示第 i 个部门的产量，那么根据表 6—2 和表 6—3 可列方程组：

$$\begin{cases} x_{11}+x_{12}+x_{13}=y_1 \\ x_{21}+x_{22}+x_{23}=y_2 \\ x_{31}+x_{32}+x_{33}=y_3 \end{cases}$$

把价值投入系数代入上面的方程组可以得到下面的方程组：

$$\begin{cases} a_{11}y_1+a_{12}y_2+a_{13}y_3=y_1 \\ a_{21}y_1+a_{22}y_2+a_{23}y_3=y_2 \\ a_{31}y_1+a_{32}y_2+a_{33}y_3=y_3 \end{cases}$$

从上面的方程组可以看到，不论在实物形态上还是在价值形态上，三个部门生产出来的产品正好被三个部门所消耗，国民经济处于简单再生产状态。上面两个方程所揭示的三个部门投入和产出关系，是维持国民经济简单再生产所必须具备的条件。由于根据经验资料可以确定投入系数 $a_{ij}(i,j=1,2,3)$，利用线性代数的方法可以求出各个部门投入和产出之间具体的相互关系。另外，上述对三个部门的分析可以扩展到 n 个部门。

二、扩大再生产条件下的投入产出分析

利用同样的方法，可以对扩大再生产条件下的投入产出情况进行分析。设国民经济仍然划分为农业、制造业和居民三个部门，这三个部门的投入产出情况与表 6—2 相似，不同的是，这三个部门的产品没有被全部消耗，从而产生积累。具体情况如表 6—5 所示。

表 6—5　　按实物计算的投入产出表

投入/产出	部门 A:农业	部门 B:制造业	部门 C:居民	积累	总产量
部门 A:农业	25	20	55	20	120(吨)
部门 B:制造业	14	6	30	10	60(匹)
部门 C:居民	80	180	40	60	360(工作日)

假定三个部门产品的价格不变，从表 6—5 可以得到按价格计算的投入产出表，如表 6—6 所示。

表 6—6　　按价格计算的投入产出表

投入/产出	部门 A:农业	部门 B:制造业	部门 C:居民	积累	总产量
部门 A:农业	500	400	1 100	400	2 400
部门 B:制造业	700	300	1 500	500	3 000
部门 C:居民	800	1 800	400	600	3 600
盈余	400	500	600	1 500	

根据表 6—6 可以得到实物投入系数和价值投入系数，如表 6—7 所示。

表 6—7　　投入系数表

投入/产出	部门 A:农业	部门 B:制造业	部门 C:居民
部门 A:农业	0.20(0.20)	0.33(0.13)	0.15(0.30)
部门 B:制造业	0.12(0.29)	0.10(0.10)	0.08(0.42)
部门 C:居民	0.67(0.33)	3.0(0.6)	0.11(0.11)

设 x_{ij}，y_i 含义不变并设 $A_i(i=1,2,3)$ 为第 i 个部门的积累，可列方程组：

$$\begin{cases} x_{11}+x_{12}+x_{13}+A_1=y_1 \\ x_{21}+x_{22}+x_{23}+A_2=y_2 \\ x_{31}+x_{32}+x_{33}+A_3=y_3 \end{cases}$$

把价值投入系数代入上面的方程可以得到下面的方程组：

$$\begin{cases} a_{11}y_1+a_{12}y_2+a_{13}y_3+A_1=y_1 \\ a_{21}y_1+a_{22}y_2+a_{23}y_3+A_2=y_2 \\ a_{31}y_1+a_{32}y_2+a_{33}y_3+A_3=y_3 \end{cases}$$

从上面的方程组可以看到，三个部门生产出来的产品没有被全部消耗，从而产生了积累，使国民经济的扩大再生产成为可能，国民经济处于扩大再生产状态。上面两个方程组所

揭示的三个部门的投入产出关系,是产生积累从而实现扩大再生产所必须具备的条件。由于根据经验资料可以确定投入系数 $a_{ij}(i,j=1,2,3)$,只要确定需要积累 $A_i(i=1,2,3)$,利用线性代数的方法可以求出各个部门投入和产出之间的具体的相互关系。

上述对三个部门的分析还可以扩展到 n 个部门。

本章小结

考察社会总资本再生产,核心问题是社会总产品的实现问题,即社会总产品的价值补偿和实物替换的问题。社会总资本再生产理论揭示了社会总产品的实现条件。社会总产品价值构成分为 $c+v+m$ 三部分和社会生产划分为两大部类,是马克思再生产理论的两个基本理论前提。社会总资本简单再生产实现的基本条件是,第一部类的可变资本价值和剩余价值之和,必须等于第二部类的不变资本价值。用公式表示为 Ⅰ$(v+m)=$Ⅱc。

社会总资本再生产的主要特征是扩大再生产。扩大再生产的前提条件是:Ⅰ$(v+m)>$Ⅱc;Ⅱ$(c+m-m/x)>$Ⅰ$(v+m/x)$。

社会总资本扩大再生产的实现条件是:Ⅰ$(v+\Delta v+m/x)=$Ⅱ$(c+\Delta c)$,并由此可推导出如下两个公式:Ⅰ$(c+v+m)=$Ⅰ$(c+\Delta c)+$Ⅱ$(c+\Delta c)$;Ⅱ$(c+v+m)=$Ⅰ$(v+\Delta v+m/x)+$Ⅱ$(v+\Delta v+m/x)$。

经济增长是社会扩大再生产理论的一个重要内容。可以从不同的角度建立经济增长模型,分析其制约因素。要把社会资本再生产理论应用于现实经济,还需要更加具体地分析各个生产部门的产品在实物和价值上的相互依赖关系,投入产出分析为此提供了可能。投入产出分析是对国民经济各个部门投入与产出之间的关系进行分析的一种方法。

马克思研究社会资本再生产理论的目的是为了揭示市场经济条件下自发的再生产过程中存在的各种矛盾,揭示这些矛盾使社会资本再生产所需要的比例关系遭到破坏,从而发生经济危机的可能性和必然性。社会主义再生产有必要也更有可能使社会生产两大部类、国民经济各个生产部门之间及生产部门内部保持适当的比例关系。

关键术语

社会总资本　社会总产品　价值构成和实物构成　价值补偿和实物补偿　简单再生产实现的基本条件　简单再生产实现的派生条件　扩大再生产的前提条件　扩大再生产的实现条件　经济增长和经济发展　马克思的增长模型　哈罗德—多马增长模型　新古典增长模型　罗默的增长模型　投入产出分析

参考资料

1.《马克思恩格斯全集》第 24 卷,第 3 篇,人民出版社 1972 年版。

2. 吴易风:《西方经济学家论马克思主义经济增长理论》,《中国人民大学学报》2002 年第 6 期。

3. 胡世祯:《对第Ⅰ部类进行具体分类后的两大部类交换关系》,《当代经济研究》2000 年第 8 期。

思考题

1. 什么是个别资本和社会资本？个别资本运动和社会资本运动的异同点有哪些？

2. 为什么说考察社会资本再生产要着重分析社会总产品的实现问题？马克思分析社会资本再生产运动的两个理论前提是什么？

3. 社会资本简单再生产的实现条件是什么？社会资本扩大再生产的前提条件和实现条件是什么？

4. 请找些中外统计资料，说明在技术进步的扩大再生产条件下，为什么生产资料生产必然优先增长。

5. 投入—产出分析方法创始人里昂惕夫曾说，马克思的再生产理论是投入—产出分析方法的基础。你认为对吗？如何从投入与产出方面理解简单再生产和扩大再生产的条件？

6. 请阐述本章介绍的几种经济增长模型的异同点。

第七章

社会总资本运行中的市场

学习目的与要求

通过本章的学习，熟练掌握市场、市场机制、市场经济的基本含义和特点，市场机制功能的强点与弱点；了解市场体系的结构和市场组织的种类，市场规则种类及交易费用的内涵；认清资本主义国家经济危机与社会主义国家经济波动产生的原因，以及在当代的新现象。

第一节　市场和市场机制

一、市场、市场机制与市场经济的概念

市场是社会生产力发展到一定历史阶段而产生的，其含义可以做宽窄不一的四种界定：市场是进行商品流通的机构和场所；市场是商品生产者之间全部交换关系的总和；市场是商品经济型社会再生产诸环节中处于媒介和中心地位的交换要素；市场是一种调节机制和运行方式。假如整个社会经济活动都通过商品货币的形式来进行，那么，市场就成为该种经济的基本调节机制和运行方式。概括起来，市场就是指一切商品或劳务交换的场所和交换关系的总和。它是市场机制运行的载体和表现形式。

定义　市场

市场是一切商品或劳务交换的场所和交换关系的总和。

市场机制是通过市场价格的波动、市场主体对各自利益的竞争、供求关系的变化调节经济运行的机制。市场机制也是价值规律、供求规律、竞争规律等市场经济规律发生调节作用的机制。从横向看，市场机制主要包括价格机制、供求机制、竞争机制、风险机制等。这些机制是互相联系、互相制约、互相作用的。从总体上说，价格机制是中心，它是价值规律的具体表现形式和作用形式。价格的变动，必然引起供求的变动，同时引起竞争和风险；供求变化

反过来又引起价格升降,从而引起竞争和风险。部门内竞争促使生产要素向劳动生产率高、经济效益好的企业流动,实现资源在微观领域的合理配置;部门之间的竞争,促使生产要素向短缺的生产部门转移,实现资源在宏观领域的合理配置。从纵向看,市场机制包括一般市场机制和具体市场机制。一般市场机制是指在任何市场都存在并发生作用的市场机制。如商品市场、金融市场、劳动力市场等都起作用的价格机制、供求机制、竞争机制和风险机制。具体市场机制是指各类市场上特有的并起独特作用的市场机制。如金融市场的利率机制、外汇市场的汇率机制、劳动力市场的工资机制等。

市场经济是指以市场机制为基础,来配置社会资源和调节人们关系的一种经济运行方式和经济调节手段。市场经济实质是利用市场机制的作用进行资源配置和生产力布局;以市场为中心环节构架经济流程;用价格信号调节社会生产的种类和数量,协调供求关系;通过优胜劣汰竞争机制,调节社会生产比例以促进社会经济持续发展。

辨析　市场机制和市场经济

市场机制是通过市场价格的波动、市场主体对各自利益的竞争、供求关系的变化调节经济运行的机制。市场经济是以市场机制为基础来配置社会资源和调节人们关系的一种经济运行方式和经济调节手段。

市场经济与商品经济既有联系又有区别。从联系上看:市场经济与商品经济都是以社会分工和不同所有制为基础的,生产者都是通过商品货币的形式交换劳动,都是以追求价值为目的的经济,属于同一类经济关系。从区别来看:商品经济是相对于自然经济的概念,主要是指社会生产方式采取价值生产形式,它反映的是劳动的间接社会性质,即个别劳动与社会劳动的关系问题,是社会经济较抽象更本质层次的规定;而市场经济是对应于计划经济的概念,主要体现生产商品的劳动社会性的实现或交换过程,其特征是通过市场来组织和分配生产要素、自然资源及收入,是社会经济运行的较具体、更接近现象形态的规定,是实现劳动社会性的手段。虽然市场经济的存在是以商品经济存在和发展为基础的,但只有以现代科学技术为基础,以高度社会化的生产构成社会生产力的主要内容,一切关系都融入市场经济活动中,社会资源的流动、配置主要通过市场来实现,市场已成为该种经济的基本调节机制和运行方式时,才是市场经济。所以,市场经济是从经济运行的作用形式、运行机制及资源配置方式的角度,对高度发展的商品经济的一种概括,是发达的商品经济,是社会化的商品经济。

市场、市场机制和计划、计划机制,只是现代社会资源配置的两种主要方式和手段,它们本身并不是社会基本经济制度的本质特征。因此,市场经济既可以与私有制相联系并为其服务,同样也可以与公有制相联系并为其服务。从人类社会的发展规律看,从私有产权支配资源和市场自发调节资源的低级形式,向公有产权支配资源和国家主导型市场调节资源的高级形式过渡,是历史的必然和进步。

辨析　市场经济与所有制

市场机制是现代社会资源配置的一种主要方式和手段。市场经济既可以与私有制相联系并为其服务,也可以与公有制相联系并为其服务。

二、供求机制与市场均衡

市场作为商品交换的领域或场所，是由买方和卖方组成的，也就是由需求和供给两方面组成的，市场价格和竞争也是在供求相互作用中形成的。

经济学中所说的需求，通常是指消费者在特定时刻、一定市场、每一价格水平上愿意并且能够购买的某种商品(或劳务)的数量。因此，需求这一概念包含两重意思：第一，消费者有购买某种商品(或劳务)的愿望；第二，消费者还要有购买商品(或劳务)的能力。只有同时具备了购买商品(或劳务)的欲望和能力两个条件，才称得上需求。需求实际是有购买能力的需要。如果一个消费者只具有购买小汽车的欲望而没有能力购买小汽车时，只能将其看作是一种需要，而不是需求。市场需求又特指全体消费者对某种商品的需求，个别需求的总和构成市场需求。

需求涉及两个变量：一个变量是商品的价格，另一个变量是与该价格相对应的商品的数量。如果把价格作为自变量，而与之对应的商品的需求量为因变量，则两者之间的关系可用函数关系来表示，这种函数就是需求函数。用 D 表示需求，用 P 表示价格，则需求函数为：

$$D=D(P)$$

一般来说，商品的需求量和价格变动的方向是相反的，当一种商品的价格越高，消费者愿意购买的数量就越少；价格越低，消费者愿意购买的数量就越多。这种在其他条件不变的情况下，商品价格变动引起需求量反方向变动的规律称作“需求规律”。

定义　需求规律

在其他条件不变的情况下，商品价格变动引起需求量反方向变动。

在这种函数形式下，我们假定只有价格是影响需求的因素，而其他因素假定不变。事实上除价格会影响商品的需求外，还有其他因素影响商品的需求量。如果把其他因素考虑进来，用 $a,b,c,d,\cdots,n$ 代表影响需求的其他因素，则需求函数为：

$$D=D(a,b,c,d,\cdots,n)$$

需求状况还可以需求曲线来表示。以纵坐标表示商品的价格，横坐标表示数量，价格的每一变动都有一个与之相对应的数量，这在坐标图上形成一系列的点。连接这些点就会形成一条连续的线，这就是需求曲线。需求曲线通常是一条向右下方倾斜的线。如果价格的变化和需求数量的变化是成比例的，即是线性的关系，那么，需求曲线就是一条向右下方倾斜的直线，如图 7—1 所示。

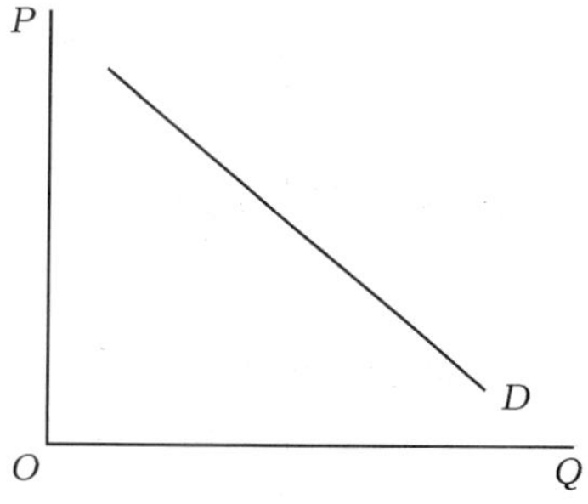

图 7—1　某商品的需求曲线

影响商品需求涉及多种因素：一是该商品的价格。一般说来，一种商品的价格越高，该商品的需求量越小。相反，如果价格越低，需求量就会越大。二是消费者的收入水平。对于多数商品来说，当消费者的收入水平提高时，就会增加需求量；当消费者的收入水平下降时，就会减少商品的需求量。但也有例外，如劣等商品，当消费者收入增加时，就会减少对该商品的需求量，转而消费优等商品。三是相关商品的价格。当商品本身的价格不变，而和它相关的商品的价格发生变化时，这种商品的需求量也会发生变化。如牛肉的价格上升，人们就会增加对猪肉的需求量；

如果胶卷的价格下降，人们就会增加对照相机的需求。四是消费者的偏好。消费者对某种商品的偏好程度增加时，就会增加对该商品的需求。相反，如果偏好程度减弱，则会减少对该商品的需求。五是消费者的预期。当消费者预期某种商品的价格在未来一段时间会上升时，就会增加对该商品的需求。反之，则会减少对该商品的需求。不过，在研究对某种商品的需求量时，因为价格是影响需求量的最重要的因素，所以，一般假定其他的条件不变，仅分析商品价格的变化对该商品的需求量的影响。

由于受多种因素的影响，需求的变动是复杂的，在几何图形上表现为需求曲线上的移动。假定除某种商品本身的价格之外，其他影响该商品需求量的因素保持不变，而只有该商品的价格影响需求量。在这种情况下，由于该商品本身的价格的变化引起消费者对该商品的需求量的变化称为需求量的变动。当商品本身的价格保持不变，而上述其他原假定不变的影响需求的诸因素中的一个或几个发生了变动，从而导致消费者对该商品需求量的增加或减少这种情况，我们称之为需求的变化。

辨析　需求量的变化和需求的变化

需求量的变化：价格变化对需求量的影响，表现为沿着需求曲线的运动。

需求的变化：非价格因素变化对需求量的影响，表现为需求曲线本身的移动。

商品需求由商品供给来满足。供给是指生产者在某一时刻，在各种可能的价格水平上，对某种商品(或劳务)愿意并且能够出售的各种数量。因此，作为供给同样要具备两个条件：一是要有出售商品的愿望；二是要有供应商品的能力。两者缺一就不能构成供给。个别企业提供的商品是个别供给，从所有企业和产业来看的供给则是市场供给。

供给涉及了两个变量，即某商品的价格以及与该价格相对应的供给量。如果把该商品本身的价格作为自变量，把相应的供给量作为因变量，则可用函数关系表示价格与供给量之间的关系，这种函数就是供给函数。如用 S 代表供给，用 P 代表价格，则供给函数为：

$$S=S(P)$$

一般来说，商品的价格和其供给量是同方向变化的。商品的价格越高，表示在成本既定的情况下，生产者的利润越大，因此，生产者的生产积极性越高，同时愿意进入这种商品生产领域的生产者就越多，结果就会使这种商品的供给量越多；反之，商品的价格越低，生产者的积极性就越低，供给也就越少。这种在其他条件不变的情况下，商品供给量和其价格是同方向变化的规律被称为供给规律。

定义　供给规律

在其他条件不变的情况下，商品价格变动引起供给量同方向变动。

在这种供给函数形式下，其他影响供给的因素假定不变，只有价格影响供给。其实，影响供给的因素除价格之外，还有其他因素。如用 S 代表供给，用 $a,b,c,d,\cdots,n$ 代表影响供给的因素，则供给函数为：

$$S=S(a,b,c,d,\cdots,n)$$

如果用纵轴表示价格，横轴表示数量，用图示法将供给量的变化与价格的变化的关系画成曲线，此曲线为供给曲线，如图 7—2 所示。供给曲线从左向右上方倾斜，表明价格越高，供应量越多；价格越低，供应量越少，供应量与价格成正方向变化。供给曲线表明在其他条件不变的情况下，数量与价格的函数关系。

前面我们在分析供给时，就分析到除商品本身的价格影响供给量以外，还有其他因素影响商品的供给量，综合起来主要有以下因素：一是商品自身的价格。一般情况下，一种商品的价格越高，生产者提供的产量就越大；相反，价格越低，生产者提供的产量就越小。二是生产要素的价格。生产要素，如原材料和工资的上升会增大生产成本，减少利润，从而使得商品的供给量减少；反之，如果生产要素价格下降会提高商品的供给量。三是生产的技术状况。生产的技术状况影响产量增加的速度和幅度，从而影响供给量。新的高效率的生产方法的使用，会使厂商在一定的价格水平上增加商品的供给。四是相关商品的价格。如果一种商品的价格不变，而其他相关商品的价格发生了变化，该商品的供给会发生变化。五是生产者对未来的预期。如果生产者对未来的预期看好，生产者就会增加产量的供给。如果生产者对未来的预期是悲观的，就会减少产量的供给。

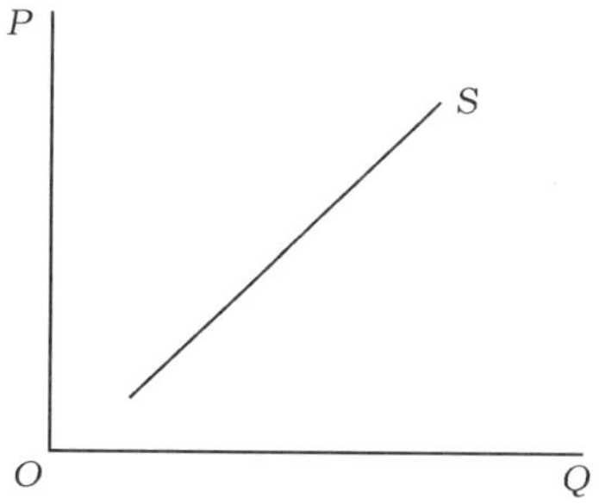

图 7—2　某商品的供给曲线

正如需求的变化不同于需求量的变化一样，供给量的变化与供给的变化也是两个不相同的概念。供给量的变化是指在影响供给的其他因素既定不变的条件下，某商品价格的变化对其供给量的影响，即价格的上升或下降引起供给量相应增加或减少。而供给的变化则是指，在上述其他影响供给诸因素中的一个或几个发生了变化，致使生产者在原来某种价格水平上的供给量也随之发生了变化，即供给水平发生了变化。

辨析　供给量的变化和供给的变化

供给量的变化：价格变化对供给量的影响，表现为沿着供给曲线的运动。

供给的变化：非价格因素变化对供给量的影响，表现为供给曲线本身的移动。

市场均衡是指一定时期内提供市场销售的商品数量与消费者对市场需求量之间的相对平衡。市场均衡表现在均衡价格上。均衡价格就是指一种商品的需求和供给处于均衡状态所形成的，在没有外部力量影响时不会自行变动的价格。均衡数量是指供给和需求达到均衡状态时即供给量和需求量相一致时的数量。当我们把前面某种商品的需求曲线和供给曲线画在同一个坐标图上时，这两条曲线必定会有一个交点，由这个交点所决定的价格和数量就是均衡价格和数量。现在我们假定这一商品为白酒来分析其均衡价格和数量的决定。如图 7—3 所示。

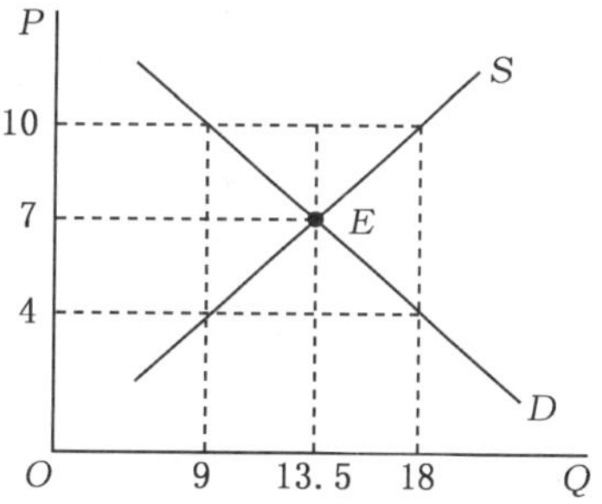

图 7—3　均衡价格的形成

从图 7—3 我们可以看出，当市场价格为 4 元/千克时，白酒的需求量为 18 吨，而生产者在这个价格下愿意供给的数量仅为 9 吨，需求大大超过供给，这就会刺激市场价格上升，这一方面能减少社会上对白酒的需求数量，另一方面，又能刺激生产者增加供给量，使供求趋于一致。如果市场价格为 10 元/千克，生产者在这个价格下愿意供给的数量就达到 18 吨，而此时由于价格较高，消费者需求的数量仅为 9 吨，供给量大于需求量，这表明生产过剩，有一部分产品卖不出去，这就会导致市场价格下跌，这一方面会减少生产者供给的数量，另一方面又会刺激消费者对白酒的需求量，使供求趋于一致。这个调整过程一直会到需求价格和供给价格相等时为止。图中的需求曲线和供给曲线的交点 E 就是一个均衡点，它表示 7 元/千克这个价格，正好使消费者的需求量等于生产者的供给量，都是 13.5 吨。

定义　市场均衡

一定时期内提供市场销售的商品数量与消费者对市场需求量之间的相对平衡。

市场供给与需求的关系反映着生产与消费的比例。当供求一致时，市场的价格与价值趋于一致，当供求失衡时，市场的价格与价值就会背离，这种背离反过来又促使市场供求重新趋于平衡。市场供求就是这样反复由平衡到失衡，再到新的平衡。因而整个经济活动就是一个均衡向另一个均衡的变化过程。

市场均衡表现为个量均衡，是某一商品在市场上的供求平衡。个量平衡的总和就构成总量平衡，并同时构成结构平衡。总量平衡是总供给与总需求的平衡。社会主义市场经济不仅要实现个量供求平衡，更要保持宏观经济的总量平衡。这就要求：一是发挥市场机制的作用，特别是价格机制、竞争机制和供求机制的作用，使市场供求均衡在市场机制作用下自动实现。二是发挥国家的宏观调控功能，尤其是发挥财政和货币的调节作用。三是建立基本商品储备制度，从使用价值上来调节商品流通，以影响供求平衡。

三、市场机制的功能强点

在商品生产和交换的经济活动中，市场作为配置资源的基础性手段，具有不可替代的作用。依据数百年的资本主义市场经济发展和我国几十年的改革实践，我们可以了解到市场调节本身具有五种良好的基本功效和能力，即功能强点。下面结合具体情况进行阐释。

1. 微观经济均衡功能

作为消费者的单个家庭、单个企业，以及单个产品市场，他们的经济行为属于微观经济范畴。微观经济要求实现均衡的自动调节器，就是市场调节机制。例如，在钢材、水泥、玻璃等物质资料交易市场上，商品价格或高或低的自发涨跌，对供给与需求双方会产生不同程度的刺激效应或抑制效应，表现为生产和交换行为的自行扩张或自行收敛，从而引致供求关系的自动平衡。同样，利息率、汇率、地租（或地价）和工资的自发涨跌，则对资本市场、外汇市场、土地市场和劳动力市场的供求，起着自动平衡作用。以近年在深圳、上海、福建、海南等许多地方逐渐推行的土地批租为例，现行采取的形式一般是“拍卖”价格，这些土地的拍卖价或市场价，一般直接取决于土地的供求关系以及劳动生产率的情况。这是由于，土地价格要进入企业的生产成本，企业只有在确认购置这块土地后仍能保持预期利润水平时，才会接受某一拍卖价，哪怕是极高的地价。这自然是那些劳动生产率较高的企业，才有可能以较高的市场拍卖价获得。所以，在土地的价格机制、供求机制和竞争机制共同作用下，地价并不会无限上涨，相反，会在一定的价格水平上，使处于某一时间和地点的土地市场的供求，达到相对均衡。

再以上海、武汉两地的家庭保姆市场为例。由于进入上海保姆市场的人，大多数来自经济发展和收入水平较高的江苏、安徽、浙江一带，保姆的“要价”即劳动收入也较高；同时，上海需要雇保姆的家庭较多，这又从需求方面抬高了保姆劳务价格。与上海不同，进入武汉保姆市场的人，大多数来自湖北等经济不发达的偏僻农村、山区，加上保姆需求量较小，因而武汉保姆市场的劳务价格较之上海要低得多。由此可见，上海、武汉两地的市场机制，自动地均衡了各自的保姆劳务市场，使该市场得到自由发展。

应当指出，价格对各类市场供求能够发挥自动平衡的缘由，就是马克思曾经概括过的一段话："因为各式各样的不平衡具有互相对立的性质，并且因为这些不平衡会彼此接连不断地发生，所以它们会由它们的相反的方向，由它们互相之间的矛盾而互相平衡。"[①]那么，这种供求平衡是否仅仅局限于市场上的个别商品呢？肯定不是。由于宏观经济运行同微观经济运行有内在联系，整个国民经济活动是由相互关联、相互制约的微观经济活动构成的，经济个量的有机整体就是经济总量，因而，假如许多企业都在价格上涨时增加投资，就会增加需求总量（它由投资需求和消费需求等构成），进而可能造成社会总需求暂时超过社会总供给的状况；反之，假如许多企业都在价格下降时压缩生产规模，这首先就意味着对机器、原材料、燃料等需求总量的减少，进而可能造成社会总需求暂时小于社会总供给的状况。这说明，市场机制对国民经济总量的调节具有间接性，而对微观经济个量的调节则具有直接性。正是这种直接性，形成了市场调节的一个功能强点。

2. 资源短期配置功能

不论是土地、矿藏、水域、机器、厂房等生产资源，还是人力资源，都存在一个稀缺性的问题。这种稀缺性并不是指某种资源可能被耗尽，也与这种资源的绝对数量的多少无关，而是指如下情况：在给定的时期内，资源供给量与需求量相比，显得相对不足。也就是说，人们的物质和文化生活的需要是无限多样的，而生产和提供人们所需产品和劳务的资源却是相对稀缺的，因此产生了怎样把有限的资源合理地和有效地分配使用，以满足无限多样化的需要问题。

处理这个问题的方式，可以有不同的选择：一是分散决策，即由供需双方以市场价格和市场供求的变化为主要依据，自由地做出自己的抉择；二是集中决策，即由中央计划部门以指令性计划的形式来分配各种生产要素和生产成果，货币和价格只起着经济核算以及便于交换的作用；三是双重决策，即分散决策与集中决策相结合。不同的决策存在不同的利弊，但实践证明，市场机制能根据近期消费者的偏好来分配无数件产品，通过市场价格的上下波动和市场供求的变化，直接约束社会物化劳动和活劳动的流向和流速，从而有利于缓解使用有限的相对稀缺的资源满足无限多样化的需要这对矛盾，对社会经济资源的短期有效配置起着较好的引导功用。

例如，过去许多城市居民吃鱼要凭票定期定量供应，其原因在于鱼的市场价格没有放开，渔民面对不合理的计划鱼价缺乏生产积极性，生产资料和劳动力不能合理地流向渔业生产部门。后来，鱼价逐步放开，在市场机制的引导下，一部分社会生产要素迅速流向渔业生产部门，各类鱼的产量很快上升，从而大体满足了消费者对鱼的需求（这当然是指有货币购买力的需求，但过去是有钱也买不到鱼）。相反的例子也很多。想当初，当人们已很少穿橡胶鞋时，计划部门却没有及时压缩橡胶鞋生产；当人们需要大量折伞、气压式保温瓶等新式消费品时，计划部门还在指令企业生产老式的伞和保温瓶等。可见，在传统的计划经济体制下，某一时期消费者并不十分需要的东西，计划部门却规定企业过多地生产，以致造成积压，浪费了社会经济资源。

---

① 《马克思恩格斯全集》第25卷，人民出版社1974年版，第212页。

上述两类情况均表明，就普通资源的短期配置效应来看，还是市场调节较计划调节好。必须指出的是，市场调节的资源配置功能，不仅影响单个企业生产要素的组合（如新办一个什么样的乡镇企业，该企业需购买多少机器、原材料，招收多少职工等），具有微观意义，而且影响生产要素在不同部门之间的流动和社会经济发展的比例（如哪些产业和行业需要撤出一些生产资料和劳动力，哪些产业和行业又急需投入人、财、物而去大力发展），具有宏观意义。不过，市场调节拙于重要资源的长期配置，而只擅长一般资源的短期配置，但正是这种擅长形成了市场调节的一个功能强点。

3. 市场信号传递功能

与计划经济管理体制相比较，市场机制中的信号传递是迅速的、灵敏的。作为市场活动的主体——企业，以及作为调控市场的主体——政府经济主管部门，要了解和掌握市场行情及演进态势，做出扩张和收缩的决策，都离不开价格、利息率、汇率等市场信号传递这一功能。

首先，通过市场信号快速地直接传递，可以逐步冲破自然经济的"堡垒"，密切各生产要素和经济主体的内在联系，强化众多企业的横向经济发展。在市场经济中，市场是企业赖以生存和发展的土壤，是生产经营者和消费者之间的桥梁，也是商品生产经营者之间的纽带。但在传统的企业运行轨道上，留下的主要是生产导向的点点足迹，处于一种与"市"隔绝的状态。各级政府及主管行政部门，以指令性计划和行政途径，直接干预企业的生产经营活动。在这种状态下，众多企业自然用不着面向市场，主动捕捉价格、利息率、汇率这类市场信号，接受市场的挑战，最多是通过层层计划与发育不良的市场发生关系，表现为"企业—计划—市场"。与此相反，企业倘若转换到现代市场经济的运行轨道，那么，必然要从与"市场"相隔的封闭状态中走出来，实现由生产导向到市场导向的转型，变"企业生产什么，市场就供应什么"为"市场需要什么，企业就生产什么"。这样，企业势必摆脱"等、靠、要"的习惯做法，"少找市长，多找市场"，注意企业之间的横向竞争和协作联系。正是基于这一点，才能建立正常的市场信号系统，并有效地施展其横向传递信号速度较快和反应敏捷的特有功能，从而反过来进一步推动各类企业的多样化横向联系。

其次，通过市场信号快速的直接传递，又便于国家对企业实行间接控制和纵向调节，使企业能沿着国家经过市场信号所指明的方向发展。在由国家主导的市场经济中，存在具体从事生产经营活动的主体——企业，以及宏观调控社会经济活动的主体——国家。这两个经济主体的行为，主要通过市场发生联系。实践证明，在传统经济体制下，国家不通过市场及其信号去引导企业，而直接指挥和干预所有企业的生产经营活动，这种做法既造成了庞大的政府机构和严重的官僚主义，又抑制了企业劳动者创造社会财富的聪明才智和积极性，对微观经济活动和宏观经济活动都不利。倘若要实现国家直接调控到间接调控的转型，那么，国家与企业之间的经济联系，必然要通过各类市场作为中介层次来沟通。这样，国家不再是直接面对百万个企业，包揽它们的日常生产经营事务，而是放开捆绑企业手脚的绳子，把它们推向日渐发育成熟的市场，通过合理调控市场信号来影响企业经营决策，使企业能够沿着国家通过市场信号所指出的方向运行。

因此，市场调节所具有的信号传递功能，既有利于促进企业之间的横向协调，也有利于促进国家与企业之间的纵向协调，从而成为构筑纵横交织的网络化经济的传导器。

4. 科学技术创新功能

只有在市场机制的良性刺激下，企业才有技术创新的内在动力和外在压力。这是因为，在比较市场交换的同种商品时，其个别劳动耗费要还原为社会平均劳动耗费，市场价格取决于市场价值，所以，凡是商品个别价值低于社会价值的、劳动生产率较高的企业，便可以获得较多的盈利。各个经济组织出于这一目的，必然内在地萌发出改革生产技术的意念，并力争在外部竞争中谋求优势地位。改革的实践已经明白无误地显示出：无论是工业、商业或金融等经济部门，还是科技研究、教育等其他部门，只要引进适合该部门特点的市场机制，就会有力地推动这些部门专业技术的利用、更新和改造，推动"基础研究—应用研究—开发研究"的科技发展链的完善，进而促进全社会的科技进步。

目前，我国市场机制的科技创新功能在各行业发挥得不够理想，体现新技术或发明的专利意识和科技创新能力较差，中国企业还没有真正自觉地运用市场机制实现技术的不断创新。要想在国民经济中真正地发挥"科技是第一生产力"的作用，就必须首先创设一个竞争性的市场体制，让自身具有技术创新功能强点的市场机制，普遍进入各行各业。

5. 局部利益驱动功能

当人们为追求经济利益而组成一定的生产关系，从事某项经济活动时，利益就自然而然地成为社会再生产各个环节上人们一切活动的直接目的或最终目的。正如马克思早就指出的："人们奋斗所争取的一切，都同他们的利益有关。"①

在市场经济中，经济利益是价值规律的作用机制，它通过价格、竞争等方式来实现。一般说来，价格等机制往往导致生产经营者之间，以及生产经营者与消费者之间在经济利益格局上发生增损的变动，从而促使生产者注重"社会成本"，消费者注重"替代效应"等等。

个别成本（在私有制经济中称作私人成本）是从单个企业看的成本，包括使用资金、土地、劳动力等生产要素的价格。而"社会成本"等于个别成本加上对别人没有补偿的损失。例如，江苏某乡镇办的一家农药厂，一年可获得 100 万元利润，但由于这家农药厂排放有毒的物质到空气和河流中，造成附近农民因农作物产量和质量下降而减少收入 40 万元。这 40 万元的损失，在国家管理不严的情况下，农药厂是不会计入该企业成本之中的，但从社会的角度看，这种损失应算作生产成本的一部分，因而国家要运用法律的、经济的办法，迫使农药厂尽快治理污染，负责赔偿农户的损失，由此又增大了农药厂产品的成本。这样，厂家与农户之间的经济利益关系，通过包括成本在内的价格机制而得到妥善处理，并促使农药厂注重减少外部负效应（对他人产生不利影响的作用），降低社会成本，尊重别人的经济利益。

在商品价格变动时，假定消费者的消费水平保持不变，这种情况下价格变化对需求量的影响，就是"替代效应"。譬如，牛皮鞋的价格上涨，而猪皮鞋的价格不变，消费者就会用猪皮鞋代替牛皮鞋，以便用最适宜的方式，维持原有的消费水平。这时，消费者对牛皮鞋的需求量会有所下降，而对猪皮鞋的需求量有所上升。其原因在于，各种鞋之间存在替代关系。现实生活中，人们不难发现，诸如化纤织品与棉纺织品、茶叶与咖啡、肉类与鱼类等许多消费品之间，均有程度不同的替代性。归根到底，消费者注重替代效应的动因，就是受价格等市场机制所固有的利益驱动功能的影响，尽量减少效用的损失。

总之，市场调节的重要功能，在于承认各个经济主体的经济利益，驱使它们为本位利益（企业本位追求利润极大化，劳动者个人本位追求收入和闲暇极大化，消费者本位追求效用

① 《马克思恩格斯全集》第 1 卷，人民出版社 1956 年版，第 82 页。

极大化)而有效地利用各种社会资源。

四、市场机制的功能弱点

我们必须清醒地领悟到,市场调节的功能强点并不能掩饰其功能弱点或缺陷。这些功能弱点主要表现为:市场调节容易偏离宏观经济目标,某些领域调节作用有限,协调产业结构速度缓慢,现实交易成本昂贵。我们既不能把市场机制说成是“洪水猛兽”,视为社会主义经济的“异己”力量,也不能把市场机制奉若神明,轻信“市场万能论”。对于“市场失灵”或“市场失败”的种种现象,一些西方经济学家也是看到的。

1. 市场调节目标偏差

在实现国民经济整体运行目标时,诸如提高人民生活水平、保持国民经济的稳定(包括通货稳定、就业稳定、国际收支稳定等)、促进经济适度增长、优化生态环境等,单受市场引导的企业极易在追求利润极大化过程中偏离这些目标,使国家宏观计划落空。正因为如此,美国比较经济学家埃冈·纽伯格在《比较经济体制》一书中坦率地承认:完全分权在某些情况下则可能使计划变成不过是有趣的智力练习。

有人可能会说,发达资本主义国家基本依靠市场调节,经济不是搞上去了吗?要知道,尽管它们现有的经济发展水平比较高,但科技革命所带来的生产潜力并没有充分释放出来,同时,它们经济的增长又是以牺牲财产和分配的经济公平为前提的,并伴随着较大的经济波动和失衡。之所以要付出如此高的代价,一个重要原因就是在市场调节机制的主宰下,缺乏有效的国家宏观调节,使微观经济运行无法与宏观经济发展目标相吻合,形成“目标误差”。

2. 市场调节程度有限

按市场调节的深度和成效来划分,有下列四种情况:

其一,在汽车、钢铁、电子、耐用消费品等一般产业部门,较充分竞争加上唯盈利经营目标,使市场机制的作用最为明显和有成效。这是“市场调节程度Ⅰ”。

其二,在稀缺资源的产品生产和盈利率低、投资周期长的基础产业部门,即使加大市场价格与价值的背离度,刺激市场竞争,也无法在短期内使这些部门的产品和劳务迅速增长。这是“市场调节程度Ⅱ”。

其三,在有外在因素倾向的部门,尤其是交通运输等基础设施和供水、邮电、环卫等公用事业,在实现盈利目标的同时,还要注重社会目标。这是“市场调节程度Ⅲ”。

其四,在非营利性的教育、卫生、国防、基础研究等部门,其主要发展目标是提高全民族的科学文化素质和健康水平,以及国防等等,接受市场调节的可能性更微弱。这是“市场调节程度Ⅳ”。

可见,市场机制在各个产业部门和领域的作用,并非没有限制。在有的部门和领域调节力度很有限,甚至无能为力。英国著名经济学家阿利克·诺夫就坚决反对把市场和商业标准引进保健和教育事业,认为美国高得令人震惊的医疗费是一个警告:信息完备的顾客即患者,显然是一个神话。他尖锐地指出,如果乱用市场机制,就连关闭邮政局和电话亭也成为合乎逻辑的事了。此话有一定的道理。

3. 市场调节速度缓慢

市场信号传递是快速敏捷的,但市场调节天然存有事后调节的滞后性,在诱导产业结构演变及高级化进程中速度显得迟缓。这是因为:一方面,市场供求不平衡引起价格变动→企业调整经营决策→市场供求暂时平衡。这一连锁传导反应，客观上需要较长的时间。另一方面，市场信息并非完全透明。依据新兴的灰色系统方法对信息的分类，既有已知的“白色信息”，也有半知的“灰色信息”，还有未知的“黑色信息”，加上市场体系和市场机制也不可能尽善尽美，生产经营者往往只能在市场能见度较低的条件下，根据现期价格和市场供求的状况，规划下期行动。这样，企业的经营决策不免带有相当程度的近视性或盲目性。一旦市场信息或信号失真，就会使“信号→反应→信号→反应……”的过程，变形为“错误的信号→错误的反应→更错误的信号→更错误的反应……”从而延误社会产业结构的合理调整。

比利时学者欧内斯廷·曼德尔在综合了包括技术频繁转换困难等因素后，得出一个令人震惊的结论：在当今最发达的资本主义国家里，大量的消费品和生产商品并不是按年度“市场信号”生产的；更不是对每月变化的市场信息做出什么积极的反应。他们的生产是按照业已确立的消费结构和生产技术来进行的，与市场基本没有关系，是长期的技术演变彻底地改变了人们的主要消费方式及生产方式。这番话似乎说得有点绝对，但其精神尚可理解，从一个侧面说明市场调节产业结构的局限性。

4. 市场调节成本昂贵

调节成本是描述现代经济运行费用的一个重要概念。有调节就必定存在调节费用，这种费用的高低是判定经济体制和调节方式优劣的标准之一。由于市场调节的目标偏差、时间延滞、摩擦损失等因素的客观存在，使得在收集市场信息、均衡经济波动、医治静态和动态的负外部效应、防止过度垄断、缓解高失业和高通胀、消除畸形分配和非理性消费选择等一系列问题上，社会必然要投入较多的劳动（包括人力、物力、财力），这就直接或间接地增大了市场调节的成本。以实证的眼光观察，即使在市场机制较为完善的发达资本主义国家，这些调节费用的相当部分也纯属资源虚耗。例如，在经济危机或衰退时，通过人为地强制销毁部分劳动产品和生产能力以求调节供求平衡；过度的广告竞争（西方称为“广告轰炸”）及由此耗费的资源，等等。

五、市场经济的共性与制度特征

现代市场经济是以商品经济高度发展为标志的。无论是资本主义社会，还是社会主义社会，只要以市场作为资源配置的基础性手段，就具有以下共性。

第一，独立的市场主体。在市场经济中，尽管政府、居民户、企业都作为市场的角色而存在，但充当主体作用的是一个个相互独立的企业，企业成为国民经济活动的主体和国民经济的主要创造者 。企业作为市场的主体就必须具有能够自主决策、自主开展经济活动等应有的全部权利，必须成为自主经营、自负盈亏、自我发展、自我约束的商品生产者和经营者，能够出于对自身利益的追求而走向市场，按照市场的价格信号自主地做出经营决策。而企业要对价格信号的变化做出灵敏的反应，就必须具有明确独立的产权关系，硬性预算约束，即以利润为导向调节投入和产出。硬性预算是指企业遵循以收抵支的预算原则制约企业的行为。与此相反，如果企业的行为不受预算的约束则企业的预算是软性的。在硬性的预算约束下，企业的经营状况直接决定企业的生存和发展，企业对自己的行为必须承担完全的经济责任。因此，企业对市场中的供求、竞争和价格的变动具有灵敏的反应，市场因此成为有效的资源配置者。而在预算软约束的条件下，企业的经营状况并不直接决定企业的生存和发展，企业并不承担经营的风险和责任。因此，企业对价格和市场信号的变化缺乏积极反应，市场调节的作用难以发挥。而硬性的预算约束必须以企业拥有独立的财产权为前提。作为市场主体的企业必须具有独立的财产权，可以在其权利范围内，自由支配、使用和处分自己所属的财产，独立地承担财产经营的风险和责任。否则，自负盈亏便无法实现，预算约束必然会软化。因而企业成为独立的法人主体是市场经济的前提。

第二，完备的市场体系。在市场经济条件下，市场是资源配置的主体，因而必须要有一个完备的市场体系，市场配置资源的效率才能充分发挥出来。首先，完备的市场体系必须具有众多的市场主体以及市场主体间的充分竞争。如果只有少量的市场主体就会形成垄断的市场结构，从而导致非充分的竞争，市场配置资源的高效率就难以发挥出来。其次，完备的市场体系不仅要求有一个高度发达的商品市场，而且要求有一个包括技术市场、资金市场、劳动力市场、信息市场等在内的生产要素市场，从而使供求、竞争和价格等机制能有效地发挥作用。最后，完备的市场体系要求打破封建的诸侯经济，打破对市场的分割和垄断，形成全国统一的市场。不仅如此，还必须让国内市场与国际市场进行有效的联结，这是因为在经济全球化的形式下，关起门来搞经济是不行的，必须在全球经济中实现国内市场与国际市场的对接。

第三，价格基本由供求调节。在市场经济条件下，市场参与者获取各自所需要的商品、生产要素及各类信息的途径是市场。这就要求有一个完整的价格信号体系，能够迅速地反映市场供求的总量、结构体系及变化趋势，反映地区、行业的比较利益差别和机会成本的差别。价格这一最重要的市场信号传递者，必须由市场供求调节，并较为充分地反映产品及资源的稀缺程度，从而社会资源的调整与变动基本上依照市场价格变动所给出的信息来进行。劳动者作为社会资源之一，即人力资源，也需要按“等量劳动相交换”的原则，通过市场协调，以达到用个人劳动的付出换取相应的个人收入。因此，任何对价格信号的人为的不适当干预，都会造成市场信号的扭曲，并损害整个社会经济运行的效率。

第四，健全的法规体系。市场经济是一种平等交换的经济形式。商品所有者在经济上是完全独立的，在法律上具有平等的地位。它们之间的交易是平等自由的交易，任何一方都不能利用行政和强制暴力来达到不平等交换的目的，因而市场经济也是一种契约经济，契约自由成为市场经济的基本特征。交易的平等和契约的自由均应有政府制定的法律法规加以保护，从而做到：首先，应使市场主体在法律和经济往来中处于平等地位；其次，使市场主体能够机会均等地进出市场；再次，使各市场主体能平等地获得市场上的生产要素；最后，使市场主体平等地承担税负及其他义务。与此相适应，完备的市场法律体系应包括以下层次：一是确立各市场主体地位的法律法规，如《公司法》《公司登记条例》等；二是各种规范竞争的法律法规，如《反不正当竞争法》《专利法》等；三是获取各种生产要素的法律法规，如《证券法》《会计法》等；四是制定各种各样的税法及确立企业负担的各种法规。

第五，经济活动的开放性。市场经济的发展必然要冲破地区与地区之间、国家与国家之间的限制，使不同地区、国家的经济日益联系在一起，国内市场与国际市场日益联结成一个整体，商品、资本、劳动力在国内和国际间的流动性不断增强，形成一个开放化的大市场。这是因为市场经济是建立在生产资料和产品等归属不同的所有者和社会分工基础上的经济运行的组织，各经济主体的经济行为都受到市场的制约，都要同国内、国际市场相联系。因而一切经济主体的经济行为都必须根据国内、国际市场的价格信号做出适应性调整。生产者要不断调整投资方向、经营策略、产品结构等。消费者要不断地调整购买选择、购买预算等。

封闭的、非开放的市场活动只会使市场价格受到扭曲，经济主体的活动受到压抑，经济效率得不到发挥。

第六，政府对经济实行宏观管理。由于市场结构本身难以达到完全竞争和提供完全的信息，而市场调节又具有自发性和事后性的特征，市场经济仅靠自身的运转难以避免周期经济危机，难以实现经济长期稳定增长，难以防止两极分化，难以应付生态、环境保护等未来的重大挑战问题。所以现代市场经济为弥补市场机制的这些缺陷，必须由政府对经济实行宏观管理和计划调节，以保证市场经济的健康运行。政府不是直接干预企业的生产和经营具体事务，而是通过财政税收、货币政策等调节规范企业的经营活动。

市场经济本身无社会属性，但它可以与不同的社会经济制度结合，这种结合就形成市场经济的制度特征。社会主义市场经济特征如下：

其一，以公有制为主体。西方国家的市场经济一般是以私有制为主体的，但是我们所要建立的市场经济是社会主义的市场经济，即以公有制为主体的市场经济模式。这就是说，要将公有产权与市场经济有机地融合在一起，实现一种以公有法人型联合劳动为基础的“市场社会主义”。这种市场经济制度鼓励个体、私营和外资等其他非公有制成分的适度发展，作为市场经济的重要组成部分。但公有资产在社会总资产和经营性资产中应占大多数或优势，国有经济要控制国家的经济命脉，并对国民经济发展起主导作用。

其二，以按劳分配为主体。以资本为主体的分配原则只有利于资本的所有者，不利于广大的劳动群众，因为大部分的劳动群众是不拥有资本的，他们拥有的只是劳动力。劳动者是生产力的创造者，如果劳动者不能分享他们自己所创造的财富，就不能调动劳动群众的积极性，也就肯定不利于生产力的发展。在我国的现阶段，资本还是一种稀有的资源，为了调动各方面的积极性，我们应当让各要素所有者都参与生产成果的分配，但是，必须要让劳动作为分配的主要因素，否则，就不是社会主义的市场经济。

至于国家调节和对外开放等方面的特点，不是市场经济最本质的特征。以私有制为基础的市场经济是资本主义的市场经济；以公有制为基础的市场经济是社会主义的市场经济。这是两种具有不同制度特征和类型的市场经济。

定义　社会主义市场经济

市场经济与社会主义制度的结合。它有两个基本特征：第一，以公有制为主体；第二，以按劳分配为主体。

第二节　市场体系和市场组织

一、市场体系的结构

市场体系是各种商品经济关系的具体体现和反映，是各种市场在相互关联、相互制约的共生中发展而成的有机统一体，因而不能将市场体系理解为各个独立的市场体系的简单加总，而必须从它们的相互联系中理解这种市场交换关系的社会过程的总和。

一个健全的市场体系，必然具有以下基本特征：

第一,统一性。要使各种商品和生产要素都能够按照商品经济的内在联系,遵循价值规律等客观经济规律的要求,自由交换和顺畅流通,就必须冲破一切行政的条块分割,形成统一的市场。各类市场的共同基础决定了市场体系的统一性。各种不同经济成分和经营方式的企业和个人,都可以平等地进入统一的市场,这是市场体系正常运行的必要条件。当然,强调市场体系的统一性,是相对于市场的人为分割而言的,它并不排斥某些特定商品只在一定地域、一定范围内流通的客观现实。

第二,完整性。市场体系是由各种市场相互联系和相互制约所组成的有机统一体。某一市场的发展可以为另一市场的发展提供条件;而某一市场运行不畅也往往会波及其他市场的发育。因为在市场经济条件下,各种商品和生产要素都要通过市场流通来实现,都要以市场为中介进行合理流动与配置,所以完善的市场体系,不仅要有发达的商品市场,而且还要有发达的要素市场。只有各种市场完整、配套,才能发挥其整体性的功能。市场体系的完整性是相对于市场体系在发育过程中出现的缺位现象而言的,这种缺位现象在传统的计划经济体制向市场经济体制的转轨过程中是难以避免的,但要尽可能缩短其缺位的时间。

第三,竞争性。完善的市场体系是以竞争性市场为基础的。组成市场体系的各类市场的活动都被置于市场竞争环境中,受竞争机制的支配。只有通过平等竞争,才能真正形成反映资源稀缺程度的价格信号。只有这样形成的价格,才能成为权衡成本和收益,以及协调各个经济主体利益的基本尺度,才能正确引导社会资源的合理配置。公平的竞争又调节着各类市场供求的变化,决定着各类市场主体在竞争中优胜劣汰。正是市场体系具有竞争性的特点,才使市场充满生机与活力。

第四,开放性。市场体系的开放性是同市场的封闭性相对立的。它要求打破地域之间、部门之间由于自然的、经济的和人为的因素所形成的一切障碍和壁垒,形成一个全方位开放的、四通八达、畅通无阻的大系统。不仅国内各地区间、各城市间、城乡之间都要相互开放,而且要在保障国家利益的前提下,向国外开放,向所有的商品生产者、经营者和消费者开放。市场体系的开放性越强,市场就越活跃、越繁荣,就越能更好地发挥市场机制的调节作用。

市场体系是具有多侧面、多重规定性的经济范畴,同时又是多层次、多要素的集合体。它是相互制约的各个子市场的集合,是具有高效能的、适应市场经济发展的市场大系统。构成这个有机统一体的要素,除了被用来交换的商品或劳务等市场客体因素外,还必须要有进行商品或劳务交换的当事人等市场主体因素。不仅如此,这种商品交换当事人之间的经济关系总是在一定的时间和空间中实现的,因此,一个完整的市场体系结构,是由市场的主体结构、客体结构、时间结构和空间结构复合而成的。

市场主体结构是市场体系的基础结构。所谓"市场主体",就是监护交换客体进入市场,并使之发生市场关系的当事人。市场交易活动的当事人,在市场经济发展的不同阶段以及不同的交换活动中是不同的。但归结起来不外乎是三种人:企业、家庭(或个人)和政府。在社会主义市场经济条件下,这三种人具体以股份制企业、全民所有制企业、集体所有制企业、乡镇企业(在社会主义初级阶段,还包括非社会主义经济性质的个体私营企业、"三资"企业)和广大的消费者,以及作为购买者的非营利的社会团体等身份进入市场从事交易活动。他们在市场交易中的地位和作用各不相同,参与交换的目的和要求也不一样,并有各不相同的经济利益。公有制企业和广大消费者的经济行为决定着市场体系的基本格局。各个经济当事人的经济行为和物质利益受到等价交换、有偿转让原则和社会主义市场经济法规的约束,以保持和维护市场交易活动的正常进行。

所谓"市场的客体结构"，就是指加入交易活动的各个交易对象所形成的市场的总和。在市场经济条件下，市场交易所形成的市场范围十分广泛，主要包括生活消费品、生产资料、资金、技术、劳务、信息、房地产和产权等各类市场。在市场经济中，不仅消费品是商品，而且，生产要素也要通过市场来流通。只有单一的商品市场而没有生产要素市场，就不可能很好地发挥市场机制的作用。

所谓"市场空间结构"，就是市场主体支配交换客体的活动范围。随着市场经济的不断发展，商品交换的范围越来越大。根据其扩散和吸引作用的大小，这种市场空间结构可分为不同的范围和等级。一般来说，它表现为以下三个层次：一是以经济活动地域专业化分工为基础的区域市场；二是在各具特色互为供求关系的各个区域市场的基础上形成的国内统一市场；三是在各国统一市场基础上形成的国际市场。市场体系的空间结构就是指上述各种市场活动范围和等级在整个市场体系中所占的比重及其相互关系。随着改革开放的不断深入，我国市场体系的空间结构呈现为：区域市场不断发展为国内统一市场，国内统一市场开始成为国际市场的一部分。在交换关系的不断发展中，越来越多的商品涉及三种空间市场的范围。

所谓"市场体系的时间结构"，是指该体系中各种交易活动的时间形态及其构成，它以各类市场的空间并存性为前提。在市场经济条件下，市场交易形式虽然多种多样，但都包含一定的时间形态，如：(1)"一手交钱，一手交货"的现货交易行为；(2)"成交在前，交割在后"的期货交易行为；(3)"商""务"分流的交易行为。各种市场交易方式及其在时间形态上的差异，都有其客观的经济成因、适用范围和经济功能，都在市场形态中占有自己的位置。

二、市场组织

从根本上说，市场运行机制的实际承担者是旨在追求自身利益的市场主体，因而市场运行过程本身充满着各市场主体之间的利益矛盾和商品实现的矛盾，以及市场运行在各类矛盾作用下的无序倾向。为了保证市场运行顺畅和有效协调各类矛盾，就需要形成有效的市场运行规范，建立完善的市场组织。一般来说，市场组织主要包括市场流通组织、市场管理组织和市场调节组织。这三类市场组织的有机统一，共同构成了完善的市场组织体系。

1. 市场流通组织

市场流通组织是指具体经营各种商品的流通组织机构。市场流通组织按照市场流通的物质承担者来划分，应该包括商品流通组织、资金流通组织、劳动流通组织和技术流通组织以及与之相适应的管理体制和管理方法，其功能是加速商品流通及规范和保证市场交换过程的有序化。因此，市场流通组织是促进市场交换和保证市场有序化的重要条件。因此，完善和发展市场流通组织，包括完善和发展商品流通组织、资金流通组织、劳动流通组织、技术流通组织，并且要使它们之间协调发展。

第一，完善和发展商品流通组织。完善和发展商品流通组织的重点，是按照商品流通的内在要求形成完整的商品流通组织体系。其中主要包括：(1)按产销分离形式形成的商品流通组织，如主要在工业生产企业之间组织商品流通的物资系统，主要组织消费品流通的商业系统，主要组织农副产品流通的供销系统，主要组织对外贸易的外贸系统。(2)按产供销结合形式形成的商品流通组织，如产供销一体化的商品流通组织形式、农工商一体化的商品流通组织形式。这种商品流通组织有利于产销衔接和保证市场平衡。(3)按产销合一形式形成的商品流通组织，如农村集市贸易和城市农贸市场，这种商品流通组织有利于小商品的流通，可以保证商品市场的有序运行。(4)按照商品流通的大型化要求而形成的大型商品流通组织，如城市贸易中心、农村贸易合作组织、商业企业集团等。

第二，完善和发展资金流通组织。资金流通组织是指金融市场中直接或间接融通资金的各种金融机构和交易形式。如我国的资金流通组织主要有：(1)各种银行机构，包括中国人民银行及工商银行、农业银行、中国银行、建设银行、交通银行等；(2)非银行机构，如保险机构、投资公司、信用合作社等；(3)证券交易所，包括股票及各种有价证券交易所。因此发展和完善资金流通组织，就是完善和发展上述金融组织，其中包括机构的完善和金融工具的健全及法规的健全。

第三，完善和发展劳动流通组织。劳动流通组织是指劳动力市场中促进劳动力有效流动的中介机构。其中主要有：劳动服务公司、职业介绍所、人才交流中心等。劳动流通组织通过沟通劳动供求信息，实施就业管理和培训，把经济发展需要同劳动力安置衔接起来，非常有利于劳动力的流通。完善和发展劳动流通组织：一是要完善这些机构和人员，二是要形成一套完善的管理制度和法规，三是健全它们的职能，从而使劳动流通组织发挥更大的作用。

第四，完善和发展技术流通组织。技术流通组织是指技术市场上促进技术流通的中介机构及形式。其中主要包括技术交易所、技术开发公司、技术咨询公司等。技术流通组织的职能主要有两个：一是技术商品信息的传递者和买卖双方的介绍者；二是专门经营技术商品的流通者。完善和发展技术流通组织的主要任务是：(1)促使技术流通组织由行政化转为经济实体，使其在风险及责任方面增加应有的压力；(2)提高技术流通组织的业务能力，包括建立一套评价技术商品的指标体系；(3)规范技术流通组织的行为，以保证技术商品流通的合理化和有效化；(4)完善技术流通组织的机构，增强技术流通组织的力量。

2. 市场管理组织

市场管理组织包括市场管理的组织系统和市场管理的手段体系。市场管理组织就是市场自身的管理和组织体制。市场作为商品交换的场所和商品交换关系的实现枢纽，即使在社会主义市场经济条件下，也需要通过各种管理组织和管理手段来调整市场上的各方面的经济关系，处理各种经济矛盾，解决各种经济纠纷，维护合法的市场活动和保护各方面的合理的利益，以保证市场活动的正常进行。市场的各种管理形式和手段的有机结合，构成了市场管理组织。

市场管理组织主要由以下三类市场管理机构组成：(1)国家设置的专门从事市场活动管理的机构，其中包括政府的有关职能部门和机构，如财政、税收、统计、审计、银行、物价等有关部门；(2)市场流通的技术管理机构，其中包括计量、测试、质量监察、卫生保健、环境保护等有关部门；(3)社会性及群众性管理机构，如消费者协会、质量监督协会等民间组织。

从市场管理组织的构成来看，市场管理组织不仅包括市场管理机构，而且还包括市场管理手段体系。前者主要是使市场过程本身正常化，为市场调节机制的充分作用提供条件，后者是调节市场机制运行的方向，使市场机制运行符合宏观经济的发展目标，它也是一个多手段的体系。第一类为政策和法律手段；第二类为财政和银行手段，主要包括各种不同类型的财政和货币政策；第三类为行政手段，主要包括城乡市场具体业务管理、工商企业开业登记管理、商标管理和经济合同管理等。

3. 市场调节组织

市场调节的核心是宏观调控，因而市场调节组织就是指宏观调节主体。宏观调节市场有两种状况：一种是宏观调控对市场进行随机干预，即当市场上出现紊乱时，针对市场存在的具体问题进行被动的干预。对市场的这种调节属于无预先目标的非规范化的后发性调节，宏观调节在调节中实际上处于被动地位。另一种是宏观调控对市场主动性调节，即根据预期目标的要求对市场进行自觉的导向。对市场的这种调节，就是要通过市场的运行来体现经济运行的自觉性，因而主要表现为一种带有预见性和规范性的事前调节，调节的目标是把市场运行和国家长期的发展目标有机地衔接起来。我们要形成的市场调节组织就是指有自觉性的市场调节组织。这种市场调节组织表现为，国家运用经济手段、法律手段和行政手段调节市场活动。

市场调节组织，总的来说是指制定调节目标的全国人民代表大会常务委员会和具体实施调节目标的政府机构。我国政府对市场调节的机构主要包括行政管理机构、经济调节机构和国有资产管理机构。调节市场的主体只是政府机构中的经济调节机构。经济调节机构主要由四种不同的机构组成：一是组织制定和实施经济发展战略、产业政策等的具体经济调节机构，即国务院经贸办之类的组织机构。其主要任务是确定国民经济活动的总规模和结构，协调中央银行、财政部及其他经济调节机构的调节活动。二是制定和实施货币政策、财政政策的中央银行、财政部等具体调节机构。三是各专业部，其主要任务是确定行业规划、实施行业管理、提供信息和技术服务。四是经济监督、信息和综合管理部门，包括审计、海关、商检、工商行政管理等部门。

第三节 市场规则与交易费用

一、市场规则

市场从其经济关系上说，是作为商品交换的当事人之间的复杂经济关系，其运行过程需要有市场规则的导向和规范，离开了市场规则的作用，市场运行过程必然会紊乱。不仅妨碍市场机制作用的有效发挥，而且还会阻碍甚至破坏整个国民经济的正常运行。因此，要求有一套完善的市场规则来规范市场主体的经济行为。

所谓“市场规则”，就是国家凭借政权力量而按照市场运行机制的客观要求所制定的市场活动主体都必须遵守的规章制度。市场规则实质上就是以法律、法规、契约、公约形式规定下来的市场运行的准则。这些规则成为各种市场主体的市场行为的规范。

价值规律的等价交换和公平竞争的要求，具体通过市场运行表现出来。作为市场运行过程内在要求的法制化和外在化的市场规则，必须反映等价交换和平等竞争这两个市场运行过程的最主要内在要求。市场规则在根本上反映了市场运行过程的内在要求，因而市场规则对于保证市场规范而有序的运行有着重要的意义。

市场规则作为规范市场主体及市场运行的法律规范和准则，必须具有以下特点：(1)科学性，即科学地和有效地反映市场运行的内在要求，不能同市场运行的内在要求相违背，客观地把市场内在要求法制化，以使每个市场主体都严格按市场运行的内在要求办事。(2)系统性，即市场规则内部的各规则之间具有统一性原则，不能相互矛盾，并且所有规则都要相互协调，分别规范市场运行过程的各个方面，形成有机统一的体系化市场规则。(3)强制性，即市场规则是建立在法制的基础上，任何人都不能拒绝接受和违反市场规则，否则，将受到严厉的制裁。(4)公平性，即给市场主体以平等的权利和机会，任何市场主体都不能以各种超市场的力量来寻求优惠，更不能摆脱公平原则对自己的约束，而只能通过公平竞争来获取自身利益。(5)开放性，即市场规则要能与国际商品流通的行为规范相接轨，符合国际惯例，使一国的市场主体能有序地进入世界市场之中。

完善的市场体系需要完备的市场规则来规范。市场规则主要有以下种类：

1. 市场进出规则

市场进出规则是指市场主体和市场客体(即商品)进入或退出市场的法律规范和行为准则。市场进出规则实际上是对某个市场主体或某种商品能否进入或退出某一市场进行评判。也就是说，哪些市场主体可以进入或退出市场，哪些商品可以进入或退出市场，都要在市场规则上反映出来，由市场进出规则确定。凡是不符合进入市场规则的市场主体和商品，或者是不符合退出市场规则的市场主体和商品，都不能任意进入或退出市场。因此，市场进出规则既可以通过把那些不符合进入市场的市场主体及商品堵于市场之外的方式，维护市场的有序运行；又可以通过不允许那些应该在市场之中的市场主体及商品退出市场的方式，维护市场的有序运行。

市场进出规则首先体现在规范市场主体方面：(1)规范市场主体进入市场的资格。这里主要是审查要进入市场的主体的资格与条件，把那些不符合要求的市场主体赶出市场。(2)规范市场主体的经营范围。这里主要是市场主体进入市场后，防止超越范围的经营，以及在这一范围内经营所必须拥有的最少注册资本金，以防没有能力的市场主体进入市场扰乱市场秩序。(3)规范市场主体退出市场的行为。市场主体要想退出市场也必须遵照一定的程序，履行相应的手续。这主要是防止对其他市场主体和消费者的损害。

当然，市场进出规则还要通过保证商品使用价值的有效性来保证市场运行的有序化。也就是说，市场进出规则要对进入市场的商品的使用价值的质量等做出明确的规定和要求，以防止伪劣商品和假冒商品进入市场。在这方面，市场进出规则要对进入市场的商品做出全面规定：(1)商品的质量要符合要求，低劣商品不能进入市场之中；(2)商品的效用要符合消费者的利益，那些有害于消费者身心健康的商品不能进入市场；(3)商品的包装及其他方面都要符合要求，不能有损于消费者的利益；(4)商品要名副其实，任何假冒商品都不能进入市场；(5)商品的价格及计量等都要符合要求，否则不能进入市场。总之，市场进出规则对进入市场的商品从质量到价格等都要做出明确规定，通过净化进入市场的商品，从而保证市场的有序运行。

2. 市场竞争规则

市场竞争规则，实际上就是国家以法律形式维护各市场主体之间的平等交换、公平竞争的规则。市场竞争规则就是要把超经济的行政特权的干涉、垄断和市场分割与封锁，以及“拉关系”和“走后门”等非经济干扰，作为主要的反对目标，要求市场主体靠自己的劳动技能和经营才干，依据市场信息，靠提高效率和成本的节约来获取利润。否则，市场就不可能实现优胜劣汰的作用，也就不可能发挥市场的积极作用。

从市场经济公平竞争的内在要求来看，市场竞争规则应当反映以下要求：(1)各市场主体能够机会均等地按照统一的市场价格取得生产要素；(2)各个市场主体能够机会均等地进入市场，并按照市场状况自主地出售自己的商品，包括商品的价格和销售地区等；(3)各市场主体平等地承担税负及非税负方面的负担;(4)其他方面的平等竞争,如劳动者之间的就业机会均等和经营机会均等。也就是说,市场竞争规则必须充分反映公平竞争的内在要求,以保证市场的公平竞争。

从公平竞争的内在要求来看,竞争规则必须要从三个方面规范竞争,使竞争贯彻公平原则:(1)要保证各市场主体有公平的竞争环境,禁止垄断及各种非公平因素,其中主要包括:一是消除条块分割和封锁,打破部门所有制和地区所有制所形成的各种阻碍竞争的壁垒;二是把市场中大量存在的各种特殊待遇和种种照顾,以及"后门关系"和各种保护落后的做法,统统从市场活动中排除;三是使资金、技术、人才等各种生产要素能自由流动,让所有的企业都能从市场上自由地获得自己所需要的生产要素;四是破除企业在行政上的各种等级差别,确立所有企业平等相待的观念。(2)规范各市场主体的竞争行为,禁止非法竞争。应该禁止的非法竞争行为主要有:用欺骗和假资料来招揽和影响顾客,盗用和模仿别人的商标,强制顾客接受其没有订购的附加物件和其他物件;散布有关竞争对手的不合事实的流言飞语,损害其他市场主体的声誉;阻止第三者同竞争对手的正常业务往来;采用不正当的手段压价供应;单方面地把风险强加给弱者。(3)规范竞争商品,防止竞争者使用假冒伪劣商品进行竞争,其中主要是:首先要求商品包装、规格、商标以及产品"三包"等实行标准化;其次要求产品质量、计量标准、构成成分、性能及等级等公开化;再次要求产品必须符合卫生、环保等其他方面的标准。

3. 市场交易规则

市场交易规则是市场主体进行市场活动所必须遵守的行为准则与规范。它主要包括:(1)禁止强买强卖,囤积居奇,哄抬物价;(2)公开交易,明码实价,禁止黑市交易;(3)等价交换,实行交易货币化;(4)市场交易规则化,包括交易场所、计量器具、批发和零售等,都要按照市场规则进行。因此,市场交易规则一方面是要求交易双方规范地进行交易活动,禁止各种非正当交易;另一方面是为双方的规范交易创造良好的环境条件,包括反对各种垄断和改变严重短缺或严重过剩的市场格局,以便为市场规范交易选择良好的市场环境。总之,市场交易规则的重要作用是规范交易双方的交易行为。

4. 市场仲裁规则

市场仲裁规则是指国家作为市场活动的仲裁者在规范各市场主体的市场交易活动时所依据的法律与法规的总和。在各市场主体进出市场,开展竞争与进行交易过程中,难免会发生矛盾和纠纷。为了协调与解决这些矛盾和纠纷,国家作为裁判员,要进行公平的裁判。为此,必须要有一套完善的市场仲裁规则,使国家能够依据市场仲裁规则和公平的原则,对买卖双方一视同仁,不偏袒任何一方。

市场仲裁规则有两重含义:一是各市场主体发生矛盾与纠纷时国家裁判这些矛盾所依据的法律与规则的总和,这其实就是上述市场进出规则、市场竞争规则、市场交易规则的有机结合;二是国家的仲裁机构如何建立、如何运行及如何协调市场主体矛盾的规则总和。

以上所分析的市场规则要能够很好地发挥作用,还必须具有其他良好的条件即要有比较好的市场环境。所谓"比较好的市场环境",就是指:一是市场供求关系大体平衡,既不是严重的总需求膨胀,也不是严重的需求不足,从而使与供求关系严重失调相关的层层倒手、轮番涨价、商品搭配、黑市交易等现象失去存在的基础,以保证市场规则的贯彻。二是市场信号清晰化,即市场信号能灵敏地反映市场状况,使市场主体有一个科学的经营依据,从而使市场规则能有效地起作用。三是市场行为透明化，即市场主体的行为比较公开化，能使整个市场状况清楚地表现出来，从而使市场规则的贯彻和检验能有效地进行。

二、交易费用

市场主体之间开展交易是有成本的。美国早期制度学派的代表人物康芒斯曾对“交易”及其类型作了独创性的界定，认为交易不是实际交货意义上的物品交换，而是个人与个人之间对物质的东西的未来所有权的让与和取得，即交易是一种所有权的关系——人与人之间的关系，并把交易区分为“买卖的交易”“管理的交易”和“限额的交易”三种。[①] 后来美国新制度经济学家科斯沿着这一思路进行了研究，他把交易费用看作是企业和市场的运作成本，但他并没有把交易费用的概念一般化。因此，现代产权经济学对交易费用并没有取得一致的看法。

目前，经济学界较多的人接受马修斯为交易费用所下的一个定义。马修斯认为，交易费用包括事前发生的为达成一项合同而发生的成本，以及事后发生的监督、贯彻该项合同而发生的费用。与交易费用相对应的生产费用则是指为执行合同本身而产生的费用。[②]

具体来说，交易费用包括以下行为所产生的费用：

(1)搜寻有关价格分布、产品质量和劳动投入的信息，寻找潜在的买主和卖主，了解他们的行为和所处的环境。

(2)当价格可以商议时为确定卖主的真实要价而进行的讨价还价的过程。

(3)起草、讨论、确定交易合同的过程。

(4)监督合同的签订者，了解他们是否遵守合同上的各个条款。

(5)当合同签订者不承担他们所承诺的义务时，强制执行合同；一旦这种违约行为对另一方造成损害，则受害方将提起诉讼，要求赔偿。

(6)保护产权，以防止第三者的侵犯。

因此，如果市场交易规则制定得好，并且得到有效的执行，就可以降低交易费用，提高市场运行的效率；如果制定得不好就会增加市场的交易费用，就会降低市场运行效率，降低市场经济的资源配置效率。

第四节　社会总资本运行中的矛盾和经济周期

一、社会总资本运行中的矛盾及其根源

社会总资本运行中存在着一系列矛盾，如社会生产与社会消费之间、社会生产两大部类之间、生产资料生产与生产消费之间、消费资料生产与生活消费之间、供给与需求之间等。这些经济矛盾处理不当，便会激化，并导致经济无序和无效率。

在资本主义制度下，个别企业生产的有组织性和整个社会生产的无组织(无政府)状态

---

① 康芒斯：《制度经济学》上册，商务印书馆 1962 年版，第 74—86 页。

② Matthews, R. C. O. “The Economics of Institutions and the Sources of Growth”, *Economic Journal* 96(December)1986, pp. 903—910.

的矛盾，生产无限扩大的趋势和劳动人民有支付能力的需求相对缩小的矛盾，是诱发经济危机的直接原因，也是资本主义市场经济的基本矛盾，即经济不断社会化与生产资料的资本主义私有制之间的矛盾所决定的。而这一基本矛盾又是经济危机的深层原因或根源。

首先，资本主义企业内部的有组织性和整个社会经济无组织状态的矛盾会不断激化。在资本主义制度下，资本家为了获取更多的利润，并且要在激烈的竞争中生存下来和打败竞争对手，就要不断地加强和改进企业的经营管理，以提高企业的生产效率。随着资本主义科学技术的进步及其在管理上的应用，资本主义企业在内部表现出较高的计划性和组织性。但是，这些资本的所有者并不是按社会的需要来组织生产，而是根据自己的私利来组织生产。由于生产资料是私人所有，因而资本家只关心自己所属企业的生产、技术、组织效率和企业产品的市场占有率，以及利润的最大化。这样整个社会就不可能形成统一计划和管理，从而处于无序或半无政府状态中，这就形成了资本主义社会中单个企业生产的有组织性和整个社会生产无组织状态的矛盾。

其次，资本主义生产无限扩大的趋势和劳动人民有支付能力的需求相对缩小之间的矛盾会不断激化。在资本主义制度下，资本家为了获得更多的利润和在激烈的市场竞争中取胜，要求不断地扩大生产规模，同时，科学技术的进步及其在工艺过程中的迅速应用，又为资本主义生产的无限扩大提供了物质技术基础。这就使资本主义的生产存在无限扩大的趋势。商品生产的不断扩大，要求有相应的社会购买力。而资本家为了追求利润的最大化又会采用更多的方式来加强对劳动者的剥削，劳动者只能获得劳动力的报酬——工资，而不能参与社会剩余产品的分配，社会剩余产品全部被资本的所有者占有了，劳动者只能靠出卖自己的劳动力来维持生活，因此，劳动者的消费能力与整个社会的扩大生产之间差距越来越大，使劳动者有支付能力的需求同资本主义的生产扩大相比呈现出相对缩小的趋势，这就不可避免地导致生产和消费之间出现严重的脱节和对立。

二、资本主义再生产周期与经济危机

社会生产发展是一种宏观的、长期的经济现象。由于社会生产发展是由一个复杂的结构决定的，而这个复杂结构中的诸因素之间具有不稳定性和不平衡性，所以，社会生产经常出现周期性的波动。决定社会生产周期性波动的一般原因是：

（1）经济结构的状况。社会生产的发展并非是生产要素投入的直接结果，也不是资源配置的直接结果。这是因为，生产要素、资源首先要与企业、行业、产业部门结合在一起，形成反映特定经济体系的经济结构。其中，一系列产业部门通过产业部门关联，有机地、动态地联系在一起，从根本上制约社会生产的发展。

（2）资本与投资的结构和水平。由于经济结构很大程度上取决于资本和投资的结构和水平，因此，资本与投资的结构和水平也是影响经济波动的原因。

（3）技术创新与技术进步的情况。技术是现代社会生产发展的决定因素。

（4）市场环境的制约。主要是市场供求状况和金融、价格环境。

（5）国际经济环境。由于国内市场是与国际市场相沟通的，因此，国际经济关系，特别是贸易关系、汇率关系构成对国内生产发展的直接和间接影响。

（6）社会经济制度和经济体制。社会经济制度和体制影响上述诸因素的变化，从而影响社会生产发展。

在资本主义社会，由于上述一系列经济矛盾的存在，使资本主义经济不断地出现周期性的波动，而大规模的固定资本更新是这种周期性波动的物质基础。在资本主义社会，经济周期包括危机、萧条、复苏和高涨四个阶段。

(1)危机阶段。危机既是上个周期的终点，又是下一个周期的起点。危机往往是在资本主义经济最繁荣的时期爆发的。在危机阶段，整个经济处于衰退、瘫痪和混乱状态之中。危机发生以后，资本家为了阻止价格继续下跌，不惜采取破坏生产力的手段，毁坏一部分商品和机器设备，人为地把供过于求的情况改变过来，从而使危机阶段过渡到萧条阶段。

(2)萧条阶段。社会生产不再继续下降，企业倒闭的现象暂时停止，失业人数不再增加，商品价格停止下跌。但是，社会购买力仍然很低，商品销售仍有困难，大量工人依然失业，社会生产处于停滞状态。这个阶段，由于社会消费没有停止，资本家以低廉的价格把商品慢慢地销售出去，因此，存货逐渐减少，生产恢复的因素在逐步增加，促使萧条阶段逐步转入复苏阶段。

(3)复苏阶段。随着存货的减少，需求价格逐步回升，利润逐步增加，在危机中没有破产的资本家，为了在激烈的竞争中取胜，他们一方面加紧对工人的剥削，另一方面设法改进技术，进行固定资本的更新。由于商品需要新的机器设备，从而推动了生产资料部门的恢复和发展，并引起了对劳动力的需要的增加。这样一来就推动了整个社会生产恢复过来。当整个社会生产恢复过来或超过危机前的最高点，复苏阶段就过渡到了高涨阶段。

(4)高涨阶段。生产不断扩大，市场商品畅销，企业利润激增，信用投机活跃，整个资本主义经济又呈现一片繁荣昌盛景象。但是，在一派繁荣的背后，整个资本主义经济新的危机因素又逐渐积累起来。恩格斯曾经很形象地描绘了这个过程："运动逐渐加快，慢步转成快步，工业快步转成跑步，跑步又转成工业、商业、信用和投机事业的真正障碍赛马中的狂奔，最后，经过几次拼命的跳跃重新陷入崩溃的深渊。如此反复不已。"①

在资本主义经济活动中，社会再生产的顺利进行主要会遇到以下两种矛盾：一种是经常存在的局部性比例失调，这是价值规律决定的供求关系自发作用的结果；另一种就是资本主义内在矛盾激化的集中爆发，即以周期性的生产过剩为主要特征的经济危机。

资本主义经济危机中的最基本现象是生产过剩。不过资本主义的生产过剩，不是绝对的，并不是说生产的社会财富已经超过了社会的实际需要，而是生产的社会产品超过了劳动群众的支付能力。所以，资本主义的经济危机的实质是生产相对过剩。

经济危机在历史上是在资本主义生产方式完全确立后才爆发的，但其可能性早在简单商品经济的条件下已经存在。在简单商品生产条件下，当货币出现并执行流通手段职能时，商品的交换不再是物物直接交换，而是出现以货币为媒介的商品流通，这就使商品交换分为买和卖这两个在时间和空间上独立的过程，这时有可能出现有的人卖而不买的现象，从而产生买卖脱节、商品卖不出去的可能性。所以货币作为流通手段的职能，已经孕育着经济危机在形式上的第一种可能性。

当货币执行支付手段职能时，商品买卖活动采用赊销赊购的方式，于是形成了一系列的复杂的债务连锁关系。在这种信用链关系中，一旦有一个债务人到期不能偿还债务，就会引起连锁反应，使一系列的支付关系遭到破坏。一些债务人为了取得货币偿还债务而急于销

① 《马克思恩格斯选集》第3卷，人民出版社1972年版，第316页。

售商品，形成了大量的商品难以卖出去的局面。所以，货币作为支付手段的职能，就产生了经济危机在形式上的第二种可能性。

在简单商品经济条件下，这种经济危机的可能性，之所以未能转换为社会范围内经济危机的现实性，就在于资本主义生产方式确立以前，整个社会经济生活中占统治地位的是自给自足的自然经济，商品经济所占的比重很小。那时，即使发生商品买卖的脱节或者信用关系链条的破坏，也只涉及某些小商品生产者，影响的范围很小，不会引起整个社会经济生活秩序的混乱和经济危机的爆发。而在资本主义生产方式建立以后这种可能性就转化为现实性。

第二次世界大战以来，由于新的科学技术革命的兴起，使生产社会化的程度更大提高，特别是国家对经济生活进行了干预和调节，采取了各种"反危机"措施，使经济危机出现了一些新的特点，主要表现如下：

第一，经济危机期间工业生产下降的幅度较小。从1973－1975年那次较严重的世界性经济危机来看，主要资本主义国家工业下降的情况是：美国15.1％，英国11.6％，联邦德国11.4％，法国16.3％，日本20.8％，还没有发生像20世纪30年代大危机那种大幅度剧烈下降的情况。美国在20世纪90年代和21世纪初的两次经济危机，经济下降幅度也不大。这同资本主义国家加强对经济的干预和调节，刺激投资，扩大消费信贷，推行社会福利制度有关，因而在一定程度上阻止了消费需求的下降，缓和了危机的严重程度。

第二，经济危机频繁，周期缩短。在自由竞争阶段，主要资本主义国家的经济危机大体上是十年左右爆发一次；20世纪进入垄断资本主义后，直到第二次世界大战以前，经济危机每隔七八年爆发一次；战后差不多四五年就爆发一次，周期明显缩短。这与战后国家垄断资本主义的广泛发展有关。由于政府采取了各种措施刺激经济过早地回升，从而较快地摆脱经济危机并通过萧条与复苏阶段，进入繁荣阶段。这样做的结果使生产过剩与市场狭小的矛盾并没有得到较充分的解决，而是累积起来，因而危机肯定会再次发生。

第三，经济危机期间，物价不仅不下降反而普遍上升。战前危机期间，物价普遍大幅度下降，例如，美国1920－1921年危机期间物价下降了37.6％，1929－1933年危机期间物价下降了53.9％。而战后，由于资产阶级政府推行赤字财政政策和扩张信用政策等造成严重的通货膨胀，使危机期间的物价不仅不下降反而普遍上升，例如，1973－1975年危机期间的消费品物价指数，美国上升了15.3％，日本上升了32.5％，英国上升了43.9％，法国上升了19.1％，联邦德国上升了11.1％，意大利上升了24.6％。物价上涨使过剩的商品更难销售出去，因而经济回升乏力，以至于出现通货膨胀和经济停滞同时并存的两难局面，即发生了"滞胀"。

第四，经济周期的阶段变形，各个阶段的标志不明显。战前，经济周期一般明显地表现出四个阶段。而在战后，在反危机措施的影响下，经济周期的四个阶段的交替进程和各个阶段的特征，并不十分明显。危机阶段生产下降幅度较小，复苏缓慢无力。萧条与复苏阶段的界限难以区分。由于再生产过程中的矛盾没有得到较充分的解决，因而在繁荣阶段生产仍旧增长缓慢，企业依然开工不足，失业人口经常大量存在，如2008年以来的美国和日本的经济就是明证。

三、中国的经济波动

现代市场经济条件下的经济增长，是一个由许多因素综合作用的极为复杂的社会再生产过程。除了市场经济本身的因素会影响经济增长外，经济过程之外的非经济因素也会干扰和影响经济增长。经济增长的波动性是指经济增长过程中扩张和收缩的交替过程。其扩张是指经济增长过程呈现出上升趋势，其收缩是指经济增长速度表现出停滞或下降的趋势。

由于各种经济和非经济因素的影响，我国的经济增长也表现出一定的波动性。1949 年以来，我国的经济首先经历了国民经济恢复时期。1953 年开始的第一个五年计划，标志着我国进入了大规模有计划按比例的经济建设时期。但是以后，我国国民经济的增长却出现了明显的波浪形的增长，可用表 7—1 把这一情况直观地描绘出来。

表 7—1　　1953—2018 年我国国内生产总值增长幅度表

年份	·国内生产总值指数（上年＝100）	年份	国内生产总值指数（上年＝100）	年份	国内生产总值指数（上年＝100）
1953	115.6	1975	108.7	1997	109.2
1954	104.3	1976	98.4	1998	107.8
1955	106.9	1977	107.6	1999	107.7
1956	115	1978	111.7	2000	108.5
1957	105.1	1979	107.6	2001	108.3
1958	121.3	1980	107.8	2002	109.1
1959	109	1981	105.1	2003	110
1960	100	1982	109	2004	110.1
1961	72.7	1983	110.8	2005	111.4
1962	94.4	1984	115.2	2006	112.7
1963	110.3	1985	113.4	2007	114.2
1964	118.2	1986	108.9	2008	109.7
1965	117	1987	111.7	2009	109.4
1966	110.7	1988	111.2	2010	110.6
1967	94.3	1989	104.2	2011	109.6
1968	95.9	1990	103.9	2012	107.9
1969	116.9	1991	109.3	2013	107.8
1971	119.3	1992	114.2	2014	107.3
1971	107.1	1993	113.9	2015	106.9
1972	103.8	1994	113	2016	106.7
1973	107.8	1995	111	2017	106.8
1974	102.3	1996	109.9	2018	106.6

数据来源：中华人民共和国国家统计局。

从表 7—1 可以看出，我国在 1958—1976 年的 18 年间，经济增长幅度大起大落，其中，1960—1962 年、1967—1968 年和 1976 年，曾出现过经济负增长。那么，是什么原因造成了这种经济波动呢？

其具体原因不少，但主要原因是，我国经济增长周期性表现为社会总供给和社会总需求的周期性失衡。这种失衡首先表现为社会总需求大于社会总供给。从社会总需求方面来看，由于扩张冲动的存在和企业投资自我约束机制的弱化，地区、部门和企业难以满足的投资饥渴，引起投资需求的不断膨胀，使我国的投资增长率常常上升到相当的高度。从社会总供给方面来看，由于投资效益差，投资需求不能有效地转化为供给。高投入、低产出的经济流程，严重影响了资金形成和供给能力的增长。同时，由于国民经济中一些短线瓶颈的制约，使连续的扩张不能为继，投资扩张推动经济增长的链条中断，经济增长率也会波动。一旦经济调整，社会总供给与社会总需求趋于平衡，社会总需求膨胀又重新开始，经济周期又开始进入新的波动阶段。

社会总供求的失衡还表现在社会总供给大于社会总需求，这是我国经济波动的另一种现象。整个社会的总需求由企业的投资需求、居民的消费需求、政府支出和出口构成。由于近几年我国经济处于一个调整时期，一些企业的经济效益不好，企业的投资需求降低，同时，居民的消费需求不高，再加上东南亚金融危机的影响，我国的出口下降很大，因而导致社会总需求不足，造成了我国经济增长的又一次波动。

社会总供求的矛盾也表现为社会供求的结构性失衡。当经济增长拉动长线部门过快增长时，短线部门则由于增长的相对缓慢而形成对经济增长速度的制约，而我国弥补短线产品供给不足的替代和进口能力还相当弱，因而，在短线产品供给不足时，只有通过压缩需求降低增长速度来缓解矛盾，从而迫使经济增长由扩张期进入收缩期。一旦通过产业结构调整使短线产品供给的“瓶颈”消除，经济又开始新一轮的增长，并在投资需求扩张和消除需求膨胀的双重拉动下迅速高涨起来，于是，结构性失衡的矛盾又会尖锐起来，经济增长又遇到了困难，从而进入了新的经济周期。

因此，经济波动已经成了我国经济生活中的一个客观现实。我们应当加强对经济波动的研究，制定相应的对策，抑制经济的非常态波动，减缓周期性经济震荡，使我国的经济增长建立在稳定、高效的基础之上。

第五节　以劳动价值论为基础的完全竞争产品市场模型

在现代西方经济学中，产品市场模型是构成整个一般均衡体系的不可或缺的重要一环。然而，该模型本身却是建立在市场表面的价格之上，缺乏牢固的价值基础。也有一些人强调价值在决定价格中的重要作用，但却未能以价值为基础建立起完整的产品市场模型。本节在完全竞争的假定下，根据马克思的劳动价值理论，推导产品的供给函数和需求函数，在此基础上，讨论均衡价值和均衡数量的决定及变化规律，并说明均衡价值与价格的关系。

一、劳动价值论

设某行业在生产过程中使用的全部社会必要劳动时间为 L，生产的产量为 Q。$Q=Q(L)$是行业的生产函数。假定 $Q(L)$过原点、先递增上升然后递减上升。根据劳动价值理论，该行业生产的全部产品的价值总量 $Z=L$，单位产品价值量(简称“产品价值”，用 z 表示)为：

$$z=\frac{L}{Q(L)}$$

为简单起见，这里只考虑新创造的价值，而略去了来自生产资料的“转移价值”。①

另一方面，如果设维持单位劳动力再生产所需要的生活资料的数量为 e，每一单位生活资料的价值为 z_j（j 代表生产生活资料的行业②），则劳动力的价值可以表示为：

$$w=z_j\cdot e=\frac{L_j}{Q_j(L_j)}\cdot e$$

这里，L_j 为生活资料行业的劳动总量，Q_j 为相应的产品总量，两者的比率恰好等于生活资料的价值。

二、生产函数和产品的供给

现在根据劳动价值论来推导完全竞争企业的剩余价值函数，并从企业的剩余价值最大化行为推导产品的供给函数。为此，我们先将企业的生产函数“改造”成“反函数”的形式，并借助生产函数的反函数，重新定义企业的收益、成本和剩余价值。

1. 生产函数及其反函数

考虑某个典型企业。该企业使用的劳动量为 l，生产的产量为 q。$q=q(l)$ 是企业的生产函数。假定它与行业的生产函数一样，也过原点、先递增上升然后递减上升，即当 $l=0$ 时，$q=0$；$\mathrm{d}q/\mathrm{d}l$ 大于 0；$\mathrm{d}^2q/\mathrm{d}l^2$ 先大于 0 后小于 0。

由于生产函数被假定为“单调上升”，故存在生产函数的反函数（或“反生产函数”）$l=l(q)$。根据生产函数的性质，不难确定相应的反生产函数的性质。

首先，和生产函数一样，反生产函数也过原点，即当 $q=0$ 时，$l=0$。

其次，当生产函数上升时，反生产函数也上升，即当 $\mathrm{d}q/\mathrm{d}l>0$ 时，亦有 $\mathrm{d}l/\mathrm{d}q>0$。这是因为，根据反函数的求导法则有：

$$\frac{\mathrm{d}l}{\mathrm{d}q}=\frac{1}{\mathrm{d}q/\mathrm{d}l}>0$$

最后，当生产函数递增上升（$\mathrm{d}^2q/\mathrm{d}l^2>0$）时，反生产函数递减上升（$\mathrm{d}^2l/\mathrm{d}q^2<0$）；当生产函数递减上升（$\mathrm{d}^2q/\mathrm{d}l^2<0$）时，反生产函数递增上升（$\mathrm{d}^2l/\mathrm{d}q^2>0$）。换句话说，反生产函数与生产函数的二阶导数的符号正好相反。这同样是因为，根据反函数的求导法则有：

$$\frac{\mathrm{d}^2l}{\mathrm{d}q^2}=-\frac{q''(l)\cdot l'(q)}{[q'(l)]^2}=-\frac{q''(l)/q'(l)}{[q'(l)]^2}=-\frac{q''(l)}{[q'(l)]^3}$$

2. 剩余价值的最大化

在完全竞争条件下，企业改变产量（及劳动量）的行为不会影响产品价值 z 和劳动力价值 w，故 z 和 w 都是所谓的“参数”。在不考虑生产资料耗费及价值转移时，完全竞争企业的“收益”（等于产品价值与产量的乘积，用 R 表示）和“成本”（等于劳动力价值与劳动量的乘积，用 C 表示）可以分别写为 $R=z\cdot q$ 和 $C=w\cdot l(q)$，相应的剩余价值函数（用 M 表

① 考虑转移价值会使讨论复杂一些，但不会改变基本的结论。

② 在日常生活中，“生活资料”一词所指的范围非常广泛，包括生存资料、发展资料、享受资料等；但在这里，它的含义却要狭窄得多——实际上，它只是生活资料的一个部分，即与维持劳动力再生产直接相关的那一部分。

示）则为：[①]

$$M=R-C=zq-wl(q) \qquad (z,w>0)$$

剩余价值最大化的必要条件是剩余价值函数的一阶导数等于 0，即 $M'(q)=0$。具体到完全竞争企业，该条件简化为：

$$z=wl'(q) \tag{1}$$

上式等号左边的 z 是产品价值，即完全竞争企业的边际收益，右边的 $wl'(q)$ 是相应的边际成本。于是，整个式子意味着，要使剩余价值达到最大，产品的边际收益必须等于产品的边际成本。

剩余价值最大化的充分条件是：在剩余价值函数的一阶导数等于 0 处，相应的二阶导数小于 0，即 $M''(q)<0$。对于完全竞争企业来说，这个条件简化为：

$$wl''(q)>0 \tag{2}$$

即边际成本函数的一阶导数（或成本函数的二阶导数）大于 0。

3. 产品供给函数

现在设 q_s 是同时满足剩余最大化必要条件(1)式和充分条件(2)式的产品供给量。由隐函数定理显而易见，q_s 是产品价值 z 和劳动力价值 w 的函数。于是有：

$$q_s=q_s(z,w) \tag{3}$$

它表示追求剩余最大化的完全竞争企业对产品的供给量将随它生产的产品的价值 z 以及它雇佣的劳动力的价值 w 的变化而变化。

将产品供给函数(3)式代回剩余价值最大化的必要条件(1)式，得到如下的恒等式：

$$z\equiv wl'(q_s(z,w)) \tag{4}$$

之所以是恒等式，是因为(3)式的产品供给函数本来就是从(1)式的剩余价值最大化必要条件中解出来的。

由于(4)式是恒等式，故可以在它的两边同时对产品价值 z 求偏导数。于是有：

$$wl''(q)\cdot\frac{\partial q_s}{\partial z}=1$$

从中解得：

$$\frac{\partial q_s}{\partial z}=\frac{1}{wl''(q)}$$

这个偏导数的符号反映了企业的产品供给量随产品价值变化而变化的规律。如果它大于 0，则企业对产品的供给将随产品价值的提高而增加；反之亦然——这是我们期望得到的结果。现在可以看到，这个结果不过是剩余价值最大化的自然而然的推论。这是因为，根据剩余价值最大化的充分条件(2)式，有 $wl''(q)>0$，从而：

$$\frac{\partial q_s}{\partial z}=\frac{1}{wl''(q)}>0$$

从几何上说，它意味着产品供给曲线向右上方倾斜。

同样可以在恒等式(4)的两边对劳动力价值 w 求偏导数。于是有：

---

① 这里假定所讨论的企业不属于决定劳动力价值的生活资料行业。如果属于，则其剩余价值函数可表示为：$M=z_jq-z_jel(q)$。

$$l'(q)+wl''(q)\cdot\frac{\partial q_s}{\partial w}=0$$

从中解得：

$$\frac{\partial q_s}{\partial w}=-\frac{l'(q)}{wl''(q)}$$

这个偏导数的符号反映了企业的产品供给量随劳动力价值变化而变化的规律。如果它小于0，则企业对产品的供给将随劳动力价值的提高而减少；反之亦然——这也是我们期望得到的结果。现在可以看到，这个结果同样是剩余价值最大化的自然而然的推论。这同样是因为，根据充分条件 $wl''(q)>0$（以及 $l'(q)>0$）有：

$$\frac{\partial q_s}{\partial w}=-\frac{l'(q)}{wl''(q)}<0$$

从几何上说，它意味着，劳动力价值上升导致产品供给曲线向左上方移动。

三、效用函数和产品的需求

前面根据劳动价值论和企业的生产函数推导了产品的供给函数。现在要根据劳动价值论和个人的效用函数推导产品的需求函数。生产函数帮助说明了价值与产品供给量的关系。与此相似，效用函数将帮助说明价值与产品需求量的关系。在这两个场合，起决定作用的都是劳动和劳动创造的价值，但生产函数和效用函数也不可或缺。

1. 效用和效用函数

对效用的讨论由来已久。它甚至可以追溯到古希腊的亚里士多德（Aristoteles）。① 19世纪70年代，即所谓的“边际革命”时期，西方经济学一度还完全以人们对产品的主观评价（效用）来说明价值（或价格）。在马歇尔（Alfred Marshall）以后，尽管效用不再被单独用来解释均衡价格，而是首先被用来解释需求，再通过需求，与供给一起解释市场的均衡价格，但毫无疑问，效用仍然是西方经济学（特别是其价格理论）的最为重要的基础之一。这种状况直到今天也没有任何改变。

在马克思主义的政治经济学文献中，曾经有相当长的一段时间，效用概念被有意识地回避了。这一方面，当然是因为教条主义地对待劳动价值论的结果，另一方面，也许是因为想与西方经济学划清界限。实际上，在马克思和恩格斯那里，“效用”不过就是“使用价值”，并没有什么“阶级性”。② 总体来看，马克思主义经典作家在效用问题上有两个基本观点。第一，“商品要成为价值，首先必须是效用。”③第二，“如果一个使用价值不用劳动也能创造出来，它就不会有交换价值，虽然作为使用价值，它仍然具有它的自然的效用。”④换句话说，效用是价值的“必要条件”，但不是价值的“充分条件”。

如果用 u 表示效用，q 表示产品的消费量，则效用函数可以表示为：

$$u=u(q)$$

典型的效用函数具有如下性质：第一，它经过原点——这意味着，当消费的数量趋向于0时，效用量也趋向于0；第二，它向右上方倾斜——这意味着，随着消费的增加，效用也增加；第

① 参见熊彼特：《经济分析史》第3卷，商务印书馆1996年版，第437页。
② 例如，参见马克思：《资本论》，人民出版社1975年版，第1卷第218、291、365页，第2卷第229页。
③ 《马克思恩格斯全集》第49卷，人民出版社1982年版，第186页。
④ 马克思：《资本论》第3卷，人民出版社1975年版，第728页。

三，它向上凸出——这意味着，随着消费连续不断的增加，效用的增加是越来越少的。后两条性质可以简单地概括为：总量效用递增，边际效用递减。

2.福利的最大化

设消费者追求“福利”（用 W 表示）的最大化。与生产者的剩余价值函数一样，消费者的福利也可以表示为相应的“收益”和“成本”（同样用 R 和 C 表示）之差。只不过在这里，收益是消费的收益，成本是消费的成本。

消费的收益显然就是消费者从消费中得到的效用，即：

$$R=u(q)$$

其中，u 如前所说是消费者对所消费的产品数量 q 的主观评价。为便于比较，假定效用的单位也是“价值”，即消费者以价值的高低来衡量满足的大小。

另一方面，消费的成本等于消费的产品数量 q 与产品价值 z 的乘积，即：

$$C=zq$$

由于消费行为不会影响产品的价值（产品价值由包含在产品中的社会必要劳动时间决定，不会因为消费数量的变化而变化），故对消费者来说，z 是一个“参数”。需要注意的是，在西方经济学中，消费的成本被看成是产品数量与产品价格（而非产品价值）的乘积，但对单个的消费者来说，产品价格只有在完全竞争的条件下才是参数，在非完全竞争时，它会随消费数量的变化而变化。

用消费者的收益减去相应的成本，即得消费者的福利函数：

$$W=R-C=u(q)-zq \qquad (z>0)$$

福利最大化的必要条件为 $W'(q)=0$，或者：

$$u'(q)=z \tag{5}$$

上式等号左边为消费的边际收益（等于边际效用），右边为消费的边际成本（等于产品价值）。于是，决定福利最大化的必要条件为消费的边际收益等于边际成本，或者，边际效用等于产品价值。

福利最大化的充分条件为 $W''(q)<0$，或者：

$$u''(q)<0 \tag{6}$$

换句话说，福利最大化的充分条件等价于边际效用递减。

3.产品需求函数

设 q_d 是同时满足福利最大化必要条件（5）式和充分条件（6）式的产品需求量。根据隐函数定理，q_d 是产品价值 z 的函数。于是有：

$$q_d=q_d(z) \tag{7}$$

将产品需求函数（7）式代回福利最大化的必要条件（5）式，可得恒等式如下：

$$u'(q_d(z))\equiv z \tag{8}$$

在恒等式的两边对 z 求导则有：

$$u''\frac{dq_d}{dz}=1$$

或者

$$\frac{dq_d}{dz}=\frac{1}{u''}<0 \qquad (\text{因为 } u''<0)$$

这表明：产品需求量 q_d 随产品价值 z 的上升而下降；反之亦然。换句话说，产品需求曲线是向右下方倾斜的。

四、均衡价值和均衡数量的决定及变化

(3)式是企业的供给函数。同一市场上所有企业的供给函数之和构成市场的供给函数；(7)式是个人的需求函数。同一市场上所有个人的需求函数之和构成市场的需求函数。如果用 Q_s 和 Q_d 分别表示市场的供给和需求，则整个产品市场的模型可表示为：

$$\text{产品供给函数} \quad Q_s = Q_s(z, w)$$

$$\text{产品需求函数} \quad Q_d = Q_d(z)$$

$$\text{市场均衡条件} \quad Q_s = Q_d$$

该模型决定了产品市场的均衡价值、均衡数量以及它们的变化规律。与企业和个人的供求函数一样，这里显然也有：$\partial Q_s/\partial z > 0$、$\partial Q_s/\partial w < 0$、$dQ_d/\mathrm{d}z < 0$。

1. 均衡价值和均衡数量

将产品市场模型中的供给函数和需求函数代入均衡条件得：

$$Q_s(z, w) = Q_d(z) \tag{9}$$

此即为产品市场的均衡解公式。根据隐函数定理，它意味着，产品的均衡价值（仍用 z 表示）是劳动力价值 w 的函数。于是有：

$$z = z(w) \tag{10}$$

一旦劳动力价值给定，即可从上式中解出产品的均衡价值。

另一方面，由于在均衡状态下有：

$$Q = Q_d = Q_d(z) = Q_d(z(w)) \tag{11}$$

故一旦劳动力价值给定，亦可解出产品的均衡数量（仍用 Q 表示）。

2. 均衡价值和均衡数量的变化

为了了解均衡价值和均衡数量的变化规律，我们把均衡价值(10)式代入均衡解(9)式。于是有恒等式：

$$Q_s(z(w), w) \equiv Q_d(z(w)) \tag{12}$$

两边对 w 求导有：

$$\frac{\partial Q_s}{\partial z} \cdot \frac{dz}{dw} + \frac{\partial Q_s}{\partial w} = \frac{dQ_d}{\mathrm{d}z} \cdot \frac{\mathrm{d}z}{\mathrm{d}w}$$

解之得：

$$\frac{\mathrm{d}z}{\mathrm{d}w} = \frac{\partial Q_s/\partial w}{\mathrm{d}Q_d/\mathrm{d}z - \partial Q_s/\partial z} > 0$$

最后的不等号是因为：$\partial Q_s/\partial w < 0$、$\mathrm{d}Q_d/\mathrm{d}z < 0$、$\partial Q_s/\partial z > 0$。由此可见，产品的均衡价值 z 随劳动力价值 w 的上升而上升；反之亦然。

再根据(11)式有：

$$\frac{\mathrm{d}Q}{\mathrm{d}w} = \frac{\mathrm{d}Q_d}{\mathrm{d}z} \cdot \frac{\mathrm{d}z}{\mathrm{d}w} < 0$$

最后的不等号是因为：$\mathrm{d}Q_d/\mathrm{d}z < 0$、$\mathrm{d}z/\mathrm{d}w > 0$。由此可见，产品的均衡数量 Q 随劳动力价值 w 的上升而下降，反之亦然。

图 7—4 是关于产品市场均衡价值和均衡数量的决定及变化的几何表示。向右上方倾斜的 $Q_s(z,w_0)$ 和 $Q_s(z,w_1)$ 为产品供给曲线，向右下方倾斜的 $Q_d(z)$ 为产品需求曲线。设一开始时，劳动力价值为 w_0，相应的产品供给曲线为 $Q_s(z,w_0)$，它与 $Q_d(z)$ 的交点决定的均衡价值和均衡数量分别为 z_0 和 Q_0；当劳动力价值上升到 w_1 后，产品供给曲线向左上方移动到 $Q_s(z,w_1)$，它与 $Q_d(z)$ 的交点决定的均衡价值上升到 z_1、均衡数量下降到 Q_1。

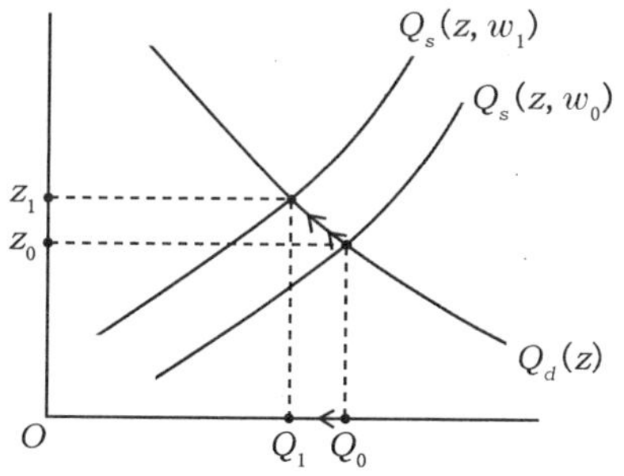

图 7—4　市场均衡及变化

3. 均衡价值和价格

借助图 7—4 还可以对均衡价值与价格的关系作一说明。按照马克思的劳动价值理论，价格是“价值的货币表现”①。但是，从量上来说，价格与价值的关系却非常复杂。两者既可能相同，也可能不同。下面从两个方面说明。

第一，当供给和需求一致，即当价值为均衡价值时，价格等于价值，即等于使供求一致的均衡价值。例如，在图 7—4 中，当劳动力价值为 w_0 时，产品的均衡价值为 z_0。此时，价格通常也等于 z_0（即所谓的均衡价格）——除非受到外力的干扰，如政府强行规定最高价格或最低价格的限制。

第二，当供给和需求不一致，即当价值为非均衡价值时，价格不等于价值，即不等于此时的非均衡价值。在这种情况下，价格需要调整。如果供求曲线均为“正常”形状（分别向右上方和右下方倾斜），则价格最终会调整到等于均衡价值的水平。例如，在图 7—4 中，当劳动力价值为 w_0 时，z_1 为非均衡价值。如果此时价格等于 z_1，则供给量将大于需求量。于是，卖者需要进行调整。卖者消除超额供给的办法是降低价格——所有供给价值（卖者愿意接受的最低价值，等于供给曲线的高度）低于 z_1 的卖者都宁愿为实现自己的供给量而接受更低一些的价格，只要降低后的价格不低于自己的供给价值。随着价格的下降，一方面，卖者的供给量会下降，从而，供给价值下降，另一方面，买者的需求量会上升，从而，需求价值（买者愿意支付的最高价值，等于需求曲线的高度）下降，结果，供大于求的“多余”部分会不断缩小。最后，当价格下降到等于均衡价值 z_0 时，需求量和供给量均等于 Q_0，从而，需求价值和供给价值均等于 z_0。市场重新达到均衡状态。

五、关于进一步的研究

本节在劳动价值论的基础上讨论了使用一种要素、生产一种产品的完全竞争市场模型。进一步的发展包括：第一，从使用单一要素到使用多种要素；第二，从生产单一产品到生产多种产品；第三，从完全竞争到不完全竞争；第四，从产品市场均衡到产品市场和要素市场的一般均衡。需要说明的是：这些发展将大大丰富马克思主义政治经济学的市场理论，但不会改变本节的基本结果。

本章小结

市场就是指一切商品或劳务交换的场所和交换关系的总和，它是市场机制运行的载体

① 马克思：《资本论》第 3 卷，人民出版社 1975 年版，第 397 页。

和表现形式。市场机制是通过市场价格的波动、市场主体对各自利益的竞争、生产供求关系的变化调节经济运行的机制。市场机制也是价值规律、供求规律、竞争规律等市场经济规律发生调节作用的机制。

市场机制具有微观经济均衡功能、资源短期配置功能、市场信号传递功能、科学技术创新功能和局部利益驱动功能等强点。但市场机制也具有市场调节目标偏差、市场调节程度有限、市场调节速度缓慢和市场调节成本昂贵等功能弱点。

市场供给与需求两种力量的对比决定了商品的市场价格和数量。

要进行商品的交换,就必须有商品交换的场所和对市场交换进行管理与监督的组织。因而,建立一个统一的、竞争的、开放的市场体系,以及高效的市场流通组织、市场管理组织和市场调节组织,就显得十分必要。而为了避免市场交易费用过高,就必须建立起严格的市场进出规则、市场竞争规则、市场交易规则和市场仲裁规则。

资本主义的所有制性质决定了经济危机的不可避免性。由于生产资料的私有制,导致了资本主义社会中单个企业生产的有组织性和整个社会生产无政府状态的矛盾,资本主义生产无限扩大的趋势和劳动人民有支付能力的需求相对缩小之间的矛盾。一旦这两个矛盾激化,经济危机就不可避免了。市场经济的运行和各种矛盾是复杂的,如果把握不好的话,经济增长就会发生较大的波动。社会主义国家应该努力掌握经济规律的特点,控制国民经济的非常态波动。

关键术语

市场　市场机制　市场经济　需求　需求函数　需求曲线　需求规律
供给　供给函数　供给曲线　供给规律　需求量的变化和需求的变化
供给量的变化和供给的变化　市场均衡　均衡价格　均衡数量
个别成本和社会成本　硬预算和软预算　社会主义市场经济　市场体系
市场组织　市场规则　经济周期

参考资料

1.《马克思恩格斯全集》第 24 卷,第 3 篇,人民出版社 1972 年版。

2. 恩格斯:《反杜林论》,《马克思恩格斯选集》第 3 卷,人民出版社 1975 年版。

3. 程恩富:《西方产权理论评析》,当代中国出版社 1997 年版。

4. 何玉长:《新中国社会主义经济理论问题》,《财经研究》1999 年第 11 期。

5. 张银杰:《从私有制与市场经济的矛盾看公有制与市场经济的兼容》,《当代经济研究》2002 年第 2 期。

思考题

1. 请举几个实例,阐明市场机制所具有的功能强点与功能弱点。

2. “需要就是需求,生产就是供给。”这句话对吗?有哪些因素影响市场供给和需求的变化?

3. 市场规则有什么特点?市场规则有哪些类型?

4.《新帕尔格雷夫经济学辞典》写道:“广义而言,交易成本是指那些在鲁宾逊·克鲁梭

(一人世界的)经济中不能想象的一切成本,在一人世界里,没有产权,也没有交易,没有任何形式的组织。"这样定义交易费用,你认为妥当吗?

5. 资本主义经济危机的一个表现就是供求的严重背离,大量的社会财富被毁掉。你认为这样的经济现象还会重演吗?中国有否可能出现?

·第三编·

生产的总过程

第八章

职能资本与平均利润

学习目的与要求

通过本章的学习，掌握职能资本、平均利润及两者之间的相互关系；了解在一般市场经济条件下，剩余价值转化为利润，利润转化为平均利润的过程；理解生产价格、平均利润规律和平均利润率变动趋势；揭示商业资本实现和分割剩余价值，获取商业利润的过程和社会性质。

第一节　成本价格和利润

一、成本价格

所谓的不变资本与可变资本的价值总和转化为成本价格，成为商品价值的一部分，使得商品价值的另一部分，即剩余价值随之转化为利润。这是商品经济社会的一个重要的共有的经济现象。从一般意义上说，商品的成本价格是由转移到单位新产品中的生产资料价值和单位新产品中相当于支付劳动力价值的资本价值两部分构成的，也就是 $c+v$，通常用字母 K 来表示，即 $K=c+v$。

马克思主义经济学十分强调，成本价格是生产单位产品所消耗的不变资本和可变资本之和。成本价格作为资本主义的生产耗费，即资本家的耗费，同生产商品的实际生产费用是不同的两个概念。生产商品的实际生产费用是按照全部的劳动耗费计量的，它包括物化劳动耗费 c 和活劳动的耗费 $v+m$。它同商品的价值是完全一致的，即等于 $c+v+m$。成本价格同生产商品的实际的生产费用的差额是剩余价值或利润。因此，成本价格是不包括利润的。剔除资本的私有性质，生产成本概念对社会主义公有经济也是同样适用的，也是投入的生产资料价值和劳动力价值的总和，表现为产品价值中的 $c+v$。

定义　成本价格

成本价格是生产单位产品所消耗的不变资本与可变资本之和。

辨析　成本价格与实际生产费用

成本价格衡量的是生产商品时投资者的耗费，即所耗费的预付资本 $c+v$；实际生产费用则包括全部的劳动耗费，它等于商品的价值 $c+v+m$。

讨论　成本价格与产品价值

尽管成本价格是产品价值的一个部分，但成本价格的变化与产品价值的变化却既可以有关系，也可以没有关系。

例如，假定一开始时的产品价值构成为：

$$400c+100v+100m=600$$

如果现在生产资料的价值或不变资本由 400 提高到 600，或者相反，降低到 200，则在前一个场合，不仅商品的成本价格会由原来的 $400c+100v=500$ 提高到 $600c+100v=700$，而且产品价值也会由原来的 $400c+100v+100m=600$ 提高到 $600c+100v+100m=800$，在后一个场合，不仅成本价格会由原来的 500 降低到 $200c+100v=300$，而且产品价值也会由原来的 600 降低到 $200c+100v+100m=400$。由此可见，在生产资料价值变化的情况下，成本价格的变化将导致产品价值的同样变化。

但是，如果现在假定其他条件不变，让劳动力价值由 100 增加到 150，或者相反，减少到 50，则成本价格的变化将丝毫不会影响产品价值：成本价格在前一个场合从 500 提高到 $400c+150v=550$，在后一个场合下降到 $400c+50v=450$，而产品价值在前后两个场合分别是 $400c+150v+50m=600$ 和 $400c+50v+150m=600$，完全没有变化。

西方经济学也十分注重对成本价格的研究。但其成本价格是不同于马克思主义经济学中的成本价格的。在西方经济学中，成本价格通常被看作是企业所购买的各种生产要素的货币支出。正常利润作为企业家才能的报酬包括在成本价格之中。作为总收益大于总成本的余额是西方经济学通常所指的真正利润，即经济利润或超额利润。特别需要指出的是，西方经济学更关心的是相对于作为现实成本的会计成本来说的机会成本，即生产者所放弃的使用相同的生产要素在其他用途中所能得到的最高收入。例如，如果一个电子产品企业，既可以生产电视机，又可以生产计算机，那么该企业为了生产电视机而舍弃的生产计算机所取得的利润，就是它生产电视机的机会成本。因此，在西方经济学中，企业的生产成本应该主要从机会成本的角度来理解。

商品的成本价格是现实经济生活中一个客观存在的经济范畴，它是商品经济社会商品销售价格的最低界限，也是企业生产经营活动盈亏的界限。成本价格对现实的商品生产经营活动有着重要的影响。一方面，成本价格的补偿是企业实现再生产的必要条件。因为只有商品生产中所耗费的这一部分资本价值得到全部补偿，再生产才能顺利地进行。另一方面，成本价格也是企业在市场竞争中成败的关键。因为成本价格越低，企业在市场竞争中的回旋余地就越大，从而在竞争中就越处于有利的地位。

虽然成本价格是商品经济社会的共有范畴，但在不同社会，由于其社会基本经济制度和社会生产目的不同，成本价格所反映的社会生产关系因而也不同。在资本主义社会，就实质上看，成本价格只是资本家为获取剩余价值或利润而耗费的资本，它是生产的必要条件，而工人的剩余劳动才是剩余价值的真正源泉。而从现象上看，成本价格好像是企业利润的真正源泉，它掩盖了资本主义的剥削关系。因为，成本价格是代表商品价值中补偿资本耗费的部分，这部分价值之所以存在，是由于它作为预付资本已经存在了，至于成本价格中的不同部分在商品价值形成过程中的作用有什么不同，则完全看不出来了。从成本价格范畴中，既看不出不变资本价值是转移到新产品中去的过去劳动（物化劳动）的价值，也看不出可变资本价值和剩余价值是由于劳动力的消耗所创造出来的新价值，不变资本和可变资本在价值增值过程中的不同作用完全消失了，它们同样表现为资本的耗费。因此，在资本主义社会，成本价格掩盖了资本主义的剥削关系。在社会主义社会，成本价格是企业为生产满足社会需要的产品而耗费的费用，它反映的是劳动者根本利益一致基础上的费用与效用的关系。

成本核算概括起来有三项任务：一是核算成本的数量，即对生产单位产品所耗费的不变成本和可变成本进行核算。二是分析成本的构成，即对生产产品的各种费用在成本中所占的比重进行分析，并把本企业产品成本的构成及其比重同先进企业相对比，找出差距。三是采取有效措施以降低企业的产品成本。

无论是什么类型和社会性质的市场经济社会，降低成本价格都是企业搞好生产经营活动、获取高额利润的重要手段。企业降低产品成本的主要途径有：第一，提高劳动生产率，减少工时耗费。这是降低企业产品成本的决定性因素。因为提高劳动生产率，既可降低产品成本中的活劳动消耗，又可降低产品成本中的物化劳动耗费。第二，使工资的增长速度低于劳动生产率的增长速度，从而减少单位产品成本中的工资含量。第三，积极采用先进的科学技术，开展原材料的综合利用，减少单位产品的原材料、辅助材料、燃料和动力耗费。第四，合理地利用机器设备，提高设备利用率和保持设备的完好率。第五，提高产品质量，减少次品和废品，以减少物化劳动和活劳动的浪费。第六，节约企业管理费用和减少各种非生产性支出。

二、利润

利润是企业产品的销售收入扣除成本后的余额。在任何社会，企业生产都是以利润最大化为直接和基本目的的。而且，利润是检验企业生产经营好坏、评价企业经济效益高低的一个重要的综合性指标。

定义 利润

利润是企业产品的销售收入扣除成本后的余额。

利润是商品经济社会存在着的一个客观经济范畴。剩余价值或利润的源泉本来都是可变资本，但当不变资本和可变资本被笼统地归结为成本价格这一范畴时，剩余价值或利润就往往被看作是商品价值在成本以上的增加额。不仅如此，剩余价值还通常被看作是全部预付资本的增加额。因为预付资本中未被消耗的那部分不变资本虽然不构成成本价格，但它同样参加了商品的生产过程，同样也是剩余价值生产不可缺少的物质因素，因而也被看作是剩余价值的源泉。这实际上只是事物的一种假象，它歪曲地反映了事物的本质。当人们把剩余价值在观念上当作全部预付资本的产物或增加额时，剩余价值就转化为利润。

辨析　利润和剩余价值

利润和剩余价值都是工人剩余劳动创造的价值。所不同的是，利润表现为全部预付总资本的产物，从而掩盖了剩余价值的真正来源。利润是剩余价值的转化形式。

在资本主义社会，利润是剩余价值的一种特殊转化形式，是在资本剥削雇佣劳动的基础上形成的，全部利润归资本家所有，利润体现着资本家对雇佣劳动者的剥削关系。剩余价值和利润本来是一个东西，都是工人剩余劳动创造的价值。所不同的是，剩余价值作为可变资本的产物，表示资本家对雇佣工人的剥削关系。利润表现为全部预付总资本的产物，它是剩余价值的转化形式，掩盖了资本家对雇佣工人的剥削关系和剩余价值的真正来源。利润作为事物的表面现象而存在，常常迷惑很多人，而剩余价值作为利润的本质，只有通过理论分析才能被揭示出来，才能为人们所真正地认识。

讨论　剩余价值到利润的转化

剩余价值转化为利润的过程可以用下面的公式变换来表示：

$$\begin{aligned} z &= c+(v+m) \\ &= (c+v)+m \\ &= k+m \\ &= k+p \end{aligned}$$

在第一个等式中，剩余价值 m 的来源是非常清楚的，即它来源于可变资本 v；在第二个等式中，这个来源开始模糊：因为可变资本现在被看成是与不变资本 c 一样的东西；第三个等式则把可变资本与不变资本的区别彻底地掩盖在成本价格 k 的概念中；在最后一个等式中，剩余价值被看成是来源于全部的预付资本，因而成了所谓的“利润”。

在社会主义企业中，利润作为劳动者剩余劳动或为社会的劳动所创造的价值的货币表现，它归劳动者共同占有，用于扩大社会生产、发展社会公共事业和改善劳动人民的物质文化生活，因而不反映任何剥削关系，只反映劳动者的个人利益、企业的局部利益和国家的整体利益三者之间的关系，以及人们的眼前利益和长远利益的关系。

利润的多少是商品经济社会衡量企业生产经营好坏的一项很重要的综合性指标，但由于各个企业所占用的资本总量不同、生产规模不同等方面的差别，因而企业经济活动的好坏和经济效益的高低，不能单纯地用利润的绝对量指标来衡量，还要利用利润的相对量，即利润率的指标来衡量。因此，我们有必要考察一下利润的相对量——利润率。

三、利润率

随着利润的出现，利润率的概念也随之出现。利润率就是剩余价值或利润与全部预付总资本的比率，用公式表示：

$$p'=\frac{m}{c+v}$$

利润率表示预付总资本的增值程度，反映企业占用和消耗的全部资本的经济效果，体现着整个企业的生产经营总水平。

定义　利润率

剩余价值或利润与全部预付总资本的比率，表示预付总资本的增值程度。

讨论 利润率的变动

在利润率的定义公式中,若令分子和分母同时除以可变资本则可得:

$$p'=\frac{m'}{1+c/v}=\frac{m'}{1+\theta}$$

这里,$\theta=c/v$ 是资本的有机构成。

于是,利润率 p' 的变化规律可以表示为:

(1)假定资本有机构成不变,则 p' 随剩余价值率 m' 的上升而上升。

(2)假定剩余价值率不变,则 p' 随不变资本 c 的上升而下降。特别是,当 c 无限增大时,p' 无限缩小,即趋向于零;另一方面,当 c 无限缩小,即趋向于零时,p' 趋向于最大,即趋向于 m'。

(3)假定剩余价值率不变,则 p' 随可变资本 v 的上升而上升。特别是,当 v 无限增大时,p' 增加到最大,即趋向于 m';另一方面,当 v 无限缩小,即趋向于零时,p' 无限缩小,即趋向于零。①

(4)假定剩余价值率不变,则 p' 随资本有机构成 $\theta=c/v$ 的上升而下降。特别是,当 θ 无限增大时(这意味着 $c\rightarrow+\infty$ 或 $v\rightarrow 0$),p' 无限缩小,即趋向于零;另一方面,当 θ 无限缩小,即趋向于零时(这意味着 $c\rightarrow 0$ 或 $v\rightarrow+\infty$),p' 趋向于最大,即趋向于 m'。

企业生产的目的就是以最小的预付资本取得最大限度的利润。如果资本量一定,利润的大小就主要取决于利润率的高低。在商品经济社会中,不同的部门和企业,或不同的时期,利润率的水平也不同。如以年利润率的公式为例,可以做如下分解:

$$P'=\frac{M}{C+V}=\frac{m'\cdot V\cdot n}{C+V}=m'\cdot\frac{V}{C+V}\cdot n$$

其中,P' 代表年利润率,M 代表一年中的总剩余价值,$C+V$ 代表预付总资本,m' 代表剩余价值率,n 代表资本的年周转次数。从分解的年利润率公式中可以看出,决定和影响利润率的因素主要有以下几个方面:

一是剩余价值率的高低。在预付资本量和资本有机构成不变的条件下,利润率与剩余价值率通常呈正比例变化。也就是说,剩余价值率越高,利润率越高;反之,剩余价值率越低,利润率就越低。

二是资本有机构成的高低。资本有机构成,即不变资本与可变资本的比例(c/v)。在剩余价值率和劳动力价值不变的条件下,部门的利润率与部门的资本有机构成成反方向变化。因为,资本有机构成越低,同量的资本所使用的劳动力越多,创造的剩余价值也就越多,从而利润率也就越高;反之,资本有机构成越高,同量资本所使用的劳动力越少,创造的剩余价值就越少,利润率就越低。所以,部门的利润率同部门的资本有机构成是成反方向变化。需要指出的是:资本有机构成同利润率成反方向变化的这种关系是仅就整个生产部门而言的,而不是就个别企业而言的。就个别企业来说,它的资本有机构成高,说明它首先改进了技术,提高了劳动生产率,它可以获取超额剩余价值或超额利润,所以它的利润率不仅不低,

---

① 为简单起见,我们这里(以及后面关于"利润率与剩余价值率的相对大小"的讨论中)假定当可变资本(或不变资本)变化时,剩余价值率保持不变(参见马克思:《资本论》第3卷第三章"利润率和剩余价值的关系")。但是,一般来说,可变资本或不变资本的变化也会引起剩余价值率的变化,如果考虑到这一点,则利润率的变化情况就比我们这里所说的要复杂得多。

反而高。也就是说，个别企业的资本有机构成同个别企业的利润率是成正方向变化的。

三是资本的周转速度快慢。在其他条件不变时，一年中资本周转的次数越多，其中可变资本的周转次数也就越多，实际发挥作用的可变资本数量就越多，同量资本所带来的剩余价值量就越大，这就会提高资本的年剩余价值率，从而提高它的年利润率。所以，资本的年利润率与资本的周转速度成正比例变化。

四是不变资本的节省状况。不变资本的节省本身并不能带来更多的利润，但在剩余价值率和剩余价值量不变的情况下，利润率的高低和不变资本的节省成正比例变化。因为，不变资本越节省，预付资本也就越少，同量的剩余价值与较少量的预付资本相比，利润率就越高。一般来说，节省不变资本的方法有：充分利用社会化大生产的优越条件，组织大规模的生产，集中使用生产资料；节省用于建筑物、机器设备、动力、照明等方面的资本支出；延长工人的劳动时间，在不增加厂房、机器等方面投资的情况下，可以获得更多的剩余价值。

利润率和剩余价值率是相互关联的两个范畴。利润率和剩余价值率是同一剩余价值量与不同资本量对比得出的不同比率。剩余价值率是利润率的本质，利润率是剩余价值率的转化形式。并且，利润率同剩余价值率是按相同方向变化的，剩余价值率是影响利润率的一个重要因素。同时，两者之间也存在区别：一是利润率和剩余价值率所表示或体现的关系是不同的。利润率是剩余价值同预付总资本的比率，表示预付总资本的增值程度，利润率造成了剩余价值是由全部预付总资本产生的假象，因而掩盖了剩余价值的真正来源和实质。而剩余价值率作为剩余价值同可变资本的比率，说明剩余价值是可变资本的产物，表明其真正来源，在资本主义社会表示剥削程度。二是在量上两者之间存在巨大的差别。由于预付总资本总是大于可变资本，从而利润率总是小于剩余价值率。

辨析　利润率和剩余价值率

利润率和剩余价值率是同一剩余价值量分别与总资本和可变资本对比得出的不同比率。剩余价值率是利润率的本质，利润率是剩余价值率的转化形式。

讨论　利润率与剩余价值率的相对大小

尽管就目前的讨论而言，剩余价值量和利润量是一致的，但剩余价值率和利润率却不再相同。例如，我们来讨论剩余价值率与利润率的差 $m'-p'$。根据利润率的定义显然有：

$$m'-p'=m'-\frac{m'}{1+c/v}=m'\left(1-\frac{1}{1+c/v}\right)=m'\left(1-\frac{1}{1+\theta}\right)$$

于是，剩余价值率与利润率的差 $m'-p'$ 的变化规律可以表示为：

(1)假定资本有机构成不变，则 $m'-p'$ 随剩余价值率 m' 的上升而上升；

(2)假定剩余价值率不变，则 $m'-p'$ 随不变资本 c 的上升而上升；

(3)假定剩余价值率不变，则 $m'-p'$ 随可变资本 v 的上升而下降；

(4)假定剩余价值率不变，则 $m'-p'$ 随资本有机构成 $\theta=c/v$ 的上升而上升。

特别是，当 $\theta\to 0$ 时，$m'-p'\to 0$，当 $\theta\to+\infty$ 时，$m'-p'\to m'$。参见图 8－1。

利润率客观地反映了资本的增值程度，它是商品经济社会考核企业生产经营状况好坏和评价企业经济效益高低的一个重要的综合性指标，它比利润量更能客观地反映企业的现实生产经营状况。

企业增加利润的主要途径有两条：一是提高企业的利润率和降低产品成本。在资本量一定的条件下，利润率越高，利润量越多。在产品价格一定的情况下，产品成本降低，利润率和利润量都能同时增加。因此一切提高利润率和降低成本的办法，都是增加企业利润的有效途径。二是扩大生产规模，增加适销产品的产量。在利润率和产品成本一定的条件下，企业要增加利润，就必须扩大生产规模，增加适销对路的产品的产量。

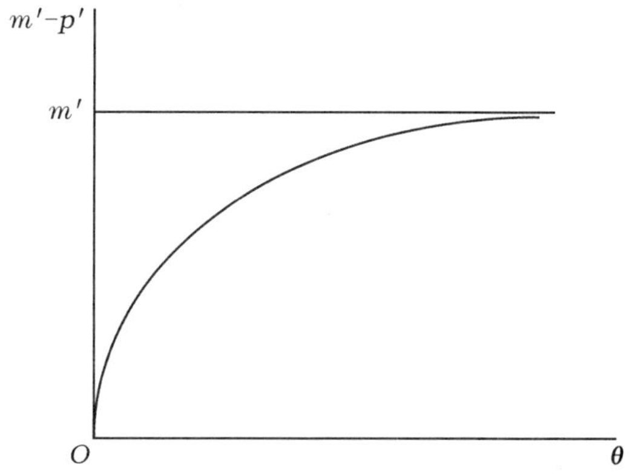

图 8—1　剩余价值率与利润率的相对大小

第二节　产业资本和平均利润

一、利润转化为平均利润

如果说马克思分析剩余价值到利润的转化是以单个资本作为研究的出发点和基础的，那么，在研究利润率的平均化问题时则是以社会资本作为研究的出发点或基础的，从而导致各生产部门投资者彼此之间的关系趋于复杂化。从前面我们所讲的影响利润率的各种因素来考察各个生产部门的利润率水平，可以认为，在不同的生产部门中，如果剩余价值率相同，由于资本有机构成和资本周转速度不同，利润率高低也不同。那些资本有机构成低或资本周转速度快的生产部门，利润率比较高，那些资本有机构成高或资本周转速度慢的部门则利润率比较低。但实际情况并非如此。

讨论　“等量资本获得等量利润”的悖论

根据前面的讨论，在资本有机构成不一致时，即使剩余价值率相同，等量资本也会得到不等量的利润。例如，设有两个资本，其大小均为 10 000，剩余价值率均为 100%，但资本的有机构成分别为 1 ∶ 1 和 3 ∶ 1。在这种情况下，它们的利润分别为：

$$p_1 = k_1 p'_1 = k_1 \frac{m'_1}{1+\theta_1} = 10\ 000 \times \frac{100\%}{1+1} = 5\ 000$$

$$p_2 = k_2 p'_2 = k_2 \frac{m'_2}{1+\theta_2} = 10\ 000 \times \frac{100\%}{1+3} = 2\ 500$$

由此可见，第一个资本得到的利润要比第二个资本多很多。

然而，人们在现实中却发现，各部门的生产者大体上都能够获得与他们的资本量相应比例的利润。这就出现了一个似乎矛盾的现象：一方面，商品如果按照价值出售，各部门便会有高低不同的利润率；另一方面，各部门的利润率如果是平均的，则商品就不应该按其价值出卖。解决这个矛盾，需要说明平均利润率的形成或利润的平均化。

平均利润率的形成是以资本自由转移为特征的部门之间充分竞争的结果。部门之间的竞争，是指各个不同的生产部门的生产者，为了争夺有利的投资场所和较高的利润率而进行的竞争。这种竞争是以资本自由转移为特征的。各个部门由于资本有机构成和资本周转速度的不同，利润率水平不同。各个部门的生产者为了追求较高的利润率，展开了以资本自由转移为特征的部门之间的竞争，使资本在各部门之间的分配比例发生了变化，结果使利润率高的部门，资本数量增加，生产规模扩大；相反，利润率低的部门，资本数量减少，生产规模缩小。资本在各部门之间分配比例的变化，引起市场上商品供求关系的变化，使利润率高的部门商品供过于求，利润率低的部门商品供不应求。商品供求关系的变化又会引起市场上商品价格的相应变化。商品供过于求的部门，商品价格低于价值，商品供不应求的部门，商品价格高于价值，最后导致各部门利润率水平发生相应变化。资本在不同部门之间的转移一直持续到不同部门的利润率水平大体相等为止，平均利润率就形成了。

讨论　平均利润率的形成

设一开始时各个部门有不同的利润率。平均利润率的形成过程可以表示为：

高利润率部门→新资本进入→供给增加→价格下降→利润减少→利润率下降

低利润率部门→原资本退出→供给减少→价格上升→利润增加→利润率上升

由此可见，平均利润是不同部门的投资者通过竞争重新分配剩余价值的结果。平均利润率的形成实质上也就是把社会总资本作为一个整体看待所得到的利润率。用公式表示为：

$$\text{平均利润率}=\frac{\text{社会剩余价值总额}}{\text{社会总资本}}\times 100\%$$

在利润率平均化的条件下，各部门的投资者便可以根据平均利润率获得与其投资量大小相适应的利润，即平均利润。用公式表示为：

$$\text{平均利润}=\text{预付资本}\times\text{平均利润率}$$

定义　平均利润率和平均利润

平均利润率(又称一般利润率)等于社会总剩余价值除以社会总资本。

平均利润等于预付资本乘以平均利润率。

平均利润率的高低取决于两个因素。第一，各部门的利润率水平。各部门的利润率水平越高，平均利润率就越高。反之，各部门的利润率水平越低，平均利润率就越低。第二，社会总资本在各部门之间的分配比例。在社会总资本中，投在资本有机构成较低、利润率较高的部门资本的比重越大，平均利润率的水平就越高。反之，投在资本有机构成较高、利润率较低的部门的资本所占的比重越大，平均利润率水平就越低。需要指出的是，平均利润率不是各部门利润率的简单的和绝对的平均，而是一种利润率平均化的总的发展趋势。

讨论　平均利润率的计算

我们有如下两个方法来计算平均利润率 $\overline{p}'$(其中，i 代表某单个资本)：

(1)平均利润率等于整个社会的剩余价值总量除以资本总量，即：

$$\overline{p}'=\frac{\sum m_i}{\sum k_i}=\frac{\sum m_i}{\sum c_i+\sum v_i} \tag{1}$$

(2)平均利润率等于单个资本的利润率的加权平均和，即：

$$\overline{p}'=\sum a_i p_i' \quad \left(a_i=\frac{k_i}{\sum k_i}=\frac{c_i+v_i}{\sum c_i+\sum v_i}\right) \tag{2}$$

这里，a_i 是第 i 个资本在社会总资本中所占的比率。

首先容易看到，这两个公式是完全一致的。例如，由(2)式出发可得到(1)式：

$$\bar{p}'=\sum a_i p_i'=\sum\left(\frac{k_i}{\sum k_i}\cdot\frac{m_i}{k_i}\right)=\sum\left(\frac{m_i}{\sum k_i}\right)=\frac{\sum m_i}{\sum k_i}$$

其次，根据(1)式，平均利润率取决于整个社会的剩余价值总量和资本总量；根据(2)式，平均利润率又取决于单个资本的利润率以及单个资本在社会总资本中所占的比率。

平均利润率的形成过程，实际上是全社会的剩余价值在各部门的资本家之间重新分配的过程。因此，平均利润率形成后，各部门得到的利润与本部门工人所创造的剩余价值就不一定相等。其中，资本有机构成高的部门得到的利润通常大于本部门工人所创造的剩余价值；资本有机构成低的部门得到的利润通常小于本部门工人所创造的剩余价值；只有资本有机构成是中等的部门得到的利润才同本部门工人创造的剩余价值大体相等。虽然，就各个部门来看，所得到的利润与本部门工人所创造的剩余价值不一定相等，但从整个社会来看，各个部门的利润总量和它们所创造的剩余价值总量是完全相等的。所以，归根结底，平均利润率的形成是通过部门之间的竞争实现社会剩余价值总量在各个生产部门之间按照资本数量的大小而重新分配的结果。平均利润形成的结果就是等量资本获得等量利润。

平均利润率规律不是资本主义特有的经济规律。只要是发达的商品经济，资本在各部门之间的自由转移的条件充分具备，平均利润率规律就会形成，因而在资本主义社会和社会主义社会，平均利润率规律都存在并发挥作用。但不同社会，平均利润率规律体现不同的社会生产关系。在资本主义社会，平均利润率体现着各部门资本家瓜分剩余价值、共同剥削雇佣工人的生产关系。平均利润同成本价格和利润相比，更加掩盖了资本主义的剥削关系。虽然成本价格的形成和剩余价值向利润的转化已经掩盖了剩余价值的真正来源，使利润表现为预付总资本的产物，表现为资本自行增值的结果。但是，毕竟在量上利润和剩余价值还是相等的。但当利润率转化为平均利润率以后，等量资本获得等量利润，平均利润和剩余价值之间，不仅质上发生了变化，而且在量上也不完全相同了。这时，投在各个部门的资本，尽管有机构成不同，使用的活劳动量不同，生产的剩余价值量也不同，但都能按照相同的利润率获取利润。因此，平均利润率无论从质上还是从量上都表现为全部预付资本的产物，利润的真正来源完全看不到了，从而进一步掩盖了资本主义的剥削关系。

在社会主义公有制经济体系内，平均利润规律也表明了各经济部门自由配置社会资源和重新分配利益的关系，但属于公有投资者和劳动者整体利益与局部利益的对立统一关系。

辨析　平均利润与剩余价值

在平均利润率形成之后，每个部门所得到的平均利润与本部门工人所创造的剩余价值不再必然相等，但是，从整个社会来看，所有部门的平均利润之和与它们所创造的剩余价值之和仍然是相等的。

辨析　剩余价值、利润和平均利润

就单个企业而言，它所生产的剩余价值和它所得到的利润(平均利润率形成之前的利润)在数量上仍然是相等的(尽管剩余价值率与利润率已经不再相等)，但是，它所生产的剩余价值或利润和它所得到的平均利润却不再必然相等(更不用说剩余价值率或利润率与平均利润率了)。这一点，从决定它们的下述公式中即可看出(下标表示第 i 个企业)：

$$m_i = v_i m_i'$$
$$p_i = k_i p_i'$$
$$\bar{p}_i = k_i \bar{p}'$$

由于

$$p_i = k_i p_i' = k_i \frac{m_i}{k_i} = m_i$$

故利润总等于剩余价值。但是,

$$\bar{p}_i = k_i \bar{p}' = k_i \frac{\sum m_i}{\sum k_i} \neq m_i$$

除非有$\sum m_i / \sum k_i = m_i / k_i$,即该企业的利润率恰好等于平均利润率(这意味着该企业的资本有机构成恰好等于社会总资本的平均有机构成)——这当然是很偶然的。

二、价值转化为生产价格

随着利润转化为平均利润,商品价值也就转化为生产价格。生产价格是商品价值的转化形式,是由生产成本加平均利润构成的。平均利润形成后,由于各部门得到的平均利润和本部门工人所创造的剩余价值不一定相等,从而使得各部门的商品的生产价格和商品的价值也就不一定相等了。其具体表现是:资本有机构成高的部门其商品的生产价格高于其商品的价值,资本有机构成低的部门其商品的生产价格低于其商品的价值,只有资本有机构成相当于社会平均资本有机构成的部门,其商品的生产价格才正好与其商品价值大体相等。

定义　生产价格

产品价值的转化形式;等于成本价格加平均利润。

讨论　价值转化为生产价格

令z和$\bar{z}$分别代表产品的价值和生产价格。价值转化为生产价格的过程可表示为:

$$z = c + v + m = k + m = k + p = k + k'$$
$$\rightarrow k + k\bar{p}' = k + \bar{p} = \bar{z}$$

整个过程分为两个阶段:箭头之前部分意味着产品价值转化为成本价格加利润(其中最重要的是剩余价值转化为利润);箭头之后部分意味着成本价格加利润转化为生产价格(其中最重要的是利润转化为平均利润)。由箭头连接的两项表示利润的平均化。

商品的生产价格形成后,商品就不再按照其价值出售了,而是按照其商品的生产价格出售了,而且商品的生产价格与价值又不一定相等。那么,这是否违背了价值规律了呢?这并不违背价值规律,而只是价值规律发生作用的形式发生了变化。在资本主义以前的简单商品经济中,价值规律作用的形式是市场价格围绕商品的价值上下波动。这时,商品是按照价值出售的,这样,交换双方生产商品时所消耗的劳动都能得到补偿,对于小商品生产者来说,这是完全符合等量劳动相交换的基本原则的。但是,到了资本主义中期以后,平均利润和生产价格形成了。按照平均利润率和生产价格规律的要求,商品不再按价值出售,而是按生产成本加平均利润构成的生产价格出售。这一要求作为一种客观的必然趋势加以贯彻,使生产价格成为商品交换的基础。生产价格不是一种单纯"价格"意义上的概念,它是一种相对稳定的、具有内在标准的价格，从一定意义上说，它是作为价值的一种存在形式而存在的。市场价格以它为中心，受供求关系的影响而波动。所以，价值规律现在不是直接通过价值，而是通过生产价格起作用。这种变化并没有否定价值规律，而是完全符合价值规律的要求的。这是因为：

第一，从个别生产部门看，资本家得到的平均利润与本部门工人创造的剩余价值并不一定相等，但从全社会来看，整个资本家阶级得到的平均利润总额和整个工人阶级所创造的剩余价值总额是相等的。一些部门所得到的平均利润多于本部门工人所创造的剩余价值的部分，正是另一些部门所得到的平均利润少于本部门工人所创造的剩余价值的部分。

第二，从个别生产部门来看，商品的生产价格同商品的价值并不一定相等，但从全社会来看，商品的生产价格总额也必然和其商品的价值总额是相等的。一些部门生产价格高于价值的部分，正是另一些部门生产价格低于价值的部分。

第三，生产价格是在价值基础上形成的，生产价格的变动归根结底是由价值变动引起的。在现实经济生活中，生产商品的社会必要劳动时间减少了，价值降低了，生产价格就会随之降低；反之，生产商品的社会必要劳动时间提高了，商品的价值提高了，商品的生产价格就会提高。

辨析　生产价格与价值

在平均利润率形成之后，商品的生产价格不再一定等于商品的价值，但是，从整个社会来看，商品的生产价格总额仍然等于商品的价值总额。

辨析　价格与生产价格、价值

在平均利润率形成以前，商品按价值出售，价格围绕价值波动；在平均利润率形成之后，商品按生产价格出售。价格围绕生产价格波动。

上述问题可以由表 8—1 加以说明。

表 8—1　　价值转化为生产价格

生产部门	资本构成	剩余价值率	剩余价值	商品价值	平均利润率	平均利润	生产价格	生产价格与价值的差额
食品	70＋30	100%	30	130	20%	20	120	－10
纺织	80＋20	100%	20	120	20%	20	120	0
机械	90＋10	100%	10	110	20%	20	120	＋10
合计	300	100%	60	360	20%	60	360	0

需要指出的是，生产价格形成以后，各部门之间的利润率趋于平均化了，但是，这并没有排除各个部门投资者和同一部门内部的各企业之间利润率存在一定的差别。由于各个部门的供求关系不同，而且供求关系的调整是需要一定的时间的，因此在一定的时间内商品价格与价值发生背离的方向和程度必然存在差别，利润率水平也就必然不同。同样，由于同一部门内部的各个企业生产的主客观条件的不同，因而它们所生产的商品的个别生产价格也就不同，商品是按照部门平均生产条件决定的社会生产价格出售，会导致各企业利润率水平的不同，也就必然引起各企业之间为追求超额利润（这时的超额利润是个别生

产价格低于社会生产价格的差额）而进行的竞争。超额利润反映同一部门内部不同企业之间的关系。

讨论　超额利润

在讨论价值和剩余价值的第三章中，我们曾经指出，单个企业提高自己的劳动生产力可以获得所谓的超额剩余价值。在价值转化为生产价格之后，这个结论仍然成立。只是在这里，超额剩余价值变成了超额利润。

例如，设某个企业一开始时生产的产品数量为 q，从该产量上得到的生产价格总额为 $\overline{z}q$。如果由于劳动生产力的提高（假定其他因素均保持不变），它现在的产量增加到 $q+\Delta q$，则其生产价格总额将增加到 $\overline{z}(q+\Delta q)$。与原来相比，该企业的生产价格增加量为 $\overline{z}(q+\Delta q)-\overline{z}q=\overline{z}\Delta q$。这就是所谓的"超额利润（增加量）"。

生产价格理论，不仅在逻辑上是对劳动价值论的发展，而且从历史的发展过程来看也是同商品经济的发展过程相一致的。在历史上，简单商品生产中相互交换自己的劳动产品，交换的唯一尺度是耗费在各种商品生产上的社会必要劳动时间。那时，商品交换大体上是按照价值进行的。随着简单商品经济向发达的商品经济的转化，利润转化为平均利润，价值转化为生产价格，商品就因此而按其生产价格出售了。马克思主义的平均利润和生产价格学说解决了价值规律同等量资本获得等量利润在形式上的矛盾，解决了从价值、剩余价值这些本质范畴上升到更具体、更接近经济外部表现的范畴时所遇到的难题，使劳动价值论和剩余价值论得到了更进一步的论证。

讨论　生产价格的变化

为了讨论生产价格的变化，我们先来求解生产价格的表达式。在下面的推导中，$\overline{z}$ 代表产品的生产价格，i 代表某个企业，$\sum$代表对整个社会求和，$\overline{\theta}$ 代表社会总资本的平均有机构成：

$$\overline{z}=k+k\overline{p}'=k+k\frac{\sum m_i}{\sum k_i}=k\left(1+\frac{\sum m_i}{\sum k_i}\right)=k\left(1+\frac{\sum m_i}{\sum v_i+\sum c_i}\right)$$

$$=k\left(1+\frac{\sum m_i/\sum v_i}{1+\sum c_i/\sum v_i}\right)=k\left(1+\frac{\overline{m}'}{1+\overline{\theta}}\right)$$

其中，$\overline{m}'=\sum m_i/\sum v_i$ 是整个社会的平均剩余价值率，$\overline{\theta}=\sum c_i/\sum v_i$ 是整个社会资本的平均有机构成。据此可知生产价格 $\overline{z}$ 的变化规律：

（1）$\overline{z}$ 随成本价格 k 的上升而上升。

（2）假定社会总资本的平均有机构成保持不变，则 $\overline{z}$ 随整个社会的平均剩余价值率 $\overline{m}'$ 的增加而上升。

（3）假定社会的平均剩余价值率保持不变，则 $\overline{z}$ 随社会总资本的平均有机构成 $\overline{\theta}=\sum c_i/\sum v_i$ 的增加而下降，但不随单个 $\theta_i=c_i/v_i$ 的变化而明显变化。

注意：对单个企业而言，在决定生产价格的因素中，只有成本价格 k 是"可控"的，所有其他因素，如剩余价值总量 $\sum m_i$、不变资本总量 $\sum c_i$、可变资本总量 $\sum v_i$ 等都是所谓的"参数"。

社会主义社会，作为比较发达的商品经济，市场体系不断完善和发展，信用制度也得到了广泛的发展，各种市场壁垒正在逐步得到消除，资本自由转移的条件逐步具备，各部门的利润率水平正在趋于平均。平均利润和生产价格规律正在逐步地、充分地发挥作用。

三、生产价格与市场价值和市场价格

市场价值，即商品的社会价值，它是由生产商品的社会必要劳动时间决定的。市场价值，一方面，应看作是一个部门所生产的商品的平均价值；另一方面，又应看作是在这个部门的平均条件下生产的、构成该部门的产品很大数量的那种商品的个别价值。个别价值平均化为市场价值是借助于同一生产部门内部的竞争实现的。资本竞争首先是在部门内部进行的。部门内部竞争是指同一生产部门生产同种商品的各个企业，为获得超额利润而进行的竞争。在同一部门内部，有许多独立的商品生产者。他们的生产条件各不相同，因而生产的商品具有不同的个别价值。为了实现各自的经济利益，每个生产者都按照对自己有利的个别价值出售商品。他们彼此竞争、互施压力的结果，就使商品的价值最终确定在一个平均的、在该部门商品总量中占多数的商品的个别价值上。所以，离开部门内部的竞争就无法形成商品的市场价值。离开部门内部的竞争，社会必要劳动时间决定价值就是一句空话。因此，要把市场价值的现实规定放到市场和竞争的动态环境中，结合供求关系加以理解和说明。

假定某一部门有优、中、劣三个等级的企业，由于生产技术和经营管理等主客观方面的条件不同，生产同种商品的个别价值各不相同。商品的个别价值是由不同的生产者创造的，只有在市场上才能显露出来。在市场上，各个企业一方面为获得更多的利润，都千方百计地想把自己的商品卖得贵些，另一方面为能够更快地卖出商品，获得较高的市场占有率，又情愿把商品卖得便宜些。在这种矛盾关系下，同一部门内部的企业为卖出自己的商品而展开激烈竞争。假定市场上的供给和需求一致，这时，劣等企业生产商品的个别价值较高，但迫于同行业竞争的压力，不得不以低于个别价值的价格出售商品。然而，商品的出售不能低到等于少数优等企业生产商品的个别价值。因为这样会使劣等企业破产，中等企业减产，而仅仅由优等企业来生产商品又远远不能满足社会的需求。同时，优等企业也希望高于其个别价值出售商品，以获得超额剩余价值，提高利润率水平。这样竞争的结果使得各个企业生产同种商品的个别价值均衡为一个社会价值，即由占生产显著大量的中等企业生产商品的个别价值决定社会价值。由于商品的社会价值是通过部门内部的市场竞争形成的，所以又叫作市场价值。

在一般情况下，通常是中等生产条件的企业生产的商品在部门中占大多数，而优等企业和劣等企业的生产数量又大体均衡，能够相互抵消。这样市场价值就由中等生产条件下生产商品的个别价值决定。但在特殊情况下，可能出现劣等生产条件或优等生产条件企业生产的商品在部门中占大多数。这时，市场价值就由劣等企业或优等企业生产商品的个别价值决定。不过，市场价值不会与它们的个别价值完全相等，只能与之相接近。

结合供求关系和竞争关系来理解市场价值，反映了按比例分配社会劳动规律的内在要求。不仅在每个商品上只使用必要的劳动时间，而且在社会总劳动时间中，也只把必要的比例量使用在不同种类的商品上。这就是通常所说的第二种含义的社会必要劳动时间。第二种含义的社会必要劳动时间反映了客观存在的对某种商品的社会需要总量。两种含义的社会必要劳动时间共同决定商品的价值。如果离开了第一种含义的社会必要劳动时间，就不能理解商品价值本身，不能理解价值的实体，好像供求关系本身就可以决定价值，而不管商品中所耗费劳动的多少。离开了第二种含义的社会必要劳动时间，就不能理解价值量的决定界限，好像只要花费了劳动，不管生产什么和生产多少就都有价值了。关于第二种含义的社会必要劳动时间参与价值的决定，主要是讲供求关系对社会必要劳动时间的影响。应指出的是，比较长期内的稳定存在的特定的社会供给与社会需求关系影响价值决定和社会必要劳动量的形成，它通过社会标准的生产条件的变化对商品价值的形成发生影响。而经常发生变化的转瞬即逝的短期的社会供给与需求的关系，只影响商品的价格，而不影响商品价值的决定。

辨析　两种含义的社会必要劳动时间

第一种含义的社会必要劳动时间[社会必要劳动时间(1)]：在一定时期内，绝大多数生产者在大致相同的生产条件、技术水平和劳动强度下生产某种商品所需要的劳动时间。

第二种含义的社会必要劳动时间[社会必要劳动时间(2)]：对某种产品的社会需要所决定的应当分配于该种商品生产上的劳动时间。

两种含义的社会必要劳动时间共同决定了商品的价值量。正如马克思所说："价值不是由某个生产者个人生产一定量商品或某个商品所必要的劳动时间决定，而是由社会必要的劳动时间，由当时社会平均生产条件下生产市场上这种商品的社会必需总量所必要的劳动时间决定。"①

阅读材料　社会必要劳动时间

并且，不同于一个工场内部分工的整个社会内部的一切分工也是如此。这是生产特殊物品，满足社会对特殊物品的一种特殊需要所必要的劳动。如果这种分工是按比例进行的，那么，不同类产品就按照它们的价值(后来发展为按照它们的生产价格)出售，或按照这样一种价格出售，这种价格是由一般规律决定的这些价值或生产价格的变形。事实上价值规律所影响的不是个别商品或物品，而总是各个特殊的因分工而互相独立的社会生产领域的总产品；因此，不仅在每个商品上只使用必要的劳动时间，而且在社会总劳动时间中，也只把必要的比例量使用在不同类的商品上。这是因为条件仍然是使用价值。但是，如果说个别商品的使用价值取决于该商品是否满足一种需要，那么，社会产品总量的使用价值就取决于这个总量是否适合于社会对每种特殊产品的特定数量的需要，从而劳动是否根据这种特定数量的社会需要按比例地分配在不同的生产领域。(我们在论述资本在不同的生产领域的分配时，必须考虑到这一点。)在这里，社会需要，即社会规模的使用价值，对于社会总劳动时间分别用在各个特殊生产领域的份额来说，是有决定意义的。但这不过是已经在单个商品上表现出来的同一规律，也就是：商品的使用价值，是它的交换价值的前提，从而也是它的价值的前提。这一点，只有在这种比例的破坏使商品的价值，从而使其中包含的剩余价值不能实现的时候，才会影响到必要劳动和剩余劳动之比。例如，棉织品按比例来说生产过多了，虽然在这个棉织品总产品中只体现了一定条件下为生产这个总产品所必要的劳动时间。但是，总的来说，这个特殊部门消耗的社会劳动已经过多；就是说，产品的一部分已经没有用处。因此，只有当全部产品是按必要的比例进行生产时，它们才能卖出去。社会劳动时间可

① 马克思：《资本论》第3卷，人民出版社1975年版，第722页。

分别用在各个特殊生产领域的份额的这个数量界限，不过是整个价值规律进一步发展的表现，虽然必要劳动时间在这里包含着另一种意义。为了满足社会需要，只有这样多的劳动时间才是必要的。在这里界限是通过使用价值表现出来的。社会在一定生产条件下，只能把它的总劳动时间中这样多的劳动时间用在这样一种产品上。

马克思：《资本论》第3卷，人民出版社1975年版，第716—717页。

市场价值的货币表现就是市场价格。市场价格由市场价值决定，并受市场供求关系的影响。在资本主义社会以前和资本主义社会初期，商品经济和交通运输还不够发达，各部门、各地区之间市场联系也不紧密，行会制度束缚的影响仍然存在，而且信用制度也不完善，资本和劳动力在各部门之间自由转移的条件还不具备，部门之间的竞争无法充分展开，平均利润和生产价格无法形成，价值没有转化为生产价格，商品是按价值出售的。这时市场价格表现为市场价值的货币表现。随着资本主义经济和社会主义经济的发展，商品经济也达到了高度发展的程度，贸易自由、信用制度和交通运输的发展以及行会束缚、人为垄断的排除等，这些都为资本和劳动力在不同部门之间的自由转移，提供了必要的社会条件和技术条件，这使得利润率转化为平均利润率，价值转化为生产价格。商品的生产价格作为商品价值的一种转化形式成为商品价值的一种存在形式，这时市场价格表现为社会生产价格的货币表现，价值规律的作用形式表现市场价格围绕社会生产价格上下波动。

四、平均利润和生产价格规律的作用

在市场经济中，平均利润规律作为剩余价值规律的转化形式，生产价格规律作为价值规律的转化形式在经济生活中起着支配作用，调节着社会经济生活的各个方面和经济发展的全过程。平均利润和生产价格规律对经济生活的调节作用主要体现在以下几个方面：

第一，分配社会劳动，调节资源配置。人类在生产中需要的资本等资源是有限的。在发达的商品经济社会，平均利润和生产价格规律对于把有限的社会资源合理地分配到社会各个生产部门，使这些资源发挥最大的经济效率，起着重要的调节作用。各个部门的商品生产者在平均利润规律的作用下，选择投资方向和领域，从事生产经营活动，使其生产经营活动获取不低于平均利润的利润，最终使社会资源得到优化配置。

第二，促进企业改革生产技术，提高劳动生产率。在同一生产部门内部，各个企业由于生产的主客观条件不同，会产生不同的个别生产价格。在竞争规律的作用下，个别生产价格低于社会生产价格，就能获得超额利润。为了追求超额利润，各个企业千方百计、争先恐后地改进技术，提高劳动生产率，以使自己生产的商品的个别劳动时间低于社会必要劳动时间，从而促进了整个社会劳动生产率的提高和发展。

第三，调节剩余价值在各部门投资者之间的分配。由于生产价格经常同价值发生背离，因而会出现有的部门的企业获得的平均利润多于本部门工人创造的剩余价值，有的部门的企业获得的平均利润少于本部门工人创造的剩余价值。这种多与少的变化，就是生产价格规律调节剩余价值在不同部门企业之间的重新分配的结果。

讨论　按生产价格交换＝按资本的价值交换

生产价格规律要求商品按生产价格进行交换。但是，按生产价格交换实际上就是按商品中的预付资本进行交换。例如，设商品Ⅰ和商品Ⅱ的生产价格分别为 $k_1+k_1\cdot p'$ 和

$k_2+k_2\cdot p'$。这里，k 代表商品中包含的预付资本的价值，即成本价格，p'代表平均利润率。[①] 若两种商品的生产价格相等，则按生产价格交换意味着：

$$k_1+k_1\cdot p'=k_2+k_2\cdot p'\rightarrow$$
$$k_1(1+p')=k_2(1+p')\rightarrow$$
$$k_1=k_2$$

换句话说，按生产价格交换就等于按资本的价值交换。

另一方面，如果商品按价值交换，则一般来说，商品中包含的资本数量就不会相等。例如，设商品Ⅰ和商品Ⅱ的价值分别为 $k_1+k_1\cdot m_1'$和 $k_2+k_2\cdot m_2'$。这里，m'代表剩余价值率。若两种商品的价值相等，则按价值交换意味着：

$$k_1+k_1\cdot m_1'=k_2+k_2\cdot m_2'\rightarrow$$
$$k_1(1+m_1')=k_2(1+m_2')\rightarrow$$
$$k_1=\frac{1+m_2'}{1+m_1'}k_2$$

除非两种商品生产上的剩余价值率相等，即 $m_1'=m_2'$，否则就有 $k_1\neq k_2$，即按商品的价值交换通常不等于按资本的价值交换。

五、平均利润率变动趋势

在市场经济条件下，由于资本的自由转移和不同产业部门之间竞争的展开，形成了平均利润率。平均利润率的水平在一定范围和一定时期内通常是一定的。但是，平均利润率水平并不是永远固定不变的，它并不总停留在一个水准上，是一个可变量。从商品经济的长期发展过程来看，平均利润率的变化规律是呈下降趋势的。平均利润率下降趋势规律产生的根本原因是社会平均资本有机构成的不断提高。各个商品生产者为了追求最大限度的剩余价值或利润，增强竞争实力，就必须不断地竞相改进技术，扩大生产规模，提高劳动生产率，从而引起各个企业的资本有机构成不断地提高，结果导致各个企业的资本有机构成的普遍提高，即社会平均资本有机构成的提高。随着社会平均资本有机构成的提高，一方面，造成可变资本在总资本中所占比重相对地减少，使同量资本推动的劳动力减少，剩余价值或利润量也随之减少，引起利润率水平不断下降；另一方面，资本有机构成的不断提高引起固定资本在总资本中所占比重增大。固定资本的周转速度从整体上看是远远慢于流动资本的周转速度的，因此，固定资本比重的增大就会使全部预付资本的平均周转速度减慢。而资本周转速度的快慢又和利润率成正比例变化，也就是说，固定资本比重和数量越大，资本周转速度就越慢，平均利润率水平也就越低。

阅读材料　平均利润率的下降趋势

假定剩余价值率为 100%：

如果 $c=50, v=100$，那么 $p'=\frac{100}{150}=66\frac{2}{3}\%$；

如果 $c=100, v=100$，那么 $p'=\frac{100}{200}=50\%$；

---

① 在不会引起混淆的情况下，我们用 p'代替 $\overline{p}'$来表示平均利润率。

如果 $c=200, v=100$，那么 $p'=\frac{100}{300}=33\frac{1}{3}\%$；

如果 $c=300, v=100$，那么 $p'=\frac{100}{400}=25\%$；

如果 $c=400, v=100$，那么 $p'=\frac{100}{500}=20\%$。

因此，在劳动的剥削程度不变时，同一个剩余价值率会表现为不断下降的利润率，因为随着不变资本的物质量的增加，不变资本从而总资本的价值量也会增加，虽然不是按相同的比例增加。

如果我们进一步假定，资本构成的这种逐渐变化，不仅发生在个别生产部门，而且或多或少地发生在一切生产部门，或者至少发生在具有决定意义的生产部门，因而这种变化就包含着某一个社会的总资本的平均有机构成的变化，那么，不变资本同可变资本相比的这种逐渐增加，就必然会有这样的结果：在剩余价值率不变或资本对劳动的剥削程度不变的情况下，一般利润率会逐渐下降……由此产生的直接结果是：在劳动剥削程度不变甚至提高时，剩余价值率会表现为一个不断下降的一般利润率……因此，一般利润率日益下降的趋势，只是劳动的社会生产力日益发展在资本主义生产方式下所特有的表现。

马克思：《资本论》第 3 卷，人民出版社 1975 年版，第 235—237 页。

平均利润率的下降，并不意味着资本家占有的利润量绝对地减少。因为，利润的多少不仅取决于平均利润率的高低，还取决于预付资本总量中可变资本的多少。随着资本积累的发展，社会总资本增大，可变资本的总量也在增加，从而被剥削的劳动者数量绝对地增长，利润量必然不断增加。

平均利润率水平的下降也不意味着剩余价值率的降低。因为，剩余价值率是影响利润率的一个因素，但不是唯一因素，资本有机构成高低和资本周转速度快慢都对利润率产生影响。即使剩余价值率不变，甚至提高，资本有机构成提高和资本周转速度的减慢也可导致平均利润率水平的普遍下降。表 8—2 中的情况就说明了这个问题。

在表 8—2 中，预付总资本由 600 亿元增加到 4 000 亿元。随着社会总资本的增大，资本有机构成迅速提高，由 2∶1 提高到 9∶1。可变资本的相对量由 1/3 降为 1/10，平均利润率由 33.3%下降到 20%。但是，可变资本的绝对量却由 200 亿元增加到 400 亿元，剩余价值率由 100%提高到 200%，利润量由 200 亿元增加到 800 亿元。

表 8—2　　平均利润率下降趋势　　单位：亿元

时　期	不变资本	可变资本	剩余价值率	剩余价值量或利润量	平均利润率
1	400	200	100%	200	33.3%
2	1 500	300	150%	450	25%
3	3 600	400	200%	800	20%

讨论　平均利润率的下降趋势：条件和结论

当我们说到平均利润率下降趋势时，有两个重要的前提条件不要忘记。一个是剩余价值率不变，一个是资本有机构成提高。在这两个前提条件下，平均利润率的下降就是一个

"趋势"或者"规律"。否则,我们就无法得出这样的结论。

设社会总资本分为不变资本 c 和可变资本 v,总的剩余价值和剩余价值率分别为 m 和 m',则平均利润率可表示为:

$$p'=\frac{m}{v+c}=\frac{m/v}{1+c/v}=\frac{m'}{1+\theta}$$

这里,$\theta=c/v$ 代表社会总资本的平均有机构成。

根据上述公式显而易见有:如果假定剩余价值率 m' 不变,则平均利润率 p' 与资本平均有机构成 θ 的变化方向正好相反,即在资本平均有机构成不断提高时,平均利润率将不断下降。这就是平均利润率趋向下降的规律。

这里需要注意的是,在上面的推理中,我们一方面假定了资本有机构成在提高,另一方面又假定了剩余价值率保持不变。严格而论,这是不妥当的。因为资本有机构成和剩余价值率并非两个没有关系的变量。一般来说,随着资本有机构成的提高,剩余价值率也会提高。当剩余价值率随资本有机构成的变化而变化时,我们不能简单地由上面的公式断言平均利润率仍然具有下降的趋势。实际上,在这种情况下,平均利润率既可能下降,也可能上升。关于这个问题的详细分析请参看下面的讨论。

平均利润率水平趋向下降,是社会劳动生产率提高的结果和表现形式。但是,平均利润率并不是直线下降的。因为,在发达的商品经济中,一方面,存在着引起社会资本有机构成的提高和资本总周转速度减慢,使平均利润率呈下降趋势的因素;另一方面,也存在着引起相对剩余价值生产的发展和扩大,使剩余价值率提高和利润的绝对量增加,从而使利润率水平提高的因素。两种相反力量共同发生作用。由于在两种因素中,使利润率趋于下降的因素占上风,起主导作用,这就使平均利润率的总体水平趋于下降。又由于大量阻碍利润率下降趋势的因素也在同时发挥作用,这就又使利润率下降趋势表现得相对比较平滑和缓慢。实践证明,在发达的商品经济中,平均利润率下降趋势不是一朝一夕的事,而是一个长期的历史发展过程,也就是说,需要一个较长的时期才能表现出来。例如,在产业革命后,机器得到普遍应用,资本主义社会的劳动生产率和资本有机构成都提高得相当快。可是,平均利润率下降却比较缓慢。这是由于一些阻碍平均利润率下降趋势因素在发挥作用的结果。阻碍平均利润率下降的因素主要有:

一是剩余价值率的提高,可以增加剩余价值总量,从而阻碍利润率的下降。

二是生产资料价值的降低。劳动生产率的提高,固然会使同量的劳动力推动更多的生产资料,从而使不变资本数量增大,但是,劳动生产率的提高也使制造生产资料的社会必要劳动时间减少,引起生产资料价值的下降。这样,在不变资本的物质要素增加时,不变资本的价值不是按同一比例增加,而是比前者以更小的比例增加,甚至可以不变。这就会减弱资本有机构成提高的速度,延缓利润率的下降。同时,劳动生产率的提高还会降低原有不变资本的价值,同样也会阻碍利润率的下降。

三是相对过剩人口的存在。在有大量廉价劳动力可供使用的情况下,某些企业宁可采用手工劳动而不使用机器。这些部门的资本有机构成很低,工资水平也很低,剩余价值率则比较高,它们对平均利润率的降低起着阻碍作用。

四是对外贸易的发展。首先,输入廉价的生产资料和生活资料,可以降低不变资本价值和劳动力价值,提高利润率。其次,输出商品到经济落后的国家,可以按高于国内的价格出售。因为输入国的生产技术落后，劳动生产率低，生产同种商品的社会必要劳动时间多，商品的价值高，输出国的商品可以按高于本国的商品价格出售，取得高额利润。最后，对殖民地和发展中国家进行直接投资，利用当地廉价劳动力和原材料，就地生产就地销售商品，也可以获得较高的利润率。这一切都会阻碍或抵消本国平均利润率的下降。

总之，以上这些因素，在一定时期内能够使得利润率有某种程度的提高，从而可以阻碍、延缓或部分地抵消平均利润率的下降，减缓它的下降程度和下降进程，因而使平均利润率下降的规律只具有一种趋势的性质。但是，上述的各种因素都不能取消这一规律。因为引起一般利润率下降的同一些原因，又会产生反作用，阻碍、延缓并且部分地抵消这种下降。这些原因不会取消这个规律，但是会减弱它的作用。

讨论　平均利润率的变化规律

在下面的讨论中，我们假定资本的有机构成总是随着资本的积累而不断地提高。我们要分析的是，在这种情况下，平均利润率究竟会发生什么样的变化。

1. 平均利润率与均衡利润率

我们从平均利润率的定义

$$p'=\frac{m}{c+v}$$

开始分析。两边取对数可得：

$$\ln p'=\ln m-\ln(c+v)$$

再对时间 t 取一阶导数(假定公式中的变量都是时间的函数)：

$$G_{p'}\equiv\frac{\mathrm{d}p'/\mathrm{d}t}{p'}=\frac{\mathrm{d}m/\mathrm{d}t}{m}-\frac{\mathrm{d}c/\mathrm{d}t+\mathrm{d}v/\mathrm{d}t}{c+v}$$

$$=G_m-\frac{g_m}{c+v}$$

$$=g\left(\frac{G_m}{g}-p'\right) \tag{3}$$

其中，g 为剩余积累率，即用于资本积累的剩余价值占总剩余价值的比率。

由(3)式可知：如果剩余价值不增长，或者说，剩余价值增长率 $G_m\leqslant0$，则显然有 $G_{p'}<0$，即平均利润率必定下降；但是，如果不是这样，则结果究竟如何就要取决于剩余价值增长率与剩余积累率的比率 G_m/g 和平均利润率 p' 的相对大小。具体来说有三种情况，即：

$$\frac{G_m}{g}>p'\rightarrow G_{p'}>0\rightarrow p'\text{上升}$$

$$\frac{G_m}{g}=p'\rightarrow G_{p'}=0\rightarrow p'\text{不变}$$

$$\frac{G_m}{g}<p'\rightarrow G_{p'}<0\rightarrow p'\text{下降}$$

由此可见，平均利润率总是单调地趋于剩余价值增长率：它在高于该比率时下降，低于该比率时上升，等于该比率时不变——除非该比率本身发生变化。据此，我们可以把剩余价值增长率与剩余积累率的比率看成是均衡的平均利润率，简称均衡利润率。

如果设均衡利润率为某个常数：

$$\frac{G_m}{g}=a \quad (a>0)$$

则平均利润率将单调地趋于该常数——如果它原来高于 a，就单调下降趋于 a；如果它原来低于 a，就单调上升趋于 a（见图 8—2）。

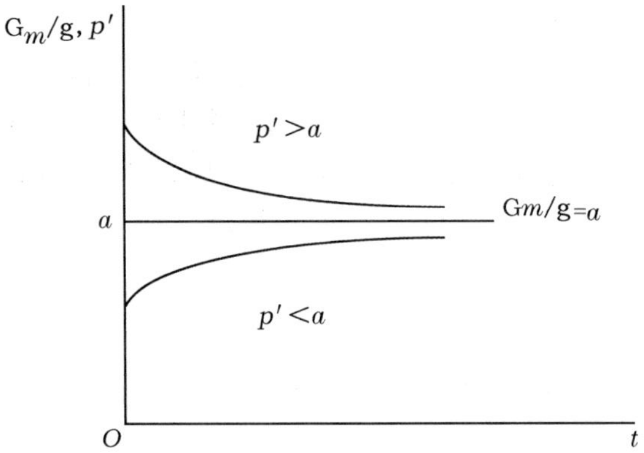

图 8—2 平均利润率与均衡利润率

2. 均衡利润率和剩余变化率

由于平均利润率总是单调地趋于均衡利润率，故如果假定平均利润率现在已经等于均衡利润率，则它下一步的变化就完全取决于均衡利润率的变化：在均衡利润率下降时下降，在均衡利润率上升时上升，在均衡利润率不变时不变。

如前所说，均衡利润率等于剩余价值增长率与剩余积累率的比率。因此，如果假定剩余积累率不变，则均衡利润率就随剩余价值增长率的变化而变化。由于剩余价值等于剩余价值率与可变资本的乘积，即：

$$m=m'v$$

故剩余价值的增长率等于剩余价值率的增长率加上可变资本的增长率，即：

$$G_m=G_{m'}+G_v$$

一般而言，由于随着资本的积累和资本有机构成的提高，可变资本的绝对数量也在增加，故可变资本增长率总大于零（但在有机构成提高的情况下小于不变资本和总资本的增长率）。为简单和方便起见，我们假定可变资本增长率等于某个常数。于是有：

$$G_m=G_{m'}+b \quad (b>0)$$

另一方面，剩余价值率等于剩余劳动时间和必要劳动时间的比率。当“工作日”的长度给定之后，它则等于剩余劳动时间除以工作日长度与剩余劳动时间之差，即有：

$$m'=\frac{l^*}{\bar{l}-l^*}$$

这里，$\bar{l}$ 代表工作日的长度，l^* 代表剩余劳动时间。于是，剩余价值率的变化率和增长率分别为：

$$\begin{aligned}\frac{\mathrm{d}m'}{\mathrm{d}t}&=\frac{(\bar{l}-l^*)\mathrm{d}l^*/\mathrm{d}t+l^*\cdot \mathrm{d}l^*/\mathrm{d}t}{(\bar{l}-l^*)^2}\\&=\frac{\bar{l}\cdot \mathrm{d}l^*/\mathrm{d}t}{(\bar{l}-l^*)^2}\end{aligned}$$

$$\begin{aligned}G_{m'}\equiv\frac{\mathrm{d}m'/\mathrm{d}t}{m'}&=\frac{\bar{l}\cdot \mathrm{d}l^*/\mathrm{d}t}{(\bar{l}-l^*)^2}\cdot\frac{\bar{l}-l^*}{l^*}\\&=\frac{\mathrm{d}l^*}{\mathrm{d}t}\cdot\frac{\bar{l}}{\bar{l}-l^*}\cdot\frac{1}{l^*}\end{aligned}$$

首先容易看到，上式中的 dl^*/dt（即剩余劳动时间的变化率，可简称为“剩余变化率”①）总是大于零的。这是因为，随着资本的积累和资本有机构成的提高，从而，随着劳动生产力的提高，剩余劳动时间总是不断增加的。这意味着，剩余价值率的增长率 $G_{m'}$ 也大于零。

其次，为了进一步确定剩余价值率的增长率的变化规律，我们可以求它对时间的一阶导数：

$$\begin{aligned}\frac{dG_{m'}}{dt}&=\frac{d^2l^*}{dt^2}\left(\frac{\bar{l}}{\bar{l}-l^*}\cdot\frac{1}{l^*}\right)+\frac{dl^*}{dt}\left(\frac{\bar{l}}{(\bar{l}-l^*)^2}\cdot\frac{1}{l^*}-\frac{\bar{l}}{\bar{l}-l^*}\cdot\frac{1}{l^{*2}}\right)\frac{dl^*}{dt}\\&=\frac{d^2l^*}{dt^2}\left(\frac{\bar{l}}{\bar{l}-l^*}\cdot\frac{1}{l^*}\right)+\left(\frac{dl^*}{dt}\right)^2\left(\frac{\bar{l}}{(\bar{l}-l^*)l^*}\cdot\frac{2l^*-\bar{l}}{(\bar{l}-l^*)l^*}\right)\\&=\frac{\bar{l}}{\bar{l}-l^*}\cdot\frac{1}{l^*}\left(\frac{d^2l^*}{dt^2}+\left(\frac{dl^*}{dt}\right)^2\cdot\frac{2l^*-\bar{l}}{(\bar{l}-l^*)l^*}\right)\end{aligned}$$

于是，$dG_{m'}/dt$ 的符号完全取决于最后一个等号后面括号中的项，即有：

$$\frac{d^2l^*}{dt^2}+\left(\frac{dl^*}{dt}\right)^2\cdot\frac{2l^*-\bar{l}}{(\bar{l}-l^*)l^*}>(=,<)0\rightarrow\frac{dG_{m'}}{dt}>(=,<)0$$

3. 几个例子

最后来看几个特殊的剩余变化率的例子。

(1)剩余变化率为一常数（剩余劳动时间以不变的速度增长）。例如：

$$\frac{dl^*}{dt}=k\quad(k>0)$$

它的几何表示参见图8—3(a)中的向右上方倾斜的直线。②

相应于线性增长的剩余劳动时间，剩余价值率的增长率公式简化为：

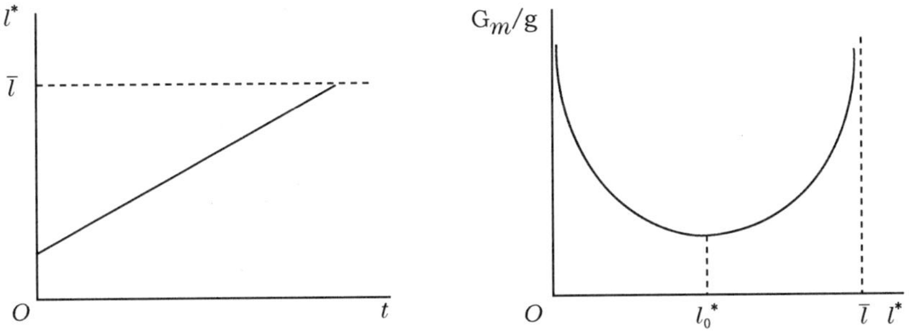

(a) $dl^*/dt=k$　　(b)

图8—3　均衡利润率的变化：剩余变化率等于常数

$$G_{m'}=\frac{dm'/dt}{m'}=k\cdot\frac{\bar{l}}{\bar{l}-l^*}\cdot\frac{1}{l^*}$$

在这种情况下，剩余价值率的增长率将随剩余劳动时间的增加而先递减后递增，即为一

---

① 注意：剩余变化率或剩余劳动时间的变化率 dl^*/dt 不同于剩余价值的变化率 dm/dt。前者只取决于劳动生产力的变化，后者则不仅与劳动生产力的变化有关，而且还要受到可变资本数量的变化的影响。

② 假定剩余劳动时间线性增长显然并不完全符合实际——特别是，它意味着剩余劳动时间最终将等于全部的劳动时间，或者说，必要劳动时间最终将缩小到零。这当然是不可能的。

条 U 形曲线。特别是，当 $l^* \to 0$ 和 $l^* \to \bar{l}$ 时，都有

$$\frac{dm'/dt}{m'} \to +\infty$$

这意味着，剩余价值增长率亦为一条两端趋向于无穷的 U 形曲线。由于剩余价值增长率先下降后上升，故均衡利润率也是先下降后上升[见图 8—3(b)]。

特别需要提醒注意的是，在这种情况下，均衡利润率的下降部分发生在剩余劳动时间较小的阶段。从历史上看，这是资本积累相对较少、资本有机构成相对较低从而劳动生产力相对较低的阶段。但是，随着资本的积累、资本有机构成的提高从而劳动生产力的提高，剩余劳动时间会不断增加，最终将达到这样一点(如图中的 l_0^*)，从该点开始，均衡利润率即转而上升。

由此可得结论：如果剩余劳动时间以不变的速度增长(剩余变化率为常数)，则均衡利润率在资本积累较少、劳动生产力较低时趋于下降，而在资本积累较多、劳动生产力较高时趋于上升。

(2)剩余变化率与剩余劳动时间成正比。例如：

$$\frac{dl^*}{dt} = kl^* \quad (k>0)$$

它的几何表示参见图 8—4(a)中的向右上方倾斜且向上凸起的曲线。①

此时，剩余价值率的增长率公式简化为：

$$G_{m'} = kl^* \cdot \frac{\bar{l}}{\bar{l}-l^*} \cdot \frac{1}{l^*} = \frac{k\bar{l}}{\bar{l}-l^*}$$

在这种情况下，剩余价值率的增长率和剩余价值的增长率以及均衡利润率都将随剩余劳动时间的增加而一直递增，即为一条向右上方倾斜的曲线。

由此可得结论：如果剩余变化率与剩余劳动时间成正比，则均衡利润率将总是趋于上升[见图 8—4(b)]。

(3)剩余变化率与必要劳动时间成正比。例如：

$$\frac{dl^*}{dt} = k(\bar{l}-l^*) \quad (k>0)$$

它的几何表示参见图 8—5(a)中的向右上方倾斜且向上凸起的曲线。

此时，剩余价值率的增长率公式简化为：

$$G_{m'} = k(\bar{l}-l^*)\frac{\bar{l}}{\bar{l}-l^*} \cdot \frac{1}{l^*} = \frac{k\bar{l}}{l^*}$$

在这种情况下，剩余价值率的增长率和剩余价值的增长率以及均衡利润率都将随剩余劳动时间的增加而一直递减，即为一条向右下方倾斜的曲线。

由此可得结论：如果剩余变化率与必要劳动时间成正比，则均衡利润率将总是趋于下降。这是马克思所设想的情况[见图 8—5(b)]。

---

① 与假定剩余劳动时间线性增长一样，假定它递增增长也不完全符合实际，因为在这种情况下，必要劳动时间会更快地缩小到零。

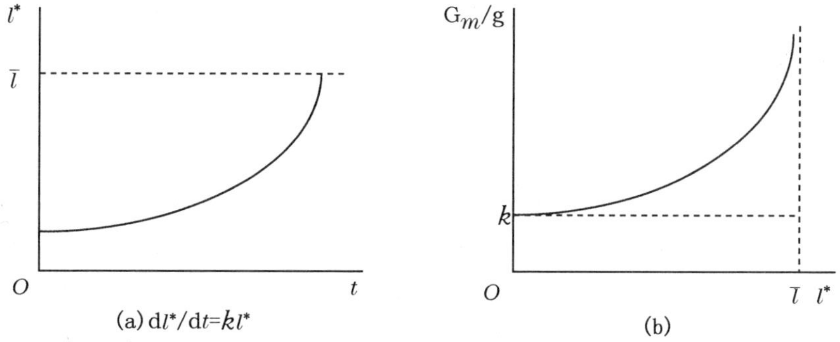

图 8—4　均衡利润率的变化:剩余变化率与剩余劳动时间成正比

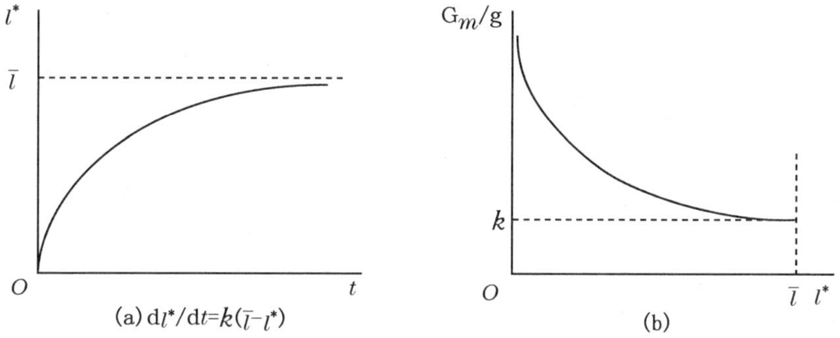

图 8—5　均衡利润率的变化:剩余变化率与必要劳动时间成正比

第三节　商业资本和平均利润

一、商业资本的形成和作用

商业资本又称商人资本,它与生息资本一样,都是古老的资本形式。早在奴隶社会中,随着商品货币关系的发展,出现了一些专门从事商品买卖活动的商人阶层,他们积累了一定数量的货币财富,形成了早期的商人资本。在封建社会中,商人资本进一步得到发展,形成了一些大商人,他们掌握了大量的货币财富,对封建国家的经济和政治产生过重要的影响。但是,作为资本主义以前的商业资本是不同于资本主义制度下的商业资本的。无论是从产生的条件看,从流通的目的看,还是从所反映的社会生产关系和所起的社会作用来看都是根本不同的。商业资本不仅在资本主义社会广泛存在,在社会主义经济中也同样存在。社会主义公有制经济中专门投入商业经营的资本就是公有商业资本。我们在这里主要研究的是资本主义和社会主义制度下的商业资本,而不是资本主义社会以前的商业资本。

资本主义社会和社会主义社会作为市场经济社会,不仅有产业资本,还有商业资本。并且,商业资本和产业资本一样,参与资本的运动,参与剩余价值的分配。商业资本是在流通领域中独立发挥作用的资本,是专门从事商品买卖活动以获取商业利润的职能资本。它是从产业资本中分离出来的独立的资本形式。商业资本的运动形式是：G—W—G′。

定义　商业资本

又称商人资本，是在流通领域中独立发挥作用、专门从事商品买卖活动以获取商业利润的职能资本。

作为产业资本的商品资本职能的独立化形式的商业资本是商品经济发展到一定阶段的产物。在商品经济发展初期，由于企业生产规模不大，市场范围又比较狭小，所以一般由产业投资者自产自销(零售)。随着生产的发展和市场的扩大，产业投资者用于商品销售的流通资本日益增加。由于流通资本是对原有或追加生产资本的一种扣除，流通资本在产业资本中所占比重的提高，就意味着预付资本的利润率降低。在这种情况下，如果产业投资者仍然自产自销，必然会影响市场的发展和剩余价值的增加。另外，由于人的精力和能力是有限的，随着经济的发展，流通中的事物日益复杂，产业投资者继续自产自销，也会感觉到精力不足和技术业务知识不够。这一切都在客观上要求把实现商品资本的职能的任务交给专门的投资者去完成，使商品资本的职能从产业资本中独立出来。

产业资本的商品资本职能独立化为商业资本的职能，不仅有必要性，而且有可能性。这就是，一方面在产业资本循环中，商品资本有不同于货币资本和生产资本的独立职能，从而有可能在投资者之间实行分工，由不同投资者分别担负不同的职能；另一方面，在产业资本循环中总有一部分资本是经常处在流通领域中执行流通资本职能的，这也使商品资本有可能独立化为商业资本。

产业资本的商品资本职能真正独立化为商业资本需要具备以下两个基本条件：一个是在产业投资者和商业投资者之间形成特殊的分工，商品销售成为商业投资者的独立业务；另一个是专门从事商品买卖的商人，必须有独立的投资。只有同时具备以上两个基本条件时，商品资本职能才最终从产业资本中分离出来，转化成独立的资本形式——商业资本，掌握和运用这部分资本的人就成了商业投资者。商业资本独立后执行的仍然是产业资本循环中的商品资本的职能，具体说就是实现价值和剩余价值，使商品资本转化为货币资本，最终完成产业资本的循环。

商业资本的独立存在具有以下重要的作用：一是有利于产业企业集中力量从事生产活动，增加利润总额。由于商业企业专门经营商品的销售业务，产业企业便能集中精力从事生产活动，而剩余价值是雇佣工人在生产过程中创造的，显然这就必然能够增加剩余价值或利润总额。二是有利于节省社会总资本用于流通过程的资本，增加用于生产过程的资本。这是因为商业资本和产业资本的分工，以及商业事务的专业化，商人投在商品买卖和支付商业事务开支方面的资本，比起产业企业各自经营商业事务来说，数量上可以大大节省。三是商业资本的活动，可以加速产业资本周转。一个商业企业，不仅可以为同一部门的几个产业企业推销商品，甚至可以为不同部门的许多产业企业推销商品。因此，商业资本的周转速度就不受个别产业资本周转速度的限制，它可以在产业资本的一次周转中，完成若干次周转。这样，从整个社会的范围来看，就可以加速各部门产业资本的周转。四是商业资本的活动，可以加速商品流转，缩短流通时间。这是因为专门从事商品买卖活动的商业企业，熟悉市场行情和流通渠道，了解消费者的需求和各种复杂的销售条件。因此，由他们专门去推销商品，就能够加速商品的流转速度。

当然，商业资本的这些积极作用，要以它的数量没有超过社会必要的比例为条件。否则，就会造成社会资本的浪费，并会延缓社会资本的周转速度，造成平均利润率的降低。

二、商业利润的质和量

商业利润在资本主义社会是商业资本家从事商品经营活动而获取的利润，在社会主义经济中是公有商业企业从事商品经营活动而获取的利润。但是，商业部门与产业部门是根本不同的，产业部门是物质生产部门，会创造出价值和剩余价值来；而商业资本在流通领域中活动，除了生产过程在流通过程中继续的那部分商业活动，即商品的包装、保管、运输等活动属于生产性劳动，能够创造价值和剩余价值或资本增值外，单纯从事商品买卖的纯商业活动，是不会创造价值和剩余价值的。因为流通领域发生的只是价值形式的变化，并不能产生价值增值。流通领域不产生价值和价值增值，只有在生产领域中才能使价值增值，而商业资本在流通领域又取得了商业利润。那么，商业利润是从何而来呢？

从现象上看，商业利润似乎产生于流通领域的贱买贵卖。其实，贱买贵卖只是一种表面现象，它只是表明商业企业取得商业利润的途径，即获得商业利润是通过商品的购买价格低于销售价格实现的，但这并不能说明商业利润的真正来源。商业利润的真正来源是由产业工人创造的剩余价值。资本主义条件下的商业利润是由产业资本家转让给商业资本家的由产业工人创造的剩余价值的一部分。由于商业资本家投资于商业，替产业资本家销售商品，实现价值和剩余价值，产业资本家就不能像自己经营商品销售时那样独自占有全部剩余价值，而必须把从产业工人那里剥削来的剩余价值的一部分以商业利润的形式转让给商业资本家。产业资本家是按照怎样的形式把从产业工人那里剥削来的剩余价值的一部分转让给商业资本家的呢？

产业资本家是按照低于生产价格的价格把商品卖给商业资本家的，然后，商业资本家再按照生产价格决定的价格把商品卖给消费者，这样商业资本家就获得了产业资本家转让给他的从产业工人那里剥削来的剩余价值的一部分。具体来说，商品的售价（零售价）大于买价（出厂价）之差，就是商业资本家所获得的商业利润。由此可见，商业利润不过是从产业资本家占有的剩余价值中的一部分转化而来的。社会主义条件下商业利润的来源也是来自产业部门工人的剩余劳动，它反映不同部门劳动者的分工、交易和合作关系。

在资本主义社会，商业资本家获得商业利润，是依靠商业店员的劳动完成商品的推销活动而实现的。前面我们已经讲到了，商业店员的劳动除了生产过程在流通过程中继续的那部分，即与商品保管、包装、运输有关的劳动以外，是不创造价值和剩余价值的。虽然从总体上看，大部分商业劳动是不创造价值和剩余价值的，但它却是实现商品价值所必需的。同时，商业店员同产业工人一样，是劳动力的出卖者，他们的劳动也分为必要劳动和剩余劳动两部分，商业店员在必要劳动时间内实现的剩余价值，补偿商业资本家在购买商业店员这种劳动力商品时垫付的可变资本，商业店员在剩余劳动时间内实现的剩余价值作为商业利润归商业资本家占有。由此可见，商业资本家对商业店员剥削的实质，就是无偿地占有商业店员在剩余劳动时间内实现的那部分剩余价值，商业资本家正是通过剥削商业店员的无偿劳动来取得产业资本家转让给他的那部分由产业工人创造的剩余价值。另外，如果商业资本家加强对商业店员的剥削也能获得超额利润。

商业投资者投资于商品经营，其目的也是为了获取商业利润。社会主义的商业资本同样要追求商业利润。只不过前者利润归商业资本家个人所有，后者利润归社会公共所有。在商业经济活动中，商业利润量的规定同样受等量资本获得等量利润的平均利润率规律的制约，他们获得的利润率不能低于平均利润率。商业资本作为一种与产业资本并列存在的独立的职能资本形式，同样要受平均利润率规律的支配，参与利润的平均化，也就是说，商业利润率必须相当于平均利润率，否则商业部门中的资本就会转移到工业生产部门中去，通过资本在产业和商业两个部门之间的自由转移和竞争，使商业利润率和产业利润率趋于平均化，形成社会资本统一的平均利润率。商业资本参与利润平均化后，全社会的平均利润率＝社会剩余价值总额/(产业资本总额＋商业资本总额)。

例如，假定一年中整个社会产业资本是 $720c+180v=900$(亿元)，剩余价值率为 100％，不变资本价值一次全部转移到新产品中去，那么一年内生产出的产品价值总额为：

$$720c+180v+180m=1\ 080(\text{亿元})$$

如果商业资本没有产生和独立存在，那么，

$$\text{社会的平均利润率}=\frac{180}{720+180}\times 100\%=20\%$$

如果商业资本独立存在了，为了销售这 1 080 亿元的商品，商业经营者在流通中需要投入一定数量的商业资本。假定商业企业为买卖这些商品投入 100 亿元的商业资本，这时社会上的总资本就变成了：

$$900+100=1\ 000(\text{亿元})$$

这时 180 亿元的剩余价值就应当在 1 000 亿元的社会总资本之间进行分配，平均利润率就由 20％下降到：

$$\text{平均利润率}=\frac{180}{900+100}\times 100\%=18\%$$

按这个平均利润率水平，根据等量资本获得等量利润的原则，产业资本得到 900 亿元×18％＝162(亿元)的产业利润(p)，商业资本得到 100 亿元×18％＝18(亿元)的商业利润(h)。在这种情况下，产业资本就应按 $720c+180v+162p=1\ 062$(亿元)的价格把商品卖给商业企业，商业企业再加上商业利润，按照 $1\ 062+18h=1\ 080$(亿元)的价格，即生产价格把商品卖给消费者。这样，商业资本在不违背价值规律的情况下，获得了 18 亿元的商业利润。

由于商业资本参与了利润的平均化，生产价格的公式便相应地发生了变化，即：

$$\text{生产价格}=\text{生产成本}(k)+\text{产业利润}(p)+\text{商业利润}(h)$$

生产价格再次发生了变化，反映了商业资本对资本增值的分割，商业企业以此为基础确定商品的出售价格。

三、商业流通费用及其补偿

在市场经济条件下，商业企业在从事商品买卖活动中，除了预付资本购买商品外，还要垫支资本作为流通费用。商业流通费用是在流通领域内，为流通服务的费用。它包括生产性流通费用和纯粹流通费用两大类。

生产性流通费用是与生产过程在流通过程中的继续有关的流通费用，这种费用是由商品使用价值的运动引起的，如在商品的分类、包装、保管和运输中支出的费用。保管费用是以商品或以商品资本形式进行储备所耗费的费用，它不属于生产领域内耗费的费用，因而是流通费用。但是,保管费用在本质上不同于纯粹流通费用。为储备商品而追加的劳动虽然不创造使用价值,但它保存了商品,因此具有生产的性质。保管费用的目的不是价值形式的转化,而是保存价值,为保存价值又必须保存使用价值。在这里,尽管使用价值会因储存损耗而减少,但保管会减少使用价值的损耗。由于这个原因,保管费用在一定程度上要加入商品价值,使商品变贵。当然,保管费用是不是加入商品价值,要看商品储备是否正常。正常的储备是不断出售的条件,它只不过是流通的表面上的停滞,为此耗费的费用应加入商品价值;不正常的储备是流通的真正停滞,如危机时期,仓库的存货越来越多,商品储备量已超出了正常的数量,商品储备是商品卖不掉的结果,这样所耗费的费用不加入商品价值,而成为价值的损失。运输费用,是指因使用价值变化场所而引起的费用。运输有两种:一种是企业内部的运输,另一种是企业外部的运输,运输费用一般是指后一种运输所耗费的费用。由于商品的使用价值是在商品的消费中才能实现,而商品的消费必须变更商品的位置,即由生产地到市场、再由市场到消费者的手中,在商品尚未到达消费者手中之前应看作是生产过程的继续。所以,运输费用是因生产过程在流通领域的继续进行而支付的费用。商品的运输是商品在空间上的流通。运输业一方面是个独立产业部门,另一方面又表现为生产过程在流通过程的继续。运输业生产过程的结果,是商品场所的变更。投在运输业上的费用是生产性资本,它的不变部分(c)会转移或追加到所运输的产品中去,它的可变部分(v)会创造新的价值,追加到被运输的产品中去。随着市场经济的发展,市场的范围不断扩大,产品的绝大部分转化为商品,运输费用大为增加;但是,由于科技在运输业方面的应用,交通运输工具的发展,运输劳动社会化程度的提高,又使单位商品的运输费用减少。

纯粹流通费用是由于商品的价值形态变化引起的非生产性流通费用,如广告费、簿记费、商业店员工资、通信费等。这部分流通费用是纯粹同商品买卖行为相联系的费用,它不参与价值和剩余价值或剩余产品的创造。簿记就是以货币为主要计量单位,连续地、系统地对企业经济活动进行核算和分析。簿记既同商品流通有关,又产生于生产过程,它将随着生产社会化程度的提高而更加重要。但是,在簿记上所耗费的活劳动与物化劳动,不形成价值。由簿记所引起的费用,是一种不会增加价值的费用。金银这种商品,作为货币发生作用,即当储藏货币或准备金,潜在地留在流通领域里,既不进入个人的消费,也不进入生产的消费。另外,货币在流通中还会受到磨损,需要不断地补充和替换。所以,耗费在货币上的费用是社会财富必须为流通过程而付出的费用。

目前,网络经济不断地兴起和发展。网络经济的运行也需要耗费,即需要支出网络费用。作为企业参与网络经济,运用电子商务来进行国内外的贸易,在这方面支出的网络费用是纯粹流通费用。企业要建立商务网站,初建时期需要投入大量的资金、技术和管理,也就是说,网络的费用耗费很大。但是,一旦大规模运行,就不需要商场设施,它消灭了店铺成本和中间商的佣金,这样一来就可大量精简人力、物力和管理。当然,电子商务成功的关键,很大程度上取决于后勤和送货,这需要有大量的投入。但是,从长远来看,网络费用是相对少的。电子商务最终会成为一种覆盖面广而成本很低的商业活动模式。

辨析　生产性流通费用和纯粹流通费用

生产性流通费用:与生产过程在流通过程中的继续有关的流通费用,由商品使用价值的运动所引起,如在商品的分类、包装、保管和运输中支出的费用;参与价值和剩余价值的创造。

纯粹流通费用：由商品的价值形态变化而引起的、只与商品买卖行为相联系的费用，如广告费、簿记费、商业店员工资、通信费等；不参与价值和剩余价值的创造。

生产性流通费用和纯粹流通费用的不同性质和特点，决定了两者的不同补偿方式。凡是从事商品的包装、保管、运输等的劳动，都和产业工人的劳动一样，属于生产性劳动。这种劳动，会把商品在劳动过程中所消耗的物质资料的价值转移到商品中去，又能创造出新的价值，加入商品中，使商品的价值增加。由于生产性流通费用增大商品价值并会增加剩余价值或资本增值，因此，随着商品的出售，商品价值和剩余价值或资本增值的实现，生产性流通费用会从商品价值中直接获得补偿。具体的补偿方式同产业资本家相似：其中不变资本的耗费，用来转移旧价值；可变资本由生产性劳动所代替，并创造出新价值，包括再生产劳动力的价值和剩余价值。增值的剩余价值成为社会剩余价值总额或利润总额的组成部分。所以，耗费的生产性流通费用在必要的限度内会全部加入商品价值中，连同增值的价值最终通过价值的实现获得补偿。

纯粹流通费用作为商业资本家或商业企业的一部分预付资本，不仅要得到补偿，还要参加利润率的平均化。但由于纯粹流通费用在流通中不能增加商品的价值和剩余价值，所以它的补偿方式不同于生产性流通费用。从形式上看，它是通过对商品售卖价格的加价办法获得补偿的，实际上这仅仅是它的补偿途径，而不是它补偿的真正来源。

纯粹流通费用从价值补偿来看，只能来源于剩余价值的一种扣除。因为，社会总产品的价值是由不变资本、可变资本和剩余价值这三部分组成的。为了保证社会资本再生产的正常进行，不变资本价值必须用来补偿已消耗的生产资料价值，可变资本价值必须用来补偿劳动力价值，因而它们都不能成为补偿纯粹流通费用的来源，这样，就只能由剩余价值中的一部分来作为纯粹流通费用补偿的来源了。这部分预付资本所得的利润，同样是来源于对剩余价值的瓜分。

假定仍按前面商业利润的来源的例子来论证，商业企业在投入 100 亿元投资的基础上，又投入 50 亿元的纯粹流通费用，这时用于可分配的剩余价值为：

$$180-50(\text{补偿纯粹流通费用})=130(\text{亿元})$$

130 亿元的剩余价值总额在 900 亿元的产业资本和 150 亿元的商业总投资中平均分配，平均利润率就会由原来的：

$$\text{平均利润率}=\frac{180}{900+100}\times100\%=18\%$$

下降为：

$$\text{平均利润率}=\frac{180-50}{900+100+50}\times100\%=12.38\%$$

这时，产业资本得到的平均利润为：900×12.38%＝111.43(亿元)，商业资本得到的平均利润为：(100＋50)×12.38%＝18.57(亿元)。产业企业卖给商业企业的商品价格是：$720c+180v+111.43p=1\,011.43$(亿元)。商业企业卖给消费者的商品价格是：$720c+180v+111.43p+18.57h+50=1\,080$(亿元)。这样，商业企业仍按照相当于生产价格的市场价格把商品卖给消费者，使之既补偿了 50 亿元纯粹流通费用，又获得了 18.57 亿元的平均利润。剔除掉资本主义制度下剩余价值生产和实现的剥削性质，社会主义商业企业纯粹流通费用的补充途径是一样的。

辨析 生产性流通费用的补偿和纯粹流通费用的补偿

生产性流通费用的补偿：与产业资本的补偿相同。

纯粹流通费用的补偿：来源于对剩余价值的扣除。

降低商业流通费用是增加商业利润的一个重要途径。影响商业流通费用的因素很多，如生产力的布局、交通运输的发展状况、商业企业的管理水平及商业管理体制等。就商业部门本身来说，降低商业费用，主要应抓好以下工作：一是合理组织商品运输。运输费用在商品流通费用中占有相当大的比重。合理组织商品运输，可以大大减少商品运输费用的支出。因此，在组织商品运输时，不仅要选择合理的运输路线，尽可能缩短运输里程，消除对流运输、迂回运输等不合理现象，而且要选择适当的运输工具，确保商品安全无损地运到目的地。二是减少不合理的商品流转环节。商品流通经过的环节越多，商品在流通领域滞留的时间就越长，商品流通的费用就越大。因此，尽可能减少不必要的中间环节，使产销直接见面，就可大量节省商业流通费用。三是按照经济区域来组织商品流通。固守行政区划，实行地方保护主义，是阻碍区域间商品流通的严重障碍。打破行政区划，破除地区保护主义，按照经济区域来组织商品流通，不仅可以保障商品的合理流向和流量，促进资源的合理配置与产业结构的优化，而且还可以节省商品流通费用。四是改善商品的储存工作，减少商品耗费。商品储存是保证商品正常流转的一个必要条件。但是，超过正常合理的界限，形成商品积压，就会增加商品耗费和储存费用。改进商品储存工作，保持库存合理，加强商品的保管与养护，尽可能减少商品的损耗，是降低商品流通费用的最有效途径之一。五是加速商品流转，扩大商品流通量。在商品流通中，有些费用并不是随着商品购销量的变动而变动；有些费用虽然与商品购销量大小有关，但并不是完全按比例增加。因此，在流通费用总额不变的条件下，扩大商品流通量，加速商品的周转，可以减少储存、保管费用，可以减少商业资金的占用与利息费用的支出。

我国商业企业要降低商品流通费用，增加商业利润，还要改革原有的不合理的商品流通体制，克服原有的商业体制中存在的商品流通渠道单一，流通环节过多，官商作风严重，政企不分，经营方式死板，城乡、部门、地区分割封闭等弊端，建立起一个多种经营形式、多种经营方式、多条流通渠道、精减流通环节、开放式的灵活高效的商品流通体制。商品流通体制，亦称商业管理体制，主要包括商品流通的所有制形式与经营方式，商品流通机构的设置及责权利关系，市场的组织与管理，流通渠道与流通环节的设置等等。商品流通体制是商品流通的根本保证，它对商品流通的速度、效率和经济效果有着至关重要的影响与作用。

四、商业资本周转的特点及对价格的影响

商业资本的周转有着不同于产业资本周转的特点。首先，从周转过程来看，产业资本的周转包括整个再生产过程，是生产过程和流通过程的统一。商业资本的周转，只有流通过程，即 G—W 和 W—G′，就完成了一次周转。其次，从流通中的形式变化看，产业资本在流通中的形式变化，表现为 W_1—G—W_2，从出售所生产的商品（W_1）得到的货币，用来购买新的生产资料和劳动力（W_2）。这实际上是商品（W_1）和商品（W_2）相交换，货币两次转手，只是在商品交换中起中介作用。相反，商业资本形式变化表现为 G—W—G′，这里两次转手

的，却是同一商品(W)，它对货币复归到商业资本家或商业企业手中起中介作用。这些区别，集中反映了商业资本周转的根本特点是不能直接增加剩余价值的。第三，商业资本的周转，要受生产和消费的限制。商业资本的流通，是充当生产和消费的媒介，其根本职能是通过商品交换联结生产和消费。它周转的第一阶段 G—W 是购买商品，要依赖于生产。产业资本的生产时间，成了决定商业资本周转的第一个界限。周转的第二个阶段 W—G′是出售商品，由于商品具有使用价值和价值两个因素，因而销售商品具有两方面的职能：一个是实现商品的使用价值，为满足企业对生产资料和消费者对消费资料的需求服务，使生产单位的生产耗费在实物上得到补偿，并使劳动者获得消费资料，这是社会再生产顺利进行的物质保证。另一个是实现商品的价值，即通过商品的销售，生产单位以货币形式收回预付的生产资料和劳动力的价值，并获得一部分剩余价值，使企业的再生产能继续进行并有条件实现扩大再生产。这两方面的职能在实际经济生活中是结合在一起的，商品一旦销售出去，既表明购买者取得了所需要的生产资料和消费资料，实现了商品的使用价值，又表明生产单位收回了货币，实现了商品的价值，因而商品流通在实现上述两方面职能上具有内在的一致性，但两方面职能之间也存在着一定的矛盾。因为，实现商品的使用价值，体现着购买者(消费者)的利益，而实现商品的价值，则体现着销售者(生产者)的利益。消费者主要关心的是商品的使用价值，要求物美价廉；生产者主要关心的是商品的价值，往往可能片面追求商品的价值，而忽视商品的品种、规格、质量和售后服务。但总的来说，商品的最终销售要依赖于个人消费(暂时撇开生产消费)。因而，个人消费的速度和范围，成了商业资本周转的第二个界限。这两个界限，同时决定着商业资本周转的速度。

如果产业资本的周转对利润率以至对平均利润率的形成有直接的决定作用，那么，就商业资本来说，它的周转对利润率，以至对平均利润率的形成，却没有直接的决定作用，而只有间接作用。这是因为，商业资本不直接创造剩余价值或利润。对商业资本来说，平均利润率是一个已定的量，这个量的大小，一方面取决于产业资本所创造的利润量，另一方面取决于商业资本在社会总资本中的相对量。在社会总资本中，商业资本的相对量越小，产业资本的相对量越大，平均利润率就会越高；反之，则相反。而商业资本的周转速度，对商业资本在社会总资本中的相对量有决定作用。商业资本的周转速度越快，所需要的商业资本就越小。所以，商业资本的周转对利润率的影响不是直接的，只是在它的周转速度引起商业资本的相对量发生变化的限度内，才能影响到利润率。若总商业资本在社会总资本中所占的比重不变，各个商业资本的不同周转速度就不会影响商业利润总量，也不会影响平均利润率。

但是，不同部门商业资本周转的快慢，却会直接影响到商品的销售价格。因为在平均利润率不变，从而在一定量商业资本所获得的平均利润量不变的条件下，如果某商业部门资本周转速度越快，它周转的商品数量就越多，那么，分摊到单位商品上实现的商业利润就会必然减少。例如，假定年平均利润率为 15%，甲商业部门的某一商业企业预付资本 100，若资本每年周转 1 次，将按 115 的价格售卖进价 100 的商品，获得利润为 15。若一年周转 5 次，则每次按 103 的价格售卖，全年 5 次即以 515 的价格售卖进价 500 的商品。这样预付资本 100，仍然以 15%的平均利润率获得 15 的平均利润。上例表明，资本周转速度不同，对商品的销售价格会直接产生影响；部门周转速度加快，会降低商品的销售价格。

以上是仅就不同的商业部门而言的。在一定时期内，对同一商业部门的个别商业企业来说，加快个别资本周转的速度，用同量商业资本推销更大量的商品，并不会直接引来商品售价的普遍降低，但对提高其利润率有决定性的意义，在其他条件不变的情况下，加快商业资本周转速度，可以带来利润率同比例增长。而且，周转速度快的个别商业企业，可以用压低售价的办法在竞争中打败对手。因为他即使压低些售价，仍可以获得高于平均利润的超额利润。

本章小结

成本价格是生产单位产品所消耗的不变资本和可变资本之和。利润是企业产品的销售收入扣除成本后的余额。利润是检验企业生产经营好坏、评价企业经济效益高低的一个重要的综合性指标。在市场经济社会，当剩余价值作为全部预付资本的产物，剩余价值就转化为利润。利润是作为劳动者剩余劳动或为社会的劳动所创造的价值的货币表现。企业增加利润的主要途径：一是提高企业的利润率和降低产品成本；二是扩大生产规模，增加适销产品的产量。

由于各产业部门资本有机构成和周转速度不同，所获得的利润率水平也不同。各个部门的生产者为了追求较高的利润率，展开了以资本自由转移为特征的部门之间的竞争，结果使利润率高的部门，资本数量增加，生产规模扩大；相反，利润率低的部门，资本数量减少，生产规模缩小。由此引起市场上商品供求关系的变化，使利润率高的部门商品供过于求，利润率低的部门商品供不应求。商品供求关系的变化又会引起市场上商品价格的相应变化，商品供过于求的部门，商品价格低于价值；商品供不应求的部门，商品价格高于价值，最后导致各部门利润率趋于平均化。从商品经济的长期发展过程来看，由于社会平均资本有机构成的不断提高，平均利润率呈下降趋势。

随着利润转化为平均利润，商品价值也就转化为生产价格。生产价格是商品价值的转化形式，是由生产成本加平均利润构成的。生产价格的形成并不违背价值规律，而只是价值规律发生作用的形式发生了变化。平均利润和生产价格规律对经济生活的调节作用主要体现在：一是分配社会劳动，调节资源配置；二是促进企业改革生产技术，提高劳动生产率；三是调节剩余价值在各部门投资者之间的分配。马克思的平均利润和生产价格理论揭示了工人不仅遭受本企业资本家的剥削，而且使整个工人阶级遭受整个资本家阶级的剥削。

商业资本是在流通领域中独立发挥作用的资本，是专门从事商品买卖活动以获取商业利润的职能资本。它是从产业资本中分离出来的独立的资本形式，商业资本是发达商品经济的产物。商业资本的运动形式是 G—W—G′。商业利润的来源是产业部门工人创造的剩余价值或剩余劳动，其形式也表现为平均利润。加快商业资本的周转，有利于降低商品价格和提高利润率。

关键术语

成本价格　利润　利润率　平均利润率　平均利润　平均利润率规律
生产价格　市场价值　第二种含义的社会必要劳动时间　平均利润率下降趋势
商业资本　商业利润　生产性流通费用　纯粹流通费用

参考资料

1.《马克思恩格斯全集》第 25 卷,第 1—4 篇,人民出版社 1974 年版。

2. 马艳:《关于“价值创造”与“价值转移”之争的探讨》,《学术月刊》2002 年第 6 期。

3. 余斌:《科斯理论批判》,《海派经济学》(季刊)2004 年总第 7 辑。

思考题

1. 在公有制市场经济中,剩余价值是否也转化为利润?利润和剩余价值的关系如何?

2. 什么是利润率和平均利润?影响它们的因素分别有哪些?

3. 有人说,一个雇佣工人只受一个资本家的剥削。试用平均利润和生产价格学说来评析之。

4. 利润率平均化以后,商品价值转化为生产价格,这种转化过程如何体现了两者的内在统一性?生产价格形成后,价值规律作用形式有何变化?

5. 企业降低成本和增加利润的途径有哪些?

6. 什么是商业资本?商业利润的来源和获得途径是什么?

第九章

生息资本和利息

学习目的与要求

通过本章的学习，掌握借贷资本和银行资本的运动是社会总资本运动的具体表现形式，了解借贷资本和银行资本所有者参与分割剩余价值或资本增值的具体过程；认识借贷资本的特点、职能，以及借贷利息的来源和本质；了解不同经济制度下的金融体系、金融风险及其监管的重要性；搞清股份资本和股份公司的特点和作用及信用制度。

第一节　借贷资本与利息

一、借贷资本及其特点

借贷资本是从产业资本运动中分离出来的特殊资本形式。在资本主义社会，它是借贷资本家为取得利息而暂时贷给职能资本家（如产业资本家和商业资本家）使用的货币资本。在社会主义社会，产业资本中闲置的部分和居民储蓄可以通过金融中介贷给企业使用，这也可视作一般意义上的借贷资本。借贷资本所有者是债权人，贷款企业是债务人。

借贷资本属于生息资本，资本主义前的生息资本表现为高利贷资本。借贷资本和高利贷资本是生息资本的两种形式。借贷资本和高利贷资本都是为取得利息而暂时贷给他人使用的货币资本，具有共同的性质，但两者又有很大的区别。

首先，高利贷资本远在原始社会末期就已经出现，它随着私有制的产生和商品货币关系的发展而产生，但它主要存在于奴隶社会和封建社会，与当时的小生产相适应；借贷资本是在资本主义生产关系基础上产生和发展起来的生息资本形式，它从职能资本的运动中独立出来，与资本主义生产过程密切相关。

其次，高利贷资本的主要来源是储藏的货币；而借贷资本是由职能资本运动中游离出来的闲置货币资本转化而来的。

最后，高利贷资本的直接剥削对象主要是小生产者，如农奴、手工业者及农民等，同时通过对一些奴隶主和封建主的贷放而间接占有广大劳动者的剩余价值，借款的主要目的是弥补开支，应付意外之需等；借贷资本则不同，它的贷款对象主要是工商业资本家，借款目的主要是为了取得利润。贷款利息来源于产业工人创造的剩余价值，从而反映了借贷资本家与职能资本家共同瓜分剩余价值的资本主义生产关系。

辨析　职能资本家和借贷资本家

职能资本家：经营企业、执行生产或实现剩余价值的职能的资本家，包括产业资本家和商业资本家。

借贷资本家：从事货币资本的借贷以获取利息为目的的资本家。

辨析　生息资本、借贷资本和高利贷资本

生息资本：为取得利息而暂时贷给他人使用的货币资本，包括借贷资本和高利贷资本两种形式。

借贷资本：借贷资本家为取得利息而暂时贷给职能资本家使用的货币资本。

高利贷资本：通过贷放货币获取高额利息的资本，一般指前资本主义社会的生息资本。

借贷资本同资本主义和社会主义再生产过程中的资本循环与周转密切相关。资本的循环运动为借贷资本的形成提供了可能性和必要条件。在社会再生产过程中，一方面会出现大量的暂时闲置的货币资本，另一方面又会产生对货币资本的经常性需求，资本的本质在于不断地增值，于是闲置的货币资本就会贷给需要补充货币资本的职能资本使用，形成货币资本的借贷关系，当这些货币资本从职能资本的运动中独立出去后，就转化为借贷资本。

借贷资本的来源主要是产业资本循环中产生的闲置货币资本，它主要包括以下几个方面：第一，固定资本折旧费的积累。固定资本折旧费提取后，要等到固定资本更新时才使用，在此之前它是暂时闲置的。第二，暂时闲置的流动资本。由于商品出卖与原材料的购买并不同步，商品出卖所得货款会暂时闲置。此外，由于工资定期发放，因而可变资本回收形成的待发工资也会闲置。第三，用于积累而未马上投资的剩余价值。积累的资本要投入扩大再生产必须达到一定的数量，在此之前它只能闲置。第四，食利者阶层拥有的货币以及社会各阶层拥有的货币存款。

因为个别资本的循环是相互交错的，它们的运动常常处在不同的阶段上，在存在闲置货币资本的同时，一部分企业又会产生临时补充货币资本的需要，如固定资本更新，购买原材料、支付工资或扩大再生产，需要追加积累资本但自有资本不足，要预付货款或扩大经营规模而暂时资金短缺等。

资本的循环产生了对货币资本的供求关系，即货币资本的借贷关系。资本的借贷没有改变资本的所有者，获得贷款的企业必须如期归还贷款，同时还必须支付一定的利息。从职能资本中游离出来的闲置货币资本转化为借贷资本，并逐渐出现了专门从事货币资本借贷活动的借贷投资者。借贷资本在职能资本运动的基础上产生，并为职能资本的周转服务，它是从属于职能资本的一种资本形式，但它一经形成，就成为一种独立的资本形式，并具有职能资本不同的许多特点。

第一，借贷资本是一种作为商品的资本，即资本商品。在市场经济条件下，作为资本的货币，具有双重的使用价值：一方面是充当一般等价物即货币的使用价值；另一方面是作为资本来执行职能的使用价值，能生产利润。职能资本所有者之所以需要货币资本，不是由于它可以作为一般的购买手段和支付手段，用来购买消费品，而是由于它能实现价值增值，可以获取利润。借贷资本所有者把货币资本贷给职能资本所有者使用，实际上就是把资本的使用价值，即生产利润的能力让渡给职能资本使用，就像让渡商品一样。所以，借贷资本是一种表现为商品的资本。

借贷资本不是普通的商品，它与普通商品有很大的区别：首先，转让的方式不同。普通商品是以买卖的形式转让，卖方让出了商品的所有权，买方按等价支付货币。资本商品则是以借贷的方式转让，借贷投资者在贷出货币时，没有同时收回它的等价物。他不仅让出了使用价值，也让渡了价值，但这是以一定期限内归还为条件的，因而借贷资本所有者并不放弃对资本的所有权，只是暂时让渡了资本的使用权，到期他不仅要收回资本，还要得到一定的利息。其次，消费的结果不同。普通商品一经消费，其使用价值和价值都随之消失；而资本商品的消费即是货币资本的使用，它的价值不仅会被保存，而且还会增值。最后，在普通商品的买卖中，买方支付的是商品的价格，而在资本商品的借贷中，买方支付的是利息。利息不是资本商品价值的货币表现即价格，而是使用借贷资本的报酬。

第二，借贷资本是一种所有权资本，即财产资本。借贷资本所有者手中的货币不是普通的货币，而是资本，但它在借贷所有者手中并没有发挥资本的职能，只是作为一种财产归他所有。他凭借对货币的所有权，定期从职能资本所有者那里获得利息收入。这种资本只有转入职能资本所有者之手，用之于生产经营时才发挥资本的职能，生产和实现剩余价值。于是，同一借贷资本获取了双重身份：对他的所有者来说是财产资本，他对它具有所有权；对它的使用者来说是职能资本，他对它具有使用权。借贷资本对借贷双方具有的双重身份，使财产资本和职能资本相分离，使资本的所有权和使用权相分离，这是借贷资本的一个重要特点。

第三，借贷资本具有不同于职能资本的特殊运动形式，它是最富有拜物教性质的资本形式。在借贷资本的运动形式 $G—G'$中，从表面看，它既不经过生产过程，也没有流通过程，资本的社会关系一点也看不出来。这里看到的只是一定的价值量的数量关系，资本表现为单纯的物即货币，而利息直接表现为物的产物。这种特殊的运动形式造成了一种假象，似乎货币本身可以生出更多的货币。这一特点进一步掩盖了经济关系的实质，使资本拜物教达到了顶点。

实际上，货币资本只有汇入产业资本之中，投入生产过程，通过雇佣工人的生产创造出剩余价值，才能使自己增值，$G—G'$的运动完全依赖并包含在资本再生产的全过程。借贷资本的完整公式应该是：$G—G—W\cdots P\cdots W'—G'—G'$。公式最初阶段 $G—G$ 表示借贷资本贷出货币；中间阶段 $G—W\cdots P\cdots W'—G'$表示职能资本借入资本进行生产和实现剩余价值的整个过程；最后阶段 $G'—G'$表示职能资本所有者偿付借款本金和利息。$G—G'$不过是完整公式的简化。

二、利息与企业利润

在市场经济条件下，资本是一个重要的生产要素，作为生产要素的投入是以获利为目的的。利息就是资本要素获得的利益回报，是产业部门工人创造的剩余价值或剩余劳动的一部分。在不同的社会制度下，利息表现为不同的性质。在资本主义制度下，借贷资本家把货币资本贷给职能资本家使用不是无偿的，在收回货币资本时必须带来一个增值，职能资本家在归还贷款时，必须向借贷资本家支付一定数量的货币作为使用货币资本的报酬，这就是利息。利息是职能资本家使用借贷资本而让渡给借贷资本家的一部分剩余价值，是剩余价值的特殊转化形式。

借贷资本所有者将货币贷给职能资本家或企业使用，其目的是为了获得利息，职能资本家或企业使用借贷资本从事商品生产或流通，由于使用他人的资本，他必须把利润的一部分以利息形式交给货币资本的所有者。当然，职能资本家或企业也不可能把全部利润都交给借贷资本所有者，在一般情况下，平均利润要分为两个部分：利息和企业利润。由于借贷资本的所有权和使用权的分离，使得同一资本具有双重性的存在，借贷资本和职能资本对利润都有占有权。但是同一资本却不可能因此而获得双份利润，平均利润就不能由任何一方独占，借贷资本所有者让渡资本使用权而得到利息，同时职能资本或企业得到企业利润。

定义　利息和企业利润

利息：利息是职能资本家使用借贷资本而让渡给借贷资本家的一部分剩余价值。

企业利润：产业资本家和商业资本家的利润扣除利息以后的余额，是职能资本家得到的剩余价值。

利息作为资本商品的价格，实质上是货币作为生息资本增值的表现，而不是资本价值的货币表现。一方面，货币资本在这里有双重的价值，首先是货币本身的价值，然后又有和这个价值不同的价格(利息)；另一方面，价格和价值本来和使用价值无关，但这里，资本价格(利息)又是资本的使用价值(平均利润)的一个部分。上述分析表明，从严格意义上说，把利息说成是资本商品的价格是不科学的，因为这违背了劳动价值论的原理。

但是，在一般情况下，利息又总是表现为资本价格，并在实际经济生活中发挥很大的作用，这主要有以下几个原因：第一，利息是资本所有权在经济上的实现。在经济生活中必须承认和尊重资本所有权，法律上的所有关系必须在经济上实现，因此，利息是两权分离条件下资本所有权在经济上的实现，资本的有偿转让是由占有关系决定的，而在商品经济中，有偿转让又采取货币支付或价格的形式。第二，在货币市场上，利息或利率的决定与商品价格的决定有共同之处，它们都是由竞争和供求关系来调节的。商品价格虽然受供求影响，但它有内在的一般基础即商品价值，而利息率则没有。第三，利息作为资本商品的价格，与一般商品价格一样，反过来又具有调节借贷资本供求的作用。

借贷资本出现后，平均利润的这种分割本来只是职能资本或企业借用了别人的资本后才发生的现象，但是，在实际生活中，即使在职能资本家或企业完全使用自有资本的场合，也会把平均利润分割为利息和企业利润两部分。在他们看来，他既是资本的所有者，又是资本的使用者。作为资本的所有者，要取得利息；作为资本的使用者，要取得企业利润。量的分割转化为质的分割，而且固定化了。

在资本主义制度下，由于平均利润分割为利息和企业利润，必然造成一种假象：利息是资本所有者的收入，是资本财产的自然产物；企业利润是职能资本家或企业从事经营、组织生产、管理企业的“劳动”报酬，因而两者的真实来源模糊不清，剥削关系被进一步掩盖。

社会主义公有制经济中的利息，具有上述利息的一般形式和特点，但其实质是公有制经济纯收入的一部分在不同企业和个人之间的再分配的具体形式，体现社会主义国家、企业和劳动者个人之间的物质利益关系。社会主义国家银行对公有企业单位的贷款所收取的利息，是这些企业纯收入的一部分；国家银行对单位、个人存款支付的利息，是从贷款利息收入中支付的，实质上只是社会主义企业纯收入在社会主义经济内部的再分配。利息的最终来源还是社会主义社会的剩余劳动。如果居民小额储蓄所获得的小额利息收入，没有超过他本人向社会提供的剩余劳动的价值，则是劳动者自己的剩余劳动的返还，这时他没有占有别人的劳动，是一种劳动收入；如果居民储蓄额较大，获得利息较多，超过劳动者本人向社会提供的剩余劳动量，则是一种非劳动收入。这是借贷风险的报酬，在社会主义生产经济中是得到承认并且是合法的。

社会主义公有制经济中，企业利润是企业创造的平均利润扣除贷款利息后的企业收入，体现了公有企业与公有金融机构之间的物质利益关系。

三、利息率

利息量取决于借贷资本的大小和当时通行的利息率的高低，以下将要分析作为利息的量的规定性的利息率。

利息率是指一定时期内（通常按年计算）利息量与借贷的货币资本量的比例，通常以百分数来表示。计算公式为：

$$利息率=\frac{利息量}{借贷资本量}\times 100\%$$

例如，某个 1 000 元的资本，一年可获得利息 60 元，则：

$$利息率=\frac{60}{1\ 000}\times 100\%=6\%$$

6%的年利息率习惯上称为年利 6 厘。利息率体现借贷资本增值的程度，一定数量的借贷资本，在一定时期内获得利息的多少，取决于利息率的高低。利息率的高低是有一定界限的。它的最高界限是平均利润率，因为利息是平均利润的一部分，在一般情况下，利息率低于平均利润率，不能等于更不能超过平均利润率，否则，借入资本的职能资本家或公有企业就得不到任何利润，他就不会借入资本。只有在一些特殊情况下，如在经济危机时期，货币资本奇缺，企业为了急于偿还债务，才被迫借用利息率等于或高于平均利润率的贷款。利息率的最低界限不能等于零，否则，借贷资本所有者无利可图，宁肯把货币储存起来而不必冒贷款的风险，借贷资本也就不存在了。因此，利息率总是在平均利润率和零之间摆动。

辨析　利息率和利润率

利息率：简称利率，是一定时期内（通常按年计算）利息量与借贷的货币资本量的比例。

利润率：剩余价值量与预付总资本的比率。

利息率的高低取决于以下几个因素：

第一，平均利润率的高低。利息是平均利润的一部分，平均利润率是利息率的最高界限。在其他条件不变的情况下，平均利润率的变动也会引起利息率在相同的方向上发生变动。平均利润率提高，利息率也提高；平均利润率降低，则利息率也降低。

第二，借贷资本的供求状况和借贷双方的竞争。当平均利润率一定时，利息率就取决于平均利润分割为利息和企业利润的比例。这个比例首先决定于金融市场上借贷资本的供求状况。在供求双方的竞争中，如果借贷资本的供给大于需求，平均利润的分割就有利于职能资本家，利息率就会下降。如果借贷资本的需求大于供给，则利息率就会提高。

第三,如果借贷资本的供求平衡,利息率就由习惯和法律传统决定。借贷资本在借贷资本所有者手中不是职能资本,不在生产和流通中实际发挥作用。因此,借贷资本不能提供一个内在的标准来确定在总利润中自己应占有的比例。这样,借贷资本供求双方的竞争,就在利息率的确定上起着决定性作用,在供求平衡时,习惯和法律传统就成为决定因素。

由于决定利息率的因素经常变动,利息率也在变化,特别是在再生产的不同阶段,变动更大。平均利润率和借贷资本的供求状况作为决定利息率的两个主要因素,对利息率的影响在方向上可能是相反的。如在经济高涨时期,利润率会上升,但由于借贷资本的严重过剩,利息率反而会下降。在经济危机时期,利润率下降,但由于借贷资本供应紧张,利息率反而会上升。从利息率变动的长期趋势看,同平均利润率一样,也具有下降的趋势。这主要因为:(1)平均利润率是决定利息率的最高界限,从长期看,平均利润率有下降的趋势,因而利息率一样有下降的趋势。(2)随着市场经济的发展,借贷资本的供给有超过需求的趋势。一方面,越来越多的人把自己的货币资本转化为借贷资本;另一方面,信用制度的发展,也使社会各阶层的货币更容易集中,形成大量的借贷资本。这些使借贷资本供给的增长超过需求的增长,引起利息率下降。

以上讨论的是由市场供求关系决定的市场利息率。如果考虑一个时期的长期利息率,实际上是把不同时点上的利息率加以平均,因而也称平均利息率。计算平均利息率必须考虑以下因素:

(1)必须计算整个产业周期中利息率的平均数。

(2)必须考虑长期投资利息率,因为利息是按契约规定的时间长短支付,所以长期贷款的利息率一般高于短期贷款利息率,而长期贷款占总贷款额的权数,是决定平均利息率的重要因素。

(3)因为历史上先有生息资本,因而一国历史上的利息率水平和习惯,甚至与之相关的法律制度,也对现期利息率起影响作用。

(4)在资本可以在国际上自由流动的条件下,世界市场上的借贷利息率,也会对国内利息率的高低起很大的影响作用。

利息率的决定虽然不断变化,但是,在每个确定的时间内,它又像商品的市场价格一样,表现为确定的数额。所以,在每次借贷关系中,利息率都是预先确定的,这是利息率不同于利润率的重要特点。这种情况使得利息表现为与再生产过程无关,似乎利息是资本自身的产物,这也进一步掩盖了资本关系的实质。

在市场经济中,利息率具有调节资本供求关系的重要作用。在货币市场中,一方面,市场利息率由借贷资本的供求和借贷双方的竞争所调节;另一方面,又反过来,它自发调节借贷资本的供给和需求。当供大于求时,借方联合同贷方竞争,迫使贷方内部竞相压低利息率,使利息率下降;利息率下降会抑制货币资本的投放,刺激对货币市场的需求,引起供求关系向相反的方向转化。当出现供小于求时,则是贷方联合同借方竞争,迫使借方内部竞相抬高利息率,争借货币资本,而使利息率上升;利息率上升又会刺激货币资本的投放,抑制对货币资本的需求,从而引起利息率的降低。如此反复运动,在利息率的波动中,使借贷资本的供求,不断从不平衡趋于平衡,利息率也趋于稳定。

从利息率调节借贷资本的供给来说,借贷资本除来源于职能资本运动中游离出来的闲散的货币资本外,还来源于社会上闲散的资金。利息率还调节着居民的储蓄(包括储蓄率和储蓄量)。利息率的这种调节作用,是实际利息率才具有的。所谓实际利息率,是扣除通货膨胀率以后的利息率。

从调节借贷资本的需求来看,利息率的高低,会影响投资活动,进而对整个社会经济发生影响。由于借款的动机是由利息率同利润率之间的对比关系决定的,因而利息率对投资的调节作用,也是通过这一对比关系的变化来实现的。如通过提高利息率抑制借贷资本的需求来抑制投资,或通过降低利息率刺激借贷资本的需求来刺激投资,从而对投资起调节作用。

由于利息率在货币市场上具有利益导向的作用,所以它能成为人们自觉运用的重要经济杠杆,以调节货币流通,调节货币资本供求,调节投资和储蓄,并有助于抑制通货膨胀。

第二节　银行资本和银行利润

一、银行资本和银行职能

随着社会化大生产和市场经济的发展,银行作为专门经营货币资本的企业,它的地位日益重要,并逐步成为国民经济的神经中枢。银行在资本主义时期就发展得非常完备,我国的社会主义经济同样离不开银行对国民经济的支撑作用。

银行资本指银行资本所有者经营银行所使用的全部资本。资本主义银行主要是银行资本家所有,社会主义银行主要是国家银行或股份制银行,是公有经济控制的银行。从银行资本的来源看,包括两个部分:银行企业的自有资本和通过吸收存款的借入资本。从其物质构成看,也分为两个部分:现金(黄金或银行券)和有价证券,有价证券主要包括商业票据(期票和汇票)、公债券、国库券、股票以及不动产抵押单等。这部分有价证券构成的资本都是虚拟的。马克思指出:"银行家资本的最大部分纯粹是虚拟的。"①

银行的职能主要有两个:一方面,通过吸收存款,把社会上分散的暂时闲置的货币资本和小额货币收集起来,形成巨大的借贷资本;另一方面,通过发放贷款的形式,把这些货币资本贷放给职能资本家使用。由此,银行就成了贷款者和借款者、债权人和债务人之间的中介人。与此相适应,银行的业务也分为两部分:负债业务和资产业务。

银行的负债业务,主要是吸收存款或吸收资本的业务。在银行所能支配的货币资本中,银行资本的自有资本只占极少一部分,大部分来自吸收的存款。银行存款主要来源于三个方面:第一,是职能资本在生产和流通过程中暂时闲置的货币资本;第二,是市场经济制度下的食利者阶层的大量货币资本;第三,是工人、农民和手工业者等一般居民的小额余款和待消费的收入,这些小额货币原来不是资本,但是存入银行后就被当作借贷资本发挥作用。

银行的资产业务,主要是进行贷款和运用资本的业务。贷款和投资是银行运用资本的基本方式,其具体种类主要有:第一,期票贴现,指银行用现金购买未到期的商业票据。持有商业票据的资本家,在票据未到期前,如因资本周转急需现金,可以到银行通过贴补利息的办法把票据换成现金。期票贴现是一种特殊的信用,即短期放款,但要从票面金额中事先扣

① 《马克思恩格斯全集》第25卷,人民出版社1974年版,第532页。

除自贴现日至到期日的贴现利息。贴现利息率一般相当于贷款利息率。例如，贴现一张1万元3个月到期的期票，年贴现率为4%，贴现利息即为100元，银行扣除100元的贴现利息后，只需将9 900元付给持票来贴现的客户。第二，抵押贷款，指银行以不动产或动产作为抵押品的贷款。例如，职能资本家用代售的商品、期票、提货单、有价证券和各种不动产作抵押，向银行取得活期或定期贷款。第三，信用贷款，指银行凭贷款人的信用，确信其有偿还能力，不需要任何抵押品担保而发放的活期或定期贷款。这种贷款的利息率一般都较高。第四，承购政府公债和公司债券。这实际上也是一种信用贷款。第五，长期投资，通过购买股票向各种企业进行投资，以便控制企业和取得高额股息。

此外，银行还经营结算业务，即代替职能资本经营者存款、支款和进行非现金结算等。银行还代为客户汇兑现款，买卖贵金属、外币，保存贵重物品等。在现代发达的市场经济中，银行还通过"消费信用卡""旅游支票"等形式，为消费者购买日用消费品和旅游进行非现金结算。银行的中间业务是商业银行除了资产业务外，不动用自己的资金，不直接承担或不直接形成债权债务，为社会提供的各类服务，并从中获取经济利益，如运用银行信用、信息、经济和金融手段获利。中间业务主要包括两部分：一部分是代收代付、结售汇和结算等劳务型业务；一部分是咨询、评估和理财等高知识含量、高附加值、高收益，且具有避险功能的业务。发达的国家中间业务收入占商业银行收入的40%—50%。

讨论　银行及其作用

银行一词，来自意大利文，原意是"坐长板凳的人"，说明最初的银行业务是非常简单的，坐在长板凳上即可进行。在我国，之所以把这种特殊的金融企业称作银行是因为：在我国历史上，白银一直是主要的币材之一，银往往就代表了货币，而"行"则是对大商业机构的称谓。因此，历史上就把办理与货币有关的大金融机构称为银行。

银行的作用有三个方面：第一是信用中介，即作为借贷双方的中介人。银行一方面通过吸收存款的方式，集中社会上暂时闲置的货币，或作为将来消费之用的储蓄；另一方面通过借款方式把这些货币借给那些需要的人。第二是支付中介，例如，根据企业的委托办理货币的收付与转账结算等。第三是创造信用流通工具（银行券和存款货币）。

二、银行利润及其来源

在市场经济条件下，按照资本利益最大化原则，银行资本所有者经营银行业务的目的与职能资本一样，是为了获得利润。按照平均利润率规律，银行也要求取得平均利润。银行利润首先来源于贷款利息的一部分。银行贷款利率一般高于存款利率，贷款利息和存款利息之间的差额，经扣除银行雇员的工资和其他经营管理费用之后，便是银行利润的主要来源。此外，银行利润还来自承办各种中间业务的手续费、对企业投资所获得的股票红利，以及从事证券交易活动所获得的收益等。以上所获银行利润总量与银行企业自有资本的总量的比例，就是银行利润率。

银行是独立经营的金融企业，银行企业同样要求获得平均利润率。若银行利润率低于平均利润率，银行资本所有者也会将资本转移至工商业部门。转移资本对银行资本所有者来说，是最容易的事情了。直到银行资本也获得大体相同的平均利润，资本转移的过程才会停止。所以，银行利润与产业利润、商业利润的均衡化，是平均利润率规律通过竞争规律作用的必然结果。

银行利润的社会性质体现在利润的归属上，而最终又是由银行资本所有权决定的。在资本主义条件下，银行资本家通过各种方式获得的利润，归根到底，也是产业工人所创造的剩余价值的一部分。银行资本家作为中介人，与借贷资本家和职能资本家一样参与剩余价值的分割，共同剥削雇佣工人。当然，银行资本家还剥削银行雇员。银行雇员和商店雇员一样，他们的劳动纯粹为流通而支出，不创造剩余价值，但是，银行资本家正是依靠他们的劳动完成银行业务才获得银行利润，分占一部分剩余价值的。在公有制条件下，银行利润是产业部门劳动者创造的剩余劳动的一部分，通过贷款利息与存款利息的差额来实现的，体现公有制的银行、企业和劳动者个人之间的物质利益关系。

三、银行体系和金融机构体系

银行在现代经济生活中扮演着巨大的作用，它是企业融资的重要途径，是整个经济运行的重要中介。银行是资本融通的重要机构，但它不是资本融通的唯一途径。在现代经济中，非银行金融机构在资本融通活动中起着越来越大的作用。银行体系和非银行金融机构共同构成了一国的金融机构体系。由于各国的历史发展、法律制度的差异，各国的金融机构体系并不完全一致，但总体而言，各国的金融体系主要由以下几个部分组成，即中央银行、商业银行及非银行金融机构。

定义　金融机构

金融机构是一类以货币为经营对象的特殊企业。金融机构常常被分为两个大类：一是银行性金融机构，一是非银行性金融机构。两者之间的主要区别在于吸收资金的方式不同。前者以吸收存款为主，后者则不是这样。而在这两者之间，银行性金融机构居于支配的地位。

下面我们主要介绍几个代表性国家的金融机构体系。

1. 美国的金融机构体系

美国的金融机构体系包括两个层次和三个部分：第一层次和第一部分是中央银行体系，即联邦储备体系，简称联储；第二个层次分为两部分，一是众多的商业银行，二是非银行金融机构，包括互助储蓄银行、储蓄贷款社、信用社、人寿保险公司和其他金融机构。

联储包括设在华盛顿的联邦储备委员会和12个地区的联邦储备银行。联邦储备委员会具有一定的独立于总统管理之外的权限，它负责对整个联储体系以及货币政策的执行进行全面的监督，它所运用的三大政策工具为贴现率的改变、法定准备率的改变和公开市场业务。作为主要政策工具的公开市场业务在联邦公开市场业务委员会的直接指导下，由纽约联储银行执行。各联储银行的资产由各地区的会员银行占有，但没有一般企业股东那种控制企业的权限。各联邦储备银行相当于一家小型的中央银行，各自设立支票清算系统和贴现机构，向申请贴现的会员银行贴现。联储的主要特点可以概括如下：第一，联储在政府的管理中有一定的独立权限，它的政策不一定要与政府的宏观经济政策相一致。第二，美国大部分的商业银行仍然留在联储体系之外，但参加联储的均为大银行，近年来脱离联储的银行还在不断增加。

在美国的金融体系中，商业银行居于举足轻重的地位。就美国商业银行的构成来看，根据是否参加联邦储备体系，商业银行由会员银行和非会员银行构成；根据是在财政部货币管理局注册还是在州政府注册,商业银行可分为国民银行和州银行;根据是否设立分行,可分为单一银行和分支银行。第二次世界大战结束后,商业银行的集中和垄断得到了很大的发展,但是,美国又存在大量的中小银行。美国商业银行的主要业务包括存贷款业务、证券投资及其他业务。银行提供的金融服务业务在银行业务中的地位越来越重要。

在美国,商业银行以外的所有金融机构都称为非银行金融机构,但根据业务和组织形式的不同,非银行金融机构又可分为非银行存款机构和非存款金融机构。前者主要是接受小额存款的"储蓄机构",如储蓄贷款社、互助储蓄银行和信用社;后者则不接受存款,且资产的流动性很小,主要有货币市场互助基金、投资公司、人寿保险公司、财产与灾害保险公司、退休养老基金、投资银行等。此外,除上述私人金融机构外,美国还有一些由联邦政府设立和担保的金融机构,这些政府金融机构几乎都是罗斯福政府以后的产物。这些机构不一定都是国家资本,但它们都是根据立法或行政命令在政府指导下建立,政府通过这些机构对社会经济进行干预,以达到一定的政策目标。这些机构主要有农场信贷体系、住房信贷体系、美国进出口银行等。

2. 德国的金融机构体系

德国的中央银行是德意志联邦银行,它的最高机构是中央银行委员会。它制定全国的货币政策、业务方针和管理制度,并拥有向董事会和各州中央银行董事会发布指示的权力。同美、英等国相比,德国中央银行具有较高的独立性。

德国的金融机构,从业务划分上看,分为综合银行和专业银行,而不像美、英等国那样分为银行与非银行机构。

德国的综合银行包括私营的商业银行、公营储蓄银行和信用合作银行三类。它们都是经营各种金融业务的全能化银行。私营商业银行中又包括地方银行和私人银行。储蓄银行属公营性质,归地方当局管理。信用合作银行则是一种互助性质的金融机构。综合银行的业务,简言之,主要有以下几种:全面的存款业务、全面的贷款业务、全面的证券业务、全面的支付清算业务,以及其他业务,如外汇业务、信托业务、代理保险业务、租赁和咨询业务等。办理各种特殊金融业务的私营公营专业银行比较弱小,但类型很多,主要的专业银行有下述几种:抵押银行、分期付款银行、住宅储蓄银行、特殊职能银行、保险公司和邮政储蓄银行。

3. 中华人民共和国成立以来的金融机构体系

经过70多年的发展,特别是改革开放以来的金融体制改革,我国逐步形成了以中央银行为核心,国有商业银行为主体,多种金融机构并存,分工协作的金融组织体系。其体系主要有以下几类:中央银行、政策性银行、商业银行和非银行金融机构。

中国人民银行是中华人民共和国的中央银行,是国家管理金融的行政机关。中国人民银行的特点在于:第一,它是我国唯一发行货币的机构,是银行的银行,要为国家和金融机构办理金融业务,提供服务。第二,它是国家对国民经济进行宏观调控的重要机构,但不是单纯依靠行政手段,而是更多地运用经济手段进行调控,并在各种调控中起着关键作用。第三,它拥有的资本全部是国家资本,并具有法人资格,要编制资产负债表。第四,它不以营利为目的,利润全部上缴中央财政,亏损由中央财政拨款弥补。

我国的政策性金融机构主要是指那些由政府创立、参股或担保的,不完全以营利为目的的,专门为贯彻政府的社会经济政策或意图,在特定的业务领域内,直接或间接地从事政策性融资的活动,充当政府发展经济、促进社会进步、进行宏观经济管理的金融机构。目前,我国先后设立的国务院直属政策性金融机构有：国家开发银行、中国进出口银行和中国农业发展银行。

我国的商业银行是依照《中华人民共和国商业银行法》和《中华人民共和国公司法》设立的吸收公众存款、发放贷款、办理结算等业务的企业法人。它以全部法人资产独立承担民事责任，依法开展业务，坚持以效益性、安全性、流动性为经营原则，实行自主经营、自担风险、自负盈亏、自我约束，其业务经营活动不受任何单位和个人干涉，并且具有信用中介、支付中介、把货币转化为资本和创造信用四种功能。商业银行的组织形式有四种：国有独资商业银行，如中国工商银行、中国农业银行、中国银行和中国建设银行等；以公有股份为主体的股份制和股份合作制商业银行，如交通银行等；民营股份制商业银行和中外合资银行。

我国的非银行金融机构有以下几类：城市与农村信用合作社、保险公司及其代理人、财务公司、信托投资公司、证券公司、证券交易所、金融租赁公司、典当机构及其他金融性机构，其他金融机构有投资基金组织、担保公司等。

讨论　中央银行

中央银行是一国最高的金融管理机构，在整个的金融机构体系中居于核心地位。

中央银行在不同的国家有不同的名称。在中国是中国人民银行，日本是日本银行，英国是英格兰银行，德国是德意志联邦银行，法国是法兰西银行，美国是联邦储备银行（简称Fed）。

中央银行有三大特点。第一，它是“发行的银行”，即中央银行享有货币发行的垄断权。在历史上，有些国家曾经由一些商业银行发行货币，也有由中央银行和商业银行共同发行货币的，现在则一般都只由中央银行发行。第二，它是“政府的银行”或者“国家的银行”，即中央银行代表政府执行国家的货币金融政策（如代表国家制定金融法规、对各类金融机构实行监管、对国民经济进行宏观调控等），代为管理国家财政收支（如接受国库的存款、兑付国库签发的支票、代理收解税款、代理国库办理转账结算等），为国家提供各种金融服务（如代理发行政府债券、对国家提供信贷、代理国家管理黄金外汇储备等）。第三，它是“银行的银行”，主要表现在它要对普通银行办理存贷款和清算业务，而不是直接面对个人或者企业开展业务。例如，商业银行要向中央银行交存款准备金，存款准备金比率由中央银行决定。又如，在商业银行资金不足时，中央银行即作为最后的贷款人，向其发放贷款。再如，由于各银行在中央银行都有存款准备金，设有活期存款账户，因此可以通过存款账户划拨款项，办理结算。

为了保证货币政策的执行，中央银行一般都具有相当大的独立性。例如，在大多数西方国家，中央银行的高层要由国会同意，并对国会负责，政府的最高行政领导人不能直接对中央银行下达命令。德国和瑞士的中央银行具有最大的独立性。例如，在德国，法律明确指出，中央银行“必须成为脱离联邦政府独立存在的机构”。美国和日本的中央银行也有相当大的独立性。例如，美国的中央银行Fed的独立性也比较明显。Fed建立于1913年。设有联邦储备委员会，管理着由12个区域性联邦储备银行构成的系统，而这些联邦储备银行又监督着6 000个会员银行的运作。联邦储备委员会由7个人组成，这7个人由总统任命并被参院确认。法定任期为14年，但一般来说平均为7年左右。联邦储备委员会主席也由总统任命，任期4年。主席被认为是权力仅次于总统的第二号人物。联邦储备委员会一旦被任命，在理论上便完全独立于总统和国会。无论是总统还是国会都不能干涉 Fed 的具体的货币政策操作。英国和意大利的中央银行的独立性相对小一些。例如，在英国，英格兰银行按照法律规定从属于财政部。在中国，由于国情的不同，中国人民银行没有西方大多数国家中央银行的那种独立性，但也享有比一般政府部门高得多的独立性。按《中国人民银行法》规定，中国人民银行在国务院领导下，依法独立履行职责，不受地方政府和各级政府部门的干预。

讨论 政策性银行

政策性银行是由政府设立，为国家产业政策、区域发展政策服务，不以营利为目标的金融机构。

1994 年，我国组建了三家政策性银行，即国家开发银行（2015 年国务院为改为开发性金融机构）、中国进出口银行、中国农业发展银行。其中，国家开发银行的资金运用领域主要包括：制约经济发展的"瓶颈"项目；直接增强综合国力的支柱产业的重大项目；高新技术在经济领域应用的重大项目；跨地区的重大政策性项目等。中国进出口银行的主要业务范围是：为机电产品和成套设备等资本性货物出口提供信贷；办理与机电产品出口有关的各种贷款，以及出口信用保险和担保业务。中国农业发展银行的业务范围是：办理粮食、棉花、油料、猪肉、食糖等主要农副产品的国家专项储备和收购贷款，办理扶贫贷款和农业综合开发贷款，以及国家确定的小型农、林、牧、水基本建设和技术改造贷款。

政策性银行的最基本的特点在于，它是"政府的银行"，表现为：第一，它是为贯彻政府的某项意图而建立的，例如，为政府的某项产业政策而建立；第二，它在行政上直属国务院领导，其正副董事长和正副行长均由国务院任命；第三，它的资本金由政府全额拨给；第四，它主要考虑国家的整体利益和社会效益，为发展经济，推动出口服务，而不是营利，其贷款应当是低息或无息的，一旦出现亏损，一般由财政弥补；第五，它不能做商业银行的业务，如存款、结算业务，不能与商业银行竞争。

讨论 商业银行①

商业银行是以经营存、放款，办理转账结算为主要业务，以营利为主要经营目标的金融企业。

商业银行有三个主要的业务。第一是负债业务，这是商业银行形成资金来源的业务，主要包括自有资本和吸收外来资金两部分。银行自有资本来自三个方面，即股份资本、公积金、未分配的利润。银行自有资本是商业银行经营各项业务的本钱，它一般只占银行负债的一小部分，但这部分资本却显示了银行的实力。银行吸收的外来资金主要是存款。这是商业银行最主要的资金来源。除了存款之外，商业银行吸收的外来资金还包括向中央银行和其他银行的借款、发行金融债券等。第二是资产业务，这是商业银行运用资金的业务，主要分为放款业务和投资业务。放款业务主要指各种贷款，投资业务则是指各种有价证券。第三是中间业务，指商业银行作为中介人代替客户承办支付和其他委托事项而收取手续费的业务。

与其他金融机构相比，商业银行最明显的特点是，它能够吸收活期存款从而创造货币。

---

① 这一部分的讨论参考了萨缪尔逊：《经济学》第十六章，商务印书馆 1979 年版。

所以，人们通常又把商业银行称作存款货币银行。

商业银行起源于古代金匠所发展的代客保存黄金和珍贵物品的业务。起先，这种店铺很像物品寄存处或仓库。寄存人留下他想保存的黄金，得到一张收据，以后再根据收据和支付一点保存费用来取回他的黄金。不久，金匠银行家就发现，较为方便的办法是：不必标明某块黄金的所有者为谁。事实上，顾客非常愿意接受和原来价值相同的某些数量的黄金或货币，即使他所接受的东西并不是他原来所寄存的东西。这种"不具名的性质"是现代银行与物品寄存处的一个重要差别。如果这位金匠银行家是一个机警的人，他会很快发现，虽然他的存款是随时可取的，但全部存款不能同时被提出去。如果他停止营业，则要退还所有的存款，在这种情况下，100%的准备金是必须的；但是，如果他还要继续营业，则100%的准备金就绝对没有必要。只要少量的库存现金，也许不到2%，就足以满足正常的需要了。于是，这位聪明的金匠开始利用他所保管的某些现金来购买债券以及其他有收益的资产。当然，他这样做最初是十分谨慎的，不让外人知道。由于现在的一切都很顺利，存款者仍然可以随时提款，而金匠已经得到了一些额外的收益，故逐渐地，金匠觉得没有必要再向存款者隐瞒他的谋利行为。如果存款者有意见，金匠可以反驳说："你的存款是安全的。如果你不喜欢我的经营方式，你可以随时提出你的存款；此外，由于我现在使用部分准备金的办法来获利，也使得我可以降低你所支付的手续费。它也使得我能够帮助投资者，从而扩大生产，从而有利于消费者。它也给劳动者创造了更多的就业机会。"

现在的问题是，如果我们的金匠银行家在投资时犯了错误怎么办？如果他投资失败，就可能无法还款。一个稳健的金匠为避免风险通常采取的办法是，第一，分散他的投资，用通俗的话说就是，不把全部鸡蛋放在一只篮子里。第二，建立第二级的储备。第一级储备是现金储备，它非常保险，但代价太大（因为现金不能赚取利润）。为了兼顾盈利和安全两个方面，银行通常建立第二级储备，就是投资于那些可以随时变换为现金的有价证券，如政府的短期债券或长期债券。这些政府债券在紧急时可以随时变为现金，以应付提款的需求。此外，稳健的银行还具有相当数量的股东所拿出的资本。例如，已发出的资本股票是活期存款的10%，这样，即使银行的一切资产都是有收益的投资，而不是无收益的现金，只要全部的资本损失不超过投资总额的10%，存款者仍然可以得到保障。在通常的情况下，只要银行投资于很可靠的债券、抵押贷款，这将是足够的保证。然而，无论如何，在银行只有部分准备金的条件下，没有一个银行能够把它所有的存款马上变成现金。这意味着，当出现大规模的恐慌和挤兑时，这些银行单靠自己的力量就无法应付危机。在这种情况下，政府将采取行动，以应付全国性的危急事件。

为了减少银行的风险，政府通常要做这样几件事情。第一，关于银行的成立和经营的规定。例如，开办银行所必须具备最低数量的资本，定期审查银行的资产和核定银行清偿债务的能力等等。第二，建立中央银行。中央银行随时准备使用政府所有的在货币方面的全部权力（例如使用法定的关于货币的权力来印刷所需要的货币）来防止银行制度的崩溃。第三，政府对银行存款的保险。例如，美国在1933年大危机之后，建立了早就应当设立的联邦存款保险公司。现在，由于大家都知道政府随时准备支持银行，全国性的恐慌就很少发生了，全国性的银行制度崩溃的危险也不大可能存在了。然而，这并不意味着，每一个单个的银行都不需要为自己的安全担心。由于受到政府的支持以及保险，银行通常不再会由于挤兑而倒闭，而是由于例如欺骗行为或玩忽职守等等，由政府机关或银行检查员来关闭。一家银行的倒闭通常也不再会引起其他银行的连锁性倒闭。

四、金融工具和金融风险

无论是间接融资还是直接融资，任何金融活动都不可能凭空进行，而必须采取一定的具体形式，以特定的载体为基础。假如，一家企业需要1 000万元资本，如果它从金融市场上借入1 000万元，那么，这一融资过程以借贷的形式进行，其具体载体是债权债务关系的凭证，即金融上所说的债券；如果这家企业不是从债券市场上借入1 000万元，而是在股票市场上发行相当于1 000万元的股票，那么，企业的这一融资过程所采用的形式是增加股票发行，扩大自有资本，其具体载体是新发行的股票。从筹资者与投资者角度看，无论是债券还是股票，都是资金的需求者筹集资金或资金的供给者运用资金的工具，因而可以称之为金融工具。金融工具指金融活动中与资金融通的具体形式相联系的载体。当然，金融工具不仅仅局限于股票和债券，而且在股票和债券这两大类最基本的金融工具内部，还有各种各样的具体品种及其变种。

讨论　金融和金融活动

所谓“金融”，就是资金的融通；而资金的融通，就是资金从一些拥有而暂时不消费和投资的人手里向一些想消费和投资又不拥有的人手里流动。因此，凡是与这种资金的流动有关的，都可以说是金融活动。其中包括：第一，资金融通的手段，即金融工具，如商业票据、银行票据、支票、信用卡、股票、债券等；第二，资金融通的场所，即金融市场，如货币市场、资本市场、外汇市场等；第三，资金融通的组织，即金融机构，如银行、保险公司、证券交易所等；第四，资金融通的监管，即金融监管，如对金融机构市场准入的管理、对金融企业业务经营活动的监督检查、对有问题的金融机构的处理以及化解金融风险的措施等；第五，资金融通的调控，即金融调控。

辨析　直接融资和间接融资

直接融资：资金供求双方直接进行资金的融通。

间接融资：资金供求双方通过银行等金融中介机构间接进行融资活动。

对每一种金融工具而言，它都有一系列的具体规定及约定。虽然不同的金融工具有不同的规定和约定，但每一种金融工具通常具有以下基本内容：

一是发行者。任何金融工具必须要有卖主，即发行者。发行者通过发行金融工具来取得收入，但并非任何个人或企业都可以向社会发行金融工具取得收入。在取得发行收入的同时，发行者要承担一定的义务，为了保证这些义务的履行，大多数金融工具的发行者不但在发行时必须符合相当苛刻的条件，而且在发行后还要接受金融管理机构和投资者的监督，有些金融产品只能由特定的机构和企业发行。

二是投资者。投资者即金融工具的买主。投资者在投资于不同的金融工具时也是有一定的限制的，因此，投资者在认购金融工具时必须了解自己有没有权利购买某些特定的金融工具。发行金融工具的实体和购买这些金融工具的投资者并不是互相对立的，一个实体既发行金融工具同时又投资于另一种金融资产的情况十分普遍，因此，我们可以把发行者和投资者都称之为金融市场的参与者。

三是期限。期限是金融工具的基本要素。金融工具的期限有长短之分，一般货币市场的工具期限较短，资本市场的工具期限较长。筹资者应根据需要选择适当期限的金融工具，如果期限过短，企业将被迫增加发行次数和相应的费用；而期限过长，企业可能要承担不必要的风险，如要冒利率下跌的风险。同样，投资者也要根据金融工具的期限来选择投资品种。

四是价格和收益。筹资者发行金融工具的目的是为了得到相当于产品价格的收入，投资者的投资额正好等于他购入的金融产品的价格，因此，价格是金融工具的核心要素。金融工具的发行价格可以区分为票面价值和市场价格。票面价值是合同中规定的名义价值；而市场价格是金融工具在市场上的成交价格，相当于认购者实付、发行者实收的价格。收益率是金融工具的另一个核心要素，它表示该金融工具给其持有者带来的收入占其投资的比率。

五是流通性。绝大多数金融工具都可以在次级市场上自由流通，流通性是金融工具的重要质量指标，那些不可流通的金融工具在其市场上只能以较低的价格发行。虽然流通性是金融工具的一个基本构成要素，但是，金融工具的流通性通常由法律按金融工具的类别规定。

讨论　金融工具

前面说过，所谓资金的融通，就是资金从一些人的手里流向另外一些人的手里。为了实现这种流动，就需要借助于一定的手段。这种帮助资金流动的手段，就被称为所谓的金融工具。

金融工具可以分为两种情况来看。第一种可以看成是特殊的金融工具，即货币。这是因为，金融或者资金的融通，说到底，实际上就是货币资金的融通。正是从这个意义上讲，我们可以把货币本身看成是一种特殊的金融工具。

除了货币这种特殊的金融工具之外，金融工具还包括很多其他的东西。我们知道，在市场经济中，货币资金从一些人向另外一些人的流动，往往都是带有一定的条件的，即往往都是所谓有偿的借贷。有偿的借贷主要包括两个方面。一个是“还本”，即经过一定时期之后，借方要把本金还给贷方；另一个是“付息”，即借方按照某个事先确定的条件向贷方支付一定数量的报酬。应当注意的是，这里所说的“还本付息”是广义的。在某些情况下，本也可能不需要还。比如，有的债券是无限期的，股票则一旦购买就不能再退回。一般来讲，如果是不还本的，则息通常就比较高。另一方面，这里的“息”，也可能并不是事先确定的。例如，股票的红利就要取决于企业的实际经营情况，常常不能事先确定。但是，无论是“还本”也好，还是“付息”也好，都是“口说无凭”的。你的钱借出去了，人家答应什么时候还你，并且到时贴你多少利息，这些承诺都应当用书面的形式写下来。这样才“有据可查”。这种书面的凭证，就是我们通常所说的金融工具。

这种一般意义上的金融工具（即证明债权债务关系的书面证明）可以分为两个大类。一个是短期的金融工具，期限在一年以下，包括商业票据和银行票据。另一个是长期的金融工具，期限在一年以上。长期金融工具，主要就是债券和股票。其中，债券表示的是一种债权债务关系。其发行者是债务人，持有者是债权人。债券的持有者有权按约定的条件向发行人取得利息和到期收回本金（注意，也有例外，如有一种无限期的债券，没有到期的时候）。股票则是代表股份资本所有权的证书。与债券的不同之处在于，股票一经认购，持有者是不能要求还本退股的。

任何一种金融工具都可能给投资者带来一定的收益，但同时也可能给投资者带来投资损失，因为任何一种投资都会有风险。风险是金融活动和金融市场的内在属性。风险是不确定性的一种，它不可能完全准确地由行为人预测，同时，风险总是与收益相联系的，通常它被用来分析预期收益获取的可能性。风险可分为系统性风险和非系统性风险。所谓系统性风险，是指某种因素对市场上所有资产都会带来损失的可能性。对经济系统而言，类似政治动荡、天气变化等因素对整个经济系统都会产生影响，系统性风险也称不能分散的风险。非系统性风险是指某些因素对单个资产造成损失的可能性，它是资产的收益率变动中能被分散的部分。

辨析　金融工具、金融资产和社会财富

金融工具是从交易的角度来讲的。在交易中，它们是对象，是手段，是工具。如果从金融工具的持有者的角度来看，这些金融工具就是他们的资产。需要注意的是，金融工具作为一种金融资产，对于单个人来说，是财富，但是，对于整个社会来说却不是财富。就全社会来说，财富只是实物资产的集合。尽管金融资产在经济中有相当大的作用，但其本身却并不是财富。

金融活动或金融产品的风险可以由其收益的不可预测的波动性来定义，而不管收益波动采取什么样的形式，导致什么样的后果。所谓“金融风险”是指经济活动中由资金筹措和运用所产生的风险，即由不确定性引起的在资金筹措中形成损失的可能性。按照金融风险发生的领域，可分为银行风险、保险风险、信托风险、证券风险等；按照金融风险的载体，可分为资产风险、负债风险、外汇风险、结算风险、支付风险等；按照金融风险产生的原因，可分为经营风险、自然风险、政治经济环境风险等。

金融风险的决定因素可以分为微观与宏观两个方面。金融风险的微观因素是指与金融工具的发行者直接相关的风险因素，如企业的组织管理、企业的战略选择、企业的生产手段、企业的经营和财务状况等。金融风险的宏观因素则包括部门因素、全国性因素及国际因素等。

自“巴林银行”事件和亚洲金融危机后，金融业的风险及其可能造成的后果被世人所牢记，金融风险的管理也日益受到关注。所谓“金融风险管理”，是指通过强化金融机构内部控制制度，改善经营，并由金融管理当局从外部加以监控，从而控制金融风险的管理行为。金融领域的监管包括两个方面：一是对金融业，主要是银行机构的监管，增强金融体系的稳定性是金融业监管的核心问题；二是资本市场的监管，保证市场运行的公开、公平和公正性是资本市场监管的关键。

对金融领域的监管主要要求做到三个方面：第一，建立金融安全体系。金融安全体系是一国金融基础结构的重要组成部分，它包括最后贷款人制度及存款保险制度。最后贷款人一般为中央银行，它要保证银行支付系统的有效运作，避免挤兑波及众多银行并导致银行系统性危机，以及防止单个银行流动性危机引起不必要的破产。中央银行可以通过直接贷款、设立特别机构和专项基金间接提供财务援助、临时组织大银行集资、宣布由大银行兼并或接管中小银行以及由中央银行出面担保等一系列手段对有问题的银行实施抢救行动，帮助有问题银行应付挤兑和清偿。存款保险制度的主要目的是对小存款人提供一种资产安全，从而增强储户信心，保护支付系统不被破坏，以稳定整个金融体系；同时，还能保护较小的和新建立的银行可以与大银行进行竞争，以使整个银行系统更有竞争力。第二，加强银行业的预防性措施。为保障银行业的稳健经营，金融当局还须制定有效的预防性措施。一方面要强调市场准入条件。对银行进行审查，发放许可的过程必须独立，发放许可与进行监管的部门应该一致，监管机构应确保银行将得到专业化管理，在资金上必须有活力。此外，要加强对银行资本充足度的监管。金融当局实施资本充足度管理的目的是为了保证银行的安全性。1988年，《巴塞尔协议》出台，标志着国际银行业逐步建立起了统一的资本监管与评价标准，其核心是把资本充足标准与风险联系起来，建立基于风险的资本标准。规定最低核心资本是风险加权资产的4%，最低总资本是风险加权资产的8%。这一标准已经逐渐成为国际银行业通用的监管标准。第三，加强国际银行业的监管合作。随着银行业的国际化，金融风险在国家之间互相转移、扩散的趋势不断增强，加强金融监管的国际合作变得日益重要和迫切，全球统一监管成为大势所趋。

讨论　巴塞尔协议

1988年，西方十个主要发达国家为了加强对银行的国际监管，制定了巴塞尔协议，第一次建立起一套国际通用的银行资本充足率标准和计算方法，后被称为《巴塞尔协议Ⅰ》。目的在于消除国际金融市场上各国银行间的不平等竞争，加强国际银行体系的健全性和国际金融秩序的稳定性，防止跨国银行一国发生危机而引发多国银行危机乃至国际银行业危机。该协议主要包括三部分内容：一是资本的组成和分类，将银行各类资本划分为两档：第一档核心资本包括股本和公开准备金，这部分至少占全部资本的50%；第二档附属资本包括未公开的准备金、资产重估准备金、普通准备金或呆账准备金。二是关于资产的风险加权计算。根据资产类别、性质和债务主体的不同，把银行资本划分为不同的风险档次：风险越大，加权数越高。主要关注信贷风向。三是关于标准比率的目标。该协议要求到1992年底，十国集团国家商业银行的资本对风险加权化资产的标准比率（即核心资本充足率）不得低于4%，总资本充足率不得低于8%。

20世纪90年代以来，为应对银行业发展的国际环境的深刻变化，主要是信用风险依旧存在的情况下市场风险和操作风险的破坏力日趋显现，2004年巴塞尔委员会推出了协议修订稿，即《巴塞尔协议Ⅱ》。其较大的变化表现在，提升了计量方法的风险敏感性，并在关注信用风险的基础上延展到市场风险和操作风险。同时，进一步强调了增强监管当局的监管，并强调市场纪律主要是信息披露的重要性，制定了标准统一的信息披露框架。

2010年12月，鉴于美国次贷危机引发的全球金融危机所暴露的大批银行表外资产过度杠杆化和缺乏足够的逆经济周期的资本金准备，以及《巴塞尔协议Ⅱ》在资本金要求和风险核算方面的缺陷，巴塞尔委员会发布了第三版巴塞尔协议的一系列文件，统称《巴塞尔协议Ⅲ》。这一系列文件延续了传统的以风险为本的监管理念，从更宽广的角度理解银行风险，确立了微观审慎和宏观审慎相结合的金融监管新模式。其发布和实施，标志着国际金融监管改革进入一个新阶段。

资本市场的监管主要是从政府监管的意义上理解，指政府通过特定的机构（如中央银行、证券管理委员会等）和机制（如法律规范及行政手段）对资本市场运行制定一定的规则，对资本市场行为主体做出某些限制或规定，并加以监督执行。证券管理部门对资本市场监管的基本目标就是公正与有序。所谓公正，就是市场主体活动要符合规则与程序，信息披露必须真实、有效，禁止内幕交易和市场操作行为；所谓有序，就是避免出现不合理的股价大幅波动，保证投资者的财富安全不受侵害。资本市场的监管主要包括两方面：一是对证券发行和交易的监管，二是对证券机构的监管。

第三节　股份资本与股息

一、股份资本及其性质

从广义上说，凡是通过各种不同份额资本（股份资本）的集中组织法人企业（公司）而进行联合生产和经营，并按投入资本的份额参与管理与分配的形式，都可以称为股份制。从狭义上说，股份制就是通过发行股票，建立股份公司筹集资金，进行生产和经营的形式，即是指不同所有者通过认购股票共同出资创建企业的一种财产组织形式和企业组织形式。

尽管股份制到了资本主义时代才得到高度发展，但股份制并不是资本主义特有的产物。从历史上看，早在古罗马时期，便出现了股份制的历史萌芽；到中世纪的欧洲，出现了相当多的带有股份制特点的公司或组织。当然，这一时期出现的还只是原始股份制。到 15 世纪末至 19 世纪，随着资本主义制度的出现及其统治地位的确立，股份制得到了长足进展（它同时对资本主义制度的确立起了重要的历史作用），逐步走向成熟，从原始状态过渡到近代股份制。19 世纪下半叶，在信用制度发展的基础上，股份制的发展达到了一个高潮期，在各主要资本主义国家经济生活中成为重要角色。至 19 世纪末，资本主义从自由竞争向垄断竞争过渡。在这一过程中，股份公司成为加速资本集中、促进垄断的有力杠杆。股份制自身也进一步发展为更完备、更精密，并与垄断组织相结合的现代股份制。

股份制在资本主义经济中得到广泛发展，是由资本主义生产方式决定的。资本主义生产方式有两个显著的特点：一是高度发达的商品货币经济，二是社会化大生产。这决定了必须有大量的货币资本才能进行大规模的社会化生产，由此引起资本的积累和集中。个别资本家的单独积聚远远不能满足资本主义生产的需要，特别是某些生产部门所需要的最低限额的资本不是单个人所能拥有的。资本主义找到了资本积聚和集中的两个最有力的杠杆，一是通过强制吞并使资本集中在实力雄厚的大资本家手中，二是通过股份制把许多已经或正在形成的资本融合起来。信用事业把分散的货币资本集中到单个或联合的资本家手中，使个别资本变为社会资本。而发行股票、建立股份公司是通过信用手段筹集资本的一种方式。可见，股份制和股份公司是在资本积累过程中，在资本主义信用和竞争的基础上产生的。

股份制对资本主义经济的高度发展起了不可估量的作用。它加速了资本的集中，使资本主义生产规模迅速扩大。马克思说："假如必须等到积累去使某些资本增长到能够修铁路的程度，那么恐怕直到今天世界上还没有铁路。但是，集中通过股份公司转瞬之间就把这件事完成了。"①股份公司本身是适合社会化大生产需要的一种生产与经营的企业组织形式。大股份公司用现代化的手段组织生产，内部有科学的分工，采用董事会等形式，让主要投资

① 《马克思恩格斯全集》第 29 卷，人民出版社 1972 年版，第 343 页。

者参与管理和决策。随着股份公司的发展，形成了辛迪加、托拉斯和康采恩等巨型经济组织，这些组织在相当大的范围内对生产和经营进行统一的调节、领导和管理，促进生产更加社会化。通过发行股票筹资，加速了资本技术构成的变革，促进了技术的极大进步。进行股票、债券等交易是灵活融资、迅速获得和传播生产与经营信息的有效方式，它们加速了资本周转，促使资本合理流动。资本主义经济的高度发展与股份制的发达是密不可分、相辅相成的。所以，没有股份制，就不可能有今天的工业社会。

小辞典　各种各样的股份公司

股份无限公司：由两个以上的股东组建的对公司债务承担无限责任的公司。

股份有限公司：其股票公开发行，股票可以流通、转让，股东对公司债务的清偿责任以出资额为限，公司以其全部资产对公司债务承担有限责任。

股份两合公司：由有限责任股东与无限责任股东共同出资组建的公司。

有限责任公司：股东对公司债务的清偿责任以投资额为限，公司以全部资产对公司债务负有限责任，不公开发行股票，股票也不上市交易与流通，但股票可在股东内部转让，向外转让时须经股东大会许可。

股份制是商品经济和社会化大生产的产物，它是一种新型的企业制度和财产制度，它的发展是对资本主义生产方式本身的扬弃，为由资本主义生产方式向社会主义生产方式过渡创造了前提条件。首先，股份公司通过发行股票进行集资，把单个资本家的资本集中起来，把社会上闲散的货币汇集起来，形成统一的社会资本进行生产，并按资本投入的比例进行管理和利润分配，这是联合生产和经营的组织形式，是法人资产的独立经营形式。其次，股份公司是把私人资本转化为社会资本的一种形式。股份公司内部的财产不再是各个相互分离的生产者的私有财产，而是联合起来的生产者的财产，即直接的社会财产，也就是形成了的企业法人财产，股份公司成了社会企业。再次，股份公司的发展形成了巨大的垄断组织，这些组织使生产更加社会化，用现代化手段组织和管理生产。这些特点同样为社会主义社会准备了物质条件，是社会主义经济可以直接利用的形式。

在现代市场经济条件下，股份制是一种联合生产的组织形式和产权组织形式。它虽然“出身”于资本主义，但本身并不反映资本主义的本质特性。不同财产所有者都可以以股份制的形式组织起来，它是一个有效的企业组织形式和产权结合形式。根据股份资本的所有权性质，可以判断不同股份制企业的性质。

股份制企业的性质

完全以私人股份融合的股份公司是资本主义所有制；以公有股份组合的股份制企业属于公有经济；以劳动联合为主，并与资本联合相结合的股份合作制，属于广义的集体所有制范畴；公有股份和非公有股份参半的股份制属于半公半私的混合所有制经济；股票全部由个人所有的上市公司或公众公司，是现代资本主义私有制的主要形式。

二、股票和股息

股份公司的资本，通过发行股票的方式募集。所谓股票，是向股份公司投资入股的凭证，也是取得一定权利的所有权证书。投资者购买和持有了股票，即成为股份公司的股东。

股东凭借所持股票行使权利、享受法定利益并承担义务。股东的权利在公司法和公司章程中有明文规定。主要有:(1)自益权,即因出资而自身享受经济利益的权利,如获得股息、红利和公司解散时分配财产的权利等。(2)公益权,即因出资而享有对公司事务的管理权或表决权等。股东的主要义务是向公司缴纳股金。

股票是有效的集资工具,是盈利与风险并存的一种财产组织形式,它具有以下特征:第一,股票是要式证券。它必须具备一定的形式,按法律规定的严格程序发行,必须经过有关主管机关的审核和批准,并受到国家的控制和监督,违反规定发行的股票无效。第二,股票是与公司共存的永久性证券。股票一经购买,持有者便不能要求退还股金,只能转让他人,股票转手不会减少公司资本,只会改变股东,所以,只要公司不倒闭,股票便是永久的。第三,股票是有价证券。它代表一种具有财产价值的权利,行使这种权利以持有股票为条件,它可以流通,有价格,通过买卖有偿转让。第四,股票是权利证券。股票代表股东的综合权利(包括自益权和公益权),也有称其为社员权证券。股票这一法律性质决定股东对其所出资的财产已失去直接的支配权。

股票有不同的分类。按股东享有权利和承担风险的大小划分,股票一般可分为优先股和普通股两种。优先股又称特别股,是对公司资产、利润享有优先权利的股份。它一般有以下两个方面的优先权:一是优先分配股利。优先股的股息,是预先规定、固定不变的,在企业盈利中要首先支付。二是优先分配公司剩余财产。当公司改组解散时,公司偿还债务后的财产,优先股有优先求偿权。优先股一般没有表决权,优先股承担的风险较小,对投资者的激励也较小,在现代发达国家中数量有限。普通股是享有股东普通(正常)权利的股份。这部分股份数量最多,是公司股份的基本组成部分。它的股息不固定,随公司盈利情况浮动,但须在扣除债务和优先股股息后形成。同样,公司改组解散时剩余财产的分配也要列在优先股之后。在公司增发股票时,有按持股比例优先认股权,认股权也可以转让。普通股股东有表决权,普通股是股份有限公司的基本股份形式,股东人数庞大,但通常为大股东所操纵。

此外,按是否表明股东姓名划分,又可分为记名股票和不记名股票。按有无票面金额划分,有金额股票和比例股票,或称为票面股和无票面股两种,后者面值随公司资产的增减而增减。

股票持有者凭票定期从企业获得的收入,称为股息。股息又称为股利,是股份公司从净利润中分配给股东,作为对投资的一种报酬。股息的分配以投资额为依据,按浮动的或是按固定的股息率计算。股息之外再分给股东的收益为红利。股息的分配须由公司董事会决议,并提交股东大会审议通过,才能发放。股息分配的资金来源是公司的净收益。净收益是股息分配的基础和最高限额。在净收益中还要根据公司法和公司章程的不同规定,进行必要的扣除,如法定公积金或任意公积金(经股东大会决议提取)的提存,董事会决定为指定用途、意外损失准备的拨留等。绝不允许动用股本分股利,各国公司法对此都有极为严格的规定。违法分配股息的董事会要负连带责任和分别责任。至于某些建设周期长(如铁路、运河、港口、大型供电供水设施等)的公司,则可在未获得盈利前提出一部分资本用作股息分配,这种股息称为建设利息,待正式投产后用利润填平补齐资本,但这种股息一般均有严格的法律限制。股息的分配形式很多,一般流行的主要有两种,即现金股息和股票股息。股票股息是用增发股票当作股息,通常采用增发普通股形式发给普通股股东。第二次世界大战后,在西方主要发达国家中,普通股的股息率一直比较低,但人们购买股票的热情始终很高,这是因为人们购买股票的主要动因已不是股息，而是股份的全面增值，所以，现代西方股份有限公司在分配制度上出现了新的特点，即由单纯利用股息分配机制转向全面启动股份增值机制。股息是企业利润的一部分，它的源泉也是工人创造的剩余价值。

股票价格是指股票在市场上交易时形成的价格。股票本身没有价值，只是一种纸质凭证，它之所以有价格，能在市场上买卖流通，是因为凭股票可以有定期的收入。所以，买卖股票实质上是在购买或转让领取股息的权利凭证。股票价格不等于股票的票面金额，而只是股票收入的资本化，也就是说，股票价格应等于这样一笔货币资本，它存入银行所能得到的利息，应和凭这张股票所能获得的股息相等。这样决定的股票价格，才是买卖双方都不吃亏而乐意接受的。所以股票价格的基础，取决于两个因素：预期股息和银行利息率。在利息率不变的情况下，预期股息越高，股票价格越高；预期股息越低，股票价格越低。当预期股息不变时，利息率越高，股票价格越低；利息率越低，则股票价格越高。总之，股票价格与预期股息成正比，与利息率成反比。股票价格等于预期股息除以利息率，用公式表示，即：

$$\text{股票价格}=\frac{\text{预期股息}}{\text{利息率}}$$

例如，一张票面 200 元的股票，设股息率为 10%，预期每年可得到股息 20 元，若利率为 5%，则：

$$\text{股票价格}=\frac{20}{5\%}=400(\text{元})$$

这里是从一般意义上讲的股票的平均价格，它的市场价格还要受股票供求状况的调节，而围绕平均价格上下波动。此外，国家的经济发展状况、政府的经济政策、世界市场与国际经济环境的变化等经济因素，也会影响股票价格。除经济因素外，国家政局、政府换届、投资者心理状况、社会舆论等非经济因素，也常常引起股票价格的波动。

股票是一种特殊的商品，买卖股票这种特殊商品的场所就是股票市场。股票市场由股票的发行市场和股票的交易市场构成。股票发行市场又称为股票的初级或一级市场。通过发行市场，工商企业公开发行新股票，股票一经公开发行，通过证券承销商进入认购者之手，发行市场的职能就结束了。发行市场一般没有固定的场所。股票的交易市场又称为次级市场或二级市场(还可称流通市场)。它是投资者在发行市场上认购的股票，进行再次或重复多次转手买卖的市场。按交易的方式不同，还有第三市场(在交易市场挂牌上市，却在场外交易的股票交易市场)、第四市场(从事股票交易的单位在交易场所内取得固定席位直接从事股票交易形成的市场)和店头市场(即场外市场，不通过交易所而直接同客户进行买卖的市场)等。股票的买卖和股票交易市场是股份制的重要条件和特点。股票不能退还只能转让的特点，决定了股份制要以股票流通为依托。股票流通必须要有股票交易市场。通过交易市场，股票不断地大规模流通，既有力地促进上市公司改善经营管理，提高资产运营效率，又给股份经济和股票市场注入活力。合理的股市交易，还起着自发分配财产，从而合理配置资源的作用。

三、虚拟资本与创业利润

股票、公司债券等有价证券的出现，使同一资本取得了双重的存在。例如，某公司发行了 100 万元的股票，20 万元的债券，这征集来的 120 万元资本，既是实际投入企业的现实资本，表现为厂房、机器、原材料和人力等，同时又当作资本价值，表现在100万元股票和20万元债券上，这120万元的有价证券虽然本身没有价值，但却能给它的所有者带来定期的收入，也能按一定的价格出售，所以对持有者来说，它本身也就像资本一样。然而，它毕竟不是发挥现实作用的真实资本，而不过是由于证券收入资本化而虚拟出来的资本。所以，这种以有价证券的形式存在，能给持有者定期带来一定收入的资本，称为虚拟资本。虚拟资本还包括国家债券和以各种不动产作抵押的有价证券。

财产资本转化为股票后，资本便不仅同它的物质形态彻底分离，而且同它的实际运动完全脱离，从而演变为质与量上都不同于实际资本的虚拟资本。

(1)从质的方面看。虚拟资本本身没有价值，又不在再生产过程中实际发挥资本的作用，只不过是资本所有权与收益权的证书，是资本的"纸制复本"；而实际资本无论是处于实物形态还是货币形态，都是职能资本，它本身有价值，能在实际生产过程中发挥自身的作用。

(2)从量的方面看。第一，两者的总量不一致。由于虚拟资本总量取决于有价证券的发行量和价格水平，股份公司的创立者为掠夺普通股东，往往资本渗水，即发行股票的票面金额超过投入企业的实际资本数量。同时股票价格一般都高于股票的票面金额，这就造成了虚拟资本总量大于实际资本总量。第二，由有价证券价格涨落引起的虚拟资本量的变化，不反映实际资本量的变化。例如，在企业经营状况正常、商品价值已定的条件下，虚拟资本量可能由于昨天股票行市暴涨而骤增，也可能因今天股票行市暴跌而陡降。但是，不管昨天和今天虚拟资本数量怎样变化，在企业中实际发挥作用的现实资本的量仍然一样，并无任何的变化。第三，虚拟资本增长速度有日益快于实际资本增长速度的趋势。这主要是因为平均利息率下降趋势会引起有价证券价格上涨，独资或合伙经营的公司不断改组为股份公司。国家债券发行的增长等，也使虚拟资本膨胀速度快于实际资本的增长速度。

股份资本只是股份有限公司实际使用的资本的一部分，它的全部资本，除了股份资本外，还有公积金和借入资本。股份资本和公积金属于企业的自有资本，借入资本是他人资本。第二次世界大战后发达国家股份有限公司的资产结构发生了很大的变化，他人资本的比重明显提高。在主要发达国家，股份公司负债经营的比例很高，这是当代股份有限公司资产构成的一个重要特征。

股票只是定期获得收入的凭证，因而只要股息率高于利息率，它就可以按高于票面价值的价格出卖。假定一个股份公司投资100万元资本，发行100万元的股票，一年后，这个公司提供股息10万元。假定当时的利息率是5%，则发行100万元的股票可卖200万元，其中的差额，即为创业利润。创业利润就是创办股份公司所发行的股票价格总额同实际投入企业的资本总额之间的差额。这是资本主义股份公司创办人获得的一笔额外收入。

在资本主义社会，并不是每个企业都能获得创业利润，如果经营不好，股息低于利息率，就得不到创业利润。所以，有些资本家在创办企业时，往往将一部分股票暂不出售，等待企业经营好转，股票价格上涨后再予以出售，以获得创业利润。创业利润的源泉归根结底也是工人创造的剩余价值。

在当前的发达国家，股票的发行价格大多随行就市。公司根据股市行情趋势，决定股票溢价发行或折价发行。所谓"溢价发行"，即股票发行价格超过其票面金额；所谓"折价发行"，即股票发行价格低于其票面金额。发达国家的股份公司一般溢价发行股票，很少折价发行。在美国很多州甚至规定折价发行股票为非法。股票在溢价发行时，高于面值的收入，都必须作为资本公积金留在公司内。

股票、债券等有价证券可以买卖，由此产生了专门买卖有价证券的特殊市场即证券交易所。在证券交易所里，登记着各种有价证券行市，每日每时公布证券行市的变换，提供买卖双方进行交易的场所和各种方便，并代办成交和结算业务。正常的有价证券交易，可以汇集食利者阶层的大量货币资本，然后用作各部门的投资，起着汇集并自发分配货币资本的作用。但是，随着股份公司的发展和证券买卖的兴旺，资本主义制度下证券交易所又成了资本家进行证券投机的场所。大资本家实力雄厚，他们往往控制了重要的经济部门，比较了解证券行情内幕，又能较早知悉国内外政治经济形势的变化。因此，证券交易所遂成为大资本家操纵证券市场、掠夺中小资本家和一些小额有价证券投资者的工具。投机者购买有价证券，目的并非向企业投资，而是为了从证券市场的涨跌中获取暴利。在社会主义制度下，有必要发挥证券市场的融资功能，克服证券市场的投机性所带来的负面影响。为此，要加强国家对证券市场的宏观调控，加强证券市场的法制化建设。

证券投机的主要方式是定期交易，这种交易的特点是：买卖双方按规定程序，有时只凭口头议定成交，并不转移证券，过一定时日以后，买者再抛出证券，并按照成交时的行市进行结算。在此期间行市上涨，买者赚钱；行市下跌，卖者赚钱。或赔或赚，都取决于投机者的估计是否同证券行市的实际变化相一致。后来，这种投机交易，更发展到买空卖空，即买者并非要买进有价证券，卖者也不一定有有价证券出卖。交易双方关心的只是证券行市涨落的差价。因此，成交后一般是以结算时由赔方向赚方付以价格涨落的差额而结束。

必须指出，并非所有股份公司的股票都可以上市交易。根据股票能否在证券交易所买卖，股份公司可以分为上市公司和非上市公司两类。上市公司只限于股份有限公司，而且要经过严格审查，知名度和资信度都比较高，必须符合法律规定。资本主义国家对上市公司在立法上的主要规定有两条：一是制定股票的上市基准；二是实施企业内部公开制度。

四、现代股份制的特点和作用

现代股份制是商品经济社会化生产高度发展的产物。它的产生，同时也是企业产权制度的重大变革，这主要体现在股份公司中所有权与经营权的分离上。股份制使资本所有者分散化，即投资主体多元化，同时，它也使产权主体多元化。在股东分散化的条件下，私人股东凭借股权直接干预企业经营已经很少有可能。所有者一元产权主体变为所有者、经营者多元产权主体，资本的所有权与经营权相分离。两权分离具体体现在公司制的以下两项重要特征中：

第一，公司的法人财产制度。现代股份制是法制最完备的一种经济。现代法人制度已在法律上确认公司具有独立主体资格的法人地位，这种法人地位的产权基础是公司法人拥有的法人财产。公司的法人财产，由股东投入的股本形成，但它一旦形成，便具有独立的生命。公司以其法人财产承担民事责任，进行经营与运作。股东不能以个人的身份直接支配公司财产，如果公司破产，也与股东的其他个人财产无关。

第二，公司的法人治理结构。法人治理结构是由股东会、董事会、经理人和监事会组成的相互独立、分权制衡的现代公司的运行机制和管理体系。公司就由这四个机构组成的法人治理结构来经营和管理。为了既能让经理人放手经营，又不致失去出资者（股东）对经理人的最终控制，公司法明确区分了股东大会和董事会之间的信任托管关系和董事会与高层经理人员之间的委托代理关系，并组成监事会行使监督职权，通过明确划分他们之间的责、权、利，形成各权力机构之间的制衡关系，这种关系是公司制度有效运行的保证。

当前，资本所有权与控制权分离的趋势进一步深化。在西方典型的大公司中，不仅生产过程的经营管理早已由职业经理阶层承担，而且行使资本所有权职能的董事阶层，也逐步与所有权分离，开始向职业身份演变。许多西方国家的公司法规定，公司董事可以是非股东，或者公司不以章程规定董事必须是股东。董事会的权力在不断扩大，而股东的权力则在不断弱化，经理人员权力的扩大，也使经营权侵犯所有权的可能性增大。

在当代发达国家中，无论是工业、商业、农业，还是金融业，大多实行股份公司制。在第二次世界大战以后，股份制度有了新的变化和新的特点：

第一，股份公司的规模日益扩大，形成了一些巨型的垄断组织。一方面，竞争在现代工业社会日益激烈，并出现了全球化的竞争趋势，从而也使兼并活动在全球范围内展开，国际间的并购使巨型公司的产生速度加快。另一方面，由于现代信用制度的迅速发展，特别是金融创新活动的急剧增加，使得股份公司的扩张获得了更方便的融资可能。

第二，产业资本和金融资本融合，形成了巨大的金融财团。由于资本的积累和集中，以及扩大生产规模的需要，出现了工业和银行互相参股、控股、持股，相互在对方组织中担任董事、监事等要职，参与管理的情况，工业与金融业融为一体，形成金融财团。美国摩根保证信托公司的领导成员兼任 233 家公司的董事，在 270 家公司中拥有 50%以上的股份，而在摩根保证信托公司的董事会中，几乎全部由一些大公司、大银行的经理、董事长或董事兼任。多数金融财团都是以银行为核心组织起来的，银行和其他金融机构成为工业集团公司的母公司或控股公司。在日本，金融机构已经成为股票上市公司的最大持股者，持股比例不断上升。金融资本成了控制经济命脉的重要力量。

第三，股份资本国际化，形成跨国公司。第二次世界大战后，由于科技突飞猛进的发展，新兴工业部门层出不穷，金融资本急剧膨胀，生产大量过剩，争夺世界市场日趋激烈，促使跨国公司空前发展。20 世纪 70 年代以来，跨国公司发展得更为迅猛，其产品和劳务价值约占发达国家总产值的 1/3，产品销售额约占世界出口总额的一半以上。跨国公司出现新的特点：一是国外投资活动比较集中；二是直接投资重点为发达国家；三是包括中国在内的发展中国家，为了利用外资参与国际分工，开始发展“多国公司”。

第四，现代股份公司大量发行股票，且股票交易非常发达，股权多元化和分散化的趋势日益明显，持股者不仅有自然人，还有企事业法人、政府部门、外国法人与个人，很多普通群众也掌握一些公司股票。美国公众直接或间接持有公司股票的人数高达 13 300 万，约占美国人口的 60%。股权的多元化和分散化也使得所有权与经营权更加分离。例如，美国通用汽车公司的股东多达 200 万人，股票总数为 4 亿股，平均每个股东持有 200 股。没有任何一个持股者能持有 1%的股票，任何个人都难以依据股权控制企业的运行。

第五，法人相互持股、参股成为现代股份制的一个显著特点。法人相互持股、参股有两层意思：一是指在一个股份公司内，主要是法人股份；二是指股份公司也以法人身份对外投资，参与和持有其他股份公司的股份。法人相互持股，主要是企业间相互控制、相互协作的需要，它导致了企业互为所有者。在法人持股者中，金融机构都是主要的持股者。例如，日本丰田汽车公司的前十位大股东中，有八位是金融机构。在金融财团内部的各企业之间相互持股的现象尤其普遍。在企业股份构成中，法人持股率不断上升，个人持股率大为下降。

法人持股使企业中纯粹私人资本减少，使资本更加社会化，也形成了企业之间相互制约的机制。

股份制在推进资本主义和社会主义市场经济发展中起了重要作用：

第一，股份制是加速资本集中、促进经济发展的有力杠杆。股份制借助于信用制度，以方便投资、分解风险和预期收益吸引等有效方法，可以用最快的速度筹集到巨额社会闲散资金；可以通过兼并等手段，以最高的效率加速资本集中，使资本规模、企业规模和生产规模空前扩展。它使许多单个资本无力独资经营的巨大现代化企业和基础性建设事业，在最短时间内兴办起来，也使现代化科技得以迅速推广，从而极大地推动社会化大生产的发展。

第二，股份制是重新配置资本、优化投资结构的有效手段。股份制在信用制度基础上产生，又反作用于信用制度，有力推动其发展，并成为信用的有力助手，在资本配置中起着重要作用。股份制的兴起，通过股票市场发行股票，转让股票，使股票在无限广阔的空间自由流通，从而极大地活跃了金融，成为重新配置资本、优化投资结构的有效手段。

第三，股份制创建了迄今为止最发达、最完善、最严格的现代企业制度，包括企业产权制度和管理制度的创新。经理人员的职业化和社会选择，人才市场竞争机制的强制，培植了一个精通业务、擅长管理、专业从事经营的经理阶层，从而大大提高了企业经营管理的水平，提高了资产运作效益。

第四，股份制的典型形式，即股份有限公司还是资本主义生产方式向社会公共生产方式过渡的形式。正如马克思所说，股份公司既是"资本再转化为生产者的财产所必需的过渡点"，也是所有权职能和经营职能"转化为联合起来的生产者的单纯职能，转化为社会职能的过渡点"。[①] 股份制这种财产组织形式，为社会主义公有制企业的财产管理和运营，提供了有意义的模式。

但是，股份制企业大规模的迅速而广泛的发展，在资本主义大工业的一切领域引起了生产的迅猛增长和垄断的产生与发展，从而强化了资本主义的生产过剩、市场周期以及投机经营的危害性、金融体系和投资者心理的不稳定等。这同时给资本主义的发展带来一定的消极影响。这是因为，"这种向股份形式的转化本身，还是局限在资本主义界限之内；因此，这种转化并没有克服财富作为社会财富的性质和作为私人财富的性质之间的对立，而只是在新的形态上发展了这种对立"。[②] 在社会主义条件下发展各种股份制，也要注意消除其弊端，不应盲目同西方"接轨"。

第四节 信 用

一、信用的产生和发展

信用作为一种经济关系，在资本主义生产方式产生以前就已经存在。随着商品生产和以货币流通为媒介的商品流通的发展，商品交换在时间和空间上可能发生分离，商品的赊销

① 《马克思恩格斯全集》第25卷，人民出版社1974年版，第494页。
② 《马克思恩格斯全集》第25卷，人民出版社1974年版，第497页。

活动和货币执行支付手段职能，进一步促使商品的让渡和商品价值实现在时间和空间上的分离的关系向前发展了。这种关系就是商品的卖者让渡商品，尔后才得到对商品价值的支付，商品的买者只是作为未来货币的代表而赊购商品，即卖者作为债权人，买者作为债务人的关系。只要这种关系一出现，信用就同时产生了。它为商品货币关系所共有，不过，在资本主义以前表现为高利贷形式。

资本主义信用产生于工场手工业时期，发展于大工业时期，是随着大工业和大商品经济的发展而发展起来的。借贷资本运动形式是资本主义信用的基本形式，是信用关系的现代形式。信用同产业资本循环有着直接的关系，资本主义的商品生产和商品流通，是资本主义信用和信用制度产生的自然基础。资本主义信用和信用制度是在反对高利贷的斗争中产生的，斗争的实质是使生息资本服从于资本主义生产方式的条件和需要。

在社会主义市场经济运行中，一方面是物的要素的运动，另一方面也是货币或资本的运动。由于各种经济主体的交错关系和货币本身的特性，货币运动与实物运动也会出现不同步，必然形成各种信用关系。公有制经济体系内的信用也表现为借贷款主体之间的债权和债务关系，体现了国家、集体和个人三者之间的协调、互助、互利和支援的新型关系。

二、信用的形式和本质

信用是在商品生产和商品流通的条件下，以商品赊销或货币借贷的形式体现的一种经济关系，是以偿还为条件的价值运动的特殊形式，是经济关系即商品货币关系的一种特殊运动形式。借贷资本可以采取多种形式，但主要是商品形式和货币形式，与此相适应，信用也分为商业信用和银行信用。

商业信用是指企业之间在商品交易中以延期收款方式提供的信用，它主要采取赊销商品的形式实现。由于商品买卖借助于信用，因而交易双方的关系，不再单纯是买卖关系，而同时也是借贷关系，不过这种借贷关系随商品买卖而产生，并为商品买卖服务。商业信用就是服务于买卖的借贷关系。赊购商品的价格，一般高于用现金购买的价格，其差额就是赊购者支付给赊销者的利息。

早在简单商品生产条件下，当货币充当支付手段的职能时，商业信用就产生了。但是，当时商品生产和商品流通都不发达，商业信用也还不普遍。只有在商品经济高度发达的资本主义条件下，商业信用才得到广泛的发展。商业信用之所以能广泛发展，这是因为：第一，各个别资本的循环和周转是互相联系而又交错进行的，各企业的生产时间和流通时间经常不一致，有些企业生产出来的商品正待出售，需要这些商品的企业又由于自己的商品尚未售出而缺乏货币。在这种情况下，为了保证资本循环的畅通，必然借助于商业信用，即通过赊购赊销的办法来达成交易。第二，随着生产社会化的发展，商业的规模和范围越来越大，市场和产地的距离越来越远，商业资本所有者往往没有足够的现款大批量买进商品。这时候，产业资本所有者也必须提供商业信用，将商品赊销给商业企业，以加速商品流通，避免再生产的中断。可见，商业信用是加速社会资本再生产过程所不可缺少的。

资本主义商业信用有自己的特点：第一，这种信用的债权和债务当事人都是职能资本家，它体现的是职能资本家之间的借贷关系。第二，作为借贷对象的，是处于产业资本循环流通阶段上的商品资本。贷者提供信用的过程，同时就是商品资本实现形式变化、出售商品的过程。第三，商业信用适应产业资本循环的需要而产生和发展，因而在再生产周期的各个阶段上，它和产业资本的扩张或紧缩是同步的，即在繁荣阶段生产发展，商业信用随之扩大，危机阶段生产下降，商业信用也随之收缩。

社会主义商业信用也有自身的特点：第一，这种信用关系的当事人主要是社会主义的经济组织，体现平等互利的借贷关系。第二，借贷对象是处于流通领域的商品资本，由此形成社会主义企业之间的信用关系。第三，商业信用受宏观经济环境和经济周期的影响。

商业信用的工具是商业票据，它是借者和贷者之间的债务凭证。商业票据分为期票和汇票两种。期票是债务人签发的保证书，保证在一定时期内向债权人支付债款。汇票是由债权人发出的命令书，责令债务人在某个时间向第三者（即持票人）支付债款。汇票需要债务人签字认可后才能有效。商业票据是可以流通或转卖的债务凭证，持有期票的债权人，在期票到期之前，通过"背书"（在它的背面做出转让签字），即可用于购买其他商品或偿还其他债务。至期票到期时，则由新的持票人凭票向债务人要求付款。在资本主义商业信用甚为发达的情况下，资本家彼此欠债，他们之间的债权和债务关系互相交错，一般均用到期的期票结算债务，余额才用现金支付。因此，票据流通可以节省流通中的现金。

商业信用曾经是资本主义信用制度的基础，在商业信用发展到一定程度时，才产生了银行信用等其他信用形式。商业信用对于扩大和加速商品周转，对于促进资本主义经济关系的发展，起着重大的作用。但是商业信用只是职能资本家之间彼此提供的信用，又只是以产业资本循环一定阶段上的商品资本为借贷对象，因而有很大的局限性。首先，它的规模受到职能资本家个人拥有的资本数量的限制。产业资本家个别资本的数量总是有限的，因而每次赊销产品在数量上不可能很大，在时间上不可能很久。从商业资本家看，当商品出售延迟而所能支配的准备资本又不足时，也难以继续获得商业信用。其次，商业信用发展还受到资本归流速度的限制。如果商品及时脱手，赊购欠款如期归还，资本归流顺畅，周转速度较快，商业信用就能扩大；否则，就会缩小。在资本主义条件下，商品出售往往不很顺畅，从而经常显露出商业信用的局限性。此外，商业信用的范围，还受到商品流转方向的制约。这是由于商业信用是以商品形式提供的信用，只能与商品流转的方向一致。如纺织机械厂，可向纺织厂赊销纺织机械，提供商业信用；而纺织厂却不能反过来向纺织机械厂赊销纺织品，提供商业信用。

由于商业信用的上述局限性，越来越不能满足市场经济发展的需要，于是银行信用便应运而生，银行信用是在商业信用的基础上逐渐产生和发展起来的。

银行信用是银行或借贷资本所有者以贷款形式提供给职能资本经营者的信用。它与商业信用相比，有以下几个特点：第一，银行信用实质上主要是货币资本所有者通过银行和职能资本之间发生的信用关系，而不是在职能资本之间直接发生的信用关系。第二，借贷的对象是暂时闲置的货币资本，而不是处在流通过程中的商品资本，银行提供信用的过程同商品买卖过程分开了。第三，银行信用的运动，在再生产周期的各个阶段上，和产业资本运动的起伏不完全一致，有时甚至相反。例如，在危机阶段，生产下降，商品流通停滞，商业信用缩小，而对银行信用的需求却大为增加。

银行信用的这些特点，克服了商业信用的局限性。首先，银行信用的规模不再受个别职能资本数量和资本归流速度的限制，因为银行不但集中了许多企业和居民大量闲置货币资本，还把社会各阶层的小额货币也聚集起来，变成巨额借贷资本，这样一来，银行信用就可以提供期限较长、数量较大的贷款。其次，银行信用也不再受商品资本物质形态造成的商品流转方向的限制,它可以提供给任何一个企业。因银行贷出的是货币资本,随时可以转化为生产所需要的各种东西。因此,银行信用比商业信用灵活得多,规模也大得多,更能满足社会资本扩大再生产的需要。

除商业信用和银行信用外,信用形式还有国家信用或公共信用、消费信用、高利贷信用和国际信用,其中国家信用或国债制度,又是交易所投机和现代银行迅速兴盛起来的重要因素。

现代意义上的信用是借贷资本的运动形式,是资本关系和资本价值运动的一种特殊形式,反映市场经济复杂的经济关系,资本主义信用还反映一定的阶级关系。资本主义信用制度是资本借贷关系的体系和对资本借贷运动过程的监督管理与组织形式的总和。对资本主义信用和信用制度,必须从它的根本性质上加以认识。首先,货币制度是信用制度的基础。现代货币制度是国家运用法律或法规形式规定的该国货币流通结构和组织形式。货币作为一般等价物,可以直接交换任何商品,货币制度是货币关系的反映或货币关系的制度规定。信用制度按其本性来说永远也离不开货币制度。其次,银行制度是资本主义生产方式的最精巧和最发达的产物,它所造成的社会范围的公共簿记和生产资料的公共分配形式,使资本的社会性质得到最充分的实现,由此它把资本的个体性扬弃了。而资本的这种社会性质,只有在信用制度和银行制度有了充分发展时才表现出来并完全实现。银行和信用使资本主义生产超出自身的界限,但也是引起危机和欺诈行为的一种有效工具。再次,在银行制度下,各种形式的流通信用代替了货币,这表明货币事实上只是劳动及其产品的社会性的一种特殊表现,但这种社会性总要表现为和其他商品并列的一种特殊商品。所以在运行正常的情况下,这种特殊商品可以用各种形式的信用符号来代替;但是,一旦出现风险和危机,一切信用符号都必须立即兑现,信用主义必然变成货币主义。在经济高涨时期,信用高于一切,货币几乎被遗忘;危机到来,则信用扫地,货币又成为商品之王了。可见,信用制度和银行制度永远也脱离不了货币这个基础。最后,资本主义信用除了仍保有一般商品货币借贷关系外,还反映特殊的资本主义生产关系,其中,一方面是资本家阶级内部的借贷关系;另一方面是资本家阶级对无产阶级的剥削和被剥削的关系,借贷双方共同参与剩余价值的瓜分。

小辞典　商业信用和银行信用

商业信用:企业之间在商品交易中以延期收款方式提供的信用,主要采取赊销商品的形式实现。

银行信用:银行或借贷资本所有者以贷款形式提供给职能资本经营者的信用。

无论是商业信用还是银行信用,尽管它在资本主义社会发展成熟起来,但它本身不是资本主义的专利,不带有社会制度性质。不同社会制度都可采用适合社会化大生产要求的信用制度。撇开信用制度服务于资本主义经济的特殊性,作为社会化的生产的一般要求,社会主义市场经济也要积极采用商业信用、银行信用、公共信用、消费信用等信用形式,发挥信用制度的经济功能。

三、信用的作用

信用在市场经济发展中,起着巨大的作用:

第一,信用加速了利润率的平均化。利润率的平均化是以资本在各部门之间自由转移为条件的，但是，生产资本，特别是固定资本总是在特定的自然形态上，它们难以从一个生产部门自由转移到另一个生产部门。信用的存在及其中介作用，才使得资本自由转移成为可能并易于进行，这就促进了利润率的平均化。

第二，信用节省了流通费用。首先，信用以商业票据、银行券、支票等代替了金属货币的流通，同时，由信用形成的种种债务锁链通过相互转账、抵消和平衡差额的办法结清，也很少使用货币，这就节约了作为流通工具的具有价值的货币的自身，从而减少了用于维持货币流通的费用。其次，信用突破了贵金属生产规模对商品流通的限制，也突破了商品买者手中握有的现实货币的限制，大大加速了商品流通和资本周转，使流通费用节约。商业信用和银行信用，使商品买卖可以赊欠，或可以由银行贷款进行，于是大大加速了商品的实现，使库存商品积压减少，商品的保管费用和损耗费用降低，从而也节省了流通费用。

第三，信用加速了资本的积聚和集中。这主要体现在三个方面：其一，银行迅速有效地集中了暂时闲置的货币资本和社会各阶层的零星收入，使之变成巨额借贷资本，供职能资本经营者随时借用，这就使个别企业资本扩大的规模，比依靠自身积累要大得多。其二，股份公司是资本集中的重要形式之一，银行信用制度大大加速了股份公司的发展，自然有力地促进了资本的集中。其三，信用制度还加速了大资本兼并中小资本的过程。所以，信用制度和竞争是资本集中的有力杠杆。

第四，信用是进行国民经济宏观调控的重要经济杠杆。资本主义国家对经济的干预和调节，早在19世纪后期就已萌芽。对此，马克思曾说过，股份公司的发展“在一定部门中造成了垄断，因而要求国家的干预”。① 自从20世纪30年代资本主义世界大危机以后，国家对经济的宏观调控获得了很大的发展，信用成了资本主义国家进行宏观经济调节的重要手段，发挥着极为重要的作用。信用制度对于社会主义国家来说，更是调节国民经济不可缺少的工具。

第五，信用还促进了国际贸易的发展和世界市场的形成与扩大。在公共信用或国债制度发展的同时，国际信用制度也发展起来。国际信用制度不仅有力地促进了对外贸易向世界的每一个角落扩展，从而迅速开拓出巨大的世界市场，而且曾成为进行原始积累和殖民制度的有力手段。其后，资本主义大银行和国际信用更成为扩展对外贸易的强大促进力量。如今，信用工具也被社会主义国家广泛应用于国际贸易活动。

总之，信用作为资本主义生产不可或缺的条件，成了促使资本主义生产方式发展到它所能达到的最高和最后形式的动力。同时，随着信用的发展，又加剧了资本主义社会所固有的生产和消费之间的对抗性矛盾，使资本主义经济危机更加频繁和深刻。可见，对资本主义的发展，信用制度所起作用的性质是双重的。正如马克思所说：“信用制度固有的二重性质是：一方面，把资本主义生产的动力——用剥削别人劳动的办法来发财致富——发展成为最纯粹最巨大的赌博欺诈制度，并且使剥削社会财富的少数人的人数越来越少；另一方面，又是转到一种新生产方式的过渡形式。”②

剔除信用在资本主义制度下的特殊性质，作为社会化大生产的一般要求，社会主义市场经济也需要大力发展信用事业，完善社会主义信用制度，发挥信用的融资功能，节约交易成

---

① 《马克思恩格斯全集》第25卷，人民出版社1974年版，第496页。
② 《马克思恩格斯全集》第25卷，人民出版社1974年版，第499页。

本，活跃资本市场，促进商品流通，开拓国内国际贸易，推动国民经济的发展。

本章小结

借贷资本主要是从产业资本和商业资本中游离出来的闲置货币资本转化而来的。借贷资本利息就是资本要素获得的利益回报，是产业部门工人创造的剩余价值或剩余劳动的一部分。利息的高低取决于利息率。利息率是利息量与借贷资本量的比率。

银行资本指银行企业经营银行业所使用的全部资本。银行利润首先来源于贷款利息的一部分，银行利润还来自承办各种中间业务的手续费，对企业投资所获得的股票红利以及从事证券交易活动所获得的收益等。银行体系和非银行金融机构共同构成了一国的金融机构体系。金融工具指金融活动中与资金融通的具体形式相联系的载体。金融活动风险的存在促使金融监管的重要性日益增强。

股份公司是通过发行股票筹集资金进行经营的企业。其社会性质取决于所有制性质。股票全部由个人拥有的上市公司或公众公司是现代资本主义私有制的重要形式，而非公有制。私人股份资本与股份公司的出现，是资本主义生产关系在私人资本允许的范围内的局部调整。股票是股份公司发给股东的借以证明其股份数额并用于领取股息的凭证。股票价格是股息收入的资本化，它取决于股息和利息率两个基本因素。虚拟资本指能带来收入的以有价证券表现的资本。虚拟资本是与现实资本相对而言的想象中的资本。

信用是借贷资本的运动形式，信用的基本形式为商业信用和银行信用，还包括国家信用、公共信用、消费信用等形式。信用在市场经济活动中起着重要作用。市场经济国家都要积极发挥信用的经济功能。

关键术语

借贷资本　利息　利息率　实际利息率　银行　银行利润　银行利润率
联邦储备体系　中国人民银行　金融　金融工具　金融风险　股份制
股份公司　股票　股息　股票价格　虚拟资本　资本渗水　买空卖空
委托代理关系　信用　商品信用　银行信用

参考资料

1.《马克思恩格斯全集》第 25 卷，第 5 篇，人民出版社 1974 年版。
2. 周肇光：《〈公司法〉与现代企业制度》，《南京大学学报（社科版）》2000 年第 1 期。
3. 何玉长：《马克思企业制度理论及其现实意义》，《财经研究》1998 年第 4 期。

思考题

1. 当你有一笔数额较大的货币时，可作几种类型的用途？
2. 借贷资本是高利贷吗？借贷资本的本质和特征是什么？
3. 当代世界几种较典型的金融机构体系有何异同点？金融监管对金融风险的防范起什么么作用？
4. 在股票市场上，股票价格与实际资本经营绩效很不相称，可否据此说虚拟资本与实际资本的运动背离否定了价值规律？股票作为虚拟资本能带来利益，其根源何在？

5. 有人说股份制姓“资”，因为它出身于资本主义；也有人说股份制姓“公”，因为许多人的资本集合在一起，私就变成公了。这两种观点孰是孰非？

6. 什么是商业信用和银行信用？信用在经济生活中的作用如何？

第十章

垄断资本和垄断利润

学习目的与要求

通过本章的学习，在理解垄断形成一般动因的基础上，认识自由竞争的资本主义向私人垄断的资本主义过渡的客观性，了解一般私人垄断的性质、特征及战后的新变化；认清垄断利润及其来源，以及在自由竞争基础上形成的垄断并不能消除竞争，垄断与竞争并存的格局是市场经济的一般规律。

第一节　一般垄断资本

一、垄断形成的基本动因

从现实与逻辑来看，在产业资本、商业资本、生息资本及其混合生成的金融资本等运行的基础上，可能会形成私人垄断资本。

自由竞争引起生产和资本的集中，而生产和资本集中发展到一定阶段，就会自然而然地形成垄断，这是市场经济自行运行的一般规律和必然趋势。

定义　垄断

少数大企业联合起来，在瓜分市场、制定价格等方面达成正式的或非正式的协议。

第一，在一定条件下，资本的本质特征成为垄断的根源。资本的本质是追求利润，实现价值增值。资本的本质特征决定了每个资本运动的主体在市场竞争中力图排斥其他资本，保持自身在生产和销售上的有利地位，以获得更高的利润率和更多的利润。在资本主义发展的较低阶段，资本通过自由竞争形式尽可能降低生产成本以排斥竞争者。但随着生产和资本较高程度的集中，市场结构发生了变化。在一个经济部门出现几个大企业分割市场并占据较大产量和销售份额。这时，一方面大资本企图对市场实行控制，阻碍新企业和其他资本的进入，以图长期稳获高额利润。大资本的一般排他性会发展为资本的独占性。几个实力相当的大资本独自占有一定份额的生产和流通。由于大资本相互竞争会两败俱伤，为了共同控制并保持自身的独占份额，在一定条件下必须进行联合和勾结。而另一方面，新企业难以出现，新企业不仅面临越来越大的最低投资额，而且难以与原来大企业分割市场。大资本的独占性又会进一步促进和加速资本的集中，从而必然形成垄断。

第二，资本积累的内在矛盾迫使资本从高度集中走向垄断。较高程度的资本积累由于以下原因会加速利润率的下降。

(1)较高程度的资本积累大大提高了资本有机构成。不断提高的劳动生产率和技术进步不仅使不变资本相对于可变资本增长得更快，而且使固定资本相对于流动资本增长得更快。其结果是资本有机构成急剧上升和单位资本雇佣劳动力的数量急剧减少。因此，在资本集中度较高的部门，利润率下降的压力大大地增强。大资本在集中度较高的部门并非能自由进出。资本一经投入便难以退出和转移。大企业只能是联合分割、控制市场，以便提高利润。

(2)资本积累与高度集中使生产能力急剧扩大，而社会有支付能力的需求却落后于工业生产的增长。高度积累和生产的高度集中加剧了生产与消费脱节。产品实现问题尖锐化又会使商品价格长期跌落，最终导致资本利润率的下降。

(3)资本集中度较高的大企业相互对峙和竞争会加剧市场波动。若商品价格大幅度下跌，会给所有企业造成巨大经济损失并引起投资前景的不确定性，最终大资本不可避免地发生利润率的下降。伴随资本积累过程所存在的上述矛盾均使大资本的利润率下降。这些矛盾迫使大资本实行对生产和流通的控制，力图减缓利润率下降，由此走向垄断。

第三，规模经济效益促使少数大资本走向垄断。在某个经济部门少数大资本势均力敌时，不仅为避免两败俱伤，维持原有垄断利润而进行结盟，而且，少数大资本还要利用规模经济效益来降低生产成本以获取更高的超额利润。生产者按原有的资本和劳动比率增加生产时，其所引起的产量或收益变动可以有以下三个阶段。第一阶段，规模收益递增，即产量增加的比率大于生产规模扩大的比率。第二阶段，规模收益不变，即产量增加的比率与生产规模扩大比例相同。第三阶段，规模收益递减，即产量增加的比率小于生产规模扩大的比率。这就表明资本积累必然会扩大生产规模，但规模生产也并非是越大越好。只是在第一阶段生产者适度扩大生产规模能获得规模经济效益。这是因为适度的扩大生产规模首先能够充分发挥机器生产设备的效用，从而降低成本使产量和收益增加；其次可以实行专业化生产，有利于提高劳动生产率；再次，大规模生产能降低生产要素的购买价格和提高产品的销售价格等。科学技术和创新活动与规模经济存在一定正相关关系。更高水平的新科技应用于生产必将要求企业扩大规模。因此，少数大资本在采用新技术保证垄断利润持久性的同时必须考虑适度扩大生产规模，获得规模经济效益。这就促使少数大资本签订商品生产和流通的协议，自然而然地结成垄断同盟，共同享有规模经济效益。

试以资本主义垄断为例。19 世纪末 20 世纪初主要资本主义国家从自由竞争向生产和资本的高度集中发展。例如，德国 1907 年，占企业总数不到 1%的大企业，雇佣工人却占工人总数的 39.4%，占蒸汽马力和电力的 3/4 以上。美国在进入 20 世纪后，生产集中异常迅速。至 1909 年，产值在 100 万美元以上的大企业，仅占企业总数的 1.1%，却占工人总数的

30.5%，占总产值的43.8%，几乎占全国工业生产的一半。[①] 资本主义垄断的最初萌芽开始于19世纪60、70年代，经过三四十年的发展过程，于19世纪末20世纪初，垄断取得了统治地位。

形成垄断的深刻基础在于资本主义基本矛盾，是生产力与生产关系相互作用的结果。马克思从股份公司的发展中就已经预见到了这种趋势，而从分析资本主义基本矛盾指明自由竞争必然发展为垄断趋势的，是恩格斯。19世纪80年代以后，资本主义急剧向垄断发展，恩格斯目睹了这一变化。他指出："猛烈增长着的生产力对它的资本属性的这种反作用力，要求承认生产力的社会本性的这种日益增长的压力，迫使资本家阶级本身在资本关系的内部可能的限度内，越来越把生产力当作社会生产力看待。"[②]在自由竞争阶段广泛发展起来的股份公司，就是适应生产社会化要求而出现的最初的资本社会化形式，也是便于垄断的财产组织形式。

二、垄断组织的形式

垄断是通过各种组织形式来实现的。比较重要的垄断组织形式及其演变情况如下：

(1)卡特尔(Cartel)。这是生产同类商品的资本主义企业为瓜分销售市场建立的垄断同盟。参加者通过协议，规定商品的产量和各自占有的份额，并规定商品售价等。但它们在生产上、商业上和法律上仍保有自己的独立性。过去，德国曾广泛流行过这种组织形式，曾被称为卡特尔的国家。

(2)辛迪加(Syndicate)。这是生产同类商品的资本主义企业为统一销售商品和采购原料建立的垄断同盟，参加者在生产上和法律上仍保持自己的独立性，但已丧失商业上的独立性，由辛迪加的总办事机构统一销售商品，统一采购原料。辛迪加比卡特尔的联合程度更高也更稳定。这种组织形式，曾在法国广为流行。

(3)托拉斯(Trust)。这是由许多生产上有密切联系的企业合并组成的大垄断企业，是更为发达的垄断组织形式。参加托拉斯的企业在生产上、商业上和法律上都已丧失独立性，而由董事会统一支配全部生产、销售和财务等活动。原来的企业变成托拉斯的股东，按其股份获得股息和红利。美国最流行这种形式，被称为"托拉斯之国"。

(4)康采恩(Konzern)。这是以实力最雄厚的大垄断企业为核心而形成的多部门的垄断集团。参加者有工业企业、贸易公司、银行、运输公司和保险公司等。加入康采恩的企业在形式上还保持着独立性，但实际上已受居支配地位的资本家集团所控制。这些大资本家首先控制核心企业，再由核心企业通过购买股票和人事参与等办法控制其他企业。康采恩已突破生产部门的界限，垄断的广度和深度都加强了，是一种更为复杂的重要垄断组织形式。第一次世界大战后，康采恩在德、日和欧洲其他国家迅速发展。

小辞典　垄断组织形式

卡特尔：生产同类商品的企业为瓜分销售市场建立的垄断同盟。

辛迪加：生产同类商品的企业为统一销售商品和采购原料建立的垄断同盟。

托拉斯：由许多生产上有密切联系的企业合并组成的大垄断企业。

---

① 《列宁选集》第2卷，人民出版社1972年版，第13页。

② 《马克思恩格斯选集》第3卷，人民出版社1995年版，第628页。

康采恩：以实力最雄厚的大垄断企业为核心而形成的多部门的垄断集团。

总的来说，19 世纪末 20 世纪初垄断组织进行资本集中的主要形式为“横向合并”，即同一部门各企业的合并。到 20 世纪 20 年代，垄断组织形式有所变化，资本集中主要形式为“纵向合并”，出现“纵向”托拉斯化形式，即不同部门的、生产上互相联系、彼此供应原料的企业的合并。这种企业在整个生产过程中排除了商业中介，改由托拉斯内部相互供应商品，因而减少了生产周期各个阶段对不同部门企业的影响，使整个投资的风险降低，提高了经济效益。

20 世纪 50 年代中期，资本集中采取了“混合合并”的形式，混合联合公司得到了广泛的发展。混合联合公司是一种从事多样化经营的新型康采恩组织。它表现出不同于一般康采恩的特点：一是它经营的部门具有高度的异类性，相互间完全没有内在的联系；二是它分散投资于多部门，没有长期稳定的经营主体。目前，它已成为现代发达资本主义国家中占主要地位的垄断组织形式。例如，美国国际电话电报公司就是一家典型的混合联合公司。它的经营面很广，除了生产电讯设备和从事电讯服务外，还生产交通运输和宇宙设备、建筑材料和基建设备、化工装置、煤、石油、天然气、稀有金属、食品、卫生用品、肥料、草籽等。经营的三产业务有：旅馆、酒店、旅游、金融、保险等。至 1977 年，该公司生产的产品和经营的业务涉及 23 个产业部门和 38 个行业。

小辞典　横向合并、纵向合并和混合合并

横向合并：同一部门内各企业的合并。

纵向合并：不同部门的、生产上互相联系、彼此供应原料的企业的合并。

混合合并：生产上并无内在联系的企业的合并。

垄断组织形式的演变，是一个适应生产集中和生产社会化要求，由初级向高级发展的过程。它由流通领域的垄断，发展为生产和流通的一体化垄断；由单一产品或部门的联合，发展为许多产品或部门的联合；由“横向”的联合和独占，发展为“纵向”的联合或独占。不过，无论垄断组织的形式如何变化，究其实质都是垄断资本家通过联合，独占和瓜分投资场所、原材料产地、销售市场，操纵垄断价格以确保垄断统治和垄断利润。

以上某些组织形式，舍弃它们资本主义垄断的社会属性，就这些组织形式本身看，乃是适应生产集中和生产社会化要求的，具有科学管理内涵，有普遍借鉴意义的先进组织形式。

三、垄断资本主义的经济基础及战后垄断的新发展

垄断是在一般资本主义的基础上成长起来的，是一般资本主义基本特征的发展和直接继续。但垄断成为资本主义经济中稳固的、普遍的、占统治地位的基本现象时，资本主义进入了发展的新阶段，即自由竞争资本主义转变为垄断资本主义。垄断成为资本主义新阶段的经济基础。

垄断决定着资本主义新阶段的其他各种经济特征。垄断资本主义的其他经济特征则是垄断在不同经济领域的各方面的表现和发展。

(1)生产集中引起垄断，垄断组织势力不断增强。

(2)工业资本集中和垄断促进银行资本的集中和垄断，并且工业垄断资本与银行垄断资本融合起来形成金融寡头。

(3)垄断资本极力向外扩张，争夺殖民地和世界霸权。因此，资本输出的经济基础是垄断。

(4)金融资本统治和大量资本输出，必然引起各国垄断同盟从经济上分割世界。

(5)在国际垄断同盟从经济上瓜分世界的同时，也在重新瓜分世界领土，以保证金融寡头通过对外扩张获取稳定的高额垄断利润。

垄断是资本主义新阶段的根本经济特征，是资本主义新阶段的最深厚的经济基础。

阅读材料　垄断资本主义的经济特征

如果必须给帝国主义下一个尽量简短的定义，那就应当说，帝国主义是资本主义的垄断阶段。这样的定义能包括最主要之点，因为一方面，金融资本就是和工业家垄断同盟的资本融合起来的少数垄断性的最大银行的银行资本；另一方面，瓜分世界，就是由无阻碍地向未被任何一个资本主义大国占据的地区推行的殖民政策，过渡到垄断地占有已经瓜分完了的世界领土的殖民政策。

过于简短的定义虽然方便(因为它概括了主要之点)，但是要从中分别推导出应当下定义的现象的那些最重要的特点，这样的定义毕竟是不够的。因此，如果不忘记所有定义都只有有条件的、相对的意义，永远也不能包括充分发展的现象一切方面的联系，就应当给帝国主义下这样一个定义，其中要包括帝国主义的如下五个基本特征：(1)生产和资本的集中发展到这样高的程度，以致造成了在经济生活中起决定作用的垄断组织；(2)银行资本和工业资本已经融合起来，在这个"金融资本"的基础上形成了金融寡头；(3)和商品输出不同的资本输出具有特别重要的意义；(4)瓜分世界的资本家国际垄断同盟已经形成；(5)最大资本主义大国已把世界上的领土瓜分完毕。帝国主义是发展到垄断组织和金融资本的统治已经确立、资本输出具有突出意义、国际托拉斯开始瓜分世界、一些最大的资本主义国家已把世界全部领土瓜分完毕这一阶段的资本主义。

资料来源：列宁：《帝国主义是资本主义的最高阶段》，人民出版社 1959 年版，第 80 页。

同时，垄断统治已渗透到资本主义上层建筑和社会生活的各个方面。列宁指出："垄断既然已经形成，而且操纵着几十亿资本，它就绝对不可避免地要渗透到社会生活的各个方面去，而不管政治制度或其他任何'细节'如何。"[①]垄断统治渗透到资本主义国家的政治、法律、文化、教育、艺术等一切领域，支配着政府的更替，左右着政府的政策，主宰着国家的政治生活和社会生活。

总之，垄断支配着一切。垄断以资本更高的社会化形式在一定程度上适应资本主义的生产力的发展。垄断也进一步激化资本主义的基本矛盾，并最终决定资本主义的历史地位。

第二次世界大战后，以原子能、电子计算机等为主要标志的科技革命极大地推动了资本主义社会生产力的发展。生产力的巨大变革客观上要求垄断资本与其相适应。战后垄断资本的新发展具体表现在以下三个方面：

第一，垄断企业规模日益扩大，巨型垄断公司不断涌现。战后，生产和资本的高度集中具有速度快、规模大的特点。例如，美国企业兼并在 1930—1939 年仅有 226 家，而战后，在 1960—1969 年达到 12 574 家。美国公司破产数量在 1980 年为 11 752 家，而 1988 年则有

---

① 《列宁选集》第 2 卷，人民出版社 1972 年版，第 779 页。

57 099 家，比 1980 年增加近 5 倍。战后垄断公司兼并规模也越来越大。美国资产在 10 亿美元以上的巨型公司，1946 年只有 43 家，至 1976 年猛增到 467 家。资产超过 100 亿美元的巨型公司，1960 年仅出现 1 家，至 1980 年发展到 40 家。① 巨型垄断公司进一步加强对社会生产主要部门的垄断控制权，增加对资本主义国家国民经济的统治实力。仍以美国为例，1986 年美国 3 家最大公司在本部销售额的比重为：汽车工业 82%，计算机工业 85%，制铝工业 90%，照相器材工业 78%，轮胎及橡胶工业 64%，烟草工业 95%，炼钢工业 79%。1989 年，美国 7 家大民航公司已垄断了国内市场 90%的客运。除此之外，在日本，4 家汽车工业公司控制了汽车生产的 95%，3 家玻璃公司控制了本部门生产的 100%。②

第二，混合联合大公司成为现代垄断企业的核心。由于战后资本主义产业结构迅速发展和急剧变化，垄断公司由单一产品生产向生产多样化和跨部门经营方向发展。混合联合大公司主要通过两条途径实现混合合并。其一，原来已在某些部门具有垄断地位的大公司，通过混合兼并渗透到其他部门。如美国的杜邦公司、通用汽车公司、美国钢铁公司、美国电话电报公司等。其中，通用汽车公司 1984 年用 25 亿美元购买电子数据系统公司，该公司是一个重要的数据处理公司和主要的国防承包商；1985 年，又花费 50 亿美元兼并休斯飞机公司，该公司是先进电子技术的领袖和通信卫星的制造商。这样，通用汽车公司的经营范围迅速扩大到新兴的电子技术部门和航天部门，逐步成为混合联合垄断大企业。其二，原来的一般企业通过大规模的混合兼并，迅速发展为具有垄断势力的混合联合大公司。例如，美国的国际电话电报公司从 20 世纪 60 年代开始广泛进行兼并活动，至 1968 年购买了 47 家企业，从单一的经营通讯业务发展为美国最大的混合联合公司。③

混合联合大公司的企业组织形式和公司权力结构发挥了其独特的增加垄断势力的作用。首先，通过对多个经济部门、产品生产的渗透和控制，混合联合大公司所形成的垄断势力大于单一经济部门的垄断势力。这样，大公司在总体上能加倍扩张其对整个国民经济的垄断势力。其次，混合联合大公司既能迅速地从一个联合企业中退出，也能迅速地渗透加入另一个混合联合企业。这种资本转移或互换并不完全依赖于任何具体产品的生产和销售，因此也不受特定产品市场对其束缚和制约，提高了垄断资本的整体效用，最终能最大限度地获取垄断利润。

第三，20 世纪 90 年代以来，跨国兼并成为垄断企业增强垄断实力的重要途径。20 世纪 90 年代后，垄断企业跨国兼并趋势日趋明朗化。各国大公司跨国并购呈上升趋势。1993 年起全球掀起以美国为中心的世界企业兼并活动的高潮。1993 年全球兼并交易额达到 2 269 亿美元；1994 年全球企业兼并成交额增至 3 410 亿美元以上；1996 年，世界企业兼并案达 22 729 起，总金额达 11 400 亿美元以上；1997 年世界企业兼并事件为 21 000 件，总金额为 14 000 亿美元。1998 年以后，企业并购浪潮进一步席卷欧亚地区。不仅美国的许多大企业在欧洲和亚洲大量收购，而且许多涉外公司也毫不手软地收购美国公司。据统计，涉外企业在美国的并购额 1997 年为 639 亿美元，1998 年前九个月就达到 1 831 亿美元。④

2001 年后全球并购波动性明显增强。2001 年全球并购数量为 8 098 件，交易额达

---

① 李维贵：《当代资本主义经济与政治》，云南人民出版社 1991 年版，第 81 页。
② 刘诗白：《政治经济学教程》，四川人民出版社 1995 年版，第 252—254 页。
③ 高峰：《发达资本主义经济中的垄断与竞争》，南开大学出版社 1997 年版，第 152 页。
④ 陈志宏：《全球企业并购的现状、影响与启动》，《世界经济研究》2000 年第 1 期。

7 304.4 亿美元；2007 年全球并购数量达到创纪录的 10 145 件，交易额达到 1.64 万亿美元。

垄断企业的跨国兼并有其深刻的国际背景和经济动因：其一，知识经济和科技创新促使国际分工不断深化。这在客观上要求生产要素在更大范围内优化配置，从而引致全球性的并购浪潮的兴起。其二，技术进步加快导致国际竞争加剧。高新技术产业，特别是信息技术的进步和发展促使电脑网络业和其他相关行业具有庞大的新的发展空间。各国垄断资本为抢占竞争的制高点和占有更大的市场份额而迅速扩大企业规模。面对激烈的国际竞争，欧美各国政府从 20 世纪 90 年代中期起又放松对企业兼并的限制。这又在法律上为企业并购打开了方便之门。

争夺高新技术产业领域的控制权是垄断企业跨国兼并的焦点。知识经济全球化的国际背景促使各国跨国公司在高新技术领域展开兼并竞争。各国垄断资本通过对外研发投资，培养大批科研和应用人才，建立一流的国际科研中心，以此增强高新技术领域的竞争实力。因此，各国跨国公司在高新技术领域的并购势头日益猛烈。1999 年初，美国的媒体业同网络业出现融合浪潮。在通讯业全球交互公司与拓荒公司的并购，金额达 110 亿美元；快思特公司与美国西部公司的并购，金额达 360 亿美元。美国的高科技行业联信公司与霍尔韦公司的并购，金额达 240 亿美元。

四、金融资本及其战后金融统治形式的发展

垄断是金融资本形成的基础。工业资本的集中和垄断促进银行资本的集中和垄断。银行资本的集中和垄断又会加剧工业垄断资本的扩张和竞争。这是因为：一方面，工业生产资本的高度集中，为大银行提供了充足的存款来源，增加了它的经济实力，为银行业的集中提供了物质条件。另一方面，大企业或大公司为了扩大再生产或吞并中小企业，需要筹集大量货币资本，只有依赖于大银行的支持；而银行也只有通过集中扩大自身实力，才能满足大企业的这种需要。银行业的集中和垄断是银行资本自由竞争的结果。大银行既能吸收大企业巨额的闲置资本，又能凭借资本雄厚、信息反馈迅速等特点为大企业提供信贷。大银行迅速增强实力，并兼并中小银行。银行集中达到一定高度，自然而然地便形成了垄断。由少数大银行组成的银行垄断同盟集中了巨额银行资本和存款，在整个银行业资本中占有较高比重，成为整个国民经济的神经中枢。如在德国，1909 年底柏林的 9 家大银行共支配的资本约占德国银行资本总数的 83％。

银行垄断的形成使银行的作用发生变化。在自由竞争时期，银行的主要作用是充当支付的中介人。银行和企业之间仅是一种不固定的、松散的信贷关系。在银行形成垄断同盟后，大银行向企业提供巨额贷款，不能简单地坐收利息。为保障贷款的安全和盈利，大银行必须通过各种途径直接对企业加以监督和控制。例如，监督企业往来账目，操纵企业“财路”；支配生产资料的使用，提高资本使用效率；运用信用手段影响企业经营的规模和方向；参与新产品的开发和研究。这样，银行对工商企业就从一般的信贷关系变成了万能垄断者。

银行垄断的新作用促使工业垄断资本与银行垄断资本的关系日益密切。工业垄断资本与银行垄断资本进行双向渗透和融合。垄断资本的融合是通过两条途径达到的：一是彼此之间通过购买对方股票和创办新企业等方法进行资本相互参与。例如，当时美国摩根银行创办美国钢铁公司，即银行垄断资本向工业渗透；洛克菲勒家族在垄断了石油业之后，又控制了美国花旗银行，即工业垄断资本向银行业渗透。二是组织上人事结合。互派人员兼任

要职，互相制约，互相影响。例如，第二次世界大战前，德国柏林6家最大银行的经理，参加了344家工业公司管理机构，他们的董事参加了407家公司的管理机构；同时，在这6家银行的监事会中，有51家最大的工业企业经理，包括克虏伯公司的经理。这样，由银行垄断资本与工业垄断资本融合生长而形成的一种新型资本，称为金融资本。金融资本适应了生产高度集中和高度社会化的客观要求。在垄断资本主义阶段，巨大的金融资本成为全部社会经济活动的神经中枢和统治力量。正如列宁所论述："帝国主义的特点，恰好不是工业资本而是金融资本。"①

定义 金融资本

由银行垄断资本与工业垄断资本融合生长而形成的一种新型资本。

金融寡头主要通过资本参与实现经济上的统治。资本参与是财团对企业所有权的控制。资本参与，即所谓"参与制"，是指垄断资本家通过收买和持有一定数量股票，以达到占有"股票控制额"来实现对其他企业的控制。企业股票小额化和分散化使股票控制额下降，从而有利于金融寡头以最少的资本支配更多的社会资本。金融寡头通过"股票控制额"层层控制其他巨额资本。金融寡头首先掌握的大垄断企业作为"母亲公司"，然后通过"母亲公司"去购买"女儿公司"的股票，达到股票控制额比例，使"女儿公司"处于从属地位。以此类推，形成金字塔式的资本统治体系。居于"金字塔"顶端的是极少数金融寡头。他们直接和间接控制着比自身资本大几倍、几十倍的社会资本。

除了"参与制"外，金融寡头还通过创办企业、吞并和改组小企业、发行有价证券、办理公债以至从事投机活动等手段，扩张其经济势力。

金融寡头在经济上的统治必然走向政治上的统治。金融寡头对资本主义国家的政治统治，主要是采用"个人联合"的方式来控制国家机器，操纵政府政策的制定。所谓"个人联合"，即一方面金融寡头或亲自出马，或委派代理人任政府机关重要官职，直接掌握政权；另一方面聘用离职的政府官员、军事将领任金融寡头公司的高级职务；另外，还利用各种组织形式，提出各种政策的多种方案和建议来影响政府决策。金融寡头还收买一部分政客从事院外活动，影响政府各种立法。此外，它们把新闻、出版、广播、通信、文艺、教育等都控制起来，作为推行其政治目标和经济政策的工具。

第二次世界大战后，金融业垄断公司和非金融业垄断公司在更大规模基础上进行融合。科技进步和社会生产力的发展促使金融资本的结构和统治形式发生新变化。

1. 主要资本主义国家的金融集团仍是通过"借贷资本""股权结合"和"人事参与"等主要综合方式，增强经济实力，扩大垄断统治范围

银行资本与非金融垄断公司借贷关系趋于紧密化。主要资本主义国家的非金融业和工商企业的规模增大，科技快速发展，固定资本更新期缩短。尽管非金融业和工商企业的自有资本实力比战前更为雄厚，但仍很不适应激烈竞争和规模发展的需要。因此，它们仍在较大程度上依赖于金融业提供的外部资金。据统计，从1946—1987年美国非金融、非农业公司的外部资金比重，年均为37.2%。20世纪80年代，美国大公司的外部资金比重为52.7%；联邦德国达73.3%；日本接近80%。此外，垄断大公司通过国内外市场进行债券筹资，这就

① 《列宁选集》第2卷，人民出版社1972年版，第810页。

更不能离开投资银行承购与经销。于是，银行资本与非金融垄断公司的借贷关系日益紧密化。

垄断银行通过资本参与控制工业企业仍是金融资本形成的重要渠道。战后发达国家银行法禁止银行购买企业的有价证券。但垄断银行仍可通过“信托部”发展信托业务来控制工业企业。信托部以受托人身份通过筹集信托基金和财产用以购买企业的股票，通过代管的有价证券业控制企业。美国商业银行的信托资产从1967年的2 533亿美元增加到1984年的8 000亿美元。银行通过信托部掌握工商业的股票权，通过行使股东权决定企业发展战略和经营方针。在私人垄断资本的实力不够强大的联邦德国，银行资本与工业资本的股权结合更甚。联邦德国银行为工业企业提供了较多保护。联邦德国各大企业都有银行的广泛参与。银行成为大企业的主要股东。为此有人把联邦德国称为“银行资本主义”。在银行加强对工业垄断公司渗透时，工商业同样通过资本参与和控股手段收购和兼并金融等公司进入金融领域。战后工业垄断资本与银行垄断资本在更大规模上相互渗透和融合，极大地加强了垄断资本对社会资本的统治。

工业垄断资本与银行垄断资本的人事结合在核心垄断公司大大加强。例如，1967年底，美国摩根财团的核心银行摩根保证信托公司，在270家公司拥有5%以上股份。同时，它的领导成员兼任了233家公司的董事。在摩根保证信托公司的董事会中，大多数席位由大公司、大银行的经理、董事长兼任。核心垄断企业高层次的人事结合，更进一步保证了金融资本是垄断资本主义的统治资本，保障金融资本的经济利益。

总之，各国垄断企业通过上述三种融合方式在更大规模和更大范围内增强垄断统治实力。特别是跨国银行的发展，加速金融资本的融合和扩大。1980年，美国的10家大银行已成为美国500家最大工业公司中330家公司的前五位的大股东。1981年，在日本1 749家工商公司股票总额中，银行控制的股票占到了38.6%。由此可见，主要资本主义国家工业垄断资本与银行垄断资本的融合已经达到相当高度。金融资本获得了政治上和经济上更全面的统治。

2. 金融资本股权结构发生了新变化，出现了股份占有法人化和法人垄断化

第二次世界大战前，主要资本主义国家大多数金融资本是以家族公司或家族控股公司的形态出现的。在家族控股公司中，家族作为大股东持有相当比重的股份，并对董事会成员和高级经理人员的任免起着决定性的影响。以家族为主线形成的金融资本股权体系，即为财团。第二次世界大战后，第三次科技革命促使主要资本主义国家的经济结构发生深刻的变化。为了调整和优化产业结构、产品结构，提高管理水平和经济效益，在公司所有权和经营权分离的条件下，财团通过委托代理制度，让具有专业知识和管理能力的经理层拥有财团的占有权和使用权。同时，为扩大资本规模，外部股东人数迅速增多，股权呈现分散化趋势。这一变动导致家族持股份额在公司股份中的比例下降，财团家族色彩淡化。财团的股权结构由单一家族持股转向兼有法人持股结构。

法人持股是指公司资产和经营为两个以上具有法人地位的公司或社团所控制。当代，垄断主体法人化趋势不断强化。金融集团在相当程度上是以资本的法人占有和控制为基础的。大法人企业及某些集团垄断整个社会经济生活。在美国，20世纪60年代以来财团的家族股份不断下降：1929年占55%，1963年降至15.5%。日本大垄断企业股份占有结构的变化特别显著。个人及其家族占有的股份比重日趋降低。1949年尚达69.1%，翌年下降为

61.3%,1960年降至46.3%,1970年又降为39.9%,1980年已降至29.2%,1990年这一比重仅为23.1%。与之相反,以金融机构为主体的法人所占比重正在迅速提高。这一比重在1951年为32%,1960年为48.4%,1970年提高到55.4%,1980年提高至65.2%,1990年又高达70.4%。在与此相对应的时间内其中金融机构持股比重分别为18.2%、30.6%、32.3%、38.6%和45.2%。近年来,日本企业股份占有结构虽有改变,但1992年,法人占有比重仍高达68.63%。其中金融机构持股比重为44.4%,私人占有比重不过23.85%。[①] 股份占有法人化及以此为基础的法人垄断化是当代金融资本股权结构的最显著的特点。

3. 金融资本控制模式发生了新变化,金融集团由传统的金字塔式的垂直控制格局发展为以银行资本为核心的现代金融资本网状式联合控制的新格局

第二次世界大战后,科技革命迅速发展及由此引起的产业结构变动导致各部门的利润率发生变动。为了维持和稳定高额垄断利润,金融集团从事多元化金融业务或非金融业工商企业活动。金融集团通过"参与制"涉及较多的经济部门和产业部门。金融集团直接控制的母公司,通过各部门、各产业的子公司,层层参与控制更多的孙子公司。同时各个子公司又相互控股使公司统治权不旁落于其他集团。金融资本网状式联合控制的统治形式进一步增强了金融集团向国民经济各部门、各产业的广泛辐射和资本渗透的力度。金融资本网状式联合控制有利于巨型垄断公司适应产业结构变动和应对国际资本流动所产生的影响和冲击。

五、资本输出及其战后的新特点

资本输出是资本家、资本家集团或国家为了获得高额利息或利润,对国外进行的贷款或投资。列宁指出:"自由竞争占完全统治地位的旧资本主义的特征是商品输出。垄断占统治地位的资本主义的特征是资本输出。"[②]

垄断资本主义时期,大规模资本输出的必要性在于:一是大量过剩资本寻找有高额利润的投资场所;二是为商品输出开路;三是为控制国外原料产地和其他重要资源;四是争夺霸权地位的需要。总之,垄断时期,资本集中的高度发展与本国有限资源和狭隘市场的矛盾更加尖锐。为了获得稳定的高额利润,垄断资本必然采取资本输出的形式向外扩张。

垄断资本对外输出不仅存在客观必要性,而且存在现实可能性。在资本主义进入垄断阶段以来,资本主义已形成世界体系,许多落后国家都卷入了世界市场和国际联系之中。这些国家已初步具备了输入资本、发展经济所必要的自由劳动者、销售市场、交通运输、邮电通信等初步条件。由此,主要资本主义国家的资本输出,在20世纪初大大发展了起来。

资本输出有两种基本形式:借贷资本输出和生产资本的输出。借贷资本输出,是资本主义国家的政府或企业、银行为了获得高额利息而把货币资本贷给另一国家的政府或企业。借贷资本输出的利息率大大高于本国国内的利息率。生产资本输出,是资本主义国家的政府或企业、银行对某个外国进行直接投资。所谓"直接投资",就是在国外独资开办工厂、矿山等企业,或与外国资本联合创办企业,或低价收买外国原有企业。生产资本输出的目的是为了利用输入国的原料、劳动力,生产商品,就地销售,以取得高额垄断利润。

---

① 汪瑞平:《关于现代日本市场经济中的垄断问题》,《世界经济》1995年第1期。

② 《列宁选集》第2卷,人民出版社1972年版,第782页。

小辞典　资本输出

资本输出是资本家、资本家集团或国家为了获得高额利息或利润，对国外进行的贷款或投资。资本输出有两种基本形式，即借贷资本输出和生产资本的输出。前者是资本主义国家的政府或企业、银行为了获得高额利息而把货币资本贷给另一国家的政府或企业；后者是资本主义国家的政府或企业、银行对外国进行直接投资。

资本输出主体有私人资本输出和国家资本输出。私人资本输出，包括资本家集团的资本输出是私人垄断资本占有更多国际市场份额，增强国际竞争实力的重要途径。国家资本输出则是资本主义国家通过对外扩张，从国际范围内获得更高垄断利润，维护本国垄断资产阶级整体利益。

第二次世界大战后，国际经济发生了巨大变化。随着新科技在国际生产和投资领域的广泛扩散，生产要素以空前速度和规模在全球流动，寻找最有效配置场所。跨国公司成为科技、生产、资本的载体，提高了世界各国经济发展的依存度。综观各国垄断资本在全球范围内的大规模流动状况，战后垄断资本输出具有以下两个显著的特点：

其一，私人资本输出发展迅速，并渐居主流。战后生产国际化的日益发展为私人资本输出提供了客观条件。一方面，通过国际金融市场筹措资金的垄断企业日益增多，借贷资本输出大规模增长。据国际清算银行统计，全球私人银行的国际信贷累计净额，1975 年为 2 510 亿美元，1980 年增至 8 100 亿美元，1986 年又升到 17 100 亿美元。另一方面，跨国公司活动规模扩大和数量增多直接促进私人生产资本投资总额扩大。全球的跨国公司和其所属的子公司在 1980 年分别为 1 100 家和 9.8 万家；1993 年分别为 3.5 万家和 17 万家；1997 年则分别为 5.3 万家和 45 万家。跨国公司控制了世界私营生产性资本的 1/3。自 1993 年以来，国际基金复苏，保护投资者权益的国际间协调进一步加强，这无疑扩大了私人资本输出的发展空间。近几年世界经济平衡增长提高了企业的盈利能力，从而又激励各国垄断资本扩大对外输出。目前，私人资本的流动已占全球资本流动的 3/4 左右。私人资本输出为世界经济带来巨大的生机和活力。

其二，国际双向直接投资呈不断扩大趋势。从 20 世纪 50 年代开始，西方发达国家对外直接投资的主要流向逐步地由不发达地区转向发达地区间相互投资。第二次世界大战前，垄断资本主义国家资本输出的主要流向是经济落后的殖民地、半殖民地国家。在这些落后国家，垄断资本通过掠夺廉价的原料、劳动力和初级产品，占领国内市场获取高额海外利润。但随着国际分工深化发展和大量新科技替代品的出现，经济落后国家不再成为垄断资本主义国家进行国际生产的有利场所。发达国家资本输出的主要流向转移至发达国家和地区的相互投资，其中西欧、北美成为发达国家相互投资的重点区域。西方发达国家日益重视生产要素全球化的有效配置。一方面对外国直接投资，另一方面又吸收其他国家的直接投资。发达国家之间接受的直接投资在世界全部累计总额中的比重不断提高。美国是世界上最重要的外资吸收国和外资输出国。第二次世界大战后，美国跨国公司的发展使其对外直接投资进入新阶段。同时，美国也吸收外国的直接投资。20 世纪 80 年代，外国对美国的直接投资迅速增长，从 1980 年的 830.5 亿美元增至 1987 年的 2 619.2 亿美元，平均递增 17.8%。总部位于日内瓦的联合国贸易和发展会议（贸发会议）2019 年 6 月 12 日发布的《2019 年世界投资报告》显示，美国是 2018 年最大的外资流入经济体，流入量为 2 520 亿美元，但低于

2017 年的 2 770 亿美元;其次是中国,流入量为 1 390 亿美元,高于 2017 年的 1 340 亿美元;中国香港及新加坡分别以 1 160 亿美元、780 亿美元,排名第三和第四。2018 年对外投资方面,日本对外投资全球居首,为 1 430 亿美元;第二位是中国,1 300 亿美元;法国 1 020 亿美元,位居第三;中国香港以 850 亿美元列第四。[①] 国际双向直接投资使美国的经济要素注入与漏出相对平衡。同时,双向直接投资又在一定程度上改变了美国原来的高度内需主导型经济。美国国内生产越来越依靠全球的生产要素。与此同时,全球化生产极大地提高了美国的国际竞争力。从 1994 年起,美国又恢复了国际竞争力雄居第一的地位,这在一定程度上得益于美国的国际双向直接投资的战略。

资本输出对输出国和输入国都具有双重作用,特别是当代资本输出的全球化和双向输出的特点使资本输出对各国的双重作用更为突出。

输出国通过大量的资本输出获得诸多的经济利益:占有廉价的生产资料和劳动力,控制输入国的产品销售市场,转移本国的落后产业,获取巨额的海外利润,等等。同时,资本输出对输出国具有一定的负面影响,例如,资本大量向海外转移导致产业竞争力下降,加剧经济发展不平衡规律的作用。

对资本输入国来说,资本输入促进了本国自然经济的解体和商品经济的发展;为输入国带来了先进的技术和管理经验,提高了劳动生产率;有利于缓解发展中国家的资金短缺,等等。但资本输入国同时必须尽可能地减弱资本输入所产生的负面影响:由传统、落后工业造成的污染和公害,输出国对附属于资本输出的商品输出以高于国际市场的价格牟取暴利,输出国有可能操纵输入国某些部门的控制权等等。

六、国际垄断同盟在经济上分割世界

资本输出的发展,使各国垄断资本在世界范围为争夺投资场所、产品销售市场和原料来源的竞争和斗争日益尖锐起来。国际垄断同盟的形成,就是这种斗争日益炽烈的必然结果。当帝国主义各国已形成实力强大的垄断组织,并已在世界范围基本控制某类产品的生产和销售,而它们相互之间又势均力敌,难分上下时,为免遭惨重损失,谋求暂时的妥协,结成同盟、瓜分世界就有了必要和可能。这时,各国垄断组织便越出国界结成国际垄断同盟。所谓国际垄断同盟,即指资本主义各国最大的垄断组织,通过订立协定而结成的国际性垄断经济联盟。其目的和本质在于瓜分世界市场,争夺世界霸权和地区霸权。

国际垄断同盟最早产生于 19 世纪 60、70 年代。在 60 年代以前,国际卡特尔是国际垄断同盟的主要形式。在第一次世界大战前,缔结有正式协定的国际卡特尔已达到 116 个,如国际钢轨卡特尔、国际铝卡特尔、国际电气卡特尔等。在代表当时最新技术成就的电子工业中,德国电气总公司和美国通用电气公司这两个世界上最大的电力托拉斯(当时世界上没有一个完全不依赖它们的电力公司),在争夺世界市场的斗争中,经过激烈较量,终因势均力敌而于 1907 年达成了分割世界的协议。美国通用电气公司分得美国和加拿大的市场,德国电气总公司分得德、奥、俄、荷、丹麦、瑞士、土耳其和巴尔干国家的市场。同时它们还缔结了另外一些协议。这样,双方才偃旗息鼓,暂时无"战争",由此形成了美德两国最大电力托拉斯组成的国际联盟对世界电力工业的垄断统治。到 20 世纪初,国际垄断同盟形式还有国际辛

---

① https://www.sohu.com/a/320792519_100020617。

迪加和国际托拉斯。其后国际卡特尔更进一步发展，至第二次世界大战前夕，已经达到1 200个左右，控制了约40%的世界贸易总量。第二次世界大战结束了卡特尔的“全盛时代”。战争促使许多国际卡特尔解体。战后，许多原已解体的国际卡特尔又重新恢复，并得到快速发展。1957—1962年间，西欧共同市场的各国垄断组织之间签订了大约3 000项各种国际卡特尔协定。

定义　国际垄断同盟

指资本主义各国最大的垄断组织，通过订立协定而结成的国际性垄断经济联盟。

20世纪60年代后，国际垄断组织的发展，出现了两个重要特点：一是国际康采恩式的跨国公司获得了迅速发展，并且取代国际卡特尔成为当代私人国际垄断组织的主要形式；二是由国家出面组成的国际垄断同盟。如自由贸易区，它是一体化水平较低的组织形式。这种联合形式只涉及商品交换领域，成员国间取消了关税、限额及其他贸易限制，全无其他约束与协调。这类组织属于协商性质机构，不具有超越国家的权力。它只类似国际卡特尔式联合，还不是在国民经济一级水平上的联合。欧洲自由贸易区就是这种形式的典型。关税同盟则不仅要求在成员国之间商品自由流动，而且要求所有成员国对外的关税要保持一致。共同市场是经济一体化的高级组织形式。它除了在成员国间对商品自由流通、对外统一关税税率和外贸政策外，还在成员国间取消限制生产要素自由流动和投资建厂、购买公司的种种规定，实行物质生产要素、劳动力和资本的自由流动。这种形式要求有超越国家权力、具有权威的管理机构，行使对共同市场的组织管理职能及其他所授予的权力，成员国有遵从的义务。成效显著、最具代表性的共同市场，就是欧洲经济共同体(欧共体)，现已发展为欧盟。

小辞典　自由贸易区、关税同盟、共同市场和经济联盟

自由贸易区：在成员国之间，商品可以自由流动，取消关税。

关税同盟：不仅要求在成员国之间商品自由流动，而且要求所有成员国对外的关税要保持一致。

共同市场：不仅要求在成员国之间商品自由流动，而且要求劳动、资本等生产要素也自由流动。

经济联盟：不仅要求在成员国之间商品、劳动和资本自由流动，而且要求各成员国的经济政策相互协调。

国际垄断同盟的形成，意味着各国最大的垄断组织直接从经济上分割世界。它标志着金融资本的垄断统治已从国内扩展到国外。列宁把这种国际垄断称之为“超级垄断”。不过，国际垄断同盟的出现，“并不排除对世界的重新分割，如果实力对比由于发展不平衡、战争、破产等而发生变化的话”。[①] “按资本”“按实力”瓜分世界，仍然是各国最大垄断组织在对外经济扩张中谋求暂时妥协的根本原则。

七、殖民地垄断与战后新殖民主义

金融资本的统治，使各国列强不仅通过国际垄断同盟从经济上瓜分世界，而且实行殖民地垄断，从领土上瓜分世界。资本主义进入垄断阶段后，殖民地起着特殊重要的作用：首先

① 《列宁选集》第2卷，人民出版社1972年版，第790页。

是重要的原料产地；其次，殖民地是最理想的投资场所；再次，殖民地是最有利的销售市场；最后，殖民地还有重要的政治上和军事上的作用。因此，殖民地成了帝国主义生存的重要条件。经过各帝国主义强国的激烈争夺，终于在19世纪末20世纪初，把世界领土瓜分完毕，形成了少数列强对世界领土的垄断，即殖民地垄断。帝国主义国家控制和掠夺占世界居民绝大多数的殖民地、附属国，这就形成帝国主义的殖民体系。帝国主义国家对殖民地垄断的地位不是一成不变的。由于经济政治发展不平衡规律的作用和其他一些原因，资本主义各国实力不断发生变化，于是引起重新瓜分世界领土的斗争，斗争不断加剧，最终导致帝国主义战争。两次世界大战都是帝国主义国家为重新瓜分世界领土、争夺世界霸权而引起的。

第二次世界大战后，帝国主义旧殖民体系趋于瓦解。然而，取得了政治独立的原殖民地、附属国并没有完全摆脱帝国主义的控制。战后垄断资本对外掠夺和剥削的本性不变，只是以新殖民主义代替了旧殖民主义。所谓新殖民主义，即表面上承认殖民地、附属国在政治上的独立，实际上通过各种手段，从经济上、政治上以至军事上间接控制这些国家。国际垄断资本的新殖民主义对经济落后的发展中国家的经济掠夺主要表现如下：

其一，在新殖民主义形式下，西方发达国家垄断资本通过商品资本、借贷资本和生产资本的输出对发展中国家加强掠夺。商品资本大量输出一方面使发展中国家承受严重的不等价交换；另一方面也使发展中国家成为发达国家的重要市场而遭受经济利益的巨大损失。特别在20世纪90年代初到亚洲金融危机以前，发达国家在更大程度上从发展中国家寻找"经济增长动力"，抢占发展中国家的国内市场份额。在发达国家出口市场中，发展中国家的所占份额从1990年的20%提高到1997年的23%，其中美国的这一指标从34%提高到43%，日本的这一指标从40%提高到50%以上。生产资本输出是一条重要的掠夺途径。以美国为例，美国在发展中国家直接投资累计数占它整个对外直接投资累计总额的比例在1989年为23.6%，至1996年底，增至28%。[①] 新兴市场，特别是东亚新兴市场具有吸引西方加倍投资的优势。这些市场和地区的发展中国家成为发达国家对外扩张的主要场所。此外，发达国家还通过借贷资本输出，使发展中国家越来越成为债务奴隶，承受巨额外债和高额利息。在国际金融领域内，发展中国家处于被控制的地位。国际垄断资本操纵国际货币金融体系，而发展中国家债务负担与日俱增。20世纪80年代，发达国家为消除严重的通货膨胀，放慢经济增长速度并实行高利率政策。这就增加了发展中国家的还债利息，进一步削弱了债务国的偿还能力。

辨析　殖民主义和新殖民主义

殖民主义是资本主义强国压迫、奴役和剥削落后国家，把它变为自己的殖民地、半殖民地的政策。第二次世界大战前，主要是采取直接干预(如军事入侵等)的旧殖民主义。第二次世界大战后，主要是采取间接控制(如资本输出等)的新殖民主义。

其二，国际垄断资本的经济掠夺导致南北贫富差距进一步扩大。从人均国内生产总值看，1960年发展中国家与发达国家相差5 700美元；1980年两者相差14 204美元；1995年两者差额进一步扩大为18 677美元。[②] 从人均收入来看，1960年发达国家是发展中国家的

---

① 杨成绪：《大变革——走向21世纪的世界经济》，首都经贸大学出版社1999年版，第76页。
② 杨成绪：《大变革——走向21世纪的世界经济》，首都经贸大学出版社1999年版，第247页。

30倍，1990年这一差距扩大到60倍。[①] 1990年以后，发展中国家在经济上崛起，特别是东亚、拉美一些国家一直保持较快经济增长速度，经济发展不平衡规律使南北差距有所缩小。由此，南北矛盾有时会有所缓和。但发展中国家要弥合与发达国家在人均收入方面存在的巨大差距并非易事。南北差距缩小是一个相当长的过程，发达国家为保持本国长期的经济增长和稳定，必然要加强对发展中国家的掠夺。南北关系的经济利益矛盾会变得更加尖锐并对发展中国家形成潜在威胁。

其三，国际垄断资本通过各种途径阻碍和影响发展中国家的经济可持续发展，南北差距进一步扩大。在新殖民主义条件下，发达国家以各种借口从发展中国家占有更多的垄断利润。此外，发达国家的垄断资本往往牺牲发展中国家的环境资源以牟取高额利润。外国资本对发展中国家的直接投资主要集中在污染密集的化工产业，从而破坏、恶化发展中国家的资源状况。例如，在菲律宾的258家跨国公司中，有156家涉及污染密集产业。大多数跨国公司利用东道国较低的环境标准和非法治化环境治理而大发不义之财。有些发达国家还将生产和消费过程中产生的大量垃圾向发展中国家输出，对发展中国家的经济稳定、持续发展带来巨大危害。

在社会主义初级阶段的市场经济中，也有可能出现上述私人垄断现象。

八、经典著作中的帝国主义与当代资本主义

早在1848年，马克思恩格斯就在《共产党宣言》中庄严宣告：资产阶级的灭亡和无产阶级的胜利是同样不可避免的。半个多世纪之后，列宁又在《帝国主义是资本主义的最高阶段》中进一步指出：帝国主义是垄断的、腐朽的、垂死的资本主义。自那以后，又过去了将近一百年。然而，整个资本主义，尤其是那些原来被认为应当率先爆发社会主义革命的发达资本主义国家并没有像人们所期望的那样灭亡。不仅如此，它们在某些方面还显示出有相当的活力。我们如何来正确地解释这一历史现象呢？

1. 马克思主义经典作家关于帝国主义的理论

资本主义的历史发展可以分为两个基本的阶段，即自由竞争占统治地位的资本主义和垄断资本主义。后者，就是我们通常所说的帝国主义。自由竞争占统治地位的资本主义，在19世纪的60年代和70年代，已经发展到了顶点；在19世纪的最后30年中，资本主义完成了由自由竞争向垄断的过渡；到19世纪末和20世纪初，垄断资本主义最终形成。

关于帝国主义，列宁有一个非常简单而又极其深刻的概括："帝国主义是资本主义的最高阶段。"列宁指出："帝国主义是作为一般资本主义基本特性的发展和直接继续而成长起来的。但是，资本主义只有发展到一定的、很高的阶段，才变成为帝国主义。这时候，资本主义的某些特征开始变成自己的对立物，从资本主义到更高级的社会经济结构的那个过渡时期的特点，已经全面形成和暴露出来。"[②]

列宁所说的在帝国主义阶段"已经全面形成和暴露出来"的"从资本主义到更高级的社会经济结构那个过渡时期的特点"主要体现在如下三个方面，即帝国主义是垄断的资本主义，是寄生的或腐朽的资本主义，是过渡的或垂死的资本主义。这三个特点，也是帝国主义

① 李景治：《当代世界经济与政治》，中国人民大学出版社1999年版，第31页。
② 《帝国主义是资本主义的最高阶段》，人民出版社1959年版，第79页。

之所以成为最高阶段的资本主义的基本根据。

(1)帝国主义是垄断的资本主义

列宁认为，作为资本主义最高阶段的帝国主义，在经济方面的最为重要的特点，就是资本主义的自由竞争为资本主义的垄断所代替。“这种从竞争到垄断的转变，是最新资本主义经济的最重要的现象之一，甚至是唯一的最重要的现象……”[①]正是由于在新的资本主义阶段，垄断具有如此重要的地位，所以列宁直截了当地在帝国主义和垄断资本主义之间画上“等号”：“如果必须给帝国主义下一个尽量简短的定义，那就应当说，帝国主义是资本主义的垄断阶段。”[②]

根据列宁的论述，垄断资本主义本身的发展可以再细分为以下几个小的阶段：

第一是“生产垄断”。“垄断是从发展极高阶段的生产集中成长起来的。这就是资本家的垄断同盟卡特尔、辛迪加、托拉斯。”[③]

第二是“金融垄断”。这就是列宁所说的，银行“由普通的中介人变成万能的垄断者，他们支配着所有资本家和小业主的几乎全部的货币资本，以及本国和许多国家的大部分生产资料和原料来源”。[④] 从“生产垄断”发展到“金融垄断”，标志着从旧资本主义进到新资本主义，从一般资本统治进到金融资本统治。于是，大小资本之间的旧斗争，又在一个新的、高得无比的发展阶段上恢复起来了。

第三是“国家垄断”。所谓国家垄断资本主义，就是资本主义的垄断组织通过控制国家的机构、操纵国家的政策、利用国家的权力，来维持自己的垄断地位、实现自己的垄断利润。“在资本主义社会里，国家的垄断不过是提高和保证某个工业部门快要破产的百万富翁的收入的一种手段罢了。”[⑤]

第四是“国际垄断”。随着资本输出的增长，随着最大的垄断组织的国外联系和势力范围的扩大，造成了垄断组织瓜分世界市场的条件，逐渐形成国际垄断组织。“这是全世界资本集中和生产集中的一个新的、比过去高得无比的阶段。”[⑥]根据列宁的说法，前面讲的私人垄断和国家垄断实际上都不过是国际垄断瓜分世界的“个别环节而已”。[⑦]

(2)帝国主义是寄生的或腐朽的资本主义

帝国主义的垄断特点，决定了帝国主义是寄生的或腐朽的资本主义。列宁特别强调了帝国主义寄生性或腐朽性的如下表现。一是阻碍技术的进步。“垄断……必然要引起停滞和腐朽的趋向。既然规定了(虽然是暂时地)垄断价格，那么技术进步、因而也是其他一切进步的动因，前进的动因，也就在相当程度上消失了；其次在经济上也就有可能人为地阻碍技术进步。”[⑧]二是食利阶层和食利国。“帝国主义最重要的经济基础之一——资本输出，更加使食利者阶层完完全全脱离了生产，给那种靠剥削几个海外国家和殖民地的劳动为生的国家打上了寄生的烙印。”[⑨]三是工人中的机会主义。“帝国主义……意味着极少数最富的国

① 《帝国主义是资本主义的最高阶段》，人民出版社 1959 年版，第 13 页。
② 《帝国主义是资本主义的最高阶段》，人民出版社 1959 年版，第 80 页。
③ 《帝国主义是资本主义的最高阶段》，人民出版社 1959 年版，第 112 页。
④ 《帝国主义是资本主义的最高阶段》，人民出版社 1959 年版，第 25—26 页。
⑤ 《帝国主义是资本主义的最高阶段》，人民出版社 1959 年版，第 33 页。
⑥ 《帝国主义是资本主义的最高阶段》，人民出版社 1959 年版，第 60 页。
⑦ 《帝国主义是资本主义的最高阶段》，人民出版社 1959 年版，第 65 页。
⑧ 《帝国主义是资本主义的最高阶段》，人民出版社 1959 年版，第 90 页。
⑨ 《帝国主义是资本主义的最高阶段》，人民出版社 1959 年版，第 90 页。

家享有垄断高额利润，所以，它们在经济上就有可能去收买无产阶级的上层，从而培植、形成和巩固机会主义。”①“许多工业部门中的某一部门、许多国家中的某一国家的资本家获得了垄断高额利润，在经济上就有可能去收买个别的工人阶层，而且还可能暂时收买相当数量的少数工人，把他们拉到该部门或该国家的资产阶级方面来反对其他一切的部门或国家。”②

(3)帝国主义是过渡的或垂死的资本主义

帝国主义的垄断特点，也决定了帝国主义是过渡的或垂死的资本主义。列宁总结道："根据以上对帝国主义的经济实质的全部论述，必须说帝国主义是过渡的资本主义，或者更确切些说，是垂死的资本主义。”③

所谓帝国主义是“过渡的”或“垂死的”资本主义，意味着帝国主义是资本主义的“最后阶段”。换句话说，资本主义发展到帝国主义阶段，已经走到了它的尽头；取而代之的将是新的以公有制为基础的社会主义和共产主义。

之所以帝国主义是资本主义的“最后”结果，是因为资本主义的基本矛盾在帝国主义阶段发展到了登峰造极的地步。资本主义的竞争变成了资本主义的垄断，结果，生产的社会化有了巨大的发展。但是，占有仍然是私人的。社会化了的生产资料仍旧是少数人的私有财产。这一基本的矛盾加剧了垄断资本主义的各种矛盾、摩擦和冲突，特别是加剧了无产阶级和资产阶级之间、垄断组织与非垄断组织之间以及垄断组织与垄断组织之间、帝国主义与殖民地和附属国之间以及帝国主义国家与帝国主义国家之间的矛盾、摩擦和冲突。这些矛盾、摩擦和冲突，最终将导致垄断资本主义的灭亡。因此，“垄断是从资本主义向更高级的制度的过渡。”④

2. 当代资本主义的新发展和历史趋势

马克思恩格斯发表《共产党宣言》已有150多年，列宁发表《帝国主义是资本主义最高阶段》也近100年。然而，令许多人感到困惑的是，在这100年当中，资本主义并没有像预期的那样灭亡，不仅没有灭亡，甚至还获得了一定程度的发展，而且，这种发展在一个可以预见的未来，似乎还有可能会继续下去。这就给我们提出了一个十分重要的研究课题，即如何去认识当代资本主义的这些新发展，以及如何去判断资本主义的未来发展趋势？

(1)当代资本主义的新发展

与马克思主义经典作家们所处的时代相比，当代资本主义，尤其是发达资本主义，发生了许多重大的变化。这些变化在一定的程度上为资本主义的进一步发展提供了条件，并延缓了资本主义的灭亡。

①生产力的发展

在当代资本主义的新发展中，最突出的一个表现，是它在生产力方面取得的巨大成就。例如，有资料表明，资本主义国家的工业平均增长速度，在自由竞争的资本主义阶段只有2%左右，而在垄断资本主义阶段，却达到了3%左右，呈现出一种加速增长的趋势；过去资本主义国家农业长期落后于工业的状况也得到了根本改变。1950—1977年间，美国的农业劳动生产率年均增长5.6%，超过了加工工业。发达资本主义最近50年来生产力方面的发

① 《帝国主义是资本主义的最高阶段》，人民出版社1959年版，第94页。
② 《帝国主义是资本主义的最高阶段》，人民出版社1959年版，第115页。
③ 《帝国主义是资本主义的最高阶段》，人民出版社1959年版，第115页。
④ 《帝国主义是资本主义的最高阶段》，人民出版社1959年版，第80页。

展，超过了整个资本主义以往几百年历史发展的总和；而且，在一个可以预见的未来时间里，这种发展似乎还将会或快或慢地继续下去。当代资本主义在生产力方面取得的巨大发展，使得列宁所说的它在“腐烂状态中保持的时期”大大地延长了。正如马克思在《〈政治经济学批判〉序言》中所指出的：“无论哪一个社会形态，在它所能容纳的全部生产力发挥出来以前，是绝不会灭亡的；而新的更高的生产关系，在它的物质存在条件在旧社会的胎胞里成熟以前，是绝不会出现的。”①

②生产关系的调整

在资本主义由自由竞争进入垄断阶段之后，尤其是在第二次世界大战之后，发达资本主义国家在积极发展生产力的同时，也开始对资本主义的生产关系进行有意识的调节。其中，最重要的有三个方面。首先是宏观经济的调控。当代发达资本主义国家的政府不再像过去那样完全听任自发的市场机制来决定经济的运行，而是通过制定积极主动的财政政策和货币政策等，来克服宏观的通货膨胀、失业和经济危机。政府对宏观经济的调控，使得资本主义再次出现1929－1933年世界性经济大危机的可能性大大减少。其次是分配制度的改进。当代发达资本主义国家也不再像过去那样完全听任自发的市场机制来决定收入的分配，而是通过制定最低工资法、由集体谈判来决定工资、赋予政府调节和仲裁工资争端的权力，以及累进税和转移支付等，来避免分配差距和两极分化的失控。最后是社会保障的建立。当代发达资本主义通过建立比较完善的社会福利制度（包括社会保险、社会救济和社会补贴等），在一定的程度上满足了最底层劳动者的基本生活需要，从而缓解了因失业、贫困等引起的诸多社会问题。

③上层建筑的改革

第二次世界大战之后，在社会主义国家的外部冲击和工人阶级以及广大人民群众的内部压力之下，资产阶级被迫对其上层建筑方面进行改革。例如，维护和加强法制，以法制来限制行政的权力和反对权力的腐败；加强建立和完善民主选举制度（如英法等国的选举改革、德意日的民主改造）；扩大公民（当然也包括普通劳动者）的社会、政治和经济的权利，等等。这些上层建筑领域中的改革，也在一定程度上缓和了当代资本主义社会的矛盾。

④经济的全球化

经济全球化是当今世界经济发展的最重要的趋势之一。经济全球化是一把双刃剑，有利也有弊。但是，对于发达资本主义国家来讲，毫无疑问，利要远远大于弊。这是因为，在经济的全球化进程中，实力雄厚的发达资本主义国家占据着绝对的主导地位。凭借着这种主导地位，发达资本主义国家就可以在经济全球化之中，获得尽可能多的利益。例如，国际经济关系中的游戏规则往往是由发达资本主义国家制定的，它们就可以通过制定对自己有利的规则（如环保标准、劳工标准等），来打击竞争对手和提高自己的竞争能力；又如，一些重要的国际性经济组织（如世界贸易组织、世界银行、国际货币基金组织等）也常常是在发达资本主义国家的倡导下建立起来的，它们可以通过这些国际性的经济组织，来协调它们之间以及它们与发展中国家之间的矛盾；再如，发达资本主义国家还通过建立国家之间的地区性经济集团（如北美自由贸易区、欧洲经济联盟等），来加强集团内部的合作和防止来自集团外部的竞争。

---

① 《马克思恩格斯选集》第2卷，人民出版社1972年版，第83页。

(2)当代资本主义的历史趋势

当代资本主义在生产力、生产关系和上层建筑等方面发生的重大变化,给资本主义的发展带来了一定的生机和活力。这是不是意味着,马克思主义经典作家关于资本主义和帝国主义必然灭亡的结论不再正确了呢?

当然不是。资本主义在一定时期内的发展和资本主义最终必然灭亡这两者之间并不存在矛盾。列宁所说的帝国主义是垂死的资本主义,讲的只是资本主义必然灭亡并由社会主义所取代的趋势,而不能简单地理解为帝国主义将顷刻消失。实际上,马克思主义经典作家们并没有给出资本主义和帝国主义灭亡的具体时间表。恰恰相反,列宁充分地预见到了,这个垂死的资本主义很可能还会"拖"一个相当长的时期,甚至也不排斥,在这个垂死的阶段中,资本主义还会得到一定程度的发展。比如,列宁在讲到帝国主义的腐朽性时说:"如果以为这一腐朽趋势排除了资本主义的迅速发展,那就错了。不,在帝国主义时代,个别工业部门,个别资产阶级阶层,个别国家,不同程度地时而表现出这种趋势,时而又表现出那种趋势。整个说来,资本主义的发展比从前要快得多……"[①]"它可能会在腐烂状态中保持一个比较长的时期(万一机会主义的脓疮迟迟不能治好的话),但还是必然要被消灭的。"[②]

那么,当代资本主义的新的变化为什么不会改变它必然灭亡的历史发展趋势呢?我们可以从下面三个方面来看。

①资本主义基本矛盾仍然存在并继续发展

当代资本主义的新变化,千变万变,有一点一直没变,也不会变,那就是资本主义的基本矛盾。尽管当代资本主义国家在生产力、生产关系和上层建筑方面进行了很多的改革,但这些改革并没有触动资本主义的私有制。因此,马克思早就揭示过的资本主义基本矛盾,即生产的社会化和私人占有之间的矛盾,就仍然存在,而且还将有进一步的发展。一方面,生产社会化的程度是在不断地提高。像列宁所说的,从生产的垄断到金融的垄断、从私人的垄断到国家的垄断、从国内的垄断到国际的垄断,所有这些过程在当代资本主义中都在加速地进行。垄断组织的规模越来越大,兼并浪潮一浪高过一浪。过去是"大鱼吃小鱼",现在则是"大鱼吃大鱼";另一方面,私人占有却依然如故。于是,生产社会化和私人占有的矛盾自然也就会变得越来越尖锐。这一基本矛盾的解决,最后只能是通过消灭资本主义的私有制。舍此之外,别无他途。

②资本主义积累规律仍然存在并继续发展

尽管当代发达资本主义试图采取各种办法,要把两极分化控制在一定的范围之内,但不幸的是,伴随资本主义的发展,发达资本主义国家内部以及整个世界范围之内的两极分化却是在进一步扩大。像马克思早已揭示的一样,资本主义的积累规律继续在发挥作用,一极表现为财富的积累,另一极表现为贫困的积累。例如,在美国,最富的1%的人拥有全美家庭财富的40%,比90%的美国人所拥有的财富还要多;在英国,最富的20%的人所占有的财富,是最穷的20%的人所占有财富的10倍。如果来看一下全球范围内的两极分化现象,那就更是触目惊心。比如,高收入国家与低收入国家的人均国民收入的差距,1980年是32.8倍,1990年是51.3倍,1995年是59倍,1999年是62.7倍。短短20年时间,差距扩大了将

① 《帝国主义是资本主义的最高阶段》,人民出版社1959年版,第114页。
② 《帝国主义是资本主义的最高阶段》,人民出版社1959年版,第116页。

近一倍。

③资本主义经济危机继续存在并继续发展

发达资本主义国家对经济的干预在一定的程度上可以缓解经济危机，或推迟经济危机的爆发，但却没有也不可能从根本上消灭经济危机。20 世纪 70 年代以来频繁爆发的石油危机，明显暴露了资本主义经济制度在对付外来冲击方面的脆弱；90 年代以来频繁爆发的金融危机，则明显暴露了资本主义经济制度内部的重大缺陷。经济危机意味着很大一部分已经形成的生产力被毁灭，充分说明了资本主义生产关系和上层建筑对生产力发展的阻碍。

总之，在当代发达资本主义国家中，由于资本主义的基本矛盾仍然存在并继续发展，由于资本主义的积累规律仍然存在并继续发展，由于资本主义的经济危机仍然存在并继续发展，资本主义的必然灭亡就仍然是不可避免的。

第二节　垄断利润

一、垄断价格

垄断价格是垄断组织凭借垄断地位保证垄断企业获得垄断利润的商品价格。垄断价格是大大偏离商品价值的一种市场价格。

垄断价格包括垄断高价和垄断低价。垄断高价，即指垄断组织在销售商品时规定的大大超过商品价值和生产价格的垄断价格。垄断低价则是指垄断企业利用有利的垄断地位压低其所购买的投入品价格。少数大公司具有很大的生产规模和市场份额，在购买投入品时，垄断企业处于有利的垄断地位。垄断企业在购买原材料、半成品、公用事业或运输业产品（电力、煤气）和劳务（电信、运输），以及借入金融资金等均能利用其垄断地位，通过讨价还价及各种折扣等手段购入投入品。

垄断价格是在垄断条件下垄断部门特殊的价格形式。垄断企业通过控制市场、设置资本进入壁垒、控制部门产量等手段维持垄断价格。垄断企业的均衡产量仍由其边际收益等于边际成本所确定，但低于竞争水平。垄断企业面临的需求，是一条向右下方倾斜的曲线。因产量受到制约，与产量相对应的需求量的价格总是高于边际成本。垄断企业的产量限制会导致价格持久地高于其长期边际成本。同时，垄断企业占有较高的市场份额，即使市场需求略有变化时，它也不易变动价格。西方经济学家把垄断价格称之为“管理价格”。当产业结构调整和劳动生产率上升时，垄断企业的产品价格也会出现下降，但相对垄断前的自由竞争时期，垄断企业产品价格下降表现得较为缓慢和滞后。因此，垄断价格具有相对稳定性。

定义　垄断价格、垄断高价和垄断低价

垄断价格：垄断组织凭借垄断地位保证垄断企业获得垄断利润的商品价格。包括垄断高价和垄断低价。

垄断高价：垄断组织在销售其商品时凭借垄断地位规定的大大超过商品价值和生产价格的垄断价格。

垄断低价：垄断组织在购买其投入时凭借垄断地位规定的大大低于商品价值和生产价

格的垄断价格。

垄断价格的制定方式是随着市场经济条件和垄断组织形式的变化而改变的。第二次世界大战前，垄断价格是通过卡特尔组织的垄断协议而形成的，称为“卡特尔定价”。卡特尔定价是垄断企业以签订协议形式规定价格、分配产量和销售领域。这种定价方法必须具备一定的条件：较少的替代品和严格按照协议行事等。但在现实经济生活中常因违约和出现替代品等而致使卡特尔垄断组织具有不稳定性，甚至崩溃。现今卡特尔定价的典型例子是石油输出国组织（欧佩克）。1973－1974 年欧佩克成功地使石油价格提高 4 倍；从 1979－1980 年，欧佩克又使石油价格提高了 1 倍。两次石油价格提升使欧佩克石油收入增加 3 倍多。在第二次世界大战后，传统的卡特尔定价法基本被打破。垄断价格主要通过以下方式形成：

1. 价格领头制

这种做法通常由行业中某一垄断企业率先确定一个价格，其他垄断企业追随其后。同质商品售价基本划一，异质商品差别定价。率先定价的领头企业，大致有这样三种类型：一是以行业中居支配地位的企业为领头企业。由其根据利润最大化原则确定的售价即为“操纵价格”。其他垄断企业据此确定自己的售价和产销量。二是以行业中公认有较强判断力的企业为领头企业。其他垄断企业均以该企业制定的价格或价格变动为自己售价的晴雨表。三是以行业中成本最低的企业为领头企业。这类企业确定的领头售价一般偏低，在客观上起着控制产销数量的作用。

美国汽车工业是实行价格领头制的一个典型部门。三家最大的汽车公司——通用、福特和克莱斯勒——它们作为一个集团的利益可以通过避免互相间的竞争而最好地达到。三家主要生产厂商倾向于互相模仿价格变动。依靠价格领头制和政府的保护政策，美国汽车价格的长期记录是持续的大幅度增长，并由此保证三大公司的高额垄断利润。在 1983－1987 年的 5 年中，全部制造业公司平均年利润率分别为 10.6%、12.5%、10.1%、9.5%和 12.8%，而三大公司平均却高达 31.3%、40.1%、24.3%、19.3%和 18.6%。①

2. 目标利润定价法

目标利润定价法或成本加成定价法，是第二次世界大战后垄断企业为获得更加稳定的垄断利润而维持的一种垄断价格。垄断企业首先确定一个标准产量，算出单位产品的全部成本（包括可变成本和固定成本），再加上一个预定的利润幅度而定出产品的“基准”价格。这种定价方法要求产品价格的确定和成本相联系，并使产品的利润幅度能达到一个预先确定的投资利润率目标。总之，产品的价格定到能够产生预期的投资利润率的水平。美国布鲁金斯研究所关于大公司实际定价方法的开拓性研究对在部门中占支配地位的寡头公司 20 世纪 40 年代至 60 年代的利润资料研究表明，垄断大公司运用目标利润定价法制定目标价格大多能成功地实现和超过预定的利润目标，即实际利润率与目标利润率的平均偏离程度不大。这在一定程度上表明，目标利润并不完全是主观臆想的产物，而是依据一定经济参数而预测的，如市场占有份额、产品价格与产品成本的变动状况等。这些重要的经济参数有时直接成为定价目标之一。例如，在科技革命加速资本竞争时，垄断企业直接以“维持市场份额”作为定价目标。

① 高峰：《发达资本主义经济中的垄断与竞争》，南开大学出版社 1997 年版，第 237 页。

小辞典　垄断定价

卡特尔定价：垄断企业以签订协议形式规定价格、分配产量和销售领域。

价格领头制：某一垄断企业率先确定一个价格，其他企业则追随其后。

目标利润定价法：亦称成本加成定价法。垄断企业在平均成本的基础上加上一个预定的利润幅度而定出产品的“基准”价格。

垄断价格的制定并不是任意的，而要受到客观经济条件的制约。首先，垄断企业制定的目标价格作为一种市场价格，归根结底还要受到客观的价值基础的支配和调节。虽然从垄断企业单个产品看，市场价格与价值可以发生较大的偏离，但从整个社会看，垄断部门的产品和非垄断部门的产品的市场价格总量是以社会产品的价值总量为基础来调节的。

其次，垄断价格的制定并不能超越资本主义市场条件的限制，会受到市场需求、供给和成本三因素的制约。垄断企业产品的垄断高价推动人们去开发、创造替代品。各种替代品竞争会影响产品的需求弹性。产品的需求弹性大，会引起较大的价格波动，从而导致市场需求对垄断价格有较强的制约性。供给对垄断价格制约来自垄断部门资本进入壁垒。壁垒程度越高，越持久，垄断价格越有可能提高并长期维持。产品成本对垄断价格之所以会形成制约，这是因为垄断企业的年利润量与单位产品的利润成正比，而单位产品的利润量又取决于产品价格和产品成本两个因素。产量越小，单位产品成本上升。因此，垄断企业为保价限产时，必须考虑不致因产品成本上升而减少年利润总量为限。任何垄断企业都不会不考虑市场容量和产量水平而任意提高垄断价格。

二、垄断利润的来源

攫取垄断利润是垄断企业经济活动的直接动机和目的。垄断利润是垄断资本所有权在经济上实现的基本形式，是垄断资本和垄断势力的具体表现。从性质上看，垄断利润是垄断资本凭借垄断地位而占有的稳定的高额利润。从数量上看，垄断利润是超过平均利润以上的超额利润。但在实际经济运动中，垄断企业的超额利润和一般利润是融为一体的。同时，与自由竞争资本主义企业暂时的超额利润不同，垄断利润较长期和稳定。因此，广义的垄断利润范畴包括超额利润和平均利润，狭义的垄断利润范畴仅是超过平均利润以上的那个超额利润。

定义　垄断利润

垄断利润是垄断资本凭借垄断地位占有的高额利润。广义的垄断利润包括平均利润和超额利润，狭义的垄断利润仅指超过平均利润以上的超额利润。

垄断利润具有客观性。垄断利润是垄断资本凭借垄断地位通过垄断价格而攫取的。垄断资本的垄断地位决定了其对市场的控制并占有较高的市场份额。垄断资本的市场结构和对市场价格的垄断势力决定了垄断利润的存在是客观的、必然的。西方经济学家对垄断资本的市场结构与盈利状况的相关分析做过大量的研究。许多材料都支持这一观点：高度集中的垄断部门和占据大量市场份额的垄断企业比之一般企业长期具有较高的盈利率。根据经济学家威斯的材料，考察至 1974 年已有的 54 项研究中，有 46 项提供了集中与利润的正相关关系，其中又有36项揭示了较高的相关性。[①]

垄断利润的来源仍然主要是工人在生产过程中创造的剩余价值，以及其他劳动者所创造的价值。正如马克思说："某些商品的垄断价格，不过是把其他商品生产者的一部分利润，转移到具有垄断价格的商品上。"[②]具体地说，垄断组织通过出售商品的垄断高价，使购买者（消费者）支付高于商品价值（或生产价格）的高价；通过购进商品的垄断低价，使售卖者（生产者）接受低于商品价值（或生产价格）的低价。这样，垄断组织就不仅实现和占有了本企业工人创造的剩余价值（包括超额剩余价值），而且侵占了时而作为购买者、时而作为售卖者的非垄断企业部分的利润，即非垄断企业工人创造的剩余价值的一部分，以及其他劳动者创造的一部分价值。在国际垄断形成后，垄断组织通过国际垄断价值（同样包括垄断高价和垄断低价）攫取的垄断利润，还包括来源于国外工人阶级创造的剩余价值和其他劳动者创造的一部分价值。垄断股票市场、发行和买卖股票、操纵行市，也是获取垄断利润的一个重要途径。

总之，无论是在国内还是在国际上，垄断资本所获得的垄断利润都来源于以下几方面：(1)垄断企业内部工人创造的剩余价值；(2)通过垄断价格将非垄断企业工人创造的一部分剩余价值和小生产者创造的一部分价值转移过来；(3)通过垄断价格和对外扩张，获得殖民地、附属国和其他落后国家劳动人民创造的一部分价值；(4)通过国家财政进行国民收入再分配，获取国内劳动人民必要劳动创造的一部分价值。

三、垄断条件下利润率平均化规律作用形式的变化

在自由竞争的资本主义阶段，生产力达到一定高度后，资本为追逐高利润率而在不同产业部门间自由转移，并在此基础上呈现了各部门的利润率平均化趋势。垄断资本形成后，追逐高额垄断利润是垄断资本运行的内在动力。垄断资本在其占有垄断地位的经济部门控制产品产量，占有较大比例的市场份额，在一定程度上人为地抑制新技术的采用，设置资本进入壁垒，从而保证垄断企业获得稳定的高额利润。据有关统计资料显示，在1958—1971年的较长时期内，美国制造业的垄断企业和非垄断企业所获利润存在显著差异。美国制造业中资本集中率达到和超过40%的部门中，资产达到和超过1亿美元的垄断大公司，其长期平均利润率比所有其他美国制造业厂商的平均水平高出30%。[③] 可见，垄断企业利润与非垄断企业利润具有等级差别。但这并不表明在垄断条件下利润率平均化规律已经消失。垄断资本及其垄断统治只是使利润率平均化规律的表现形式发生了变化。在自由竞争资本主义阶段，利润率平均化是在全社会范围内通过资本在部门之间竞争表现出来。而在垄断条件下，利润率平均化规律则分别在垄断部门和非垄断部门两个层次范围内发生作用，并形成两种不同水平的平均利润率。

垄断部门之间之所以存在利润率平均化趋势，其客观原因在于：一是科技迅速发展和产业结构变动客观要求垄断资本在垄断部门之间相互渗透，以获得长期稳定的垄断利润。面对新科技发展和新科技在不同产业部门之间加速传递和扩散应用，垄断资本在已经控制、操纵的经济部门要不断进行技术改造，提高产品质量，调整产品结构，以维持和稳固其垄断地

① 高峰：《发达资本主义经济中的垄断与竞争》，南开大学出版社1997年版，第278页。
② 《马克思恩格斯全集》第25卷，人民出版社1974年版，第973页。
③ 高峰：《发达资本主义经济中的垄断与竞争》，南开大学出版社1997年版，第287页。

位。同时,垄断资本还面临产业结构变动的挑战。垄断资本必须依据世界产业变动潮流和本国产业调整的方向和重点,不断改变资本流向,通过资本在不同垄断部门的转移,以保持垄断资本在主要支柱产业和相关经济部门的垄断控制权。垄断资本只有在不同垄断部门转移,流动才能维持其长期稳定的垄断利润。二是现代垄断企业跨国联合经营方式和多元化经营战略推动垄断资本在垄断部门之间互相流动、混合经营,从而促使垄断部门之间利润率呈现平均化趋势。大公司的多元化产品混合经营使垄断企业具有较强的资本积累能力和从外部获取金融资金的能力,并根据竞争战略通过混合兼并手段向有利可图的部门进行资本渗透和扩大控制权。另一方面多元化经营战略有利于依仗原有垄断部门的技术优势向关联产业进行渗透。这就会使所转移的部门降低成本,因而垄断资本在部门之间转移既能增强资本扩张能力,有利于加强垄断统治,又能降低成本,从而提高垄断部门的平均利润率。总之,垄断资本在垄断部门之间相互竞争、相互渗透,其结果使各垄断部门的利润率趋于平均化。当然,由于垄断部门资本集中度较高,又有较强的进入壁垒,垄断资本在垄断部门之间转移较为缓慢,并且垄断资本大多不是相互排斥,而是相互兼并和联合以共同获取更高更稳定的超额垄断利润。

在垄断条件下,非垄断部门利润率平均化规律的作用十分显著。非垄断部门厂商众多、资本集中度低。因而实力不济的中小资本在非垄断部门能较自由地进入和退出,以寻找资本增值的投资场所。这必然导致非垄断企业利润率平均化趋势。这种利润率平均化趋势有新的特点:一是与自由竞争资本主义阶段利润率平均化不同,垄断条件下非垄断部门之间的利润率平均化规律的作用在一定程度上受到垄断部门利润率平均化的影响和干扰。因为非垄断部门大多是国民经济中处于次要的、从属地位的产业和行业。主导产业,即垄断部门的发展状况必然影响非主导产业的发展。二是非垄断部门平均利润率将不同于自由竞争时期的平均利润率。这时的平均利润率会大大低于各部门的剩余价值总量与各部门总资本的比例。根据1947—1987年美国制造业15个部门的集中水平和利润率水平的长期比较,高集中部门,如烟草制品、运输设备、电机、化学产品等部门长期的平均利润率在13%左右,而多数低集中部门如纺织品、机器、木材等长期利润率在11%以下。同时,在这一时期内,垄断部门利润率与非垄断部门利润率并不存在接近均衡的趋势。

综上分析可见,垄断条件下,垄断部门与非垄断部门虽然存在利润率等级差别,但在两个不同的层次上分别形成利润率平均化趋势。平均利润二重化正是在垄断条件下平均利润率规律的具体作用形式。

第三节　一般垄断条件下的竞争

一、自由竞争与垄断竞争

市场竞争是商品经济的必然产物。市场竞争是各个经济主体为争夺有利的生产和交换条件以获得更多的经济利益而发生的一种经济行为或经济关系。从亚当·斯密以来的古典经济学家直至现代经济学家均对市场竞争做过精辟的论述。马克思对于市场竞争的重要性和作用做过这样的论述:“社会分工则使独立的商品生产者互相对立,他们不承认任何别的权威，只承认竞争的权威，只承认他们相互利益的压力加在他们身上的强制。”[①]因此，竞争是市场经济极其重要的特有的规律和经济机制。因而，自由竞争和垄断竞争是在不同的市场结构中，经济主体的市场行为是市场经济在不同发育阶段上的竞争形式。

1. 自由竞争是指在这样一种市场结构中的主体行为：

（1）资本集中度较低的市场结构。构成市场主体的是数量众多、分散而独立的企业。每一个买、卖主体只能是市场价格的接受者，而无法影响和决定价格。

（2）较低的资本市场进入壁垒。生产要素基本上在不同产业之间自由流动。短期内，生产要素在不同产业间流动，企业规模和数目不变；长期内，生产要素在不同产业间流动，企业规模和数目则发生变动。

（3）同类产品是同质的，无差异性。

（4）信息较为完备。市场价格灵敏地调节市场供求，不会有需求者以高于市场价格进行购买，也不会有供给者以低于市场价格进行销售。在一般情况下，市场信息不需要任何代价就能获得。在自由竞争阶段，经济主体的主要竞争手段是价格竞争，任何单个经济主体都不具有对市场的控制势力，因而市场总供求的变动引起均衡价格的变动。价格竞争是经济主体对市场状况变动做出的反应。这一市场行为调节着资源大致按比例在部门间进行合理配置。

2. 垄断竞争则是指不同于独家垄断或自由竞争的一种市场结构：

（1）资本集中度相对较高，垄断企业已在一定程度上控制了产品的生产和销售，因而垄断资本在该经济部门的资本总额中占有较大比例。同时，在一个存在垄断的经济部门，其他非垄断企业为了与垄断企业相对抗和发展，也必须加速资本积累，扩张资本规模。因此，与自由竞争市场相比，垄断竞争市场具有较高的资本集中度。

（2）产品有差异。在垄断竞争市场，垄断企业只有通过产品差异才能获得超额的利润。其产品差异可以表现为商品的商标、款式及购物环境、服务特色等差异。

（3）存在一定的资本进入壁垒，但并非如垄断市场不能自由进入。在垄断竞争市场，短时期内，资本不能如同自由竞争阶段一样可以自由进入和退出，但在长时期内，因科技创新和资本进入有一定自由度，垄断企业的超额利润会被消除。虽然垄断竞争市场还没有发展成为寡头垄断或独家垄断，但垄断资本已成为资本的主导形式，因而非价格竞争成为垄断企业的主要市场行为。垄断企业竞争的主要途径是控制产量，制造较强的产品差异，兼并和收购其他企业等。

二、垄断资本主义下的竞争特点

资本主义在自由竞争的基础上产生了垄断，但垄断的形成并不会消除竞争。垄断与竞争并存是垄断资本主义经济活动的基本格局。这是因为：

第一，垄断并没有消除竞争的动因和基础。在市场经济条件下，作为独立的商品生产者和经济主体只有通过商品交换实现价值，才能获得自身生存和发展的物质条件。因此，商品生产和商品交换是市场竞争的一般基础。市场竞争是市场主体实现经济利益的方式和途径。垄断形成后，市场结构发生了变化。垄断虽会在某个经济部门暂时地减弱竞争，但长期

---

① 《马克思恩格斯全集》第23卷，人民出版社1972年版，第394页。

内，垄断企业追求高额垄断利润的动因必然驱动其进行更为激烈的垄断竞争。在自由竞争基础上产生的垄断并不改变市场经济运行方式，并不消除竞争的基础和动因，垄断必然与竞争并存。

第二，不存在“绝对的垄断”。首先，不可能形成某一家垄断组织独霸天下的局面。在现实生活中，剧烈的兼并虽然使极少数垄断组织达到空前巨大的规模，但至今还没有任何一个垄断组织足以把其他垄断组织全部吃掉。而且，由于技术的和经济的原因，各垄断企业的发展总是不平衡的，垄断组织的实力对比经常发生变化，以致很难保证某一个垄断组织稳定的绝对优势。其次，社会经济生活错综复杂，社会需要又极其多样而且多变，垄断不可能囊括一切，全部直接包办。最后，中小企业还必然大量存在。这不仅因为中小企业有生存和发展的广泛空间，有适应恶劣环境的灵活性和顽强性，而且因为利用广大中小企业符合垄断资本的利益，是巩固垄断统治的需要。既然不存在“绝对的垄断”，那么在垄断组织之间，在少数垄断组织同大量非垄断中小企业之间，竞争就不可避免。

第三，科学技术的重大变革和创新是激发垄断竞争的重要因素。首先，现代科技的层出不穷能突破人为垄断的种种限制。现代科技包括电子信息技术、新材料技术、新能源技术、生物医学等新开辟的领域。这些新科技成果是在更广泛的领域、更高程度上替代人的脑力劳动。新科技不断开辟新的生产领域和投资场所，不断创造出新的替代品，从而使市场竞争加剧。掌握新科技的经济主体是市场潜在进入者。现代科技的应用将更直接、更迅速地突破人为垄断，促进垄断竞争。因此，垄断结构产生以后，垄断者仍然面临着多种多样的竞争。其次，科学技术的不断创新又会缩短科技转化为生产力的周期。新一轮的科技革命都是在积累前人知识和技术的基础上展开的。现代科技必然更迅速地将新科技应用于生产领域并转化为生产力。据有关资料表明：从1885—1919年，每一种发明应用于工业生产的期限为30年，由生产到投入市场平均需要7年。从1920—1944年，这些周期相应缩短到16年和6年。从1945—1964年又分别缩短至9年和5年。① 科学技术转化为生产力的周期趋于缩短会加速产业结构的调整和优化。这就导致任何技术和相关产品生产都不可能持久地垄断。垄断企业在技术、产品和产业领域等方面都充满着激烈的竞争。

总之，资本主义自由竞争，产生了现代垄断。现代垄断作为自由竞争的对立物，但它并没有，也不可能一般地消除竞争，只是在某些方面限制了自由竞争，却又同时引起了更为激烈、复杂的垄断竞争。列宁指出：“从自由竞争中成长起来的垄断并不消除竞争，而是凌驾于竞争之上，与之并存，因而产生许多特别激烈的矛盾、摩擦和冲突。”②

垄断资本主义条件下的竞争，是垄断占统治地位的市场竞争。垄断竞争是在更高生产力、更完善的市场经济层次上的竞争形式。因此，垄断竞争具有不同于自由竞争的特点：

1. 垄断竞争与非垄断竞争并存

在垄断资本主义阶段既有垄断企业之间的垄断竞争，也有中小资本主义企业之间的非垄断竞争。但垄断竞争是垄断资本主义阶段的占主导地位的资本竞争形式。垄断竞争又有两种类型：一是垄断组织之间的竞争。这包括同一部门垄断组织之间为争夺生产领域、销售市场、原材料来源、投资场所以及最新技术和专门人才等的垄断权而进行的竞争，不同部门

---

① 陈耀庭、巫宁耕：《现代资本主义市场经济运行机制》，军事科学出版社1995年版，第80页。

② 《列宁全集》第24卷，人民出版社1963年版，第431—432页。

的垄断组织之间通过资本转移所进行的渗透与反渗透、吞并与反吞并的争夺。二是垄断组织内部的竞争。这是参加同一垄断组织的各个垄断资本之间，为争夺领导权和更有利的分配份额而进行的竞争。中小企业的非垄断竞争则会受到垄断和垄断竞争的限制和支配，并往往成为附属于垄断企业的系列中小企业或垄断企业的零部件加工企业。

此外，介于垄断竞争和非垄断竞争之间的是垄断企业同非垄断企业之间的竞争。两者资本实力相差较为悬殊，但控制与反控制、兼并与反兼并的斗争时有发生。日新月异的科学技术又能为非垄断中小企业提供广阔的发展空间。这就会促使垄断企业与非垄断企业的竞争更趋激烈和残酷。

2. 价格竞争与非价格竞争并存

自由竞争以获取超额利润为目标，以价格竞争为特征。垄断竞争的目标是高额垄断利润，竞争已不再满足于以廉价商品去占领销售市场从而打败竞争者，而是旨在争夺生产、流通、技术和人才的控制权，把竞争对手彻底摧垮，置于死地。价格竞争的意义相对降低，非价格竞争即技术竞争成为主要形式。垄断组织除在产品的品种、花色、质地、服务和价格等方面展开竞争外，还更多地运用广告和非市场的竞争方法；除了经济手段外，还采用超经济的手段，包括公开用暴力对付竞争对手。

3. 国内竞争和国际竞争并存

随着垄断资本的势力伸向国外，竞争的范围也从国内扩展到国外，而且特别尖锐和复杂。国内竞争和国际竞争相互作用、相互推动、错综交织在一起。国内竞争是国际竞争的基础和后盾；国际竞争的压力是加剧国内竞争的重要动因。通过国内竞争增强实力，是垄断资本在国际竞争中取胜的前提和保证；通过国际竞争扩张国外势力来攫取巨额利润，又是垄断资本进一步巩固和强化其在国内竞争中支配地位的重要因素。

在社会主义市场经济条件下，如果出现私人垄断，那么，它与竞争的关系就会在一定程度上呈现上述格局。

本章小结

自由竞争引起生产和资本的集中，而生产和资本集中发展到一定阶段，就会自然而然地形成垄断，这是市场经济自行运行的一般规律和必然趋势。垄断的形成是资本合乎规律运动的结果。为了适应生产力发展，垄断组织形式经历了由初级向高级和由"横向"向"纵向"的演变发展过程。

垄断是现代资本主义最深厚的经济基础。垄断在不同方面的表现和发展所形成的经济特征：金融资本和金融寡头，资本输出，国际垄断同盟从经济上瓜分世界，殖民地垄断从领土上瓜分世界。资本主义的基本特征在第二次世界大战后呈现出新特点和新变化。

垄断价格是垄断资本获取垄断利润的重要途径。垄断价格具有相对稳定性，垄断价格制定方式是随着市场经济条件和垄断组织形式而变化的。垄断价格制定受到客观条件的制约。垄断利润有多种来源。垄断价格和垄断利润的存在并不否定和超越价值规律。

垄断条件下，利润率平均化规律的作用形式发生了变化。利润率平均化规律分别在垄断部门和非垄断部门两个层次范围内发生作用，并形成两种不同水平的平均利润率。

自由竞争和垄断竞争是不同市场结构条件下的竞争形式。垄断并不消除竞争，而是与竞争并存。垄断资本主义条件下竞争的主要特点是:垄断竞争与非垄断竞争并存;价格竞争与非价格竞争并存;国内竞争与国际竞争并存。

关键术语

垄断　卡特尔　辛迪加　托拉斯　康采恩　垄断资本主义　金融资本
资本输出　国际垄断同盟　自由贸易区　关税同盟　共同市场　经济联盟
殖民主义　垄断价格　垄断利润　垄断高价　垄断低价　卡特尔定价
价格领头制　目标利润定价法　自由竞争　垄断竞争

参考资料

1. 列宁:《帝国主义是资本主义的最高阶段》,《列宁选集》第 2 卷,人民出版社 1972 年版。

2. 李维贵:《当代资本主义经济与政治》,云南人民出版社 1991 年版。

3. 高峰:《发达资本主义经济中的垄断与竞争》,南开大学出版社 1997 年版。

4. 陈耀庭、巫宁耕:《现代资本主义市场经济运行机制》,军事科学出版社 1995 年版。

思考题

1. 资本由自由竞争走向高度集中,资本集中发展到一定阶段,又自然而然地形成垄断。请你阐述垄断资本形成的客观必然性。

2. 列宁指出,在垄断阶段,"恰好不是工业资本而是金融资本"在国民经济体系中占统治地位。举当今的实例,说明金融资本是怎样形成的,是如何实现经济上和政治上的统治地位的。

3. 有人认为,西方国家有众多的中小企业,因而当代发达资本主义经济的基本特征不是垄断。对此请做评论,并阐述垄断与其他基本特征的相互关系和作用。

4. 找几个包括美国微软公司垄断在内的事例,阐述当代垄断的特点和垄断利润的来源。

5. 在不同的市场结构中,经济主体的市场行为也不相同。与自由竞争不同,垄断条件下的资本竞争具有哪些特点?

第十一章

土地所有权和地租

学习目的与要求

通过对土地所有权和地租的考察分析，认识现代市场经济条件下土地所有权和地租的发展规律，尤其应着重了解不同土地制度的形成与特点，把握地租产生的条件、原因及其基本形式；掌握土地价格的实质和发展趋势；了解作为生产要素的土地及地租的作用。

第一节　土地所有权

一、土地制度和土地所有权

土地制度是指人们在占有、支配和使用土地的过程中所结成的各种经济关系的总和，是一个国家或社会人地关系及其人与人关系的法定结合形式。土地所有权是指土地所有者在法律规定的范围内，对土地享有占有、使用、处分和收益的权利。土地所有权是土地所有制在法律上的表现，它在经济上的实现形式就是地租。根据土地所有权的不同，土地制度可以区分为两种基本形式：土地私有制和土地公有制。土地私有制包括小土地私有制、封建土地私有制和资本主义土地私有制。土地公有制由社会主义国家所有制和集体所有制所组成。

辨析　土地所有制和土地所有权

土地所有制：人们在占有、支配和使用土地的过程中所结成的各种经济关系的总和。

土地所有权：土地所有者在法律规定的范围内，对土地享有占有、使用、处分和收益的权利。

在现代市场经济条件下，随着土地社会化和市场交易的发展，土地所有权或产权及其权能会进一步分解细化、复合和重组。土地产权可以进入市场按商品化原则进行交易、流转，但必须首先要土地产权人格化，并且，土地产权要有法律和法规的界定、规范、确认和保障。

土地是人类一切生产和生活必需而又不可替代的生产要素和经济要素，而土地数量有限。为了防止因土地占有和使用的无限扩张，引起对社会公益及人们生存权的妨害，国家就通过制定土地制度加以必要的规范。又由于各个国家在社会生产方式、社会利益主体结构、价值观念标准和人地关系及国情上的不同，土地制度的类型及其演变和发展，呈现出多样性的特点。一国的根本社会制度建立后，随着其社会生产力的发展和人地关系及其矛盾的变化，其土地制度也有一个不断改革使之与该国的国情相适应的过程。土地制度改革的实质，是为了更好地保障人们享有公平利用土地的机会和权利，并不断提高土地利用率和生产率，使之永续利用。

二、资本主义土地所有制

资本主义土地所有制是以资本主义私有制为基础或主导成分的。资本主义土地所有制是由封建土地所有制和个体农民土地所有制转化而来的。

从资本主义土地所有制形成的历史过程来看，除了英国为典型的资本原始积累的道路外，其他国家可以归结为两种类型：(1)革命的道路或美国式道路。其特点是通过资产阶级革命摧毁封建地主经济，经过小农经济迅速分化，使资本主义大土地所有制逐渐替代农民的小土地所有制。这时，封建地主蜕变为资本主义土地所有者，小农沦为工农业的雇佣劳动者，掌握土地经营权的农业资本家采用雇佣劳动方式，经营资本主义农场。1861－1865 年的南北战争后的美国农业，便是走这条道路的典型。这条道路比较彻底地摆脱了封建关系的束缚，从而使资本主义经济能够迅速地发展起来。(2)改良的道路或普鲁士式的道路。其特点是封建地主通过改革，在允许农奴向地主缴纳大量赎金的条件下，赎免封建农奴义务，并把原来所使用的土地交给地主，从而使农奴转变成为自由劳动者；而地主阶级则按照资本主义生产方式改造地主经济，组织资本主义农场，从事生产经营活动。普鲁士、意大利和日本等国家属于这一类。这条道路是在保留地主特权和保存封建农奴制残余的条件下，发展资本主义的道路。

虽然资本主义土地所有制是在封建土地所有制基础上形成和发展起来的，但它是建立在社会化大生产和市场经济的基础之上的，因而资本主义土地所有制与封建主义土地所有制相比较，具有两个显著的特点：

第一，土地的所有权与经营权是完全分离的。在资本主义社会，大土地所有者掌握和集中了大量的土地，但他们自己并不直接从事农业生产经营，而是把土地出租给农业资本家经营，土地所有者依靠对土地的所有权收取地租。

第二，土地所有权同劳动者人身依附于土地的关系相分离。农业工人在法律上具有人身自由，他们可以自由地向农业资本家出卖自己的劳动力。农业的资本主义经营采用雇佣劳动制度。因此，不具有封建剥削所带有的超经济强制的性质。

在现代市场经济条件下，资本主义土地所有制均为公私并存的混合型。从公私土地的不同比重划分，当代资本主义土地所有制可以分为两种模式：

1. 以美、日、德等国为代表的土地所有制

在这些国家，虽然也有国有、公有土地，在美国还有州有土地，但这类国家的国有、公有土地不仅所占比重小，而且多为山林地、沼泽、河川、荒野等经济价值不高的土地。就其主要土地采取的是直接的私人和法人所有制。如美国私人土地占总面积的 58%，联邦和州两级

公有土地只占42%。在日本,私人和法人土地占全国土地的65%,而国有和公有土地合计占35%,但后者土地资产只占日本全部土地资产总值的6%。德国以土地私有制为主更明显,凡是政府官员、职工、企业、事业单位均有自己的土地。而在瑞典和荷兰,私人和企业的私有地比重分别为60%、80%以上。[①]

对于土地权属,这些国家不仅土地的使用权可以买卖,而且土地的所有权也可以自由让渡,其土地市场实际上是一种土地永业权[②]的买卖市场。政府为维护私人土地所有者和使用者的权益,对于土地的买卖进行必要的调控管制,如对地产交易的数量、范围、对象和方式等都有明确的法律规范。在日本,政府结合公示地价实行土地买卖申请劝告制,即买卖当事人在交易一定限额土地时,必须向政府申报地价和土地用途,经批准后方能成交。同时,在划定的土地转让限制区内还实行土地买卖许可证制度。在交易对象上,一些国家还对将土地出售给外国人施以了禁止规定,抑或范围、种类、数量的限定。多数国家的政府也都有权根据经济发展需要,依法征用私人土地,将其转变为公有。但实际上,人们在土地交易中还是根据土地市场上的供求关系来决定。所以,美、日、德等国的土地所有制,是一种以全部土地产权为交易内容,以有偿让渡为条件,以国家调控和市场调节土地资源配置的模式。

2. 英国及英联邦国家和地区的土地所有制

在这些国家和地区中,土地基本上属于国家或政府所有,其特点是法定为公有土地在其各自国土总面积中占大部分比重。如在英国,全部土地法定统归英王所有也就是政府所有。在加拿大,称为皇家土地的联邦和省公有土地合计占国土面积的90%。而在新加坡、新西兰的国土面积中,国有、公有土地分别占80%、77%以上。

这些国家和地区的土地名义上基本属于国家或政府所有,但土地的使用权可以由政府按照不同的期限和规定的用途,出租给土地使用者;土地使用者也可以根据契约规定转让土地使用权,或凭借土地使用权向银行抵押贷款;政府则可以在租出土地时收取土地出让金,即若干年土地使用权的价格,并在土地使用者转让土地使用权或经营房产时,征收与土地相关的税收等。在这种制度下,土地属于国家所有。为适应现代市场经济发展的要求,对土地实行不出卖所有权只出卖使用权,并且是有期限出卖使用权,这就是所谓的批租形式。政府不仅要对土地用途严加限制,而且要按规定的期限和条件回收。很显然,这种土地所有制虽然是资本主义性质的,但与美、日、德等国的土地所有制有所不同,能够交易的并不是土地产业的全部内容,而只是限于土地使用权,并且是通过土地批租市场进行。

总之,当代资本主义土地所有制的基本形态是混合型的土地所有制,资本主义各国的土地混合所有制都是以私有制为本质特征的,从而构成了资本主义土地市场运行、发展的基本制度背景,决定了土地管理制度的性质、目的和任务。

三、中国社会主义土地所有制

我国社会主义土地公有制的建立,在农村通过以没收地主土地、废除封建土地所有制为内容的土地改革,然后采取了农业合作化的道路,使私有的土地转为集体所有,建立了农村

---

① 张薰华等:《土地与市场》,上海远东出版社1996年版,第258页。

② 永业权(freehold),意为自由的土地保有者。永业权持有人可无条件、无限期地占有并自由处置土地,实际上是私人地主。

土地的社会主义集体所有制。在城市，经过接收国民党政府的国有土地，没收官僚资本的地产，以及利用“地价税”这个经济杠杆收回了外国资本的地产，又经过公私合营将民族资本的地产变为国有，实现了城市土地的社会主义国家所有制。由此，根据我国所处的历史条件以及农民对土地所有权的要求，我国所建立的社会主义土地公有制采取的是国家所有和农民集体所有两种形式。

在传统计划经济体制下，我国的社会主义土地公有制表现为：一是以高度集中管理、无偿分配使用为特征的城市土地国有制；二是以集中劳动、统一经营为特征的农村土地集体所有制。与此相联系的是我国传统的城市土地国有制具有以下三个明显的特点：

一是产权主体单一，法律上仅仅确定土地所有权，所有权所包含的各种权能高度统一于一体，其他土地权利均不能独立。具体表现为土地管理权限高度集中，土地由国家统一调配、计划安排使用，任何单位和个人使用土地须经严格程序，层层上报审批，然后由国家行政机关调拨、使用。

二是无偿、无限期、无流动地使用土地。由于土地使用权在法律上不能独立，不构成土地财产权对象，因而也限制了土地使用权的流动。即禁止土地使用权通过市场转让，不允许土地使用者以买卖、出租、抵押、赠予、交换等方式将土地转给其他单位或个人使用。如果土地使用者不再需要使用该块土地，必须将土地无偿交给国家有关部门，由国家重新安排使用。国家机关、部队、学校、国有企业等单位使用土地，不必支付任何费用，同时国家也未规定使用土地的期限。

三是国家对城市土地所有权的名存实亡和实际存在的土地部门(单位)所有制。由于无偿使用土地，致使宪法规定的国家对城市土地的所有权无法在经济利益上得到体现，在行政管理上或经济管理上难以实现，并造成用地部门或单位在土地使用上不按土地管理部门的要求，擅自独立支配和处置其占用使用的土地。

这种土地产权制度弊端是明显的：土地所有者与使用者之间缺乏利益的约束机制，不仅使国家丧失了应有的土地收入，而且造成土地产权交易行为扭曲，如非法转让、买卖、私下交易土地，多征少用、早征迟用、征而不用、闲置浪费、乱占滥用等现象屡禁不绝；缺乏用地竞争机制，缺乏来自市场的信息和合理的配置经济尺度，不利于城市规划，阻碍了城市土地的优化配置；不利于正确评价企业的生产效益，造成土地使用者的利益分配不均；国家投入的城市建设资金只支不收，无法形成城市建设资金的投入产出良性循环机制。其结果是计划调拨与实际需求相脱节，城市土地浪费、利用率低下。

我国农村土地基本实行“三级所有、队为基础”的集体所有制。这种土地制度使土地的经营规模过大，生产管理过于集中，与农村以手工操作和半机械化为主较低的社会生产力长期不协调，其主要缺陷在于：一是土地产权制度不明确、不规范。这表现在土地所有权的占有、使用、收益和处分诸权利中，最有实质意义的处分权集体不能行使。集体土地所有权代表无权通过出租、抵押、转让等形式实现其所有权，而是由国家掌握。并且，集体土地的所有权主体不明确，组织形式混乱。二是土地流转制度缺乏规范化。除了国家征用土地外，集体所有权形态的土地产权不能流动，集体土地的使用权也不可以由集体自主转让或出租。

这种农村土地所有权的集体所有制，使农民缺乏经营管理的自主权，从而不能调动农民的生产积极性，使农业用地难以实现优化配置，赢得较高的土地产出经济效益。虽然这种土地所有制不是最佳的组织制度安排，但它在人均低下的产出情况下，使得农村经济生活具有一定的内在稳定功能，以农业低劳动生产率为代价，赢得了工业劳动生产力较快的提高，并为我国工业化进程提供了最初的资金支持。

适应经济体制转轨的要求，我国的土地产权制度发生了重大变革。1980 年，国务院发布的《关于中外合营企业建设用地的暂行规定》中指出："中外合营企业用地，不论新征用地，还是利用原有企业场地，都应计收场地使用费。"这是改革开放以来，国家首次提出对土地使用实行收费的规定。1988 年全国人民代表大会对"宪法"进行修改，确定了"土地使用权可以依照法律的规定转让"。1990 年国务院正式颁布《中华人民共和国城镇国有土地使用权出让和转让暂行条例》，对国有土地使用权流转、使用期限等做了具体规定。这些法规与制度的调整，最终确立了国有土地的所有权与使用权分离，从而为国有土地使用权的资本运营提供了重要的理论依据和法律保障。1998 年 8 月，经第九届全国人大常委会第四次会议审议，修订通过的《中华人民共和国土地管理法》规定："以出让等有偿使用方式取得国有土地使用权。"这就为土地有偿使用形式多样化留下了法律空间。

由此，改革后的城市国有土地使用制度的特点是，在不改变城市土地国家所有制的前提下，使土地使用权作为一项独立的财产权从所有权中分离出来，可以用于出售、互换、赠予、出租和抵押，对土地使用权实行商品化经营。这种新的城市土地使用制度，对于宏观调控土地供应、保护耕地，加强城市建设、旧区改造，优化土地配置，提高土地利用效率，以及推动城市经济的发展和社会主义市场经济的建立，具有重要的作用。

农村现行的土地制度，主要以土地的农民集体所有，由集体经济组织的成员承包经营为特征。这种土地承包制，是指通过农户与集体经济组织签订合同，承包使用土地的责权利相结合的一种土地经营和耕作方式。它实现了土地等基本生产资料社会主义公有制和农户自筹资金经营相结合。

农户对所承包的集体耕地，只有使用权，没有所有权。农地使用权应包括：(1)排他性占有权，农户在规定的租期内其使用土地的权利不受侵犯。(2)开发权，在租期内有权优化土地配置，提高土地产出价值，并获得应有的利益。(3)买卖权，农民可依法出售土地使用权，获得一定收入。(4)租赁权、抵押权，农户可以使用权出租或作抵押获得贷款。(5)继承权，土地使用权可以依法继承。承包农户对土地的使用权延长 30 年不变，从而有利于农户利用自筹资金在土地上追加投资，进行长期经营。

农民集体经济凭借土地等基本生产资料的所有权，要求承包农户缴纳集体提留和租金，并把土地承包的租金与土地的数量、质量挂钩，将土地承包租金主要用于土地建设。土地承包制在现阶段，表现为以家庭联产承包为基础、统分结合的双层经营体制，即集体统一经营和承包农户分散经营相结合，这是我国农村集体经济的一项基本制度。

简而言之，我国实行的是社会主义土地公有制。按照我国现行法律规定，城市市区的土地属于国家所有。农村和城市郊区的土地，除由法律规定属于国家所有的以外，属于农民集体所有；宅基地和自留地、自留山，属于农民集体所有。并且，国有土地由拥有所有权的国家通过其代理人(即授权土地管理部门)，主要采取有期限、有偿、有流动的使用方式，将土地使用权直接出让给土地开发经营单位或建设用地单位；农村集体土地用于建设，改变现有的合法用途，需要通过征地的形式变为国有土地后才能进行出让。

社会主义土地公有制，既是现代市场经济，尤其是城市经济现代化发展的客观要求；又为土地的集中计划管理、提高土地配置效率及集约经营奠定了制度基础。市场经济并不否定土地公有制，市场经济要求的是建立与其相适应的土地产权制度，即土地产权主体多元化，各个土地产权主体之间的产权关系明确化，土地产权交易中的公平原则和各利益主体之间的利益关系明晰化。在土地公有条件下，土地产权关系明晰和管理科学，就能够较好地实现土地资源配置的合理化和土地收益的最大化。

四、不同土地所有权形态下地租的区别

地租是土地租种者为租用土地而向土地所有者支付的经济代价，是土地所有权在经济上的实现。土地所有权的前提是存在土地所有权的垄断，未经土地所有者的同意，任何人都无法使用它。由于土地是有限的，需要土地从事经营的人不得不从土地所有者那里获得土地使用权。但土地所有者转让土地使用权必须以获得一定的经济利益为代价，即土地的所有权必须在经济上得到实现。因此，地租的本质，就是土地所有者凭借土地所有权而获得的一种收入。只要存在土地所有权的垄断，就必然会有地租存在。但是，地租的存在又必须以土地所有权与土地使用权相分离为前提。如果自己既是土地所有者又是经营者，地租就不会从经营者收入的一部分中分离出来，取得独立的、纯粹的形态。

定义　地租

地租是土地租种者为租用土地而向土地所有者支付的经济代价，是土地所有权在经济上的实现。

地租是和土地所有制以及土地所有权密切相联系的。由于地租的存在是以土地所有权的存在为条件，因此，不同的土地所有权存在着不同性质的地租。在不同的社会形态中，因土地所有制的性质不同，地租的性质、内容以及所体现的社会生产关系也就不同，所以，地租是一个历史范畴。

地租具体采取怎样的形式，是由一定的生产方式所决定的。在自然经济条件下，农民家庭经济是以农业与家庭工业的结合为特征，其生产和再生产并不依赖于市场和市场以外的那部分社会生产。所以，必然以工农合一的家庭剩余劳动产品缴纳地租，即表现为封建的实物地租形式。而在资本主义生产方式下，随着市场经济的发展，自给自足的封建生产方式逐渐解体，这时，地租普遍采取了货币的形式，即货币地租。

在不同土地所有制下，地租有不同的表现形式。从历史来看，先后产生了封建地租、资本主义地租与社会主义地租。

封建地租是以封建土地私有制为前提，并在不同程度上有超经济的强制关系，即与农民对地主的人身依附关系相联系。封建地租是地主对农奴或农民进行直接剥削的形式，无论是劳役地租、实物地租，还是货币地租，在数量上一般包括农民的全部剩余劳动或剩余产品，有时甚至包括农民相当大的一部分必要劳动或必要产品。因此，封建地租所反映的是封建地主阶级同农民之间剥削与被剥削的关系。

资本主义地租是以资本主义土地私有制为前提的，它建立在剥削有人身自由的雇佣工人基础之上。劳动者摆脱了对地主的人身依附关系，无论是土地所有者和农业、工商业资本家之间，还是农业、工商业资本家和雇佣工人之间，都只是纯粹经济上的契约关系。在资本主义条件下，农业资本家向土地所有者租赁土地，雇用农业工人耕种，向土地所有

者缴纳地租。所以资本主义地租，是农业资本家由于租用土地而缴给土地所有者的超过平均利润的那部分剩余价值，体现着土地所有者、农业资本家、农业工人三者之间的经济关系。

虽然在资本主义社会，地租不仅存在于农业，而且在土地上的其他经营，如建筑地段、矿山等也有地租问题，但在地租的决定上，农业地租是基础，具有一般性，因此，必须把地租和租金进行严格区别。真正意义上的地租是指单纯为使用土地本身而支付的货币金额，以超额利润为限。而租金是指租佃资本家在一定期限内向土地所有者缴纳的全部货币金额，除包括真正意义上的地租外，还包括土地资本折旧与利息，甚至可能包括一部分利润和工资的扣除（这里讲的租金与我国土地承包租金的含义不同）。同时还应区别土地和土地资本。土地资本是指投入土地，固定在土地上与土地合并的资本。这种资本在短期内即可收回，如施肥、化学性质的改良等；有的长期才能收回，如修水渠、建造经营建筑物业等。投入土地的这部分资本，不仅要按期收回，还要取得利息，显然，真正的地租和土地资本的利息也是有差别的。

定义　土地资本

投入土地、固定在土地上与土地合并的资本。

辨析　地租与租金

真正意义上的地租是指单纯为使用土地本身而支付的货币金额，以超额利润为限。而租金是指租佃资本家在一定期限内向土地所有者缴纳的全部货币金额，除包括真正意义上的地租外，还包括土地资本折旧与利息，甚至可能包括一部分利润和工资的扣除。

在社会主义初级阶段，土地虽属于国家即全民或集体公有，但仍旧需要交给企业和个人使用，土地的所有权与使用权也是分离的。由于在现代市场经济条件下，国家、国有企业和劳动者个人三者在土地的所有、经营和使用上，既有共同利益，又存在着各自利益，因而无论是企业，还是个人使用土地都必须缴纳地租，否则，土地公有权就不能从经济上得到实现。取消地租，或使用土地而不缴纳地租，就意味着否认土地公有权的存在。其结果会造成土地资源难以优化配置，或因土地优越位置带来的巨额超额利润，就转化为占有优等土地的企业或个人的收益。这既不利于调动企业和个人经营的积极性和进行市场竞争，也不能促进土地资源的可持续利用。

建立在社会主义土地公有制基础上的社会主义地租，是社会主义联合劳动者经济利益的实现，体现了国家、集体与土地经营者和使用者之间的经济关系。地租上缴国家，作为国家财政收入，最终用于社会主义建设和提高人民的生活水平与环境质量。

第二节　级差地租

一、级差地租的形成

任何生产经营和社会经济活动都需要使用土地或依托于土地，而土地总是具有不同的自然生产力，即级差生产力。造成土地级差生产力的原因：一是不同地块在丰度上具有差异性；二是不同地块的地理位置即区位有差异性；三是同一地块上连续投资产生的劳动生产率有差异性。由此，土地具有不同的等级，进而租用不同等级的土地所需要缴纳的地租也就不同，从而地租具有级差性。这种与土地生产条件差别相联系的地租，就称为级差地租。以使用不同等级土地，抑或在同一土地上连续追加投资为生产条件产生的土地级差生产力，是产生级差超额利润的物质基础，从而也成为级差地租的物质条件或自然基础。

定义　级差地租

由于不同的土地具有不同的自然生产力，故耕种较优等的土地可以获得超额利润，当这部分超额利润归于土地所有者时，就形成了所谓的级差地租。

在市场经济条件下，由于土地有限尤其是好地更有限，为满足人口增长和社会发展对土地产品的不断需求，必须把级差生产力低下的劣等地投入生产。而投入劣等地的资本也要求获得平均利润，这就导致土地产品的社会生产价格由劣等地的个别生产价格决定。这样，优等地、中等地的个别生产价格低于劣等地个别生产价格部分，形成超额利润。同时，土地不仅数量有限、质量有优劣，而且具有不能位移、不可再生和替代弹性小的特点，因此，谁占有并租用经营较优土地，谁就获得这种土地的经营垄断权。正是由于对土地经营权垄断，使经营较优土地能够长期保持生产上的优势，稳定地收回超额利润。但是，这部分超额利润是在较优的不同土地上取得的，土地所有者因此要求土地租地经营者支付不同等级的地租，否则，租地经营者就不能取得土地使用权。

综上可见，(1)土地生产条件的差别是级差地租产生的物质条件。(2)土地的有限性和以此为前提的土地经营的垄断，是级差地租产生的社会经济原因。(3)级差地租是由经营较优土地获得的、转归土地所有者占有的一部分超额利润，由个别生产价格低于社会生产价格部分的差额构成。(4)在市场经济和土地所有权存在的条件下，优等地、中等地上的超额利润，最后通过土地所有者与租地经营者之间的竞争，转化为土地所有者占有的级差地租。所以，土地所有权是使超额利润转化为级差地租的原因，而与级差地租的形成没有关系。

二、级差地租的基本形式

级差地租按其形成的条件不同，可以分为两种基本形式：级差地租第一形式，即级差地租Ⅰ；级差地租第二形式，即级差地租Ⅱ。

级差地租Ⅰ是因土地丰度不同和位置不同，用等量资本投在不同的等量土地上所产生的超额利润转化而成的级差地租。它是投入不同地块的各个资本具有不同劳动生产率的结果。

假设：有土地肥沃程度不同但面积相等的A、B、C、D四块土地，四块土地投入资本均为100元，在一个生产周期中这100元资本价值全部消耗，取得平均利润都是20元；其产量分别是400千克、500千克、600千克、800千克；社会生产价格是由劣等地决定，农产品市场价格按社会生产价格出售。B、C、D三块土地所形成的级差地租Ⅰ如表11－1所示。

表 11—1　　级差地租Ⅰ的形成

土地级别	投入资本（元）	平均利润（元）	产量（千克）	个别生产价格		社会生产价格		级差超额利润（元）	级差地租Ⅰ（元）
				全部产品（元）	每百千克（元）	全部产品（元）	每百千克（元）		
A	100	20	400	120	30	120	30	0	0
B	100	20	500	120	24	150	30	30	30
C	100	20	600	120	20	180	30	60	60
D	100	20	800	120	15	240	30	120	120

表 11—1 反映三条基本原理：第一，土地的自然生产力有级差存在，是级差地租Ⅰ形成的条件和基础，因此，级差地租数量的多少和变化，就取决于土地自然生产力的差别和变化。第二，自然生产力的级差越大，级差地租就越多，因此，“对地租起决定作用的不是绝对的收益，而只是收益的差额”。[①] 第三，货币地租要受劣等地的个别价格所调节的市场价格影响，这个市场价格又与劣等地的生产率成反比。

由此说明了级差地租是处于不断变化中的量。这就要求作为土地所有者的国家在制定地租政策时，应该遵循这一规则，根据上述各种因素的变化，不断调整地租水平。

因投资在位置不同的土地上而产生的级差地租Ⅰ，与上述因土地丰度不同而形成的级差地租Ⅰ的原理相同，如果将表 11—1 的土地级别改成土地位置，区分为远、近、中三种情况，就会得到同样的结果。在城市经济中，就工业用地而言，位置的优劣主要表现为距离原料产地、产品销售点的远近；而商业用地位置的优劣则主要表现为距离城市人口稠密区或商业中心的远近；住宅用地的优劣是由环境质量的好坏、生活方便与否等决定。但是，无论是土地丰度不同、土地距离市场的远近，还是环境质量的优劣，它们有一个共同点，即都是由于不同土地的自然条件差别所引起的，所以都是属于级差地租第一形态。

讨论　级差地租Ⅰ：土地面积相同

根据定义，级差地租Ⅰ的实体是由于将等量资本投入自然丰度不同的劣等土地和较优土地上而在较优土地上产生的超额利润。这里要求投入劣等土地和较优土地的资本数量相等（如果资本数量不等，则涉及级差地租Ⅱ），但劣等土地和优等土地的面积可以相同，也可以不同。我们先来讨论面积相同的情况。

设某个农业资本家租种了一块“劣等土地”A。他在 A 上投入的不变资本和可变资本分别为 C_a 和 V_a，生产的剩余价值为 M_a。到年终时，他在 A 上总共生产的农产品数量为 Q_a。于是，他的农产品的（个别）价值总额或生产价格总额为 $C_a+V_a+M_a$（假定不变资本的价值全部转移到了产品中去）。他的单位产品的（个别）价值或生产价格（用 P_a 表示）则为 $(C_a+V_a+M_a)/Q_a$。由于农产品的社会生产价格（用 P 表示）取决于劣等土地上生产的农产品的个别生产价格，故有：

$$P=P_a=\frac{C_a+V_a+M_a}{Q_a} \tag{1}$$

根据这一公式，在假定投入劣等土地的资本数量不变以及剩余价值率不变的条件下，劣等土

① 《马克思恩格斯全集》第 25 卷，人民出版社 1974 年版，第 815 页。

地生产的农产品的个别生产价格从而整个农产品的社会生产价格就与劣等土地上生产的农产品数量成反比，亦即与劣等土地上的劳动生产力成反比。

再设另一农业资本家租种了一块面积和劣等土地 A 相同的“较优土地”B。他在 B 上投入的资本也与经营劣等土地的农业资本家一样多，但由于较优土地相对于劣等土地的较高的“自然生产力”，他所生产的产量却要更大一些，例如为 $Q_b(Q_b>Q_a)$。于是，较优土地 B 上生产的全部产量的生产价格总额可以表示为 PQ_b（劣等土地 A 上生产的全部产量的生产价格总额自然就是 PQ_a）。

较优土地 B 上的级差地租Ⅰ（用 R_{d1} 表示）等于较优土地 B 的生产价格总额减去劣等土地 A 的生产价格总额，即：

$$R_{d1}=PQ_b-PQ_a=P(Q_b-Q_a) \tag{2}$$

于是，较优土地 B 上的级差地租Ⅰ即 R_{d1} 取决于三个因素：一是农产品的生产价格 P——它随 P 的增加而增加（假定 Q_a 不变）；二是较优土地 B 上的产量 Q_b——它随 Q_b 的增加而增加；三是劣等土地 A 上的产量 Q_a——它随 Q_a 的增加而减少（假定 P 不变）。

由(2)式可以得到两个重要的结论：

第一，假定其他因素不变，较优土地 B 上劳动生产力的提高将增加它的级差地租Ⅰ。这是因为，在(2)式中，如果 P 和 Q_a 不变（它们由劣等土地上的劳动生产力决定）而 Q_b 增加（它由较优土地上的劳动生产力决定），则 R_{d1} 自然增加。

第二，假定其他因素不变，劣等土地上劳动生产力的提高将减少较优土地的级差地租Ⅰ。这是因为，在(2)式中，劣等土地的劳动生产力提高既增加了 Q_a，又降低了 P。增加 Q_a 是显然的；降低 P 则可由公式(1)推出（这里假定劣等土地上劳动生产力的提高不会改变它的剩余价值率）。无论是 Q_a 增加还是 P 下降，它们的作用都是减少 R_{d1}。

此外，由(2)式还可见，劣等土地 A 的级差地租Ⅰ总是等于零。这是因为：

$$R_{d1}^a=P(Q_a-Q_a)=0$$

这里，R_{d1}^a 表示劣等土地 A 的级差地租Ⅰ。

讨论　级差地租Ⅰ：土地面积不同

现在讨论当劣等土地和较优土地的面积不同（但投入两块土地的资本数量仍然相同）时如何计算较优土地上的级差地租。

设有两笔数量相等的资本投资于面积不同的劣等土地 A 和较优土地 B（A 和 B 同时也代表这两块地的面积），生产的产量分别为 Q_a 和 Q_b，劣等土地上生产的农产品的生产价格为 P。试求较优土地 B 上的级差地租Ⅰ。

首先，由劣等土地 A、较优土地 B 及相应的产量 Q_a 和 Q_b 可以求得它们的单位土地面积上的产量（简称“亩产”）Q_a/A 和 Q_b/B；其次，由 A 和 B 的“亩产”Q_a/A 和 Q_b/B 可以求得它们在单位土地面积上的生产价格总额 PQ_a/A 和 PQ_b/B；再次，由 A 和 B 的单位土地面积上的生产价格总额 PQ_a/A 和 PQ_b/B 可以求得较优土地 B 在单位土地面积上的级差地租Ⅰ：

$$\frac{PQ_b}{B}-\frac{PQ_a}{A}=P\left(\frac{Q_b}{B}-\frac{Q_a}{A}\right)$$

最后，由较优土地 B 在单位土地面积上的级差地租Ⅰ可以求得它在整个土地面积上的级差地租Ⅰ：

$$R_{d1}=P\left(\frac{Q_b}{B}-\frac{Q_a}{A}\right)\cdot B=P\left(Q_b-\frac{B}{A}\cdot Q_a\right) \tag{3}$$

于是，当劣等土地 A 和较优土地 B 的面积不相等时，较优土地 B 上的级差地租Ⅰ同样取决于：①农产品的生产价格 P——它随 P 的增加而增加（假定 Q_a 不变）；②较优土地 B 上的产量 Q_b——它随 Q_b 的增加而增加；③劣等土地 A 上的产量 Q_a——它随 Q_a 的增加而减少（假定 P 不变）。除此之外，它还取决于：④较优土地 B 与劣等土地 A 的面积之比，即 B/A——它随 B/A 的增加而减少。

从(2)式中得到的两个结论现在仍然成立，即第一，假定其他因素不变，较优土地 B 上劳动生产力的提高将增加它的级差地租Ⅰ；第二，假定其他因素不变，劣等土地上劳动生产力的提高将减少较优土地的级差地租Ⅰ。特别是，当劣等土地 A 和较优土地 B 的面积相等时，(3)式简化为(2)式。

同样，由(3)式也显而易见，劣等土地 A 的级差地租Ⅰ总等于零。这是因为：

$$R_{d1}^{a}=P\left(Q_a-\frac{A}{A}\cdot Q_a\right)=0$$

级差地租第二形式是在同一地块上连续投资而改变了土地的经济丰度或相对位置，造成不同的生产率产生超额利润转化而成的地租。

假定：在优等生产条件的土地上追加投资 100 元，可取得 500 千克的农产品，级差地租Ⅱ的形成过程见表 11－2。

表 11－2　　级差地租Ⅱ的形成

土地级别	投入资本（元）	平均利润（元）	产量（千克）	个别生产价格		社会生产价格		级差地租（元）
				全部产品（元）	每百千克（元）	全部产品（元）	每百千克（元）	
A	100	20	400	120	30	120	30	0
B	100	20	600	120	20	180	30	60（Ⅰ）
第一次追加	100	20	800	120	15	240	30	120（Ⅱ）
第二次追加	100	20	500	120	24	150	30	30（Ⅱ）

从表 11－2 可见，在优等地 B 上追加投资生产的产量虽然低于原有投资的生产率，但仍然高于劣等地投资的生产率。因此，按劣等地决定的社会生产价格出售，可以获得超额利润 30 元，这部分超额利润则形成级差地租Ⅱ。

辨析　级差地租Ⅰ和级差地租Ⅱ

级差地租Ⅰ：因土地丰度不同和位置不同，用等量资本投在不同的等量土地上所产生的超额利润转化而成的级差地租。

级差地租Ⅱ：在同一地块上连续投资而改变了土地的经济丰度或相对位置，造成不同的生产率所产生的超额利润转化而成的地租。

讨论　级差地租Ⅱ

根据定义，级差地租Ⅱ的实体是由于在较优土地上追加投资（假定原来在较优土地上的投资与在劣等土地上的投资相等)而产生的超额利润。这里,劣等土地和较优土地的面积仍然是可以相同,也可以不同。为简单起见,下面假定它们相同。

考虑面积相等的劣等土地A和较优土地B。在劣等土地A上的投资所生产的农产品的个别生产价格为P_a。P_a同时也决定了整个农产品的社会生产价格。在较优土地B上的投资(包括与劣等土地上的投资相等的原有投资和追加投资)则服从"边际报酬递减规律":连续不断地增加在B上的投资,则经过一定点之后,所增加的产量将递减。投资的边际报酬递减意味着产出的边际成本递增。

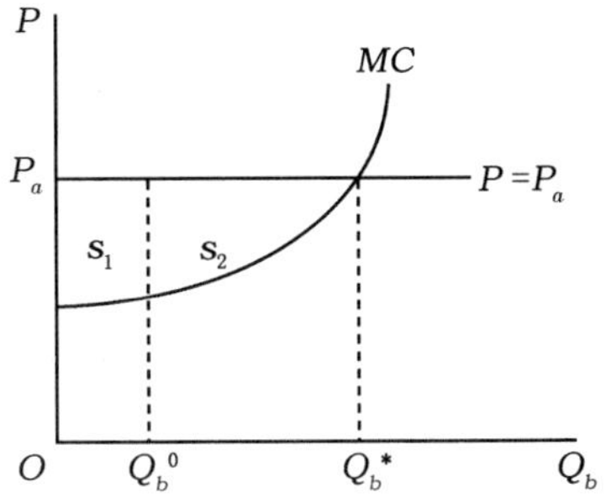

图11—1　级差地租Ⅱ

图11—1是对以上描述的总结。其中,横轴Q_b表示在较优土地B上的产出,纵轴P表示农产品的价格(和成本)。水平直线$P=P_a$是农产品的生产价格曲线。由于农产品的生产价格取决于劣等土地A上生产的农产品的个别生产价格,故它与较优土地B上的产出Q_b无关。向右上方倾斜的曲线MC是较优土地B上的产品的边际成本曲线(这里假定产出的边际成本一开始就上升)。

现在来看较优土地B上的均衡产量和级差地租。与其他产业资本家一样,租用土地B进行耕种的农业资本家的目的也是追求利润的最大化。为了这个目的,他会在B上生产多少产量呢?答案显然是Q_b^*——与边际成本曲线MC和生产价格曲线$P=P_a$的交点相对应的产量。这是因为,如果产量小于Q_b^*,则他的产出的边际成本就小于产品的生产价格。由于产品的生产价格减去产品的边际成本等于(边际)超额利润,故在这种情况下,增加产量有好处。另一方面,如果产量大于Q_b^*,则他的产品的边际成本就大于产品的生产价格。这意味着(边际)超额利润为负数。换句话说,当产量超过Q_b^*时,所增加的产出不仅得不到超额利润,反而还要损失一部分原有的利润。因此,他自然会减少产量。由此可见,只有当他的产出恰好等于Q_b^*时,他才达到了"最优"状态:此时,产出的边际成本恰好等于产品的生产价格。因此,农业资本家在较优土地B上的最优产出Q_b^*所满足的条件是:

$$MC(Q_b)=P_a$$

即在最优产出水平上,产出的边际成本必须等于产品的生产价格。

一旦确定了农业资本家在较优土地B上的最优产出Q_b^*,则容易求得他从较优土地B上获得的全部超额利润——它显然等于图中生产价格曲线$P=P_a$以下、边际成本曲线MC以上的公共部分,即等于面积s_1+s_2。这部分面积构成了较优土地B上的全部级差地租(级差地租Ⅰ+级差地租Ⅱ)。其中,s_1是级差地租Ⅰ——它是在较优土地上的原有投资(即与投入在劣等土地上的投资相等的那一部分)带来的超额利润。这里,我们假定投入在较优土地上的原有投资所生产的产量为Q_b^0。剩余的s_2是级差地租Ⅱ——它是在较优土地上的追加投资所带来的超额利润。

讨论　级差地租的变化

从上面的讨论和图11—1可知,较优土地B上的级差地租的大小取决于产品的边际成本曲线MC和生产价格曲线$P=P_a$的相对位置高低。当这两条曲线发生变化时,级差地租的大小也就随之发生变化。具体来说,当生产价格曲线给定(它意味着劣等土地A上生产的农产品的个别生产价格给定)时,产品的边际成本曲线越低(它意味着较优土地B上的劳动生产力越高),则级差地租就越大;反之,当边际成本曲线给定时,生产价格曲线越高(它意味着劣等土地A上的劳动生产力越低①),则级差地租就越大。由此可见,较优土地上的级差地租的大小随着较优土地与劣等土地的劳动生产力的差距的扩大而增加——无论这种差距的扩大是由于劣等土地上的劳动生产力的降低,还是由于较优土地上的劳动生产力的提高,结果都完全一样。

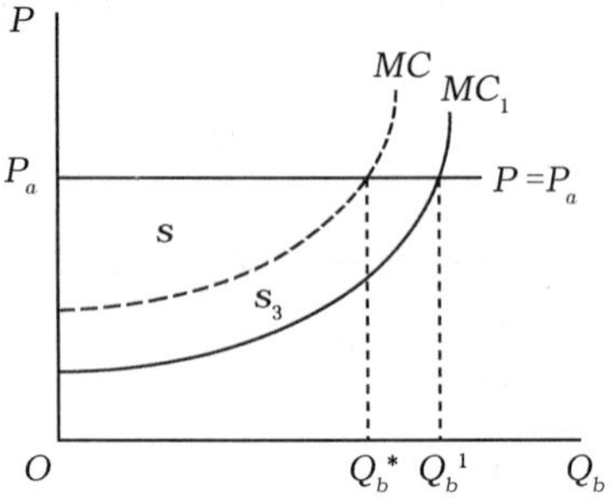

图11—2 级差地租的变化:较优土地上的劳动生产力提高

图11—2描述了第一种情况即较优土地劳动生产力提高所导致的级差地租增加。假定一开始时,较优土地上产品的边际成本曲线为虚线MC,生产价格曲线为$P=P_a$,两条曲线的交点决定的最优产量为Q_b^*,级差地租为面积s。再假定农业资本家和土地所有者在制定该土地的租用契约时已经明确,s全部归土地所有者。换句话说,我们假定s为级差地租Ⅰ。

现在来看农业资本家在租赁较优土地B之后,提高劳动生产力的结果。例如,设较优土地B上劳动生产力的提高使得产品的边际成本曲线从原来的虚线MC向右下方移动到实线MC_1(生产价格曲线仍然为原来的$P=P_a$)。于是,最优产量从原来的Q_b^*增加到Q_b^1,级差地租从原来的面积s增加到面积$s+s_3$。其中,增加的面积s_3现在是级差地租Ⅱ——它在原有的租约到期之前属于农业资本家所有,但在下一个租约中,它的一部分或全部有可能转归土地所有者所有。

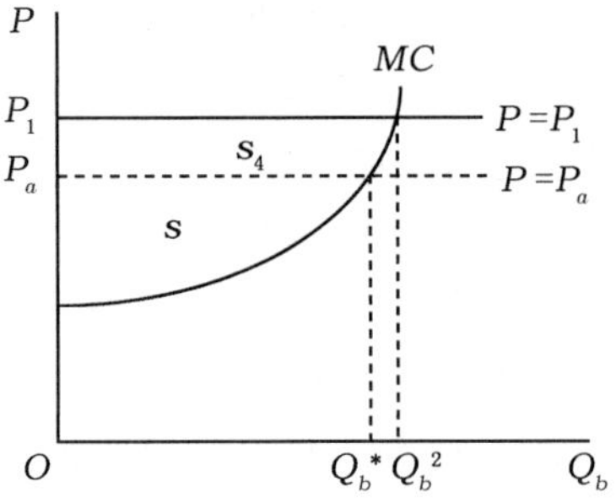

图11—3 级差地租的变化:劣等土地上的劳动生产力下降

图11—3描述了第二种情况即劣等土地劳动生产力下降所导致的级差地租增加。假定一开始时,较优土地上的产品的边际成本曲线为MC,生产价格曲线为虚线$P=P_a$,最优产量为Q_b^*,级差地租Ⅰ等于面积s。

现在,劳动生产力的变化不是发生在较优土地B上,而是发生在劣等土地A上。劣等土地A上劳动生产力下降的结果是它的个别生产价格上升,从而,是整个农产品的社会生产价格上升。例如,设劣等土地A上劳动生产力的下降使得生产价格曲线从原来的虚线$P=P_a$上升到实线$P=P_1$(较优土地B上的产品的边际成本曲线仍然为原来的MC)。于是,最优产量从原来的Q_b^*增加到Q_b^2,级差地租从原来的面积s增加到面积$s+s_4$。其中,增加的面积s_4现在是级差地租Ⅱ——它在租约到期之前属于农业资本家所有。在下一个租约中,它的一部分或全部可能会转归土地所有者所有。

讨论 级差地租Ⅱ向级差地租Ⅰ的转化

农业资本家租种土地所有者的土地是有一定的时间期限的。原有的租约到期之后,需要制定新的契约。在制定新的契约时,土地所有者会通过提高地租的办法把在上一个契约

① 劣等土地上的劳动生产力的降低既包括"原来"的劣等土地由于各种原因(如过度耕种等)导致的劳动生产力的下降,也包括由于农产品需求的增加而耕种"新"的、与原来劣等土地相比更加"劣"的劣等土地所引起的劳动生产力的下降。

期限之内由于劳动生产力变化而产生的级差地租Ⅱ的一部分甚至全部占为己有。这一企图到底能够在多大程度上得到实现，取决于它与农业资本家之间的竞争。如果在新的契约中，原来的级差地租Ⅱ的一部分或者全部转到了土地所有者手中，则这就意味着，与旧的契约相比，在新的契约中，级差地租Ⅰ提高了，或者换个说法，一部分或者全部的级差地租Ⅱ转化成了级差地租Ⅰ。由此可见，随着租地契约不断地重新制定，一部分的超额利润将不断地从原来的级差地租Ⅱ转变成为级差地租Ⅰ，即从农业资本家手里不断地转到土地所有者手里。

讨论　级差地租：一般化和总结

在前面的讨论中，我们特别区分了级差地租的两种形式，即级差地租Ⅰ和级差地租Ⅱ。然而，在实际上，这两种形式的级差地租常常是“混合”在一起的。现在，我们要讨论作为两者之和的总的级差地租的情况。特别是，我们要讨论：在较优土地与劣等土地的面积不同、投资也不相同的情况下，如何计算较优土地的级差地租？

设某个农业资本家租种了一块劣等土地 A。他在 A 上投入的不变资本和可变资本分别为 C_a 和 V_a，生产的剩余价值为 M_a。到年终时，他在 A 上总共生产的农产品数量为 Q_a。于是，他从出售农产品中得到的价值总量或生产价格总量为 $C_b+V_b+M_b$（假定不变资本的价值全部转移到产品中去）。他的单位产品的个别价值或个别生产价格（用 P_a 表示）则为 $(C_a+V_a+M_a)/Q_a$。

如前所说，由于农产品的社会生产价格（用 P 表示）取决于劣等土地上生产的农产品的个别生产价格，故有：

$$P=P_a=\frac{C_a+V_a+M_a}{Q_a} \tag{4}$$

根据这一公式，在假定投入劣等土地的资本数量不变以及剩余价值率不变的条件下，劣等土地生产的农产品的个别生产价格从而整个农产品的社会生产价格就与劣等土地上的农产品数量成反比，亦即与劣等品上的劳动生产力成反比。

再设另一农业资本家租种了一块较优土地 B。他在 B 上投入的不变资本和可变资本分别为 C_b 和 V_b，生产的剩余价值为 M_b。到年终时，他在 B 上总共生产的农产品数量为 Q_b。于是，他的农产品的（个别）价值总量或生产价格总量为 $C_b+V_b+M_b$（同样假定不变资本的价值全部转移到产品中去）。他的单位产品的（个别）价值或生产价格（用 P_b 表示）则为：

$$P_b=\frac{C_b+V_b+M_b}{Q_b} \tag{5}$$

根据这一公式，在假定投入较优土地的资本数量不变以及剩余价值率不变的条件下，较优土地生产的农产品的个别生产价格就与较优土地上的农产品数量成反比，亦即与较优土地上的劳动生产力成反比。

由于较优土地 B 的劳动生产力（或“自然生产力”）高于劣等土地，故一般而言，较优土地上生产的农产品的个别生产价格 P_b 总要小于劣等土地上生产的农产品的个别生产价格 P_a 或者整个农产品的社会生产价格 P，即总有：

$$P_b<P_a=P$$

它们之间的差额 $(P_a-P_b)=(P-P_b)$ 就是较优土地上生产的单位农产品的超额利润。较优土地上生产的全部农产品的超额利润总额（用 R_d 表示）则等于 (P_a-P_b) 与农产品总量 Q_b 的乘积，即：

$$R_d=(P-P_b)\cdot Q_b=(P_a-P_b)\cdot Q_b \quad (6)$$

这也就是较优土地B上的级差地租。

由(6)式显而易见,较优土地B上的级差地租即R_d取决于三个因素:一是农产品的社会生产价格P(或劣等土地上的个别生产价格P_a)——它随P(或P_a)的增加而增加;二是较优土地B上的个别生产价格P_b——它随P_b的增加而减少(假定Q_b不变);三是较优土地B上的产量Q_b——它随Q_b的增加而增加(假定P_b不变)。

总结以上讨论可以得到两个结论:

第一,假定其他因素不变,较优土地B上劳动生产力的提高将增加它的级差地租。这是因为,较优土地上劳动生产力的提高具有两方面的效果:一方面是使产量Q_b上升,另一方面是使个别生产价格P_b下降。两方面的作用都将提高较优土地上的超额利润。

第二,假定其他因素不变,劣等土地上劳动生产力的提高将减少较优土地的级差地租。这是因为,劣等土地上劳动生产力的提高将导致P_a和P的下降,从而减少较优土地上的超额利润。特别是,当劣等土地上的劳动生产力提高到和较优土地相同(从而,劣等土地也就成为较优土地)时,较优土地上的超额利润从而级差地租将趋于消失。这是因为:

$$R_d=(P_a-P_b)\cdot Q_b=(P_b-P_b)\cdot Q_b=0$$

此外,由(6)式还可见,劣等土地A的级差地租总是等于零:

$$R_d^a=(P_a-P_a)\cdot Q_a=0$$

三、级差地租两种形式的区别与联系

1. 级差地租Ⅰ与级差地租Ⅱ是地租的两种表现形式,两者有着不同的特点:

首先,级差地租Ⅰ是等量资本投在不同土地上产生不同生产率的结果,与粗放经营相联系;级差地租Ⅱ是等量资本追加投资在同一地块上产生不同生产率的结果,与集约经营相联系。

其次,级差地租Ⅰ主要以土地自然丰度,即以劳动的自然生产力为自然基础。而级差地租Ⅱ则是以土地的经济丰度,即以追加劳动的技术生产力和劳动的自然生产力相结合为自然基础。因此,如果土地的自然力遭到破坏或损耗过多,追加的技术生产力往往仅够补偿,甚至补偿不了自然力的损耗。这样,尽管资本有机构成提高了,但劳动生产力却未上升,甚至下降。超额利润从而级差地租Ⅱ就不会上升,反而下降。由此,在开发、利用和经营土地的过程中,应以保护土地自然生产力或生态环境为前提。

再次,级差地租Ⅰ在缔结租约时,已为土地所有者占有;而形成级差地租Ⅱ的超额利润,在租期内则为土地经营者所得,在租期满后重新缔约时,才转入土地所有者手中。构成级差地租Ⅰ的超额利润,一般在签订土地租约时就做了规定,归土地所有者占有。而构成级差地租Ⅱ的超额利润,由于是租地经营者追加投资、改进技术的结果,因而在土地租约有效期内归租地经营者占有。只有在租约期满,续订租约时,土地所有者才能提高地租标准,从而把这部分超额利润变为级差地租Ⅱ占为己有。所以,新的租地经营者必须有足够的资金实力,才能按照同样的,甚至更高的集约化方法经营和使用这些土地,取得足够的超额利润以支付级差地租Ⅱ。否则,就可能出现经营的亏损而难以继续经营和使用这些土地。按照惯例,在租约期满之时,原承租人在土地上兴建的不动产,如土地本身的改良、水利设施、房产、仓库等固定资产，将与土地一并由土地所有者无偿收回。这部分固定资产在重新出租时，将以折旧费和利息的形式并入级差地租Ⅱ，使地租转化为租金。由此可见，实际支付的地租，并不单纯是为使用土地而支付的真正地租，它还包含有固定资产的利息和折旧的租金，这种情况在城市更为突出。城市土地的开发和再开发，始终和投入土地的基础设施等固定资产结合在一起，因而在城市土地的级差地租Ⅱ中会追加投入基础设施资金的利息和折旧。这一特点决定了租地经营者和土地所有者，为争得对土地追加投资产生的超额利润，会在租期长短上展开斗争。如果土地属于国家所有，由国家开发土地兴建基础设施的投资及其平均利润，应该按受益的级差以租金的形式，追加到附近土地的地租中，并由国家收取使之得到补偿。

2. 级差地租Ⅰ与级差地租Ⅱ又有着内在的联系：

首先，从社会生产发展的历史看，一般是由粗放型经营发展到集约型经营的。因此，级差地租Ⅱ是在级差地租Ⅰ的基础上产生后发展起来的，级差地租Ⅰ是级差地租Ⅱ的基础和前提。

其次，级差地租Ⅱ的量的变化必须以级差地租Ⅰ为基础。因为，同一块土地上追加投资的劳动生产率，与劣等地的劳动生产率相比较，要以不同等级的不同地块的存在为前提。

最后，从级差地租的实质看，构成级差地租Ⅰ和级差地租Ⅱ的实体，都是超额利润，都是以劣等地的个别生产价格所决定的社会生产价格为基础确定的，并且都是剩余价值的转化形式。

第三节　绝对地租

一、绝对地租的形成和特点

由于土地所有权的存在，不管租用优等地、中等地还是劣等地，都必须缴纳地租，否则土地所有权在经济上将无法实现。这种只要使用所有者土地就必须支付的地租，称为绝对地租。

定义　绝对地租

只要使用所有者的土地就必须支付的地租。它或者来自农产品价值超过生产价格的部分，或者来自对平均利润和工资的扣除，或者来自农产品价格超过其价值和生产价格的余额。

在市场经济条件下，绝对地租产生的原因在于土地所有权的垄断。在农业经济中，绝对地租的实体是农产品价值超过生产价格部分的超额利润，就其来源有两种不同的情况：

一种情况是，在农业中的资本有机构成低于社会平均资本有机构成的条件下，绝对地租来源于土地产品价值高于其生产价格的差额。见表11—3。

表11—3　　**绝对地租的形成**

生产部门	资本有机构成（元）	剩余价值（元）（$m'=100\%$）	平均利润（元）（$p'=20\%$）	产品价值（元）	产品社会生产价格（元）	绝对地租（元）
工业	$80c+20v$	20	20	120	120	0
农业	$60c+40v$	40	20	140	120	20

从表 11－3 可见，由于农业资本有机构成低于工业，在这种情况下，等量资本在农业中可以吸收更多的劳动力，在剩余价值率相等的条件下，能够创造出更多的剩余价值，因而农产品的价值高于其生产价格。如果农产品高于其生产价格出售，租地经营者不仅可以获得平均利润，而且可以取得价值高于生产价格的差额，作为绝对地租的来源，就有条件缴纳地租。可见，绝对地租的实质是农业工人所创造的剩余价值的一部分。

但是，农业资本有机构成低于社会平均资本有机构成只是产生绝对地租的条件，而不是产生绝对地租的原因。因为，在农业中由于土地的有限并被土地所有者垄断，这就限制了资本向农业的自由转移，从而导致农业部门生产的剩余价值不参与平均利润率的形成，使农产品能够按照高于其生产价格的价值出售。这样，由于农业资本有机构成低而多获得的剩余价值所形成的超额利润，就留在农业部门，构成绝对地租的实体。所以，绝对地租产生的原因是土地所有权的垄断。

讨论　绝对地租的决定

设绝对地租为 R_a。根据定义，R_a 等于劣等土地上农产品的价值与生产价格之差。于是有：

$$
\begin{aligned}
R_a &= (C_a + V_a + M_a) - (K_a + \bar{p}) \\
&= (K_a + M_a) - (K_a + \bar{p}) \\
&= M_a - \bar{p}
\end{aligned}
$$

其中，$\bar{p}$ 代表农产品的平均利润。由此可见，绝对地租最终等于劣等土地上农产品的剩余价值减去农产品的平均利润。

上式可以改写为：

$$M_a = \bar{p} + R_a$$

换句话说，劣等土地上生产的农产品的剩余价值被一分为二，即分为被农业资本家占有的平均利润和被土地所有者占有的绝对地租。因此，绝对地租和平均利润一样都是农业劳动所创造的剩余价值的一部分。

另一种情况是，在农业资本有机构成接近或超过社会平均资本有机构成的条件下，农业资本就不能推动更多的劳动，农产品的价值也就不会高于它的生产价格。由于存在土地所有权的垄断，租地经营者必须缴纳绝对地租才能获得土地使用权。在这种情况下，绝对地租只能来自平均利润、工资的部分扣除，或者来自市场价格超过其价值和生产价格的余额，即产品的垄断价格。

城市经济中绝对地租的特点在于：第一，城市绝对地租主要是由使用城市土地的工业、商业、金融业和服务业等二、三产业提供的。土地是作为这些产业进行各类生产经营活动的场所、基地和空间条件使用的，因此，这些产业企业超过平均利润的那一部分超额利润，就构成了城市绝对地租的实体，都来源于社会总剩余产品价值的一部分，即由剩余价值分解的企业利润和地租及工资的部分扣除。第二，城市绝对地租量是由毗邻城市或城市边缘地区的地租量调节的。城市最低等级的土地是距离城市中心繁华地段较远、交通条件差、处于城市边缘地带，与周边农业用地相连接。在实际中，城市最低等地总是首先从邻近的农村土地转化而来的，因此，城市绝对地租量的低限是郊区农村土地所支付的全部地租量，即农业绝对地租和级差地租的总和。否则，土地所有者就不会改变这些土地的用途。第三，城市最低等地的评价具有相对性。究其缘由：一是不同行业对所用土地的优劣有不同的标准。如判断工业用地优劣的重要标准是交通运输条件是否便利；而地区是否繁华、人口密集度则是商业和服务业用地优劣的重要标准。二是随着城市政治、经济、文化以及交通等的发展，会出现城市中心的多元化，至此原来处于最低等级的城市土地，会因近郊区农业土地的划入而发生变化，发展成为中心地段。

讨论　农业剩余价值的分割

劣等土地上的农业劳动所创造的剩余价值分为两个部分，即被农业资本家占有的平均利润和被土地所有者占有的绝对地租。一般土地上的农业劳动所创造的剩余价值除了包括平均利润和绝对地租之外，还要包括一个级差地租。后者又由级差地租Ⅰ和级差地租Ⅱ共同构成。因此，一般土地上的农业劳动所创造的剩余价值可以分为：

$$
\begin{aligned}
M &= \bar{p} + R_a + R_d \\
&= \bar{p} + R_a + R_{d1} + R_{d2}
\end{aligned}
$$

这里，R_d、R_{d1} 和 R_{d2} 分别表示级差地租、级差地租Ⅰ和级差地租Ⅱ。

由上式可以看到，农业中的剩余价值最终被一分为四：平均利润 $\bar{p}$ 为农业资本家占有；绝对地租 R_a 为土地所有者占有；级差地租则在土地所有者和农业资本家之间进行分配：其中的级差地租Ⅰ（即 R_{d1}）归土地所有者，级差地租Ⅱ（即 R_{d2}）在一段时间内归农业资本家，然后，随着租地契约的重新制定，逐渐地转变为级差地租Ⅰ，从而转到土地所有者的手中。

二、绝对地租的趋势

绝对地租的存在，是以土地所有权的垄断为前提的。它在资本主义社会表现为资本主义土地私有权。按照历史唯物主义观点，一定社会经济制度中占统治地位的阶级代表该社会的利益，因而在资本主义社会，占统治地位的资产阶级为了独占土地的利益，也不愿土地所有者阶级参与瓜分剩余价值，以便将地租收为资产阶级国家所有。但是，土地资本主义私有权是资本主义生产资料私有制的一种形式，如果实行土地国家化，就会动摇资本主义私有制。所以，当代资本主义国家普遍采取的是以私有制为内容的土地公私混合所有制，并通过土地法规、土地规划、土地权属、土地价格、土地财税和金融政策等管理制度，对土地私有权的范围及其功能进行多方面的管理和限制。私人土地产权只是在遵守法律程序和政府管制的前提之下，才能得到保护。

在社会主义初级阶段，国家代表全体劳动人民拥有土地的最终所有权，它是土地公有权的垄断。这种土地的社会主义公有权在经济上的实现，即为收取绝对地租。土地国有化意味着地租由国家来收取。国家应该垄断土地批租的一级市场，在此基础上放开搞活土地使用权转让市场。一级市场的地价即地租是在经济上实现土地国有制。企业和个人使用土地不付地租，就等于否定土地国有制，侵占了国家利益，其实质是侵占全体劳动人民的利益。所以，必须改变过去实行的行政划拨、无偿、无限期、无流动使用土地制度，采取通过市场的有偿、有限期、有流动使用制度。原行政划拨的土地进入市场交易，不仅要经由代表国家的土地管理部门批准，而且应将转让的土地收入收归国家所有。当然，国家宜将地租收入主要用于所在地区开发土地、兴建基础设施和改善土地生态环境上，以提高人民的生产和生活的质量。

第四节 垄断地租与其他类型地租

一、垄断地租和垄断价格

垄断地租是地租的一种特殊形式，是由垄断价格带来的超额利润所形成的地租。

由于某些地块具有特别优越的自然条件，能够生产出某种特别名贵而又稀少的产品，而且这种土地的数量极为有限。因此，这种土地的经营者不仅可以按照高于生产价格，而且高于产品价值的垄断价格，来销售他的产品。这在城市中的那些特别繁华的地段，特别有利的深水码头以及著名的旅游景点也存在类似的现象。可见，这种垄断价格与一般的市场价格不同，既不以生产价格为基础，也不以价值为基础，而是由购买者的欲望和支付能力所决定。这种垄断价格所构成的垄断超额利润，即为垄断地租的实体。由于土地所有权的存在，决定了这种垄断超额利润最终会转化为垄断地租被土地所有者占有。

定义　垄断地租

由垄断价格带来的超额利润所形成的地租。

以上说明：一是垄断地租形成的条件是某种土地的特殊优越性和稀缺性；二是形成的原因是对这种土地的经营垄断，而土地所有权在垄断地租的形成中不起作用，只是决定这部分超额利润归土地所有者；三是垄断地租的基础是垄断价格。需要区分的是，作为垄断地租基础的垄断价格，是以特殊土地的经营垄断为前提的，而一般商品的垄断价格，则是由垄断组织凭借其垄断地位为前提所形成的。

二、建筑地段地租

建筑地段的地租是指住宅或工商等部门经营者为建住宅、工厂、商店、银行、仓库或其他建筑物租用土地，而向土地所有者支付的地租。

建筑地段的地租其实质就是城市地租，也可分为级差地租和绝对地租两种基本形式，同时，还存在垄断地租。这种地租与农业地租相比较，具有明显的特点：

1. 决定级差地租量是土地的区位，即土地距离市场的远近

究其原因，就在于城市土地地理位置好坏，直接关系到它所能带来的集聚效益的大小。具体表现在：一是位于原材料、燃料等生产资料市场近，交通干道及沿海沿江的城市土地，能够保证企业以较低的成本、较少的时间，获取生产所需要的原材料和运输制成品。二是位于人口和集聚程度高的城市土地，其市场容量大，从而能直接提高企业销售额。如在中心商业区、繁华的商业街区经营商业，较之零星散落的商店更容易招来消费者。三是城市土地位置的优劣，决定着获得其他生产要素，特别是信息等特种资源费用的高低。

2. 不同行业形成不同地租的来源渠道

在城市中，各类经营建筑物虽然扎根于土地中，建立在土地上，但不是由土地生长出来的，因此不能称为土地产品，地租不能简单地说包含在这些建筑物中。由于不同行业对土地利用不同，经营的内容和范围不同，从而形成不同的地租。如加工工业的地租是在工业产品

的剩余产品价值中的扣除，由该行业工人新创造的剩余价值的一部分转化而来的。商业地租是从商业利润中扣除，因为商业不生产产品，只是在流通中实现商品形态的变化，因此，商业企业从事经营活动所使用土地支付的地租，最终来源于产业部门所创造的剩余价值的一部分。服务业地租如属于物质生产部门的，从剩余产品价值中分割；属于非物质生产部门的，则从其利润中扣除。住宅的地租则主要由消费者从个人收入中支付，实质上是工资收入的一部分。

3. 地租与房租相结合并包含在房租中

土地作为一种财富和重要的生产要素，在城市，其作用是为人们生产和生活提供必要的场所及其空间，所以，地上有房是现代城市地产普遍和一般的存在状态。并且，房屋建筑物会因它所在地段等级不同而造成房价落差；而房屋及其配套设施的数量多少、质量的好坏，允许建造的容积率、设计标准、使用功能以及预期售价高低等，将直接影响到地价的高低。因此，不论是买卖房屋，还是租赁房屋，房价和房租都包含地价和地租；而城市建筑地段的地价，又总是摊在出售房屋的单位面积价格中。在市场交易中，房产和地产的价值总是结合在一起计算的。因而，地价与房价、地租与房租具有不可分割的特点。

4. 垄断地租占有显著优势

随着城市化和现代化的发展，城市人口将不断增长，要求工商业、金融业及其服务业等的发展，这将导致对城市建筑土地的需求日益增加，城市土地尤其是地理位置优越、交通方便、公共设施齐全的建筑地段地租不断提高。在这些地段上的建筑物就取得垄断价格的形态，表现为高房价或高房租。这种高价房和高房租中就包含高额垄断地租。

三、矿山地租

矿山地租是租用矿山从事采掘业的经营者向矿山所有者交付的地租。矿山地租同其他类型的地租有着共同的规律性，并遵循地租的一般规律，其包括级差地租、绝对地租和垄断地租三种地租形态。

1. 矿山级差地租

矿山生产具有两个显著特点：其一，矿产品生产的劳动对象是天然存在的矿山资源，它具有不可再生性和有限性；其二，矿产资源的优劣，必然会造成各矿山企业生产费用的差异。矿山资源上述特点的存在，一方面，使有限的矿产资源随着社会生产的发展而不断减少；另一方面，社会生产的发展要求扩大可供开采的矿产资源的经济界限，从而矿产品的社会生产价格必须由最劣等矿山决定。

由于各个矿山的物质蕴藏量、矿层深度、矿石品位以及距离市场的远近不同，导致各矿山企业优劣有别的劳动对象，形成不同的空间成本或区位成本。因而在优劣有别的矿山资源上等量投资或追加投资，会产生极不相同的生产率，从而使各矿山所生产的同类产品具有不同的个别生产价格。所以，在优良矿山开采的经营者，就可以获得矿产品的个别生产价格低于社会生产价格的差额，即超额利润。由于存在矿山所有者的垄断，这种超额利润以级差地租的形式，转归矿山所有者占有。

2. 矿山绝对地租

由于采掘矿藏一般不需要购买原料，资本的有机构成通常低于社会平均资本有机构成，因而，矿产品的价值就高于它的生产价格。同时，在矿山所有权垄断下，阻碍了资本自由转入和利润的平均化,使得矿产品可以按照其价值出售。这部分超额利润只能留在采矿部门,转化为绝对地租。

3. 矿山垄断地租

对那些蕴藏珍贵稀有矿物的矿山经营垄断,开采的这些矿藏品,可以垄断价格出售获取垄断的超额利润。这些垄断超额利润,就构成了向矿山所有者提供的垄断地租。

第五节 土地价格与地租的变化和作用

一、土地价格的决定及其趋势

在现代市场经济条件下,土地可以作为商品进行买卖。但土地和自然力一样,不是劳动的产物,不是商品,没有价值,从而也没有反映价值的价格。由于土地所有权的存在,土地所有者能够凭借土地所有权定期地获得地租收入,土地也就成了买卖的对象,就有了价格。土地所有者出卖或出租土地,实际上是将获取地租收入的权利出卖或出租。所以,土地价格并不是土地自身的价格,而是土地在使用中所能提供的长期地租价格,是资本化的地租。

定义　土地价格

买卖土地的价格。实际上是土地所提供的地租的购买价格,是资本化的地租。

土地价格是资本化的地租,即土地价格可以看作是按利息率计算的地租价格。一个投资者将一笔资金购买土地所带来的地租,应相当于将这笔资金存入银行所得到的利息。因此,土地价格=地租/利息率。正是在这个关系上说,土地价格是按利息率计算的地租价格,是地租的资本化。

土地价格是地租资本化的年限。由于地租是土地所有权和经营权分离的结果,对土地所有者而言,地租体现了所有权;而对土地经营者,支付地租是为了获得土地的经营权,所以这种土地价格并不是产权的转让,只是较长期的出租,就如长期的贷款一样。可见,土地价格是一定年限的年地租的乘积,是这个地租资本化的年限。

讨论　土地价格的计算

根据土地价格的定义,人们购买土地实际上是购买土地所有权所带来的收益即地租。因此,人们愿意为购买土地而支付的价格(即土地价格)应当恰好等于凭借该土地的所有权所能够带来的全部地租的现值(简称地租现值)。如果土地价格高于地租现值,则购买土地就不合算,结果是土地的需求小于供给,从而,土地的价格将下降;反之,如果土地价格低于地租现值,则购买土地合算,结果是土地的需求大于供给,从而,土地的价格将上升。由此可知,土地的价格必然等于地租的现值。

进一步来看,地租的现值又是如何决定的呢?假定所考虑的土地每年都提供大小为 R 的地租(它包括了绝对地租和级差地租),市场的利息率(贴现率)为 r,则它在第一年提供的地租现值为 $R/(1+r)$、第二年提供的地租现值为 $R/(1+r)^2$、…、第 n 年提供的地租现值为 $R/(1+r)^n$,如此等等。于是,该土地提供的全部地租现值(用 NV 表示)就是:

$$NV=\frac{R}{1+r}+\frac{R}{(1+r)^2}+\cdots+\frac{R}{(1+r)^n}+\cdots$$
$$=\frac{R}{1+r}\left(1+\frac{1}{1+r}+\cdots+\frac{1}{(1+r)^{n-1}}+\cdots\right)$$
$$=\frac{R}{1+r}\cdot\frac{1+r}{r}=\frac{R}{r}$$①

于是，土地价格（用 P_L 表示）等于地租比上利率，即：

$$P_L=\frac{R}{r}$$

由上式可见，土地价格与地租成正比，与利率成反比。

例如，设有某块土地每年可收取地租 500 元，市场利息率为 5%，则该土地的价格应等于 10 000 元，即：

$$P_L=\frac{R}{r}=\frac{500}{5/100}=10\ 000$$

我国社会主义初级阶段的土地价格，表现为一种土地的使用权价格，实质是一种长期出租的地租价格，是一种土地经营权的价格。

理论上土地价格取决于地租和利息率两个因素，地价与地租成正比，与利息率成反比。但土地的市场价格则还要受到地产市场供求规律的调节，并且还会受到土地的资源价格即租金等的影响。

地租有时是指纯粹为使用未开发土地（生地）而支付的租费，包括绝对地租、级差地租和垄断地租。但通常所讲的地租是和已开发土地（熟地）联系在一起的，即是租金。租金是在地租的基础上，加入开发土地投资的补偿费用，包括投入土地的固定资产折旧费和利息。例如，投在基础设施、仓库、房屋、码头、水利工程等建筑物的资金折旧费和利息。如果在租约期内，承租人可以将它们并入地租，通过地产二级市场把土地转租给第三者。如果租约期满，承租者应将这些固定资产包括房屋，连同土地完整地无偿交给土地所有者，土地所有者将有关费用并入级差地租Ⅱ，形成新的地价，再出让其土地使用权。

由此可见，土地价格的内涵包括两个部分：一是真正的地租；二是土地资本的折旧和利息等形成的租金。土地价格就是上述两部分之和的资本化。

土地价格与一般商品的价格决定不同，不是以价值为基础、由社会必要劳动量所决定，

---

① 因为 $0<1/(1+r)<1$，故有：

$$1+\frac{1}{1+r}+\frac{1}{(1+r)^2}+\cdots+\frac{1}{(1+r)^{n-1}}$$
$$=\left(1+\frac{1}{1+r}+\frac{1}{(1+r)^2}+\cdots+\frac{1}{(1+r)^{n-1}}\right)\cdot\frac{1-1/(1+r)}{1-1/(1+r)}$$
$$=\frac{1-[1/(1+r)]^n}{1-1/(1+r)}$$

令 $n\to\infty$，则 $[1/(1+r)]^n\to 0$，从而：

$$\frac{1-[1/(1+r)]^n}{1-1/(1+r)}\to\frac{1+r}{r}$$

于是有：

$$\frac{R}{1+r}\left(1+\frac{1}{1+r}+\cdots+\frac{1}{(1+r)^{n-1}}+\cdots\right)=\frac{R}{1+r}\cdot\frac{1+r}{r}=\frac{R}{r}$$

而主要由地租或其他收益决定。具体主要是由以下因素所决定：(1)绝对地租、级差地租、垄断地租。(2)土地的价值补偿和利息，即指投在土地上所耗费的劳动，包括现在投入的劳动耗费和过去投入劳动耗费的总和。(3)土地上固定资产的折旧和利息。(4)土地使用权出让的期限。(5)银行利息率水平。作为计算土地价格所依据的利息率，应该低于其他较长期投资的利息率。(6)对土地的需求状况。(7)国家的经济政策及其土地的利用规划。(8)土地投资者的理性预期。

阅读材料　瀑布的价格

很明显，瀑布的价格，也就是土地所有者把瀑布卖给第三者或卖给工厂主时所得的价格，虽然会加到工厂主的个别成本价格上，但不会直接加到商品的生产价格上，因为在这里，地租产生于用蒸汽机生产的同种商品的生产价格，这种价格和瀑布没有关系。其次，瀑布的这个价格，完全是一个不合理的表现，在它背后隐藏着一种现实的经济关系。瀑布和土地一样，和一切自然力一样，没有价值，因为它本身没有任何物化劳动，因而也没有价格，价格通常不外是用货币来表现的价值。在没有价值的地方，也就没有什么东西可以用货币来表现。这种价格不外是资本化的地租。土地所有权使地主有可能把个别利润和平均利润之间的差额占为己有。这样获得的逐年更新的利润能够资本化，并表现为自然力本身的价格。如果瀑布的利用对工厂主提供的超额利润是每年 10 镑，平均利息为 5%，那么，这 10 镑每年就代表 200 镑资本的利息；瀑布使它的所有者每年能够从工厂主那里占有的 10 镑的这种资本化，也就表现为瀑布本身的资本价值。瀑布本身没有价值，而它的价格是所占超额利润的单纯反映这一点，用资本主义的方式计算，立即表现为，200 镑的价格只是 10 镑超额利润和二十年的乘积，尽管在其他条件不变的情况下，同一个瀑布使它的所有者能够在一个不定的时期内，比如说，三十年内，一百年内，或 x 年内，每年获得这个 10 镑。而另一方面，如果有一种新的不用水力的生产方法，使那些用蒸汽机生产的商品的成本价格由 100 镑减低到 90 镑，那么，超额利润，从而地租，从而瀑布的价格就会消失。

马克思：《资本论》第 3 卷，人民出版社 1975 年版，第 729—730 页。

随着现代市场经济的发展，科学技术的日益进步，人口的不断增加，土地价格呈现上涨的趋势。究其原因：

一是国家工业化、现代化和人口的城市化，引起第二、三产业的大发展，使人口大量地从农村向城市集聚，导致城市人口迅速增加，人们收入水平的提高和家庭小型化趋势，对土地的需求日益增大；而土地是不可再生性资源，并且替代弹性小、地位固定，因而供给有限。这就造成地价尤其是城市土地的价格不断上涨。

二是科学技术的进步和普及，促使资本有机构成不断提高，平均利润有下降的趋势，从而使得利息率也有下降的趋势，致使土地价格提高。

三是随着城市现代化的发展，在城市建设中不断投入大量的各种开发、建设资金，不仅使土地资产显著增大，提高了土地价格；而且市政交通及其他基础设施也会因此更加完善，城市以及周围的社会经济环境质量不断改善，土地收益将会随之增加，从而使地租也提高。

二、现代农业与土地关系的演进

在现代，由于生物技术和信息技术的突破性进展，以及在农业领域的成功应用，使农业生产从主要依赖土地和劳动获得较多的产出，转向以人才、技术、信息和管理及其他生产要素为主推动农业的增长，致使一些发达国家的农业发生了重大变化，具有新的特点：

(1)农业生产的工业化和现代化。机械化和在电气化基础上的半自动化、自动化，已基本普及农业生产和服务的各个环节，生物技术、信息技术和管理技术等现代科技成果，已经在农业生产和服务领域大量应用，成为提高农业劳动生产率的最重要的因素。

(2)农业生产的专业化和社会化。农业生产的专业化程度越来越高，出现了地区农业生产的专业性分工、农场经营的专业性分工和农业生产服务的专业性分工。农业产业已经细化为有机农业、基因农业、精细农业、园艺农业、工厂农业和订单农业。农业生产的专业化的发展，促进了农业生产的社会化，农业的纵向联系和横向联系日益加强，农业的产前、产中、产后和生产服务部门得到了迅速的发展。

(3)农业生产的企业化。在农业生产现代化、专业化和社会化的条件下，产生了以农业为主体的农工商一体化的综合经营性公司，使农业生产采取了市场化经营和企业化经营，从而构成农产品生产、加工、运输和销售的跨行业的完整农业社会化体系。

在近代，发达国家农业的组织形式主要是租佃农场，即农业经营者向土地所有者租借土地，进行农业的生产经营，农业经营者对农场只有使用经营权。而农业现代化的发展，改变了发达国家原有的农场结构和土地关系。这表现在：

一是农场的数量显著减少，尤其是机械化水平低、成本高的小农户和小农淘汰率高。大型农场成为农产品的主要提供者。

二是专业家庭农场是基本的生产单位，这种家庭农场通常是指以家庭为单位，自力耕作的农场。其主要劳动均由经营者及其家庭成员承担，同时，他们还是农场土地的所有者，并拥有农场生产经营的全部权利。

三是公司化农场已日益成为家庭农场的主要经营形式。

四是农业股份合作制企业已经成为发达国家普遍采用的一种农业组织形式。如法国有大约 3 800 个不同规模、各种类型的农业股份合作制企业，全国半数以上的农户都是其中一个或数个农业股份合作制企业的成员。在丹麦，几乎所有的农民都是某个或几个农业股份合作制企业的社员。

五是全部自有和部分自有土地的农场比重上升，租佃农场的比重不断减少。由于这些农场拥有土地的所有权，不需要缴纳地租，有利于经济用地和追加投资进行建设开发土地，并能在农业生产中主动、及时地采用新技术，利用产前、产中、产后的农业社会化服务体系，因而这些农场较租佃农场活力强，平均生产规模也大，经济效益更高。

同发达国家的家庭农场相比，我国农村的土地家庭联产承包制存在很大差距：土地分散、组织化程度低、经营规模小、市场主体弱、科技含量少、经济效益差。由于是按人均承包农田分散耕种，不利于达到规模经营，有碍商品化和市场化程度的提高；还会因人口的增加，承包地将越分越小，不利于机械化耕作及投入的增加。还由于农户未付出代价就获得承包地的经营权，进行无代价经营，使得农民在收入多元化和农业生产比较利益下降的情况下，逐渐将土地作为从事非农产业的最终退守地，使土地利用率下降；同时，对无代价获得土地经营权有一种不安全感，再加上承包期较短，致使农民对土地投资的欲望不高，对土地经营短期化。

改革和完善土地承包制，调整农业组织形式，必须从提高农业规模效益出发，通过土地使用权的有偿转让，引导土地的合理流动和适度集中，发展家庭农场式的农业规模经营组织，把农民培育成真正独立的市场竞争主体。可以主要采取以下形式：

（1）专业家庭农场。把现有分散的一家一户种几亩责任田、口粮田的超小规模农业经营，通过土地使用权的有偿转让，逐步集中到农业专业户采取农场式经营。土地扩大到50—200亩以上，全面实行机械化、科学化耕作。这种家庭农场可以是专业粮食、蔬菜或其他经济作物的种植，也可以是畜牧场、养殖场。

（2）农业股份合作社。它是指农民以土地、技术、资金或其他生产要素投入作为股份，并按投入的股份多少享有相应的权利和履行应尽的义务的经济组织。可以是农业生产性合作，也可以是流通领域供销性合作，形式多种多样。这种农业合作社通过对生产要素的优化组合，实现了大规模的分工、分业生产，把分散的家庭农业的经营活动，融入社会现代化生产体系，从而最大限度地发挥整体效应和规模效应。

（3）农地实行租赁制。用租赁合同代替承包合同，在租赁合同中规定农民集体和农户双方所具有的权利、应承担的责任和义务；农民集体有权收取租金和落实粮油征购任务，并组织实施农业基础性建设和村镇合理布局。实行土地经营的永佃制，其租期应以个人生命期为限，从而增强农民对土地经营权的稳定安全感，以增加土地投入。农地实行租赁制的意义在于：一是可以把市场机制引入农业土地经营，打破土地承包和经营权凝固不变的格局，有利于实现土地的规模经营；二是加强农民经营主体地位，提高农民的风险意识，减少土地的浪费；三是可以保证国家和个人增加对土地的投入；四是土地所有权和经营权分离更为清晰，有利于农民集体土地所有权和农户土地经营权的有效运作。

（4）土地承包制实行股份化改造。将每个农民拥有的土地承包经营权转化为股权，价值为土地预期产出的市场价格。股权可以依法转让、出租、抵押、入股和继承。如果该农民外出务工或在乡镇企业工作，其所拥有的股权，由村民委员会以招标形式，向村内外转让。承包费按期限一次付清，其中的一定比例给转出股权的农民，剩余的用于村公共设施投资。一旦该农民失去工作回到村中，再向经营者按照其实际承包期，退还一定费用后继续耕种。这样做，耕地相对集中，在自然村或乡范围内实现规模经营，使土地资源得到合理配置，而土地承包制对农民所具有的社会保障功能依然存在。

我国农村幅员辽阔，各地经济发展水平参差不齐，自然、经济、社会条件复杂多样，因而土地制度的安排、经营方式的选择，应该因地制宜，允许多种土地经营方式并存。

三、地租的双重作用

在现代市场经济条件下，地租作为一种经济杠杆，与价值、价格、利润和税收，共同成为调节经济的重要手段。

地租的存在，使得租地经营者必须尽量节约和合理使用土地，以减少地租的支付，来提高租期内归租地经营者的超额利润。这在客观上，一方面能够制约土地资源的浪费，促使租地经营者提高经营管理水平，采用先进技术，提高土地利用的经济效益；另一方面，社会的生产价格才能有效地调节资本在不同级差的土地，以及各部门和产业间合理流动，这将有利于资本在不同等级土地上的合理分布，实现可持续利用。

地租使土地所有者的经济利益得到实现，在不同所有制之间，地租关系的确立为土地所有者增加了一笔财富的来源。在同一所有制内部，缴纳地租可以公平土地占用者因占用土地的不等而导致的利益不均，使企业和个人具有均等的土地使用条件，这将有利于平等竞争。政府可以利用地租作为对经济进行宏观调控的重要手段，来调节土地所有者与土地使用者之间的经济利益关系，调节资本的投资方向，促使土地利用的社会效益、经济效益和生态效益的统一。

地租和地价的存在及其不断上涨，会使农产品价格相应提高，从而使工业品的成本和劳动力的价值增加，并且会使租地经营者使用土地的成本增加，消费者购买农产品和支付房租的负担增加。同时，土地所有者借助于土地所有权，从土地经营者那里分割一部分剩余价值，致使租地经营者减慢了资本积累的速度，降低对改良、建设土地的兴趣，而又使经营者在租期内肆意掠夺地力，最终将破坏土地自然生产力和生态环境。

由于地租的存在，土地可以买卖，就不可避免地产生土地投机。尤其是城市地租是包含在房租中，高额地租往往为高额房租所掩盖。因此，在经营房地产时，往往会出现城市土地投机，使土地及土地上的资源得不到充分、合理地开发和利用。

讨论　地租的双重作用

积极作用：能优化土地资源配置，提高土地利用率和自然生产力，调节经济和社会的发展。

消极作用：使得农产品等生产资料价格提高，并能产生土地投机等。

地租在社会主义市场经济和资本主义市场经济都存在，只是在发挥调节作用的方式上有重大区别。资本主义普遍实行土地私有，地租或地价是通过分散的土地所有者之间的竞争自发形成的，政府很难加以控制。我国实行土地社会主义公有，特别是城市土地属于国家所有，国家就有可能自觉地把地租、地价作为重要的经济杠杆，对经济与社会的发展进行宏观调控。国家作为土地所有者，一方面可以凭借土地所有权，直接参与国民收入的初次分配，通过收取地租集中一部分资本，用于发展社会生产，改善人民生活。另一方面，可以根据有关产业政策和经济、社会发展的整体要求，有所倾斜地确定有关企业和个人的地租或地价水平，灵活地处置国有土地资产，调节用地者的相互关系。国家作为国民经济的管理者，则要运用税收手段介入地租的分配。通过制定和执行市场规则，明租正税，促进土地资源的优化配置和永续利用。

本章小结

在现代市场经济条件下，主要存在两种类型的土地制度：一种是以土地资本主义私有制为主的资本主义土地所有制；另一种是社会主义土地公有制。两种不同类型的土地所有制有各自不同的形成途径和制度特点。

地租是土地所有权在经济上的实现形式。地租的性质、内容会因土地所有制的性质不同而有差别。地租的具体形式是由一定的生产方式所决定的。

级差地租形成的条件是土地自然条件，形成的原因是对土地经营权的垄断，构成是个别生产价格低于社会生产价格的差额，即超额利润，其实质是剩余价值的一部分。级差地租按形成的条件不同，有级差地租Ⅰ和级差地租Ⅱ两种基本形式。两种形式既有联系又有区别。

绝对地租产生的原因在于土地所有权的垄断。农业经济中的绝对地租和城市经济中的绝对地租其来源和形成的条件各有特点。伴随生产社会化、市场化、现代化的发展，出现土地国有化的趋势。资本主义土地私有制的存在，不能真正实现土地国有化。社会主义土地国有化的实质是土地公有权的垄断。

其他类型地租。垄断地租是地租的特殊形式，是由垄断价格带来的超额利润所形成的。建筑地段地租其实质就是城市地租，包括级差地租、绝对地租两种基本形式和垄断地租，但与农业中的地租有显著的差别。矿山地租同其他类型的地租有共同规律性，并遵守地租的一般规律。

土地价格的实质是资本化的地租。随着科学技术的进步和人口的增加，土地价格将呈现不断上涨的趋势。

现代农业具有生产的工业化、现代化、专业化、社会化和企业化的特点，从而引起了发达国家农业组织形式与土地经济关系发生重大变化。中国农村的土地家庭联产承包经营的土地制度具有一些缺陷，需要改革创新。

地租具有积极和消极的双重作用：积极作用在于能优化土地资源配置，提高土地利用率和自然生产力，调节经济和社会的发展。消极作用表现在，使得农产品等生产资料价格提高，并能产生土地投机等。社会主义国家要利用地租的积极作用，为提高人民生产和生活质量服务。

关键术语

土地所有制　土地所有权　地租　土地资本　租金　封建地租
资本主义地租　社会主义地租　级差地租　级差地租Ⅰ　级差地租Ⅱ
绝对地租　垄断地租　土地价格

参考资料

1.《马克思恩格斯全集》第 25 卷，第 6 篇，人民出版社 1974 年版。
2. 张薰华等：《土地与市场》，上海远东出版社 1996 年版。
3. 柴强：《各国(地区)土地制度与政策》，北京经济学院出版社 1993 年版。
4. 毕宝德：《土地经济学》，中国人民大学出版社 1993 年版。
5. 伊利·莫尔豪斯：《土地经济学原理》(中译本)，商务印书馆 1982 年版。

思考题

1. 有人说，《白毛女》作品中，杨白老与黄世仁的关系是债务人与债权人的关系。请用政治经济学的观点分析之。
2. 试述级差地租、绝对地租形成的条件和原因。
3. 举一两个事例说明级差地租Ⅱ的特点。
4. 什么是绝对地租？城市经济中绝对地租有什么特点？
5. 垄断地租、矿山地租、建筑地段地租有什么特点？
6. 为什么土地价格有上升的趋势？试述土地价格的实质、量的决定及其发展趋势。
7. 中国农村的土地家庭联产承包制有何利弊？阐述其改革和发展的基本思路。

第十二章

国民收入分配与消费

学习目的与要求

通过本章的学习，掌握不同社会制度下国民收入的来源、指标体系和核算方法，国民收入的初次分配和再分配，居民收入的构成与储蓄的作用；了解按资分配的本质，按劳分配与按生产要素分配相结合的分配机制，正确理解经济公平与效率的关系；认清不同社会制度下消费功能、结构与水平；从社会经济的角度把握阶级和阶层及其发展趋势。

第一节　国民收入

一、国民收入及其相关概念

马克思主义经济学对国民收入的界定源于马克思对社会总产值的阐释，即社会的所有物质产品生产部门的劳动者在一定时期内生产的物质产品的总和为社会总产品。社会总产品从价值上分为三个部分：$C+V+M$。国民收入就是指社会总产品中扣除用来补偿已经消耗的生产资料之后的余额而形成的收入。其实物形态表现为超过补偿需要的那一部分生产资料和全部消费资料，而价值形态则表现为劳动者为自己劳动创造的必要产品价值(V)和为社会劳动创造的剩余产品价值(M)。用公式表示为：

$$\begin{aligned}国民收入&=(C+V+M)-C\\&=V+M\end{aligned}$$

国民收入是一个综合性的宏观经济指标，尤其是以人均计算的国民收入，反映了一个国家或地区的经济发展实力和人民生活水平。与此相关的经济指标还有：国民生产总值和国内生产总值、国民生产净值、国民收入、个人收入和个人可支配收入。

定义　国民收入

一国在一定时期内所生产的全部最终产品的价值总量。

辨析　最终产品和中间产品

根据国民收入的定义，在计算国民收入时，只应当包括“最终产品”，而不应当包括“中间产品”。所谓最终产品，指的是在同一时期内生产的但并未进入其他产品生产过程的产品；或者虽然进入了其他产品的生产过程但却并未被消耗掉的产品部分。它不同于中间产品。后者指的是在同一时期内生产的并且又在生产其他产品的过程中被消耗掉的产品。之所以在计算国民收入时排除掉中间产品是为了避免“重复计算”。

下面的简单例子说明了排除中间产品的必要性。假定某个国家在某个时期生产两种商品：X 和 Y。其中，X 商品是生产 Y 商品的原料。它在生产 Y 的过程中被完全消耗掉，从而将价值全部转移到 Y 商品中去。换句话说，X 就是所谓的中间产品；另一方面，Y 商品直接进入消费者的消费，因而属于最终产品。如果不排除中间产品，则国民收入就等于 X 的价值加上 Y 的价值。但是，我们知道，在 Y 商品中，包括有 X 商品转移过来的全部价值。因此，上述公式将 X 商品的价值计算了两遍：它本身被计算了一次，它在 Y 的价值中又被计算了一次。为了避免重复计算，准确地反映实际的经济情况，我们必须设法排除中间产品。

1. 国民生产总值(GNP)和国内生产总值(GDP)

国民生产总值是指一个国家或地区的居民在一年内所生产的全部最终产品和劳务的价值总和。它不包括各种中间消耗和价值。更好地理解国民生产总值必须熟悉与其密切相关的另外一个经济范畴——国内生产总值(GDP)。国内生产总值是既定时期一国领土范围内生产的最终产品和劳务的价值总和。在一个封闭的经济中——与世界其他国家没有贸易往来和资本流动——国内生产总值与国民生产总值是相等的。但是，在现实经济中，这两个数字是不同的，尽管在有些国家，这个差别很小，因为实际上总有部分国内产值为外国人所有，而部分外国产值又是国内居民的收入。

在任何一个国家的经济中，都有一部分生产要素为外国人所拥有。因此，劳动和资本所获得的部分收入实际上属于外国人。同时，国内居民也可以从国外获取部分收入。国内生产总值衡量的是在一国范围内生产要素的收入，而不管收入由谁获得；国民生产总值衡量的是一国居民的收入，而不管收入是从国内生产还是从国外生产中获得。

辨析　国民生产总值和国内生产总值

国民生产总值和国内生产总值都是表示国民收入的指标，即衡量的都是“一国在一定时期内所生产的全部最终产品的价值总量”。但是，由于对国民收入定义中的“一国”可以有不同的理解，故产生了国民生产总值和国内生产总值两个略有不同的概念。在国民生产总值的概念中，“一国”被理解为“一国的全体居民”，因此，国民生产总值就是指一国居民在一定时期内所生产的全部最终产品的价值总量；另一方面，在国内生产总值的概念中，“一国”被理解为“一国的国境范围”，因此，国内生产总值就是指一定时期内一国领土范围内所生产的全部最终产品的价值总量。

由于 GDP 没有包含福利和分配结构变化、环境变化、自然和人为的灾害和事故、地下经济等内容，因而是有缺陷的指标，社会不应片面追求它。目前，绿色 GDP 就是一个修正性指标。它是在传统 GDP 的基础上，加上资源和环境指标而统一测算生成的 GDP。

2. 国民生产净值(NNP)

任何产品价值中不但包含有消耗的原材料、燃料等的价值，还包含有使用的固定资产及设备的折旧。最终产品价值并未扣去固定资产、机器设备消耗的价值，因而还不是净增价值。最终产品市场价值总和只能称为国民生产总值。最终产品价值中如把消耗的固定资产价值也扣除了，就得到了净增价值，即从 GNP 中扣除固定资产折旧，就得到 NNP。

辨析　国民生产总值和国民生产净值

国民生产总值和国民生产净值(或国内生产总值和国内生产净值)都是反映国民收入概念的总量。它们的区别是：后者不包括折旧，前者则多了这一部分。

前面说过，根据国民收入的定义，在计算国民收入时，只应当包括最终产品，而不应当包括中间产品。但是，有一部分在性质上属于"中间产品"的"产品"实际上很难被排除掉。这就是固定资本的折旧。折旧是固定资本中消耗掉的部分，因而，它的价值已经转移到了产品之中。如果在计算国民收入时，把折旧也包括进来，则无疑会导致重复计算：折旧在固定资本中被计算了一次，在产品中又被计算了一次。

但是，排除折旧却不是一件容易的事。折旧表示资本的真实消耗。真实消耗不仅包括使用损耗，而且包括自然损耗，不仅包括有形损耗(即使用和自然损耗)，而且包括无形损耗。估计真实损耗大小的精确性依赖于对两个方面的因素的了解程度：资本的寿命及其损耗速度。不幸的是，无论对资本的寿命还是对其损耗速度，通常都知之甚少。

一条明显的出路是：干脆不去考虑排除折旧的问题。如果不排除折旧，则我们就得到了"国民生产总值"或"国内生产总值"；另一方面，如果排除掉折旧，则得到的就是"国民生产净值"或"国内生产净值"。换句话说，我们有：

国民生产总值＝国民生产净值＋折旧

国内生产总值＝国内生产净值＋折旧

3. 国民收入(NI)

国民收入指的是按生产要素报酬计算的国民收入。从国民生产净值中扣除间接税和企业转移支付，再加上政府补贴，就是一定时期内一个国家生产要素提供生产性服务所得到的报酬，即工资、利息、租金和利润，这些报酬的总和就是国民收入。间接税和企业转移支付虽然是企业产品成本的一部分，但并不是要素收入。相反，政府支付给企业的补贴虽然不影响产品的成本，但却是要素收入。所以，在计算国民收入时，我们应扣除间接税和转移支付，同时要加上政府补贴。

辨析　(广义)国民收入和(狭义)国民收入(NI)

通常所说的国民收入是所谓"广义"的国民收入，它包括国民生产总值、国民生产净值(国内生产总值、国内生产净值)，也包括"狭义"的国民收入，即国民收入(NI)。狭义国民收入(NI)是按生产要素报酬计算的国民收入，它等于国民生产净值减去间接税和企业转移支付，再加上政府补贴。

4. 个人收入(PI)

生产要素报酬意义上的国民收入并不会全部成为个人的收入。最简单的事实是，利润的一部分要用于缴纳企业所得税。通常企业也不会把所有的可分配利润都分给个人，它还要留一部分作为企业发展基金，只有一部分利润会以股息和红利的形式分给个人。同时，劳动者个人收入中的一部分要上交各种社会保险金。此外，人们也会从政府那里得到各种转移支付，如失业救济金、养老金、困难补助等。因此，从国民收入中减去企业未分配利润、企业所得税和社会保险金，再加上政府对个人的各种转移支付，才是个人收入。

5. 个人可支配收入(DPI)

个人收入并不能全部归个人支配使用，因为个人还要缴纳个人所得税。只有税后的个人收入才是个人可以随意支配、用于消费或储蓄的收入。

国民生产总值、国内生产总值、国民生产净值等指标和我国长期使用的社会总产值、工农业总产值等指标是有区别的。国民生产总值的计算范围，不仅包括物质生产部门，而且还包括非物质生产部门。它的价值计算，不仅包括生产部门新增加价值，而且包括非物质生产部门新增加的价值，即等于所有部门的纯收入加固定资产折旧。这些指标克服了社会总产值、工农业总产值中的重复计算的缺陷。

二、决定国民收入量的因素

如前所述，国民收入特别是人均国民收入水平是衡量一个国家一定时期生产力发展水平的重要尺度。国民收入量反映了一个国家社会生产投入和产出的宏观效益，同时也决定着一个国家扩大再生产规模和人民生活水平提高的程度。因此，国民收入的规模及增长速度是一国国民经济发展速度的决定因素和重要指标。

从劳动的过程来看，国民收入是生产资料和劳动力共同作用的结果。从价值形成过程来看，国民收入只是生产劳动创造的价值，生产资料转移的价值并不能形成国民收入。但是，离开了生产资料的作用，生产劳动也无法创造新的价值。所以，从劳动过程和价值形成过程相统一的观点来看，生产资料和劳动力都是决定国民收入量的重要因素。生产资料和劳动力的投入量及作用的效率都是决定国民收入的重要因素。具体地说，国民收入量的变化主要取决于以下几个方面：

一是劳动生产率的提高。这意味着投入同量的劳动会产生出比过去更多的产品，或者说，生产同量的产品比过去投入的劳动量较少。尽管从价值方面看，劳动生产率的变化不会影响国民收入的价值总量，但是以实物形态或以不变价格计算的国民收入却增加了。随着社会的发展，劳动生产率水平越来越成为国民收入量增长的重要因素。

二是生产劳动投入量。劳动投入量的增加，包括劳动的外延量和内含量的增加，如包括劳动者人数的增加以及劳动熟练程度的提高，都能带来劳动总量的增加。在资本主义发展初期，增加劳动量即外延的扩大化再生产是保证国民收入增长的主要手段。

三是科学技术、管理水平和社会分工的发展。这些因素的作用都将提高生产要素的生产率，从而提高国民收入的增长水平。

四是生产资料使用效率的提高。生产资料使用效率的提高意味着生产资料的节约，即生产同样数量的产品所消耗的生产资料减少了，或用同样多的生产资料可以吸收更多的活劳动，生产出更多的产品，创造更多的价值，实现国民收入的增长。

不断扩大国民收入规模，保持国民收入增长速度，是任何社会发展的前提和内在要求。

三、国民收入的核算方法和核算体系

国民收入的核算，一般采取最终产品法、增加值法和收入法。

最终产品法就是通过核算在一定时期内整个社会购买的最终产品来计量国民收入。在现实生活中，产品和劳务的最后使用有四种可能：有些最终产品用于个人消费，我们称之为总消费(C);还有一些被企业用于投资(I);有些最终产品为政府所购买,我们称之为政府购买(G);最后有一些产品用于出口,即我们要计算的净出口($X-M$)。因此,用最终产品法核算国民收入,就是核算一个国家在一定时期内消费、投资、政府购买和出口的最终产品价值。

消费部分是指最终产品中用于居民消费的部分,包括居民购买的耐用消费品,如汽车、家用电器,日常消费品,如食物、衣服等,以及居民的一些劳务支出,如医疗、旅游等。企业投资部分是指最终产品用于企业新增投资的部分,包括固定资产投资和存货投资等。政府购买部分是指各级政府购买的最终产品和劳务,如政府机构的日常办公用品、国防支出、公用设施建设等。净出口指进出口的差额。用 X 表示出口,M 表示进口,则($X-M$)就是净出口。进口应从本国总购买中减去,因为进口表示收入流到国外去,也不是本国最终产品的构成;出口则应加进本国最终产品中,因为出口是本国最终产品的一部分。

本国消费者消费的产品、投资者投资物以及政府购买的产品中有一部分是本国的最终产品,也有一部分是进口的。其中,本国最终产品中用于本国消费的产品等于($C+I+G-M$),加上出口的部分 X 才是本国生产的全部最终产品。即:

$$\begin{aligned}\text{国民收入} &= C+I+G-M+X \\ &= C+I+G+(X-M)\end{aligned}$$

增加值法是计算国民收入的第二种方法。这种方法通过把经济各部门所生产的增加值加总,从而得到国民收入。因为大多数产品都是分阶段进行生产的,每个阶段增加的价值,就是最终产品增加的价值总和。以汽车的生产为例,生产的第一阶段是开采铁矿石等矿产品,第二阶段是把这些原材料运到钢铁厂,第三阶段是钢铁厂用这些原料来炼钢,第四阶段是钢铁和橡胶等其他材料被汽车厂用来生产汽车。汽车制造者为钢铁和橡胶等中间产品支付的费用与他出售汽车获得的收入的差额就是汽车的增加值,同样,钢铁生产者出售钢铁的收入与他们购买原料之间的差额就是钢铁的增加值。把全社会所有部门的增加值加总就得到了国民收入。

讨论 增加值法和最终产品法

设某国在某年总共生产了小麦、面粉和面包三种产品。其中,小麦的价值为 1 个单位、面粉的价值为 2 个单位、面包的价值为 3 个单位。在这一年中,小麦被用于生产面粉并在生产面粉的过程中被消耗掉,面粉被用于生产面包并在生产面包的过程中被消耗掉,最后,面包被用于个人消费。试分别用增加值法和最终产品法计算该国在该年中生产的国民收入。

增加值法:根据增加值法,我们需要计算和加总在每种产品的生产过程中新增加的价值。现在,该国在小麦的生产上新增加的价值为 1 个单位;在面粉的生产上新增加的价值也是 1 个单位——面粉的总价值为 2 个单位,但其中有 1 个单位是从小麦中转移过来的,应当剔除掉;在面包的生产上新增加的价值还是 1 个单位——面包的总价值为 3 个单位,但其中有 2 个单位是从面粉中转移过来的,应当剔除掉。这样,按照增加值法,该国的国民收入应为:$1+1+1=3$。

最终产品法:根据最终产品法,我们需要计算和加总全部最终产品的价值总量。现在,该国生产的小麦和面粉都是"中间产品"——它们均在生产其他产品的过程中被消耗掉,只有面包是"最终产品"。由于面包的价值为 3,故该国的国民收入等于 3。

结论：从以上讨论可以看到，无论是按照增加值法，还是按照最终产品法，计算国民收入所得到的结果都是一样的。

收入法是用要素收入即企业生产成本核算国民收入。最终产品的价值除了生产要素收入构成的成本外，还有间接税、折旧、未分配利润等内容，因此用收入法核算的国民收入包括以下内容：(1)工资、利息和租金等生产要素的报酬。(2)非公司企业主的收入，如医生、律师、农民等的收入。他们使用自己的资金，自我雇用，他们的收入也是国民生产总值的一部分。(3)企业的税前利润，包括企业应交的所得税、应分配的红利及未分配利润等。(4)企业的转移支付及间接税。(5)固定资产折旧。后面两个虽然不是要素收入，但也计入了企业的总成本中，也应计入国民收入。

国民收入核算的不同方法，分别反映了物质产品和劳务的生产、相互联系的各生产部门的关系以及各种收入的来源。

小辞典　国民收入核算方法

最终产品法：通过核算在一定时期内整个社会购买的最终产品来计量国民收入。

增加值法：通过把经济各部门所生产的增加值加总来得到国民收入。

收入法：用要素收入即企业的生产成本来核算国民收入。

为了加强宏观经济管理，各国和地区都建立了国民收入的核算体系。长期以来世界上存在两种国民经济核算体系。一个是物质产品平衡表体系(简称 MPS)。该体系以马克思主义再生产理论为依据，将社会总产值和国民收入作为反映国民经济活动总成果的基本指标。社会总产值是各物质生产部门劳动者在一定时期内所生产的生产资料和消费资料的价值总和。社会总产值中扣除全部生产资料价值消耗即国民收入。另一种核算体系即西方国民收入会计的核算体系，它称国民经济核算体系，又称国民收入核算体系(简称 SNA)。该体系以西方经济理论为依据，认为创造物质产品和提供服务的劳务活动都是创造价值的生产活动，将国民生产总值即 GNP 作为核算国民经济活动的核心指标。两种核算体系的差别见表 12－1。

表 12－1　两种核算体系统计国民收入的差别

	生产部门			劳务部门		政府部门	
MPS 国民收入	工资、利润、利息、租金、直接税	＋	间接税	—	—	—	—
SNA 国民收入	工资、利润、利息、租金、直接税	—		工资、利润、利息、租金、直接税	—	工资、利润、利息、租金、直接税	—

MPS 国民收入＝SNA 国民收入＋生产部门的间接税
－(劳务部门的收入＋政府部门的收入)

SNA 国民收入＝MPS 国民收入－生产部门的间接税
＋(劳务部门的收入＋政府部门的收入)

怎样正确认识 SNA，是研究国民经济核算体系的一个重要的理论和实际问题。

第一，不要简单地把 SNA 体系归结为生产三要素论。SNA 体系把国民生产总值作为核心指标。人们一般认为，按照 SNA 的核算方法，产品价值、国民收入都是劳动、资本、土地这些生产要素共同创造的，所有生产要素的提供者都是生产者，都应从生产中获得一部分相应的收入，即工资、利润和地租。这是庸俗的生产三要素论。实际上，利息、地租和利润都是工人剩余劳动创造的，是剩余价值的表现形式。因此，说生产三要素共同创造产品价值和国民收入是错误的。其实，采用 SNA 体系并不能说明国民收入是三要素创造的，而只能说明国民收入的价值构成。价值构成与价值创造完全是两回事，我们采用 SNA 体系并不等于承认生产三要素论。

第二，国民收入这一概念在西方国民收入核算体系中和马克思主义经济学中有着不同的定义。在西方国民收入核算体系中，国民收入有着比较广义的含义。从 GNP 到 DPI 的五个总量概念都包括到国民收入统计中来，尤其是 GNP、NNP 和 NI 都常被称作国民收入。可是，在马克思主义经济学中，国民收入有着严格的定义，仅指劳动者在一定时期内新创造的价值，即产品价值构成中的 $V+M$ 部分。与西方国民收入核算中的五个总量概念相比较，马克思主义经济学的国民收入概念与 NNP 及 NI 的概念比较接近。但与它们也有区别，特别是马克思主义经济学认为，只有物质生产劳动才创造国民收入；而西方经济学则认为，除了物质生产劳动，一切有偿的劳务活动包括艺术等活动都会创造国民收入。

辨析　国民收入：马克思主义经济学与西方经济学

在马克思主义经济学中，国民收入是指劳动者在一定时期内新创造的价值，即产品价值构成中的 $V+M$ 部分。它与西方经济学的国民生产净值 NNP 和狭义国民收入 NI 的概念比较接近。

第三，西方国民收入核算体系以 GNP 来衡量国民经济总产出水平，衡量经济发展程度，衡量生活水平，这是有缺陷、不全面的。首先，非市场交易活动得不到反映。例如，许多不经过市场交易的活动，像家务劳动、自给自足的生产等，GNP 都不能反映出来。家务劳动由自己做改为请人做，GNP 就会上升，但国民经济产出实际上并没有发生变化。一些地下交易，如走私等经济活动则无法通过 GNP 反映出来。其次，还有些严重影响社会发展和人们生活水平的内容得不到反映。如 GNP 无法反映一个国家环境保护程度，也无法反映收入的分配情况及收入结构等。两个 GNP 一样的国家，可能一个环境保护得很好，而另一个则污染严重；可能一个收入分配平均，社会稳定，而另一个则两极分化严重，社会动荡不安。显然，在 GNP 一样的国家，人们的生活水平、经济发展程度可能是完全两样的。而这些差异则是 GNP 这个指标所无法衡量的。

第四，SNA 体系在对税收的处理上与 MPS 体系不同，SNA 认为由所得项下支付的各种直接税应列入国民收入，而货物税、销售税等间接税因不构成私人经济收入，就不计算国民收入，而 MPS 体系则认为生产部门的直接税和间接税应计入国民收入。MPS 体系统计的范围要小得多，且包含重复计算的问题；SNA 体系的统计范围要大得多，但把一些非产业部门都作为间接生产者（如政府、宗教活动）也统计进来，这显然不能真实反映国民收入。

第五，西方国民收入核算体系作为核算国民经济的一种方法，有其合理的方面，如把所有的劳务活动等非物质生产劳动的价值都计入 GNP。随着社会的发展和技术的进步，特别在以信息技术为核心的知识经济时代，物质生产在整个经济生活中的地位已经下降了，而信息、知识、技术等部门在现代经济生活中的地位日趋重要。因此，只要我们在计算国民收入时认识到其中已经把非物质生产的劳务包含在内时，把一切有偿劳务的市场价值计入 GNP

也就有其必要性了。又如,SNA 核算体系计算国民收入时,区分名义 GNP 和实际 GNP,既考虑了物价因素,又避免了重复计算,也有其合理性。

讨论 GDP 的局限性

GDP 概念的局限性可以从四个方面来看。

第一是与逻辑有关的问题。所谓与逻辑有关的问题,就是根据 GDP 的概念,有些应该算的没有算,有些不该算的又算了。哪些东西是"应该算而没有算"的呢?最典型的例子就是家务劳动。在 GDP 的计算中,同样一个家务劳动,你自己做和请保姆做是完全不一样的:如果请保姆做,你要付工资,这部分工资就算到 GDP 里去了。换句话说,保姆做家务的劳动创造了 GDP;反之,如果自己做家务,则由于你没有给自己付工资,GDP 里也就没有这一部分。也就是说,你自己做家务的劳动不创造 GDP。这就导致了一个很有趣的结果:假定一开始时你是请保姆做家务的,过了一段时间,你觉得这个保姆不错,日久生情,就和这个保姆结婚了。应该说,你和保姆结婚这件事对你和对整个社会都是有好处的。因此,你的福利提高了,整个社会的福利也提高了。但是,GDP 怎么样了呢?GDP 下降了!这是因为,保姆原来的劳动是算在 GDP 里的,可是和你结婚之后,就不再算了!因此,提高社会福利的结婚会降低 GDP,反之,降低社会福利的离婚却可能提高 GDP。

上面讲的是"应该算而没有算"的问题,与此相对应的,是"不该算的又算了"。这方面的典型例子就是前面提到过的固定投资的折旧。在 GDP 中,折旧是被重复计算的。比如,某个企业在某年年初买了一台机器,花了 10 万元钱。这 10 万元钱会作为投资算到该年的 GDP 里去。假定这台机器在该年的使用中折旧了 10%即 1 万元,则这 1 万元折旧就转移到了所生产的产品中去。再假定这些产品在该年中都被消费者买走,则这 1 万元又会作为消费被计算到该年的 GDP 中去。这样,同一笔折旧就在 GDP 中被计算了两次:先是作为投资算了一次,后来又作为消费再算一次。这就是重复计算。重复计算高估了所生产的最终产品的价值总量。

第二是与伦理(或道德)有关的问题。所谓与伦理有关的问题,就是在 GDP 的计算中,有些东西从逻辑上看并没有什么问题,但从伦理道德上看却可能是严重的缺陷。比如,GDP 中包括了一些被很多人认为是"不好"的产品和劳动。程度轻一些的像香烟——香烟会危害人的健康;严重一点的如军火——军火直接就是被用来杀人的;还有赌博、色情等等。

第三是与分配有关的问题。总的来讲,GDP 强调的是效率而非公平。因此,伴随 GDP 的增长,有可能出现两极分化、贫困、失业等问题。

第四是与环境有关的问题。一般而言,GDP 强调的是增长的收益,而忽略了增长的代价和成本,强调的是短期增长而非长期发展。它不能反映由于资源耗竭、污染加重、生态失衡(以及人口增长、交通拥挤)等给社会带来的不利影响。一棵树,长在那里不算 GDP,砍下来卖掉之后才是 GDP。因此,为了增加(短期)的 GDP,有些人就可能会大肆地砍伐森林。一群鱼,在河里游时不算 GDP,捕捞上来以后才算 GDP,于是,为了增加(短期)的 GDP,有些人又可能会大肆地捕鱼。但是,这样做的结果却可能会影响可持续发展——树砍完了,水土流失了,以后就很难再长树了;鱼捕完了,以后也可能就不再有鱼了。

在上述四个问题中,第一个问题,即与逻辑有关的问题,可以通过发展 GDP 的统计技术来解决。第二个问题,即与伦理有关的问题,通过法律可以解决一部分,如禁止或限制某些

“不好”的产品的生产和销售，但显然不能彻底解决。第三和第四个问题，即与分配和环境有关的问题，可以通过发展出一些更加全面的指标体系来解决。前者如人类发展指数 HDI（或“民生指数”）。后者如绿色 GDP（即 GDP 减去自然资产的损失）。

我国从 20 世纪 50 年代以来曾长期使用物质产品平衡表体系，以社会生产总值和国民收入作为衡量经济发展速度、规模和结构的综合指标，而不用国民生产总值指标。这种核算体系与高度集中的计划管理体制相适应，在过去经济管理中曾发挥着重要的作用。但是，随着经济体制改革的深入和经济运行机制的变化，这一核算制度的缺陷日益突出。一是不能反映非物质生产部门的生产情况，这与国家加快发展社会、科技事业，加快发展第三产业，提高人民物质文化生活水平的要求不相适应，不利于反映综合国力，也不利于全面掌握产业结构；二是不能反映社会资金运作情况，同政府转变经济管理职能不相适应，不利于政府通过经济杠杆进行宏观经济管理；三是不能反映国民经济循环全过程，同国家掌握整个经济运行和总体平衡要求不相适应。为了克服这些缺陷，全面反映国民经济发展进程，为宏观决策和管理提供科学依据，并正确地进行国际比较，顺利进行国际交流，实现国民经济核算的系统化，我国国家统计局从 1983 年起开始采用国民生产总值统计指标。1985 年起，开始正式采用国内生产总值指标作为考核国民经济发展和制定经济发展战略目标的主要指标。

四、国民收入的分配

国民收入生产出来以后，在消费之前要经过一系列的分配过程。国民收入的分配包括初次分配和再分配。初次分配是指在创造国民收入的企业内部进行分配，即在与再生产直接相关的各个部门之间进行分配。再分配是指在初次分配之后在全社会范围内进行的再分配过程。经过初次分配所得的收入马克思主义称之为“原始收入”，经过再分配而获得的收入为“派生收入”。

任何社会的分配关系都是由一定的生产关系决定的，具有历史的性质。资本主义的分配关系与社会主义的分配关系具有本质的区别。资本主义的分配制度由于资产阶级直接占有生产资料，因而，社会总产品和国民收入的分配权掌握在资产阶级手里，分配的原则服从于资产阶级的利益。社会主义社会是以公有制为主体，分配关系以按劳分配为基本特征。在资本主义社会全部国民收入中相当于可变资本部分以工资的形式分配给工人，相当于剩余价值部分则通过部门之间的竞争和利润率的平均化在不同的产业资本家之间进行分配。社会主义社会的国民收入在公有制企业内按照劳动者的劳动量实行按劳分配。

国民收入在初次分配的基础上还要进行再分配。这是因为在任何一个国家中，除了物质生产部门外，还有非物质生产部门，如国家机关、军队和文化科学、教育卫生和金融、旅游等服务行业等。这些部门虽然不创造国民收入，但却是社会生产和生活必不可少的组成部分。这些部门的工作人员也要通过国民收入的分配获得一部分收入，这就是国民收入的再分配。

国民收入的再分配主要是通过国家的财政预算来实现的。国家财政是指国家凭借它的权力对国民收入进行分配和再分配的关系。财政预算是指国家在一定时期内对国民收入的一部分进行集中和运用，包括预算收入和预算支出。预算收入的主要来源是税收和国债，预算支出主要用于国防、行政费用和文教卫生及基础设施的建设等。通过国民收入的再分配，可以保证国家行政机关等非物质生产部门的正常运行，从而保证整个社会的正常发展。

五、国民收入分配的制衡机制

国民收入通过分配和再分配过程，所形成的积累与消费的比例关系体现着各经济主体之间的利益关系及社会生产和社会需要之间的比例关系。国民收入的分配，在总体上如何使这种比例关系适应社会再生产的需要，是分配规律和其他规律共同作用的结果。这些规律的作用方式，表现为制约和调节国民收入分配的各种经济机制，包括价格、财政、税收和信贷等机制。

价格(包括股票价格)是一种重要的作用机制。作为交换价值的表现形态，价格并不会改变国民收入的总量，但却能改变国民收入在不同经济主体之间的分配。价格对国民收入分配的调节，是通过商品买卖关系来发挥作用的。在各经济主体进行商品交换时，价格与价值相背离就起着调节国民收入再分配的作用。价格高于商品的价值，卖者就通过不等价交换占有了买者的一部分收入；反之亦然。这样，国民收入便在买卖双方进行了部分转移，即再分配。价格这种分配功能贯穿于国民收入分配和再分配全过程，它既调节不同经济主体间的利益关系，又通过利益导向，调节供求关系，使生产与需要、积累与消费符合一定的比例，使社会再生产得以顺利进行。

财政和税收是国家调节国民收入分配的重要工具。在财政收入中，国家通过不同的税种和税率形成不同的赋税。在财政支出中，国家通过不同的支出项目及转移支付手段，调节投资方向和资源配置，并最终调节积累与消费的比例。例如，国家通过征收所得税和转移支付，把一部分收入从高收入者手中转移到低收入者手中。又如，国家通过对不同行业实行不同的税率，以及给予某些行业财政补贴等手段，可以调节生产资料在不同行业间流动，调整产业结构。

银行信贷对国民收入的再分配作用，主要在于调节积累和消费的比例和积累的投向。银行信贷的调节作用主要通过利率来实现。利率高，则消费少、积累多，一部分国民收入从消费领域转向生产领域；而利率降低，则相应引起消费增加和积累减少，国民收入反向流动。

六、居民收入与储蓄

居民收入指的是一定时期内(通常是一年)居民从各种不同来源得到的收入总和，包括以货币计算的收入和以实物计量的收入。居民获取收入的途径虽受社会经济制度及经济体制的制约，但最终来源都是国民收入的分配和再分配。对个人收入状况的研究，包括收入的来源、形式、数量及比例构成。不同制度下的收入状况在这一方面存在显著差别。例如，社会主义条件下个人收入分配以按劳分配为主，这不仅体现在整个社会的分配形式上，而且反映在不同的收入占个人总收入的比重上；而资本主义条件下的个人收入以按资分配为主，这一内容留在后文中详细比较分析。研究收入状况的目的是为了保证收入的公平性和效率性。

个人获得收入的具体途径由以下几个部分组成：(1)劳动收入，包括工资、奖金、津贴等生产劳动和服务收入。(2)个人资产收入，包括利息、利润、股票、红利、租金等。(3)福利性收入，如生活补助金、社会保障等。(4)经营收入，即因从事个体或私营经济活动获得的收入。(5)其他收入，如保险公司的赔款、馈赠、遗产继承等收入。

个人的可支配收入即是从居民的收入总量中减去个人纳税(个人所得税、财产税)后的余额。提出个人可支配收入的概念很有意义，这是因为居民经济行为是在可支配收入的预算约束下进行的，居民在一定时期内的消费、储蓄的选择都受到该时期可支配收入的影响。

影响居民可支配收入的因素概括地说有五个方面：

其一，社会经济制度及社会经济体制。不同的社会经济制度和体制不仅影响居民收入的结构，而且影响居民收入的数量。在资本主义制度下，生产资料私人占有，因此，劳动成果归资本家所有。资本家的收入为社会产品中的剩余价值部分，而劳动者只能获得相当于劳动力价值的那部分收入。在社会主义公有制下，生产资料为劳动者共同占有，居民的收入不仅包括相当于可变资本的部分，剩余价值的一定部分也通过各种渠道转化为劳动者所得。同样的经济制度如果采取不同的经济体制，居民的收入也会有所差别。

其二，国民收入的总量。尽管居民收入的具体途径不同，但这些收入都是通过国民收入的分配和再分配来实现的。因此，国民收入的总量直接影响居民收入的数量。国民收入与个人可支配收入的数量关系，可以用以下公式来表述：

个人可支配收入＝国民收入－个人所得税＋政府、企业转移支付

从公式中可知，在其他变量不变的条件下，可支配收入与国民收入是正相关的。要提高可支配收入的总体水平，首先要发展经济，提高国民收入总量。

其三，投入的劳动量和其他生产要素的数量。个人为社会提供的生产要素的数量是决定居民收入数量的决定因素。居民的禀赋、经营才能、价值判断、机遇等主客观条件也是影响个人收入的重要因素。例如，居民投入生产的资金和资产越多，获得的收入也就越多。西方经济学以生产要素的边际贡献来说明要素所有者的收入与投入要素数量之间的关系，即居民投入要素的价格中，居民投入的最后一单位要素所带来的收益决定居民的收入。

其四，国家宏观经济政策。居民的可支配收入在国民收入既定的前提下，还要受到国家财政政策的影响，包括税收政策、政府的转移支付等。国家的财政政策对居民可支配收入的影响主要通过税率来实现。税率是税收量占居民收入的比重。税率对居民收入的影响主要通过国家制定个人所得税税率来影响居民的税后收入。国家通过提高个人所得税税率降低个人可支配收入；相反，如果国家降低个人所得税税率，则将会提高居民个人的可支配收入。社会向居民的个人的转移支付，主要是社会保险和物价补偿等的费用支付。就社会保险而言，究其来源，主要是对居民劳动收入的一种扣除，因此，就居民总体而言，社会向居民提供的失业救济金、退休金、在职医疗保险，均属于居民的劳动收入的范畴。至于物价补偿的各种收入，它是在发生通货膨胀时，保证居民实际收入不变的一种补偿性收入，在以实际收入作为居民收入分析的对象时，原则上不应该包括这种收入。而在以名义收入作为居民收入分析对象时，物价补偿性收入应属于劳动收入的范畴。从形式上看，转移支付来源于税收，其中包括个人所缴纳所得税收入。因此，政府的转移支付与居民收入之间的关系比较复杂，国家只有在税率不变的情况下，增加向个人的转移支付，个人的收入才会增加。

其五，国民收入的分配和再分配的方式和制度。其中包括：工资制度、微观经济主体的纳税制度、企业税后利润的分配方式、金融制度、社会福利和保障制度等。在居民收入中福利性收入占有相当的比重，特别是在传统的计划经济体制下，这部分收入主要受到企业分配制度的影响。

与居民收入有密切关系的是居民储蓄。居民储蓄往往被定义为居民收入中未被消费的部分。因此，居民储蓄在数量上等于居民个人可支配收入减去消费后的差额，包括手持现金

和在商业银行以及其他金融信用机构的存款，还有在金融市场上购买的有价证券等。

居民将可支配收入的一部分用作储蓄：一方面是对自身现期消费的节制或延期，储蓄是待实现的购买力，是延期的消费基金；另一方面，也是为了获取未来收入的手段，即是一种金融资产。作为金融资产，居民储蓄表现出新的特点和要求：一是储蓄的稳定性，如不出现严重的通货膨胀和利息率的急速下降，储蓄的稳定性相对比较强，对市场供求状况和物质变动的反应相对小一些。二是随着储蓄规模的扩大，其安全性要求整体上将由提款买实物转向寻求多种金融资产的组合。储蓄作为金融资产还具有要求增值的内在特性。居民无论是将货币资金存入银行还是将其转化为有价证券，首先考虑的是能否收回本金，起保存价值的作用。如果连本金都收不回来，储蓄的意义就失去了，因此，保值是储蓄的最基本的要求。增值性是储蓄进一步发展的结果。储蓄者的储蓄行为是暂时让渡货币的使用价值。因此，是一种信用行为。信用的特性就是还本付息，利息相当于资本的价格。储蓄的利率一般应该高于通货膨胀率。这是因为如果通货膨胀率高于利息率，那么储蓄就无法实现保值的目的。但是，储蓄利息率高于通货膨胀率具体是多少，则又取决于货币市场的供求状况以及资金的使用效率。

讨论　实际利率和名义利率

设名义利息为 R、价格水平为 P、实际利息为 r，则有：

$$r=\frac{R}{P}$$

两边取对数后有：

$$\ln r=\ln R-\ln P$$

再对时间 t 求一阶导数得：

$$\frac{\mathrm{d}\ln r}{\mathrm{d}t}=\frac{\mathrm{d}\ln R}{\mathrm{d}t}-\frac{\mathrm{d}\ln P}{\mathrm{d}t}$$

或者

$$\frac{\mathrm{d}r/\mathrm{d}t}{r}=\frac{\mathrm{d}R/\mathrm{d}t}{R}-\frac{\mathrm{d}P/\mathrm{d}t}{P}$$

这里，等号左边是实际利息的增长率(即实际利率)，等号右边的第一项为名义利息的增长率(即名义利率)，第二项为价格水平的增长率(即通货膨胀)。于是有：

实际利率＝名义利率－通货膨胀

居民的储蓄行为是居民经济活动的重要组成部分，具有自主性和被迫性。首先，储蓄是否能够产生，要看可支配收入除去消费外，还有没有余额；其次，为消费某种高档商品，而不得不通过储蓄积累资金，等待将来购买；再次，当银行信用工具单一，没有其他投资方式可以吸收多余的货币时，居民也不得不参加储蓄。居民储蓄的动机就是居民进行储蓄活动的目的，它决定了居民的储蓄行为。居民储蓄的动机由居民的收入水平和储蓄心理决定，是一个由低到高的发展过程。居民的储蓄行为本身可以分为“积极储蓄”和“消极储蓄”。“消极储蓄”是指在生产力发展较低时期，储蓄仅仅只是消费后的一种“剩余”，此时的储蓄没有什么很明确的目标和动机。随着居民收入的增加，消费后的剩余也越来越多，居民不再采取消极的态度，而是积极筹划这笔钱的用途，企图改善以后的生活状况，或者获得更多的利益，储蓄从一开始就确立了明确的目标。这种有计划的储蓄可称为“积极储蓄”。

一般来说，储蓄的动机有以下几种：

一是保险动机。即指为了应付突然发生的意外事件而进行的储蓄。从这个意义上讲，购买某种意外险，也是一种特殊的“储蓄行为”，只不过这种储蓄在事故发生前是不能还本付息的。居民生活的日常消费是比较稳定的，因而消费支出是平滑的，但是由于未来存在着许多不确定的因素，意外事故的发生很有可能使支出大于当期的可支配收入，只有在消费支出之后有所剩余，才能应付各种支出的较大幅度波动。

二是个人负担动机。即为供养子女和赡养老人，为支付婚丧嫁娶等大笔费用以及为维持退休后生活而进行的储蓄。这种储蓄动机在我国更为常见。一个中国人在成年以后不仅要抚养子女，而且往往还要支付子女的结婚等费用。

三是提高生活水平的动机。包括为购买住宅和家电等耐用消费品而进行的储蓄。储蓄无论对个人还是对社会来说，都是一种财富的积累。一般居民的收入不可能使自己现在的消费要求全部得到满足，一些耐用消费品的购置需要支付大量货币，靠居民现时的收入是远远不够的，必须通过储蓄进行一定时期的积累才能实现。随着我国经济体制改革的深入进行，居民的许多福利性收入都在减少，如公费医疗、福利分房等。居民为了购买住房以及其他一些耐用消费品，不得不在日常生活中进行储蓄，积累将来的消费基金。

四是盈利动机。也就是为了获得一定的工资收入以外的额外收入。当居民上述三个动机满足以后，居民的储蓄动机就不局限于消费了，而是把收入资本化，以获得更多的收益，如购买股票、国库券等有价证券。储蓄由结余购买力转变为金融资产，不仅反映了人们储蓄观念的变化，而且说明了实现这种转变的客观条件已经形成或正在形成。

上述四个储蓄动机是按照由低级到高级的顺序发展变化的。居民储蓄一般情况下都不大可能越级进行，一个连子女抚养问题都不能解决的家庭绝不会购买耐用消费品或购建房屋。根据对我国居民储蓄动机的调查发现：我国居民储蓄动机大多数还处于初级阶段，很多农村和偏远落后地区甚至还处于储蓄的最低阶段，即处于“消极储蓄”阶段。

居民储蓄主要有两种形式：一是银行存款。银行作为信用中介将居民手中暂时闲置的货币贷放给社会。居民让渡了自己的价值使用权，因而要获得利息。银行作为代理人将贷款利息和存款利息的差别作为代理费用。二是购买证券。证券储蓄是居民储蓄的最高形式，它包括国库券、债券、股票等有价证券。在上述储蓄方式中，银行存款是低风险、低收益；而有价证券除国库券外风险相对较大，收益也相对较大。

居民储蓄受很多因素的影响，概括地说主要有三大类：一是经济因素，即一个国家的整体经济状况，包括国民收入水平、利率水平、价格水平还有社会总产品的供求状况等；二是心理因素，即影响人们储蓄行为的各种心理活动，包括消费者的偏好、对未来的预期等；三是社会因素，即除了经济因素和心理因素外的其他因素，包括居民的年龄、职业、家庭人口负担、储蓄机构的设置情况以及社会的安定状况等。

在影响储蓄的各种因素中，经济因素所起的作用最大；在经济因素中，作用最直接、最明显的是利率。利率变动对储蓄的影响是不确定的。人们通常认为，在其他条件不变的情况下，利率上升，储蓄会增加；利率下降，储蓄会减少。但是这也不肯定。利率变动对储蓄的影响主要可以从两方面来考虑：一个是“收入效应”，另一个是“替代效应”。“收入效应”是指利率的变动会引起居民总收入发生变化，居民的收入在利率提高时是增加的，因此居民倾向于增加当前的消费，而减少储蓄；在利率降低时，居民的收入是下降的，因此居民倾向于减少当前的消费，而增加储蓄。“替代效应”是指利率的变动会引起单位货币收益的变化，从而影响消费的成本。例如，在利率上升时，消费者如果把钱用于储蓄，则他的收入将会增加；相反，如果他把钱用于消费，则他就会得不到利率上升所带来的收益，他消费的成本就增加了。因此，在利率上升时，消费者倾向于增加储蓄，以储蓄替代消费。一般来说，“替代效应”都是正的，即利率上升时，储蓄会增加，利率下降时，储蓄会减少。但对于不同的消费者来说，“收入效应”所起的作用是不同的。如果一个消费者是净贷方，也就是说他是一个储蓄者，那么利率的提高就会使他的收入增加，使他更富有，因此他就会增加消费，而减少储蓄，即“收入效应”是负的；相反，如果一个消费者是净借方，即他是个借款者，那么利率的提高就会增加他的债务，使他更贫穷，因此他就必须减少消费，增加储蓄，对他而言“收入效应”是正的。因此，利率变化而导致储蓄的变化方向，首先就要看这个消费者究竟是净借者还是净贷者，如果是净贷者还要看“替代效应”和“收入效应”哪个作用比较大。例如，在利率提高时，对于净借者而言，“替代效应”和“收入效应”都是正的，因此他会增加储蓄；对于净贷者而言，“替代效应”会使他增加储蓄，“收入效应”则会使他减少储蓄，那么他究竟会增加储蓄还是减少储蓄，就要看“替代效应”与“收入效应”哪个作用更大。如果“替代效应”大于“收入效应”，他就会增加储蓄；如果“收入效应”大于“替代效应”，他就会减少储蓄。

辨析　利率变动的收入效应和替代效应

利率变动通过收入效应和替代效应两个途径影响储蓄。

利率变动的收入效应：利率变动首先影响既定储蓄的实际价值，通过影响储蓄的实际价值再影响既定收入中的消费比率，最后通过影响消费比率来影响储蓄。例如，利率上升首先导致既定储蓄的实际价值上升，储蓄的实际价值上升再导致居民增加既定收入中的消费比率，消费比率的上升最后导致储蓄的减少。

利率变动的替代效应：利率变动通过影响消费的成本来影响储蓄。例如，利率上升意味着居民消费的成本上升，消费成本的上升导致居民减少既定收入中的消费，换句话说，增加既定收入中的储蓄。

第二节　按劳分配与按资分配

一、市场型按劳分配

在社会生产过程的四个环节中，生产的性质决定了其他三个环节。这是因为，一方面生产资料的所有权关系是决定个人收入分配方式的关键；另一方面，社会生产发展水平也是影响分配方式的重要因素。“分配方式本质上毕竟要取决于可分配的产品的数量。”[①]这就是说，个人收入分配是社会生产成果分配的组成部分，而社会生产力水平又制约着产品的分配方式。

生产资料公有制为实行按劳分配提供了可能。马克思曾经在《资本论》中，后来又在《哥达纲领批判》中系统地阐述过按劳分配的思想。所谓的按劳分配是指在生产资料公有制的

① 《马克思恩格斯选集》第4卷，人民出版社1972年版，第475页。

条件下，社会对劳动者创造的社会总产品进行了各项必要的扣除之后，剩下的部分作为个人消费品按劳动者向社会提供的劳动数量和质量进行分配。生产资料公有制排除了任何人依靠生产资料所有权不劳而获地获得社会产品的可能，为实现劳动者之间的劳动平等、报酬平等奠定了基础。在公有制条件下，每个社会成员除了向社会提供劳动之外，不能提供其他任何东西。因此只有劳动才能成为衡量人们对社会贡献大小的尺度，也是计量劳动者个人在社会产品的个人消费部分所占份额的尺度。

定义　按劳分配

在生产资料公有制的条件下，社会在对总产品进行各项必要的扣除之后，把剩下的部分作为个人消费品按劳动者向社会提供的劳动数量和质量进行分配。

社会主义的生产力状况为按劳分配提供了物质条件。按劳分配在生产力极低的原始社会则失去实现的可能。在社会产品极度匮乏的情况下，出于种族的延续、发展的需要，产品必须根据分工、性别、年龄等因素进行分配。同样，在社会产品极大丰富的情况下，按劳分配也失去了存在的必要性。在社会主义条件下，生产力的发展创造了较丰富的物质财富，但还不具备按需分配的物质条件，只能实行按劳分配的制度。

社会分工的存在以及劳动作为人类的谋生手段，也是实行按劳分配的重要原因。由于社会分工的存在，人们的劳动只能长期甚至终生固定在某种职业上，没有获得全面的发展，从而在劳动中还存在着脑力劳动与体力劳动、熟练劳动与非熟练劳动、简单劳动与复杂劳动的差别。这些不同的劳动者在相同时间内向社会提供的劳动数量和质量又有很大差别。这种劳动上的差别，要求在个人收入分配时得到体现。同时，如果劳动还没有成为生活的第一需要，而只是一种谋生手段的话，就必然要求给予劳动者劳动报酬，报酬量要同其所提供的劳动数量、质量相联系，多劳多得，少劳少得。

按劳分配在不同的生产力水平下的实现方式是不同的。如果生产力高度发达，全部生产资料都归全社会所有，不存在商品货币关系，人们的劳动是直接劳动。按劳分配的方式则有如下特点：社会对劳动者实行统一的、直接的个人消费品分配，等量劳动领取等量报酬的原则具有社会统一性；社会依据社会平均劳动，确定劳动者在社会总产品中所得份额；按劳分配是实物形式，不存在货币形态；按劳分配是社会唯一的消费品分配方式。

如果社会还处在商品经济时期，不存在单一的社会所有制形态，除公有制外，还存在其他的所有制形式；社会还不是一个统一的生产单位，企业还是独立的生产者等经济条件下，按劳分配则只能采取市场型的按劳分配方式。其特点在于：第一，按劳分配不是全社会统一的、唯一的分配原则，其作用还被局限于公有制经济内部。在社会中还广泛存在其他分配原则。第二，按劳分配的主体不是社会，而是企业。企业作为独立的商品生产者和经营者，自负盈亏的经济实体，拥有独立的分配权。企业根据自身的情况，对本企业的职工进行劳动考核。第三，企业作为消费品分配的主体，把本企业劳动者联合劳动的产品通过交换所实现的社会必要劳动量（价值量），在企业内部劳动者之间实行按劳分配。由于劳动者提供的个人劳动并非直接就是社会劳动的一部分，还要经过商品交换才能转化成社会劳动。如果商品卖不掉，就不能转化为社会劳动。同时，企业的个别劳动时间与社会必要劳动时间是有差别的。这样，劳动者的收入就不能只依照其在个别企业中的劳动量，而是要根据该企业在市场中所实现的劳动量来计算。在不同企业，从事同样的劳动，付出同等数量的劳动，也会由于企业之间的效益差别取得不同的劳动报酬。这就是市场型的按劳分配。第四,市场型的按劳分配要借助货币来进行,而不能直接用劳动时间、用社会凭证或劳动券来实现。企业发给劳动者的是货币,劳动者需要的生活资料要用货币到市场上去购买,劳动者用货币购买生活资料的过程,还要受市场供给和价格的影响。

二、按资分配与按生产要素分配

按资分配是市场经济条件下一种重要的分配方式。按资分配,即依据所有权和投入经济活动资本数量,按一定比例参与社会产品的分配。按资分配有几种形式:一种是资本所有者把货币存入银行,购买债券或购买少量股票等,从而取得存款利息、债券利息或股息、红利收入。这种收入表现资本所有者要求在占用资本的经营者那里按其提供的资本量的作用参与收入的分配,得到经济利益的补偿。这种补偿体现出商品经济等价交换的原则。资本的所有者并没有参与生产经营活动,他所取得的收入一般只是以银行利息率为中心上下波动的利息性收入。另一种按资分配,是职能资本所有者依法获得一定收入的分配方式。在资本主义制度下,表现为资本所有者无偿占有雇佣工人创造的全部剩余价值。在经过利润率平均化以后,由不同行业的剥削阶级分割剩余价值,按资分配的结果表现为利润、利息和地租。这种分配方式体现了资本主义的剥削本质。在我国现阶段,还存在私营经济和外资经济。私营经济中企业主凭借资本所有权从雇佣工人身上获得的剩余价值具有剥削性。

按生产要素分配是指社会根据各种生产要素在商品和劳务生产服务过程中的投入比例和贡献大小给予的报酬,即劳动力、土地、资本、技术、信息、管理等要素共同参与收益分配。在社会主义市场经济条件下,按生产要素分配有其客观依据:其一,生产要素参与分配是与我国当前的多种所有制的形式相适应的。我国随着社会主义市场经济体制改革的深入,非公有经济逐渐增加,非公有经济的所有制性质决定了只能实行按生产要素分配。其二,生产要素参与分配是由生产要素所有权引起的。只要生产要素掌握在不同的所有者手中,不管是资本主义还是社会主义,都要承认要素所有者参与分配的合理性。否则,这些生产要素就会闲置。其三,生产要素参与分配是与市场经济相适应的分配方式。只要以市场作为配置资源的手段,要素就会以利润最大化为导向进行自由流动,在市场导向下要素才能实现最优配置,同时要素所有者也获得了参与社会净产品分配的资格。其四,生产要素是社会产品生产中不可缺少的因素。社会生产要素在没有完全公有化的条件下,有必要以要素的贡献分配利益,以激励要素所有者积极投入生产要素,发挥生产要素在生产中的作用。

在社会主义市场经济条件下,尤其是社会主义初级阶段,社会生产力水平不高,社会发展水平不高,还不具备单一的按劳分配条件,为了调动各类生产要素所有者的积极性,有效配置社会资源,必须在按劳分配为主体的同时,积极发展多种分配方式,按劳分配与按生产要素分配相结合。在处理按劳分配和按要素分配的关系上,要坚持按劳分配在整个国民收入分配中占主体,按劳分配的范围和数量都占主体,由此保证社会主义分配制度的性质,保证社会主义的方向。在非公有制经济中积极实行按生产要素分配的方式,拓宽要素分配的范围和种类。即使在公有制经济中,也应适当采用按要素分配的方式,如职工持股分红、经营者风险收入、技术和信息收入等,以调动生产者和经营者的积极性。

分配方式的选择很大程度上取决于一个社会的分配目标与分配原则。不同的社会形态有不同的分配目标,即使在同一社会形态的不同阶段也会由于分配原则的侧重点不同而选择不同的分配方式。我国在建立起社会主义制度之后，对分配原则的选择经历了单一的按劳分配，到按劳分配为主体、其他分配方式为辅，再到按劳分配与按要素分配相结合的较长过程。当前，我们的分配制度和政策应该是，坚持在以按劳分配为主体的前提下，积极发展其他分配形式，按劳分配与按要素分配相结合；处理好效率与公平的相互关系；鼓励一部分人和一部分地区通过勤奋劳动和合法经营率先富裕起来，带动整个社会最终走向共同富裕。

三、关于“三位一体”公式

一定的生产决定一定的分配关系，分配的结构决定于生产的结构，分配的本身就是生产的产物，不仅就对象说如此，而且就形式说也是如此。就对象说，能分配的只是生产的成果；就形式说，参与生产的一定形式决定了分配的特定形式。但如果将是否参与国民收入分配作为是否参与国民收入生产的证明，则会陷入庸俗经济学家萨伊的“三位一体”公式。

“三位一体”公式源于斯密教条。亚当·斯密虽然是一位杰出的古典经济学家，但由于资产阶级的局限性和研究方法上的二重性，使他的理论不能首尾一贯，使他对经济现象和范畴的解释都呈现出矛盾。一方面，他提出劳动价值论的基本观点：“劳动是衡量一切商品交换价值的真实尺度”；另一方面他又认为决定商品价值的劳动，是这个商品在交换中购买到或能支配的劳动体现。斯密混同了生产中耗费的劳动和交换中购买到的劳动。斯密看到，在资本主义条件下购买的活劳动大于补偿工资的物化劳动，这似乎和价值规律相矛盾。在解决这个矛盾的过程中，他逐渐偏离了劳动价值论，滑向三种收入决定价值方面。他认为，在资本主义社会中，商品价值不再由耗费的劳动量决定，而由购买到的劳动量决定，这种购买到的劳动量可分解为工资、利润和地租三种收入。反过来说，商品价值是由工资、利润和地租三种收入构成。“工资、利润和地租，是一切收入和一切可交换价值的三个根本源泉。”斯密的这种看法，后来被发展成为庸俗经济学的主要观点。

资产阶级庸俗经济学派的代表人物法国经济学家萨伊反对劳动价值论，提出效用价值论。把商品的价值看成是由效用决定。他认为，创造具有任何效用的物品就等于创造财富，这是因为物品的效用就是物品价值的基础，而物品的价值就是由财富所构成的；由此强调，创造商品价值的是劳动、资本（生产工具）和自然（土地），并进而得出商品的价值是由工资、利息和地租决定的结论。萨伊分析问题的思路是：劳动、资本、土地不仅是资本主义生产的三要素，同时还创造价值（效用）、创造收入。劳动创造的收入是工资，资本创造的收入是利息，土地创造的收入是地租。马克思把上述庸俗的看法称之为三位一体公式。“资本—利润（企业主收入加利息），土地—地租，劳动—工资，这就是把社会生产过程的一切秘密都包括在内的三位一体的公式……利息表现为资本所固有的、独特的产物，与此相反，企业主收入则表现为不以资本为转移的工资，所以，上述三位一体的公式可以更确切地归结为：资本—利息，土地—地租，劳动—工资；在这个公式中，利润，这个作为资本主义生产方式特征的剩余价值形式，就幸运地被排除了。”①

三位一体公式是否就是按生产要素分配，关键要把握三位一体公式的实质。从马克思对三位一体公式的批判中可以看出，三位一体公式的实质是将获得收入的条件与创造收入

① 《马克思恩格斯全集》第25卷，人民出版社1974年版，第919—920页。

的源泉混同。马克思从揭示资本主义剥削本质出发，严厉批判生产要素以创造收入源泉身份参与分配的荒谬，认为将利息、地租、工资三种收入归结于资本、土地、劳动，这样“每年可供支配的财富的各种所谓源泉，属于完全不同的领域，彼此之间毫无共同之处。它们互相之间的关系，就像公证人的手续费、甜菜和音乐之间的关系一样”。① 其目的是把社会生产过程的一切秘密掩盖起来。马克思进一步从剖析生产关系出发，指出土地、资本、劳动是获得收入的条件，工人的劳动才是创造收入的源泉。在资本主义生产关系下，利润、利息、地租是工人剩余劳动所创造的剩余价值的转化形式。资产阶级是凭借对资本、土地的所有权，参与对剩余价值的瓜分。马克思在抨击三位一体公式时，并没有否认利润等要在各种资本间进行分配，而是认为这种分配恰恰是建立在拥有生产要素所有权基础上，这种分配实际上是资本主义生产要素所有制作用的必然结果。三位一体公式的要害在于错误地把分配的表面现象当成财富创造的本质。

四、经济公平与经济效率的关系

经济学意义上的公平，是指有关经济活动的制度、权利、机会和结果等方面的平等和合理。公平或平等不等于收入均等或收入平均。经济公平的内涵大大超过收入平均的概念。从经济活动的结果来界定的收入分配是否公平，只是经济公平的含义之一。结果公平至少也有财富分配和收入分配两个观察角度，财富分配的角度更重要。况且，收入分配平均与收入分配公平属于不同层面的问题，不应混淆。包括阿瑟·奥肯和勒纳在内的一些学者，把经济公平和结果平等视为收入均等化或收入平均化，是明显含有严重逻辑错误的。西方主流经济理论关于机会平等和结果平等的学说，认识不到由财产占有反差巨大、市场机制经常失灵、接受教育环境不同、生活质量高低悬殊、种族性别多方面歧视等缘故，因而人们进入市场之前和参与市场竞争的过程中，机会和权利也存在许许多多的不平等性。

经济学意义上的效率，是指经济资源的配置和产出状态。对于一个企业或社会来说，最高效率意味着资源处于最优配置状态，从而使特定范围内的需要得到最大满足或福利得到最大增进或财富得到最大增加。经济效率涉及生产、分配、交换和消费各个领域，涉及经济活动和经济关系的各个方面。

公平与效率是人类经济生活中的一对基本矛盾，是经济学论争的主题。其缘由在于社会经济资源的配置效率是人类经济活动追求的目标，而经济主体在社会生产中的起点、机会、过程和结果的公平，也是人类经济活动追求的目标，这两大目标之间的内在关联和制度安排，就成为各派经济学解答不尽的两难选择。

从内在机理的角度看，公平与效率的互相依存和促进表现在以下四方面：第一，机会、规则平等可告诫人们，依靠偏离规则、钻空子、玩弄权术等无利可图，辛勤劳动、善于经营、积极投入是取得财富的基本途径，其结果是促进竞争、提高效率。第二，收入分配公正，人们获得劳动成果的差距体现要素投入的差距，加上税收的必要调节，财富的占有就不可能过于悬殊。这样，社会成员由分配不公所引发的心理失衡基本消失，一种协调、“人和”的社会氛围将成为经济持续发展的社会环境。第三，收入分配和财富占有的社会公正，就意味着各类财产能得以有效保护，尤其是公共财产不至于被权力侵吞，因而有利于该类财产正常投入营

① 《马克思恩格斯全集》第 25 卷，人民出版社 1974 年版，第 920 页。

运。第四，收入分配的社会公正包含着维持社会成员基本生存需要的规定，这是文明社会的基本标志。一个国家、一个民族，乃至一个地区，若一部分人十分富裕，而另一部分人极度贫困、不得温饱，社会稳定、社会秩序势必受到挑战。一旦失去稳定的社会环境，人们追求经济发展的目标、蓝图均成为泡影。因此，社会公平意味着社会稳定、社会秩序，追求公平意味着创造一个经济发展的基本条件。

从具体的实践过程看，公平与效率的矛盾处处可见。站在微观的角度，可以通过牺牲公平而获得效率(即使是一时的效率)。例如，大量裁员会将一部分人推向社会，失去基本生活条件，对企业而言无疑有利于效率的提高。压低工资也许是对职工获得劳动报酬权力的侵犯，但投资者积累的资本若用于企业发展同样会带来企业效益。假定政府着眼于维护公平出面干预，对企业做出严格的规定，在企业看来就意味着牺牲效率。若企业出于趋利本能，千方百计地逃避政府的限制，一旦成功，表明在企业间失去了平等竞争的条件。

在中外经济学界，有的观点主张效率与公平是此消彼长的替代关系，即“鱼和熊掌不可兼得”，提出效率优先、兼顾公平；有的观点主张效率与公平是正反同向的相互互补关系，提出以效率促公平、以公平促效率的兼顾思想。党的十四大报告提出“兼顾公平与效率”；《中共中央关于建立社会主义市场经济体制的决定》又提出“效率优先、兼顾公平”。就分配来说，正确处理经济公平与经济效率关系，应当坚持以市场型按劳分配为主体，多种生产要素共同参与分配；同时，建立和完善社会保障体系、税收体系等。而在按资分配为主体的资本主义制度下，对抗性的经济不公平极大地妨碍了经济效率和整体绩效的提高，中低的经济效率和整体绩效又反过来严重影响经济公平。

第三节 居民消费

一、居民消费及其性质

消费是社会再生产的重要环节，也是社会生产的最终归宿。消费可划分为生产消费和生活消费。前者是指生产经营者消耗生产要素，生产出一定产品的活动；后者指劳动者或居民个人消耗物质产品或接受服务，以满足生理和精神需要的活动。这里分析的消费特指居民个人的生活消费。劳动者和各生产要素所有者获得的收入终将用于个人消费。消费具有双重性质：一方面是消费的自然性质，即人们通过对生活资料的消费，解决衣、食、住、行、用等生活需要，这是纯生理意义上的消费，是人的再生产过程；另一方面是消费的社会性质，即人们在实际支配或取得生活资料过程中结成的人与人之间的社会消费关系。这是经济学研究的客观对象之一。它的性质取决于生产关系。不同的社会制度下，生产关系不同，消费的社会性质也不同。

在资本主义制度下，工人的生活消费性质与资本雇佣劳动相联系，工人及其家庭的消费实际是为剩余价值的生产而再生产劳动力。资本主义的再生产，一方面再生产出物质财富；另一方面再生产出资本主义的生产关系。这个资本主义生产关系就是指拥有越来越大规模资本的资本家和越来越庞大的雇佣工人队伍。在资本家看来，要获取更多剩余价值，就需要有源源不断的雇佣工人。因而工人个人的消费实际是为剩余价值的生产恢复劳动力，同时工人家庭成员的生活消费也是为剩余价值的生产而再生产出新的劳动力。

社会主义条件下居民个人消费与社会主义公有制相联系，体现了社会主义的性质。其一，社会主义消费与社会主义生产目的是相联系的。在社会主义条件下，劳动者成为生产资料的主人，劳动成果归劳动者所有，这就决定了社会主义生产目的是满足全体劳动者不断增长的物质文化生活需要，从而消除了生产和消费之间的对抗关系，使生产目的与消费实现了真正的统一。其二，社会主义消费以实现共同富裕为目标。社会主义公有制的建立，消灭了少数人凭借生产资料所有权占有劳动者剩余劳动的剥削制度，为实现共同富裕提供了可能。公有制使劳动者人人平等，每个社会成员的消费与劳动成果相对应，防止了两极分化。当前，我们实行一部分人和一部分地区先富起来的政策，但要注意采用宏观调控措施，避免贫富悬殊，逐步实现共同富裕。其三，社会主义消费是在生产不断增长的基础上不断增长的消费。社会主义发展生产力是为了提高人民生活水平，因此，居民的消费水平是随着生产的不断发展而提高的。当然，居民消费水平的提高应不影响积累的增加，不能够超过国民收入和劳动生产率的增长速度。

二、消费水平

所谓消费水平，从宏观角度考察是指社会全体消费者的物质文化需要得到满足的程度，或者说是社会提供给众多消费者用于生活消费的产品和服务的数量和质量。从微观上考察，就是消费者及其家庭生活需要的满足程度，或者讲是消费者及其家庭得到或可支配的消费品和服务的数量和质量以及金融资产的状况。我们对消费水平的考察着重于宏观方面，即社会平均达到的物质和精神文明需要的满足程度。

对消费水平的考察，既要从现象上考察消费者主体对消费品客体的关系——主体拥有和支配的消费品及服务的数量和质量，又要注重更深层次的探求，即除了考察物质生活的内容与满足程度外，还要考察精神生活的内容与满足程度；并从消费内容与消费效益统一的角度考察消费者物质和精神消费的最终结果——自身身体素质状况和全面发展的情况。

衡量或评价消费水平的指标，可以划分为基本评价指标和其他评价指标。消费水平的基本评价指标分为三类：人均价值消费量、人均实物消费量和人均服务消费量。其数量的多寡通常反映着一国消费水平的基本状况。

1. 人均价值消费量

在这一指标下通常有两项具体指标，即“人均国民生产总值”和“人均消费额”。它们分别是国民生产总值和总消费与同期的人均总量的对比。其计算公式是：

$$人均国民生产总值=\frac{国民生产总值}{人口总量}$$

$$人均消费额=\frac{总消费或消费总额}{人口总额}$$

价值消费量指标具有三个特点：一是综合性。可比较不同消费品构成所形成的“消费水平一般”。在价格水平一定的情况下，人均价值消费量的增加通常表明消费水平的提高。二是受价格变动因素的影响。因而在进行价值消费量动态比较分析时，对此应注意加以剔除。三是通过与不同国家的外汇比价的换算，人均价值消费量指标可与国外直接进行比较以判断消费水平的差异。

2. 人均实物消费量

人们的消费需要往往是靠物质产品来满足的，因而消费水平可用人均拥有和消费的物质产品量来表现。例如，人均年粮食、肉禽蛋奶、水产品消费量、人均纺织品消费量、耐用消费品拥有量等。在一般情况下，人均实物消费量的增加，表明社会可提供给人们消费的物品的丰富，即人均消费水平的提高。

3. 人均服务消费量

服务就是为他人提供的具有某种使用价值的劳动。人均服务消费量是实物消费量指标以外反映社会消费水平的又一重要基本指标。在一般情况下，服务消费量与实物消费量按同一方向但不一定按同一比例增长。从实际经济生活看，消费服务的范围越来越广，项目、内容越来越多(如休闲产业、文化娱乐产业等)，并且与实物消费相比有可能增长更快。此外，服务消费量的增减还与一个国家一定时期的道德标准和消费习俗有关。

消费水平的其他评价指标还有：一是从消费结构的变动上考察和评价消费水平状况。一般来讲，消费水平与消费结构的变动具有一致性。当消费结构出现良性变动时，通常也表明消费水平的提高；而当消费结构出现逆性变动时，消费水平可能同时在降低。二是消费者闲暇时间是否充裕。一般来讲，闲暇时间较充裕，闲暇时间的持续稳定地增长，通常表明消费水平较高。三是消费环境的状况。消费环境包括居住环境、购物环境、就餐环境、学习环境、出行环境，即交通状况、休憩环境、旅游环境、娱乐环境(场所)、大气环境等，环境的状况直接关系着消费的质量，因而也表明消费水平的高低。消费水平越是提高，对消费环境的状况就越是在意和重视。消费环境与消费支出有着密切的关系，并在一定条件下互相转化。一方面，环境的状况影响人们的情绪和精神状态，从而影响消费支出。另一方面，在许多情况下，消费环境的某些因素会因消费支出而得到一定程度的改善。如增加教育方面的消费支出可改变学习、就读环境；增加食品支出可改善就餐环境；买套商品房会改变居住的环境。但消费环境总体状况的改善要依赖社会经济的发展。四是人均公共消费设施情况。包括人均绿地面积、人均道路面积、人均停车场面积；满足人们出行的公共汽车运营线路长度、运营车辆和地铁发展水平；人均图书馆、博物馆、医院、病房、学校、商店数量；水、电、暖、燃气的供应；通信设施和传播质量等。五是国民的平均寿命及婴儿成活率、成人发病率、国民身体素质，如国民中残疾人占的比重等。六是国民人均接受教育的年限，包括义务教育的年限和实施情况，文盲、半文盲人口数量等。

影响消费水平的主要因素有很多，概括起来有以下方面：一是社会的劳动生产率及其增长速度。在任何社会，其劳动生产率的高低总是决定着消费水平的状况。只有通过发展生产，在提高社会劳动生产率的基础上才能从根本上提高人们的消费水平。二是国民生产总值的总规模及其在总消费、总投资、净出口之间的支出分配。国民生产总值是按市场价格计算的一国所有常住单位在报告期内原始收入初次分配的结果。显然，国民生产总值规模越大，在支出分配比例不变的条件下，总消费就会越大。例如，人口为一定，则人均消费水平就会提高。三是总消费内部的比例也直接影响消费水平及其实现。总消费分为两个方面，即居民消费和社会消费。居民消费是关系消费者消费水平的直接因素，而社会消费是消费者进行消费活动不可缺少的条件。但社会消费并不能使任何一位消费者都能直接得到或进行此项消费(如道路、停车场、天然气工程等)，因此它对消费者的消费水平是间接的影响因素。四是消费品价格水平及其内部比价。消费品价格水平与消费水平呈逆向变动。表现为：一是在货币收入为一定时，消费品价格水平越高，实际消费水平就越低；反之，则越高。二是各类消费品价格对比关系，也影响人们的实际消费水平。特别是对收入水平不同的消费者会有不同的影响。

消费方式是消费者与消费资料结合的方式。它不仅受社会的、经济的、自然的因素制约，还受人们消费观念的影响。

三、消费结构

消费结构是指各类消费支出在总消费支出中所占的比重。从不同的角度，对消费结构有不同的划分。根据考察范围的不同，消费结构可以分为微观消费结构和宏观消费结构。根据消费主体身份的不同可以分别研究不同职业、民族、地区、不同阶级或阶层的消费结构。从消费档次上划分，一个社会的基本消费结构类型一般有低档消费结构、中档消费结构和高档消费结构。

消费结构不是固定不变的，它随着经济的发展变化而变化。消费结构反映人们消费行为的不同选择和偏好，是反映一定社会特定时期内人们消费状况的重要标志。消费结构的变动在总体上遵循着由生存需要到发展需要，再到享受需要这样的顺序。在生产力水平很低的时候，用于消费的物质资料很少，只能维持人类的简单生存。随着生产力水平的提高，物质产品丰富了，人们的需要不仅是要保证生存，还要提高生活水平质量。这样，消费支出中享受型的消费就增加了。物质生产进一步发展，居民的消费随之转向更高的层次。这是消费结构变动的一般规律。以上是从宏观的角度对消费结构的整体变化进行的分析。从微观的角度来看，对消费结构影响最为直接的经济因素是居民的收入水平：一定的收入水平决定一定的消费结构。居民的收入越少，消费中用于购买生活必需品的开支比重就越大，因为人们的消费首先要满足生存需要。德国经济学家恩格尔在 1857 年对萨克森地方各个阶层的收入和消费支出情况做了调查，并得出了被后人称为恩格尔定律的结论。其核心内容是：食物支出在家庭收入中所占的比例越大，表示这个家庭的收入越低；相反，则越富。如表 12—2 所示。

表 12—2　　恩格尔调研的家庭收支状况　　单位：%

项目 比重(%)	食粮费	衣着费	住宿费	燃料费	文教卫生娱乐费
一般阶层家庭	62	16	12	5	5
中等阶层家庭	55	18	12	5	10
高等阶层家庭	50	18	12	5	15

广义的恩格尔定律还包括其他方面的支出与收入的比例关系。例如：服装支出随居民收入水平的上升所占比重将减少。总之，随居民收入水平的上升，衣、食、住、行等生活必需品的支出比例逐渐下降，而其他支出如文化娱乐、耐用消费品、旅游等方面的支出所占比重逐渐上升。恩格尔定律对于分析我国长期消费变动趋势的情况是基本适用的。随着经济的发展，我国居民的消费结构中的恩格尔系数呈下降趋势。这种趋势在较为开放的沿海地区和大城市最为明显。这些地区的居民对耐用消费品的消费数量在迅速上升，文化生活消费日渐丰富。但在广大的中西部和经济不发达地区，居民的收入增加还仅限于温饱阶段，恩格

尔系数变化不大。

产业结构的变动对消费结构也有很大影响。生产决定消费,生产结构决定消费结构。生产资料与消费资料生产之间的比例、农轻重之间的比例、工农部门内部的比例都在很大程度上制约着消费结构。

价格变动对消费结构的影响也很大。作为国民收入再分配的手段,价格水平的高低直接关系到居民的实际收入和支付能力。特别是可以相互替代的商品之间相对价格的变动,会改变消费者的消费选择、实际收入和支付能力。当某一产品的价格上涨以后,人们往往减少对其的消费的数量,而增加其替代品的消费数量,从而改变消费结构。价格对低收入居民的消费结构影响最大,因为生活必需品在这类消费支出中的比重比较大,而价格上涨的主要是食品。另外,不同地域、文化传统也影响着居民的消费结构。

影响消费结构的除了经济因素外,还有一些非经济因素:人口总量及其构成,这是影响消费结构的基本参数之一。一定时期内社会的消费资料数量在既定的条件下,人口数量越大,人均消费资料越少。人均消费资料的数量的多少本身就是消费结构的内在因素。我国人口基数大是现时期消费结构层次偏低的主要缘故。其次,人口的职业结构、年龄结构、地区结构等都会不同程度地影响消费结构。

四、消费方式

所谓消费方式,就是人们采取什么样的方法、途径和形式去消费消费资料,以满足各种物质和精神的需要。换句话讲,消费方式就是消费者个体或群体与消费资料的结合方式。而这种结合方式的选择,是在一定的社会形态和消费关系下进行的。

决定和影响消费方式的因素很多,可分为三大类:

第一类是自然地理因素。包括地理环境、气候及资源条件等。如地理环境方面,我国不同地域的消费者在“吃”的消费上,有“南甜、北咸、东辣、西酸”的差别。此外,我国南北方气候和温度差别较大,形成南北方消费者在服饰、取暖、纳凉诸方面的不同消费方式。从资源条件上,沿海居民、江南水乡周围的居民对水产品的消费非常讲究;而蒙古族人则更多地食用牛羊肉,藏族人喝青稞酒,这些都构成不同地域、民族的独特的消费方式。

第二类是经济因素。包括生产水平及生产方式、分配方式、交换方式等。经济因素是最为主要的和直接的。从再生产的角度考察,决定消费方式的主要因素是由一定的生产力系统和生产关系系统构成的生产方式,此外还有分配方式的影响,如是直接分配还是间接分配,是实物分配还是货币分配等;以及交换方式的影响,如是直接的物物交换,还是以货币为媒介的商品交换;是现货交换还是现金交换,还是用实物方式进行交换等。

第三类是社会因素。包括民族传统的生活方式、风俗习惯、伦理道德、消费观念、科技及教育发达程度等。其中,民族传统的生活方式、伦理道德和风俗习惯是一个国家或民族历经多年形成、固定和沿袭下来的,具有继承性,其本质的特征不会在短时间内发生大的变化;而科技和教育发达程度,为消费者了解和接受新的消费方式提供了多元化的手段和渠道。此外,消费者观念上的变革对消费方式的影响尤为直接和明显。这是由于消费方式作为生活方式的一部分,受着人们主观意识的深刻影响,这种主观意识就是通常所讲的消费观念。

消费方式与生产方式是密切联系的。生产方式决定并制约着消费方式。在生产方式与消费方式的矛盾运动中,生产不仅要生产出可供消费的对象,而且也规定着消费的方式。野蛮人用手抓吃生肉，现代人借助餐具食用经过加工的熟肉。随着生产的发展，人们生产消费品的质量提高了，品种增多了，从而引起消费方式的变化，使人们有了更多可以选择的消费途径、形式和方法。同时消费方式的变化又为生产方式的变革提供了巨大的推动力，即随着人们消费方式的演变，越来越要求在消费活动中节约时间、表现个性等，这些都对生产提出了一系列要求，要求生产从物质内容到品种结构及科技含量到具体方式进行相应的变化，以适应人们消费方式的新的要求。

第四节　阶　级

一、阶级的经济含义

社会分层是社会成员结构中最重要的现象，在社会分层理论中，一般认为马克思和马克斯·韦伯提供了不同的、最基本的理论模式和分析框架，即人们熟悉的阶级理论与多元社会分层理论。阶级理论认为，社会地位的不平等根源于社会的物质生产方式中，其实质是以财产关系为核心的生产关系。在此基础上形成了最基本的社会地位和社会不平等，即阶级地位——有产阶级和无产阶级，阶级不平等——统治阶级和被统治阶级。

列宁曾经对阶级做过概述："所谓阶级，就是这样的一些大的集团，这些集团在历史上一定社会生产关系中所处的地位不同，对生产资料的关系（这种关系大部分是在法律中明文规定了的）不同，在社会劳动组织中所起的作用不同，因而领得自己所支配的那份社会财富的方式和多寡也不同。所谓阶级，就是这样一些集团，由于它们在一定社会经济结构中所处的地位不同，其中一个集团能够占有另一个集团的劳动。"①

列宁的阶级定义体现了以下思想：其一，阶级是不同的利益集团；其二，阶级反映的是生产资料的占有关系，有无生产资料，或占有生产资料的多寡是阶级划分的重要标志；其三，阶级表现在不同的利益集团劳动组织中所起的作用不同，如在企业中表现为支配企业的资本家或接受资本家控制和监督的雇佣工人；其四，阶级体现了社会经济结构中的地位不同，反映了不同阶级之间的剥削和被剥削关系。

阶级的经济含义最本质的内容是生产资料的占有状况。恩格斯在《共产党宣言》英文版（1888 年）注释中对资产阶级和无产阶级下了一个精确的定义："资产阶级是指占有社会生产资料并使用雇佣劳动的现代资本家阶级。无产阶级是指没有自己的生产资料，因而不得不靠出卖劳动力来维持生活的现代雇佣工人阶级。"②也正是对生产资料的占有关系决定阶级在社会经济中的地位和分配关系，马克思在《资本论》中揭示的就是资产阶级对无产阶级的阶级剥削关系。

二、当代资产阶级国家阶级的变化

当代资产阶级国家经济关系发生了许多变化，如股份公司形式普遍采用，出现股权分散

① 《列宁选集》第 4 卷，人民出版社 1972 年版，第 10 页。
② 《马克思恩格斯选集》第 1 卷，人民出版社 1972 年版，第 250 页脚注。

化；在资产阶级和工人阶级之间出现了庞大的“中产阶级”；一部分工人参与企业管理；职工工资逐渐增加，而且普遍实行社会保险和福利等。出现这些新变化的根源，主要在于社会生产力的迅速发展和生产社会化程度的不断提高；在于工人阶级为维护自身利益而向资产阶级展开的斗争；也在于资产阶级迫于形势的发展而改变斗争策略和统治方法，以求模糊劳资界限，缓和阶级矛盾。这些新变化只是使资本主义生产关系起了部分的质变，而没有根本性的质变。

现在发达国家不仅许多职员而且很多工人占有一些企业股票，其重要原因是股份公司通过大量发行股票，可以收到聚集资金和笼络职工的双重效应。由于股权分散，职工和小股东根本不能影响企业的经营，更无从支配企业的资本，这些企业都操纵在大股东的资本家尤其是垄断资本的手中，因而根本没有改变资本主义企业的占有关系。

所谓的中产阶级，这是一个界限极不确定、概念极为模糊的社会集团的总称。它除了一部分是“传统的”小资产阶级（包括小商人、小农场主、小业主等）之外，主要是指“新的”中等阶层，在西方各国劳动力中约占 1/4—1/3。它是由于生产发展和科技进步所带来的生产经营过程的日益复杂以及资本积累到一定程度，资产阶级脱离管理劳动而形成的。这一中等阶层中的大部分不占有生产资料，靠从事专业、技术或管理劳动的工资收入为生。小部分如经理阶层，尤其高级经理，则是资本家的代理人，他们握有管理企业、支配职工的权力，多拥有股票，而且收入远远高于工人。因此，这一中等阶层实际上包括两部分，大部分是有工人阶级的属性，小部分则有资产阶级的属性，它不能构成一个独立于资产阶级和无产阶级之外的中间阶级。

再以职工参与企业管理来说，这是企业的大型化和生产技术的复杂化所出现的趋势。实行这种管理方式，既不触动资本的所有权和管理权，不威胁资产阶级的根本利益，又可以适应现代化大生产的要求，调动职工的积极性，并有利于缓和劳资矛盾。更何况企业领导权依然掌握在资本家手中，参与管理的职工代表只是陪衬，很难有效地影响企业的重大决策，因而也没有改变企业中劳资基本关系。从收入分配的角度来看，发达国家职工的工资收入水平提高较大，但其工资水平并没有超出劳动力价值，而且资产阶级收入水平的提高速度超过雇佣劳动者，占有社会财富的大部分。

三、中国社会阶层的变化

改革开放以来，随着社会经济结构的调整和市场利益主体的重塑，我国的社会阶层的状况和关系发生了许多新的变化。以下仅简析现阶段中国社会的几个主要利益群体。

1. 工人群体

改革以来，从总体上看，中国工人群体的生活水平有了较大的提高，获得了实惠，但其内部和外部利益也有结构性变化。一是部分雇佣工人在经济关系和利益中的地位下降，主要反映在与中外私营业主群体之间的关系上。二是内部层次分化，职工群体存在着管理人员、技术人员、工人三个层次和利益日益明显的阶层。三是市场竞争中劳动能力较弱的职工利益有所下降，其社会保障的实际水平低于过去的单位保障，如老、弱、病、下岗职工等。

2. 农民群体

农民群体是改革以来分化最为明显的一个利益群体。这种分化是在两个方面展开的：一是改革引发的社会产业结构的变动，大量劳动力向非农产业转移，务工经商的劳动力急剧增加,从事种植业、养殖业的农民大量减少。二是改革引发的社会所有制结构的变动,使农民在所有制、财产和收入的占有与分配关系上产生了重要变化,贫富分层明显。从职业分层看,农民群体大体分化为三部分:第一,专门从事种植和养殖的农民。这部分人逐渐减少,除了少数技术和管理水平较高的人以外,多数人收入较低且不太稳定。第二,乡镇企业的农民。这部分人基本脱离农业生产,最多是在农忙时参加某些农业生产。他们收入较之务农的要高,也较稳定。其中,少数管理人员和技术人员的收入很高。第三,进城打工的农民工。有的长期在城里做工,多数人的收入比务农的要高,但流动性较大,且由于户籍等关系,他们与城市完全融合要有一个长期的过程。

3. 知识分子群体

知识分子是专门从事教育、科学、文化等知识劳动的社会群体。在知识经济时代,作为工人阶级的知识分子,它将成为先进生产力和先进文化的代表者。改革以来,知识分子群体已被承认为工人阶级的一部分,其经济、政治地位有了一定的改善。一部分人的知识价值带来了高额收入。如以知识劳动为主的名医生、名律师、名教授,以及凭借专业技术从事第二职业的知识分子,相对获得了高收入。但这部分人只占知识分子的少数。从社会总体来看,"脑体倒挂"和知识分子内部合法差距较小等现象依然存在,许多知识劳动没有得到应有的社会回报。

4. 私营业主群体

私营业主是一个急剧增加的新兴社会群体,其收益和生活水平处于社会上层,是改革获利最大的经济集团。该群体既有发展生产力的正效应,也有某些妨碍经济和社会和谐的负效应,应加强引导和管理。

5. 公务员群体

我国的公务员队伍是一个庞大的机关干部群体。公务员的社会声望较高,收入也较稳定。随着社会经济的发展,公务员的实际经济收益和住房水准提高较快。值得注意的是,少数公务员利用手中的权力大搞权钱交易,通过腐败而迅速暴富起来。

当前,我们要正视社会阶层的变化状况及其发展趋势,制定正确的经济政策,控制经济分化的程度和速度,协调各个社会主体的经济利益矛盾,尤其是劳资关系,消除危及社会主义安定的经济隐患,保证我国经济与政治、社会的全面协调可持续发展,以便建立一个和谐的小康社会。

本章小结

国民收入是一个综合性的宏观经济指标。与此相关的经济指标还有国民生产总值、国内生产总值、国民生产净值、个人收入等。国民收入的核算,一般采取最终产品法、增加值法和收入法。国民收入的分配包括初次分配和再分配。初次分配是指在创造国民收入的企业内部进行分配,即在与再生产直接相关的各个部门之间进行分配。再分配是指在初次分配之后在全社会范围内进行的再分配过程。

居民收入指的是一定时期(通常是一年)内居民从各种不同来源得到的收入总和,包括以货币计算的收入和以实物计量的收入。居民储蓄在数量上等于居民个人可支配收入减去消费后的差额,包括手持现金和在商业银行以及其他金融信用机构的存款,还有在金融市场上购买的有价证券等。

不同的生产资料所有制性质决定不同的分配关系。资本主义私有制决定按资分配，社会主义初级阶段的按劳分配是市场型按劳分配。生产资料公有制为实行按劳分配提供了可能。社会主义的生产力状况为按劳分配提供了物质条件。社会分工的存在以及劳动作为人类的谋生手段，也是实行按劳分配的重要原因。我国当前的分配制度和政策是，坚持以按劳分配为主体的前提下，与按生产要素分配相结合。

生产的一般目的是为了消费。生产的社会性质决定消费的社会性质。不断提高居民的消费水平，改善消费结构，是各国的共同目标。

阶级的经济含义最本质内容是生产资料的占有状况。当代资产阶级国家阶级状况虽然发生了一定的变化，但资产阶级和工人阶级的经济地位与对抗本质没有发生根本变化。改革开放以来，随着社会经济结构的调整和市场利益主体的重塑，我国的社会阶层的状况和关系发生了许多新的变化。我们要正视社会阶层的变动趋势，确保各方经济利益协调发展。

关键术语

国民收入　国民生产总值　国内生产总值　国民生产净值　国民收入(NI)　个人收入　个人可支配收入　最终产品和中间产品　物质产品平衡表体系　国民收入核算体系　国民收入的初次分配和再分配　消费和储蓄　利率变动的收入效应和替代效应　按劳分配　按资分配　按生产要素分配　三位一体公式　公平和效率　恩格尔定律　阶级　资产阶级和无产阶级　中产阶级(中等阶层)

参考资料

1.《马克思恩格斯全集》第 25 卷，第 7 篇，人民出版社 1974 年版。

2. 陶大镛：《现代资本主义论》，江苏人民出版社 1996 年版。

3. 陈恕祥、杨培雷：《西方发达国家劳资关系研究》，武汉大学出版社 1998 年版。

4. 倪力亚：《当代资本主义国家的社会阶级结构》，福建人民出版社 1993 年版。

思考题

1. 如何正确认识国民收入及其相关的主要指标？国民收入核算的三种方法及其不同意义是什么？

2. 有人说股票和股市是国民收入初次分配，有人说属于再分配。请问：它们有没有国民收入的初次分配和再分配问题？怎样理解社会主义经济中的国民收入的初次分配和再分配？

3. 社会生产与分配的关系如何？如何理解市场型按劳分配？如何理解社会主义初级阶段的分配制度？

4. 如何理解消费的双重性质？资本主义与社会主义条件下居民消费性质有何不同？

5. 西方不少工人有些股票，收入和生活水平也逐渐有所提高，有人认为无产阶级因此而不存在了，或认为可以用“中产阶级”概念来取代无产阶级和工人阶级一词了。请你作一评论。在当前国际国内阶级和阶层关系出现了许多新变化的情况下，如何理解马克思主义的阶级理论？

·第四编·

国家经济过程

第十三章

国家调节微观经济

学习目的与要求

通过本章的学习，掌握国家调节微观经济的一般理论，了解资本主义国家和社会主义国家调节微观经济的实践过程，区分两种不同制度下国家调节微观经济的特殊性，并对国有经济这一国家调节微观经济的主要载体的范围、功能和效率予以科学把握。

第一节　国家调节微观经济的必要性

一、公共供给的需要

在市场经济中，由于市场机制内在的缺陷和受外部性的影响，市场机制可能以高效率、低效率、无效率的方式配置资源。市场机制低效率或无效率地配置资源，被称为市场失灵。市场失灵需要非市场的力量来纠正，而国家作为社会利益的代表，被视为是公平、公正的非市场主体，承担着修正市场失灵的任务，即干预或调节经济。

讨论　市场失灵

市场既可能在宏观方面失灵，也可能在微观方面失灵。宏观失灵主要是指市场的宏观不稳定性。在缺乏恰当的政府宏观调控的情况下，市场的宏观不稳定性可能造成如下两个不同的结果：一是出现经济危机，即国民收入的大幅度下降和失业人口的大规模增加；二是出现通货膨胀，即一般价格水平的大幅度上涨。

另一方面，微观失灵则主要是指市场的微观低效率，即在某些情况下，市场本身不能导致资源的有效配置。① 所谓资源的有效配置,是指能够使得社会效率达到最大的资源配置。如果在某个地方,资源的边际社会收益大于边际社会成本,则这意味着,在该处配置的资源太少,应当增加。因为在这种情况下,增加一单位资源使社会增加的收益要大于使社会增加的成本。反之,如果在某个地方,资源的边际社会收益小于边际社会成本,则这意味着,在该处配置的资源过多,应当减少。因为在这种情况下,减少一单位资源使社会减少的收益要小于使社会减少的成本。由此可见,只有在边际社会成本和边际社会收益恰好相等时,资源配置才能够达到最优状态。

一般来说,市场机制本身至多只能保证资源配置的边际私人成本和边际私人收益相等,而无法保证边际社会成本和边际社会收益相等。这是因为,边际私人成本并不一定等于边际社会成本,边际私人收益也不一定等于边际社会收益。即使是在完全竞争的理想状态下,也存在有各种各样的原因造成私人成本和收益与社会成本和收益的分离。例如,在缺乏对污染有效控制的情况下,污染企业生产的边际私人成本往往要小于其边际社会成本。又例如,当投资者拼命地过度使用资本设备时,结果就会使设备的所有者遭受额外的损失。此时,边际私人成本也小于边际社会成本。相反的情况是,投资者为改进资本设备而进行的投资本不属于设备所有者,但该投资的好处最后却可能为所有者拥有。此时,边际私人收益就小于边际社会收益。如果考虑到不完全竞争的情况,例如,在垄断竞争的条件下出现的竞争性广告和恶性竞争、在寡头条件下出现的讨价还价和欺诈行为、在垄断条件下出现的过高价格等等,则私人的成本和收益将进一步背离社会的成本和收益。

国家调节经济的形式分为两种:一种是国家调节宏观经济;另一种是国家调节微观经济。国家调节微观经济主要是从微观的角度,利用国有经济,辅之经济、法律和行政手段,通过提供公共供给、进行公共引导和负责公共管理等方式,对微观经济予以调节。

人类对于国家提供公共产品经济职能的认识,早在亚当·斯密时期就已经有了。随着市场经济取代自然经济,市场经济制度在欧洲各主要国家逐步形成,这时以魁奈为代表的重农主义学派把市场经济看作是一种"自然秩序",主张实行自由放任的经济政策。之后的亚当·斯密也极力反对国家干预经济,主张放任私人自由地开展经济上的竞争,认为国家的功能仅限于:第一,保护本国社会的安全,不受他国的侵犯;第二,设立司法机构,保护私人所有权或其他人身权利;第三,从事私人不愿意承担的某些社会公共工程和公共设施。在这三项任务中,前两项都属于保护功能,后一项是提供社会公共产品的功能。

但是,由于这一时期,生产的社会化程度不高,经济主体之间还没有形成广泛的、密不可分的相互联系和相互制约的关系;市场规模、范围都是有限的,供需双方都相对稳定;经济发展水平较低,产业结构和产品结构都比较简单。因此,人们对公共产品的需要程度不高,社会对国家提供公共产品的需求也不十分迫切。

随着社会分工的深化导致生产的社会化、专业化程度不断提高,不仅推动了经济的发展和社会的进步,也使人际交往增多,人们对公共产品和半公共产品的需求也越来越多、越来

① 对于什么是微观的市场失灵有各种不同的看法。比较流行的观点认为,当市场不能导致资源的有效配置时,它就是微观失灵的。有些人则认为,市场的微观失灵不仅表现在经济效率的高不高上,而且表现在收入分配的公不公上:如果市场不能导致收入的公平分配,则它也是失灵的。还有一些人试图进一步扩大市场失灵的范围。按照这些人的看法,除了效率和公平以外,如果市场不能实现其他一些社会目标(如政治民主、道德高尚等),也算它失灵。我们这里局限于讨论上述第一种情况,即低效率的市场失灵。

越高，而私人企业却不愿或无力提供，这在客观上使得国家提供公共产品的经济职能凸显了出来。

公共产品是指那些为社会公共生活所需要，私人不愿意生产或者无法生产而由政府提供的产品与劳务。它是所有社会成员都可以享受的、不适用排他性原则的产品。

公共产品与私人产品不同，适应于私人经济部门的市场选择、市场定价原则和市场配置方式，并不完全适用于公共产品生产部门。如私人产品都具有明确的所有者，要想取得这些产品就必须按照市场规则等价交换。消费者为私人产品付出等价之后，就获得了这个产品的所有权，其他人就不能享用这个商品或劳务所带来的效应。

与私人产品不同，公共产品具有两个最显著的特征：

(1)非竞争性。是指一个人对某种产品消费的增加不影响其他人对这种产品的消费，换言之，新增加消费者享受这一产品不会引起其生产成本的增加。如无线电视节目接受者的增加，不会引起制作无线电视节目的成本增加；在多暗礁航道设置浮标的成本与通过航道的船只数量无关。

(2)非排他性。是指难以排除或无法排除其他人从公共产品获得好处，换言之，当一个人或一部分人消费公共产品并从中获益时，并不排除另一个人或另一部分人同时消费这些公共产品，并获得利益。如国防成功地抵御了外国的侵略，每个公民都受到保护，没有办法排除任何人从中受益。公共产品的非排他性意味着消费者都可能做一个“免费乘车者”，不付代价地、平等地享用公共产品。

定义　私人产品和公共产品

私人产品：既具有排他性又具有竞争性的产品，如水果。所谓排他性是指，只有对产品支付价格的人才能够使用该产品；所谓竞争性是指，如果某人已经使用了某个产品，则其他人就不能再同时使用该产品。

公共产品：既不具有排他性也不具有竞争性的产品，如国防。

国家提供的公共产品的范围主要是直接关系到国民经济整体利益和长远利益的物质和人力开发等基础设施和国防设施等，如交通、邮政、通讯、电力、自来水供应、航海灯塔等物质基础设施和公共设施，空间技术研究开发、教育、文化设施、环境保护等人力开发和环境设施、国防安全设施等。这些公共产品生产行业的特点是：发挥作用的时间长，甚至是永久性的；所需要的投资大，而且一旦沉淀下来很难再抽回它；提供的服务是面对全体企业和消费者，缺少了这些服务，市场经济的运作效率就会大打折扣。

国家除了提供公共产品外，在某些情况下还提供准公共产品和半公共产品，如公园、公共图书馆、公共住宅、文化体育设施等。在免费供应社会成员享用时它是公共产品，在收费条件下，它又带有某种私人产品的性质。由国家提供的这些产品和服务之所以带有半公共产品的性质，一个重要原因是，对这种产品的消费或享受存在着一个“拥挤点”，从而使这些产品和服务带有一定程度的排他性。

公共产品和半公共产品的这些特点，使得一个社会为了保证这些产品的供给，只能由国家来提供。

总之，国家之所以成为公共产品的提供者，可归纳为如下几点：第一，公共产品的生产成本需要社会负担；第二，由于“免费乘车者”的存在，使私人不愿意提供公共产品；第三，由私人提供公共产品会导致低效率或公共产品供给不足。

国家一般会提供以下这些公共产品、半公共产品和服务：

(1)建立和维持国防和治安安全系统。它可以为社会成员提供一个不受异国侵略、内部治安秩序良好的社会环境，从而保障社会各项事业的正常运行。

(2)修建和维护公共交通系统。现代社会的铁路多为国有国营，或者以国家为主修建和经营。公路，特别是高速公路网也多为由中央和地方政府为主筹资修建和管理运营。航空、水运、航海事业也大多如此。交通运输系统是现代经济机体的动脉，投资大、收回投资时间长，并须全盘规划、统一管理，宜于以国家为主修建、维护和营运。

(3)建设、管理和维护市政工程系统。这一般多为地方政府的职能。现代城市的市政工程系统是一个复杂庞大的社会系统工程，包括煤炭、电力、给排水、供气供暖、通信等多种不同的系统，应由地方政府统一规划，某些具体工程可以采取合营或委托给私人企业经营的方式，但总体规划应由地方政府承担。

(4)建立和发展邮政、通信系统。现代邮政和通信系统是涉及全国乃至世界的神经中枢。在科技不断进步、微电子学等新兴学科不断涌现和发展并广泛应用于邮政、通信系统的情况下，在计算机技术不断普及、光纤通信等有关新技术不断发展、信息高速公路的建设已经起步的当代，加快加紧这方面的统筹规划、建设、超前研究等，无疑是非常重要的。这也需要国家直接出面或大力支持才能建立起来并有较大发展。

(5)建立从事基础研究、前沿学科和有战略意义发明的科研机构。这些科研项目和成果，对社会有广泛的实用价值，或有深远意义的影响，或关系到国家的长治久安。但如由私人投资兴办，则因投资大、收效慢往往会无人问津。因此，虽然在当代各国由私人企业出资办的科研机构在不断增加，但多是从事实用性科研，而基础性、前沿性和战略性的科研机构，则主要由国家投资兴办和给予财政支持。

(6)发展教育事业。当代各国多实行年数不等的义务教育，教育经费中很大部分由政府筹措。未来世界的竞争是人才的竞争，这又必须靠教育的发展。发展教育事业，除了要积极调动社会各种力量来参与外，主要还是要依靠国家，特别是高等教育、职业教育、成人教育，包括对失业者的再培训等，都需要国家的大力支持与扶助。

(7)发展公共文化娱乐事业。随着社会的发展，文化娱乐活动也越来越丰富，虽然在这方面私人产品和服务占了较大的比重，但是有一些独特的公共文化娱乐事业，仍由国家提供和经营，如国家大剧院、大博物馆、国家图书馆、名胜古迹、古文化遗址等。

由国家提供公共产品并不意味着必须由国家来生产公共产品。一般而言，国家提供公共产品的方式可以多种多样，通常可分为三种：一种是国家通过直接建立国有企业或者让私人企业参股来生产、提供公共产品，进行基础设施和高科技的开发；一种是国家通过向私人企业大量订货，使其按国家要求生产，国家购买其所生产的产品和服务；一种是国家不直接经营公共部门或某些产业，而是通过立法、补贴或行政限制干预这些领域的经济活动。在这里，国家不仅干预公共产品的生产活动，而且还作为一个市场主体直接介入其活动。

关于公共产品的提供问题，世界各国也都做了不少的尝试和探索，其中包括由私人来安排公共产品的供给。但是主要由国家提供公共产品，比起由私人提供，效率损失相对更小一些，因而对社会也更有利一些。

二、公共引导的需要

在社会主义市场经济条件下，要使市场在资源配置中起决定性作用和更好发挥政府作用。市场经济的中心是市场，通过市场，全社会的各种资源，包括物质资源、人力资源、技术资源、信息资源等交叉实现耦合配置，在此过程中创造出产品和服务，满足城乡居民的需要，实现经济增长。这正是市场经济高效率的源泉。然而，在现实的市场经济运行过程中，市场并不一定创造出高效率，有时候会出现低效率，甚至是"负效率"，即我们前面提到的"市场失灵"。这里牵涉到很多因素，如有资源因素、技术因素等外生变量的影响，但更主要的是市场本身的问题，也就是市场本身不能或难以实现资源的有效配置，如市场的不完全性、不完善性、信息的不对称性直接影响了市场配置资源功能的作用。这些"市场失灵"的问题靠市场自身是无法克服的，通过国家的公共引导来弥补"市场失灵"，才能避免市场经济运行陷入无调节的状态。

首先，在市场经济条件下，市场具有不完全性。市场的不完全性是指由于垄断因素的存在，市场中的各种资源无法通过自由流动来有效地进行合理配置。竞争机制是市场经济的重要机制，是市场经济得以维持和运转不可缺少、不能扭曲的重要因素。但是，市场自身并不具有维护竞争的自动机制；相反，在竞争中却生成了垄断。在市场经济条件下，市场的规则只能造成大鱼吃小鱼，结果必然走向垄断，垄断反过来抑制市场机制的有效运作，阻碍技术进步，造成资源浪费和社会福利的损失。正如列宁所认为的：既然规定了(虽然是暂时地)垄断价格，那么技术进步，因而也是其他一切进步的动因，前进的动因，也就在相当程度上消失了。经济发展的实践已经表明，随着垄断因素的不断增加，垄断寡头所具有的地位和力量能通过这些企业之间的合谋、默契、领导价格等形式和手段来控制一个产品的价格，达到占有垄断利润的目的，从而形成了扼杀竞争的垄断价格。在垄断条件下，即使出现供不应求，但由于垄断而形成的种种阻碍市场进入的藩篱，社会资源也不能轻易流入。反之，当出现供不应求时，资源也不能退出，这样就导致了市场的不完全性，对消费者造成了损害，对社会资源造成了极大的浪费。

其次，在市场经济条件下，市场具有不完善性。市场的不完善是指由于市场的价格信号呆滞，交易不规范、不公正，造成了资源的逆向流动和配置，以致引起了市场的无效与失败。在不完善的市场中，价格信号不灵敏，尤其是时滞性问题是市场条件下不可避免的，这样现期的市场价格往往不能真实地反映需求和供给的变化，这将误导企业和消费者的生产与消费，从而导致资源配置的低效或市场效率异化；在市场进入和交易活动的方式及各市场主体产权和责任等方面都没有规范和明晰，监督机制又不健全时，假冒伪劣商品将泛滥，欺诈盛行，造成了市场交易的不公正和不规范，破坏了市场的激励与约束机制。

再次，在市场经济条件下，市场信息具有不对称性和不完全性。信息不对称或不完全是指市场没有提供完备的信息，也缺乏有效配置信息的机制，当一些人所拥有的信息比其他人多些时，或无法获得完备的信息时，市场就处于不对称信息状态或不完全信息状态。现代社会是一个信息爆炸的社会，也是一个迅速变化的社会。在这种情况下，无论生产者、消费者和交易者要想获得完整的知识相对困难，或者要付出相对高的成本。信息的不对称和不完全对于生产者影响很大，因为生产者面对的不仅是消费者，还要面对同行的竞争者，当他们缺乏有关市场的信息时，就不知在何时、何地提供多少数量的产品才能恰好地满足市场需求或为市场所接受，这样，他们就不会将资源配置到效率最高的地方；相对于生产者，消费者需要消费众多品种但消费量又较少，必然存在信息搜集和鉴别的规模不经济，而生产者在利润最大化的驱使下往往企图通过设置信息障碍维护差别价格和垄断价格，因此，消费者无法完全了解所购买的产品的质量如何、价格是否公道，从而，他们很难达到既定收入下的最大满足；交易者没有足够的信息预测生产者和消费者供求状态，难以从众多的经济行为者中迅速找到买主和卖主、不易顺利地达成交易，无法降低交易成本。

讨论　市场经济的不完全性

市场经济本身存在着各种各样的“不完全性”。正是这些不完全性造成了经济活动的边际社会成本和边际社会收益不相一致，造成市场经济的失灵。具体来说，这些不完全性包括：

1. 产权不完全

在市场经济条件下，某些产权制度或产权制度的某些方面可能是不完全的。产权制度的不完全性主要产生于如下两个原因。第一，当对财产的有效控制不是给予某单个人，而是给予某一群人时，就出现了产权的不完全。控制财产意味着有能力决定是谁在何种条件下使用该财产多长时间。当控制给予一群人时，某单个人若想获得该控制，就必须与该群人中的所有其他人协商并达成契约。这样做通常非常困难，成本也很大。因此，在这种情况下，单个人很难得到对财产的有效控制。例如，公共道路是所有人共同“拥有”的财产。每个人，只要拥有有效的驾驶执照、合乎要求的交通工具，并办了保险，就有权在公共道路上行驶。如果某个人希望控制公共道路上的交通流量，他就必须与每一个实际的和潜在的公共道路使用者协商并达成协议，使他们在某种交换条件下同意以某种特定的方式限制自己对公共道路的使用。显而易见，这是非常困难的，几乎不可能成功。这也说明了为什么不存在控制使用公共道路的市场。

第二，当财产的所有者不能够有效地防止或排除未经许可的其他人使用其财产时，产权也是不完全的。这里的“排他性”首先要求有法律上的保证——产权必须允许某个人拥有排斥所有其他单个人使用该财产的权利；其次，法律的排他权利还必须要有贯彻该权利的能力来支持。在有些场合，贯彻这种排他权利是比较简单的，花费的成本也不大；但在另一些情况下，则可能不是如此。例如，某消费者从超级市场上买回一袋面包自己消费，他为防止其他人消费该面包所花费的成本不会有多大。但出售面包的超级市场要防止消费者不付钱就拿走面包就要困难得多。它要雇佣检查和安全人员来做这件事，从而要支付昂贵的人工成本。特别是，当排他成本过高，超过潜在的有利交换或生产所可能带来的好处，则这种潜在的有利交换或生产就不会发生。

2. 转让不完全

即使法律将排他性给予单个人，而且排他成本也很低，从而单个人事实上成为财产的主人，但他在法律上也许没有权力将其财产的所有权或使用权在任意条件下转移给任意其他人。缺乏转移性的极端例子是法律规定不允许以任何形式向任何人转移。例如，依法在政府公地上定居的人也许有权不经过土地所有者的同意就不间断地使用该土地，但却无权出卖它。程度稍轻一些的缺乏转移性的例子是劳动市场：单个人拥有自己的劳动并可以将其出卖一段时间，但法律不允许把一个人对其劳动的控制权永久地转移出去。程度更轻一些的例子还有:单个人只能在某些条件下才可以进行交换。例如,法律规定的最高限价或最低限价。交换只能在限价规定的范围内才被允许;或者,法律规定只能在一定的时间或一定的地点才可以进行交换。所有这些对交换条件的限制都可能妨碍互利交换和生产的实现。

3. 信息不完全

互利的交换和生产之所以没有发生的更进一步的原因在于,所需要的信息也可能是不完全的。交换需要一定的信息。例如,必须了解潜在的买者或卖者都是些什么人以及处于什么地方;必须知道这些买者或卖者准备进行交易的条件;必须查证用来交换的那些商品和劳务的质量;必须知道与这些被交易商品相联系的产权的情况等。但是,这些信息中有一些我们可能永远无法知道,有一些我们可能需要花费很大的代价才能知道。在某些情况下,为获取信息所花费的成本也许会大于进行交换或生产所可能带来的好处。在这种情况下,潜在的互利交易显然就不可能成为现实。

4. 竞争不完全

在市场经济条件下,要使资源配置达到最优,就必须有充分的和完全的竞争。一般来说,市场的竞争程度越高,资源配置的效率也越高;反之亦然。但是,完全的竞争要求在同一个市场上有相当多的厂商生产和销售完全无差别的同种商品,以至于每一个单个的厂商的行为都不可能对整个市场的状况产生任何影响。显而易见,除了少数的例外,这种完全的竞争在现实经济中是不多的。常见的倒是那些竞争不完全的情景。例如,垄断竞争——市场上有许多厂商生产和销售有差别的同种商品;寡头竞争——市场上只有少数几个厂商生产和销售无差别或有差别的同种商品;完全垄断——市场上只有一个厂商。和完全竞争不同,这些不完全竞争的市场的共同特点之一就是,其中每一个厂商的行为都可能对整个市场的状况产生比较显著的影响。正是这个区别造成了它们在资源配置方面的低效率。

5. 调节不完全

市场经济条件下资源的有效率配置还要依赖于其价格调节的灵活性:一方面,当某种商品的价格过高,导致供大于求时,价格会在生产者之间竞争的压力下向下调整,以减少供给和增加需求,最终恢复均衡;另一方面,当某种商品的价格过低,造成供不应求时,价格会在消费者之间的竞争压力下向上调整,以增加供给和减少需求,最终恢复均衡。然而,在现实经济生活中,价格常常具有"刚性",就是说,过高或过低的价格常常会固定在市场非均衡的水平上,并不根据供求不相一致的状况而进行及时的调整。价格刚性以及由此造成的市场失衡意味着市场调节机制的"瘫痪"。在这种情况下,资源配置显然无法达到最优状态。

由于市场的不完全、不完善和信息的不对称会造成市场经济的无序和混乱,导致资源配置的低效和无效,市场的这些失败不可能通过市场自己的组织系统来解决,因此,国家从微观角度进行调节和引导就极其必要。国家主要是从如下几个方面进行公共引导来弥补市场失灵。

第一,产权引导,即通过国家的立法导向界定、保护产权或确定产权的结构。产权就其内容而言,包括:一是法律意义上的占有权即处置权;二是财产的管理经营权或使用权;三是通过占有或使用而拥有的获取产品或收入的权利。产权的对象不仅表现为物质形态的财产,还包括诸如企业信誉或产品知名度等无形资产。产权就其外部结构而言,包括以公有经济为主体或以私有经济为主体的经济结构。产权的内在界定和产权的外部结构的确定必须通过国家的立法进行。

第二，产业引导，即通过国家经济行为和经济政策的导向，形成在国民经济中举足轻重而产值又在国民生产总值中占较大比重的支柱产业。各国的资源禀赋、技术水平和发展层次不同，支柱产业的培育也不同，但是培养与发展一国的支柱产业是提高一国的经济实力、增强国际竞争能力的需要。然而，各国培养支柱产业的路径都不同，如国家可以通过培养市场竞争主体来扶持支柱产业，也可以通过发展和壮大国有经济来巩固支柱产业。

第三，产品引导，即通过国家的导向行为影响企业怎样生产、为谁生产和生产多少。国家的这种导向性行为一部分是直接的，一部分是间接的。直接的部分是指国家通过国有企业直接生产公共产品；间接部分是指通过经济参数调节影响私人生产行为，或扶助某些产品的生产，或限制某些产品的生产，以达到引导企业生产的目的。

第四，技术引导，即通过国家的政策性行为引导促进技术进步。市场机制对促进技术进步具有重大的作用，但是在促进技术进步的某些方面和领域，市场机制也会失灵。主要表现在如下几个方面：一是以新技术，特别是高技术为基础的大规模的研究工作；二是面临国际竞争产业的技术创新；三是对产业或对整个社会有重要意义的活动领域，如能源、交通或电力的技术进步；四是需要经过较长时间才能取得经济效益的基础科学研究领域等。国家对于这些领域的技术进步的引导也分为直接与间接两种形式。对于建立从事基础研究、前沿学科和有战略意义发明的科研项目则因投资大、收效慢往往主要由国家直接投资兴办。

第五，信息引导，即国家凭借其拥有的行政权威和广泛的信息网络，为生产者和消费者提供信息生产、咨询等服务。由于市场只能提供不充分的信息，而市场的效率要求尽可能降低信息成本，使信息自由地传播，而信息在某种程度上属于公共产品，因此，在改进信息不对称、不完全，提高市场效率方面，政府应当有所作为，它比单纯依靠单个消费者单独搜集信息，各自保护自己更经济。国家提供信息往往是通过政府的权威媒介来传递，因而，传递的速度快、传递面广，可以减少不同的市场行为主体决策的盲目性，减少资源浪费和损失，从而提高市场效率。

第六，消费引导，即国家通过影响人们对储蓄和消费关系的处理来达到调节消费者的行为趋势、消费结构和消费数量的目的。在市场经济条件下，国家不必给人们分配消费品，也不必告诉消费者“消费多少”和“如何消费”，但是国家可以通过经济杠杆、经济政策和必要的行政手段来引导人们的消费行为和储蓄行为，达到预期的目标。

第七，竞争引导，即国家使用法律和行政方式，反垄断、反不正当竞争，维持市场竞争机制、价格机制和利益机制，改进市场效率。市场经济中垄断与不正当竞争行为损害了市场机制，影响了资源的有效配置。国家导向性调节主要包括对社会经济发展有害的各种形式的垄断，通过实施各种反垄断法规和措施加以制止，以保护和促进市场竞争的有效展开。如国家可以制定各种形式的法规和制度，建立合理的市场秩序，从而消除或减少不正当竞争对市场机制的破坏，保证市场机制有效地发挥作用。又如，国家可以通过制定市场准入、退出和市场交易的法律法规，通过确定商品的最高限价保护消费者利益，限定商品的最低保护价保护生产者利益等方式来防止恶性竞争。

第八，对外贸易引导，即国家通过参与对外贸易或政策性行为，引导对外贸易中的进口与出口方向，以保持国内经济与国际经济的平衡。在经济越来越全球化、国际化的今天，各个国家与国际市场的联系越来越紧密，甚至成为国际市场不可分割的一部分，这时，一个国家能否在对外贸易中获得最大的经济利益，单靠市场是不够的，需要国家的导向性调节。国家在对外贸易中的导向性的调节范围很广，国家可以通过导向性的调节加快出口市场多元化进程，避免出口市场集中在少数地区与企业；在出口结构上，增加高附加值的出口商品份额，以有利于国家总出口收益的提高；逐步扩大出口商品的技术含量，提高高技术含量商品的出口份额，提高和巩固国际竞争力；有选择地逐步扩大进口市场，特别是对产业升级和竞争力提高能起关键作用的技术和设备的进口；调整国内多家卖主追逐外方买主的问题，协调建立大企业的外贸集团等。

三、公共管理的需要

国家调节微观经济，解决市场不完全、不完善，信息不对称、外部不经济等市场失灵问题，不仅需要采取公共供给和公共引导的方式，还必须通过国家管理微观经济予以解决。

所谓“外部效应”，是指在有相互联系、相互作用的经济主体之间，一个主体单位的活动对其他经济主体产生影响，而该经济主体又没有根据这种影响从其他经济主体中获得报酬或向其他经济主体支付赔偿。外部效应有积极的影响和消极的影响：好的影响或积极的影响被称为外部经济；坏的影响或消极的影响被称为外部不经济。根据经济活动的主体分类，又可分为：生产的外部经济和消费的外部经济；生产的外部不经济和消费的外部不经济。

定义　外部效应

外部效应是指某个人的活动对其他人产生影响，却没有从这种影响中获得报酬或为这种影响支付赔偿。外部效应包括外部经济和外部不经济。前者是指某个人的活动给其他人带来好处，却未能从中得到报酬。后者是指某个人的活动给其他人带来危害，却未为此支付赔偿。

生产的外部经济是指，生产者的经济行为产生了有利于他人的影响，而生产者却不能从中获利。如甲企业培训的职工跳槽到乙企业去工作，甲企业无法从乙企业索回培训费，甲企业的经济行为对乙企业产生了有利的影响，就出现了生产的外部经济。

生产的外部不经济是指，生产者的行为给他人造成了损害而又未给他人以补偿。如位于上游的钢铁厂排放的废水污染了下游的养鱼场，使鱼的数量减少，钢铁厂又没有给养鱼场赔偿，就出现了生产的外部不经济。

消费的外部经济是指，当一个消费者采取的行动对他人产生了有利的影响，自己却不能从中得到报酬。例如，一个人养花种草给邻近的养蜂人和周围的居民带来了好处，却得不到报酬。

消费的外部不经济是指，消费者的行为使其他人付出代价，而又未给他人以补偿。如吸烟者在公共场所吸烟，危害了其他人的身体健康，但又没有支付补偿。

当外部性存在时市场是失灵的，即通过市场的自组织功能无法实现市场经济的有效性。例如：

（1）在外部经济的情况下，经济主体进行经济活动的个人收益小于个人成本，个人成本又小于社会收益时，即使该经济活动对于社会是有益的，但对于个人来说却是无利可图，这些经济主体不会进行这项经济活动。只有当个人的收益大于成本时经济主体才会进行某项经济活动。所以，在外部经济的情况下，个人经济活动水平常常低于社会最优水平。

（2）在外部不经济的情况下，经济主体进行经济活动的收益高于个人，低于社会成本，即使这项活动对社会是有害的，但对个人来说是有利可图的，经济主体为了实现其利益的最大化，往往采取有害于社会的行为。一般而言，在外部不经济的情况下，个人进行经济活动水平常常高于社会最优水平。因此，解决外部不经济的问题也就成为国家调节微观经济的重要内容。

国家管理微观经济范围很广，自然资源和环境管理、行业管理、市场管理、价格管理、经济合同管理、广告和商标管理等都属于国家微观管理的内容。

国家对自然资源的管理是指国家采取一定的措施，根据一国的自然资源的拥有量以及未来经济发展的需要，对自然资源进行开发利用，有效地治理和保护，以达到合理利用自然资源的目的；国家对国土资源的管理是指国家有关部门对国土进行全面规划和整治，包括对国土资源进行勘测、规划、开发、立法和监督等活动。自然资源和国土资源是人类赖以生存和发展的基础。国家依据法规，对自然资源和国土资源加强管理和保护，对于微观经济乃至宏观经济的发展都大有益处。

外部的不利影响或外部不经济最直接的后果是造成环境污染。企业为了降低成本不愿投资改善环境，但私人成本的减少是以社会成本的增加为代价的，以致给社会和他人带来损害。由于这种不好的外部影响，不能靠市场经济本身自发调节和纠正，必须由国家来调节和管理，其中最主要的是环境保护政策。国家一般是采取立法方式保护和管理环境、治理环境污染，并督促企业把外部不经济的不利影响在企业内部尽量通过治理来消化掉，同时还应辅之以税收、补贴等手段从利益方面予以调整和补偿。

行业管理是以国家的产业政策为指导，通过国家职能作用的发挥，采取有效的组织形式和手段，理顺行业关系，激发企业活力，合理而有效地利用社会资源等一系列活动的总称。一般而言，国家是直接和间接参与行业管理，国家进行行业管理的内容主要涉及行业发展总体规划、行业发展重点顺序选择、行业结构调整、行业发展与结构化、行业布局等。国家进行行业管理的政策包括：反对行业垄断，促进市场竞争；对反垄断、促竞争不能覆盖的行业进行直接的管理，并适时适度放松；扶植中小企业，引导专业联合等。

市场管理是国家运用多种手段，对市场经济活动进行监督、控制、协调和疏导。因为市场本身的供需矛盾、竞争的不完全性、市场无秩序性等使国家管理市场成为一种客观必然。国家管理市场的基本任务是掌握市场发展方向，调节市场商品供求，稳定市场商品价格，培育和建立公正、高效的市场，维持市场秩序等。

价格管理是指国家按照客观经济规律的要求，通过制定国家的物价法律法规和正确的物价管理原则，建立科学的价格管理模式和管理方法，对商品价格和服务价格的形成过程进行计划、调节、控制和监督。价格管理是国家管理微观经济的重要内容，只有对价格进行科学的管理，才能充分地发挥价格机制的作用，促进社会效益和企业效益的同步增长，保护竞争，维护消费者和经营者的合法权益，保持物价的基本稳定和国家的安定。

经济合同、广告和商标都是市场经济发展的产物，对市场经济的发展既有巨大的促进作用，也有着单靠市场机制调整无法发挥最大效应的问题。国家管理经济合同是指国家各级工商行政管理部门和其他有关主管部门依据法律、行政法规规定的职责，对经济合同的订立、履行情况进行监督、检察的一种活动。广告管理是指国家通过制定法律、法规，设立管理机构，对广告活动的全过程进行监督、指导的活动。商标管理是国家商标局依法对商标的行政管理。国家对经济合同、广告和商标的管理有利于维护生产者、经营者和消费者的利益，有利于维护优胜劣汰公平竞争秩序，保证市场经济的发展。

劳动力市场管理是指国家按照劳动法律法规和政策，对劳动力市场的运行进行监督和控制，以调节劳动力市场中各方面的关系，维护劳动力市场的正常秩序和健康运行。劳动力市场是市场经济中资源培植的重要内容。国家管理劳动力市场的主要职责是依据法律法规规定劳动力市场各方的权利和义务，管理劳动力就业、劳动合同和工资、劳动安全卫生、劳动社会保险和福利，进行劳动职业培训等。

讨论　微观调节的方法

政府进行微观调节的基本方法是：当边际私人成本和边际私人收益与边际社会成本和边际社会收益不相一致时，通过使用成本最小的微观调节政策或者政策组合来改变边际私人成本和边际私人收益，使其与边际社会成本和边际社会收益重新一致起来，从而使得市场机制在政府调节的帮助下能够充分发挥作用，实现资源配置的社会最优化。具体来说包括如下几个步骤：

首先是确定是否要进行政府的微观调节。这要求我们针对单个经济主体的经济行为和单个市场的运行状况进行仔细的分析，弄清楚它们各自的边际社会成本和边际社会收益谁大谁小。如果分析的结果表明，边际社会成本和边际社会收益不相一致，则就有必要对该单个经济主体的经济行为或者该单个市场的运行状况进行微观调节。例如，假定被调节的对象是某个企业的产量或者某个地区的污染控制。如果相应于该产量或污染控制的边际社会成本大于边际社会收益，则说明该产出或污染控制超过了社会的最优标准，于是应当设法降低其水平。反之则应当提高其水平。直到使得边际社会成本与边际社会收益重新相等为止。

其次是确定如何来进行政府的微观调节。这要求根据微观调节的目的来提出各种各样的调节政策。这些调节政策措施必须是“可行”的。就是说，它们必须能够完成微观调节的目的——即能够保证使得边际的社会成本和边际的社会收益重新达到一致。例如，就对单个企业行为的调节而言，政府的政策措施可能包括：

- 数量调节。当企业的产出数量或者市场的产出数量不符合社会的要求时，政府可以直接加以调节，使其达到社会所需要的水平。数量调节特别适合于公共物品的场合。根据微观经济学的理论，由于不存在对公共物品的需求曲线以及由于存在着所谓的“免费乘车者”，市场本身提供的公共物品数量通常要低于社会所需要的最优水平。因此，必须要政府来直接承担提供公共物品的任务。
- 质量调节。质量调节的目的主要是为了保护消费者和劳动者以及保护环境。例如，关于药品销售的处方要求、关于各类食品的卫生要求、关于小轿车的安全要求、关于制冷设备的无氟要求等等，都可以看成是关于生产的质量调节。
- 价格调节。价格调节的一种形式是直接限制价格的变化范围。在许多国家，对煤气、电力等等这一类具有自然垄断特点的公用事业，政府常常通过制定最高价格的方法来降低其价格和提高其产量，使消费者得到更多的社会福利。价格调节的另外一种形式则是税收或者补贴。例如，对于烟酒之类的产品，政府常常加以征税，以提高它们的价格，并降低对它们的消费，而对于某些出口产品，政府常常给予补贴，以降低它们的价格，增强它们的国际竞争能力。

- 信息调节。这里的信息主要是指关于产品性能的信息。调节的目的是保证消费者能够得到充分的和正确的产品信息，以便它们能够做出正确的选择。例如发行新股票或者新债券的公司必须公布公司的有关情况；产品广告上不得有不合乎实际的夸大之辞；某些产品必须有详细的使用说明书；香烟上必须标明"吸烟有害于健康"的字样；等等。
- 出入调节。一方面，为了保证生产的效率和防止过度的竞争，政府常常限制某些企业自由进入某些行业；另一方面，为了保证供给的充足和防止短缺的出现，政府常常又限制某些企业自由退出某些行业。这两种情况在具有所谓自然垄断特点的行业中表现得最为明显。
- 安全调节。例如，在人身安全方面，政府禁止企业自由生产和销售某些危险产品（如枪支弹药、黄色书刊和麻醉药品等等）；在就业安全方面，政府禁止企业随意或以不正当的理由解雇工人；在财产安全方面，政府规定宣布倒闭的企业要对其已卖出商品的售后服务作出妥善安排。

最后是确定最优的政府微观调节政策。为了解决某一个微观经济问题，政府可以使用各种不同的微观调节政策或政策组合。不同的微观调节政策或政策组合具有不同的成本。这些政策成本也是影响资源配置效果的一个重要方面。为了使资源配置达到最优，政府必须对所有可行的微观调节政策或政策组合本身进行分析，从中选出那些成本最低的政策或者政策组合。一般来说，在所有可行的政策中，成本最低的就是最优的。然而，进一步分析起来，政府还必须对政策成本和政策所要解决的那些经济问题的成本进行比较。可能存在如下特殊的情况：与问题成本相比，微观调节的政策成本太高，即使是那些"最优"政策，其成本也高于它所要解决的问题的成本。在这种情况下，所有可行的微观调节政策都将不值得实施。此时，最优的微观调节政策实际上就是不调节，即"自由放任"。

第二节　国家调节微观经济的实践

一、资本主义国家调节微观经济的特点

按照马克思的分析，在资本主义市场经济发展的初期，国家对市场经济的形成起到了重大的推动作用。主要体现在：用暴力加速封建家庭的解散；用立法破坏中世纪的公地制度，使土地成为商品，使大量的小农成为无产者，创造劳动力市场；用法律规定城市和农村、计时劳动和日劳动的工资率；用保护关税制度促进工厂的形成和发展，剥夺独立劳动者，使国民的生产资料和生活资料变成资本，强行缩短从旧生产方式向现代生产方式的过渡。当时经济学的主流思想是重商主义，强调国家干预经济。

自魁奈、斯密以至20世纪30年代为止的西方主流经济学，则极力反对国家干预经济，主张实行自由放任的经济政策。这一主流思想的现实根源则是：

其一，在早期市场经济活动中，生产的社会化程度不高，经济主体之间还没有形成广泛的、密不可分的相互联系和相互制约的关系，所以，客观上也就没有提出国家调节市场经济的要求。

其二，在自由竞争阶段，市场机制发挥了有效、灵活的调节功能，市场机制的缺陷还没有充分显露出来。一方面，由于市场规模、范围都是有限的，供需双方都相对稳定，有可能较全

面、准确地了解市场状况，把握市场信息；另一方面，存在着较多的市场机会，新产品的开发、新的原材料市场的发现、新的营销手段等，使市场在深度和广度上都具有拓展的可能。在这种情况下，市场机制显示出巨大的功能，犹如一只“看不见的手”有效地调控着市场经济。

其三，这一时期的经济发展水平较低，产业结构和产品结构都比较简单，企业经济活动的外部性也不明显，人们对公共产品的需要程度不高，国家间的经济联系、交往也十分有限。

这些客观经济条件，决定了政府的功能只是局限在一定范围之内，而没有必要扩展到社会经济活动的各个领域。对于处在经济主体地位的企业和个人而言，国家在经济活动中只扮演了一个“配角”，或充当“局外人”。

随着市场经济的发展，一方面，分工的深化导致生产的社会化、专业化程度不断提高，企业之间相互联系、相互制约作用越来越强，整个国民经济的规模扩大了，更为复杂化了，单靠建立在私人企业之间自由竞争基础上的市场机制已无法有效地调节经济运行过程；另一方面，市场拓展的空间受到限制，竞争更加激烈，企业活动的外部性突出地表现出来，同时，私人企业规模扩大和私人垄断的形成又抑制了市场竞争的作用，“市场失灵”开始表现出来。此外，经济的发展和社会的进步也使人们对公共产品的需求增大，而私人企业却不愿或无力提供；在市场冲破一国范围向国外拓展的条件下，国家之间的经济联系和交往也日益增强，需要国家出面促进和保护国家对外经济活动。所有这些变化，都在客观上要求资本主义国家承担更多的经济职能，实现政府的“角色换位”，即政府的身份从保护者变为管理者。政府经济职能的扩大，首先表现为担负起社会经济管理者的任务。

进入20世纪，特别是1929—1933年世界性经济危机的爆发，标志着自由市场经济“田园诗”的美梦破灭。这时人们开始真正较有理性地反思自由的市场经济。凯恩斯主义出现后，国家干预理论成为主流思潮。凯恩斯主义认为，自发的市场经济运行必然产生有效需求不足，不可能达到充分就业，因此，必须放弃自由放任主义的不干预政策，加强国家对经济的调节、干预职能。

在凯恩斯主义经济理论的影响下，第二次世界大战后，资本主义国家对经济生活的干预日益加强。作为社会经济的管理者，国家不仅要建立和维护市场竞争制度，确立市场秩序规则，而且还要利用国家的力量，积极开展对外经济活动，增强本国在国际市场上的竞争力。国家的经济功能渗透到微观经济生活的各个领域，并且国家不仅成为微观经济的管理者，也逐渐成为市场经济运行过程的主体之一，直接参与市场运行过程。这一方面表现在，国家通过向私人企业大量订货、采购而成为一个巨大的市场需求者，对市场需求影响不断增强；另一方面，更重要的是，国家通过直接建立国有企业或者向私人企业参股来生产、提供公共产品，进行基础设施和高科技的开发，从而成为市场的一个重要供给者。

定义　凯恩斯主义

西方经济学的一个重要流派。凯恩斯主义认为，自发的市场经济运行必然产生有效需求不足，不可能达到充分就业，因此，必须放弃自由放任主义的不干预政策，加强国家对经济的调节、干预职能。

这样，在现代资本主义市场经济中，存在三个市场主体，即：企业、家庭（或个人）和政府，这与早期的自由资本主义市场经济有很大区别。

从上述分析中可以看出，现代资本主义市场经济中的国家具有双重身份：首先，它是一个微观经济的引导者、管理者，充当着裁判的角色，担负着干预调节微观经济运行过程的任务；其次，它又是市场主体之一，直接参与经济运行过程，通过提供供给产品等微观活动，对供给和需求都有重大影响作用。国家的这种特殊的身份，表明了现代资本主义市场经济中国家具有重要地位。可以说，没有资本主义国家的作用，现代资本主义市场经济是不可能自行运转的。具体地讲，资本主义国家调节微观经济的基本特征表现在下述几个方面：

第一，资本主义国家是以经济活动秩序的制定者和维护者的身份来调节微观经济的。市场经济是竞争经济、法制经济，竞争必须有秩序和规则。资本主义国家是通过设定监督机构，维护正常的经济秩序，规范市场主体的行为，以弥补市场自组织系统的缺陷。

第二，资本主义国家是以执行经济活动规则的仲裁者来规范和管理市场交易和市场运行过程的。市场经济在运行过程中，市场主体都应遵循既定的规则，如果有违规行为，国家有权给予违规者以惩罚。国家的裁判地位，要求它自身必须公正、严格，具有权威，必须遵守市场规则，置于市场竞争之中，而不能凭借自身的特殊地位任意行事。

第三，资本主义国家是以经济运行过程的调节者的角色对微观经济运行过程进行调节和引导。从调节方式上看，分为直接调节和间接调节，调节和引导的范围则极其广泛。

第四，资本主义国家是以微观经济活动的直接参与者控制微观经济。政府通过生产和提供社会公共产品，成为市场供给者；通过向私人企业订货、采购，成为市场需求者。在这种情况下，政府成为一个市场主体，其行为对市场供求状况有重大影响。

由于各国的具体国情不同，同一国家在不同发展阶段的任务不同，因此，不同国家和同一国家的不同发展时期，政府在社会经济活动中的身份地位有所不同。特别是具有不同社会政治主张、奉行不同经济政策的不同政党和国家，以及同一国家不同时期的政府，可能具有截然相反的行为方式。但是，在现代市场经济条件下，它们都具有作为社会经济管理者和经济主体的双重身份，都在社会经济活动中处于至关重要的地位。

20 世纪 80 年代以来，在经济理论上，西方市场经济国家中的新自由主义重新抬头；在实践上，有些国家的政府，如美国、英国，也从奉行国家干预主义的经济政策，改为奉行新自由主义的经济政策，在某种程度上减少了国家对微观经济的干预调节。但是从总体上看，西方政府参与经济活动的水平仍然呈曲折的上升趋势。它表明，政府在微观经济中的作用还在普遍扩大和增强。

二、社会主义国家调节微观经济的特点

对于"市场经济失灵"给予了最本质批判的人是马克思。他认为资本主义经济的这一不可避免的恶果是源于资本主义的内在矛盾，这一矛盾解决的唯一途径就是用一种崭新的社会形态——社会主义社会来代替。而在马克思所构思的理想的社会主义社会中，将不存在市场经济，而是由国家在生产高度社会化的基础上，承担起组织全部社会生产的任务。

苏联社会主义革命成功后，遵循马克思的有关思想，列宁和斯大林不仅在理论上，而且在实践上将国家的经济职能强化了。列宁曾经指出："建成社会主义就是建成集中的经济，由中央统一领导的经济……"①"没有建筑在现代科学最新成就上的大资本主义技术，没有一个使千百万人的产品的生产和分配中最严格遵守统一标准的有计划的国家组织，社会主

① 《列宁全集》第 28 卷，人民出版社 1963 年版，第 378 页。

义就无从设想。”[①]列宁不仅从理论上阐述了在社会主义条件下国家经济职能的极端重要性，而且着手建立了高度集权的社会主义经济。战时共产主义经济和新经济政策，都是在向马列所说的社会主义社会过渡的尝试，是列宁经济思想的重要实践。列宁逝世后，斯大林则建立了一个高度统一的社会主义计划经济体制，并且在长达半个世纪中成为各个社会主义国家经济体制的楷模。

在高度统一的计划经济体制中，国家不仅直接调节宏观经济，也直接调节微观经济。如我国国家原有经济职能是依照计划经济思想设计的。它建立在高度集中的中央计划体制为中心的基础之上，国家是经济活动的实体，并渗透到国民经济的每个领域，以集权统一配置经济资源。国家作为整个社会的代表，以全民的名义占有生产资料，整个国民经济就像一个大工厂，国家则作为中心对整个社会生产和分配实行严格的集中领导，并建立一套完整的行政组织系统，统一管理生产和分配。这种模式对于在短时期内摆脱贫穷落后和维护社会经济稳定无疑起着一种立竿见影的作用，但同时也导致政府经济活动的范围日益扩大，政府垄断了几乎所有部门的资源配置职能。具体表现为：

其一，企业的一切经济活动都以政府为中心，由政府统一指挥和控制。各个企业分别隶属于各级政府的经济管理机构，有些是部门企业，有些是地方企业。投资主体是政府，成本核算的单位和中心是政府，物资供应中心和产品销售中心也是政府。这样，政府对企业统一计划、统购统销、统收统支、统负盈亏。企业的生产任务由政府的指令性计划确定，所需的原材料由政府统一供应，生产的产品由政府统一分配销售，实现的利润全部上缴政府，亏损由政府补贴，所需的资金由政府拨给，企业的干部由政府任命，工人按国家统一的计划招工，工资由政府统一规定和调整。因此，一切经济活动都与政府紧密相连，整个社会的企业和政府经济管理机构俨然是一个统一的“大工厂”。

其二，国家职能过分集中于中央政府，地方和部门缺乏自主权。在工业生产方面，主要的大型工业企业都由中央政府各部门直接管理。在基本建设方面，绝大部分基建项目，直接由中央各工业部管理，投资和建设任务由中央政府直接安排。在物资管理方面，全国重要的生产资料均由中央统一分配。在劳动工资管理方面，职工工资标准、职工升级和升级制度均由全国统一制定。在财政管理方面，财权绝大部分都集中在中央政府。

其三，国家对劳动者管理过死，由国家统包的福利和社会保障视为社会主义的优越性。城镇中需要就业的人员基本上都由国家负责安置，安置去向又主要是全民所有制单位，形成了以统包统配和固定工制度为主要特征的劳动制度。城市实行的是就业、福利、保障高度重合的制度，即从办食堂、招待所、理发室、托儿所到职工养老、子女就业、看病医疗等国家无所不包、无所不管。

其四，政府管理经济的方式是用行政手段管理企业的生产经营活动。政府对企业人、财、物实行直接管理和分配。具体包括：(1)原材料分配；(2)产品分配；(3)产品定价；(4)生产计划；(5)分配基本建设投资指标，审批基本建设项目，直接组织重点项目的设计与施工；(6)审批技术改造项目，分配技术改造贷款指标；(7)管理所属企业的工资和奖金；(8)审批下达所属企业的招工计划；(9)管理所属企业的党政群工作；等等。

这种计划经济管理体制，对经济发展造成了一些不利的影响。政府管理过度集中，企业

---

① 《列宁选集》第3卷，人民出版社1972年版，第545页。

和地方缺乏积极性，束缚了社会生产力，影响了经济发展。对资金和实物实行统一分配和调拨，生产要素得不到合理的流动和配置，既不能有效地增加适销对路产品的供给，更不能有效地控制日益膨胀的需求。部门、地方、企业、个人都希望更多地无偿分配到资金和物资，造成投资短缺、物资短缺、贷款短缺，同时又伴随着投资浪费、物资浪费、贷款浪费等。计划、财政、金融等综合经济部门和经济主管部门多头决策，相互掣肘，影响了宏观经济决策质量和管理水平，影响了宏观经济运行、结构调整和区域经济布局合理化，不利于国民经济持续稳定地发展。

在20世纪下半叶，鉴于传统计划经济自身的种种弊端，社会主义国家纷纷转而采取了市场经济模式。社会主义市场经济与西方发达资本主义市场经济，既有某种共同性，又有不同性质和特征。因此，西方发达资本主义市场经济国家调节微观经济的某些特征，对社会主义市场经济既有适用性的一面，又有不适用的内容。社会主义市场经济国家调节微观经济有自身的独特性。

首先，社会主义国家调节微观经济的经济基础不同，即社会主义市场经济中的所有制结构和分配结构与西方发达资本主义国家截然不同。

它是建立在以公有制为主体、国有经济为主导、多种所有制形式并存的基础之上。从整个所有制结构看，非公有制成分将占一定比重，在占主体地位的公有制中，与市场经济兼容较好的集体与合作经济成分将起着越来越重要的作用；从企业内部所有制结构看，大多数企业，特别是处于竞争性行业的企业将在公司制的框架下采取多种所有制形式并存、以公有制为主的混合结构。

它是建立在按劳分配为主体、按要素分配等多种分配方式并存的分配制度基础上。这种个人收入分配的方式是在讲求效率、适当拉开收入差距的同时，逐步达到共同富裕。因此，国家不仅要参与国民收入再分配领域，而且要渗透到国民收入初次分配领域，在事先积极预防和事后认真纠正各种分配不公的现象，坚持公平与效率相协调的原则。

其次，社会主义国家在微观经济的调节过程中所扮演的角色和起到的作用，与西方发达资本主义有差异。国家对微观经济的调节不仅是管理微观经济，而是作为占主导地位的国有产权的所有权的主体，具有所有权主体的功能，因此，比西方发达资本主义市场经济中国家作为经济主体之一的身份重要得多，其控制经济的活动范围也要大得多，承担的功能要广泛得多。

社会主义国家具有了社会利益总代表的地位，不仅要对市场竞争制度、市场秩序等进行强有力的干预调节，而且还要代表全社会的总体利益自觉地调节、引导公有制经济与非公有制经济的多种复杂的经济利益活动，以保证在一部分人、一部分地区先富起来的基础上，逐步实现共同富裕的目标，这是社会主义经济的本质要求。显而易见，没有强大的国家功能，单纯依靠市场竞争与价格机制的作用，是不可能自动实现这个目标的。

社会主义国家掌握了社会中相当一部分资产、资源，控制着整个国民经济命脉，除了运用一般的经济政策手段、法律和行政手段之外，还可以有效地运用各种社会手段，如政治动员、协调社会利益团体的行动、在政治民主化的基础上全民参与等手段调节微观经济。

社会主义国家为微观经济主体提供必要的宏观经济发展信息、趋向和正确的导向。作为微观经济决策主体的企业是自主经营、自负盈亏的独立的商品生产者，因而有其完全独立的利益和目标。这些众多的利益和目标，必定因其主体的差异而各不相同，并且与社会整体利益和长期目标难以吻合，这就要求国家制定中长期的经济发展战略和规划来加以协调。中长期经济计划是在综合国民经济整体情况的基础上形成的，反映国家对未来经济发展的趋向和安排，因而对引导企业生产，保证市场运作具有重要作用。社会主义国家虽由传统计划经济体制转向了市场经济体制，这并不意味着否定和取消一切计划。只不过计划的重点和方式发生了转变，使其具有长远性、规划性和指导性。

社会主义国家引导和促进产业结构的优化和升级。政府通过发展和调整产权结构来引导企业调整产业结构，促进产业结构的合理化。从广义上讲，结构均衡还包括区域经济发展的协调，它与产业结构的合理化是密切相关的。而微观调节和实现产业合理布局将促进区域经济协调发展。

社会主义国家组织重要的基础设施和基础产业的建设，增强国民经济发展的后劲，为社会经济发展提供坚实的基础。同时，在尖端高科技领域和自然垄断部门保持国家必要的控制。凡涉及国家安全、国防尖端技术，具有战略意义的稀有金属开采等行业，由国家专卖的企业和行业承担，同时，对于国家重点发展的能源、交通和通信等垄断性较强的行业，国家也予以重点扶持、帮助，加强引导和管理。

社会主义国家培育市场体系，规范和监督市场运行和维护正常的市场秩序规则。社会主义市场经济国家一般都设立相应的机构，制定各种法规和规章，并就执行情况监督检查。市场经济实际上是法制经济，没有法律规范保护和约束的经济必定是混乱的经济，这既是市场经济运行机制的需要，也是商品生产者和消费者合法权益得到必要保护的需要。国家履行这一职能，一方面是加快有关市场竞争秩序规则的立法，使管理者与被管理者有法可依；另一方面是对被管理者的合法生产和经营情况、税负情况以及产品标准、技术标准、环境等方面的执行情况进行检查。

为企业和社会提供服务，这是市场经济体制下政府的一项重要而且范围广泛的职能。如建立各种保险制度，发展和完善公共设施和公益事业，搞好培训，提高就业人员素质等。

管理国有资产和监督国有资产运营，包括国有资产保值增值，建立符合市场运行规则的国有资产管理体制、监督机制。通过合理而有效地运用国有资产，为社会经济的健康发展提供重要保证。

再次，社会主义国家调节微观经济又具有不发达国家经济调节的特征。社会主义市场经济一般都具有跨越性和后发性，都存有先天不足的缺陷。因此，国家在进行微观经济调节时更加强调以下几点：

一是社会主义国家调节微观经济时更注重培育市场、完善市场，创造一个有利于企业发展的良好经济环境。社会主义国家市场发育都不完善，存在“市场缺失”，尤其工业化发展到一定程度后，政府干预的缺陷逐渐显示出来，许可证制度、企业保护政策，以及利用行政手段来控制主要资源分配的做法，都削弱了市场竞争，不利于生产技术的进步，阻碍了经济发展。因此，国家在调节微观经济时应该解除对市场发育的束缚，打破地区封锁，建立和完善市场交易规则，与国际市场接轨。这时，国家对市场经济进行调整，进行正确指导，保证公平竞争，进行规模适度和结构合理的投资等是充分发挥市场机制作用的保证。

二是社会主义国家调节微观经济时更注重积极引进先进技术。社会主义国家的技术水平与发达的资本主义国家相比都很低，因此，社会主义国家在引导和管理微观经济时都尽可能地利用世界经济环境中的有利因素，积极引进现成的先进技术，并以此为基础发展国内经济。有利于引进技术的政策既包括对外开放政策，也包括自由贸易政策。

三是社会主义国家调节微观经济时更强调基础设施建设，改善社会的福利状况。社会主义国家由于经济基础薄弱，普遍存在基础设施、投资条件差的问题；同时，其他社会公共产品也处于短缺状态。这就要求政府为了改善投资环境和条件，以促进私人投资和引进外资，同时也为了向社会成员提供必要的公共产品和服务，必须大力加强基础设施建设，提高社会福利水平。

四是社会主义国家调节微观经济时更强调提高人口素质。经济发展要求资源配置必须在保持近期经济增长和长期提高人口素质以及生活水平之间做出选择。社会主义国家不可能单纯依靠市场调节来为社会，尤其是为全民提供受教育的机会、改善卫生和健康条件、建立计划生育服务设施，在这方面只有政府才能发挥作用。

五是社会主义国家调节微观经济时更高度重视防止污染、保护生态平衡。社会主义国家正处于经济发展阶段，企业造成的外在负效益更为突出，需要政府的控制和管理。就各个企业来讲，缺少控制污染的持久的积极性，对此，政府不能不出面干预，除用必要的手段（如税收）迫使企业付出的成本接近或等于社会成本，把污染控制在最低水平外，国家在植树造林、绿化、防止水土流失等方面也发挥着主导作用。

三、国有经济的范围、功能与效率

国有经济是一种世界现象，绝大多数国家都有一定数量的国有企业，受制于各个国家的文化、历史和体制，有些国家的国有企业数量多、分布广；而有些国家则数量有限，相对集中在少数几个行业。设立国有经济的本质是加强国家对经济活动，特别是微观经济活动的干预与调节。

世界上绝大多数国家都设立一定数量的国有企业。主要有三种情况：

其一，社会主义国家的国有经济。这些国家为了实现公有制的基础地位，由国家代表全国人民行使资产的所有权，把大量资产集中在国家手中，由国家采用一定的管理形式进行资源配置，以推动经济增长和经济发展。社会主义国家的国有企业兼有双重职能：一是作为制度存在的基础，即作为社会主义公有制的实现形式；二是作为政府宏观调控的手段和工具。

其二，西方发达资本主义国家的国有经济。这些国家实行的是市场经济体制，其经济调节的基本逻辑是：市场是一次调节，国家属于二次调节，市场解决不了和解决不好的问题由政府解决。国有企业就是国家解决“市场失灵”问题的一种弥补措施或手段。这些国家创办国有企业的目的是为了提供公共产品、增强国力、稳定社会。

其三，其他国家中的官商结合的国有企业。在这些国家中，皇室及当权者凭借自身的权力通过设立官办企业等手段，官商结合，敛聚财富。这种情况下的国有企业是国家当权者为了自己的利益而开办的。因此，它带有传统的封建皇室的色彩。

虽然世界各国都有国有企业，但国有企业作用的范围却不同。

就大多数资本主义国家而言，在非竞争性行业设立国有企业是它们的普遍做法。西方学者认为，所谓非竞争性行业，主要是指垄断性行业、公共产品供给行业和“利小本大”私人不愿投资的行业。因为，一是自然垄断性行业，由于种种原因，如破坏自然环境、易产生垄断利润等，不适宜由私人经营；二是从经营角度考虑不适宜由私人经营的行业，如电力、铁路等行业，这些行业如果让私人经营虽可获利，但私人难以实现规模经济效益和范围经济效益；

三是私人不愿投资或没有能力投资的行业。通常在不同的资本主义国家里，由于受习俗、文化、国情等因素的影响，市场发挥作用的范围和程度是不一样的，如美国的市场调节范围广、程度深，而日本、德国等市场的作用不如美国。这样，各国国有企业的范围、规模及其在国民经济中的重要性就有较大差异。

就社会主义国家而言，国有经济是量多面广，战线很长，大小不一，涉及众多经济领域和行业，遍布全国各地。20 世纪 80 年代以来，传统的社会主义国家纷纷进行了改革，开始转向市场经济，而且不同的国家实行改革的路径、方式不完全一样，因而现阶段各国国有企业的状况也不相同。

按照现代西方经济学的混合经济理论，国有企业的存在是为了弥补市场缺陷，即在垄断性行业、公益性行业和某些特殊行业可以发展国有经济，除此之外，应由私人经济支配。在他们看来，为克服各种"市场失灵"所导致的私人收益与社会收益不一致，确保达到帕累托最优，国有经济有一定的存在理由，其功能主要是对自然垄断行业直接所有或管制，对公共产品和外部性问题予以直接供给和管理。

与资本主义市场经济不同，在社会主义市场经济中，国有经济不应局限在为非国有经济拾遗补阙的范围，而应充分发挥其主导作用。完整地说，社会主义国有经济的主导作用有下列六个方面：

第一，基础服务功能。交通、邮电、供水、供电、煤气等基础设施和公用设施，各种能源生产、矿山开发和整治山河等基础工业和基础环保的建设，一般所需投资大，回收速度慢，且生产的社会化程度很高，服务面极广。在这些部门发展国有经济，可以为整个国民经济的初始启动和良性发展奠定产业关联的基础。其经济效益往往是通过别的部门的发展效益来间接实现的，即隐性效益较大。

第二，支柱构筑功能。尽管各国的资源禀赋、技术水平和发展层次不同，支柱产业的项目可以有所不同，但必定要构筑少数在国民经济中处于举足轻重地位而产值又在国民生产总值中占有较大比重的支柱产业。这些产业在特定时期往往是国际市场激烈竞争的部门。显然，我国在钢铁、重化工业、汽车制造和军工等部门积极发展和壮大国有经济，可以巩固整个国民经济的支柱，大幅度提高国际竞争力。

第三，流通调节功能。货币流通是经济运行的总枢纽。国家要保持对国民经济整体的快速而有效的灵活调节，需要掌握由中央银行、商业银行和政策银行构成的银行系统及其他重要金融机构，以免被小团体或私人操纵而损害社会和公众的利益。商品流通对生产有巨大的反作用。发挥国有商业的效应，也是国家调节流通所不可忽视的基本层面。

第四，技术示范功能。重大科学技术的研究与开发，需要大量的超前投入和联合攻关。经济落后国家的规模较小的非国有经济难以胜任。由拥有较强的研制实力和信息网络的国有经济组织（含国有科研单位）承担主要科技项目的基础研究和应用开发，可以较快推动社会科技的进步、产业素质的提高、经济结构的改造和国际竞争力的增强，从而在高新技术和重要技术的普及上起示范作用。

第五，社会创利功能。私人经济的基点是为个人盈利，集体经济的基点是为群体盈利，国有经济的基点是为社会盈利。它们之间有联系，但又有明显的区别。假如国有经济全部退出显性效益大、盈利率较高或获利较容易的竞争性行业，专门在一些盈利较低或易亏损的行业发展，无疑会形成和加剧社会分配不公（西方所谓"国家不与民争利"，实质是要求不与私人垄断组织和资本家争利)。可见,国有经济有必要在商业、日用工业品、耐用消费品、旅游等某些竞争性领域适度发展,以便直接为社会整体和劳动者整体谋利益。

第六,产权导向功能。国家利用全民所有制性质的国有经济,支持集体经济的不断壮大,并与集体所有制一起巩固社会主义的生产关系,确保市场经济的社会主义性质(公有制性质)。同时,国有经济以其自身的雄厚实力和优势,通过竞争、投资和信贷等市场行为和机制,从企业内外部影响和制约非公有制经济,扬利抑弊,使其为社会主义服务并成为有益的经济补充。国有经济在社会所有制结构和产权制度变迁的导向方面,具有重要的静态和动态功能。

国有经济作为各国经济发展过程中国家调节微观经济不可缺少的经济载体,有其存在的必然性和合理性,其中最重要的条件就是国有经济能够为一个国家的经济带来整体绩效。尽管自第二次世界大战以来,整个世界经济格局和各国的经济模式在不断变化,国有经济的比重也在不断地调整,但是国有经济仍在世界范围内生存和曲折地发展,并在总体上显示出较高的绩效。

首先,就较发达的资本主义国家来看,国有企业并不是效率低下的代名词,它与私有企业一样也有高绩效的记录。例如,新加坡整个国有经济的效益高于非国有经济,其国有航空公司竞争力名列世界前茅,其国有电子公司的盈利率也高于私有制企业;韩国的国有浦项钢铁公司的生产率也大大高于日本五家最大钢铁公司。而韩国、意大利和新加坡等国经济增长较快的时期,恰恰是国有经济大发展的时期。英国和法国等大多数资本主义国家在第二次世界大战后都曾掀起过国有化的高潮,同样也出现过非国有化的浪潮。就纵向来看,有的时期国有经济绩效高,有的时期绩效低;就横向来看,有的国家国有经济绩效高,有的国家国有经济绩效低,不能一概而论。

20 世纪 80 年代以来,由于西方主要发达资本主义国家的保守党纷纷执政,新经济自由主义重新抬头等原因,在全世界重新掀起了私有化的浪潮,许多国家宣布对国有企业进行调整和改革,其中一个重要内容是出售国有企业,让私有企业、私人资本进入原先国有企业占领和垄断的行业,如航空业、电信业、电力行业等。目前,西方国有经济发展处于萎缩和低潮时期,但若干年后还会再掀高潮。

其次,就中国来看,国有经济不仅占有较大的比重,而且总体上是有较高绩效的。具体讲,我国的国有经济在改革开放以前绩效较高,为巩固社会主义政权,发展社会主义经济做出了重大贡献;实行市场经济体制以来,绩效相对低一些。

中华人民共和国成立后到改革开放前,当时的国有经济盈利较大,亏损较小(参见表 13－4),以国有经济为主体的国民经济总量有了较大的提高。1952－1978 年统计资料表明:这一时期按可比价格计算的社会总产值、工农业总产值和国民收入的年均增长率,分别达到 7.9%、8.2%和 6%(见表 13－1)。

表 13－1　　1952－1978 年经济增长基本指标　　单位:%

时　期	社会总产值	工农业总产值	国内生产总值	国民收入	积累率
“一五”时期	11.3	10.9	9.1	8.9	24.2
“二五”时期	0.4	0.6	－2.2	－3.3	30.8
1963－1965	15.5	15.7	14.9	14.7	22.7
“三五”时期	9.3	9.6	6.9	8.3	26.3

续表

时　期	社会总产值	工农业总产值	国内生产总值	国民收入	积累率
“四五”时期	7.3	7.8	5.5	5.5	33.0
1976—1978	8.1	8.0	5.8	5.6	33.5
1953—1978	7.9	8.2	6.0	6.0	29.5

注：增长速度按可比价格计算，积累率按现价计算。

资料来源：国家统计局国民经济平衡司编：《国民收入统计资料汇编(1949—1985年)》，中国统计出版社1987年版。

这样的增长速度不仅高于世界平均水平，而且比发达的市场经济工业国要快(其增长速度较快的1965—1973年间为4.1%)。可见，我国国有经济的发展速度和整体绩效比绝大多数资本主义私有制国家要高，而且社会主义基本经济制度的潜在优势还未充分释放出来。

推行国有企业市场化改革以来，由于贪污腐败、多种负担、分配不公、外资冲击、管理松懈、权责不清等种种内外部因素的作用，国有经济的亏损明显增加，但仍具有一定的绩效。具体实证分析资料可参见表13—2、表13—3。

表13—2　　产出增长率和全要素生产率　　单位：%

	1980—1988年	1980—1984年	1984—1988年
国有部门产出	8.49	6.77	10.22
全要素生产率	2.40	1.80	3.01
集体部门产出	16.94	14.03	19.86
全要素生产率	4.63	3.54	5.86

资料来源：世界银行：《90年代的改革和计划的作用》，华盛顿，1992。

表13—3　　中国工业部门生产率年增长率的估计结果　　单位：%

	1980—1984年	1984—1988年	1988—1992年
全要素生产率			
国有部门	1.8	3.0	2.5
集体部门			
城镇所有	3.4	5.9	4.9
乡镇所有	7.3	6.6	6.9
劳动力生产率			
国有部门	3.8	6.2	4.7
集体部门			
城镇所有	8.6	7.0	13.8
乡镇所有	5.8	14.4	17.7

资料来源：Jefferson，Rawski，and Zhens，1994。

进入21世纪，在国资委“做大、做强、做优”方针的指引下，通过合并重组和三年脱困的努力，国企重现勃勃生机。据报道，2002—2011年，国有企业营业收入年均增长17.6%，达367 855亿元；利润年均增长22%，达22 556.8亿元；上缴税金年均增长17.9%，达29 934

亿元[①]。其中，央企在2005—2010年营业收入和上缴税金的年均增长速度分别为12.18%和17.6%。这些国企的主要经济效益指标的增长速度远远高出同期GDP增长速度的水平。即使2012年受国际经济环境继续恶化等因素的影响，在整个宏观经济增速放缓的形势下，国企的主要经济效益指标仍保持增长势头。据财政部企业财务快报初步统计：2012年1—6月，国企累计实现销售收入83 723.4亿元，同比增长20.9%；实现利润7 535亿元，同比增长31.5%；上缴税金7 769.4亿元，同比增长23.9%。其中，央企累计实现销售收入51 244亿元，同比增长20.2%；实现利润5 418.5亿元，同比增长29.6%；上缴税金5 587.6亿元，同比增长26%[②]。

近年来，我国国企特别是中央国有企业的经济效益之高，不仅在国内有目共睹，即使与国际上相比，也是相当可观的。数据显示：2008年中国非金融国企盈余达到1.09万亿美元，超过美、日成为全球非金融企业利润总额最高的国家。中央企业与美、欧、日世界500强非金融企业的利润相对差距大幅下降，由2003年的7.51倍、3.03倍和1.38倍缩小到2010年的2.37倍、1.78倍和0.35倍。2003—2011年，中央企业与美、欧、日世界500强非金融企业营业收入的差距也急剧下降，与美国的差距由9.38倍降至2.6倍，与欧盟的差距由7.04倍降至2.098倍，与日本的差距由3.5倍降至0.8倍[③]。我国央企进入世界500强的数目迅速增加。据国家统计局国际信息统计中心主任赵云城提供的资料，我国内地企业进入世界500强的，在国资委成立的2003年仅11家，都是国有或国有控股企业；2011年增至57家，其中有53家(占总数的93%)是国有和国有控股企业，其余4家股份制企业和私营企业是在2008年后陆续进入500强的。如果加上我国香港的4家、我国台湾的8家，2011年中国进入500强的总共69家，超过日本(68家)，仅次于美国(133家)，成为全球第二位上榜500强最多的国家[④][⑤]。

此外，国有企业是“经济功能”与“公共功能”的统一载体，具有双重属性。在不同的历史发展阶段，国有企业主体功能表现不同。评价国有企业，必须把“经济效率”与“公共效率”统一起来。相对于国有企业的微观效率而言，国有企业的宏观效率显得更加重要，这是由国有企业的公共功能属性决定的。从国有企业从事公益性事业及履行社会责任来看，国有企业较其他企业有更大的自觉性。国有企业在落实国家宏观调整改革、增加财政收入、保证市场供应、维护国家经济、政治军事安全等方面履行了重要的社会责任。[⑥]

国有经济如何同市场经济相适应，是中外各国共同面临的难题，尚未形成较成熟、较为完备的操作经验，需要不断坚持探索和创新，绝不能半途而废。一般而言，清晰的产权制度是提高国有企业绩效的内部条件；有序的市场竞争是提高国有企业绩效的外部条件；有效的政府调节是提高国有经济绩效的宏观条件。这些将是各国改革国有经济，使之更有效率的要点。

本章小结

国家调节微观经济是各国市场经济发展的重要内容，其必要性主要体现在公共供给的

① 何宗渝、王希：《国有经济实力显著增强，多种所有制经济共同发展》，《经济日报》2012年7月10日。
② 孙勇：《上半年国有企业利润同比增长31.5%》，《经济日报》2012年7月27日。
③ 《黄金十年中国国企竞争力大幅提升》，《经济日报》2012年10月8日。
④ 薛志伟：《国力增强促进中国挺进500强》，《经济日报》2012年5月2日。
⑤ 丁冰：《再论正确看待国有企业的效率问题》，《马克思主义研究》，2013年第2期。
⑥ 伍旭中、冯琴琴：《以功能评价效率：国有企业效率的实证研究》，《当代经济研究》，2015年第6期。

需要、公共引导的需要和公共管理的需要。

公共产品不同于私人产品，它所具有的非竞争性和非排他性使得私人不愿或无力提供，一个社会为了保证这些产品的供给只能由政府来提供。

市场的不完全性、不完善性和信息的不对称性等“市场失灵”问题靠市场自身是无法克服的，只有通过国家的公共引导来弥补“市场失灵”，才能避免市场经济运行陷入无调节的状态。

国家调节微观经济，不仅需要采取公共供给和公共引导的方式，而且要采取公共管理的方式。尤其是外部不经济可能带来的环境问题，市场不完全、不完善性和信息不对称引起的市场无序等市场失灵问题，必须通过公共管理予以解决。

随着资本主义市场经济的发展，以及社会主义国家采取市场经济模式，中外各国均意识到了国家调节微观经济是市场经济的重要内容，并在不同时期，依据各自的经济理论和政策，进行了有异同点的微观经济调节实践。

各国都有一定数量的国有企业，本质上都是加强国家对经济活动，特别是微观经济活动的干预与调节，但其国有企业的范围、功能和效率都有一定的差异。市场经济如何同国有经济有效地结合，是一个需要坚持探索和创新的难题。

关键术语

市场失灵　私人产品　公共产品　竞争性　排他性　免费乘车者
准公共产品　市场不完全　市场不完善　信息不对称　外部效应
外部经济　外部不经济　个人收益　个人成本　社会收益　社会成本
凯恩斯主义　国家干预　国有经济　国有企业

参考资料

1. 植草益：《微观规制经济学》，中国发展出版社 1992 年版。
2. 卫兴华主编：《市场功能与政府组合论》，经济科学出版社 1999 年版。
3. 张宇：《市场社会主义反思》，北京出版社 1999 年版。

思考题

1. 在市场经济的发展过程中，尽管资本主义国家和社会主义国家都意识到了“政府失灵”的问题，但为什么中外各国调节微观经济仍是各国发展市场经济的重要内容？

2. 在市场经济中，市场的不完全、不完善和信息的不对称会造成市场经济的无序和混乱，导致资源配置的低效和无效，这样，国家对微观经济的公共引导就显得十分重要。对此，请你举例说明。

3. 社会主义国家和资本主义国家的经济制度背景不同，国家调节微观经济是否也有区别和各自的特点？

4. 有人说国有经济必然是低绩效。请用中外实证资料评析之。在高科技和高信息时代，所谓竞争性行业的说法还有什么意义吗？在社会主义类型的市场经济中，国有经济全部退出所谓竞争性行业，将会导致什么结局？

第十四章

国家调节宏观经济

学习目的与要求

通过本章的学习，了解国家调节宏观经济的理论与实践问题，认清国家调节宏观经济的必要性，掌握国家宏观经济调节体系中宏观经济调节的多元目标、具体方式、手段和政策体系等问题。

第一节　国家调节宏观经济的必要性

一、生产社会化和经济全球化发展的客观需要

宏观调节是指国家根据经济社会化和国际化及客观经济规律的要求，从总体上对国民经济各部门、各地区、各企业和再生产各环节的运动过程进行调节与控制，是国家管理国民经济的一种主要方式。在当今，无论是资本主义国家，还是社会主义国家，宏观调节都是必不可少的。

定义　宏观调节

一国政府从总体上对国民经济各部门、各地区、各企业和再生产各环节的运动过程进行调节与控制。

随着社会化的生产力不断发展，社会分工和协作关系也日益发展，社会各部门、各地区、各企业，以及社会再生产各环节之间的联系日益紧密，这在客观上要求国家对国民经济进行统一的宏观调节，以保证社会再生产的顺利进行和促进国民经济按比例均衡发展。

随着社会化大生产的发展，社会分工逐步超出国界而形成了国际分工。而国际分工的发展又进一步地推动了生产和资本的国际化，使生产和资本国际化达到了一个新的转折点，进入了经济全球化的阶段。经济全球化的形成与发展，促进了国际经济联系进一步扩展，也导致经济与社会活动越来越复杂。为了在跨国性的经济环境中发挥本国优势，取得较好的

经济利益，要求国家加强和完善对本国国民经济活动的宏观调节。

西方发达国家一直是生产社会化和经济全球化过程中的中坚力量。尽管在经济全球化的浪潮中，西方发达国家一直居于优势地位和起着主导作用，但它们也同样存在着一系列亟待解决的问题和面临着挑战，需要国家的宏观经济调节。例如，新技术革命的发展使西方发达国家原有的一些传统产业显得相对落后，需要国家帮助，对原有的传统产业进行改造，使原有的产业结构得到调整和升级；一些企业国际竞争力不强，要求政府在政策上给予支持，鼓励本国企业之间的联合和参与国际间的兼并，以扩大经济实力和市场的占有率，增强国际竞争力；一些高、精、尖科学技术的研制与开发，投资大、风险大，私人企业无力承担等，要求政府给予帮助，增加对科学技术研制和开发的投入，使本国经济在经济全球化中占据领先地位。

顺应生产社会化和经济全球化的客观要求，西方发达国家经常性地对本国国民经济运行进行广泛的宏观调节，甚至一向以自由经济自居的美国，也不断地加大了政府对宏观经济的调节力度。将西方主要发达国家划分为三类：第一类以美国、日本为代表，政府总支出约占国内生产总值的 1/3；第二类以法国、德国、意大利、奥地利为代表，约占 1/2；第三类以瑞典为代表，约占 2/3。

生产社会化和经济全球化的发展，必然对我国经济产生巨大冲击，使我国经济更大程度地卷入世界经济潮流之中。对此，作为一个发展中的开放国家，不可避免地要面对同一问题的两个方面：一是必须以生产力水平比较低的态势参与经济全球化过程；另一个是必须以经济发展水平相对劣势的局面迎接世界范围内的较量和挑战。经济全球化通行竞争的原则，价值规律在世界范围内发挥着作用，必然造成优胜劣汰的结果。相对落后意味着在国际竞争中处于不利地位。如何利用经济全球化给我国带来的有利时机，加快自身发展，缩小与发达国家的经济差距，是摆在我们面前的一个艰巨任务。其间，发挥国家对宏观经济的调节作用是非常重要的。这是因为：

(1)国家可以通过产业政策和出口导向政策对一些特殊行业和部门进行调整，把新技术产业作为新的经济增长点，推动产业结构优化升级，走新型工业化道路。

(2)国家可以根据技术进步的要求，自觉提高自主创新能力，组织进行大量的技术引进和重要的技术开发工作，增加科研经费和政府补贴，重奖有突出贡献的科研人员。

(3)国家可以较快地取消外资企业的超国民待遇，为我国企业创造平等的竞争环境，有利于我国企业发展壮大。

(4)国家可以通过市场和经济手段支持、培育大企业集团的产生，重点扶持一批有发展前景的大企业集团，让其跻身于世界百强企业之列，使我国在经济全球化中占有一席之地。

二、推动市场经济良性发展的客观要求

在市场经济中，资源的配置主要通过市场机制来进行。市场配置资源的机理是：在市场竞争中，随着物质资料、生产要素、劳务供求的变动而变化的价格，不仅反映了供求的变化，而且也反映了各种资源的稀缺程度。正是竞争中形成的、反映供求变动和资源稀缺程度的价格变动，引导着各种资源在各产业、各部门、各企业之间流动，保证了资源的配置适应于社会需求的变化。市场经济虽然能够带来资源配置较高效率的可能性，但也不是完美无缺的，而是具有自发性、盲目性和滞后性的弱点和消极方面的。为了有效地发挥市场在资源配置方面的基础作用，必须加强国家的宏观调节。

国家的宏观调节就其性质来讲，是以市场机制自身的存在并充分发挥对社会资源配置的基础性作用为前提的，是为市场经济的优越性的发挥创造条件，解决市场不能解决的问题，而不是取代市场经济的功能。因此，国家的宏观经济调节是以市场经济本身的存在和发展为基础的，并且表现为对市场运行中各种宏观经济变量和市场参数的调节、控制和引导。国家的宏观经济调节只能在充分发挥市场机制对资源配置的基础性作用的前提下，才能增强有效性；同样，市场机制的作用也必须建立在国家的宏观经济调节的框架下，才能减少盲目性。从国家宏观经济调节的任务或范围来看，它是补充市场经济的不足，而不是任意代替企业和市场的作用。如果国家的宏观经济调节超越其活动范围，只能对经济发展产生负面影响。这是市场经济对国家进行经济活动的一种合理界限。

西方资本主义国家对于由国家来调节宏观经济的认识也经历了一个较长的过程，并付出了一定的代价。传统资产阶级经济学认为，资本主义经济通过自组织功能的作用可以达到完美的境地，不需要国家干预经济。如斯密认为，在市场这只“看不见的手”的调节下，每个人在实现自我利益的同时，也就促进了社会利益的增长。因此，政府不需要干预个人追求自我利益的经济过程，应当遵循自由放任的政策，让市场机制去调节经济主体的经济行为，自动导向人类经济生活平衡。斯密的经济自由、市场机制调节理论不仅一直成为西方经济学信奉的教义，而且也成为一些国家发展资本主义经济的政策依据。在长达一个多世纪的早期自由市场经济阶段，西方发达国家政府基本上不干预经济生活。但是，以机器大工业生产为特征的资本主义经济的发展，暴露了自由市场经济的痼疾，即市场机制的调节不能保持社会经济的总量平衡，无法摆脱经济运行的巨大波动及不断出现的生产过剩经济危机的困扰。特别是 1929－1933 年世界性经济危机的爆发，给资本主义经济以重创，使资本主义世界的工业生产下降了 40%，彻底暴露了市场机制自发调节的缺陷。据此，凯恩斯倡导国家干预经济，摈弃自由市场经济理论，并提出国家调节社会总需求的一系列政策主张。

第二次世界大战以后的一段时间里，凯恩斯主义在英、美等西方发达国家的实际运用中，确实取得了促进经济增长、延缓经济危机爆发的某些效果。至此，国家调节经济活动已成为共识。市场经济进入了有政府调节的现代市场经济阶段。虽然 20 世纪 70 年代的滞胀及以后的现实表明，凯恩斯主义不是解决资本主义经济痼疾的灵丹妙药，而宣扬自由市场经济的理论和政策也一直未停止过，但西方发达国家的政府始终没有放弃过对宏观经济的调节。因为政府的宏观经济调节，有助于实现经济稳定持续增长，有助于推动市场经济良性发展。

社会主义市场经济的发展更需要国家的宏观经济调节，坚持把“看不见的手”和“看得见的手”有机地结合起来，强化政府对市场经济的调节，注重实现经济总量和经济结构的基本平衡，实现经济资源的优化配置和收入分配公平化，确保社会主义市场经济体制健康平稳地运行。

三、实现经济发展战略目标的需要

经济发展战略目标是经济发展战略体系中的重要组成部分。所谓经济发展战略，是指一个国家、地区或行业在其经济发展活动中，事关整体性、长期性、根本性的总体决策，是一个涵盖国民经济发展的指导思想、战略目标、战略重点、发展阶段及基本对策的体系。经济发展战略目标是指在较长时期内经济发展活动所要实现的基本目标。一般通过人均国民收入或人均国民生产总值的增长率、劳动生产率、人均主要产品占有量、人均预期寿命、出生率，死亡率、文盲率、就业率、失业率、人均受教育的程度、人均居住面积等一系列经济、社会指标来体现。由于经济发展战略目标是战略主体在一个较长时期内关于全局发展的奋斗目标，非局部和个别的目标，所以，它既要反映物质生产部门和非物质生产部门之间合理的比例关系，又要反映经济发展同人口控制、生态平衡、社会文明等社会发展目标之间的合理关系。经济发展战略目标的制定和实施，将对国民经济发展产生重大影响。

单纯依靠市场调节来实现经济发展战略目标是不可能的。因为市场机制调节作用的发挥，是以企业追逐企业利益为动力来实现的。在实现企业利益的同时，很难主动兼顾好社会利益，尤其不可能自发使经济发展与人口计划生产、生态平衡、环境保护、全民教育水平提高等社会发展目标相适应。

为实现经济发展战略目标，资本主义国家政府一直没有放弃对国民经济的宏观调节。例如，第二次世界大战使很多国家的经济遭受了战争的破坏，为了迅速恢复和发展经济并使之实现现代化，一些国家将经济增长作为经济发展战略目标，希望通过工业的快速增长带动整个国民经济的发展。但是单纯依靠市场机制的调节实现这一经济发展战略目标，短期内是做不到的。为此，通过政府出面，加大国家投资的力度，对电力、煤炭、煤气、铁路运输等基础部门和企业实行国有化，推出一系列促进工业生产发展的优惠政策等，来实现这一经济发展战略目标。政府调节的结果，使欧美等一些国家受战争严重破坏的经济得以恢复并迅速发展。

以单纯经济增长为主要内容的经济发展战略目标的实现，固然促进了资本主义工业化的形成，但也带来了环境污染，生态系统遭到破坏；片面发展工业，导致产业结构不合理；财政贸易和国际收支状况恶化；债台高筑以及经济增长的大部分成果被少数人获取，分配不均的出现等诸多不良后果。为了改变这种状况，已经建立起工业化体系的一些资本主义国家在保持经济稳定适度增长的同时，开始注重社会全面的发展，将经济发展战略目标调整为按社会全体成员的基本需要来安排社会经济活动，即满足基本需要的经济发展战略目标。根据国际劳工组织的解释，基本需要是一个社会为其最贫穷的阶层所确定的最低生活水平。满足基本需要首先意味着保证每一个家庭能满足个人消费最低限度的需要，它包括：必需的吃、穿、住、用、行生活资料；享受卫生保健、交通运输、教育等公共服务；每个具有劳动能力和劳动欲望的社会成员都能获得适当的工作报酬；社会成员生存的空间应该是健康卫生、人际关系和谐愉快的环境。要实现这一经济发展战略目标，政府更有必要加强对宏观经济的调节。

定义　基本需要

基本需要是一个社会为其最贫穷的阶层所确定的最低生活水平。

为实现我国经济发展战略目标，政府也在大力改进和加强对宏观经济的调节。改革以来，考虑了自然环境、自然资源、人口总量、经济发展、科技力量、教育状况、生态与环境、制度与体制、历史与文化等构成国情的基本要素，根据经济规律的客观要求，联系国际环境对我国经济发展可能会产生的影响后，确立了到 2050 年把我国建成社会主义现代化强国的战略目标。要实现这一宏伟的经济发展战略目标，仅依靠市场的自发调节是远远不够的。围绕经济发展战略目标的实现，各级政府正在认真落实习近平新时代中国特色社会主义思想，树立正确的政绩观，自觉地对国民经济进行宏观调节，并取得了相当的成效。

四、经济体制调整的需要

经济体制是一定经济制度所采取的具体组织形式和管理制度，是一定经济制度的表现形式或具体实现形式。究竟选择哪一种经济体制以实现经济制度的要求，其标准是能否推动生产力的大发展和生活水平的较快提高。经济制度相同的国家可以选择不同的经济体制，经济制度不同的国家也可以选择相同的经济体制，一种经济制度在其发展过程的不同阶段也可以选择不同的经济体制。当一种经济制度与生产力发展要求基本一致，而选择的经济体制与生产力发展的现实状况不相吻合时，也会阻碍生产力的发展，影响这种经济制度优越性的发挥。因此，一种社会经济制度为了更好地解放和发展生产力，就必须不断地调整和改革其经济体制。

经济体制的改革与调整不是一个自发的过程，也不是单一的经济主体力所能及的事情，其主要有所作为者是国家。国家可以从整个宏观经济发展的高度，根据生产力发展的要求，利用各种手段，通过各种途径，在不同的时期对经济体制做出不同的调整。无论是发达的资本主义国家，还是社会主义国家进行宏观调节经济的重要依据之一，就是为了能更有效地调整经济体制。

西方发达资本主义国家的市场经济体制，已经历了较少政府调节的早期市场经济阶段和有政府调节的现代市场经济阶段。资本主义市场经济的这种阶段性特征，反映了资本主义市场经济体制适应和不适应资本主义生产力的矛盾运动过程。在资本主义市场经济的发展初期，资产阶级自由放任主义者一直主张无政府干预的市场机制可以做到资源的优化配置，自动调节社会经济的运行，并能熨平经济波动。1929－1933 年的世界性的大危机，打破了自由放任主义者的幻想，暴露出了资本主义经济制度与生产力不相适应的矛盾。从这时起，资本主义国家开始在不触动资本主义生产关系的限度内对市场经济体制进行调整与改革。20 世纪 70 年代的经济“滞胀”、90 年代的金融危机等，也都促使西方国家不断调整市场经济体制。

社会主义国家对经济体制的改革与调整，是为了更好地完善社会主义生产关系，以适应生产力的发展。当前，我国仍正处于计划经济体制向市场经济体制转换时期，不仅需要国家的力量来建立和发展社会主义市场经济体制，也需要政府的宏观经济管理与调节来纠正体制改革中各种弊端和失误。

五、构建新发展格局的需要

经过新中国成立七十多年特别是改革开放四十余年的发展，中国经济快速发展，国内主要矛盾发生变化，出口对拉动经济增长的动力减退，国内消费对经济增长的贡献不断提高，中国经济进入高质量发展阶段。新发展阶段需要新发展格局，加快形成以国内大循环为主体、国内国际双循环相互促进的新发展格局，对于当前中国宏观经济发展而言具有紧迫性。

1. 中国经济大国地位产生的内生需要

作为一个经济大国，中国有条件、有能力也必须构建以内循环为主体、国内国际双循环的格局。第一，中国拥有超大规模的市场优势。中国拥有 14 亿人口，拥有 9 亿劳动力和 4 亿多中等收入群体，拥有 1.7 亿多受过高等教育或拥有各类专业技能的人才，拥有 1 亿多市场主体。近年来，网络经济、快递、移动支付等新兴经济得到快速发展，这为加快国民经济循环速度、构建内循环为主的新格局奠定了市场基础。第二，中国拥有完备工业体系优势。新中国成立以来，中国建立了完整的工业化体系。目前，中国制造业的增加值占世界的比重达 28%。在全球 500 种主要工业产品中，中国有 220 多种工业产品的产量占世界第一。中国是唯一一个拥有联合国产业分类中全部工业门类的国家。第三,大国不能过分依赖出口。中国是一个超大型的国家,从人类历史上看,在一个国家发展初期,需要发展出口导向型经济,换取外汇以购买国外先进的技术设备。但是,当经济科技发展到一定程度、人民生活水平提高、国内市场培育后,生产的目的就是更好地满足国内的需求,应该进口更多的产品以满足国内需求。第四,大国不能过分依赖国外产业链、供应链。如果过度依赖国际分工,一旦别国主动断供,或别国发生战争、政变、罢工、恐怖主义等危机,产品的零部件或者某种资源、能源、农产品断供,就会使整个生产过程中断。

2. 提升经济、科技自主权,促进高质量发展的需要

近年来,中国科技工作取得巨大进步,中国科技论文发表数量、论文引用数量、专利数量等都实现了巨大突破,高铁、5G、人工智能、移动支付等极大方便了人们的生活,但在发动机、芯片、新药研发等方面仍然存在较大的差距。第一,科技实力是体现一国综合实力的关键因素。经济总量是一国综合国力的重要方面,但不是全部。我国的生产力水平、科技水平与发达国家还存在巨大差距。第二,建成现代化强国,必须提升科技自主权,掌握核心技术。中国共产党成立以来,带领中国人民实现了从站起来到富起来的转变,要真正强起来必须提升科技实力,在尖端技术、核心技术方面实现突破。第三,提升科技水平,提高人才质量,是经济高质量发展的需要。经济发展的动力来自创新,创新需要人才。有创新才会有新的产品,才会有新的社会需求,才能有新增的生产、就业及收入。

3. 维护国家经济安全、防范化解重大经济风险的需要

在全球化的背景下,各国经济相互影响相互依赖,经济危机、金融风险也相互传导,进而影响整个经济体系的安全。第一,把经济发展的着力点放在自身上面,能更好地维护国家经济安全。经济全球化促进了经济交往,为商品带来了更大的市场,推动了经济发展,同时也带来国际经济危机、国际金融风险。随着美国、欧洲、日本等国家经济降速,特别是随着新冠肺炎的爆发而导致的衰退,给世界经济带来更多的不确定性。如果不加防范,世界经济的不确定性会传导到中国,给中国经济带来巨大风险。第二,是不断提升国际经济话语权的需要。在国际市场上,表面上是按照市场规则进行等价交换,但背后是不公平的国际规则,西方国家依靠经济实力、军事实力,把持着国际经济规则制定权以及国际货币基金组织、世界银行等国际组织的话语权。要推动建立更加公正合理的国际经济新秩序,需要不断提高包括中国在内的发展中国家的话语权、规则制定权。

4. 有效应对新冠肺炎疫情对国内、国际经济循环冲击的需要

新冠肺炎疫情在全球爆发,给全球经济带来巨大冲击,世界主要经济体大多出现负增长,一些原料、零部件的生产减少,中国进口受阻。第一,国际产业链断裂。随着全球化的发展,国际分工获得快速发展,许多产品的零部件由几个甚至几十个国家生产。为阻止病毒传播而采取的停工、停产、停运,使产品内国际分工的生产受到极大影响,短时间国外企业停工无法生产部分零部件,导致国内加工无法组装成品。第二,国际进口数量减少。为有效应对疫情,国外企业停产,工人失业,使生产过程中断,生产出来的产品减少。短时间可以依靠库存满足中国市场的需求,但长期来看必然影响中国进口的规模。

5. 应对美国等国家逆全球化、“去中国化”的需要

近年来,美国政府把矛头直指中国,提出在经济、政治、网络等方面要和中国脱钩,经济全球化遭遇逆流。第一,出现了逆全球化现象。以美国为首的西方国家采取单边主义、贸易

保护主义的政策，把矛盾直指中国，对中国产品施加高额关税。第二，出现了"去中国化"现象。近年来，一些国家进一步抛出"中国威胁论"的观点。一些跨国企业借口中国劳动力成本上升退出中国，把生产转移到越南、印尼、印度等国家。

因此，加快构建国内大循环为主体、国内国际双循环相互促进的新发展格局是新发展阶段的内在要求。我国应当以新发展理念为指导方针，加快产业升级原则，提升产业链现代化水平；坚持科技领先原则，提升新型举国体制效能；坚持民生导向原则，提升扩大内需战略；坚持加快流通原则，提升整体资源配置效率；坚持劳动主体分配原则，提升缩差共富的分配体系；坚持自力主导开放原则，提升经济全球化公正发展状态。

第二节　国家调节宏观经济的方式和目标

一、国家调节宏观经济的方式

为了有效地实现国家对国民经济的宏观调节，需要建立一个比较系统和完整的宏观经济调节体系。宏观经济调节体系包括宏观经济调节目标、宏观经济调节方式、宏观经济调节手段和宏观经济调节政策等。宏观经济调节过程，实质上是一个运用适当的调节方式和手段，采取有效的经济政策，使社会总体经济协调有序运行，并对分散的微观经济活动进行调节和引导，促使宏观经济调节目标实现的过程。

国家对经济活动进行宏观调节的方式分为直接调节和间接调节两种。

直接调节，即指国家依靠控制的经济资源，主要运用行政手段或指令性计划手段，对社会经济活动通过行政部门，特别是主管部门进行强制性调节，约束企业、家庭和个人的经济行为符合国家宏观调节的目标。其方式主要包括定量供给、额度控制、行政调拨和非参数式的数量和价格的调节。直接调节方式具有调节速度较快、力度较大、约束性强、在短时期内可以实现政府所期待的调节目标的优点。不足之处集中体现在：一是调节对象的自主决策能力受到了限制；二是容易忽视微观经济主体的利益，窒息其经济活动的积极性；三是因为社会经济活动纷繁复杂，一旦政府调节不当或过度，不仅达不到有效调节的目的，有时还会引发人为的非正常性的经济波动；四是由于直接调节方式通常使用于非均衡状态比较严重时，调节时滞长，花费比较大。

间接调控，即指国家主要依靠经济手段等，通过调节经济运行主体的利益关系引导企业、家庭和个人的经济活动符合或接近国家宏观调控目标的要求。其主要特点是通过调整货币供给量、利率、税率、汇率、工资率、价格等市场参数来影响市场活动，从而间接影响企业、家庭和个人的经济活动。与直接调控方式相比，间接调控方式的优点主要是：一是由于间接调控方式是通过市场参数，主要是以价格调节为主来影响市场运行与发展，因而及时性强、时滞短。二是当经济开始出现波动，就可随时利用利率、税率、汇率、价格等市场参数进行调控，因而间接调控的成本比较低。

定义　直接调节和间接调节

直接调节：主要运用行政手段或指令性计划手段，对社会经济活动通过行政部门，特别是主管部门进行强制性调节，约束企业、家庭和个人的经济行为符合国家宏观调节的目标。

间接调节：主要依靠经济手段等，通过调节经济运行主体的利益关系引导企业、家庭和个人的经济活动符合或接近国家宏观调控目标的要求。

当代西方国家在不妨碍市场机制作用发挥的前提下，主要是采取间接调控方式解决市场失灵现象，尽管仍存在较严重的问题。以美国为例，其政府调节活动的主要特点是：(1)一般比较少地直接干预企业的经济活动。一方面体现在政府很少介入企业决策的领域；另一方面体现在美国政府对企业的直接管理一直很弱，政府面向企业的管理机构很少。(2)宏观调控活动主要集中在市场上。宏观调控的路径是政府调节市场、市场引导企业。政府以立法为基础，通过市场可容纳的各种手段与方法，运用财政、货币、产业政策将调控的意图转变为市场信号，来间接影响私人企业的决策。日本、德国、法国、韩国等与美国有区别，行政指导和直接调控的成分多一些，从而形成不同的宏观调控模式。

长期以来，由于中外绝大多数人在理论上混淆了经济制度与经济体制的区别，错误地将市场经济与资本主义私有制相联系，因而包括我国在内的社会主义国家一开始就建立了高度集中的计划经济体制，强调政府在社会经济活动中的绝对支配地位，把一切经济活动直接纳入计划轨道，对国民经济的活动采取直接调节方式，排斥市场机制的作用，价格仅作为经济核算的工具存在，基本上不起调节作用。主要通过指令性计划手段等配置资源，其方法包括短缺物资定量供应、银行贷款实行额度控制、住房分配采取行政配给等。

采用直接调节的方式调节经济活动，在我国经济建设初期显示了重要的作用，但存在不少弊病。导致直接调节部分失效的主要原因有：一是信息的不完备性。直接调节要达到有效性，前提之一是政府要及时拥有经济活动的全部信息，严格细致地处理。但实际上政府在收集和处理信息方面存在不少困难，如信息渠道不畅通、信息处理成本过高等，导致政府一些直接调节的决策和措施通常是在信息不完备的条件下做出的，因而也就不能完全保证能真实地反映经济活动发展的状况，解决市场机制所不能解决的问题。二是利益取向的非中性。政府实施直接调节时，应超越短期利益、集团利益、地方利益的局限，着眼于全社会长远发展的目标。但实践中，政府未能体现利益取向中性化原则，因为政府只是社会各利益集团实力平衡的产物，而且其自身也受到现实利益关系的约束。三是政府系统运行的低效率。政府系统的运行往往是通过行政力量推动。政府投资、控制或直接从事生产经营的部门大多数是缺乏市场竞争的部门，制定和执行政府直接调节的官员、经营者及管理者自身的经济利益不以部门、企业的发展、盈亏为转移，缺乏内在的动力和外在的压力，从而产生决策不及时、经营管理不够灵活、资源浪费等弊端。四是决策的随意性。由于存在上述三个方面的问题，再加上决策者在个人偏好、对预期的判断以及决策能力等方面多多少少地存在着不足，如果调节的时机、形式、力度又未合理准确地把握，就可能出现政府调节的随意性，给经济运行造成一些不稳定的因素。

当我国由计划经济体制向社会主义市场经济体制转轨后，国家的宏观调节方式也进行了市场取向的改革。政府改变了过去那种单一的直接调节方式，逐步采取直接调节和间接调节相结合，以间接调节为主的宏观经济调节方式，创新宏观调控方式，加强区间调控、定向调控和相机调控，即以市场调节为基础对整个国民经济进行调节。

二、国家调节宏观经济的目标体系

由于国家调节宏观经济是多方位的，因而其调节目标是由若干具体目标构成的一个目标体系。具体内容如下。

1. 保持总供求平衡与适度增长的目标

综观世界各国经济发展的过程，可以看出经济活动经常处于强势波动的国家，国民经济发展迟缓。相反，以渐进模式并保持连续而稳定协调发展的国家，国民经济及现代化的进程就比较快。世界各国在制定有关经济总量平衡的措施时，都将其作为宏观调节的重要目标之一。

总量平衡是指总需求和总供给的平衡。总需求是指一个国家在一定时期内产品与劳务的总购买量与物价水平之间的关系；总供给是指一个国家在一定时期内全体企业生产的总产量与物价水平之间的关系。当两者基本平衡时社会经济就处于稳定状态，如果两者失衡或总量波动呈强势状态，社会经济就不可能稳定发展。

在保持国民经济总需求与总供给均衡的基础上，经济还要适度增长。经济适度增长是指它既能够满足社会发展的需要，又是目前技术进步和资源状况所能达到的，并同经济结构和经济绩效相适应的经济增长。经济适度增长的存在，可以避免经济发展过程中的大起大落所造成的资源浪费、低效率及社会不安定。

定义　总需求和总供给

总需求：一国在一定时期内产品与劳务的总购买量与物价水平之间的关系。

总供给：一国在一定时期内的总产量与物价水平之间的关系。

在西方资本主义社会，多数情况下是要解决反经济衰退和刺激经济的持续增长的问题。而在中国，过去多数情况下是要解决经济增长过快的问题，今后也要面临防止经济增长滑坡的重要任务。辩证地说，必须在经济稳定的基础上保持较高的经济增长速度，但又要量力而行，以经济效益提高和经济结构优化为前提，讲求经济增长的质量。

2. 优化经济结构的目标

经济结构是指经济活动中各种经济成分、国民经济各部门以及再生产各个方面的构成及其相互关系。就其内容看，包括所有制结构和国民经济结构两大部分。所有制结构是指全民所有制、集体所有制、个体所有制、外国资本所有制等构成和相互关系。国民经济结构包括部门结构、产业结构、资源结构、投资结构、技术结构、就业结构、消费结构等。要保持国民经济稳定发展与适度的经济增长，实现社会资源的有效利用和配置，必须以优化经济结构为基本条件。(1)经济结构的优化程度是衡量国民经济是否进入良性循环的重要标志。经济结构内在的变动会影响经济总量的变化，经济结构优化促其增长，经济结构失调引发其失衡。在促使经济总量变化的同时，经济结构自身也不断调整与优化，它们相辅相成，使经济发展能有一个持续较快的增长。所以不断调整和优化经济结构，促进经济结构的高度化，是摆脱高速低效、保持国民经济健康发展的关键。(2)经济结构的调整和优化，关系到国家的中长期发展规划，各产业间合理的发展比例，一定时期重点产业发展的途径和支撑政策的确定，也关系到全国地区经济的合理布局，引进国外先进技术和保护民族工业的政策，以及全社会技术发展的战略方向、重点和主要步骤的确定，更关系到公有制经济与非公有制经济确定在何种比例上，既能保持国民经济稳定持续快速增长，又能保持社会公平和基本经济制度的社会主义性质。这些问题客观上需要国家和市场共同做出适当的选择和调节。

定义　经济结构

经济结构是指经济活动中各种经济成分、国民经济各部门以及再生产各个方面的构成及其相互关系。包括所有制结构和国民经济结构等。

资本主义国家非常重视对国民经济结构的优化调整，以促进经济的发展。如日本政府在1960年提出了《国民收入倍增十年计划》，此后又针对“石油危机”及时提出要从以重化学工业为中心的增长至上路线，转向知识密集型产业为中心的灵活增长路线。在政府的有力干预下，日本实现了适应世界经济发展新潮流的产业结构的调整。而美国的“再工业”结构调整，英国的“改组工业”，法国的“重振工业”等，也都在政府的宏观调节下进行，并取得了较好的效果。

改革开放以来，我国非常重视国民经济结构的调整，并正在把提高自主创新能力作为其关键。合理的国民经济结构应该包括：(1)各经济部门之间及其内部各层次之间的重大比例关系。如农轻重之间的比例关系、投资与消费之间的比例关系等的协调。(2)在技术进步的基础上，促进经济增长方式从粗放型向集约型转变和产业结构的高度化，加速新型工业化的进程。(3)地区经济布局的合理化。由于历史等原因，我国地区经济发展很不平衡。东部沿海地区经济发达，中西部地区经济发展迟缓。在加大对中西部地区的支持力度，优先安排基础设施和资源开发项目，采取优惠政策和措施，鼓励国内外投资者到中西部地区投资，鼓励东部沿海地区加强与中西部地区的多种形式的合作等方面，国家能发挥重要的作用。

3. 控制失业率的目标

失业作为劳动力与生产资料的暂时分离，是市场经济条件下不可避免的一种社会经济现象。在市场经济条件下，失业是最主要的经济问题之一。世界各国为了避免由于失业率过高，以致经济资源不能得到充分利用，引起收入分配状况恶化和社会不稳定现象发生，都将失业率控制在适当界限内，作为国家调节宏观经济的目标之一。

西方发达国家在解决失业问题时提出了充分就业的目标。充分就业不是指劳动力资源利用的生理界限(如每一个人一年中每天工作16个小时)，也不是指每个愿意工作的人都百分之百地可以找到工作。经济意义上的充分就业，是指不存在经济性失业的就业状态。一般可以把失业分为两类：自然性失业与经济性失业。自然性失业，即由于技术进步，经济结构变动，或因工资低，或劳动力不断流动等原因的存在，社会中总有一部分人因不适应变动或不愿意就业而不可避免地失业。经济性失业又称非自愿失业，即劳动者愿意接受目前的工资，仍然找不到工作的状态。由于自然性失业难以避免，而自然性失业率一般为4%—6%。因此，西方发达工业国家将失业率降低到6%作为充分就业的标准。如美国在20世纪的60年代曾把4%—4.5%的失业率作为充分就业的标准。到了20世纪80年代，由于劳动力结构的变化，即女工、青工的比例增加，5.5%—6%的失业率就被认为是实现了充分就业。

辨析　自然性失业、经济性失业和充分就业

自然性失业：由于技术进步，经济结构变动，或因工资低，或劳动力不断流动等原因的存在，社会中总有一部分人因不适应变动或不愿意就业而不可避免地失业。

经济性失业：又称非自愿失业，即劳动者愿意接受目前的工资，仍然找不到工作的状态。

充分就业：不存在经济性失业的就业状态。

我国一直力图通过宏观调节将失业率控制在适当的界限内，即将失业率维持在社会能够承受和经济增长所需要的界限内。因为失业率的高低，事关我国国民经济能否持续、快速、健康发展；事关社会能否稳定，人民生活能否得到改善；事关劳动力资源有否得到充分利用；事关收入分配是否处于良好状态。为此，国家在进一步推进国有企业改革进程，调整经济结构的同时，一直注重妥善解决劳动生产率提高与富余人员安置的问题。第一，将公有制企业内的冗员推向劳动力市场，创造公平竞争就业上岗的条件，促使失业人员自觉提高劳动技能与文化素质，积极寻找新的工作机会。第二，解决近1.3亿乃至更多的农村剩余劳动力的基本出路问题。国家在逐步改革户籍等制度，放宽政策，在有利于国民经济总体发展的前提下，打破城乡劳动力进出壁垒，广开门路，多渠道吸纳。第三，积极发展健全劳动力市场，采取多种形式扩张就业容量。与此同时，逐步建立健全包括失业保险在内的社会保障体系，使失业者得到必要的保障。第四，鉴于我国劳动力资源比较丰富，劳动力供给大于需求这一特点，国家在政策、法规等方面积极支持劳动密集型行业和第三产业的发展，扶持中小企业，以提供更多的就业机会。第五，政府在当前的经济政策制定与实施中坚持就业优先的原则，把降低城镇失业率作为考核政府政绩的主要目标，提倡多种就业方式，把失业治理问题置于重要位置。

4. 基本稳定物价总水平的目标

物价稳定不是指个别商品价格的稳定，而是指总物价水平的稳定，但又不是指总物价水平的固定不变。它主要是指物价变动应保持在经济顺利运行所允许而居民又能承受的范围内。物价总水平的基本稳定是相对于物价较快上涨或下降而言的，常用物价变动率的高低来衡量。物价上涨、货币贬值会扰乱价格机制在资源配置中的正常功能，使良好的经济运行秩序遭到破坏。所以，物价总水平基本稳定也纳入了国家调节宏观经济的目标之一。

一般把轻微通货膨胀的存在视为物价总水平的基本稳定。由于各种商品价格经常变化乃至不能精确统计，一般是用价格指数的变动来反映物价总水平的变动，衡量通货膨胀率。价格指数是用一个简单的百分数时间数列来表示不同时期具有代表性的若干种商品价格水平变化的方向和程度的指数。经常使用的有三种：(1)国民生产总值平减值数，即本期名义国民生产总值与本期真实国民生产总值的比率。(2)消费者物价指数，通常是用不同时期城镇居民购买固定不变的一组代表性商品与劳务(包括部分进口消费品)的价格来编制。美国劳工部定期公布的消费者物价指数，就是根据美国45个城市的400种消费品与劳务的价格编制。(3)生产者物价指数是根据固定不变的一组原料与半成品价格计算的。由于目前通货膨胀已无法根除，所以，发达资本主义国家在调节宏观经济时，一定的轻微通货膨胀存在被视为是经济基本稳定可允许的指标。

定义　价格指数

价格指数是用一个简单的百分数时间数列来表示不同时期具有代表性的若干种商品价格水平变化的方向和程度的指数。

我国在经济体制改革前的30年里，虽然物价总水平大体不变，但仍存在隐蔽的通货膨胀。在经济体制改革中，由于放开物价和调整物价，导致物价的显性上涨，再加上投资和消费需求膨胀等拉动因素的影响，以致货币超计划发行，出现了物价持续普遍地上涨的现象。

抑制通货膨胀最基本的办法是采取紧缩的货币政策和财政政策，控制货币的增长率，压缩经济规模、抑制投资等。抑制通货膨胀的结果，使我国的通货膨胀率不断下降。至 1997 年我国商品零售物价指数上涨率为 0.8%，10 月份以后开始出现负增长。1998 年商品零售物价指数上涨率为－2.6%。1999 年大多数城市物价指数仍出现负增长。物价总水平持续下降，被称之为通货紧缩的现象。通货紧缩的原因，就国内来说，主要是生产能力严重过剩，缺乏新的投资需求扩张机制；商品供给大于市场需求，供给结构不适应需求结构，商品供求总量与供求结构严重失衡；居民当前消费缩减等。就国外来说，主要是亚洲金融危机的冲击。亚洲金融危机一方面造成我国出口需求增幅明显下降，出口的减少加重了国内市场供给的压力；另一方面国外商品以比较低的价格进入我国市场，进一步加剧了我国市场供大于求的矛盾，促使国内商品价格不断下降。大约在 2002 年开始，我国又进入一个轻微通货膨胀的格局。

辨析　通货膨胀和通货紧缩

通货膨胀：物价总水平的持续上升。

通货紧缩：物价总水平的持续下降。

通货膨胀与通货紧缩的出现，均表示物价总水平没有处于均衡状态。作为宏观调节目标之一的物价总水平基本稳定，既不是指物价总水平绝对不动，也不是指零通货膨胀的状态，而是指在经济周期的变化中，把握物价总水平的变动趋势，使之既不向持续通货膨胀，也不向持续通货紧缩方向滑行。

5. 提高生活水平和生活质量的目标

社会成员生活水平的改变，可以从数量和质量两个方面去判断。从数量上看，社会成员生活水平的改善，可以表现为食品的增加、衣着增多、出行方便等为标志的国民财富总量和人均量的增长。为便于加总和比较，通常用国民生产总值或国民收入总量来反映。从质量上，观察社会成员生活状态，不仅要考察社会成员的物质生活满足程度，而且要考察社会成员精神生活满足程度，通常用生活质量指标表示。生活质量指标包括四个方面：(1)城镇居民人均居住面积。此指标是反映社会成员生活质量的基本指标之一。(2)人均预期寿命、婴儿死亡率、每万人中的医院床位数和卫生技术人员的数量等一组指标，用以反映社会成员享受的医疗卫生和保健状况。(3)中小学入学率、成人识字率、每千人报刊发行量、图书发行量及城镇居民体育运动场地面积等指标，以反映社会平均的文化素质和文明程度。(4)用劳动保险、社会福利、社会救济占国民生产总值的比重的高低反映社会成员保障劳动力再生产顺利进行的更新、补偿能力。要全面了解社会成员的生活状况，可以使用人文发展指数。人文发展指数(human development index，HDI)是联合国开发计划署在 1990 年 5 月发表的第一份《人文发展报告》中公布的。从人既是发展的手段——收入的创造者，又是发展的目的——收入使用的受益者的理念出发，认为国民应该享受健康长寿的生活，接受教育的机会及获得像样生活水平所需的资源，将居民的平均寿命、成人识字率、实际人均国内生产总值三个指标合成为一个复合指数，即人文发展指数。人文发展指数提出了关于经济发展、社会进步、文化成果综合计算的一种新方法，是衡量国家发展、进步与繁荣，便于国际间比较的新标准。目前已引起普遍关注、重视，并推广使用。2017 年联合国发布的《人类发展指数报告》中，挪威蝉联冠军，中国香港排名第 12，中国大陆排名第 90 位。

定义　人文发展指数

为了全面反映社会成员的生活状况，联合国开发计划署将居民平均寿命、成人识字率、实际人均国内生产总值三个指标合成为一个指数，即人文发展指数。

把较快提高人民的生活水平、改善生活质量确定为政府宏观调节目标之一，表明人类对社会成员生活水平和质量的提高与经济发展的关系已经有了较深刻的认识。

第二次世界大战后，随着经济发展目标从单纯追求经济增长转变为推进社会的全面发展，许多资本主义国家在市场经济的基础上建立了社会保障和福利制度，出现了一些"福利国家"，"全民福利计划"在不少资本主义国家得以推广。西方的社会福利制度虽然在制度结构上类似，但在具体实施时所采取的方法和侧重点又有所不同，各有千秋。西方的福利国家制度对于缓解贫困、提高社会成员的生活水平和质量起到了一定的作用，但是距离彻底消除贫穷和阶级贫困现象还很远。

我国作为发展中的社会主义大国，综合国力增强较快，在改善全体社会成员的生活水平和提高生活质量方面，也取得了巨大的实绩。但是，人口众多，底子较薄，人均国力和人均生活水平无法大幅度上升，导致我国 2017 年人文发展指数世界排名处于第 90 位。这说明我国人民生活水平和质量亟待提高。政府除了在经济不断发展的基础上，正确处理积累基金和消费基金的关系，增加消费基金部分，以保证社会成员生活水平的不断提高外，还要推动各项社会保障和福利制度的改革，切实控制好人口增长。其中，要不断完善包括社会保险、社会救济、社会福利、优抚安置和社会互助、个人储蓄积累保障的保障体系，协调好国家、单位和个人的利益关系。

6. 实施经济可持续发展的目标

可持续发展是指在实现当前经济发展、满足当代人的需要和利益的同时，还要考虑长远经济的发展与子孙后代的需要和利益，以促进社会全面进步及与环境协调发展。经济可持续发展是以控制人口、节约资源、保持环境为主要条件，就是要正确处理好经济发展与人口、资源、环境之间的关系。为此，国家应努力做到：(1)积极推进经济增长方式从粗放型向集约型转变，注意改善生态环境，争取做到与经济发展水平相适应的生态和社会的同步发展，构建节约型社会。(2)继续控制人口数量，在有计划地调节人口生产的同时，注重提高人口质量。政府要增加教育、科技文化、卫生、体育事业的财政投入和发展的指导，使这些部门高水平地发展，促使社会绝大部分成员体力和智力全面进步。(3)多管齐下，综合治理环境污染，建立循环经济。如国家可以运用法律手段，以立法形式防止污染的扩大，控制污染源的源头，倡导清洁生产——无公害生产；可以利用经济手段，将环境污染这一外部效应内在化。对在生产过程中造成污染的企业征收一种特别的税收——生态税，其数额相当于消除该企业所造成的污染费用；可以对耗能大、占用资源多、污染严重、效益差的小水泥厂、小化工厂、小造纸厂等用行政手段强制改造、转产甚至关闭；可以不断提升环境污染治理的技术水平，奖励在这方面有贡献的科技人员；可以加大环保投入，加大对公众宣传教育的力度，提高社会成员共同防止污染，保护生态平衡，创造良好的社会环境和美好的生存条件的意识，真正做到拯救地球，匹夫有责；可以引导、督促企业不断进行技术创新和改造，加强管理，提高经济资源的使用效率，减少浪费，降低自然资源的消耗，推广低能耗技术，使碳氢燃料和核能源的消耗降到最低水平。在生产中广泛采用可再生的原料和能源载体，提高太阳能、风能、水能、地热能、温差能等可再生能源的利用比重，使经济建设的发展与资源、环境相协调，实现国民经济发展的良性循环。

自工业革命以来，西方资本主义社会在追求发展的道路上就步入了一个误区，把经济增长理解为发展的全部内涵。片面地追求经济增长所带来的资源、环境压力使人们对经济增长等于发展的模式产生了怀疑，引发了对传统发展观念的反思。1980 年 3 月联合国向全世界呼吁：必须研究自然的、社会的、生态的、经济的以及利用自然资源过程中的基本关系，确保全球的持续发展。1987 年世界环境和发展委员会发表的《我们共同的未来》首次系统地阐述了可持续发展的概念。1992 年在巴西里约热内卢召开的联合国环境与发展大会上，确立了可持续发展作为人类社会的共同战略。从此，可持续发展成为国际社会共同遵循和高度认同的重大战略。

我国在大力发展生产，开展现代化建设，缩小与发达工业化国家经济差距的过程中，必须把实施可持续发展作为宏观调节的目标，并逐步消除三大问题和障碍：一是人多质差；二是资源短缺；三是环境破坏严重。

7. 实现国际收支大体平衡的目标

国际收支平衡是指一国的国际收支既无赤字又无盈余。包括两个方面的内容：一是资本流出与流入的平衡；二是进口与出口间的平衡。在当今开放的市场经济中，一国的国际收支状况不仅反映这个国家对外经济交往情况，而且会影响该国国内经济的稳定程度。如果国际收支处于失衡状态，即便国内经济实现了总供给与总需求的均衡，同样会影响国内就业水平、价格水平及经济增长，形成对国内经济均衡态势的冲击。所以，国际收支是否平衡一直是各国政府非常关注的问题，并力图通过对宏观经济的调节来达到平衡。

资本主义国家是将国际收支平衡的调节作为宏观调节的重要内容之一。其通常的做法是：(1)通过变动汇率、调整国内价格和利息率等措施改变国际收支顺逆差状况。例如，提高汇率和国内价格，减少出口，鼓励进口，消除国际收支顺差。再如，提高利息率，使资本净流出额减少，以消除国际收支逆差。(2)采取发放出口津贴、征收进口关税和实行限额等直接干预措施，对进出口活动产生强有力的影响，以调节国际收支不均衡状况。(3)为抵消国际收支不均衡对国内经济的影响，通过公开市场业务、调整法定准备率和再贴现率等方法来改变银行的准备金，从而改变本国的名义货币供给量。具体地说，当国际收支出现盈余时，增加货币供给量，以吸收过多的外汇供给；当国际收支出现赤字时，则反之。经过这般调整，以达到保护本国的货币体制，避免受到国际收支失衡的影响。

实行对外开放后，我国与国际间的经济联系范围不断扩大，进出口贸易、资金、技术和劳务的引进和输出，都伴随着外汇的收付。而国际收支是否平衡对社会总供求平衡及经济发展有着重大的影响。当国际收支出现逆差时，会导致外汇短缺、本国货币的汇率下降等现象，严重的国际收支逆差会大量消耗国家储备，影响金融实力，使国家信用受损。当国际收支出现大量的持续顺差时，会导致汇率上涨，影响出口，并诱发国内通货膨胀，也易造成与逆差国经济关系的紧张。因此，保持国际收支大致平衡也成为我国政府宏观调节一个非常重要的目标。

讨论　宏观调节的目标

- 总量平衡
- 经济增长

- 结构优化
- 充分就业
- 物价稳定
- 提高生活水平和生活质量
- 可持续发展
- 国际收支平衡

上述宏观调节的多元具体目标是有密切关联的，要同时实现是非常困难的。政府要根据市场经济运行的实际情况和出现的问题，以其中的某一种或某几种作为宏观调节阶段性的重点目标，采取有针对性的政策和措施来达到要求。

三、社会总供求均衡目标的调节

在宏观经济运行中，社会总供给与社会总需求的关系极为重要。社会总供给与社会总需求的关系有平衡和不平衡(失衡)两种情况。社会总供给与社会总需求的平衡，一方面表现为供求总量的平衡，这种平衡主要体现在价值总量的平衡，即社会提供的已经进入市场的可供购买的商品与劳务的价值总额要同一定社会购买力条件下社会要购买的商品和劳务的价值总额大体平衡；另一方面，表现为供求结构的平衡，这种平衡主要体现在社会提供的已进入市场的商品和劳务的结构，要同一定支付能力条件下社会所需要的商品和劳务的结构大体平衡，也就是供给结构要适应需求结构变化而变化。社会总供给与社会总需求的失衡有两种表现形式：一种是社会总供给大于社会总需求；另一种是社会总需求大于社会总供给。当社会总供给大于社会总需求时，必然会出现产品滞销、价格下跌、库存增加、企业倒闭、失业增加，甚至引发经济危机等现象，阻碍生产发展和国民收入增长。当社会总需求大于社会总供给时，会引发物资匮乏、库存减少、市场供给紧张、价格上涨，甚至出现严重的通货膨胀现象，最终使社会经济活动不能正常进行。总供给与总需求的不平衡发展到一定阶段，必然会引起宏观经济的动荡。所以，总供给与总需求的基本平衡是国民经济处于良性循环的基本条件。各国政府均把总供给与总需求的平衡作为宏观调节的重要目标。

当代西方发达国家政府在调节总供给与总需求不平衡时所采取的相应措施，主要是以凯恩斯主义的“需求管理”理论为依据。凯恩斯分析 20 世纪 30 年代大危机后的萧条经济时，认为有效需求不足是导致危机爆发、经济衰退的根本原因。有效需求不足是起因于三大心理规律的存在。(1)消费倾向递减的心理规律。(2)资本边际效率递减的心理规律。(3)流动偏好的心理规律。因此，凯恩斯认为有效需求不足是资本主义经济的普遍现象，单靠市场机制解决不了，需要国家调节，且调节的重点应放在总需求的管理上，以解决有效需求不足，使之与社会总供给相适应。当总需求小于总供给，出现经济衰退和失业时，政府可以通过减税或增加政府支出或双管齐下的办法以刺激总需求；反之，当总需求大于总供给，产生比较严重的通货膨胀时，政府应采取增税或削减政府支出或一同并用以抑制总需求的膨胀。从 20 世纪 30 年代到 60 年代，主要西方发达国家政府的宏观调节一直偏重于调节总需求。这种总需求的调节，对于抑制危机的产生，保证经济较平衡地发展起了一定作用。但是 70 年代后期高通胀与低经济增长现象的出现，总需求的调节不断受到了质疑，倾向于从总供给角度调节两者失衡的呼声越来越强烈。

定义 需求管理

凯恩斯主义提出的一种宏观政策:当总需求小于总供给,出现经济衰退和失业时,政府可以通过减税或增加政府支出或双管齐下的办法以刺激总需求;反之,当总需求大于总供给,产生比较严重的通货膨胀时,政府应采取增税或削减政府支出或一同并用以抑制总需求的膨胀。

在高度集中的计划经济体制下,我国总供给与总需求总量变动的根本特征是社会总供给小于社会总需求,表现为短缺经济,即生产资料生产的增长不能满足积累增长的要求,消费资料生产的增长不能满足社会公众对消费品需求的增长。我国经济体制的变革,特别是市场经济体制的建立,对供求关系的运行产生了深刻的影响。改革开放至 20 世纪 90 年代前半期,中国总供给与总需求是不平衡的,仍然呈现供不应求的状况。一方面是由于消费需求迅速增长(在市场经济条件下,总需求表现为有支付能力的市场需求,由消费、投资、政府购买和净出口四部分组成。其中消费需求是总需求中的一个重要组成部分。在我国,消费需求大约占社会总需求的 2/3),因为改革使企业、农民拥有生产经营自主权,劳动者有选择职业的权利及城乡居民有消费决策的自主权,导致城乡居民收入迅速增长。另一方面是投资需求的增长。在消费需求迅速膨胀的同时,一贯具有扩张力的投资需求也在急剧扩张。这是由于允许和鼓励非公有制经济的发展,形成了投资主体多元化的结果。面对消费需求与投资需求迅速扩张,总供给不能满足总需求的不平衡状况,政府开始运用一系列经济政策对消费需求的增长进行抑制,用行政手段的方法控制财政支出和贷款规模,抑制投资需求的增长速度。调节的结果,使 90 年代后半期中国供求总量发生了相反方向的变化,出现了总需求小于总供给的总需求不足的不平衡状况。

社会总需求与社会总供给的平衡,不仅包括总量平衡,而且包括结构上的平衡,两者之间存在着相互制约的依存关系。总量平衡是结构平衡的基础。因为在市场经济条件下,生产结构与需求结构必须在实物量和价值量两方面相适应。而且总供给与总需求的增长,可以促使实现更高层次的供求结构平衡。总量平衡的实现以结构平衡为条件。供给与需求总量的平衡是在相互增长的过程中实现的。当供给结构和需求结构不能对称地扩张或收缩,一部分需求或一部分供给便不能有效实现。供给与需求总量的增长是不可能进行的。总量增长与结构调整间的相互促进关系,表现为总量的有效增长要取决于结构的不断调整和升级,而结构的升级又依赖于总量的增长。上述总量平衡与结构平衡的关系,证实市场经济条件下经济均衡增长不仅仅是一个总量扩张问题,而且还包括结构变化。为此,政府对经济运行过程中的调节,除了注重总量调节外,还要深入到结构层次。

随着经济体制和经济运行的市场化,市场开始对供求结构产生调节作用,突出地表现为借助于市场价格的力量,需求结构的变动促进了供给结构相应的调整。从 20 世纪 80 年代至 90 年代前半期,我国供求结构发生了三次大的变动。第一次是 1980－1985 年。在城乡居民收入大幅提高、消费需求增长的拉动下,农业生产结构和轻纺工业结构进行了调整,产量有了较大幅度的提高,适应了居民对这部分产品的需求。长期困扰我国的农产品和日用消费品供应短缺问题得到了解决。第二次是 80 年代后期,为满足城乡居民普及耐用消费品的需要,以家用电器为代表的耐用消费品的生产有了比较大的发展,从而发生了适应居民消费结构升级变化,轻工业结构也出现了升级的变化。第三次是 90 年代前半期,长期制约我国经济增长的"瓶颈制约"现象,即基础设施与产业发展速度跟不上国民经济发展的要求在一定程度上得到了缓解。随着能源、原材料等基础产业,交通、通信等基础设施获得大规模地发展,中国产业结构再次得到调整并日趋合理。

进入90年代后半期,在总供给大于总需求不平衡状态下,供给结构也出现了不适应社会需求结构的状况。具体表现为:一是供给过剩和供给不足并存。一些未升级换代的传统工业消费品的生产超过了市场需求,而一些科技含量比较高的产品的生产不能满足市场需要,还要通过进口来平衡。二是收入与消费"二元"结构逐步形成,造成供给结构失衡。如果能增加农民收入,扩大其购买力,会对供求结构不平衡的解决产生重大影响。三是地区之间的产业结构相似,日趋雷同。这不仅不能适应消费结构多样化和分散化的要求,而且造成资源严重浪费,使经济资源未能得到合理运用。

目前,我国结构平衡的关键是要使社会供给结构适应社会需求结构。从经济发展过程看,社会供给结构的状况取决于产业结构和地区结构是否合理,社会需求结构的状况取决于积累与消费的比例是否恰当。结构平衡主要靠调整产业结构和地区结构以及积累和消费的比例来实现。应加快产业结构的转换,以提高新兴产业发展的速度和国际竞争能力。例如:(1)通过政府支出和引导居民消费需求,引致市场结构变化进而导致供给结构的变化。(2)通过财政和金融手段,如有差别的税率结构、利率结构、财政贴息和优惠信贷等,创造有利于实现结构变化目标的市场环境,从而实现重点产业的优先发展。(3)通过一些法定程序,鼓励和加快资本折旧,淘汰或转移传统技术与传统产业,推动资本存量向新兴部门流动,加快实现结构变化和规模效益。

总之,政府干预和调节结构,促使结构转换能力提高,使总量增长的前景有保障,使经济持续稳定增长有了更雄厚的基础。在这一方面,对于结构转换能力比较弱和市场机制还不健全的我国而言,显得尤为重要。

第三节 宏观经济调节的政策和手段

一、宏观经济调节的政策体系

政府的宏观经济调节目标一般通过各种相关联的经济政策体系来实现。经济政策体系中最主要的是财政、货币、收入和产业四大政策。

1. 财政政策

财政是国家为了实现其职能的需要,以国家为主体,对社会产品进行的集中性分配和再分配的关系。财政状况如何对社会经济运行有着直接的影响,财政政策也就成为国家调节经济活动的最重要的政策手段之一。

财政政策是国家在一定时期内,为了实现社会经济持续稳定发展,综合运用各种财政调节手段,对一定的经济总量进行调节(使之增加或减少)的政策。具体地说,财政政策是由税收政策、财政支出政策、预算政策组成,它包括财政政策目标和财政政策调节手段两部分。

财政政策目标是根据财政的性质、功能、作用和特点,确定调节经济活动时所要达到的目标。主要包括:(1)经济增长目标。经济增长速度一般用国民生产总值或国内生产总值的增长率来表示。财政政策运用税收和财政支出来实现经济增长目标。如当经济出现衰退时,通过减税,增加政府支出来刺激经济增长。(2)经济稳定目标。经济稳定是指在实现经济关系正常化的基础上,国民经济能够长时间持续发展。经济是否稳定一般是通过通货膨胀率和失业率两个指标的变动来体现。由于经济高速增长往往会伴随高通货膨胀率,而经济增长停滞又会导致较高的失业率,财政政策就通过税收和财政支出手段在增长率、通货膨胀率、失业率之间寻找最佳的结合点,实现低通货膨胀率、低失业率条件下经济的稳定发展。(3)公平分配目标。财政政策的公平分配目标:一是要实现社会范围内的公平税赋,为企业创造一个公平竞争的环境;二是要实现社会范围内的公平分配,防止社会成员之间出现收入差距过大;三是要实现社会范围内各地区之间的公平分配,以实现国民经济的协调发展。(4)资源配置目标。资源配置的有效性是指充分合理利用经济资源。财政政策通过预算收入和预算支出的调整,有选择地支持或限制某些产业的发展,使社会资源在各产业之间实现优化配置,在合理调整产业结构的基础上,提高社会经济效益。

财政政策是借助各种政策手段来调节宏观经济活动。主要有以下四种:

其一,国家预算。国家预算是经法定程序审查批准的国家对集中性资金进行统筹分配的年度财政的收支计划。它是以收支一览表形式表现的、具有法律地位的文件。它明确规定了财政收入的规模、来源、形式和财政支出的方向与数量,以及各项收支的内部比例关系。国家预算的调节功能主要表现在两个方面:一方面是通过国家预算收支的规模来调节社会总需求的规模及其与总供给的关系;另一方面是通过预算收支结构的变动来调节供需结构的平衡和国民经济发展中的一些比例关系。由于国家预算是财政调节手段中具有计划特征的一种基本的手段,是一种按照年度制定与调整的事前的调节手段,因而它的灵活性、针对性较差,宏观经济的调节作用有一定的局限。

其二,国家税收。国家税收是财政收入的一种主要形式,它是国家为实现其职能,按照固定比例对社会产品所进行的强制的、无偿的分配。其特点有三:一是具有强制性和固定性;二是具有无偿性,税款按社会需要安排用途;三是具有广泛性,一切自然人和法人要受税收的调节。国家税收的调节作用主要表现在以下方面:(1)通过对经济行为和经济主体征税与不征税,多征税与少征税,来发挥鼓励或限制作用。(2)通过对生产经营过程中的各种不同的客观因素征税,使生产经营者有一个公平的竞争环境。(3)通过对纳税人所得征税,并辅以累进的税率,实现对收入分配的调节。(4)通过对进出口贸易征税与不征税,起到平衡外贸收支的作用。

其三,国债。国债是国家依据有借有还的信用原则,通过发行政府债券筹集财政资金的一种形式。国债是一种借贷行为,以国家信用为基础,具有有偿性、归还性和强制性的特点。国家发行国债,通过发行和偿还的数量、发行对象和国债利率的调整,对社会总供给和总需求的总量与结构,起显著的调节作用。在总需求不足时,国家发行国债主要以中央银行和专业银行为对象,在偿还方面,首先偿还企业和个人的国债,这将导致流通货币的增加,刺激需求的扩张。在总需求过度时,国家发行国债,但不用其安排财政支出,形成预算盈余,就可压缩需求。如果国家向个人发行国债,所筹资金用于重点建设投资,就会导致消费需求减少和投资需求增加;如果国债由企业购置,筹资用于社会公共消费支出,则会引起投资需求减少和消费需求增加。

其四,财政补贴。财政补贴是国家为某种特定的需要而将一部分财政收入直接转移给特定的经济组织和居民的一种分配形式。它包括价格补贴、投资补贴、利息补贴、职工生活补贴等形式,其中价格补贴是最主要的形式。财政补贴的调节功能表现为:(1)通过进行财政补贴可以使那些微利行业得以存在和发展,能有力地扶植重点发展的行业或产品,实行产业结构和产品结构的调整。(2)国家把价格补贴作为对不等价交换的价值补偿,以达到改善供给情况的目的。财政补贴也有其局限性。如价格补贴会使商品价值与价格脱离,造成价格扭曲,使价值规律的作用受到限制。另外,财政补贴过多会形成财政的沉重负担。

财政对经济运行的调节,主要通过财政自身的功能和财政政策的变化来实现。财政本身具有自动稳定经济的功能。这种自动稳定经济的作用具体表现在:当国民经济衰退时,产量下降,失业严重,个人收入减少。实行不变税率和累进税时,会因收入下降少纳税或纳税人自动进入较低纳税档次而使政府税收总量下降;政府会因符合救济条件的人数增多,多发放政府转移支付中的失业救济金和其他社会福利补贴。一方面税收支出减少;另一方面转移支付的数量增多,结果是相应增加了个人可支配收入和消费需求,从而起到抑制经济进一步衰退的作用。当国民经济繁荣,产量上升、失业率下降、个人收入增加。实施不变税率和累进税时,会因收入上升多纳税或纳税人自动进入较高纳税档次而使政府税收总量增加;政府也会因符合救济条件人数的减少,少发放转移支付中的失业救济金和其他社会福利补贴。一方面税收支出增加,另一方面转移支付数量减少,结果是相应减少了个人可支配收入和消费需求,减缓经济进一步过热发展。在这两种情况下,财政本身自动地起着逆向调节作用,在一定程度上防止经济出现大幅度波动。

仅靠财政的自动稳定经济的功能来调节经济活动是远远不够的,主要还是要靠政府采取适当的财政政策,即通过调整财政收支总量来影响实际的社会总需求。根据影响的程度,可以将财政政策分为扩张性财政政策和紧缩性财政政策。扩张性财政政策是以增加政府支出或减少税收为标志,紧缩性财政政策则以减少政府支出或增加税收为标志。根据经济波动发展的态势,政府可以采取不同类型的财政政策,以利于宏观调节目标的实现。当社会总需求小于社会总供给时,国家采取扩张性财政政策,即通过减少税收、回收公债、增加补贴及预算支出来刺激总需求的增长。此时财政支出增加所形成的赤字主要靠发行公债来弥补。为避免同时造成总供给盲目增加,供给结构失衡,还需要采取一些措施限制那些产品供大于求部门的发展,既使社会总供给与社会总需求平衡,又促使产业结构合理化。当社会总需求大于社会总供给时,国家采取紧缩性的财政政策,即增加税收、限制补贴、减少预算支出来抑制过度的需求,使社会总需求和社会总供给趋于平衡,同时减轻通货膨胀的压力。为避免同时产生供给减少、经济增长缓慢,还需要采取一些措施支持那些供不应求的产业部门发展,从而既使社会总供给与社会总需求平衡,又促使产业结构合理化。

定义　财政政策、扩张性财政政策和紧缩性财政政策

财政政策:政府运用税收和支出等手段调控经济总量的政策。

扩张性财政政策:增加政府支出和(或)减少税收。

紧缩性财政政策:减少政府支出和(或)增加税收。

2. 货币政策,亦称金融政策

它是国家(通过中央银行)为影响信贷费用(利息率)、信贷条件和货币供给量而采取的各项措施。货币政策是国家重要的宏观经济政策。它包括货币政策目标和货币政策调节手段两部分。

货币政策目标主要包括：(1)控制通货膨胀。通货膨胀本质上是货币现象，即货币供给量超过货币需求量。货币供给量的阀门由政府掌管。政府在控制通货膨胀增长(在通货膨胀成为世界性经济现象后，彻底消除已属不可能)方面存在着不可推卸的责任。所以控制通货膨胀成为首要的货币政策目标。(2)降低失业率。当社会失业水平比较高时，政府应采取货币及其他经济政策，努力降低失业率。所以降低失业率成为货币政策的基本目标之一。(3)经济增长。经济增长是宏观调节重要的具体目标，货币政策运用的结果就是实现宏观调节的目标。所以经济增长必然成为货币政策目标。(4)努力实现国际收支平衡。国际收支平衡是偶然的，不平衡则是经常的。但国际收支平衡是宏观调节所要追求的目标。

货币政策调节宏观经济活动的主要手段是：(1)利率手段。在市场经济条件下，利率是调节资金供求的重要手段。政府利用这个机制加以调节：一是促使货币资金的供需平衡，进而达到社会商品总供需的平衡和国民经济的协调发展；二是调整经济结构和优化产业结构。(2)公开市场业务。公开市场业务指中央银行在市场上购买或出售政府债券，以调节货币供给量。当社会总需求大于社会总供给时，中央银行卖出政府债券。一方面回笼货币，减少市场货币流通量；另一方面导致债券价格下跌，利息率上升，投资减少。双管齐下，压缩社会总需求。当社会总需求小于社会总供给时，中央银行买进政府债券。一方面投放货币，增加市场货币流通量；另一方面导致债券价格上升，利息率下降，投资增长。两种方法均可扩大社会总需求。公开市场业务对货币供给量的调节是及时的、直接的，从而成为中央银行进行宏观调节的日常主要手段。(3)再贴现手段。再贴现率，指中央银行对专业银行的再贷款的利息率。在信用关系发达的情况下，各专业银行通常采用两种方式向中央银行贷款。一是将各种票据向中央银行进行再贴现；二是用自己所拥有的政府债券、其他财产为担保向中央银行贷款。这两种贷款方式都叫再贴现。由于进行再贴现而向中央银行支付的利息率叫再贴现率。再贴现率的调节功能主要有两个方面：第一，通过提高或降低再贴现率调节各专业银行向中央银行的贷款数量，从而起到调节货币供应量的作用。第二，再贴现率的变动是中央银行货币政策松紧程度和运动方向的信号，能起到指导各专业银行存款行为的作用。(4)存款准备金手段。存款准备金手段是指中央银行规定的，专业银行必须持有的占其存款一定百分数的准备金，也称准备金率。中央银行可以改变准备金条件，即可提高或降低准备金率。降低准备金率，可以提高专业银行的贷款能力，扩大货币供给量；提高准备金率，可以降低专业银行的贷款能力，紧缩货币供给量。

定义　货币政策和货币政策手段

货币政策是中央银行为影响信贷费用(利息率)、信贷条件和货币供给量而采取的各项措施。

货币政策手段包括：

- 利率手段
- 公开市场业务
- 再贴现手段
- 存款准备金手段

根据货币政策对国民经济调节的影响，货币政策主要可分为扩张性货币政策与紧缩性货币政策。以增加货币供给量为主要特征的扩张性货币政策的主要功能是刺激社会总需求增长，使社会总需求超过社会总供给，从而刺激经济增长，但同时会引发通货膨胀。以减少货币供给量为主要特征的紧缩性货币政策的主要功能是在经济过热时期，抑制总需求的过度增长，但同时会给经济发展带来一种收缩的压力。

3. 收入政策

收入分配的状况、总量和结构，与国民经济的运行有着密切的关系。收入分配政策也是国家宏观经济政策之一。主要包括国民收入分配总量政策、国民收入分配结构政策和个人收入分配政策。

定义　收入政策

宏观经济政策之一。主要包括国民收入分配总量政策、国民收入分配结构政策和个人收入分配政策。

国民收入分配总量政策主要有两种类型：(1)扩张性国民收入分配政策。扩张性国民收入分配政策是指货币形态的国民收入分配量大于实物形态的国民收入生产量，使货币形态的国民收入分配量所形成的社会总需求大于一定时期的社会总供给。其主要功能是扩大社会总需求，适合于总需求不足阶段。(2)紧缩性国民收入分配政策。紧缩性国民收入分配政策是指货币形态的国民收入分配量小于实物形态的国民收入生产量，使货币形态的国民收入分配量小于一定时期的社会总供给。其主要功能是抑制社会总需求，适合于总需求过度增长时期。

国民收入分配结构政策是国家调节国民收入使用方向的原则和措施的总和。国民收入分配结构对需求结构的调节作用，主要是通过调节各经济主体收入在国民收入中的比重来影响需求结构的变化。由于不同经济主体的收入变动是影响需求结构变动的重要因素，所以，国民收入在各经济主体之间分配结构的变动，会直接影响社会需求结构。例如，随着个人收入的增加，消费资料的需求会相应地增加。这样会直接影响总需求中的重要组成部分——消费支出。所以通过调节国民收入分配结构，能有效地调节需求结构。

国民收入分配结构政策对供给结构的调节，主要是通过调整投资分配比例来实现的。通过调节投资分配结构，一方面使新增投资(资产增量)的结构得到调整；另一方面又通过资产增量结构变化来带动资产存量的重新组合与更新，从而使整个供给结构发生变动。另外，通过国民收入分配结构政策，利用差别利率、差别税率、差别价格、差别工资等国民收入再分配途径，调节资源、资金、技术、劳动力等各种要素在不同产业部门的配置结构，从而使供给结构能够随着需求结构的变化而变动，适应需求结构发展的要求，实现供求结构的平衡。

个人收入分配政策是国家调节人们的收入数量和结构，以实现提高效率与社会公平而制定的各种原则和措施的总和。个人收入分配政策就其内容来讲，包括分配政策和收入调节政策两部分。

分配政策是国家对微观领域中的分配行为所制定的基本准则。它包含两个层次的分配：一是市场对各生产经营单位的分配；二是在市场分配的基础上，各生产经营单位内部进行的分配。在分配过程中，要体现公平基础上的效率。收入调节政策是国家在宏观领域中对人们收入进行调节的基本原则和措施。在收入调节过程中，要强调效率基础上的公平。

分配过程和收入调节过程是两个相互区别，但又相互连接的经济运行过程。分配政策和收入调节政策的实施使个人收入分配实现效率与公平的辩证统一。

4. 产业政策

产业政策是国家根据国民经济发展的内在要求，为提高产业素质，调整产业结构，从而调整供给结构和总量所采取的政策与措施的总和。由于市场机制对产业结构调节力度比较弱，而产业结构以及相连的供给结构又是宏观经济运行的重要经济变量，因此必须由国家制定产业政策来进行调节。

定义 产业政策

国家根据国民经济发展的内在要求，为提高产业素质，调整产业结构，从而调整供给结构和总量所采取的政策与措施的总和。

产业政策一般是由四个方面的政策所组成。(1)产业结构政策。产业结构政策是产业政策的核心部分。它是根据经济发展的内在联系而揭示一定时期内产业结构的变化趋势及过程，并按照产业结构发展规律规定各产业部门在经济发展中的地位和作用，提出协调产业结构内部的比例关系及保证产业结构顺利发展的政策措施。产业结构政策主要侧重于调整产业结构，通过对产业结构的调整而调节供给结构，促使供给结构较好地适应需求结构的变化，协调需求结构与供给结构的关系。(2)产业组织政策。产业组织政策的主要目的是解决企业在市场上的行为规范问题，也就是维护正常的市场秩序问题。在市场经济活动中，规模经济和竞争活力是一对常见的矛盾，解决此矛盾是产业组织政策的主要任务。因此，组织合理和适度的竞争秩序是产业组织政策的重要内容。它本身可分成促进竞争、抑制垄断的政策和抑制竞争的政策两类。一国的产业政策是促进竞争、抑制垄断的色彩浓些，还是限制竞争、促进规模经济扩大的色彩浓些，要看市场经济发展的水平和阶段，以及政治、经济因素。(3)产业技术政策。产业技术政策是产业政策的重要组成部分，制定正确的产业技术政策能够推动产业的发展，促进产业结构的优化，使经济、技术、社会稳定协调地发展。产业技术政策的内容一般包括制定引进新技术、开发新技术的方向和方法，积极推进技术进步。(4)本国产业与国际产业关系的政策。现代经济的发展表明，各国经济相互间的联系越来越密切，各国之间需要相互进行资金、技术、人才等方面的交流和合作，互相之间取长补短、互通有无。这种状况决定了一国产业与国际产业之间的复杂关系。因此，制定正确的关于本国产业与国际产业关系的政策，对于赶超先进水平、优化本国产业结构、取得良好的经济效益至关重要。关于本国产业与国际产业关系的政策，一般包括进出口、国际竞争、国际分工等政策。

产业政策主要是通过调整供给的总量和结构来达到供求的基本平衡。产业政策对供给总量的调节功能主要体现在：(1)组织高效使用资源的大批量生产体系。制定产业政策要根据规模经济的要求，促进产业内部各企业组织形式的合理化，建立适当的大批量生产体系，达到合理的市场规模和企业规模的要求，使生产能力不断接近最佳规模，有效地增加社会供给总量。(2)组织起合理分配资源的产业关系。由于在现实经济活动中经常存在竞争不充分现象，价格机制不能正常地发挥作用，使资源不能随需求的变化而转移，往往带来某些生产能力的严重过剩，而某些产业生产能力不足、资源分配不合理，影响供求关系的协调。因此，产业政策对供给总量调节的一个重要任务，就是组织合理的产业之间及产业内各企业的相互关系，消除产业之间、产业内部的垄断关系，保证较平等的竞争关系，合理分配社会资源，有效地增加社会供给总量。(3)组织起资源充分使用而不被浪费的产业竞争秩序。过度的竞争会造成社会资源的极大浪费，使供给的质量和数量超越社会需求的水平，严重时还会带来一系列的社会问题，影响经济、社会的稳定协调发展。正确的产业政策可以建立各产业内企业之间的合理和适度的竞争秩序。

产业政策对供给结构的调节路径是通过对产业结构的调整，进而调节供给结构，从而提高供给结构与需求结构的适应性。运用产业政策对产业结构的调节大致有两个方面：第一，制定正确的产业政策，扶持和发展主导产业，通过主导产业的发展来带动国民经济各产业部门按比例发展；第二，在发展主导产业或新兴产业的同时，促进落后产业改造和淘汰，更快地提高产业结构的现代化水平，增加产业结构的适应能力。

上述经济政策体系中各种经济政策不是相互孤立的，其作用是交织在一起的。要充分发挥各种经济政策的有效性，就应注意它们的搭配使用。如财政政策和货币政策在运用中，可以是松松搭配，即扩张性的财政政策和扩张性的货币政策相结合；也可以是紧紧搭配，即紧缩性的财政政策和紧缩性的货币政策相搭配；还可以是松紧搭配，即扩张性财政政策与紧缩性货币政策相匹配；以及紧松搭配，也就是紧缩性财政政策与扩张性货币政策相匹配。选择何种搭配，需要政府根据社会经济发展的实际情况以及实现宏观调节的目标正确把握之。

财政政策和货币政策是西方发达国家最主要和最经常使用的宏观经济政策。根据宏观调节的需要，各国政府在不同时期，采取不同类型的财政政策和货币政策，并在目标的选择、调节的重点等方面存在差异。

20 世纪 50 年代至 70 年代，历届美国政府为了反危机，刺激有效需求，都把控制失业率作为首要的具体调节目标。为了实现这一目标，美国政府注重财政政策、货币政策作为辅助，实行扩张性的财政政策。一方面增加政府的消费。1950－1970 年，美国政府用于采购商品和劳务的支出占国民生产总值的比重由 13.5％上升到 21.6％。另一方面进行减税，美国政府 1964 年减税之举，被公认为是宏观经济调节成功的得意之作。扩张性财政政策运用的同时，还采取了放松银根的扩张性货币政策，结果是失业率下降，1968 年美国的失业率降至 3.4％。

同期的日本，虽然政府一直把国际收支平衡作为调节的主要目标，但在宏观调节中仍比较突出财政政策的作用，通过扩大政府支出来推动经济发展。与美国不同的是，日本政府主要是增加生产性支出来扩大政府支出。例如，对有发展前景的产业，一是给予低税和增加补贴的优惠；另一是提供长期低息的政府贷款。对衰退产业，日本政府也提供一定的财政援助。

总之，这一时期西方主要发达国家实施扩张性财政政策确实刺激了经济增长。1951－1970 年西方发达国家平均经济增长率达到 5.3％，比第二次世界大战前的 2.3％高 1 倍以上。

由于长期实行扩张性经济政策，再加上 1973 年和 1978 年两次石油危机的冲击，70 年代以后，西方发达国家普遍出现经济停滞、通货膨胀居高不下的滞胀现象。1951－1970 年，美国、日本、联邦德国、法国、意大利、英国等国的国内生产总值年均增长 2.2％－10.7％，1971－1982 年仅增长 1％－4.7％，其中美、德、意、英等国还出现过负增长。消费物价指数上涨率由 1.8％－5.9％上升为 4.8％－18％，其中意大利 1980 年达到 21.2％。

鉴于此，西方发达国家政府改变了宏观经济调节的阶段性目标，从 70 年代以前的实现充分就业的经济增长目标转变为实行低通货膨胀的经济增长目标。调节目标的转变导致宏观经济政策的调整。西方发达国家的政府开始采取紧缩性的货币政策，控制货币供给量。紧缩性货币政策的实施对降低通货膨胀率起了很大作用，但紧缩货币政策在有效遏制通货膨胀的同时又阻碍了经济增长。80 年代西方发达国家经济发展缓慢，失业率居高不下。为刺激经济增长，西方发达国家继续采用扩张性财政政策，致使多数国家财政支出继续扩大。1980—1995 年期间，除美国和英国外，日、德、法、意、加 5 国财政支出占国内生产总值的比重均有不同程度的上升，其中意大利最多，上升了 10 个百分点，而 7 国总计也从 38.4%升至 39.6%。扩张性财政政策的实施并未达到推动经济增长的预期目的，1983—1989 年西方 7 国经济增长率为 2.5%—4.6%，而 1990—1996 年下降为 0.2%—3%。反而陷入赤字财政的困境，除个别国家的个别年份外，西方发达国家连年出现赤字。这表明西方发达国家的经济仍处于低速增长状态。

20 世纪 90 年代以后，美国政府由于多年来扩张性财政政策的运用导致巨额财政赤字，于 1993 年 2 月提出了大幅度减少财政赤字为核心的振兴经济计划，并在 8 月 10 日通过了削减财政赤字的法案，计划在 5 年内达到削减财政赤字 4 960 亿美元。为此，美国政府采取增收节支为特征的紧缩性财政政策，用增加 2 410 亿美元税收的方式增加政府收入。同时，为保证紧缩性财政政策实施的效果，美国政府(美国联邦储备委员会)根据美国经济发展的状况不断推出与紧缩性财政政策相协调的货币政策与之配合。6 年来美国不仅财政赤字缩减，而且经济持续地增长。

进入 21 世纪尤其是 2007 年次贷危机以后，美国扩张型财政政策进一步增强。其目的是为了应对百年一遇的金融危机，因此赤字规模在短期内大幅度增加。财政收入占 GDP 的比重从 2008 年的 17.1%下降到 2009 年的 14.6%，公司税收入占比下降了 1.1%，而财政支出占比同期则从 20.2%上升到 24.4%。在 2009 年到 2012 年的次贷危机爆发和发展期，美国财政赤字占 GDP 比重年平均高达 8.4%。这一阶段税收收入的下降不是来源于减税，更重要的是金融危机下的经济本身收缩使个人和公司收入大幅减少，从而减少了税基。财政支出方面，除了购买问题资产应急外，政府财政支出主要用来增加社会福利支出。包括通过增加社会福利支出帮助中低收入者、失业者、亏损的小公司，试图缩小贫富差距，并大幅增加社会保险、公共医疗、收入保险等所有社会福利支出，尤其是社保支出。① 积极的财政政策虽然不能解决带来经济危机的基本矛盾，但短期内比较有效地缓解了矛盾激化带来的经济动荡。2011 年后，美国 GDP 增长速度虽然仍然比较缓慢，但就业率和企业利润率均稳定增长。

经济体制改革初期，我国政府为了解决长期困扰我国的总供给不足的问题，基本上采用了扩张性的财政政策。一方面不断增加财政支出；另一方面为扩大企业自主权和企业自留利润，而减少了一部分税收。结果导致财政收入增长滞后于财政支出的增长，财政赤字不断增多，还出现了过旺的总需求和比较高的通货膨胀。

为实现物价基本稳定基础上的经济快速增长目标，必须控制债务规模，遏制财政赤字的增长，降低通货膨胀。为此，我国政府采用了适度从紧的财政政策，但适度从紧的财政政策的实施，有可能导致经济增速下滑。为避免这种状况出现，必须选择适当的货币政策与适度

① 陈丰：《从历史演变看特朗普财政政策对美国经济的影响》，《国际金融》，2018 年第 3 期。

从紧财政政策相配合。扩张性的货币政策显然不妥，因为与我国经济发展现况不符，也不能实现政府的宏观的调节目标。紧缩性的货币政策的实施固然会抑制总需求，但力度太大，在缓减了过旺的总需求的同时会引发生产的萎缩，有效供给的减少，也不利于宏观调节目标的实现。从2005年开始，我国从原来积极的财政政策和稳健的货币政策，转向稳健的财政政策和稳健的货币政策相搭配。

二、宏观经济调节的手段

政府对经济运行进行宏观调节是运用多种手段进行的，主要有经济手段、法律手段、计划手段和必要的行政手段。

经济手段是指通过各项宏观经济政策，相应运用各种经济杠杆来对国民经济进行调节。经济杠杆是指由政府利用经济利益来引导各经济主体的经济行为，使之符合国民经济运行目标的调节工具。经济杠杆主要有税收、信贷、价格、汇率、财政补贴、工资等。税收杠杆是通过税种设置和税收制度的制定、税目设计、税率高低、税种减免这些要素来灵活地进行调节的杠杆。税收杠杆对社会再生产及对外贸易等方面都有广泛的调节作用。信贷杠杆是指以中央银行为主导的银行体制，通过调节利率、信贷规模和信贷结构来调节国民经济宏观经济运行的一种经济手段。信贷杠杆在产业结构的调整、货币供给量和信贷规模的调节方面起着重要作用。价格杠杆是指政府利用价值规律影响价格，使价格既反映价值，又反映供求关系，合理配置资源的一种手段。价格杠杆对宏观经济的调节作用主要是：通过价格变动影响供给和需求，促使社会总供给与总需求的平衡；通过调节各部门产业之间的价格水平和盈利水平来调整产业结构；通过价格变动，调节国民收入分配以及各种分配关系。汇率杠杆是通过汇率变动来进行宏观调节的手段。汇率对宏观经济的调节作用主要体现在通过汇率的升降来影响国家进出口贸易和国际收支的变动。

经济杠杆的特点是同社会各方面的经济利益密切相关。它们的变动会引起各经济主体利益的变化，从而引导、调节和控制各经济主体的经济活动，并将其纳入宏观调节的预定轨道。由于各项经济政策和各种经济杠杆各有自己适用的领域和作用特点，又有各自的局限性，政府必须注意综合运用，协调配套。

法律手段是依靠国家的法权力量，通过经济立法和经济司法机构，运用经济法规来调节经济的手段。市场经济从一定意义上说也是一种法制经济。经济手段与法律手段具有相辅相成的关系。各经济法规的制定要依据市场经济运行的规律，反映经济手段调节的要求。经济手段也必须与法律手段密切配合，才能有效地发挥作用。法律手段的运用与其他宏观调节手段的运用相比较，具有如下特征：(1)全局性。法律手段是从全局上调节整个经济活动，是以国民经济的整体利益为出发点和归宿。(2)平等性。一种法律一经形成与实施，所有适用对象在法律面前一律平等。(3)政策性。宏观调节法律体现了党和国家在一定时期的方针政策。(4)强制性。法律手段调节的对象无论其个别利益与法律规定是否一致，都必须服从法律的规定，如有违反，必将惩罚。

计划手段是通过国家制定的长期、中期和短期经济计划，通过提出国民经济和社会发展的宏观调节目标及相应的经济政策，发挥总体指导和综合协调作用的调节手段。计划调节手段的正确运用，可在一定程度上减轻生产无政府或无秩序状态，促进经济均衡发展，比较合理地实现生产力空间配置和资源利用。具体来说：(1)弥补“市场失灵”的不足。市场机制的调节在国家经济发展的总体布局、社会公共利益的体现等方面无能为力，可以通过国家计划来解决。(2)促进资源配置优化。计划与市场都是资源配置的方式，在以市场作为资源配置基础性方式的前提下，两者结合，长处互补、相得益彰，提高资源的使用效率。(3)实施可持续发展目标的要求。计划手段可以在统筹协调的前提下，兼顾经济与环境保护、生态平衡的协调发展，是保证可持续发展目标实现的有力手段。

行政手段是政府依靠行政机构，采取带有强制性的命令、指示、规定等行政方式，按行政系统来直接调节国民经济活动的手段。行政手段具有权威性、直接性、强制性和速效性、无偿性等特点。必要的行政手段可以保证计划手段、经济手段、法律手段的正确实施，在一定时期内有它存在的必要性。行政手段调节的出发点是社会整体利益，有时会与被调节者的局部利益发生冲突，并与企业作为自主经营、自负盈亏的商品生产者的地位相矛盾，因此，在市场经济运行中行政手段的运用，应限制在一定范围内。

小辞典　宏观调节的手段

经济手段：运用税收、信贷、价格、汇率、财政补贴、工资等经济杠杆来对国民经济进行调节。

法律手段：依靠国家的法权力量，通过经济立法和经济司法机构，运用经济法规来调节经济。

计划手段：通过制定长期、中期和短期经济计划，提出国民经济和社会发展的宏观调节目标及相应的经济政策，发挥总体指导和综合协调作用来调节经济。

行政手段：依靠行政机构，采取带有强制性的命令、指示、规定等行政方式，按行政系统来直接调节国民经济活动。

四种调节手段，各有所长，各有所短，必须取长补短，综合运用。计划手段为经济手段调节指明方向和提供目标；经济手段是适合市场经济的间接调节手段，因而是宏观经济调节体系中的重要手段；法律手段能保证经济手段有效地发挥调节作用；行政手段则是经济和法律手段的补充。只有四种手段正确结合组成宏观经济调节体系，才能符合市场经济的要求，才能有效地调节市场经济的运行。

经济手段是各西方发达国家普遍使用的。以使用利率手段为例，日本根据本国金融体系发展的状况以及宏观调节的目标，主要采取利率限制，即限定金融机构存、贷款利率调整范围的方法，来达到下述目的。(1)稳定金融秩序。在资金需求增加时，政府如不限制利率水平，各民间银行为争取存款会提高存款利率，而银行在筹资成本增加的基础上，为获取利润会提高贷款利率或从事高收益的投资。这就难免会增大投资风险，甚至导致金融混乱。政府限制利率波动的范围，有可能避免这种状况发生。(2)促进企业投资。政府实行利率限制，降低了银行资金成本，也就等于降低了企业筹资成本，企业投资热情增大，并倾向于从银行借款筹资。(3)为国家宏观调节的进行创造了条件。由上可知，企业和民间银行的联系甚密，而民间银行又依附于中央银行，三方之间的这种关系为国家(以中央银行为代表)的宏观调节的进行创造了良好的传导机制。德国则经常是通过调节贴现率和抵押贷款利率来影响利率水平，间接调节金融市场。对价格手段的运用方面，西方发达国家大多实行价格支持政策，主要是在价格上对农产品实行保护性补贴，人为地维持农产品的价格水平。美国是西方发达国家中对农产品实行价格支持最久的国家。它一方面是通过减少农产品供给来维持农产品价格。如分配种植数量、规定最低基本价格和消费配额；另一方面是根据农产品市场价格与基本价格背离状况，以发放贷款或补贴的形式保护农场主的利益，扶持农业的发展。具体做法是：当农产品的市场价格低于基本价格时，如果农产品销售，则依据农产品存量的多少，获得政府的贷款。如果农场主按当时的低价销售其农产品，差价部分政府以发放补贴的形式补足。当农产品的市场价格高于基本价格，农场主按市场价格出售农产品，所得收入全部归己。税收手段由于在协调各方面利益关系中有着特殊重要的作用，西方发达国家的政府一般都是通过增税或免税，改变税种和税率来调节私人企业投资。

法律手段在当代西方发达国家宏观调节中发挥着十分重要的作用。当今西方发达国家法律法规种类繁多，几乎涉及经济社会的各个方面和层次。例如，美国罗斯福总统上台实行"新政"，就先后颁布了《紧急银行法》《全国产业复兴法》《农业调整法》等几十个法规。目前美国已形成由数以千计的经济法规组成的法律体系。美国政府经常运用法律手段直接干预和规范经济活动，集中体现在反对垄断、保护竞争方面。

计划手段是西方发达国家第二次世界大战后开始运用的调节手段。以 1948 年欧洲各国建立的"经济复兴计划"为起点，计划手段成为一种较为普遍的、经常性的调节手段，以日本、法国为代表的国家所制定的经济计划是政府干预经济的主要手段。制定经济计划并不是直接确定私人企业的生产经营活动，而是显示了国民经济中长期发展的目标方向、指示性指标和政府经济政策的总趋势，给企业制定自己的计划、目标方向提供了预测性的经济情报。计划的形式主要有三种：一是中长期经济计划，一般为 5—7 年，个别为 10 年；二是年度经济预测；三是国土综合开发计划。这些计划虽然对企业没有强制性，但政府可以通过各种手段来影响、引导计划目标的实现。法国运用计划手段主要有以下几个特点：(1)政府连续制定经济计划，加强对经济的全面调节。在实行"指示性计划"的同时结合经济法律等手段的运用，使计划调节尽可能符合政府调节的预期目的。(2)中期计划与短期计划相结合。(3)在编制经济计划时，坚持政府与民间磋商的原则。运用各种经济模型，不断改进计划编制方法。经济计划内容随着经济形势的变化，不断加以调整，使之充实。(4)政府设立了一些规划机构、审议机构等，对计划进行指导、监督。

行政手段的运用以日本的"行政指导"最为典型。日本政府通过对私人企业采取"说服""劝告"的方法对企业施加影响，使企业服从政府的意图，从而达到避免过度竞争，维持生产、投资和出口秩序的目的。行政指导不具有法律效果，但由于其简便灵活，所以能够弥补法律的不足。

我国在对国民经济进行宏观调节时也采取了一系列调节手段。经济手段是我国宏观经济调节手段体系中最重要的手段。经过多年的调整，我国已建立了比较完整的税收体制。按课税对象划分可分为六大税类、三十余种。(1)流转税类。以商品流转额和非商品流转额为课税对象征收的一类税，主要有产品税、增值税、营业税、关税等。(2)所得税类。是就企业和个人在一定时期的所得征收的税收，主要有国有企业所得税、外商投资企业和外国企业所得税、个人收入调节税等。(3)资源土地税类。是以各种自然资源和土地及其产品为课税对象征收的税类，主要是资源税、城镇土地使用税等。(4)行为税类。是根据国家规定以某一特定行为作为课税对象征收的税类。主要有固定资产投资方向调节税等。(5)财产税类。是以纳税人所有或属其支配的财产数量、价值为课税对象征收的税类，主要是房产税、城市房地产税等。(6)涉外税类。这是为适应对外开放要求建立的税类，如外商投资企业所得税等。这一税收体制对国民经济各方面进行着强有力的调节，但也存在需要解决的某些问题。

我国政府目前通过调整存贷款利率、法定存款准备金率，实施差别利率、优惠利率等措施，来启动利率手段对国民经济发展的积极推动作用。但目前存在的主要问题是利率变动的敏感程度低，调节力度不强，且在一定程度上会导致资金的逆向流转，而达不到调节的目的。如何完善利率机制是迫切要解决的问题。

我们还大量地运用了法律的调节手段。我国目前正在建立、健全社会主义市场经济体制，经济主体的活动范围扩大，决策自主性提高，利益驱动机制强化。保护市场主体资格及其合法权益，并对市场主体的行为进行引导、规范和约束，成为社会主义市场经济体制中宏观调节的重要内容，法律手段也就成为我国宏观调节的重要手段。

在高度集中的计划经济体制下，计划手段在宏观调节中占有主导地位，并将其与行政手段捆绑在一起，结果对国民经济发展起着束缚作用。建立社会主义市场经济体制以后，摈弃了过去计划经济中单纯的行政指令，释放了经济主体的活动空间，使经济发展出现生机勃勃的局面，但这并不意味着计划手段已无存在的必要。在社会主义市场经济条件下，作为政府宏观调节手段之一的计划手段是以市场为基础的导向性、战略性和政策性手段。具体地说就是搞好经济发展预测，规划重大经济结构、生产力布局、国土整治，完善宏观经济监测预警系统，集中必要的财力、物力进行重点建设等。这样的计划应该是由相应的指标体系和政策措施所组成的复合体，并建立在发挥市场调节作用的基础上，以指导性计划和中长期计划为主。为了有效地发挥计划手段的调节作用，首先，要求国家计划在制定目标时定位准确。要在对国民经济运行总况与发展趋势进行全面综合分析与预测，国家计划目标确定的科学性与实现的可行性细致考证的基础上确定计划目标。其次，要求计划方法科学。计划虽然是人们主观设计的产物，但它不应具有随意性，不该出现“拍脑袋数据”，一些重要指标的确定不该凭某个领导者的主观意志来确定，应是严密的科学论证的结果。再次，要求预防“政府失灵”。“政府失灵”是指政府的调节未使资源配置达到最优状态。计划是国家制定的，作为宏观调节主体的国家，其行为也存在非理性化因素，如对经济发展形势判断错误、经济政策制定与运用的不合理等，要保证计划手段的有效调节，需避免“政府失灵”现象的发生。最后，要求与其他调节手段结合运用。因为计划指标不直接作用于被调节对象，其作用的实现必须通过经济手段或行政手段等其他调节手段来完成。计划手段的调节作用寓于其他调节手段作用之中。

在社会主义市场经济条件下，行政手段作为宏观经济调节手段的运用将会逐渐减少，但在经济与法律手段难以调节或调节效率低下时，行政手段的运用就显得非常必要。行政手段在运用时应注意：(1)按照经济规律的要求建立科学化、民主化的决策程序和严格的责任制；尽量减少行政层次，提高行政调节效率。(2)注意原则性与灵活性相统一。在不违背国家宏观调节目标的前提下保持一定的灵活性，避免“一管就死”现象发生。(3)运用的范围应有一定的限制，不可滥用。

本章小结

不论是何种经济制度的国家，都需要国家调节宏观经济活动。因为国家调节宏观经济是为了适应生产社会化和经济全球化的需要，是为了推动市场经济良性发展的需要，是为了实现经济发展战略目标的需要，是为了调节经济体制的需要。

直接调节和间接调节是国家对经济活动进行宏观调节的两种方式。西方发达国家政府主要是采取间接调节方式。改革前的我国采取单一的直接调节方式，改革后正逐渐形成直接调节与间接调节相结合，以间接调节为主的调节机制。

国家调节宏观经济的目标是由若干具体目标构成的一个目标体系，具体内容如下：保持经济稳定发展与适度增长，优化经济结构，控制失业率，基本稳定物价总水平，提高生活水平和生活质量，实现国际收支大体平衡，实施经济可持续发展。

针对总供给与总需求的不平衡状态，西方发达国家调节的重点长期是放在总需求管理方面，以解决有效需求不足问题，但目前也从总供给角度来进行调节。我国在改革开放至20世纪90年代前半期，鉴于总需求大于总供给的不平衡状况，运用经济政策和行政手段压缩社会总需求；进入90年代后半期，当总供给与总需求的关系演变为总供给大于总需求，有效需求不足时，我国政府调节的重点转向扩大社会总需求方面。

政府调节主要是运用财政政策、货币政策、收入政策和产业政策。其调节的手段是经济手段、法律手段、计划手段与行政手段。各国政府运用多种手段各有特点。我国政府在总供给不足与总需求不足的两个不同时期，分别采用紧缩性财政政策与货币政策和积极的财政政策与货币政策，并交替运用四大手段进行调节，力求实现宏观调节目标。

关键术语

宏观调节　经济体制　总量平衡　总需求和总供给　经济结构　充分就业　自然性失业　经济性失业　价格水平　通货膨胀和通货紧缩　人文发展指数　可持续发展　需求管理　财政政策　国家预算　扩张性财政政策　紧缩性财政政策　货币政策　收入政策　产业政策　经济手段　法律手段　计划手段　行政手段

参考资料

1. 程恩富主编：《国家主导型市场经济论》，上海远东出版社1995年版。
2. 张银杰：《市场缺陷与政府的职能》，《中国行政管理》1997年第3期。
3. 包亚钧：《宏观经济分析：中国发展路径和趋势的探索》，山西经济出版社1999年版。
4. 冒佩华：《信息化条件下的政府经济权能探析》，《财经研究》2003年第11期。

思考题

1. 美国与中国是不同经济制度的国家，为什么政府都要对国民经济进行宏观调节？
2. 以中国30多年的改革和发展的实证经验为例，阐述国家调节的多种目标之间的关联。
3. 关闭小造纸厂、小化工厂等耗费自然资源比较大、生产能力低下的小企业与我国的宏观调节目标有何关系？下令关闭属什么调节手段？除此之外，是否可以采取其他调节手段？
4. 为什么通货膨胀与通货紧缩都是我国政府宏观调节中需要解决的问题？通货膨胀有利于经济发展，通货紧缩有利于增加社会公众的利益的看法是否正确，请分析。
5. 比较我国与西方发达国家宏观调节政策与手段运用的异同点。

第十五章

国家垄断经济

学习目的与要求

通过本章的学习，掌握国家垄断经济形成的一般机理，以及它的基本形式；认识资本主义条件下国家垄断经济的实质，了解它在当代垄断资本主义经济发展中的作用和局限性；把握社会主义条件下国家垄断经济仍然存在的原因，以及它的基本形式、特点和作用。

第一节　国家垄断经济形成的原因与形式

一、国家垄断经济形成的一般原因

国家垄断经济是作为经济主体的国家对社会经济运行过程进行排他性控制的经济形式。它是一个资本主义经济和社会主义经济共有的范畴，其形成的机理具有一般性。

首先，国家垄断经济是社会化大生产不断发展的必然产物，也是生产关系一定要适应生产力发展水平需要的产物。

定义　国家垄断经济

国家垄断经济是作为经济主体的国家对社会经济运行过程进行排他性控制的经济形式。

无论是现代资本主义市场经济，还是社会主义市场经济，都是建立在一个共同基础之上的，即生产的社会化。在社会化大生产中，社会分工和专业化得到充分发展，生产社会化程度不断提高，不仅实现了产业专业化分工，而且实现了产品专业化和零部件专业化。一系列新兴工业部门和社会化、现代化程度很高的公共设施的建立，部门经济结构和地区经济结构的调整，许多重大的科学研究和技术开发，以及对生态平衡的保护和环境污染的防治等，都需要巨额的长期的投资，而单个垄断资本往往无力承担。这样，生产社会化在其发展过程中就遇到了生产关系方面的障碍。为了缓解生产力与生产关系的这一矛盾，国家把巨大的财政资金转化为国家垄断资本投入这些领域。因为国家垄断资本在数量上要比单个垄断资本充足得多,可以解决单个资本无法解决的这一矛盾。

在社会化大生产条件下,由于生产力社会化的高度发展,单个垄断资本盲目竞争和生产无政府状态的矛盾加剧了。现代科技进步和生产社会化的发展,使社会分工深化和国民经济部门不断增多,部门和企业之间的联系更加密切、更为复杂,整个社会生产过程形成了一个密不可分、互相制约、互相依存的有机整体。这就在客观上要求社会资源,包括人力资源、物力资源、财力资源,在社会生产的各部门、行业和企业之间的各种生产用途中,按比例分配,进行合理配置,以保持经济运行和经济增长的连续性和稳定性。然而,社会经济运行过程的复杂化使得市场上的经济活动不再是一目了然的,是可直接把握的。对每个单个的垄断经济主体而言,这意味着它们只能为了实现自身的利益和目标,在自己现有的条件下采取各自为政的行为方式。这样,在市场机制这只"看不见的手"的自发调节下,无数单个垄断经济主体生产活动在规模和结构上就不会自动符合社会需求。市场机制在协调个人目标与社会目标、个人需求与社会需求方面是自发的、盲目的,其结果也是非常不确定的。由于国家能够凌驾于单个垄断企业之上,并且手中直接掌握着巨大的经济力量和各种经济杠杆,它也有可能根据垄断资本的长期的总利益需要在一定程度上调节经济的这种盲目性,由此,国家垄断资本就自然担负起对社会经济的组织和调节任务。

总之,国家垄断经济作为一种不同于其他经济形式的社会生产关系,其存在和发展最终是由生产力发展要求所决定并为生产力发展服务的。而国家垄断经济不仅是一定生产关系为适应生产力发展的需要而产生,并且这种经济形式也只有能够适应并促进社会生产力发展时,才会具有强大的、现实的生命力。

其次,国家垄断经济的产生也与"市场失灵"直接相关。

所谓"市场失灵",概括地讲,包括两层含义:一是指当完全竞争所需要的假设条件不存在时,通过市场进行的资源配置就不具有帕累托效率,也就是说,市场机制的调节作用不能使资源运用的经济效率得到最大限度的发挥。这主要是由于:首先,消费者的偏好不是固定不变的,因此市场难以达到供求均衡状态;其次,实际经济活动中存在外部性,社会资源得不到最大限度的利用;最后,自由竞争会导致垄断,垄断形成后使市场机制作用失效或者扭曲。二是指即使市场竞争完全有效,并使社会资源配置效率最大化,也不一定就是最能满足社会需要的唯一的均衡状态,即市场价格与竞争机制不能保证社会资源配置达到最优状态。这主要是由于:市场竞争忽略了收入分配和失业问题,而单纯依靠市场机制解决不了收入分配两极分化问题。此外,市场机制调节难以保持宏观经济总量均衡,不能解决社会经济长期发展目标和战略问题。

正是由于存在多方面的"市场失灵",国家垄断经济便应运而生。其作用在于弥补市场功能缺陷,纠正市场功能偏差。而这中间自然垄断、公共产品等的存在是国家垄断产生的重要原因。自然垄断部门是指这样一些部门,即它们的经济规模已经达到了这样的程度,以致从社会的角度看,若不把所有的生产集中在一个企业就会形成很大的浪费,或者说,生产者如分散在许多单位,平均成本就会很昂贵,这种自然垄断部门一般都是由国家直接对其供给和价格以及市场进入进行管制,只授权一家企业垄断全部生产,其他企业一概不准进入。公共产品主要是直接关系到国民经济整体利益和长远利益的物质和人力开发等基础设施和国防设施等,准公共产品和半公共产品是公园、公共图书馆、公共住宅、文化体育设施等,它在免费供应社会成员享用时它是公共产品，在收费条件下，它又带有某种私人产品的性质。公共产品和半公共产品由于“免费乘车者”的存在，私人不愿意提供；同时由私人提供公共产品也会导致低效率或公共产品供给不足，因此这些部门只能由国家来垄断。

二、国家垄断经济的一般形式

国家垄断经济的一般形式有：国家自然垄断经济、国家市场垄断经济、国家行政垄断经济。前两种形式属于国家经济性垄断。

国家自然垄断经济是指国家对自然垄断部门，包括公共产品进行的排他性控制的经济形式。

自然垄断是指由于技术上和经济上的原因，不是通过竞争途径而是一开始就直接建立的垄断现象。这类垄断在产品市场和资源市场中，由于生产的性质或产品（或服务）的性质，使得买方或卖方不得不处于经济个体少量的状态中，以致他们可以利用这种状态带来的便利达到操纵稀缺程度的目的。一般而言，在不同的经济制度下的国家都对自然垄断经济实行直接垄断。这些自然垄断的范围在不同的制度背景下也并不相同。广义上讲包括土地、森林、水域等自然资源，包括电报电话、电力和铁路等行业，也包括一些关系国民经济命脉的重要部门和关键领域，财政收入有着重大意义的烟草酒类企业，政府或者实行国有制，直接由国家垄断经营或者政府管制下的企业私人垄断经营。

公共产品是那些私人不愿意生产或者无法生产，所有社会成员都可以享受的，不适用排他性原则的产品。公共产品也属于国家自然垄断经济的范畴，即由国家直接对这些产业的供给和价格以及市场进入进行管制或只授权一家企业垄断经营。过去，西方经济学家认为自然垄断的存在只与规模经济相关联，较近的观点表明，关于自然垄断的恰当定义必须建立在部分可加性（subadditivity）而不是规模经济的基础上。鲍莫尔（Baumol）、盘萨（Panzer）和威利格（Willig）在1982年用部分可加性重新定义了自然垄断。如果单一企业生产所有各种产品的总成本小于多个企业分别生产其中一种产品的成本总和，企业的成本方程就是可加的。如果在所有相关的产量上企业的成本都是部分可加的，该产业就是自然垄断产业。换言之，即使规模经济不存在，即使平均成本上升，只要单一企业供应整个市场的成本小于多个企业分别生产的成本之和，由单一企业垄断市场的社会成本就仍然最小，该产业就仍然是自然垄断产业。所以，从公共产品与自然垄断经济的关系来看，公共产品的特征，也是自然垄断的特征。这既反映了公共产品和自然垄断都是基于同一原理而产生的，同时也反映了公共产品与自然垄断在这方面的重合性。当然，两者在范围上并不是完全一致的。但是，公共产品的某些自然垄断经济的特征要求国家对其实行垄断经营。

国家市场垄断经济是指国家对于在市场经济发展过程中，通过自由竞争形成的非国有的垄断组织进行不同程度的排他性控制。国家市场垄断经济根据国家垄断经济的程度可以区分出不同的层次。

一种是对于那些在国民经济中起重要作用的非国有垄断产业和垄断行业，国家直接进行垄断或国有绝对控股，这是社会和经济发展的一般要求，并不因不同社会制度的差别而有所改变。

一种是国家对一些国有企业或非国有垄断企业进行参股（参股必须达到一定的数量），通过这种方式来实现国家垄断资本的意图和利益。

一种是国家调节国有垄断经济和非国有垄断经济。在当代,任何一个国家的经济调控都是经济增长和经济发展不可或缺的要素。政府要把微观垄断经济的个体活动纳入宏观有序的轨道上,必须进行有效的调控。但国家不可能直接面对所有的一个个企业实施垄断控制,因此这就要借助于垄断组织的体系和作用来产生扩散调控效果。

国家行政垄断经济是指国家通过行政手段和具有严格等级制的行政组织来维持的排他性控制的经济形式。

一般情况下,国家行政垄断是由各个部门和各级政府垄断(条块分割式的政府垄断),每一个层次的政府,每一个主管部门,实质上就是相对国外大托拉斯的管理中心(母公司或核心公司),众多企业只是相对于托拉斯下的没有法人资格的工厂或车间。国家行政垄断在资本主义国家和社会主义国家都存在过,尤其传统的社会主义集权经济体制下的国家行政垄断经济最为典型,并且存在的时间较长,涉及的范围较广。

如在资本主义经济发展史上,垄断最初同国家行政干预和国家保护融为一体,在重商主义时期,主要通过国家行政控制的方式,帮助商业垄断摧毁了自给自足的农业经营,带来了生产组织的变化,廓清了国内封建割据状态,粉碎了阻挡商业发展的种种中世纪羁绊,加速了国内贸易和对外贸易的扩张,促进了商业资本的积累。所以,国家行政垄断经济在建立统一的强盛的民族国家过程中发挥了巨大的作用,为日后的工业资本主义的发展铺平了道路。随着18世纪后期生产领域中工业革命的推进,国家对社会经济运行过程中的种种操纵和管制越来越束缚和阻碍了经济的迅速发展,从而被逐步取消和废除。但第二次世界大战后,西方资本主义国家为了迅速地恢复经济也曾不同程度地采取了国家行政垄断的经济形式,使遭受战争蹂躏的资本主义经济很快发展起来。

辨析　国家垄断经济的形式

国家自然垄断经济:国家对自然垄断部门,包括公共产品进行的排他性控制的经济形式。

国家市场垄断经济:国家对于在市场经济发展过程中,通过自由竞争形成的非国有的垄断组织进行不同程度的排他性控制。

国家行政垄断经济:国家通过行政手段和具有严格等级制的行政组织来维持的排他性控制的经济形式。

社会主义经济中的国家垄断,首先也是以行政型的国家垄断经济形式出现的。如苏联在军事共产主义时期,由于物资极端匮乏,一切产品的流通都是实行国家行政垄断的。新中国成立初期采取的也是国家行政垄断经济形式,这对我国实现向社会主义经济的平稳过渡起了重要作用。社会主义经济制度建立起来后,苏联、中国以及其他的社会主义国家长期实行的严格的指令性计划经济,也属典型的国家行政垄断经济。

第二节　资本主义条件下的国家垄断经济

一、国家垄断资本主义的产生与发展

资本主义条件下的国家垄断经济也称国家垄断资本主义,是一种私人垄断资本同资产

阶级国家政权相结合的资本主义。

定义 国家垄断资本主义

资本主义条件下的国家垄断经济;一种私人垄断资本同资产阶级国家政权相结合的资本主义。

国家垄断资本主义是从一般垄断资本主义转化而来的。到目前为止,国家垄断资本主义的产生和发展过程大体可分为三个阶段。

第一个阶段,第一次世界大战爆发前后,这是国家垄断资本主义产生和开始形成时期。那时,由于第一次世界大战爆发,受战争的情势所迫,各参战国普遍加强了国家对经济的干预和监督。例如,在德国、俄国等一些国家就曾出现过国有铁路、国有兵工厂和国有土地等。美国在战争期间也曾把铁路临时交给国家管理,并对一部分企业实行国有化。国家还投资兴建了一批工厂交给垄断组织经营,并用国家订货、补贴和贷款等方式支持垄断组织。可见,这一时期国家垄断资本主义的发展,主要涉及的是军事工业企业,并且主是为战争服务的,因而带有明显的军事性质和临时性质。

第二个阶段,从第一次世界大战后到第二次世界大战结束初期,这是国家垄断资本主义不稳定发展时期,并带有行政性。这个时期,国家垄断资本主义的发展与30年代的大危机和两次世界大战相联系。1929—1933年的世界资本主义经济危机,严重地冲击了资本主义制度。各国为了渡过危机,摆脱经济困境,缓和社会矛盾,纷纷开始放弃“自由放任”的政策。政府通过颁布法令,成立干预经济的机构,以及大规模的政策投资和兴建公共工程等措施,增加就业,扩大需求,刺激经济的恢复和发展。美国推行“罗斯福新政”,英、法等国对私人企业实行国有化,德、意、日等国通过法西斯专政使经济逐步走上国民经济军事化的道路,都在不同程度上使国家垄断资本主义得到了较大的发展。但这个时期国家垄断资本主义的发展,具有行政性和不稳定性的特点。

第三个阶段,从20世纪50年代开始直到现在,这是国家垄断资本主义广泛、高度地发展时期。在这个阶段,国家垄断资本主义的发展具有经常性、广泛性、持续性和稳定性的特点,并且在经济生活中逐步占据了支配地位,所起的作用越来越大。国家对经济的干预和调节,已成为资本主义经济运行的内在机制,而不再是战争、经济危机等特殊时期的权宜之计。衡量国家垄断资本主义发展水平通常使用的主要指标,是国家财政支出用于社会资本再生产过程的增长速度,及其在国民生产总值中所占的比重。当国家财政支出的很大部分投入社会资本再生产运动,从而使国家和垄断资本在经济上结合日益密切,国家在垄断资本主义生产、分配、交换和消费各个领域的经济职能日益加强时,国家垄断资本主义的发展水平也就越高。从20世纪50年代开始到现在,国家垄断资本主义进入了一个迅猛发展的新时期。据有关资料统计,现代发达资本主义国家的财政支出已占到国民生产总值的30%—40%,高的达到50%以上,并且主要投入社会资本再生产过程和对经济的政府调控,这表明国家垄断资本主义已广泛地、高度地发展起来了。

目前,国家垄断资本主义已不再只是涉及社会经济生活的个别部门、个别方面以及资本主义再生产运动的个别环节,而是渗透到社会经济生活的一切方面和一切部门以及资本主义再生产运动的各个环节;国家垄断资本主义的活动范围和作用,已不局限于一国范围内的经济生活,而是广泛地涉入了国际经济领域;国家垄断资本主义已不再是非常时期国家采取的临时性的政策措施，而是成为这些国家长期稳定的社会生产关系体系。垄断资本主义的这种阶段性变化，使资本主义原有的经济特征发生了局部的、部分的质变。

资本主义的国家垄断经济的形成，主要是通过如下三条途径：

一是将私营企业国有化。这种方法在英国、法国比较普遍。英国在第二次世界大战期间，生产受到严重破坏，经济上处于十分困难的境地。为了使整个经济得到迅速恢复和发展，1946 年英国政府首先将英格兰银行收归国有，之后，又先后对煤炭、煤气、钢铁工业、运输业等部门实行了国有化。1974 年开始的又一次国有化浪潮，更是已不再局限于传统的公用事业和个别工业部门，而是涉及一系列重要的基础工业，如汽车制造业、造船业、飞机制造业、宇航工业和石油工业等部门。

法国私人企业国有化的情况和英国有所不同。首先是靠没收战争期间通敌企业财产而实现的。例如，雷诺汽车公司原是法国一家私营汽车公司，由于该公司在战争期间和德国法西斯合作，因而第二次世界大战后立即被政府接管，改为国营汽车公司。此后，法国政府又将煤炭工业和铁路运输业的部分私人企业收归国有。1946 年还对四大银行(法兰西银行、法国兴业银行、巴黎国家贴现银行和里昂信贷银行)以及 34 家保险公司等金融机构实行了国有化。1981 年密特朗执政伊始，就通过了一项国有化法案，进一步扩大国有化的规模。到 1982 年底，法国国有企业的投资总额已占全国投资总额的 36%，净资产占全国企业净资产总额的 29%。法国国有化浪潮持续时间之长、规模之大、程度之高，在发达资本主义国家中也具有典型意义。

二是由国家预算拨款直接建立国家垄断企业。这在美国、联邦德国表现得比较突出。在美国，政府不仅花巨额投资建立原子能、宇航工业等新兴部门(仅 1946—1971 年就投资 1 175 亿美元)，而且在工业和公用事业部门也兴建了大量的国家垄断的企业(仅战后至 70 年代初投资总额就达 1 567.7 亿美元)。在联邦德国，政府为了保障国内企业的稳步、平衡发展，在一些利润不高、投资周期长的基础工业部门(如运输和公共服务部门)，实行国家直接投资，从而使联邦德国邮电局、铁路、供水系统的 99%，港口设施、城市运输的 95%和公路的 80%均为国家所有。

三是通过股份制的方式对私人垄断企业进行兼并、控制和改造。这在联邦德国和意大利较为典型。联邦德国的具体做法是用股份制对私人垄断企业进行分级控制，使联邦政府、州政府和地方政府的股份总和足以保证国家对垄断企业的绝对控制。这样做的结果，使国家垄断企业中的国家股比重不断增加。在某种情况下，这类国私共有的垄断企业也可以变成完全的国有化垄断企业，这就是用参与制和控股方式来取得对垄断企业的支配。意大利通过股份制的形式分层控制中、小企业，使国有经济成为遍布经济各部门的一个复杂系统。

国家垄断资本主义的产生和在第二次世界大战后高速发展的根本原因，是在垄断资本主义条件下生产社会化程度进一步发展和资本主义私人占有制之间的矛盾，即资本主义基本矛盾不断发展和尖锐化的必然结果。在现代科学技术革命基础上，资本主义生产社会化程度空前提高，不仅实现了产业专业化分工，而且实现了产品专业化和零部件专业化，为了适应生产社会化的高度发展，要求资本社会化形式在资本主义生产方式许可范围内也要相应地发展，使资本主义生产关系再一次进行局部调整。

具体来说，第二次世界大战后由一般垄断资本主义向国家垄断资本主义的发展，是由于私人垄断资本主义这种社会化形式的资本已经不能完全适应生产社会化程度进一步提高的要求，因而国家垄断资本主义这种社会化程度更高的资本形式获得了发展。主要表现在：

(1)大规模生产建设需要巨额投资与私人垄断资本数量相对不足发生了矛盾。在第二次世界大战后现代科学技术不断发展的条件下，一系列新兴工业部门和社会化、现代化程度很高的公共设施的建立，部门经济结构和地区经济结构的调整，许多重大的科学研究和技术开发，以及对生态平衡的保护和环境污染的防治等，都需要巨额的长期投资。这就遇到了单个垄断资本的数量相对不足的严重限制，而国家垄断资本的积累和发展，能在相当程度上缓解这一矛盾。因为国家可以把巨大的财政资金转化为国家垄断资本，所以国家垄断资本在数量上要比单个私人垄断资本充足得多。

(2)现代生产和现代科技的社会化发展，遇到了私人垄断资本单纯追求自身利益和眼前利益的矛盾。在当代条件下，一些为社会资本扩大再生产所必需的投资和经营，由于周期长、收效慢、盈利小(甚至亏本)、风险大，私人垄断资本或者无力承担，或者虽有力量进行但不愿意承担，这只能由国家垄断资本来从事和承担。因为作为“总资本家”的国家垄断资本，可以在相当程度上从垄断资产阶级的整体利益和长远利益出发，来考虑和解决社会经济问题。

(3)生产力社会化的高度发展同私人垄断资本盲目竞争和生产无政府状态的矛盾加剧了。现代科技进步和生产社会化的发展，使社会分工深化和国民经济部门不断增多，部门和企业之间的依赖性增强，因而客观上要求有计划、按比例地调节社会生产，实现平衡发展。这是各自为政、追求私利的私人垄断资本不可能做到的。而作为“总资本家”的国家垄断资本，就必须担负起对社会经济的组织和调节任务。由于国家能够凌驾于私人垄断以及其私利之上，并且手中直接掌握着巨大的经济力量和各种经济杠杆，它也有可能根据垄断资本的长期的总利益的需要在一定程度上实现这种调节。

(4)生产力的迅速增长与人民群众有支付能力的需求相对缩小的矛盾加深了。这是因为，第二次世界大战后人民群众有支付能力的需求以及由此决定的市场容量虽然也有增长，但由于垄断资本的剥削更深重了，这种需求却越来越落后于社会生产的不断扩大，从而导致商品资本、生产资本和货币资本的过剩现象日益严重。为了缓和生产和消费的矛盾，缓和日益严重的经济危机，需要作为“总资本家”的国家垄断资本开拓和扩大国内外市场。第二次世界大战后，特别是20世纪60年代以来，国家垄断资本所采取的种种反危机措施，如国家采购、社会福利、出口信贷等方面支出的扩大，在一定时期起到了缓和市场矛盾和经济危机的作用。

国家垄断资本主义的形成和发展还同以下因素有关：一是利润率下降趋势的压力。由于资本有机构成的提高，引起了社会平均利润率水平的下降。平均利润率下降给资本主义经济生活造成极大的压力。这一压力在20世纪30年代大萧条时期达到了空前程度。而国家垄断资本主义的形成和国家经济职能的加强，在客观上防止了利润率的下降。这一点已被第二次世界大战后发达资本主义国家存在一个较长时期的利润率上升的事实所证明。二是资本国际竞争的加剧。第二次世界大战后，美国垄断资本的实力急剧增长，欧洲各国和日本的垄断资本实力相对削弱了，从而逐渐形成了美国、西欧、日本三足鼎立的态势。在这种情况下，如果仅仅凭借私人垄断资本的力量，在竞争中往往显得势单力薄，这就需要国家的资助和干预，提供有利的竞争条件，如国家通过对外贸企业减、免税，优惠贷款和价格补贴等手段，支持出口，以增强本国商品在国际上的竞争力，甚至要求国家直接出面，组成国家垄断同盟，从而推动国家垄断资本主义全面迅速发展。三是与一些主要国家直接干预经济的党派长期执政有关。

综上所述，正是国家垄断资本具有“理想的总资本家”(恩格斯语)、资本实力雄厚、社会化程度最高等重要特点，部分地突破了私人垄断资本的局限性，在一定程度上缓和了生产社会化的发展和私人垄断资本不相适应的矛盾。这样，就使得国家和垄断资本的结合日益密切和广泛，使得国家垄断资本在资本主义生产、交换、分配和消费各个领域的地位和作用日益重要和加强，因而使得国家垄断资本主义广泛地、高度地发展起来。

二、国家垄断资本主义的形式和实质

国家作为上层建筑对经济基础的反作用，是任何性质的国家都具有的。而只有当资本主义国家发展到一定时期，作为经济基础的组成部分所具有的职能和垄断资本结合时，才表现出国家垄断资本主义特有的内容。

国家垄断资本主义是资产阶级国家和垄断资本相结合而形成的一种资本主义。但是，由于国家和垄断资本相结合的情况和方式不同，便形成了国家垄断资本主义的多种形式。狭义上的“国家与垄断资本相结合”有两层含义：其一是指国家直接掌握垄断资本，即国有垄断资本，国有垄断资本主要是指通过国家财政收入转化而来的；其二是指国有垄断资本和私人垄断资本的相结合。这两种结合都是以资本主义所有制为基础的，即以资本主义国家所有制和资本家私人所有制为基础的。根据这两种资本主义所有制在社会资本再生产过程中结合的程度和方式的不同，广义上的国家垄断资本主义可以分为三种形式：

(1)国家调节经济。即作为总垄断资本家的国家通过财政和金融等经济杠杆对资本主义再生产过程进行的管理和调节。在这种形式下，国家垄断资本和私人垄断资本的结合处在企业的外部。因为这时国家垄断资本和私人垄断资本在所有制上都是完全独立的。

(2)国私合营企业。即国有垄断资本和私人垄断资本联合投资创办企业或相互购买对方企业的股票。这时，国家垄断资本和私人垄断资本在所有制上实际已经结合起来了，但形式上是股份公司。国私合营企业是两种所有制在企业内部的结合。

(3)国有企业。在这里，国家作为垄断资本家的总代表成为企业的所有者，国家和垄断资本完全融为一体。在这里，国家掌握了垄断资本，形成了一种新的资本形式，即国家垄断资本，国家投资是形成国有垄断资本的主要途径。由此可见，这里的“国家”是国有垄断资本的人格化，国家垄断资本主义是以资本主义所有制为基础而形成的垄断资本主义生产关系的组成部分，属于经济基础的范畴。

辨析　狭义和广义的国家垄断资本主义

狭义的国家垄断资本主义：有两层含义。一是指国家直接掌握垄断资本，即国有垄断资本；二是指国有垄断资本和私人垄断资本的结合。

广义的国家垄断资本主义：包括三种形式，即国家调节经济、国私合营企业、国有企业。

在国家垄断资本主义的三种形式中，国家调节经济是最主要、最重要的一种形式。国私合营企业和国有企业，虽然是比较高级形式的国家垄断资本主义，但由于受到资本主义私有制的天然限制，其发展程度受到极大制约，而不能成为国家垄断资本主义的主要的、重要的形式，并且它们只能在对私人垄断资本主义有利的前提下，方能得到适当的、必要的发展。

国家垄断资本主义的三种形式有一个共同的内容和本质，即在社会资本再生产过程中，资本主义国家与垄断资本互相结合。这是关于国家垄断资本主义内容和实质的简短概括。在下面的分析中，我们将会看到，国家垄断资本主义的实质，无非是国家作为一个经济实体，直接参加社会资本再生产过程，为私人垄断资本追逐高额垄断利润服务的垄断资本主义。

国家作为垄断资本的所有者和经营者，也直接投资于生产事业，形成国家垄断资本运动。它由两部分组成：一部分是投资于产品生产部门的资本，如制造业、采矿业等部门；一部分是投资于公共工程，如通信、道路、港口、水坝、城市交通、生态平衡、环境保护、尖端科技研究与开发等。

国家垄断资本运动与私人垄断运动相比，有两个显著特点：

第一，国家垄断资本运动的目的，主要不是为了自身价值的增值，而是为社会资本再生产创造必要的条件，为私人垄断资本的价值增值服务。国家投入产品生产部门的资本，虽然也创造了剩余价值，可以使国家垄断资本不断地增值，但这并不是国家垄断资本积累的主要途径，国家垄断资本的主要来源是国家财政税收。并且，国家垄断资本主要是投向公共工程，这些部门不仅投资大、风险大、周期长，而且收效慢、盈利少，常常是亏损巨大，但这些部门对于私人垄断资本和整个社会资本再生产过程来说是不可缺少的必要条件。投资这些部门的国家垄断资本虽然自身一般不能增值，但它却为私人垄断资本增值创造了必要的社会经济条件和物质基础。

第二，国家垄断资本不仅以它的直接投资为私人垄断资本服务，而且还从资本积累、商品实现、宏观经济运行等方面，为私人垄断资本和整个社会资本再生产运动创造各种有利条件，以利于私人垄断资本的不断增值。

三、国家垄断资本主义的作用和局限性

国家垄断资本主义的产生和发展，一方面是垄断资本主义生产关系的自我发展，是在资本主义生产方式范围内对资本主义生产关系的局部调整，使之适应了生产高度社会化和新科技革命不断发展的需要。所以，国家垄断资本主义在一定程度上有利于资本主义社会生产力的发展。另一方面，国家垄断资本主义又是垄断资产阶级利用国家机器干预社会经济生活，企图解决社会经济生活中的各种矛盾，以保证垄断资产阶级获取高额垄断利润的一种形式。它的产生并没有超出资本主义生产关系，丝毫没有改变垄断资本主义的实质。在国家垄断资本主义条件下，日益庞大的社会化大生产仍然要服从于垄断资产阶级对狭隘利益的追求，使垄断资本主义所固有的各种矛盾进一步加深。这两方面决定了国家垄断资本主义对经济发展既具有一定的积极作用，又具有极大的消极作用和局限性。国家垄断资本主义对社会经济的促进作用主要表现在以下几个方面：

第一，在生产方面的作用。国家垄断资本主义为社会生产力的发展创造了基础性的条件，这一条件是通过两方面的工作来完成的。其一是通过国家拨款和组织，发展高新科技，并将其科研成果低价转让给私人垄断企业，从而迅速转化为生产力，推动了社会生产力的发展。其二是通过社会开支的拨款，直接或间接地对人力资源的量与质产生深远的影响。在前工业社会，劳动力资源丰富，但是大多数的劳动者没有技术，因此当时更多地倡导勤俭，强调纪律，鼓励劳动者的积极性，以发展简单再生产。在当今发达的科学技术和现代市场经济时代，劳动者的知识水平、生产技能，乃至社会环境、自然生态、心理状态都成为社会生产力

发展不可缺少的要素。所以,有目的、有计划地将社会开支引导到提高劳动者的素质和专业能力,改善劳动和生活环境,解除劳动者的后顾之忧,这对于生产力的继续发展有着不可估量的潜能。

第二,在流通方面的作用。国家垄断资本主义的发展为市场的扩大创造了有利条件。市场的不断扩大是资本主义生产顺利进行的重要条件。国家垄断资本主义在国内通过国家订货、扩大社会福利支出等措施,刺激社会需求,人为地扩大市场。在国际上通过调整贸易政策,由国家出面组织区域性经济集团等方法,扩大国际市场,增强本国商品在世界市场上的竞争能力,从而推动资本主义社会经济的不断增长。

第三,在分配方面的作用。第二次世界大战后,包括社会保险、社会救济、社会补贴等项以财富转移为标志的社会开支项目的社会保障制度在西方各发达资本主义国家的确立和普及,是资本主义经济发展史上的一个里程碑。在战后相当长的一段历史时期内,我们可以看到,社会保障制度的完善和经济的发展是互为因果的。资本主义的社会保障制度发展最迅速的时期,也是西方各国战后的经济恢复和繁荣时期。现代发达资本主义国家内的社会再分配虽然从本质上说是为了维护资本主义私有制的长治久安而实施的,不可能根除资本主义社会贫富不均和两极分化的现象,但是它在事实上起到了改善劳动者的生活环境、提高劳动者素质的作用,因此,社会再分配政策的实施显而易见地有益于工人阶级。

第四,在世界经济方面的作用。国家垄断资本主义在世界经济中的作用是双重的。一方面在一定程度上起到推动世界经济发展的积极作用;另一方面,也有阻碍世界经济发展的消极作用。积极作用主要表现在:(1)推动了世界贸易的增长。第二次世界大战后由于生产国际化的发展,促进了国际贸易的迅速增加。在世界贸易总额中,垄断资本主义国家所占的比重很大。(2)加快了国际间的技术交流。由于发达国家科学技术高度发展,所以在世界技术贸易中占垄断地位。技术贸易在世界经济的发展中起着重大作用。例如,1970 年初生效的世界专利许可证贸易合同,有 52 万项,付出的技术购买费总额约 30 亿美元,运用这些技术创新的价值则高达 700 亿—900 亿美元。(3)发达资本主义国家向外投资,有利于解决发展中国家经济建设资金不足的问题。这会有利于发展中国家吸收外资,使用国外的先进科技成果,加快本地区经济的发展。(4)发达资本主义的国外投资,为发展中国家的劳动就业提供了一定的机会。被雇用人员虽然受其剥削,但也能学到一定的技术,赚取一定的外汇。此外,世界贸易的迅速发展,对各国交通、通信、旅游等部门的发展也起到了一定的促进作用。

由此可见,国家垄断资本主义对经济的促进作用是明显的。从历史上看,1929—1933 年爆发的世界性经济危机使美国经济几乎到了崩溃的边缘,而罗斯福"新政"则使美国资本主义制度渡过了这次空前严重的大危机,从而在美国历史上第一次确立和巩固了国家垄断资本主义体制。战后国家垄断资本主义对经济的促进作用,主要体现在 20 世纪 50—70 年代初。这一时期,各主要资本主义国家的经济平均增长率高达 5%左右,其中日本达到过 14%,是资本主义发展史上的黄金时期。

国家垄断资本主义在对社会经济发展产生一定促进作用的同时,也对经济发展产生了巨大的阻碍作用。因为国家垄断资本主义使垄断资本主义的某些矛盾更加发展和复杂。(1)国家垄断资本主义的经济力量主要来自税收。随着国家垄断资本主义的发展,财政支出的增大,财政赤字日益严重,这就使得广大人民的税收负担越来越沉重,进一步削弱了人民群众有支付能力的需求，使生产和消费的矛盾更加发展，导致经济危机的不断出现。(2)国家垄断资本主义通过财政政策和货币政策，扩大政府开支来刺激经济发展，必然导致财政赤字和滥发货币，造成长期通货膨胀，而支持经济发展的购买力大多数是靠预支未来的购买力，使得资本主义经济出现"停滞膨胀"的局面。(3)国家借助于发行公债来增加财政收入，并支持私人信贷膨胀，以刺激投资和消费需求，其结果形成了公私债台高筑，加剧财政金融危机。(4)国有垄断企业经营管理不善，效率低下，造成严重亏损，成为国家财政的沉重包袱。

国家垄断资本主义的产生只是暂时使某些矛盾有所缓和，使矛盾掩盖起来或向深处潜伏，并进一步尖锐化和复杂化。实践表明，国家垄断资本主义不可能克服资本主义制度内在的固有矛盾和历史局限性。这主要表现在以下几个方面：

第一，在生产方面，国家调节不可能克服社会生产的无政府状态，不能消除部门间的比例破坏和经济结构失调。这首先是因为国家干预不可能抑制资本主义企业盲目扩大生产、追求巨额利润的内在冲动，不可能限制资本主义国家对雇佣劳动者的剥削。其次是因为国家所推行的经济政策和计划调节，对私人垄断资本没有太多、太强的约束力，而表现得软弱无力，国家借助于财政和货币政策等经济手段也不能从根本上解决问题。因为这些经济手段抵不过私人垄断资本的经济实力和市场经济自发的诱惑力和强制力。

第二，在分配方面，国家垄断资本主义所推行的福利政策，无法从根本上改变资本主义社会中生产资料的占有关系以及贫富悬殊的状况。在实施了资本主义再分配政策几十年之后，美国的富裕人口所拥有的财产比例从 20 世纪 40 年代末期的 21%上升到 80 年代的 34%，几乎达到了 1929 年大萧条前的水平。正如哈罗德·韦伦斯基在《工业社会和社会福利》一书中所指出的那样：福利国家的理论在很大的程度上带有理想主义的烙印，福利国家为人民做出的许诺，由政府通过对收入实行再分配和提供均等机会保障公民的最低生活水准，在任何地方都没有真正地得到实现。丹麦经济学家伯斯塔特在 20 世纪 80 年代召开的经济合作与发展组织的巴黎会议上，更是直言不讳地声称，社会福利政策在许多国家已变成经济发展的桎梏。

第三，在世界经济方面，国家垄断资本主义的局限性和消极作用主要表现在以下几方面：(1)发达资本主义国家通过资本输出，力图从政治上、经济上控制和剥削发展中国家。(2)在国际贸易中，发达国家利用自己的垄断地位，操纵世界市场价格，剥削发展中国家。(3)发达资本主义国家为了转嫁经济危机和通货膨胀，实行贸易保护主义，造成发展中国家经济发展缓慢。(4)发达国家将污染严重、能源消耗大、需要改造的产业转移到发展中国家，所造成的必然结果是，污染了发展中国家的环境，破坏了生态平衡，妨碍了这些国家的经济发展，也损害了这些国家和人民的切身利益。

第三节　社会主义条件下的国家垄断经济

一、社会主义国家垄断经济的产生

社会主义经济中国家垄断的出现，首先是无产阶级革命胜利的产物，是新生的社会主义国家出于国内外政治斗争和经济斗争的需要而采取的措施，因而一开始即在很大的范围内以国家行政垄断的形式出现。

如苏联在十月社会主义革命胜利以后，面对着国内反动阶级的叛乱和外国的武装干涉，采取了实行国家垄断的坚决措施。列宁在 1918 年 3 月的一篇文章中指出，在同资产阶级斗争的新阶段，苏维埃政权的当前任务之一，就是"巩固并且调整那些已经实行了国家垄断的事业（如粮食垄断、皮革垄断等等），借此准备实行对外贸易的国家垄断；没有这种垄断，专靠缴纳'贡款'，我们就不能'摆脱'外国资本的羁绊"。[①] 从那时起，对外贸易的国家垄断，便成为苏联坚定不移的国策。

我国在对外贸易方面，新民主主义革命胜利后，由于当时还存在着多种经济成分，国家没有实行对外贸易垄断，而是实行了对外贸易的国家统制。其后，随着生产资料私有制的社会主义改造的完成，我国的对外贸易实质上采取了国家垄断的形式。

除了对外贸易的国家垄断外，不同的社会主义国家在其不同的发展时期和在经济活动的大部分领域也实行过国家垄断。如苏联的军事共产主义时期，当时在生产遭到破坏、物资极端匮乏、一切商品交换都被取缔的条件下，苏联一切产品的流通都是实行国家垄断的。直到新经济政策开始，恢复了城乡间的商品生产和商品交换，国家垄断的范围才逐步缩小。新中国成立后，我国所面临的大量的中小资本，即民族资本，具有两面性，既有积极作用的一面，又有消极作用的一面。它既有发展资本主义愿望的一面，又有拥护共同纲领、接受共产党和人民政府领导的一面。民族资本主义经济的两重作用和民族资产阶级政治态度的两面性，使得无产阶级有可能通过"和平赎买"的方式改造民族资本主义经济，以便减少或避免在突然的变革中可能造成的破坏和损失，不打乱原有的生产经营秩序，并有利于削弱资产阶级的反抗程度，加强对资产阶级分子本身的改造。我国对中小资本的赎买，采用了利用、限制和改造的政策，即利用民族资本主义经济对国计民生有利的方面，限制其不利于国计民生的方面，并通过由初级阶段到高级阶段的国家垄断经济的形式对民族资本主义经济实行社会主义改造，把它改造成社会主义全民所有制经济。我国从 1954 年起，在很长的时期内实行粮食、棉花、油料、布匹等商品的统购统销，也即是对这些商品直接由国家垄断经营。党的十一届三中全会以后，才逐步取消了这些商品的统购统销。这对我国实现向社会主义经济的平稳过渡起到了重要作用。

传统社会主义体制中的苏联、中国以及其他社会主义国家，长期以来实行严格的指令性计划也是一种国家垄断经济。但是，这些国家垄断经济严格上讲都属于国家行政垄断经济。在传统体制下，由于普遍存在以政代企、政企不分现象，行政系统基本上包揽了微观层次的一切主要经济事务。政企合一的庞大科层组织控制一切，它在市场中享有法律保护的国家垄断地位。作为经济中的企业和个人，不存在相对独立的经济权利，也不存在生产什么、为谁生产、生产多少等方面的选择自由。中央通常以无所不包的计划指令，既控制着宏观经济变量，又主宰着微观经济活动。国家对企业实行财政统收统支、产品统购统销、劳动力和物质技术统一分配等办法，直接统制国有企业的投入产出，从而统制整个社会的生产和流通。在这种大一统的体制下，市场结构的主要特征是一种超级的国家行政垄断经济。建立这种高强度行政型的国家垄断的主要理论逻辑是，国家的详尽的指令性计划体现了全社会的需要，能够更有效地组织社会生产，因此，为满足社会需要而生产的企业必须也必然成为这种

---

① 《列宁全集》第 27 卷，人民出版社 1963 年版，第 230 页。

指令性计划的执行者。这种国家行政垄断在建国初期对于巩固新生的政权和维护社会经济的稳定产生过积极作用，但它在发展过程中由于许多因素的作用，导致了资源配置效率低下，导致了供给与需求的脱节，导致了劳动者积极性的压抑以及由于缺乏竞争而使受到保护的部门和企业缺乏创新力等问题。

我国自经济体制改革以来，一方面力图改变原有的国家行政垄断资本的存在形式，实现由行政性的国有垄断经济向市场型的国有垄断经济的转变，实行政府的社会行政管理职能与经济管理职能完全分离，使政企真正分开。另一方面，由于市场竞争的存在，许多国有企业和一些非国有企业在竞争过程中走向了生产集中和资本集中，形成了垄断，并在国家直接和间接的控制下产生了市场性的国家垄断经济。

二、社会主义国家垄断经济的形式与特征

目前，从广义上讲，社会主义条件下的国家垄断经济主要体现在：一是国家直接掌握国有垄断资本，包括国有独资垄断经济、国有控股垄断经济；二是国有参股经济，直接参与和影响垄断企业的经济行为；三是国家通过对国有的和非国有的垄断企业的调节来引导整个垄断经济的发展；四是外国垄断资本接受社会主义国家的限制，同社会主义国家发生各种形式的联系和合作，包括与引进的外国垄断资本的经济合作。

在现阶段，社会主义通过国有独资垄断企业和国有控股垄断企业掌握着大量的国有垄断资本，这些国有垄断资本是社会主义国家垄断经济存在的基础。

社会主义国家独资或控股的垄断企业是一种特殊的企业。它不能完全以利润最大化为经营目标，而要以社会利益最大化为经营目标，主要适应于自然垄断行业、基础工业和基础设施领域，关系国民经济命脉的重要部门和关键领域，保证国家安全和社会安定的有关部门或企业。如国防工业、航天工业、核工业、造币业，城市供水、供电、供气、公共交通、环境保护、社会福利等社会公益性行业，大型水利、能源、铁路、邮电、通讯、高新技术等基础设施、基础产业、支柱产业和先导产业，也就是说，对于那些在国民经济中起重要作用的产业和行业，必须通过国家所有或国有控股的方式加以垄断。

社会主义国家参股的国家垄断经济形式，主要是指国家投资购买非国有企业的部分股票（必须达到一定的数量），或国家和非国有的垄断企业共同投资创办新的垄断性企业。社会主义国家参股的垄断经济，在一定程度上可以兼容国有和非国有经济的长处，尤其是可以克服国有垄断资本的弱点，如产权结构单一，缺乏相互制衡的产权主体，难以形成有效的产权结构；产权结构封闭，不利于形成企业产权流动机制；缺乏有效的运营机制，难以控制更大规模的资本；经济辐射力相对削弱，不利于增强国有经济的控制力。社会主义国家参股非国有垄断企业，不是直接为了掌握这些垄断企业的控制权，而是为了扶植这些垄断企业，利用参股来影响它们的企业行为。

社会主义国家通过对国有的和非国有的垄断企业的调节来引导整个垄断经济的发展的方式，也被称为是国家同垄断企业的外部结合。社会主义国家对国有经济和非国有经济的垄断除了直接实行垄断或实行管制、控股或参股外，还有众多的企业需要管理和调节，而社会主义国家不可能对所有的企业都实行直接垄断性控制，需要借助垄断组织的体系和作用来达到调节经济的目的。垄断企业一般要组织成卡特尔、辛迪加、托拉斯、康采恩、混合联合公司等形式，核心企业下属众多的外围企业，这样，国家通过与垄断体系的核心企业联系、协

商，制定发展计划，并由这些核心企业组织实施，进而在垄断体系内部通过系列承包，层层分解下达，将会保证国家控制的实现。日本、法国都是通过这种机制来实施国家间接垄断。对我国而言，国家对120个大型企业集团实行的计划单列制以及实施的“抓大放小”政策，其道理也是如此。据此，政府无须对数以万计的企业直接实施调控行为，而只需掌握为数不多的垄断体系的核心企业，就可以有效地扩散调控效果。像企业库存管理中的ABC管理法则一样，把重点的少数从一般的多数中分离出来，实行重点管理，就可以起到以点带面、辐射成网的作用。

社会主义国家中外合营垄断经济，包括中外合资经营的垄断企业和中外合作经营的垄断企业。它们是国外的垄断企业或其他垄断经济组织，按照平等互利的原则，经我国政府批准，在我国境内同中国国有企业(含垄断国有企业)合作共同兴办的垄断企业。这种社会主义国家垄断经济形式：一是弥补了我国建设资本的不足，促进了国民经济的高速发展；二是引进了外国先进的生产技术和管理经验，加快了老企业的改造，促进了产品和产业的升级换代；三是促进了我国对外贸易的发展；四是增加国家的财政收入；五是创造了就业机会，在一定程度上缓解了我国的就业压力，培养了我国所需的专门人才；六是促进了国有企业改革，有助于国有企业转换经营机制。

社会主义条件下的国家垄断经济与资本主义条件下的国家垄断经济虽有共性之处，但也有根本的区别。

其一，资本主义条件下的国有垄断资本是为少数垄断资本家的利益服务的，体现着资本家对工人的剥削关系。而社会主义的国有垄断资本是为广大劳动人民的根本利益服务的，体现着人民根本利益一致的社会主义生产关系，这是由社会主义本质和目的，即解放和发展社会生产力，消灭剥削和消除两极分化，实现共同富裕所决定的。

其二，一般来说，社会主义国家的国有垄断资本存在的范围、规模和数量都远远大于资本主义的国家垄断资本。社会主义本质为社会主义经济发展指明了方向和目标。而这个目标的实现依赖于一定范围和规模的国有资本的存在，因为没有一定范围和规模的社会主义国有资本的存在，就无法有效地抑制两极分化，实现共同富裕，调动劳动者的生产积极性，实现整个社会宏观经济效率的提高，发展社会生产力。没有一定范围和规模的社会主义国有资本的存在，就无法实现社会总供给和总需求的质和量的动态平衡，防止经济的大起大落，保证社会主义市场经济持续有序地发展。简而言之，一定范围的社会主义国有资本的存在不仅对社会主义经济的协调发展具有支撑功能，对整个国民经济的产业结构调整和优化具有引导功能，对于技术进步和经济素质提高具有先导功能，对整个国民经济的运行具有稳定功能，而且有利于保证社会主义市场经济运行的方向，调节市场经济自身无法克服的矛盾，抑制市场经济的负面效应，为市场竞争和市场经济的正常运行创造一个良好的条件。

社会主义国家垄断经济对社会主义经济发展具有正面效应，这是社会主义国家垄断经济存在与发展的基础与根据。同时，社会主义国家垄断经济对社会主义经济发展也存有负面的影响，这也是社会主义国家垄断经济发展过程中需要规避的方面。具体表现是：第一，它在一定程度上使生产技术进步的动力减弱。社会主义国家占有和控制了现代化的生产资料，拥有和控制了雄厚的资金和众多的技术、管理人才，生产条件优越；拥有和控制纵横交错、四通八达、遍及城乡的产品销售网络及现代化的运输工具和通信设备，销售条件良好，这些可以使社会主义国家获得超额利润。正是如此，虽然其生产技术总的来说是发展的，有时发展还很快，但同时也存在竞争观念弱化，缺乏以技术进步求生存、求发展的迫切要求等减缓技术进步的因素。第二，它可能妨碍其他中小企业的发展。社会主义国家垄断经济在生产和销售上占据优势，而广大中小企业相比之下生产条件落后，技术力量不强，这就形成不均等的竞争条件，给中小企业的发展带来威胁，势必影响社会主义市场经济的发展。第三，国有垄断经济的数量过多、比重过大也会影响社会主义市场经济的活力。正视以上消极作用，采取必要的措施将其限制在最低程度和最小范围内，才能促进社会主义国家垄断经济的发展，保证社会主义市场经济的健康发展。

本章小结

国家垄断经济是作为经济主体的国家对社会经济运行过程进行排他性控制的经济形式，是一个资本主义经济和社会主义经济共有的范畴。形成的原因：首先是社会化大生产不断发展的必然产物，也是生产关系一定要适应生产力发展水平需要的产物。其次也是与“市场失灵”直接相关的。国家垄断经济的一般形式有：国家自然垄断经济、国家市场垄断经济、国家行政垄断经济。

资本主义条件下的国家垄断经济（国家垄断资本主义）主要是资本主义社会生产力发展的客观结果，即随着科学技术和生产社会化程度的提高，私人资本已难以解决种种矛盾，需要运用国家政权的力量来缓解这些矛盾，这就导致国家垄断资本主义的产生。

国家垄断资本主义的基本形式有三种：一种是国家调节经济，即国家与私人垄断资本在企业外部的结合；一种是国私合营企业，是国家与私人垄断资本在企业内部的结合；还有一种是国有企业，即国家作为垄断资本家的总代表成为企业的所有者，国家和垄断资本完全融为一体。

国家垄断资本主义在一定程度上有利于资本主义社会生产力的发展。同时，国家垄断资本主义对社会经济发展也有阻碍作用，使资本主义固有矛盾进一步加深。国家垄断资本主义的产生只是暂时使某些矛盾有所缓和，使矛盾掩盖起来或向深处潜伏，这些矛盾必然随着资本主义生产社会化的发展进一步尖锐化和复杂化，国家垄断资本主义不可能克服资本主义制度内在的固有矛盾和历史局限性。

社会主义经济条件下也存在国家垄断经济，开始主要是以实行严格的指令性计划的社会主义国家行政垄断的形式而存在。进入20世纪80年代的市场经济改革阶段，在国家直接和间接的控制下产生了社会主义的国家市场垄断经济，有多种具体的经济形式。

社会主义条件下的国家垄断经济与资本主义条件下的国家垄断经济虽然有共同之处，但是也有根本的区别。社会主义国家垄断经济对社会主义经济发展具有正面效应，这是社会主义国家垄断经济存在的基础与根据；同时社会主义国家垄断经济对社会主义经济发展也存有负面的影响，这也正是社会主义国家垄断经济发展过程中需要规避的方面。

关键术语

国家垄断经济　国家自然垄断经济　国家市场垄断经济　国家行政垄断经济
国家垄断资本主义　狭义的国家垄断资本主义　广义的国家垄断资本主义
社会主义国家垄断经济　国有独资垄断经济　国有控股垄断经济

国有参股经济　　中外合营垄断经济

参考资料

1. 列宁:《帝国主义是资本主义的最高阶段》,《列宁选集》第2卷,人民出版社1972年版。

2. 戚津东:《中国现代垄断经济研究》,经济科学出版社1999年版。

思考题

1. 为什么国家垄断经济不是资本主义经济特有的范畴,而是资本主义经济和社会主义经济共有的范畴,并且有着一般意义的存在形式?

2. 有人说,资本主义存在国家垄断,社会主义也存在国家垄断,因而这两种国家垄断的本质的目的都是一样的。你是怎样理解的?

3. 国家和垄断资本相结合的情况和方式不同,便形成了国家垄断资本主义的多种形式,请你通过对国家垄断资本主义种种表现形式的透视来描述国家垄断资本主义的实质?

4. 为什么国家垄断资本主义对经济发展也会具有两重的作用?

5. 请你通过对苏联和中国社会主义经济发展过程的描述,来分析社会主义条件下国家垄断经济的产生与发展轨迹?

·第五编·

国际经济过程

第十六章

国际贸易和国际金融

学习目的与要求

通过本章的学习，了解资本的运动是国内运动和国际运动的统一，认识商品经济的发展与国际分工和世界市场的密切关系；重点掌握国际分工形成的原因、过程、形式和作用，以及国际贸易与世界市场的共生交互关系；认清国际金融体系演变的历史过程及对世界经济发展的重要影响。

第一节　国际贸易与世界市场

一、国际分工

国际分工是世界各国之间的劳动分工和国际生产专业化。国际分工是一个历史范畴，是社会生产力发展到较高水平之后，一国国民经济内部分工超越国家界限而形成的各国之间的社会分工。

定义　国际分工

世界各国之间的劳动分工和国际生产专业化。

国际分工以一国内部的分工为基础，但又与一国内部的社会分工有重要区别。首先，国内分工是一切社会经济形态所共有的，而国际分工则是社会经济形态发展到高级阶段才出现的，即从资本主义经济制度的出现起才产生的。其次，国内分工是各国国民经济范围内的劳动分工，而国际分工则是以各国国民经济为基础，超越国家界限在各国之间形成的社会分工。再次，国内分工只受本国国家权力和制度的制约，而国际分工则受到各国权力、政策、法律和其他因素的制约。最后，国内分工的发展主要取决于本国生产力的发展、技术的进步和其他经济条件。而国际分工的发展则取决于整个世界范围内生产力的发展、科技的进步和经济国际化的发展。国际分工与国内分工又有着密切的联系：一国的国内分工越发达，国内分工越容易超越国界向外延伸，国际分工也就越发展；反之，国际分工的扩大，通过国际贸易而影响各国国内分工的扩大。

资本主义生产是建立在生产社会化和经济商品化、市场化基础上的。它以国际分工为纽带，以商品生产和交换为媒介，把世界各国在经济上日益密切地结合起来。从16世纪开始，随着资本主义生产国际分工的发展，各国经济的孤立性和闭关自守的状态逐渐被打破，资本主义生产便日益朝着国际化生产和交换的方向发展。16世纪上半期"地理大发现"之后，资本主义生产由手工业过渡到工场手工业，促进了国际分工的产生和发展。在这个时期，西欧殖民主义者用暴力手段和超经济强制手段，在拉丁美洲、亚洲和非洲进行掠夺。他们开采矿山，建立种植园，发展了以奴隶劳动为基础、为世界市场而生产的农场主制度，从而建立了早期的资本主义国际分工。18世纪中期至19世纪中期，以蒸汽机和纺织机的发明和使用为重要标志的第一次工业革命，使资本主义生产由工场手工业过渡到机器大工业，使工农业生产和交通运输业获得了空前的发展。这次工业革命不仅变革了资本主义生产的物质技术基础，而且确定了资本主义制度在全世界的胜利。随着资本主义制度的确立和机器大工业的发展，"一种和机器生产中心相适应的新的国际分工产生了，它使地球的一部分成为主要从事农业的生产地区，以服务于另一部分主要从事工业的生产地区。"①这个时期开始的资本主义国际分工体系，使先进的工业国和落后的农业国的生产成为国际性的，同时也是世界城市和世界农村的分工体系的开始。

19世纪后半期发生的以电力和电动机的发明和使用为重要标志和在此基础上重工业的兴起所形成的第二次工业革命，对资本主义国际分工体系的最终形成起了十分重要的作用。具体地说，促进这个时期国际分工体系和世界市场最终形成的主要因素有两个：一个是交通运输工具的飞跃性发展。这个时期，环球铁路网的建设、海洋航线的开辟、电报电话的开通等等，才真正将各国国内的生产和市场转变为世界性的。二是在垄断基础上产生的"资本输出"。资本输出有力地推动了生产和交换的国际化，加强了各国对国际分工的依赖性。这个时期资本主义国际分工进一步发展的结果是，一方面将工业生产集中在占世界人口少数的欧洲、北美洲和日本，将食品和原材料的生产集中在占世界人口大多数的亚、非、拉国家，进一步扩大和强化了世界城市和世界农村的国际分工体系；另一方面，随着垄断资本输出和从经济上、领土上分割世界，以宗主国和殖民地为主要内容的资本主义世界体系终于形成了。20世纪50年代和60年代发生的以核能和电子计算机的发明和使用为主要标志的第三次工业革命，以及90年代尤其是21世纪以来互联网技术和智能生产的迅速发展，将资本主义国际分工体系推进到一个新的阶段。现代科技革命所释放出来的巨大生产力进一步突破了国家的界限，使科技发展和生产进一步国际化；生产资本大规模国际化和跨国公司的兴起，使企业内部和部门内部的分工发展成为国际化专业分工；传统的以自然资源为基础的国际分工成为以产品专业化、零部件专业化和工艺专业化为基础的国际分工，发展中国家日益被卷入世界工业分工体系。上述资本主义分工发展过程充分表明，随着生产力社会化的

① 《马克思恩格斯全集》第23卷，人民出版社1972年版，第494—495页。

日益发展,资本主义生产过程和流通过程也日益走向国际化,国际分工和生产国际化是资本主义生产和市场经济发展的必然趋势。

从国际分工发展的历史过程看,国际分工从19世纪中叶形成至今,大致经历了三个发展阶段。第一个阶段是世界各国分别形成工业国和农业国。18世纪中叶至19世纪中叶产生了以机器大工业的建立为重要标志的第一次工业革命。在第一次工业革命基础上,工业国和农业国或世界工业和世界农业与垂直型的国际分工产生和形成了。第二阶段是工业部门内部国际分工发展阶段。19世纪中后期开始,随着电力和电动机的发明和使用,随着炼钢法等新技术的相继出现和广泛应用,出现了第二次工业革命。第二次工业革命进一步扩大和强化了工业国和农业国世界工业和世界农业、世界城市和世界农村的垂直型分工体系,并随着垄断资本的输出和列强从经济上、领土上分割世界,资本主义世界市场体系终于形成。第三个阶段是企业内部分工的发展阶段。20世纪50年代发生的以核能和电子计算机发明和使用为主要标志的第三次工业革命,使资本主义国际分工体系进一步发展和深化。这一阶段不同于前两个阶段,前两个阶段是以自然资源为基础的以工业国和农业国的垂直型分工为特征的,这一阶段是以产品专业化、零部件专业化和工艺专业化的国际水平型分工为主要特征的。工业国和农业国的国际垂直型分工虽然还未消除,但已退居次要地位。

从对国际分工发展历史过程的分析中,还可以看到影响国际分工的因素和国际分工的形式。就影响国际分工的因素来看,以地理位置、国土面积、自然资源,以及气候、土壤为主要标志的自然条件的差异只是影响国际分工的重要条件,而以科学技术发展水平为标志的社会生产力发展状况才是决定国际分工的决定性因素。另外,国际分工还受各个国家的政治制度和对内对外政策的影响。

就国际分工的形式来看,国际分工有三种形式:一是垂直型分工,即一些先进国家专门从事制造业生产,而那些落后国家则是农业、矿业原料的提供者,是某些制成品的销售市场。二是水平型分工,即不仅发达国家从事制造业生产,发展中国家也实现了工业化、发展制造业。各国既在着重发展制造业部门方面存在分工,又在同一部门的不同产品、同一产品的不同零部件和工序方面也有分工。三是混合型分工,即水平型与垂直型兼而有之的分工。

当今世界,几乎所有国家都已经卷入国际分工体系,完全与世隔绝的自然经济的国家已经不复存在。各国以何种方式参与国际分工、在国际分工体系中所处的地位,是由该国社会生产力发展程度和自然资源条件及发展战略等决定的。与国际分工的三种形式相对应,各国参与国际分工的方式也有三种:第一种是垂直型方式。参加垂直型国际分工的国家,主要是经济和科技发展水平差距较大的国家,即发达国家与发展中国家之间的分工。发达国家经济和科技水平较高,主要生产先进的机器设备和高科技产品,而发展中国家经济和科技水平较低,主要生产和出口初级产品,如农业原料、矿产品及其初加工产品、纺织品、钢铁等。在国际生产过程中,一些国家生产原料出口,一些国家进口别国生产的原料,进行加工制造,生产成品出口。例如日本,由于资源缺乏,大部分能源和原材料需要进口(分别为90%和80%以上),生产的工业制成品又大部分出口。因此,日本参加国际分工的方式是典型的垂直型。第二种是水平型方式。这里指经济和科技发展水平大致相同的国家之间的分工,发达国家之间或发展中国家相互之间的分工都属于这种类型。在国际生产过程中,各国参加国际化的专业分工与协作。例如,美国、英国、德国等大公司在一些部门——如飞机、汽车、电器的生产部门——都纷纷实行国际生产专业化。每一个部门专门生产一部分零件或部件，最后装配成型。拿欧洲式的“R－1800”载重汽车的生产来说，发动机是瑞典制造的，底盘和弹簧由美国制造，控制设备由德国制造，车身由意大利生产，装配则在英国进行。这种参加国际分工的方式是典型的水平型。第三种是混合型的方式。一国参与国际分工的方式既有垂直型方式又有水平型方式，并把两种参与国际分工的方式联合起来。德国是参与国际分工混合型的典型，它既与第三世界国家进行垂直型的国际分工，需要进口它们的原料，出口它们的工业制成品，而对其他发达国家又以水平型方式参加它们之间的国际生产专业化和协作，进口它所需要的机器设备和零部件，也出口它所生产的机器设备和零部件或联合装配。

国际分工是生产社会化和商品经济发展的必然产物，不是资本主义的特有现象。但是，一方面，由于人类社会发展到资本主义社会以后，随着科技进步和工业革命的发展，国际分工也随之生产、形成和发展，并使世界各国都被纳入国际分工之中，形成一个相互联系的世界体系；另一方面，在资本主义制度下，国际分工受到资本主义生产关系性质的制约，使资本主义世界经济体系内部国际分工具有剥削和掠夺的性质，使这个体系内的各国处于不同的发展水平，并区分为发达国家和不发达国家，从而使国际分工具有资本主义的特点。

国际分工的一般性和资本主义在当今国际分工体系中处于主导地位两者的结合，使国际分工对世界经济的发展具有两重作用。国际分工对世界经济发展的积极作用表现为：(1)可以扩大生产规模，进行大批量生产，增加产品产量。规模经济的发展要求国际分工的进一步发展，而国际分工的发展又为规模经济的形成创造了更加有利的条件。这是由于国际分工可以克服一国原材料与销售市场的局限性，将生产规模扩大到合理的程度，从而能降低生产费用，增加产品产量。第二次世界大战后，日本在实现现代化过程中，特别是石油化工、钢铁等产业，正是利用第三次科技革命的成就与国际分工，使其生产设备大型化，产量急剧增长。(2)能加速产品更新换代，增加品种，实行产品系列化。国际专业化生产，有可能使整机厂家集中精力设计新品种和制造关键部件，一般零配件由于实行了标准化、通用化，可以从国内外采购或组织协作，应用组合化和积木化的原理来扩大品种或形成产品系列。实践表明，零部件专业化越发达，整机厂的产品越多样化。例如，美国福特汽车公司在国内外拥有大量专业化生产的分支公司或协作厂家，仅在英国、法国、德国就有40家子公司，为其产品系列化生产奠定了基础。(3)有利于发挥各国生产优势，改进生产技术，提高产品的质量和使用效能。实行国际专业化生产与协作，充分发挥各国生产者的技术特长，可以使整机生产厂家按照自己的设计要求，在国际范围内从优采购高质量的零部件或组织协作生产，然后进行组装，从而提高整机的质量与性能。人所共知的欧洲“空中客车”A－300和A－310两种型号的飞机，是由欧盟几国共同设计，并按各国技术特长生产部件。发动机为英国生产，机身、机翼为德国和荷兰生产，尾舵为西班牙生产，法国负责机头、座舱的生产与飞机总装。这种飞机的部件可以说是集各国技术优势之大成，故它有飞行速度快、噪音小、耗油量少、运行成本低等优点，成为美国波音飞机强有力的竞争者。(4)可提高各国劳动生产率，增进经济福利。根据李嘉图比较成本利益的理论，参与国际分工的各国，应专门生产和出口具有比较成本优势的商品，而输入比较成本劣势的商品，在各自生产投入并不增加的情况下，提高产出数量，通过国际贸易使交易双方均能获利。

国际分工对世界经济的消极作用表现为：(1)加深了西方国家对发展中国家的经济盘

剥。第二次世界大战以前，西方国家实行殖民制度下的国际分工，对殖民地、半殖民地的剥削与掠夺是人所共知的事实。战后，尽管亚、非、拉地区的国家打破了殖民体系而获得政治独立，但西方国家凭借自己在生产技术、经营管理、制成品与原材料、运输工具、销售渠道等方面的优势与垄断地位，进行不平等交换，使发展中国家仍未能在经济上完全摆脱受制于人的地位。(2)造成一些发展中国家经济发展的单一化和对外经济依附。在殖民化国际分工条件下，西方国家为保证自己的原材料来源和销售市场，曾竭力阻挠殖民地、半殖民地国家的工业发展，并通过经济与政治强制手段，迫使殖民地、半殖民地国家发展单一经济，以致今天许多发展中国家的工业基础薄弱，国民经济仍以生产和出口一种或几种农矿产品作为财政和外汇的主要支柱。而发展中国家农矿产品的出口和工业制成品进口地区主要集中在西方世界，因此必然形成对它们的经济依附。(3)使参与国际分工的国家，容易受到西方经济危机的冲击。资本主义基本矛盾使其不可避免地要爆发周期性经济危机。因此，参与资本主义国际分工的国家，无论本身的经济制度如何，都会不同程度地受到资本主义再生产周期的影响，遭到危机的打击，使本国经济发展遇到干扰和困难，可能出现出口减少、价格下降、工人失业、经济增长停滞或下降等现象。据七十七国集团估计，仅 1981—1982 年两年的危机，发展中国家因出口减少、价格下跌以及西方国家高利息率等原因，便损失近 2 000 亿美元。(4)对发展中国家的生态环境可能带来严重危害。工业的发展，特别是某些重化工行业的生产过程或生产排泄物会形成社会公害，发达国家政府慑于社会压力，往往以法令形式要求企业予以治理。于是，这类跨国企业为减少治理公害投资，利用发展中国家工业化缺乏资金和技术设备，将一些高能耗、劳动力密集、公害严重的传统工业转移到环境保护较松的发展中国家。这种以邻为壑、损人利己的行径，破坏了一些发展中国家的生态环境，甚至造成许多骇人听闻的伤亡事件。

国际分工的二重性理论和实践表明，各国在发展对外经济贸易时，不能无视国际分工的两重性质和两重作用。否则，就会给本国经济发展造成不应有的失误。

二、国际贸易

国际贸易是指世界各国(地区)之间的商品、劳务和技术的交换活动。它是国际分工的表现形式，包括进口和出口。从一个国家的角度看这种国际交换活动，称为该国的对外贸易。从国际上看，世界各国(地区)对外贸易的总和，就构成了国际贸易，也称为世界贸易。国际贸易包括的范围很广，交易方式多样，贸易关系错综复杂。国际贸易按照交换对象的形态划分为有形贸易、无形贸易和技术贸易。商品买卖是国际贸易中传统的贸易形式，由商品进口和出口构成。商品具有有形的物质形态，故商品交换又称有形贸易。有形商品种类繁多，通常可分为初级产品和工业制成品。初级产品是指没有经过加工或加工很少的农、林、牧、渔和矿产品；工业制成品主要是指经过工业加工的产品。无形贸易是指非实物形态的服务和技术的进出口。无形贸易主要包括运输、保险、金融、邮政通讯、旅游等。国际贸易中的技术贸易包括纯技术知识贸易和与技术转让相关的机器设备的贸易。这是随着第三次科技革命成果在世界范围的传播而迅速发展起来的一种新型的贸易形式。最初包括在无形贸易中，后来由于技术贸易的规模和地位越来越重要而独立成为技术贸易。

定义 国际贸易

世界各国(地区)之间的商品、劳务和技术的交换活动。

按贸易的流向,可分为出口贸易、进口贸易和过境贸易。一国商品、劳务和技术的输出称之出口贸易,输入外国的商品、劳务和技术称之进口贸易。过境贸易是甲国经过丙国国境向乙国运送商品。对丙国来讲,这就是过境贸易。按国境或关境划分为总贸易和专门贸易。总贸易是指以国境为划分标准的进出口贸易。凡进入国境的商品一律列为总进口,凡离开国境的商品一律列为总出口。总进口额加总出口额就是一国的总贸易额。专门贸易是指以关境为标准划分的进出口贸易。当外国商品进入国境后,如果暂时存放在海关保税仓库或放在其他特区内使用而未进入国境,一律不列为进口。只有从外国进入关境的商品,以及从保税仓库提出进入关境的商品,才列为专门进口。从国内运出关境的本国商品,以及进口后经过加工又运出关境的产品,则列为专门出口。专门进口额加上专门出口额就是一国的专门贸易额。按有无第三国做中介,分为直接贸易、间接贸易和转口贸易。商品生产国与商品消费国直接进行的商品交换,称之直接贸易。商品生产国通过第三国与商品消费国买卖商品,称之间接贸易。对第三国而言,则是转口贸易。

从经济发展史看,国际贸易同国际分工和资本主义生产方式之间都存在着紧密联系。国际贸易与国际分工是同一过程的两个方面,国际贸易是国际分工形成的前提条件,国际分工是国际贸易的基础。国际分工和国际贸易都是社会化大生产和商品经济内在的普遍要求,并不因社会经济形态的变化而变化。

国际贸易既为资本主义生产方式的确立提供了历史前提,又是资本主义生产方式的必然产物。资本主义生产方式的确立必须具备三个基本前提条件:(1)大批失去生产资料的无产者,他们只能靠出卖劳动力为生;(2)开办工厂矿山所必需的大量货币财富的积累;(3)海外市场和原料来源地。在资本主义生产方式准备时期,各国都经历了资本原始积累过程,由15世纪末一直延续到19世纪初。资本原始积累过程是为确立资本主义生产方式创造基本前提条件的过程。国际贸易促进了资本原始积累的进程。以上三个基本条件的形成,都和国际贸易有着密切关系。国际贸易的发展,扩大了商品的国外市场。国外市场的需要刺激扩大生产规模,这就产生了对劳动力和原料等生产要素的大量需要,从而推动了资本对农民的剥夺过程,加快了农民同生产资料的分离,为资本主义生产方式准备了大批自由劳动者。15世纪前后在英国发生的“圈地运动”就是典型。国际贸易和世界市场的扩大,还促进了工厂手工业的迅速发展,加速了城市小生产者和行业手工业者的两极分化过程,昔日的大批手工业者和帮工,还有一部分行东,也纷纷沦为无产者,成为资本的雇佣劳动力。随着国际贸易的发展,西欧资产者通过世界市场大规模的商品交换和奴隶贩卖大获其利,加上海盗式贸易和殖民掠夺,他们从世界各地获取了巨额财富,这些财富源源流入西欧,转化为货币资本。最后,国际贸易为资本主义开拓了国外市场和原料产地。欧洲资产阶级通过国际贸易和为之开路的商业战争,征服和占领了国外殖民地,进行直接的殖民统治,迫使这些国家片面生产适合宗主国需要的某几种农产品、矿产品或畜产品。结果这些国家成为资本主义国家的商品销售市场和廉价原料供应地,为资本主义生产方式的确立和发展提供了市场条件。虽然国际贸易对资本主义生产方式的产生起了巨大的推动作用,但是国际贸易终究只是促进资本主义生产方式发展的外部条件,它只能通过决定社会发展的内在规律而起作用。正如马克思所说："如果在16世纪，部分地说直到17世纪，商业的突然扩大和新世界市场的形成，对旧生产方式的衰落和资本主义生产方式的勃兴，产生过非常重大的影响，那么，相反地，这种情况是在已经形成的资本主义生产方式的基础上发生的。"①归根结底，是资本主义生产方式决定了国际贸易的发展，国际贸易的发展又反过来促进了资本主义生产方式的发育和成长。

国际贸易是资本主义生产方式的产物，是资本主义本身内在规律作用的结果。资本主义生产方式确立以后，国际贸易具有了真正意义上的世界性的规模，决定其需要和必然发展国外市场和对外贸易。国际贸易作为资本主义生产方式的产物和生存条件，是由资本主义的经济规律所决定的。首先，资本主义不断扩大再生产的趋向要求有不断扩大的市场，这就决定了对外贸易的不断扩大。资本主义生产的本质是对利润的无限追逐，利润和超额利润是资本主义生产的动力。剩余价值规律和竞争规律决定资本主义企业的生命在于不断扩大再生产。剩余价值产生于生产过程，而实现于流通过程。不断扩大规模的生产要求不断扩大的销售。国内市场容纳不下，它必然要冲破国界，以世界为舞台，到国外去开拓和扩大市场。其次，优胜劣汰的市场竞争规律是驱使资本主义各国发展国际贸易的外在强制力量。为了在竞争中取胜，资本必须加速积累，无限扩张，不只限于国内市场，还要面向世界市场。再次，资本主义经济发展不平衡规律，使得较为发达的部门必然在国外寻找市场，这也推动了国际贸易的发展。社会生产不可能完全按比例地均衡发展，往往利润高的部门发展快，利润低的部门发展慢。然而各生产部门之间互为市场，经济发展客观上要求各部门保持一定比例。结果，发展过快的部门，会出现大量过剩商品要到国外去寻求出路；发展不足的部门，又会出现供应缺口要到国外去求得补充。国际贸易不仅是资本主义生产方式的产物，而且是推动资本主义生产方式发展的强大力量。国际贸易刺激了各国科学技术的发展，推进了资本主义经济的发展。

第二次世界大战以后，在第三次科技革命和世界生产力提高的基础上，在国际生产关系发展变化和国际分工深化的影响下，在资本输出和贸易自由化政策的促进下，国际贸易表现出一些新特点。(1)国际贸易发展迅速。这一点既表现为国际贸易总额的绝对增长，又表现为国际贸易增长速度在大多数年份超过了世界生产的增长速度。进入国际市场的商品的范围及数量是依赖于世界范围内生产的发展而扩大的，由于战后生产领域内发生了巨大的飞跃，产品结构出现了高级化、差异化、商品化程度提高的现象，使国际贸易增长速度超过了世界生产的增长速度。战后国际贸易得以迅速发展的因素主要有：战后在主要资本主义国家兴起并蓬勃发展的第三次科技革命，给国际贸易的发展以极大推动；广大殖民地国家和地区取得了独立，使以前的国内地区间的贸易变成了国际贸易，扩大了国际贸易的容量；欧共体和其他区域性经济合作组织的出现和发展，使区域内国际贸易有了巨大发展；战后跨国公司在国际生产中所占的比重越来越大，其销售额已占资本主义世界出口总额的70%，跨国公司内部贸易已经成为国际贸易领域内一种令人瞩目的贸易形式。(2)国际贸易中国别地位发展不平衡。战后发达国家和发展中国家经济贸易发展的不平衡状况加剧，国际贸易中发达国家所占比重持续上升，而发展中国家总体出现了急剧下降的现象。在发达国家内部，总的变化趋势是西欧和日本的对外贸易发展迅速，在国际贸易中所占比重增加，而美国和英国

① 《马克思恩格斯全集》第25卷，人民出版社1974年版，第372页。

所占比重下降。发展中国家内部,石油出口国对外贸易发展迅速,所占比重增加,非石油出口国所占比重减少。但在非石油出口国的发展中国家中,新兴工业化国家和地区的出口增长速度高于其他发展中国家,如阿根廷、巴西、亚洲"四小龙"的工业制成品出口增长较快。(3)国际贸易中的商品结构发生重大变化。国际贸易中工业制成品的比重扩大,初级产品的比重减少;在工业制成品贸易中,资本货物和耐用消费品的比重扩大,纺织和轻工业产品的比重减少;在初级产品贸易中,燃料的比重扩大,原料和食品的比重减少。其主要原因是世界市场对初级产品的需求减少,对工业制成品的需求却不断扩大。同时,世界市场的价格体系的变动不利于初级产品生产国,致使这些国家贸易条件恶化。贸易比价对初级产品的不利变动,造成了世界贸易总值中初级产品所占的比重下降,而工业制成品所占比重上升。(4)贸易区域集团化趋势增强。战后由于世界经济发展的不平衡,多极化趋势增强,市场竞争激烈,贸易保护主义抬头,单独一国难以立足和发展本国经济,各种区域性贸易集团纷纷成立。在集团内部的成员国之间,相互降低关税,消除或减少关税壁垒,相互给予优惠待遇,加强各种形式的多边经济合作,使得贸易集团内部贸易增长迅速,推动了国际贸易的发展。

国际贸易对于一个国家调剂国内市场余缺,协调国民经济中出现的不平衡,以及获取高额利润都有重要的作用。改革开放以来,结合我国对外贸易发展的实际状况,我国提出了对外贸易改革和发展的战略和规划,即我国对外贸易要以出口贸易为核心,以进出口平衡为基础,努力使货物、技术和服务贸易互相渗透、协调发展;进一步拓展对外贸易的深度和广度,形成对内对外全方位、多层次、多渠道的开放格局;按照国际贸易规范和国际惯例的要求,进一步改革外贸体制,加快外贸企业经营机制转换,加快国内经济与世界经济的接轨,奠定我国开放型外贸体系的基本格局。

三、世界市场

世界市场是国际间商品交换的领域,是同国际分工相联系的各国间商品流通的总和。世界市场和国际分工密切相关,互为条件。国际分工一定程度的发展,是形成世界市场的基础;世界市场的出现,又是实现和发展国际分工不可缺少的媒介。随着国际分工和国际贸易的发展,世界市场就形成和发展起来了。各个国家的国内市场是构成世界市场的有机组成部分,但世界市场不是各国市场的简单组合和汇总,它是各国(地区)市场突破一国(地区)范围向外扩展而形成的世界性的有机联系、相互交错的统一体系。

定义 世界市场

国际间商品交换的领域;同国际分工相联系的各国间商品流通的总和。

世界市场的产生和发展同资本主义生产方式的产生和发展密切联系。资本主义生产方式的产生和发展,首先打破了封建割据,形成了统一的国内市场。随后由于国际分工的发展,各国间经济联系更加紧密,对外依赖性进一步加强。各资本主义强国为了开拓海外市场,掠夺落后国家的资源,不断向外扩张,从而在各资本主义国家之间以及资本主义国家与殖民地、半殖民地和落后国家之间形成了世界市场。

马克思指出:"世界市场既是资本主义的前提,又是它的结果。"[①]16 世纪中叶因适应新

① 《马克思恩格斯全集》第 26 卷(Ⅱ),人民出版社 1973 年版,第 278 页。

市场而崛起的工场手工业，促进了社会分工和生产效率的显著提高，产量迅速增长。国内市场已经显得狭小，寻求和开拓世界市场成为新兴工场主的强烈追求，亦是资本原始积累的需要。世界市场的成长，有力加速了国内劳动力同生产资料的分离。这一切都为资本主义生产方式的建立提供了必要的前提。但工场手工业的狭小基础，限制了国内统一市场的最终完成和世界市场的发展。随着第一次产业革命和机器大工业提供的物质技术条件，扩展国外贸易成为大工业的内在要求和资本主义的生存条件，世界市场的形成成为现实的必然。到了19世纪末、20世纪初，在科技的发展和自由资本主义向垄断资本主义的过渡中，初步形成了相对统一的、无所不包的世界市场。马克思指出："资产阶级社会的真正任务是创造世界市场——至少是就这个市场的轮廓讲——和以这个市场为基础的一种生产。"①

世界市场是随着资本主义生产方式的产生和发展而发展和扩大起来的。发达资本主义国家在世界市场上居于统治地位，起着主导作用，资本主义的各种经济规律统治和制约着世界市场的发展。由此形成世界市场的下列特征：

第一，世界市场的不平等性。世界市场是在资本追逐利润的情况下，以发达资本主义国家为中心发展起来的。经济发展水平低的国家和地区被卷入国际商品流通之中，但这种流通是完全服从资本主义生产需要的。发达资本主义国家把世界上大多数经济落后国家变为商品销售市场、原料供应地和投资场所，同它们进行不平等的交换，对它们进行剥削和掠夺。因此，经济发达国家的富强是以经济不发达国家的贫弱为条件的。

第二，世界市场的自发性。世界市场是资本主义在世界范围扩张中自发发展起来的。资本主义的各种经济规律自发地在市场上起着作用。在一国内部，剩余价值规律的自发作用使资本主义生产和交换呈现盲目和扩大的趋势，导致资产阶级财富的积累和无产阶级贫困的积累。而在世界市场上，这一规律的自发作用则导致世界范围的两极分化，造成发达资本主义国家和经济不发达国家之间越来越深的鸿沟。同时，由于竞争和生产无政府规律的自发作用，必然使劳动力和生产资料在各部门、各国之间自发地进行分配，各部门、各国的生产在剧烈的竞争中盲目发展，因而造成各种生产资源得不到合理安排和充分利用，造成社会生产力的严重破坏和浪费。虽然社会主义国家的建立使资本主义各种经济规律在世界市场上受到一定范围、一定程度的制约和限制。但是发达资本主义国家仍在世界市场上占据主要地位和起着主导作用，资本主义经济规律仍在自发地影响世界市场的发展和变化。

第三，世界市场的不稳定性。资本主义经济不可能持久稳定地发展，而只能间歇地发展，即时而有所发展，时而停滞，时而倒退。资本主义把越来越多的国家和地区卷入世界市场，同时也把资本主义经济的不稳定性带进了世界经济生活。这主要是资本主义经济发展不平衡和竞争等经济规律作用的结果。资本主义制度所固有的生产过剩的经济危机，随着国际分工和世界市场的发展而日益具有世界性。这种世界性的经济危机加重了世界市场的动荡。发达资本主义国家的资产阶级为了追逐利润，为了争夺有利的生产条件和销售条件而展开激烈的斗争，也势必使世界市场更加动荡。世界市场的不稳定性主要表现在：国际贸易额增长的不稳定性，各类商品贸易额增长的不稳定性，各类商品价格的不稳定性，以及各国在世界市场上所处地位的不稳定性等。

第四，世界市场的垄断性。资本主义发展到帝国主义阶段，垄断代替了自由竞争而居于

① 《马克思恩格斯书信集》第2卷，人民出版社1972年版，第402页。

统治地位，世界市场成为主要资本主义国家垄断组织统治和竞争的场所。各国垄断资本把本国市场控制在自己手中以后，为了避免在激烈的竞争中两败俱伤，而广泛实行妥协和联合，统一对外。它们建立出口卡特尔以实行卖方垄断，建立进口卡特尔以实行买方垄断，组织国际卡特尔以实行对整个世界市场的垄断。早在20世纪初，主要资本主义国家的垄断组织，就已经开始相互勾结瓜分某些商品的世界市场。在两次世界大战之间，国际卡特尔广泛存在和发展迅速，其在世界出口总值中比重一度达到42%。第二次世界大战之后，随着跨国公司的迅猛发展，国际卡特尔的作用相对下降，取而代之的跨国公司成为垄断资本统治和争夺世界市场的主要形式。

第五，世界市场的竞争性。垄断和竞争并存，是当代资本主义经济的重要特点，也是资本主义世界市场的重要特点。垄断之所以不能消除竞争，根本原因在于生产资料的私人占有制与国际经济中存在着相互独立的经济集团和国家，在于垄断高价和高额利润本身提供了激烈竞争的条件。由于市场问题空前尖锐，各国普遍采用奖励出口、限制进口的政策以占领国际市场。在垄断组织之间，垄断组织和局外企业之间，以及局外企业之间都存在着激烈的竞争。生产同类产品的各国企业之间存在着直接竞争，这种竞争常常使得世界市场的力量对比发生明显变化。例如，日本的垄断公司在钢铁、汽车、电子等产品市场同美国、欧洲的垄断公司进行激烈的贸易战，并在竞争中不断扩大所占的市场份额。同时在生产相互替代产品的各国厂商之间还存在间接竞争，如煤炭企业与石油企业之间，铜和铝、铝和锡生产者之间，人造原料和天然原料生产者之间的竞争。随着世界市场的发展，世界市场上的竞争方式也日趋复杂。除了采用价格竞争方式外，垄断组织还注重非价格竞争，通过改善产品的品质性能等扩大销售。同时，采用招标、补偿贸易等多种贸易形式争夺国外市场。所有这些都使世界市场上的竞争日趋激烈。

随着亚、非、拉等民族主义国家为摆脱新殖民主义在经济上的控制和剥削而开展的建立国际新秩序的斗争，以及社会主义国家的经济发展，世界市场从原来的资本主义一统天下，变成发达资本主义国家、发展中国家和社会主义国家相互合作、相互竞争的场所。发展中国家和社会主义国家成为世界市场上不可忽视的一股力量。

第二节　国际金融

一、国际货币制度

国际货币制度亦称国际货币体系，是指支配各国货币关系的规则和机构所形成的一个完整系统。它是各国政府为适应国际贸易和国际结算的需要，对货币的兑换、国际收支的调节等所做的安排或规定的原则，以及为此而建立的组织形式的总称。国际货币制度一般包括四个方面的主要内容：(1)国际储备资产的确定。为应付国际支付的需要，一国需要有一定数量的国际储备，一国政府应该持有何种国际储备资产来维持国际收支，是国际货币制度的一项重要内容。(2)货币比价及货币制度的确定。一国货币与其他国家货币之间的比价应如何确定和维持，能否自由兑换成支付货币，是采取固定汇率还是采取浮动汇率制度等。(3)国际支付与国际结算原则的确定。在国际支付方面，是完全不加以限制，还是部分，甚至全部限制；国际间债权债务的结算采取什么方式，是自由的多边结算，还是有条件的双边结算等。(4)黄金、外汇能否自由流动。在不同的货币制度下，对黄金和外汇的流动与转移都有明确的规定，或是完全自由，或是在一定范围内自由，也有的实行严格的管制。

定义　国际货币制度

各国政府为适应国际贸易和国际结算的需要，对货币的兑换、国际收支的调节等所做的安排或规定的原则，以及为此而建立的组织形式的总称。

国际货币体系可按不同的标准来分类。国家间较常见的划分方法，是按照构成国际货币体系基础的主要储备资产的性质和作用不同，把国际货币体系分为国际金本位制、黄金—美元本位制和多种储备制。有经济学家根据汇率制度的不同而将国际货币体系分为固定汇率制和浮动汇率制。但目前多数经济学家则倾向于按不同的历史阶段将国际货币体系划分为：国际金本位制、布雷顿森林体系和牙买加体系。

定义　国际金本位制

金本位制是指一国的本位货币由一定重量或成色的黄金来表示，并且其货币当局随时愿意按所规定的货币单位的含金量，根据一定的条件买卖黄金。当实行金本位制的国家的金铸币按其含金量而可以相互兑换流通时，就形成了国际金本位制。

国际金本位制是世界上第一次出现的国际货币制度。1880 年欧洲和美洲的主要国家都实行了金本位制，因此一般把 1880 年作为金本位制开始的年份。国际金本位制的产生不是各国协商的结果，而是许多国家的经济发展到一定阶段后，必然采用贵金属作为货币，使黄金执行世界货币的职能，使金本位制具有了国际货币制度的性质。金本位制是指一国的本位货币由一定重量或成色的黄金来表示，并且其货币当局随时愿意按所规定的货币单位的含金量，根据一定的条件买卖黄金。国际金本位制度正是以世界各国普遍实行的金本位制为基础的国际货币体系。由于这一货币体系是在各国货币制度的基础上自发形成的，因此，当时并不是在世界范围内发行流通统一的金币，而是各国的金铸币按其含金量相互兑换流通。由于英国当时在世界经济中的突出地位，英镑具有较强的信用能力，所以国际金本位制实际上是一种以英镑为中心、以黄金为基础的国际金本位制。

小辞典　国际金本位制、黄金—美元本位制和多种储备制

国际金本位制：以黄金作为主要的国际储备资产。

黄金—美元本位制：以黄金和美元共同作为主要的国际储备资产。

多种储备制：以黄金和多种货币共同作为主要的国际储备资产。

根据货币与黄金联系程度的不同，金本位制可分为金币本位制、金块本位制和金汇兑本位制三种类型。第一次世界大战以前(1880－1914 年)，资本主义各国普遍实行的是金币本位制。其基本内容是：用黄金来规定货币所代表的价值，每一货币单位都有法定的含金量，黄金充当了国际货币；各国货币的汇率由其含金量之比来确定，汇率波动受到黄金输送点的限制，是严格的固定汇率制；金币可以自由铸造、自由融化；金币具有无限制的支付手段的权利，银行券可以自由兑换金币；金币可以自由输出(入)国境，而且其数量不受限制。金币本位制是一种稳定的货币制度，它有利于资本主义生产的发展，促进了资本主义信用制度、国际贸易和资本输出的发展。但是，它也存在一些缺点，主要表现在一国的经济受黄金流出和流入的数量影响较大，当黄金大量流入时会刺激经济的发展，当黄金大量流出时会抑制经济的发展，黄金的供应赶不上国际贸易的增长速度，可能会引起周期性的价格水平下跌。第一次世界大战爆发，各参战国纷纷实行黄金禁运和纸币停止兑换黄金的政策，国际金本位制暂时停止实行。大战结束后，美国、英国、法国等相继恢复黄金的自由兑换。由于战争使得黄金在许多国家的存量分配不均，这时恢复的金本位制是一种削弱的金本位制——金块本位制。其基本内容是：金币仍为本位货币，但已经不参加国内流通，在国内流通的是具有法定含金量的银行券；金币不得自由铸造；银行券在一定条件下可按官价兑换金块。在实行金块本位制的同时，世界上有 30 多个国家实行金汇兑本位制。金汇兑本位制又称虚金本位制，是以存放在金块本位制国家的外汇资产作为准备金，国内发行不能直接兑换黄金的纸币，并且将它与某个实行金本位制国家的货币保持固定比价的货币制度。它是更加削弱的金本位制，其基本内容是：货币单位仍规定有含金量，但国内不流通金币，以国家发行的银行券当作本位货币流通；银行券只能在国内购买外汇，不能兑换金币，但这些外汇可在外国兑换黄金；本国货币同另一金币或金块本位制国家的货币保持固定比价，并在该国存放大量外汇或黄金作为平准基金，以便随时出售外汇来稳定外汇行市，稳定汇率。

小辞典　金币本位制、金块本位制和金汇兑本位制

金币本位制：金币为本位货币，可以自由铸造、自由流通。

金块本位制：金币为本位货币，但不参加国内流通；银行券可按一定条件兑换金块。

金汇兑本位制：以存放在金块本位制国家的外汇资产作为准备金，发行在国内不能直接兑换黄金的纸币。

由于金块本位制和金汇兑本位制是削弱的金本位制，其稳定性远不如传统的金币本位制，因此在 1929 年世界经济危机和 1931 年爆发的世界金融危机的冲击下，各国货币信用出现危机，连续发生挤兑黄金的风潮，大批银行倒闭，黄金储备大量外流，各国被迫纷纷放弃了金本位制，最终使国际金本位制彻底崩溃。

国际金本位制崩溃以后，国际货币体系一片混乱，相继出现了相互对立的三个货币集团：英镑集团、美元集团和法郎集团。各个货币集团内部以某一种货币作为中心，成为集团内部各国的储备货币，集团内部的外汇支付和资金流动完全自由，对集团外部的结算则严格控制，要使用黄金。各国货币之间的汇率不是固定的而是浮动的；对国际收支的调节手段也是多种多样的，这给世界贸易和国际金融活动带来了很大的困难。当时英国的经济实力比较强，是世界上最大的资本输出国。不少国家把本国货币钉住英镑，将英镑作为储备货币。但是战争使得英国经济遭到严重破坏，英镑信誉每况愈下。而美国则在战后跃居世界最大债权国，美元实力增长。美国为实现其称霸世界的计划，急切需要建立多边经济合作，以确立美元在世界货币体系中的统治地位。这就是布雷顿森林会议召开的背景。当时美、英两国政府都从各自的利益出发，设计新的国际货币制度，于 1943 年分别在伦敦和华盛顿同时公开了英国财政部顾问凯恩斯拟订的“国际清算同盟计划”（又称“凯恩斯计划”）和美国财政部长助理怀特拟订的“国际稳定基金计划”（又称“怀特计划”）。两个计划提出后，英、美两国政府代表团就国际货币计划展开了激烈的争论，由于美国在政治、经济及军事上的优势，双方于 1944 年 4 月达成了基本反映“怀特计划”的“关于设立国际货币基金的专家共同声明”。1944 年 7 月 1 日，联合国的 44 国代表在美国的新罕布什尔州的布雷顿森林举行了“联合国货币金融会议”。经过3个星期的讨论，通过了以“怀特计划”为基础的《国际货币基金协定》和《国际复兴开发银行协定》，总称布雷顿森林协定，确立了以美元为中心的国际货币体系，即布雷顿森林体系。

小辞典 固定汇率制和浮动汇率制

固定汇率制：一国中央银行通过货币政策把本国货币的汇价维持在规定的幅度内。

浮动汇率制：一国的货币汇价完全由市场的供求关系来调节，任其自由涨跌。

布雷顿森林体系的主要内容有：(1)建立了国际货币基金组织和世界银行。国际货币基金组织是各国就货币金融问题进行协商和合作的国际性机构，其主要职能是促进汇率的稳定，防止竞争性贬值，为会员国融通资金，以及调节国际收支的不平衡。世界银行亦称国际复兴开发银行，主要职能是加强国际间的经济合作和稳定世界货币金融。这两个组织于1945年12月27日经会员国政府批准生效。(2)规定了各国货币比价的确定原则，实行了两个挂钩。按照规定，会员国的货币平价应以黄金或1944年7月1日通用的美元的重量和成色表示，美元同黄金直接挂钩，即美元直接和黄金发生联系，确定1盎司黄金等于35美元的黄金官价，即1美元的黄金平价为0.886 71克黄金。各国政府或中央银行可以随时用美元按黄金官价向美国兑换黄金。与此同时，其他国家货币同美元挂钩，各国货币与美元保持固定的比价，经基金组织公布的平价，非经基金组织同意，不得任意改变，并且各会员国的外汇即期交易的汇率波动的幅度不得超过平价1%的范围。因此，各会员国货币当局有义务维持汇率的稳定。布雷顿森林体系的汇率制度又称为可调整的钉住汇率制。(3)确立了国际储备资产。由于美元同黄金挂钩，取得了等同黄金的资格，同时各国货币又与美元挂钩，从而使美元和黄金一起成为各国外汇储备中最主要的国际储备资产。(4)协助会员国调整国际收支。国际货币基金组织设立普通贷款账户向国际收支赤字国提供短期资金融通。会员国在出现国际收支逆差时，可用本国货币向基金组织按规定程序购买一定数额的外汇，将来在规定的期限内以用黄金或外汇购回本币的方式偿还借用的外汇资金。(5)取消外汇管制。规定会员国不得限制经常项目的支付，不得采取歧视性的货币措施，要在兑换性基础上实行多边支付。允许成员国对资本移动实施外汇管制，而不允许成员国政府在经常项目交易中限制外汇买卖。

布雷顿森林体系建成后，形成了一个相对稳定的国际环境，世界经济增长迅速，国际贸易和投资也有很大的发展。同时确立了美元的霸权地位，有人称这个以美元为中心的国际货币制度为新金汇兑本位制。但是体系本身也存在着储备制度不稳定、国际收支调节机制不灵等方面的缺陷。

布雷顿森林体系的运转与美元的信用、地位有着密切联系。20世纪50年代末期美元逐渐开始过剩，美国的黄金储备大量外流，到1960年美国的对外短期债务已经超过了其黄金储备额，美元信用基础发生动摇。1960年10月爆发了战后第一次大规模抛售美元、抢购黄金的美元危机，从而动摇了布雷顿森林体系的基础。为此西方各国曾采取了一些国际金融合作措施，试图挽救美元危机。这些措施主要有稳定黄金价格协定、巴塞尔协定、建立黄金总库、实施借款总安排、签订货币互换协定、实行黄金双价制等。1971年8月15日，美国总统尼克松宣布实行新经济政策，对内冻结工资、物价，对外停止履行外国政府和中央银行可以用美元向美国兑换黄金的义务，并征收10%的进口附加税。这意味着美元同黄金已经脱钩，支撑国际货币制度的两大支柱有一根已经坍塌。西方各国为谋求解决危机的方案，10国外长签订了史密森协定。但该协议没有从根本上阻止以美元为中心的货币制度走向崩溃。1973年西方国家的货币纷纷实行浮动汇率制。至此，支撑国际货币制度的另一支柱，各国货币盯住美元，与美元建立固定比价制度也完全垮台，于是布雷顿森林体系完全崩溃，国际货币制度进入了浮动汇率制的时代。

阅读材料　浮动汇率制

布雷顿森林体系解体之后，取代固定汇率制度的是浮动汇率制度。浮动汇率制度是一种允许汇率灵活地对市场供求变动和压力做出反应的制度。浮动汇率制度有两种主要的形式。一种是自由浮动制，即政府对外汇市场完全不加干预。这里的不干预是说，政府从不为调节汇率而买卖外汇。如果政府是出于其他目的而买卖外汇，则这不被看成是严格意义上的干预。另一种是管理浮动制，即在外汇市场出现“秩序混乱”，汇率的变化超过了政府认为的“适当范围”的情况下，政府要对外汇市场进行干预，使汇率向有利于本国的方向浮动，或维持在对本国有利的水平上。当今世界上，这种有管理的浮动汇率制度已经成为国际金融发展的主流。

牙买加体系的形成：布雷顿森林体系崩溃之后，国际货币金融关系动荡混乱，美元的国际地位不断下降，出现了国际储备多元化状况，许多国家实行浮动汇率制，汇率波动剧烈，全球性国际收支失衡现象日益严重，西方发达国家之间以及发达国家与发展中国家之间矛盾严重，斗争激烈，一直到1976年1月8日国际货币基金组织在牙买加首都金斯顿达成“牙买加协定”，同年4月基金组织理事会通过《国际货币基金协定第二次修正方案》，才逐渐形成现今的国际关系新格局。有学者将这一国际货币关系称作“牙买加体系”，该体系是以美元为中心的国际储备多元化和浮动汇率体系。牙买加体系的主要内容是：(1)承认浮动汇率制的合法性。会员国可以自由做出汇率方面的安排，基金组织同意固定汇率制与浮动汇率制同时并存，但会员国的汇率政策必须受基金组织监督。(2)削弱黄金在国际货币制度中的地位，废除了原协定中所有黄金条款，并规定黄金不再作为各国货币定值的标准。取消成员国之间，或成员国与基金组织之间以黄金清偿债权债务的义务，并逐步处理基金组织所拥有的黄金。(3)增加会员国在基金组织中的基金份额。由原来的293亿特别提款权单位增加到390亿特别提款权单位，增加33.6%，主要是增加石油输出国组织的份额所占比重，以提高基金组织的清偿能力。(4)提高特别提款权的国际储备地位，修订特别提款权的有关条款，以使特别提款权逐步取代黄金和美元而成为国际货币制度的主要储备资产。(5)扩大对发展中国家的资金融通。以出售所得收益设立“信托基金”，以优惠条件向最贫困的发展中国家提供贷款或援助，以解决它们的国际收支困难。事实上与布雷顿森林体系相比，牙买加体系只是一种并不严格的、松散的国际货币制度。随着复杂多变的国际经济关系的发展，它已经不能适应当前世界经济发展的需要，因此必须进一步改革国际货币制度，建立合理稳定的国际货币新秩序。

小辞典　布雷顿森林体系和牙买加体系

布雷顿森林体系：1944年7月在美国新罕布什尔州布雷顿森林举行的联合国货币金融会议确定的以美元为中心的世界货币体系。它规定美元与黄金挂钩、其他国家的货币与美元挂钩。

牙买加体系：1976 年 1 月国际货币基金组织临时委员会在牙买加会议上达成“牙买加协定”，该协定允许会员国自由选择汇率制度，并使特别提款权成为主要的国际储备资产。

国际货币制度的改革早在布雷顿森林体系崩溃以前就开始了，目前所运行的多元化储备货币体系和浮动汇率制，是由各国实现利益冲突的妥协而衍生的一种松散的国际货币制度。最初大部分人认为这种制度只是过渡性的，新的国际货币制度不久就会形成。然而这种似乎“没有体制的体制”一直延续到现在。尽管其有着优越的一面，但随着国际贸易和国际金融的发展，它的弊端也日渐明显，改革现行国际货币制度的进程也在继续。在改革中，争论的方面比较多，但所涉及的与货币制度本身有关的问题主要有三个：本位货币制度、汇率制度和国际收支调节机制。在关于本位货币制度问题上，主要有恢复金本位制、恢复美元本位制和建立以特别提款权为基础的国际货币等三种主张。然而在现行货币制度中，美元的地位虽然削弱，欧元、日元由于经济实力的增强，地位不断上升，但还没有一种货币足以取代美元。特别提款权的作用也有很大局限性。鉴于美元在世界经济中起着关键货币的作用，在未来的一定时期内，国际货币体系很可能形成特别提款权—美元本位制。随着日本经济和欧洲经济的发展和壮大，特别提款权—美元本位制会向特别提款权—多种关键货币本位制发展，最终将被复合货币代替。关于汇率制度问题，主要有三种观点：实行完全的浮动汇率制度、恢复固定汇率制度和建立“汇率目标区”。由于实行完全的浮动汇率制度，会带来汇率波动幅度较大，影响国际经济和国际金融市场的稳定，严重影响发展中国家资本流动和对外贸易等问题，因此在未来的一段时期内实行完全的浮动汇率制是不现实的。而且实行固定汇率制，要求世界经济形势必须相对稳定，各国通货膨胀要得到控制，而各国发展趋势要大体一致。由于当前南北矛盾突出，发达国家的贸易、金融摩擦加剧，因此恢复固定汇率制也是不现实的。所以，在目前和今后的一段时期内，管理浮动汇率制将会长期存在下去，未来可能实行的是可调整的固定汇率制，建立汇率目标区。在国际收支调节问题上，将会从国别调节和国际调节两个方面入手，解决全球性的国际收支失衡问题。

在国际货币制度改革的进程中，出现了区域性货币一体化的倾向。因为 20 世纪的世界经济表现出贸易自由化、生产一体化和金融国际化的一体化的特点，这必然引起了货币一体化的问题。由于各国的利害关系各不相同，因此难以形成一个统一的国际金融机构来推行规则，而区域性货币组织则是对全球性国际金融机构的补充。这些区域性货币组织有：欧洲货币体系、西非货币联盟、中美洲货币联盟、中非货币联盟、加勒比货币区等，其中欧洲货币体系发展得最为完善，在当今国际货币关系中发挥着重要作用，对国际储备资产、汇率体系、国际收支调节和国际货币信用控制等产生了重大影响。欧洲货币体系是伴随欧洲经济共同体的产生而逐渐形成的。其主要内容有：(1)创设欧洲货币单位。它是欧洲货币体系的核心，是一种记账单位，由 12 个成员国的货币构成，每一货币在欧洲货币单位的比重根据各成员国的国民生产总值及其在共同体内部的贸易额所占的比重加权计算。(2)实行汇率双重管理机制。确立以欧洲货币单位为中心的货币平价体系。通过平价网体系和货币体系来稳定汇率，对外则实行联合浮动汇率制。(3)建立欧洲货币基金，增强了干预市场的能力。欧洲货币体系的建立进一步削弱了美元的霸权地位，标志着国际货币体系走向了多元化。但其在建立和发展过程中也经历了很多波折，主要问题有争夺农产品市场、通货膨胀率的协调、共同体预算的摊款、汇率的稳定、统一货币等。为了加快欧洲经济和货币一体化的发展，欧共同体国家提出了欧洲统一大市场的设想。1993 年 10 月经各成员国公民投票，《马斯特里赫特条约》生效。欧洲联盟于1993年11月1日诞生。1995年1月1日，瑞典、芬兰、奥地利正式加入欧盟，使其成员国增至15国。1997年6月，随着《欧元的法律地位》《第二货币汇率机制》《稳定与增长公约》的批准，表明欧洲单一货币机制框架基本形成。1999年1月起，在11个成员国范围内正式实施欧元。欧元是具有独立性和法定货币地位的、超国家性质的货币，在2002年1月1日以铸币和纸币的形式在欧盟及国际上流通，最终取代这11国的本国货币，成为欧元区内唯一的通货。到2002年7月1日以后，成员国货币终止流通，完全被欧元取代。可以预见，随着国际经济的发展，将会形成更多的货币区，国际货币基金组织为促进国际货币体系的改革，将需要协调这些组织机构的货币金融政策。

小辞典　欧洲货币体系

西欧国家1978年12月通过建立欧洲货币体系的决议，其主要内容有：建立欧洲货币单位、实行汇率双重管理机制、逐步建立欧洲货币基金。

阅读材料　人民币汇率制度

1994年1月1日以前的人民币汇率制度，基本上是固定汇率制度。在这种制度下，人民币对外币的汇率由国家外汇管理局制定、调整和公布，由中国银行对外挂牌。一切外汇买卖和对外结算，都必须按照国家外汇管理局公布的汇率计算。

从1994年1月1日开始，我国实行人民币汇率并轨。并轨后的人民币汇率，实行以市场供求为基础的、单一的、有管理的浮动，从而结束了牌价汇率、调剂汇率和黑市汇率等多种汇率并存的局面。在新的人民币汇率制度下，中国人民银行每天把外汇市场上前一天交易中每一笔交易的成交价格与成交量进行加权平均计算得出的价格，作为中国人民银行当天对外公布的人民币汇率的中间价。因此，中国人民银行公布的人民币汇率不是由中国人民银行自行制定的，而是由外汇市场上的供求关系决定，在外汇市场上生成的，按照市场供求变化进行浮动。根据中国人民银行公布的汇率中间价，各外汇指定银行(即那些经批准可以办理结售汇业务的中资商业银行、外资银行、外国银行分行、合资银行和一部分非银行金融机构)，在中国人民银行规定的浮动幅度范围内自行对外挂牌，与企业和个人做柜台买卖。

中国人民银行可以根据货币政策调控的需要，通过在外汇市场上参与外汇买卖，调节外汇市场上的外汇供求，影响人民币汇率。中国人民银行在外汇市场上买进或者卖出外汇，意味着我国外汇储备的增加或减少。

人民币汇率制度改革的最终方向是创造条件使人民币成为可自由兑换的国际货币。

二、外汇与汇率

外汇是国际汇兑的简称。在国际间的债权债务进行清偿时，由于各国货币和货币制度的不同，需要进行国与国之间的货币兑换以实现国际结算，这种金融活动就是国际汇兑。外汇有动态和静态、广义和狭义的概念之分。动态的外汇是指把一国货币兑换成另一国货币，用以清偿国际间的债权债务关系的行为和活动。由于作为一国的清偿货币不能在他国流通使用，因此必须通过“汇”和“兑”的行为转换成另一种货币，实现资金的国际转移。静态的外汇是指外国货币和以外币表示的用于国际结算的支付手段。作为支付手段，它可以是外币现钞或银行存款，以及各种票据和有价证券。目前国际货币信用领域广泛使用的“外汇”概念，都是外汇的静态含义。

广义的外汇概念泛指以不同形式表示的、能够进行偿付的国际债权。它不限于外币债权,也包括具有外币职能的本币债权。国际货币基金组织解释为:“外汇是货币行政当局(中央银行、货币机构、外汇平准基金组织和财政部)以银行存款、国库券、长短期政府债券形式所保有的、在国际收支逆差时可以使用的债权。其中包括中央银行及政府间协议而发行的在市场上不流通的债券,而不管它是以债务国还是债权国的货币表示。”广义的外汇既包括自由外汇,也包括记账外汇。狭义的外汇是指以外国货币所表示的用于国际间结算的支付手段。狭义的外汇必须具备三个条件:(1)外汇必须是以外币表示的国外资产,而用本国货币表示的信用工具和有价证券不能视为外汇。(2)外汇必须是能进行国际偿付的,在国外能得到补偿的债权,不能得到偿付的如空头支票、拒付汇票等不能视为外汇。(3)外汇必须是能兑换为其他支付手段和外币资产,即用可兑换货币表示的支付手段,而以不可兑换货币表示的支付手段不能视为外汇。因此,狭义的外汇主要是指自由外汇。

按照外汇是否具有自由兑换性划分,有自由外汇和记账外汇两种类型。自由外汇是指不需要经过货币发行国批准,在国际结算中和国际金融市场上可以自由使用、自由兑换成其他货币、自由向第三国支付的外汇。美元、日元、英镑、德国马克、法国法郎等均属自由外汇。记账外汇又称协定外汇,是指未经货币发行国批准,不能自由兑换成其他货币或不能向第三国进行支付的外汇,是经两国政府协商在双方银行各自开立专门账户记载使用的外汇。记账外汇只能用于贸易协定国双方之间的贸易收付清算(有的国家包括非贸易收付),并严格按支付协定规定办理。

辨析 各种各样的外汇概念

动态外汇和静态外汇:前者指把一国货币兑换成另一国货币的活动;后者是以外币表示的用于国际结算的支付手段。

自由外汇和记账外汇:前者指不需要经过货币发行国批准,在国际结算中和国际金融市场上可以自由使用、自由兑换成其他货币、自由向第三国支付的外汇;后者指未经货币发行国批准,不能自由兑换成其他货币或不能向第三国进行支付的外汇,是经两国政府协商在双方银行各自开立专门账户记载使用的外汇。

广义外汇和狭义外汇:前者指以不同形式表示的、能够进行偿付的国际债权,包括自由外汇和记账外汇;后者是以外币表示的用于国际结算的支付手段,主要指自由外汇。

外汇在促进国际贸易和世界经济发展中具有重要的作用,是外汇本质的体现。首先,外汇是国际购买手段,可以使国与国之间的货币流通成为可能。随着国际贸易和银行经营业务的不断发展,外汇成为国际购买手段而被各国普遍接受。一国如果握有大量外汇,就等于掌握了大量国际购买力,就可以运用所持有的外汇在国际市场上购买本国所需要的各种商品、劳务,从而把一国购买力转换为他国购买力,使不同国家之间货币购买力的转移成为可能,变为现实。外汇作为国际购买手段,大大扩展了国际间商品流通的范围,促进了国际经济交往。其次,外汇是国际支付手段,可以避免在国际结算中使用黄金,节约非生产费用。外汇作为国际清算的主要支付手段,可以使国际贸易双方通过银行买卖不同货币和不同支付时间的汇票,用以清偿国际间的债权债务关系。外汇作为国际支付手段,不仅弥补了黄金作为支付手段数量有限、开采及运送费用大等缺陷,节约了非生产费用,还大大缩短了支付时间,加速了资金周转,避免了黄金易于失窃的风险,从而促进了国际贸易的发展。再次,外汇是国际储备资产，可以弥补国际收支逆差。外汇与国际收支的关系十分密切。一国外汇及其汇率变化，会对该国国际收支状况产生重要影响，同样，一国国际收支的持续顺差或逆差，会对该国货币的对外价值、外汇储备产生直接影响。当今世界各国普遍把外汇作为一项重要储备资产，用以调节国际收支的暂时逆差。因此，外汇收入及其储备的增加，对于提高本币币值、稳定外汇汇率、调节国际收支、增强一国经济实力与对外地位、提高对外偿债信誉等都具有重要作用。最后，外汇是调节国际间资金余缺的手段，可以促进货币信用的国际化。由于世界各国经济发展的不平衡，因而产生了调节资金余缺的客观需要。一方面，一些发达国家存在着大量过剩资本，迫切需要寻找出路；另一方面，一些发展中国家为了发展经济，迫切需要引进资金。实现国际间资金的相互转移，必须依靠外汇这种支付手段来进行。通过经营外汇业务的银行，并通过各国银行业务的相互联结，使国内银行信用扩展为国际银行信用，从而促进了货币信用的国际化，便利了国际间资金余缺的调剂。

汇率又称汇价，是一国货币折算成另一国货币的比率。或者是用一国货币表示的另一国货币的价格。简而言之，汇率就是两种货币之间的比价。汇率的概念本身并不具有方向性。就是说，它可以是把本国货币折成外国货币，也可以是把外国货币折成本国货币。但如果在汇率前冠以特定的货币，则表示单位该种货币等于若干别国货币。例如美元汇率，是指1美元等于若干其他国家的货币。汇率的标价方法：折算两种货币的比率，首先要确定以哪一国货币为标准，由于确定的标准不同，存在着两种不同的标价方法，即直接标价法和间接标价法。直接标价法又称应付标价法，是以一定单位(1或100等)的外国货币为标准，折成若干单位的本国货币来表示。在直接标价法下，外国货币的数量固定不变，本国货币的数量随着外国货币或本国货币的币值的变化以及外币供求条件而变动。如果一定数额的外国货币换得了比以前较多的本国货币，则说明本国的货币币值在下降，称为外汇汇率上升；反之，如果一定数额的外国货币比以前换得较少的本国货币，则说明本国货币的币值在上升，称为外汇汇率下降。因此以直接标价法表示的外汇汇率升降与本国货币对外价值成反比例变化。间接标价法又称应收标价法，是以一定单位(1或100、1 000)的本国货币为标准，折算成若干单位的外国货币来表示。本国货币的数量固定不变，外国货币的数量随着本国货币或外国货币币值的变化而变动。如果一定数量本国货币能兑换的外国货币比以前少，则说明外国货币的币值相对上升；反之，一定数量的本国货币能兑换的外国货币比以前多，则说明外国货币的币值相对下降。因此用间接标价法表示的外汇汇率的升降与本国货币对外价值的高低成正比例关系。目前世界绝大多数国家都采用直接标价法，而英国和美国则采用间接标价法。英国历史上一直沿用间接标价法，美国起初是采用直接标价法，后来随着美元地位的提高，于1978年开始采用间接标价法。我国人民币汇率采用直接标价法。

定义　汇率

一国货币折算成另一国货币的比率，或者，用一国货币表示的另一国货币的价格。简言之，汇率就是两种货币之间的比价。

辨析　(汇率的)直接标价法和间接标价法

直接标价法：以本国货币来表示外国货币的价格。

间接标价法：以外国货币来表示本国货币的价格。

汇率理论的流派众多，比较有影响的有国际借贷理论、购买力平价理论、利率平价理论和货币主义汇率理论等。

国际借贷理论亦称外汇供求理论，英国经济学家戈逊是这个理论的代表。这个理论是第一次世界大战前较为流行的理论。戈逊理论的主要观点是：一国货币汇率的变化，是由外汇的供给和需求决定的，而外汇的供给和需求则取决于该国对外流动借贷的状况。所谓一国的对外流动借贷，是指该国处于实际收支阶段的对外债权和对外债务。该国国际收支中的经常项目和资本项目的收支，构成其对外债权和对外债务。当一国的对外债权大于对外债务，即对外流动借贷出现顺差时，外汇供给大于外汇需求，而使得该国货币汇率上涨；反之，逆差时则下降。

购买力平价理论由瑞典经济学家卡塞尔提出的，是西方汇率理论中最具有影响力的一个理论。该理论认为，本国人需要外国货币，是因为该外币在其发行国有购买力；外国人需要本国货币，是因为本国货币在本国有购买力。购买力平价有两种形态：绝对购买力平价和相对购买力平价。在某一时点上，这两个国家的一般物价水平的商品决定了两国货币间的汇率或平衡汇率。这个理论是建立在"一价定理"的基础上。所谓一价定理，是指在同一个市场上，市场竞争的结果是同一种商品只能有一个价格。一价定理亦适用于国际贸易。假定一种商品在国外市场上的外币价格为 P^*，国内价格为 P，汇率为 E。由一价定理可知：

$$P=EP^*$$

上述公式确定的是某一时点上的价格水平，又称为绝对购买力。如果把一价定理由一种商品扩展到决定一国经济平均价格水平的一揽子商品，则上述公式是相对购买力平价的最简单的形式。购买力平价是将现实过分简化，只有在下列情况下它所表明的关系才成立：一是不存在自然的贸易壁垒，如交通运输；二是不存在人为的贸易壁垒，如关税和配额；三是所有商品都是国际贸易商品；四是国内和国外价格指数所包含的商品相同，各种商品权重相同。$P=EP^*$ 可以用时间变化量来表示，其中 P、P_{-1}、P^*、P^*_{-1} 分别代表国内和国外本期和上一期的物价水平：

$$(P-P_{-1})/P_{-1}=(EP^*-E_{-1}P^*_{-1})/E_{-1}P^*_{-1}$$

上式可以近似为：

$$(P-P_{-1})/P_{-1}=(E-E_{-1})/E_{-1}+(P^*-P^*_{-1})/P^*_{-1}$$

利率平价理论亦称远期汇率理论，是由英国经济学家凯恩斯首先提出，后由其他经济学家发展而成。该理论认为，由于各国存在着利率的差异，投资者为获得较高的收益，就将其资本从利率较低的国家转移到利率较高的国家。为了避免在汇率变化时受损，投资者会在外汇期货市场上按远期汇率将其在一国的投资收益换为另一国货币，并进行对比，以确定投资方向。两国投资收益的差异，形成了资本在国际间的流动，直到通过利率的调整，两国收益相等时，国际间的资本移动才会终止。利率平价理论由于忽视了外汇交易的成本和外汇管制等限制资本流动的因素，因而同实际差距甚远。

货币主义的汇率理论以美国经济学家弗里德曼为代表的货币主义的汇率决定理论为代表，特别强调货币供给和货币需求的作用。该理论认为，影响汇率变动的主要因素有：第一，两国间相对的货币供应量的增长率。货币供应量通过货币购买力来影响汇率，两者成反比关系。第二，两国间相对的国民收入增长率。如果一国的国民收入增长率较高，则该国国内的货币需求量也较大，若货币供应量不变，其货币购买力将提高，进而引起汇率上升；反之，则下降。第三，预期因素。主要是指，对通货膨胀的预期、对政府政策的预期和对汇率的预期。对汇率的预期是在政府货币政策和通货膨胀预期的基础上形成的。货币主义的这些理论分析，在说明国家货币政策对汇率的调节的作用上有一定的理论价值，但是具有明显的片面性，因为货币的供给和需求只是影响汇率变动的众多因素中的一个。

小辞典　各种各样的汇率理论

国际借贷理论：汇率由外汇供求决定，外汇供求则取决于一国对外流动借贷的状况。

购买力平价理论：不同国家的物价水平决定这些国家之间的汇率。

利率平价理论：不同国家的利率水平决定这些国家之间的汇率。

货币主义的汇率理论：汇率由外汇供求决定，外汇供求则分别取决于货币供应量的增长率和国民收入的增长率。

三、国际收支和关税

国际收支作为对国际经济活动的反映，在世界经济发展的不同阶段，内涵也有所差异，并随着国际经济活动内容的不断扩大而发生演变。国际收支有广义和狭义之分。狭义的国际收支是指一个国家在一定时期内(通常为一年)同其他国家进行经济、政治和文化等往来所发生的外汇收支的总和。广义的国际收支是指在一定时期内一国与其他国家之间所进行的全部经济交易的系统记录，不仅包括商品、劳务和资本项目的收支，而且还包括海外军事开支、战争赔款、经济援助和军事援助，以及科学技术和文化教育等方面的往来收支。广义的国际收支把未发生现金收付的债权交易以及不需要货币偿付的各种经济交易(如捐款、赠款等)也列入国际收支中。目前世界各国普遍采用广义的国际收支的概念。

定义　(狭义)国际收支

一国在一定时期内同其他国家进行经济、政治和文化等往来所发生的外汇收支的总和。

国际货币基金组织认为："国际收支是某一时期的统计表，它表明：(1)某一经济体同世界其余地方之间在商品、劳务以及收入方面的交易；(2)该经济体的货币、黄金、特别提款权以及对世界其余地方的债权、债务的所有权的变化和其他变化；(3)从会计意义上讲，为平衡不能相互抵消的上述交易和变化的任何账目所需的无偿转让和对应项目。"所谓"经济体"是指对一个国家或地区而言，视为在某一特定领土具有较为密切联系的若干经济实体所组成的国家或地区。这个定义概括了国际收支的全部内容，是基金组织成员国向基金组织报送国际收支情况的依据。

国际收支集中反映出一国在一定时期内国际、国内经济活动的状况与实力，既是该国对外经济关系的直接反映，也是该国国内经济状况的真实写照，是综合分析一国经济状况和对外金融关系的重要依据与工具。一国国际收支状况是通过一国对外货币收入与对外货币支出的对比表现出来。这种对比结果即差额，通常表现为顺差、逆差或平衡状况。国际收支顺差表明一国从其他国家收入的货币总额大于对其他国家支出的货币总额，即对外收入大于支出；国际收支逆差，则表明对外支出大于收入；一国国际收支相抵，余额为零，就是国际收支平衡。国际收支平衡只是一种理论抽象，从实践角度考察，国际收支平衡是相对的，不平衡是绝对的。国际收支顺差说明一国对外债权暂时大于债务，国际收支状况良好，是一国经济实力强的表现；国际收支逆差说明一国经济发展不平衡，是对外负债的标志。一国国际收支状况决定着该国在国际金融方面的实力和地位。国际收支顺差国，其货币汇率常常表现为坚挺；国际收支逆差国，其货币汇率常常表现为疲软。

辨析　国际收支的平衡、顺差和逆差

国际收支平衡：一国从其他国家收入的货币总额等于对其他国家支出的货币总额。

国际收支顺差：一国从其他国家收入的货币总额大于对其他国家支出的货币总额。

国际收支逆差：一国从其他国家收入的货币总额小于对其他国家支出的货币总额。

对国际收支失衡如何进行调节，不仅是一个重要的政策问题，更是一个重要的理论问题。目前流行着许多国际收支调节理论，除了传统的国际收支自动平衡理论外，还有弹性分析理论、吸收理论和货币分析理论。

弹性分析理论，是将调整汇率作为调节国际收支的手段，因此主要分析的是汇率变动对国际收支的影响，其对汇率的分析是围绕进出口商品的供求弹性展开的。这一理论产生于20世纪30年代，由英国经济学家马歇尔提出，后经英国经济学家琼·罗宾逊和美国经济学家勒纳等人发展而成。弹性分析理论研究的问题之一是货币贬值对贸易收支的影响。该理论假定其他条件已定，只考虑汇率变动对进出口商品数量和总值的影响；贸易商品的供给几乎完全有弹性；充分就业和收入不变；没有资本移动，国际收支等于贸易收支出口。所谓进出口商品的供求弹性，是进出口商品的供求数量对进出口价格变化反应的程度：弹性大，说明进出口商品价格能在较大程度上影响商品的供求数量；弹性小，说明价格对数量的影响较小。在进出口商品完全弹性的条件下，一国货币贬值能否改善贸易收支取决于进出口的需求弹性。只有在出口需求弹性与进口需求弹性之和大于1时，货币贬值有利于改善贸易收支。这就是所谓的“马歇尔—勒纳条件”。该理论分析的另一问题是货币贬值对贸易条件的影响，其取决于进、出口供给弹性的乘积同进、出口需求弹性乘积的大小的比较。只有在前者小于后者时，货币贬值才能改善贸易条件。

吸收分析理论，是由美国经济学家亚历山大提出的另一个重要国际收支调节理论。该理论把一国的国际收支抽象为对外贸易收支，并认为一国的出口和进口是该国收入和支出流量的组成部分，一国国际收支是该国总收入与总支出之差（亚历山大将总支出称为总吸收），于是：国际收支＝贸易收支＝出口－进口＝总收入－总吸收。因此，总吸收大于总收入为国际收支逆差，总吸收小于总收入为国际收支顺差，两者相等为国际收支平衡。要调整国际收支逆差，就应该减少总吸收，或增大总收入，或两者兼用。其实质就是扩大出口和减少进口。吸收分析理论的重要贡献是，将国际收支同国内经济联系起来，为实施通过国内经济政策的调整来调节国际收支奠定了理论基础。但是该理论的明显缺陷是忽略了国际间资本流动等对国际收支的影响。

货币分析理论，是20世纪70年代随着货币主义兴起而流行的一种国际收支调节的理论，其代表人物是美国经济学家蒙代尔和约翰逊。该理论认为国际收支失衡从根本上说是一种货币现象，影响国际收支的根本因素是货币供应量，只要保持货币供给的增加与真实国民收入的增长相一致，就能保持国际收支的平衡和稳定。如果货币需求大于货币供给，会导致国际收支顺差；货币需求小于货币供给，则是国际收支逆差；两者相等，为收支平衡。而一国的货币供给有两个来源：国内银行体系创造的信用，由经常项目和资本项目顺差形成的国外资金流入。货币需求如果从国内货币供给得不到满足，只能依靠从国外取得资金来满足，恢复货币供求平衡，从而使得国际收支平衡。随着国外资金流入和货币供给增加，货币供给大于需求，国际收支会出现顺差。随着顺差的出现，国民会扩大商品的进口和国外投资，从而资金流向国外，国内货币供给减少，国际收支逐渐出现逆差。这一理论强调了国际收支顺差和逆差会引起货币存量的变化，进而影响一国的经济活动，但是它把货币因素看成是决定性的，而把收入水平、贸易条件等看成是次要的，颠倒了国际经济的因果关系。

关税是一国推行其外贸政策的一项重要措施，是进口或出口的商品货物和物品通过一国关境时，由政府设置的海关向本国进口商或出口商课征的一种税收。关境又称关税领域，是征收关税和执行海关法令规章的区域范围。一般情况下，关境和国境是一致的。有的国家设置自由港、自由贸易区或保税仓库，进出自由港区或保税仓库的货物，不征收关税。这时，自由港区或保税仓库虽在国境内，但在关境以外，关境就小于国境。相邻国家缔结关税同盟，参加同盟的各国领土边境即成为同一的关境，海关只对来往的非同盟国的货物进出同一关境征收关税，这时关境就大于其各自的国境。

国家通过调整关税可以实现对国民经济的调节。因为，关税的高低直接影响各国进出口商品的价格，商品价格的变化又直接对国内外市场商品的需求产生影响，进而对国内外的生产、交换、消费与分配等再生产的有关方面产生影响。关税的这种经济作用被称为关税的经济效应。关税具有双重的作用，其积极作用表现在：(1)可以增加一国的财政收入，这种关税被称为财政关税。(2)可以保护国内市场。为保护本国的工业或农业，对外国商品进口征收的关税称为保护关税。(3)调节国内市场物价，调剂国内市场供应。(4)可以作为对外贸易谈判中的手段。(5)对发展中国家而言是保护民族经济和反对发达国家商品倾销和转嫁危机的主要手段。其消极作用表现为：(1)增加消费者负担；(2)保护过度，就会出现保护落后；(3)容易恶化与贸易伙伴之间的友好关系；(4)影响自身的贸易发展。

经济学通常使用供给和需求均衡理论研究关税对国内经济的影响，分析征收关税对本国所引起的一系列直接经济效应。这些经济效应既有增加收益的有利方面，也有带来损失的不利方面。图 16－1 中纵坐标代表某种商品的价格，横坐标代表国内的消费数量。DD'表示国内需求，其与价格成反比；SS'表示国内供给，其与价格成正比。I 代表该商品的世界市场价格，I^* 代表含有关税时的国内价格。

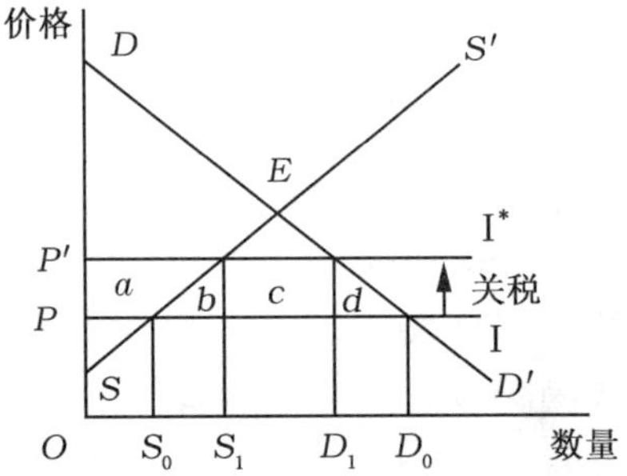

图 16－1　关税对一国经济的影响

关税对消费者的影响：在不征收关税时，国内消费者面对的是世界市场的价格。此时，国内需求为 D_0，国内供给为 S_0，国内需求大于国内供给：需要进口的商品数量为 D_0-S_0。征收关税以后，商品的国内价格为 I^*，其中从 P 到 P'就是关税的比率。此时，国内需求为 D_1，国内供给为 S_1，国内需求大于国内供给：需要进口的商品数量为 D_1-S_1。国家征收的关税收入为部分 C 的面积，而消费者为消费 D_1 数量的商品，在价格 I^* 下，消费者剩余的损失为 $a+b+c+d$ 的面积。

关税对国内生产者的影响：在不存在关税时，国内生产者的生产数量为 S_0。此时，国内生产者并不能获得额外利润。在征收关税以后，国内生产者扩大生产数量从 S_0 到 S_1。由于外国商品的价格上升，国内消费者转而购买国内产品，国内生产者因价格的提高和销售量增加而获益。国内生产者由于征收关税而获得的收益是 a 部分的面积。由于关税的存在，使得国内生产者即使在不增加产量时也能获得额外利润为 $PP'\times S_0$；加上额外销售量带来的利润为 $1/2\times PP'\times(S_1-S_0)$。

关税的经济效应：国内消费者损失为 $a+b+c+d$，这部分是消费者剩余的损失；生产者获得的收益为 a；政府征收的关税收入为 c。结果是关税造成了国民的净损失为 $b+d$。b 是由于外国商品进口的减少而使得可能已购买商品的边际成本提高造成的损失，是生产影响；d 是由于抑制进口消费造成的损失，这种损失的价值大于因为抑制进口而付出的成本。结论是对进口商品征税显然会减少国民福利，它使得消费者付出的代价，超过它使生产者和政府获得的利益。因此，关税把从进口品消费者身上得到的收入向社会其他成员进行再分配。

四、国际信贷和国际结算

国际信贷是一国的银行、其他金融机构、政府、公司企业以及国际金融机构，在国际金融市场上，向另一国的银行、其他金融机构、政府、公司企业以及国际机构提供的贷款。亦可以说，国际信贷是在某国贷款人和另一国借款人之间进行，通过国际金融市场，采取货币资本（借贷资本）形态或商品资本形态的国际借贷关系。国际信贷的具体组织形式多种多样，其中大多数均采取货币资本的形态，无论贷款人提供贷款还是借款人偿还贷款本息时，均采取货币资本的形态。国际信贷中所采用的货币资本形态，也仅以在国际金融市场上执行国际货币职能的十几种货币为限，如美元、日元、欧元等。

国际经济关系的发展，首先表现为国际贸易关系的发展，而国际贸易决定着国际信贷关系的发展。当前，国际上对外贸易合同的签订、大型成套设备的出口，几乎没有不与对外贸易信贷结合在一起的。如果没有对外贸易信贷，世界贸易的规模必然会大大缩减，给世界各国的经济与生产带来严重的后果。各国为调整其经济结构，加速生产技术的进步和设备的更新，建立新的大型生产企业和工程项目等方面，需要巨额的资金支持。同时，发展中国家为推进本国经济发展和对外贸易，也需要大量引进国外先进技术和国外资金。而国际信贷是国际资本流动的重要方式。第二次世界大战后，随着生产国际化和资本国际化的发展，国际信贷空前扩张。据统计，全世界仅金融机构之间的相互借贷额，平均每天已经超过 3 000 亿美元，一年可达到 75 万亿美元之巨。如果加上政府间的贷款和商业贷款，其数额还要大。

国际信贷大体上可归纳为四种形式：国际商业信用、国际银行信用、国际债券信用和政府信用。国际信贷的资金来源主要有企业暂时闲置的货币资本、国家财政资金、欧洲货币和石油美元等。世界各国工商企业从事生产经营活动过程中会出现暂时闲置的货币资本，如企业的固定资本在循环过程中的折旧和企业利润等，这些是国际信贷最重要的资金来源。对于企业暂时闲置的货币资本，各国银行均以银行存款的形式集中起来，首先贷放给国内需要暂时补充资本的企业和借款单位。若该国资本过剩，则由银行在国际金融市场上贷放给资本不足的外国企业、政府等借款单位。此外，个人的存款也是国际信贷的一个补充的资金来源。第二次世界大战后，为了解决私人银行不愿意提供的盈利少、回收期长等国际信贷业务的难题，同时也为了支持本国垄断资本的扩张，西方国家利用国家财政资金提供国际信贷，与私人银行贷款相互补充，有力地带动了商品、技术和劳务的出口。以国家财政资金提供国际信贷，可以在双边基础上进行，也可以在多边基础上进行。多边基础的贷款是指通过各种国际金融机构，主要是联合国所属国际金融机构提供的贷款。此外，还通过一些地区性的国际金融机构进行贷款。这些地区性国际金融机构多数由国家资金建立，是发展中国家为向成员国的经济开发提供的信贷。由于以国家财政资金提供的国际信贷在很大程度上受到政治因素和战略因素的影响，在提供信贷时，贷款国往往要求附加某些政治、经济条件，企图对借款国的内外政策施加影响。

欧洲货币是指存放在某国境外银行中的该国货币存款。这些存款最初存在欧洲，因此称作欧洲货币，其中以欧洲美元为主。经营欧洲货币存贷业务的市场称为欧洲货币市场，现在它已经发展成为一个世界性的货币市场。欧洲货币规模庞大，能在短期内集聚巨额资金，一次提供数亿美元的贷款，成为跨国公司借入资金的重要来源。同时，跨国公司也作为债权人出现在欧洲货币市场上。跨国公司大量暂时闲置的资金是欧洲货币的一个重要来源。欧洲货币主要是短期资金，但大量用于中长期信贷，并用于资助各种投机活动。因此，在扩大国际信贷的同时，亦加剧了资金的风险，对国际资本市场产生重大的影响。国际信贷的另一个重要的资金来源是石油美元。石油美元是指石油输出国由于提高石油价格而增加的石油收入，在扣除进口商品、服务和本国经济投资支出后所剩余的资金。因为它是用美元计价和结算，故称作石油美元。石油美元除了一部分用于增加石油输出国的外汇储备外，绝大部分通过各国的金融市场、欧洲货币市场、国际金融机构、政府贷款、对外经济投资等，用于在国外投资和贷放。

两个不同国家的当事人，不论是个人间的、单位间的、企业间的，或政府间的当事人因为商品买卖、服务供应、资金调拨、国际借贷，需要通过银行办理的两国间货币收付业务叫作国际结算。国际结算包括国际贸易结算和非贸易结算。国际贸易中经常发生的以结清买卖双方债权、债务关系的大量货款结算，称之为国际贸易结算。它是建立在商品交易货款两清基础上的结算，又称为有形贸易结算。它和国际贸易的发生和发展、世界市场变化、国际运输等有着密切的联系。国际贸易以外的其他经济活动，以及政治、文化等交流活动，如服务供应、资金调拨、国际借贷等引起的货币收付，称为非贸易结算。它们是建立在非商品交易基础上的，也称为无形贸易结算。常见的有侨民汇款、旅游开支、服务偿付等。

国际结算是随着国际贸易的发展而产生和发展的，综观国际结算的历史发展，首先是从现金结算发展到非现金结算。中世纪世界各国的对外贸易都是采用黄金、白银、铸造货币作为国际间的现金结算货币。随着国际贸易区域的扩大，采用现金结算，需要承担运输风险和运输费用，很不方便，妨碍了远洋贸易的发展。于是出现了采用商业票据及其信用支付手段来结清债权、债务关系的方法。再者，从买卖直接结算发展到通过银行结算。随着海运业的发展，它与贸易有了分工。为了确保运输安全，避免风险，海洋运输保险业应运而生。银行从国内遍设机构扩展到国外设点，或与外国银行建立代理行关系和签订互相委托业务约定，使得银行网络覆盖全球，银行发展成为国内结算和国际结算的中心。由于国际贸易中，买卖双方位于不同的两个国家，使用不同的货币，处在不同的贸易和外汇管理制度下，因此不可能面对面办理买卖双方的货款结算，只有委托银行办理结算。同时，货物单据化、履约证书化为银行办理国际结算创造了一个良好条件。对于不熟悉商品专门知识的银行，只需凭审核相符的单据付款给卖方，再凭单据向买方索取货款。

国际结算方式又称支付方式，在购销合同中叫作支付条件。通常是指全套单据与货款对流的形式。国际结算应包括以下内容：(1)按照买卖双方议定的具体的交单与付款方式办理单据和货款的对流；(2)结算过程中，银行充当中介人和保证人，正确结清买卖双方债权和债务；(3)买卖双方可以向银行提出给予资金融通的申请；(4)结算方式必须写明具体类别、付款时间、使用货币、所需单据和凭证。国际结算的方式大体分成汇款、托收、信用证三大类别。国际结算使用的货币,应是可兑换的货币,它可以是出口国的货币、进口国的货币或是第三国的通用货币。具体使用何种货币由买卖双方磋商决定。

总之,随着经济与科技的发展,贸易和结算规则日趋完善,更加现代化和科学化。各种新的规则纷纷出台,如《国际贸易条件解释规则》《多式运输单据规则》《托收同一规则》等,促进了贸易和结算向规范化和标准化发展。银行结算与电子信息技术结合,使得开证、通知、寄单、索偿、结汇调拨等结算环节的电脑化程度加深。银行结算还与电子数据交换结合起来,将推动贸易和银行进行一场深刻的世界范围的技术革命。

第三节 汇率的决定与变动

一、汇率的决定

在普通的商品市场中,商品的价格取决于商品的需求和供给两个方面。与此相同,在外汇市场中,外汇的价格即汇率也取决于外汇的需求和供给两个方面。①

所谓"对外汇的需求",就是我国出于购买外国的商品、服务和金融资产的需要而产生的用本国货币去"购买"外国货币的行为。例如,我们为了购买美国的小轿车而用人民币去兑换美元,就在外汇市场上产生了对美元的需求。② 因此,外汇需求也可以看成是"本国货币追逐外国货币"。对外汇的需求主要产生于三个原因。第一是贸易,即购买外国的商品和服务,以直接满足消费的需要;第二是投资,主要表现为购买外国的金融资产,以获得利息或利润的收益;第三是投机,例如有些人由于预期外币在不久的将来有可能升值而增加对外币的购买以获得"资本增益"。

所谓"对外汇的供给",就是外国人出于购买我国的商品、服务和金融资产的需要而产生的用外国货币来"购买"我国货币的行为。例如,美国人为购买我国的工艺品而用美元来兑换人民币,就在外汇市场上产生了美元的供给。③ 因此,外汇供给也可以看成是"外国货币追逐本国货币"。对外汇的供给也主要产生于三个原因,即外国人购买我国的商品和服务(贸易)、购买我国的金融资产(投资)以及由于预期人民币在不久的将来有可能升值而增加对人民币的购买(投机)。

辨析 外汇需求和供给

外汇需求:我国出于购买外国的商品、服务和金融资产的需要而产生的用本国货币去"购买"外国货币的行为。

外汇供给:外国人出于购买我国的商品、服务和金融资产的需要而产生的用外国货币来"购买"我国货币的行为。

这里需要特别注意的是,不要把外汇市场上的货币(本国货币或外国货币)供给同一国(本国或外国)国内市场的货币供给相混淆。这是两个很不相同的概念。在外汇市场上,货

① 为了避免混淆,这里所说的汇率均采用"直接标价法",即把汇率作为外国货币的价格。
② 换个角度看,美元的需求就是人民币的供给。
③ 换个角度看,美元的供给就是人民币的需求。

币供给指的是某一既定时间内在外汇市场上一种货币的持有者想用来兑换另一种货币的货币数量。例如，美元的持有者想用来兑换人民币的美元数量就是外汇市场上美元的供给量，而人民币的持有者想用来兑换美元的人民币数量就是外汇市场上人民币的供给量。另一方面，一国国内市场上的货币供给则是指当前处于流通中的货币总量——在银行以外的现金和活期存款的总和。

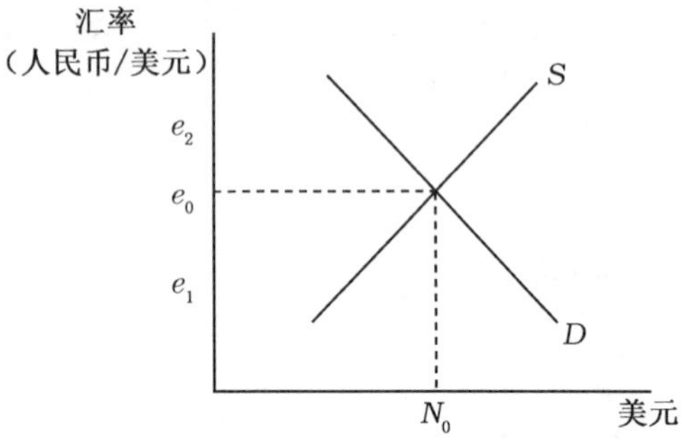

图 16—2　汇率的决定

图 16—2 是关于外汇市场上汇率决定的一个简单模型。[①] 图中，横轴表示美元(外汇)的数量。它既可以是美元的需求量，也可以是美元的供给量。纵轴表示美元的价格，即汇率。由图 16—2 可见，该汇率采用的是直接表示法，即它表示的是每一单位美元所值的人民币数量(人民币/美元)。图中的两条曲线 D 和 S 分别表示美元的需求曲线和供给曲线。

与普通商品市场上的需求曲线向右下方倾斜和供给曲线向右上方倾斜一样，在外汇市场上，美元的需求曲线和供给曲线也分别向右下方和右上方倾斜。美元的需求曲线向右下方倾斜表示，美元的价格越高，对美元的需求量就越少。之所以如此是因为，对美元的需求产生于我们对美国商品、服务或金融资产的需求，美元的人民币价格越高，则美国的商品、服务和金融资产相对于我国的购买者来说就越贵，因而我国的购买者对美国商品、服务和金融资产的需求量就越小，从而对美元的需求量也就越小。美元的供给曲线向右上方倾斜表示，美元的价格越高，对美元的供给量就越多。之所以如此是因为，对美元的供给产生于美国人对我国商品、服务或金融资产的需求，美元的人民币价格越高，则我国的商品、服务和金融资产相对于美国的购买者来说就越便宜，因而美国的购买者对我国的商品、服务和金融资产的需求量就越大，从而对美元的供给也就越多。

外汇的需求曲线和供给曲线的交点决定了外汇的均衡价格，即均衡汇率。在图 16—2 中，均衡汇率为 e_0。当汇率等于 e_0 时，根据美元的需求曲线 D 和供给曲线 S，美元的需求量和供给量恰好相等，都等于 N_0。此时，外汇市场达到了均衡；[②]当汇率不等于 e_0 时，美元的需求和供给将不相等，外汇市场处于失衡状态。具体来说，在任何低于 e_0 的汇率水平(例如 e_1)上，都有美元的需求大于美元的供给，在任何高于 e_0 的汇率水平(例如 e_2)上，都有美元的供给大于美元的需求。[③] 如果实际的汇率恰好等于均衡的汇率 e_0，从而美元的供给和需求相等，则该汇率就不再有变动的趋势，除非外汇市场上的供求条件发生了变化。但是，当实际的汇率不等于均衡汇率 e_0，从而美元的供求出现失衡时，市场的竞争压力就会迫使实际汇率朝着均衡的方向调整。

定义　均衡汇率

由外汇的需求曲线和供给曲线的交点所决定的汇率，或者，使外汇的需求量和供给量恰

① 如前所说，关于汇率决定的理论有很多。有的比较简单，有的相对复杂。这里提出的是最基本的一种。它在假定汇率可以自由浮动的条件下揭示了决定汇率的基本的市场力量。

② 在这一外汇市场上，美元的供求均衡也意味着人民币的供求均衡。

③ 在这一外汇市场上，美元的供求失衡也意味着人民币的供求失衡，只不过这里的失衡方向正好相反，即美元的供大于求表示人民币的供不应求，美元的供不应求表示人民币的供大于求。这是因为，在这一外汇市场上，美元的供给就是人民币的需求，而美元的需求就是人民币的供给。

好相等的汇率。

一国外汇市场的均衡同时也表明其对外经济的均衡，即该国对外国商品、服务和金融资产的购买恰好等于外国对该国商品、服务和金融资产的购买，简言之，就是国际收支的平衡。反之，一国外汇市场的失衡也表明其对外经济的失衡或国际收支的失衡。如果该国对外国商品、服务和金融资产的购买超过了外国对该国商品、服务和金融资产的购买，该国就出现国际收支逆差；如果外国对该国商品、服务和金融资产的购买超过了该国对外国商品、服务和金融资产的购买，该国就出现国际收支顺差。无论是顺差还是逆差，在不存在政府对外汇市场的干预的条件下，均可以通过汇率的上下浮动而自动地得到调整。

下面以进出口失衡的调整来说明汇率的这一作用。假定在一开始的时候，外贸市场是平衡的（即商品的进口和商品的出口相等），外汇市场也是平衡的（即外汇的需求和外汇的供给相等）。

1. 贸易逆差的调整

假定由于某种原因，一国的人们对外国商品的偏好突然增强了，结果导致该国从外国的进口大大增加。于是，该国出现对外贸易逆差。这种外贸的进出口失衡反映在外汇市场上，就是外汇的供求失衡。具体来说，由于进口对应着外汇的需求，出口对应着外汇的供给，因此，进口大于出口就意味着外汇的需求大于外汇的供给。

在这种情况下，如果汇率是自由浮动的，则通过汇率的调整，可以恢复外汇市场和外贸市场的均衡。这里的机制是：当外汇需求大于外汇供给时，汇率（即外汇的价格）开始上升，外汇价格的上升使得外国商品相对昂贵，本国商品相对便宜，结果是刺激了出口而压抑了进口，缩小了外贸市场上原先的贸易逆差；出口的增加和进口的减少又导致外汇供给的增加和外汇需求的减少，从而又缩小了外汇市场上原先的供求差距。这个过程将一直继续下去，直到外贸市场和外汇市场都重新恢复均衡为止。

2. 贸易顺差的调整

假定由于某种原因，一国的人们对外国商品的偏好突然减弱了，结果导致该国从外国的进口大大减少。于是，该国出现对外贸易顺差。对外贸易顺差意味着外汇的供给大于外汇的需求。当外汇的供给大于外汇的需求时，汇率（即外汇的价格）开始下降，外汇价格的下降使得外国商品相对便宜，而本国商品相对昂贵，结果是刺激了进口而压抑了出口，缩小了外贸市场上原先的贸易顺差；出口的减少和进口的增加又导致外汇供给的减少和外汇需求的增加，从而又缩小了外汇市场上原先的供求差距。这个过程将一直继续下去，直到外贸市场和外汇市场都重新恢复均衡为止。

总而言之，无论是贸易的逆差（或更一般的，国际收支的逆差），还是贸易的顺差（或更一般的，国际收支的顺差），都可以通过汇率的自由浮动而自动得到调整，重新建立起一国对外经济的均衡。

二、汇率的变化

外汇的需求和供给不仅决定均衡汇率的水平，而且也决定均衡汇率的变化。

假定在一开始时，美元的外汇市场情况仍然如图 16－2 所示：它在 e_0 和 N_0 处达到均衡。就是说，在给定的美元需求和供给条件下，汇率 e_0 恰好使得美元的需求和供给相等。如果现在由于某种原因，美元的需求曲线或者供给曲线变化了，则这两条曲线的交点就会变化，从而美元的均衡汇率水平也会发生变化。

1. 需求曲线移动与汇率的变化

首先来看美元需求曲线变化对均衡汇率的影响。容易看出：美元需求曲线向右边移动将导致均衡汇率的上升；反之，美元需求曲线向左边移动将导致均衡汇率的下降。

图 16—3 说明了美元外汇市场中美元需求曲线右移的结果。图中，原来的均衡汇率为 e_0，由美元的需求曲线 D 和供给曲线 S 的交点决定。当美元需求曲线从原来的 D 向右移动到 D_1 后，原来的均衡汇率 e_0 现在就不再是均衡的了。在 e_0 的水平上，美元现在的需求量超过了其供给量。于是，在供不应求的市场竞争压力下，汇率将向上调整，直到上升到 e_2。在 e_2 的水平上，新的美元需求量恰好与供给量相等，外汇市场重新恢复均衡。

2. 供给曲线移动和汇率的变化

其次来看美元供给曲线变化对均衡汇率的影响。容易看出：美元供给曲线向右边移动将导致均衡汇率的下降；反之，美元供给曲线向左边移动将导致均衡汇率的上升。

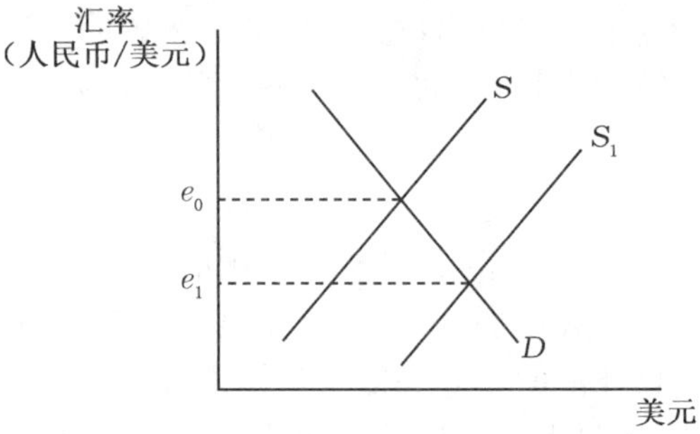

图 16—4　汇率的变动：供给曲线移动

图 16—4 说明了美元外汇市场中美元供给曲线右移的结果。当美元供给曲线从原来的 S 向右移动到 S_1 后，原来的均衡汇率 e_0 现在也不再是均衡的了。在 e_0 的水平上，美元现在的供给量超过了其需求量。于是，在供过于求的市场竞争压力下，汇率将向下调整，直到下降到 e_1。在 e_1 的水平上，新的美元供给量恰好与需求量相等，外汇市场重新恢复均衡。

3. 供求曲线移动及汇率变化的原因

(1)偏好的变化

美国对中国商品、服务的偏好增强将导致美国从中国进口的增加，结果是美元供给增加、美元汇率下降；美国对中国商品、服务的偏好减弱将导致美国从中国进口的减少，结果是美元供给减少、美元汇率上升。

中国对美国商品、服务的偏好增强将导致中国从美国进口的增加，结果是美元需求增加、美元汇率上升；中国对美国商品、服务的偏好减弱将导致中国从美国进口的减少，结果是美元需求减少，美元汇率下降。

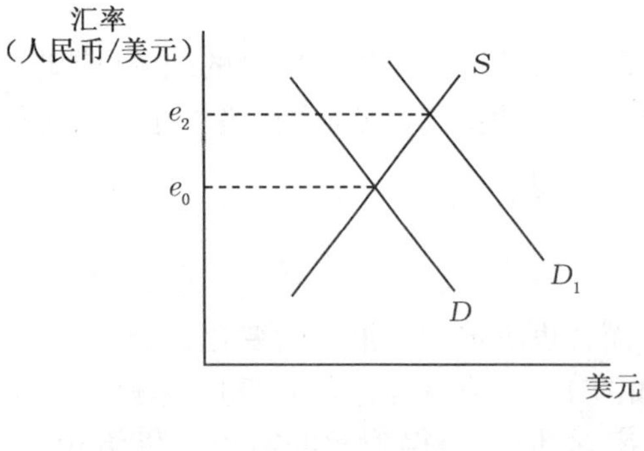

图 16—3　汇率的变动：需求曲线移动

(2)相对收入水平的变化

假定中国的国民收入水平不变而美国的国民收入水平上升。在这种情况下，美国将增加对中国商品、服务和金融资产的购买。这意味着美元供给的增加，亦即美元供给曲线右移。结果是美元价格(汇率)的下降，即美元相对于人民币贬值。反过来，这也意味着人民币相对于美元升值。

反之，如果中国的国民收入水平不变而美国的国民收入下降，则美国将减少对中国商品、服务和金融资产的购买。这意味着美元供给的减少，亦即美元供给曲线左移。结果是美元价格（汇率）的上升，即美元相对于人民币升值。反过来，这也意味着人民币相对于美元贬值。

也可以换一个角度来讨论这个问题。假定美国的国民收入水平不变而中国的国民收入水平上升。在这种情况下，中国将增加对美国商品、服务和金融资产的购买。这意味着美元需求的增加，亦即美元需求曲线右移。结果是美元价格（汇率）的上升，即美元相对于人民币升值。反过来，这也意味着人民币相对于美元贬值。

反之，如果美国的国民收入水平不变而中国的国民收入下降，则中国将减少对美国商品、服务和金融资产的购买。这意味着美元需求的减少，亦即美元需求曲线左移。结果是美元价格（汇率）的下降，即美元相对于人民币贬值。反过来，这也意味着人民币相对于美元升值。

如果两个国家的国民收入同时变化，则一般来说，国民收入增加更快的国家的进口增加将超过其出口的增加，从而该国货币在外汇市场上的供给增加将超过其需求增加，亦即它的供给曲线右移的程度要大于其需求曲线右移的程度。结果是该国货币的价格下降，而外汇的价格（汇率）上升。

（3）相对价格水平的变化

一个国家（相对于另一个国家）的价格水平的变化也会影响均衡的汇率水平。例如，如果美国的通货膨胀率高于中国，则中国产品相对于美国产品就变得更加便宜。这从两个方面影响了外汇市场上的均衡汇率。首先，美国人会来购买更多的中国产品。这意味着美元供给增加、美元供给曲线右移，结果是美元汇率下降；其次，中国人会减少对美国产品的购买，而用现在更加便宜的本国产品来替代已经变得更加昂贵的外国产品。这意味着美元需求减少、美元需求曲线左移，结果也是美元汇率下降。总之，一国（相对于另一国）的价格水平的上升会促使该国的货币贬值，而一国（相对于另一国）的价格水平的下降会促使该国的货币升值。

（4）相对利率水平的变化

由于各个国家政府的政策不一样，各个国家的利率水平也可能不相一致。一个国家相对于其他国家的利率水平的高低是影响汇率的又一个因素。

例如，当美国的利率水平相对于中国的利率水平而上升时，美国的金融资产相对于中国的金融资产就变得更加有吸引力。这对美元的汇率有两个方面的影响。首先，中国人会增加对美国金融资产的购买。这个行为导致美元需求增加、美元需求曲线右移，结果是美元汇率上升；其次，美国人会减少对中国金融资产的购买。这个行为导致美元供给减少、美元供给曲线左移，结果也是美元汇率上升。总之，一国（相对于另一国）的利率水平的上升会促使该国的货币升值，而一国（相对于另一国）的利率水平的下降会促使该国的货币贬值。

总起来说，一国对外汇的需求产生于它对外国商品、服务以及金融资产的需求，而它对外国商品、服务以及金融资产的需求又取决于它对外国产品的偏好和相对外国的收入水平、利率水平、价格水平的高低。在其他条件不变的情况下，一国对外国产品的偏好的增强、国民收入的相对上升、利率水平的相对下降、价格水平的相对上升等等，将增加该国对外国的商品、服务以及金融资产的购买和减少外国对该国商品、服务以及金融资产的购买，导致外汇需求的增加和外汇供给的减少，从而造成外汇价格（汇率）的上升；反之，一国对外国产品的偏好的减弱、国民收入的相对下降、利率水平的相对上升、价格水平的相对下降等等，将减少该国对外国商品、服务以及金融资产的购买和增加外国对该国商品、服务以及金融资产的购买，导致外汇需求减少和外汇供给增加，造成外汇价格（汇率）的下降。

三、汇率对经济的影响

1. 汇率对进出口的影响

假定其他条件不变，则当一个国家的货币贬值时，该国生产的产品将变得相对便宜，而其他国家生产的产品将变得相对昂贵。例如，一辆价格为 40 000 元人民币的中国轿车，当汇率为 1 美元等于 4 元人民币时，其美元价格为 10 000 美元，当人民币贬值到 1 美元等于 8 元人民币时，其美元价格就下降到 5 000 美元。一国货币贬值带来两个后果：第一，它增加了外国对该国产品的购买，即增加了该国的出口；第二，它减少了该国对外国产品的购买，即减少了该国的进口，因为该国一些人会转而购买更加便宜的本国产品以替代他们原来购买的而现在已经变得更加昂贵的外国产品。两方面的效应合在一起就是：一国的货币贬值将增加其净出口。由于净出口代表了一国产品的国外需求，与一国国内的消费需求和投资需求具有同样的性质，因此，贬值可以起到刺激一国经济增长的作用。然而，应当提醒注意的是，只有当其他国家的汇率保持固定不变时，一个国家才可以用贬值其货币的方法来成功地刺激其经济。如果所有国家都试图这样来刺激经济，则在贬值之后，每一个国家的产品相对于其他国家来说既不会更加便宜，也不会更加昂贵，结果，任何一个国家都不会从这种普遍的贬值中得到好处。

2. 汇率对贸易收支的影响

一国货币的贬值会使该国的出口增加，进口减少。但是，贬值是否也会改善一国的贸易收支状况呢？

我们知道，一个国家的贸易收支等于其出口价值总量减去进口价值总量，即：

$$贸易收支=出口数量\times出口价格-进口数量\times进口价格$$

根据这个公式，一国的贸易收支状况既取决于该国的进出口数量，也取决于该国的进出口价格。货币贬值对贸易收支影响的复杂性在于，它不仅对进出口数量有影响，而且也对进出口价格有影响。

如前所说，一国货币的贬值能够增加该国的出口和减少该国的进口，从而扩大该国的净出口。因此，贬值的这一效应对贸易收支的影响是“积极”的，可以减少贸易的逆差。但是，贬值对进出口价格的影响却正好相反。贬值意味着既定数量的本国货币所能够购买到的外汇更少了，因而既定数量的进口变得更加昂贵、出口变得更加便宜。进口价格的提高和出口价格的下降将对贸易收支产生“消极”的影响。

贬值对于贸易收支的净效应取决于它对进出口数量和进出口价格的影响的相对大小。一般的情况是，在贬值后的初期，贬值的负效应占支配地位。这是因为，贬值对于进出口价格的影响一般来得很快，而进出口数量对于价格变动的反应却需要一段时间。例如，本币贬值后，进口品的价格虽然提高了，但由于以前合同规定或由于产业结构尚未及时做出调整，进口的数量不可能立即减少，结果，用于进口的支出反而会增加。因此，贬值的初始效应往往是负的。随着时间的推移，进口数量开始压缩，出口则开始增长，最终贸易收支差额的情况可以有所改善。当进出口经过一段时间对价格的变动做出反应以后，贬值的净效应就转为正的了。

贬值对贸易收支的上述效应常常被描述为所谓的“J 形曲线效应”——在贬值之后，贸易收支状况在最终改善以前会先经历一个恶化阶段，就像英文大写字母J一样，在最终上升之前先经历一个下降的阶段。

上述分析可以借助进出口汇率弹性的概念更加简洁地加以表述。所谓进出口的汇率弹性，就是进出口对汇率变化的反应程度。如果既定的汇率变动引起了更大程度的进出口变动，则称进出口对汇率是有弹性的，反之，则是缺乏弹性的。显而易见，进出口汇率的弹性大小对贸易收支的变化具有重要意义。如果进出口的汇率弹性较小，则当汇率下降以后，出口增加和进口减少的数量都不会很大，在这种情况下，汇率变动的影响主要就不是表现在进出口的数量上，而是表现在进出口的价格上，即使得出口价格下降而进口价格上升。这样，贬值的结果将使贸易收支进一步恶化。当然，随着时间的推移，进出口的弹性会逐渐增大，从而使得贬值的效应逐渐转移到进出口数量的变化上来。此时，贸易收支状况将开始好转。

3. 汇率对资本流动的影响

一国货币的价格上升（即本币升值或外汇贬值）意味着该国货币的购买力增强，从而促使本国资本扩大对外投资，与此同时也阻碍外资流入。一国货币的价格下降（即本币贬值或外汇升值）对资本流动的影响则有几种情况，取决于人们对该国货币贬值以后的变动趋势的预期。如果人们认为本币贬值以后它还将进一步贬值，就会将资金从本国转移到其他国家，以避免遭受损失；如果人们认为本币贬值以后的汇率已经处于均衡水平，则那些原先因本币定值过高而外逃的资金就可能会重新流回国内；如果人们认为本币贬值已经过头，已经低于均衡水平以下，以后将会出现向上反弹，则人们就会把资金从其他国家转移到该国，以牟取好处。

4. 汇率对国内价格水平的影响

一国货币的贬值也倾向于使得该国国内的价格水平提高。其原因主要有：第一，当一国货币贬值以后，该国的产品就更具有竞争性，其出口就会增加、其进口就会减少。由于净出口是一国产品的国外需求，净出口的增加就意味着国外需求的增加。和一国的国内需求（如消费需求和投资需求）一样，国外需求的增加也增加该国的总需求，从而提高该国的价格水平（以及产出水平）。第二，当一国的货币贬值以后，该国进口品的价格就会提高。较高的进口价格会引起"攀比"，使得国内生产者们也提高他们自己产品的价格。第三，由贬值所引起的较高进口价格还可能引起价格进一步上涨的预期。在一定的条件下，这种预期会使价格的提高成为一种自我实现的过程。

四、汇率制度与汇率决定

1. 金本位制与汇率的决定

1914年以前，决定汇率的主要是金本位制。在金本位制度下，货币的价格是用黄金的数量来确定的，即所有的货币都和黄金保持着固定的比率。例如，美元的价格规定为0.10盎司黄金，英镑的价格规定为0.50盎司黄金，等等。金本位制度的特点是"四大自由"，即：金币可以自由铸造和熔化（自由铸造）；货币具有无限清偿的能力（自由清偿）；辅币和银行券可以自由兑换成金币（自由兑换）；黄金可以自由地输出和输入（自由输出）。

在金本位制度下，不同货币之间的兑换比率即汇率是很容易被确定的。这是因为这些不同的货币都是用黄金来定价格的，具有客观的和共同的比较基础。例如，在上面的例子中，美元的价格规定为0.10盎司黄金，英镑的价格规定为0.50盎司黄金，这意味着，1英镑的黄金价格是1美元黄金价格的5倍，即1英镑=5美元。这就是英镑与美元之间的汇率。

在金本位制度下，不同的货币汇率不仅很容易确定，而且一旦确定下来，就是固定不变的——除非改变这些货币的“含金量”。如果在某一既定的汇率下，美国从英国的进口恰好等于英国从美国的进口，即两个国家的进出口都是平衡的，则在这种情况下，汇率当然不会变动：双方只要简单地交换一下货币就可以了，经济的其他方面不会受到任何的影响。另一方面，如果美国从英国的进口不等于英国从美国的进口，则在这种情况下，通过黄金的流出和流入，汇率仍然可以保持不变。例如，当英国向美国的出口大于从美国的进口时，英国人仍然可以接受美国人的美元，因为他们用美元可以立刻兑换回黄金，用黄金又可以立刻兑换回英镑。

但是，应当注意的是，金本位制度下的固定汇率是通过黄金的自由输出和输入而“自发”调节的，并非政府干预的结果。例如，在上面的英美两个国家的例子中，如果这两个国家在其他方面都是平衡的，则当美国从英国的进口超过了它对英国的出口时，美国的国际收支出现逆差，而英国的国际收支出现顺差。在这种情况下，美国对英国货币的需求就超过了英国提供给外汇市场的货币供给。这样，为了得到更多的英国货币以满足进口的需求，美国的一些人就必须把自己的国内货币美元兑换成黄金，再把黄金运往英国兑换为英国的货币英镑。整个过程的结果是：美国的国际收支逆差导致黄金流出，黄金储备减少，英国的国际收支顺差导致黄金流入，黄金储备增加。总之，通过黄金从逆差国流往顺差国，两国的国际收支失衡得到调整。

上述通过黄金在国际间流动来调整国际收支的过程对一国国内的货币数量和整个宏观经济状况都会产生重要的影响。这是因为，在金本位制度下，一国的黄金储备与该国的货币供给数量有着十分密切的关系。这种关系包括两个方面。第一，在金本位制度下，黄金本身就是货币供给的一部分，因而流通中金币数量的变动会直接影响货币的供给。第二，黄金储备量又是纸币发行的基础，中央银行黄金储备的下降意味着它能够支持的纸币发行量也下降了。由此可见，国际收支逆差国的黄金流出将导致其国内货币供给量的减少，而国际收支顺差国的黄金流入将导致其国内货币供给量的增加。逆差国的货币供给减少引起价格下降从而增加净出口，顺差国的货币供给增加引起价格上升从而减少净出口，于是，两国的国际收支重新恢复均衡。更进一步来看，一国国内的货币供给数量又与其宏观经济状况有着十分密切的关系。在有效需求不足的情况下，货币数量的减少会加深萧条和衰退的程度，而在接近充分就业的情况下，货币数量的增加又有引发通货膨胀的危险。因此，国际收支逆差国的货币供给量减少有可能引起国民收入和就业水平的下降，而国际收支顺差国的货币供给量增加有可能引起一般价格水平的上涨。

2. 固定汇率制与汇率的决定

如前所说，固定汇率制度是由政府规定本国货币与他国货币的兑换比例，并使之固定下来，或把它们的波动限制在一个狭小的范围之内。政府之所以要对外汇市场的汇率进行干预，主要是因为汇率的高低和变化会影响国际市场上商品和劳务的价格，影响一国的进出口，影响国际资本的流动。

如果政府规定的固定汇率高于市场的均衡水平，则这意味着，在这个过高的固定汇率水平上，外汇的市场供给大于外汇的市场需求。在这种情况下，如果没有政府的干预，供给大于需求的市场压力就会迫使过高的汇率下降，重新恢复均衡。因此，为了维持这一过高的汇率，政府就不得不进行干预。

另一方面，如果政府规定的固定汇率低于市场的均衡水平，则这意味着，在这个过低的汇率水平上，外汇的市场需求大于外汇的市场供给。在这种情况下，如果没有政府的干预，需求大于供给的市场压力就会迫使过低的汇率上升，重新恢复均衡。因此，为了维持这一过低的固定汇率，政府也不得不进行干预。

政府的干预可以采取不同的形式。例如，当固定汇率较低时，外汇市场上的外汇需求大于外汇供给，或者说，本币供给大于本币需求。政府为了维持这一固定汇率不变，可以通过以下几种方法来“吸收”外汇市场上的“多余”的本国货币供给。第一是政府自己吸收。例如，政府通过出售外汇把这部分多余的本国货币“买回来”。这也是较为常见的一种方法；第二是让外国人吸收。例如，政府可以通过补贴出口的办法使本国产品在国际市场上能够低价销售以刺激外国从本国的进口。这将增加外国对本国货币的需求，也可以达到减少多余的本国货币供给的目的；第三是让本国人吸收，即通过外贸管制或外汇管制的办法来限制本国人对外国产品的需求，从而限制进口，限制本国货币在外汇市场上的供给。

在某些情况下，政府也可以并不真的采取实际行动来干预外汇市场，而仅仅只是“动动口”就可以达到自己的目的。政府所需要做的是：明确宣布维持既定的固定汇率是自己坚定不移的目标。在这种情况下，如果政府宣布的固定汇率目标只是略高于均衡水平，而私人投资者又相信政府或迟或早会进行干预并会成功地将汇率钉住在所宣布的水平上，私人投资者就会根据这一预期而增加对外汇的需求，从而推动汇率的上升，直到达到政府的目标汇率为止。

本章小结

国际分工是世界各国之间的劳动分工和国际生产专业化的产物。国际分工是一个历史范畴，是社会生产力发展到较高水平之后，一国国民经济内部分工超越国家界限而形成的各国之间的社会分工。它对世界经济的发展具有两重作用。

国际贸易是指世界各国(地区)之间的商品、劳务和技术的交换活动。它是国际分工的表现形式，包括进口和出口。国际贸易对于一个国家调剂国内市场余缺，协调国民经济中出现的不平衡，以及获取高额利润都有着重要的作用。世界市场是国际间商品交换的领域，是同国际分工相联系的各国间商品流通的总和。世界市场和国际分工密切相关，互为条件。

国际货币制度亦称国际货币体系，是指支配各国货币关系的规则和机构所形成的一个完整系统。它是各国政府为适应国际贸易和国际结算的需要，对货币的兑换、国际收支的调节等所做的安排或规定的原则，以及为此而建立的组织形式的总称。

外汇是国际汇兑的简称。在国际间的债权、债务进行清偿时，由于各国货币和货币制度的不同，需要进行国与国之间的货币兑换以实现国际结算，这种金融活动就是国际汇兑。外汇有动态和静态、广义和狭义的概念之分。汇率就是两种货币之间的比价。

狭义的国际收支是指一个国家在一定时期内(通常为 1 年)同其他国家进行经济、政治和文化等往来所发生的外汇收支的总和。关税是一国推行其外贸政策的一项重要措施，是进口或出口的商品货物和物品通过一国关境时，由政府设置的海关向本国进口商或出口商课征的一种税收。

国际信贷是在某国贷款人和另一国借款人之间进行，通过国际金融市场，采取货币资本(借贷资本)形态或商品资本形态的国际借贷关系。国际结算包括国际贸易结算和非贸易结算。

关键术语

国际分工　国际贸易　世界市场　国际货币制度　国际金本位制
布雷顿森林体系　牙买加体系　欧洲货币体系　外汇　外汇需求
外汇供给　汇率　固定汇率　浮动汇率　均衡汇率　直接标价法
间接标价法　购买力平价理论　国际收支　国际收支的平衡、顺差和逆差
关税　国际信贷　国际结算

参考资料

1. 刘美询等:《当代资本主义经济特征》,清华大学出版社 1991 年版。
2. 苏宗祥主编:《国际结算》,中国金融出版社 1998 年版。
3. 刘军善主编:《国际金融学》,东北财经大学出版社 1995 年版。

思考题

1. 国际分工的发展经历了哪些阶段？国际分工的主要形式有哪些？

2. 有人认为，中国人口多，技术水平低，只能在国际分工的层次中向外国发达国家提供超市和地摊上所需商品。试举中外正反两方面的事例，说明我国应该怎样参加国际分工。

3. 有一种舆论说，鸦片战争、八国联军攻占北京，都是中国不开放引起的，因为列强要搞市场经济和世界市场，合乎发展大方向。对此，你有何评论？

4. 什么是国际货币制度？简述国际货币制度的演变过程。

5. 什么是汇率？汇率的标价方法有哪些？

第十七章

国际价值规律及其表现

学习目的与要求

通过本章的学习，掌握国际价值的形成和内涵，国际价值规律在世界市场上的作用，以及与国际价格的关系；把握国际竞争的特点和方式，以及在国际竞争中如何获得国际超额利润；了解绝对利益、比较利益和比较利益陷阱的理论与实际状况，认清国际经济过程中的博弈模型和博弈现实。

第一节　国际价值与国际价格

一、国际价值

在世界市场上，各国间的商品交换，是以商品的国际价值为基础进行的。国际价值是国际之间的商品在交换中的市场价值。国际价值不是由国别价值，即个别国家的社会必要劳动时间决定的，而是由世界劳动的平均单位决定的。商品的国际价值是在国别价值的基础上发展起来的，它是国别价值在商品经济发展的较高阶段上的转变形式。

商品的国别价值，即通常所说的商品价值或商品的社会价值，是由一国生产某种使用价值所消耗的社会必要劳动时间决定的。商品价值的计量单位，是劳动的平均单位。就国别价值而言，由一国中等劳动强度、正常质量的社会劳动的平均单位计量，它是国内不同强度和质量的个别劳动的加权平均数。它反映了一国内部商品生产者之间相互竞争和交换劳动的社会关系。随着国际分工和国际贸易的不断发展，当商品交换从一国内部扩展到国际范围时，交换就不能再按照某一种商品的国别价值来进行，这就要求国别价值转化为国际价值，于是，以世界劳动的平均单位为内容的国际价值就产生了。国际价值，是由世界市场有关国家生产某种使用价值所消耗的社会必要劳动时间决定的。水平不同的各国国民劳动，在世界市场上要平均化为世界劳动的平均单位。它是在国别价值和国际市场上的供求关系的基础上，通过国际竞争而形成的。商品的国别价值和国际价值作为一般人类劳动的凝结，在本质上是完全相同的。但由于各国生产商品的主客观条件不同，劳动生产率水平的高低不等，因而同一种商品的国别价值通常存在着很大的差别，它们同国际价值的差额也就完全不同。国际价值在一定时期内是相对稳定的，但也不是一成不变的。

定义　国际价值的决定

某一商品的国际价值由参与该商品国际交换的所有国家在生产该商品上所消耗的社会必要劳动时间决定。

辨析　国别价值与国际价值

某一商品的国别价值（即通常所说的商品价值）由一国生产该商品所消耗的社会必要劳动时间决定。它是一国国内不同强度和质量的个别劳动的加权平均数。由于各国生产商品的主客观条件不同，同一商品的国别价值通常有很大的差别。不同国家的国别价值的加权平均形成所谓的国际价值。

影响国际价值的因素有以下几个方面：

首先，国际分工的广度和深度。在资本主义社会以前和资本主义社会初期，随着地区性对外贸易的发展，已出现了地区性的国际价值。随着广阔的资本主义世界市场的形成、国际贸易的巨大发展，形成了世界性的国际价值。随着第二次世界大战后国际分工广度和深度的发展，资本国际化、生产国际化和跨国公司、跨国企业的大量出现，国际价值更能直接反映世界劳动的平均单位。

其次，劳动生产率。国际价值是由进入世界市场的有关国家生产某种使用价值所消耗的社会必要劳动时间决定的，也就是由生产某种商品的国际社会必要劳动时间所决定的。而生产某种商品的国际社会必要劳动时间是随着世界各国的社会必要劳动时间变化而变化的，各国的社会必要劳动时间变了，国际社会必要劳动时间也将随之变化；生产商品的国际社会必要劳动时间变了，商品的国际价值量也就必然变化。各国生产商品的社会必要劳动时间是随着劳动生产率的改变而改变的。总之，由于生产商品的社会劳动生产率的变化，引起各国生产商品的社会必要劳动时间发生相应的变化，而各国生产商品的社会必要劳动时间的普遍变化又会引起国际社会必要劳动时间的变化，最终导致国际价值的变化。

再次，劳动强度。决定国际价值的是世界劳动强度的平均单位。如果一个国家的平均劳动强度超过了世界劳动强度的平均单位，就会创造较多的国际价值，获取超额利润。因而，一国的劳动强度影响其所生产的商品的国际价值的大小。如果所有国家的劳动强度同时均等地增进了，则新的较高的劳动强度就会成为普通的社会的劳动标准强度，从而也影响国际上的劳动标准强度。

最后，国际贸易参与国及其贸易量。某种商品的生产国，若未进入国际贸易领域，它的国民劳动平均单位便不会加入该商品的国际价值的形成。同时，国际贸易参加国的贸易量，也会影响水平不同的国别价值的构成比例，从而直接影响国际价值量的决定。其中，包含着加权平均的含义。所以，更为准确的说法应该是：某商品的国际价值量是由进入国际交换的该商品的国际必要劳动时间或世界劳动的平均单位决定的。总之，凡影响国别价值量变动，以及引起具有不同国别价值的参加国贸易量构成变动的因素，都是造成国际价值量变动的因素。

如果绝大多数国家贸易商品是在大致相同的正常国别社会必要劳动时间下生产出来的，则国际社会必要劳动时间就是生产该商品各个国家的社会必要劳动时间；如果国际贸易商品总量不变，但在较坏条件下生产的商品的国别价值，不能由较好条件下生产的商品的国别价值平衡，其量相当大，那么国际价值就由在较坏条件下生产而出口的大量商品来调节；如果在较好条件下生产的商品的出口量，大大超过在中等条件和较坏条件下的商品的出口量，那么，国际价值就由较好条件下生产的那部分商品来调节。

讨论　国际价值以及国际价值与国别价值的关系

国际价值的决定类似于一国国内价值的决定。例如，设生产某一商品的国际劳动量为 L，产量为 Q，则该商品的国际价值可表示为：

$$z=\frac{L}{Q}$$

它在形式上与（国内）价值的决定公式完全一样——唯一的区别是，这里的劳动量和产量均是从国际范围而非一国范围来计算的。

国际价值与国别价值之间的关系则类似于在一国国内价值与个别价值之间的关系。例如，设某一商品有 n 个国家生产。其中，第 i 个国家生产该商品时使用的劳动量为 L_i，生产的产量为 Q_i，则对 i 国而言，该商品的国别价值可表示为：

$$z_i=\frac{L_i}{Q_i}$$

该商品的国际价值则可以表示为：

$$z=\frac{\sum_{i=1}^{n}L_i}{\sum_{i=1}^{n}Q_i} \tag{1}$$

i 国的国别价值 z_i 与国际价值 z 的相对大小反映了它在生产该商品上的相对劳动生产力的高低：如果 $z_i<z$，则平均说来，i 国在生产该商品上的劳动生产力相对较高；反之，如果 $z_i>z$，则平均说来，i 国在生产该商品上的劳动生产力相对较低。

在只有两个国家（$i=1,2$）的简单情况下，(1)式简化为：

$$z=\frac{L_1+L_2}{Q_1+Q_2}$$

此时有：

$$\begin{aligned}z_1-z&=\frac{L_1}{Q_1}-\frac{L_1+L_2}{Q_1+Q_2}\\&=\frac{L_1(Q_1+Q_2)-(L_1+L_2)Q_1}{Q_1(Q_1+Q_2)}\\&=\frac{L_1Q_2-L_2Q_1}{Q_1(Q_1+Q_2)}\\&=\frac{(L_1/Q_1-L_2/Q_2)Q_1Q_2}{Q_1(Q_1+Q_2)}\\&=\frac{(z_1-z_2)Q_2}{(Q_1+Q_2)}\end{aligned}$$

这意味着：

$$z_1<(=,>)z_2\leftrightarrow z_1<(=,>)z$$

同样亦有：

$$z_2<(=,>)z_1\leftrightarrow z_2<(=,>)z$$

换句话说，在只有两个国家的情况下，如果一个国家的国别价值小于(等于、大于)另一个国家的国别价值，则该国的国别价值就小于(等于、大于)国际价值；反之亦然。

我们也可以换一个方式来表示国际价值与国别价值之间的关系。由于根据国别价值的定义有：

$$L_i = z_i Q_i$$

代入(1)式后得：

$$z = \frac{\sum_{i=1}^{n} L_i}{\sum_{i=1}^{n} Q_i} = \frac{\sum_{i=1}^{n} z_i Q_i}{\sum_{i=1}^{n} Q_i} = z_1 \frac{Q_1}{\sum_{i=1}^{n} Q_i} + \cdots + z_n \frac{Q_n}{\sum_{i=1}^{n} Q_i} \tag{2}$$

这里，$z_i Q_i$ 是第 i 个国家的国别价值总量，$Q_i / \sum Q_i$ 是它的产量占国际总产量的比例。上式意味着，国际价值 z 等于每个国家的国别价值 z_i 的加权平均和——权数为每个国家生产的产出数量在整个国际产出总量中所占的比例。由(2)式显而易见，一国生产的产品数量在国际产出总量中所占的比例越大，则该国的国别价值在国际价值的决定上所起的作用就越大，或者说，国际价值就越是“靠近”该国的国别价值。例如，当 $Q_i / \sum Q_i$ 越大时，国际价值 z 就越是“靠近”i 国的国别价值 z_i。特别是，当 $Q_i / \sum Q_i$ 趋向于1(从而 $Q_j / \sum Q_i (j \neq i)$ 趋向于0)时，有 z 趋向于 z_i。

同样，在只有两个国家($i=1,2$)的简单情况下，(2)式简化为：

$$z = z_1 \frac{Q_1}{Q_1 + Q_2} + z_2 \frac{Q_2}{Q_1 + Q_2}$$

于是有：

$$\begin{aligned} z_1 - z &= z_1 - z_1 \frac{Q_1}{Q_1 + Q_2} - z_2 \frac{Q_2}{Q_1 + Q_2} \\ &= (z_1 - z_2) \frac{Q_2}{Q_1 + Q_2} \end{aligned}$$

从而亦有：

$$z_1 < (=, >) z_2 \leftrightarrow z_1 < (=, >) z$$

以及：

$$z_2 < (=, >) z_1 \leftrightarrow z_2 < (=, >) z$$

我们可以举例说明某商品的国际价值量的决定。假设按国内中等劳动强度的不同，将参加国际贸易的国家，划分为甲、乙、丙三组，按世界劳动的平均单位计算的国际价值如表17—1所示。

表 17—1　　某商品国际价值量的决定

国家组别	国别价值	贸易量比例	国别价值总量	国际价值	国际价值总量
甲	10	3	30	14.5	43.5
乙	15	5	75	14.5	72.5
丙	20	2	40	14.5	29.0
合　计		10	145		145

二、国际价格

商品的国际价格是商品国际价值的货币表现，商品的国际价值是商品国际价格变动的基础和中心。国际价值正是在世界市场上通过国际竞争和国际价格的不断波动才得以实现和贯彻的。这也是价值规律在世界市场发挥作用的结果。

在自由竞争条件下，商品的国际市场价格，以国际价值为基础，受国际竞争和国际市场供求关系的影响。确切地说，国际竞争和国际市场的供求关系决定了国际市场价格背离国际价值的方向和程度。与国内市场一样，国际市场上的商品供求平衡只是一种偶然的现象，大量的最常见的现象则是商品的供求不平衡。由于供求关系的作用，商品的国际市场价格会围绕国际价值上下波动。这种波动是通过竞争来实现的。

而国际价格本身的变动，又会反过来影响供给和需求的变化，使它们逐渐趋向于平衡，从而使国际市场价格接近国际价值。

定义　国际价格

商品的国际价格是商品国际价值的货币表现。国际价格以国际价值为基础，并受国际竞争和国际市场供求关系的影响。

在世界市场上，商品的国际市场价格时而高于、时而低于其国际价值，但不可能长久地、过分地背离其国际价值。从一定时期来看，某商品国际市场价格也正是通过国际竞争和国际供求关系的相互作用而与国际价值趋于一致，并在这个过程中使国际间供求不断地从不一致趋向于一致。

垄断价格的出现没有也不可能使国际市场价格长久地背离国际价值。这是因为垄断并没有消灭竞争，而是使竞争在更加激烈的基础上进行。

讨论　国际价格、国内价格与进出口

一国的国内价格与国际价格的相对高低决定了该国的进出口类型。例如，对一国来说，其国内价格低于国际价格的商品通常倾向于出口，而国内价格高于国际价格的商品通常倾向于进口。

为了说明上述的结论，我们首先考察完全不存在国际贸易（例如，当过高的关税或者非关税壁垒使得任何的进出口都不可能）时的情况，然后再研究贸易完全自由化（例如，当所有国家都一致采取行动撤除某种商品的关税和非关税壁垒）以后的影响。

参见图17—1。图中描述的是一国国内某商品市场的状况。s 和 d 分别代表该商品在封闭状态下的国内市场供给曲线和需求曲线。

在完全不存在国际贸易的时候，国内的市场供给曲线 s 和需求曲线 d 的交点 A 决定了商品的国内均衡价格 P_0 和产量 Q_0。其中，Q_0 也代表了当价格为 P_0 时国内消费者的需求量和生产者的供给量。

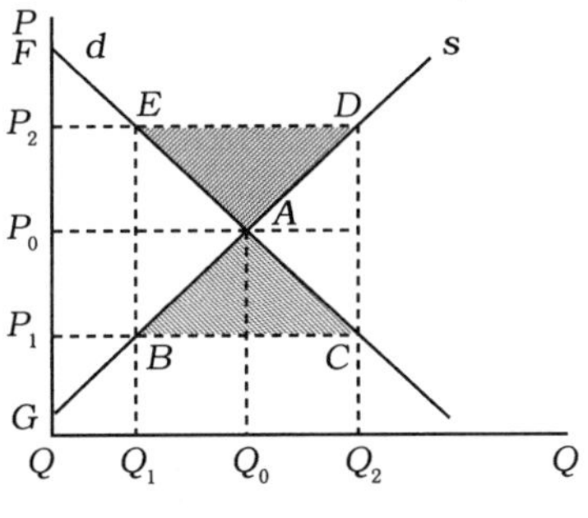

图17—1　国际价格、国内价格和进出口

考虑国际贸易以后，商品的国内供给量和需求量会发生怎样的变化呢？具体的结果究竟如何主要取决于国内商品的相对（于其他国家同类商品的）价格，或者更进一步说，主要取决于生产该商品的国内行业的相对（于其他国家同类行业的）竞争能力。国内商品的相对价格和国内行业的竞争能力决定了该商品到底是进口还是出口以及进口和出口的数量到底有多大。

如果所考虑的国内行业在国际竞争中具有相对的优势，则它所生产的商品的国内价格就要低于同类产品的国际市场价格,例如,在图17—1中,国内价格为P_0,国际价格则是较高的P_2。由于存在着这种价格差距,该国国内的生产者为了获得更高的利润就会到其他国家去销售,而其他国家的消费者为了享受更低的价格则会到该国来购买。于是,对外贸易推动一国的优势行业扩大出口。由于出口增加对国内价格的影响类似于国内需求的增加,故随着出口的扩大,国内市场的价格将从原来的P_0水平上上升,直到上升到P_2,与国际市场的价格完全相等时为止。[①] 随着国内价格上升到P_2,国内的供给量将扩大到Q_2,需求量则减少到Q_1。供给大于需求的剩余部分即$Q_2—Q_1$就是出口的数量。

另一方面,如果所考虑的国内行业在国际竞争中不具有相对优势,则它所生产的商品的国内价格就要高于同类产品的国际市场价格。例如,在图17—1中,国内价格仍然为P_0,但国际价格却是较低的P_1。在这种情况下,国内的消费者为了享受到更低的价格就会到其他国家去购买,而其他国家的生产者为了获得更高的利润则会到该国来销售。于是,对外贸易促使一国的非优势行业扩大进口。由于进口增加对国内价格的影响类似于国内供给的增加,故随着进口的扩大,国内市场的价格将从原来的P_0水平上下降,直到下降到P_1,与国际市场的价格完全相等时为止。[②] 随着国内价格下降到P_1,国内的需求量将扩大到Q_2,供给量则减少到Q_1。需求大于供给的差额部分即$Q_2—Q_1$就是进口的数量。

由图17—1显而易见,一国的进出口数量大小至少要取决于三个因素。第一是国内价格与国际价格的差距。差距越大,进出口的数量就越大。第二是需求曲线的陡峭程度(它可以用来衡量需求的弹性)。需求曲线越是平缓(亦即需求弹性越大),进出口的数量就越大。第三是供给曲线的陡峭程度(它可以用来衡量供给的弹性)。供给曲线越是平缓(亦即供给弹性越大),进出口的数量就越大。

讨论　进出口和经济福利:短期静态分析

前面已经说明,当一个国家的国内价格与国际价格不一致时,就会出现进口或者出口。现在来看进出口对一国经济福利的影响。

如果局限于短期和静态的分析,则结论将是非常明确的:任何一个国家,无论其经济发展处于何种水平,也无论其行业在国际竞争中是否具有优势,参加国际贸易都能够增进该国的经济福利。这就是流行的分析国际贸易的福利影响的消费者—生产者剩余理论。具体说明如下:

首先考虑一国国内优势行业的情况。参加国际贸易之后,优势行业的国内价格将上升。伴随国内价格上升而来的供给量增加和需求量减少会引起两种截然不同的福利效应。一方面,供给量的扩大增加了生产者剩余。根据图17—1,在原来没有对外贸易的时候,国内价格为P_0,相应的供给量为Q_0,生产者剩余由价格P_0以下和供给曲线s以上的部分共同决定,即等于区域GAP_0。在参加国际贸易之后,国内价格上升到P_2,相应的供给量增加到Q_2,生产者剩余由价格P_2以下和供给曲线s以上的部分共同决定,即等于区域GDP_2。两相比较,生产者剩余的净增加为区域P_0ADP_2。另一方面,需求量的缩小减少了消费者剩余。在原来没有对外贸易的时候,国内价格为P_0,相应的需求量为Q_0,消费者剩余由价格P_0以上和需求曲线d以下的部分共同决定,即等于区域P_0AF。在参加国际贸易之后,国

① 这里假定该国的出口相对于国际市场的规模较小,因而其出口的增加不会影响国际市场的价格。
② 这里同样假定该国的进口相对于国际市场的规模较小,因而其进口的增加也不会影响国际市场的价格。

内价格上升到 P_2，相应的需求量缩小到 Q_1，消费者剩余由价格 P_2 以上和需求曲线 d 以下的部分共同决定，即等于区域 P_2EF。两相比较，消费者剩余的净损失为区域 P_0AEP_2。两种效应综合的结果，生产者剩余的净增加超过了消费者剩余的净损失，超过部分为三角形 ADE。由此可得结论：在参加国际贸易之后，一国的优势行业可以通过增加出口而增加社会的经济福利。

另一方面，如果考虑的是劣势企业，则在参加国际贸易之后，其产品的国内价格将下降。随着国内价格下降而来的需求量增加和供给量减少同样会引起两种截然不同的福利效应。一方面，需求量的扩大增加了消费者剩余。在原来没有对外贸易的时候，消费者剩余等于区域 P_0AF。在参加国际贸易之后，由于国内价格下降到 P_1 从而相应的需求量增加到 Q_2，消费者剩余扩大到区域 P_1CF。两相比较，消费者剩余的净增加为区域 $P_1CA\ P_0$。另一方面，供给量的缩小减少了生产者剩余。在原来没有对外贸易的时候，生产者剩余等于区域 GAP_0。在参加国际贸易之后，由于国内价格下降到 P_1 从而相应的供给量缩小到 Q_1，生产者剩余减少到区域 GBP_1。两相比较，生产者剩余的净损失为区域 $P_1B\ AP_0$。两种效应综合的结果，消费者剩余的净增加超过了生产者剩余的净损失，超过部分为三角形 ABC。由此可得结论：在参加国际贸易之后，一国的非优势行业可以通过增加进口而增加社会的经济福利。

综上所述，消费者—生产者剩余理论表明的是：无论一个国家的经济发展程度如何，也无论一国国内的各个行业在国际上是否具有竞争的优势，从而无论这些行业生产的产品价格是高于还是低于国际市场的水平，参加国际贸易总是有利的。它一方面刺激了拥有竞争优势的行业扩大出口从而增加了生产者剩余，另一方面又刺激了不具竞争优势的行业扩大进口从而增加了消费者剩余。

然而，必须指出的是，上述结论仅仅适用于短期的和静态的情况，一般而言并不正确。一旦换一个角度，即转到从长期的和动态的观点来看问题，我们就会发现，消费者—生产者剩余理论并没有完整地描述国际贸易的全部后果。问题的关键在于，消费者剩余和生产者剩余这两个概念还远不能够充分地说明伴随国际贸易而来的国内需求量和供给量的变动给整个社会造成的全部的成本和收益，其中特别是生产者剩余这个概念还远不能够说明国内供给量变动的全部社会成本和收益。

讨论　进出口和经济福利：长期动态效应

尽管从短期和静态的观点来看，无论是通过进口还是通过出口，参加国际贸易都能够增进社会的福利，但从长期和动态的观点来看，这两种情况却有很大的不同。主要的区别在于：伴随出口扩大而来的是国内供给的增加，从而是相应行业的扩张，伴随进口扩大而来的却是国内供给的减少，从而是相应行业的萎缩。在很多情况下，这种供给的增加或减少以及行业的扩张或萎缩，会给一国经济的长期的、动态的发展带来非常不同的影响。因此，我们有必要超出局限于短期静态分析范围的消费者—生产者剩余理论，考察国际贸易的长期的和动态的效应。

(1)资源配置

国际贸易引起的进出口增加首先会改变一国国内的资源配置状况。进口增加引起国内供给收缩，减少相应行业中的资源利用；出口增加引起国内供给扩张，增加相应行业中的资源利用。如果国内的要素市场是"完全"的,即是所谓的无摩擦的理想市场,则国内供给变化对资源利用的影响就可以忽略不计,因为在这种情况下,收缩行业中释放出来的资源可以很快地在其他方面得到利用,扩张行业也可以很快地在其他方面找到所需要的合适的资源,因而总的来说,除了发生一些微小的资源转移的调整成本之外,对经济不会有太大的不利影响。

但是,现实中的要素市场往往并不是完全的。在市场不完全的情况下,无论是进口引起的行业收缩,还是出口引起的行业扩张,都有可能带来严重的问题。一方面,收缩行业所释放的资源可能不能顺利地转移到其他方面并得到适当的利用。例如,收缩行业中的劳动者有可能成为长期失业者;另一方面,扩张行业也可能无法找到更多的恰当资源。例如,具有特定技能的劳动者就不一定可以随时得到。前者无疑加重了整个社会的失业程度,后者则可能引起扩张行业的价格上涨,从而造成经济的通货膨胀。如果这两种情况均非常严重,它还会造成并加强两极分化,并使得整个国民经济呈现"二元化"的发展趋势。许多发展中国家在历史上都经历过这样一个痛苦的过程。

(2)规模经济

国际贸易的另外一个动态效应是对规模经济的影响。有些行业具有比较突出的规模经济的特点。在这样的行业中,随着某个企业的生产规模的扩大,或者,随着整个行业的生产规模的扩大,单个企业的平均生产成本将呈现递减的趋势。尽可能地保护并促进这些具有重要的规模经济特点的行业的发展,对一国的国民经济而言,是一件非常重要的事情。

然而,参加国际贸易的结果却有可能与上述目标背道而驰。一些国家,尤其是一些发展中国家,在那些具有重要的规模经济特点的行业中,常常并无多少优势可言。实际上,在很多的发展中国家中,这些行业往往都是"新兴"的,根本无法与发达国家竞争。在这种情况下,实行贸易自由化显然就极为不利:伴随自由化而来的大量的进口将引起这些行业的萎缩;而随着整个行业的萎缩,其中的每一个企业要实现规模生产就将更加困难,甚至根本就不可能。

当然,如果具有重大规模经济特点的行业在一开始时就已经具备了相对的竞争优势,则贸易自由化的结果就将完全不同。出口的扩大将引起这些行业的扩张,而随着整个行业的扩张,其中的每一个企业将能够更加容易地达到规模经济的要求。

(3)行业关联

国际贸易的规模经济效应所涉及的主要是一个行业(或企业)本身的潜在发展能力能否得到实现的问题。如果跨越行业的界限,进一步考虑不同行业之间的相互影响,则还需要考虑另外一个重要的效应,即行业关联效应。

一般来讲,任何一个行业都不会是完全孤立的,总会与其他某些行业发生一定的联系,这就是所谓的行业关联。行业关联的具体内容是多种多样的。其中,一对受到广泛重视的是"前向联系"和"后向联系"①。比如,钢铁可以用于制造汽车。在这个例子中,汽车"向后"联系着钢铁(以钢铁为投入要素),因而是钢铁的"后向行业";钢铁则"向前"联系着汽车(向汽车提供投入要素),因而是汽车的"前向行业"。

一个行业的前向行业往往不止一个。例如,钢铁除了用于汽车制造之外,还可以用于建筑、机械等等行业。一般来说,越是带有"基础性质"的行业,其前向联系就越是广泛,前向行

① 行业关联的其他例子还包括"替代行业""互补行业"等。

业就越是众多。特别是那些提供基础资本设施，如公路、铁路、电力、通讯、水等等的行业，简直就可以看成是为几乎所有的行业提供投入要素，以几乎所有的行业为自己的前向行业。同样，一个行业的后向行业也往往不止一个。例如，铁矿石的开采要用到采掘机械、坑道建筑材料、电力、运输工具等等。

每个行业的前后向联系都不相同。有些比较重要，有些不太重要。对于那些前后向联系不太重要的行业，当然可以不必过多地去关注贸易自由化的影响。但是，对于那些具有较强前后向联系，尤其是那些具有较强后向联系的行业（这些行业常常被当作“支柱产业”），贸易自由化及其所引起的进出口变化就有了重要的意义。[①]

如果在一开始时，一个具有较强后向联系的行业具有竞争的优势，则随着出口的增加从而行业规模的扩大，它将进一步刺激其后向行业的发展，给整个国民经济带来巨大的好处。相反，如果这个行业在一开始时并不具有竞争的优势，则进口的增加所造成的行业萎缩也会同时给它的后向行业造成不利的影响，从而对整个国民经济带来负面的效果。

(4)外部影响

在研究贸易自由化的成本和收益时，行业的外部影响也是一个不能不考虑的因素。行业的外部影响可以分为性质不同的两种情况。在有些场合，一个行业的扩张会给其他行业或其他人带来好处，但它自己却不能由此而得到补偿。此时，该行业得到的利益就小于社会得到的利益。这种性质的外部影响叫作“外部经济”。另一方面，在有些场合，一个行业的扩张会给其他行业或其他人带来危害，但它自己却并没有为此而支付足够抵偿这种危害的成本。此时，该行业遭受的成本就小于社会遭受的成本。不管是外部经济也好，还是外部不经济也好，外部影响的结果就是造成行业的实际产量偏离社会的最优水平。无法减轻和消除经济活动的外部影响常常被看成是市场失灵的一个重要证据。

当某个行业存在有重要的外部影响的时候，贸易自由化的结果就会再一次不同于消费者—生产者剩余理论所预言的情况：它可能为社会创造更多的收益，也可能为社会带来更多的成本。例如，对于一个具有重要的外部经济的行业来说，如果它同时又在国际竞争中占有优势，则贸易自由化造成的行业扩张就会给社会带来更大的收益（外部经济增加）；反之，如果它不具有这种优势，贸易自由化造成的行业萎缩就会给社会带来更大的损失（外部经济减少）。另一方面，对于一个具有重要的外部不经济的行业来说，如果它同时又在国际竞争中占有优势，则贸易自由化造成的行业扩张就会给社会带来更大的损失（外部不经济增加）；反之，如果它不具有这种优势，贸易自由化造成的行业萎缩就会给社会带来更大的收益（外部不经济减少）[②]。

---

① 与后向联系相比，这里的前向联系似乎并不重要，因为造成某个行业萎缩的进口增加能够为前向行业提供同样的要素投入。

② 贸易自由化所造成的进出口的扩大并不能消除行业的外部影响。实际上，对于优势行业来说，由于贸易自由化而带来的出口扩张反而加剧了这种外部影响。为了消除外部影响，还需要适当的国内政策的配合。

第二节 国际竞争与国际超额利润

一、国际竞争

经济学含义上的竞争是指经济主体在市场上为实现自身的经济利益和既定目标而不断进行的角逐过程。竞争的内在动力是经济主体自身的经济利益，在竞争过程中具体表现为保持或扩大市场占有份额、增大销售额、提高利润等。竞争的外在压力是竞争对手之间的激烈较量，失败者将必然被淘汰出局。

从国内竞争到现代意义上的国际竞争，经历了漫长的过程。在资本主义初期，资本以全球为战场展开的商业战争，主要同借助暴力和政治特权进行的殖民掠夺、奴隶贩卖、公开抢劫结合在一起。马克思生动简练地勾画过当时国际经济关系的图景：美洲金银产地的发现，土著居民的被剿灭、被奴役和被埋葬于矿井，对东印度开始进行的征服和掠夺，非洲变成商业性地猎获黑人的场所：这一切标志着资本主义生产时代的曙光。商业战争中的胜利者，凭借商业上的霸权所获得的各种优势，建立了自身在工业上的支配地位。此时的所谓竞争，实难谈得上是经济学含义上的国际竞争。

18 世纪后半期开始，资本主义生产关系发展到了一个转折点，即进入资本主义制度的确立时期。英国以其先进的大工业优势在世界市场上获得了垄断地位。而资产阶级在国内建立的“天赋人权、自由竞争”的竞争关系却没有同时走向世界：发达国家努力建立的是一种统治落后国家的破坏性竞争关系。在相当长的一个时期内，世界市场几乎是英国一统天下，很少有对手能与之匹敌。英国作为工业品主要输出国，同贸易对手农产品供应国之间，并不是平等的贸易伙伴关系，而是统治与被统治、奴役与被奴役的关系。它以大机器生产的低成本工业品摧毁亚、非、拉国家民族工业的萌芽。一旦经济实力不足以维护这种不平等竞争，马上诉诸武力。罪恶的“鸦片战争”就是这种状况的生动写照。此时的竞争，也绝不是现代意义上的国际竞争。

19 世纪后半叶，伴随着新产业革命爆发的是原有重工业部门的进一步发展和新的重工业部门的不断涌现。重工业开始在世界经济中占据主导地位，由此导致企业规模不断扩大，股份公司广泛发展，资本与生产迅速集中，从而不可避免地产生垄断。到了 20 世纪初，垄断组织在一切发达的资本主义国家中成为经济生活的基础。它们通过扩大生产规模、瓜分市场、控制原材料、制定垄断价格和资本输出等手段，掠夺本国以及殖民地、半殖民地国家的财富。此时，殖民地作为宗主国的原料产地、商品市场和投资场所的作用更加重要起来，帝国主义国家也开始了瓜分世界的激烈争斗。此时的国际竞争关系，仍然是以一种极为不平等的形式表现出来的。

在第二次世界大战以后，由于一系列国际经济机构的建立，如国际货币基金组织、世界银行、关税及贸易总协定的产生，使得国际竞争获得了相对平等的世界经济环境。尽管发达国家仍然在这些组织中起主导作用，并以此来剥削掠夺不发达国家，但此时的国际竞争，也比以往任何时期更加有利于落后国家赶超发达国家。20 世纪 60 年代以来，一批新兴工业化国家和地区的实践已经证明了这一点。

国际竞争对资本主义国家经济的刺激推动作用，并不是在国内竞争之外，而且通过国内竞争实现的。围绕降低成本、降低售价的国际竞争，直接推动了国内市场各类商品的部门内竞争。为适应世界市场供求的变化，或为有利的国际市场价格所驱使，还会促进国内部门间竞争，诱导资本和生产要素在部门间流动，以调整部门结构、产品结构，增强国际竞争力。国内竞争在更大规模上的扩展，又进一步推动了国际竞争的发展。正是国际竞争与国内竞争的交错作用、相互促进，成为资本主义科学技术和社会生产力迅速发展的强大动力。

二、国际超额利润

在国内市场上，商品是按部门平均生产条件决定的社会生产价格出售的，一些企业由于生产条件的优越，生产成本较低，它们的利润率高于平均利润率，因而得到了超过平均利润的利润，即超额利润。超额利润反映了同一部门内部不同企业的资本家之间的关系。在价值转化为生产价格以后，超额利润是个别生产价格低于社会生产价格的差额。各个资本家之间为获取超额利润经常进行部门内部的激烈竞争。

同样，进入世界市场的资本，也绝不满足于世界的平均利润率，竞争的强制性也迫使它们千方百计地降低国别价值，获取国际超额利润。国际超额利润是国别价值低于国际价值的差额。

辨析　超额剩余价值、超额利润和国际超额利润

(国内)超额剩余价值：在一国国内，单个企业通过提高劳动生产力使自己商品的个别价值低于社会价值但仍按社会价值出售所得到的差额。

(国内)超额利润：在一国国内利润平均化之后，单个企业通过提高劳动生产力使自己商品的个别生产价格低于社会生产价格但仍按社会生产价格出售所得到的差额。

国际超额利润：在国际市场上，一国由于在某种产品的生产上具有较高的劳动生产力使自己商品的国别价值低于国际价值但仍按国际价值出售所得到的差额。

获取国际超额利润的主要手段是降低国别价值，而降低国别价值的关键是降低国别生产成本。这就促使各国资本家竭力开发新技术、新资源，改善经营管理，获取廉价原料，提高国民劳动的平均强度(效率)，增强国际竞争力。在世界市场上，强度较大的国民劳动比强度较小的国民劳动，会在同一时间内生产出更多的价值。由于劳动生产率的不同，各国相同的劳动创造出不同的国际价值。“只要生产效率较高的国家没有因竞争而被迫把它们的商品的出售价格降低到和商品的价值相等的程度，生产效率较高的国民劳动在世界市场上也被算作强度较大的劳动。”[①]所以劳动生产率的提高，就意味着有可能获得国际超额利润。

获取国际超额利润的另一个重要手段就是通过国际贸易中的不等价交换和种种超经济强制来实现。这普遍存在于资本主义工业强国对广大殖民地、落后国家形形色色的榨取中，通过这种手段攫取的国际超额利润，则来源于被榨取国广大劳动人民的剩余劳动和一部分必要劳动。

阅读材料　国际价值

每一个国家都有一个中等的劳动强度，在这个强度以下的劳动，在生产一种商品时所耗费的时间要多于社会必要劳动时间，所以不能算作正常质量的劳动。在一个国家内，只有超

---

① 《马克思恩格斯全集》第23卷，人民出版社1972年版，第614页。

过国民平均水平的强度，才会改变单纯以劳动的持续时间来计量的价值尺度。在以各个国家作为组成部分的世界市场上，情形就不同了。国家不同，劳动的中等强度也就不同；有的国家高些，有的国家低些。于是各国的平均数形成一个阶梯，它的计量单位是世界劳动的平均单位。因此，强度较大的国民劳动比强度较小的国民劳动，会在同一时间内生产出更多的价值，而这又表现为更多的货币。

但是，价值规律在国际上的应用，还会由于下述情况而发生更大的变化：只要生产效率较高的国家没有因竞争而被迫把它们的商品的出售价格降低到和商品的价值相等的程度，生产效率较高的国民劳动在世界市场上也被算作强度较大的劳动。

一个国家的资本主义生产越发达，那里的国民劳动的强度和生产率，就越超过国际水平。因此，不同国家在同一劳动时间内所生产的同种商品的不同量，有不同的国际价值，从而表现为不同的价格，即表现为按各自的国际价值而不同的货币额。所以，货币的相对价值在资本主义生产方式较发达的国家里，比在资本主义生产方式不太发达的国家里要小。由此可以得出结论：名义工资，即表现为货币的劳动力的等价物，在前一种国家会比在后一种国家高；但这绝不是说，实际工资即供工人支配的生活资料也是这样。

但是即使撇开不同国家货币价值的这种相对的差异，也常常可以发现，日工资、周工资等等在前一种国家比在后一种国家高，而相对的劳动价格，即同剩余价值和产品价值相比较的劳动价格，在后一种国家却比在前一种国家高。

资料来源：马克思：《资本论》第1卷，人民出版社1975年版，第613—615页。

获取国际超额利润还可通过廉价倾销来实现。处于优势地位的出口商，在降低生产成本的基础上，为了击败对手，占领市场，经常将售价压到国际价值以下，进行廉价倾销。因为在国别价值同国际价值的差额间，提供了售价可以浮动的余地。即使按低于国际价值的售价交换，仍然可以获得国际超额利润。通过廉价倾销所获取的国际超额利润，同降低国别生产成本所获取的国际超额利润相同，也是本国雇佣工人强度(效率)更高的剩余劳动所创造的。

第三节　绝对利益、比较利益与博弈模型

一、绝对利益

绝对利益学说是英国经济学家亚当·斯密最先在《国民财富的性质与原因的研究》中提出的。该理论是以各国各种产品生产存在可以互补的绝对利益为前提条件的。他认为，由于各国自然资源禀赋不同，劳动生产率有别，生产同种产品的成本和所得利润有高有低，若各国都扬长避短，只生产成本低、利润高的产品，然后互相交换，各国就都能获得更多的产品，从而增进国民福利。按照斯密的观点，如果一个国家各种产品的生产与他国相比都处于劣势或优势，相互之间就没有必要进行对外贸易。

斯密生活的时代，正是英国由工场手工业向机器大工业过渡的时期。此时，英国的新兴工业棉纺、钢铁、采煤和工程技术的机械化获得了迅速发展，而认定货币是唯一财富的重商主义者却都在不同程度上提出实行课征关税等保护贸易政策，以便阻止外国商品，特别是工业品输入国内。

经济发展为抨击重商主义的外贸政策打下了基础。斯密利用国际分工原理论证,国与国之间的贸易可以使每个国家都增加财富。斯密这一理论为国际贸易的论点奠定了基础。

斯密在论证其理论时,采用了由个人和家庭推及国家的方法。他指出:“如果一件东西在购买时所费的代价比在家内生产时所费的小,就永远不会想要在家内生产,这是每一个精明的家长都知道的格言。裁缝不想制作他自己的鞋子,而向鞋匠购买……在每一个私人家庭的行为中是精明的事情,在一个大国的行为中就很少是荒唐的了。如果外国能以比我们自己制造还便宜的商品供应给我们,我们最后就用我们有利地使自己的产业生产出来的物品的一部分来向他们购买。”[①]他举例说,通过架玻璃、设温床、建温壁,苏格兰也能栽种极好的葡萄,并酿造极好的葡萄酒,其费用大约 30 倍于能由外国购买的至少是同样好质量的葡萄酒,仅仅为了鼓励在苏格兰制造葡萄酒和白兰地,便以法律禁止一切外国葡萄酒输入,这难道是合理的吗?但是,如果苏格兰不向外国购买它所需要的一定数量的商品,而竟使用比购买所需多 30 倍的本国资本和劳动来自己制造,显然是不合理的。

为了说明问题,斯密把一个复杂的经济情况加以简化。他假定世界上只有两个国家和两种商品,并以生产中所投入的劳动量来表示单位产品的生产成本,而所有的劳动是同质的,没有熟练与不熟练之分。同时还假定贸易是按物物交换的方式进行,交换比率为 1∶1。在此条件下,假定两个国家为英国和葡萄牙,两种商品为布和酒,分工前的产量和单位生产成本如表 17—2 所示。

表 17—2　　分工前产量和单位产品的生产成本

商品 国别	布		酒	
	产量	所需劳动人数	产量	所需劳动人数
英国	1	100	1	120
葡萄牙	1	110	1	80

很明显,分工前英国生产单位布的生产成本绝对低于葡萄牙,而葡萄牙生产一个单位酒的生产成本也绝对低于英国。按照斯密的理论,英国和葡萄牙两国应按其绝对优势进行分工,即英国应集中力量生产和输出成本绝对低的布,而不生产和输出成本绝对高的酒。葡萄牙则相反。

因此,分工后英国用 220 人生产布而不生产酒;葡萄牙则用 190 人生产酒而不生产布。这样,英国用 220 人便能生产 2.2 单位的布;而葡萄牙用 190 人则能生产 2.375 单位的酒。分工后资源配置获得了改进,如表 17—3 所示。

表 17—3　　分工后产量和单位生产成本

国　家	酒产量	所需劳动人数	布产量	所需劳动人数
英国			2.2	220
葡萄牙	2.375	190		

分工后,两种商品的产量都增加了,对于分工各国都有利。英国可以将 1 单位布与葡萄牙交换 1 单位的酒,英国便有了 1.2 单位的布和 1 单位的酒;葡萄牙则有了 1.375 单位的酒

① 亚当·斯密:《国民财富的性质与原因的研究》,商务印书馆 1996 年版,第 28 页。

和1单位的布，表17—3在分工后通过贸易所增加的布和酒的数量，便是斯密在其理论中所说的通过分工和贸易所获得的贸易利益，即绝对利益。

所以，绝对利益实际是指在某种商品的生产上，一个国家所耗费的劳动成本绝对低于自己的贸易伙伴国，在劳动生产率上占有绝对优势。各国如果都生产自己具有绝对优势的产品，继而进行自由交换，那么彼此都可以获得绝对利益的好处。从价值论来看，绝对利益来源于一国的国别价值和国际价值的差额，它是由先进国家雇佣工人所创造的超额剩余价值构成的。

定义　绝对利益·绝对利益学说

绝对利益：一国在某种商品生产上的绝对利益是指，它生产该商品所耗费的劳动成本绝对地低于自己的贸易伙伴国。

绝对利益学说：如果每个国家都生产自己具有绝对利益的产品，继而进行自由交换，则所有参与交换的国家都可以得到好处。

但假如一个国家并不具有明显优于别国的生产部门，那么该怎么办呢？假定有一个比较落后的国家，在两种商品或者说所有商品的生产成本方面，都相对于对方国家的同种商品处于绝对劣势地位，它是否会在外界有力的竞争下被迫与世隔绝，或被迫眼看它所有的工农业都听命于毁灭性竞争的摆布？在解释这一国际贸易中具有更广泛意义的现象时，斯密的绝对利益学说陷入了一种困境。

二、比较利益

比较利益学说最早是由托伦斯(Robert Torrens)于1815年在《论对外谷物贸易》中提出的。之后，英国古典经济学派集大成者大卫·李嘉图在其1817年出版的《政治经济学及赋税原理》中充分强调和发展了这一学说。

李嘉图的比较利益学说比斯密的见解进了一步，回答了斯密难以回答的问题。他认为，一个国家各行各业的生产也许都处于绝对不利的地位，但也能够参与可以获利的贸易。只要该国某项生产的成本相对较低，它就可以从事这样的贸易。它只需较少的优势，而不是绝对的优势。同样，各种产品都享有绝对利益的国家如果在某些方面享有更大的比较利益，当然也会从贸易中获得更大的好处。

阅读材料　李嘉图的比较利益理论

英国的情形可能是生产毛呢需要一百人一年的劳动；而如果要酿制葡萄酒则需要一百二十人劳动同样长的时间……葡萄牙生产葡萄酒可能只需要八十人劳动一年，而生产毛呢却需要九十人劳动一年……因此……虽然葡萄牙能够以九十人的劳动生产毛呢，但它宁可从一个需要一百人的劳动生产毛呢的国家输入，因为对葡萄牙来说，与其挪用种植葡萄的一部分资本去织造毛呢，还不如用资本来生产葡萄酒，因为由此可以从英国换得更多的毛呢。

……

如果两人都能制造鞋和帽，其中一个人在两种职业上都比另一个强一些，不过制帽时只强五分之一或百分之二十，而制鞋时则强三分之一或百分之三十三，那么这个较强的人专门制鞋，而那个较差的人专门制帽，岂不是对双方都有利吗？

资料来源：李嘉图：《李嘉图著作和通信集》第1卷，《政治经济学及赋税原理》，商务印书

馆 1983 年版，第 113—114 页。

李嘉图提供了一个令人信服的证据，证明供应条件或成本条件的相对差异为可以获利的贸易奠定基础。在他所举的著名例子中，也采用了两个国家两种商品的假设，以生产中投入的劳动量来表示单位产品的生产成本，贸易按物物交换的方式进行，交换比率为 1∶1。他还假定生产要素（劳动力）充分就业，并且他们在国内是完全流动的，但在国际间是完全不能流动的。

如表 17—4 所示，英国无论在布还是在酒的生产上，成本都高于葡萄牙，而葡萄牙则两者都低于英国。英国生产 1 单位布需要 100 人劳动 1 年，而如果要酿制葡萄酒则需要 120 人劳动同样长的时间。因此，英国发现对自己有利的办法是输出布以输入葡萄酒。葡萄牙生产葡萄酒只需要 80 人劳动 1 年，而生产布却需要 90 人劳动 1 年。因此，对葡萄牙来说，输出葡萄酒以交换布是有利的。即使葡萄牙进口的商品在该国制造时所需要的劳动少于英国，这种交换仍然会发生。虽然葡萄牙能够以 90 人的劳动生产布，但它宁可从一个需要 100 人的劳动生产布的国家输入，因为对葡萄牙来说，与其用种植葡萄的一部分资本去织布，还不如用这部分资本来生产葡萄酒，因为由此可以从英国换得更多的布。

表 17—4　　分工前产量和单位生产成本

国　家	布产量	所需劳动人数	酒产量	所需劳动人数
英国	1	100	1	120
葡萄牙	1	90	1	80

在分工后，英国用 220 人生产出 2.2 单位的布，而不生产酒；葡萄牙则用 170 人生产出 2.125 单位的酒，而不生产布。对整个世界来说，分工后世界布和酒的产量便分别由 2 个单位增加到 2.2 个单位和 2.125 7 个单位。分工使资源配置获得了改进。

如表 17—5 所示，英国用 1 单位的布交换葡萄牙 1 单位的酒，则其共有 1.2 个单位的布和 1 单位酒，比分工前多了 0.2 单位的布；而葡萄牙则共有 1 单位的布和 1.125 单位的酒，比分工和交换前多了 0.125 单位的酒。两国在分工后通过贸易所增加的布和酒的数量，便是按比较成本优势进行分工和交换后获得的贸易利益。

表 17—5　　分工后产量和单位生产成本

商品 国别	布		酒	
	产量	所需劳动人数	产量	所需劳动人数
英国	2.2	220		
葡萄牙			2.125	170

所以，比较利益实际是指由于各国自然条件不同，劳动生产率不同，因而造成生产成本的相对差异。尽管一国可能在两种商品生产上都处于绝对劣势，而另一国处于绝对优势，但只要两国能在优势中取最优，劣势中取较轻者进行分工和贸易，双方都会获得好处。从价值论来看，在一定条件下，无论生产国先进或落后，只要出口商品的国别价值与国际价值的比值小于进口商品的这个比值，便可获得比较利益。比较利益的实质在于，通过按此原则建立的国际分工和国际贸易，可以使贸易参加国节约社会劳动，获得更多使用价值。

定义　比较利益·比较利益学说

比较利益：一国在某种商品生产上的比较利益是指，它生产该商品所耗费的劳动成本相对地低于自己的贸易伙伴国。

比较利益学说：如果每个国家都生产自己具有比较利益的产品，继而进行自由交换，则所有参与交换的国家都可以得到好处。

比较利益学说揭示了相对成本的重要意义和贸易的互利性质，奠定了国际贸易理论的基础，并对促进贸易的发展起到了积极的作用。但它也存在一些缺陷，除了它过于苛刻的假定以及静态的分析方法以外，主要的问题集中在两方面。

第一，这个理论本身并没有解释为什么英国100人的劳动和葡萄牙80人的劳动可以进行交换？李嘉图比较利益学说是以劳动价值论为基础的，但他的劳动价值论又极不彻底，他只是模糊地指出："支配一个国家中商品相对价值的法则不能支配两个或更多国家间互相交换的商品的相对价值。"①马克思的国际价值理论对此做出了深刻的回答，交换的法则不是按照英、葡两国不等的国别价值量进行的，等价交换的法则是用在世界市场新的条件下，获得某种商品所需要的新的社会必要劳动时间来衡量的。两国不同的劳动量还原为"世界劳动的平均单位"时，可以是相等的量，即国际价值量。贸易后价值量的增加，实际只是国别价值量发生了变化，而国际价值量并没有发生变化。

第二，这一理论与现实的国际贸易实际出入较大。如自由贸易对双方都是有利的，但实际上无论什么样的国家从来都未实行过彻底的自由贸易，总要在不同程度上实行某种贸易保护政策。再如，按照这一理论，国际贸易双方是互利的，不存在价值转移和国际剥削，甚至相对落后的国家通过国际贸易节约的社会劳动更多，这与当前国际贸易中富国总是剥削穷国的事实相悖。

第三，这一理论忽视了经济发展水平悬殊的国家之间开展自由贸易，实行国民待遇，对欠发达国家的民族产业具有不可忽视的抑制作用，甚至会挤垮该国的民族产业。

发展经济学家普雷维什(P. Prebisch)从发展中国家贸易条件由于多种原因在不断恶化的现实前提出发，指出：在现实旧国际经济秩序中，自由贸易和国际分工可使参加贸易国都获利益的观点是不符合现实的，技术进步、国际专业化分工的好处多为发达国家所获得。旧的国际贸易关系不仅不是经济发展的"引擎"，反而是造成相对落后国家经济贫困的主要原因之一，按比较利益进行的专业化分工阻碍了相对落后国家合理的经济结构的形成。

各个国家按照比较利益原则加入国际分工，从而形成对外贸易的比较利益结构。在人们的观念中，发展中国家缺少资本和技术，但有自然资源和劳动力资源丰富而便宜的优势。发达国家则具有资本和技术资源丰富的优势。因此，比较利益的贸易格局是：发达国家进口劳动密集型和自然资源密集型产品，出口资本和技术密集型产品；发展中国家则进口资本和技术密集型产品，出口劳动密集型产品。然而，这会陷入"比较利益陷阱"。

所谓"比较利益陷阱"，也有人称为"李嘉图陷阱"。从广义上说，"比较利益陷阱"是指一国根据比较成本进行资源配置时可能出现的结构性缺陷。例如，工业化进程中可能导致资源从农业等经济部门过量地流出，以致会损害到社会经济的正常运行。就国际分工方面而言，"比较利益陷阱"则主要是指后进国家在开放过程中出现的产业结构滞后。在这里，"陷

① 大卫·李嘉图：《政治经济学及赋税原理》，商务印书馆1996年版，第112页。

阱”一词的确是相当形象的比喻，对于广大的发展中国家来说，“比较利益陷阱”并不只是一种理论上的可能性，而是一种相当现实的风险。

定义 比较利益陷阱

一国根据比较利益进行分工和交换时可能出现结构性缺陷，以致损害社会经济的正常运行。

首先，根据比较利益对产业结构进行调整，在开放的早期阶段对发展中国家经济增长的带动作用非常明显。到一定的阶段后则必然出现效应递减。发展中国家从封闭走向开放，参与国际分工，开始的阶段上由于内部资源的价格相对低廉，外部市场需求较大，国际贸易会引起产业结构进行比较快的调整，国民经济总量也会因外贸的扩张而较明显地提高增长速度。然而，当一国的出口商品在国际上占有一定比重之后，就会遇到外部需求相对有限、内部资源价格上扬等因素的制约，国际贸易对经济增长速度的带动作用就会下降。当然，这并不意味着国民经济总量会减少。如果其他方面的条件不变，国民生产总值的增长速度的确会放慢。发展中国家以资源或劳动密集型为比较优势基础的出口，不可能长期地保持快速增长，因此，也就不可能长期有效地带动国民经济的增长。

类似地，外部投资对经济增长的带动作用也会出现效应递减。在对外开放的早期阶段，发展中国家往往是利用现有的比较优势来吸引外资，即主要发挥资源和劳动力价格比较便宜，国内供给能力不足而存在的较大市场需求等因素的作用，吸引跨国公司来投资设厂。现实生活中，外商投资也通常是把一些技术含量比较低、资源或劳动消耗比较大、环境污染比较严重的项目转移到发展中国家。其产品直接占领当地市场或者向其他国家出口，发展中国家的经济增长也因跨国投资而加快。然而，传统模式的比较优势必然会随着东道国的经济发展而逐步削弱甚至消失，如果其他方面的条件不发生变化，跨国公司就不会持续地增加投资，甚至会把现有投资转移到其他地方去。

其次，发展中国家在开放过程中根据比较利益原则而形成的产业结构，客观上存在着相当大的刚性，再次进行调整必须付出相当的代价。国际贸易和跨国投资等强化的是发展中国家现有的比较优势，即整个国民经济的发展偏重于利用价格比较便宜的自然资源和劳动力要素，整体上会出现结构轻型化的趋势。这种结构形成滞后，并不会自动地很快发生转换，而现实生活中资源的重组过程总是要付出相当的成本。一方面，当生产资源在不同的经济部门之间转移时要直接地付出成本，如专用性投资与设备可能无法改作其他用途，专用性的人力资本需要重新培训等。另一方面，与特定的产业结构相适应的往往是特定的利益结构，出于对自身利益的本能关注，某些部门和个人甚至会反对或阻碍对已经形成的产业结构进行调整。而对建立在传统比较优势基础上的产业结构进行调整，往往需要社会支付相当大的成本。

就我国目前的进出口结构而言，进口结构基本上以技术密集的设备为主，出口结构则是以劳动密集产品为主。其中，占出口第一位的纺织、服装明显属劳动和资源密集型的产品。应该说，出口劳动密集型产品可以发挥我国劳动力资源丰富的优势。我国能够大批量进入国际市场的还是劳动密集型产品，进入国际市场相对成本较低的也是劳动密集型产品。现在需要研究的问题主要在于：这种贸易结构能不能长期化，我国的劳动密集型产品在国际竞争中是否具有竞争优势？

在劳动密集型产品市场上，面对发达国家资本对劳动的替代，发展中国家的劳动密集型产品并不具有竞争优势。而且,虽然发展中国家劳动密集型产品因其工资低而劳动成本较低,但发达国家面对国内充分就业的压力,会以各种壁垒阻碍廉价的劳动密集型产品进入。这势必出现"比较利益陷阱",即在劳动密集型产品和技术密集型产品的贸易中,以劳动密集型和自然资源密集型产品出口为主的国家总是处于不利地位。事实上这种问题已经发生。如我国的纺织品出口就已经在很大程度上受到美国的限制。

进一步分析还可以发现比较利益理论本身的局限性。比较利益理论所讲的比较成本是对本国的产品进行比较而言的,并不意味着本国比较成本低的产品在国际竞争中就一定具有竞争优势。在国际竞争中具有竞争优势的是在国际市场上具有垄断优势的资源禀赋,这种垄断优势的前提是各国的供给条件、生产条件不可改变,资源、生产要素不能在国际间流动。在这种假设条件下,具有比较优势的资源及其产品才可能具有垄断优势。问题是在现阶段,随着全球经济一体化的发展,这些假定条件已经改变。

首先,在当今商品经济国际化的条件下,生产要素、资源可以在国际间流动。其次,在新技术革命浪潮推动下,经过投资和新技术的采用,自然资源可以被改良、再造,也可以被新材料所替代;经过人力投资、劳动力的技能和素质的提高,又可克服劳动力数量不足的矛盾。所有这些表明,除了一部分原料生产国,特别是石油输出国外,大部分发展中国家所具有的自然资源和劳动力资源的比较优势,在国际竞争中已不具有垄断优势。以本国拥有的资源的相对优势来确定自己的国际贸易结构,虽然能获得贸易利益,但不能缩短自己与发达国家的经济差距。显然,在新的国际经济的背景下,依据自己的经济发展水平调整自己在国际分工中的比较利益结构,是国际竞争新格局对我们这样的发展中国家的强制。

发展经济学家克鲁格提出按资源禀赋进行国际分工的重要工具是工资—租金比率概念,这个概念是指工资成本在产品收入中的比率。他认为,劳动丰裕的国家主要出口劳动密集型产品存在于两种情况:一种是各个国家要素—租金均等化,另一种是劳动丰裕国家中工资—租金比率偏低。如果该比率偏高,那么在劳动丰裕的国家用资本较为密集的技术来生产更多的资本密集型产品将会有利可图。在现实中,劳动是由资本(发放工资)组织到生产过程的,如果工资过高,劳动密集型产品在实际上便成为资本密集型产品。现在我们需要清醒地意识到一个趋势,这就是我国(特别是沿海地区)工资增长很快,工资—租金比率提高的结果,或者是劳动密集型产品在国际竞争中失去竞争力,或者是资本替代劳动,使丰富的劳动资源得不到充分利用。

在现阶段,单纯的由资源禀赋决定的比较优势在国际贸易中不一定具有竞争优势,单纯根据资源禀赋来确定自己的国际贸易结构,企图以劳动密集型产品作为出口导向,就会跌入"比较利益陷阱"。

后进国家在实行对外开放的过程中,如何避免"比较利益陷阱"呢?关键是要实现从比较优势转化为竞争优势。厂商进入国际市场,无论是采取出口进入的方式还是投资进入的方式,一个重要的条件是自己有某一方面的竞争优势。竞争优势可以通过多方面培养,其中的一个重要途径是通过发展开放型经济培植国际竞争优势。

过去在按照比较利益理论建立的国际分工格局中,国际贸易的主要目的是互通有无。而现代国际竞争的一个重要特点是,各个国家(包括许多发展中国家在内)进入国际市场有明确的占领国际市场、以获得更大的国际贸易利益的目标。为了达到这个目标,许多国家没有停留在已有的比较优势上,而是致力于创造国际竞争的优势。

我国过去的国际贸易结构带有低收入国家的特征。出口结构中，初级产品占很高的比重。现在我国的出口结构已实现了劳动密集型产品对初级产品的替代。这种替代能够发挥我国劳动力资源丰富的优势，同时也有利于增加就业机会。但是，在当今的国际市场上，劳动密集型产品的比较优势并不一定具有国际竞争优势。

确定我国产品的国际竞争优势面对着一对矛盾：一方面根据资源禀赋，我国目前具有自然资源和劳动力资源的比较优势，但是这些比较优势在国际竞争中不具有竞争优势。另一方面，根据我国目前的经济发展水平，这些优势还必须利用。现在需要研究如何充分利用自己的劳动资源和自然资源的比较优势，如何在现有的比较优势的基础上形成具有国际竞争优势的产业结构。

一些经济发展较快的发展中国家和地区，如亚洲"四小龙"，它们的资源禀赋与我们基本相同，原有的基础也差不多。现在它们在国际竞争中的优势越来越明显。根据它们的经验，创造竞争优势涉及两方面的问题：一方面是贸易结构导向的转变，过去参加国际竞争主要是依据自身的供给条件，以资源禀赋为导向，现在则是以国际市场需求为导向。另一方面是有效地进行由比较优势到竞争优势的转化工作。为了使比较优势成为竞争优势，各个竞争国都争先采用新技术，以新技术产品打进国际市场。尽管这些国家和地区出口的产品仍是劳动密集型产品居多，但是这些产品包含了更多的新技术含量，因而有明显的竞争优势。

比较优势和竞争优势的差别表明，虽然我国目前有劳动力资源丰富的优势，但并不意味着中国的国际贸易的竞争优势是劳动密集型产品。由此我们认为，国际贸易战略调整的重要内容是以国际市场需求为导向，提供在国际市场有竞争力的产品。

现在的国际分工主要不是不同国家生产不同产品的分工，国际贸易已不限于部门外(各个国家不同生产部门间)的贸易，大量的是部门内(不同国家交换同种产品)的贸易。在这种国际分工格局中，我国的出口产品战略完全可以不受现有的比较利益限制，也可以向国际市场提供与其他国家同类的产品，包括资本密集型和技术密集型的产品。这些产品得以打进国际市场的关键是具有被市场所接受的差别性。

不同国家产品差别性的一个重要方面是所含成本的差别，这时，一个国家的资源或要素优势起着重要作用，可能是在日本制造的质量更高，在中国制造的价格更便宜。反过来也可以说，各个国家的比较优势不完全体现在生产不同产品上，而是体现在生产同种产品的成本、质量等方面的差别性上。就像我国具有劳动力资源丰富而便宜的优势，它完全可以被用来创造在低成本方面的产品差别性。

长期以来，我们说自己的劳动密集型产品具有比较优势的一个主要理由是劳动力资源丰富和劳动成本低，劳动成本低主要是就工资成本而言的。从国际竞争的现实来分析，这些理由是不充分的。首先，劳动是不均质的。具有较高人力资本含量的劳动密集型产品具有更强的竞争力。反过来说，人力资本含量较低的劳动密集型产品，不具有竞争优势。其次，许多国家的劳动密集型产品成本低不仅是因为其劳动工资低，还在于其对劳动过程具有较高的管理和组织水平。由此决定了更高的劳动生产率和更优的产品质量。反过来说，工资成本低而管理水平差的劳动密集型产品也不具有竞争优势。这种状况同样也说明了由比较优势转向竞争优势的重要途径。这就是对劳动密集型产业进行人力资本投入和技术投入，提高其技术密集度，使其由简单劳动密集型转变为智力劳动密集型。

讨论　对外贸易的可能的消极影响

在某些情况下,对外贸易也可能会对一国(尤其是发展中国家)的经济发展产生消极的影响。注意避免这些消极影响,是我们在对外开放过程中必须要解决的重要问题。

1. 对外贸易在进口方面的消极影响

从进口方面来看,对外贸易的消极影响可能表现在如下三个方面:

(1)消费品进口的消极影响

通过对外贸易,发达国家的消费方式会对发展中国家产生所谓的“示范效应”。示范效应有好的一面,比如,它可以有效地刺激发展中国家努力提高自己的生活水平,但也有不好的一面,那就是,它有时可能导致发展中国家的“消费早熟”。消费早熟的危害性在于:第一,它会不恰当地提高消费,减少必要的储蓄和投资,从而使社会的长期发展受到损害;第二,它会不恰当地增加进口,对一国的国际收支产生不利的影响。

(2)资本品进口的消极影响

许多发展中国家在发展自己的经济时遇到的一个严重困难就是缺乏技术。这些技术常常要通过从发达国家进口资本品来获得。但是,在很多情况下,发达国家的技术并不一定适合发展中国家的需要。例如,发达国家技术的一个主要特点就是节约劳动。但是,在发展中国家中,劳动力却是相对过剩的。进口节约劳动的技术可能使得发展中国家本来就已经过剩的劳动力变得更加过剩,导致失业人口的大量增加。又例如,发达国家技术的另一个特点常常是规模巨大。然而,在许多发展中国家中,市场都很狭小。进口这些规模巨大的技术常常不能充分发挥它的作用。

(3)对民族工业的冲击

进口(无论是消费品进口还是资本品进口)所可能产生的最严重的问题是它对进口国的民族工业的冲击。外国商品对民族工业的这种冲击包括两个方面。第一,原有的民族工业可能会被打垮;第二,新兴的民族工业可能无法建立。不管是哪一种情况,进口国的经济发展都会遭受严重的挫折。尤其是,当被打垮或无法建立的民族工业恰好是一国的支柱产业时,就更是如此。

2. 对外贸易在出口方面的消极影响

一般而言,出口的增长总是有利于经济发展的。但是,在某些比较特殊的情况下,出口的增长也可能会给经济的发展带来消极的影响。

(1)出口增长不能带动其他行业发展

发展中国家发展出口行业的重要目的之一,是试图通过出口行业的增长来带动其他行业的增长,从而带动整个国民经济的发展。但是,在许多发展中国家中,出口主要集中在一些初级产品上。相对于工业制成品来说,这些初级产品与其他行业的前后向联系要微弱的多。因此,初级产品的出口增长实际上很难完成带动其他行业发展的任务,更不用说带动整个国民经济的发展了。

(2)出口增长导致其他行业的衰落

在有些情况下(例如,当出口商品的价格保持不变时),某些出口行业的增长不仅不能带动其他行业的增长,反而会导致其他行业的衰落。在历史上,这样的例子有很多。例如,有名的所谓荷兰病,讲的就是这种情况。这里有三个原因。第一,出口行业的增长造成工资上涨,夺走其他行业所需要的劳动力;第二,出口行业的增长造成利率上涨,夺走其他行业所需要的资本；第三，出口行业的增长造成本币升值，使得其他行业的出口更为困难。

(3)出口增长导致经济状况恶化

在一些更加特殊的情况下，出口行业的增长甚至可能导致整个国家的经济状况的恶化。这就是对外贸易中的所谓"贫困化增长"现象。在20世纪30年代以前，巴西的咖啡生产就属于这种情况。造成这一结果的条件和理由如下：首先，如果一个国家的出口行业在世界市场上占据了很大的份额，则它的增长就可能导致世界市场上的价格下降；其次，如果这个国家的出口商品又缺乏需求的价格弹性，则世界市场价格下降将导致它的出口收入的下降；最后，如果该国的经济还在很大程度上依赖于它的出口行业，则其出口收入的下降就会导致整个经济状况的恶化。

讨论 对外贸易战略

大多数发展中国家在生产要素方面的特点都是：具有丰富的自然资源和劳动力，但缺乏物质资本和人力资本。由于这个特点，发展中国家的对外贸易在一开始时常常主要是出口初级产品，即那些加工程度较低，仍然保留着自然形态的农、矿产品，而进口工业制成品。

1. 加强初级产品出口战略

在历史上，加强初级产品出口的战略既有成功的经验，也有失败的教训。通过加强初级产品出口而使经济较快发展起来的往往是一些早期的发达国家。例如，在20世纪50年代以前，美国、加拿大、澳大利亚等等都曾经实行过一段时间的初级产品出口战略，并由此走上了发达的道路。然而，50年代以后除石油输出国外，其他实行初级产品出口战略的发展中国家却很少有成功的。之所以如此，除了前面说过的初级产品的联系效应相对微弱之外，还由于如下两个原因。第一，由于大多数初级产品的生产在很大程度上要依赖于不确定的气候等等因素，初级产品的出口供给常常不稳定。出口供给的不稳定会造成出口价格和出口收入的不稳定。如果一个国家的经济严重地依赖于其出口行业，则出口收入的不稳定就将对整个国民经济产生重大的不利影响。第二，由于恩格尔定律的作用，以及由于新技术发明常常采用节约原材料和用人工材料代替天然材料的形式，对初级产品的需求的增加一般比较缓慢。结果，与工业制成品相比，初级产品的价格具有相对下降的趋势。

2. 进口替代战略

所谓"进口替代"是指：用国产的工业制成品来代替进口的工业制成品以推进国家的工业化。进口替代一般有两个阶段。一个叫初级进口替代，是用国产的消费品来替代进口的消费品。一个叫高级进口替代，是用国产的高档消费品和资本品来替代进口的高档消费品和资本品。进口替代的具体做法是：首先，以多年来的大宗进口商品为标志，确认有庞大国内市场需求的产品；然后，确保一部分生产者能够掌握或者国外的投资者愿意提供生产这些产品的技术、管理和资本；最后，用关税、进口配额等来对国内这种产品的生产进行保护，防止国外同类产品的竞争。

进口替代战略的优点在于：第一，选定的进口替代行业一般都具有巨大的社会利益，它们的发展可以带动起其他行业和整个国民经济的发展；第二，进口替代常常被看成是从初级产品出口到制成品出口的中间准备阶段；第三，进口替代可以避免初级产品出口所遇到的贸易条件恶化；第四，进口替代的市场是现存的，关于该市场的信息也比较充分。

进口替代也会带来损失。一个是"静态损失"，即在实施进口替代战略的过程中，对进口替代产品进行贸易保护所造成的损失。另一个是“动态损失”。动态损失主要包括如下几个方面的情况。一是进口替代可能会给初级产品的生产带来不利的影响;二是进口替代可能加剧对资本品进口的依赖,因为生产进口替代产品的资本甚至一些原材料常常需要进口。在这种情况下,进口替代实际上并没有减少进口,而只是改变了进口的结构,即从原来的消费品进口变为资本品进口;三是伴随进口替代而来的贸易保护扭曲了市场的价格,干扰了资源的合理配置。

进口替代战略在实践中还会遇到一些困难。例如,国内在进口替代产品上是否有足够的生产能力?又例如,国内是否有为进口替代行业所需要的充分大的市场?再例如,为进口替代而实行的贸易保护是否会引起国外的报复?所有这些问题,都要在决定实施进口替代战略之前所必须加以考虑的。

在第二次世界大战之后,由于世界性经济危机和战争严重损害了初级产品的出口,拉美一些国家首先实施进口替代战略。随后,亚洲的大部分国家在独立后也走上了同一条道路。到20世纪60年代,进口替代成了发展中国家的主要的对外贸易战略。但是,由于实践的效果并不是很理想,这一战略在80年代受到了广泛的批评。

3. 出口替代战略

出口替代战略的基本含义是,用工业制成品的出口来替代原来的初级产品出口。和进口替代的情况一样,出口替代战略也有初级和高级两个阶段。在初级出口替代阶段,主要是以劳动密集型产品(如服装、鞋类、玩具、纺织品等)的出口来替代初级产品的出口;在高级出口替代阶段,主要是以资本和技术密集型产品的出口来替代劳动密集型产品的出口。

出口替代战略是一种外向型战略。为了保证外向型战略的成功,需要制定一系列更加开放的对外贸易政策。首先,需要对进口品的政策做一些调整。对于一般的进口品,应当逐步降低它们的关税。这是因为,如果对某些行业实行过高的保护,资源就会涌入这些行业,从而不利于出口替代行业的发展;对于作为出口替代行业的投入的进口品,则仅仅是降低关税还不够,还应当采取补贴、优惠贷款等积极办法,来促进它们的进口。其次,对出口替代产品的政策也需要调整。例如,对出口替代产品采取免税、补贴、优惠贷款等,帮助出口替代行业寻找国外市场,实行周期性的货币贬值,等等。发展中国家的通货膨胀常常造成国内货币高估,阻碍出口。周期性地进行货币贬值可以抵消其不利影响。最后是调整所有进出口产品的政策。在这方面最重要的是想办法纠正国内各生产要素(特别是劳动与资本)的价格扭曲,比如,避免人为的高薪,避免人为的高利率,等等。

与进口替代相比,出口替代的独特特点在于,它面临的是广阔的国际市场。这既可以看成是出口替代的优点,也可以看成是它的缺点。这个广阔的国际市场到底能不能为出口替代战略服务,取决于如下几方面的因素:第一,国际上的保护主义情况如何?第二,国际市场对出口替代产品的需求如何?第三,出口替代产品在国际市场上的竞争力如何?

讨论　我国对对外贸易战略的选择

我国是一个各地区之间(如沿海与内地、东部与西部、城市与乡村等等)发展很不平衡的社会主义大国。这个特点决定了我国不能够实行单一的对外贸易战略。无论是初级产品战略,还是进口替代战略,或是出口替代战略,单独来看都不完全适合我国经济发展的需要。我国应当实行的是“综合性的、有侧重点的、不断优化结构的”对外贸易战略。

所谓“综合性”是指，同时发展初级产品、进口替代和出口替代，使它们相互补充、相互促进。有些行业（主要是初级产品），我们有传统的比较优势，不应当放弃掉；有些行业，发达国家在走下坡路，优势在向发展中国家转移，我们应当抓住这个机遇，把它们发展起来；还有一些行业，我们暂时没有什么优势，但它具有很好的外部经济，我们应当适当地加以保护，使其尽快地成长起来。总而言之，搞综合性的对外贸易战略，就是要在充分发挥现有的比较优势的同时，积极地抓住转移的比较优势，并且努力地创造新型的比较优势。

所谓“有侧重点”是指，在经济发展的不同阶段上，可以根据具体的情况，决定以某一种战略为主。例如，我国在“六·五”期间，主要是以出口初级产品为主。当时的计划是：发挥资源丰富的优势，增加矿产品和农副土特产品的出口。在“七·五”期间，我国开始逐步由主要出口初级产品向主要出口工业制成品转变。这一计划实施的结果，使得我国在“七·五”期末，制成品出口上升到了全部出口的70%。“八·五”计划则是，实现粗加工制成品出口到精加工制成品出口的转变。而更进一步的目标是要向出口具有高附加值的机电产品和成套设备的方向发展。

所谓“不断优化结构”是指：第一，进口替代的保护要越来越小；第二，出口产品的结构要越来越好，即要从初级产品为主到工业制成品为主，从粗加工制成品为主到精加工制成品为主，再到高技术产品为主。

三、国际经济过程中的博弈模型

1944年，冯·诺伊曼（Von Neuman）和摩根斯坦恩（Morgenstern）在他们合著的《博弈论和经济行为》中，首次运用博弈理论研究决策主体的行为发生直接相互作用时候的决策以及这种决策的均衡问题，开创了将博弈论运用于经济领域的先河。之后，最先尝试着将博弈论引入宏观决策分析和国际经济协调理论之中的是施西托夫斯基（Scitovsky）和哈里·约翰逊（Harry Johnson），他们在20世纪40、50年代分别撰写的有关贸易关税与报复的文章，就是较早从博弈论的角度对国际贸易冲突进行的一种探索性分析。直到1994年，美国加州大学伯克莱分校的约翰·豪尔绍尼（John Harsanyi）和美国普林斯顿大学的约翰·纳什（John Nash）及德国波恩大学的莱因哈特·泽尔腾（R. Selten）三位经济学家，因扩展和深化了博弈论在经济行为分析中的运用而获得了诺贝尔经济学奖。

一国的贸易政策对本国的生产结构会产生很大影响，反过来看，一国的国内经济政策，如产业政策，对一国的贸易结构也会产生很大的影响，毫无疑问，产业政策（无论定得明智还是拙劣）和贸易政策（无论是自由主义的，还是保守主义的），更加紧密地结合在一起了，各国都在利用限制进口和促进出口的做法，保护传统的高就业工业，同时努力确保在未来高技术产业中占据牢固的地位。例如，日本和韩国在战后通过产业政策鼓励它们的钢铁、造船和化学工业的发展，增强这些产业的国际竞争力，从而改变了它们的贸易结构。但同时，也使得美国的相关产业受到威胁。实际上，国际经济政策更是相互依赖、相互影响的。这种相互依赖和影响表明，一国所希望达到的经济目标，不仅依赖于本国的经济政策，同时还依赖于别国的政策，正如冯·诺伊曼和摩根斯坦恩认为的，每个人所得到的结果一般来说不仅依赖于他自己的行动，同时还依赖于别人的行动。于是，每个参与者都企图给自己一个效用函数最大化，但对于这个效用函数的变量，他是不能完全控制的。

如果我们把国家看作交换经济的参与者，那么我们很容易发现，在国际经济社会中，参与者(在这里是国家)不可能单方面地自己行动来使自己的利益得以最大化。如 OPEC 组织的利益分配问题、关税谈判、国际污染的防治问题等都能说明这一情形。

在正统贸易理论描述的完全竞争的世界上,行为主体太多,它们各自的规模太小,因此,无法决定经济的结果。在这种市场上,经济决策主要依据商品价格、质量和特点等变量。但现实经济中,不管在国内,还是国际市场上,少数几个寡头为主体的行为对于市场结果会产生重大的影响。因此,在制定自己的政策时,各国政府必定注意并试图影响其他国家的行为以及可能作出的反映。各国政策的相互影响变得至关重要了。例如,其他国家对某项政策倡议的反映,是进行报复还是同意合作?什么样的威胁或许能够影响他们可能做出的反应?先发制人或报复性行动,是不是最有效的方针?经济和政治行为主体的相互作用,在许多重要方面日益影响贸易关系。

在经济日益全球化的今天,各大寡头公司和组织之间在战略上的相互作用,已经或多或少地对全球贸易格局、经济利益的分配和各国生产的分布发生了影响。许多经济部门的贸易格局和工业分布受到实力的施展和国际市场份额谈判的影响。日本会向美国出口多少汽车,或者日本将购买多少美国牛肉,都成了具有高度政治色彩的问题。尽管国际分工的"政治化"并不意味着完全抛开了市场或效率的考虑,但它的确意味着,价格竞争这个因素对贸易流量的影响变得不太重要了。新保护主义、个别国家的产业政策和战略性贸易政策,在一些重要的方面影响着国际贸易关系。市场、国家和公司之间相互作用的加强,大大地影响了并且在有些情况下决定了国际贸易的前途。这样的相互作用和影响的问题就成为博弈论研究的对象。

一个博弈问题,最基本的模型应包括以下三个集合:一是博弈的参加者集合;二是各博弈方各自可选择的全部策略或行为的集合;三是所有博弈各方的效用函数,它用来表示参加者在选取一定对策或战略所产生的结果即博弈方的得益。

从博弈中的得益来看,博弈问题又可分为零和博弈(zero-sum game)和非零和博弈(non-zero-sum game)。零和博弈表示所有博弈方的利益之和为零或一个常数,即一方有所得,其他方必有所失。在零和博弈中,博弈各方是不合作的。非零和博弈表示在不同策略组合下各博弈方的得益之和是不确定的变量,故又称之为变和博弈。如果某些战略的选取可以使各方利益之和变大,同时又能使各方的利益得到增加,那么,就可能出现参加方相互合作的局面。因此,非零和博弈中,博弈各方存在着合作的可能性。国际经济中许多问题都属于非零和博弈问题,即国际经济中各方的利益并不是必然互相冲突的。

博弈论的另一种划分,就是合作博弈和非合作博弈。两者的区别主要在于博弈各方的行为相互作用时,是否能达成一个具有约束力的协议。如果有,就是合作博弈;反之,则是非合作博弈。国际经济问题中有很多是非合作博弈,但随着博弈的重复性,也可变为合作博弈。在合作博弈中,强调的是集体理性,博弈各方战略选择会使得博弈问题的结果向帕累托最优的均衡方向发展;在非合作博弈中,强调的是个人理性,博弈各方战略选择会使得博弈问题的结果达到纳什均衡(Nash equilibrium),即博弈各方的行为准则是选择其他方的战略既定时对自己最为有利的战略,而博弈的结果,对每一方尽管不是最坏的,但从博弈各方的总得益来看却是最少的。

博弈论各种教科书中必举的一个著名例子就是囚徒困境(prisoners' dilemma)问题。①这个例子的创造本身就部分地奠定了非合作博弈论的理论基础，并且它可以作为实际生活中许多现象的一个抽象概括。这个例子也经常被用来说明在国际经济领域中，合作或结盟优于非合作或以邻为壑的做法。

下面，我们用最简单的博弈论模型来分析关税及贸易总协定的谈判这样一个国际经济政策问题。

国际间的关税问题，一般来说，可以视为一个不合作博弈问题。因为关税的制定属于国家主权范围，各国政府根据本国的利益来制定物品关税。但是，各国政府制定本国关税时，也受其他因素的制约：本国的出口即为他国的进口，本国的进口即是他国的出口，他国也享有制定自己的关税的主权。

我们假定世界上只有两个国家：A 国和 B 国。两国在关税制定上的策略有两种：高关税和低关税。如果两国都实行高关税，则各自的得益都是－5；如果两国都实行低关税，则各自的得益都是 15；如果一国实行高关税，一国实行低关税，则实行高关税的国家得益为 20，实行低关税的国家得益为－10。如图 17－2 所示。

B 国

A国	低关税	高关税
低关税	15，15	－10，20
高关税	20，－10	－5，－5

图 17－2　两国支付矩阵表

从图 17－2 可以看出，如果两国都实行高关税，对双方自身来说，尽管不是最坏的结果，但双方的总得益却最少，世界经济福利水平最低，是一种纳什均衡；如果两国都实行低关税，那么，对双方自身来说，尽管不是最好的结果，但双方的总得益却最大，世界经济福利水平最高。显然，两国从进入对方市场所获得的好处要大于开放本国市场所失去的利益，会实现帕累托均衡。如果一国实行低关税，而另一国实行高关税，则无法实现均衡，这种结果一般难以出现。在两种均衡的选择时，帕累托均衡具有一种内在的不稳定性，因为各国在选择关税策略时，始终存在着使自己经济政治利益最大化的冲动。在别国实行低关税时，自己实行高关税策略，则能使本国在短期内获得最大利益。

所以，两国在进行关税策略选择时，如果不能确定对方一定会遵守实行低关税的承诺时，这就不仅是一种纳什均衡，而且是一个占优战略均衡了，即不论双方采取何种策略，己方的最好选择是高关税策略。对 A 国来说，不管 B 国采取哪种策略，始终会存在实行高关税策略的倾向。假定 B 国实行低关税，A 国实行高关税，则获益 20，实行低关税，获益 15，所以实行高关税比实行低关税好。假定 B 国实行高关税，A 国实行高关税，则获益－5，实行低关税，获益－10，所以实行高关税还是比实行低关税好。

此例说明，在缺乏充分的信息沟通和有效的政策协调情况下，假如每个国家的政府都从

① 它指两个被隔离拘禁的囚犯如果都坦白交代，因所犯的罪行确凿，处罚会比较严厉；但假如两人订立攻守同盟、守口如瓶，结果就可能因证据不足，而只受到较轻微的处罚。同样，如果其中一人突然坦白，而另一同案犯尚蒙在鼓里，仍在守约而不交代，那么，前者因戴罪立功而可能获释，后者因抗拒交代，而受到加倍的处罚。在信息不完全的情况下，双方都害怕被对方出卖，结果往往是彼此只顾自己、互不进行合作，以谁都得不到好处而告终。

自身利益出发，那么，往往会将实行高关税策略视为是最佳选择。在20世纪20、30年代，世界各国竞相采取的“以邻为壑”贸易政策使世界各国福利总水平降低的事实，就是一个明显的例证。

关税及贸易总协定(GATT)即现在的世界贸易组织(WTO)的成员国经过多个回合的双边和多边谈判，已逐渐使各国的平均税率下降，并且GATT规定有严格的惩戒措施来使成员国不得通过提高关税来获得利益，因而关税不再成为国际贸易的主要障碍。从GATT的建立直到现在的WTO的出现，使得关税问题上的非合作博弈，变成了一个合作博弈问题。很多国际经济问题像GATT的产生一样，都存在着纳什均衡和帕累托均衡的选择问题，它们也日渐成为经济学研究中具有十分重要现实意义的课题。

本章小结

国际价值是国际之间的商品在交换中的市场价值，它不是由国别价值，即个别国家的社会必要劳动时间决定的，而是由世界劳动的平均单位决定的。国际市场价格以国际价值为基础，受国际市场供求关系和国际竞争的影响。如果本国社会劳动生产率高，国别价值低于国际价值可以获取国际超额利润。

各国要充分认识价值规律在世界市场的应用，发挥本国优势，生产那些劳动强度大、劳动生产率高、国际价值大的产品，以在国际分工中获得更多的好处，还要把握国际市场供求的变化，调整出口结构，以获得更大的经济效益。

绝对利益理论是说，由于各国自然资源禀赋不同，劳动生产率有别，生产同种产品的成本和所得利润有高有低，若各国都扬长避短，只生产成本低、利润高的产品，然后互相交换，各国就都能获得更多的产品，从而增进国民福利。比较利益理论是说，只要该国某项生产的成本相对较低，它就可以从事这样的贸易。它只需较少的劣势，而不是绝对的优势。

所谓“比较利益陷阱”，是指一国根据比较成本进行资源配置时可能出现的结构性缺陷。例如，工业化进程中可能导致资源从农业等经济部门过量地流出，以致会损害到社会经济的正常运行。就国际分工方面而言，“比较利益陷阱”则主要是指后进国家在开放过程中出现的产业结构滞后。对于广大的发展中国家来说，“比较利益陷阱”并不只是一种理论上的可能性，而是一种相当现实的风险。

市场、国家和公司之间相互作用的加强，大大地影响了并且在有些情况下决定了国际贸易的前途。这样的相互作用和影响的问题就成为博弈论研究的对象。一个博弈问题，最基本的模型应包括三个集合。国际经济活动中充满着博弈行为，中国必须高度重视。

关键术语

国际价值　国别价值　国际价格　国际竞争　国际超额利润　倾销
绝对利益　绝对利益理论　比较利益　比较利益理论　比较利益陷阱
竞争优势　博弈论　零和博弈　非零和博弈　合作博弈　非合作博弈
纳什均衡　囚徒困境

参考资料

1. 宋新宁、陈岳:《国际政治经济学概论》,中国人民大学出版社 1999 年版。
2. 张幼文主编:《世界经济学》,立信会计出版社 1999 年版。
3. 郭丁主编:《国际经济关系学》,中国人民大学出版社 1992 年版。

思考题

1. 什么是国际价值?简述影响国际价值的因素有哪些?
2. 简述获取国际超额利润的主要手段。
3. 亚当·斯密的绝对利益理论与大卫·李嘉图的比较利益理论有何不同?
4. 西方经济学的主流观点为什么不谈"比较利益陷阱理论"?论述目前中国研究"比较利益陷阱"这一问题的理论与现实意义。
5. 利用博弈论模型,举例说明中国加入 WTO 碰到的若干问题。

第十八章

经济全球化和国家经济安全

学习目的与要求

通过本章的学习，把握资本国际化的进程、主要表现形式以及不同阶段资本国际化的新特点；了解经济全球化的形成原因、发展趋势与双重效应，以及经济区域化的发展；知晓新经济殖民主义的特点，建立国际经济新秩序的必要性和内容；认清经济全球化的基本内涵，以及提高国家经济安全程度的重要性和应对思路。

第一节　资本国际化

一、资本国际化的形成和演变

广义地说，经济全球化的一个重要内容就是资本国际化。它是指资本越出一国的范围在国际间运动的过程。从生产社会化来考察，资本国际化是生产国际化的资本主义形式。从资本的本质来考察，资本国际化则是资本主义生产方式的内在要求。资本国际化是国际垄断的基础，把资本主义各国、各地区的经济连接在一起，形成了资本主义的世界经济体系。

资本国际化是资本主义商品经济发展到一定高度的必然现象。资本国际化的趋势自资本主义大工业出现以后就开始了，但它的真正壮大是在资本主义进入垄断资本主义以后。在资本主义不同的时期，国际范围内的资本运动表现出不同的形式和特点。根据资本国际化的特征和发展速度，我们可以将资本的国际化进程分为两个阶段。

定义　资本国际化

资本越出一国的范围，在国际间运动和增值的过程，它主要包括商业资本、借贷资本和产业资本三个方面的国际化。

第一个阶段，自 19 世纪后半期到 20 世纪初，即第一次世界大战之前的 50 年。这一阶段生产和资本国际化的主要表现是借贷资本和商业资本国际化。国际贸易的迅速发展和资本、劳动力的大规模的国际性流动,是这一时期的重要特征。当时,主要欧美国家国际贸易和国际资本的流动占国内总产量的比例比20世纪内绝大多数年份的平均比例还要高。这个时期的资本国际化,主要是为资本主义世界体系的产生和形成创造外部条件。

第二个阶段,第二次世界大战之后的20年。这一阶段生产和资本国际化得到广泛而迅速的发展,产生了新的特点。战后生产和资本国际化的突出特点是产业资本的国际化,集中表现为垄断资本对外投资的增加。适应产业资本国际化的要求,新的垄断组织形式产生,跨国公司代替国际卡特尔成为国际垄断同盟的主要形式。特别是战后兴起的新科技革命,极大地推动了垄断资本主义国家生产力的发展,生产社会化程度进一步提高,国际分工更加发展,为生产和资本国际化奠定了物质技术基础。第一,新的科技革命使各国之间的分工从过去按部门实行专业化分工,发展为按工艺和生产阶段实行专业化分工,这就要求把分工协作的范围扩大到世界各国。第二,随着新科技革命的发展,国际分工由工业国和原料国的垂直分工发展为工业国之间的水平分工,使发达国家国内经济结构调整和升级。它造成了发达国家对发展中国家原料和初级产品依赖的减弱和发展中国家对发达国家技术依赖的加深,而发达国家利用产品和技术优势,趁机把过时的技术与产品向发展中国家转移,从而形成了国际分工中新的依赖关系。战后旧殖民体系瓦解,为了推行新殖民主义,西方国家都加强了资本输出,以掠夺和控制发展中国家,也促使生产和资本国际化。第三,各国在新的科技革命中各有自己的优势,为更快地发展本国的技术和经济,必然推动各国之间的相互联系与合作更加紧密,这也会促进生产和资本的国际化。

二、商业资本的国际化

商业资本的国际化是指流通领域的资本在国际市场上的活动与增值,它采取的主要形式是国际贸易。但是,当代的国际贸易不仅包括以本国(地区)为交换主体同另一国(地区)相交换的双边贸易关系,而且还包括多边贸易关系以及跨国企业的内部交易;不仅包括有形商品的进出口,更主要的是日益增多的无形贸易。

生产国际化和国际分工是国际贸易加速发展的客观基础,国际贸易将世界各国(地区)的生产、交换、分配和消费联系起来,反过来又推动了国际分工的发展。国际贸易是资本主义社会资本再生产的必要条件,是垄断资本家获取高额垄断利润的重要途径。

从历史上看,资本主义国家的商业资本国际化在资本主义对外的扩张中,自始至终起着先导作用。资本主义国家在征服殖民地的过程中,首先要扩大对外贸易、拓展国外市场,实现商业资本国际化。资本主义的借贷资本国际化开始也是为对外贸易服务的。生产资本国际化则是进一步扩大对外贸易的结果。特别是第二次世界大战后,发达资本主义国家发生了新科技革命,由一般垄断资本主义转变为国家垄断资本主义,商业资本国际化的速度大大加快了。

同时,新科技革命创造了种类繁盛的新产品、新技术和劳务服务,拓展了世界贸易的广阔空间,推动了世界贸易总量、结构和体制等方面的深刻变革,给世界经济注入了新的活力,贸易成为带动世界经济增长的强大助推器和“引擎”。另外,一些国际经济组织的建立、跨国公司的兴起等又有力地促进了商品的国际流通。商业资本的国际运动,无论在规模上,还是在形式上和结构上,都产生了许多新的变化,呈现出新的特点。主要表现在以下几个方面:

1. 国际贸易增长加速,规模空前扩大,国际贸易增长率远远超过世界生产的增长率

1950—2017年,世界出口贸易额从607亿美元增至18万亿美元。1985年—1995年,世界贸易额年平均增长率为5.5%,为同期世界生产平均年增长率的2倍,1998年—2017年,货物和商品贸易出口量年均增长5.15%,同期世界GDP年均增长率约为4.82%。世界出口贸易总额占世界国内生产总值的比重,从1960年的12.2%上升至2017年的20.8%。

2. 国际贸易中的商品结构日趋高级化

第二次世界大战前,初级产品主要是粮食和原料的出口,一般占世界商品出口的60%,但是,由于技术的进步和分工的深化,自从1953年后,工业制成品的出口开始超过初级产品的出口,国际贸易的产品正在加速高级化,1997年工业制成品的比例达73%。

3. 国际贸易的地区分布发生明显的变化

国际分工发展的日益深化,为部门内专业化的发展开辟了途径,同时,技术进步对技术含量高的先进设备的需求上升。这样,发达国家利用生产技术水平高、市场成熟度高等有利条件,通过部门内的专业化分工加快了相互间的贸易发展速度和规模。从1948—1992年,发达国家之间的贸易比重从64.4%上升到71%。

4. 技术贸易和服务贸易迅速增长

第二次世界大战后,贸易商品结构的一个重大转变是,发生了由"有形贸易"到"无形贸易"的转变,特别是工业产权,即技术知识商品,包括以"许可证贸易"形式进行的专利和专有技术的交易发展非常迅速。1982—1992年,世界服务贸易增长了1.5倍,占全球贸易额的比例从18%上升到22%,1994年则进一步上升到25%以上。

5. 西方大国的科技开发与应用直接促进了全球贸易的发展

特别是电子通信技术的广泛应用,开拓了高科技的新市场。由于使用高速计算机进行计算和风险把握,全球每年派生出约16亿美元的贸易业务。不仅各国处理贸易业务的效率提高了,业务方式也由"书面化"向"无纸化"方向发展。特别是近年来出现的电子商务或网络经济,其建设费用低、占有物质资源少、速度快、传输效率高,使得交易费用大大降低,甚至有人认为,1993年起互联网的兴起标志着全球化经济加速来临。

6. 西方大国对外直接投资特别是跨国公司成为全球贸易发展的主要推动力

1986—1990年与1981—1985年相比,外国直接投资的年平均增长率由3%上升到24%。同期,全球贸易的增长率由-0.2%增加到13%。1992年仅美、德、日跨国公司海外分公司的销售额就达4.8万亿美元。跨国公司不仅使生产国际化、生产一体化,而且使商品国际化、研究和开发国际化。这不仅促进了产业内部贸易的发展,同时也活跃了企业内部贸易的发展。1993年,欧共体各国制成品贸易中,产业内贸易占2/3,而1975年仅占1/2。美国企业内贸易额于1977—1982年增加了约65%,1982—1989年扩大了70%强。1989年,企业内进出口分别占美国进出口总额的41%和34%,占日本进出口总额的29%和33%。国外生产一体化还将发展中国家纳入了国际分工体系中,结果使得商品多国籍化的趋势不断加强,最终产品的原产地日益模糊。国际生产一体化还加速了世界服务贸易的发展。20世纪90年代初,约有50%—70%的对外投资进入服务业,结果大大活跃了世界服务贸易。1991年服务贸易的年均增长率为5.5%,1992年一跃为12.5%。1992年因国外直接投资而引发的国际技术转让支付额高达370亿美元。目前,内部贸易和跨国公司之间的贸易约占全世界贸易总额的60%。

7. 国家对外贸易的干预加强

目前，发达国家的关税已降至4%—5%左右，发达国家往往通过加强对外贸易的调节和干预来为本国的垄断企业服务。特别是国际垄断组织的形成和发展，尤其必要。规模经济理论和先入效应表明，企业的竞争具有先发优势，一旦一国的企业占据了世界市场，其他国家的企业进入的难度就大大提高了。西方特别是美国政府，在新凯恩斯主义理论的指导下，积极进行国际贸易干预，推行所谓的“公平贸易”战略，实际上就是为本国企业渗透到已被其他国家占有的市场提供支持，同时保护原有的市场不受他国危及。

三、借贷资本的国际化

借贷资本国际化是资本以货币形态在国际范围内发生的借贷运动与增值。国际借贷资本开始是为满足商业资本国际化的支付职能的需要，它主要表现为国际间接融资。

由于生产经营和资本流动的国际化以及电讯技术的发展，使得20世纪80、90年代以来世界金融一体化出现了一个高潮。世界各国的金融市场和金融机构已经紧密地联系在一起，遍及全球的金融中心和金融机构正在形成一个全时空的国际金融市场，使得资金的调拨和融通变得空前便捷，大大提高了资本流动的效率。据估计，世界金融市场一年的交易量达400多万亿美元，为国际贸易量的几十倍。特别是国际资本市场的形成和发展使得国际借贷资本一体化，空前活跃了借贷资本的国际流动。1963年欧洲债券的年度发行额只有2.7亿美元，1985年陡增至1 367亿美元，1991年则为2 976亿美元。综观当今国际金融市场，可以发现如下的特点：

1. 国际信贷市场迅速发展

据统计，1975—1994年国际信贷总净额达26 300亿美元，1994年底余额从1976年的33 500亿美元增至42 400亿美元。国际信贷市场之所以发展如此迅速，主要原因是：(1)世界经济的迅速增长为国际信贷市场的发展奠定了坚实的基础；(2)主要发达国家的高储蓄率和高储备额为国际信贷市场提供了充裕的资金来源；(3)国际低利率为国际信贷市场提供了有利条件；(4)国际金融市场证券化趋势从竞争角度推动国际信贷市场不断发展。

2. 20世纪90年代以来，国际债券市场上不仅融资的规模急剧上升，而且在债券类别结构、币种结构及融资者国别结构方面均发生了前所未有的变化

主要表现在：(1)国际债券市场融资规模创纪录。90年代上半期，国际债券融资增长额达17 110亿美元，年平均3 422亿美元。比急剧发展的80年代下半期2 089亿美元还要高得多。(2)国际债券融资者的国别发生了巨大的变化，发达国家占的比重越来越大。1985年发达国家借款余额在国际债券融资余额5 725亿美元中占789%，国际机构占16%，发展中国家占4.9%，东欧占0.2%。到1994年底，在24 537亿美元的国际债券融资余额中，发达国家占到了90%，发展中国家仅占3%，国际机构占6.5%，东欧占0.5%。(3)欧元的诞生丰富了债券的币种结构。

3. 跨国公司对外直接投资的发展，推动了货币资本国际流动的加速发展

从跨国公司的内部资金来看，跨国公司的巨额经营资金除了来自未分配利润和折旧基金外，还来自母公司转拨给子公司或子公司之间的相互提供的资金。从外部资金来看，主要来自金融市场的借贷。而跨国公司一方面是金融市场上的主要资金需求者，同时跨国公司在经营过程中又常有大量暂时闲置的货币资本，随时随机进入金融市场，也是金融市场上的主要资金供给者。因此，跨国公司活动的扩大和发展大大加速了国际货币资金的周转，推动

借贷资本国际化的发展。

4. 跨国银行的崛起是借贷资本国际化的又一力量

在1995年美国发生的大银行兼并案中，总交易额超过240亿美元。日本三菱银行和东京银行合并，改名为东京三菱银行，储蓄总金额达53亿日元。接着住友银行和大和银行等互相合并。跨国银行的出现极大地便利了债券的发行、认购以及借贷资本的融通。截至1995年底，国际金融市场上短期银行存款和其他短期证券至少达7.2万亿美元，相当于全球年经济产出的20%。

5. 私人借贷资本急剧上升，而国家的借贷资本日趋下降

据国际清算银行的资料，在全球主要金融市场上，私人银行的国际信贷累计额1970年时只有610亿美元，1980年猛增至8 100亿美元，1986年更达到17 100亿美元。到1993年全球流动的私人资本有30 000亿美元，相当于1990年的3倍，占世界资本总流量的3/4。

四、产业资本的国际化

产业资本国际化是指资本跨越国界从事商品的生产和经营，是生产的国际化，它是通过对外直接投资，在其他国家兴建生产性企业而实现的。产业资本国际化是在商业资本国际化和借贷资本国际化发展的基础上形成的，是第二次世界大战后资本国际化的主要形式和基本特征，它标志着资本国际化进入了发达的阶段。

第二次世界大战后，产业资本国际化迅速发展的根本原因，在于随着垄断资本的大量发展和实力的增强，出现了日益庞大的过剩资本。这些国内相对过剩资本的使用与投向，必然是以产业资本的形式投向外部能够获得高额垄断利润的领域。产业资本国际化的迅速发展，具体来说其原因有：(1)它是资本主义生产发展的内在要求。资本主义面向市场的生产注定要发展为世界性的生产。在发达资本主义国家，大垄断资本集团所拥有的社会生产力日益庞大，同时国内有支付能力的需求日益相对缩小，只有向国外开拓市场。而在国内外市场问题日趋严重的情况下，各国都采取关税壁垒政策对自己的市场加以保护，所以要想占领国外市场，最有利的办法就是直接在国外投资建厂，就地销售。(2)它是国际分工和专业化协作发展的必然趋势。在新科技革命推动下，当代发达资本主义国家的生产发展成高度现代化的大规模生产，它既要求不断增加投入以发展新技术、新工艺，也要求分工更加精细化、专业化与协作范围的扩大化、广泛化。随着纵向生产国际化的发展加深，生产的国际分工和协作呈不断升级态势，由同一产业部门内部不同行业之间的国际分工和国际交换，而发展为同一行业内部不同产品之间的国际分工和国际交换，以致同一产品的各种零件往往来自许多国家和地区，整个地球俨然成为一个大工厂。这样做可以吸收他国的先进技术，在全球范围内最佳配置生产力，生产出成本低、质量高、竞争力强的零部件和产成品。目前很多名牌飞机、汽车和电子产品都是这样生产出来的。(3)它是新科技革命的必然产物。新科技革命使交通运输、通信设备、电脑网络大大发展，性能更加先进，世界空间距离大大缩短，一个国家以某城市为中心，可以直接指挥分布在全球各地的分支点，这就为产业资本国际化提供了必要的物质技术条件。(4)它是西方发达国家产业结构加速升级的结果。第二次世界大战以后，由于平均利润率的下降、生产成本的增加和环保投资加大等原因，西方资本主义积累体制由泰勒主义转向福特主义，并加速向后福特主义转变，其结果必然加速了产业结构的升级换代。向发展中国家和地区大量转移所谓的夕阳产业，直接引发了国际直接投资浪潮，加

速了产业资本的国际化。其中，作为产业资本国际化最重要的载体和主角的跨国公司蓬勃发展，突出反映了生产国际化和资本国际化及其相互交融的变化。

小辞典 各种各样的国际化

商业资本国际化：指流通领域的资本在国际市场上的活动与增值，它采取的主要形式是国际贸易。

借贷资本国际化：指资本以货币形态在国际范围内发生的借贷运动与增值，主要表现为国际间接融资。

产业资本国际化：指资本跨越国界从事商品的生产和经营，主要通过对外直接投资，在其他国家兴建生产性企业而实现。

产业资本国际化的主要表现是：

1. 对外直接投资的总量，其中主要是私人对外直接投资额迅猛增长

早在19世纪，随着资本主义的发展，就出现了跨国公司的雏形。到了20世纪80、90年代，跨国公司无论是在数量上还是规模上都急剧扩大了。据联合国统计，1980年，全世界跨国公司有1.5万家，它们在国外开设的分公司约3.5万家。而到1995年已增加到约4万家，它们在国外开设的分公司约25万家。目前跨国公司年生产总额已占西方发达国家总产值的40%。

2. 跨国公司成为西方对外直接投资的主体

据统计，跨国公司对外的直接投资，1985—1995年年均增长率为19%，1995年增至3 178亿美元。从对外投资的存量来看，1995年全世界是27 301亿美元，其中美国为7 055亿美元，占1/4强；美、英、日、德、法5国占世界对外直接投资存量的65%。

3. 从对外直接投资的形式看，跨国兼并和收购是跨国公司对外直接投资的主要形式

1995年占世界对外投资流量的72%，为1988年的2倍。另据统计，1996年世界企业兼并案高达22 729起，金额为1.14万亿美元。1989年日本的索尼公司以34亿美元购买了好莱坞哥伦比亚影片公司，随后三菱地产公司以14亿美元收购了洛克菲勒中心80%的产权。1987—1990年，日本公司在美国购买了大约570亿美元的地产。美国通用公司拥有日本五十铃公司34%的股份，福特公司拥有马自达公司24.5%的股份。可以说，西方资本主义国家正进入"新一轮的跨国大型公司时代"（在美国159家大企业的销售额已占美国国内生产总值的29%，日本135家大企业的销售额占日本国内生产总值的32%，韩国的13家大企业的销售额则占国内生产总值的50%以上）。

4. 对外直接投资的主要流向转向发达国家

第二次世界大战前，发达国家主要是在发展中国家建立原材料基地，或者是将一些低级产业向落后国家转移，因此，大量投资到发展中国家。但战后，特别是进入20世纪80年代以来，专业化经济起到越来越重要的作用，因此，发达国家相互间的投资越来越频繁，发达国家也成了对外直接投资的首选国。

第二节　经济全球化与区域化

一、经济全球化的趋势

经济全球化是指随着科学技术和国际分工的发展以及生产社会化程度的提高，世界各国、各地区的经济活动超越出一国或地区的范围而相互联系和密切结合的趋势。经济全球化包括多方面的内容，主要是生产全球化、贸易全球化、资本全球化。

定义　经济全球化

指随着科学技术和国际分工的发展以及生产社会化程度的提高，使世界各国、各地区的经济活动超出一国或地区的范围而相互联系和密切结合的趋势。

经济全球化的成因是涉及国家经济体制、企业趋利动机与技术进步等三个因素。

1. 世界各国实行市场经济体制消除了经济全球化发展的体制障碍

在当今世界，已经有越来越多的国家认识到，只有选择市场经济体制，才能加快本国经济发展速度，提高本国经济的运转效率和国际竞争力。市场经济的广泛实施消除了商品、生产要素、资本以及技术在国与国之间进行流动的体制障碍，促成了经济全球化的发展。

2. 微观经济主体的趋利动机推动了经济活动的全球化发展

众所周知，商品与要素的价格在世界的不同地区是不可能完全相等的。这种地区差价的存在被人们称之为“区域优势”，而区域优势则为企业提供了进行全球套利的空间，于是，便有了对外投资、技术转让，以及企业生产过程的分解与全球配置。正是企业出于套利动机的这种全球性扩张，推动了经济全球化。

3. 信息技术的进步降低了远距离控制的成本

企业的活动半径是与其所有权控制的成本负相关的，即：远距离控制成本低，企业的活动半径就大，从而经济全球化的程度就高；反之，则相反。远距离控制的成本主要是信息成本。在信息经济时代的今天，随着多媒体技术的发展与网络经济的诞生，使得这种成本大幅度下降，从理论上来讲，对于一家有能力进行全球扩张的企业来说，它的活动范围可以达到世界任何地方。

二、经济全球化的双重效应

现阶段的经济全球化是有利有弊的。经济全球化既是社会生产力发展的客观要求，又是国际经济关系不断发展的必然反映。可从生产力和生产关系两方面来考察经济全球化的正负效应。

从生产力的角度看，经济全球化使资源得以在全球范围内进行配置。这样，作为全球经济组成部分的各个国家，有可能发挥自己特有的优势，从而有可能促进各国和世界经济的发展和经济效益的提高。经济全球化使世界市场成为一个不断扩大的统一的整体，各国都面向这个统一的全球大市场，这就使各国企业有可能充分发挥竞争优势，根据市场需求，实行规模经营，同时参与世界竞争。而这些都会促使各企业改进经营、提高生产效率和降低成本，从而促进生产的更大的发展。现代科学技术研究和开发的社会性极高，许多重大的高科技项目，一国不能独立承担，必须有更多国家参加，实行国际合作。经济全球化使得科学技术活动趋于全球化，科技研究和开发的国际合作大大加强，科技成果在全球的传播加快，这无疑将有力促进生产力的发展。经济全球化为各个国家提供了发展经济的机遇，特别是当今世界为数众多的发展中国家，生产力水平低下、经济落后，而在全球化条件下，它们可以通过对外开放，加强与他国合作，扩大对外贸易，引进外资和国外先进技术，学习和借鉴他国的先进管理经验，从而有可能充分实现其"后发优势"，大大加快其经济发展速度。

虽然经济全球化对发展中国家有一定的正效应，但我们不能由此而对经济全球化采取浪漫主义的态度，仍要保持清醒的头脑。经济全球化是把"双刃剑"，在给发展中国家经济发展带来极大利益和好处的同时，也给发展中国家经济发展带来了极大的风险和威胁。由于发展中国家技术水平和劳动生产率比较低，国际竞争力不强，在经济全球化过程中必然受到很大的冲击，部分民族工业和许多产品的市场面临着被发达国家资本控制和蚕食的危险，城乡失业人数也有可能增加。

从生产力的角度看，经济全球化对发达国家比对发展中国家更有利。因为，发达国家在资金、技术和管理上都具有较大的优势，它们不只具有丰富的资本，有先进的技术设备和操作水平，而且还有完善的市场经济体制和健全的法律制度与高效的产业组织制度和企业制度，有建立在此基础上的发达的社会劳动生产率和国际竞争力。虽然经济全球化对发展中国家和发达国家来说不一定是"零和"关系，而可能是一种"双赢"局面。但是，由于发展中国家和发达国家之间在自然资源禀赋、技术水平、产业结构和国际竞争实力等方面存在巨大差异，因此，发展中国家与发达国家相比，在经济全球化中所处的地位必然不同，所获得的利益也就不同。在经济全球化"盈余"的分配上，发达国家处于优势地位，是最大的受益者。而发展中国家常常处于劣势地位，获益相对较少。其结果，形成发展中国家的财富同发达国家再分配的局面，造成发展中国家和发达国家的贫富差距日益拉大。

简而言之，从生产力的角度看，经济全球化对发展中国家所产生的正面效应和负面效应是相互渗透、不可分割的，它们都是从市场经济基本规律中衍生出来的必然现象。

从生产关系的角度看，在经济全球化过程中，发达的资本主义国家占主导地位和起支配作用，决定经济全球化的进程和性质。这使经济全球化主要在资本主义积累规律制约下，具有相当的经济剥削性和不平等性质。极少数发达国家，尤其是美国，依靠其在经济全球化过程中所建立的霸主地位，享有极大的经济利益，从而使发展中国家在不对等的国际经济关系中蒙受了巨大的权益损失。从生产关系角度看，发达国家和发展中国家处于完全不平等的地位，这种不平等主要表现在制定和履行经济全球化的制度和规则上。

市场经济是需要制度和规则的。建立在发达的市场经济基础上的经济全球化，需要在平等和一致认同的基础上制定客观、公正的制度和规则。世界经济的发展在一定意义上说并不在于经济全球化本身，而在于是否能在世界范围内建立起人们共同遵循的客观、公正的经济制度和规则。不参与经济全球化没有出路，无条件地参与经济全球化也没有出路。发展中国家要求在客观、公正的国际制度和规则的保障下来参加经济的全球化。制定世界经济运行制度和规则，并监督这些制度和规则执行的是以维护和调节国际经济活动为基本职能的三大世界经济组织，这就是国际货币基金组织、世界银行和世界贸易组织。而目前这三大世界经济组织是被美国等发达国家所操纵和控制。发达国家利用经济全球化的趋势，竭力垄断世界经济制度和规则的制定权和修改权，排斥发展中国家参与世界经济制度和规则的制定，使其制度、规则的制定过程缺少平等、民主、公正和透明度。这种国际经济制度和规则制定的结果有利于发达国家而不利于发展中国家，使发达国家的相对优势得到了发挥，使发展中国家的相对优势受到了压制。在这种"扶强抑弱"的制度和规则下，经济全球化过程中必将造成强者宰割弱者的局面。例如，目前美国等国就企图通过世界贸易组织制定新的规则，以美国劳工标准作尺度制定最低工资标准，要把发展中国家所具有的劳动力成本低的优势压下去，以减少经济全球化对发达国家产生的失业威胁，并缓解由于发达国家工人工资降低、收入水平下降而产生的各种矛盾。

制定经济全球化的制度和规则必须客观、民主、公正，不能脱离各国的国情。如果以发达的国家为标准制定经济全球化的制度和规则，那么，对于发展中国家来说就是不平等的。因为发达国家和发展中国家的经济基础和起点是截然不同的，以发达的市场经济国家的标准要求竞争力不太强的发展中国家，履行完全开放的发达的市场经济国家才应该履行的义务，取消对发展中国家在一定时期内应该得到的必要的、合理的经济保护，这样做的结果必然使发展中国家在国际竞争和经济全球化中处于不利的、被动的地位。

发达国家和发展中国家在经济全球化过程中不仅获得的经济利益是不同的，而且它们所承受的压力也是不同的。这不只是由于各种客观经济条件不同造成的生产力的差异所导致的，还有国际经济关系方面的原因，即经济全球化过程中制度和规则的制定和履行的不民主和不公正所导致的。

结论是：发展中国家要想根本摆脱发达国家的控制和不平等关系，不能采取消极的态度，只能紧密团结起来，积极参与世界经济体系，大力提高自主创新能力和自主知识产权优势，争取公平和互利的制度和规则，从而扬利抑弊，更好地发展自身。

三、经济区域化的发展

近些年来，在经济全球化加速发展的同时，经济区域化趋势也不断加强。经济区域化与全球化一样，都是生产力高度发展的产物，是规律性的现象。不论社会制度如何，只要生产力发展到一定高度，就会产生经济区域化的要求。经济区域化不仅表现为同一地区各国间经济交往和合作的加强，而且特别表现为地区内部各国签订协议，建立经济一体化组织。

区域经济组织有多种形式，有优惠贸易协定、自由贸易区、关税同盟、共同市场、货币同盟、经济同盟；按其规模来说，有像欧盟和北美自由贸易区这样的地域广大、经济规模巨大的组织，也有经济规模较小的区域经济组织；按成员国来说，有发达国家组成的，或以发达国家为主建立的经济组织，也有完全由发展中国家建立的地区经济组织。地区经济组织的模式和运行机制也各不相同。根据世界贸易组织的统计，迄今为止，世界上已出现了 144 个区域性经济组织。

经济区域化早在 20 世纪 50 年代就已出现，如 1958 年 1 月 1 日建立的欧洲经济共同体。以后发展中国家也建立了一些区域性经济组织。为什么在与经济全球化加速发展的同时，经济区域化又加速发展呢，这是因为：

首先，如果说全世界各国情况差异很大，不易达成一体化协定，那么在地区范围内各个国家，由于地缘关系密切，交往比较便利，大多在历史上就有较深远的经济往来渊源，甚至语言、宗教、文化也相同或相近，彼此易于沟通，因此也就易于达成某种协议。

其次，全球化的发展，使各国受到越来越大的对外开放的压力。但对全世界开放是有较大风险的，于是宁愿结成地区集团。

再次，如前所述，经济全球化是不平衡的，经济发达地区和经济高速发展地区，是国际经济活动集中的地区，国际贸易、国际金融和国际间直接投资的大部分是在这些地区进行的。它们是跨国公司对外扩张的基本对象。这些地区内部经济关系也就更加密切，各国也就易于达成某种协议，建立某种地区经济一体化组织。这些经济组织的建立，使其他地区和国家感到压力，它们有受到排斥的威胁。地区贸易集团越是增多，那些尚未加入集团的被排除在外的国家和地区的恐惧就越大，也就更加促使它们纷纷加入，或纷纷建立自己的经济组织。

最后，西方大国为了加强对世界市场的争夺，在推进经济全球化的同时，也特别着力在本地区发起建立或积极参与某种一体化组织，以便首先取得在本地区经济的主导权，并以此与其对手展开竞争。

区域经济一体化，对地区生产力的发展、经济的增长有促进作用。因为：地区经济一体化，意味着地区内各国之间壁垒的消除，这就有利于资源跨国流动，在地区范围内更有效地配置；地区经济一体化，使市场规模扩大，各国成员有更大的可能发挥规模经济的效果，从而促使生产效率提高；地区经济一体化，又意味着地区内部的竞争激化，在激烈竞争的压力下，企业千方百计地改进经营管理，采用新的科技成果，提高效率，降低成本；地区化将促进各成员国科研和生产的合作、相互投资和贸易的扩大，产生各成员国单干所不能得到的效果；地区一体化组织的建立，有可能使各成员国以联合的力量，采取一致的行动，扩大和加强对外经济关系。

四、新经济殖民主义的特点

殖民主义是资本主义的产物，只要资本主义存在，就有殖民主义产生的根源。因为，资本主义是一种剥削制度，这种剥削制度的本质决定了发达资本主义国家必然向落后的国家推行殖民主义，进行掠夺与剥削。世界经济政治发展不平衡是殖民主义产生和存在的一个重要条件。在当代，殖民主义的客体是发展中国家，由于发展中国家经济水平较低，而发达国家经济实力很强，两者之间存在一定的差距，发达国家就会凭借自己的实力对不发达国家进行剥削和掠夺。

发达资本主义国家根据其所处的历史条件，采取不同的殖民主义形式。在第二次世界大战前采取的是旧殖民主义形式。旧殖民主义是通过赤裸裸的军事侵略，扶植自己的傀儡，直接控制殖民地和附属国的政治、经济、军事，对当地人民进行残酷的剥削和暴力统治，为垄断资本主义国家的垄断资本获取高额利润服务。

在第二次世界大战后，发达资本主义国家则采取的是新殖民主义形式。新殖民主义是采取比较隐蔽的办法，主要是以经济渗透的办法来控制和掠夺发展中国家，从而使垄断资本的各种利益继续得到保证。为什么第二次世界大战后发达资本主义国家要采取新殖民主义的手段呢？主要的原因是：首先，旧的殖民体系在民族解放运动的冲击下再也不能维持下去了。第二次世界大战后，国家要独立、民族要解放、人民要革命，已成为殖民地附属国的一股不可阻挡的历史洪流。许多殖民地附属国摆脱了原来的殖民统治，走向民族民主解放道路。在这种情况下，垄断资本主义国家一方面绝不放弃对原来殖民地附属国的继续控制和剥削；另一方面又迫于形势而不得不抛弃旧殖民主义的那一套统治方式，采取了新的控制和掠夺的手段,即新殖民主义。其次,殖民地附属国取得政治独立后,它们在经济上作为帝国主义的资源产地、销售市场和投资场所的作用反而增大了。最后,国家垄断资本主义的发展,为实现帝国主义政策的重大转变与新殖民主义的出现提供了可能,国家垄断资本主义的发展大大便利了新殖民主义的推行。另外,战后迅速发展起来的国际垄断组织——跨国公司,为新殖民主义的推行提供了主要工具。跨国公司通过私人资本输出,加强发展中国家对其直接经济依赖;通过现代科学技术的垄断,加强发展中国家对其技术依赖;通过对国际市场和价格的垄断,加强发展中国家对其贸易依赖;通过对资金的垄断,加强发展中国家对其金融依赖。

可见,随着社会的发展,发展中国家力量的壮大,资本主义国家所推行的殖民主义形式和政策有所改变。但殖民主义的本质没有变,发达资本主义国家对发展中国家的剥削和掠夺不但没有减弱,反而进一步加强了。其主要表现是:

(1)西方垄断集团为首的国际资本进一步地控制了市场和商品的价格,以及掌握和控制了规则和制度的制定权,加强了对发展中国家的剥削。由于一些发达国家控制了市场和商品的价格,使发展中国家的出口产品在世界市场上的价格不断下降,而发达国家的制造品的价格却向上攀升。同时,它们还通过取得租让地、矿产以及石油的勘察权,征收关税、负责行政管理和发行纸币的权利,豁免外国企业的关税以及赋税等来变相加强对发展中国家的新殖民主义剥削。

(2)高利率也是一种新殖民主义手法。发达国家的高利率加剧了发展中国家的债务负担,使许多发展中国家背上了沉重的债务负担。

(3)“无形贸易”也是新殖民主义进行剥削的一种手段。如西方垄断集团控制了世界航运业的90%,它们通过操作运费不断增加亚洲、非洲和拉丁美洲国家的航运费。

(4)新经济殖民主义的另外一套手法是通过一些国际组织进行“多边援助”。这些组织包括国际货币基金组织、世界银行、国际金融公司和国际开发协会等。而所有这些组织都是以美国的资本作为靠山的。这些机构习惯于强迫借贷国家接受各种不平等的条件,如提供有关各国经济状况的情报等。

五、建立国际经济新秩序

国际经济秩序是指在世界范围内建立起来的国际经济关系,以及各种国际经济体系与制度的总和,是使世界经济作为有内在联系和相互依存的整体进行有规律地发展与变化的运行机制。一般认为,在第二次世界大战期间和随后建立的三大国际经济组织标志着战后国际经济秩序的形成。这一国际秩序是为了维护20世纪40年代美国的经济利益和政治要求服务的,被称为国际经济旧秩序。

国际经济旧秩序的本质决定了它虽然有利于发达国家特别是美国的经济增长,却不可避免地阻碍了世界经济,特别是发展中国家经济的健康发展。因此,它不断地遭到发展中国家的抗议,发展中国家要求建立新的国际经济秩序的浪潮不断高涨。旧的国际经济秩序具有以下几个特点:

(1)建立了以不合理、不公平的国际分工(垂直型分工)为基础的资本主义生产体系。这种生产体系继承了殖民时代的格局,使得亚、非、拉广大地区沦为资本主义的投资场所、原材料基地和销售市场。

(2)建立了以不平等交换为基础的国际贸易制度。在发达国家操纵国际贸易制度下,发展中国家的贸易条件日益恶化,交换的利益大多数为发达国家所占有。

(3)建立了发达国家垄断的国际货币金融体系。这种国际货币金融体系大大方便了发达国家的资本输出,加深了发展中国家对发达国家的依赖程度。

(4)建立了由发达国家操纵的国际经济决策制度。在这种国际经济秩序下,发达国家对国际机构拥有绝对的控制权。

旧的国际经济秩序严重地扼制和阻碍了发展中国家民族经济的发展,使得发达国家和发展中国家的差距不断拉大,矛盾也日益尖锐,因此,广大发展中国家积极要求改革这种旧的国际经济秩序,建立新的国际经济秩序。第二次世界大战后,发展中国家要求打破旧的国际经济体系,建立新的国际经济秩序的思想,经历了一个产生、发展和完善的发展过程。早在20世纪50年代,万隆亚非会议上就曾提出各国之间和平相处、友好合作的10项原则,反映了殖民地、半殖民地国家的人民在国家独立后建立新型国际关系的理想和愿望。60年代初兴起的不结盟运动,60年代中期发展中国家"七十七国集团"(现已发展成100多个国家)的形成,各种原料生产国组织和区域性经济合作组织的建立,为发展中国家团结起来争取建立新的国际经济秩序做了思想上和组织上的准备。联合国1974年4月召开的第六届特别会议,专门讨论发展中国家提出的《关于建立新的国际经济秩序宣言》和《关于建立新的国际经济秩序的行动纲领》两个重要文件。同年12月,联合国第29届大会又通过了发展中国家起草的《各国经济权利与义务宪章》。从此,发展中国家为促进各国的经济发展,争取实现公平合理的国际经济关系,有了共同的行动纲领。

发展中国家想建立一个怎样的新的国际经济秩序呢?新的国际经济秩序所涵盖的领域是非常广泛的,1974年通过的《建立新的国际经济秩序宣言》提出了新国际经济秩序的20项原则,《各国经济权利和义务宪章》也提出了指导国际经济关系的15项基本原则。这些原则是:(1)各国主权、领土完整和政治独立;(2)所有国家主权平等;(3)互不侵犯;(4)互不干涉;(5)公平互利;(6)和平共处;(7)各民族平等权利和自决;(8)和平解决争端;(9)对于武力造成的,使得一个国家失去其正常发展所必需的自然手段的不正义情况,应予补救;(10)真诚履行国际义务;(11)尊重人权和基本自由;(12)不谋求霸权和势力范围;(13)促成国际社会正义;(14)国际合作以谋发展;(15)内陆国家在上述原则范围内有进出海洋的自由。习近平同志倡导构建人类命运共同体,日益成为国际社会的共识。

概而言之,新国际经济秩序的内容至少包括以下几个方面:

(1)维护对资源的主权和争取海运权。在维护本国的资源主权方面,如废除外国资本的租地权和永久开采权,加强对外资企业的监督、限制和管理。海洋问题是建立新国际经济秩序的一项重要内容,主要内容有:200海里海洋权、海床矿藏权和分享海运权等。

(2)改善国际贸易和技术转让条件。1973年,阿拉伯产油国家和石油输出国的非阿拉伯国家夺回石油价格决定权和石油开采权,随后,发展中国家又先后成立了铝土、香蕉、食糖、木材、钨砂、丁香、胡椒、花生、咖啡、可可等原料生产国组织。改善国际贸易条件的另一个努力是反对贸易保护主义,为减少关税和非关税贸易壁垒进行斗争。同时,积极争取发达国家向发展中国家转让技术,减少技术转让的种种不合理条件。

(3)建立一个真正能维护发展中国家经济利益的国际货币金融体制。这首先表现在发展中国家要求发达国家免除最不发达国家的官方债务,减轻困难较大国家的还本付息负担,延长债务偿还期。废除资金援助中附带政治、军事等不合理的条件。其次,发展中国家在国际金融领域和国际货币资金组织中,逐步展开了争取平等权利、争取扩大借款权益和改革国际货币制度的斗争。

(4)改革以不合理分工为基础的世界经济结构。旧国际经济秩序是建立在少数先进工业国对广大落后农业国的控制、压迫和剥削的旧的国际分工基础之上的。这种分工格局加上不合理的贸易条件,使得发达国家将高耗能、低效益的产业向发展中国家转移。迄今为止,大多数发展中国家仍未摆脱单一初级产品供应国的地位,从根本上影响了发展中国家的经济发展。

定义　国际经济新秩序

国际经济秩序:在世界范围内建立起来的国际经济关系,以及各种国际经济体系与制度的总和。

国际经济旧秩序:指第二次世界大战期间和随后建立的主要为发达国家经济利益服务的国际经济秩序。

国际经济新秩序:联合国 1974 年通过《建立新的国际经济秩序宣言》,提出了建立国际经济新秩序的 20 项原则。其中包括维护资源主权和改善贸易条件等。

第三节　国家经济安全

一、经济全球化对国家经济安全的影响

国家经济安全是指一个国家在经济发展过程中能够有效消除和化解潜在风险,抗拒外来冲击,以确保国民经济持续、快速、健康发展,确保国家经济主权不受分割的一种经济状态。

定义　国际经济安全

指一个国家在经济发展过程中能够有效消除和化解潜在风险,抗拒外来冲击,以确保国民经济持续、快速、健康发展,确保国家经济主权不受分割的一种经济状态。

资本国际化和经济全球化在促成各国之间的生产要素合理流动,形成优势互补的同时,弱化了国家和民族界限,对国家经济安全造成了极大的冲击。在经济全球化进程中危害国家经济安全的因素主要有:(1)国家支付危机。国家支付危机是当前世界各国特别是发展中国家在全球化过程中时常遇到的一个现象。虽然世界上已经成立了一些机构如货币基金组织、世界银行等,而且发达国家出于自身利益的考虑,也会对处于危机中的国家提供援助,但是对发展中国家来说,这绝不是"免费午餐",而是附加了一系列的条件,在某种意义上讲就是将一定的主权转让。(2)金融风险。在世界经济全球化过程中,伴随金融工具的产生和创新,投资与金融自由化速度加快,资本的跨国流动数量和速度惊人,在全球范围内形成大量的游资。据统计,目前世界上有近 8 万亿美元的游资,它们造成了全球的经济动荡。(3)产业风险。产业风险是指产业安全受到威胁和产品市场受他国控制。

在上述因素作用下，经济全球化对国家经济安全产生了以下的负面效应：

(1)经济全球化对发展中国家的经济主权产生负面影响。经济全球化主要在发达国家的制度安排下展开，参与经济全球化的发展中国家必须遵守已有的国际条约、协定和惯例；同时，发展中国家为了获得经济全球化给各国带来的好处，有时还被迫对经济惯例权限做出某些让步，结果使发展中国家的经济活动受制于发达国家。

(2)经济全球化对发展中国家的产业结构带来负面影响。在国际分工体系中，处于边缘地带的发展中国家由于历史和现实的原因，容易接受发达国家扩散的低层次产业，形成同发达国家高层次产业并存的垂直分工格局。

(3)经济全球化对发展中国家的格局市场占有率带来负面影响。随着发达国家的跨国公司对发展中国家的大举“入侵”，发展中国家的国内市场越来越多地被外资所占有，而发展中国家凭目前的经济实力与发达国家争夺国外市场并非易事，结果只能是发展中国家市场占有份额的减少。

(4)经济全球化对发展中国家的金融市场带来负面影响。在国际金融无序状态下，金融市场动荡，金融风暴四起，金融丑闻不断，金融投资猖獗，国际间货币合作的风险增大，而发展中国家为了促进经济的快速发展，在扩大利用外资规模的同时，还要在一定程度上放松对本国金融市场的监管。

(5)经济全球化对发展中国家的经济制度带来负面影响。发达国家假借经济全球化之名，力图把自己的经济模式强加于发展中国家。正如索罗斯公然宣称的，全球化经济就是全球化资本主义体系。

二、在对外开放中维护国家经济安全

经济全球化并不是世界大同，各个国家仍然是作为独立的国家和利益主体而存在的。在以主权国家为基本单位的现实世界中，国家利益和国家经济安全始终是国家对外政策与行为的根据。对于我们这样一个发展中的社会主义国家来说，保证国家经济安全是十分必要的。为此，我们在参与经济全球化过程中要坚持以下原则：

一是利益原则。国家利益、民族利益始终是一个国家全体人民的整体利益。我国的经济安全战略应始终以我国国家利益为轴心展开，同时兼顾有利于实现各国国家利益的国际利益。

二是全球原则。经济全球化进程中各国经济相互依赖日益加深，仅仅靠一个国家的力量来保卫经济安全已变得越来越困难。因此，我国的经济安全战略应该把本国经济置于世界体系内，利用国际各种合作组织来实现我国的经济安全目标。

三是变动原则。在全球化趋势日趋加速之际，各国所依赖的国际环境也不断变化。在这种情况下，我国的经济安全战略必须周密考虑和正确判断世界经济未来的发展态势，使我国的经济安全有较强的适应性，在不断变动的国际环境中追求一种相对平衡状态。

在全球化进程加速的今天，国家经济安全愈发显得重要。怎样在世界的大变动中维护国家经济安全呢？以下几点是非常关键的。

第一，如何面对“十字军东征”？关键是加快建立“三控式”民族企业集团。

“三控”是指控股(资本)、控牌(品牌)和控技(技术)，只有实行“三控”的企业才能形成较完全的民族经济。[1] 在全球化飞速发展的今天，国家经济安全愈发显得重要，而对于发展中国家来说，国家经济安全的核心在于民族产业的安全。所谓民族产业安全或国民产业安全，是指在国际交往和竞争中由该国国民所有和控制的产业，其地位和权益可能受到外国产业影响和危害的状态。而民族产业的具体判别标准可以从资本、品牌和技术等多层面加以设定。

首先，从资本方面看，我国对外资的依赖度已大大减小了。近几年，钱纳里针对发展中国家工业化过程中资本短缺所提出的“双缺口”(储蓄缺口和外汇缺口)，在中国正加速演变为“双溢出”。主要表现在：一是资金大量闲置。如1994年国有银行存贷差为2 223亿元，1995年为2 684亿元，1996年为3 000亿元，1997年上升到7 000亿元左右，1998年高达9 000多亿元。二是资金大量沉淀。仅1998年因商品房积压而形成的沉淀资金就达2 000多亿元，工业制成品库存更是数千亿元。三是资本大量外逃。中国最近几年资本外逃主要通过国际收支平衡表上的金融账户流出的。余永定和肖立晟通过分析国际收支平衡表和国际投资头寸表中各个项目的头寸状况以及两者之间的差异，间接推测中国是否存在资本外逃及其规模大小。他们认为，从2011年开始，把每年对外净资产变动与经常账户盈余之差加总起来，可以得到在此期间出现了高达1.3万亿美元的巨大缺口。这种情况在全球经济历史中恐怕是绝无仅有的。这个缺口可以看作由两部分构成：国际收支平衡表上的“经常账户与金融账户缺口”(误差与遗漏I)累计以及国际投资头寸表上“对外净资产累计与金融账户上资本净流出缺口”(误差与遗漏II)累计。[2] 四是外汇储备大量增加。截至2019年9月末，中国外汇储备规模为30 924.31亿美元。中国外汇市场运行平稳，外汇储备规模小幅波动主要受估值因素影响，规模总体保持稳定。[3]

其次，从产品品牌来看，亟待振兴。跨国公司在发展中国家进行市场竞争的一条重要战略就是：产品输出→技术输出→资金输出→品牌输出。反观国内市场的各种品牌，不能不让人触目惊心。商务部《2004跨国公司在中国报告》显示，在轻工、化工、医药、机械、电子等重要行业中，跨国公司子公司所生产的产品已占据国内1/3以上的市场份额。《中国产业地图》一书指出，中国每个已开放产业的前5名都由外资公司控制，在中国28个主要产业中，外资在21个产业中拥有多数资产控制权。啤酒行业：60多家大中型企业只剩下青岛和燕京两个民族品牌，其余全部合资；玻璃行业：最大的5家已全部合资；电梯行业：最大的5家均为外商控股，占全国产量的80%以上；家电行业：18家国家定点企业中11家合资；化妆品：被150家外资企业控制；医药行业：20%为外商控制；汽车工业：外国品牌占销售额90%！美国微软占有中国电脑操作系统市场的95%，瑞典利乐公司占中国软包装产品市场的95%，法国米其林占中国子午线轮胎市场的70%；在电脑行业、IA服务器、网络设备行业、计算机处理器等行业，跨国公司均在中国市场占有绝对垄断地位。国内中高端医疗器械主要依靠进口，约80%的CT机、90%的超声波仪器、85%的检验仪器、90%的磁共振设备、90%的心电图机、90%的高档生理记录仪以及60%的睡眠图仪市场，均被外国品牌占据。值得注意的是，我国进口医疗设备的价格普遍高于欧、美、日等原产国50%－100%，比如TOMO放射治疗系统等设备在欧美日等国家多为250万美元，但我国进口多在500万美元

---

① 这里用的是“较完全”的用语，而不是“完全”的用语，完全的民族经济应是所有的资本、品牌和技术都是国有的。
② 余永定，肖立晟．解读中国的资本外逃[J]．国际经济评论，2017(5)：8＋99－117.
③ http://finance.cnr.cn/gundong/20191007/t20191007_524805456.shtml.

以上。①

再次，从技术方面来看，只有重点发展民族技术，才有可靠的基础。在发展中国家开放过程中一个响亮的口号就是“以市场换技术”，但是往往在失去较大份额市场后，并没有获得多少高新技术，自我开发和创新能力没有提高，技术依赖性仍很大。其实，跨国公司的技术交易绝大部分都是在内部进行的。另外，一些国家引进外国直接投资的教训也很值得我们借鉴。巴西在20世纪60年代初，它的汽车工业就实现了零部件的本国化。但在引进外资过程中，由于汽车工业的股份大部分为外国大汽车公司所控制，因而巴西只能生产美欧接近淘汰的车型和部分零部件。经过短暂的兴旺之后，直到今天，巴西的汽车工业都没能发展起来。

最后，从跨国公司产生的后果看，也要求我们建立“三控”企业。例如，外资控股的企业往往将工业化的不良后果转移到设有子公司的国家。据联合国有关机构统计，世界上绝大部分有毒垃圾是发达国家造成的，美、英、德、荷、澳等20多个发达国家生产了占世界95%的有毒垃圾。而且，这些国家每年以5 000万吨的规模向发展中国家转移危险废物。中国作为一个外资流入大国，也不能幸免于难。据有关部门的分析，1991年外商在中国设立的生产企业，属污染密集产业的企业高达29.12%，占投资总额的36.80%。从外商直接投资流入的行业结构来看，污染排放水平较高的制造业是外资流入的首选行业。从每年公布的《中国统计年鉴》的具体数据也可以发现，自1999年以来，外商直接投资企业在中国的主要污染密集型行业中的资产占该行业总资产的比重总体上处于上升趋势(见表18－1)。

表18－1　1999－2012年污染密集型行业外商直接投资企业资产占该行业资产总额的比重(%)

行业 年份	纺织业	造纸及纸制品业	化学原料及制品业	黑色金属冶炼及延压加工业	化学纤维制造业	橡胶制品业	石油加工炼焦核燃料加工业
1999	20.03	29.82	15.62	4.56	27.37	34.69	4.69
2000	20.76	36.23	16.1	4.8	29.17	36.64	4.54
2001	21.68	35.49	17.16	5.16	21.73	37.83	10.35
2002	22.4	34.73	17.4	5.6	23.37	39.03	11.83
2003	24.15	35.12	19.68	7.49	22.12	42.15	12.41
2004	25.2	37.65	20.86	8.57	17.8	37.63	10.34
2005	28.16	44.89	25.59	11.63	29.96	45.37	11.71
2006	28.02	44.63	28.86	11.87	31.99	43.19	13.27
2007	27.01	45.66	29.1	11.34	31.14	43.48	17.27
2008	27.8	45.69	27.82	11.49	35.06	45.5	15.66
2009	27.26	44.17	27.24	10.60	34.46	44.08	15.75
2010	26.52	45.47	28.16	11.10	34.97	39.28	14.82
2011	25.78	44.19	27.90	10.79	33.75	36.38	13.45
2012	22.82	41.67	25.18	10.50	32.10	35.89	12.46

数据转引自樊增强. 跨国公司在华投资造成的环境污染及其监管[J]. 山西师大学报(社会科学版)，2015(3):78－84.

① 《中高端市场仍被外国品牌占据》，《生命时报》2018年11月6日。

再如，低技术、无品牌的竞争已越来越威胁到民族企业的生存。此外，从目前我国利用外资的效果来看，也常常出现“反被外资利用和控制”的现象。

第二，什么是参与全球化过程中的双赢？关键是争取对半式双赢。

积极主张加入全球化进程的一个主要理由是，参与全球化是一个双赢的行为。但什么是双赢呢？显然，流行的所谓的双赢就是大家都有好处，至少不会变得更坏，但是否是同等程度地受利，就不再考虑了。事实依然是显而易见的，即使是几乎所有参与经济全球化过程的国家在不同程度上都从中受益，但也并不意味着利益均沾，因为作为资本和先进技术的主要拥有者，发达国家总是处于全球化的中心地位，这种相对优势使它们在规则的制定方面具有主导权。而且，根据上面的分析以及当前全球的现状，甚至许多国家的境况是绝对地恶化了。即使是前者，是不是就是我国所要追求的双赢呢？

根据比较贸易学说，交换会带来剩余，但是否交换就一定是公平的？显然不是，否则就不会有那么多的经济学家致力于贸易条件的研究。在全球化的制度形成中，我们更要关注制度的定位，更要关注本国获得利益的份额。

当前，我国还无力改变发达国家在全球化进程中的主导地位，但必须清醒认识当今世界的特点。参与全球化的进程，与国际“接轨”或“接口”，不能仅跟着发达资本主义国家制定的模式和规则走，而要力争参与制定全球化运作的规则，最大限度地积极谋求本国的利益。我们要求的双赢应是“对半式双赢”，即要努力争取获得同等比例的利益。即使在某些问题上暂时做不到，需要妥协，也不能放弃此目标。只有这样，才能防止自己滑落到很可能来临的新一轮的“中心—边缘”世界格局中的边缘。

第三，怎样为本国企业争取好的国际竞争环境？立即对外资企业实行国民待遇。

在面临全球化的冲击之时，各国政府的一个重要的作用在于为本国企业争取一个有利的环境，对缺乏竞争力的发展中国家的企业尤其如此。当前我国政府首先能做并且应该做的是，对外资企业实行国民待遇。国民待遇是指对外资企业的待遇与本国企业相同。一般来说，各个主权国家为了民族的利益，都对民族产业实行一定程度的保护，对所谓的幼稚产业尤其如此。因此，国民待遇是长期以来发达国家为其本国公司和经济利益争取的目标。但长期以来，一些发展中国家为了能大量吸收外来资本，反而对外资企业实行一种较国内资本更有利、更优惠的政策，即“超国民待遇”。迄今为止，中国还在对外资企业实行这种“超国民待遇”。其结果是地区差距扩大、引起不平等竞争，反而恶化了市场环境，国有企业在嫁接外资的过程中甚至出现了大量的假合资、假亏损、假出口和假破产现象。

其实，立即取消对外资企业的“超国民待遇”已有必要性和可能性。首先，根据西方的幼稚产业的保护理论，我国对外资企业实行国民待遇已经构成了对外资的优惠条件；其次，从实践上看，对外资企业的国民待遇也意味着对外资企业的优惠，如根据工商国际公司的研究报告，最大的 122 家以美国为基地的跨国公司在外国经营的利润均高于本国；再次，我国的投资环境和条件已经无需用给予外资企业以优惠条件作为投资补偿了；最后，外资是锦上添花而不是雪中送炭，部分外资退出也不会对我国经济造成很大影响。可见，只有尽快取消这种对本国企业不利的超国民待遇，才能更好地为本国争取更好的国际竞争环境。

定义　国民待遇和超国民待遇

国民待遇：对外资企业的待遇与本国企业相同。

超国民待遇：一些国家为了吸收外资，对外资企业实行一种较国内资本更有利、更优惠的政策。

第四，什么是应对全球化的根本之策？加大教育投入，创造知识资源。

全球化的加速发展使得经济的增长越来越倚重于科学技术，高科技产业已成为世界经济的龙头和支柱产业，谁掌握了高科技，谁就将在全球化的竞争中获胜。

全球化是一场国家、部门、企业和产品生产率的竞争。经济全球化意味着，生产、贸易、金融等的跨国界发展，要求生产、贸易等在世界范围内享受统一的国民待遇，因此，各国政府不能对本国的公司实行补贴等，也越来越难以通过关税或非关税壁垒等措施来保护本国的产业。所以，政府在扶持本国产业的作用方面就应有所转变，主要注重于提高本国的生产力，以提高本国公司的竞争力，提高在国际贸易中要素贸易条件。

要提高我国的生产力，必须加大教育的投入，创造知识资源。2015 年出口商品结构进一步优化，中国出口机电产品 8.15 万亿元人民币（下同），增长 1.2%，占出口总值的 57.7%，较上年提升 1.7 个百分点。同期，纺织品、服装、箱包、鞋类、玩具、家具、塑料制品七大类劳动密集型产品出口总值 2.93 万亿元，下降 1.7%，占出口总值的 20.7%，其中，玩具、家具、箱包、塑料制品出口保持增长。①

根据《产业蓝皮书：中国产业竞争力发展报告(2018)No.7》的数据，从初级产品（不含燃料）、制成品和服务业三大产业的竞争力看，中国产业竞争力的总体格局是，制成品的竞争力远远大于初级产品（不含燃料）和服务业；总体趋势是，初级产品（不含燃料）与服务业的竞争力与制成品的竞争力之间的差距不断拉大。中国的初级产品（不含燃料）和服务业的竞争力较弱，没有比较优势，显示比较优势指数皆小于 1、贸易竞争力指数皆小于 0。制成品虽然有比较优势，但从 2014 年开始有所弱化，国际市场占有率结束长期上升态势，2016 年有所下降。从贸易竞争力指数看，我国中高端制成品的贸易竞争力指数大大低于低端制成品。高端制成品尽管在制成品出口中占有很高比重，但贸易竞争力指数最低，预示在全球产业链分工中我国高端制成品所处层次较低。我国中高端产品在国际竞争中不具有比较优势，显示比较优势指数长期低于低端产品，且处于 1 以下。就服务业内部各行业的竞争力而言，与制造业直接相关的服务业竞争力较强。与制造业无直接关系的服务业中，与信息化相关的服务业竞争力较强，而且提升速度很快。服务业中各行业的市场占有率方面，与商品直接相关的服务和建筑业的市场占有率最高；金融服务，保险，电信、计算机与信息服务的市场占有率虽然不断提升，但仍较低；反映一个国家前沿创新能力的重要指标——知识产权使用费的国际市场占有率极低，不足 1%。与商品直接相关的服务、建筑业等具有极强的比较优势；电信、计算机与信息服务已从一个不具比较优势的行业发展为具有比较优势的行业；金融服务、知识产权使用等行业比较优势没有明显提升，仍处于极度缺乏比较优势的行业之列。长期以来，我国的金融服务、保险、知识产权使用费等贸易处于赤字状态。②

目前，中国正处于又一个现代化起飞的历史关头，这就是历史的机遇。但在历史给予机遇的同时，它又是挑战。现代化的进程也如逆水行舟，不进则退。教育在提高知识资源中的根本作用，以及目前教育的现状，都要求我国必须把握时机，发展教育，争取成为全球化浪潮

① http://www.aastocks.com/sc/forex/news/comment.aspx? source=AAFN&id=NOW.712758.

② 张其仔主编，《产业蓝皮书：中国产业竞争力发展报告(2018)No.7》，社会科学文献出版社，2018 年。

的弄潮儿。

本章小结

资本国际化是指资本越出一国的范围，在国际间运动和增值的过程，它主要包括商业资本、借贷资本和产业资本三个方面。

经济全球化是指随着科学技术和国际分工的发展以及生产社会化程度的提高，使世界各国、各地区的经济活动超出一国或地区的范围而相互联系和密切结合的趋势。经济全球化包括多方面的内容，主要是生产全球化、贸易全球化、资本全球化。经济全球化的成因是涉及国家经济体制、企业趋利动机与技术进步等三个因素。

经济全球化在极大地推进了经济效率提高的同时，也产生了巨大的负面效应，特别是对发展中国家。经济全球化是一把“双刃剑”。全球化在增加全世界财富的同时，也使得世界贫富差距日益加速拉大。全球化进程也不是单线发展的，而是与区域化、集团化并存。同时，全球一体化也不意味着全球经济已经排除了民族经济或者国家经济；相反，民族利益更加凸显。

新殖民主义的温床就是旧的国际经济秩序，它有利于发达国家，特别是美国的经济增长，却不可避免地阻碍了整个世界经济和不发达国家经济的健康发展。因此，发展中国家要积极为争取更为平等的国际经济新秩序而斗争。

国家经济安全，是指一个国家在经济发展过程中能够有效消除和化解潜在风险，抗拒外来冲击，以确保国民经济持续、快速、健康发展，确保国家经济主权不受分割的一种经济状态。在对外开放的过程中，经济全球化对我国带来负面影响也是不可避免的。因此，正确选择中国的经济安全战略将是一个国家独立自主的基石，是其主权安全和政治安全的保证。

关键术语

资本国际化　商业资本国际化　借贷资本国际化　产业资本国际化
国际分工　垂直国际分工　水平国际分工　经济全球化　贸易全球化
资本全球化　生产全球化　经济国际化　经济区域化　经济一体化
国际经济秩序　国际经济旧秩序　国际经济新秩序　国家经济安全
民族产业　“三控”企业　双赢　对半式双赢　国民待遇　超国民待遇

参考资料

1. 程恩富、李新等主编：《中俄经济学家论中俄经济改革》，经济科学出版社 2000 年版。
2. 王宁、薛晓源主编：《全球化与后殖民批评》，中央编译出版社 1998 年版。
3. 俞可平、黄卫平主编：《全球化的悖论》，中央编译出版社 1998 年版。
4. 刘力：《经济全球化：中国的出路何在》，中国社会出版社 1999 年版。
5. 张顺洪：《英美新殖民主义》，社会科学文献出版社 1999 年版。

思考题

1. 第二次世界大战后，产业资本国际化迅速发展的原因是什么？

2. 有人说，经济全球化就是全球资本主义化；也有人说，全球化就是美国化；对此，请作一评析，并阐述经济全球化的形成原因和正负效应。

3. 新经济殖民主义与旧经济殖民主义相比的主要特点是什么？

4. 简述新的国际经济秩序的形成过程和它的主要内容。

5. 什么是国家经济安全？提出发展“三控型民族企业集团”有何意义？有的观点认为，麦当劳连锁店就是中国要大力发展的民族企业；也有的观点认为，在经济全球化中已不存在或无须提出民族经济的问题。请你评论一下。

尾论

经济制度的演变

学习目的与要求

通过本章的学习，把握资本主义和社会主义经济制度产生和发展的过程，认识这两种经济制度的历史进步性和局限性，以及资本主义社会和社会主义社会分阶段发展问题，进而领悟社会主义必然代替资本主义是历史发展的总趋势，并对当今世界社会主义与资本主义两种经济制度的对立统一性有一个正确的理解。

第一节　经济制度一般原理

一、经济制度的含义

对制度以及制度演变规律的研究是马克思主义经济学的重点，也是马克思主义经济学的特点。按照马克思主义观点，社会经济制度概念与社会经济形态概念具有相同的含义，都被看成是与生产力一定发展阶段相联系的生产关系总和。

作为经济学概念，社会经济制度概括了全部经济关系，其中最根本的是财产关系，也就是通常所讲的生产资料所有制。马克思指出："政治经济学不是把财产关系的总和从它们的法律表现上即作为意志关系包括起来，而是从它们的现实形态即作为生产关系包括起来。"[①]这句话提醒我们，在讲财产关系时，要注意将作为生产关系的财产关系与作为意志关系的财产关系加以区别。前者是经济范畴，后者是法律范畴。

经济制度可分为基本经济制度和具体经济制度。基本经济制度体现基本生产关系，表明经济制度的基本特征和基本性质。具体经济制度体现具体生产关系，是基本经济制度的具体形式，具有比基本经济制度更为丰富的内容。特定的基本经济制度由生产力的性质和

---

① 《马克思恩格斯选集》第2卷，人民出版社1972年版，第142页。

发展阶段决定，是不能由人们任意自由选择的。[①] 具体经济制度归根到底也受生产力的发展水平制约，但又受其他多种因素影响，可以由人们自主选择。我们通常采用"经济体制"这个词来表示具体经济制度，并将其内容概括为两项：所有制形式和经济运行机制。这两项内容相互联系，一定的经济运行机制以一定的所有制形式为基础，一定的所有制形式通过一定的经济运行机制来实现。

与马克思主义经济学不同，西方主流经济学认为，除市场之外，没有必要考虑制度问题。但在学派林立的西方经济学界，也有很多经济学家认为"制度确实至关重要"。[②] 这些关心制度问题并对制度进行研究的经济学家，将他们的观点和方法汇集在一起，形成当代制度经济学和新制度经济学(The New Institutional Economics)。

新制度经济学将制度定义为一种行为规则，这些规则涉及社会、政治及经济行为。[③] 这个定义已为研究制度的学者所接受。在他们看来，制度用来界定人们能干什么、不能干什么的行为，起着约束人们相互关系的作用。研究制度的学者认为有必要将涉及到制度的两个相关概念区分清楚。一个概念为"制度环境"，是指一系列用来建立生产、交换与分配基础的基本规则，是一国的基本制度规定；另一个概念为"制度安排"，是指支配经济单位之间合作和竞争方式的一种安排，是约束行为关系的一套规则。经济学家使用"制度"这个词，一般都是指制度安排。制度安排可以是正式的，也可以是非正式的。正式的制度如家庭、企业、工会、医院、学校、政府等。非正式的制度如价值观、习惯、意识形态等。制度安排一般在制度环境框架内进行，制度环境决定着制度安排的性质、范围和进程。

比较上述两类定义可以看出，马克思主义将经济制度定义为经济关系，并将反映经济关系的上层建筑视为政治制度和法律制度。经济制度与政治法律制度虽有联系，但有区别，一般来说，是经济制度决定政治法律制度。新制度经济学视制度为约束人们行为的规则，虽有政治、经济、社会、法律规则之分，但强调法律案例与经济活动的联系，主张法学与经济学的融合，并认为政治规则通常决定经济规则。

定义　制度：马克思主义经济学和新制度经济学

马克思主义经济学把经济制度定义为经济关系，其中最根本的是财产关系，并把反映经济关系的上层建筑视为政治制度和法律制度。

新制度经济学把制度看成是约束人们行为的规则，这些规则涉及社会、政治和经济行为，并认为政治规则通常决定经济规则。

二、经济制度的功能

马克思说，"为了进行生产，人们便发生一定的联系和关系；只有在这些社会联系和社会关系范围内，才会有他们对自然界的关系，才会有生产"。[④] 这句话提示我们，要从生产关系与生产力相互关系上去认识经济制度的功能。经济制度既可推动生产力发展，也能阻碍生产力增长。如果财产关系和利益关系合理，这种合理的经济制度必将促进生产力水平的提

① 马克思说："人们能否自由选择某一社会形式呢？决不能。"见《马克思恩格斯选集》第4卷，人民出版社1972年版，第320页。

② 科斯等：《财产权利与制度变迁》，上海三联书店1991年版，第372页。

③ 科斯等：《财产权利与制度变迁》，上海三联书店1991年版，第253页。

④ 《马克思恩格斯选集》第1卷，人民出版社1972年版，第362页。

高，无论是从宏观经济层面上还是从微观经济层面上看，都是如此。反之，如果出现了生产的持续停滞或倒退，就可以断定是现行的生产关系和分配关系出了毛病，就要对现行的生产关系和分配关系进行调整，即对现行的经济制度实现变革，不这样做，生产力的落后状态就不能改观。世界历史的发展和我国改革前后的对比，证明上述论断正确无误。

西方新制度学派对制度功能论述颇细，举其要者有：(1)制度的功能在于它能够降低交易成本。在他们看来，生产总成本由交易成本和转换成本构成。人们用技术进步来减少生产中的转换成本，用有效制度来减少交易成本。“制度通过它们对交换与生产成本的影响来影响经济绩效。”①(2)制度的功能在于它能提供激励。新制度经济学的一个共同特征是“强调了有关所有权、激励与经济行为的内在联系”，其基本的思想是，“‘产权’会影响激励和行为”。② 有效制度能够调动个人的积极性，鼓励个人努力工作，还能诱导经济个体在追求自身利益的同时去实现整体目标。建立制度化的设施，确立财产所有权，能够把个人的经济努力不断引向一种社会性的活动，使个人不断得到很强的激励，以促使相关的个人或个体不断从事创新活动。此外，新制度经济学还提出制度具有“外部性内部化”的功能以及减少不确定性的功能。由于减少外部性和不确定性都可以归结到节省交易费用和增强激励上去，这里不多介绍。总之，在新制度经济学看来，制度是人类的一种创造，人们创造和选择制度，是为了减少交易费用，构建激励机制，改进经济绩效，推动经济增长。西方经济学的传统观点是将资本积累、技术创新、规模经济等看作经济增长的源泉，新制度经济学一反传统观点提出一个崭新的看法：正是制度因素而不是技术因素对经济增长起决定作用。

讨论　制度功能：马克思主义经济学和新制度经济学

在制度功能问题上，马克思主义与新制度经济学都承认制度对经济的重大影响和重大作用。不同的是，马克思主义在承认生产关系对生产力作用的同时，更承认生产力对生产关系的决定作用，认为生产关系和生产力之间是一种相互影响、相互作用的关系。新制度经济学从机制方面说明制度功能，使分析深入一层。但它在强调制度对经济作用的同时，忽略了非制度因素对经济发展的影响。

三、经济制度的演变

首先论述马克思主义的制度演变理论，可以把它概括为如下几点：

(1)马克思主义认为经济制度不具有永恒性，它是发展着变化着的东西。按照唯物辩证法原理，世界不是由一成不变的事物构成的，各种各样看上去是稳定的事物以及它们在人们头脑中反映的概念，都处于生成和灭亡的不断变化之中。“人们借以进行生产、消费和交换的经济形式是暂时的和历史性的形式。”③

(2)马克思主义认为经济形态的发展变化是一个自然历史过程。“在人们的生产力发展的一定状况下，就会有一定的交换(Commerce)和消费形式。在生产、交换和消费发展的一定阶段上，就会有一定的社会制度、一定的家庭、等级或阶级组织。”“随着新的生产力的获得，人们便改变自己的生产方式，而随着生产方式的改变，他们便改变所有不过是这一特定

---

① 诺斯：《制度、制度变迁与经济绩效》，上海三联书店 1994 年版，第 7 页。
② 科斯等：《财产权利与制度变迁》，上海三联书店 1991 年版，第 201、204 页。
③ 《马克思恩格斯选集》第 4 卷，人民出版社 1972 年版，第 322 页。

生产方式的必然关系的经济关系。"[1]按照历史唯物主义原理，以经济制度为基础的全部社会制度的演变和更换，都以生产力的发展阶段和发展水平为动因，而不以人们主观意愿为转移。社会经济制度的演变是自然过程，而不是人为过程。

(3)马克思主义承认人(个人、集团、阶级)在制度演变中的重要作用。虽然人们不能自由选择社会制度，但人们在社会制度变革中的主体作用和能动作用又是不可否认的。这是因为：第一，社会发展史与自然发展史毕竟不同，在社会历史领域内进行活动的全是有意识地追求某种目的的人。第二，人是经济关系和利益关系的承担者。"为了不致丧失已经取得的成果，为了不致失掉文明的果实，人们在他们的交往(Commerce)方式不再适合于既得的生产力时，就不得不改变他们继承下来的一切社会形式。"[2]在人对制度演变的作用问题上，马克思主义更重视阶级和集团的作用。生产力和生产关系之间的矛盾的冲突表现为阶级之间的矛盾和冲突。阶级斗争是历史发展的动力，而阶级斗争首先是为了经济利益而进行的。

(4)马克思主义认为制度演变有两种基本形式：改良与革命。改良的形式又称进化形式或渐进形式，是制度的量变过程。这个过程的特点是在保持制度根本性质不变前提下，对制度的某些方面进行调整，使制度趋于完善。革命形式又称突变形式或飞跃，是指制度的质变过程。这个过程的特点是废除原有制度，建立新的制度。从制度的人格化方面看，被统治阶级往往采取革命形式推翻旧制度，但也不拒绝一定条件下的改良形式。统治阶级往往采用改良形式来修补和改进原有制度，延长制度的生命。

(5)马克思主义认为，从人类历史发展总趋势看，以经济制度为基础的社会制度演变依次经历了五个阶段，就是：原始社会制度→奴隶社会制度→封建社会制度→资本主义社会制度→包括社会主义的共产主义社会制度(马克思的原话是："大体说来，亚细亚的、古代的、封建的和现代资产阶级生产方式可以看作社会经济形态演进的几个时代")[3]。"五阶段"的依次发展是一个不断从低级上升到高级的进程。但从不同国家、不同民族、不同区域的具体发展过程看，其制度演变也不一定都遵循"五阶段"的路线，历史会显示发展的多样性。

从以上五点内容可以看出，马克思主义的制度演进理论是一个完整的体系。

新制度经济学也有比较完整的制度变迁理论。在介绍其内容之前，有必要先对该学派的理论特点作一概述。科斯的一段话可以让人们了解该学派理论特点的概貌。他说："能够明确区分和标志当代制度经济学家的，并不是他们讲制度——美国制度主义者当年也讲制度，也不是他们提出了一种新的经济理论——尽管他们以各种方式修正了现行经济理论，而是他们利用正统经济理论去分析制度的构成和运行，并去发现这些制度在经济体系运行中的地位和作用。"[4]这里所讲的"利用正统经济理论"主要是指"人是理性的"假设、成本—收益的分析方法以及需求—供给的分析框架。

新制度经济学制度变迁理论的主要内容可概括为如下几点：

(1)新制度经济学也认为制度是可变的。"制度是人类的一种创造。它们是演进的，并为人类所改变。""制度的稳定性丝毫也没有否定它们是处于变迁之中的这一事实。从习俗、行为规则、行为规范到法律以及个人之间的合约，制度是处于演变之中的，因而在不断改变

---

① 《马克思恩格斯选集》第4卷，人民出版社1972年版，第320—322页。
② 《马克思恩格斯选集》第4卷，人民出版社1972年版，第321页。
③ 《马克思恩格斯选集》第2卷，人民出版社1972年版，第83页。
④ 科斯：《企业、市场与法律》，上海三联书店1990年版，第253页。

着我们所获得的选择。”①

(2)新制度经济学认为,制度变迁的原因在于主体追求收益最大化。制度所以会被创新,就在于个人或团体希望获得在旧制度安排下不可能得到的利润。虽然推动制度变迁的主体可以是个人,也可以是团体或政府,但新制度经济学认为“我们的理论必须从个人开始”②。而个人行为又是基于“经济人”或“自私人”假设的。这样,个人追求利益最大化就成为新制度经济学理论的起点和原则。不同行为主体改变制度的动机可能不完全相同,但都要服从制度变迁这个一般原则。理性经济人从事活动都要进行成本—收益对比,从事制度变迁活动也是如此。只有当预期收益大于预期成本时,行为主体才会推动制度变迁。

(3)新制度经济学认为,制度变迁过程是从制度均衡到制度非均衡再到制度均衡。假定制度初始均衡。在均衡状态中,制度的任何改变都不能给生活在这一制度中的任何个人或团体带来额外收益。但这样的均衡状态却不能持久。一些外在的事件(如市场规模变化、相对价格变化等)会衍生出制度创新的诱因。对这些变化最先做出反应的是企业家,他们感到有了获取潜在利润(在现在制度下无法获得的利润)的机会,于是产生改变现存制度的要求,即所谓制度需求。这时,制度均衡就变为制度非均衡。制度非均衡是指人们对现行制度要求改变但尚未改变的一种状态。这种状态将由制度供给来改变。为了得到潜在利润,新制度迟早会创造出来。这时,制度非均衡状态就变为制度均衡状态。

(4)新制度经济学认为,制度变迁有两种基本类型:一种是诱致性制度变迁,另一种是强制性制度变迁。诱致性制度变迁是指现行制度的变更或新制度的创造,是由个人或团体在获利机会诱导下自发倡导、组织和实施的制度变迁。强制性制度变迁是指由政府倡导、组织和实施的制度变迁。诱致性变迁必须由某种在现行制度中无法得到的获得机会引起。强制型变迁则可以因某些利益集团要求对国民收入再分配而发生。

(5)新制度经济学认为,绝大部分的制度变迁都是渐进式的,而不是突变性的。例如,封建庄园内传统的主仆关系反映了主人对仆人的绝对权力,但由于 14 世纪人口下降,增强了仆人的谈判力量,导致主仆传统协议的逐渐瓦解,最后出现了无条件继承土地的所有制,引起庄园习俗的废除以及正规法律的变化。这个制度变迁过程演进了几个世纪。

在制度演变问题上,马克思主义与新制度经济学都承认制度是变化着的东西,但在制度变化的原因和方式等方面,两者的看法又不相同。马克思侧重从哲学原理上对制度演变的原因和方式进行论证,强调阶级和阶级斗争在社会基本经济制度变革中的作用,并将阶级冲突归因于经济利益冲突。新制度经济学侧重从西方正统经济学原理上说明制度演变的根据和机制,强调个人和集团(但要克服“搭便车”问题)在制度创造中的作用,并且强调制度演变的渐进性质。

马克思主义与新制度经济学在制度问题上的不同见解,根源于两者的分析基础和研究视角不同。马克思主义的制度分析是建立在辩证唯物论、历史唯物论以及劳动价值论基础之上的,分析的重点是社会基本经济制度及其演进,当然也不忽视对具体经济制度(如工厂制度、股份公司制度等)进行剖析。新制度经济学以新古典经济学为理论基础,重点分析具体经济制度(用他们的概念就是“制度安排”)及其变迁,而将基本经济制度的变迁看作是具

---

① 诺斯:《制度、制度变迁与经济绩效》,上海三联书店 1994 年版,第 6—7 页。

② 诺斯:《制度、制度变迁与经济绩效》,上海三联书店 1994 年版,第 7 页。

体制度(如合约等)微小改变的加总。

讨论　制度演变:马克思主义经济学和新制度经济学

马克思主义经济学与新制度经济学都承认制度是变化的,但在制度变化的原因和方式等方面看法不同。前者强调阶级和阶级斗争在社会基本经济制度变革中的作用,并将阶级冲突归因于经济利益冲突;后者侧重从西方正统经济学原理上说明制度演变的根据和机制,强调个人和集团在制度创造中的作用,并且强调制度演变的渐进性质。

从经济制度的内在矛盾来说明制度和制度演变,是马克思主义制度理论的精华所在,也是马克思主义制度理论的高明之处。运用"成本—收益"方法和"需求—供给"方法来说明制度和制度变迁,是新制度经济学的重要特点。马克思主义的制度理论是分析社会基本经济制度及其变革的最有效的工具。在社会基本经济制度框架内对具体经济制度及其变革的分析,除主要运用马克思主义理论和方法外,还可有批判地借鉴和运用新制度经济学的理论和方法。这在中外经济体制改革问题上都是如此。新制度经济学的代表人物诺思确认:"马克思主义的框架之所以是目前对长期变革最有力的论述,恰好是因为它将新古典框架舍弃的全部要素都包括在内:制度、所有权、国家和意识形态。马克思所强调的所有权在有效率的经济组织中的重要作用以及现存的所有权体系与新技术的生产潜力之间紧张关系在发展的观点,堪称是一项重大的贡献。在马克思主义体系中,正是技术变革造成紧张状态,而变革又是通过阶级斗争实现的。"[①]

讨论　制度理论:马克思主义经济学和新制度经济学

马克思主义经济学从经济制度的内在矛盾来说明制度和制度演变,强调所有权在有效率的经济组织中的重要作用。

新制度经济学运用"成本—收益"方法、"需求—供给"方法以及均衡方法来说明制度和制度变迁。

第二节　资本主义经济制度

一、产生过程

资本主义经济制度是继封建主义经济制度之后在世界范围内普遍存在的一种社会制度。

其一般特征是:(1)生产资料归资本家私人所有;(2)以利润为动力,为资本家利益而生产;(3)依靠市场和价格来分配资源和收入。用上述三个方面概括资本主义制度特征是可以的,但还没有简洁地揭示这一制度的实质。

资本主义经济制度的本质特征是:私人资本雇佣劳动,私人资本支配劳动。我们将经济制度定义为生产关系,而资本主义社会最主要和最基本的生产关系就是私人资本与雇佣劳动的关系。恩格斯说:"资本和劳动的关系,是我们现代全部社会体系所依以旋转的轴

---

① 诺思:《经济史中的结构和变革》,上海三联书店 1992 年版,第 61—62 页。

心。”[①]所以，所谓“劳动雇佣资本”属于某种现象或假象，而用“私人资本雇佣劳动”来概括资本主义制度特征，才能真正揭示这一制度的实质，才能说明资本主义制度与其他社会制度的本质区别。

资本主义经济制度首先出现在欧洲。由于生产力的发展，公元10世纪的西欧已开始出现手工业和农业的分离，并产生了以手工业和商业为中心的城市。随着城市的出现和商品生产的发展，小生产者开始分化，封建社会内部产生了资本主义萌芽，进而许多国家出现了手工工场形式的资本主义生产。马克思说：“资本主义生产，事实上，是在这个地方开始，在这个地方，同一资本同时雇佣较多数劳动者，以至劳动的过程扩大了它的范围，而以较大量的规模来供给生产物。”因此，“较多的工人在同时、在同一空间（或者说在同一劳动场所），在同一资本家的指挥下，生产同种产品，在历史上和逻辑上都是资本主义生产的出发点”。[②]

封建社会后期虽然产生了资本主义生产关系，但这种新生产方式的发展开始还比较缓慢，不能适应15世纪末各种大发现所造成的世界市场的需要。后来，通过资本的原始积累，才使资本主义生产规模得到迅速扩大。

资本主义经济制度和封建主义经济制度虽然都以私有财产为基础，但两种制度还是有所区别。资本主义制度特点是雇佣劳动，封建制度特点是农奴劳动或徭役劳动。作为两种生产关系的主要承担者，资产阶级和封建地主阶级又存在利益上的矛盾。矛盾的激化，促使资产阶级进行政治革命，推翻封建统治，建立资产阶级政权。经济权力靠政治权力维护。资产阶级建立国家政权就是为了保卫和发展自己的财产关系。16世纪的尼德兰革命、17世纪的英国革命、18世纪的法国革命均以资产阶级胜利而载入史册。资产阶级革命胜利正式启动了人类社会的资本主义发展进程。

但是单靠资产阶级政治权力保护资本主义经济制度还是不够的。资本主义经济制度的确立和发展，还必须有自己坚实的物质技术基础。“手工磨产生的是封建主为首的社会，蒸汽磨产生的是工业资本家为首的社会。”[③]18世纪60年代开始于英国的以机器发明和应用为标志的产业革命，才使劳动完全隶属于资本，才最终确立了资本主义制度的统治地位。

中国封建社会内部商品经济的发展，也孕育着资本主义萌芽。还在明代中叶，江南的苏州、杭州、松江、南京等地的棉织、丝织、造纸、制铁等行业已经出现了买卖劳动力的现象，许多手工作坊的雇工人数已有5人以上的规模，有些工场的雇工超过百人。同时，有些商人也开始充当包买主的角色。到了清代，资本主义萌芽又有所发展。其实，中国资本主义萌芽的出现并不比西欧晚多少，即使没有外国资本主义势力的影响，中国也会缓慢地发展到资本主义社会。

1840年鸦片战争之后，帝国主义列强大举入侵，我国社会内部结构也发生重大变化。一方面，外国资本主义势力在中国占取了许多政治经济特权，掠夺了大量的社会资源和社会财富，将中国变成它们的工业品倾销场所，从而限制了中国民族资本主义的成长；另一方面，资本主义势力入侵，又破坏了中国几千年的自给自足的经济基础，给中国资本主义发展提供了客观条件。在19世纪后半期，已有一部分中国的官僚、地主和商人投资办工业。20世纪初，趁帝国主义国家忙于第一次世界大战之机，中国资本主义工商业又得到进一步发展。在

---

① 《马克思恩格斯选集》第2卷，人民出版社1972年版，第269页。
② 马克思：《资本论》第1卷，人民出版社1975年版，第358页。
③ 《马克思恩格斯选集》第1卷，人民出版社1972年版，第108页。

20世纪50年代前，虽然从总体上看，中国是半殖民地、半封建社会，但是，以雇佣劳动为特征的资本主义生产关系在工商业部门里还是处于支配地位，其腐败政权的经济基础正逐渐演变为封建的、买办的国家垄断资本主义。

二、进步性与局限性

资本主义制度代替封建制度是历史发展的必然。资本主义制度将人类历史向前推进了一大步。与封建制度相比，资本主义制度有巨大优越性。

我们可以从制度内容和制度功能两个方面去考察资本主义制度的进步性。

从制度内容上看，资本主义经济制度的进步性表现在，它将人从人身依附关系中解放出来，使人成为独立自由的人。马克思曾将人类社会制度分为三大类或三大形态，他说："人的依赖关系(起初完全是自然发生的)，是最初的社会形态，在这种形态下，人的生产能力只是在狭窄的范围内和孤立的地点上发展着。以物的依赖性为基础的人的独立性，是第二大形态，在这种形态下，才形成普遍的社会物质变换，全面的关系，多方面的需求以及全面的能力的体系。建立在个人全面发展和他们共同的社会生产能力成为他们的社会财富这一基础上的自由个性，是第三阶段。"①一看就明白，资本主义制度属于"第二大形态"，资本主义之前的社会制度属于"最初的社会形态"。资本主义制度比古代的、封建的制度要进步得多、优越得多。在资本主义制度下，人具有独立性，人与人之间以自由人的资格和独立的商品所有者的资格互相对待。资本主义制度将人从封建时代的隶属关系中解放出来，是了不起的进步。当然，资本主义制度下人的独立性是外观的、法理上的，而不是事实上的和充分的。这是因为，资本主义社会中"人的独立性"又是建立在"物的依赖性"的基础上的，是用人对物的依赖代替了人对人的依赖。这又是资本主义制度的局限性。要克服这种局限性，社会就要进入"第三阶段"。

从制度功能上看，资本主义制度的进步性主要表现在它能以比封建制度快得多的速度推动生产力发展。马克思、恩格斯在150年前写的《共产党宣言》中，已对资本主义制度的历史进步作用做了公正的叙述：

"资产阶级在历史上曾经起过非常革命的作用。"

"它第一次证明了，人的活动能够取得什么样的成就。它创造了完全不同于埃及金字塔、罗马水道和哥特式教堂的奇迹；它完成了完全不同于民族大迁移和十字军东征的远征。"

"资产阶级在它不到一百年的阶级统治中所创造的生产力，比过去一切世代创造的全部生产力还要多，还要大。自然力的征服，机器的采用，化学在工业和农业中的应用，轮船的行驶，铁路的通行，电报的使用，整个大陆的开垦，河川的通航，仿佛用法术从地下呼唤出来的大量人口——过去哪一个世纪能够料想到有这样的生产力潜伏在社会劳动里呢?"②

在《共产党宣言》问世后的150年中，资本主义社会生产力又有了巨大发展。马克思恩格斯时代是资本主义社会生产力发展的机械化时代，这一时代是由18世纪以蒸汽机技术为代表的第一次产业革命开辟的。马克思去世后，资本主义社会又发生了第二次和第三次产业革命或科技革命。第二次产业革命是电气技术革命，人类由此进入电气化时代。第三次科技革命以电子技术、航天技术、材料科学和生物科学为主要内容，由于这一革命，人类开始

① 《马克思恩格斯全集》第46卷(上)，人民出版社1979年版，第104页。
② 《马克思恩格斯选集》第1卷，人民出版社1972年版，第253、254、256页。

进入信息化时代。第二次和第三次产业革命所创造的生产力又比第一次产业革命所创造的生产力大得多。由于生产力巨大发展，资本主义制度已从西欧的狭小地域扩张到整个世界（资本主义全球化），资本主义框架内的某些制度得到调整，某些阶级矛盾和社会矛盾得到表面缓和。资本主义制度仍在显示其一定的活力。

但是，不能因为资本主义制度的进步性而否认它的局限性。这里所讲的局限性，是指同资本主义制度共生共存的，但不能由它自身加以克服的那些制度的缺陷。主要有下列两点：

（1）资本主义制度无法克服自身所产生的异化现象。上面已经讲过，资本主义制度使人具有了独立性，但这种独立性又以人对物的依赖性为基础。"人们信赖的是物（货币），而不是作为人的自身。"[①]正是人对物的依赖性，使"他们自己的社会关系作为物同他们自己相异化"。[②] 本来，生产物是劳动者创造出来的，应该是劳动者支配自己的生产物。现在，由劳动者制造出来的生产物变成一种外在的异己的力量，反过来支配和控制劳动者。工人自己的产品变成了奴役工人的工具。在资本主义社会，人对物的依赖性表现为劳动对私人资本的依赖性和依附性。一个人可以不受另一个人控制，但不能不受私人资本的控制。在这种制度下，从人与人的关系上看，每个人是平等的（法律上的），从人与物的关系上看，各个人又是不平等的（事实上的）。人的独立性使人的主动性和积极性得到发挥，从而创造了前所未有的文明。人对物的依赖性又抑制了人的活力，给资本主义社会带来很多麻烦和灾难。资本主义制度废除了封建社会中人身依附关系，这是历史的进步，但资本主义又是物支配人的制度，这是它的缺陷。

（2）资本主义无法根除它内在的对抗性矛盾。前面已经讲过，推动社会生产力发展是资本主义制度进步性的表现，但社会生产力巨大发展与资本主义制度自身狭隘性又必然发生冲突。资本主义社会是一个充满矛盾的社会，举其大者仍然是马克思和恩格斯指出的那几个矛盾。

首先，社会化生产和资本主义私人占有的矛盾，就是资本主义制度自身无法解决的一个大矛盾。因为要根本解决这一矛盾，就要消除生产力的私有资本属性，承认生产力的社会属性，而这一点是资产阶级不能接受的。而且，在资本主义社会里，生产资料要不先变为资本，变为剥削人的劳动力的工具，就不能发挥作用。资产阶级已经采用很多措施试图解决这一矛盾，结果只是矛盾的暂时缓和，而不是矛盾的彻底消除。

其次，资本主义制度也不能克服无产阶级与资产阶级之间的阶级对立。这一对立正是社会化生产与资本主义私人占有矛盾的表现。现在，马克思主义的阶级斗争学说正在受到种种诘难，否定这一学说的人甚至认为"工人阶级已经消失"，"无产阶级与资产阶级已经一体化了"。资本主义社会里究竟还存在不存在阶级和阶级矛盾？这是一个原则问题。如果不是从表面现象而是从基本事实上看，是不能对此问题做否定回答的。这里所讲的基本事实是指资本主义社会的基本生产关系，即私人资本雇佣劳动的关系。如果这一基本生产关系已不存在，或者这一基本关系中的两个主体的地位已经转化，已不是私人资本雇佣劳动，而是劳动雇佣资本，那就可以说无产阶级与资产阶级的阶级对立已经消失。然而，在当代或现代资本主义社会里，能说私人资本雇佣劳动关系已不存在了吗？不能。因为在那里，资本

① 《马克思恩格斯全集》第46卷（上），人民出版社1979年版，第107页。
② 《马克思恩格斯全集》第46卷（上），人民出版社1979年版，第107页。

雇佣劳动依然是普遍现象，这是明摆着的事实。在这种情况下，轻言“工人阶级已经消失”，其论据是不足的。私人资本与雇佣劳动关系是资本主义全部社会关系的核心。只有这一核心关系改变了，全部资本主义社会关系才会根本变化，而这里，资本主义制度也就不成其为资本主义制度了。靠资本主义制度自身彻底改变私人资本与雇佣劳动关系是不可能的。因为资本主义制度不能自己否定自己。只要这一基本经济关系没有彻底改变，无产阶级与资产阶级之间的对立就不可能消失。在此情况下，硬说“无产阶级与资产阶级已经一体化”乃是无稽之谈。

三、过渡性与阶段性

资本主义制度过渡性是指：第一，同世界上任何事物一样，资本主义制度也是变化着的东西，它在人类历史上具有暂时性，不具有永恒性；第二，它的变化发展同样遵循从低级向高级的路线，资本主义必然转向社会主义。

西方制度学派也承认社会制度的变化发展原则，不同的是，马克思主义的发展观更强调两点：其一，认为发展的动力或动因是事物内部矛盾，发展是旧事物的死亡新事物的成长；其二，认为发展不仅是平稳的、渐进的量变过程，而且在一定阶段上会出现渐进的中断，出现质的飞跃。这两点是我们理解社会制度变化发展的钥匙。

由于资本主义基本矛盾和其他各种矛盾的作用，今天的资本主义与18世纪的资本主义已有所不同。在这些国家，现在看到的是，工人每周工作5天，每天工作8小时甚至更少，失业有救济，生病有保险，退休有养老金，零星的慈善事业已被覆盖全社会的福利保障体系取代。雇佣工人的劳动条件和生活条件确实改善了许多。

第二次世界大战后，西方资本主义国家在生产力、财产形式和经济运行机制等方面又发生了新的变化。

首先，科学技术和社会生产力有了迅速的发展。从20世纪40年代末期开始，主要资本主义国家兴起了规模空前、影响深远的第三次科技革命浪潮。在科技革命推动下，多数西方国家无论从国民生产总值，还是从人均收入指标看，其增长之快都为资本主义发展史上所罕见。

其次，生产社会化、资本社会化进一步提高，生产关系一些环节有了改进。突出的表现之一是，多单位、多功能、多样化经营的巨型企业或巨型公司超越国界迅速发展。这些公司规模之大，足以令人瞠目。一家公司的生产量大于一个中等国家的生产量，已不是天方夜谭。巨型公司的兴起与发展，既是资本主义生产日益社会化的体现，又使资本主义生产关系出现了许多新现象：(1)股权更加分散，一家大公司往往有几百万个股东，很多雇员拥有公司股票。(2)公司内部权力分散，很多公司的经营管理权越来越多地掌握在高级管理人员手中。(3)工人也以不同形式参与公司管理，日本企业还实行终身雇佣制度。资本主义企业在管理制度上的变革，又为技术的持续不断创新提供了社会条件。

再次，经济运行机制出现了重要变革。一是资本主义国家或政府强化了经济管理职能，加强了对经济的宏观调控，扩大了国民收入的占用和支配的份额，增加了公共开支的规模，普遍建立起一套社会安全保障系统。二是大企业与中小企业之间建立了相对稳定的长期合作关系，扩大了企业内部生产的计划性。所有这些变革，对减少经济波动、缓和社会矛盾、保持社会安定、保证经济平稳增长都起着重要作用。

随着资本主义制度的新变化，随着对资本主义认识的深入，资本主义发展阶段问题成为人们关注的一个热点。其结论性看法是：资本主义发展已经历了两个阶段：自由竞争资本主义与垄断资本主义（若说三个阶段，即把垄断资本主义分为私人垄断资本主义与国家垄断资本主义）。自由资本主义阶段早已结束，当前正处于垄断资本主义发展阶段。鉴于第二次世界大战以后出现的新情况和新特点，有人提出资本主义发展三阶段论：自由资本主义、垄断资本主义和社会资本主义。社会资本主义阶段始于20世纪50年代，主要标志是资本进一步社会化。股份公司普遍建立，股权极大分散，保险、养老基金等社会组织成为公司大股东以及国有资本的发展等，意味着私人资本已转化为社会资本。在社会资本主义阶段上，资本主义不仅在运行制度方面发生了变化，而且在财产制度方面也有了改变。同时，资本主义内部也出现了诸如劳动者持股和劳动者的社团所有制等社会主义因素。

对资本主义发展阶段的划分，首先要明确划分的标准或根据。在这个问题上，我们主张以生产力和生产关系统一、财产制度与运行制度统一为划分标准。垄断组织的发展是以生产力发展到电气时代为基础的，而垄断组织本身就是一种新的财产形式。至于垄断竞争、寡头竞争则是一种市场类型，属于经济运行机制范畴。可见，垄断资本主义阶段的出现，正是资本主义社会生产力和生产关系、财产形式和运行机制都发生变化的综合表现。

根据上述划分标准，从发展时序上看，垄断资本主义与社会资本主义在时间上并不是一前一后的关系，社会资本与垄断组织是同一发展过程的两个不同侧面，是同时出现的社会经济现象。按照马克思和恩格斯的意见，所谓社会资本，是指联合起来的个人资产，由股份公司经营的资本。从19世纪下半叶开始，在资本主义社会的有些部门内，只要生产发展的程度允许的话，就把该工业部门的全部生产集中成为一个大股份公司，实行统一领导。一个大股份公司就是一个大垄断组织，存在于股份公司内的个人资本就是社会资本，即社会集资和统一支配的私有资本。由此可以明白，垄断组织与社会资本就其产生与发展来说，没有时序上的差别。那种认为社会资本主义在20世纪50年代取代了垄断资本主义而成为资本主义发展第三阶段的论断，是不能成立的。

现代资本主义社会仍然处在垄断资本主义的发展阶段上。列宁在20世纪初期所揭示的垄断资本主义的主要特征不仅没有消失，而且在全球范围内更加凸显出来。在发达资本主义国家，垄断程度和规模与第二次世界大战前相比，已不可同日而语。少数巨型企业正控制着主要国民经济部门，主宰着国民经济的基础。

第三节　社会主义经济制度

一、产生过程

社会主义经济制度代替资本主义经济制度，是社会化生产与资本主义私人占有这一矛盾发展的必然结果。现存社会主义制度是在第一次世界大战和第二次世界大战后的特殊环境中诞生的。

社会主义首先是一种学说。1516年出版的英国作家托马斯·莫尔的《乌托邦》，被人们认为是近代社会主义思想史上的第一本著作。从16世纪《乌托邦》问世到19世纪中叶欧文

"公社制度"设计与实验,是进步的空想社会主义的发展时期。

马克思、恩格斯于 1845—1846 年合写的《德意志意识形态》一书,系统阐述了历史唯物主义基本原理,揭示了人类社会发展的一般规律。这两位思想家又运用辩证唯物主义和历史唯物主义的哲学原理对当时资本主义社会进行科学研究,论述了资本与劳动的关系,发现了资本主义社会特有的规律——剩余价值规律。正是唯物史观和剩余价值理论的确立,才使社会主义学说由空想变成科学。

马克思、恩格斯科学地继承了进步的空想社会主义的某些遗产,又批判了以往社会主义思想中的虚幻成分。科学社会主义与空想社会主义虽有联系,却有根本区别。其中一个重要区别是,对资本主义社会后的那个社会将是什么,马克思、恩格斯只谈最一般原理,不讲具体细节。

关于社会主义经济制度特征,马克思主义创始人"最一般谈到"以下几点:(1)"资本主义生产形式的消灭,'恢复了个体所有制,但这是以资本主义时代的成就为基础的,就是说,是以自由劳动者的协作以及他们对土地和他们自己劳动所生产的生产资料公有为基础的'"。① (2)"一旦社会占有了生产资料,商品生产就将被消除,而产品对生产者的统治也将随之消除。社会生产内部的无政府状态将为有计划的自觉的组织所代替。"②(3)"每一个生产者,在作了各项扣除之后,从社会方面正好领回他所给予社会的一切……他从社会方面领得一张证书,证明他提供了多少劳动(扣除他为社会基金而进行的劳动),而他凭这张证书从社会储存中领得和他所提供的劳动量相当的一份消费资料。"③后来,马克思主义者将上述几点简括为:生产资料公有制,计划经济,按劳分配。

马克思、恩格斯既是思想家,又是革命实践家。他们亲身参加并领导工人运动,为实现社会主义而斗争。但是,直到他们去世,世界上还没有出现一个社会主义国家。在他们生活的 19 世纪,社会主义还只是一种学说,而不是一种社会制度。

世界上第一个建立社会主义制度的国家是俄国。后来,社会主义制度又陆续在东欧一些国家以及亚洲的一些国家建立起来。第二次世界大战以后,"占地球陆地面积约 30%的居住区,全世界人口的 35%转入社会主义体系"。④

按照马克思主义理论和社会主义运动的实践,建立社会主义制度的基本道路是:第一,无产阶级在其政党领导下,通过暴力革命推翻资产阶级政权,建立自己的政治统治,但不排斥通过议会斗争等和平方式掌握政权。第二,依靠无产阶级政权力量建立社会主义经济制度。俄国无产阶级依靠自己的政权没收了资产阶级的全部生产资料。中国无产阶级依靠自己的政权力量没收了官僚资产阶级的生产资料,又通过国家资本主义形式赎买民族资产阶级生产资料,从而将资产阶级全部生产资料转到无产阶级国家手中,资产阶级私有制变成社会主义国家所有制。同时,社会主义国家政权还通过集体农庄和合作社等形式将农民、手工业者的生产资料私有制,变成社会主义集体所有制。随着社会主义财产制度的建立,以劳动量为尺度领取消费品的分配制度和通过集中统一计划配置社会资源的经济运行制度也相继建立起来。

---

① 《马克思恩格斯全集》第 16 卷,人民出版社 1964 年版,第 244 页。
② 《马克思恩格斯选集》第 3 卷,人民出版社 1972 年版,第 323 页。
③ 《马克思恩格斯选集》第 3 卷,人民出版社 1972 年版,第 10、11 页。
④ 伊藤诚:《现代社会主义问题》,社会科学文献出版社 1996 年版,第 1 页。

至此，作为资本主义制度的代替物和对立物，社会主义制度以其崭新面貌建立于地球之上，这是无产阶级长期斗争的胜利成果。但总的来说，这里所讲的是20世纪90年代前的社会主义制度模式。

恩格斯依据当时的世界局势曾一般地指出，社会主义革命将首先在欧洲和美洲的工业发达国家取得胜利。但第一次世界大战改变了世界局势，各国经济和政治发展不平衡规律的作用凸显，首先取得社会主义胜利的并不是经济发达国家，而是经济相对落后的国家。这也是合乎马克思和恩格斯所揭示的社会发展规律，尤其是关于俄国革命等理论的。俄国和中国等社会主义革命的成功，是有其相对成熟的物质基础和经济关系基础的，并非搞早了和搞错了。

但是，在有利于资本主义国家的国际大环境中，新生的社会主义制度有其脆弱的一面，面临更多的挑战和考验。20世纪80年代末90年代初，苏联和东欧国家先后退出社会主义体系，表明这些国家的社会主义制度未能有效克服自身的脆弱性，终于放弃了社会主义。但也有些国家，特别是中国的社会主义制度，由于及时调整了内部结构，增强了应付挑战的能力，目前依然屹立在世界的东方，日益显示出其旺盛的生命力。

二、进步性与局限性

社会主义经济制度的进步性可以从以下几个层面上进行分析：

首先，从逻辑上讲，社会主义制度是比资本主义制度更为优越的社会制度。按照唯物辩证法和唯物历史观的基本原理，人类社会是顺着从低级到高级阶梯向上发展的。作为封建制度的替代物，资本主义曾经并且正在创造出在封建社会里永远也不能获得的物质财富。作为资本主义制度的替代物，社会主义在不长时期内一定会创造出比资本主义社会更为丰硕的经济和文化成果。

其次，从社会主义制度的本质或本性上看，社会主义制度也比资本主义制度优越。资本主义本质特征是雇佣劳动，社会主义本质特征是联合劳动。雇佣劳动以人对物的依赖、以劳动对资本的依赖为基础，还是一种比较低级的社会形式。联合劳动以联合起来的个人对全部生产力总和的占有以及个人的全面自由发展为基础，是一种更高级的社会形式。在雇佣劳动制度下，物支配着人，劳动者是自己生产物的奴隶。在联合劳动制度下，人支配着物，劳动者是自己生产物的主人。而且，在这种制度下，“人终于成为自己的社会结合的主人，从而也就应成为自然界的主人，成为自己本身的主人——自由的人”。[①] 两种社会制度相比，社会主义制度的进步性是毋庸置疑的。这在社会主义计划经济时代和社会主义市场经济时代都是如此。

再次，从社会主义制度的功能上分析。尽管社会主义国家在物质技术基础方面先天不足，在具体制度方面又有很多弊端，但这些国家在一段时期内在生产力发展上所取得的成就还是很可观的。就在东欧和苏联的社会主义体系行将解体之际，波兰著名经济学家还是公正地指出了这一点，他说：“自1928年苏联式的发展战略实施以来的半个世纪，苏联官方统计宣称其年复合增长率(国民收入＝净物质产品 NMP)几近9%，包括发生战争的几年在内；美国对苏联国民生产总值的估计差不多是这个速度的一半，但这也仍然高于除日本以外

① 《马克思恩格斯选集》第3卷，人民出版社1972年版，第443页。

的任何一个西方主要国家的增长速度……毫无疑问，苏联在我们研究的这一时期内，缩小了与西方工业国家之间的差距，无论是人均产量，还是经济结构（工业在经济中的比重、城市化等），都是如此。”①

美国的约·斯蒂格利茨也对社会主义制度所取得的成绩作了较公正的叙述。他说：“在分析社会主义经济失败原因时，我们不应忘记苏联取得的令人瞩目的成就。苏联创业经历了许多困难，如敌对的世界，世界范围的大萧条，世界大战的破坏，薄弱的工业基础……但是苏联1917—1960年仍然取得了举世瞩目的高速发展……在高速增长的同时，减少了不平等现象”。②

历史已经证明，社会主义生产关系能够以比资本主义生产关系更快的速度推动生产力发展。这是社会主义制度优越性的具体表现。值得一提的是，在这段时期内，社会主义经济制度还存在很多缺点，加上在国际上处于不利地位，社会主义制度的优越性还没有能充分发挥出来。一旦国内外的重要不利因素被克服了，社会主义制度一定会在更大程度上解放和发展生产力，那时表现出来的业绩必将更为惊人。

社会主义优越性不能充分持久体现的原因是多方面的。就经济来说，主要原因是经济制度的具体形式或经济体制存在弊端。在社会主义实践过程中，逐步形成了一种同社会生产力的发展要求不相适应的较僵化的经济模式。此外，人口基数大和人口增长过快也是一个重要制约因素。

社会主义经济生活中的种种弊端，不是社会主义本质或本性的表现。这些弊端的产生与社会主义基本制度没有必然联系，但与人们对社会主义基本制度认识偏差、对新生事物缺乏经验和管理水平不高有密切关系。当人们按照自己的想法和愿望选择基本制度的具体形式，而自己的想法和愿望既不符合马克思和恩格斯的本意，更不符合本国实际的时候，这些弊端就产生了。

既然原因已经找到，那么从社会主义经济制度的肌体上清除这些弊端，自觉实行“第二次革命”，进一步解放生产力，就成为摆在我们面前的重大任务。

社会主义国家酝酿经济体制改革为时已久，到20世纪70年代后期，经济体制改革不仅正式启动，而且成为不可抗拒的历史潮流。凡是坚持改革而且方法对头的社会主义国家，社会生产力再度获得快速发展，社会主义制度不仅得到维护，而且更加显示其旺盛的生命力。那些放弃社会主义制度的国家，国民经济均出现大衰退或增长速度减慢。

三、过渡性与阶段性

在马克思和恩格斯的许多著作中，“社会主义”和“共产主义”的含义是相同的。因此，我们先将“社会主义”和“共产主义”看作同一个社会形态，对它的发展阶段加以分析。

关于社会主义或共产主义社会发展阶段，马克思在《哥达纲领批判》中表述了这样的想法：(1)在资本主义社会和共产主义社会之间，有一个从前者变为后者的革命转变时期。这个时期的国家只能是无产阶级的革命专政。(2)共产主义社会第一阶段。这个阶段在各方面都还带着它脱胎出来的那个旧社会的痕迹。在这个阶段上，生产资料已归全社会所有，生

① W. 布鲁斯，K. 拉斯基：《从马克思到市场：社会主义对经济体制的求索》，上海三联书店、上海人民出版社1998年版，第36—37页。

② 约·斯蒂格利茨：《社会主义向何处去》，吉林人民出版社1998年版，第236页。

产者并不交换自己的产品，每个生产者按照他提供的劳动量领取一份消费品。(3)共产主义社会的高级阶段。在这个阶段上，旧的分工已经消失，脑力劳动与体力劳动的对立也随之消失，劳动已不是谋生手段。随着个人全面发展，集体财富的一切源泉充分涌流，人们完全超出资产阶级法权的狭隘眼界，社会在自己的旗帜上写着：各尽所能，按需分配。

马克思对未来社会发展阶段的划分只是原则规定，至于这三个阶段中每个阶段究竟有多长，具体经济形式究竟怎样，他并没有详细描述，但认为在不发达国家，其过渡时期会长些。

列宁继承了马克思关于未来社会发展阶段的学说，对"过渡时期"的特征和社会属性做了进一步阐述，认为这个过渡时期，不能不兼有两种社会经济结构的特点或特征，不能不是衰亡着的资本主义与生长着的共产主义彼此斗争的时期。同时，列宁还明确地说："人类从资本主义只能直接过渡到社会主义，即过渡到生产资料公有和按劳分配。我们党看得更远些：社会主义必然会渐渐成长为共产主义，而在共产主义的旗帜上写的是：'各尽所能，按需分配'。"[①]从此，人们开始将"共产主义第一阶段"称为"社会主义"，将"共产主义高级阶段"称为"共产主义"，社会主义与共产主义的含义就不完全相同了。此外，列宁还认为社会主义社会也会分阶段发展，并提出"初级形式的社会主义""完全的社会主义""发达的社会主义"等概念。

社会主义社会(共产主义第一阶段)发展阶段问题，是一个新的理论问题和实际问题。马克思和恩格斯著作里没有这个问题的现成答案。列宁著作里谈到这个问题，但没有来得及作严格的科学论证。这个问题需要我们根据马克思主义基本原理和社会主义实践经验来回答。

社会主义社会要不要划分阶段，取决于社会主义社会的发展。我国过去有一种流行观点，认为在很短时期内，社会主义社会就要过渡到共产主义社会，按劳分配就要被按需分配取代。如果真是这样，当然没有划阶段的必要。但这种观点是很不清醒的。根据这一观点而采取的许多超越阶段的急躁冒进的做法，更是有害的。从社会主义国家实际出发，社会主义社会将要经历很长的时期。这个历史时期不是用两位数来计量，而是要用三位数来计量。这就有可能在它的发展过程中显示出阶段性。

要划分阶段，就要确定划分标准。我们仍应以生产力和生产关系相统一、财产制度与运行制度相统一的标准来划分社会主义社会的发展阶段。生产关系是划分阶段的直接根据，生产力对阶段划分起最终决定作用，经济运行机制的变化也会引起阶段性的变化。

我国从 20 世纪 70 年代末正式开始对社会主义发展阶段的研究，这也正是我国开始实行改革开放的时期。虽然在如何划分阶段、划分几个阶段等问题上有不同的学术观点，但社会主义首先要经历一个初级阶段，则是没有争议的。我国当前的社会主义正处于这样一个阶段之上。

社会主义初级阶段有其一般含义和特殊含义。从一般含义上讲，社会主义初级阶段是指社会主义社会发展的起始阶段。这个阶段是所有已经实行和将要实行社会主义制度的国家都要经历的。

社会主义初级阶段特殊含义视一国具体国情而定。就我国而言，社会主义初级阶段是指我国在生产力落后、商品经济不发达条件下建设社会主义必然要经历的特定阶段。

---

① 《列宁选集》第 3 卷，人民出版社 1972 年版，第 62 页。

我国社会主义社会不是脱胎于发达的资本主义社会，而是脱胎于半殖民地、半封建社会。半殖民地、半封建社会留下的遗产就是落后的生产力、不发达的商品经济，以及在政治、经济、文化方面的封建主义残余。这些遗产带进社会主义之后，必然会在社会主义制度上反映出来，使我国现阶段的社会主义社会，不仅有资本主义痕迹，而且有封建主义痕迹。

我国社会主义初级阶段的生产关系，呈现出马克思主义创始人不可能预料到的许多特点：第一，在财产制度上，我国不仅存在社会主义公有制，而且存在非社会主义性质的各种所有制。我国现在的基本经济制度就是公有制为主体、多种所有制共同发展。第二，在分配制度上，我国不仅实行按劳分配原则，而且通行各种非按劳分配原则，并让资本和土地等生产要素参与分配，但要坚持按劳分配为主，并以共同富裕为目标。第三，在运行制度上，我国发展社会主义市场经济，充分利用市场机制，发挥市场对资源配置的决定性作用，同时加强政府的宏观调控职能。

讨论　我国现行的经济制度

公有制为主体、多种所有制共同发展；按劳分配为主，让资本和土地等生产要素参与分配，并以共同富裕为目标；发挥市场对资源配置的决定性作用，同时加强政府的宏观调控职能。

我国现阶段社会主义经济制度特征，与马克思主义创始人所讲的社会主义经济制度特征以及社会主义革命胜利后所创建的社会主义特征相比，差异是明显的。如果马克思主义创始人所讲的社会主义是比较纯粹的社会主义，那么，我国现阶段社会主义则是不纯粹的社会主义。在纯粹社会主义制度下，社会主义本性可以充分体现出来。在不纯粹的社会主义制度下，社会主义本性还不可能充分表现出来。在我国社会主义初级阶段，由于还实行市场经济制度，劳动者就不可能完全摆脱对物的依赖性，甚至还存在着人与人之间某些隶属关系和等级制度的陈迹。

我们曾经追求过纯粹的社会主义，但没有成功。因为“新的更高的生产关系，在它存在的物质条件在旧社会的胎胞里成熟以前，是决不会出现的”。[①] 试图在落后生产力基础上建立完全的社会主义，让“联合起来的个人占有全部生产力总和，消灭私有制”，是违背生产关系一定要适合生产力发展规律的做法。既然我国生产力发展水平远未达到可以实现全面公有化的程度，就不可能出现“新的更高的生产关系”。我们只能顺应生产力发展的要求，建立符合我国国情的初级形态的社会主义制度。这样的社会主义制度一经确立，很快就显示出巨大优越性，使我国社会生产力发展突飞猛进，人民生活水平迅速提高，综合国力全面增强。

随着生产力持续增长，生产关系也将不断改进，但社会主义的初级阶段还不可能在短期内结束。尽管我国经济在改革开放后发展很快，但要在我国基本实现西方发达国家二三百年才完成的工业化和经济社会化、市场化、现代化的任务，大约还需要几十年的时间。这就是说，我国社会主义初级阶段可能要延续到 21 世纪中叶以后。

社会主义社会划分为哪几个阶段，是一个需要探讨的问题。有一种预见或假设认为，社会主义社会的发展要经过三个阶段：初级、中级、高级。[②] 至于社会主义中级阶段、高级阶段将是什么样子，现在不可能讲得很具体。但有一点可以说，在中级阶段和高级阶段，社会主义性质的体现，一定比初级阶段更多，非社会主义东西（包括旧社会痕迹）一定比初级阶段更

---

① 《马克思恩格斯选集》第 2 卷，人民出版社 1972 年版，第 83 页。

② 程恩富：《社会主义三阶段论》，广东高等教育出版社 1991 年版。

少。当生产力的发展引起财产制度、分配制度和调控制度等方面朝共产主义方向发生部分质变时，我国社会主义初级阶段将先后进到中级阶段和高级阶段。

最后应当指出，以最高经济效率和最高经济公平为特征的共产主义制度，是人类社会发展的大方向，但其实现需要一系列的条件和相当长的时间。其中，生产力的高度发展是实现共产主义必需的物质条件；单一的生产资料共产主义全民所有制、计划经济和按需分配是实现共产主义必需的经济条件；教育的高度发展及彻底消灭脑力劳动和体力劳动的差别是实现共产主义必需的社会条件；思想觉悟和道德品质的极大提高是实现共产主义必需的精神条件；消灭阶级和国家自行消亡是实现共产主义必需的政治条件。

第四节　社会主义与资本主义制度的共存和竞争

一、两种经济制度具有统一性

从 1917 年十月社会主义革命胜利以及第一个社会主义国家诞生之时起，资本主义便失去了“一统天下”的地位，世界开始出现两种社会制度并存的局面。第二次世界大战后，又有许多国家相继建立了社会主义制度。但是，资本主义并没有在全世界崩溃，社会主义也没有在全世界胜利。资本主义依然存在，并且获得了稳定发展。世界还是两种社会性质不同的国家并存。

20 世纪 90 年代以来，苏联和东欧一些国家的社会主义制度发生蜕变，资本主义国家有些政客和学者沾沾自喜，宣布社会主义已经失败并很快会在全世界范围内彻底消失。然而，就在这期间，社会主义中国通过改革开放，取得了举世瞩目的成就。其他一些国家也开始对僵化体制进行某种改革，再现社会主义活力。社会主义并没有垮台，资本主义并没有成为世界上唯一的社会制度，两种社会制度并存局面并没有改变。

既然社会主义制度与资本主义制度共存共处在这个世界上，两种制度之间就必然要发生联系和关系。

长期共同生活在一个地球上的两种不同社会制度，不可能每时每刻都剑拔弩张、刀斧相见。它们之间有时也会妥协让步，相互交流，乃至合作共事。早在第二次世界大战前，资本主义国家的有识之士，就主张采用当时社会主义国家计划管理国民经济的方法来医治资本主义无政府病症。更早的时候，社会主义国家领导人(列宁)就主张利用泰罗制，学习资本主义企业管理科学。社会主义企业中领导人员、技术和管理人员、操作工人之间的和谐关系，常为资本主义国家的一些学者和企业家所称道。资本主义国家股份公司的分权结构和管理模式，对社会主义企业也有借鉴和利用价值。改革开放以来，我们向资本主义国家学习、借鉴、引用的东西就更多了。诸如此类都说明两个对立的社会制度之间还有统一性的一面。

此外，社会主义国家与资本主义国家也还存在一些共同利益，这些共同利益要求两种性质不同的国家之间协同行动。例如，全球性的生态退化所造成的损失对两种社会制度的国家是不分彼此的，这就要求世界各国不管社会制度如何都要协同保护环境。

二、两种经济制度具有对立性

从理论上讲，社会主义和资本主义是本质不同的两种社会制度。两种本质不同的制度之间的对立表现在各个方面：政治上，社会主义国家在现阶段实行的是无产阶级专政或人民民主专政，是无产阶级执掌政权；资本主义国家本质上是资产阶级专政，是资本家及其代理人执掌政权。经济上，社会主义国家现阶段实行公有制为主体的财产制度和按劳分配为主体的收入分配制度；资本主义国家实行私有制的财产制度和按资分配为主的收入分配制度。在意识形态方面，社会主义国家坚持马克思主义，资本主义国家通行的是资产阶级个人主义和自由主义。

本质的对立表现为现象的对立，现象的对立反映本质的对立。从现象上或从现实上看，当代世界，矛盾重重，冲突不断，其中很多矛盾的冲突直接来源于两种制度的对立。有些矛盾冲突虽不直接起因于两种制度对立，但深层原因还是可以到两种制度的对立中去寻找。当前，国际垄断资本主义紧紧控制着世界市场和世界经济，少数发达资本主义国家正在加紧推行霸权主义和强权政治，目的之一就是要扩大资本主义势力范围，缩小社会主义活动地盘和影响。社会主义国家要生存和发展，就不能不进行各种形式的抗争。"和平演变"与反和平演变的斗争，更是今天和今后两种制度对抗的重要表现。两种社会制度国家之间的军备竞赛，过去和现在都是一种非常尖锐的对抗行为。两种制度的对立犹如两军对峙，敌对双方不可能长期相安无事，更不可能永远和平共处。我们要时刻警惕来自资本主义方面的各种挑衅，迎接资本主义的各种挑战。

社会主义经济制度与资本主义经济制度是两种本质上相互对立的社会制度。它们之间在经济以及政治、军事、文化各个方面经常出现对抗行为。作为制度人格化的无产阶级和资产阶级都要扩大自己的利益，争取有利于自己的发展前途。但两种经济制度之间的关系也不完全采取公开的激烈的对抗形式，对抗有时是潜在的，有时则比较缓和，为了实现自己的利益，有时也会利用对方的长处和短处。在斗争形式有所改变、斗争形势有所缓和的时候，两种制度之间的关系看上去就处于和平共处状态。用哲学语言表述，当今世界上两种不同社会制度之间的关系是一种对立统一的关系，而对立是绝对的，统一是相对的和暂时的。

三、两种经济制度具有转化性

按照历史唯物主义观点，资本主义转化为社会主义是符合一般规律的现象，但发展道路不是笔直的，也不是一直单向演化的，历史具有复杂性，发展具有曲折性。人类历史发展总趋势不可逆转，而在发展长河中，出现曲折和反复又难以完全避免。无论从理论上分析还是从实际情况看，应该承认既有资本主义前进到社会主义的必然性，又有社会主义倒退为资本主义的可能性。在一定条件下，两种社会经济制度之间是会相互转化的。

部分国家从社会主义倒退为资本主义，是不可否认的事实。对坚持社会主义经济制度的人们来说，承认这一事实有益无害。因为我们可以从中吸取教训，避免重蹈覆辙。

在社会主义与资本主义共存、共处和竞争的态势中，当前的优势在资本主义一方。但这种优势不会永远存在。资本主义制度有自己无法克服的对抗性矛盾。这些矛盾的存在和发展，决定了资本主义经济制度必然要变成社会主义经济制度。可是，仅仅宣讲历史发展总趋势是远远不够的。要使历史必然性变为现实，需要做很多工作。现存的社会主义国家必须尽可能快地发展经济，提高综合国力和人均国力，让人民群众普遍富裕起来，增强社会主义制度的吸引力。同时，要搞清楚什么是社会主义，怎样建立和建设社会主义等这些带有指导意义的理论问题和实际问题。社会主义市场经济不是只有一种模式，通向社会主义和共产主义也不是只有一条路。究竟走怎样的路才能到达社会主义和共产主义，则要根据不断变化的形势和各国的具体情况，继续进行探索和选择。

本章小结

本章主要阐述马克思主义和新制度学派关于经济制度及其演变的理论，分析资本主义和社会主义经济制度的产生、发展、性质和趋势。

社会经济制度被看成是与生产力一定发展阶段相联系的生产关系总和。其中，最根本的是财产关系，也就是通常所讲的生产资料所有制。经济制度可分为基本经济制度和具体经济制度。马克思主义和新制度经济学对制度的功能和演变有着不同的理论。

所谓"劳动雇佣资本"属于某种现象或假象，而用"私人资本雇佣劳动"来概括资本主义制度特征，才能真正揭示这一制度的实质。同其他私有制相比，资本主义经济制度具有巨大的进步性，但又有明显的历史局限性，因而必然要被社会主义经济制度所取代。

与资本主义相比，社会主义经济制度在理论和实践上都具有较大的进步性和优越性，但不合理的经济体制等因素制约着优越性的充分发挥。社会主义社会的发展具有阶段性。中国社会主义初级阶段的经济特征与马克思设想的共产主义第一阶段有重大差别。而共产主义制度的圆满实现需要一系列的条件和相当长的时间，但并不属于宗教式的幻想。

社会主义的发展具有复杂性和曲折性。坚持改革而且方法对头的社会主义国家，社会生产力再度获得快速发展，社会主义制度不仅保存下来，而且更加显示其旺盛的生命力。而放弃社会主义制度的国家，国民经济大多出现大衰退或增长速度较慢。

目前，社会主义经济制度与资本主义经济制度含有对立统一性，保持着共存和竞争的关系。

关键术语

制度　新制度经济学　制度环境　制度安排　交易成本　转换成本
制度功能　制度变迁　制度均衡　制度非均衡　制度需求　制度供给
诱致性制度变迁　强制性制度变迁　资本主义经济制度　封建主义经济制度
社会主义经济制度　空想社会主义　科学社会主义　社会主义初级阶段

参考资料

1. 马克思：《马克思致巴·瓦·安年科夫》，《马克思恩格斯选集》第 4 卷，人民出版社 1972 年版。

2. 恩格斯：《社会主义从空想到科学的发展》，《马克思恩格斯选集》第 3 卷，人民出版社 1972 年版。

3. 列宁：《国家与革命》，《列宁选集》第 3 卷，人民出版社 1972 年版。

4. 程恩富、胡乐明主编：《新制度经济学》，经济日报出版社 2004 年版。

5. 程恩富:《社会主义三阶段论》,广东高等教育出版社 1991 年版。

6. W. 布鲁斯、K. 拉斯基:《从马克思到市场——社会主义对经济体制的求索》,上海三联书店、上海人民出版社 1998 年版。

7. 程恩富等:《社会主义比资本主义能更好地运用市场经济》,《当代经济研究》,2015 年第 3 期。

思考题

1. 有一种观点认为,在封建社会内部可以产生资本主义的成分或因素,因为这两种生产关系都具有私有性质;而在资本主义社会内部却不可能产生社会主义成分或因素,因为这两种生产关系一个具有私有性质,另一个则具有公有性质。这种观点是否正确,请举例论证。

2. 社会上存在一种认识,把共产主义社会比喻成宗教中的天堂或仙境,认为是永远不可能实现的空想。你能运用经济学的若干原理来澄清这一问题吗?

3. 社会主义与市场经济除具有兼容性一面外,还有没有对立的一面? 如果有对立,表现在哪里,能不能克服这种对立,如何克服这种对立?

4. 有人主张,一些国家从社会主义经济制度改变为资本主义经济制度,说明社会主义取代资本主义已不是人类社会的必然规律了。也有人提出,“由资本主义进入社会主义较难,由社会主义退入资本主义较易”,即“由‘资’入‘社’难,由‘社’入‘资’易。”对此,你有何看法?

5.“美国经济最强大,表明美国资本主义制度最好。”请用马克思主义的制度经济理论剖析这一流行思维。

全书参考资料

1.《马克思恩格斯全集》第 23—25 卷，人民出版社 1972 年版。

2.《列宁选集》第 2 卷，人民出版社 1972 年版。

3.《斯大林文选》，人民出版社 1962 年版。

4.《毛泽东选集》第 5 卷，人民出版社 1991 年版。

5.《邓小平文选》第 3 卷，人民出版社 1993 年版。

6.《程恩富选集》，中国社会科学出版社 2010 年版。

7. 程恩富：《经济理论与政策创新》，中国社会科学出版社 2013 年版。

8. 程恩富：《重建中国经济学》，复旦大学出版社 2015 年版。

9. 程恩富、李新、梁赞诺夫、希罗科拉德主编：《中俄经济学家论中俄经济改革》，经济科学出版社 2000 年版。

10. 程恩富、胡乐明：《经济学方法论》，上海财经大学出版社 2002 年版。

11. 程恩富：《西方产权理论评析》，当代中国出版社 1997 年版。

12. 程恩富：《中国海派经济论坛(1998)》，上海财经大学出版社 1997 年版。

13. 马艳等：《探索的变奏——20 世纪制度创新背景下的比较经济学》，当代中国出版社 2002 年版。

14. 冯金华：《敲开希望的大门——发展经济学》，当代中国出版社 2002 年版。

15. 洪远朋：《〈资本论〉难题探索》，山东人民出版社 1985 年版。

16. 张薰华：《生产力与经济规律》，复旦大学出版社 1989 年版。

17. 顾海良、张雷生：《邓小平的经济思想》，中国经济出版社 1996 年版。

18. 程恩富等著：《马克思主义政治经济学基础理论研究》，北京师范大学出版社 2017 年版。

19. 陶大镛：《现代资本主义论》，江苏人民出版社 1996 年版。

20. 吴易风：《当前经济理论界的意见分歧》，中国经济出版社 2000 年版。

21. 高鸿业、吴易风、杨德明：《中国经济体制改革和西方经济学研究》，中国经济出版社 1996 年版。

22. 丁冰：《战后科技革命与现代资本主义经济》，贵州人民出版社 1998 年版。

23. 吴宣恭等：《产权理论比较——马克思主义与西方现代产权学派》，经济科学出版社 2000 年版。

24. 何自力：《法人资本所有制与公司治理》，南开大学出版社 1997 年版。

25. 顾钰民：《马克思主义制度经济学》，复旦大学出版社 2005 年版。

26. 何玉长：《国有公司产权结构与治理结构》，上海财经大学出版社 1997 年版。

27. 卫兴华：《市场功能与政府功能组合论》，经济管理出版社 1999 年版。

28. 张银杰:《马克思主义企业理论与西方新制度学派企业理论的比较》,经济科学出版社 1999 年版。

29. 毛增余:《与中国著名经济学家对话:顾海良、王振中、林岗、程恩富》,中国经济出版社 2003 年版。

30. 刘国光:《中国经济体制改革的模式研究》,中国社会科学出版社 1988 年版。

31. 宋涛:《〈资本论〉辞典》,山东人民出版社 1988 年版。

32. 余斌:《45 个十分钟读懂资本论》,东方出版社 2011 年版。

33. 王振中:《政治经济学研究报告(1)》,社会科学文献出版社 2000 年版。

34. 倪力亚:《当代资本主义国家的社会阶级结构》,福建人民出版社 1993 年版。

35. 程恩富、胡乐明主编:《当代国外马克思主义经济学基本理论研究》,中国社会科学出版社 2019 年版。

36. 左大培:《混乱的经济学》,石油工业出版社 2002 年版。

37. 胡钧:《中国社会主义市场经济研究》,山东人民出版社 1999 年版。

38. 林岗、张宇:《马克思主义与制度分析》,经济科学出版社 2001 年版。

39. 何干强:《〈资本论〉的基本思想与理论逻辑》,中国经济出版社 2000 年版。

40. 陈征、严正、林述舜:《评介国外学者对〈资本论〉的研究》,福建人民出版社 1986 年版。

41. 胡代光、魏埙、宋承先、刘诗白:《评当代西方学者对马克思〈资本论〉的研究》,中国经济出版社 1990 年版。

42. 杨圣明:《马克思主义国际贸易理论新探》,经济管理出版社 2002 年版。

43. 项启源:《我国社会主义初级阶段的历史定位》,经济科学出版社 2001 年版。

44. 于祖尧:《于祖尧文集》,上海辞书出版社 2005 年版。

45. 特伦斯・麦克唐纳、迈克尔・里奇、大卫・科茨:《当代资本主义及其危机——21 世纪积累的社会结构理论》,中国社会科学出版社 2014 年版。

46. 巴里・林恩:《新垄断资本主义》,东方出版社 2013 年版。

47. 大卫・哈维:《新帝国主义》,社会科学文献出版社 2009 年版。

48. 布罗代尔:《资本主义的动力》,生活・读书・新知三联书店 1997 年版。

49. 伊藤诚:《市场经济与社会主义》,中共中央党校出版社 1996 年版。

50. 米歇尔・阿尔贝尔:《资本主义反对资本主义》,社会科学文献出版社 1999 年版。

51. 中共中央文献研究室:《习近平关于社会主义经济建设论述摘编》,中央文献出版社 2017 年版。